Gunther Dietrich Gade
Waffengesetz

Waffengesetz

Kommentar

Von
Dr. Gunther Dietrich Gade
Hochschule des Bundes
für öffentliche Verwaltung,
Fachbereich Bundespolizei, Lübeck

2. Auflage 2018

C.H.BECK

www.beck.de

ISBN 978 3 406 71839 7

Wilhelmstraße 9, 80801 München
Druck: Friedrich Pustet GmbH & Co. KG
Gutenbergstraße 8, 93051 Regensburg

Satz: Meta Systems Publishing & Printservices GmbH, Wustermark
Umschlaggestaltung: Druckerei C.H.Beck Nördlingen

Gedruckt auf säurefreiem, alterungsbeständigem Papier
(hergestellt aus chlorfrei gebleichtem Zellstoff)

Vorwort

Die erste Auflage des vorliegenden Handkommentars wurde von der Leserschaft überaus freundlich aufgenommen und durfte sich zahlreicher positiver Rückmeldungen erfreuen.

Mit der Neubearbeitung ist der Mitbegründer desselben, Herr Edgar Stoppa, als Autor ausgeschieden. Ich schulde ihm Dank für die vertrauensvolle Zusammenarbeit an der Erstauflage und dafür, dass er mir die alleinige Fortführung des Erläuterungswerks anvertraut. Besonders herzlich danke ich ihm dafür, dass er mir auch fortan in freundschaftlicher Verbundenheit mit Rat und Tat zur Seite steht und so einen Anteil am gedeihlichen Fortgang dieser Kurzkommentierung hat.

Auch die Neuauflage verfolgt das Ziel, eine sprachlich klare und an den Bedürfnissen der Praxis orientierte Kommentierung des WaffG zu bieten.

Zahlreiche dankenswerte Hinweise und Anregungen von Waffenbehörden, Organen der Rechtspflege und nicht zuletzt auch Teilnehmern von abgehaltenen Fortbildungsveranstaltungen haben die Berücksichtigung weiterer Fragestellungen in der Kommentierung veranlasst. Darüber hinaus wurde die mit Wirkung zum 22.3.2012 in Kraft getretene Verwaltungsvorschrift zum WaffG eingearbeitet.

Schließlich galt es insgesamt drei Gesetzesnovellierungen einzuarbeiten (→ Einf. Rn. 26a ff.). Neben dem 2013 neu ins Gesetz eingefügten § 28a (Bewachungsunternehmen auf Seeschiffen) bedurften insbes. die zahlreichen Änderungen durch das zum 6.7.2017 in Kraft getretene Zweite Gesetz zur Änderung des Waffengesetzes und weiterer Vorschriften einer intensiven Berücksichtigung in der Kommentierung. Hervorzuheben sind an dieser Stelle die neu gefassten Aufbewahrungsvorschriften für Waffen und Munition, welche in materieller Hinsicht komplett aus § 36 in § 13 AWaffV ausgelagert wurden.

Nicht zuletzt wurde die seit der Vorauflage ergangene obergerichtliche Rechtsprechung eingearbeitet und die Literatur auf den aktuellen Stand gebracht.

Im Sinne der Übersichtlichkeit wurden Neukommentierungen, soweit möglich, in eingefügten „a", „b" usw. Randnummern eingearbeitet. Gänzlich neu bearbeitet und daher mit neuen Randnummern versehen sind die §§ 28a, 30, 32 (einschließlich Einführung zu §§ 29–33), 36, 38 und 39a.

Trotz der inhaltlichen Vertiefungen und Erweiterungen sollte auch in der Neuauflage der kompakte Charakter des Werkes erhalten werden. Aus diesem Grunde wurden Ausführungen zu Entwicklungen einzelner Normen durch Verweise auf die Vorauflage ersetzt. Wo möglich, wurden Erörterungen eingekürzt und auf die Darstellung der als wesentlich erachteten Fragestellungen konzentriert. Das Werk hat den Rechtsstand Januar 2018, teilweise auch darüber hinaus. Es richtet sich an Richter, Staatsanwälte und die Mitarbeiter waffenrechtlicher Erlaubnisbehörden. Gleichermaßen sind alle Rechtsanwender angesprochen, die sich einen zügigen Überblick über die bisweilen unübersichtliche Materie des WaffG verschaffen müssen, namentlich Rechtsanwälte, Polizei- und Zollbeamte, Jäger, Sportschützen usw.

Mein herzlicher Dank gilt Herrn Jürgen Beck, dessen Anregungen und Sachkompetenz auch der Neuauflage des Kommentars zugute gekommen sind. Ebenso herzlicher Dank gebührt Herrn Johannes Petruschke für seine sorgfältigen und gewissenhaften Zuarbeiten. Nicht zuletzt schulde ich meinem lieben Kollegen Martin Kastner verbindlichen Dank für seine zielführenden Ergänzungen zur Erläuterung der Einziehungsvorschriften (§ 54).

Lübeck, im März 2018 Gunther Dietrich Gade

Inhaltsverzeichnis

Literaturverzeichnis

1. Kommentare, Lehrbücher und Monographien

Adolph, Olgierd/Brunner, Nikolaus/Bannach, Gabriele, Waffenrecht – Textsammlung mit ausf. Kommentar, Heidelberg, Stand: 75. Erg.Lief. Dezember 2017 (zit.: ABB/Bearbeiter WaffG)

Apel, Erich/Bushart, Christoph, Waffenrecht Bd. 1: Vorschriftensammlung mit einer erläuternden Einführung, 3. Aufl., Stuttgart 2004

dies., Waffenrecht Bd. 2: Waffengesetz, 3. Aufl., Stuttgart 2004 (zit.: Apel/Bushart WaffG)

dies., Waffenrecht Bd. 3: Allgemeine Waffengesetz-Verordnung, 3. Aufl., Stuttgart 2004 (zit.: Apel/Bushart)

Apel, Erich, Beschussrecht – Beschussgesetz nebst Beschussverordnung: 1. Aufl., Stuttgart 2006

Borsdorff, Anke/Kastner, Martin, Wissenstest Einsatzrecht, 2. Aufl., Lübeck 2008

Borsdorff, Anke/Deyda, Christian, Luftsicherheitsgesetz für die Bundespolizei, 1. Aufl., Lübeck 2005 (zit.: Borsdorff/Deyda LuftSiG)

Dietel, Alfred/Gintzel, Kurt/Kniesel, Michael, Versammlungsgesetz – Kommentar des Versammlungsgesetz des Bundes und der Versammlungsgesetze der Länder, 17. Aufl., Köln 2016

Dölling, Dieter/Duttge, Gunnar/Rössner, Dieter (Hrsg.), Gesamtes Strafrecht, 4. Aufl., Baden-Baden 2017 (zit.: HK-StrafR)

Engelhardt, Hanns/App, Michael, Verwaltungsvollstreckungsgesetz / Verwaltungszustellungsgesetz, 9. Aufl., München 2011

Erbs, Georg/Kohlhaas, Max, Strafrechtliche Nebengesetze, München, 216. Erg.Lief. 8/2017 (zit.: Erbs/Kohlhaas)

Fischer, Thomas, Strafgesetzbuch und Nebengesetze, 65. Aufl., München 2018

Gade, Gunther Dietrich, Basiswissen Waffenrecht, 4. Aufl., Stuttgart 2017 (zit.: Gade WaffR); 1. Aufl., Stuttgart 2005 (zit.: Gade WaffR, 1. Aufl.)

Gade, Gunther Dietrich/Beck, Jürgen, Fälle und Musterlösungen zum Waffenrecht, Stuttgart 2013

Gade, Gunther Dietrich/Kieler, Marita, Polizei und Föderalismus, Stuttgart 2008

Gade, Gunther Dietrich/Stoppa, Edgar (Hrsg.), Waffenrecht im Wandel, Stuttgart 2015 (zit.: Beitragsautor in WiW)

Göhler, Erich, Ordnungswidrigkeitengesetz, 17. Aufl., München 2017

Götz, Volkmar; Geis, Max-Emanuel Allgemeines Polizei- und Ordnungsrecht, 16. Aufl., München 2017

Gusy, Christoph, Polizei- und Ordnungsrecht, 10. Aufl., Tübingen 2017

Hase, Peter, Bundeszentralregistergesetz: BZRG, 2. Aufl., München 2014

Heesen, Dietrich/Hönle, Jürgen/Peilert, Andreas, Martens, Helgo, Bundesgrenzschutzgesetz / Vewaltungsvollstreckungsgesetz / Gesetz über den unmittelbaren Zwang, 5. Aufl., Hilden 2012

Heller, Robert/Soschinka, Holger, Waffenrecht, Handbuch für die Praxis, 3. Aufl., München 2013 (zit.: Heller/Soschinka WaffR)

Huber, Gerd, Psychiatrie, Lehrbuch für Studium und Weiterbildung, 7. Aufl. 2005 (zit.: Huber Psychiatrie)

Köhler, Gerd-Michael/Dürig-Friedl, Cornelia, Demonstrations- und Versammlungsrecht, 4. Aufl. 2001

König, Achim-Volker/Papsthart, Christian, Das neue Waffenrecht, Baden-Baden 2004

Koller, Ingo/Kindler, Peter/Roth, Wulf-Henning/Morck, Winfried, Handelsgesetzbuch – Kommentar, 8. Aufl., München 2015 (zit.: KKRM)

Knack, Hans-Joachim (Begr.)/Henneke, Hans-Günter, Verwaltungsverfahrensgesetz Kommentar, 10. Aufl. 2014

Knemeyer, Franz-Ludwig, Polizei- und Ordnungsrecht, 11. Aufl., München 2007

Komm, Hartmut, Waffenrecht, 3. Aufl., Hilden 2008

Kopp, Ferdinand O./Ramsauer, Ulrich, Verwaltungsverfahrensgesetz Kommentar, 18. Aufl., München 2017
Lackner, Karl/Kühl, Kristian, Strafgesetzbuch Kommentar, 28. Aufl., München 2014
Landmann, R./Rohmer, G., Kommentar zur Gewerbeordnung, München, Stand: 57. Erg.Lief. Juli 2010 (zit.: Landmann/Rohmer GewO)
Lehmann, Herbert u. a., Aktuelles Waffenrecht – Kommentar/Rechtsgrundlagen/Arbeitshilfen, Regensburg, Stand: 138. Erg.Lief. Dezember 2017 (zit.: *Lehmann,* WaffG)
Lorz, Albert/Metzger, Ernst/Stöckel, Heinz, Jagdrecht, Fischereirecht: Bundesjagdgesetz mit Verordnungen und Länderrecht, Binnenfischereirecht, Fischereischeinrecht, Seefischereirecht, 4. Aufl., München 2011
Maunz, Theodor/Dürig, Günter, Grundgesetz – Kommentar, München, Stand: 81. Erg.Lief. September 2017 (zit.: Maunz/Dürig)
Meyer-Goßner, Lutz, Strafprozessordnung Kommentar, 60. Aufl., München 2017
Möllers, Martin H. W., Wörterbuch der Polizei, 2. Aufl., München 2010 (zit.: Möllers Polizei-WB)
Münchener Kommentar zum Bürgerlichen Gesetzbuch, 5. Aufl. 2006 (zit.: MüKoBGB)
Münchener Kommentar zum Strafgesetzbuch, Band 5 Nebenstrafrecht I, München 2007 (zit.: MüKoStGB)
Ostgathe, Dirk, Waffenrecht kompakt, 6. Aufl., Stuttgart u. a. 2015
ders., Waffenrecht aktuell, Stuttgart u. a. 2008. (zit.: Ostgathe Waffenrecht aktuell)
Palandt, Otto, Bürgerliches Recht, 76. Aufl., München 2017
Rothschild, Markus A., Freiverkäufliche Schreckschusswaffen – Medizinische, rechtliche und kriminaltechnische Bewertung, Lübeck 1999
Schönke, Adolf; Schröder, Horst, Strafgesetzbuch Kommentar, 29. Aufl., München 2014
Schuck, Marcus, Bundesjagdgesetz, 2. Aufl., München 2015
Steindorf, Joachim, Waffenrecht, 10. Aufl., München 2015; bearbeitet von Jörg-Henning Gerlemann, Bernd Heinrich, Niels Heinrich und Christian Papsthart (zit. nach Bearbeiter); 7. Aufl. München 1999 (zit.: Steindorf, 7. Aufl.)
Ullrich, Sigrun, Waffenrechtliche Erlaubnisse, Verbringen, Mitnahme – Darstellung des aktuellen Waffenrechts, 2. Aufl., Stuttgart u. a. 2014
Vordermayer, Helmut/von Heintschel-Heinegg, Bernd/Bezzel, Gerhard, Handbuch für den Staatsanwalt, Kap. 10 Waffendelikte, 5. Aufl., München 2015
Westphal, Volker/Stoppa, Edgar, Ausländerrecht für die Polizei, 3. Aufl., Lübeck 2007
Ziekow, Jan, Verwaltungsverfahrensgesetz – Kommentar, 3. Aufl., Stuttgart 2013

2. Beiträge in Büchern und Zeitschriften

Aubel, Tobias, Das menschenunwürdige Laserdrome, JURA 2004, 255 ff.
Bannenberg, Britta, Kriminologische Auswertung von Amoktaten mit Handlungsempfehlungen für die Polizei, in: WiW, 1 ff.
Bauer, Ferdinand/Fleck, Wolfgang, Die wichtigsten Neuregelungen im Waffengesetz 2009 – Verfahrensrechtliche und materiellrechtliche Aspekte, in: GewArch. 2010, 16 ff.
Berger, Claudius, „Die Waffenbörse“ (Klausur Öff. Recht), in: JA 2005, 377 ff.
Bernhardt, Ulrike, Widerruf von Waffenbesitzkarten bei nachträglichem Wegfall und Austausch des waffenrechtlichen Bedürfnisses, in GewArch 2015, 108 ff.
Borsdorff, Anke, Waffenrecht für den Bundesgrenzschutz – Eine Gegenüberstellung des alten und des neuen Waffenrechts, in: Borsdorff, Anke (Hrsg.): Bundespolizei im 21. Jahrhundert. Festschrift zum 25-jährigen Bestehen der Fachhochschule des Bundes, Fachbereich Bundesgrenzschutz 1979–2004, Brühl 2004
Braun, Stefan, Das Gesetz zur Neuregelung des Waffenrechts, in: NVwZ 2003, 311 ff.
ders., Konkretisierung des neuen Waffenrechts durch die Allgemeine Waffengesetz-Verordnung, in: NVwZ 2004, 828 ff.
ders., Änderungen im Waffenrecht, in: VBlBW 2010, 373 ff.

ders., Neuer Straftatbestand der vorschriftswidrigen Aufbewahrung von Waffen, in: StraFo 2010, 186 ff.
ders., Die aktuelle Rechtsprechung zur waffenrechtlichen Zuverlässigkeit, in GewArch 2012, 52 ff.
ders., Gebühren für waffenrechtliche Aufbewahrungskontrollen, Eintragungen und Zuverlässigkeitsüberprüfungen, in: GewArch 2012, 243 ff.
ders., Das Gesetz zur Errichtung eines Nationalen Waffenregisters, in: GewArch 2013, 277 ff.
Brennecke, Jürgen, Neuregelung des Waffenrechts – Bleibt alles beim Alten?, in: Kriminalistik 2005, 331 ff.
Dau, Corinna/Mein, Eva Marie, Fortgeschrittenenklausur Öffentliches Recht – Aufhebung waffenrechtlicher Befugnisse wegen Unzuverlässigkeit, in: JuS 2016, 430 ff.
Dietlein, Johannes/Hermes, Dirk, „Null-Komma-Null“-Promille beim Schusswaffeneinsatz, in: NVwZ 2015, 1268 ff.
Eifert, Martin, Zuverlässigkeit als persönliche Tätigkeitsvoraussetzung im Besonderen Verwaltungsrecht, in: JuS 2004, 565.
Fandrey, Alexander, Die verdachtsunabhängige Kontrolle von Privaträumen – die verfassungsrechtliche Zulässigkeit behördlicher Betretungsrechte am Beispiel des neuen Waffenrechts, in: AUR, 2010, 1 ff.
Frank, Barbara, Rechtsfragen beim Tod eines Jägers/Jagdpächters, in: ZEV 2005, 475 f.
Gade, Gunther Dietrich, „Spielzeug“ oder „Waffe“ – ein Rechtsproblem aus polizeilicher Perspektive, in: Die Polizei 1/2006, 24.
ders., Gewalt und Waffengewalt unter Jugendlichen und an Schulen, in: VR 2006, 41 ff.
ders., Erläuterungen zur waffenrechtlichen Terminologie „Unbrauchbar gemachte Schusswaffe“, „Nachbildung einer Schusswaffe“, „getreue Nachahmung“, Polizei heute 6/2006, 212 ff.
ders., Erlaubnisfreier Schusswaffentransport, in: NJW 2015, 3542 ff.
Hahn, Dittmar, Das neue Waffenrecht in der Rechtsprechung des Bundesverwaltungsgerichts, in: GewArch. 2008, 383 ff.
Harries, Axel, Auswirkungen der Reform des Waffenrechts auf die Tätigkeit der Zollverwaltung, in: ddz 2003, Heft 1–2, Fachteil F 1-F 7
Heghmanns, Michael, Die Strafbestimmungen des neuen Waffengesetzes, in: NJW 2003, 3373 ff.
Heinrich, Bernd, Strafrechtliche Probleme im Zusammenhang mit dem Verbot des Führens von Anscheinswaffen und bestimmten tragbaren Gegenständen, § 42a WaffG, in: WiW, 107 ff.
Heinrich, Niels, Das Nationale Waffenregister, in: WiW, 45 ff.
Heller, Robert E./Soschinka, Holger, Das neue Waffenrecht, in: NJW 2002, 2690 ff.
dies., Die absolute waffenrechtliche Unzuverlässigkeit nach § 5 Abs. 1 Nr. 2 WaffG, in: Die Polizei, 2008, 305 ff.
dies., Verschärfungen im Waffenrecht 2009, in: NVwZ 2009, 993 ff.
dies., Das nationale Waffenregister, in: NVwZ 2012, 1148 ff.
dies., Seepiraterie-Bekämpfung durch private Bewachungsunternehmen, in: NVwZ 2013, 476 ff.
Hermes, Dirk, Die Änderung des deutschen Waffenrechts nach dem Amoklauf von Winnenden – Ein Beitrag zu mehr Sicherheit?, in: Die Polizei 2009, 277 ff.
Humberg, Andreas, Der Adressatenkreis eines Waffenverbotes für den Einzelfall gemäß § 41 WaffG, in: VR 2004, 8
Kettner, Mattias/Gade, Gunther Dietrich/Ramsthaler, Frank/Shah, Sanjai/Pape, Andreas/Theisen, Alf/Schmidt, Peter, Experimentelle Studien zur Gefährlichkeit von neu entwickelten Shuriken/Wurfsternen und deren rechtliche Einordnung – eine interdisziplinäre Darstellung, in: ArchKrim 225 (2010), 167 ff.
Köhler, Marcus, Die Reform der strafrechtlichen Vermögensabschöpfung, in: NStZ 2017, 497 ff.
Kremer, Eva-Maria, Alkohol und jadglicher Schusswaffenbebrauch, in: NJW 2015, 1061 ff.
Mittelstädt, Martin Robert, Die Feststellungsbescheide des Bundeskriminalamtes, in: WiW, 97 ff.
Nadjem, Hadi/Braunwarth, Roland/Pollak, Stefan, Zum Verletzungspotential von Softairpistolen ArchKrim 213 (2004), 15 ff.
Papsthart, Christian, Die Unterbindung des Missbrauchs von Schusswaffen durch Vorgaben an die Aufbewahrung und Sicherung, in: WiW, 23 ff.

Literaturverzeichnis

Röger, Ralf, Versagung der Bewaffnung des Sicherheitsgewerbes aus grundrechtlicher und gewerblicher Sicht, in: Recht des Sicherheitsgewerbes, 2008, S. 9 ff.
ders., Waffenrecht als politisches Rechtsgebiet – Versuch einer systemtheoretisch-verfassungsrechtlichen Begründung legislativer Beobachtungspflichten im Waffenrecht, in: WiW, 145 ff.
Runkel, Hartmut, Bewachungsaufgaben auf hoher See, in: GewArch 2014, 242 ff.
Scheffer, Markus, Waffenrechtliche Bedürfnisprüfung bei Jägern, in: GewArch. 2005, 278 ff.
Scheidler, Alfred, Möglichkeiten behördlichen Einschreitens gegen Laserdrome- und Paintballanlagen, in: GewArch. 2005, 312 ff.
ders., Widerruf einer Waffenbesitzkarte, in: Kriminalistik 2008, 386 ff.
ders., Legaler Waffenbesitz für Neonazis?, in: Kriminalistik 2012, 8 ff.
ders., Auswirkungen der Entziehung der Fahrerlaubnis wegen Alkohol auf andere Berechtigungen, in: DAR 2016, 417 ff.
ders., Auswirkungen einer Trunkenheitsfahrt auf die waffenrechtliche Erlaubnis, in: KommunalPraxis Bayern 2016, 425 ff.
ders., Aufhebung einer waffenrechtlichen Erlaubnis nach Trunkenheitsfahrt, in: VD 2017, 347 ff.
Schaefer, Torsten, Das Erbenprivileg im Waffenrecht, in: NJW-Spezial 2008, 24 f.
Sponsel, Rudolf/Albrecht, Florian, Bestimmung waffenrechtlicher Zuverlässigkeit mittels eines Präventiv-Prognose-Gutachtens, in: Kriminalistik 2017, 252 ff.
Soschinka, Holger, Führen von Waffen beim Transport – Abgrenzung zur Aufbewahrung, in: WiW, 59 ff.
Stein, Reiner, Der praktische Fall – „Der unzuverlässige Jagdscheininhaber", in: VR 2004, 173 ff.
ders., Der unzuverlässige Juwelier – Fallbearbeitung im Allgemeinen Verwaltungsrecht in: DVP 2007, 234 ff.
Sturm, Joachim, Das nationale Waffenregister – Erfahrungen nach einem Jahr, in: Kriminalistik 2014, 233 ff.
Ullrich, Sigrun, Verbringen und Mitnahme von Waffen und Munition – Eine systematische Darstellung für den praktischen Umgang mit den §§ 29 bis 33 WaffG, in: Kriminalistik 2004, 472 ff.
dies., Straftaten und Ordnungswidrigkeiten im Waffengesetz, in: Kriminalistik 2007, 537 ff.
Unkroth, Frank, Zur fehlenden waffenrechtlichen Zuverlässigkeit der Mitglieder kriminalitätsrelevanter Rockerclubs, in: Kommunalpraxis BY 2015, 299 ff.
v. Denkowski, Charles A., Die Waffenrechtsnovelle 2008 aus polizeilicher Sicht, in: Polizei & Wissenschaft 2008, 39 ff.
Vahle, Jürgen, Das Waffengesetz – Grundbegriffe und Erlaubnisregelungen, in: DVP 2009, 100 ff.
Weber, W., Zur Verletzungsdynamik des geworfenen, spitz-scharfen Wurfsterns, ZfR 102 (1989), 143 ff.

Abkürzungsverzeichnis

1. ÄndG	Gesetz zur Änderung des Waffengesetzes v. 5.11.2007 (BGBl. I S. 2557), in Kraft ab 23.11.2007
2. ÄndG	Gesetz zur Änderung des Waffengesetzes und weiterer Vorschriften v. 26.3.2008 (BGBl. I S. 426), in Kraft ab 1.4.2008
3. ÄndG	4. Gesetzes zur Änderung des Sprengstoffgesetzes v. 17.7.2009 (BGBl. I S. 2062 (2088)), in Kraft ab 25.7.2009
4. ÄndG	Gesetz zum Vorschlag für eine Verordnung des Rates über die Erweiterung des Geltungsbereichs der Verordnung (EU) Nr. 1214/2011 des Europäischen Parlaments und des Rates über den gewerbsmäßigen grenzüberschreitenden Straßentransport von Euro-Bargeld zwischen Mitgliedstaaten des Euroraums v. 25.11.2012 (BGBl. II S. 1381), in Kraft ab 29.11.2012
5. ÄndG	Änderungen durch das Gesetz zur Einführung eines Zulassungsverfahrens für Bewachungsunternehmen auf Seeschiffen v. 4.3.2013 (BGBl. I S. 362), in Kraft ab 12.3.2015
6. ÄndG	Änderungen durch das zweite Gesetz zur Änderung des Waffengesetzes und weiterer Vorschriften v. 30.6.2017 (BGBl. I S. 2133), in Kraft ab 6.7.2017
1. WaffV aF	Erste Verordnung zum WaffG idF der Bekanntmachung v. 10.3.1987 (BGBl. I S. 777), zul. geänd. durch Art. 32 des G v. 25.10.1994 (BGBl. I S. 3082)
aA	anderer Ansicht
aaO	am angegebenen Ort
ABB	Adolph/Brunner/Bannach (s. Literaturverzeichnis I)
aE	am Ende
aF	alte Fassung
aM	anderer Meinung
AA	Auswärtiges Amt
Abb.	Abbildung
abgedr.	abgedruckt
abl.	ablehnend
ABl.	Amtsblatt
Abs.	Absatz
Abschn.	Abschnitt
AG WT/WR	Arbeitsgemeinschaft Waffentechnik/Waffenrecht
AGB	Allgemeine Geschäftsbedingungen
allg.	allgemein
Alt.	Alternative
amtl.	amtlich
Anl.	Anlage
Anm.	Anmerkung
Anschl.	Anschluss
Antragst.	Antragsteller
ArchKrim	Archiv für Kriminologie (zitiert nach Band und Seite)
Art.	Artikel
AufenthG	Aufenthaltsgesetz
AUR	Agrar- und Umweltrecht

Abkürzungsverzeichnis

ausdr.	ausdrücklich
ausf.	ausführlich
ausschl.	ausschließlich
AWaffV	Allgemeine Waffengesetz-Verordnung
AWG	Außenwirtschaftsgesetz
AWV	Außenwirtschaftsverordnung
Az.	Aktenzeichen
BAFA	Bundesamt für Wirtschaft und Ausfuhrkontrolle
BAnz.	Bundesanzeiger
BayObLGSt.	Sammlung der Entscheidungen des Bayerischen Obersten Landesgerichts in Strafsachen
BayVGH	Bayerischer Verwaltungsgerichtshof
BayVBl.	Bayerische Verwaltungsblätter
BB	Berlin Brandenburg
Bd.	Band
Begr.	Begründung
Beh.	Behörde(n)
BeschG	Beschussgesetz
Beschl.	Beschluss
BeschussV	Beschussverordnung
betr.	betrifft
BewachV	Bewachungsverordnung
BGB	Bürgerliches Gesetzbuch
BGBl.	Bundesgesetzblatt
BGH	Bundesgerichtshof
BGHSt.	Entscheidungen des Bundesgerichtshofs in Strafsachen
BJagdG	Bundesjagdgesetz
BKA	Bundeskriminalamt
BKAG	Bundeskriminalamtgesetz
BMF	Bundesministerium der Finanzen
BMI	Bundesministerium des Innern
BMVtg	Bundesministerium der Verteidigung
BPol	Bundespolizei
BPolG	Bundespolizeigesetz
BPolZV	Verordnung über die Zuständigkeit der Bundespolizeibehörden
BR	Bundesrat
BR-Drs.	Drucksachen des Deutschen Bundesrates
BReg.	Bundesregierung
bspw.	beispielsweise
BT	Bundestag
Bsp.	Beispiel
BT-Drs.	Drucksachen des Deutschen Bundestages
BtM	Betäubungsmittel
BtMG	Betäubungsmittelgesetz
BT-Prot.	Protokoll einer Sitzung des Deutschen Bundestages
Buchst.	Buchstabe(n)
BVA	Bundesverwaltungsamt
BVerfG	Bundesverfassungsgericht
BVerfGE	Entscheidungssammlung des Bundesverfassungsgerichts (zit. nach Band und Seite)
BVerfGG	Bundesverfassungsgerichtsgesetz
BVerfSchG	Bundesverfassungsschutzgesetz

BVerwG	Bundesverwaltungsgericht
BVerwGE	Entscheidungssammlung des Bundesverwaltungsgerichts (zit. nach Band und Seite)
B-W	Baden-Württemberg
BY	Bayern
bzgl.	bezüglich
BZR	Bundeszentralregister
BZRG	Bundeszentralregistergesetz
bzw	beziehungsweise
CIP	Commission Internationale Permanente pour l'Epreuve des Armes à Feu Portatives – Ständige Internationale Kommission für die Prüfung von Handfeuerwaffen (www.cip-bp.org)
CO_2	Kohlenstoffdioxid
DAR	Deutsches Autorecht
d.	des
dh	das heißt
ddz	der deutsche zollbeamte
de lege ferenda	vom Standpunkt des künftigen noch zu erlassenden Gesetzes (Rechts)
de lege lata	nach geltendem Gesetz (Recht)
def.	definiert
Def.	Definition
ders.	derselbe
dies.	dieselbe(n)
diesbzgl.	diesbezüglich
DIN	Deutsches Institut für Normung e.V. (www.din.de)
DP	Deutsche Polizei (Zeitschrift der Gewerkschaft der Polizei)
DRK	Deutsches Rotes Kreuz
DVBl	Deutsches Verwaltungsblatt
DVO-WaffG	Verordnung zur Durchführunge des Waffengesetzes
DVP	Deutsche Verwaltungspraxis
DWJ	Deutsches-Waffenjournal
ECB-S	European Certification Boards – Security, Fire & Life Safety (www.ecb-s.com)
EFP	Europäischer Feuerwaffenpass
EG	Europäische Gemeinschaft
ehem.	ehemalig
einschl.	einschließlich
EMA	Einbruchmeldeanlage
Entsch.	Entscheidung
entspr.	entsprechend
E_o	Mündungsenergie
erg.	ergänzend
Erg.Lief.	Ergänzungslieferung
ESSA	European Security Systems Association e.V.
etc	et cetera
EU	Europäische Union
eV	eingetragener Verein
E-VSF	Elektronische Vorschriftensammlung Bundesfinanzverwaltung (Hrsg. BMF)
evtl	eventuell
EWG	Europäische Wirtschaftsgemeinschaft

EWR	Europäischer Wirtschaftsraum
f.	folgend
FA	Fortbildung Aktuell (Fortbildungszeitschrift für den Bundesgrenzschutz)
FamFG	Gesetz über das Verfahren in Familiensachen und in den Angelegenheiten der freiwilligen Gerichtsbarkeit
FAQ	Frequently Asked Questions
ff.	folgende
Fn.	Fußnote
FreizügG/EU	Freizügigkeitsgesetz/EU
FSB	Flugsicherheitsbegleiter
FuP	Forschungs- und Prüfgemeinschaft Geldschränke und Tresoranlagen e.V. (www.fup-gut.de)
FVG	Finanzverwaltungsgesetz
GA	Goltdammers Archiv für Strafrecht
geänd.	geändert
gem.	gemäß
GewArch	Gewerbearchiv
GewO	Gewerbeordnung
G	Gesetz
GG	Grundgesetz
Ggs.	Gegensatz
gleichgest.	gleichgestellte(n/r)
GMBl.	Gemeinsames Ministerialblatt
grds.	grundsätzlich/e/n
GSSt.	Großer Senat des Bundesgerichtshofs in Strafsachen
GVBl.	Gesetz- und Verordnungsblatt
GVG	Gerichtsverfassungsgesetz
HB	Hansestadt Bremen
HE	Hessen
hergest.	hergestellt
hM	herrschende Meinung
HGB	Handelsgesetzbuch
HH	Hansestadt Hamburg
HmbGVBl.	Hamburgisches Gesetz- und Verordnungsblatt
Hs.	Halbsatz
HwO	Handwerksordnung
HZAZustV	Hauptzollamtszuständigkeitsverordnung
idR	in der Regel
idF	in der Fassung
iErg	im Ergebnis
ieS	im engeren Sinn
iRd	im Rahmen der/des
iS	im Sinne
iSd	im Sinne der/des
iSe.	im Sinne einer/eines
iSv	im Sinne von
i.ü.	im übrigen
iVm	in Verbindung mit
iwS	im weiteren Sinn
IHK	Industrie- und Handelskammer
INPOL	Informationssystem der Polizei

insbes.	insbesondere
InsO	Insolvenzordnung
IPSC	International Practical Shooting Confederation (in Deutschland im Bund Deutscher Sportschützen organisiert)
IQ	Intelligenzquotient
J	Joule
JGG	Jugendgerichtsgesetz
Jh.	Jahrhundert
JURA	Juristische Ausbildung
JuS	Juristische Schulung
JZ	Juristenzeitung
KG	Kammergericht
Kfz	Kraftfahrzeug
KKRM	Koller/Kindler/Roth/Morck (s. Literaturverzeichnis I)
krit.	kritisch
KrWaffKontrG	Kriegswaffenkontrollgesetz
KWL	Kriegswaffenliste
KWS	Kleiner Waffenschein
l.r.	long rifle
Lebensj.	Lebensjahr
LEP	Lufterzeugerpatrone
lfB	lang für Büchse
LKA	Landeskriminalamt/ämter
Lkw	Lastkraftwagen
LMG	Vorläufiges Tabakgesetz
LMI	Landesministerium des Innern
LuftSiG	Luftsicherheitsgesetz
m.w.Bsp.	mit weiteren Beispielen
mwN	mit weiteren Nachweisen
MarkenG	Markengesetz
MES	Munitionserwerbschein
MDR	Monatsschrift für deutsches Recht
mind.	mindestens
MiStra	Anordnung über Mitteilungen in Strafsachen
mm	Millimeter
MV	Mecklenburg-Vorpommern
n.Chr.	nach Christus
nF	neue(r) Fassung
NATO	North Atlantic Treaty Organization
NC-Pulver	Nitrozellulosepulver
NDS	Niedersachsen
NJW	Neue Juristische Wochenschrift
Nr.	Nummer(n)
NStZ	Neue Zeitschrift für Strafrecht
NStZ-RR	Neue Zeitschrift für Strafrecht-Rechtsprechungsreport
NVwZ	Neue Zeitschrift für Verwaltungsrecht
NVwZ-RR	Neue Zeitschrift für Verwaltungsrecht-Rechtsprechungsreport
NW	Nordrhein-Westfalen
NWR	Nationales Waffenregister
NWR-DV	Verordnung zur Durchführung des Nationalen Waffenregister-Gesetzes
oÄ	oder ähnliche(m/s)

Abkürzungsverzeichnis

og	oben genannt(e/er/es)
obj.	objektiv(e/en)
OC	Oleoresin-Capsicum (Pfefferspray)
öffentl.	öffentliche(n/r/s)
OVG	Oberverwaltungsgericht
OWiG	Gesetz über Ordnungswidrigkeiten
PassG	Passgesetz
PersAuswG	Personalausweisgesetz
PKW	Personenkraftwagen
Prot.	Protokoll
PTB	Physikalisch Technische Bundesanstalt
PVB	Polizeivollzugsbeamter/e/in
ratio legis	Sinn des Gesetzes
RdS	Recht des Sicherheitsgewerbes
rechtl.	rechtlich
regelm.	regelmäßig
RGSt	Reichsgericht in Strafsachen
Rn.	Randnummer
RPL	Rheinland-Pflaz
RSG	Reizstoffsprühgerät
Rspr.	Rechtsprechung
RVO	Rechtsverordnung(en)
S-A	Sachsen-Anhalt
S.	Seite oder Satz
s.	siehe
s.o.	siehe oben
s.u.	siehe unten
SL	Saarland
Schussw.	Schusswaffe(n)
SDÜ	Schengener Durchführungsübereinkommen v. 19.6.1990 (BGBl. 1993 II S. 1010)
SeeBewachV	Seeschiffbewachungsverordnung
SeebewachDV	Verordnung zur Durchführung der Seeschiffbewachungsverordnung
S-H	Schleswig Holstein
SIS	Schengener Informationssystem
SN	Sachsen
sog	so genannte(r/s)
SprengG	Gesetz über explosionsgefährliche Stoffe
Sprengstoffrichtlinie	Richtlinie 93/15/EWG des Rates vom 5.4.1993 zur Harmonisierung der Bestimmungen über das Inverkehrbringen und die Kontrolle von Explosivstoffen für zivile Zwecke (ABl. EG L 121, S. 20)
SRS-Waffen	Schreckschuss-, Reizstoff- und Signalwaffen
SRÜ	Seerechtsübereinkommen
staatl.	staatlich(e)
std.	ständig(e)
StGB	Strafgesetzbuch
StMI	Staatsministerium des Innern (Bayern)
StPO	Strafprozessordnung
StraFo	Strafverteidiger Forum
subj.	subjektiv(e)

techn.	technischen
TH	Thüringen
THW	Technisches Hilfswerk
teilw.	teilweise
u.	und
uä	und Ähnlich(e/es)
ua	unter anderem
uU	unter Umständen
UA	Unterabschnitt
umgangssprachl. ..	umgangssprachlich
Urt.	Urteil
USBV	Unkonventionelle Spreng- und Brandvorrichtung
usw	und so weiter
v.	vom
VA	Verwaltungsakt
VD	Verkehrsdienst, Zeitschrift für die Rechtspraxis im Straßenverkehr
VDMA	Verband Deutscher Maschinen- und Anlagenbau e.V. (www.vdma.org)
VdS	Vertrauen durch Sicherheit (www.vds.de)
VDS	Verband deutscher Sachversicherer
VdW	Verband für Waffentechnik und -geschichte e.V.
VereinsG	Gesetz zur Regelung des öffentlichen Vereinsrechts (Vereinsgesetz)
VersG	Versammlungsgesetz
VG	Verwaltungsgericht
VGH	Verwaltungsgerichtshof
vgl.	vergleiche
VMBl	Verordnungs- und Ministerialblatt
VN	Vereinte Nationen
VO	Verordnung
Vorauss.	Voraussetzung(en)
Vorb.	Vorbemerkung
VR	Verwaltungsrundschau
VSF	Vorschriftensammlung Bundesfinanzverwaltung (Hrsg. BMF)
VwGO	Verwaltungsgerichtsordnung
VwVfG	Verwaltungsverfahrensgesetz
VwZG	Verwaltungszustellungsgesetz
Waffenrichtlinie ..	Richtlinie 91/477/EWG des Rates vom 18.6.1991 über die Kontrolle des Erwerbs und des Besitzes von Waffen (ABl. EG L 256, S. 51)
WaffG	Waffengesetz
WaffG aF	Waffengesetz v. 8.3.1976 (BGBl. I S. 432)
WaffGHZAO-WiV	Verordnung über die Zuständigkeit der Hauptzollämter zur Verfolgung und Ahndung bestimmter Ordnungswidrigkeiten nach dem Waffengesetz und dem Sprengstoffgesetz
WaffKostV	Kostenverordnung zum WaffG aF = Vierte Verordnung zum WaffG idF der Bekanntmachung v. 20.4.1990 (BGBl. I S. 780), zul. geänd. durch Art. 2 der 2. VO zur Änderung waffenrechtlicher VO v. 10.1.2000 (BGBl. I S. 38)
WaffRNeuRegG	Gesetz zur Neuregelung des Waffenrechts
WaffVor-druckVwV	Allg. Verwaltungsvorschrift zu Vordrucken des Waffengesetzes idF der Bekanntmachung v. 5.6.2012 (BAnz. AT v. 5.6.2012 B2)

WaffVwV aF	Allg. Verwaltungsvorschrift zum WaffG aF
WaffVwV	Allg. Verwaltungsvorschrift zum WaffG idF der Bekanntmachung v. 22.3.2012 (BAnz. v. 22.3.2012 Nr. 47a)
WBK	Waffenbesitzkarte
WdP	Wörterbuch der Polizei
WeinG	Weingesetz
wesentl.	wesentlich(en)
WS	Waffenschein
zB	zum Beispiel
ZdBGS	Zeitschrift für den Bundesgrenzschutz
ZEV	Zeitschrift für Erbrecht und Vermögensnachfolge
ZFdG	Zollfahndungsdienstgesetz
ZfR	Zeitschrift für Rechtsmedizin (zitiert nach Band und Seite)
Ziff.	Ziffer
zit.	zitiert
ZPO	Zivilprozessordnung
ZStV	Zentrales staatsanwaltschaftliches Verfahrensregister
zust.	zuständige(r/n)
ZVG	Gesetz über die Zwangsversteigerung und die Zwangsverwaltung

Einführung in das Waffengesetz

Übersicht

Rn.

I. Das Waffengesetz im Überblick

1 Das WaffG ist eine in sich geschlossene, bisweilen unübersichtliche Materie, welche insbes. durch komplexe Bezugnahmen des Gesetzes auf seine zwei Anlagen gekennzeichnet ist.

Der Gesetzgeber hat sich iSe. zügigen Zugriffs auf die systematischen Grundprinzipien des Gesetzes dafür entschieden, zunächst den Anwendungsbereich des WaffG in § 1 Abs. 1 zu umreißen. Dieser ist eröffnet, soweit Umgang mit einer Waffe oder Munition iSd WaffG geübt wird. Anschließend wird der Waffenbegriff schlagwortartig in § 1 Abs. 2 dargestellt ebenso wie die verschiedenen waffenrechtl. Umgangsarten in Abs. 3. Die inhaltliche Ausformung dieser abstrakten Ausführungen erfolgt hinsichtlich der Begrifflichkeiten „Waffe“, „Munition“ und „Umgang“ in der Anl. 1 zum WaffG.

Eine grds. Aufgliederung der Waffen in verbotene, erlaubnispflichtige und erlaubnisfreie wird in § 2 vorgenommen, die detaillierte Einteilung dieser findet in Anl. 2 statt.

Die Anlagen sind Bestandteil des Gesetzes und können nur durch ein förmliches Gesetz geändert werden. Mit der Verweisung der hauptsächlichen waffenrechtl. und waffentechnischen Festlegungen und Begriffe in die Anl. 1 wollte der Gesetzgeber das WaffG klarer und übersichtlicher gestalten und vor allem von technischen Vorschriften im laufenden Gesetzestext entlasten. **2**

Das WaffG gliedert sich wie folgt: **3**
- Abschnitt 1 (§§ 1–3) Allg. Bestimmungen
- Abschnitt 2 (§§ 4–42a) Umgang mit Waffen und Munition
  - Unterabschnitt 1 – Allg. Vorauss. für Waffen und Munitionserlaubnis (§§ 4–9)
  - Unterabschnitt 2 – Erlaubnisse für einzelne Arten des Umgangs mit Waffen oder Munition, Ausnahmen (§§ 10–12)
  - Unterabschnitt 3 – Besondere Erlaubnistatbestände für bestimmte Personengruppen (§§ 13–20)
  - Unterabschnitt 4 – Besondere Erlaubnistatbestände für Waffenherstellung, Waffenhandel, Schießstätten, Bewachungsunternehmer (§§ 21–28)
  - Unterabschnitt 5 – Verbringen und Mitnahme von Waffen oder Munition in den, durch den oder aus dem Geltungsbereich des Gesetzes (§§ 29–33)
  - Unterabschnitt 6 – Obhutspflichten, Anzeige-, Hinweis- und Nachweispflichten (§§ 34–39)
  - Unterabschnitt 7 – Verbote (§§ 40–42a)
- Abschnitt 3 (§§ 43–50) Sonstige waffenrechtl. Vorschriften (§§ 43–50)
- Abschnitt 4 (§§ 51–54) Straf und Bußgeldvorschriften (§§ 51–54)
- Abschnitt 5 (§§ 55–57) Ausnahmen von der Anwendung des Gesetzes (§§ 55–57)
- Abschnitt 6 (§§ 58–60) Übergangsvorschriften, Verwaltungsvorschriften
- Anlage 1 (zu § 1 Abs. 4) Begriffsbestimmungen
- Anlage 2 (zu § 2 Abs. 2–4) Waffenliste

1. Abschnitt 1 (§§ 1–3) Allgemeine Bestimmungen

Abschn. 1 fasst in den §§ 1–3 **zentrale Bestimmungen** über den Anwendungsbereich des WaffG. **4**

§ 1 legt zunächst den **sachlichen Anwendungsbereich** des WaffG fest, umreißt sodann den **Waffenbegriff** und benennt die waffenrechtl. **Umgangsarten.** Schließlich stellt der Verweis in Abs. 4 die Verbindung zur Anl. 1 her, welche die wesentl. **Begriffsbestimmungen** und damit die inhaltlichen Konkretisierungen des § 1 enthält.

§ 2 legt zunächst in Abs. 1 das für alle Waffen und Munition gleichermaßen geltende **Alterserfordernis** (Umgang mit Waffen und Munition ist grds. nur Personen gestattet, welche das 18. Lebensj. vollendet haben) fest. Anschließend nimmt er eine Aufgliederung in **verbotene** und **erlaubnispflichtige** Waffen bzw Munition vor. Der Umgang mit solchen Waffen oder Munition ist verboten, die in Anl. 2 Abschn. 1 aufgeführt sind. Die in Anl. 2 Abschn. 2 UAbschn. 1 S. 1 genannten Waffen (Schussw. sowie den Schussw. gleichgestellte tragbare Gegenstände) und die dafür bestimmte Munition sind grds. erlaubnispflichtig, wobei es zahlreiche **gegenstandsbezogene Ausnahmen** in Anl. 2 Abschn. 2 UAbschn. 2 hinsichtlich einzelner Umgangsarten zu berücksichtigen gilt. Diese werden wesentl. von den **situations- bzw personenbezogenen Ausnahmen** in § 12, § 13 Abs. 3, 6, 7, § 16 Abs. 4, § 28 Abs. 4 und § 32 Abs. 3, 5 ergänzt.

Nicht zuletzt sind in Anl. 2 auch bestimmte Waffen vom Anwendungsbereich des WaffG ganz oder teilw. ausgenommen.

Soweit eine Waffe weder verboten ist noch der Erlaubnispflicht unterfällt, ist sie **erlaubnisfrei.**

§ 3 regelt Ausnahmen für Kinder und Jugendliche, wann sie in bestimmten Situationen Umgang mit Waffen, Munition oder Reizstoffsprühgeräten haben dürfen.

2. Abschnitt 2 (§§ 4–42a) Umgang mit Waffen und Munition

5 Der 2. Abschn. ist mit den §§ 4–42a der umfangreichste des WaffG. UAbschn. 1 enthält allg. Vorauss. für Waffen- und Munitionserlaubnisse in den §§ 4–9.

6 **a) Unterabschnitt 1 – Allgemeine Voraussetzungen für Waffen- und Munitionserlaubnisse (§§ 4–9).** Von Bedeutung sind die **für alle Erlaubnisse** geltenden Vorauss. des § 4. Diese müssen prinzipiell für die Erteilung einer Waffen- und Munitionserlaubnis vorliegen. § 4 ist in diesem Abschn. gleichsam „vor die Klammer gezogen" und legt zunächst stichwortartig die Vorauss. einer Erlaubnis fest, die sodann in gesonderten Einzelnormen ihre inhaltliche Ausformung erfahren. Diese handwerkliche Vorgehensweise ist iSe. praxisnahen Handhabung des Gesetzes getroffen worden. Der Anwender sieht auf einen Blick, welche Anforderungen grds. für die Erteilung einer waffenrechtl. Erlaubnis zu erfüllen sind, und kann sich im Anschl. daran den einschlägigen Spezialvorschriften zuwenden.

§ 4 legt fest, dass eine waffenrechtl. Erlaubnis prinzipiell nur erteilt wird, soweit der Antragsteller
- das 18. Lebensj. vollendet hat,
- die erforderliche Zuverlässigkeit und
- die persönliche Eignung aufweist,
- über die erforderliche Sachkunde verfügt,
- ein Bedürfnis zu begründen sowie
- einen Haftpflichtversicherungsnachweis (für WS, Schießerlaubnis oder WBK für juristische Personen) zu erbringen vermag.

§ 5 legt die **Zuverlässigkeitskriterien** fest. Der Gesetzgeber hat die erforderliche Zuverlässigkeit in Form einer **Negativumschreibung** geregelt. Das Gesetz umreißt lediglich die Vorauss., unter denen eine Person als **unzuverlässig zu qualifizieren ist.** Demnach ist jeder Antragst. als zuverlässig anzuerkennen, soweit er nicht unzuverlässig iSd Vorschrift ist.

Durch das Erfordernis der **persönlichen Eignung** in § 6 stellt der Gesetzgeber sicher, dass nur solche Personen Umgang mit erlaubnispflichtigen Waffen und Munition üben dürfen, die auch **physisch wie psychisch dazu in der Lage** sind, ordnungsgemäß mit der Waffe umzugehen. Im Ggs. zum Begriff der Zuverlässigkeit knüpft die persönliche Eignung nicht an das verantwortbare und vorwerfbare Verhalten einer Person an, sondern typischerweise an **psychische oder physische Erkrankungen,** welche zur Nichteignung des Antragst. und damit zu einer Versagung der waffenrechtl. Erlaubnis führen.

§ 7 regelt den **Sachkundenachweis** iVm §§ 1–3 AWaffV. Die Erlaubnisvorauss. der Sachkunde soll beim Waffenbesitzer eine verantwortungsbewusste Handhabung mit der Waffe sicherstellen und Gefahren für die Allgemeinheit bzw für die Person selbst verhindern.

In § 8 hat der Gesetzgeber das **Bedürfnisprinzip** festgeschrieben, welches das deutsche Waffenrecht zentral prägt. Jeder, der den Umgang mit erlaubnispflichtigen Waffen begehrt, hat für den konkret angestrebten Umgang ein individuelles, in der Person liegendes und besonders anzuerkennendes Interesse – ein waffenrechtl. **Bedürfnis** – darzulegen. Vorrangige Spezialregelungen für einzelne Nutzergruppen werden in §§ 13 ff. festgelegt.

In § 9 hat der Gesetzgeber eine **allg.** Vorgabe zum Erlass von Nebenbestimmungen und Anordnungen zu waffenrechtl. Erlaubnissen getroffen, wodurch spezielle

Regelungen zu Nebenbestimmungen und Anordnungen (vgl. etwa §§ 10 Abs. 2 S. 3, Abs. 4 S. 2 und 3) ergänzt werden.

b) Unterabschnitt 2 – Erlaubnisse für einzelne Arten des Umgangs mit Waffen oder Munition, Ausnahmen (§§ 10–12). § 10 regelt die Erlaubniserteilung für die Waffenbesitzkarte (WBK), den Munitionserwerbschein (MES), den Waffenschein (WS) und die Schießerlaubnis. § 11 regelt den Waffenerwerb und -besitz mit Bezug zu anderen Mitgliedstaaten, wenn der Antragst. seinen gewöhnlichen Aufenthalt in einem anderen Mitgliedstaat hat, die Schussw. jedoch im Bundesgebiet erwerben möchte, oder er seinen gewöhnlichen Aufenthalt zwar im Bundesgebiet hat, die Waffe aber in einem anderen Mitgliedstaat erwerben möchte. Der in der Praxis bedeutsame § 12 regelt **personen- bzw situationsbezogene Ausnahmen** von der waffenrechtl. Erlaubnispflicht hinsichtlich der Umgangsarten Erwerb, Besitz, Führen und Schießen. 7

c) Unterabschnitt 3 – Besondere Erlaubnistatbestände für bestimmte Personengruppen (§§ 13–20). In UAbschn. 3 (§§ 13–20) werden die für **bestimmte Nutzergruppen** geltenden Erlaubnistatbestände jeweils gesondert zusammengefasst. Hierbei handelt es sich um Bedürfnisvorauss. bspw. der Jäger, Sportschützen oder Brauchtumsschützen. 8

Diese Regelungen sind **vorrangig anzuwendende Konkretisierungen** des Bedürfnisgrundes für die jeweils in den §§ 13 ff. in Bezug genommenen Nutzergruppen, während § 8 als **Generalklausel** zum Bedürfnis in der Praxis lediglich einen Auffangtatbestand darstellt. Im Zusammenhang mit der Ausübung des Schießsports durch Sportschützen stehen die Regelungen der Schießsportverbände, der Sportordnungen und des Fachbeirats Schießsport.

- § 13 → Erwerb und Besitz von Schussw. und Munition durch Jäger, Führen und Schießen zu Jagdzwecken
- § 14 → Erwerb und Besitz von Schussw. und Munition durch Sportschützen
- § 15 → Schießsportverbände, schießsportliche Vereine
- § 15a → Sportordnungen
- § 15b → Fachbeirat Schießsport
- § 16 → Erwerb und Besitz von Schussw. und Munition durch Brauchtumsschützen, Führen von Waffen und Schießen zur Brauchtumspflege
- § 17 → Erwerb und Besitz von Schussw. oder Munition durch Waffen- oder Munitionssammler
- § 18 → Erwerb und Besitz von Schussw. oder Munition durch Waffen- oder Munitionssachverständige
- § 19 → Erwerb und Besitz von Schussw. und Munition, Führen von Schussw. durch gefährdete Personen
- § 20 → Erwerb und Besitz von Schussw. durch Erwerber infolge eines Erbfalls

d) Unterabschnitt 4 – Besondere Erlaubnistatbestände für Waffenherstellung, Waffenhandel, Schießstätten, Bewachungsunternehmer (§§ 21–28a). In UAbschn. 4 (§§ 21–28a) werden besondere Erlaubnistatbestände für das Waffengewerbe, den Schießstättenbetrieb und das Bewachungsgewerbe geregelt. Neben den besonderen Vorauss. für die jeweilige Erlaubnis wird auch der Umfang der Ausübung der jeweiligen Umgangsart festgelegt. 9

- § 21 → Gewerbsmäßige Waffenherstellung, Waffenhandel
- § 21a → Stellvertretungserlaubnis
- § 22 → Fachkunde
- § 23 → Waffenbücher
- § 24 → Kennzeichnungspflicht, Markenanzeigepflicht
- § 25 → Ermächtigungen und Anordnungen

- § 26 → Nichtgewerbsmäßige Waffenherstellung
- § 27 → Schießstätten, Schießen durch Minderjährige auf Schießstätten
- § 28 → Erwerb, Besitz und Führen von Schussw. und Munition durch Bewachungsunternehmer und ihr Bewachungspersonal
- § 28a → Erwerb, Besitz und Führen von Schussw. und Munition durch Bewachungsunternehmen und ihr Bewachungspersonal für Bewachungsaufgaben nach § 31 Abs. 1 der GewO

10 **e) Unterabschnitt 5 – Verbringen und Mitnahme von Waffen oder Munition in den, durch den oder aus dem Geltungsbereich des Gesetzes (§§ 29–33).** In den Vorschriften der §§ 29–33 sind die für das **Verbringen** und die **Mitnahme** von Waffen oder Munition in den, durch den oder aus dem Geltungsbereich des WaffG maßgeblichen Bestimmungen enthalten. Die Vorschriften orientieren sich an den waffenrechtl. Vorgaben der Richtlinie 91/477/EWG des Rates vom 18.6.1991 über die Kontrolle des Erwerbs und des Besitzes von Waffen (ABl. EG L 256, S. 51 = Waffenrichtlinie), geändert durch Richtlinie 2008/51/EG des Europäischen Parlaments und des Rates vom 21.5.2008 zur Änderung der Richtlinie 91/477/EWG des Rates über die Kontrolle des Erwerbs und des Besitzes von Waffen (ABl. 2008 L 179, S. 5) sowie der Richtlinie 93/15/EWG des Rates vom 5.4.1993 zur Harmonisierung der Bestimmungen über das Inverkehrbringen und die Kontrolle von Explosivstoffen für zivile Zwecke (ABl. EG L 121, S. 20 = Explosivstoffrichtlinie). § 29 regelt die Vorauss. der Erteilung einer Erlaubnis zum Verbringen bestimmter Waffen und Munition in den Geltungsbereich des WaffG, unabhängig ob dies aus einem Mitgliedstaat oder Drittstaat erfolgt. § 30 regelt die Vorauss. der Erteilung einer Erlaubnis zum Verbringen bestimmter Waffen und Munition durch den Geltungsbereich des WaffG, gleich ob das Verbringen in einen Mitgliedstaat oder Drittstaat erfolgt. § 31 regelt die Vorauss. des Verbringens von Waffen oder Munition aus Deutschland in andere Mitgliedstaaten, nicht in Drittstaaten. Das Verbringen sämtlicher Waffen gem. § 1 Abs. 2 in Drittstaaten ist waffenrechtl. gem. § 2 Abs. 2, 4 iVm Anl. 2 Abschn. 2 UAbschn. 2 Nr. 8 erlaubnisfrei, allerdings gelten die Bestimmungen des AWG (→ Vorb. §§ 29–33 Rn. 17). § 32 regelt die Erteilungsvorauss. einer Erlaubnis für die Mitnahme in den durch den oder aus dem Geltungsbereich des WaffG. Für die Mitnahme innerhalb der Mitgliedstaaten gilt der EFP als Nachweisdokument. § 33 beinhaltet Vorschriften über Anmelde-, Vorführ- und Nachweispflichten, die im Falle des Verbringens oder der Mitnahme von Schussw. oder Munition aus einem Drittstaat nach Deutschland bestehen (Abs. 1). Des Weiteren werden Befugnisse (Abs. 2) und Zuständigkeiten (Abs. 3) der Überwachungsbehörden für das Verbringen und die Mitnahme allg. festgelegt.

11 **f) Unterabschnitt 6 – Obhutspflichten, Anzeige-, Hinweis- und Nachweispflichten (§§ 34–39).** UAbschn. 6 (§§ 34–39) widmet sich Obhutspflichten, Anzeige-, Hinweis- und Nachweispflichten. Bedeutsam ist hier zunächst § 34, welcher Vorschriften zum Überlassen von Waffen oder Munition, zur Prüfung der Erwerbsberechtigung und bestimmte Anzeigepflichten enthält. Weiter ist § 36 von herausgehobener Bedeutung, der die Aufbewahrung von Waffen oder Munition (iVm § 13 AWaffV) sowie das behördliche Betretensrecht zur Kontrolle der ordnungsgemäßen Waffenaufbewahrung enthält.

In § 35 werden Werbung, Hinweispflichten und Handelsverbote, in § 37 Anzeigepflichten geregelt. § 38 legt bestimmte Ausweispflichten beim Führen von Waffen fest. § 39 legt ua Waffenherstellern und -händlern Auskunfts- und Vorzeigepflichten gegenüber der zust. Beh. auf und gibt dieser ua die Befugnis, Nachschau zu halten sowie die Vorlage erlaubnispflichtiger Waffen oder Munition sowie verbotener Waffen von jedem Waffenbesitzer zu verlangen.

g) Unterabschnitt 6a – Unbrauchbarmachung von Schusswaffen und Umgang mit unbrauchbar gemachten Schusswaffen (§ 39a). UAbschn. 6a (§ 39a) ermächtigt den Gesetzgeber zum Erlass von RVO, mit denen der Umgang mit unbrauchbar gemachten Schussw. geregelt werden kann (vgl. BR-Drs. 61/17, 39). 11a

h) Unterabschnitt 7 – Verbote (§§ 40–42a). UAbschn. 7 (§§ 40–42a) regelt Waffenverbote sowie Führensverbote für bestimmte Situationen oder Waffen. § 40 umfasst dabei verschiedene Erweiterungen und Einschränkungen des waffenrechtl. Umgangsverbots nach § 2 Abs. 3 iVm Anl. 2 Abschn. 1. § 41 gibt der zust. Beh. die Befugnis zum Erlass verschiedener waffenrechtl. Erwerbs- und Besitzverbote für den Einzelfall. § 42 enthält das Verbot des Waffenführens für Teiln. **öffentl. Veranstaltungen** sowie eine Ermächtigung für die Landesregierungen, an besonders gewaltgeneigten Orten durch RVO das Führen von Waffen iSd § 1 Abs. 2 allg. oder im Einzelfall zu beschränken oder zu verbieten. § 42a verbietet das Führen von **Anscheinswaffen,** Hieb- und Stoßwaffen sowie bestimmter tragbarer Gegenstände in der Öffentlichkeit. 12

3. Abschnitt 3 (§§ 43–50) Sonstige waffenrechtliche Vorschriften

Abschn. 3 (§§ 43–50) enthält sonstige waffenrechtl. Vorschriften: 13
- § 43 → Erhebung und Übermittlung personenbezogener Daten
- § 43a → Nationales Waffenregister
- § 44 → Übermittlung an und von Meldebehörden
- § 44a → Behördliche Aufbewahrungspflichten
- § 45 → Rücknahme und Widerruf
- § 46 → Weitere Maßnahmen
- § 47 → Verordnungen zur Erfüllung internationaler Vereinbarungen oder zur Angleichung an Gemeinschaftsrecht
- § 48 → Sachliche Zuständigkeit
- § 49 → Örtliche Zuständigkeit
- § 50 → Kosten

4. Abschnitt 4 (§§ 51–54) Straf- und Bußgeldvorschriften

Abschn. 4 (§§ 51–54) enthält die Straf- und Bußgeldvorschriften des WaffG. § 51 stellt als **Verbrechenstatbestand** insbes. den Umgang mit verbotenen Schussw. (bestimmte „Pumpguns", Vollautomaten, die Patronenmunition verschießen) unter Strafe. § 52 enthält einen **umfangreichen Katalog** von Vergehenstatbeständen. § 53 enthält den Katalog von Bußgeldtatbeständen. § 54 regelt schließlich die Einziehung von Schussw. oder Munition. 14

5. Abschnitt 5 (§§ 55–57) Ausnahmen von der Anwendung des Gesetzes

In Abschn. 5 §§ 55–57 werden **Ausnahmen von der Anwendung** des WaffG festgelegt. § 55 regelt Ausnahmen für oberste Bundes- und Landesbehörden, Bundeswehr, Polizei und Zollverwaltung sowie erheblich gefährdete Hoheitsträger und Bedienstete anderer Staaten. § 56 nimmt Staatsgäste und andere Besucher vom WaffG teilw. aus. § 57 regelt die **Abgrenzung** des WaffG zum **KrWaffKontrG** und enthält Übergangsvorschriften für bislang im Privatbesitz befindliche Kriegswaffen. 15

6. Abschnitt 6 (§§ 58–60) Übergangsvorschriften, Verwaltungsvorschriften

16 § 58 enthält die im Zuge der Neufassung des WaffG erforderlich gewordenen Übergangsbestimmungen und besondere **Amnestieregelungen.** § 59 ermächtigt das BMI und weitere oberste Bundesbehörden sowie die Deutsche Bundesbank zum Erlass von allg. Verwaltungsvorschriften über den Erwerb und das Führen von Schussw. im Einvernehmen mit dem BMI. § 60 enthält eine Übergangsregelung zur Kostenverordnung zum WaffG.

7. Anlage 1 (zu § 1 Abs. 4) Begriffsbestimmungen

17 Anl. 1 ist zu § 1 Abs. 4 ergangen. In Abschn. **1** werden waffen- und munitionstechnische Begriffe sowie die Einstufung von Gegenständen festgelegt. Die Schussw. und ihnen gleichgest. tragbare Gegenstände sind in UAbschn. 1 geregelt. UAbschn. 2 enthält tragbare Gegenstände, wie zB Hieb- und Stoßwaffen, Reizstoffsprühgeräte oder Elektroimpulsgeräte, während in UAbschn. 3 Munition und Geschosse definiert werden. Abschn. **2** enthält ua Def. der waffenrechtl. Umgangsarten, wie Erwerb, Besitz, Überlassen, Führen usw, Abschn. **3** teilt Schussw. oder Munition in die Kat. A bis D nach der Waffenrichtlinie ein.

8. Anlage 2 (zu § 2 Abs. 2–4) Waffenliste

18 Anl. 2 ist zu § 2 Abs. 2–4 ergangen. In Abschn. **1** sind abschließend alle nach § 2 Abs. 3 verbotenen Waffen und Munitionsarten aufgeführt.

In Abschn. **2** sind die zentralen Regelungen zur Erlaubnispflicht sowie gegenstandsbezogene Ausnahmen von derselben für einzelne Arten des Umgangs enthalten. In UAbschn. 1 sieht das WaffG zunächst eine umfassende **Erlaubnispflicht** für **sämtliche Schussw.,** die den Schussw. **gleichgest. tragbare Gegenstände** sowie für **dazugehörige Munition** vor. Diese kurz gefasste Grundregel zur Erlaubnispflicht wird im UAbschn. 2 relativiert, insoweit der Gesetzgeber hier umfangreiche, **gegenstandsbezogene Ausnahmen** von der Erlaubnispflicht bzgl. einzelner Umgangsarten vorsieht. Diese Ausnahmen werden von den situations- bzw personenbezogenen Ausnahmen in § 12, § 13 Abs. 3, 6, 7, § 16 Abs. 4, § 28 Abs. 4 und § 32 Abs. 3, 5 ergänzt, woraus ein **komplexes Regel-Ausnahme-Verhältnis** hinsichtlich der Frage resultiert, ob eine dem Grunde nach erlaubnispflichtige Waffe ggf. im konkreten Fall für einzelne Umgangsarten von der Erlaubnispflicht frei gestellt ist. Im UAbschn. 3 schließlich sind Erleichterungen für den Erwerb waffenrechtl. Erlaubnisse für bestimmte Waffen festgeschrieben.

In Abschn. **3** nimmt der Gesetzgeber eine Reihe von Schussw. bzw den Schussw. gleichgest. tragb. Gegenständen in unterschiedlichem Umfang von weiten Teilen der waffenrechtl. Regelungen aus, was entweder an die ausgesprochen niedrige Deliktsrelevanz (bspw. Harpunengeräte) oder die obj. Ungefährlichkeit der Gegenstände (Spielzeugschussw.) anknüpft.

II. Entstehung und Änderungen des neuen WaffG

19 Bereits lange vor Inkrafttreten des zum 1.4.2003 gänzlich neu gefassten WaffG bestand gemeinhin Einigkeit darüber, dass das WaffG aF aus dem Jahre 1976 grundlegend reformbedürftig sei. Über die Jahre hatte sich zum WaffG ein kaum mehr zu überschauender gesetzlicher Unterbau herausgebildet. Gleichwohl blieben verschiedene Gesetzesinitiativen zur Schaffung eines neuen WaffG erfolglos.

1. Gesetz zur Neuregelung des Waffenrechts (WaffRNeuRegG)

Im Jahre 2002 kam schließlich eine umfassende Neuregelung des Waffenrechts mit dem Gesetz über die Neuregelung des Waffengesetzes v. 11.10.2002 (BGBl. I S. 3970), das WaffRNeuRegG, zustande. 20

Das sog „neue WaffG" ist mit Wirkung zum **1.4.2003** in Kraft getreten. Bei der Schaffung des neuen WaffG war der Gesetzgeber zunächst darum bemüht, ein möglichst klar strukturiertes Regelwerk zu entwickeln. Zudem galt es, Lücken zu schließen und das WaffG aktuellen gesellschaftlichen und technischen Entwicklungen anzupassen.

Bis dato frei verkäufliche Messertypen, welche namentlich bei der Begehung schwerwiegender Straftaten häufig in Erscheinung getreten waren (bestimmte Springmesser, Fallmesser, Faustmesser, Butterflymesser), wurden nunmehr als verbotene Waffen eingestuft.

Zudem wurde die waffenrechtl. Einstufung von Schreckschuss-, Reizstoff- und Signalwaffen (SRS-Waffen) neu vorgenommen. Diese konnten bis zum Wirksamwerden des neuen WaffG ab Vollendung des 18. Lebensj. frei in der Öffentlichkeit geführt werden. Sie dürfen auch nach dem neuen WaffG ab Vollendung des 18. Lebensj. frei erworben und besessen werden, allerdings bedarf es zum **Führen** einer waffenrechtl. Erlaubnis, des Kleinen Waffenscheins (KWS). Dieser kann im Vergleich zum herkömmlichen WS (welcher zum Führen scharfer Schussw. berechtigt) unter deutlich erleichterten Vorauss. erworben werden (ohne Sachkunde-, Bedürfnis- und Haftpflichtversicherungsnachweis).

Schließlich hatte der Gesetzgeber bereits 2003 ein unkontrolliertes Anwachsen von Waffenbeständen in der Bevölkerung in Folge eines Erwerbs von Todes wegen festgestellt, weil das in § 20 normierte sog „Erbenprivileg" den Erwerb und Besitz von Schussw. durch Erben, Vermächtnisnehmer und durch Auflage Begünstigte unter stark erleichterten Erlaubnisvorauss. ermöglichte. Um ein weiteres Anwachsen zu limitieren, wurde die Regelung des § 20 in seiner Geltungskraft auf einen Zeitraum von fünf Jahren begrenzt. Im Zuge des 2. ÄndG (→ Rn. 23) wurde sie zum 1.4.2008 restriktiv neu gefasst.

2. Änderungen des WaffG von 2003 bis 2006

Erstmals **geändert** wurde das WaffG durch das Gesetz zur effektiveren Nutzung von Dateien im Bereich der Staatsanwaltschaften v. 10.9.2004 (BGBl. 2004 S. 2318) mit Wirkung v. 1.3.2005. Im Zusammenhang mit der Einführung des automatisierten Abrufens von Daten für Zwecke der Strafrechtspflege aus dem Zentralen Staatsanwaltschaftlichen Verfahrensregister (ZStV) wurde § 5 Abs. 5 S. 3 gestrichen und in § 495 S. 3 StPO in grundsätzlicher Form für die StPO übernommen (vgl. BT-Drs. 15/3331, 12). 21

Ferner wurde das WaffG durch das Gesetz zur **Umbenennung** des **Bundesgrenzschutzes** in **Bundespolizei** v. 21.6.2005 (BGBl. I S. 1818 (1826)) geändert und in § 33 Abs. 3 S. 1 die Wörter „des Bundesgrenzschutzes" durch die Wörter „der Bundespolizei" und in § 33 Abs. 3 S. 2 das Wort „Bundesgrenzschutzgesetzes" durch das Wort „Bundespolizeigesetzes" ersetzt.

3. Gesetz zur Änderung des Waffengesetzes (= 1. ÄndG)

Mit dem Gesetz zur Änderung des Waffengesetzes v. 5.11.2007 (BGBl. I S. 2557) hat das WaffG in Gestalt des neu eingefügten § 42 Abs. 5 mit Wirkung zum **23.11.2007** eine inhaltliche Ergänzung erfahren (= 1. ÄndG). Den Landesregierungen wird hierdurch unter näher benannten Vorauss. die Ermächtigung eingeräumt, **RVO** auf dem Gebiet des Waffenrechts zu erlassen. Anlass für diese Ermächtigung ist der Umstand, dass insbes. in Großstädten „kriminalitätsgeneigte" Viertel festzu- 22 stellen sind, in denen überdurchschnittlich viele Straftaten unter Einsatz von Waffen begangen werden (vgl. BT-Drs. 16/1991, 6). An solchen Orten können die Landesregierungen durch RVO das Führen von Waffen iSd § 1 Abs. 2 allg. oder im Einzelfall beschränken oder verbieten, soweit auf Grund tatsächlicher Anhaltspunkte davon auszugehen ist, dass auch in der Zukunft weitere gewaltgeprägte Straftaten begangen werden. Diese Regelung sollte einerseits dem begründeten Bedürfnis waffenrechtl. Verschärfungen im Einzelfall genügen und andererseits eine undifferenzierte Überreglementierung auf dem Gebiet des Waffenrechts verhindern.

4. Gesetz zur Änderung des Waffengesetzes und weiterer Vorschriften (= 2. ÄndG)

23 Das Gesetz zur Änderung des Waffengesetzes und weiterer Vorschriften (= 2. ÄndG) v. 26.3.2008 (BGBl. I S. 426) trat zum **1.4.2008** in Kraft und brachte wesentl. Novellierungen des WaffG mit sich.

Eine basale Veränderung hat das WaffG durch die Regelungen des neu ins WaffG eingefügten § 42a erfahren. Dieser enthält drei unterschiedlich gelagerte **Führensverbote.**

Der Gesetzgeber hat mit dieser Vorschrift grds. das Führen sämtlicher **Anscheinswaffen** verboten (§ 42a Abs. 1 Nr. 1). Die Anscheinswaffen hat der Gesetzgeber legaldefiniert in Anl. 1 Abschn. 1 UAbschn. 1 Nr. 1.6. Vom Begriff sind iErg alle Gegenstände erfasst, die zwar unter obj. Gesichtspunkten ungefährlich sind, aber vom äußeren Erscheinungsbild her einer scharfen Schussw. nachgebildet sind. Weiter ist ein prinzipielles Verbot bzgl. des Führens von **Hieb- und Stoßwaffen** festgeschrieben worden (§ 42a Abs. 1 Nr. 2), was eine **einschneidende Limitierung** des Umgangs mit einer Vielzahl erlaubnisfreier Waffen darstellt.

Schließlich ist das Führen von **Einhandmessern** sowie von **feststehenden Messern** mit einer Klingenlänge über 12 cm im Grundsatz verboten (§ 42a Abs. 1 Nr. 3). Dieses Verbot stellt einen **Systembruch** dar, da es sich bei den in Nr. 3 benannten Einhandmessern und den nach der Länge ihrer feststehenden Klinge spezifizierten Messern um bloße Gegenstände des **täglichen Gebrauchs** und **nicht um Waffen iSd WaffG** handelt.

Um mit den in § 42a Abs. 1 sehr weit gefassten Führensverboten nicht zu ungebührlich strengen Reglementierungen zu gelangen, hat der Gesetzgeber in Abs. 2 der Vorschrift umfangreiche Ausnahmen vorgesehen. In der Praxis ist hierdurch einerseits ein weitreichender Ermessensspielraum eröffnet, andererseits resultieren aus den wenig greifbaren Formulierungen des Gesetzes auch erhebliche **Anwendungsprobleme** im Einzelfall.

Schließlich wurde das in seiner Geltung bis zum 31.3.2008 befristete sog **„Erbenprivileg“** komplett neu gefasst. Der zum 1.4.2008 neu gefasste § 20 enthält eine den Waffenerwerb durch Erbschaft deutlich limitierende Erbenregelung.

Bei **verbotenen Waffen** erfolgten Neuregelungen und Präzisierungen. Mit Wirkung zum 1.4.2008 wurde das Verbot von „Pumpguns“ mit Kurzwaffengriff anstelle des Hinterschaftes auf solche ausgedehnt, die in ihrer kürzest möglichen Verwendungsform eine Gesamtlänge von weniger als 95 cm aufweisen oder bei denen die Lauflänge weniger als 45 cm beträgt. Außerdem wurden Distanz-Elektroimpulsgeräte (sog „Taser“) in den Katalog der verbotenen Waffen aufgenommen. Verboten wurden zudem **mehrschüssige Kurzwaffen** für Zentralfeuermunition in Kalibern unter 6,3 mm, wenn der Antrieb der Geschosse nicht ausschl. durch den Zündsatz erfolgt, soweit deren Baujahr nach dem 1.1.1970 liegt. Hierbei handelt es sich um Schussw., die in der Lage sind, ballistische Schutzwesten bspw. von Polizisten oder Soldaten zu durchschießen.

Nicht zuletzt hat der Gesetzgeber die Novellierung auch dazu genutzt, einige begriffliche Präzisierungen vorzunehmen bzw Legaldef. in das Gesetz aufzunehmen.

5. Änderungen durch das 4. Gesetz zur Änderung des Sprengstoffgesetzes 2009 (= 3. ÄndG)

Durch das 4. Gesetz zur Änderung des Sprengstoffgesetzes (BGBl. I S. 2088) wurden weitere Änderungen des WaffG bewirkt, welche am **25.7.2009** in Kraft getreten sind **(= 3. ÄndG).** 24

Anlass der neu eingefügten Änderungen im WaffG war der **Amoklauf** eines 17-Jährigen am 11.3.2009 in einer Schule im baden-württembergischen Winnenden (vgl. dazu auch *Bannenberg*, WiW, 1 ff.). Dieser tötete mit einer halbautomatischen Kurzwaffe 15 Menschen und anschließend sich selbst. An diese hatte er gelangen können, weil sein Vater sie nicht in dem vorgeschriebenen Waffenschrank aufbewahrt hatte. Vor diesem Hintergrund sah der Gesetzgeber sich zu Änderungen des WaffG veranlasst, welche vornehmlich auf die Einhaltung der Vorschriften über die Aufbewahrung abzielen (vgl. BT-Prot. 16/227, 25176 ff.; BT-Drs. 16/13423, 69). 25

Im Wesentlichen wurden durch das 3. ÄndG folgende Änderungen im WaffG vorgenommen: 26

- In § 4 Abs. 4 wird S. 3 angefügt, wonach die zust. Beh. den Fortbestand des waffenrechtl. Bedürfnisses für den weiteren Waffenbesitz auch überprüfen kann, soweit die obligatorische Prüfung nach drei Jahren bereits erfolgt ist.
- § 14 Abs. 3 S. 3 wird durch den Nachweis der regelmäßigen Teilnahme an Schießsportwettkämpfen ergänzt. Damit wird klargestellt, dass nur besonders aktive Sportschützen, die nachweislich an Wettkämpfen teilgenommen haben, ein anerkanntes Bedürfnis für die Überschreitung des in der Vorschrift genannten Waffenkontingents haben.
- In § 27 Abs. 3 S. 1 Nr. 2 wird die Altersgrenze von 16 auf 18 Jahre angehoben und das Schießen Jugendlicher auf Schießstätten auf Kleinkaliberwaffen und Einzellader-Langwaffen mit glatten Läufen (Flinten) mit Kal, 12 oder kleiner begrenzt. Damit soll Jugendlichen die Möglichkeit verwehrt werden, Fertigkeiten im Umgang mit sog. großkalibrigen Schussw. zu erwerben.
- § 36 Abs. 3 erweitert die Nachweispflicht der sicheren Aufbewahrung bereits auf die Antragstellung. Des Weiteren erhalten die zust. Beh. die Möglichkeit, die Einhaltung der Aufbewahrungsvorschriften von erlaubnispflichtigen Schussw., Munition oder verbotenen Waffen in den Räumen der Waffenbesitzer verdachtsunabhängig zu überprüfen. Dazu sind die Waffenbesitzer verpflichtet, den Zutritt zu den Räumen zu gestatten, in denen die Waffen und die Munition aufbewahrt werden. Die Anpassung des § 36 Abs. 3 soll gewährleisten, dass die Behörden die Beachtung der Bestimmungen zur sicheren Aufbewahrung wirksam überwachen können.
- Der neu eingefügte § 43a verpflichtet zur Errichtung eines Nationalen Waffenregisters bis zum 31.12.2012
- Der neu eingefügte § 52a stellt einen Verstoß gegen die Aufbewahrungsvorschriften des § 36 Abs. 1 S. 2 und Abs. 2 dann unter Strafe, wenn gegen diese Vorschriften vorsätzlich verstoßen wird und dadurch (zumindest vom bedingten Vorsatz umfasst) die konkrete Gefahr des Abhandenkommens bzw des Zugriffs Dritter entsteht. Die verschärfte Sanktionierung von Verstößen gegen waffenrechtl. Aufbewahrungsvorschriften soll insbes. eine präventive Wirkung entfalten.
- § 58 Abs. 8 sieht wie schon bei der Novelle des Waffenrechts in den Jahren 2002 und 2003 eine Amnestieregelung bis 31.12.2009 vor, um Besitzern illegaler Waffen einen Anreiz zu geben, sich von diesen zu trennen.
- Sämtliche Änderungen der §§ 29 ff., die zum 1.1.2010 in Kraft treten sollten, werden wieder aufgehoben.

6. Änderungen durch das Gesetz zum Vorschlag für eine Verordnung des Rates über die Erweiterung des Geltungsbereichs der Verordnung (EU) Nr. 1214/2011 des Europäischen Parlaments und des Rates über den gewerbsmäßigen grenzüberschreitenden Straßentransport von Euro-Bargeld zwischen Mitgliedstaaten des Euroraums 2012 (= 4. ÄndG)

26a Mit Art. 1b des Gesetzes zum Vorschlag für eine Verordnung des Rates über die Erweiterung des Geltungsbereichs der Verordnung (EU) Nr. 1214/2011 des Europäischen Parlaments und des Rates über den gewerbsmäßigen grenzüberschreitenden Straßentransport von Euro-Bargeld zwischen Mitgliedstaaten des Euroraums (BGBl. II S. 1381, in Kraft getreten am 30.11.2012) wurde § 48 Abs. 1a, Abs. 3a in das WaffG eingefügt. Weiterhin wurde § 53 um Abs. 1a ergänzt. Diese Änderungen stehen im Zusammenhang mit der zum 30.9.2013 in Kraft getretenen Verordnung (EU) Nr. 258/2012 (Feuerwaffen-VO) v. 14.3.2012 (vgl. *Gade* WaffR S. 224 ff.). Als unmittelbar geltendes Recht bedurfte die VO keiner Umsetzung in nationales Recht. Ua wurden durch diese Ausfuhrgenehmigungspflichten für Feuerwaffen, deren Teile, Komponenten und Munition eingeführt.

In § 48 Abs. 3a wurde das BAFA als zuständige Stelle für die Erteilung von Genehmigungen nach der Feuerwaffen-VO bestimmt. Weiter wurden in § 53 Abs. 1a Verstöße gegen die Ausfuhrgenehmigungspflichten der Feuerwaffen-VO als Ordnungswidrigkeiten geahndet.

7. Änderungen durch das Gesetz zur Einführung eines Zulassungsverfahrens für Bewachungsunternehmen auf Seeschiffen 2013 (= 5. ÄndG) und weitere Änderungen

26b Durch das Gesetz zur Einführung eines Zulassungsverfahrens für Bewachungsunternehmen auf Seeschiffen wurde § 28a mit Wirkung zum 13.3.2013 neu in das WaffG eingefügt.

Durch Art. 2 Abs. 84 des Gesetzes zur Strukturreform des Gebührenrechts des Bundes v. 7.8.2013 (BGBl. I S. 3154) wurde § 60 in das WaffG eingefügt. Mit dem Gesetz zur Aktualisierung der Strukturreform des Gebührenrechts des Bundes v. 18.7.2016 (BGBl. I S. 1666) wurde die zunächst bis zum 14.8.2018 befristete Übergangsregelung des § 60 zur Kostenverordnung zum WaffG bis zum 1.10.2021 verlängert.

8. Änderungen durch das zweite Gesetz zur Änderung des Waffengesetzes und weiterer Vorschriften 2017 (= 6. ÄndG)

26c Mit dem zum 6.7.2017 in Kraft getretenen zweiten Gesetz zur Änderung des Waffengesetzes und weiterer Vorschriften (BGBl. I S. 2133) v. 30.6.2017 hat das WaffG eine erneute und umfangreiche Novellierung erfahren.

Im Wesentlichen wurden durch das 6. ÄndG folgende Änderungen im WaffG vorgenommen:

– Erweiterung von § 5 Abs. 2 Nr. 3 um die auf Tatsachen gestützte Annahe, der Antragst. habe in der Vergangenheit bestimmte Verhaltensweisen gezeigt.
– § 12 Abs. 3 wird Nr. 6 angefügt, wonach das Führen einzelner wesentlicher Teile von Schussw. erlaubnisfrei ist, sofern diese der Waffe im Zuge einer vorübergehenden Aufbewahrung entnommen worden sind und das Führen des Einzelteils im Zuge dieser Aufbewahrung stattfindet.
– § 13 Abs. 3 S. 2 wird neu gegliedert und um die in Nr. 1 enthaltene Vorgabe erweitert (schriftliche Anzeige des erlaubnisfreien Langwaffenerwerbs auf Grund-

lage eines gültigen Jahresjagdscheins binnen zwei Wochen gegenüber der zuständigen Behörde unter Benennung von Name und Anschrift des Überlassenden).
- § 23 wird um Abs. 2 Nr. 3 erweitert (Buchführungspflicht für Reparatur-, Verwahr- und Kommissionswaffen).
- § 24 wird Abs. 1 Nr. 1b hinzugefügt (Kennzeichnungspflicht bei nicht gewerblicher Waffenherstellung).
- § 32 wird ein Abs. 1a eingefügt (Erlaubnis zur Mitnahme von Waffen und Munition aus dem Geltungsbereich in einen anderen Mitgliedstaat) und der Ausnahmetatbestand des Abs. 3 erweitert auf Erlaubnisse nach Abs. 1a.
- Zuständigkeitswechsel vom BKA zum BVA in Fällen des Überlassens von Schussw. und Munition an Personen, die ihren gewöhnlichen Aufenthalt in einem anderen Mitgliedstaat haben (§ 34 Abs. 5).
- Die materiellen Vorgaben für die Aufbewahrung von Schussw. und Munition werden komplett aus § 36 WaffG ausgelagert in die AWaffV (dort § 13 AWaffV).
- § 38 wird übersichtlicher gegliedert und um Ausweispflichten in bestimmten Konstellationen des Verbringens und der Mitnahme erweitert.
- § 39a wird in einem neu geschaffenen Abschnitt 6a in das WaffG eingefügt (Verordnungsermächtigung hinsichtlich Vorgaben zur Unbrauchbarmachung von Schussw. und Umgang mit diesen).
- § 42 wird um konkretisierende Beispiele öffentl. Veranstaltungen ergänzt.
- Erweiterung behördlicher Melde- und Aufbewahrungspflichten (§§ 44, 44a)
- Aufnahme der verbotenen Elektroimpulsgeräte oA nach Anl. 2 Abschn. 1 Nr. 1.3.6 in § 52 Abs. 3 Nr. 1, Überführung des § 52a aF in § 52 Abs. 3 Nr. 7a.
- Verlängerung der Amnestieregelung in § 58.
- Ergänzung von Anl. 1 Abschn. 2 um Nr. 14 (Legaldef. für den Begriff „Mitgliedstaaten").
- Erweiterung der den Schussw. gleichgest. tragbaren Gegenstände um bestimmte technische Abschussgeräte (Anl. 1 Abschn. 1 UA 1 Nr. 1.2.2).
- Einführung des Verbots von Hartkerngeschossen (Anl. 2 Abschn. 1 Nr. 1.5.4).

III. Anwendungsbereich des WaffG

In sachlicher Hinsicht lässt sich der Geltungsbereich aus der Regelung des § 1 **27**
Abs. 1 ermitteln, wohingegen der örtl. Anwendungsbereich nach den allg. für Bundesgesetze geltenden Regeln herzuleiten ist.

1. Sachlicher Anwendungsbereich

Der **sachliche Anwendungsbereich** des WaffG ist in § 1 Abs. 1 umrissen. Er **28**
umfasst den Umgang mit Waffen oder Munition und weist damit einen gegenständlichen sowie zugleich auch einen personalen Bezugspunkt auf. Zunächst muss ein Gegenstand vorliegen, welcher als Waffe oder als Munition iSd WaffG zu qualifizieren ist, zudem muss eine personale Beziehung zu dem Gegenstand in Form eines Umgangs iSd WaffG bestehen, damit der Anwendungsbereich des WaffG eröffnet ist.

Der Umgang mit Waffen oder Munition soll nach dem Willen des Gesetzgebers unter der Berücksichtigung der **„Belange der öff. Sicherheit und Ordnung"** geregelt werden. Daraus lässt sich der **Schutzzweck** des WaffG erschließen, nach dem das WaffG vornehmlich solche Gefahren abwehren soll, welche typischerweise durch die Nutzung von Waffen und Munition hervorgerufen werden können (BT-Drs. 14/7758, 51).

2. Örtlicher Anwendungsbereich

29 Der **örtliche Anwendungsbereich** des WaffG ist nicht gesondert in diesem geregelt, allerdings mit der Formulierung „Geltungsbereich dieses Gesetztes" mehrfach angesprochen. Er ist damit nach den allg. Regeln zu bemessen, die auch für andere Bundesgesetze gelten. Zunächst erstreckt sich der Geltungsbereich des WaffG auf das Gebiet der Bundesrepublik Deutschland, zu welchem auch die 12-Meilen-Zone des Küstenmeeres zählt.

Hiervon sind auch alle Schiffe und Luftfahrzeuge innerhalb dieses Gebietes erfasst, wobei sich aus dem Grundsatz der **innocent passage** (Art. 17 SRÜ) für die Schifffahrt erhebliche Einschränkungen ergeben. Bzgl. lediglich durchfahrender ausländischer Schiffe ist die Anwendung nationalen Rechts in weiten Teilen ausgeschlossen.

Eine Geltung des Waffenrechts auf Fahrzeugen außerhalb des solchermaßen umrissenen Geltungsbereiches ist nicht anzunehmen, auch wenn es sich um deutsche Schiffe oder Luftfahrzeuge handelt. Zwar erlauben § 4 StGB und § 5 OWiG im Grundsatz auch die Verfolgung solcher Straftaten und Ordnungswidrigkeiten, die auf Schiffen und Luftfahrzeugen außerhalb des räuml. Geltungsbereichs des Gesetzes verwirklicht worden sind, wenn das Schiff oder Luftfahrzeug die Bundesflagge oder das Staatszugehörigkeitszeichen der Bundesrepublik Deutschland zu führen berechtigt sind. Diese Regelungen des Straf- und Ordnungswidrigkeitenrechts verdeutlichen allerdings, dass die Geltung deutscher Gesetze außerhalb des deutschen Hoheitsgebiets einer ausdrücklichen Klarstellung durch den Gesetzgeber bedarf. Eine entspr. Regelung ist im WaffG nicht enthalten, weshalb im Gegenschluss anzunehmen ist, dass die Anwendbarkeit waffenrechtl. Regelungen auf den räuml. Geltungsbereich des Gesetzes begrenzt ist. Auf deutschen Schiffen oder Luftfahrzeugen kommt die Anwendung deutschen Waffenrechts daher nicht in Betracht, solange sich diese außerhalb des deutschen Hoheitsgebiets befinden. Sobald sich das Fahrzeug wieder in dem eingangs umschriebenen Hoheitsgebiet befindet, unterliegt es auch den Reglementierungen des deutschen Waffenrechts.

IV. Gesetzliche und untergesetzliche Vorschriften

30 Das Gesetz zur Neuregelung des Waffenrechts (WaffRNeuRegG) enthält als sog **Artikelgesetz** in Art. 1 die Neufassung des Waffengesetzes (WaffG), in Art. 2 das Gesetz über die Prüfung und Zulassung von Feuerwaffen und anderen Geräten, von Munition und sonstigen Waffen, das Beschussgesetz (BeschG) sowie in den Art. 3–19 Anpassungsregelungen anderer Gesetze und RVO (WaffRNeuRegG v. 11.10.2002, BGBl. I S. 3970, Berichtigung S. 4592 und BGBl. 2003 I S. 1957).

1. Waffengesetz (WaffG)

31 Das WaffG ist gem. Art. 19 Nr. 1 S. 2 WaffRNeuRegG am **1.4.2003** in Kraft und das Waffengesetz vom 8.3.1976 (WaffG aF) außer Kraft getreten. Gem. Art. 19 Nr. 1 WaffRNeuRegG traten am **17.10.2002,** dem Tag nach der Verkündung im BGBl., verschiedene Verordnungsermächtigungen im WaffG und im BeschG sowie das Verbot der Vorderschaftrepetierflinten, bei denen der Hinterschaft durch einen Pistolengriff ersetzt ist, in Kraft.

32 **a) Allgemeine Waffengesetz-Verordnung (AWaffV).** Zum WaffG ist die **Allgemeine Waffengesetz-Verordnung** (AWaffV) v. 27.10.2003 (BGBl. I S. 2123) nach Zustimmung des BR (BR-Drs. 415/03 [Beschluss]) vom BMI auf Grundlage der im WaffG enthaltenen Verordnungsermächtigungen (vgl. Art. 80 GG) erlassen worden und am 1.12.2003 in Kraft getreten. Neun Abschnitte (§§ 1–34 AWaffV) regeln ua den Nachweis der Sachkunde sowie der persönlichen Eignung, den

Ausschluss bestimmter Schussw. vom Schießsport, die Benutzung von Schießstätten, die Aufbewahrung von Waffen und Munition, Vorschriften für das Waffengewerbe bzgl. Fachkunde, Waffenherstellungs- und Waffenhandelsbücher sowie der Kennzeichnung von Waffen. Weitere Abschn. enthalten Vorschriften über die Ausbildung in der Verteidigung mit Schussw. und Vorschriften mit Bezug zur EU und zu Drittstaaten sowie abschließend auch Ordnungswidrigkeiten bei Verstößen gegen die AWaffV. Durch Art. 2 des zweiten Gesetzes zur Änderung des Waffengesetzes und weiterer Vorschriften (BGBl. I S. 2133) hat die AWaffV wesentliche Änderungen erfahren. Hervorzuheben ist die Neufassung des § 13 AWaffV, in dem nun gebündelt alle Vorgaben zur Aufbewahrung von Schussw. und Munition enthalten sind.

(unbesetzt) 33

Übersicht über die AWaffV und Zuordnung zur Ermächtigungsnorm im WaffG 34

§§ AWaffV	Ermächtigungsnorm im WaffG	Regelung
§ 1	§ 7 Abs. 2	Umfang der Sachkunde
§ 2	§ 7 Abs. 2	Prüfung
§ 3	§ 7 Abs. 2	Anderweitiger Nachweis der Sachkunde
§ 4	§ 6 Abs. 4	Gutachten über die persönliche Eignung
§ 5	§ 15a	Schießsportordnungen
§ 6	§ 15a Abs. 4	Vom Schießsport ausgeschlossene Schussw.
§ 7	§ 15a Abs. 4	Unzulässige Schießübungen im Schießsport
§ 8	§ 15b	Beirat für schießsportliche Fragen
§ 9	§ 27 Abs. 7 S. 2 Nr. 1	Zulässige Schießübungen auf Schießstätten
§ 10	§ 27 Abs. 7 S. 2 Nr. 1	Aufsichtspersonen; Obhut über das Schießen durch Kinder und Jugendliche
§ 11	§ 27 Abs. 7 S. 2 Nr. 1	Aufsicht
§ 12	§ 27 Abs. 7 S. 2 Nr. 1	Überprüfung der Schießstätten
§ 13	§ 36 Abs. 5	Aufbewahrung von Waffen oder Munition
§ 14	§ 36 Abs. 5	Aufbewahrung von Waffen oder Munition in Schützenhäusern, auf Schießstätten oder im gewerblichen Bereich
§ 15	§ 22 Abs. 2 Nr. 1	Umfang der Fachkunde
§ 16	§ 22 Abs. 2 Nr. 2	Prüfung
§ 17	§ 25 Abs. 1 Nr. 1a und b	Grundsätze der Buchführungspflicht
§ 18	§ 25 Abs. 1 Nr. 1a	Führung der Waffenbücher in gebundener Form

§§ AWaffV	Ermächtigungsnorm im WaffG	Regelung
§ 19	§ 25 Abs. 1 Nr. 1a	Führung der Waffenbücher in Karteiform
§ 20	§ 25 Abs. 1 Nr. 1a	Führung der Waffenbücher in elektronischer Form
§ 21	§ 25 Abs. 1 Nr. 1c und Nr. 2c	Kennzeichnung von Schussw.
§ 22	§ 27 Abs. 7 S. 2	Lehrgänge und Schießübungen
§ 23	§ 27 Abs. 7 S. 2 Nr. 2c	Zulassung zum Lehrgang
§ 24	§ 27 Abs. 7 S. 2 Nr. 2d	Verzeichnisse
§ 25	§ 27 Abs. 7 S. 2 Nr. 2e	Untersagung von Lehrgängen oder Lehrgangsteilen; Abberufung von Aufsichtspersonen oder Ausbildern
§ 26	§ 47	Allg. Bestimmungen
§ 27	§ 22 Abs. 2 Nr. 2 und 3 und § 47	Besondere Bestimmungen zur Fachkunde
§ 28	§ 47	Erlaubnisse für den Erwerb von Waffen und Munition in einem anderen Mitgliedstaat
§ 29	§ 47	Erlaubnisse zum Verbringen von Waffen und Munition
§ 30	§ 47 und § 7 Abs. 2	Erlaubnisse für die Mitnahme von Waffen und Munition nach oder durch Deutschland
§ 31	§ 47	Anzeigen
§ 32	§ 47	Mitteilungen der Behörden
§ 33	§ 47	Europäischer Feuerwaffenpass
§ 34	§ 53 Abs. 1 Nr. 23	Ordnungswidrigkeiten
§ 35		(weggefallen)
§ 36		Inkrafttreten, Außerkrafttreten

35 **b) Kostenverordnung zum WaffG (WaffKostV).** Bisher wurden in der vierten VO zum WaffG aF (4. WaffV oder WaffKostV, abgedr. bei *Steindorf/Papsthart* Nr. 3 S. 665) die Gebühren (Kosten) für Amtshandlungen, Prüfungen und Untersuchungen nach dem WaffG aF geregelt. Der Erlass einer neuen Kostenverordnung zum Waffengesetz (WaffKostV) war für das Jahr 2004 vorgesehen. Durch das **2. ÄndG** (→ Rn. 23) zum 1.4.2008 wurde jedoch die in § 50 bestehende Ermächtigungsgrundlage zum Erlass einer RVO auf den Bund begrenzt. Im Übrigen wurde die Zuständigkeit auf die Länder abgeschichtet, womit diese eigene Kostenvorschriften erlassen können. Solange die Bundeslänger hiervon keinen Gebrauch gemacht haben, gilt die WaffKostV bis zum 1.10.2021 weiter, vgl. § 60. Nach den Vorgaben der Föderalismusreform wird der Bund nur noch auf die Bundesbehörden bezogene Kostenverordnungen im Waffen-, Beschuss- und Sprengstoffrecht erlassen.

36 **c) Allgemeine Verwaltungsvorschriften zum WaffG (WaffVwV).** Allg. Verwaltungsvorschriften (zB WaffVwV oder SprengVwV) stellen **keine** Rechtsquellen

im engeren Sinne dar, wirken im Verhältnis zum Bürger nicht unmittelbar und entfalten somit keine unmittelbaren Rechte oder Pflichten für den Bürger.

Gleichwohl sind sie für die Praxis von großer Bedeutung, da es sich um amtliche Erläuterungen handelt, durch welche die zust. Beh. grds. iSe. einheitlichen Rechtsanwendung gebunden werden. Verstoßen die Behörden gegen diese Verwaltungsvorschriften ohne sachlichen Grund, kann dies den Gleichbehandlungsgrundsatz aus Art. 3 GG verletzen und ggf. zum Schadensersatz verpflichten.

Die **Allg. Verwaltungsvorschrift** zum WaffG (WaffVwV) vom 5.3.2012 ist am 37
23.3.2012 in Kraft getreten (BAnz. Nr. 47a v. 22.3.2012).

(unbesetzt) 38

Vordrucke für waffenrechtl. Erlaubnisse richten sich nach der zum 5.6.2012 in 39
Kraft getretenen Allgemeinen Verwaltungsvorschrift zu Vordrucken des Waffengesetzes (WaffVordruckVwV – BAnz. AT v. 5.6.2012 B 2).

2. Gesetz über die Prüfung und Zulassung von Feuerwaffen und anderen Geräten, von Munition und sonstigen Waffen, Beschussgesetz (BeschG)

Getrennt von den waffenrechtl. Bestimmungen wurde durch das Gesetz zur Neu- 40
regelung des Waffenrechts (→ Rn. 30) ein gesondertes Beschussgesetz (BeschG) erlassen. Damit sollte das WaffG von technischen Regelungen über die sicherheitstechnische Zulassung von Schussw. (Produktsicherheit) entlastet werden. Diese waren vormals in §§ 16–26 aF sowie den Vorschriften der 3. WaffV geregelt.

Auf Grund der §§ 14 und 15 BeschG sowie § 25 Abs. 1 Nr. 1c und § 36 Abs. 5 wurde die **Allgemeine VO zum Beschussgesetz** (Beschussverordnung – BeschussV) v. 13.7.2006 (BGBl. I S. 1474) erlassen. Sie konkretisiert in 10 Abschnitten (§§ 1–43 und 6 Anlagen) ua die Beschussprüfung, die Bauartzulassung für besondere Schussw., pyrotechnische Munition und Schussapparate sowie die Zulassung und Verpackung von Munition. Die Anlagen enthalten

- technische Einzelheiten der Anforderungen ua an Feuerwaffen, Schwarzpulverwaffen, Böller, SRS-Waffen, umgebaute oder unbrauchbar gemachte Schussw. (Anlage I),
- Beschusszeichen und Prüfzeichen (Anlage II),
- Prüfvorschriften für Patronen- und Kartuschenmunition (Anlage III)
- Anforderungen an Reizstoffgeschosse, Reizstoffsprühgeräte und die dafür verwendeten Reizstoffe (Anlage IV),
- Grenzwerte für Elektroimpulsgeräte (Anlage V) und
- Vorschriften für die Ermittlung der Bewegungsenergie der Geschosse (Anlage VI).

Der sachliche Grund für die Trennung von Waffenrecht und Beschussrecht ist die 41
unterschiedliche Zweckrichtung beider Gesetze: Während das WaffG primär den Umgang mit Waffen oder Munition unter dem Gesichtspunkt der öffentl. Sicherheit und Ordnung betrifft, regelt das BeschG die Prüfung und Zulassung insbes. von **Feuerwaffen, Böllern, Schussapparaten und Munition** sowie von bestimmten sonstigen Waffen im Interesse der Sicherheit für den Verwender und Dritte.

Die verschiedene Zweckrichtung von Waffen- und Beschussrecht zeigt sich nicht 42
zuletzt in den unterschiedlichen Regelungsbedürfnissen hinsichtlich der Teile von Waffen.

Unter dem **waffenrechtl.** Gesichtspunkt der **Aufrechterhaltung der öffentl. Sicherheit und Ordnung** kommt es vor allem bei der Frage des Erwerbs von Waffenteilen darauf an, ob es sich um wesentl. Teile handelt, also solche, aus denen sich ohne spezialhandwerkliche Fähigkeiten und Fertigkeiten eine funktionsfähige Schussw. zusammensetzen lässt. **Beschussrechtl.** ist hingegen darauf abzustellen, ob es sich um **höchstbeanspruchte** Teile handelt, also solche, die in besonderem Maße bei der Schussabgabe dem **Gasdruck** ausgesetzt sind und ohne deren **ordnungsge-**

mäße Be- und Verarbeitung die Haltbarkeit, Funktionssicherheit und Maßhaltigkeit als wesentl. Komponenten der **Verwendersicherheit** nicht gegeben sind (vgl. BT-Drs. 14/7758, 49).

3. Ausführungsgesetz zu Art. 26 Abs. 2 des Grundgesetzes (Gesetz über die Kontrolle von Kriegswaffen – KrWaffKontrG)

43 Gem. Art. 26 Abs. 2 GG dürfen zur Kriegsführung bestimmte Waffen nur mit Genehmigung der BReg. **hergestellt, befördert** und **in Verkehr gebracht** werden. Das Nähere wird durch ein Bundesgesetz geregelt. Auf Grund dieses Artikels ist das Ausführungsgesetz zum Art. 26 GG (Gesetz zur Kontrolle von Kriegswaffen = Kriegswaffenkontrollgesetz – KrWaffKontrG) erlassen worden (idF der Bekanntmachung v. 22.11.1990, BGBl. I S. 2506). Das KrWaffKontrG bezweckt die Ausführung und Ausgestaltung des Art. 26 Abs. 2 GG. Während das WaffG **sicherheitspolizeiliche** Zwecke verfolgt und daneben die Berufsausübung im Waffenherstellungs- und Waffenhandelsgewerbe regelt, soll das KrWaffKontrG die Vorbereitung und Führung eines **Angriffskrieges** und darüber hinaus vorbeugend alle Handlungen verhindern, die geeignet sind und in der Absicht vorgenommen werden, das friedliche Zusammenleben der Völker zu stören. Daneben dient das Gesetz auch der **Rüstungskontrolle** und dem Schutz des Ansehens Deutschlands im Ausland (vgl. *Steindorf/B. Heinrich* WaffG Vorb. zum KrWaffKontrG Rn. 5a).

44 Zur **Kriegführung** bestimmte Waffen iSd KrWaffKontrG (Kriegswaffen) sind gem. § 1 KrWaffKontrG die in der **Anl. zum KrWaffKontrG (KWL)** aufgeführten Gegenstände, Stoffe und Organismen. Die KWL kann durch RVO mit Zustimmung des BR durch die BReg. entspr. dem Stand der wissenschaftlichen, technischen und militärischen Erkenntnisse derart geändert oder ergänzt werden, dass sie alle Gegenstände, Stoffe und Organismen enthält, die geeignet sind, allein, in Verbindung miteinander oder mit anderen Gegenständen, Stoffen oder Organismen Zerstörungen oder Schäden an Personen oder Sachen zu verursachen und als Mittel der Gewaltanwendung bei bewaffneten Auseinandersetzungen zwischen Staaten zu dienen.

4. Gesetz über explosionsgefährliche Stoffe (Sprengstoffgesetz – SprengG)

45 Das SprengG gilt gem. § 1 Abs. 1 SprengG ua für den **Umgang und Verkehr** mit sowie die Einfuhr von festen oder flüssigen Stoffen und Zubereitungen (Stoffe), die durch eine nicht außergewöhnliche thermische, mechanische oder andere Beanspruchung zur Explosion gebracht werden können **(explosionsgefährliche Stoffe),** soweit sie zur Verwendung als Explosivstoffe oder als pyrotechnische Sätze bestimmt sind.

46 Mit dem 4. Gesetz zur Änderung des Sprengstoffgesetzes (3. ÄndG → Rn. 24) erfolgte die Umsetzung mehrerer EU-Richtlinien über das Inverkehrbringen pyrotechnischer Gegenstände, zur Kennzeichnung und Nachverfolgung von Explosivstoffen, über die Anerkennung von Berufsqualifikationen und über Dienstleistungen im Binnenmarkt (Einzelheiten vgl. BT-Drs. 16/12597, 1 ff.).

47 Für den Bereich des Umgangs mit explosionsgefährlichen Stoffen, zB Schwarzpulverschützen oder Wiederlader, gelten die Vorschriften des § 27 SprengG. Wer danach im nicht gewerblichen Bereich explosionsgefährliche Stoffe erwerben oder mit explosionsgefährlichen Stoffen umgehen will, bedarf der Erlaubnis gem. § 27 Abs. 1 SprengG. Gem. § 27 Abs. 1a SprengG gilt eine Erlaubnis nach § 27 Abs. 1 SprengG zum Laden und Wiederladen von Patronenhülsen auch als Erlaubnis zum Erwerb und Besitz der dabei hergestellten Munition nach § 10 Abs. 3 in der jeweils geltenden Fassung.

5. Bundesjagdgesetz (BJagdG)

Das **Jagdrecht** ist gem. § 1 BJagdG die ausschl. Befugnis, auf einem bestimmten Gebiet wildlebende Tiere, die dem Jagdrecht unterliegen (Wild), zu hegen, auf sie die Jagd auszuüben und sie sich anzueignen. Mit dem Jagdrecht ist die Pflicht zur Hege verbunden. Die Hege hat die Erhaltung eines den landschaftlichen und landeskulturellen Verhältnissen angepassten artenreichen und gesunden Wildbestandes sowie die Pflege und Sicherung seiner Lebensgrundlagen zum Ziel. Die **Jagdausübung** erstreckt sich auf das Aufsuchen, Nachstellen, Erlegen und Fangen von Wild und unterliegt neben den Beschränkungen durch das BJagdG den in seinem Rahmen ergangenen landesrechtl. Vorschriften. **48**

Bedeutsam für das Waffenrecht sind die Bestimmungen über den Jagdschein gem. §§ 15 ff. BJagdG. Wer die Jagd ausübt, muss gem. § 15 Abs. 1 BJagdG einen auf seinen **Namen** ausgestellten **Jagdschein** mit sich **führen** und diesen auf Verlangen den **Polizeibeamten** sowie den **Jagdschutzberechtigten** vorzeigen. Gem. § 15 Abs. 2 BJagdG werden entweder **Jahresjagdscheine** (höchstens bis zu drei Jahren gültig) oder **Tagesjagdscheine** (14 Tage gültig) von den für den Wohnsitz des Antragst. zust. Beh. ausgestellt. Auch Ausländer können deutsche Jagdscheine als Jahres- oder Tagesjagdschein ausgestellt bekommen. **49**

Inhaber eines gültigen **Jahresjagdscheins** iSd § 15 Abs. 2 iVm Abs. 1 S. 1 BJagdG bedürfen für den **Erwerb** von Langwaffen gem. § 13 Abs. 3 S. 1 keiner waffenrechtl. Erlaubnis. Allerdings ist der Erwerb binnen zwei Wochen der zust. Beh. unter Benennung von Name und Anschrift des Überlassenden anzuzeigen, vgl. § 13 Abs. 3 S. 2 Nr. 1. Allerdings Weiterhin muss für die erworbene Waffe innerhalb von 2 Wochen eine WBK beantragt bzw ein Antrag auf Eintragung in eine bereits vorhandene WBK gestellt werden, vgl. § 13 Abs. 3 S. 2 Nr. 2. Zudem steht ein (gültiger) Jagdschein iSv § 15 Abs. 1 S. 1 BJagdG (auch der Tagesjagdschein) zur **Ausleihe von Langwaffen** gem. § 12 Abs. 1 Nr. 1 einer WBK gleich, vgl. § 13 Abs. 4. **50**

Zum Erwerb und vorübergehenden Besitz von Munition sowie zum Führen und Schießen von Jagdwaffen zur befugten Jagdausübung im Revier vgl. § 13 Abs. 5–7.

6. Europäisches Recht

Zu den europäischen Regelungen → Vorb. §§ 29–33 Rn. 1 ff. **51**

7. Weitere Gesetze und Übereinkommen

Des Weiteren sind das AWG und die AWV von Bedeutung (→ Vorb. §§ 29–33 Rn. 17) sowie verschiedene völkerrechtl. Übereinkommen oder Abkommen (→ Vorb. §§ 29–33 Rn. 18 ff.). **52**

V. Die Systematik des WaffG

Das WaffG zeichnet sich durch ein enges Zusammenspiel seiner ersten beiden Paragraphen mit den beiden Anl. zum WaffG aus. Die §§ 1 u. 2 sind vergleichsweise kurz und abstrakt gefasst. Ihre inhaltlichen Ausformungen erfahren sie erst durch die beiden Anl. zum WaffG. Durch diese Fassung gewinnt der Rechtsanwender zwar einen zügigen Überblick über die Grundstruktur des WaffG, ist aber darauf verwiesen, stetig zwischen den §§ 1 u. 2 einerseits und der Anl. 1 u. 2 andererseits hin- und her zu blättern, da die Regelungen der Anl. zum WaffG untrennbar mit den in §§ 1, 2 getroffenen Grundentscheidungen des Gesetzgebers korrespondieren. **53**

In § 1 Abs. 1 umreißt der Gesetzgeber zunächst den Regelungsbereich des WaffG, der eröffnet ist, wenn Umgang mit einer Waffe oder Munition geübt wird. Unmittelbar anschließend ist in § 1 Abs. 2 der Waffenbegriff benannt, während in § 1

Abs. 3 die verschiedenen Umgangsarten aufgezählt sind. Der Verweis in § 1 Abs. 4 bildet das Bindeglied zwischen § 1 und der Anl. 1. Eine eingehende Erörterung des Waffenbegriffs erfolgt in Anl. 1 Abschn. 1, die Umgangsarten sind in Anl. 1 Abschn. 2 definiert. Dh, Anl. 1 beantwortet **nicht** die Frage nach der näheren rechtl. Einordnung einer Waffe als verboten, erlaubnispflichtig oder erlaubnisfrei. In Anl. 1 ist lediglich festgelegt, **ob** ein Gegenstand rechtl. als Waffe oder Munition iSd WaffG zu qualifizieren ist. Darüber hinaus sind in Anl. 1 waffenrechtl. Begriffsbestimmungen enthalten.

In § 2 erfolgt eine rechtl. Ausdifferenzierung des in § 1 Abs. 2 gefassten Waffenbegriffs. Der Gesetzgeber unterscheidet zwischen verbotenen Waffen (§ 2 Abs. 3), erlaubnispflichtigen Waffen (§ 2 Abs. 2) und erlaubnisfreien Waffen. Zudem trifft der Gesetzgeber in § 2 eine Grundentscheidung, wonach der Umgang mit allen Waffen und Munition gleichermaßen nur Personen gestattet ist, die das 18. Lebensj. vollendet haben (§ 2 Abs. 1). Während sich die Aussage des § 2 Abs. 2, 3 darauf beschränkt, **dass** es verbotene bzw erlaubnispflichtige Waffen oder Munition gibt, ist erst über den Verweis auf Anl. 2 zu klären, **welche** Waffen oder Munition konkret verboten bzw erlaubnispflichtig sind, da dies erst in Anl. 2 dezidiert geregelt wird. Demnach besteht zwischen § 2 und Anl. 2 dasselbe Verhältnis wie zwischen § 1 und Anl. 1. In §§ 1, 2 sind lediglich Kernaussagen enthalten, wohingegen die konkreten Inhalte dieser Kernaussagen in Anl. 1 u. 2 beschrieben sind.

Bei der Würdigung waffenrechtl. gelagerter Sachverhalte wird es der Systematik des WaffG folgend daher zentral um die Klärung gehen, ob Umgang mit einer Waffe oder Munition iSd WaffG geübt wird. Anschließend gilt es, die Waffe oder Munition als verboten, erlaubnispflichtig oder erlaubnisfrei einzustufen (vgl. zur systematischen Erarbeitung waffenrechtl. Problemlagen *Gade* WaffR S. 14 ff.).

1. Waffe (§ 1 Abs. 2)

54 In § 1 Abs. 2 ist die zentrale Regelung zum Waffenbegriff nach dem WaffG getroffen. Der Gesetzgeber erfasst hier zunächst in Abs. 2 Nr. 1 Schussw. sowie den Schussw. gleichgest. tragbare Gegenstände. Hinsichtlich der in § 1 Abs. 2 angeführten tragbaren Gegenstände differenziert der Gesetzgeber. Soweit es sich um tragbare **Gegenstände nach Abs. 2 Nr. 2a** handelt, die ihrem Wesen nach dazu bestimmt sind, die Angriffs- oder Abwehrfähigkeit von Menschen zu beseitigen oder herabzusetzen (Waffen im technischen Sinn), sind sie **ausnahmslos als Waffe** iSd WaffG einzustufen. **Gegenstände nach Abs. 2 Nr. 2b,** die ihrem Wesen nach zwar nicht dazu bestimmt, aber insbes. wegen ihrer Beschaffenheit, Handhabung oder Wirkungsweise geeignet sind, die Angriffs- oder Abwehrfähigkeit von Menschen zu beseitigen oder herabzusetzen, sind hingegen nur als Waffe iSd WaffG einzustufen, **soweit sie im WaffG explizit aufgeführt sind** (Waffen im nichttechnischen Sinn).

55 **a) Schusswaffen (§ 1 Abs. 1 Nr. 1 Alt. 1).** Der Begriff der Schussw. (→ Anl. 1 Rn. 3 ff.) wird in § 1 Abs. 1 Nr. 1 Alt. 1 lediglich benannt, wohingegen seine Def. in Anl. 1 Abschn. 1 UAbschn. 1 Nr. 1.1 erfolgt. Demnach handelt es sich bei Schussw. um Gegenstände, „die zum Angriff, zur Verteidigung, zur Signalgebung, zur Jagd, zur Distanzinjektion, zur Markierung, zum Sport oder zum Spiel bestimmt sind und bei denen Geschosse durch einen Lauf getrieben werden." Erforderlich ist demnach zunächst eine konkrete **Zweckbestimmung.** Zweites charakterisierendes Kriterium ist der Umstand, dass ein **Geschoss durch einen Lauf getrieben** wird. Unerheblich für die Schusswaffeneigenschaft eines Gegenstandes ist, ob es sich um einen tragbaren oder aber einen ortsfesten Gegenstand handelt.

56 **b) Gleichgestellte tragbare Gegenstände (§ 1 Abs. 1 Nr. 1 Alt. 2).** In § 1 Abs. 1 Nr. 1 Alt. 2 benennt der Gesetzgeber die den Schussw. gleichgest. tragbaren Gegenstände (→ Anl. 1 Rn. 11 ff.), welche in Anl. 1 Abschn. 1 UAbschn. 1 Nr. 1.2

präzisierend dargestellt sind. Demnach sollen Gegenstände, die **per definitionem** nicht den Schussw. zuzuordnen sind, gleichwohl von den für Schussw. geltenden Vorschriften erfasst sein. Anders als bei den Schussw. erfassen die gleichgest. Gegenstände einzig **tragbare,** nicht aber ortsfeste Gegenstände.

Hierher zählen zunächst solche Gegenstände, die zwar nicht der Schusswaffendef. unterfallen, gleichwohl eine schusswaffenähnliche Wirkung aufweisen.

Zum Anderen sind **wesentl. Teile** von Schussw. diesen gleichgest. Diese Gleichstellung trägt dem Umstand Rechnung, dass andernfalls die strengen für Schussw. geltenden Reglementierungen des WaffG faktisch ins Leere liefen.

c) Waffen im technischen Sinn (§ 1 Abs. 2 Nr. 2a). § 1 Abs. 2 Nr. 2a erfasst **57**
alle beweglichen Gegenstände, die **ihrem Wesen nach dazu bestimmt** sind, die Angriffs- oder Abwehrfähigkeit von Menschen zu beseitigen oder herabzusetzen (Waffen im technischen Sinn, → § 1 Rn. 9 ff. und → Anl. 1 Rn. 91 ff.). Die Wesensbestimmung eines Gegenstandes bemisst sich nach dem **Herstellerzweck,** wohingegen unerheblich ist, zu welchem konkreten Zweck ein Gegenstand bspw. geführt wird. Waffen im technischen Sinn sind stets auch als Waffen iSd WaffG zu qualifizieren, weshalb die Aufzählung in Anl. 1 Abschn. 1 UAbschn. 1 Nr. 1 lediglich **exemplarischer** Natur ist und die Waffen im technischen Sinn nicht abschließend erfasst.

d) Waffen im nichttechnischen Sinn (§ 1 Abs. 2 Nr. 2b). § 1 Abs. 2 Nr. 2b **58**
erfasst im Unterschied zu Abs. 2 Nr. 2a solche beweglichen Gegenstände, die **nicht dazu bestimmt** sind, die Angriffs- oder Abwehrfähigkeit von Menschen zu beseitigen oder herabzusetzen, die aber insbes. wegen ihrer Beschaffenheit, Handhabung oder Wirkungsweise hierzu **geeignet** sind (Waffen im nichttechnischen Sinn, → § 1 Rn. 17 und → Anl. 1 Rn. 134 ff.). Da dies auf eine unüberschaubare Vielzahl von Alltagsgegenständen zutrifft, sind die Waffen im nichttechnischen Sinn nach dem Willen des Gesetzgebers nur dann als Waffe vom WaffG erfasst, soweit sie **ausdrücklich** in diesem **benannt** sind. Durch dieses Erfordernis soll eine waffenrechtl. Überreglementierung vermieden werden. Eine Aufzählung der Waffen im nichttechnischen Sinn erfolgt in Anl. 1 Abschn. 1 UAbschn. 2 Nr. 2. Diese Aufzählung ist **abschließend** und benennt damit erschöpfend all diejenigen Waffen im nichttechnischen Sinn, die auch als Waffe iSd WaffG einzustufen sind.

2. Munition (§ 1 Abs. 4 iVm Anl. 1 Abschn. 1 UAbschn. 3)

Gem. § 1 Abs. 4 ist der Begriff der Munition näher in Anl. 1 Abschn. 1 **59**
UAbschn. 3 geregelt. Danach ist Munition zum Verschießen aus Schussw. bestimmte Patronenmunition, Kartuschenmunition, hülsenlose Munition und pyrotechnische Munition (→ Anl. 1 Rn. 155 ff.).

3. Umgang (§ 1 Abs. 3)

In § 1 Abs. 3 zählt der Gesetzgeber die verschiedenen vom WaffG erfassten Arten **60**
des Umgangs mit Waffen oder Munition auf. Der Umgang umfasst Erwerb, Besitz, Überlassen, Führen, Verbringen, Mitnehmen, Schießen, Herstellen, Bearbeiten, Instand setzen und Handel treiben.

Während sich alle anderen Arten des Umgangs gleichsam auf Waffen und Munition beziehen, rekurriert das Führen einzig auf Waffen. Demgemäß kann Munition bereits begrifflich nicht geführt werden.

In § 1 Abs. 3 werden die Umgangsarten nur stichwortartig benannt, wohingegen sie ihre inhaltliche Ausfüllung durch die in Anl. 1 Abschn. 2 Nr. 1–9 enthaltenen Legaldef. erfahren.

4. Rechtliche Einstufung der Waffen

61 Während in § 1 iVm Anl. 1 prinzipiell geklärt wird, **ob** ein Gegenstand als Waffe vom Geltungsbereich des WaffG erfasst ist, nimmt der Gesetzgeber in § 2 iVm Anl. 2 eine Aufgliederung der Waffen in verbotene und erlaubnispflichtige vor. Soweit Waffen weder als verboten noch als erlaubnispflichtig einzustufen sind, zählen sie zu den erlaubnisfreien Waffen.

62 **a) Verbotene Waffen.** § 2 Abs. 3 stellt fest, dass es verbotene Waffen gibt, und verweist im Weiteren auf Anl. 2, wo in Abschn. 1 eine **abschließende Auflistung der verbotenen** Waffen enthalten ist (→ Anl. 2 Rn. 1–96).

63 **b) Erlaubnispflichtige Waffen.** In § 2 Abs. 2 ist festgelegt, dass bestimmte Waffen erlaubnispflichtig sind. Diese sind in Anl. 2 Abschn. 2 UAbschn. 1 genannt, wonach dem Grundsatz nach alle Schussw. sowie den Schussw. gleichgest. tragbare Gegenstände und für diese bestimmte Munition einer umfänglichen Erlaubnispflicht unterliegen. Diese umfassend formulierte Erlaubnispflicht, die sich mit Ausnahme des Überlassens auf alle Arten des Umgangs bezieht, kommt nur mit deutlichen Einschränkungen zum Tragen, da in Anl. 2 Abschn. 2 UAbschn. 2 zahlreiche Ausnahmen bzgl. einzelner Umgangsarten für eine ganze Reihe von Waffen vorgesehen sind.

64 **aa) Gegenstandsbezogene Ausnahmen (Anl. 2 Abschn. 1 UAbschn. 2).** Bei den Ausnahmen von der Erlaubnispflicht gem. Anl. 2 Abschn. 1 UAbschn. 2 handelt es sich durchweg um Ausnahmen, die sich nicht auf die Erlaubnispflicht insgesamt, sondern jeweils auf einzelne Arten des Umgangs beziehen. Anknüpfungspunkt für diese Ausnahmen sind die **technischen Spezifikationen** des in Bezug genommenen Gegenstandes, insoweit handelt es sich um gegenstandsbezogene Ausnahmen (→ Anl. 2 Rn. 99 ff.).

65 **bb) Situations- bzw personenbezogene Ausnahmen (§ 12, § 13 Abs. 3, 6, 7, § 16 Abs. 4, § 28 Abs. 4, § 32 Abs. 3, 5).** Wesentl. situations- bzw personenbezogene Ausnahmen für einzelne Umgangsarten sind zentral in § 12 geregelt. Einzelne hinzutretende Ausnahmen folgen aus den Spezialvorschriften für besondere Nutzergruppen wie etwa Jäger, Brauchtumsschützen oder Wachpersonal (§§ 13, 16, 28). Diese Ausnahmen knüpfen nicht an die technische Spezifikation der erlaubnispflichtigen Waffe, sondern an die konkrete Situation bzw an besondere in der Person liegende Umstände an, die Ausnahmen von der Erlaubnispflicht hinsichtlich einzelner Umgangsarten rechtfertigen.

66 **c) Erlaubnisfreie Waffen.** Waffen, welche weder als verboten noch als erlaubnispflichtig vom Gesetzgeber eingestuft werden, sind erlaubnisfrei. Für den Umgang mit diesen Waffen bedarf es keiner gesonderten waffenrechtl. Erlaubnis.

Allerdings gelten auch für erlaubnisfreie Waffen die folgenden waffenrechtl. Limitierungen:

67 **aa) Alterserfordernis (§ 2 Abs. 1).** Nach § 2 Abs. 1 ist jeglicher Umgang mit Waffen, also auch mit erlaubnisfreien Waffen, ausschl. Personen gestattet, die das 18. Lebensj. vollendet haben. Ausnahmen vom Alterserfordernis sieht der Gesetzgeber in § 3 vor. Weitere Ausnahmen vom Alterserfordernis sind in §§ 13 Abs. 7, 8, § 27 Abs. 3–6 enthalten.

68 **bb) Verbot des Führens bei öffentlichen Veranstaltungen (§ 42 Abs. 1).** Auch das Führen erlaubnisfreier Waffen ist nach § 42 Abs. 1 bei öffentl. Veranstaltungen verboten. Das verbotswidrige Führen von Waffen bei öffentl. Veranstaltungen ist als Vergehenstatbestand in § 52 Abs. 3 Nr. 9 ausgeformt.

69 **cc) Verbot des Führens von Hieb- und Stoßwaffen (§ 42a Abs. 1 Nr. 2).** Im Zuge des 2. ÄndG (→ Rn. 23) ist die Regelung des § 42a zum 1.4.2008 in

Kraft getreten. Nach Abs. 1 Nr. 2 der Vorschrift ist das Führen von Hieb- und Stoßwaffen prinzipiell untersagt, wobei die Verbotsausnahmen nach Abs. 2 zu berücksichtigen sind. Das verbotswidrige Führen kann gem. § 53 Abs. 1 Nr. 21a als Ordnungswidrigkeit geahndet werden.

dd) Überlassen nur an Berechtigte (§ 34 Abs. 1 S. 1). Zu berücksichtigen ist, dass auch erlaubnisfreie Waffen gem. § 34 Abs. 1 S. 1 nur an berechtigte Personen überlassen werden dürfen. Da diese Waffen nicht erlaubnispflichtig sind, ist jeder berechtigte Person iSd Vorschrift, soweit er das 18. Lebensj. vollendet hat. **70**

d) Vom Geltungsbereich des WaffG ganz oder teilweise ausgenommene Gegenstände (Anl. 2 Abschn. 3). In Anl. 2 Abschn. 3 hat der Gesetzgeber eine Reihe von Waffen ganz oder teilw. vom Geltungsbereich des WaffG ausgenommen, soweit dies unter Berücksichtigung der Belange der öffentl. Sicherheit und Ordnung unbedenklich erschien. Hierbei handelt es sich zum einen um Waffen, die obj. ungefährlich sind (zB Spielzeugschussw.), zum anderen sind hier solche Waffen zu nennen, die eine besonders niedrige Deliktsrelevanz aufweisen (zB Unterwassersportgeräte, soweit zum Antrieb der Geschosse keine Munition verwendet wird). **71**

5. Rechtliche Einstufung der Munition

Die rechtl. Einstufung der Munition in verbotene und erlaubnispflichtige erfolgt durch § 2 Abs. 3, 2 iVm Anl. 2 Abschn. 1 Nr. 1.5, Abschn. 2 UAbschn. 1 S. 1. **72**

a) Verbotene Munition. Die in Anl. 2 Abschn. 1 Nr. 1.5.1–1.5.7 genannte Munition ist verboten. **73**

b) Erlaubnispflichtige Munition. Nach § 2 Abs. 2 iVm Anl. 2 Abschn. 1 UAbschn. 1 S. 1 ist für Schussw. sowie Schussw. gleichgest. tragbare Gegenstände bestimmte Munition erlaubnispflichtig. Da es keine Munition gibt, die nicht für Schussw. bestimmt ist (vgl. Munitionsdef. in Anl. 1 Abschn. 1 UAbschn. 3 Nr. 1), ist iErg **sämtliche Munition** dem Grunde nach **erlaubnispflichtig.** Das WaffG kennt demnach keine prinzipiell erlaubnisfreie Munition. Soweit der Umgang mit Munition erlaubnisfrei gestellt ist, resultiert dies jeweils aus einer vom Gesetzgeber getätigten Ausnahme von der grds. Erlaubnispflicht für einzelne Umgangsarten (vgl. Anl. 2 Abschn. 2 UAbschn. 2 Nr. 1.4, 1.11, 1.12, 6.1, 7.5, 7.9, § 12 Abs. 2, § 13 Abs. 7, § 32 Abs. 3, 5). **74**

Zu berücksichtigen ist, dass Munition nicht von der Def. des Führens nach Anl. 1 Abschn. 2 Nr. 4 erfasst ist, weshalb der Erwerb und Besitz von Munition auch die Ausübung der tatsächlichen Gewalt im öffentl. Raum umfasst.

Waffengesetz

vom 11.10.2002 (BGBl. I S. 3970, ber. S. 4592 und 2003 I S. 1957),

zuletzt geändert durch 2. Gesetz zur Änderung des Waffengesetzes und weiterer Vorschriften vom 30.6.2017 (BGBl. I S. 2133).

Abschnitt 1. Allgemeine Bestimmungen

§ 1 Gegenstand und Zweck des Gesetzes, Begriffsbestimmungen

(1) **Dieses Gesetz regelt den Umgang mit Waffen oder Munition unter Berücksichtigung der Belange der öffentlichen Sicherheit und Ordnung.**

(2) **Waffen sind**

1. Schusswaffen oder ihnen gleichgestellte Gegenstände und

2. tragbare Gegenstände,

a) die ihrem Wesen nach dazu bestimmt sind, die Angriffs- oder Abwehrfähigkeit von Menschen zu beseitigen oder herabzusetzen, insbesondere Hieb- und Stoßwaffen;

b) die, ohne dazu bestimmt zu sein, insbesondere wegen ihrer Beschaffenheit, Handhabung oder Wirkungsweise geeignet sind, die Angriffs- oder Abwehrfähigkeit von Menschen zu beseitigen oder herabzusetzen, und die in diesem Gesetz genannt sind.

(3) **Umgang mit einer Waffe oder Munition hat, wer diese erwirbt, besitzt, überlässt, führt, verbringt, mitnimmt, damit schießt, herstellt, bearbeitet, instand setzt oder damit Handel treibt.**

(4) **Die Begriffe der Waffen und Munition sowie die Einstufung von Gegenständen nach Absatz 2 Nr. 2 Buchstabe b als Waffen, die Begriffe der Arten des Umgangs und sonstige waffenrechtliche Begriffe sind in der Anlage 1 (Begriffsbestimmungen) zu diesem Gesetz näher geregelt.**

Übersicht

I. Allgemeines

1 Die Vorschrift des § 1 regelt Grundbegriffe des deutschen Waffenrechts. In Abs. 1 umreißt der Gesetzgeber zunächst den **sachlichen Anwendungsbereich** des WaffG, der eröffnet ist, wenn Umgang mit einer Waffe oder Munition geübt wird. Dieser Umgang mit Waffen oder Munition wird unter Berücksichtigung der Belange der öffentl. Sicherheit und Ordnung geregelt. Abs. 2 enthält die zentralen Regelungen zum Waffenbegriff, während in Abs. 3 festgelegt ist, welche Umgangsarten waffenrechtl. zu unterscheiden sind. Demnach sind zunächst **Schussw.** und den Schussw. **gleichgest. tragbare Gegenstände** vom WaffG erfasst. Bzgl. sonstiger tragbarer Gegenstände ist deren **Zweckbestimmung** für die rechtl. Einordnung entscheidend. Soweit ein tragbarer Gegenstand dazu **bestimmt** ist, die Angriffs- oder Abwehrfähigkeit von Menschen zu beseitigen oder herabzusetzen, wird er **ausnahmslos** vom Waffenbegriff erfasst. Gegenstände, die nicht dazu bestimmt, gleichwohl auf Grund ihrer Beschaffenheit, Handhabung oder Wirkungsweise dazu **geeignet** sind, werden vom Waffenbegriff hingegen nur erfasst, wenn sie **explizit** vom Gesetzgeber **im WaffG benannt** sind. In Abs. 3 hat der Gesetzgeber die waffenrechtl. Umgangsarten stichwortartig aufgelistet. Erst über den in Abs. 4 enthaltenen Verweis auf Anl. 1 erfahren die in den Abs. 2 und 3 sehr abstrakt getroffenen Regelungen eine Konkretisierung, indem die Anl. 1 in die Regelung mit einbezogen wird. § 1 muss daher stets in **enger Verbindung mit Anl. 1** betrachtet werden, da dieser seine inhaltliche Ausfüllung erst durch die in Anl. 1 enthaltenen Erörterungen und Präzisierungen der Begrifflichkeiten erhält. Werden der Waffenbegriff und die Umgangsarten in § 1 nur stichwortartig angesprochen, lässt sich der Anl. 1 entnehmen, welche Gegenstände dem Waffenbegriff unterfallen und welches konkrete Verhalten eine Umgangsart iSd WaffG darstellt.

Der Munitionsbegriff ist in Anl. 1 Abschn. 1 UAbschn. 3 umrissen (→ Anl. 1 Rn. 155 ff.).

II. Regelungsgegenstand (Abs. 1)

2 Abs. 1 benennt den Regelungsgegenstand des Gesetzes.

1. Anwendungsbereich

3 Zunächst wird der Anwendungsbereich umrissen, welcher sachlich den Umgang mit Waffen und Munition umfasst.

Vorauss. für die Anwendbarkeit des WaffG ist demnach, dass einerseits ein Gegenstand vorliegt, welcher als **Waffe** iSd WaffG oder als **Munition** zu qualifizieren ist. Zudem muss mit der Waffe/Munition **Umgang** geübt werden, also eine **personale Beziehung** zu ihr bestehen, damit der Anwendungsbereich des WaffG eröffnet ist.

Zum örtlichen Anwendungsbereich des WaffG → Einf. Rn. 29.

2. Schutzzweck

4 Der **Umgang** mit **Waffen** oder **Munition** soll unter der Berücksichtigung der Belange der öffentl. Sicherheit und Ordnung geregelt werden (zu legislativen Beobachtungspflichten im Waffenrecht vgl. *Röger*, WiW, 145 ff.). Die Begriffe der öffentl. Sicherheit und Ordnung sind iSd allg. Polizeirechts zu verstehen, nach dessen Terminologie der Begriff der **öffentl. Sicherheit** als Schutz von Leben, Gesundheit, Freiheit, Ehre und Vermögen des Einzelnen sowie des Bestands des Staates, seiner Einrichtungen und der gesamten Rechtsordnung verstanden wird, wohingegen die **öffentl. Ordnung** die Gesamtheit derjenigen ungeschriebenen Regeln für das Ver-

halten des Einzelnen in der Öffentlichkeit umfasst, deren Beachtung nach den jeweils herrschenden Anschauungen als unerlässliche Vorauss. eines geordneten Gemeinschaftslebens betrachtet wird (vgl. etwa *Götz/Geis* PolR § 4 Rn. 3 u. § 5 Rn. 1.; *Gusy* PolR Rn. 79 ff. u. Rn. 96 ff.; *Knemeyer* PolR Rn. 100 ff.). Hieraus folgt der eigentliche Schutzzweck des WaffG: Indem der Gesetzgeber den Umgang ins Zentrum rückt und dieser unter der Berücksichtigung der Belange der öffentl. Sicherheit und Ordnung geregelt wird, stellt er klar, dass durch das WaffG vornehmlich solche **Gefahren abgewehrt** werden sollen, welche typischerweise **durch die Nutzung** von Waffen und Munition **hervorgerufen** werden können (BT-Drs. 14/7758, 51).

Interessenverbände hatten im Gesetzgebungsverfahren ein gleichberechtigtes Nebeneinander der Interessen der öffentl. Sicherheit und Ordnung auf der einen und den **berechtigten Interessen der Nutzer** auf der anderen Seite verlangt. Alternativ wurde vorgeschlagen, den Passus „unter Berücksichtigung der öff. Sicherheit und Ordnung" ganz zu streichen (Protokoll der 92. Sitzung des Innenausschusses v. 20.3.2002, S. 92 zur Anhörung von Sachverständigen zum Thema „Waffenrecht"). Mit der jetzigen Fassung hat der Gesetzgeber ein klares Werturteil iSd prinzipiellen Vorrangs der öffentl. Sicherheit und Ordnung getroffen. Denn wer Schussw. zu privaten Zwecken verwenden möchte, begründet eine erhöhte Gefahr für die Allgemeinheit (vgl. BVerwG NVwZ 2008, 906 ff.).

Die öffentl. Sicherheit und Ordnung selbst wird durch die zu ihrer Wahrung und Verteidigung berufenen Dienststellen, insbes. der Polizei, geschützt. Die Verwendung von Waffen soll in erster Linie dem **Schutz der Rechtsordnung** dienen, für deren Verteidigung mit Waffengewalt der **Staat ein Monopol** hat (vgl. BVerfG Nichtannahmebeschl. v. 1.4.2003 – 1 BvR 539/03 = DÖV 2003, 720 f. NVwZ 2003, 855 f.; BVerwG Beschl. v. 26.3.2008 – 6 B 11.08; NVwZ 2008, 906 ff.). Das schließt es aus, die Bedürfnistatbestände der §§ 8 und 19 dahin zu verstehen, dass privater Waffenumgang mit dem Ziel des Schutzes der Allgemeinheit erlaubt werden kann (BVerwG Beschl. v. 26.3.2008 – 6 B 11.08).

III. Waffenbegriff (Abs. 2)

Abs. 2 enthält eine zentrale Regelung der Vorschrift, soweit er den Waffenbegriff 5
darlegt und so festschreibt, welche Objekte als Waffe iSd WaffG zu qualifizieren sind und den Regelungen des WaffG unterliegen. Die Vorschrift umreißt die **gegenständliche Tragweite des WaffG,** wobei dies nur für den Begriff der Waffe zutrifft, wohingegen der Begriff der Munition an dieser Stelle keine weitere inhaltliche Ausformung erfahren hat. Die Darstellung des Munitionsbegriffs erfolgt erst in der Anl. 1 Abschn. 1 UAbschn. 3 (→ Anl. 1 Rn. 155 ff.).

Der Gesetzgeber benennt zunächst nur abstrakt, welche Gegenstände als Waffe vom WaffG erfasst sein sollen. Unter Anwendung dieser abstrakten Darstellung des Waffenbegriffs kann die Einordnung eines Gegenstandes als Waffe oder Nichtwaffe häufig noch nicht abschließend erfolgen. Zumeist kann erst im Zusammenspiel mit der Anl. 1 zum WaffG, welche im Abschn. 1 den Waffenbegriff umfassend präzisierend ausformuliert, eine solche Einstufung erfolgen.

1. Schusswaffen (Abs. 2 Nr. 1 Alt. 1)

Nach Nr. 1 (Alt. 1) fallen zunächst Schussw. (→ Anl. 1 Rn. 3 ff.) unter den Waf- 6
fenbegriff. Diese Festlegung des Gesetzgebers ist naheliegend, da Schussw. auch dem laienhaften Betrachter augenscheinlich als Waffe erscheinen und daher in den Kernbereich des Waffenbegriffs fallen. Eine Def. des Schusswaffenbegriffs erfolgt in Anl. 1 Abschn. 1 UAbschn. 1 Nr. 1.1, wonach es sich bei diesen um Gegenstände handelt, „die zum Angriff, zur Verteidigung, zur Signalgebung, zur Jagd, zur Distan-

zinjektion, zur Markierung, zum Sport oder zum Spiel bestimmt sind und bei denen Geschosse durch einen Lauf getrieben werden."

Wesenskennzeichnend ist somit neben einer speziellen **Zweckbestimmung** der Umstand, dass ein **Geschoss durch einen Lauf getrieben** wird. Vertiefend zum Schusswaffenbegriff → Anl. 1 Rn. 3 ff.

2. Den Schusswaffen gleichgestellte Gegenstände (Abs. 2 Nr. 1 Alt. 2)

7 Ebenfalls in der Nr. 1 (Alt. 2) aufgeführt sind die den Schussw. gleichgest. Gegenstände (Anl. 1 Rn. 11 ff.). Bereits aus der Formulierung folgt, dass der Gesetzgeber auch solche Gegenstände von den für Schussw. geltenden Regelungen (und damit Reglementierungen) erfasst wissen will, welche von der Def. her gerade keine Schussw. darstellen.

Von der **rechtl. Gleichstellung mit Schussw.** erfasst sind prinzipiell **nur tragbare,** also bewegliche Gegenstände, die ihrer Beschaffenheit nach dazu bestimmt sind, von einer Person üblicherweise getragen und bei der Schussauslösung in der Hand gehalten zu werden. Dies folgt nicht unmittelbar aus dem Wortlaut des § 1 Abs. 1 Nr. 1, sondern erst aus den näheren Ausführungen zu den gleichgest. Gegenständen in Anl. 1 Abschn. 1 UAbschn. 1 Nr. 1.2.

Eine Waffe ist auch dann tragbar, wenn sie mit einer aufklappbaren Stütze versehen ist, um das Zielen zu erleichtern (vgl. WaffVwV Anl.I-A1-UA1-1.2). Handböller, die Kartuschenmunition verschießen, sind als tragbare Geräte den Schussw. gleichgest. Gegenstände und damit grds. erlaubnispflichtig (vgl. *Heller/Soschinka* WaffR Rn. 1841).

Auch Schussapparate (wie etwa Bolzensetzgeräte im Handwerk oder Bolzenschussgeräte zur Tötung von Tieren, → Anl. 1 Rn. 9) sind regelm. tragbar. Gleiches gilt für Schussfallen sowie für Geräte zum Abschießen von Apportierdummies (Anl. 1 Rn. 14). Diese Geräte sind mit dem Inkrafttreten des **6. ÄndG** (→ Einf. Rn. 26c) den Schussw. nach Maßgabe von Anl. 1 Abschn. 1 UAbschn. 1 Nr. 1.2.2 gleichgestellt (→ Anl. 1 Rn. 14 ff.).

Ortsfeste und damit unbewegliche Gegenstände (zB Standböller oder Selbstschussapparate zur Vertreibung von Tieren in Obstplantagen) fallen hingegen nicht unter die Vorschrift. Die den Schussw. gleichgest. tragbaren Gegenstände lassen sich unterteilen: Zum einen sind hier solche Gegenstände erfasst, welche zwar per definitionem keine Schussw. darstellen, aber eine **den Schussw. vergleichbare Wirkung** erzeugen (→ Anl. 1 Rn. 11 ff.).

Zum anderen sind **wesentl. Teile von Schussw.** (→ Anl. 1 Rn. 23 ff.) jeweils **den** Schussw. gleichgest., für die sie **bestimmt** sind. Die Gleichstellung der wesentl. Teile mit den Schussw. ist geboten, da andernfalls alle Schussw. reglementierenden Vorschriften des WaffG letztlich ins Leere liefen. Wenn die funktionstragenden Einzelteile einer Schussw. nicht ihrerseits auch den Vorschriften für Schussw. insg. unterfielen, könnten die für Schussw. vorgesehenen gesetzlichen Beschränkungen ohne Weiteres dadurch umgangen werden, dass die nicht vom WaffG erfassten Einzelteile einer Schussw. beliebig zu erlaubnispflichtigen Schussw. verbaut werden könnten. Um solche **Umgehungsmöglichkeiten** von vornherein **zu unterbinden,** hat der Gesetzgeber die Gleichstellung wesentl. Teile mit den Schussw. im WaffG verankert.

7a Dem Wortlaut nach sind **allein** die in Anl. 1 Abschn. 1 UAbschn. 1 Nr. **1.2** WaffG aufgelisteten tragb. Gegenstände pauschal den Schussw. gleichgestellt. Die in Anl. 1 Abschn. 1 UAbschn. 1 Nr. 1.3 angeführten wesentlichen Teile von Schussw. sowie Schalldämpfer sind **den** Schussw. gleichgestellt, für die sie **bestimmt** sind.

In den **Nrn. 1.4 ff.** erfolgen lediglich **Begriffsdefinitionen.** Soweit hier def. Gegenstände nicht dem Waffenbegriff des § 1 Abs. 2 entsprechen, legt die Systematik des WaffG nahe, dass diese gar nicht dem Anwendungsbereich des WaffG unterliegen. Dies trifft etwa auf die in Nr. 6 definierten Nachbildungen von Schussw. zu. Allerdings werden diese in Anl. 2 Abschn. 3 WaffG weitestgehend vom Anwendungsbereich des WaffG ausgenommen. Hieraus lässt sich erschließen, dass der Gesetzgeber **alle** in Anl. 1 Abschn. 1 UA 1 Nr. 1.2 – Nr. 6 WaffG aufgezählten Gegenstände dem Grunde nach den Schussw. rechtl. gleich stellen wollte. Dass er dies hinsichtlich der unter den in Anl. 1 Abschn. 1 UAbschn. 1 Nrn. 1.4 ff. angeführten Gegenstände nicht ausdrücklich getan hat, wird in der Literatur berechtigterweise als systemwidrig bemängelt (*B. Heinrich,* WiW, S. 107 (114); vgl. auch *MüKo/ Heinrich,* § 1 WaffG Rn. 70 (Fn. 15)).

3. Tragbare Gegenstände (Abs. 2 Nr. 2)

Unter die in Nr. 2 gefassten Kategorien von Gegenständen fallen ausschl. tragbare, also **bewegliche** Gegenstände, die auf Grund ihrer Beschaffenheit üblicherweise von einer Person getragen werden. 8

a) Waffen im technischen Sinn (Abs. 2 Nr. 2a). Nach Nr. 2a sind solche beweglichen Gegenstände als Waffe zu qualifizieren, die **ihrem Wesen nach dazu bestimmt** sind, die Angriffs- oder Abwehrfähigkeit von Menschen zu beseitigen oder herabzusetzen (**Waffen im techn. Sinn** → Anl. 1 Rn. 91 ff., zu den verbotenen Waffen im techn. Sinn → Anl. 2 Rn. 28 ff.), insbes. Hieb- und Stoßwaffen. Die Wesensbestimmung eines Gegenstandes bemisst sich grds. nach dem **Herstellerzweck.** Ein Gegenstand ist daher immer nur dann als Waffe im techn. Sinn einzuordnen, wenn er hergestellt worden ist, um im Bedarfsfalle die Angriffs- oder Abwehrfähigkeit eines Menschen zu beseitigen oder herabzusetzen. Dies trifft typischerweise bei allen als Waffe hergestellten Gegenständen zu, zB **Dolch, Säbel, Kampfmesser, Gummiknüppel, Schlagstock, Teleskopschlagstock, Bajonett, Stiefelmesser, Stahlrute, Totschläger, Schlagring.** Selbiges gilt für den **Kubotan** (aA BKA-FB v. 5.3.2008, Az. SO 11 11-5164.01-Z-170). 9

Waffen im techn. Sinn sind zumeist den Hieb- und Stoßwaffen zuzuordnen. Dies jedoch nicht zwingend, so zählen bspw. auch Pfeil und Bogen, RSG sowie Elektroimpulsgeräte zu den Waffen im techn. Sinn, soweit sie ihrem Wesen nach dazu bestimmt sind, die Angriffs- oder Abwehrfähigkeit von Menschen zu beseitigen oder herabzusetzen.

Zu welchem konkreten Zweck ein Gegenstand **mitgeführt** wird, hat **keinerlei Einfluss auf die Zweckbestimmung** desselben. So ist bspw. ein Baseballschläger als Sportgerät hergestellt. An dieser Zweckbestimmung ändert sich nichts, wenn der Gegenstand mitgeführt wird, um ihn zum Angriff auf einen Menschen zu verwenden. 10

Gegenstände, die **nicht** als Waffe hergestellt sind, fallen daher nicht in die Kategorie der Waffen im techn. Sinn. Keine Waffen im techn. Sinn sind daher **Baseballschläger, Knüppel, Küchenmesser, Fahrtenmesser, Überlebensmesser, Taschenmesser, Macheten, Tauchermesser, Fleischermesser.** Gleiches gilt für **Jagdnicker** (zustimmend *Apel/Bushart* WaffG Anl. 1 Rn. 35; ebenso WaffVwV Anl.I-A1-UA2–1.1 S. 7 u. 8; aA *Lehmann* WaffG § 1 Rn. 28; offen gelassen bei *Steindorf/B. Heinrich* WaffG § 1 Rn. 23) und damit alle Arten von Jagdmessern. Hierunter zählt auch der **Hirschfänger** (zustimmend *Apel/Bushart* WaffG § 1 Rn. 35; aA *Steindorf/B. Heinrich* WaffG § 1 Rn. 23). Dieser diente in der Historie zwar als sog „Seitenwaffe“ bei den Jägertruppen, wurde aber im 17. und 18. Jahrhundert vorrangig zum Abfangen (Erlösen) verletzten Wildes verwendet. Gleichzeitig wurde er auch als Standessymbol für den fertig ausgebildeten Jäger verliehen und geführt. Heute dient er ausschl. als **Jagdwerkzeug.** Der im jagdlichen Sprachgebrauch übliche Begriff „kalte Waffe“ ist insofern irreführend. Auch Wurfmesser, die speziell zum punktgenauen Werfen auf Wurfscheiben usw konstrutiert sind, zählen nicht zu 11 den Waffen im techn. Sinn. Ebenfalls **keine Waffen im techn. Sinn** sind tragbare Gegenstände, die zwar Hieb- und Stoßwaffen nachgebildet sind, allerdings wegen abgestumpfter Klingen offensichtlich anderen Zwecken als dem Angriff oder der Verteidigung dienen. Hierher zählen etwa als **Sportgerät** hergestellte Florette, Degen und Säbel, der **Brauchtumspflege** dienende historisch nachgebildete Degen und Lanzen sowie als **Dekorationsgegenstand** dienende Zierdegen, Dekorationsschwerter usw (vgl. WaffVwV Anl.I-A1-UA2-1.1). Ebenso fallen das medizinische **Skalpell, Seziermesser, Äxte, Beile, Sicheln, Sensen usw** mangels einer entspr. Zweckbestimmung nicht unter die Waffen im techn. Sinn (vgl. *Steindorf/B. Heinrich* WaffG § 1 Rn. 23).

Auch tragbare Gegenstände, die zur Verwendung bei Kampf**sportarten** hergestellt wurden, zählen wegen ihrer **Zweckbestimmung** zu den Sportgeräten und nicht zu den Waffen. So werden bspw. der sog **Escrima-Stock,** ca. 70 cm lang und 2,5 cm Durchmesser aus Rattan-Bambus oder Hartholz bzw der BO-Stab oder JO-Stab aus Eiche bis 180 cm lang für asiatische Kampfsportarten benutzt. Ursprünglich waren dies Wanderstäbe für Mönche und Bauern. Diese Gegenstände sind keine Waffen im techn. Sinn und unterliegen insgesamt nicht dem WaffG.

12 Der Herstellerzweck lässt sich zunächst aus einer **ausdr. Deklaration** des in Rede stehenden Gegenstandes herleiten. Den Herstellerangaben kommt bei der Klärung der Wesensbestimmung eine erhebliche **Indizwirkung** zu. Sind keine Herstellerangaben ersichtlich, wird regelm. dann die Waffeneigenschaft zu bejahen sein, wenn der Gegenstand unter gewöhnlichen Umständen und **typischerweise nur als Waffe** verwendet werden kann und eine anderweitige Nutzung nur **schwerlich möglich ist** (so auch *Apel/Bushart* WaffG Anl. 1 Rn. 32). Ob dies der Fall ist, bemisst sich maßgeblich nach den **Konstruktionsmerkmalen** eines Gegenstandes. Diese sind neben den Herstellerangaben in eine Gesamtschau zur Beruteilung des Herstellerzwecks im Einzelfall mit einzubeziehen. Demzufolge sind Herstellerangaben auch vor dem Hintergrund der **konstruktiven Merkmale** des zu beurteilenden Gegenstandes auf ihre **Plausibilität** zu prüfen. Der Umstand, dass eine Sache als „Gebrauchsgegenstand" vertrieben wird, führt nicht zwingend dazu, dass es sich tatsächlich auch um einen solchen handelt (so iErg auch BKA-FB v. 10.6.2014, Az. SO 11-5164.01-Z-262, der die sog. „Ninja Handkralle", welche im Internet angeboten und beschrieben wird als „Hilfswerkzeug zum Klettern und Eisklettern und zudem zur Verteidigung geeignet", entgegen der Herstellerdeklaration zutreffend auf Grund ihres konstruktiven Gesamterscheinungsbildes als Waffe nach § 1 Abs. 2 Nr. 2a einstuft). Allerdings müssen für den Fall einer Einstufung als Waffe entgegen den Herstellerangaben klare konstruktive Merkmale vorliegen, die rechtfertigen, nicht der Herstellerdeklaration folgend von einem Gebrauchsgegenstand, sondern von einer Waffe im techn. Sinn auszugehen.

Die Abgrenzung kann sich im Einzelfall kompliziert gestalten, weil Überschneidungen zwischen Gegenständen des Alltags und Waffen durchaus möglich sind.

12a Besonders komplex gestaltet sich die Klärung des Herstellerzwecks häufig bei der rechtl. Einstufung von Messern (→ Anl. 1 Rn. 94 ff.).

13 Der Herstellerzweck eines Gegenstandes kann sich durch **nachträglichen Umbau** desselben verändern. Wird eine ursprünglich als Gebrauchsgegenstand hergestellte Sache in der Absicht **gegenständlich umgearbeitet,** den so neu hergestellten Gegenstand als Waffe gebrauchen zu können, so ist durch den Umbau ein neuer Gegenstand mit einem entspr. neuen Herstellerzweck entstanden.

14 **Einzelfälle,** in denen eine nachträgliche Zweckbestimmung zur Waffe durch Umbau anzunehmen ist:

– Ein **Ventilrad** wird in der Mitte durchtrennt und die geflexte Seite mit Tape versehen, um das halbierte Ventilrad so als Schlagring verwenden zu können.
– Ein Baseballschläger wird am Kopf mit angespitzten Schrauben versehen, um dessen Verletzungspotenzial zu erhöhen.

– Zwei handelsübliche Metallringe werden mit einem starken Garn verbunden, um so als **Würgewerkzeug** eingesetzt werden zu können.
– Ein herkömmlicher Lederhandschuh wird im vorderen Bereich mit Nieten besetzt oder auf den Fingerrücken werden **Rasierklingen** angebracht, um dessen Verletzungspotenzial im Falle eines Faustschlages zu erhöhen (vgl. dazu auch BKA-FB v. 28.6.2004, KT 21/ZV 25-5164.01-Z-31).
– Eine **Dachlatte** wird zur Verwendung als Waffe an einem Ende mit vorstehenden **Nägeln** versehen, während am anderen Ende eine Handschlaufe angebracht ist (vgl. *Steindorf/B. Heinrich* WaffG § 1 Rn. 23).
– **Sprühgeräte,** die vormals zB Parfüms beinhalteten oder Wasserspritzgeräte (Wasserpumpguns) werden mit **Reizstoffen,** Flusssäure oÄ befüllt, um sie gegen Menschen einzusetzen.
– Ein **Feuerlöscher** wird so präpariert, dass mit dem Löschpulver kleine **Metallspäne** mit hohem Druck ausgestoßen werden.

Wird eine Glasflasche, ein Bierglas oÄ im Zuge einer Auseinandersetzung zerbrochen, um mit dem scharfkantigen Teil Schnittverletzungen zufügen zu können, so entsteht dadurch **keine Waffe** im waffenrechtl. Sinn. In diesem Fall geht es vornehmlich darum, das Verletzungspotenzial eines **Alltagsgegenstands** durch die Zerstörung bzw das Zerlegen desselben im konkreten Einzelfall zu steigern und nicht darum, einen neuen Gegenstand herzustellen, welcher **generell** als Angriffs- oder Verteidigungsmittel zu dienen bestimmt ist. Ebenso verhält es sich, wenn etwa ein Stuhlbein abgebrochen wird, um damit zu schlagen. Würde man diese Zerstörung bzw das Zerlegen als Zweckbestimmung der Einzelteile zur Waffe einordnen, so unterfielen etwa die zerbrochene Flasche oder das abgebrochene Stuhlbein auch nach ihrem Gebrauch den Vorschriften des WaffG für Hieb- und Stoßwaffen, namentlich dem Alterserfordernis (§ 2 Abs. 1), dem generellen Führensverbot nach § 42a Abs. 1 Nr. 2 sowie dem Verbot des Führens bei öffentl. Veranstaltungen gem. § 42 Abs. 1. Ein solches Ergebnis ginge fehl.

Der Umbau eines Gegenstandes in eine Waffe im waffenrechtl. Sinn kommt 14a
allerdings in Betracht, wenn der Gegenstand nicht bloß zerstört oder zerlegt wird, um sein Verletzungspotenzial im Einzelfall zu erhöhen, sondern eine **techn. Bearbeitung erfährt,** die einen neuen Gegenstand entstehen lässt. So etwa, wenn ein Flaschenteil mittels eines Glasschleifers eine Art Klingenschliff erhielte oder ein Stuhlbein mit einem Griffstück und am anderen Ende mit angeschliffenen Schraubenköpfen versehen würde. In diesen Fällen handelt es sich bei den neu hergestellten Gegenständen um Waffen im techn. Sinn.

Das **Zusammenfügen** mehrerer **einzelner Gebrauchsgegenstände** zu einem 14b
neuen Gegenstand stellt zumindest dann die Herstellung eines neuen Gegenstandes mit einem eigenständig zu würdigenden Herstellerzweck dar, soweit mit der Verbindung eine gegenständlich stoffliche Modifikation einhergeht (Metallteile werden verschweißt, Nägel durch Holzteile getrieben, Kugellagerkugeln werden in Textilie eingenäht usw).

Eine stoffliche Modifikation ist allerdings nicht zwingend erforderlich, es reicht die **gewisse Festigkeit** der Verbindung aus, um die Herstellung eines neuen Gegenstandes annehmen zu können. Eine solche Festigkeit kann typischerweise dann angenommen werden, wenn über die materielle Beständigkeit der Verbindung hinaus gehend die Trennung der zusammengefügten Teile einen nennenswerten zeitl. Aufwand darstellt (etwa mit Winkelstahlprofil verschraubes Griffstück, fixierend in einen Damenstrumpf eingeknotete Billardkugel). Zu eng BKA-FB v. 16.6.2016, Az. SO 11-5164.01-Z-384, wonach ein in ein Tuch eingeknoteter Golfball trotz der entgegenstehenden Erklärung des „Herstellers" keinen neu hergestellten Gegenstand (mit eigenständig zu würdigendem Herstellerzweck) darstellen soll.

Die lediglich **lose Verbindung** zweier Gegenstände **reicht** hingegen **nicht aus,** um die Herstellung eines neuen Gegenstandes annehmen zu können (Bsp.: Pflasterstein wird in einen Leinenbeutel gelegt, um ihn besser schleudern zu können). Hier bleibt es bei einzelnen Alltagsgegenständen, deren lockere Zusammenfügung keinen neuen Gesamtgegenstand entstehen lässt.

15 Umgekehrt können auch Waffen im techn. Sinn durch Umbau zu reinen Gebrauchsgegenständen werden und dementspr. ihre **Waffeneigenschaft verlieren.** Dies ist zB der Fall, wenn bei einem Dolch die Klinge stumpf geschliffen wird.

16 Waffen im techn. Sinn sind **immer auch Waffen iSd WaffG** und unterfallen daher ausnahmslos den Bestimmungen des WaffG. Die Formulierung des Gesetzgebers „insbesondere Hieb- und Stoßwaffen" verdeutlicht, dass ein Gegenstand stets als Waffe iSd WaffG einzuordnen ist, sobald er tragbar ist und die oben dargestellte Zweckbestimmung zur Waffe aufweist. Dieser Systematik entspr. wird durch die Formulierung zudem klargestellt, dass es sich bei der in Anl. 1 Abschn. 1 UAbschn. 2 Nr. 1 aufgeführten Auflistung der Waffen im techn. Sinn lediglich um eine **exemplarische** und nicht um eine **abschließende Aufzählung** handelt, da mannigfaltige weitere Waffen im techn. Sinn denkbar sind, welche ausnahmslos den Regelungen des WaffG unterfallen.

17 **b) Waffen im nichttechnischen Sinn (Abs. 2 Nr. 2b).** In Nr. 2b sind solche Gegenstände angeführt, welche zwar **nicht dazu bestimmt** sind, die Angriffs- oder Abwehrfähigkeit von Menschen zu beseitigen oder herabzusetzen, die aber insbes. wegen ihrer Beschaffenheit, Handhabung oder Wirkungsweise hierzu **geeignet** sind (**Waffen im nichttechn. Sinn** → Anl. 1 Rn. 134 ff., zu den verbotenen Waffen im nichttechn. Sinn → Anl. 2 Rn. 70 ff.). Hierunter fällt eine **Vielzahl von bloßen Alltagsgegenständen,** da unzählige bewegliche Gegenstände des Alltags bei entspr. Gebrauch bzw Missbrauch dazu verwendet werden können, die Angriffs- oder Abwehrfähigkeit eines Menschen zu beseitigen oder herabzusetzen (etwa Pflastersteine, Bierflaschen, Eisenstangen usw).

Um eine sozial unangemessene Ausweitung des Geltungsbereichs des WaffG auf bloße Alltagsgegenstände zu verhindern, hat der Gesetzgeber nicht jede Waffe im nichttechn. Sinn auch gleichzeitig als Waffe iSd WaffG eingestuft. Die bloße Möglichkeit, einen Alltagsgegenstand missbräuchlich als Waffe zu benutzen, darf nicht dazu führen, dass dieser automatisch den strengen Reglementierungen des WaffG unterliegt. Zudem entspricht es nicht dem Sinn und Zweck des WaffG, den Missbrauch von Alltagsgegenständen zu regulieren.

Von daher hat der Gesetzgeber festgeschrieben, dass nur diejenigen Waffen im nichttechn. Sinn auch vom WaffG erfasst sind, die **ausdr. im WaffG benannt sind.** Eine Aufzählung der Waffen im nichttechn. Sinn erfolgt in Anl. 1 Abschn. 1 UAbschn. 2 Nr. 2. Diese ist **abschließend.** Soweit ein Gegenstand also als Waffe im nichttechn. Sinn zu qualifizieren ist, aber nicht in der Anlage zum WaffG explizit aufgeführt ist, **fällt er nicht in den Anwendungsbereich des WaffG.** Zu den vom WaffG erfassten Waffen im nichttechn. Sinn → Anl. 1 Rn. 134 ff.

IV. Umgang (Abs. 3)

18 In Abs. 3 sind die verschiedenen Arten des Umgangs benannt. In Ergänzung zu Abs. 2 der Vorschrift wird insoweit die **verhaltensbezogene Tragweite** des Gesetzes umrissen: Immer wenn eine personale Beziehung dergestalt besteht, dass mit einem in Abs. 2 beschriebenen Gegenstand Umgang nach Abs. 3 geübt wird, ist der Anwendungsbereich des WaffG prinzipiell eröffnet, sofern das Gesetz selbst keine Ausnahme vorsieht.

Die Umgangsarten sind in Abs. 3 lediglich stichwortartig aufgezählt, die nähere inhaltliche Ausformung dieser Begriffe erfolgt in Anl. 1 Abschn. 2. Der Gesetzgeber benennt **abschließend** als Umgangsarten den Erwerb und Besitz, das Überlassen,

Führen, Verbringen, Mitnehmen, Schießen, Herstellen, Bearbeiten, Instandsetzen sowie das Handeltreiben (zu den Umgangsarten → Anl. 1 Rn. 169ff.).

V. Einbeziehung der Anl. 1 (Abs. 4)

In Abs. 4 verweist der Gesetzgeber auf die in Anl. 1 enthaltenen Regelungen. 19
Insofern ist § 1 stets im Zusammenspiel mit der Anl. 1 zu betrachten. Diese enthält im Wesentlichen die inhaltlichen Ausformungen der in § 1 durch den Gesetzgeber abstrakt gefassten Regelungen und kann daher als untrennbarer Annex des § 1 verstanden werden.

§ 2 Grundsätze des Umgangs mit Waffen oder Munition, Waffenliste

(1) **Der Umgang mit Waffen oder Munition ist nur Personen gestattet, die das 18. Lebensjahr vollendet haben.**

(2) **Der Umgang mit Waffen oder Munition, die in der Anlage 2 (Waffenliste) Abschnitt 2 zu diesem Gesetz genannt sind, bedarf der Erlaubnis.**

(3) **Der Umgang mit Waffen oder Munition, die in der Anlage 2 Abschnitt 1 zu diesem Gesetz genannt sind, ist verboten.**

(4) **[1]Waffen oder Munition, mit denen der Umgang ganz oder teilweise von der Erlaubnispflicht oder von einem Verbot ausgenommen ist, sind in der Anlage 2 Abschnitt 1 und 2 genannt. [2]Ferner sind in der Anlage 2 Abschnitt 3 die Waffen und Munition genannt, auf die dieses Gesetz ganz oder teilweise nicht anzuwenden ist.**

(5) **[1]Bestehen Zweifel darüber, ob ein Gegenstand von diesem Gesetz erfasst wird oder er nach Maßgabe der Begriffsbestimmungen in Anlage 1 Abschnitt 1 und 3 und der Anlage 2 einzustufen ist, so entscheidet auf Antrag die zuständige Behörde. [2]Antragsberechtigt sind**
1. **Hersteller, Importeure, Erwerber oder Besitzer des Gegenstandes, soweit sie ein berechtigtes Interesse an der Entscheidung nach Satz 1 glaubhaft machen können,**
2. **die zuständigen Behörden des Bundes und der Länder.**

[3]Die nach Landesrecht zuständigen Behörden sind vor der Entscheidung zu hören. [4]Die Entscheidung ist für den Geltungsbereich dieses Gesetzes allgemein verbindlich. [5]Sie ist im Bundesanzeiger bekannt zu machen.

I. Allgemeines

Die ersten vier Absätze schreiben einen wesentl. Teil der grundlegenden Systema- 1
tik des WaffG fest: Während § 1 zunächst den Anwendungsbereich des WaffG umreißt und anschließend unter Verweis auf Anl. 1 festlegt, welche Gegenstände überhaupt als Waffe vom WaffG erfasst sein sollen, erfolgt die weitere Aufgliederung der als Waffe eingestuften Gegenstände in § 2. Zunächst wird hier in Abs. 1 das für alle Waffen und Munition gleichermaßen Wirkung entfaltende **Alterserfordernis** festgelegt. Danach ist jeglicher Umgang mit Waffen oder Munition nur Personen gestattet, die das 18. Lebensj. vollendet haben. Anschließend wird unter Verweis auf Anl. 2 eine Aufteilung der Waffen und Munition in **erlaubnispflichtige** (Abs. 2) und **verbotene** Waffen bzw Munition (Abs. 3) vorgenommen. Waffen, welche weder verboten noch erlaubnispflichtig sind, zählen zu den **erlaubnisfreien** Waffen. Auch für diese gilt das in § 2 Abs. 1 enthaltene Alterserfordernis.

Abs. 4 korrespondiert wiederum mit Anl. 2 und enthält Bestimmungen zu Ausnahmen von Waffenverboten und von der Erlaubnispflicht bzgl. einzelner Umgangsarten. Zudem werden unter Verweis auf Anl. 2 Waffen und Munition benannt, welche ganz oder teilw. **nicht** in den Anwendungsbereich des WaffG fallen sollen.

In Abs. 5 ist schließlich die Verfahrensweise für solche Fälle festgelegt, in denen Zweifel darüber bestehen, ob ein Gegenstand überhaupt dem WaffG unterliegt, oder aber wie dieser näher nach den Begriffsbestimmungen des WaffG einzustufen ist.

II. Alterserfordernis (Abs. 1)

2 Abs. 1 legt zunächst das umfassend im Waffenrecht geltende Alterserfordernis fest, wonach jegliche Form des Umgangs mit Waffen oder Munition nur **Erwachsenen,** also Personen welche das 18. Lebensj. vollendet haben, gestattet ist. Gleichermaßen aus dem Wortlaut wie aus der vorgezogenen Stellung dieser Bestimmung innerhalb der Systematik des WaffG folgt, dass dieses Alterserfordernis **umfassend für alle Waffen** gelten soll. IErg ist daher auch der Umgang mit **erlaubnisfreien Waffen** nur Personen gestattet, die das **18. Lebensj. vollendet** haben. Allgemeine Ausnahmen von diesem prinzipiellen Alterserfordernis sind durch den Gesetzgeber in § 3 festgeschrieben, weitere **spezielle Regelungen** für die Gruppe der Jäger in § 13 Abs. 7 und 8 und das Schießen auf Schießstätten in § 27 Abs. 3–6.

3 Der Erwerb und Besitz generell erlaubnisfreier Waffen sowie hinsichtlich des Erwerbs und Besitzes nach Anl. 2 Abschn. 2 UAbschn. 2 Nr. 1 erlaubnisfrei gestellter Waffen und Munition durch Minderjährige unter Verstoß gegen § 2 Abs. 1 ist bußgeldbewehrt, § 53 Abs. 1 Nr. 1 (→ § 53 Rn. 2, 2a).

Das Überlassen solcher Waffen und Munition an Minderjährige unter Verstoß gegen § 2 Abs. 1 ist ebenfalls bußgeldbewehrt, 53 Abs. 1 Nr. 16.

Beim Erwerb und Besitz sowie beim Überlassen erlaubnispflichtiger und verbotener Waffen gelten die spezielleren Strafvorschriften.

III. Erlaubnispflichtige Waffen (Abs. 2)

4 Abs. 2 schreibt die prinzipielle Erlaubnispflicht bestimmter Waffen fest, welche in Anl. 2 Abschn. 2 UAbschn. 1 benannt sind. Danach sind alle Schussw., die den Schussw. gleichgest. tragbaren Gegenstände sowie dazugehörige Munition dem Grundsatz nach erlaubnispflichtig (→ Anl. 2 Rn. 98).

IV. Verbotene Waffen (Abs. 3)

5 In Abs. 3 werden unter Verweis auf Anl. 2 Abschn. 1 die verbotenen Waffen und die verbotene Munition festgelegt. Der Umstand, dass die verbotenen Waffen durch den Gesetzgeber erst im Anschl. an die erlaubnispflichtigen Waffen aufgeführt werden, erscheint widersinnig, da ein Gegenstand denklogisch nur dann erlaubnispflichtig sein kann, wenn er nicht bereits verboten ist. Von daher müsste das Waffenverbot richtigerweise am Beginn der Vorschrift stehen.

V. Ausnahmen (Abs. 4)

6 Abs. 4 sieht unter Verweis auf Anl. 2 zahlreiche Ausnahmen vor. Zunächst sind **Ausnahmen für erlaubnispflichtige Waffen** und Munition bzgl. einzelner oder auch mehrerer Umgangsarten von der Erlaubnispflicht vorgesehen. Weiter sind **Aus-**

nahmen von prinzipiell geltenden Waffenverboten vorgesehen. Die konkret von diesen Ausnahmen erfassten Waffen- und Munitionsarten sowie die Reichweite der Ausnahmen ergeben sich aus Anl. 2 Abschn. 1 und 2. Schließlich sollen bestimmte Waffen und Munition **ganz oder teilw. vom Geltungsbereich des WaffG ausgenommen** sein, wobei sich die konkret erfassten Gegenstände sowie die Reichweite der Ausnahmen wiederum aus der Anl. 2 Abschn. 3 ergeben (→ Anl. 2 Rn. 137 ff.).

VI. Zweifelsfälle (Abs. 5)

In Abs. 5 hat der Gesetzgeber die Vorgehensweise im Umgang mit Zweifelsfällen festgeschrieben. 7

1. Allgemeines

Oftmals ist nicht eindeutig klar, ob ein Gegenstand überhaupt als Waffe vom WaffG erfasst ist. Zudem ist denkbar, dass die genaue Einstufung eines Gegenstandes nach den in den Anlagen zum WaffG enthaltenen Begriffsbestimmungen zweifelhaft ist. So kann durchaus strittig sein, ob es sich um eine verbotene, erlaubnispflichtige oder erlaubnisfreie Waffe handelt. Im Sinne einer einheitlichen Rechtsanwendung besteht in solch gelagerten Fällen Interesse an der Klärung der im Raum stehenden Fragen. Die Vorgehensweise in diesen Fällen ist in Abs. 5 der Vorschrift festgelegt. 8

Letztlich kann nur im Wege einer allseits verbindlichen **Leitentscheidung** ein einheitlicher Behördenumgang und auch eine einheitliche justizielle Beurteilung waffenrechtl. Sachverhalte gewährleistet werden. Diesem Umstand Rechnung tragend, sieht der Gesetzgeber in Zweifelsfällen eine Entsch. der zust. Beh. vor, welche für den Geltungsbereich des WaffG **allgemein verbindlich** ist. Die Entsch. ist im BAnz. bekannt zu machen.

2. Zuständige Behörde

Nach § 48 Abs. 3 ist das **Bundeskriminalamt** (BKA) für diese Entsch. zuständig (vgl. hierzu auch *Mittelstädt*, WiW, 97 ff.). Das BKA klärt die bestehenden Zweifel durch Erlass entspr. **Feststellungsbescheide** (FB). Zu den in der Vergangenheit durch das BKA getroffenen Entsch. bzgl. waffenrechtl. Zweifelsfälle iSd § 2 Abs. 5 vgl. die Auflistung im Internet unter: www.bka.de. 9

Das BKA ist jedoch **nicht** zur Einstufung eines Gegenstandes als verbotene Waffe durch FB gem. § 2 Abs. 5 **befugt,** wenn sich die Eigenschaft des Gegenstands als Schusswaffenzubehör nicht aus seiner Konstruktion oder Bauart, sondern erst aus seiner **Verwendung** ergibt. So wurde die Zuständigkeit des BKA für die Einstufung eines Lampensets als Jagdlampe (bestehend aus einer Taschenlampe mit Turbokopf, Xenonbrenner, Rotfilter, einer Universalmontage sowie einem Kabelschalter) verneint (BVerwG Urt. v. 24.6.2009 – 6 C 21/08).

Der **Rechtscharakter** der FB ist im WaffG nicht explizit geregelt. Die FB weisen **keinen Rechtsnormcharakter** auf (vgl. BVerwG Urt. v. 24.6.2009 – 6 C 21/08; *Heller/Soschinka* WaffR Rn. 13; *König/Papsthart* Neues WaffR Rn. 88; *Steindorf/B. Heinrich* WaffG § 2 Rn. 76). Sie können lediglich Zweifelsfragen klären, also rechtl. Regelungen des WaffG **konkretisieren.** Rechtliche Vorgaben des WaffG vermögen sie hingegen **nicht zu modifizieren** (so auch *Gade* WaffR, 1. Aufl., S. 30 ff.; *Steindorf/B. Heinrich* WaffG § 2 Rn. 70c, 76). Vielmehr handelt es sich bei ihnen um **VA in Form einer Allgemeinverfügung** (vgl. *Gade* DP 01/2006, 24 f.), weshalb sie wie andere Verwaltungsentscheidungen auch **gerichtlich überprüfbar** sind (ausf. zur Rechtsnatur der FB auch OLG Karlsruhe Urt. v. 27.4.2007 – 1 Ss 75/06) und eine Rechtsmittelbelehrung enthalten (*Heller/Soschinka* NVwZ 2012, 10

209, 210). Insbes. unterliegen sie grds. dem **Suspensiveffekt** des Widerspruchs und der Anfechtungsklage. FB des BKA sind nicht geeignet, eindeutige gesetzliche Regelungen zu modifizieren (OLG Karlsruhe Urt. v. 27.4.2007 – 1 Ss 75/06).

3. Antragsberechtigte

11 Zunächst sollen nach Abs. 5 Nr. 1 **Hersteller, Importeure, Erwerber oder Besitzer** des in Rede stehenden Gegenstandes zum Antrag auf eine Entsch. nach Abs. 5 legitimiert sein, soweit sie ein **berechtigtes Interesse** an der Entsch. glaubhaft machen können. Der Kreis der Antragsberechtigten ist bewusst weit gefasst, da dem Grunde nach Jedermann von einem solchen Zweifelsfall betroffen sein kann. An das Erfordernis eines berechtigten Interesses sind daher **keine zu hohen Ansprüche** zu stellen. Bei **Herstellern** und **Importeuren** ist ein solches ohne Weiteres anzunehmen, wenn diese einen Gegenstand herzustellen bzw in den Geltungsbereich des WaffG zu verbringen gedenken, von dem nicht zweifelsfrei geklärt ist, ob und ggf. auf welche Weise er von den Regelungen des WaffG erfasst ist. Ebenso wird bei **Privatpersonen** ein berechtigtes Interesse anzunehmen sein, wenn sie bereits im Besitz eines Gegenstandes sind bzw einen solchen anzuschaffen gedenken, von dem unklar ist, wie dieser nach dem WaffG einzustufen ist, insbes., ob es sich um eine verbotene Waffe handelt.

Das berechtigte Interesse muss **glaubhaft gemacht** werden. Dies ist erfüllt, wenn anhand von Tatsachen nachvollziehbar erscheint, dass ein oben beschriebener Bezug zu einem nicht klar einzuordnenden Gegenstand besteht. Bloße Spekulationen, dass ein solcher Bezug in Zukunft entstehen könnte, reichen nicht aus. So ist etwa ein berechtigtes Interesse nicht schon dann anzunehmen, wenn im Einzelfall vage die Anschaffung eines nicht klar einzuordnenden Gegenstandes angedacht ist, ohne dass bereits ein konkreter Entschluss zur Anschaffung vorliegt. Umgekehrt bedarf es zur Glaubhaftmachung keiner dezidierten Darlegung eines konkreten Sachverhalts anhand im Einzelnen zu belegender Tatsachen. Das **wirtschaftliche Interesse** des Handelns mit solchen Gegenständen ist grds. als berechtigtes Interesse anzusehen, auch ohne dass bereits wirksame Kaufverträge für einen beabsichtigten Handel vorgelegt werden können.

Nach Nr. 2 sind schließlich die zust. Beh. des Bundes und der Länder antragsberechtigt, wobei die nach Landesrecht zust. Beh. vor der Entsch. zu hören sind.

§ 3 Umgang mit Waffen oder Munition durch Kinder und Jugendliche

(1) **Jugendliche dürfen im Rahmen eines Ausbildungs- oder Arbeitsverhältnisses abweichend von § 2 Abs. 1 unter Aufsicht eines weisungsbefugten Waffenberechtigten mit Waffen oder Munition umgehen.**

(2) **Jugendliche dürfen abweichend von § 2 Abs. 1 Umgang mit geprüften Reizstoffsprühgeräten haben.**

(3) **Die zuständige Behörde kann für Kinder und Jugendliche allgemein oder für den Einzelfall Ausnahmen von Alterserfordernissen zulassen, wenn besondere Gründe vorliegen und öffentliche Interessen nicht entgegenstehen.**

I. Allgemeines

1 § 3 regelt den Umgang mit Waffen oder Munition durch Kinder und Jugendliche. Prinzipiell ist dieser bereits durch **§ 2 Abs. 1** geregelt, als dieser jeglichen Umgang mit Waffen und Munition nur Personen erlaubt, welche das **18. Lebensj. vollendet** haben. Dieses Alterserfordernis gilt zum einen für **alle Umgangsarten** des Waffenrechts, zum anderen sind alle Gegenstände davon erfasst, soweit sie überhaupt nur

als Waffe iSd WaffG zu qualifizieren sind, gleichgültig, ob es sich um erlaubnispflichtige oder erlaubnisfreie Waffen handelt.

Bei § 3 handelt es sich nicht um eine prinzipielle Regelung des Umgangs mit Waffen und Munition durch Kinder und Jugendliche, sondern vielmehr um die Regelung **einzelner Ausnahmen vom** in § 2 Abs. 1 festgeschriebenen **Alterserfordernis.** Mit der ausdr. Bezugnahme auf § 2 Abs. 1 stellt der Gesetzgeber klar, dass in § 3 **allein Ausnahmen vom Alterserfordernis** vorgesehen sind. Von weiteren Erlaubisvorauss. (vgl. § 4 Abs. 1) enthält § 3 **keine Ausnahmen.** So ist einem Jugendlichen, der zwar unter eine Ausnahme vom Alterserfordernis fällt, gleichwohl eine waffenrechtl. Erlaubnis zu versagen, soweit er die übrigen Vorauss. dafür nicht erfüllt, etwa weil er unzuverlässig ist. Das Erfordernis eines amts-, fachärztlichen oder fachpsychologischen Gutachtens nach § 6 Abs. 3 zum Nachweis der persönlichen Eignung bleibt folgerichtig ebenfalls **unberührt.**

Die in § 3 vorgesehenen Ausnahmen vom Alterserfordernis stellen **keine** 2
abschließende Regelung dar. Weitere Ausnahmen vom Alterserfordernis des § 2 Abs. 1 sind durch den Gesetzgeber im Rahmen der speziellen waffenrechtl. Regelungen zu den Jägern (vgl. § 13 Abs. 7 und 8) sowie zum Schießen auf Schießstätten (vgl. § 27 Abs. 3–6) vorgesehen.

Jugendliche iSd WaffG sind Personen, die das 14., aber noch nicht das 3
18. Lebensj. vollendet haben (vgl. Anl. 1 Abschn. 2 Nr. 11). **Kinder** iSd WaffG sind Personen, die noch nicht 14 Jahre alt sind (vgl. Anl. 1 Abschn. 2 Nr. 10).

II. Ausbildungs- und Arbeitsverhältnisse (Abs. 1)

Nach Abs. 1 der Vorschrift soll es zunächst Jugendlichen im Rahmen eines Ausbil- 4
dungs- oder Arbeitsverhältnisses in Ausnahme zu § 2 Abs. 1 gestattet sein, Umgang mit Waffen oder Munition zu haben. Die Befreiung vom Alterserfordernis greift allerdings **nur,** sofern der Umgang **unter Aufsicht** einer weisungsbefugten und waffenberechtigten Person erfolgt.

Häufig wird in Konstellationen nach Abs. 1 auch der Regelungsbereich des § 12 4a
Abs. 1 Nr. 3a betroffen, sein, wonach der Erwerb und Besitz erlaubnispflichtiger Waffen im Rahmen von Arbeits- oder Ausbildungsverhältnissen unter bestimmten Vorauss. erlaubnisfrei gestellt ist (→ § 12 Rn. 36 ff., 40).

Nach dem Sinn und Zweck der Vorschrift begründet nicht jedes beliebige 5
Ausbildungs- und Arbeitsverhältnis eine Ausnahme nach Abs. 1. Vielmehr ist es erforderlich, dass das Ausbildungsverhältnis einen **spezifischen Bezug zu den Waffen aufweist,** mit denen umgegangen wird. Ein solcher Bezug liegt insbes. bei **waffenbezogenen Handwerksberufen** (Büchsenmacher, Messerschmied usw) vor, kann aber bspw. auch im Rahmen einer Ausbildung zum kaufmännischen Angestellten im Waffenhandel angenommen werden. Ausbildungs- und Arbeitsverhältnisse, welche nicht zwingend den Umgang mit Waffen erfordern (Bäckerlehre, Ausbildung zum Kfz-Mechatroniker, Verwaltungslehre usw), fallen hingegen nicht unter die Privilegierung des Abs. 1. Bei Tätigkeiten in Bewachungsunternehmen ist zu differenzieren: Im Rahmen eines anerkannten Ausbildungsberufsverhältnisses (Fachkraft für Schutz und Sicherheit) ist ein waffenbezogenes Ausbildungs- bzw Arbeitsverhältnis anzunehmen. Für die bloße tatsächliche Tätigkeit (etwa im Rahmen eines Ferienjobs) in einem Bewachungsunternehmen ist ein solcher Bezug abzulehnen (so auch *Apel/Bushart* WaffG § 3 Rn. 6; *Heller/Soschinka* WaffR Rn. 737). Hier könnte lediglich eine Ausnahme nach Abs. 3 der Vorschrift in Betracht kommen.

Bzgl. der erforderlichen **Waffenberechtigung der Aufsichtsperson** ist zu 6
unterscheiden: Wird Umgang mit einer erlaubnispflichtigen Waffe geübt, ergibt sich die Berechtigung regelm. aus der **Herstellungs- bzw Handelserlaubnis** (→ § 21

Rn. 3 ff.). Wird hingegen mit erlaubnisfreien Waffen umgegangen (in der Praxis handelt es sich hier ganz überwiegend um Messer), so bedarf es keiner besonderen Befugnis und es reicht aus, dass die weisungsbefugte Person das **18. Lebensj.** vollendet hat (vgl. *Apel/Bushart* WaffG § 3 Rn. 7).

III. Reizstoffsprühgeräte (Abs. 2)

7 Mit dieser Regelung hat der Gesetzgeber das berechtigte sicherheitsrechtl. Interesse jugendlicher Personen aufgegriffen. Diese Personengruppe kann ein unter rechtsstaatlichen Aspekten nachvollziehbares Interesse für **Abwehr- und Verteidigungsmöglichkeiten,** insbes. in Notwehrlagen, in Ansatz bringen. Jugendlichen ist daher abweichend vom Alterserfordernis des § 2 Abs. 1 der **Umgang mit geprüften Reizstoffsprühgeräten** (→ Anl. 2 Rn. 54 ff.) **erlaubt.** Damit ist dem sicherheitsrechtl. Bedürfnis der Jugendlichen Rechnung getragen, da diesen für den Notwehrfall eine effektive Selbstverteidigungsmöglichkeit unter Zuhilfenahme einer Waffe eingeräumt wird. Zudem werden durch diese Regelung Jugendliche nicht in die Illegalität gedrängt, sondern können gesetzmäßig eine ihr Sicherheitsinteresse adäquat befriedigende Waffe erwerben. Schließlich wird Jugendlichen durch diese Regelung eine **klare Schwelle auch für den Notwehrfall** gesetzt, welche sich **unter** dem Einsatz von Schussw. und Hieb- und Stoßwaffen befindet (vgl. auch BT-Drs. 14/8886, 160).

7a Geprüfte Reizstoffstprühgeräte dürfen als erlaubnisfreie Waffen auch im öffentl. Raum geführt werden. Allerdings unterfallen sie dem strafbewehrten Führensverbot bei öffentl. Veranstaltungen nach § 42 Abs. 1. Dies dürfte in der Praxis problematisch sein, da das oben beschriebene Bewaffnungsinteresse häufig im Zusammenhang mit der Teilnahme an öffentl. Veranstaltungen bestehen dürfte. Der Gesetzgeber sollte hier andenken, geprüfte Reizstoffsprühgeräte vom Führensverbot bei öffentl. Veranstaltungen nach § 42 Abs. 1 auszunehmen. Nur so ist den praktischen Bedürfnissen Jugendlicher umfassend Rechnung getragen. Weiter würde hierdurch vermieden, dass zu Selbstverteidigungszwecken auf Tierabwehrsprays zurückgegriffen wird, welche keinerlei waffenrechtl. Reglementierungen unterliegen, obwohl sie typischerweise ein deutlich größeres Verletzungspotenzial aufweisen als gekennzeichnete Reizstoffsprühgeräte.

IV. Weitere Ausnahmen (Abs. 3)

8 Abs. 3 eröffnet schließlich die prinzipielle Möglichkeit weiterer Ausnahmen von Alterserfordernissen. Die Bestimmung bezieht sich auf alle gesetzlichen Alterserfordernisse (vgl. *Steindorf/B. Heinrich* WaffG § 3 Rn. 5), steht allerdings als *lex generalis* hinter den Regelungsfällen des § 27 Abs. 3–6 zurück.

9 Im Unterschied zu den ersten beiden Absätzen der Vorschrift kann sich eine Ausnahme nach Abs. 3 grds. nicht nur auf Jugendliche, sondern **auch auf Kinder** und damit Personen, die das 14. Lebensj. noch nicht vollendet haben (vgl. Anl. 1 Abschn. 2 Nr. 10), erstrecken.

1. Zuständige Behörde

10 Zunächst ist nur die zust. Beh. befugt, Ausnahmen von Alterserfordernissen zu erteilen. Welches die jeweils zust. Beh. ist, richtet sich, soweit keine besonderen Zuständigkeiten begründet sind (hierzu: *Heller/Soschinka* WaffR Rn. 946 und Fn. 11), gem. § 48 Abs. 1 prinzipiell nach den Durchführungsverordnungen der Bundesländer zum WaffG (→ § 48 Rn. 5).

2. Allgemein oder für den Einzelfall

11 Die Ausnahme kann allg. oder für den Einzelfall zugelassen werden. Durch die Aufnahme des Merkmals „allgemein" mit dem **2. ÄndG** (→ Einf. Rn. 23) zum 1.4.2008 in die Vorschrift ist durch den Gesetzgeber klargestellt worden, dass auch **pauschale Ausnahmen** für mehrere Minderjährige erteilt werden können. Eine solche Ausnahme kann sowohl personen-, aber ebenso veranstaltungsbezogen sein, weshalb eine Ausnahme auch bzgl. einer gesamten Veranstaltung erteilt werden kann (zB Tag der offenen Tür im Schützenheim, vgl. BR-Drs. 16/8224, 16). Eine vereinsbezogene dauerhafte Ausnahmezulassung soll mit Abs. 3 nicht mehr vereinbar sein (vgl. WaffVwV Nr. 3.3).

11a Die Erteilung einer waffenrechtl. Erlaubnis für den selbstständigen Umgang mit einer Waffe in Ausnahme zum allg. Alterserfordernis nach §§ 2 Abs. 1, 4 Abs. 1 Nr. 1 setzt in jedem Fall voraus, dass der Antragsteller trotz seiner Jugend alle sonstigen Vorauss. einer waffenrechtl. Erlaubnis erfüllt.

3. Besondere Gründe

12 Eine Ausnahme im oben beschriebenen Sinne kommt nur in Betracht, wenn **besondere Gründe** hierfür vorliegen. Der Gesetzgeber benennt die besonderen Gründe lediglich als Vorauss. für eine Ausnahme nach Abs. 3. Eine nähere Regelung, wann solche besonderen Gründe vorliegen, hat er nicht getroffen. Von tragendem Gewicht ist hier die Grundentscheidung des Gesetzgebers für das prinzipiell für alle Waffen geltende, in § 2 Abs. 1 festgeschriebene, Alterserfordernis. Die Erstreckung dieses Alterserfordernisses auch auf erlaubnisfreie Waffen dokumentiert die **restriktive Grundeinstellung des Gesetzgebers.**

ISd Unterbindung einer Aushöhlung des § 2 Abs. 1 sind daher prinzipiell **hohe Anforderungen** an die besonderen Gründe zu stellen. Als besondere Gründe kommen namentlich spezielle Gefährdungslagen in Betracht. Zutreffend wird indes im Schrifttum darauf hingewiesen, dass eine allg. Gefährdungssituation an einer Schule bspw. keinen Grund dafür darstellen kann, allen betroffenen Schülern eine Ausnahme vom Alterserfordernis bzgl. des Führens von Hieb- und Stoßwaffen zuzugestehen (*Apel/Bushart* WaffG § 3 Rn. 14; zustimmend *Heller/Soschinka* WaffR Rn. 739). Dies wäre zudem als mit Bußgeld bewehrter Verstoß gegen § 42a Abs. 1 Nr. 2 zu werten, soweit die Waffen nicht in einem **ver**schlossenen Behältnis von einem Ort zu einem anderen transportiert würden. Von einer Ausnahme vom grds. Verbot des Führens von Hieb- und Stoßwaffen nach § 42a Abs. 1 Nr. 2 auf Grund eines **berechtigten Interesses** iSv § 42a Abs. 2 Nr. 3, Abs. 3 ist in solch gelagerten Fällen **nicht** auszugehen.

13 Der beaufsichtigte Umgang Minderjähriger mit Waffen und Munition innerhalb von Schießstätten hat in § 27 Abs. 3–6 eine **spezielle Regelung** erfahren. Außerhalb der in § 27 Abs. 3–6 geregelten Fälle kommt eine Ausnahme vom Alterserfordernis nach Abs. 3 in Betracht. Hierher sind bspw. Schießveranstaltungen zur Belustigung für Minderjährige oder besondere öffentl. Veranstaltungen zur Nachwuchswerbung im Bereich des Sportschützentums zu zählen. Auch hier ist grds. ein **strenger Prüfungsmaßstab** unter einer detaillierten Interessenabwägung im Einzelfall vorzunehmen. Teilw. wird im Schrifttum vertreten, seitens der Behörden sollten keine „unangemessenen Anforderungen" gestellt werden. So sei es ausreichend, wenn „altersgerechte Waffen" (wie Kinderarmbrüste) verwendet würden und eine altersangemessene Beaufsichtigung gewährleistet sei (so *Heller/Soschinka* WaffR Rn. 740). Zuzustimmen ist dieser Auffassung insoweit, dass außerhalb von Schießstätten eine Ausnahme nicht für alle Typen von Waffen in Betracht kommen dürfte und zudem eine sorgfältige Beaufsichtigung der Minderjährigen durch sachkundiges Personal sichergestellt sein muss. Da sich die Ausnahme auf Jugendliche, aber auch auf Kinder

erstrecken kann, wird sie prinzipiell auf **mindergefährliche Waffen** beschränkt sein.

Auch im Falle einer öffentl. Veranstaltung zur Nachwuchswerbung im Bereich des sportlichen Schießens werden besondere Umstände des Einzelfalls gegeben sein müssen, die es rechtfertigen, eine Ausnahme vom Alterserfordernis nach § 3 Abs. 3 außerhalb einer Schießstätte zuzulassen. Der Ausnahmecharakter der Vorschrift gebietet im Kontext der gesetzgeberischen Grundeinstellung eine insg. **zurückhaltende Anwendung** derselben.

4. Keine entgegenstehenden öffentlichen Interessen

14 Schließlich dürfen keine öffentl. Interessen entgegenstehen, damit eine Ausnahme nach Abs. 3 zugelassen werden kann. Ein entgegenstehendes öffentl. Interesse wäre bspw. gegeben, wenn Veranstaltungen waffenverherrlichenden Charakter annehmen.

Abschnitt 2. Umgang mit Waffen oder Munition

Unterabschnitt 1. Allgemeine Voraussetzungen für Waffen- und Munitionserlaubnisse

§ 4 Voraussetzungen für eine Erlaubnis

(1) **Eine Erlaubnis setzt voraus, dass der Antragsteller**
1. **das 18. Lebensjahr vollendet hat (§ 2 Abs. 1),**
2. **die erforderliche Zuverlässigkeit (§ 5) und persönliche Eignung (§ 6) besitzt,**
3. **die erforderliche Sachkunde nachgewiesen hat (§ 7),**
4. **ein Bedürfnis nachgewiesen hat (§ 8) und**
5. **bei der Beantragung eines Waffenscheins oder einer Schießerlaubnis eine Versicherung gegen Haftpflicht in Höhe von 1 Million Euro – pauschal für Personen- und Sachschäden – nachweist.**

(2) **Die Erlaubnis zum Erwerb, Besitz, Führen oder Schießen kann versagt werden, wenn der Antragsteller seinen gewöhnlichen Aufenthalt nicht seit mindestens fünf Jahren im Geltungsbereich dieses Gesetzes hat.**

(3) **Die zuständige Behörde hat die Inhaber von waffenrechtlichen Erlaubnissen in regelmäßigen Abständen, mindestens jedoch nach Ablauf von drei Jahren, erneut auf ihre Zuverlässigkeit und ihre persönliche Eignung zu prüfen sowie in den Fällen des Absatzes 1 Nr. 5 sich das Vorliegen einer Versicherung gegen Haftpflicht nachweisen zu lassen.**

(4) [1]**Die zuständige Behörde hat drei Jahre nach Erteilung der ersten waffenrechtlichen Erlaubnis das Fortbestehen des Bedürfnisses zu prüfen.** [2]**Dies kann im Rahmen der Prüfung nach Absatz 3 erfolgen.** [3]**Die zuständige Behörde kann auch nach Ablauf des in Satz 1 genannten Zeitraums das Fortbestehen des Bedürfnisses prüfen.**

Übersicht

I. Allgemeines

Im 1. UAbschn. des 2. Abschn. des WaffG hat der Gesetzgeber die **allg. Vorauss.** 1
geregelt, die prinzipiell **für die Erteilung einer Waffen- und Munitionserlaubnis** vorliegen müssen.

§ 4 ist in diesem Abschnitt gleichsam „vor die Klammer gezogen". In Abs. 1 werden zunächst stichwortartig die Vorauss. einer Erlaubnis festgelegt, die sodann in gesonderten Einzelnormen ihre inhaltliche Ausformung erfahren. Diese handwerkliche Vorgehensweise ist iSe. praxisnahen Handhabung des Gesetzes. Der Anwender sieht auf einen Blick, welche Anforderungen grds. für die Erteilung einer waffenrechtl. Erlaubnis zu erfüllen sind und kann sich im Anschluss daran den einschlägigen Spezialvorschriften zuwenden.

Während in Abs. 1 die allg. Vorauss. festgelegt sind, welche für die Erteilung einer waffenrechtl. Erlaubnis erfüllt sein müssen, ist der zust. Beh. in Abs. 2 eine **Ermessensentscheidung** über die Erteilung der Waffenerlaubnis eingeräumt, wonach eine Erlaubnis unter bestimmten Vorauss. versagt werden kann, obwohl der Antragst. sämtliche Vorauss. des § 4 Abs. 1 erfüllt. Bei den Abs. 3 und 4 handelt es sich hingegen um **Verfahrensvorschriften,** welche die sog **Regelüberprüfung** der in Abs. 1 aufgeführten Erfordernisse betreffen. Die Überprüfung der erforderlichen Zuverlässigkeit, der persönlichen Eignung und des Haftpflichtversicherungsnachweises sind nach Abs. 3 turnusmäßig spätestens **alle drei Jahre** vorgesehen, wohingegen das **Bedürfnis einmalig** drei Jahre nach Erteilung der waffenrechtl. Erlaubnis zu überprüfen ist.

Mit dem **3. ÄndG** (→ Einf. Rn. 24) hat der Gesetzgeber Abs. 4 S. 3 in die Vorschrift eingefügt und damit die kontinuierliche Prüfbarkeit des Bedürfnisses klar gestellt.

II. Allgemeine Voraussetzungen für eine waffenrechtliche Erlaubnis (Abs. 1)

2 Die Vorauss. für die Erteilung waffenrechtl. Erlaubnisse werden in § 4 Abs. 1 festgeschrieben. Von der Regelung des § 4 Abs. 1 sind **alle waffenrechtl. Waffen- und Munitionserlaubnisse gleichsam erfasst,** soweit nicht explizit etwas Anderes im Gesetz bestimmt ist.

3 Folgende Vorauss. müssen generell in der Person eines Antragst. vorliegen, damit eine Waffen- und Munitionserlaubnis erteilt werden kann:

- 18. Lebensj. vollendet (§ 4 Abs. 1 Nr. 1, § 2 Abs. 1)
- Erforderliche Zuverlässigkeit gegeben (§ 4 Abs. 1 Nr. 2 Alt. 1, § 5)
- Persönliche Eignung gegeben (§ 4 Abs. 1 Nr. 2 Alt. 2, § 6)
- Erforderliche Sachkunde nachgewiesen (§ 4 Abs. 1 Nr. 3, § 7)
- Bedürfnis nachgewiesen (§ 4 Abs. 1 Nr. 4, § 8)

Wird ein WS oder eine Schießerlaubnis beantragt, so ist zusätzlich erforderlich, dass der Antragst. einen Haftpflichtversicherungsnachweis beibringen kann (4 Abs. 1 Nr. 5). Zudem ist ein Haftpflichtversicherungsnachweis Vorauss. für die Erteilung einer WBK an eine juristische Person gem. § 10 Abs. 2 S. 3.

Gem. § 36 Abs. 3 S. 1 ist die **sichere Aufbewahrung** bereits bei der Antragstellung nachzuweisen (→ § 36 Rn. 73 ff.).

1. Alterserfordernis (Abs. 1 Nr. 1)

4 Die Nennung des Alterserfordernisses in Nr. 1 ist deklaratorischer Natur, da dieses bereits in § 2 Abs. 1 für jeglichen Umgang mit **sämtlichen** Waffen als Grundsatz festgelegt ist. Ihm unterfallen also **auch erlaubnisfreie Waffen.** Wenn das Alterserfordernis bereits für erlaubnisfreie Waffen gilt, so muss es denklogisch und „erst recht" für die Erteilung einer Erlaubnis zum Umgang mit erlaubnispflichtigen Waffen und Munition gelten. Die nochmalige **Nennung des Alterserfordernisses** im Rahmen des § 4 Abs. 1 Nr. 1 hat von daher **keine konstitutive,** diese Vorauss.

begründende, **sondern allein klarstellende Wirkung** (aA *Apel/Bushart* WaffG § 4 Rn. 3).

Eine **besondere Altersregelung** ist in § 14 Abs. 1 für **Sportschützen** getroffen, wonach diesen eine WBK grds. (bestimmte weniger gefährliche typische Sportwaffen sind ausgenommen) nur erteilt wird, soweit sie das **21. Lebensj.** vollendet haben. 5

2. Erforderliche Zuverlässigkeit und persönliche Eignung (Abs. 1 Nr. 2)

Die Begriffe der erforderlichen **Zuverlässigkeit** und der persönlichen **Eignung** werden im WaffG **getrennt** voneinander abgehandelt. Der Gesetzgeber hat die erforderliche Zuverlässigkeit in § 5, die persönliche Eignung in § 6 geregelt. 6

Die **erforderliche Zuverlässigkeit** knüpft an das **persönlich verantwortbare und vorwerfbare Verhalten** einer Person an (vgl. BT-Drs. 14/7758, 54). Durch diese Erlaubnisvorauss. soll die Rechtsgemeinschaft vor leichtfertigem oder missbräuchlichem Umgang mit der Waffe durch den Erlaubnisinhaber geschützt werden (*Apel/Bushart* WaffG § 4 Rn. 5). 7

Um für die Zukunft eine Verhaltensprognose für den Antragst. abgeben zu können, muss **sein Verhalten aus der Vergangenheit als Indikationsgröße herangezogen werden.** Aus einem Fehlverhalten des Antragst. in der Vergangenheit kann für die Zukunft eine Prognose erteilt werden, er weise nicht die erforderliche Zuverlässigkeit auf. Umgekehrt wird für denjenigen Antragst. welcher sich in der Vergangenheit ordnungsgemäß gegenüber der Rechtsgemeinschaft verhalten hat, ein solches rechtstreues Verhalten auch für die Zukunft angenommen, weshalb ihm die erforderliche Zuverlässigkeit zuzubilligen ist. Liegen also Verhaltensmängel in der Person des Antragst. vor, so ist die erforderliche Zuverlässigkeit nicht gegeben und die waffenrechtl. Erlaubnis dementspr. zu versagen. Hierin kommt der gesetzgeberische Wille zum Ausdruck, dass prinzipiell überhaupt nur solchen Personen der Umgang mit erlaubnispflichtigen Waffen und Munition staatlicherseits zugestanden werden soll, bei denen keinerlei Anhaltspunkte dafür vorliegen, dass sie die Waffen gegen die Rechtsordnung einsetzen werden. Der Gesetzgeber hat die erforderliche Zuverlässigkeit umfassend in § 5 in Form einer **Negativumschreibung** geregelt. Das Gesetz beschreibt also nicht positiv, wer als zuverlässig einzustufen ist, sondern benennt die Vorauss., unter denen eine Person **als unzuverlässig zu qualifizieren** ist. Demnach ist jeder Antragst. als zuverlässig anzuerkennen, soweit er nicht unzuverlässig iSd § 5 ist. 8

Im Rahmen dieser Negativdef. unterscheidet der Gesetzgeber zwischen der obligatorischen (ausnahmslosen) Unzuverlässigkeit (§ 5 Abs. 1) und der Regelunzuverlässigkeit (§ 5 Abs. 2).

Die **ausnahmslose Unzuverlässigkeit** betr. Fälle besonders **schwerwiegender Verfehlungen** in der Vergangenheit. Hier sieht der Gesetzgeber **keinen Spielraum für behördliches Ermessen,** weshalb die zust. Beh. in solch gelagerten Fällen gebunden ist, die Unzuverlässigkeit des Antragst. festzustellen. 9

Anders liegt es bei der **Regelunzuverlässigkeit iSe. widerlegbaren Vermutung.** Die Regelunzuverlässigkeit knüpft an **weniger schwerwiegende Verfehlungen** des Antragst. in der Vergangenheit an. Hier bleibt der zust. Beh. die Möglichkeit eröffnet, in einem atypischen Einzelfall im Rahmen der Regel-Ausnahme-Entsch. den Antragst. als waffenrechtl. zuverlässig einzustufen (ausf. → § 5 Rn. 21). 10

Während der Begriff der Zuverlässigkeit an das verantwortbare und vorwerfbare Verhalten einer Person anknüpft, soll das Erfordernis der **persönlichen Eignung** sicherstellen, dass nur solche Personen Umgang mit erlaubnispflichtigen Waffen und Munition üben dürfen, die auch **physisch wie psychisch dazu in der Lage sind,** ordnungsgemäß mit der Waffe umzugehen und diese bestimmungsgemäß zu verwenden (*Apel/Bushart* WaffG § 4 Rn. 5). Es sind demnach gerade auch solche 11

Mängel in der Person des Antragst. erfasst, welche nicht auf das verantwortbare Verhalten zurückzuführen sind, aber ungeachtet dessen zu Gefahren im Umgang mit erlaubnispflichtigen Waffen oder Munition führen können. Die persönliche Eignung ist umfänglich in § 6 geregelt. Der Gesetzgeber hat die Vorauss. der persönlichen Eignung unter rechtstechnischen Gesichtspunkten in vergleichbarer Weise wie die erforderliche Zuverlässigkeit geregelt. Zunächst wird der Begriff der persönlichen Eignung **mittels einer Negativdef.** umrissen, wonach jeweils die Vorauss. aufgezählt werden, unter denen ein Antragst. die persönliche Eignung nicht aufweist. Demgemäß ist ein Antragst. stets dann als persönlich geeignet einzustufen, wenn er nicht persönlich ungeeignet iSd § 6 ist. Anschließend wird zwischen der obligatorischen (zwingenden) Nichteignung (§ 6 Abs. 1 S. 1 Nr. 1–3) und der regelm. Nichteignung (§ 6 Abs. 1 S. 2) unterschieden.

12 Die Fallgruppe der **obligatorischen Nichteignung** betr. Fälle **besonders gravierender Mängel** in der Person des Antragst. Liegt ein solcher Fall vor, so wird der zust. Beh. **kein Ermessen** zugestanden. Die zust. Beh. ist hier durch den Gesetzgeber gebunden und hat die persönliche Nichteignung des Antragst. festzustellen.

13 Anders liegt es in den Fällen der **regelm. Nichteignung.** Hier obliegt es der zust. Beh., eine **Ermessensentscheidung** über die persönliche Eignung zu treffen. Bei Vorliegen entspr. Sachgründe kann also von der zust. Beh. die persönliche Eignung bejaht werden, obwohl ein Fall der regelm. Nichteignung nach § 6 vorliegt.

14 Die Vorauss. der erforderlichen Zuverlässigkeit und persönlichen Eignung müssen **in der Person des Antragst.** vorliegen. Ob dies gegeben ist oder nicht, ist seitens der zust. Beh. festzustellen. Im Unterschied zu den übrigen Erlaubnisvorauss. braucht der Antragst. also nicht die Vorauss. für die erforderliche Zuverlässigkeit und die persönliche Eignung nachzuweisen. Es ist **Aufgabe der zust. Beh.,** die zur Entsch. erheblichen Informationen beizubringen. Gleichwohl gehen **Zweifel** am Vorliegen der Vorauss. letztlich **zu Lasten des Antragst.,** da die „Sicherungsmaßnahmen" des § 4 Abs. 2, § 5 Abs. 4 und § 6 Abs. 2 zur Anwendung kommen (so *Apel/Bushart* WaffG § 4 Rn. 6).

3. Erforderliche Sachkunde (Abs. 1 Nr. 3)

15 Weitere Vorauss. für die Erteilung einer waffenrechtl. Erlaubnis ist, dass der Antragst. über die erforderliche **Sachkunde** iSd § 7 verfügt. Diese kann **im Wege einer Prüfung** bei der dafür nach Landesrecht bestimmten Stelle oder aber durch eine entspr. Tätigkeit oder Ausbildung nachgewiesen werden, vgl. § 7 Abs. 1. Die detaillierten Regelungen zur Sachkunde sind nicht in § 7 selbst enthalten. Dieser beinhaltet lediglich die Ermächtigung zu Gunsten des BMI, eine entspr. zustimmungsbedürftige **RVO** zur Sachkunde zu erlassen, vgl. § 7 Abs. 2. Die Anforderungen, welche an die waffentechn. und waffenrechtl. Kenntnisse zu stellen sind, sowie die Ausgestaltung von Sachkundeprüfungen und anderweitiger Nachweise der Sachkunde sind in den **§§ 1–3 AWaffV** geregelt. Prinzipiell gilt für die erforderliche Sachkunde, dass diese nicht einheitlich umfassenden Erfordernissen zu genügen hat. Sie ist also nicht allgemeiner Natur, sondern muss vielmehr **dem speziellen Zweck der konkret beantragten waffenrechtl. Erlaubnis genügen** (vgl. BVerwG NVwZ-RR 2003, 432; *Steindorf/N. Heinrich* WaffG § 7 Rn. 2).

4. Bedürfnis (Abs. 1 Nr. 4)

16 Das Bedürfnis ist als ein das **deutsche Waffenrecht tragendes Prinzip** in § 8 allg. geregelt (vgl. BT-Drs. 14/7758, 56 f.). Hinzu treten zahlreiche spezielle Bedürfnisregelungen bzgl. aller wesentl. Nutzergruppen (§§ 13, 14, 16–20, 28, 28a), hinter denen die in § 8 gefasste Bedürfnisregelung als *lex generalis* zurücktritt. Das Bedürfnis-

prinzip verdeutlicht die **restriktive Einstellung** des Gesetzgebers gegenüber dem Umgang des Bürgers mit Schussw. bzw mit erlaubnispflichtigen Waffen und Munition insgesamt und entfaltet konsequent eine den Erwerb von und den Umgang mit erlaubnispflichtigen Waffen **strikt limitierende Wirkung.**

Das Bedürfniserfordernis impliziert, dass jeder, der den Umgang mit erlaubnispflichtigen Waffen begehrt, für den konkret angestrebten Umgang ein **individuelles,** in der Person liegendes und **besonders anzuerkennendes Interesse** nachweisen muss. Hierdurch wird klargestellt, dass der Gesetzgeber gerade nicht jedem Bürger den Umgang mit erlaubnispflichtigen Waffen zubilligt, soweit er die erforderliche Zuverlässigkeit und persönliche Eignung aufweist. Auch wenn in der Person des Antragst. keine Anhaltspunkte dafür vorliegen, dass er einen die öffentl. Sicherheit und Ordnung gefährdenden Umgang mit einer Waffe zutage legen werde, so reicht dies für sich genommen noch nicht für die Erteilung einer waffenrechtl. Erlaubnis aus.

Auf Grund der hohen obj. Gefährlichkeit von Schussw. und insbes. unter Berücksichtigung des Umstandes, dass auch ohne besondere kriminelle Energie auf Seiten des Täters mit Schussw. erhebliche Verletzungen der Rechtsgüter Gesundheit und Leben hervorgerufen werden können, hält der Gesetzgeber einen möglichst geringen Verbreitungsgrad von Schussw. in der Bevölkerung für erstrebenswert. Vor dem Hintergrund der **erheblichen Missbrauchsgefahr von Schussw.** soll der Umgang mit diesen nicht jedem zuverlässigen und prinzipiell geeigneten Bürger erlaubt sein. Vielmehr muss er einen triftigen, besonders anzuerkennenden Grund hierfür geltend machen können.

Das **Individualinteresse** des Antragst. am Umgang mit einer Schussw. wird demgemäß **im Regelfall hinter dem Gemeinschaftsinteresse** an der Wahrung der öffentl. Sicherheit **zurückzutreten** haben. Der Gebrauch von Schussw. soll in Deutschland grds. nur wenn unerlässlich und zudem insbes. nur zum Schutze der Rechtsordnung erfolgen. Die Wahrung der Rechtsordnung obliegt typischerweise dem Staat, weshalb diesem der **Einsatz von Schussw. als ultima ratio** im Kernbereich seiner staatlichen Aufgabenwahrnehmung vorbehalten bleiben soll.

Der **Zweck des Gesetzes** wird in § 1 Abs. 1 mit dem Hinweis zum Ausdruck gebracht, dass es den Umgang mit Waffen oder Munition „unter Berücksichtigung der Belange der **öffentl. Sicherheit und Ordnung**" regelt (→ § 1 Rn. 4). Demgemäß muss zur Erbringung des Nachweises eines Bedürfnisses für eine waffenrechtl. Erlaubnis gem. § 8 Abs. 1 ein gegenüber den Belangen der öffentl. Sicherheit oder Ordnung besonders anzuerkennendes Interesse bestehen (BVerwG Beschl. v. 26.3.2008 – 6 B 11/08; Urt. v. 14.11.2007 – 6 C 1/07). Die öffentl. Sicherheit und Ordnung selbst wird in diesem Zusammenhang durch die zu ihrer Wahrung und Verteidigung berufenen Dienststellen, insbes. der Polizei, geschützt. Die Verwendung von Waffen soll in erster Linie dem Schutz der Rechtsordnung dienen, für deren **Verteidigung mit Waffengewalt der Staat ein Monopol** hat (BVerfG Kammerbeschluss v. 1.4.2003 – 1 BvR 539/03; BVerwG Urt. v. 14.11.2007 – 6 C 1/07). Das schließt es aus, die Tatbestände der §§ 8 und 19 dahin zu verstehen, dass privater Waffenumgang mit dem Ziel des Schutzes der Allgemeinheit erlaubt werden kann.

An diesem Grundsatz ändert auch der Umstand nichts, dass Schussw. ebenso zur Jagd oder zum sportlichen Schießen eingesetzt werden.

Entsprechend geht es dem Gesetzgeber darum, die Anzahl von Waffen im Volk **möglichst gering** zu halten (vgl. BVerwG Beschl. v. 26.3.2008 – 6 B 11/08; zum WaffG aF BVerwG GewArch 1999, 483). Dies erreicht er durch das zusätzliche Erfordernis des waffenrechtl. Bedürfnisses. Während die Zuverlässigkeit und die persönliche Eignung noch von einer Vielzahl von Bürgern zu erfüllen ist, wird es im Regelfall am Erfordernis eines waffenrechtl. Bedürfnisses mangeln. Auf diese Weise soll ein **höchstmöglicher Schutz der weit überwiegenden waffenlosen**

Mehrheit der Bevölkerung hinsichtlich der Rechtsgüter der körperlichen Unversehrtheit und des Lebens vor missbräuchlichem Schusswaffengebrauch sichergestellt werden.

16a Personen mit einem waffenrechtl. Bedürfnis darf keine Besitzerlaubnis für Schussw. erteilt werden, die einem generellen Benutzungsverbot unterliegen (BVerwG GewArch 2016, 297 ff.). Einem generellen Benutzungsverbot unterliegen etwa blockierte Schussw. im berechtigten Besitz von Erben ohne waffenrechtl. Bedürfnis (→ § 10 Rn. 35, → § 20 Rn. 13 ff.).

5. Haftpflichtversicherungsnachweis (Abs. 1 Nr. 5)

17 Für den Fall, dass eine Erlaubnis zum Führen einer Schussw. (WS iSd § 10 Abs. 4) oder eine Schießerlaubnis (§ 10 Abs. 5) beantragt wird, sieht der Gesetzgeber vor, dass zusätzlich zu den Vorauss. nach den Nr. 1–4 ein **Haftpflichtversicherungsnachweis** erbracht werden muss, damit die beantragte Waffenerlaubnis erteilt werden kann. Gleiches gilt für die Erteilung einer WBK an juristische Personen iSd § 10 Abs. 2 S. 3. Der Versicherungsschutz muss zur Erteilung der Erlaubnis bereits wirksam sein. Schließlich muss er der Höhe nach mindestens Personen- und Sachschäden in Höhe von 1 Million Euro abdecken.

III. Versagung der Erlaubnis (Abs. 2)

18 Nach § 4 Abs. 2 steht der zust. Beh. eine **Ermessensentscheidung** über die Erteilung der Waffenerlaubnis zu, wenn der Antragst. zwar die Vorauss. des § 4 Abs. 1 erfüllt, aber seinen gewöhnlichen Aufenthalt **weniger als fünf Jahre** im Geltungsbereich des Gesetzes hat. Die Fünfjahresfrist wird vom Datum der Antragstellung an zurück gerechnet.

19 Es sind nicht alle Umgangsarten von dieser Vorschrift erfasst, vielmehr gilt sie **nur** für Erlaubnisse, die auf den **Erwerb,** den **Besitz,** das **Führen** und das **Schießen** gerichtet sind. Die Herstellung von und der Handel mit Waffen sind bspw. nicht genannt (*Steindorf/N. Heinrich* WaffG § 4 Rn. 9).

20 § 4 Abs. 2 knüpft nicht an die Staatsangehörigkeit an, sondern bezieht sich auf den **bloßen Aufenthalt** des Antragst. Die Versagung einer waffenrechtl. Erlaubnis allein auf Grund des Umstandes, dass der Antragst. nicht Deutscher iSd Art. 116 GG ist, ist demnach nicht möglich.

20a Nach § 26 Abs. 5 AWaffV ist § 4 Abs. 2 dann nicht auf Angehörige eines Mitgliedstaates (→ Anl. 1 Rn. 198a) anzuwenden, wenn sie ihren gewöhnlichen Aufenthalt im Anwendungsbereich des Gesetzes haben und zudem eine selbstständige oder unselbstständige Tätigkeit ausüben, die den Erwerb, den Besitz oder das Führen einer Waffe oder von Munition erfordert. IErg. wird hier eine Abweichung vom 5-Jahreszeitraum zugelassen, allerdings bleibt es beim Erfordernis, seinen gewöhnlichen Aufenthalt in Deutschland zu haben.

Dieses Privileg gilt ebenfalls für deutsche Staatsangehörige (vgl. WaffVwV Nr. 4.1).

21 **Motiv** für diese Ermessensentscheidung ist, dass in solchermaßen gelagerten Fällen die Zuverlässigkeit des Antragst. nicht immer festgestellt werden kann, da sich diese aus einer Prognoseentscheidung auf Grund des **Verhaltens des Antragst. in der Vergangenheit** erschließt. Bei einem längeren Aufenthalt des Antragst. im Ausland wird sein Verhalten in der Vergangenheit bzgl. der für die Beurteilung seiner Zuverlässigkeit erforderlichen Kriterien nur schwerlich nachzuvollziehen sein. Dies gilt namentlich für strafrechtl. relevante Verhaltensweisen des Antragst. (*Steindorf/N. Heinrich* WaffG § 4 Rn. 9). Daher soll der zust. Beh. die **Möglichkeit** eingeräumt werden, in solchen Konstellationen die Waffenerlaubnis **nach pflichtgemäßem Ermessen zu versagen.**

22 Liegen der zust. Beh. gesicherte Erkenntnisse darüber vor, dass sich der Antragst. in den vergangenen fünf Jahren keinerlei für seine Zuverlässigkeit relevanten Fehlverhaltensweisen zuschulden kommen lassen hat, so scheidet eine Versagung der Erlaubnis aus, soweit der Antragst. die übrigen Vorauss. erfüllt. Umgekehrt ist die Erlaubnis zu versagen, wenn gesicherte Erkenntnisse vorliegen, dass der Antragst. im Ausland in einer Form straffällig geworden ist, die im Inland seine Unzuverlässigkeit zur Folge hätte (→ § 5 Rn. 32).

23 Allerdings treffen die zust. Beh. **keine** besonderen **Pflichten,** aufwändige **Nachforschungen anzustrengen,** um das Verhalten des Antragst. in den vergangenen fünf Jahren sicher beurteilen zu können. Nachforschungen im Ausland werden der zust. Beh. nur zuzumuten sein, soweit sich diese nicht aufwändiger gestalten als Nachfragen im Inland (iErg so auch *Apel/Bushart* WaffG § 4 Rn. 16 f.). Typischerweise obliegt es dem Antragst., die erforderlichen Informationen beizubringen und gegenüber der zust. Beh. darzulegen.

24 Zu beachten ist zudem § 11 Abs. 1 als **Ausnahmevorschrift** zu § 4 Abs. 2. Wer die Vorauss. des § 11 Abs. 1 erfüllt, fällt nicht unter die Ermessensvorschrift des § 4 Abs. 2 (→ § 11 Rn. 6).

IV. Periodische Regelüberprüfung (Abs. 3)

25 Die periodische Regelüberprüfung umfasst die Prüfung, ob die **erforderliche Zuverlässigkeit und persönliche Eignung** des WBK-Inhabers noch gegeben sind. Beim Inhaber eines WS oder einer Schießerlaubnis ist **zusätzlich** zu prüfen, ob der für die Erlaubnis erforderliche Haftpflichtversicherungsschutz noch besteht. Diese Überprüfung ist **in regelm. Abständen** seitens der zust. Beh. durchzuführen, wobei das Gesetz hierfür **keine verbindlichen Intervalle** vorgibt, sondern lediglich festlegt, dass die Überprüfung **mind. alle drei Jahre** durchgeführt wird. Überprüfungen in kürzeren Zeitintervallen sind demnach durchaus möglich (vgl. BVerwG Urt. v. 22.8.2012 – 6 C 27.11 – juris).

25a Die Überprüfungen sind **gebührenpflichtig** (BVerwG Urt. v. 1.9.2009 – 6 C 30.08 = NVwZ-RR 2010, 146). Eine die Gebührenfolge auslösende Regelüberprüfung nach Abs. 3 ist jedoch dann **rechtswidrig,** wenn etwa ein halbes Jahr zuvor eine WBK erteilt wurde, da die Erteilung der WBK die gebührenpflichtige Prüfung der Zuverlässigkeit und persönlichen Eignung einschließt.

Wird der Zeitraum von drei Jahren ohne konkreten Anlass erheblich unterschritten, kann die erneute Überprüfung nicht erforderlich und die hierfür verlangte Gebühr rechtswidrig sein. Dies kann für eine bereits nach etwa einem halben Jahr erfolgende Regelüberprüfung angenommen werden (vgl. BVerwG Beschl. v. 16.4.2008 – 6 C 30.07; *Hahn* GewArch 2008, 383). Ein erhebliches Unterschreiten des zeitl. Abstands zwischen den Überprüfungen liegt hingegen bei einem Abstand von gut zwei Jahren nicht vor (vgl. BVerwG Urt. v. 22.8.2012 – 6 C 27.11 – juris).

V. Einmalig stattfindende Bedürfnisüberprüfung (Abs. 4)

26 Während die Zuverlässigkeit, die persönliche Eignung und beim Waffenschein- und Schießerlaubnisinhaber auch der Haftpflichtversicherungsschutz regelm. seitens der zust. Beh. überprüft werden, ist für das waffenrechtl. **Bedürfnis** vom Gesetzgeber eine **einmalige Regelüberprüfung** vorgeschrieben. Diese ist an einen **festen zeitl. Rahmen** gebunden und hat **drei Jahre** nach der ersten Erteilung der Waffenerlaubnis zu erfolgen. Im Rahmen dieser Überprüfung muss der Erlaubnisinhaber sein **fortbestehendes Bedürfnis nachweisen.**

27 **Differenziert zu beurteilen ist die** Prüfpflicht im Falle der Erteilung mehrerer waffenrechtl. Erlaubnisse **in zeitl. Abständen:**

Soweit der Wortlaut die Überprüfung des Fortbestehens des Bedürfnisses drei Jahre nach „Erteilung der **ersten waffenrechtlichen Erlaubnis**" vorschreibt, löst dem Grds. nach nur die zeitl. erste Erlaubniserteilung eine Prüfpflicht der Behörde nach Abs. 2 S. 1 aus. Dies greift jedoch nur, soweit sich die erteilten Erlaubnisse auf **ein gleichartiges waffenrechtl. Bedürfnis** stützen. **Bsp.:** Jäger erwirbt 2012 eine Kurzwaffe auf „grüne WBK", 2013 erwirbt er eine zweite Kurzwaffe auf Grund seines Bedürfnisses als Jäger. Hier sind beide Erlaubnisse auf Grund ein und desselben Bedürfnisses (Jäger, § 13 Abs. 1, 2) erteilt worden, weshalb nur die erstmalige Erlaubniserteilung im Jahre 2012 die einmalige Regelüberprüfung des Bedürfnisses begründet, welche im Jahr 2015 stattzufinden hat. Die Erteilung der Erlaubnis zum Erwerb der zweiten Kurzwaffe im Jahr 2013 löst keine erneute Prüfpflicht der Behörde nach Abs. 2 S. 1 aus.

Anders liegt es, soweit waffenrechtl. Erlaubnisse erteilt werden, die jeweils **auf verschiedene Bedürfnisse gegründet** sind (bspw. „gelbe" und „grüne" WBK). In diesen Konstellationen löst **jede dieser Erlaubniserteilungen erneut die Pflicht zur einmaligen Regelüberprüfung** des Bedürfnisses **aus.** Durch die Prüfpflicht nach Abs. 2 S. 1 soll sichergestellt werden, dass drei Jahre nach Ersterteilung das **konkret dieser waffenrechtl. Erlaubnis zugrunde liegende Bedürfnis fortbesteht.** Waffenrechtl. Erlaubnisse stellen daher „Ersterteilungen" im rechtlichen Sinne dar, sofern sie auf unterschiedliche Bedürfnisse gestützt sind (Konstellationen dazu bei *Gade* WaffR S. 129 ff.).

28 Die einmalige Bedürfnisüberprüfung kann ausdr. mit der wiederkehrenden Regelüberprüfung nach Abs. 3 zusammenfallen und wird zweckmäßigerweise von der zust. Beh. gemeinsam mit dieser durchgeführt. Zwar ist die Bedürfnisüberprüfung nur einmalig vorgeschrieben, gleichwohl zieht ein Bedürfniswegfall auch nach mehr als drei Jahren nach der ersten Antragstellung Konsequenzen seitens der zust. Beh. nach sich. Das Bedürfnis muss nicht lediglich im Zeitpunkt der Antragstellung und drei Jahre danach im Zeitpunkt der einmaligen Regelüberprüfung durch die zust. Beh. bestehen. Es muss zur Legitimation der waffenrechtl. Erlaubnis **dauerhaft** bestehen. Nach § 45 Abs. 2 S. 1 hat die zust. Beh. (gebundene Entsch.) die waffenrechtl. Erlaubnis zu widerrufen, wenn nachträglich eine zur Erteilung der waffenrechtl. Erlaubnis erforderliche Vorauss. wegfällt. Ein Bedürfniswegfall zieht daher zu jeder Zeit den behördlichen Widerruf der Erlaubnis nach sich (→ § 45 Rn. 4, Absehen vom Widerruf → § 45 Rn. 7 ff.). In Abs. 4 ist lediglich festgeschrieben, in welchem Umfang die zust. Beh. das Bedürfnis ohne besonderen Anlass überprüfen darf. Unbenommen hiervon bleibt die Befugnis der zust. Beh., anlassbezogene Bedürfnisprüfungen durchzuführen. Erlangt die zust. Beh. später als drei Jahre nach Antragstellung Informationen bzgl. des Bedürfniswegfalls eines Erlaubnisinhabers, zB Vereinsaustritt eines Sportschützen, so wird dies die zust. Beh. typischerweise dazu veranlassen, die Vorauss. eines Widerrufsverfahrens (§ 45 Abs. 2 S. 1) zu prüfen (*Apel/Bushart* WaffG § 4 Rn. 22). In Satz 3 der Vorschrift (eingefügt durch das 3. ÄndG (→ Einf. Rn. 24) stellt der Gesetzgeber klar, dass die zust. Beh. auch nach Ablauf der in Satz 1 festgelegten Dreijahresfrist das Fortbestehen des Bedürfnisses überprüfen kann. Demnach besteht latent immer die Möglichkeit einer Bedürfnisüberprüfung durch die zust. Beh., welche durch einen hinzutretenden konkreten Anlass akut wird (vgl. *Steindorf/N. Heinrich* WaffG § 4 Rn. 11). Der Prüfungszeitraum umfasst idR die letzten 12 Monate (vgl. WaffVwV Nr. 4.4). Zur fakultativen Bedürfnisüberprüfung in „Altfällen" vgl. *Bernhardt* GewArch 2015, 108 ff.

29 Für die Überprüfung nach Abs. 4 gelten **in materieller Hinsicht dies. Maßstäbe wie** bei der Bedürfnisprüfung im Rahmen des behördlichen Erlaubnisverfahrens **bei der Antragstellung** Dies folgt bereits aus dem Gesetzeswortlaut „das Fortbestehen *des* Bedürfnisses". Hier wird das Bedürfnis in Bezug genommen, wel-

ches der in Rede stehenden waffenrechtl. Erlaubnis **zugrunde** liegt und welches im Verfahren der Erlaubniserteilung nach den Spezialvorschriften für die Hauptnutzergruppen (§§ 13 ff.) positiv festgestellt wurde. Eine Aufweichung der in den Bedürfnisregelungen der § 13 ff. vorgegebenen Vorauss. für die Anerkennung eines Bedürfnisse iSe. „praktischen Verfahrensökonomie" ist mit der gesetzgeberischen Prüfungsvorgabe in § 4 Abs. 3 S. 1 **nicht** vereinbar.

Beim **Jäger** kann daher vom Fortbestehen des Bedürfnisses ausgegangen werden, soweit er einen Jahresjagdschein gelöst hat. Beim **Sportschützen** kann von einem Fortbestand des Bedürfnisses nach § 14 Abs. 2 WaffG ausgegangen werden, soweit er weiterhin Mitglied eines Schießsportvereines ist, der einem nach § 15 Abs. 1 WaffG anerkannten Schießsportverband angehört und er in den vergangenen 12 Monaten dem Schießsport regelm. (mind. achtzehnmal im maßgeblichen Jahreszeitraum oder einmal im Monat) nachgegangen ist. Wird das Grundkontingent des § 14 Abs. 2 überschritten, richtet sich das Bedürfnis nach § 14 Abs. 3 WaffG (→ § 14 Rn. 19 ff.). Hinsichtlich solcher Waffen, die über das in § 14 Abs. 2 festgelegte Grundkontingekt hinausgehen, ist die regelm. Ausübung des Schießsports nicht iSv § 14 Abs. 2 Nr. 2 zu verstehen. Von einer solchen kann ausgegangen werden soweit eine „gewisse Teilnahmehäufigkeit" festzustellen sei (→ § 14 Rn. 26a).

Soweit nach WaffVwV (Nr. 4.4) für die Bedürfnisüberprüfung nach § 4 Abs. 4 S. 3 WaffG nicht „die Voraussetzungen ([wie] Erg. d. Verf.) bei der Ersterteilung" gelten, ist dies eine unglückliche Formulierung, da eine Abweichung der materiellen Bedürfnisvorauss. hiermit nicht gemeint sein soll.

Im Rahmen der **Überprüfung nach Abs. 4 S. 3** soll Sportschützen **lediglich ein erleichterter Beleg** der das Bedürfnis begründenden Tatsachen gegenüber der Waffenbehörde eingeräumt sein. Insbes. soll ihnen keine Bescheinigung des anerkannten Verbandes zum Beleg des regelm. sportlichen Schießens abverlangt werden, sondern anderweitige Belege (Schießkladden etc) anerkannt werden.

Dieser erleichterte Beleg des regelm. Schießens gegenüber der Waffenbehörde muss den Sportschützen allein schon deshalb zugestanden werden, weil die Vereine nach § 15 Abs. 1 Nr. 7b lediglich für einen Zeitraum von 3 Jahren ab Erteilung der waffenrechtl. Erlaubnis dazu verpflichtet werden, einen Nachweis über die Häufigkeit der schießsportlichen Aktivitäten jedes ihrer Mitglieder zu führen (vgl. auch *Steindorf/N. Heinrich* WaffG § 4 Rn. 11a).

Im Umkehrschluss lässt sich hieraus ableiten, dass es im Zuge der einmalig stattfindenden Regelüberprüfung des Bedürfnisses gem. Abs. 4 S. 1 drei Jahre nach Erteilung der ersten waffenrechtl. Erlaubnis beim Erfordernis einer Verbandsbescheinigung bleibt.

Soweit die Bedürfnisüberprüfung nach Abs. 4 negativ ausfällt, ist im Zuge eines **30** nach § 45 Abs. 2 zu prüfenden Widerrufs der waffenrechtl. Erlaubnis seitens der zust. Beh. zu berücksichtigen, dass der Schießsport als Freizeitsport gewissen natürlichen Schwankungen unterliegt. Häufig wird der Wegfall des Bedürfnisses lediglich vorübergehend sein (Sportschütze konnte wegen eines längeren Auslandsaufenthaltes nicht regelm. schießen, Trainingspause wegen längerer Erkrankung oder Wechsel des Wohnortes usw). In diesen Fällen kann die zust. Beh. gem. § 45 Abs. 3 S. 1 von einem Widerruf der WBK absehen (→ § 45 Rn. 9). Gleichermaßen ist beim Jäger darauf zu achten, ob ein festgestellter Bedürfniswegfall ggf. lediglich vorübergehender Natur und ein Widerruf der WBK daher nicht zwingend erforderlich ist.

Eine Pflicht des Erlaubnisinhabers, den Bedürfniswegfall eigeninitiativ gegenüber **31** der zust. Beh. anzuzeigen, besteht nicht. Allerdings hat er im Rahmen der behördlichen Überprüfung mitzuwirken und wahrheitsgemäße Angaben zu machen. **Verweigert** er im Überprüfungsfall die Mitwirkung, so kann die zust. Beh. den Bedürfniswegfall **vermuten** (vgl. § 45 Abs. 4).

§ 5 Zuverlässigkeit

(1) **Die erforderliche Zuverlässigkeit besitzen Personen nicht,**
1. **die rechtskräftig verurteilt worden sind**
   a) **wegen eines Verbrechens oder**
   b) **wegen sonstiger vorsätzlicher Straftaten zu einer Freiheitsstrafe von mindestens einem Jahr, wenn seit dem Eintritt der Rechtskraft der letzten Verurteilung zehn Jahre noch nicht verstrichen sind,**
2. **bei denen Tatsachen die Annahme rechtfertigen, dass sie**
   a) **Waffen oder Munition missbräuchlich oder leichtfertig verwenden werden,**
   b) **mit Waffen oder Munition nicht vorsichtig oder sachgemäß umgehen oder diese Gegenstände nicht sorgfältig verwahren werden,**
   c) **Waffen oder Munition Personen überlassen werden, die zur Ausübung der tatsächlichen Gewalt über diese Gegenstände nicht berechtigt sind.**

(2) **Die erforderliche Zuverlässigkeit besitzen in der Regel Personen nicht,**
1. a) **die wegen einer vorsätzlichen Straftat,**
   b) **die wegen einer fahrlässigen Straftat im Zusammenhang mit dem Umgang mit Waffen, Munition oder explosionsgefährlichen Stoffen oder wegen einer fahrlässigen gemeingefährlichen Straftat,**
   c) **die wegen einer Straftat nach dem Waffengesetz, dem Gesetz über die Kontrolle von Kriegswaffen, dem Sprengstoffgesetz oder dem Bundesjagdgesetz**

   zu einer Freiheitsstrafe, Jugendstrafe, Geldstrafe von mindestens 60 Tagessätzen oder mindestens zweimal zu einer geringeren Geldstrafe rechtskräftig verurteilt worden sind oder bei denen die Verhängung von Jugendstrafe ausgesetzt worden ist, wenn seit dem Eintritt der Rechtskraft der letzten Verurteilung fünf Jahre noch nicht verstrichen sind,
2. **die Mitglied**
   a) **in einem Verein, der nach dem Vereinsgesetz als Organisation unanfechtbar verboten wurde oder der einem unanfechtbaren Betätigungsverbot nach dem Vereinsgesetz unterliegt, oder**
   b) **in einer Partei, deren Verfassungswidrigkeit das Bundesverfassungsgericht nach § 46 des Bundesverfassungsgerichtsgesetzes festgestellt hat,**

   waren, wenn seit der Beendigung der Mitgliedschaft zehn Jahre noch nicht verstrichen sind,
3. **bei denen Tatsachen die Annahme rechtfertigen, dass sie einzeln oder als Mitglied einer Vereinigung Bestrebungen verfolgen oder unterstützen oder in den letzten fünf Jahren verfolgt oder unterstützt haben, die**
   a) **gegen die verfassungsmäßige Ordnung oder**
   b) **gegen den Gedanken der Völkerverständigung, insbesondere gegen das friedliche Zusammenleben der Völker, gerichtet sind, oder**
   c) **durch Anwendung von Gewalt oder darauf gerichtete Vorbereitungshandlungen auswärtige Belange der Bundesrepublik Deutschland gefährden,**
4. **die innerhalb der letzten fünf Jahre mehr als einmal wegen Gewalttätigkeit mit richterlicher Genehmigung in polizeilichem Präventivgewahrsam waren,**
5. **die wiederholt oder gröblich gegen die Vorschriften eines der in Nummer 1 Buchstabe c genannten Gesetze verstoßen haben.**

(3) **In die Frist nach Absatz 1 Nr. 1 oder Absatz 2 Nr. 1 nicht eingerechnet wird die Zeit, in welcher der Betroffene auf behördliche oder richterliche Anordnung in einer Anstalt verwahrt worden ist.**

(4) **Ist ein Verfahren wegen Straftaten im Sinne des Absatzes 1 Nr. 1 oder des Absatzes 2 Nr. 1 noch nicht abgeschlossen, so kann die zuständige Behörde die Entscheidung über den Antrag auf Erteilung einer waffenrechtlichen Erlaubnis bis zum rechtskräftigen Abschluss des Verfahrens aussetzen.**

(5) [1]**Die zuständige Behörde hat im Rahmen der Zuverlässigkeitsprüfung folgende Erkundigungen einzuholen:**
1. **die unbeschränkte Auskunft aus dem Bundeszentralregister;**
2. **die Auskunft aus dem zentralen staatsanwaltschaftlichen Verfahrensregister hinsichtlich der in Absatz 2 Nr. 1 genannten Straftaten;**
3. **die Stellungnahme der örtlichen Polizeidienststelle, ob Tatsachen bekannt sind, die Bedenken gegen die Zuverlässigkeit begründen; die örtliche Polizeidienststelle schließt in ihre Stellungnahme das Ergebnis der von ihr vorzunehmenden Prüfung nach Absatz 2 Nr. 4 ein.**

[2]**Die nach Satz 1 Nr. 2 erhobenen personenbezogenen Daten dürfen nur für den Zweck der waffenrechtlichen Zuverlässigkeitsprüfung verwendet werden.**

Übersicht

I. Allgemeines

1 Während das WaffG aF die Zuverlässigkeit und persönliche Eignung gemeinsam unter dem Terminus der Zuverlässigkeit abhandelte, hat der Gesetzgeber sich mit dem WaffRNeuRegG (→ Einf. Rn. 20) zu einer begrifflichen **Aufgliederung** entschlossen.

Der Begriff der **erforderlichen Zuverlässigkeit** knüpft ausschl. an das **verantwortbare und vorwerfbare Verhalten** einer Person an (vgl. BT-Drs. 14/7758, 54), die **persönliche Eignung** erfasst gerade auch solche **Mängel** in der Person des Antragst., auf welche dieser **keinen Einfluss** nehmen kann („eigenschaftsbedingte Anknüpfung", vgl. *König/Papsthart* Neues WaffR Rn. 135).

Demnach zielt das Erfordernis der Zuverlässigkeit darauf ab, die Rechtsordnung **vor Beeinträchtigungen durch leichtfertigen oder missbräuchlichen Umgang** mit der Waffe durch den Erlaubnisinhaber zu schützen. Hierdurch wird der gesetzgeberische Wille dokumentiert, die Möglichkeit des Umgangs mit erlaubnispflichtigen Waffen und Munition überhaupt nur solchen Personen zu eröffnen, bei denen keinerlei Anhaltspunkte dafür vorliegen, dass sie die Waffen gegen die Rechtsordnung einsetzen werden (vgl. allg. zur Zuverlässigkeit im Verwaltungsrecht *Eifert* JuS 2004, 565).

Das Erfordernis der persönlichen Eignung soll hingegen sicherstellen, dass nur solche Personen Umgang mit erlaubnispflichtigen Waffen und Munition üben dürfen, die auch physisch wie psychisch dazu in der Lage sind (*Apel/Bushart* WaffG § 4 Rn. 5).

Bei der Entsch. der zust. Beh. über die Zuverlässigkeit handelt es sich um eine **Verhaltensprognose** für die Zukunft, welche an das Verhalten des Antragst. in der Vergangenheit anknüpft. Das Fehlverhalten des Antragst. in der Vergangenheit indiziert für die Zukunft die Unzuverlässigkeitsprognose. Musste sich der Antragst. hingegen in der Vergangenheit keinerlei Fehlverhaltensweisen vorwerfen lassen, so ist auch für die Zukunft ein ordnungsgemäßes Verhalten anzunehmen und seine Zuverlässigkeit entspr. zu bejahen.

Der Gesetzgeber hat die erforderliche Zuverlässigkeit in Form einer **Negativumschreibung** geregelt. Das Gesetz nennt keine Positivkriterien der Zuverlässigkeit, sondern umreißt lediglich die Vorauss., unter denen eine Person als unzuverlässig zu qualifizieren ist. Demnach ist jeder Antragst. als **zuverlässig anzuerkennen,** soweit er nicht unzuverlässig iSd Vorschrift ist.

In Abs. 1 der Vorschrift ist die **obligatorische** (ausnahmslose) **Unzuverlässigkeit** geregelt. Hier sind abstrakt umrissen solche Verfehlungen aufgeführt, die zwingend eine negative Entsch. bzgl. der Zuverlässigkeitsprüfung des Antragst. nach sich ziehen. Der Behörde steht bei dieser Entsch. **kein Ermessen** zu.

Anders liegt es bei der in Abs. 2 aufgegriffenen **Regelunzuverlässigkeit.** Diese betr. weniger schwerwiegende Verfehlungen, welche zwar grds. die Unzuverlässigkeit des Antragst. indizieren, diese aber nicht zwingend zur Folge haben (widerlegbare Vermutung).

Während die ersten beiden Absätze der Vorschrift den **materiellen Kerngehalt** der Zuverlässigkeitsprüfung enthalten, betreffen die folgenden Absätze **formelle Vorgaben** für diese. In Abs. 3 ist die Berechnung der in den ersten beiden Absätzen genannten Fristen geregelt, wohingegen Abs. 4 die Aussetzung der Entsch.

unter gewissen Vorauss. erlaubt. In Abs. 5 ist schließlich festgelegt, welche Erkundigungspflichten der Behörde im Zuge der Zuverlässigkeitsprüfung obliegen.

Nach § 17 Abs. 1 S. 2 BJagdG ist das Vorliegen der waffenrechtl. Zuverlässigkeits- und Eignungsanforderungen zugleich Erteilungsvorauss. für den Jagdschein (BVerwG Urt. v. 22.8.2012 – 6 C 27.11 – juris), sofern der Jagdscheinbewerber nicht nur einen Falknerjagdschein nach § 15 Abs. 7 BJagdG begehrt (vgl. OVG Münster, Urt. v. 21.2.2014 – 16 A 2367/11 – juris). 1a

II. Obligatorische Unzuverlässigkeit (Abs. 1)

Abs. 1 betr. die Fälle der obligatorischen Unzuverlässigkeit. Der Gesetzgeber umreißt hier Fallgruppen des Fehlverhaltens, welche als so gravierend eingestuft werden, dass eine positive Zuverlässigkeitsprüfung des Antragst. von Gesetzes wegen ausscheidet. Liegen also die tatbestandlichen Vorauss. des Abs. 1 in der Person des Antragst. vor, so ist dieser **zwingend als unzuverlässig einzustufen.** Die Erlaubnisbehörde ist in dieser Entsch. gebunden, ihr ist insoweit **kein Ermessen** vom Gesetzgeber zugebilligt. Eine Ausnahme von der Unzuverlässigkeit ist in diesen Fällen ausgeschlossen, so dass die Behörde beim Vorliegen einer Vorauss. iSd § 5 Abs. 1 stets die waffenrechtl. Erlaubnis zu versagen hat (vgl. zur Unzuverlässigkeit gem. § 5 Abs. 1 *Heller/Soschinka* Die Polizei 2008, 305). 2

1. Verurteilung wegen schwerwiegender Straftaten (Abs. 1 Nr. 1)

Der Gesetzgeber schreibt hier die automatische Unzuverlässigkeit des Antragst. für solche Fälle fest, in denen **rechtswirksame Verurteilungen** wegen schwerwiegender Straftaten weniger als **10 Jahre** zurückliegen. Binnen dieser Frist greift die **unwiderlegbare gesetzliche Vermutung,** der Antragst. sei unzuverlässig (vgl. BT-Drs. 14/7758, 54). 3

a) Verbrechen (Abs. 1 Nr. 1a). Zunächst ist die zwingende Unzuverlässigkeit des Antragst. gegeben, wenn dieser in den vergangenen 10 Jahren wegen eines (vollendeten oder versuchten) Verbrechens (§ 12 Abs. 1 StGB) verurteilt worden ist. 4

b) Tatsächliche Freiheitsstrafe von mindestens einem Jahr (Abs. 1 Nr. 1b). Nr. 1b hebt nicht auf die abstrakte Strafandrohung der Norm ab, nach welcher der Antragst. verurteilt worden ist, sondern auf die **tatsächliche Verurteilung.** Soweit tatsächlich eine Verurteilung zu einer Freiheitsstrafe von **mind. einem Jahr** erfolgt ist, zieht dies die Unzuverlässigkeit des Antragst. nach sich. Unerheblich ist, ob die Verurteilung auf der Verwirklichung eines Vergehens- oder eines Verbrechenstatbestandes basiert. Erfasst sind jedoch nur Verurteilungen wegen **vorsätzlich** begangener Straftaten, wobei bereits die Begehung einer einzelnen Straftat und die daraufhin erfolgende Verurteilung von mind. einem Jahr Freiheitsstrafe den Tatbestand erfüllt. 5

c) Frist zur Wiedererteilung einer waffenrechtlichen Erlaubnis. Für die Fälle der obligatorischen Unzuverlässigkeit nach Abs. 1 Nr. 1 hat der Gesetzgeber einen klaren zeitl. Bezugszeitraum festgelegt, innerhalb dessen zwingend von der Unzuverlässigkeit des Antragstellers bzw Erlaubnisinhabers auszugehen ist. Hier kann eine **erneute Prüfung der Erlaubnisvorauss. erst nach Ablauf der Frist von 10 Jahren** erfolgen. Bei dieser handelt es sich um eine vollständige Überprüfung sämtlicher für die Erteilung einer waffenrechtl. Erlaubnis notwendigen Vorauss. 5a

2. Generalklausel (Abs. 1 Nr. 2)

6 Die **zentrale Generalklausel** der Zuverlässigkeitsprüfung ist in Nr. 2 enthalten. Diese knüpft für die zwingende Annahme der Unzuverlässigkeit im Ggs. zu den Konstellationen nach Abs. 1 Nr. 1 nicht an ein konkretes strafrechtl. relevantes Fehlverhalten des Antragst. in der Vergangenheit an. Vielmehr wird vom Gesetzgeber die **Befürchtung regelwidrigen Verhaltens** des Antragst. **in der Zukunft** auf Grund tatsächlicher Anhaltspunkte als zwingender Grund für die Annahme der Unzuverlässigkeit angeführt, soweit aus dem Verhalten „mit hoher Wahrscheinlichkeit der Eintritt von Schäden für hohe Rechtsgüter resultiert, sei es durch das Verhalten des Antragst. selbst (Buchst. a und b, Alt. 1) oder anderer (Buchst. b, Alt. 2 und Buchst. c)" (BT-Drs. 14/7758, 54).

Nicht nur strafrechtl. relevantes Verhalten in der Vergangenheit zieht demnach zwingend die Unzuverlässigkeit des Antragst. nach sich, **es reicht** hierfür bereits **das Vorliegen von Tatsachen aus, welche die Annahme eines unsachgemäßen Umgangs mit der Waffe/Munition durch den Antragst. rechtfertigen.** Der Gesetzgeber stellt durch die Implementierung dieser Generalklausel in die Zuverlässigkeitsprüfung iErg eine hohe Hürde für den Antragst. auf, in der noch einmal der Anspruch des Gesetzgebers zum Ausdruck kommt, dass nur solchen Personen der Umgang mit Waffen staatlicherseits zu gewähren ist, bei denen keine Anhaltspunkte für den rechtswidrigen Gebrauch der Waffe in der Zukunft vorliegen.

Letztlich können auch Straftaten, die zu keiner Verurteilung geführt haben, die Anwendung der Generalklausel nicht ausschließen (→ Rn. 26).

7 **a) Gefahrenprognose.** ISd Bestimmtheit der Norm hat der Gesetzgeber das zu befürchtende Fehlverhalten konkretisiert. Dieses muss bestimmten Anforderungen genügen, damit es die zwingende Unzuverlässigkeit des Antragst. rechtfertigt. Der Gesetzgeber unterscheidet dabei zwischen **drei Untergruppen** des zu befürchtenden Fehlverhaltens, wobei durchaus denkbar ist, dass ein Verhalten unter mehrere dieser Gruppen fällt. So wird die unsorgfältige Verwahrung (Nr. 2b Alt. 2) und das Überlassen an Unberechtigte (Nr. 2c) regelm. zugleich einen Fall des leichtfertigen Umgangs darstellen (vgl. *Apel/Bushart* WaffG § 5 Rn. 18).

7a Die Einstellung eines Strafverfahrens nach § 153 Abs. 1 StPO (Absehen von Verfolgung wegen Geringfügigkeit) hindert Behörden und Gerichte nicht, die festgestellten Tatsachen als gewichtig iSd Abs. 1 Nr. 2 zu bewerten (VGH München, Beschl. v. 29.7.2013 – 21 ZB 13.415 – juris; VGH München, Beschl. v. 3.2.2016 – 21 CS 15.2618 – juris).

8 **aa) Missbräuchlicher oder leichtfertiger Umgang mit Waffe/Munition (Abs. 1 Nr. 2a).** Als erste Fallgruppe nennt das Gesetz den missbräuchlichen oder leichtfertigen Umgang mit Waffen oder Munition. Sowohl im missbräuchlichen wie auch im leichtfertigen Umgang mit einer Waffe oder Munition realisiert sich eine Gefahr für die öffentl. Sicherheit und Ordnung.

9 **Missbräuchliches** Verhalten setzt **Vorsatz** (bedingter Vorsatz reicht aus, *Steindorf/N. Heinrich* WaffG § 5 Rn. 9) voraus und liegt daher in den Fällen vor, in denen die Waffe/Munition vorsätzlich unter Verletzung der Rechtsordnung verwendet wird.

10 Der **leichtfertige** Umgang setzt kein vorsätzliches Handeln voraus. Die **Leichtfertigkeit** ist ein gesteigerter Grad der Fahrlässigkeit. Sie ist mit der bewussten Fahrlässigkeit nicht identisch. Die Leichtfertigkeit entspricht in etwa der groben Fahrlässigkeit des Zivilrechts, doch kommt es hier auf die individuellen Umstände in der Person des Täters an. Sie ist regelm. dann gegeben, wenn der Täter **grob pflichtwidrig** handelt, zB weil er ganz naheliegende Überlegungen verabsäumt, wenn er unbeachtet lässt, was jedem einleuchten muss (*Göhler* OWiG § 10 Rn. 20 mwN).

Insoweit sind hier Fälle des **besonders sorglosen und unüberlegten** sowie verantwortungslosen **Umgangs** erfasst, welche Gefahren für Dritte eröffnen und gegen geltendes Recht verstoßen. Die Anforderungen für die Annahme eines missbräuchlichen Umgangs sind daher **strenger** zu beurteilen als die eines leichtfertigen Umgangs, wobei die Rechtsfolge der zwingenden Unzuverlässigkeit für beide Fallgruppen greift.

Die Gefahr eines solchermaßen missbräuchlichen oder leichtfertigen Umgangs **11** besteht dann, wenn vom Antragst. auf Grund von tatsächlichen Anhaltspunkten befürchtet werden muss, er werde die beantragte Waffe/Munition zukünftig in einer dem Recht widersprechenden Weise gebrauchen. Das unmissverständliche Drohen mit Waffen begründet etwa eine solche Gefahr (VGH München, Beschl. v. 29.7.2013 – 21 ZB 13.415). Ebenso Einschüchtern von Personen mit einer Waffe (VG Minden Urt. v. 3.4.2017 – 8 K 2340/16 – juris, wonach im Einzelfall bereits der bloße Hinweis auf Waffen ausreichen könne, um eine solche die Unzuverlässigkeit begründende Einschüchterung darzustellen; aA wohl *Heller/Soschinka* WaffR Rn. 758o).

Ein missbräuchlicher Umgang kommt insbes. bei einem **Notwehr-, Nothilfe- oder Selbsthilfeexzess** in Betracht, vgl. §§ 32, 33 StGB, §§ 227, 229 BGB (*Apel/Bushart* WaffG § 5 Rn. 12; *Steindorf/N. Heinrich* WaffG § 5 Rn. 9). Auch das Abgeben von Probeschüssen auf eine Schützenscheibe, hinter welcher in einiger Entfernung eine Kreisstraße verläuft, rechtfertigt die Annahme, der Schütze werde Waffen oder Munition leichtfertig verwenden (VGH München, Beschl. v. 3.9.2015 – 21 CS 15.1148, 21 CE – juris). Gleiches gilt für das Erschießen eines Bullen im Zuge einer „Schwarzschlachtung" (OVG Münster, Beschl. v. 2.5.2013 – 16 A 2255/12 – juris).

Es ist **zulässig,** eine solche **Prognose auf nur einen Vorfall zu stützen,** wenn darin ein **übergroßes Maß an Unvorsichtigkeit** etwa bei der Verwahrung von Waffen und Munition zu Tage getreten ist (vgl. VGH Kassel, Beschl. v. 15.5.2014 – 4 A 133/13.Z – juris), da angesichts der erheblichen von Waffen ausgehenden Gefahren für hochrangige Rechtsgüter ein Restrisiko nicht hinnehmbar ist (vgl. OVG Lüneburg, Beschl. v. 19.4.2010 – 11 LA 289/09 – juris; in diesem Sinne auch VGH Mannheim, Beschl. v. 3.8.2011 – 1 S 1391/11 – juris; OVG Schleswig, Beschl. v. 6.7.2015 – 4 MB 16/15 – juris).

Zutreffend wird in der Rspr. darauf hingewiesen, es bestünde keine dahingehende Lebenserfahrung und kein entsprechender Rechtssatz, dass erst ab einer weiteren missbräuchlichen Verwendung von Waffen eine negative Zukunftsprognose gerechtfertigt sei (VGH München, Beschl. v. 14.11.2016 – 21 ZB 15.648 – juris).

Bestimmte **Wesensmerkmale** einer Person dürften ebenfalls die Befürchtung eines missbräuchlichen oder leichtfertigen Umgangs begründen. So, wenn der Antragst. leicht reizbar ist, unbeherrscht auf Provokationen reagiert, in der Vergangenheit in Stresssituationen unangemessen reagiert hat oder er in Konfliktsituationen ein mangelndes Potenzial für gewaltfreie Konfliktlösungen gezeigt hat. Hierzu zählen auch Fälle, in denen der Antragst. in der Vergangenheit **alkoholisiert oder unter sonstigem Drogeneinfluss aggressives oder affektartiges Verhalten** gezeigt hat (VGH München BayVBl. 2003, 595), wobei zu berücksichtigen ist, dass der krankhafte Alkohol- und Drogenkonsum bereits nach § 6 die persönliche Eignung des Antragst. entfallen lässt (vgl. *Steindorf/N. Heinrich* WaffG § 5 Rn. 9; zur Abgrenzung auch VG Ansbach Urt. v. 12.12.2007 – AN 15 K 07.03004/03005). Derartige Persönlichkeitszüge können in vielfältiger Weise zutage treten und müssen keinesfalls in waffenrechtl. spezifischer Weise aufgetreten sein, um für eine Prognose im Rahmen des § 5 herangezogen werden zu können (*Apel/Bushart* WaffG § 5 Rn. 13 f.). Solche Charaktereigenschaften treten häufig im Straßenverkehr auf (vgl. hierzu *Apel/Bushart* WaffG § 5 Rn. 13), können sich aber ebenso gut in Beziehungs- oder Nachbarstreitigkeiten usw offenbaren. Die aggressive Grundhaltung kann sich auch aus

Aufrufen im Internet ergeben (vgl. VGH München, Beschl. v. 8.1.2016 – 21 CS 15.2465 – juris, bezogen auf das facebook Profil eines Waffenbesitzers).

Hier ist nicht jedes Fehlverhalten relevant für die waffenrechtl. Zuverlässigkeitsprüfung. Hat sich jedoch im Verhalten dokumentiert, dass der Antragst. vorsätzlich oder auf grob fahrlässige Weise die Rechtsordnung verletzt und hierdurch Gefahren für Dritte eröffnet hat, so ist dies waffenrechtl. relevant. Dies trifft auf Straftaten gegen die körperliche Unversehrtheit zu, soweit diese nicht bereits nach Abs. 1 Nr. 1 der Vorschrift erfasst sind.

Auch wenn keine Verurteilung des Antragst. erfolgt ist, so kann zumindest die **mehrmalige Auffälligkeit in Ermittlungsverfahren** den Schluss auf eine aggressive Grundeinstellung und ein mangelndes Konfliktvermeidungspotenzial rechtfertigen (so auch *Apel/Bushart* WaffG § 5 Rn. 14). In diesen Fällen muss davon ausgegangen werden, dass sich die in der Person des Antragst. liegenden Persönlichkeitsmerkmale gleichermaßen auf den Umgang mit Waffen auswirken. Von daher ist zu befürchten, dass dieser Antragst. einen Dritte gefährdenden Umgang mit der Waffe üben wird, weshalb seine Zuverlässigkeit ausscheidet.

11a Die Zuverlässigkeit ist ein individuell zu prüfender Umstand, die nach Abs. 1 Nr. 2 verlangte Prognose daher stets auf die Person zu beziehen, deren Zuverlässigkeit in Frage steht. Auch die Gruppenzugehörigkeit einer Person kann als ein personenbezogenes Merkmal als Tatsache für die Prognoseentscheidung herangezogen werden (VGH Mannheim, Beschl. v. 10.10.2017 – 1 S 1470/17 – juris).

Die **Gruppenzugehörigkeit** einer Person **kann** ihre waffenrechtl. **Unzuverlässigkeit** nach § 5 Abs. 1 Nr. 2 begründen, soweit zwischen der Annahme der Unzuverlässigkeit und der Gruppenzugehörigkeit eine kausale Verbindung besteht. Erforderlich ist nach der Rspr., dass bestimmte **Stukturmerkmale der Gruppe** die Annahme rechtfertigen, dass gerade auch die Person, die in Rede steht, künftig Verhaltensweisen iSd § 5 Abs. 1 Nr. 2 verwirklichen wird (BVerwG Urt. v. 28.1.2015 – 6 C 1/14 – juris, vgl. auch NJW 2015, 2594 ff.; vgl. auch *Unkroth* Kommunalpraxis BY 2015, 299 ff.).

Gruppenzugehörigkeit als Grund für Unzuverlässigkeit bejaht für:

– Mitgliedschaft in einer örtlichen Organisationseinheit der Rockergruppierung „Bandidos“ auch dann, wenn keine sonstigen Tatsachen für die Unzuverlässigkeit der betroffenen Person sprechen und diese bislang unbescholten ist (BVerwG Urt. v. 28.1.2015 – 6 C 1/14 – juris, vgl. auch NJW 2015, 2594 ff., krit. dazu *Sponsel/Albrecht* Kriminalistik 2017, 252 ff.).
– Mitgliedschaft beim „Gremium MC“ (VGH München, Beschl. v. 29.3.2017 – 21 CS 16.2322 – juris).
– Angehörigkeit zur „Reichsbürgerbewegung“, auch ohne weitere Aktivitäten der betroffenen Person, die konkrete Verstöße gegen das WaffG erwarten lassen (OVG Lüneburg, Beschl. v. 18.7.2017 – 11 ME 181/17 – juris; VGH München, Beschl. v. 5.10.2017 – 21 CS 17.1300 – juris; VGH München, Beschl. v. 25.1.2018 – 21 CS 17.2310 – juris; VGH München, Beschl. v. 9.2.2018 – 21 CS 17.1964 – juris; zumindest für den Fall praktischer Konsequenzen [Rückgabe Personalausweis] VGH Mannheim, Beschl. v. 10.10.2017 – 1 S 1470/17 – juris).

Die **Anwendung von § 5 Abs. 1 Nr. 2** ist **nicht durch** die organisationsbezogenen Regelvermutungen des **§ 5 Abs. 2 Nr. 2 und 3 gesperrt.** Aus ihnen folgt nicht, dass andere als die dort normierten Gruppenzugehörigkeiten keine waffenrechtl. Unzuverlässigkeit begründen könnten (BVerwG NJW 2015, 3594 ff.).

12 **bb) Unvorsichtiger oder unsachgemäßer Umgang, nicht sorgfältige Verwahrung (Abs. 1 Nr. 2b).** Die zweite Fallgruppe umfasst den unvorsichtigen oder unsachgemäßen Umgang sowie die unsorgfältige Verwahrung. Der Gesetzgeber **differenziert** zunächst zwischen dem unvorsichtigen und dem unsachgemäßen Umgang mit Waffen oder Munition, wobei die Fähigkeit zum sachgemäßen

Umgang mit der Waffe sich als Vorauss. des vorsichtigen Umgangs darstellt. Nur derjenige, der seine Waffe sachgemäß zu handhaben versteht, kann mit dieser auch vorsichtig umgehen.

Die Fähigkeit zur **sachgemäßen Handhabung** liegt dann vor, wenn der Waffen- 13 inhaber die **nötigen techn. Kenntnisse** hat, die Waffe ordnungsgemäß zu bedienen (vgl. Vorauss. der Sachkunde nach § 7) und zudem **keine körperlichen Einschränkungen** vorliegen, welche die sichere Handhabung der Waffe beeinträchtigen (vgl. insoweit die persönliche Eignung nach § 6).

Auch vorübergehende körperliche oder geistig-seelische Beeinträchtigungen 13a können der sachgemäßen Handhabung sowie einem vorsichtigen Umgang entgegenstehen. Dies gilt etwa für eine Person, die trotz einer plötzlichen (kurzfristigen) Kreislaufschwäche das Schießen auf einem Schießstand nicht unterbricht, und für eine Person, die mit einer Waffe schießt, obwohl sie etwa auf Grund einer bandagierten Hand oder eines Krampfes in einem Finger den Abzug der Waffe nicht regulär bedienen kann.

Gleiches gilt für eine Person, die vor dem Schusswaffengebrauch Alkohol in 13b einer (auch geringen) Menge zu sich genommen hat, die typischerweise mit einer Verhaltensbeeinflussung einhergeht (vgl. OVG Münster, GewArch 2013, 363 ff. für eine Atemalkoholkonzentration von 0,39 mg/l auf dem Rückweg von der Jagd bei Konsum vor der Jagd; bestätigend BVerwGE 150, 196 ff., vgl. auch NJW 2015, 1127 f.; hierzu auch *Kremer* NJW 2015, 1061 ff.). Wer in einem Zustand, in dem alkoholbedingte Ausfallerscheinungen auftreten können, eine Schussw. gebraucht, begehe einen schwer wiegenden Verstoß gegen das Gebot vorsichtigen und sachgemäßen Umgangs mit Waffen, der auf eine grundlegende persönliche Fehleinstellung schließen lasse. Es handele es sich hierbei nicht um eine situative Nachlässigkeit minderen Gewichts, die bei nur einmaligem Auftreten noch toleriert werden könne (BVerwGE 150, 196 ff.).

In den Fällen der vorübergehenden körperlichen oder geistig-seelischen Beein- 13c trächtigungen kommt es nicht darauf an, ob es bei dem jeweiligen konkreten Waffengebrauch zu einer Auffälligkeit gekommen ist. Der unsachgemäße bzw unvorsichtige Umgang mit der Waffe folgt bereits aus dem Umstand, dass trotz des (vorübergehend) eingeschränkten körperlichen oder geistigen Zustands überhaupt Gebrauch von der Waffe gemacht wurde (vgl. OVG Münster, GewArch 2013, 363 ff.).

Vorsichtig ist der Umgang nur dann, wenn alle zur Verfügung stehenden und 14 zumutbaren Maßnahmen vom Waffeninhaber ergriffen werden, dass eine möglichst geringe Gefahr von der Waffe ausgeht. Diese Sicherungsmaßnahmen müssen sich insbes. auch auf den Ausschluss solcher Gefahren beziehen, die von der Waffe für Dritte ausgehen (vgl. *Steindorf/N. Heinrich* WaffG § 5 Rn. 11). Die Minimierung ausschl. der eigenen Gefährdung durch die Waffe begründet noch keinen vorsichtigen Umgang. **Vorsichtig** ist der Umgang nur dann, wenn die Waffe nach dem Gebrauch gesichert und entladen ist. Wer etwa im Fußraum seines Kfz seine geladene (auch „unterladene") Jagdwaffe transportiert, besitzt nicht die erforderliche Zuverlässigkeit (OVG BB, Beschl. v. 4.3.2015 – OVG 11 S 9.15 – juris).

Eine Kontrolle, ob sich noch Munition im Patronenlager befindet, ist ebenfalls unerlässlich. Weitere Kriterien sind Laden und Entladen nur über einem Schussfang, Schießfingerdisziplin (Finger darf sich nur unmittelbar bei der Schussabgabe am Abzug befinden) usw. Ein Zielen auf andere Personen stellt stets ein unvorsichtiges Verhalten dar, auch wenn dies nur „zum Spaß" erfolgt (vgl. *Steindorf/N. Heinrich* WaffG § 5 Rn. 11).

Schließlich ist die **nicht sorgfältige Verwahrung** von der Vorschrift erfasst. 15 Eine Verwahrung ist nur dann sorgfältig, wenn die zur Verfügung stehenden und zumutbaren Möglichkeiten sämtlich ausgenutzt werden, die Waffe so zu verwahren, dass ein Zugriff Unberechtigter nach Möglichkeit verhindert wird. Insbes. muss die Art der Verwahrung die Waffe vor Diebstahl sichern, zudem muss der Zugriff durch

Kinder ausgeschlossen sein. Als unvorsichtig iSd Vorschrift muss in jedem Fall die ungeschützte Aufbewahrung einer (auch ungeladenen) Waffe gelten (OVG Greifswald, Beschl. v. 15.3.2005 – 3 L 3/02 – juris; gleichermaßen und auch in Bezug auf offen herumliegende Munition: VGH München, Beschl. v. 4.11.2015 – 21 CS 15.2023 – juris). Dies gilt auch, wenn das Haus nur von einer Person bewohnt wird (OVG Koblenz, Beschl. v. 23.10.2013 – 7 A 10715/13 – juris). Gleiches gilt für die Aufbewahrung einer Waffe im unverschlossenen Schrank (VGH München BayVBl. 2005, 694) bzw in einem nicht zertifizierten Holzschrank mit Sicherheitsglasfenster (VGH München, Beschl. v. 23.12.2015 – 21 ZB 15.2419 – juris) oder einem Futteral (VGH München, Beschl. v. 28.11.2013 – 21 CS 13.1758 – juris).

Die Aufbewahrung von Waffen in durchgeladenem Zustand begründet stets die Unzuverlässigkeit nach § 5 Abs. 1 Nr. 2b (BVerwG DÖV 2014, 631; Beschl. v. 3.3.2014 – 6 B 36/13 – juris). Demnach sei es eine Selbstverständlichkeit, Schussw. nach dem Gebrauch zu entladen. Mit dem **6. ÄndG** (→ Einf. Rn. 26c) hat der Gesetzgeber explizit klar gestellt, dass Schussw. stets nur in **ungeladenem Zustand** aufbewahrt werden dürfen. Soweit eine Schussw. aufbewahrt wird, darf sich daher keine Patrone im Patronenlager oder aber im in die Waffe eingeführten Magazin befinden (→ Anl. 1 Rn. 190). Dieser Grundsatz greift für alle Schussw., gleichviel, ob sie vollumfänglich erlaubnispflichtig sind oder aber hinsichtlich des Erwerbs und des Besitzes von der Erlaubnispflicht nach Anl. 2 Abschn. 2 UAbschn. 2 Nr. 1 frei gestellt sind. Auch der erstmalige (gravierende) Verstoß gegen die aus § 36 Abs. 1 resultierende allg. Sorgfaltspflicht hinsichtlich des Umgangs mit Waffen (→ § 36 Rn. 7 ff.) kann die Annahme der Unzuverlässigkeit nach Nr. 2b begründen, so etwa, wenn ein Waffenkoffer mit Waffe und Munition zu Beginn eines Transports ins Revier ohne das Vorliegen situativer Besonderheiten versehentlich auf dem Gehweg stehengelassen wird und dies dem Waffenbesitzer erst geraume Zeit später auf der Autobahn auffällt (vgl. OVG Hamburg, GewArch 2016, 31 ff.).

16 Der unvorsichtige Umgang bzw die unsorgfältige Verwahrung ist vornehmlich bei Personen zu befürchten, welche in der Vergangenheit bereits ein **verantwortungsloses und nachlässiges Verhalten** bzgl. der Handhabung und Aufbewahrung gefährlicher Gegenstände oder Substanzen gezeigt haben. Auch hier ist es nicht zwingend erforderlich, dass mit Waffen ein nachlässiger Umgang geübt wurde. Ebenso kommt ein **grob bedenklicher Umgang mit sonstigen gefährlichen Gegenständen oder Substanzen** in Betracht, soweit hierdurch Gefahren für Dritte eröffnet werden. Selbst eine Eigengefährdung kann die Annahme eines unvorsichtigen Umgangs rechfertigen, wenn nur durch zufällige Umstände des Einzelfalls eine Gefährdung Dritter ausgeblieben ist (*Apel/Bushart* WaffG § 5 Rn. 16). Ein unvorsichtiger Umgang bzw die unsorgfältige Aufbewahrung wird insbes. dann zu befürchten sein, wenn der Antragst. **in der Vergangenheit schwer oder beharrlich gegen ihm obliegende Verkehrssicherungspflichten verstoßen** hat (Bsp.: Spediteur sichert Gefahrguttransporte wiederholt nachlässig; Apotheker lagert verschreibungspflichtige Medikamente frei zugänglich; Lehrer belässt Schülern ungehinderten Zugang zum Chemikalienraum; Schausteller verstößt beim Aufbau seines Fahrgeschäftes mehrfach gegen Sicherheitsvorschriften; Kart-Bahn-Betreiber lässt Kinder wiederholt ohne erforderliche Aufsicht fahren). Hier wird man indes einen **besonders strengen Maßstab** anlegen und iErg davon ausgehen müssen, dass nur **gravierende Verstöße** gegen Verkehrssicherungspflichten die Annahme der zwingenden Unzuverlässigkeit des Antragst. rechtfertigen. Andernfalls läge ein **Wertungswiderspruch** zu Abs. 2 Nr. 5 vor, wonach der wiederholte oder gröbliche Verstoß gegen Pflichten aus dem WaffG, KrWaffKontrG, SprengG oder BJagdG zur Regelunzuverlässigkeit des Antragst. führt. Wenn selbst der wiederholte bzw massive Verstoß gegen Vorschriften waffenrechtl. spezifischer Vorschriften grds. nur die Regelunzuverlässigkeit des Antragst. zur Folge hat, kann für Verstöße gegen sonstige Rechtsvorschriften nur ein **verschärfter Maßstab** Anwendung finden.

Für die Annahme der zwingenden Unzuverlässigkeit reicht es allerdings aus, dass auch nur **eine** dieser Verhaltensweisen auf Grund tatsächlicher Anhaltspunkte zu befürchten ist (*Steindorf/N. Heinrich* WaffG § 5 Rn. 11).

cc) Überlassen an Unberechtigte (Abs. 1 Nr. 2c). Die dritte Fallgruppe betr. 17
schließlich das Überlassen von Waffen oder Munition an Unberechtigte. Auch das Überlassen eines wesentlichen Einzelteils fällt hierunter (OVG BB, Beschl. v. 8.8.2016 – OVG 11 S. 1.16 – juris für das Überlassen eines funktionsfähigen Verschlusses eines Repetiergewehrs). Das WaffG enthält in § 34 explizit Regelungen dazu, unter welchen Vorauss. Waffen einem Dritten überlassen werden dürfen. Zu berücksichtigen ist hier insbes., dass auch die Einräumung von **Mitgewahrsam** ein Überlassen im waffenrechtl. Sinn darstellt (*Gade* WaffR S. 28 ff.; vgl. auch VGH München NJW 2015, 2747 ff. – Aufbewahrung eines geladenen Revolvers in der Schublade eines Nachtkästchens). Es reicht nicht aus, dass die Waffe in einem vorschriftsmäßigen Waffenschrank aufbewahrt wird, sondern es muss sichergestellt sein, dass keine Dritten (Hausgenossen, Familienmitglieder usw) auf den Waffenschrank zugreifen können. Insofern muss auch der Schlüssel entspr. sorgfältig vom Waffeninhaber verwahrt werden, wobei prinzipiell strenge Maßstäbe anzusetzen sind; vgl. auch OVG S-H, Beschl. v. 11.1.2017 – 4 MB 53/16 – juris).

b) Grundlage der Prognoseentscheidung. Die **Verhaltensprognose** für das 18
zukünftige Verhalten des Antragst. in Bezug auf den Umgang mit Waffen ist demnach ausschlaggebend für dessen waffenrechtl. Zuverlässigkeit. ISe. nachvollziehbaren und unter Gesichtspunkten der Rechtsstaatlichkeit korrekten Entsch. scheiden willkürliche Verhaltensprognosen auf Grund rein subj. Einschätzungen des Sachbearbeiters der Behörde aus. Die Behördenentscheidung muss sich vielmehr stets **auf Tatsachen** stützen, will sie verbindlich sein. Hierbei kommen als Tatsachen alle inneren und äußeren Sachverhalte in Betracht, weshalb die bloße Einschätzung der Erlaubnisbehörde oder Dritter für sich genommen keine ausreichende Grundlage für eine tragende Verhaltensprognose und infolgedessen auch nicht für eine Behördenentscheidung sein kann. Eine solche **Verhaltensprognose** setzt demnach **objektivierbare Ereignisse** als Anknüpfungspunkt für die anschließend erfolgende Beurteilung voraus (*Gade* WaffR S. 114 f.).

c) Erkenntnisquellen. Die zust. Beh. ist im Rahmen dieser Prognoseentschei- 19
dung in ihrer Wahl der Erkenntnisquellen grds. **nicht eingeschränkt.** An etwaige Entsch. der Jagdbehörde zur Zuverlässigkeit des Antragst. ist die waffenrechtl. Erlaubnisbehörde nicht gebunden (*Stein* VR 2004, 173). Da es sich bei der Versagung einer waffenrechtl. Erlaubnis weder um eine Strafe iSd StGB noch um eine Sanktion im Resozialisierungsverfahren handelt, können insbes. **auch eingestellte Verfahren** zur Prognoseentscheidung herangezogen werden. Benachteiligungen bei einer Resozialisierung oder gar Probleme einer drohenden Doppelbestrafung scheiden insoweit aus. Bei der Prognoseentscheidung geht es einzig darum, anhand des bisherigen Verhaltens des Antragst. zu beurteilen, ob der gesetzmäßige Umgang mit der Waffe in der Zukunft gewährleistet ist. Die im Zuge einer Zuverlässigkeitsprüfung anfallenden Gebühren hat der Antragst. als Veranlasser zu tragen (OVG Koblenz NVwZ-RR 2004, 656).

d) Anforderungen an die Prognoseentscheidung. An die Qualität der Prog- 20
noseentscheidung dürfen **keine überzogenen Anforderungen** gestellt werden. So ist als Grundlage für eine Prognoseentscheidung nach Nr. 2 bspw. keine eigenständige und auf den Einzelfall bezogene psychologische Studie erforderlich, und auf die Hinzuziehung von Sachverständigen kann im Regelfall verzichtet werden (vgl. *Steindorf/N. Heinrich* WaffG § 5 Rn. 9 mwN). Der Schluss von den als Anknüpfungspunkt für die Entsch. herangezogenen Tatsachen auf das in Zukunft zu erwartende Verhalten des Antragst. ist nicht mehr als ein rationaler Schluss, insoweit reicht die

„zu prognostizierende hinreichende Wahrscheinlichkeit eines solchen Fehlverhaltens in Bezug auf Waffen oder Munition (…) aus.“ (*Steindorf/N. Heinrich* WaffG § 5 Rn. 9 unter Verweis auf *Meyer* GewA 1998, 89 (90) mwN aus der BVerwG-Rspr.). Höhere Anforderungen können insbes. auch im Kontext des präventiven Charakters der Norm nicht an die Erlaubnisbehörde gestellt werden. Von daher ist keine an Sicherheit grenzende Wahrscheinlichkeit für ein Fehlverhalten erforderlich. Vielmehr **reicht eine auf Lebenserfahrung gestützte Einschätzung** der Behörde aus, soweit diese auf tatsächlichen Anknüpfungspunkten basiert. Die vorzunehmende Prognose hat sich an dem Zweck zu orientieren, die Risiken, die mit jedem Waffenbesitz ohnehin verbunden sind, nur bei solchen Personen hinzunehmen, die nach ihrem Verhalten Vertrauen darin verdienen, dass sie mit Waffen und Munition jederzeit und in jeder Hinsicht ordnungsgemäß umgehen (stRspr.; vgl. etwa BVerwG NJW 2015, 1127 f.). Ein **Restrisiko** muss **nicht hingenommen** werden (VGH München, Beschl. v. 2.10.2013 – 21 CS 13.1564 – juris, unter Verweis auf die Rspr. des BVerwG mwN). Rechtfertigen die zur Entsch. herangezogenen Tatsachen die Annahme eines in § 5 Abs. 1 Nr. 2 beschriebenen Verhaltens, so scheidet die Zuverlässigkeit des Antragst. automatisch aus.

Die **Prognose der Unzuverlässigkeit** ist bei Berücksichtigung des strikt präventiven, auf die Umsetzung grundrechtlicher Schutzpflichten gerichteten Regelungskonzepts des Waffengesetzes **nur dann nicht gerechtfertigt, wenn** die Tatsachen, auf die sie gestützt ist, nach aller Lebenserfahrung **kein plausibles Risiko** dafür begründen, dass die in Rede stehende Person künftig Verhaltensweisen iSv § 5 Abs. 1 Nr. 2 WaffG begehen werde (BVerwG Urt. v. 28.1.2015 – 6 C 1.14 –, juris).

20a **e) Frist zur Wiedererteilung einer waffenrechtlichen Erlaubnis.** Bezogen auf die tatsachenbegründeten Prognoseentscheidungen nach Abs. 1 Nr. 2 sind im Gesetz keine festen zeitl. Bezugszeiträume benannt, innerhalb derer bindend von einer Unzuverlässigkeit des Antragst. auszugehen ist.

Die Frage, wieviel Zeit seit Feststellung der Tatsachen, aus denen auf die Unzuverlässigkeit geschlossen wurde, verstrichen sein muss, um ggf. eine waffenrechtl. Erlaubnis ausstellen bzw nach einem erfolgten Widerruf wegen Unzuverlässigkeit erneut erteilen zu können, lässt sich nicht statisch beantworten.

Zwar hat der Gesetzgeber keine ausdr. Frist vorgesehen, allerdings ergibt sich aus der systematischen Stellung sowie der erforderlichen Tatsachenrelevanz für die Prognoseentscheidung nach Abs. 1 Nr. 2, dass die **10 Jahresfrist** aus Nr. 1 ein **regelmäßiger Richtwert** für die Festlegung eines Bezugszeitraumes für Entscheidungen nach Nr. 2 darstellt.

Die letztliche Entscheidung wird stets auf einer im Einzelfall vorzunehmenden sorgfältigen Abwägung aller entscheidungserheblichen Umstände getroffen werden müssen. Im Einzelfall ist eine Wiedererteilung der waffenrechtl. Erlaubnis auch **vor Ablauf von 10 Jahren zulässig.**

III. Regelunzuverlässigkeit (Abs. 2)

21 Abs. 2 beinhaltet die sog **Regelunzuverlässigkeit.** Der Grundgedanke der Norm, dass strafrechtl. Auffälligkeiten ab einem gewissen Ausmaß die Unzuverlässigkeit begründen, wirkt im Rahmen der Regelunzuverlässigkeit fort. Allerdings ist nicht zwingend und ausnahmslos von der Unzuverlässigkeit des Antragst. auszugehen, wenn die tatbestandsmäßigen Vorauss. des Abs. 2 in der Person des Antragst. vorliegen, da es sich hierbei um eine **widerlegbare Vermutung** handelt.

Die Vermutungsregelung greift auch, soweit über den Betroffenen keine über den Vermutungstatbestand hinausgehenden negativen Umstände bekannt geworden sind. Der Umstand einer ansonsten ordnungsgemäßen Lebensführung widerlegt die

Regelvermutung daher nicht (OVG Münster, Beschl. v. 4.4.2013 – 16 A 2905/11 – juris).

Nach der std. Rspr. des BVerwG kommt eine Abweichung von der Vermutung nur dann in Betracht, wenn die Umstände der abgeurteilten Tat die Verfehlung ausnahmsweise derart in einem milden Licht erscheinen lassen, dass die nach der Wertung des Gesetzgebers idR durch eine solche Straftat begründeten Zweifel an der Vertrauenswürdigkeit des Betroffenen bzgl. des Umgangs mit Waffen und Munition nicht gerechtfertigt sind. Erforderlich ist danach eine tatbezogene Prüfung in Gestalt einer Würdigung der Schwere der konkreten Verfehlung und der Persönlichkeit des Betroffenen, wie sie in seinem Verhalten zum Ausdruck kommt. Die zust. Beh. braucht nicht zu prüfen, ob der Betroffene die Straftat tatsächlich begangen hat. Sie darf grds. von der **Richtigkeit der Verurteilung** ausgehen und sich auf die Prüfung beschränken, ob das die Verurteilung begründende Verhalten im Zusammenhang mit den sonstigen Umständen die Annahme der waffenrechtl. Unzuverlässigkeit rechtfertigt oder die Regelvermutung auf Grund besonderer Umstände ausnahmsweise ausgeräumt ist. Etwas anderes gilt allenfalls in **Sonderfällen,** etwa wenn für die Behörde ohne Weiteres erkennbar ist, dass die Verurteilung auf einem Irrtum beruht, oder wenn die zust. Beh. ausnahmsweise in der Lage ist, den Vorfall besser als die Strafverfolgungsorgane aufzuklären (vgl. BVerwG NVwZ 2009, 398; Beschl. v. 27.3.2007 – 6 B 108.06 –; GewArch 1992, 314; std. Rspr.). Daher bleibt der zust. Beh. die Möglichkeit eröffnet, in einem atypischen Einzelfall im Rahmen der Regel-Ausnahme-Entsch. den Antragst. als waffenrechtl. zuverlässig einzustufen.

1. Straftaten (Abs. 2 Nr. 1)

In Nr. 1 unterscheidet der Gesetzgeber **drei Fallgruppen,** welche gemeinsam 22
an strafbares Verhalten des Antragst. als Anhaltspunkt für dessen im Regelfall anzunehmende Unzuverlässigkeit anknüpfen.

Alle drei Fallgruppen setzen eine **rechtskräftige Verurteilung** des Antragst. in den vergangenen **fünf Jahren** seit Rechtskraft des Urteils voraus und erfordern zudem eine gewisse **Qualität der Strafe.**

Zunächst sind Verurteilungen zu einer **Freiheits- oder Jugendstrafe** erfasst, wobei die **Höhe** derselben **unerheblich** ist. Ebenso ist ohne Belang, ob die Strafe ggf. zur Bewährung ausgesetzt wurde, auch wenn der Gesetzgeber nur die Aussetzung der Jugendstrafe erwähnt (*Apel/Bushart* WaffG § 5 Rn. 25).

Weiter sind **einmalige Verurteilungen** zu einer **Geldstrafe** erfasst, soweit sie **mind. 60 Tagessätze** erreichen. Bei der Bemessung der Tagessätze ist die Grenze auch dann erreicht, wenn die 60 Tagessätze aus einer Gesamtstrafe auf Grund mehrerer Straftaten resultieren (*Steindorf/N. Heinrich* WaffG § 5 Rn. 13; VGH Kassel NVwZ-RR 2005, 324).

Der Strafbefehl steht einem rechtskräftigen Urteil gleich (§ 410 Abs. 3 StPO), die Einstellung auch nach §§ 153 ff. StPO genügt hingegen nicht. Auch die Verwarnung mit Strafvorbehalt gem. § 59 StGB stellt grds. keine Verurteilung iSd § 5 Abs. 2 Nr. 1 dar (vgl. *Heller/Soschinka* WaffR Rn. 767b).

Die Verurteilung zu einer **geringeren Geldstrafe als 60 Tagessätze** ist **nur erfasst,** sofern es sich um **mehrfache Verurteilungen** des Antragst. handelt. Der Wortlaut der Vorschrift setzt also eine **mind. zweimalige Verurteilung** voraus. Handelt es sich bspw. um eine Verurteilung zu einer Gesamtgeldstrafe von 40 Tagessätzen wegen zwei selbständiger Nötigungen im Straßenverkehr mit Einzelstrafen von jeweils 30 Tagessätzen, ist der Tatbestand gem. Abs. 2 Nr. 1a (… „mindestens zweimal zu einer geringeren Geldstrafe rechtskräftig verurteilt worden sind" …) nicht erfüllt (vgl. den Fall in VG Köln Beschl. v. 9.9.2009 – 20 L 1159/09; aA *Apel/Bushart* WaffG § 5 Rn. 26, wonach dort – ohne Berücksichtigung des Wortlauts der

Norm – angenommen wird, dass „eine Verurteilung wegen mehrerer Straftaten" ausreichen soll).

Mit diesen Anforderungen an die Qualität der Strafe will der Gesetzgeber sicherstellen, dass bei einer erstmaligen Verurteilung Bagatelldelikte waffenrechtl. unberücksichtigt bleiben und sich bei Berücksichtigung der gängigen Spruchpraxis der Strafgerichte geringfügige Strafaussprüche insgesamt nicht auf die waffenrechtl. Beurteilung des Antragst. auswirken (vgl. BT-Drs. 14/7758, 128 f.).

Ein Ausnahmefall von der Regelvermutung kann nicht damit begründet warden, dass die konkrete Straftat keinen Waffen- bzw Jagdbezug hatte (OVG Münster, Beschl. v. 4.4.2013 – 16 A 2905/11 – juris).

22a Die Regelvermutung des Abs. 2 Nr. 1 greift nur, soweit die rechtskräftige Verurteilung in den letzten **fünf Jahren** stattgefunden hat.

Hinsichtlich des Vorliegens mehrerer Verurteilungen zu einer Geldstrafe von weniger als 60 Tagessätzen ist nach dem insoweit eindeutigen Wortlaut der Norm auf den **Zeitraum zwischen der Rechtskraft der letzten Verurteilung und dem Beurteilungszeitpunkt der Zuverlässigkeit** abzustellen. Der letzten Verurteilung vorangegangene Verurteilungen können auch dann die Regelvermutung der Unzuverlässigkeit (mit) auslösen, wenn sie weiter als fünf Jahre zurückliegen (→ Rn. 36a; so auch OVG HB, Beschl. v. 10.5.2016 – 1 B 22/16 – juris; VGH BW, Beschl. v. 20.2.2018 – 1 S 2749/17 – juris; aA VGH München, Beschl. v. 25.10.2012 – 21 ZB 12.539 – juris, wonach mind. zwei rechtskräftige Verurteilungen innerhalb eines Zeitraums von fünf Jahren erforderlich sein sollen, um die Regelvermutung auszulösen).

Zu den Grenzen der Berücksichtigung zeitl. weit zurückliegender Straftaten bei der Beurteilung der Zuverlässigkeit → Rn. 36a.

23 **a) Vorsätzliche Straftaten (Abs. 2 Nr. 1a).** Erfasst sind hier alle **vorsätzlichen** Straftaten, ohne dass die Vorschrift an bestimmte Delikte anknüpft (VGH München, Beschl. v. 5.7.2017 – 21 CS 17.856 – juris). Auch Tatbestände des Nebenstrafrechts (Bsp.: § 20 VereinsG: „Zuwiderhandlungen gegen Verbote") sind erfasst. Der Umstand, dass es sich bei der Straftat um ein Unterlassungsdelikt handelt, kann keinen Ausnahmefall von der Regelvermutung begründen (vgl. VGH München, Beschl. v. 28.6.2017 – 21 CS 17.196 – juris in Bezug auf Insolvenzverschleppung).

24 **b) Fahrlässige Straftaten (Abs. 2 Nr. 1b).** Die qualifizierte Verurteilung auf Grund **fahrlässiger** Straftaten ist nach dem Willen des Gesetzgebers nicht gemeinhin tauglich, um einen Grund für die Regelunzuverlässigkeit des Antragst. darzustellen. Vielmehr ist ein **besonderer Zusammenhang** der Fahrlässigkeitsstraftat zu fordern. Das Gesetz unterscheidet diesbzgl. **zwei Fallgruppen.**

In der ersten Fallgruppe soll die Verurteilung auf Grund von Fahrlässigkeitsstraftaten erfasst sein, sofern diese **im Zusammenhang mit dem Umgang mit Waffen, Munition oder Sprengstoff stehen.** Hier sind zunächst Fahrlässigkeitsstraftaten nach dem WaffG oder SprengG zu nennen, welche typischerweise einen unmittelbaren Bezug zum Umgang mit Waffen und Munition aufweisen. Gleichermaßen fallen aber auch **Fahrlässigkeitsstraftaten nach dem StGB** hierunter, wenn diese **durch den fahrlässigen Umgang mit Waffen oder Munition verwirklicht** worden sind (zB fahrlässige Körperverletzung, § 229 StGB; fahrlässige Tötung, § 222 StGB).

So hat zB ein Jäger bei völliger Dunkelheit ohne besondere Sicherheitsvorkehrungen, insbes. ohne auf einen ausreichenden Kugelfang zu achten, in der Nähe eines in Geschossreichweite liegenden Wohngebietes in dessen Richtung zweimal auf ein Wildschwein geschossen, wobei ein Geschoss das Ziel verfehlte und eine sich in einer Entfernung von über einem Kilometer aufhaltende 13-jährige Person am rechten Unterarm getroffen hat. Der Jäger wurde wegen fahrlässiger Körperverletzung zu einer Geldstrafe von 60 Tagessätzen verurteilt. Die zust. Beh. stufte den Jäger gem. § 5 Abs. 2 Nr. 1b als waffenrechtl. unzuverlässig und sich daraus ergebend auch nach § 17 Abs. 1 S. 2 BJagdG als jagdrechtl. unzuverlässig ein (vgl. VGH München Beschl. v. 19.10.2009 – 21 ZB 08.435 / 21 ZB 08.2187). Auch wurde keine Ausnahme von der Regelvermutung durch den VGH München festgestellt: „Eine Abweichung von der Regelvermutung kommt nur in Betracht, wenn die Umstände der abgeurteilten Tat die Verfehlung ausnahmsweise derart in einem milden Licht erscheinen lassen, dass die nach der Wertung des Gesetzgebers idR durch eine solche Straftat begründeten Zweifel an der Vertrauenswürdigkeit des Betroffenen bzgl. des Umgangs mit Waffen und Munition nicht gerechtfertigt sind, was in dem Fall nicht vorlag" (VGH München Beschl. v. 19.10.2009 – 21ZB 08.435/21ZB 01.21.87).

In der zweiten Fallgruppe sind Verurteilungen auf Grund **fahrlässiger Straftaten** erfasst, die einen **gemeingefährlichen Charakter** aufweisen. Fahrlässige gemeingefährliche Straftaten sind alle Straftaten des 28. Abschnittes des StGB (§§ 306–323c StGB), soweit sie fahrlässig begangen werden können. Bei vorsätzlicher Tatbegehung greift ohnehin bereits die Vorschrift des Abs. 2 Nr. 1a. Von besonderer Relevanz ist hier die **fahrlässige Trunkenheitsfahrt,** § 316 Abs. 2 StGB (vgl. BT-Drs. 14/7758, 54). Dieses Massendelikt ist zwar zweifellos erfasst, indes wird bei einer erstmaligen Straffälligkeit der für die Anwendbarkeit der Vorschrift erforderliche Mindeststrafrahmen von 60 Tagessätzen im Regelfall nicht erreicht werden, sofern keine erschwerenden Umstände des Einzelfalls hinzutreten (zu diesem Themenkreis auch *Scheidler,* DAR 2016, 417 ff,; ders. KommunalPraxis Bayern, 425 ff.; ders. VD 2017, 347 ff.).

c) Straftaten nach dem WaffG und anderen Gesetzen (Abs. 2 Nr. 1c). 25
Hier sind vom Gesetzgeber spezifische Straftaten nach dem WaffG, KrWaffKontrG, SprengG oder dem BJagdG genannt. Faktisch dürfte diese Vorschrift **unbeachtlich** sein, weil nicht ersichtlich ist, welche Straftaten unter die Regelung des Buchst. c fallen sollten, die nicht bereits von den Konstellationen nach Buchst. a und Buchst. b erfasst werden. Vorsätzliche Straftaten sind sämtlich von Buchst. a erfasst, fahrlässige von Buchst. b, soweit sie im Zusammenhang mit dem Umgang mit Waffen oder Munition stehen oder aber gemeingefährlichen Charakters sind. Eine eigenständige Bedeutung der Regelung im Rahmen der Straftaten nach § 38 BJagdG ist ebenfalls nicht zu erkennen, da diese als Vorsatztaten von Buchst. a erfasst sind und bei fahrlässiger Begehung unter Buchst. b fallen, da sie sämtlich einen Bezug zum Umgang mit Waffen aufweisen (aA *Apel/Bushart* WaffG § 5 Rn. 23). Da die in Buchst. c aufgeführten Straftaten derselben Beschränkung einer qualifizierten Verurteilung (mind. 60 Tagessätze) unterliegen wie die unter Buchst. a und Buchst. b gefassten Fallkonstellationen, ist die Regelung des Buchst. c **iErg bedeutungslos.** Allerdings erlangt Abs. 2 Nr. 1c im Rahmen des Abs. 2 Nr. 5 Bedeutung (→ Rn. 31).

2. Kein Ausschluss der Generalklausel

Handelt es sich um Verurteilungen, für welche die Vorschrift des Abs. 2 Nr. 1 26
nicht greift, oder ist ein Verhalten nicht von Abs. 2 Nr. 1 erfasst, weil eine Verurteilung ausgeblieben ist, so ist die **Anwendung der Generalklausel nach Abs. 1 Nr. 2 nicht schlechterdings ausgeschlossen.** Es kann also durchaus sein, dass ein Verhalten nicht die Vorauss. einer Regelunzuverlässigkeit nach Abs. 2 Nr. 1 erfüllt, aber gleichwohl nach der Generalklausel des Abs. 1 Nr. 2 eine negative Verhaltensprognose zu stellen ist, weshalb die obligatorische Unzuverlässigkeit nach Abs. 1 Nr. 2 greift (so auch *Apel/Bushart* WaffG § 5 Rn. 29) und die waffenrechtl. Erlaubnis entspr. zu versagen ist. Dieses Verhältnis mag zunächst überraschen, da bei flüchtiger Betrachtung durchaus der Eindruck entstehen könnte, dass ein Verhalten, welches schon nicht zur Regelunzuverlässigkeit des Antragst. führt, erst recht nicht die zwingende Unzuverlässigkeit nach Abs. 1 Nr. 2 zur Folge haben kann. Indes muss hier der Charakter der Zuverlässigkeitsprüfung in die Betrachtung mit einbezogen werden. Straftaten kann ordnungs- und sicherheitsrechltlich größeres Gewicht zukommen

als in strafrechtlicher Hinsicht, weshalb die Verwaltungsbehörden und im Streitfall die Verwaltungsgerichte eine **eigenständige Würdigung** der im Strafverfahren getroffenen Feststellungen anzustellen haben. Dass etwa die Schuld im strafrechtlichen Sinn als gering anzusehen ist, hindert nicht die ordnungsrechtliche Einschätzung als wesentliches, die Unzuverlässigkeit begründendes Fehlverhalten (VGH München, Beschl. v. 29.7.2013 – 21 ZB 13.415 – juris; VGH München, Beschl. v. 3.2.2016 – 21 CS 15.2618 – juris).

Ausschl. Ziel der **Prognoseentscheidung** im Rahmen der waffenrechtl. Zuverlässigkeitsprüfung ist es, anhand des bisherigen Verhaltens zu beurteilen, ob in der Zukunft der gesetzmäßige Umgang mit der Waffe durch den Antragst. gewährleistet ist. Bei der Versagung einer waffenrechtl. Erlaubnis handelt es sich gerade nicht um eine Nebenstrafe iSd StGB bzw um eine strafrechtl. Nebenfolge. Während die Strafe zentral an den Unrechtsgehalt einer Tat anknüpft, geht es unabhängig hiervon im Waffenrecht um die Einschätzung, ob vom Antragst. in der Zukunft eine waffenrechtl. spezifische Gefahr ausgehen wird. Da es für die waffenrechtl. Beurteilung **nicht auf den Unrechtsgehalt eines Verhaltens ankommt,** kann die Unzuverlässigkeit des Antragst. auch dann gegeben sein, wenn eine Verurteilung gänzlich ausgeblieben ist. Allerdings ist in diesen Fällen für die Annahme einer Unzuverlässigkeit erforderlich, dass die Tat im Falle fahrlässiger Begehung **zumindest** einen **bewussten Pflichtenverstoß** impliziert und **zudem gravierende Folgen** wie die Verletzung der Rechtsgüter Leben, Gesundheit oder erhebliche Sachschäden nach sich gezogen hat (ausf. dazu *Apel/Bushart* WaffG § 5 Rn. 28 ff.). Insofern kommt es auch auf den **Erfolgsunwert** der Tat an (*Steindorf/N. Heinrich* WaffG § 5 Rn. 15).

3. Mitglied in einem verbotenen Verein oder einer verbotenen Partei (Abs. 2 Nr. 2)

27 Darüber hinaus ist die Unzuverlässigkeit des Antragst. indiziert, wenn dieser in den letzten **10 Jahren** Mitglied in einem verbotenen Verein oder einer verbotenen Partei gewesen ist. Durch das Verbot des Vereins bzw der Partei ist hinreichend sorgfältig deren verfassungsfeindliche Grundeinstellung nachgewiesen. Die **Mitgliedschaft** des Antragst. **belegt,** dass dieser die **verwerfliche Grundausrichtung** des verbotenen Vereins bzw der verbotenen Partei teilt, weshalb der Gesetzgeber hieran zutreffend die Regelunzuverlässigkeit des Antragst. knüpft (*Steindorf/N. Heinrich* WaffG § 5 Rn. 20). Die Mitgliedschaft wird sich im Regelfall aus entspr. Vereins- oder Parteiunterlagen ergeben. Sie muss aber keine förmliche sein (BGHSt. 18, 196 (299, 300); *Steindorf/N. Heinrich* WaffG § 5 Rn. 20) und kann daher auch als nachgewiesen betrachtet werden, wenn der Antragst. bspw. explizit namens des Vereins/der Partei nach außen aufgetreten ist (*Apel/Bushart* WaffG § 5 Rn. 34).

28 Weitere Vorauss. ist bzgl. des Vereins, dass dieser **unanfechtbar** nach dem VereinsG als Organisation verboten wurde oder aber einem unanfechtbaren Betätigungsverbot nach dem VereinsG unterliegt (§§ 3, 14 Abs. 2 S. 1 VereinsG). Die Anfechtbarkeit richtet sich nach den Vorschriften des allg. Verwaltungsrechts. Ist das Verbot unanfechtbar geworden, so ist sein verfügender Teil im BAnz. sowie im Mitteilungsblatt des Bundeslandes, in dem der Verein seinen Sitz hatte, zu veröffentlichen. Vergleichbares gilt für eine Partei. Deren Verfassungswidrigkeit muss allerdings durch das BVerfG nach § 46 BVerfGG festgestellt worden sein.

4. Verfolgung staatsfeindlicher Bestrebungen (Abs. 2 Nr. 3a bis c)

29 Ein weiterer Fall der Regelunzuverlässigkeit liegt in den Fällen der Verfolgung verfassungsfeindlicher Bestrebungen vor, soweit diese zumindest in den letzten fünf Jahren stattgefunden hat (vgl. auch *Scheidler*, Kriminalistik 2012, 8 ff.). Weiter zurückliegende Aktivitäten werden waffenrechtl. nicht mehr erfasst. Unzuverlässig

iSd Nr. 3 ist idR auch derjenige, der verfassungsfeindliche Bestrebungen im Rahmen der Mitgliedschaft in einer nicht verbotenen politischen Partei verfolgt (BVerwG NVwZ-RR 2010, 225 ff.).

Mit dem **6. ÄndG** (→ Einf. Rn. 26c) wurden die Unzuverlässigkeitsgründe des Abs. 5 Nr. 3 dahingehend erweitert, dass bereits das **Vorliegen von Tatsachen** die Regelunzuverlässigkeit begründet, soweit diese die Annahme der Verfolgung verfassungsfeindlicher Bestrebungen rechtfertigten (→ Rn. 18 ff.). Hierdurch soll die Einschätzung des Gesetzgebers, dass die verfassungsfeindlichen Bestrebungen regelm. die waffenrechtl. Unzuverlässigkeit begründen, in der waffenbehördlichen Praxis effektiver und rechtssicherer umgesetzt werden können (BR-Drs. 61/17(B), 5). Wann **verfassungsfeindliche Bestrebungen** vorliegen, kann aus den Regelungen des § 92 Abs. 2 StGB sowie § 4 BVerfSchG hergeleitet werden (BT-Drs. 14/7758, 55). Der Begriff des Verfolgens setzt eine **Betätigung** voraus, weshalb zumindest Tatsachen die Annahme rechtfertigen müssen, dass der Antragst. einen über die bloße Mitgliedschaft hinausgehenden ihm individuell zurechenbaren **aktiven Beitrag** geleistet hat (verwaltungsgerichtliche Rspr. dazu uneinheitlich. Frage im Falle einer NPD-Mitgliedschaft iErg offen gelassen VGH Kassel, Urt. v. 12.10.2017 – 4 A 626/17 – juris, da dem Kläger eine über die bloße Mitgliedschaft hinausgehende aktive individuelle Betätigung durch Wahrnehmung verschiedener Aufgaben für die NPD nachzuweisen war; hierzu auch *Dau/Mein* JuS 2016, 430 ff.). In der Literatur wird zu Recht darauf hingewiesen, dass **nicht jedwede Betätigung** die Regelunzuverlässigkeit auslöst. Vielmehr muss die freiheitlich demokratische Grundordnung auf eine Weise in Frage gestellt werden, welche in waffenrechtl. Hinsicht den Schluss erlaubt, dass der Antragst. die Waffe zukünftig im Sinne seiner verfassungsfeindlichen Einstellung gegen die Rechtsordnung einsetzen wird (vgl. *Apel/Bushart* WaffG § 5 Rn. 40). ISe. verfassungskonformen Konkretisierung hat der Gesetzgeber in den Buchst. a–c verschiedene Fallgruppen verfassungsfeindlicher Bestrebungen eingefügt (vgl. *Steindorf/N. Heinrich* WaffG § 5 Rn. 21).

5. Mehrfacher polizeilicher Präventivgewahrsam (Abs. 2 Nr. 4)

Die Unzuverlässigkeit des Antragst. ist im Regelfall zudem anzunehmen, wenn er **30** innerhalb der letzten 5 Jahre mehr als einmal wegen Gewalttätigkeit mit richterlicher Genehmigung in polizeilichen Präventivgewahrsam genommen worden ist. Gewalttätigkeiten implizieren körperliche Kraftentfaltung, indes muss es bei präventivem Gewahrsam noch nicht zu einer solchen gekommen sein; die **verbale Drohung** mit Gewalt **kann** hierfür auch schon **ausreichen.** Ist eine solche mehrmalige polizeiliche präventive Ingewahrsamnahme des Antragst. erfolgt, so knüpft der Gesetzgeber hieran zutreffend die Vermutung an, dass die Person zukünftig auch im Umgang mit Waffen nicht die dafür erforderliche Besonnenheit aufbringen wird, weshalb im Regelfall von der Unzuverlässigkeit des Antragst. auszugehen ist. Um lediglich kurzfristige Gewahrsamnahmen als Grund für die Regelunzuverlässigkeit auszuschließen, hat der Gesetzgeber das Erfordernis der richterlichen Genehmigung der Gewahrsamnahme mit in die Vorschrift aufgenommen (BT-Drs. 14/7758, 55).

6. Wiederholter oder gröblicher Verstoß gegen WaffG, KrWaffKontrG, SprengG, BJagdG (Abs. 2 Nr. 5)

Von der Vorschrift werden einerseits strafbare Verstöße gegen die genannten **31** Gesetze erfasst, die unterhalb der Schwelle der Nr. 1c liegen. Ein Rückgriff auf Nr. 5 bei einer Verurteilung zu weniger als 60 Tagessätzen ist daher nicht ausgeschlossen (VG Köln Beschl. v. 6.5.2009 – 20 L 183/09, bei Verurteilung wegen Besitzes einer verbotenen Waffe (Schlagring) zu 25 Tagessätzen; VG Würzburg Beschl. v. 4.4.2008 – W 5 S 08.798).

Weiterhin sollen gem. Nr. 5 solche Verstöße nach dem WaffG und den anderen **abschließend** aufgezählten Gesetzen zur Regelunzuverlässigkeit des Antragst. führen, welche lediglich als **Ordnungswidrigkeit** oder aber gar nicht geahndet werden (BT-Drs. 14/8886, 110). Hierzu zählen typischerweise Verstöße gegen waffenrechtl. Anzeige- und Ausweispflichten, zB § 10 Abs. 1a, § 13 Abs. 3 S. 2, § 14 Abs. 4, § 20 Abs. 1, § 37 Abs. 1 S. 1, § 40 Abs. 5 S. 1. Ebenso Verstöße gegen die aus § 36 Abs. 1 resultierende allgemeine Sorgfaltspflicht hinsichtlich jeglichen Umgangs mit Waffen und Munition. Damit solche Verstöße eine Regelunzuverlässigkeit rechtfertigen, müssen sie **entweder wiederholt** begangen worden sein, **oder aber gröblich** sein.

Wiederholte Verstöße liegen vor, wenn **mind. zwei** Verstöße begangen wurden, wofür einmalige Wiederholung genügt (OVG Saarlouis Beschl. v. 3.3.2006 – 1 Q 2/06). Dabei ist es unerheblich, ob es sich um Verstöße gegen dieselbe Vorschrift oder unterschiedliche Vorschriften handelt, bspw. einmal die Anzeigefrist einer erworbenen Schussw. über die genannten 2 Wochen um 6 Wochen überschritten wird und ein anderes Mal Schussw. nicht vorschriftsmäßig aufbewahrt werden (vgl. VG Köln Beschl. v. 27.7.2010 – 20 L 251/10). Zudem können die Verstöße zeitl. weit auseinander liegen. Die Fristen des Abs. 1 Nr. 1 oder Abs. 2 Nr. 1–4 sind bei Nr. 5 nicht anwendbar. Eine Art Verjährung oder Verwirkung ist gesetzlich nicht vorgesehen. Wurden Verstöße jedoch bereits in einem Verfahren als Unzuverlässigkeit zu Grunde gelegt, darf in einem späteren (neuen) Verfahren darauf nicht mehr zurückgegriffen werden.

Gröblich ist ein Verstoß dann, wenn sich in seiner Verwirklichung die fehlerhafte Einstellung des Begehenden zu den waffen-, munitions- oder jagdrechtl. Ordnungsvorschriften widerspiegelt. Verstöße, die vorsätzliche Straftaten darstellen, sind in aller Regel als gröblich einzustufen (BVerwGE 101, 24; *Steindorf/N. Heinrich* WaffG § 5 Rn. 25). Ein schwerwiegender und damit ein gröblicher Verstoß gegen das WaffG liegt zumindest vor, wenn der Betreffende vorsätzlich eine verbotene Waffe (Schlagring) besitzt (VG Köln Beschl. v. 6.5.2009 – 20 L 183/09). Auch der vorsätzliche Erwerb einer Schussw. ohne gültigen (abgelaufenen) Jagdschein stellt einen gröblichen Verstoß dar (VGH München, Beschl. v. 21.11.2016 – 21 ZB 15.931).

31a Anders als in Abs. 2 Nr. 1–4 hat der Gesetzgeber hinsichtlich der Regelunzuverlässigkeit nach Nr. 5 keinen festen Bezugszeitraum festgelegt, innerhalb dessen regelm. von der Unzuverlässigkeit des Antragstellers bzw Erlaubnisinhabers auszugehen ist.

Eine **zwingende Frist** kann hier **nicht** angenommen werden. Die Frage, wieviel Zeit seit Feststellung der Tatsachen, aus denen auf die Unzuverlässigkeit nach Nr. 5 geschlossen wurde, verstrichen sein muss, um ggf. eine waffenrechtl. Erlaubnis ausstellen bzw nach einem erfolgten Widerruf wegen Unzuverlässigkeit erneut erteilen zu können, lässt sich nicht statisch beantworten.

Allerdings ergibt sich aus der systematischen Stellung sowie der erforderlichen Tatsachenrelevanz (wiederholter oder gröblicher Verstoß) für die Prognoseentscheidung, dass die Fristen zu den zuvor genannten Regelunzuverlässigkeiten als Maßstab herangezogen werden können. Es kann demnach **regelmäßig eine Frist von 5 Jahren** angenommen werden (aA *Heller/Soschinka* WaffR Rn. 773(d), welche von einer regelm. kürzeren Frist ausgehen.).

Die letztliche Entscheidung wird auch hier stets auf einer im Einzelfall vorzunehmenden sorgfältigen Abwägung aller entscheidungserheblichen Umstände getroffen werden müssen.

Im begründeten Einzelfall ist eine Wiedererteilung der waffenrechtl. Erlaubnis auch **vor Ablauf von 5 Jahren zulässig.** Andererseits kann sich nach der Rspr. die Unzuverlässigkeit nach Nr. 5 auch aus zwei bereits mehr als 20 Jahre zurückliegenden (erheblichen) Verurteilungen wegen Verstoßes gegen das WaffG ergeben, wenn diese Verurteilungen wegen der Begehung einer Vielzahl anderer Straftaten nach dem BZRG weiterhin verwertbar sind (OVG Lüneburg, Beschl. v. 21.12.2012 – 11 LA 309/12 – juris, auch GewArch 2013, 125 f.).

IV. Auslandsverurteilungen

Der Gesetzgeber bezieht sich im Rahmen des § 5 ausschl. auf Verurteilungen bzw Bewertungen rechtl. Sachverhalte vor dem Maßstab deutscher Rechtsnormen durch deutsche Gerichte. Ist eine Verurteilung im Ausland erfolgt, so kann auf diese § 5 nicht unbenommen Anwendung finden, da die Heterogenität der Rechtsordnungen einen unmittelbaren Vergleich allein unter dem Gesichtspunkt des Gleichbehandlungsgrundsatzes nicht zulässt. Solche Verfehlungen sind dergestalt in die Zuverlässigkeitsprüfung einzubeziehen, dass **hypothetisch die Maßstäbe der deutschen Gerichtsbarkeit auf den in Rede stehenden Sachverhalt angewendet werden** und die daraus resultierenden (hypothetischen) Rechtsfolgen dem Wertungsmaßstab des § 5 unterzogen werden (so auch *König/Papsthart* Neues WaffR Rn. 138). **32**

V. Fristberechnung (Abs. 3)

Abs. 3 betr. diejenigen Fälle, in denen die persönliche Zuverlässigkeit des Antragst. wegen einer strafrechtl. Verurteilung nicht gegeben ist. Der Gesetzgeber stellt klar, dass bei den in Abs. 1 Nr. 1 und Abs. 2 Nr. 1 genannten Fristen solche Zeiträume **nicht berücksichtigt** werden, in denen der Betroffene auf behördliche oder richterliche Anordnung in einer Anstalt verwahrt worden ist. Es können demnach nur solche Zeiten auf die Fristen angerechnet werden, in denen sich der Antragst. oder Erlaubnisinhaber in Freiheit befunden hat (BT-Drs. 14/7758, 55). **33**

Ohne Belang ist, aus welchem Grund die Haft oder Unterbringung erfolgte. Hier sind die im Rahmen der Zuverlässigkeitsprüfung zu berücksichtigenden Straftaten, aber auch alle anderen Straftaten erfasst (*Apel/Bushart* WaffG § 5 Rn. 48).

VI. Aussetzung der Entscheidung (Abs. 4)

Der Gesetzgeber greift hier Fälle **laufender Strafverfahren** gegen den Antragst. auf. In diesen mangelt es zwar an einer nach § 5 Abs. 1 Nr. 1, Abs. 2 Nr. 1 erforderlichen rechtskräftigen Verurteilung, gleichwohl kann es durchaus sein, dass die Erlaubnisbehörde Kenntnis vom Verfahren und einer evtl. Verurteilung des Antragst. hat. Hier liefe es der gesetzgeberischen Intention der Zuverlässigkeitsprüfung zuwider, bei der Entsch. ausschl. auf die Sachlage zum Zeitpunkt der Antragstellung abzuheben. ISe. effektiven waffenrechtl. Prävention steht es der zust. Beh. daher frei, die **Entsch.** über den Antrag auf Erteilung einer Waffenerlaubnis bis zum Abschluss des Strafverfahrens **auszusetzen,** weil erst dann mit Sicherheit feststeht, dass eine erteilte Waffenerlaubnis nicht kurze Zeit später auf Grund einer einschlägigen strafrechtl. Verurteilung widerrufen werden muss. **34**

Als **Aussetzungsgrund** kommen nur Strafverfahren wegen solcher Straftaten in Betracht, welche eine Unzuverlässigkeit nach § 5 Abs. 1 Nr. 1, Abs. 2 Nr. 1 begründen können. Mangelt es hieran, so besteht kein innerer Zusammenhang zwischen dem anhängigen Strafverfahren und der Beurteilung der persönlichen Zuverlässigkeit. Eine Aussetzung des behördlichen Erlaubnisverfahrens scheidet dann aus (*Apel/Bushart* WaffG § 5 Rn. 51).

Liegt ein entspr. Strafverfahren vor, so **kann** die Behörde das Erlaubnisverfahren aussetzen, ihr kommt insoweit eine **Ermessensentscheidung** zu. Im Regelfall wird die Aussetzung des Erlaubnisverfahrens im Kontext des präventiven Charakters der Vorschrift jedoch angezeigt sein (*Gade* WaffR S. 119). Eine Abweichung hiervon ist möglich, wenn besondere Gründe des Einzelfalls diese rechtfertigen (etwa, wenn absehbar ist, dass es zu keiner Anklage oder aber zumindest zu keiner Verurteilung kommen wird).

VII. Behördliche Erkundigungspflichten (Abs. 5)

35 In Abs. 5 hat der Gesetzgeber verbindliche Erkundigungspflichten der Erlaubnisbehörde festgeschrieben. Diese sind im Rahmen eines Erlaubnisverfahrens behördlicherseits stets einzuholen, so dass einheitliche Mindeststandards in dieser Hinsicht gewährleistet sind. In Abs. 5 sind nur die **pflichtmäßig** von der Behörde **einzuholenden Auskünfte** aufgeführt. Darüber hinausgehende Erkundigungen, etwa bei benachbarten Behörden, **können** eingeholt werden.

1. Unbeschränkte Auskunft aus dem Bundeszentralregister (Abs. 5 S. 1 Nr. 1)

36 Die zust. Beh. hat nach Nr. 1 die unbeschränkte Auskunft aus dem BZR bzgl. der Person des Antragst. einzuholen (vgl. BT-Drs. 14/7758, 55). Diese Auskunft erlaubt Rückschlüsse auf die Zuverlässigkeit des Antragst., da im BZR ua Verurteilungen durch Strafgerichte einschl. Verurteilungen durch ausländische Strafgerichte gem. §§ 64a, 64b BZRG dokumentiert werden. Daneben sind für die Behörde ins BZR eingetragene Berufsverbote von besonderem Interesse.

36a Die Frage, in welchem Umfang in der Vergangenheit begangene Straftaten zur Beurteilung der Zuverlässigkeit mit herangezogen werden können, bemisst sich **im Widerrufsverfahren** grds. nach **§ 51 Abs. 1 BZRG,** wonach solche Verurteilungen dem Betroffenen im Rechtsverkehr nicht mehr vorgehalten und zu seinem Nachteil verwertet werden dürfen, die aus dem BZR getilgt worden sind oder aber zu tilgen sind. Nach § 46 Abs. 1 Nr. 1a BZRG beträgt die Tilgungsfrist bei Verurteilungen zu Geldstrafen von nicht mehr als 90 Tagessätzen grds. fünf Jahre (zu den Tilgungsfristen vgl. *Hase* BZRG § 46 Rn. 2 ff.). Allerdings können sich auch sehr viel länger zurückliegende (erhebliche) Verurteilungen auf die Beurteilung der Zuverlässigkeit auswirken, soweit deren Tilgung wegen der Begehung anderer Straftaten gem. § 47 Abs. 3 BZRG gehemmt ist und sie daher nach dem BZRG weiterhin verwertbar sind (OVG Lüneburg GewArch 2013, 125 f.)

Im Erlaubnisverfahren dürfen abweichend von § 51 Abs. 1 BZRG **auch frühere (gelöschte oder zu löschende) Taten** berücksichtigt werden, vgl. § 52 Abs. 1 Nr. 4 BZRG.

Dass die Ausnahme des § 52 Abs. 1 Nr. 4 BZRG nur im Erlaubnisverfahren, nicht aber im Widerrufsverfahren greift (vgl. BVerwG 1996, Urt. v. 26.3.1996 – 1 C 12/95 – juris; folgend OVG HB Beschl. v. 10.5.2016 – 1 B 22/16 – juris), stellt einen Wertungswiderspruch dar.

36b Auf die Fristen, die für die Aufnahme von Verurteilungen in das **Führungszeugnis** maßgeblich sind, kommt es bei der Zuverlässigkeitsprüfung nicht an.

§ 5 Abs. 5 S. 1 Nr. 1 ordnet an, dass von der zust. Beh. die **unbeschränkte Auskunft aus dem BZR** einzuholen ist. Strafgerichtliche Verurteilungen werden nur für einen verkürzten Zeitraum oder gar nicht in ein Führungszeugnis eingetragen, allerdings bis zur Tilgung aus dem Register in die unbeschränkte Auskunft (*Hase* BZRG § 41 Rn. 1). Dass eine Verurteilung nicht (mehr) im Führungszeugnis eingetragen ist, bewirkt daher nicht, dass diese bei der Beurteilung der Zuverlässigkeit nicht mehr herangezogen werden kann (OVG Lüneburg, Beschl. v. 1.2.2017 – 11 LA 297/16 – juris).

2. Auskunft aus dem zentralen staatsanwaltschaftlichen Verfahrensregister (Abs. 5 S. 1 Nr. 2)

Die nach Nr. 2 einzuholende Auskunft aus dem zentralen staatsanwaltlichen Verfahrensregister bezieht sich auf die in § 5 Abs. 2 Nr. 1 genannten Straftaten (BT-Drs. 14/8886, 110). Sie enthält weitere Informationen, welche im BZR nicht enthalten sind (etwa Verfahrenseinstellungen nach §§ 153 ff. StPO), aber für die Einschätzung der Zuverlässigkeit des Antragst. von Bedeutung sind. Die nach Nr. 2 erhobenen personenbezogenen Daten dürfen ausschl. im Zuge der behördlichen Zuverlässigkeitsprüfung verwendet werden. 37

3. Stellungnahme der örtlichen Polizeidienststelle (Abs. 5 S. 1 Nr. 3)

Um die in der Person des Antragst. liegenden Umstände möglichst umfassend bei der Zuverlässigkeitsprüfung berücksichtigen zu können, ist nach Nr. 3 zusätzlich die **Stellungnahme der örtlichen Polizeidienststelle** einzuholen. Dies ist die Polizeidienststelle des alleinigen Wohnsitzes, des Hauptwohnsitzes oder des gewöhnlichen Aufenthalts (*Steindorf/N. Heinrich* WaffG § 5 Rn. 28). Die Stellungnahme der örtlichen Polizeidienststelle umfasst prinzipiell alle für die Zuverlässigkeitsprüfung potenziell bedeutsamen Umstände. Insbes. sind Informationen über polizeiliche Präventivgewahrsamnahmen anzugeben. Aber auch sonstige Erkenntnisse, welche für die Zuverlässigkeitsprüfung relevant sein können, sind mitzuteilen. 38

§ 6 Persönliche Eignung

(1) [1]**Die erforderliche persönliche Eignung besitzen Personen nicht, wenn Tatsachen die Annahme rechtfertigen, dass sie**
1. **geschäftsunfähig sind,**
2. **abhängig von Alkohol oder anderen berauschenden Mitteln, psychisch krank oder debil sind oder**
3. **auf Grund in der Person liegender Umstände mit Waffen oder Munition nicht vorsichtig oder sachgemäß umgehen oder diese Gegenstände nicht sorgfältig verwahren können oder dass die konkrete Gefahr einer Fremd- oder Selbstgefährdung besteht.**

[2]**Die erforderliche persönliche Eignung besitzen in der Regel Personen nicht, wenn Tatsachen die Annahme rechtfertigen, dass sie in ihrer Geschäftsfähigkeit beschränkt sind.** [3]**Die zuständige Behörde soll die Stellungnahme der örtlichen Polizeidienststelle einholen.** [4]**Der persönlichen Eignung können auch im Erziehungsregister eingetragene Entscheidungen oder Anordnungen nach § 60 Abs. 1 Nr. 1 bis 7 des Bundeszentralregistergesetzes entgegenstehen.**

(2) **Sind Tatsachen bekannt, die Bedenken gegen die persönliche Eignung nach Absatz 1 begründen, oder bestehen begründete Zweifel an vom Antragsteller beigebrachten Bescheinigungen, so hat die zuständige Behörde dem Betroffenen auf seine Kosten die Vorlage eines amts- oder fachärztlichen oder fachpsychologischen Zeugnisses über die geistige oder körperliche Eignung aufzugeben.**

(3) [1]**Personen, die noch nicht das 25. Lebensjahr vollendet haben, haben für die erstmalige Erteilung einer Erlaubnis zum Erwerb und Besitz einer Schusswaffe auf eigene Kosten ein amts- oder fachärztliches oder fachpsychologisches Zeugnis über die geistige Eignung vorzulegen.** [2]**Satz 1 gilt nicht für den Erwerb und Besitz von Schusswaffen im Sinne von § 14 Abs. 1 Satz 2.**

(4) **Das Bundesministerium des Innern wird ermächtigt, durch Rechtsverordnung mit Zustimmung des Bundesrates Vorschriften über das Verfahren zur Erstellung, über die Vorlage und die Anerkennung der in den Absätzen 2 und 3 genannten Gutachten bei den zuständigen Behörden zu erlassen.**

Übersicht

I. Allgemeines

1 Durch das Erfordernis der persönlichen Eignung stellt der Gesetzgeber sicher, dass nur solche Personen Umgang mit erlaubnispflichtigen Waffen und Munition üben dürfen, die auch **physisch wie psychisch dazu in der Lage** sind, ordnungsgemäß mit der Waffe umzugehen und diese bestimmungsgemäß zu verwenden (*Apel/Bushart* WaffG § 4 Rn. 5). Im Ggs. zum Begriff der Zuverlässigkeit knüpft die persönliche Eignung nicht an das verantwortbare und vorwerfbare Verhalten einer Person an.

Demnach werden waffenrechtl. auch solche Mängel in der Person des Antragst. erfasst, welche dieser nicht beeinflussen kann, die aber zu Gefahren im Umgang mit erlaubnispflichtigen Waffen oder Munition führen können. Typischerweise handelt es sich um **psychische oder physische Erkrankungen,** welche zur Nichteignung des Antragst. und damit zu einer Versagung der waffenrechtl. Erlaubnis führen. Ebenso kommen aber bspw. altersbedingte Entwicklungsdefizite als Grund für die persönliche Nichteignung in Betracht. Ob die Vorauss. der persönlichen Eignung vorliegen, ist **durch die zust. Beh. festzustellen.** Entsprechend hat diese (und nicht der Antragst.) die entscheidungserheblichen Informationen zu beschaffen. **Zweifel am Vorliegen der Vorauss. wirken sich** jedoch **zum Nachteil des Antragst. aus** (*Heller/Soschinka* WaffR Rn. 785). Bestehen Zweifel an der Zuverlässigkeit bzw persönlichen Eignung des Antragst., so sieht der Gesetzgeber iSd Wahrung der öffentl. Sicherheit und Ordnung je nach Konstellation verschiedene „Schutzmechanismen" vor. In Betracht kommt zunächst die **Aussetzung der Entscheidung** über die waffenrechtl. Erlaubnis bis zur Klärung des Sachverhaltes (vgl. § 5 Abs. 4). Daneben ist die **Einholung weiterer Erkundigungen,** ggf. auf Kosten des Antragst., denkbar (vgl. § 6 Abs. 2).

Ebenso wie bei der Zuverlässigkeit hat der Gesetzgeber darauf verzichtet, den Begriff der persönlichen Eignung positiv zu definieren. Vielmehr werden in Abs. 1 der Norm die Vorauss. aufgezählt, unter denen ein Antragst. als ungeeignet einzustufen ist. Demgemäß ist ein Antragst. stets dann als persönlich **geeignet** einzustufen, wenn er nicht persönlich ungeeignet iSd § 6 ist. Das WaffG unterscheidet zwischen der obligatorischen (zwingenden) Nichteignung (§ 6 Abs. 1 S. Nr. 1–3) und der fakultativen (regelmäßigen) Nichteignung (§ 6 Abs. 1 S. 2). Die Fallgruppe der **obligatorischen Nichteignung** betr. Fälle **besonders gravierender Mängel** in der Person des Antragst., die stets zur Versagung der waffenrechtl. Erlaubnis führen. Die zust. Beh. hat hier **ohne Ermessen** die persönliche Nichteignung des Antragst. festzustellen. Liegen hingegen die Vorauss. einer Nichteignung nach Abs. 1 S. 2 oder S. 4 vor, so hat die Behörde eine **Ermessensentscheidung** über die persönliche Eignung zu treffen. Es handelt sich hierbei um Fälle der **regelm. Nichteignung.** Das Vorliegen einer der Vorauss. nach Abs. 1 S. 2 indiziert zwar die persönliche Nichteignung des Antragst., dennoch kann die Erlaubnisbehörde auch in diesem Fall (bei Vorliegen entspr. Sachgründe) dessen persönliche Eignung bejahen. In Abs. 1 S. 3 hat der Gesetzgeber **Erkundigungspflichten der zust. Beh.** festgeschrieben, welche vor einer Entsch. über die Eignung des Antragst. berücksichtigt werden sollen. Abs. 2 sieht für Zweifelsfälle ein **amts- oder fachärztliches oder fachpsychologisches Zeugnis** über die geistige und körperliche Eignung des Antragst. vor, welches dieser auf eigene Kosten beizubringen hat. Unabhängig von konkreten Zweifeln an der persönlichen Eignung haben Personen, die **noch nicht das 25. Lebensj. vollendet** haben, beim Ersterwerb von erlaubnispflichtigen Schussw. oder Munition stets ein amts- oder fachärztliches oder fachpsychologisches Zeugnis über die geistige oder körperliche Eignung auf eigene Kosten vorzulegen, soweit es sich nicht um Schussw. nach § 14 Abs. 1 S. 2 (mindergefährliche Sportwaffen für den Schießsport) handelt (vgl. Abs. 3). Abs. 4 enthält schließlich die Ermächtigung des BMI, eine zustimmungsbedürftige RVO für die Form- und Verfahrensvorschriften bzgl. der Erbringung der nach Abs. 2 und Abs. 3 vorgeschriebenen Gutachten zu erlassen. Dies ist geschehen durch § 4 AWaffV.

II. Zwingende Nichteignung (Abs. 1 S. 1)

Eingangs nennt der Gesetzgeber die Eigenschaften, aus welchen zwingend die 2 waffenrechtl. Nichteignung des Antragst. resultiert. Es reicht aus, dass Tatsachen die Annahme einer solchen Eigenschaft rechtfertigen (→ § 5 Rn. 18 ff.).

1. Geschäftsunfähigkeit (Abs. 1 S. 1 Nr. 1)

Die Geschäftsunfähigkeit des Antragst. zieht stets (zwingend) dessen Nichteignung 3 nach sich (Abs. 1 S. 1 Nr. 1). Hier wird auf die **Geschäftsunfähigkeit nach § 104 BGB** Bezug genommen (BT-Drs. 14/8886, 162), wonach geschäftsunfähig ist, wer nicht das siebente Lebensj. vollendet hat (§ 104 Nr. 1 BGB) oder wer sich in einem die freie Willensbestimmung ausschließenden Zustand krankhafter Geistestätigkeit befindet, sofern nicht der Zustand seiner Natur nach ein vorübergehender ist (§ 104 Nr. 2 BGB).

Die **altersbedingte** Geschäftsunfähigkeit entfaltet im Rahmen der Prüfung der persönlichen Eignung **keinerlei Wirkung.** Wer altersbedingt geschäftsunfähig ist, darf bereits nach § 2 Abs. 1 keinen Umgang mit Waffen ausüben, auch wenn diese erlaubnisfrei sind. Für diesen Personenkreis scheidet daher **erst recht** die Erteilung einer waffenrechtl. Erlaubnis für den Umgang mit erlaubnispflichtigen Waffen und Munition aus. Vor dem Hintergrund der in § 2 Abs. 1 getroffenen gesetzgeberischen Grundentscheidung zum Umgang mit Waffen kann die altersbedingte Geschäftsunfähigkeit im Rahmen der Prüfung der persönlichen Eignung als Grund einer zwingenden Nichteignung unberücksichtigt bleiben (nach *Apel/Bushart* WaffG § 6 Rn. 2

wird die Geschäftsunfähigkeit nach § 104 Nr. 1 BGB durch die Altersvorschriften der §§ 2, 3, 27 verdrängt). Als Grund für die zwingende Nichteignung des Antragst. kommt demnach einzig die Geschäftsunfähigkeit nach **§ 104 Nr. 2 BGB** in Betracht. Diese Form der Geschäftsunfähigkeit liegt bei Personen vor, die sich **in einem die freie Willensbestimmung ausschließenden Zustand** krankhafter Geistestätigkeit befinden, sofern der Zustand seiner Natur nach nicht lediglich vorübergehend ist. Hierbei ist ein strenger Maßstab anzulegen. Eine solche Geschäftsunfähigkeit kommt etwa auch bei chronischer Debilität nur bei einem IQ unter 60 in Betracht (weitere Bsp. bei *Palandt* BGB § 104 Rn. 5)

2. Alkoholismus, Drogenabhängigkeit, psychische Krankheit, Debilität (Abs. 1 S. 1 Nr. 2)

4 Zunächst führt der Gesetzgeber Suchterkrankungen als Grund für die Nichteignung des Antragst. an. Hierzu zählt besonders die **Trunksucht.** Diese erfasst den Hang zu übermäßigem Genuss alkoholischer Getränke, dem der Betroffene aus eigener Kraft nicht zu widerstehen vermag (vgl. BVerwGE 97, 245). Auch bei mehrfachen Verurteilungen des Antragst. wegen Delikten im Zusammenhang mit Alkoholkonsum ist dessen Trunksucht noch nicht ohne Weiteres nachgewiesen (vgl. *Steindorf/N. Heinrich* WaffG § 6 Rn. 5). Hier ist stets auch die Höhe der BAK in die Würdigung des Einzelfalls mit einzubeziehen. So kann schon eine einmalige BAK von 1,99 ‰ begründete Bedenken an der persönlichen Eignung wegen Alkoholabhängigkeit begründen (vgl. VGH München, Beschl. v. 29.4.2016 – 21 CS 16.171 – juris). Es ist auch nicht ausgeschlossen, dass die Behörde im Einzelfall im Widerrufsverfahren bereits allein aus der BAK auf die Annahme der persönlichen Nichteignung wegen Alkoholabhängigkeit schließt (etwa bei BAK über 2,0 ‰ ohne gravierende Ausfallerscheinungen, → Rn. 13 ff. – Diese Schlussfolgerung ohne weitere medizinische/psychologische Ermittlungen anzweifelnd OVG HB, Beschl. v. 10.5.2016 – 1 B 22/16 – juris).

5 Auch die **Rauschgiftsucht** fällt hierunter. Diese erfasst den unüberwindlichen Hang des Betroffenen zum Genuss von Rauschgiften. Als Rauschgifte iSd Vorschrift zählen alle Substanzen, welche Betäubungsmittel iSd BtMG sind (*Steindorf/N. Heinrich* WaffG § 6 Rn. 5).

5a Zu den berauschenden Mitteln iSd Abs. 1 Nr. 2 können auch andere psychoaktive Substanzen zählen, deren Erwerb, Verkauf, Einfuhr etc. nicht durch Aufnahme in eine der Anlagen des Betäubungsmittelgesetzes (BtMG) verboten ist. Häufig handelt es sich um synthetische Variationen von Cannabinoiden oder anderen bekannten Betäubungsmitteln mit ähnlicher chemischer Struktur und/oder ähnlicher Wirkung. Diese werden gelegentlich auch „Designerdrogen", „Research Chemicals" oder irreführend „Legal-Highs" genannt und insoweit als „Kräutermischungen", „Badesalze", „Dünger" oder „Raumlufterfrischer" in den Verkehr gebracht (vgl. BT-Drs. 18/2550).

6 Darüber hinaus führt der Gesetzgeber die **psychische Krankheit** des Antragst. als Grund für dessen Nichteignung an. Hierunter sind die Fälle zu fassen, in denen die Störung der Geistestätigkeit derart massiv ist, dass die Fähigkeit vernünftiger Willensbildung ausgeschlossen ist (*Palandt* BGB § 104 Rn. 3 ff.).

7 Schließlich resultiert aus der **Debilität** des Antragst. dessen Nichteignung. Dieser nach der aktuellen medizinischen Terminologie veraltete Begriff wird gemeinhin als „leichte Intelligenzminderung" bezeichnet. Diese Intelligenzminderung bezeichnet eine unterdurchschnittliche Intelligenz, welche vor Vollendung des 18. Lebensj. erkannt wird. Je nach Schwere werden die leichte, mittelgradige, schwere und schwerste Intelligenzminderung unterschieden. Während die meisten leicht Behinderten keine organischen Schäden haben, liegen den schwereren Formen von Intelligenzminderungen häufig physiologische Anomalien zugrunde, welche nicht selten

auch körperliche Behinderungen zur Folge haben (vgl. *Huber* Psychiatrie S. 555 f.). Die „leichte Intelligenzminderung" liegt vor, wenn eine Person bei einem niedrigen Intelligenzquotienten (50 bis 70 IQ) eine gewisse soziale Anpassung aufweist, was regelm. der Fall ist, wenn sie die Fähigkeit zur Ausübung ungelernter Tätigkeiten besitzt. In den meisten Fällen ist eine Sonderschulausbildung notwendig, eine Berufsausbildung bleibt meist erfolglos.

3. Sonstige in der Person des Antragstellers liegende Gründe (Abs. 1 S. 1 Nr. 3)

Nach Abs. 1 S. 1 Nr. 3 sollen schließlich alle in der Person des Antragst. liegenden **8** Gründe zur Nichteignung führen, welche einen unsachgemäßen Umgang mit der Waffe bzw der Munition befürchten lassen. Da das verantwortbare und vorwerfbare Verhalten des Antragst. bereits im Rahmen der Zuverlässigkeit berücksichtigt ist, sind hier typischerweise **nicht verantwortbare Mängel** wie bspw. **körperliche Behinderungen** (BT-Drs. 14/7758, 56) oder sonstige körperliche Gebrechen erfasst, die einen unsachgemäßen Umgang mit der Waffe bzw der Munition befürchten lassen. Zumindest muss die Beweglichkeit beider Arme und der betreffenden Muskulatur sowie beider Schultergelenke gewährleistet sein und eine gewisse Kraft in beiden Armen vorhanden sein. Andernfalls ist ein unsachgemäßer Umgang zu befürchten.

Ob eine Behinderung bzw körperliche Gebrechen die Nichteignung für den Umgang mit einer Waffe begründen, bemisst sich stets nach den Umständen des Einzelfalls. Behinderungen und körperliche Gebrechen stehen der persönlichen Eignung nur dann nicht entgegen, wenn hinreichend fest steht, dass die Waffe **ohne Inanspruchnahme Dritter** sicher gehandhabt werden kann.

Weiter sind hier **sonstige Gesundheitsstörungen** wie etwa psychische Defekte **8a** zu berücksichtigen, soweit sie eine Selbstgefährdung oder aber die Gefährdung Dritter befürchten lassen. Aber auch sonstige charakterliche Merkmale kommen in Betracht (*Heller/Soschinka* WaffR Rn. 785). Sobald diese einen unsachgemäßen Umgang mit Waffen bzw Munition befürchten lassen, haben sie zwingend die Nichteignung des Antragst. zur Folge (bejahend hinsichtlich schwerer Persönlichkeitsstörung vom Borderline-Typus mit schizoiden und paranoiden Zügen: VGH München, Beschl. v. 3.4.2017 – 21 CE 16.2568, 21 C 16.2569 – juris).

Auch die Unkenntnis der deutschen Sprache in Wort und Schrift kann einen **8b** Mangel an persönlicher Eignung begründen, soweit dies im Einzelfall nicht durch Hilfspersonen (etwa Betriebsleiter in einer Büchsenmacherei) kompensiert werden kann. Dies gilt vornehmlich bei Erlaubnissen zum dauerhaften Umgang mit Waffen in Deutschland. In Fällen des vorübergehenden Aufenthalts in Deutschland dürften sprachliche Defizite regelm. nicht der persönlichen Eignung entgegenstehen. Hierher zählen etwa Teilnahmen ausländischer Schützen an jagdlichen oder schießsportlichen Veranstaltungen, ebenso wie die Teilnahme an Brauchtums- oder Sammlerveranstaltungen (vgl. WaffVwV Nr. 6.7).

III. Regelmäßige Nichteignung (Abs. 1 S. 2 und 4)

Von den Fällen der zwingenden Nichteignung sind die der **regelm. Nichteignung** zu unterscheiden. Liegen die tatbestandlichen Vorauss. nach Abs. 1 S. 2 oder 4 **9** vor, so **indiziert** dies die Nichteignung des Antragst. iSe. widerlegbaren Vermutung.

Liegen entspr. Sachgründe vor, so kann die Eignung des Antragst. von der Erlaubnisbehörde positiv festgestellt werden, obwohl die Vorauss. der regelm. Nichteignung nach Abs. 1 S. 2 oder 4 vorliegen. Dies beschränkt sich jedoch auf **wenige Ausnahmen.** In jedem Fall ist hierfür eine sorgfältige Prüfung im Einzelfall erforderlich, um feststellen zu können, ob im konkreten Sachverhalt triftige Gründe vorliegen, die eine Ausnahme von der regelm. Nichteignung rechtfertigen.

1. Beschränkte Geschäftsfähigkeit (Abs. 1 S. 2)

10 Zunächst sieht der Gesetzgeber in Abs. 1 S. 2 vor, dass die **beschränkte Geschäftsfähigkeit** eine **Regelvermutung** für das Fehlen der persönlichen Eignung auslöst. Die altersbedingte Geschäftsunfähigkeit vermag ebenso wie die altersbedingte eingeschränkte Geschäftsfähigkeit im Rahmen der Eignungsprüfung **keinerlei Wirkung** zu entfalten, weil minderjährigen Personen durch § 2 Abs. 1 der Umgang mit jeglichen Waffen schlechthin untersagt ist. Wenn Minderjährige ohnehin grds. keinen Umgang mit (selbst erlaubnisfreien) Waffen üben dürfen, ist es **entbehrlich,** die aus der Minderjährigkeit resultierende Geschäftsunfähigkeit bzw beschränkte Geschäftsfähigkeit als Auslöser für die zwingende oder regelm. Nichteignung des Antragst. zu normieren.

2. Eintragungen im Erziehungsregister (Abs. 1 S. 4)

11 Der Gesetzgeber sieht weiter vor, dass auch Eintragungen im Erziehungsregister im Regelfall die persönliche Eignung des Antragst. ausschließen. In Reaktion auf den Amoklauf am Erfurter Gutenberggymnasium ist § 61 BZRG durch Art. 18 des WaffRNeuRegG (→ Einf. Rn. 20) dahingehend ergänzt worden, dass **Auskünfte aus dem Erziehungsregister** nun auch den waffenrechtl. zuständigen Verwaltungsbehörden erteilt werden, soweit dies für die waffenrechtl. Erlaubnisprüfung erforderlich ist (vgl. BT-Drs. 14/9432, 4). Das sog Erziehungsregister wird im BZR geführt (§§ 59–64 BZRG) und enthält Entsch. der Jugendgerichte. Hierbei handelt es sich vornehmlich um die von Jugendgerichten angeordneten erzieherischen Maßnahmen (Weisungen, Erziehungskurse, Arbeitsweisung, Erziehungsbeistand, Fürsorgeerziehung usw) sowie die angeordneten Zuchtmittel (Verwarnung, Auflagen, Jugendarrest). Diese gelten nicht als Vorstrafen und werden auch nicht im BZR erfasst. Erst bei einer festgestellten schädlichen Neigung des Jugendlichen sollen Jugendstrafen verhängt werden, welche dann als Vorstrafen gelten. Die Anordnung erzieherischer Maßnahmen ist zu verstehen vor dem Hintergrund des im Jugendstrafrecht geltenden Grundsatzes des Erziehungsgedankens. Der Richter ahndet die Straftat eines Jugendlichen mit Zuchtmitteln, wenn eine Jugendstrafe zwar (noch) nicht geboten erscheint, dem Jugendlichen aber unbedingt das von ihm begangene Unrecht vergegenwärtigt werden und zum Bewusstsein gebracht werden muss, dass er für das von ihm begangene Unrecht einzustehen hat (vgl. Wortlaut der §§ 13 ff. JGG). Neben den durch Gerichte angeordneten erzieherischen Maßnahmen werden im Erziehungsregister aber auch Taten von Jugendlichen gespeichert, bei denen von der Verfolgung abgesehen und das Verfahren eingestellt wurde.

Durch die ausdr. Nennung der Einträge ins Erziehungsregister im Rahmen des § 6 hat der Gesetzgeber klargestellt, dass diese im Rahmen der persönlichen Eignung und nicht im Zuge der erforderlichen Zuverlässigkeit zu prüfen sind (*Apel/Bushart* WaffG § 6 Rn. 6). Dies erscheint insofern **systemwidrig,** als Einträge ins Erziehungsregister aus dem **verantwortbaren und vorwerfbaren** Verhalten einer Person resultieren. In diesem Punkt hat der Gesetzgeber die **Trennung von Zuverlässigkeit und persönlicher Eignung nur teilw. umgesetzt.** Konsequenterweise hätte der Gesetzgeber Eintragungen im Erziehungsregister im Rahmen der erforderlichen Zuverlässigkeit des Antragst. und dementspr. im Zuge des § 5 regeln müssen. Da es sich bei den Eintragungen ins Erziehungsregister der Sache nach um entscheidungserhebliche Kriterien bzgl. der Zuverlässigkeitsprüfung handelt, gelten für sie folglich dieselben Maßstäbe wie im Rahmen der Regelung des § 5 Abs. 1 Nr. 2 (so auch *Apel/Bushart* WaffG § 6 Rn. 6). Eintragungen ins Erziehungsregister als Grund für die regelm. Nichteignung sind vor diesem Hintergrund **im Zusammenhang mit der in § 5 Abs. 1 Nr. 2 enthaltenen Generalklausel zur Zuverlässigkeit zu betrachten.** Von daher ist nicht jede Eintragung geeignet, die regelm. Nichteignung des Antragst. auszulösen. Vielmehr ist erforderlich, dass die Eintragungen im Erziehungsregister **hinreichende tatsächliche Anhaltspunkte** dafür bieten, der Antragst. werde in der Zukunft regelwidrige Verhaltensweisen im Zusammenhang mit Waffen an den Tag legen. Ebenso wie für die Annahme der Unzuverlässigkeit reicht hier demnach bereits das Vorliegen von Tatsachen aus, welche die Annahme eines unsachgemäßen Umgangs mit der Waffe/Munition durch den Antragst. rechtfertigen (im Einzelnen → § 5 Rn. 6 ff.).

IV. Behördliche Erkundigungspflichten (Abs. 1 S. 3)

Wie im Rahmen der Zuverlässigkeitsprüfung hat die zust. Beh. auch im Zuge der Eignungsprüfung eine **Stellungnahme der örtlichen Polizeidienststelle** einzuholen. Während der Gesetzgeber diese Erkundigung im Rahmen des § 5 Abs. 5 S. 1 Nr. 3 als strikte Behördenpflicht ausgeformt hat („Die zuständige Behörde **hat** […] einzuholen […]"), ist im § 6 Abs. 1 S. 3 lediglich eine entsprechende **Sollvorschrift** enthalten. Es ist demnach nicht zwingende Vorauss. für die behördliche Entsch. über die persönliche Eignung des Antragst., dass zuvor die Stellungnahme der örtlichen Polizeidienststelle eingeholt worden ist. Da diese nach dem Willen des Gesetzgebers jedoch regelm. vor einer Entsch. eingeholt werden **soll,** ist im Einzelfall dezidiert anhand von nachvollziehbaren Sachgründen darzulegen, warum diese ausgeblieben ist. 12

Die Stellungnahme der örtlichen Polizeidienststelle soll ebenso wie bei der Auskunftsregelung des § 5 der zust. Beh. eine zuverlässige Einschätzung darüber ermöglichen, ob es noch aufklärungsbedürftige Sachverhalte gibt, die für die Beurteilung der persönlichen Eignung von Bedeutung sein könnten. Eine Stellungnahme wird insofern **unabhängig davon** einzuholen sein, ob der Erlaubnisbehörde Anhaltspunkte für Umstände zur Kenntnis gelangt sind, welche Zweifel an der persönlichen Eignung begründen (*Apel/Bushart* WaffG § 6 Rn. 7). Das Stellungnahmeersuchen bzgl. der persönlichen Eignung wird iS effizienter Verwaltung im Regelfall mit dem bzgl. der erforderlichen Zuverlässigkeit (§ 5 Abs. 1 Nr. 3) verbunden werden.

V. Fachgutachten (Abs. 2)

Bestehen **auf Tatsachen begründete Zweifel** an der persönlichen Eignung des Antragst. selbst (zB amtl. festgestellter Alkoholkonsum – einmalig mehr als 1,6 ‰ oder mehrfach auch weniger als 1,6 ‰ im Zusammenhang mit einer Verhaltensauffälligkeit, vgl. WaffVwV Nr. 6.3) oder aber an Bescheinigungen, welche der Antragst. im Rahmen der Eignungsprüfung vorgelegt hat, so ist die Behörde nach Abs. 2 der Vorschrift angehalten, dem Antragst. auf dessen Kosten ein **amts- oder fachärztliches oder fachpsychologisches Zeugnis** aufzutragen. Dieses kann sowohl die körperliche wie auch die psychische Eignung des Antragst. betreffen. **Einzelheiten** zum Gutachten über die persönliche Eignung hat der Gesetzgeber in **§ 4 AWaffV** festgelegt. Zur Verhältnismäßigkeit einer behördlicherseits verlangten medizinisch-psychologischen Untersuchung vor Wiedererteilung eines Jagdscheins nach einer in der Vergangenheit festgestellten BAK von 2,3 ‰ s. auch VGH München, Urt. v. 29.6.2016 – 21 B 16.527 – juris. Auch das im Rahmen eines fahrerlaubnirechtlichen Verfahrens gegen den Waffenbesitzer eingeholte medizinisch-psychologische Gutachten kann geeignet sein, den auf Grund erheblichen Alkoholkonsums bestehenden Verdacht der Alkoholabhängigkeit im waffenrechtl. Verfahren auszuräumen (VGH Kassel, Beschl. v. 22.11.2016 – 4 B 2306/16). 13

13a Die Aufforderung zur Vorlage eines Gutachtens stellt eine behördliche Verfahrenshandlung dar und ist als solche gem. § 44 VwGO nicht isoliert anfechtbar (OVG Münster, Urt. v. 21.2.2014 – 16 A 2367/11).

13b Die Behörde „hat“ das amts- oder fachärztliche oder fachpsychologische Zeugnis aufzutragen, soweit die beschriebenen Zweifel bestehen. Wird ein von der Beh. aufgetragenes Zeugnis selbst verantwortet nicht erbracht, kann diese daraus auf die persönliche Nichteignung schließen (§ 4 Abs. 6 AWaffV).

13c Treten tatsachenbegründete Zweifel an der persönlichen Eignung auf, nachdem eine waffenrechtl. Erlaubnis bereits erteilt worden ist, so muss die zust. Beh. nicht zwingend das Verfahren nach Abs. 2 einhalten und dem Erlaubnisinhaber zunächst die Beibringung eines Zeugnisses iSd Vorschrift auftragen und dessen (die Zweifel bestätigendes) Ergebenis abwarten, bevor sie die Erlaubnis widerruft (so aber OVG HB, Beschl. v. 15.5.2016 – 1 B 22/16 – juris).

Abs. 2 stellt im Erlaubnisverfahren sicher, dass nur demjenigen eine waffenrechtl. Erlaubnis erteilt wird, bei dem tatsachenbegründete **Zweifel** an der persönlichen Eignung bzw an erbrachten Bescheinigungen **eindeutig durch ein enstprechendes Zeugnis ausgeräumt** sind. Kurzum: Keine waffenrechtl. Erlaubnis, solange tatsachenbegründete Zweifel an der persönlichen Eignung nicht ausgeräumt sind. Mit dieser Zweckrichtung wäre die zwingende Einhaltung des Verfahrens nach Abs. 2 auch im Widerspruchsverfahren nur schwerlich vereinbar. Zumindest in Fällen erheblicher tatsachenbegründeter Zweifel an der persönlichen Eignung kann die Behörde vom Verfahren nach Abs. 2 absehen. Dem vom Widerruf Betroffenen steht es selbstredend frei, die von der Behörde getätigte Annahme seiner persönlichen Nichteignung durch Vorlage eines entsprechenden Zeugnisses zu widerlegen. Hierauf hat ihn die Behörde hinzuweisen.

VI. Antragsteller unter 25 Jahren (Abs. 3)

14 Unabhängig von konkret bestehenden Zweifeln an der Eignung hat der Gesetzgeber in Abs. 3 eine **altersbedingte Pflicht** des Antragst. zur Erbringung eines Gutachtens über die geistige Eignung eingeführt. Dieses Erfordernis ist ebenfalls in Reaktion auf den Amoklauf am Erfurter Gutenberggymnasium ins WaffG aufgenommen worden (vgl. BT-Drs. 14/9432, 2). Demnach müssen Antragst., welche **noch nicht das 25. Lebensj. vollendet** haben, **beim Ersterwerb** einer Schusswaffenerlaubnis **auf eigene Kosten** ein **amts- oder fachärztliches oder fachpsychologisches Zeugnis über die geistige Eignung** erbringen. Hierdurch soll nach dem gesetzgeberischen Willen ausgeschlossen werden, dass Personen mit noch nicht ausreichendem geistig-sittlichen Reifegrad eine waffenrechtl. Erlaubnis erteilt wird. Bisweilen wird in der Literatur kritisch darauf hingewiesen, dass eine starre Altersgrenze kein geeignetes Kriterium für eine Aussage über die geistig-sittliche Reife einer Person sei (vgl. *Heller/Soschinka* WaffR Rn. 803). Gleichwohl ist insbes. bei jungen Menschen eine gewisse Wahrscheinlichkeit mangelnder Reife gegeben, weshalb die Pflicht zur Erbringung eines entspr. fachlich fundierten Zeugnisses in der Sache nachvollziehbar erscheint. Eine entspr. Unreife bei **älteren Personen** ist freilich nicht ausgeschlossen, allerdings wird bei diesem Personenkreis die erforderliche geistig-sittliche Reife unwiderleglich durch den Gesetzgeber vermutet.

15 Eine **Ausnahme** von der altersbedingten Pflicht zur Erbringung eines Zeugnisses ist für die Fälle vorgesehen, dass eine Erlaubnis für eine **Schussw. nach § 14 Abs. 1 S. 2** beantragt wird. Bei diesen handelt es sich um typische Sportwaffen, welche **unter obj. Gesichtspunkten weniger gefährlich** sind („harmlosere Schusswaffen zum anerkannten Sportbetrieb“, so *Steindorf/N. Heinrich* WaffG § 14 Rn. 1a). Hierunter fallen zunächst Kleinkaliberschussw. und Munition bis zu einem Kaliber von 5,6 mm lfB (.22 l.r.) mit Randfeuerzündung und einer maxima-

len Mündungsenergie (Eo) von bis zu 200 J oder Einzellader-Langwaffen mit glatten Läufen (Flinten) im Kaliber 12 oder kleiner. Erforderlich ist, dass das sportliche Schießen mit ihnen durch die genehmigte Sportordnung eines Schießsportverbandes zugelassen ist.

Diese Ausnahme erfährt in der Literatur zu Recht **Kritik.** Durch die Beibringung eines entspr. Zeugnisses soll die geistig-sittliche Reife des Antragst. nachgewiesen werden. Es ist nicht ersichtlich, warum es eines solchen Nachweises bzgl. der og Sportwaffen nicht bedarf. Die obj. minder hohe Gefährlichkeit dieser Sportwaffen vermag als Argument kaum zu überzeugen, da es nicht iSd Gesetzgebers sein kann, dass geistig-sittlich unreife Personen Umgang mit solchen Schussw. üben. Diese **waffenbezogene Ausnahme** steht in keinem erkennbaren Sachzusammenhang mit der gesetzgeberischen Intention der Zeugnispflicht junger Menschen, wonach ein Waffenmissbrauch durch geistig-sittlich unreife Personen verhindert werden soll. Insoweit stellt diese Ausnahme einen **Wertungswiderspruch** dar (so auch *Apel/Bushart* WaffG § 6 Rn. 12, welche hervorheben, dass die Ausnahme auf Druck der Schießsportverbände ins WaffG aufgenommen worden ist; abl. auch *Gade* WaffR S. 122 f.).

Weiterhin sind **Jäger** (→ § 13 Rn. 4 f.) von der altersbedingten Pflicht zur Erbringung eines Zeugnisses gem. § 13 Abs. 2 **ausgenommen** (→ § 13 Rn. 21). **15a**

Diese Ausnahme greift auch, wenn der Jäger in anderer Eigenschaft (etwa als Sportschütze) eine dem Grunde nach dem § 6 Abs. 3 unterfallende Schusswaffe erwerben möchte, da die persönliche Eignung für eine Person stets nur einheitlich bewertet werden kann (vgl. WaffVwV Nr. 6.4 – hier wird zudem eine Übersicht zu gutachtenpflichtigen Konstellationen gegeben.).

VII. Verfahren bei Fachgutachten (Abs. 4)

In Abs. 4 hat der Gesetzgeber schließlich das BMI ermächtigt, mit einer zustimmungsbedürftigen RVO die Einzelheiten zu den in den Abs. 2 und 3 vorgesehenen Zeugnispflichten festzulegen. Zwar spricht der Gesetzgeber von Gutachten, aus der Bezugnahme der Abs. 2 und 3 folgt aber, dass die dort genannten **Zeugnispflichten** gemeint sind (krit. dazu und zur terminologischen Differenzierung zwischen „Gutachten" und „Zeugnis" *Heller/Soschinka* WaffR Rn. 788 f.). Entsprechende Regelungen sind in § 4 AWaffV getroffen (vgl. dazu *Apel/Bushart* AWaffV § 4; *Steindorf/N. Heinrich* AWaffV § 4 Rn. 1 ff.; ergänzende Hinweise auch in WaffVwV Nr. 6.4 ff.). **16**

Nach § 4 Abs. 7 AWaffV können **Dienstwaffenträger** an Stelle des in Abs. 3 genannten Zeugnisses eine Bescheinigung ihrer Dienstbehörde vorlegen, dass eine Begutachtung ihrer geistigen Eignung durch einen sachkundigen Gutachter bereits stattgefunden hat und dass sie uneingeschränkt zum Umgang mit Dienstwaffen berechtigt sind. Der sog „Amtsbonus" ist auf Soldaten nicht anzuwenden (WaffVwV Nr. 6.8). **16a**

§ 7 Sachkunde

(1) **Den Nachweis der Sachkunde hat erbracht, wer eine Prüfung vor der dafür bestimmten Stelle bestanden hat oder seine Sachkunde durch eine Tätigkeit oder Ausbildung nachweist.**

(2) **Das Bundesministerium des Innern wird ermächtigt, durch Rechtsverordnung mit Zustimmung des Bundesrates Vorschriften über die Anforderungen an die waffentechnischen und waffenrechtlichen Kenntnisse, über die Prüfung und das Prüfungsverfahren einschließlich der Errichtung von Prüfungsausschüssen sowie über den anderweitigen Nachweis der Sachkunde zu erlassen.**

I. Allgemeines

1 Die Grundnorm zur Sachkunde bildet § 4 Abs. 1 Nr. 3, welcher die erforderliche Sachkunde als eine der Vorauss. für den Erwerb einer waffenrechtl. Erlaubnis festlegt. Mit dem Sachkundenachweis wird der Zweck **konkreter Gefahrenvorbeugung** verfolgt (BVerwG NVwZ-RR 2003, 432). Das Erfordernis der Sachkunde soll einen verantwortungsbewussten Umgang mit der Waffe sicherstellen und Gefahren für die Allgemeinheit oder aber für die Umgang übende Person selbst verhindern. Die erforderliche Sachkunde wird in § 7 Abs. 1 aufgegriffen und insoweit konkretisiert, als dass festgelegt wird, auf welche Weise sie in formeller Hinsicht nachgewiesen werden kann. Inhaltlich konkretisierende Ausführungen zur Sachkunde sind in der Vorschrift selbst nicht enthalten. Abs. 2 der Norm ermächtigt zu diesem Zweck das BMI zum Erlass einer RVO, welche der Zustimmung des Bundesrates bedarf. Entspr. Regelungen sind in den §§ 1–3 AWaffV erlassen worden.

II. Sachkundenachweis (Abs. 1)

2 In Abs. 1 ist zunächst festgelegt, auf welche Weise der erforderliche Sachkundenachweis unter **formellen** Gesichtspunkten erbracht werden kann. Demnach kann die Sachkunde im Rahmen einer Prüfung bei der dafür nach Landesrecht bestimmten Stelle oder aber durch eine entspr. Tätigkeit oder Ausbildung nachgewiesen werden.

1. „Differenzierte Sachkunde“

3 Prinzipiell gilt für die erforderliche Sachkunde, dass diese nicht einheitlich umfassenden Erfordernissen zu genügen hat. Sie ist also **nicht allgemeiner Natur,** sondern muss vielmehr dem **speziellen** Zweck der konkret beantragten waffenrechtl. Erlaubnis genügen (vgl. *Steindorf/N. Heinrich* WaffG § 7 Rn. 2). Setzte man einen starren Maßstab iS umfassender, nicht weiter differenzierter Sachkunde an, so käme es bspw. zu Ausbildungen an Waffen, für die überhaupt kein Bedürfnis besteht; im Übrigen stellte ein solcher Maßstab überzogene Anforderungen dar, welcher vom waffenrechtl. Sicherheitsinteresse nicht mehr gedeckt wäre (BVerwG NVwZ-RR 2003, 432).

Die an die Sachkunde zu stellenden Anforderungen sind **im Kontext des im Einzelfall geltend gemachten Bedürfnisses** zu bestimmen („differenzierte Sachkunde“, vgl. *Steindorf/N. Heinrich* AWaffV § 1 Rn. 1; *Heller/Soschinka* WaffR Rn. 824). Art und Umfang der Sachkunde bemessen sich demnach im Einzelfall nach dem konkreten Grund des Waffenbesitzes. Entspr. können die an die Sachkunde zu stellenden Anforderungen je nach dem vorgetragenen Bedürfnis differieren.

2. Staatliche Prüfung

4 Die Sachkunde kann durch eine staatliche Prüfung nachgewiesen werden. Diese richtet sich in **formeller** Hinsicht nach § 2 AWaffV. Demnach findet sie statt vor einem von der zust. Beh. nach Maßgabe des § 2 Abs. 2 AWaffV zu bildenden Prüfungsausschuss und setzt sich zusammen aus einem theoretischen sowie einem praktischen Teil, § 2 Abs. 3 AWaffV. Dem Bewerber ist gem. § 2 Abs. 4 AWaffV ein Zeugnis über das Prüfungsergebnis auszustellen, aus welchem die Art und der Umfang der nachgewiesenen Kenntnisse zu ersehen sein muss. Zudem muss das Zeugnis vom Vorsitzenden des Prüfungsausschusses unterzeichnet sein. Im Falle des Nichtbestehens kann eine Prüfung, ggf. auch mehrfach, wiederholt werden, vgl. § 2 Abs. 5 AWaffV.

5 **Inhaltlich** umfasst die Sachkunde gem. § 1 Abs. 1 Nr. 1 AWaffV zunächst den Nachweis **rechtlicher Kenntnisse** bzgl. des Umgangs mit Waffen und Munition auf den Gebieten des Waffenrechts, des Beschussrechts sowie der Notwehr und des

Notstands. Nach § 1 Abs. 1 Nr. 2 AWaffV ist weiter der Nachweis **waffentechnischer Kenntnisse** bzgl. Funktions- und Wirkungsweise der Waffen und Munition und nach Nr. 3 der Nachweis hinreichender **Kenntnisse über die sichere Handhabung** von Waffen und Munition einschl. ausreichender Fertigkeiten im Schießen mit Schussw. erforderlich.

Der für die erforderliche Sachkunde anzusetzende **Anforderungsmaßstab** muss 6
differenziert betrachtet werden: Sinn und Zweck des Sachkundeerfordernisses ist es, einen verantwortungsbewussten Waffenumgang der betreffenden Person zu gewährleisten und damit Gefahren für die Allgemeinheit oder die Person selbst zu verhindern. Dies soll in Bezug auf die beantragte Waffe/Munition gewährleistet werden, weshalb die nachzuweisenden **Kenntnisse** über Waffen und Munition auch **nur für die beantragten Gegenstände** nachgewiesen werden müssen. Die Anforderungen an die Sachkunde sind zudem konkret nach dem im Einzelfall geltend gemachten Bedürfnis zu bemessen, § 1 Abs. 2 AWaffV. Insoweit kommt dem geltend gemachten **Bedürfnis** eine **tragende Rolle** bei der Bestimmung der erforderlichen Sachkunde zu (vgl. BR-Drs. 415/03, 36). So wird bspw. bei Waffensammlern der Nachweis von Schießfertigkeiten im Rahmen des Sachkundenachweises entbehrlich sein (vgl. *Steindorf/N. Heinrich* AWaffV § 1 Rn. 2 mwBsp.).

3. Anderweitiger Nachweis

Darüber hinaus kann die Sachkunde aber auch durch einen anderweitigen Nach- 7
weis belegt werden. Dieser richtet sich nach § 3 AWaffV und kann auf vielfältige Weise erbracht werden. Insbes. gilt die Sachkunde im Falle des Bestehens der **Jägerprüfung** oder einer dieser **gleichgestellten Prüfung** als nachgewiesen.

Als gleichgest. Prüfungen sind bspw. die Diplomprüfung im Rahmen eines Forst- 8
wissenschaftsstudiums oder die erfolgreich absolvierte Prüfung im Fach Jagd und Fischerei an den Fachhochschulen für Forstwirtschaft anerkannt (*Steindorf/N. Heinrich* AWaffV § 3 Rn. 2 mwN).

Gleiches gilt, wenn durch die Bescheinigung eines Ausbildungsleiters für das Schießwesen nachgewiesen wird, dass durch die Teilnahme an einem Lehrgang die für die Ablegung der Jägerprüfung erforderlichen Kenntnisse erworben worden sind, § 3 Abs. 1 Nr. 1a AWaffV.

Eine bestandene **Gesellenprüfung im Büchsenmacherhandwerk** sowie der **Nachweis der Fachkunde** nach § 22 Abs. 1 S. 1 belegen ebenfalls die erforderliche Sachkunde, vgl. § 3 Abs. 1 Nr. 1b und 2a AWaffV.

Weiter gilt die erforderliche Sachkunde als nachgewiesen, wenn der Bewerber mindestens **drei Jahre als Vollzeitkraft** im Handel mit Schussw. und Munition tätig gewesen ist (§ 3 Abs. 1 Nr. 2b AWaffV), sofern die Tätigkeit ihrer Art nach geeignet war, die für den Umgang mit der beantragten Waffe oder Munition erforderliche Sachkunde zu vermitteln.

Darüber hinaus kann die erforderliche Sachkunde auch auf Grund anderweitiger, namentlich **behördlicher oder staatlich anerkannter Ausbildungen** erworben und durch eine Bescheinigung der Behörde oder des Ausbildungsträgers nachgewiesen werden, § 3 Abs. 1 Nr. 2c AWaffV. Erfasst ist hier die Sachkundevermittlung durch **berufsständische Verbände** oder schulische Einrichtungen, bei denen waffenrechtl. Sachkunde Bestandteil einer berufsorientierten Ausbildung ist (etwa die Vermittlung von Kenntnissen im Umgang mit Seenotsignalen im Rahmen einer staatlich anerkannten Ausbildung auf dem Gebiet der See- oder Luftfahrt. In Betracht kommen aber auch Lehrgänge bzw Ausbildungen, die mit einer staatlichen Prüfung enden und zum Führen eines Luft- oder Wasserfahrzeugs berechtigen, vgl. *Heller/Soschinka* WaffR Rn. 847).

Zu berücksichtigen sind ebenfalls **öffentl. Bedienstete,** soweit diese im Rahmen ihres Dienstverhältnisses im Umgang mit Waffen ausgebildet sind, was etwa im

Polizeivollzugsdienst der Fall ist (vgl. BR-Drs. 415/03, 37). Auch hier gilt die Einschränkung, dass die Tätigkeit ihrer Art nach **geeignet** gewesen sein muss, die für den Umgang mit der beantragten Waffe oder Munition **erforderliche Sachkunde zu vermitteln.**

Schließlich können die erforderlichen Kenntnisse als Sportschütze eines anerkannten Schießsportverbandes erworben und durch eine Bescheinigung des Schießsportverbandes nachgewiesen werden, § 3 Abs. 1 Nr. 2c AWaffV.

9 Die auf Grund einer mind. dreijährigen Tätigkeit als Vollzeitkraft im Handel mit Schussw. und Munition (§ 3 Abs. 1 Nr. 2b AWaffV) wie auch infolge einer behördlichen oder staatlich anerkannten Ausbildung (§ 3 Abs. 1 Nr. 2c AWaffV) erworbenen und durch Vorlage entspr. Beweismittel belegten Kenntnisse werden vom Gesetzgeber **nur unter der Einschränkung** als erforderliche Sachkunde anerkannt, dass die erworbenen Kenntnisse **ihrer Art nach geeignet** waren, die für den Umgang mit der **beantragten** Waffe oder Munition erforderliche Sachkunde zu vermitteln. Ob dies der Fall ist, kann letztlich nur **im Einzelfall** unter Berücksichtigung des konkreten Tätigkeitsbildes einerseits und der beantragten Waffe andererseits beurteilt werden.

10 Dagegen sind die Fälle, in denen die erforderliche Sachkunde mittels einer bestandenen Prüfung (§ 3 Abs. 1 Nr. 1a und b, Nr. 2a AWaffV) oder aber durch die Betätigung als Sportschütze (§ 3 Abs. 1 Nr. 2c AWaffV) belegt werden, **nicht von dieser Einschränkung erfasst** (vgl. *Steindorf/N. Heinrich* AWaffV § 3 Rn. 2).

11 Die Folgeabsätze des § 3 AWaffV regeln eingehend die Anforderungen, welche an Lehrgänge zur Vermittlung der Sachkunde zu stellen sind (vgl. hierzu *Heller/Soschinka* WaffR Rn. 850 ff.). Diese bedürfen zunächst der **staatlichen Anerkennung** (§ 3 Abs. 2 AWaffV), welche durch die zust. Beh. erfolgt und bundesweit Wirkung entfaltet. Die Vorauss. für eine staatliche Anerkennung sind im Einzelnen in § 3 Abs. 3 AWaffV festgeschrieben, während Abs. 4 die Details zur Durchführung der Prüfung enthält.

III. Konkretisierende RVO (Abs. 2)

12 In Abs. 1 wird die erforderliche Sachkunde lediglich aufgegriffen und festgelegt, dass diese im Wege einer Prüfung bei der dafür nach Landesrecht bestimmten Stelle oder aber durch eine entspr. Tätigkeit oder Ausbildung nachgewiesen werden kann. **Die konkret zu stellenden Anforderungen ergeben sich aus §§ 1–3 AWaffV.** Diese sind auf § 7 Abs. 2 gestützt, welcher eine Ermächtigung zu Gunsten des BMI enthält, im Wege einer zustimmungsbedürftigen RVO Einzelheiten zur Sachkunde zu regeln. In der auf dieser Grundlage erlassenen AWaffV sind die Anforderungen, welche an die waffentechn. und waffenrechtl. Kenntnisse zu stellen sind, festgelegt. Zudem ist hier die Ausgestaltung von Sachkundeprüfungen sowie anderweitiger Nachweise der Sachkunde vorgenommen worden.

IV. Fragenkatalog vom BVA

13 Im Auftrag des BMI hat das BVA Fragen und Antworten für die Sachkundevermittlung und -prüfung erarbeitet (Abruf im Internet unter www.bva.bund.de).

§ 8 Bedürfnis, allgemeine Grundsätze

Der Nachweis eines Bedürfnisses ist erbracht, wenn gegenüber den Belangen der öffentlichen Sicherheit oder Ordnung

1. besonders anzuerkennende persönliche oder wirtschaftliche Interessen, vor allem als Jäger, Sportschütze, Brauchtumsschütze, Waffen- oder Munitionssammler, Waffen- oder Munitionssachverständiger, gefährdete Person, als Waffenhersteller oder -händler oder als Bewachungsunternehmer, und
2. die Geeignetheit und Erforderlichkeit der Waffen oder Munition für den beantragten Zweck
glaubhaft gemacht sind.

I. Allgemeines

§ 8 korrespondiert mit § 4, in welchem die prinzipiellen Erfordernisse für den Erwerb einer Erlaubnis zum Umgang mit erlaubnispflichtigen Waffen dargelegt sind. In § 8 wird das dem Grundsatz nach in § 4 Abs. 1 Nr. 4 festgeschriebene sog Bedürfnisprinzip ausgeformt, welches für den Umgang mit erlaubnispflichtigen Waffen, also für den Umgang mit Schussw. und mit den Schussw. gleichgest. tragbaren Gegenständen sowie dazugehöriger Munition, eine **strikt limitierende Wirkung** entfaltet. 1

Der Gesetzgeber sieht vor, dass jeder, der den Umgang mit erlaubnispflichtigen Waffen begehrt, für den konkret angestrebten Umgang ein individuelles, in der Person liegendes und besonders anzuerkennendes Interesse darzulegen in der Lage sein muss, damit eine entspr. Erlaubnis erteilt werden kann.

Dieses vom Gesetzgeber prinzipiell vorgesehene Erfordernis ist für den Umgang mit erlaubnispflichtigen Waffen von zentraler Bedeutung, weshalb das Bedürfnisprinzip bisweilen als das **tragende Element des deutschen Waffenrechts** bezeichnet wird (BT-Drs. 14/7758, 56 f.). Das Bedürfnisprinzip stellt indes keine Eigenart des deutschen Waffenrechts dar, sondern sieht sich in europäische Rechtsgedanken implementiert. So fordert bereits das SDÜ vom 19.6.1990 (BGBl. 1993 II S. 1010) in seinem für alle Schengen-Mitgliedstaaten Rechtswirksamkeit entfaltenden Art. 83, dass für den Erwerb und Besitz einer Kurzwaffe oder einer halbautomatischen Langwaffe eine Erlaubnis nur erteilt werden darf, wenn für den begehrten Umgang ein als triftig anzusehender Grund vorgetragen werden kann. Diesem europäischen Grundgedanken Rechnung tragend, sieht die Richtlinie des Rates über die Kontrolle des Erwerbs und des Besitzes von Waffen (91/477/EWG, ABl. EG L 256, S. 51 ff. „Waffenrichtlinie" v. 18.6.1991) für alle Staaten der EU vor, dass die EU-Staaten den Erwerb und den Besitz von Feuerwaffen der **Kat. B** (hiervon erfasst sind Kurzwaffen und grds. halbautomatische Langwaffen) nur solchen Personen gestatten, die dafür **eine Rechtfertigung** anführen können (Art. 5). Entspr. restriktive Regelungen für andere Feuerwaffen auf Grund einzelstaatlicher Rechtssetzung werden ausdr. erlaubt.

Der Vorschrift ist die Funktion einer **Grundnorm** zu den im Anschluss an diese Norm folgenden speziellen Bedürfnisregelungen für die besonders häufig vorkommenden Nutzergruppen zugedacht. Dies folgt bereits aus der Überschrift der Norm „Bedürfnis, allgemeine Grundsätze" sowie der Bezeichnung der Norm als Auffangnorm mit Klarstellungsfunktion (vgl. BT-Drs. 14/7758, 57).

Der praktisch bedeutungslose Abs. 2 der Vorschrift wurde durch das **3. ÄndG** (→ Einf. Rn. 24) mit Wirkung zum 25.7.2009 **ersatzlos gestrichen** (ausf. dazu → 1. Aufl. § 8 Rn. 2). 2

II. Bedürfnisprinzip

Schussw. ist eigen, dass mit ihnen verhältnismäßig einfach erhebliche Verletzungen oder auch der Tod eines Menschen hervorgerufen werden können. Dementspr. 3

werden Schussw. als Mittel zur Begehung von Straftaten missbraucht, wobei mit diesem Missbrauch auch ohne eine besondere kriminelle Energie auf Seiten des Verwenders besonders gravierende Rechtsgutsverletzungen einhergehen können. Dem Staat obliegt es, die **ganz überwiegende waffenlose Mehrheit der Bevölkerung** hinsichtlich der Rechtsgüter der körperlichen Unversehrtheit und des Lebens vor missbräuchlichem Schusswaffengebrauch **zu schützen.** Allein diese Schutzpflicht verbietet es dem Staat, insbes. den Erwerb und den Besitz von Schussw. ohne weitere Beschränkungen zuzulassen. Daher ist es unerlässlich, den Umgang mit Schussw. nur demjenigen zu erlauben, der einen triftigen, **besonders anzuerkennenden Grund** hierfür geltend machen kann. Vor diesem Hintergrund soll der Gebrauch von Schussw. in Deutschland grds. nur wenn unerlässlich und insbes. nur zum Schutze der Rechtsordnung erfolgen. Der Schutz der Rechtsordnung mit Waffengewalt zählt zum Kernbereich der staatlichen Aufgabenwahrnehmung, weshalb der Einsatz von **Schussw. als *ultima ratio* dem Staat vorbehalten** bleiben soll (→ § 1 Rn. 4).

4 Je größer die Anzahl der legal im Verkehr befindlichen Schussw. ist, um so größer ist auch die Gefahr einer missbräuchlichen Verwendung derselben. Insbes. steigt mit der Anzahl der Waffen auch die Gefahr, dass Waffen einem rechtmäßigen Waffenbesitzer abhanden kommen. In Deutschland kommen jährlich durchschnittlich über 6.000 Schussw. durch Diebstahl oder auf sonstige Weise legalen Waffenbesitzern abhanden. Der ganz überwiegende Teil entfällt auf den privaten Bereich, staatliche Einrichtungen haben nur vergleichsweise selten Verlustfälle zu verzeichnen.

Eine Aufgabe des Bedürfnisprinzips zöge eine enorme Steigerung der Anzahl besessener Schussw. nach sich, weshalb der Gesetzgeber unter dem Gesichtspunkt des Schutzes der öffentl. Sicherheit gut daran tut, konsequent am Bedürfnisprinzip festzuhalten. Die strikte Ausrichtung des deutschen Waffenrechts am eng gefassten Bedürfnisprinzip verfolgt den allg. Zweck, die Anzahl der Schussw. in der Bevölkerung möglichst gering zu halten. Dieser gesetzgeberische Grundsatz erfährt seit Jahrzehnten in der Rspr. des BVerwG Bestätigung. Für das deutsche Waffenrecht gilt: **So wenig (Schuss)waffen wie möglich „ins Volk“** (vgl. BVerwG Beschl. v. 26.3.2008 – 6 B 11/08; zum WaffG aF BVerwG GewArch 1999, 483).

Der Umstand, dass Schussw. auch zur Jagd oder zum sportlichen Schießen eingesetzt werden, ändert nichts daran, dass der Gebrauch von Schussw. grds. dem Staat als ultima ratio zum Schutze der Rechtsordnung vorbehalten bleiben soll. Das **Individualinteresse** am Umgang mit einer Schussw. hat unter dem Gesichtspunkt des spezifischen Gefahrenpotenzials einer Schussw. regelm. hinter dem Gemeinschaftsinteresse an der Wahrung der öffentl. Sicherheit **zurückzutreten.** Die Erteilung einer Erlaubnis zum Umgang mit Schussw. kann daher stets **die Ausnahme und nicht die Regel** sein.

5 Zwar enthält die Vorschrift des § 8 eine die Struktur des deutschen Waffenrechts prägende Regelung, gleichwohl kommt die Vorschrift in der Praxis vergleichsweise selten zur Anwendung, da der Gesetzgeber zahlreiche **spezielle Bedürfnisregelungen** bzgl. aller wesentl. Nutzergruppen in das WaffG aufgenommen hat und das allg. Bedürfnisprinzip des § 8 als *lex generalis* hinter diesen Spezialvorschriften zurücktritt. Als Auffangnorm dient § 8 vornehmlich der Klarstellung (vgl. BT-Drs. 14/7758, 57) und ist insofern von nachrangiger Bedeutung.

III. Bedürfnisnachweis

6 Der Gesetzgeber hat das Bedürfnis über **zwei Kriterien** definiert. So ist ein Bedürfnis nur dann gegeben, wenn der Antragst. gegenüber den Belangen der öffentl. Sicherheit und Ordnung **besonders anzuerkennende persönliche oder wirtschaftliche Interessen** glaubhaft darzulegen vermag. Weiter muss die **Geeig-**

netheit und Erforderlichkeit der Schussw. für den beantragten Zweck glaubhaft gemacht werden. Nur wenn diese beiden Erfordernisse gemeinsam **(kumulativ)** vorliegen, ist das Bedürfnis iSd § 8 nachgewiesen.

1. Besonders anzuerkennendes Interesse (Nr. 1)

Der Gesetzgeber verzichtet auf eine konkrete Beschreibung des Begriffs des „besonders anzuerkennenden Interesses" und zählt stattdessen einzelne Gruppen auf, bei denen insbes. ein solches Interesse angenommen werden kann. Er benennt also die Gruppen, bei denen im Regelfall ein besonderes Interesse iSd Vorschrift anzunehmen ist, wobei dies keine abschließende Aufzählung ist. Mit der Formulierung „vor allem" stellt der Gesetzgeber klar, dass durchaus auch Konstellationen denkbar sind, in denen der Antragst. zwar zu keiner der explizit in Nr. 1 aufgeführten Nutzergruppen zu zählen ist, gleichwohl ein besonderes Interesse iSd Vorschrift glaubhaft darzulegen in der Lage ist. Für diejenigen Nutzergruppen, für welche der Gesetzgeber im Regelfall ein besonderes Interesse anerkennt, hat er jeweils eigene, detaillierte Bedürfnisregelungen geschaffen, weshalb deren Bedürfnis nicht nach der Generalvorschrift des § 8, sondern **nach der jeweils spezielleren Bedürfnisregelung für die verschiedenen Gruppen (§§ 13 ff.)** zu beurteilen ist. 7

Indem der Gesetzgeber beispielhaft **Nutzergruppen** nennt, **konkretisiert er,** welche Interessen gegenüber der öffentl. Sicherheit und Ordnung als **besonders anzuerkennen** in Betracht kommen. Ein Interesse kann sich zunächst aus dem bestimmungsgemäßen Umgang mit einer Schussw. ergeben, wobei hier auf die Zweckbestimmung iSd Def. des Schusswaffenbegriffs zu verweisen ist (zum Angriff, zur Verteidigung, zur Signalgebung, zur Jagd, zur Distanzinjektion, zur Markierung, zum Sport oder zum Spiel bestimmt, vgl. Anl. 1 Abschn. 1 UAbschn. 1 Nr. 1.1). Ebenso kommt aber auch ein Interesse in Betracht, wenn die Waffe nicht mehr ihrer ursprünglichen Bestimmung gemäß verwendet werden soll, der Umgang mit ihr aber unter anderen Gesichtspunkten nachvollziehbar begründet werden kann. Dies ist etwa der Fall, wenn ein Waffensammler Waffen zu geschichtlichen, technischen, kriminologischen Zwecken oÄ begehrt, oder aber der Waffenhändler typischerweise aus wirtschaftlichen Interessen Umgang mit Waffen begehrt. Wesentlich ist, dass **die reine Faszination** für Waffen **keinesfalls ein das Bedürfnis begründendes Interesse** sein kann, sondern ein stets darüber deutlich hinausgehender eigener Zweck mit dem Umgang mit Waffen verfolgt werden muss (vgl. *Apel/Bushart* WaffG § 8 Rn. 4). Der Gesetzgeber hat in der Generalklausel des § 8 die für eine Schussw. in Betracht kommenden Zwecke nicht vollumfänglich mit der beispielhaften Aufzählung von Nutzergruppen abgedeckt. So ist bspw. der Zweck der Signalgebung, des Spiels oder der Distanzinjektion nicht berücksichtigt. Der Zweck des Spielens dürfte allerdings nicht als ein das Bedürfnis begründendes Interesse in Frage kommen, da der Gesetzgeber zum Spiel bestimmte Schussw. ganz überwiegend vom Geltungsbereich des WaffG ausgenommen hat (vgl. Anl. 2 Abschn. 3 UAbschn. 2) oder aber zumindest bzgl. Erwerb und Besitz von der Erlaubnispflicht ausgenommen hat (etwa **Paintball- oder Gotcha-Waffen,** vgl. Anl. 2 Abschn. 1 UAbschn. 2 Nr. 1.1). Mithin unterliegen diese auch nicht der Erlaubnispflicht, so dass eine Prüfung des Bedürfnisses im Zuge eines Erlaubnisverfahrens von vornherein ausscheidet (so auch *Apel/Bushart* WaffG § 8 Rn. 5). Die Zweckverwendung zur Signalgebung ist insbes. bei Bergsteigern, Wassersportlern und Schiffseignern denkbar. Der Zweck der Signalgebung dürfte bei Charterern seegehender Schiffe hingegen als ein das Bedürfnis begründendes Interesse nicht in Betracht kommen, da diese Signalwaffen zur Abgabe von Seenotsignalen erlaubnisfrei erwerben und als verantwortlicher Führer eines Wasserfahrzeugs auch erlaubnisfrei führen dürfen, vgl. § 12 Abs. 1 Nr. 3d, Abs. 3 Nr. 4.). 8

9 Da die in § 8 enthaltene **Aufzählung nicht abschließend** ist, sind weitere Interessen denkbar, die nicht in der beispielhaften Nennung von Nutzergruppen aufgegriffen sind, gleichwohl ein das Bedürfnis begründendes Interesse darstellen. In diesen Fällen bemisst sich das besonders anzuerkennende Interesse nicht nach den Spezialregelungen der §§ 13 ff., sondern ausnahmsweise nach der in § 8 getroffenen Generalvorschrift.

So ist ein besonders anzuerkennendes Interesse bspw. denkbar, soweit ein Tierarzt eine geeignete Schussw. zum Zweck der **Distanzinjektion** erwerben möchte und eine hinsichtlich des Erwerbs und des Besitzes von der Erlaubnispflicht freigestellte Waffe (vgl. Anl. 2 Abschn. 2 UAbschn. 2 Nr. 1) diesen Zweck nicht zu erfüllen vermag.

Weiter zählen hierher Fälle aus der Landwirtschaft, dem Weinbau oder der Erwerbsfischerei, in denen geeignete Waffen zur Vogel- und Schädlingsbekämpfung verwendet werden sollen (vgl. *Steindorf/N. Heinrich* WaffG § 8 Rn. 4; *Heller/Soschinka* WaffR Rn. 868). Gleiches gilt für die Verwendung von Waffen im Rahmen von Theater- und Filmaufführungen (BT-Drs. 14/7758, 57). Im Rahmen der wirtschaftlichen Interessen kommt ua der Betrieb einer Fachschule für Personenschutz in Betracht (BVerwG GewArch 1993, 325).

Weiter ist die Anerkennung eines Bedürfnisses denkbar bei Sportschützenvereinen im Rahmen der **isolierten Genehmigung von Sportordnungen** (→ § 15a Rn. 11) sowie dem Abschuss oder der Immobilisierung von Gehegewild, Personen in der Ausbildung zum Jäger, Flugplatzbetreibern, berufsständischen Verbänden sowie schulischen Einrichtungen und sonstigen Trägern, deren Lehrgänge zur Vermittlung der Sachkunde staatlich anerkannt sind (vgl. WaffVwV Nr. 8.1.3).

Das Interesse für den Erwerb und Besitz von **Schalldämpfern** kann bspw. begründet werden, soweit es um die Bejagung von Schädlingen auf Friedhöfen oder in Parkanlagen geht.

2. Belange der öffentlichen Sicherheit oder Ordnung

10 Die oben dargelegten persönlichen oder wirtschaftlichen Interessen müssen nach dem Willen des Gesetzgebers **besonders anerkennenswert** gegenüber den Belangen der öffentl. Sicherheit oder Ordnung sein, damit sie als ein das Bedürfnis begründendes Interesse eingestuft werden können. Die Begriffe der öffentl. Sicherheit und Ordnung sind hier iSd allg. Polizeirechts zu verstehen (→ § 1 Rn. 4). Ob die dargelegten Interessen gegenüber der öffentl. Sicherheit und Ordnung besonders zu berücksichtigen sind, wird im Wege einer **Güterabwägung im Einzelfall** zu klären sein.

11 Was den Prüfungsmaßstab der **öffentl. Sicherheit** anbelangt, so ist auf der einen Seite das vorgetragene Interesse des Antragst. zu beachten. Dem stehen die Rechtsgüter Leben und Gesundheit derjenigen gegenüber, welche potenziell durch einen Schusswaffengebrauch betroffen sein können. Zu berücksichtigen ist im Zuge dieser Abwägung, welche konkreten Gefahren diesen Rechtsgütern drohen. Die Gefahrenursachen können unterschiedlicher Natur sein. Nicht nur der vorsätzliche Waffenmissbrauch ist hier erfasst, vielmehr sind auch Gefahren in Folge techn. Defekte, unsachgemäßer Waffenhandhabung usw denkbar. Im Einzelfall wird also zu berücksichtigen sein, um welche Art von Waffe es sich handelt, wie deren Gefährlichkeit einzustufen ist und insbes. auch, welche Vorkehrungen getroffen sind, um die Realisierung typischer Gefahren zu verhindern. *Apel/Bushart* (WaffG § 8 Rn. 9) weisen zutreffend darauf hin, dass im Polizeirecht eine Korrelation zwischen der Größe des Schadens und dem Maß der Wahrscheinlichkeit anerkannt ist. Unter Berücksichtigung des Umstandes, dass ein Schadenseintritt einerseits nicht völlig fern liegend ist, andererseits stets die besonders gewichtigen Rechtsgüter Gesundheit und Leben potenziell betroffen sind, kann außerhalb der gesondert in §§ 13–28 geregelten Nutzergruppen ein **Bedürfnis für Waffen und Munition regelm. nicht begründet werden.** Dieses Ergebnis

deckt sich mit der gesetzgeberischen Intention, die Zahl der Waffenbesitzer und die Anzahl der in Privatbesitz befindlichen Schussw. auf das unbedingt notwendige Maß zu begrenzen (vgl. *Steindorf/N. Heinrich* WaffG § 8 Rn. 1).

Weiter ist die **öffentl. Ordnung** als Prüfungsmaßstab heranzuziehen. Bei der 12
Abwägung des Interesses auf Seiten des Antragst. gegenüber den Belangen der öffentl. Ordnung geht es nicht um die von Schussw. ausgehenden Gefahren bzw die Gefahr potenzieller durch Schussw. hervorgerufener Schäden. In diesen Fällen droht bereits eine Verletzung der objektiven Rechtsordnung und damit eine Gefährdung der öffentl. Sicherheit. Namentlich **besondere Erscheinungsformen des Umgangs** mit Waffen oder Munition können eine Störung der öffentl. Ordnung darstellen, welche für sich genommen nicht gegen geschriebenes Recht verstoßen, gleichwohl **das friedliche Zusammenleben und das Gemeinwohl beeinträchtigen** und daher eine Gefahr für die öffentl. Ordnung darstellen. Von erheblicher Bedeutung sind in diesem Zusammenhang die sog **Paintball- oder Gotcha-Spiele.** Bei diesen wird mit obj. mindergefährlichen Schussw. umgegangen. Zudem sind die im Zusammenhang mit solchen Spielen getroffenen Sicherungsvorkehrungen idR so hoch, dass diese Spiele unter obj. Gesichtspunkten als ungefährlich einzustufen sind und im Zusammenhang mit diesen keine konkreten Rechtsgutsverletzungen zu erwarten sind. Allerdings geht es bei diesen Spielen um die gezielte Simulation von Kriegsgeschehnissen und damit einhergehend um das „Spielen" von Tötungssituationen. Das systematische Nachstellen von Tötungsszenen ist **nicht vereinbar** mit der vom Grundgesetzgeber in Art. 1 GG getroffenen Wertentscheidung zur Unantastbarkeit der Menschenwürde (so bereits VGH München BayVBl. 2001, 689 ff.; aA OVG Lüneburg Urt. v. 18.2.2010 1 LC 244/07 = GewArch 2010, 499; *Scheidler* GewArch 2005, 312 ff. mwN), weshalb in diesen Fällen eine Beeinträchtigung der öffentl. Ordnung vorliegt. Ein Bedürfnis zum Zweck des Paintballspiels kann in Abwägung zur öffentl. Ordnung nach dieser Auffassung von daher nicht dargelegt werden. Diese Wertung entfaltet für die Praxis kaum Wirkung, da es sich bei den Paintball-/Gotcha-Waffen regelm. um Schussw. handelt, welche bzgl. des Erwerbs und des Besitzes von der Erlaubnispflicht befreit sind. Zudem finden diese „Spiele" regelm. auf besonders hierfür eingerichteten und nach außen abgegrenzten Geländen statt, weshalb in diesen Fällen auch das Führen und Schießen erlaubnisfrei ist (vgl. § 12 Abs. 3 Nr. 1, Abs. 4 Nr. 1a) und eine Bedürfnisprüfung im Erlaubnisverfahren entspr. entfällt (vgl. aber zur evtl. erforderlichen Schießstättenerlaubnis → § 27 Rn. 6).

3. Eignung bzw Erforderlichkeit der Waffe oder Munition (Nr. 2)

Neben dem besonders anzuerkennenden Interesse muss nach Nr. 2 der Vorschrift 13
zusätzlich glaubhaft gemacht werden, dass die beantragte Waffe oder Munition geeignet ist, den angeführten Zweck zu erfüllen und zudem auch hierfür erforderlich ist. Es muss demnach ein spezifischer innerer Zusammenhang zwischen der begehrten Waffe bzw Munition und dem vorgetragenen Zweck bestehen.

Die Darlegung der bloßen **Geeignetheit** ist für sich genommen im Regelfall 14
nicht weiter problematisch, da die beantragte Waffe/Munition immer dann geeignet ist, wenn mit ihr der verfolgte Zweck erreicht werden kann.

Weitaus schwieriger wird die **Erforderlichkeit** gerade der begehrten Waffe bzw 15
Munition für den konkret vorgetragenen Zweck darzulegen sein. Der Gesetzgeber hat die zur Beurteilung der Erforderlichkeit heranzuziehenden Kriterien in § 8 nicht näher umschrieben. Allein schon der Begrifflichkeit nach muss begründet werden, dass gerade (und eben **nur) die begehrte Waffe den vorgetragenen Zweck zu erfüllen vermag.** Die Beurteilung der Erforderlichkeit bemisst sich nach der Frage, ob der Zweck auch ohne die beantragte Waffe erreicht werden kann. Diese Frage wirft sich insbes. in den Fällen auf, in denen der Antragst. bereits über eine waffen-

rechtl. Erlaubnis verfügt und den Erwerb zusätzlicher, weiterer Waffen beantragt. Typischerweise ergeben sich solche Konstellationen im Bereich der Jäger und Sportschützen. Soweit bereits Waffen vorhanden sind, welche den angestrebten Zweck erfüllen können, ist die Erforderlichkeit **grds. abzulehnen.** Problematisch sind Fälle, in denen zwar bereits eine Waffe zum beantragten Zweck vorhanden ist, mit der beantragten Waffe der angestrebte Zweck aber besser erreicht werden kann. Hier wird das Erfordernis erst dann zu bejahen sein, wenn der Antragst. den **Besitz an der alten Waffe aufgibt** (so auch *Apel/Bushart* WaffG § 8 Rn. 12). Zu berücksichtigen ist im Zuge der Beurteilung der Erforderlichkeit zudem, ob der Antragst. lediglich **vorübergehenden** oder aber **auf Dauer** angelegten Umgang mit der Waffe bzw Munition ausüben möchte. Beantragt bspw. ein Schiffscharterer eine eigene Seenotsignalwaffe, ist die Erforderlichkeit schon deshalb abzulehnen, weil er gem. § 12 Abs. 1 Nr. 3d für die Dauer der Charter erlaubnisfrei eine solche Seenotsignalwaffe vom weisungsbefugten Besitzer erwerben darf (vgl. zum waffenrechtl. Bedürfnis für eine großkalibrige Signalpistole zur Seenotrettung OVG BB Urt. v. 28.9.2010 – OVG 11 B 26.08). Der dargelegte Erwerbszweck kann demgemäß schon anderweitig erreicht werden, weshalb eine eigene Seenotsignalwaffe in solch gelagerten Fällen nicht erforderlich ist (BT-Drs. 14/7758, 60).

16 Für alle Fälle, in denen der Gesetzgeber für einzelne Arten des Umgangs mit Schussw. bzw Munition Ausnahmen von der Erlaubnispflicht vorgesehen hat, gilt, dass dies gerade mit der Begr. geschehen ist, einerseits dem berechtigten Umgangsinteresse mit Waffen Rechnung zu tragen, umgekehrt den generellen Umgang mit Waffen möglichst gering zu halten. Ein **Bedürfnis** ist in diesen Fällen **durchweg abzulehnen.**

Die in § 12 geregelten **situationsbezogenen Ausnahmen** von den Erlaubnispflichten sind von den Ausnahmen zu unterscheiden, welche der Gesetzgeber unter dem Gesichtspunkt der techn. Beschaffenheit eines Gegenstandes in das WaffG aufgenommen hat (vgl. Anl. 2 Abschn. 2 UAbschn. 2). Diese gleichsam **gegenstandsbezogenen Ausnahmen** von den Erlaubnispflichten knüpfen an techn. Spezifikationen an sich erlaubnispflichtiger Waffen an. Der Gesetzgeber befreit diese Waffen bzgl. verschiedener Umgangsarten jeweils von der prinzipiellen Erlaubnispflicht, wodurch deutlich wird, dass nur die einzeln genannten Umgangsarten erlaubnisfrei sein sollen, um einem vom Gesetzgeber anerkannten Umgangsbedürfnis mit diesen Waffen unter Berücksichtigung der öffentl. Sicherheit und Ordnung Rechnung zu tragen. Ein **generelles Bedürfnis** bzgl. dieser Waffen wird hierdurch gerade **nicht anerkannt.** Ähnlich liegt es bei den in § 12 festgelegten situationsbezogenen Ausnahmen von der Erlaubnispflicht. Hier knüpft der Gesetzgeber an einzelne Lebenssituationen an, in denen er das Umgangsinteresse als besonders anerkennenswert einstuft und deshalb bzgl. einzelner Umgangsarten unter jeweils eigenen Vorauss. von der Erlaubnispflicht ausnimmt. Hierdurch wird ebenfalls **kein generelles Bedürfnis anerkannt.** Umgekehrt soll durch die an verschiedene Vorauss. knüpfende Erlaubnisfreiheit bzgl. einzelner Umgangsarten dem anerkannten Umgangsbedürfnis der jeweiligen Situation entspr. Rechnung getragen werden. Diesem Bedürfnis ist durch die jeweils eingeschränkte Erlaubnisfreiheit durch den Gesetzgeber umfassend Genüge getan. Ein **darüber hinausgehendes Bedürfnis ist nicht anzuerkennen.**

Zusammenfassend kann gesagt werden, dass der Gesetzgeber die gegenstandsbezogenen und situationsbezogenen Ausnahmen von den Erlaubnispflichten zugelassen hat, um einerseits eine unzumutbare Bürokratisierung zu vermeiden und das berechtigte Umgangsinteresse der Bürger mit Waffen und Munition nicht unberücksichtigt zu lassen. Auf der anderen Seite hat er diese Ausnahmen zugelassen, **um iErg möglichst wenige generelle Waffenerlaubnisse erteilen zu müssen** und somit die Verbreitung von Waffen auf ein unbedingt notwendiges Minimum zu beschränken. Über das konkrete Maß der gesetzlichen Befreiung von den Erlaubnispflichten hinaus ist **kein Bedürfnis anzuerkennen.** So haben etwa Angestellte oder Auszubildende kein Bedürfnis für den eigenständigen Erwerb und Besitz von Waffen, welche sie für die Ausübung ihres Berufes oder für ihre Ausbildung benötigen (vgl. *Apel/Bushart* WaffG § 8 Rn. 16). Nichts Anderes gilt für den Biathleten bzgl. des Führens der Langwaffe außerhalb von Wettkämpfen oder den Bergsteiger hinsichtlich des Führens einer Signalwaffe außerhalb von Bergtouren im privaten Bereich.

4. Glaubhaftmachen

Das besonders anzuerkennende Interesse muss vom Antragst. ebenso wie die 17
Geeignetheit und Erforderlichkeit der Waffe/Munition zur Verwirklichung des angestrebten Zwecks glaubhaft gemacht werden. Der unbestimmte Rechtsbegriff des Glaubhaftmachens stammt aus dem allg. Verwaltungsrecht. Eine **bloße Behauptung** des Interesses bzw der Geeignetheit und Erforderlichkeit **reicht** hierfür **nicht aus.** Anknüpfungspunkt des Glaubhaftmachens können immer nur **Tatsachen** sein. Anhand dieser ist darzulegen und auch zu belegen, dass ein ernsthaftes Interesse besteht, dieses auch eine Realisierungschance hat und die Geeignetheit und Erforderlichkeit der beantragten Waffe/Munition zum Erreichen des beantragten Zwecks tatsächlich gegeben sind (*Apel/Bushart* WaffG § 8 Rn. 18). Allerdings braucht keine an Sicherheit grenzende Wahrscheinlichkeit dargelegt zu werden, da der Begriff nicht dem des prozessrechtl. Beweises entspricht. IErg hat der Antragst. die Tatsachen, welche das Vorliegen der Vorauss. belegen, zur Überzeugung der Erlaubnisbehörde bzw des Gerichts glaubhaft nachzuweisen, die **materielle Beweislast liegt also beim Antragst.** (*Steindorf/N. Heinrich* WaffG § 8 Rn. 3).

§ 9 Inhaltliche Beschränkungen, Nebenbestimmungen und Anordnungen

(1) **Eine Erlaubnis nach diesem Gesetz kann zur Abwehr von Gefahren für die öffentliche Sicherheit oder Ordnung inhaltlich beschränkt werden, insbesondere um Leben und Gesundheit von Menschen gegen die aus dem Umgang mit Schusswaffen oder Munition entstehenden Gefahren und erheblichen Nachteile zu schützen.**

(2) [1]**Zu den in Absatz 1 genannten Zwecken können Erlaubnisse befristet oder mit Auflagen verbunden werden.** [2]**Auflagen können nachträglich aufgenommen, geändert und ergänzt werden.**

(3) **Gegenüber Personen, die die Waffenherstellung oder den Waffenhandel nach Anlage 2 Abschnitt 2 Unterabschnitt 2 Nr. 4 bis 6 oder eine Schießstätte nach § 27 Abs. 2 ohne Erlaubnis betreiben dürfen, können Anordnungen zu den in Absatz 1 genannten Zwecken getroffen werden.**

I. Allgemeines

In § 9 hat der Gesetzgeber eine **allgemeine Regelung** zum Erlass von Nebenbe- 1
stimmungen und Anordnungen zu waffenrechtl. Erlaubnissen getroffen, wodurch spezielle Regelungen zu Nebenbestimmungen und Anordnungen (vgl. etwa §§ 10 Abs. 2 S. 3, Abs. 4 S. 2 und 3) ergänzt werden.

Damit ist eine **verwaltungsrechtl. Zentralvorschrift** im Erlaubnisverfahren geschaffen worden (vgl. *Steindorf/N. Heinrich* WaffG § 9 Rn. 1). Die Vorschrift enthält zunächst in Abs. 1 und 2 Regelungen zu Nebenbestimmungen (Befristungen oder Auflagen) bzgl. waffenrechtl. Erlaubnisse. Wo eine Erlaubnis nicht erforderlich ist und Nebenbestimmungen damit ausscheiden, sieht das Gesetz die Möglichkeit vor, Anordnungen zu erlassen (Abs. 3).

II. Inhaltliche Beschränkungen zur Abwehr von Gefahren für die öffentliche Sicherheit und Ordnung (Abs. 1)

2 Der Gesetzgeber sieht die Möglichkeit vor, waffenrechtl. Erlaubnisse inhaltlich zu beschränken, soweit dies den **Zweck** verfolgt, Gefahren für die öffentl. Sicherheit und Ordnung abzuwehren (zu den Begriffen der öffentl. Sicherheit und Ordnung → § 1 Rn. 4).

Diese Regelung bezieht sich gleichermaßen auf **alle waffenrechtl. Erlaubnisse und Ausnahmebewilligungen,** unabhängig davon, ob ein Rechtsanspruch auf die Erteilung derselben besteht, oder ob diese in das pflichtgemäße Ermessen der zust. Beh. gestellt ist (vgl. BT-Drs. 14/7758, 57). Der Erlass inhaltlicher Beschränkungen zur Abwehr von Gefahren und erheblichen Nachteilen für Leben und Gesundheit, die aus dem Umgang mit Schussw. oder Munition resultieren, wird vom Gesetzgeber **exemplarisch** hervorgehoben. Unter die erheblichen Nachteile fallen bspw. Gesundheitsbeeinträchtigungen, die das körperliche Wohlbefinden zwar negativ beeinflussen, aber nicht zwangsläufig eine dauerhafte Schädigung der Gesundheit zur Folge haben. Dazu zählen etwa Lärmbelästigung durch den Betrieb einer Schießstätte oder Beeinträchtigungen durch die Jagd in bewohnten Gebieten (vgl. *Apel/Bushart* WaffG § 9 Rn. 3). Zudem sind auch **sonstige Gefahren** für die öffentl. Sicherheit oder Ordnung, wie etwa die Gefahr drohender Verstöße gegen die Rechtsordnung, von der Vorschrift erfasst, weshalb Beschränkungen ebenfalls erlassen werden können, um den Vollzug des WaffG oder aber anderer Gesetze zu gewährleisten (vgl. *Apel/Bushart* WaffG § 9 Rn. 4).

Durch die inhaltliche Beschränkung einer waffenrechtl. Erlaubnis soll ein Ausgleich zwischen den widerstreitenden Interessen des Antragst. auf der einen und der Rechtsgemeinschaft auf der anderen Seite geschaffen werden:

Im Interesse des Antragst. kann durch die Beschränkung die Versagung der Erlaubnis abgewendet werden, für die Rechtsgemeinschaft wird die Erteilung einer uneingeschränkten Erlaubnis vermieden, soweit sie im Einzelfall eine Gefahr für die öffentl. Sicherheit oder Ordnung darstellte. Durch die inhaltliche Beschränkung einer Erlaubnis sollen insbes. benachbarte Personen bzw die Allgemeinheit und deren Eigentum vor Gefahren, erheblichen Beeinträchtigungen oder erheblichen Belästigungen geschützt werden.

3 Eine inhaltliche Beschränkung kann sich etwa auf die Erteilung einer Waffenherstellungs- oder -handelserlaubnis nur für bestimmte Schussw. oder Munition beziehen. Bei der Erteilung eines WS kommt eine zeitl., räuml. oder anlassbezogene Beschränkung in Betracht. Diese folgt nicht selten bereits aus einem eingeschränkten Bedürfnis. Soweit ein Bedürfnis zum Führen nicht vollumfänglich dargelegt werden kann, ist der WS auf die Bereiche zu begrenzen, für die ein Bedürfnis gegenüber der Erlaubnisbehörde plausibel dargelegt worden ist (vgl. *Steindorf/N. Heinrich* WaffG § 9 Rn. 4.).

4 Die inhaltliche Beschränkung setzt **keine unmittelbare Gefahrensituation** voraus, andererseits reicht eine bloß abstrakte Gefahr ohne Ansehung des Einzelfalls nicht aus. Erforderlich ist zumindest, dass die konkreten Umstände des jeweils zu prüfenden Einzelfalls eine **generelle potenzielle Gefahr** für die geschützten Rechtsgüter belegen (vgl. *Steindorf/N. Heinrich* WaffG § 9 Rn. 3).

III. Befristungen und Auflagen (Abs. 2)

5 Zum Erreichen der in Abs. 1 umschriebenen Zwecke sieht der Gesetzgeber in Abs. 2 S. 1 prinzipiell den Erlass zweier unterschiedlicher Nebenbestimmungen vor: Zum einen die **Befristung** waffenrechtl. Erlaubnisse und zum anderen die Verbindung der waffenrechtl. Erlaubnis mit **Auflagen.** Nebenbestimmungen stellen

unselbstständige Anordnungen dar, die von einem VA als Hauptregelung abhängig sind und diesen in seiner Wirkungsweise beschränken oder ergänzen, dabei aber den Inhalt der Hauptregelung unberührt lassen (vgl. *Knack/Henneke* VwVfG § 36 Rn. 8 ff.; *Kopp/Ramsauer* VwVfG § 36 Rn. 8 ff.). Charakteristisch für Nebenbestimmungen ist insofern, dass sie stets im Verhältnis der **Akzessorietät** zu einem VA stehen, in Abgrenzung zu einer Inhaltsbestimmung des VA aber nicht dessen Gegenstand und Grenzen festlegen. Demnach kommt Nebenbestimmungen die Funktion zu, eine zusätzliche unselbstständige Anordnung zu einem hinreichend bestimmten VA zu treffen und damit der Feinsteuerung der Verwaltung zu dienen (*Ziekow* VwVfG § 36 Rn. 2). Die Begriffe der Befristung und Auflage entsprechen der Terminologie des § 36 VwVfG.

1. Befristung

Gem. § 36 Abs. 2 Nr. 1 VwVfG handelt es sich bei der **Befristung** um eine Bestimmung, nach der eine Vergünstigung oder Belastung zu einem späteren Zeitpunkt entweder beginnt, endet oder für einen bestimmten Zeitraum gilt. 6

Befristungen sind denkbar, wenn lediglich ein vorübergehendes Bedürfnis für den Erwerb einer Waffe nachgewiesen worden ist oder aber für Ausländer, die sich lediglich vorübergehend in der Bundesrepublik Deutschland aufhalten (vgl. WaffVwV Nr. 9.1). Eine Befristung kommt zudem in Betracht, wenn bereits im Zeitpunkt der Erteilung einer Erlaubnis feststeht, dass die Erlaubnisvorauss. zu einem späteren, bereits bestimmbaren Zeitpunkt wegfallen werden. Ebenso kommen Befristungen bzw zeitl. Einschränkungen bei der Erteilung einer Schießerlaubnis nach § 10 Abs. 5, im Fall des § 11 Abs. 1 Nr. 1 oder der Erlaubnis zum Betrieb einer Schießstätte nach § 27 Abs. 1 auf bestimmte Tage bzw Tageszeiten in Betracht (vgl. *Steindorf/N. Heinrich* WaffG § 9 Rn. 6). 7

2. Auflage

Die **Auflage** nach § 36 Abs. 2 Nr. 4 VwVfG ist eine Bestimmung, durch die dem Begünstigten ein Tun, Dulden oder Unterlassen aufgegeben wird. Anders als die Befristung enthält die Auflage eine **eigenständige,** zusätzliche **Verpflichtung** in Form eines VA (BVerwGE 36, 145 (153 f.)), gleichwohl ist auch die Auflage zu den Nebenbestimmungen zu zählen, da sie in ihrem Bestand vom Grund-VA abhängt. 8

Auflagen können im Unterschied zu inhaltlichen Beschränkungen und Befristungen gem. § 9 Abs. 2 S. 2 auch **nachträglich,** also zeitl. nach der Erteilung der waffenrechtl. Erlaubnis, aufgenommen, geändert und ergänzt werden. Während dies nach den allg. Vorschriften (vgl. § 36 Abs. 2 VwVfG) nur zulässig ist, soweit ein entspr. Vorbehalt bereits in die Erlaubnis mit aufgenommen worden war, können Auflagen zu waffenrechtl. Erlaubnissen und Ausnahmebewilligungen auch ohne einen entspr. Vorbehalt im Grund-VA veränderten Verhältnissen angepasst werden, wodurch stets aktuelle Sicherheitsstandards berücksichtigt werden können.

Als Auflagen kommen etwa räuml., inhaltliche und zeitl. Nutzungsbeschränkungen oder aber besondere Anforderungen an die Aufbewahrung in Betracht (vgl. *Heller/Soschinka* WaffR Rn. 653). 9

Die Zuwiderhandlung gegen eine vollziehbare Auflage nach Abs. 2 S. 1 stellt eine **Ordnungswidrigkeit** nach § 53 Abs. 1 Nr. 4 dar. 10

IV. Anordnungen (Abs. 3)

Für den Bereich der erlaubnisfreien Waffenherstellung, des erlaubnisfreien Waffenhandels (Anl. 2 Abschn. 2 UAbschn. 2 Nr. 4–6) und des erlaubnisfreien Betriebs einer Schießstätte (§ 27 Abs. 2) scheiden Nebenbestimmungen in Ermangelung 11 einer Erlaubnis als Grund-VA aus. Hier sieht der Gesetzgeber die Möglichkeit vor, Anordnungen zu erlassen (Abs. 3), wodurch die Behörde in die Lage versetzt wird, auch im bloß anzeigepflichtigen Bereich die zum Schutz der öffentl. Sicherheit und Ordnung notwendigen Maßnahmen treffen zu können (vgl. BT-Drs. 14/7758, 58).

12 Die Zuwiderhandlung gegen eine vollziehbare Anordnung nach Abs. 3 stellt eine **Ordnungswidrigkeit** nach § 53 Abs. 1 Nr. 4 dar.

Unterabschnitt 2. Erlaubnisse für einzelne Arten des Umgangs mit Waffen oder Munition, Ausnahmen

§ 10 Erteilung von Erlaubnissen zum Erwerb, Besitz, Führen und Schießen

(1) [1]**Die Erlaubnis zum Erwerb und Besitz von Waffen wird durch eine Waffenbesitzkarte oder durch Eintragung in eine bereits vorhandene Waffenbesitzkarte erteilt.** [2]**Für die Erteilung einer Erlaubnis für Schusswaffen sind Art, Anzahl und Kaliber der Schusswaffen anzugeben.** [3]**Die Erlaubnis zum Erwerb einer Waffe gilt für die Dauer eines Jahres, die Erlaubnis zum Besitz wird in der Regel unbefristet erteilt.**

(1a) **Wer eine Waffe auf Grund einer Erlaubnis nach Absatz 1 Satz 1 erwirbt, hat binnen zwei Wochen der zuständigen Behörde unter Benennung von Name und Anschrift des Überlassenden den Erwerb schriftlich oder elektronisch anzuzeigen und seine Waffenbesitzkarte zur Eintragung des Erwerbs vorzulegen.**

(2) [1]**Eine Waffenbesitzkarte über Schusswaffen, die mehrere Personen besitzen, kann auf diese Personen ausgestellt werden.** [2]**Eine Waffenbesitzkarte kann auch einem schießsportlichen Verein oder einer jagdlichen Vereinigung als juristischer Person erteilt werden.** [3]**Sie ist mit der Auflage zu verbinden, dass der Verein der Behörde vor Inbesitznahme von Vereinswaffen unbeschadet des Vorliegens der Voraussetzung des § 4 Abs. 1 Nr. 5 eine verantwortliche Person zu benennen hat, für die die Voraussetzungen nach § 4 Abs. 1 Nr. 1 bis 3 nachgewiesen sind; diese benannte Person muss nicht vertretungsberechtigtes Organ des Vereins sein.** [4]**Scheidet die benannte verantwortliche Person aus dem Verein aus oder liegen in ihrer Person nicht mehr alle Voraussetzungen nach § 4 Abs. 1 Nr. 1 bis 3 vor, so ist der Verein verpflichtet, dies unverzüglich der zuständigen Behörde mitzuteilen.** [5]**Benennt der Verein nicht innerhalb von zwei Wochen eine neue verantwortliche Person, für die die Voraussetzungen nach § 4 Abs. 1 Nr. 1 bis 3 nachgewiesen werden, so ist die dem Verein erteilte Waffenbesitzerlaubnis zu widerrufen und die Waffenbesitzkarte zurückzugeben.**

(3) [1]**Die Erlaubnis zum Erwerb und Besitz von Munition wird durch Eintragung in eine Waffenbesitzkarte für die darin eingetragenen Schusswaffen erteilt.** [2]**In den übrigen Fällen wird die Erlaubnis durch einen Munitionserwerbsschein für eine bestimmte Munitionsart erteilt; sie ist für den Erwerb der Munition auf die Dauer von sechs Jahren zu befristen und gilt für den Besitz der Munition unbefristet.** [3]**Die Erlaubnis zum nicht gewerblichen Laden von Munition im Sinne des Sprengstoffgesetzes gilt auch als Erlaubnis zum Erwerb und Besitz dieser Munition.** [4]**Nach Ablauf der Gültigkeit des Erlaubnisdokuments gilt die Erlaubnis für den Besitz dieser Munition für die Dauer von sechs Monaten fort.**

(4) [1]**Die Erlaubnis zum Führen einer Waffe wird durch einen Waffenschein erteilt. [2]Eine Erlaubnis nach Satz 1 zum Führen von Schusswaffen wird für bestimmte Schusswaffen auf höchstens drei Jahre erteilt; die Geltungsdauer kann zweimal um höchstens je drei Jahre verlängert werden, sie ist kürzer zu bemessen, wenn nur ein vorübergehendes Bedürfnis nachgewiesen wird. [3]Der Geltungsbereich des Waffenscheins ist auf bestimmte Anlässe oder Gebiete zu beschränken, wenn ein darüber hinausgehendes Bedürfnis nicht nachgewiesen wird. [4]Die Voraussetzungen für die Erteilung einer Erlaubnis zum Führen von Schreckschuss-, Reizstoff- und Signalwaffen sind in der Anlage 2 Abschnitt 2 Unterabschnitt 3 Nr. 2 und 2.1 genannt (Kleiner Waffenschein).**

(5) **Die Erlaubnis zum Schießen mit einer Schusswaffe wird durch einen Erlaubnisschein erteilt.**

Übersicht

I. Allgemeines

1 Die Vorschrift legt die für den **Erwerb, Besitz,** das **Führen** und **Schießen** erforderlichen **Erlaubnisse** fest. Abs. 1 enthält für den Erwerb und Besitz die Eintragungspflicht in eine WBK von Schussw. sowie eine zeitl. Befristung für die Erwerbserlaubnis auf ein Jahr. Abs. 1a betr. die Anzeige- und Vorlagepflicht bei der zust. Beh. im Fall des Schusswaffenerwerbs. Abs. 2 lässt den Erwerb und Besitz auch für mehrere Personen sowie für schießsportliche Vereine und jagdliche Vereinigungen als juristische Personen zu. In Abs. 3 ist die Erteilung des Munitionserwerbsscheins (MES) geregelt, während in Abs. 4 die Erlaubnis zum Führen von Schussw. in Form des Waffenscheins (WS) bzw Kleinen Waffenscheins (KWS) aufgeführt ist. Abs. 5 schließlich benennt die Schießerlaubnis für Schussw.

2 Erwerb, Besitz, Führen und Schießen sind **Umgangsarten** gem. § 1 Abs. 3 iVm Anl. 1 Abschn. 2 (→ Anl. 1 Rn. 169 ff.). Die grds. **Erlaubnispflicht** für den Umgang, mit Ausnahme des Überlassens, ergibt sich aus § 2 Abs. 2 iVm Anl. 2 Abschn. 2 UAbschn. 1 S. 1, nicht aus § 10.

3 Der Gesetzgeber verwendet in § 10 Abs. 1 S. 1, Abs. 1a und Abs. 4 jeweils den weiten Begriff der **„Waffe“.** Gleichwohl erfasst die Norm nur **Schussw.** und **gleichgest. tragbare Gegenstände** iSd § 1 Abs. 2 Nr. 1 iVm Anl. 1 Abschn. 1 UAbschn. 1 Nr. 1–4. Nur diese unterliegen der Erlaubnispflicht nach Anl. 2 Abschn. 2 UAbschn. 1 S. 1, weshalb **tragbare Gegenstände** iSv § 1 Abs. 2 Nr. 2 iVm Anl. 1 Abschn. 1 UAbschn. 2 **nicht** unter die Vorschrift fallen.

4 Zu berücksichtigen ist, dass der Gesetzgeber in Ausnahme zur Erlaubnispflicht in Anl. 2 Abschn. 2 UAbschn. 2 hinsichtlich einzelner Umgangsarten eine ganze Reihe **gegenstandsbezogener Ausnahmen** vorgesehen hat, welche eine Erlaubnis hinsichtlich einzelner Umgangsarten für die dort genannten Waffen entbehrlich machen (→ Anl. 2 Rn. 99 ff.). Weiter zu berücksichtigen sind die in §§ 12, 13 geregelten Fälle, die **personen- und situationsbezogene Ausnahmetatbestände** von der Erlaubnispflicht enthalten.

5 Einige dem Grundsatz nach erlaubnispflichtige Gegenstände hat der Gesetzgeber schließlich in Anl. 2 Abschn. 3 UAbschn. 2 weitestgehend vom Geltungsbereich des WaffG ausgenommen, weshalb diese ebenfalls nicht unter die Erlaubnispflicht fallen. Hierher zählen etwa bestimmte Spielzeugschussw., Blasrohre, Zündblättchenwaffen, Dekorationswaffen oder Nachbildungen von Schussw. (→ Anl. 2 Rn. 137 ff.).

6 Die nach dem WaffG aF erteilten Erlaubnisse haben gem. § 58 Abs. 1 weiterhin **Gültigkeit** (→ § 58 Rn. 3 ff.).

7 Die waffenrechtl. Erlaubnisse WBK, MES, WS, KWS und Schießerlaubnis sind im **gesamten Geltungsbereich** des WaffG **gültig** (vgl. WaffVwV Nr. 10.4).

1. Änderungen des § 10

8 § 10 WaffG wurde durch das **2. ÄndG** (vgl. Einf. Rn. 23) zum 1.4.2008 wie folgt geändert:

In Abs. 1 wurde Satz 4 gestrichen und als neuer Abs. 1a eingefügt. In Abs. 2 Satz 2 wurde nach den Wörtern „schießsportlichen Verein“ die Wörter „oder einer jagdlichen Vereinigung“ eingefügt und in den Sätzen 4 und 5 das Wort „schießsportlichen“ gestrichen. An Abs. 3 wurden die Sätze 3 und 4 angefügt.

2. Prinzipielle Voraussetzungen der Erlaubniserteilung

9 Die Erlaubniserteilung setzt das Vorliegen der in § 4 Abs. 1 Nr. 1–4 genannten Anforderungen voraus. Demnach setzt eine Erlaubnis voraus, dass der Antragst.
- das 18. Lebensj. vollendet hat (§ 2 Abs. 1),
- die erforderliche Zuverlässigkeit (§ 5) und persönliche Eignung (§ 6) besitzt sowie

– die erforderliche Sachkunde (§ 7) und
– ein Bedürfnis (§ 8) nachgewiesen hat.

Des Weiteren hat der Antragst. beim **Antrag auf Erteilung einer Erlaubnis** der zust. Beh. gegenüber die zur **sicheren Aufbewahrung** getroffenen oder vorgesehenen Maßnahmen nachzuweisen (§ 36 Abs. 3 S. 1). 10

Wird ein **WS** oder eine **Schießerlaubnis** begehrt, so ist zusätzlich eine **Haftpflichtversicherung** in Höhe von 1 Million Euro – pauschal für Personen- und Sachschäden – nachzuweisen (§ 4 Abs. 1 Nr. 5). Für den KWS ist keine Haftpflichtversicherung erforderlich. 11

Für Feuerwaffen mit einem geringen Wirkungsgrad (sog **Kleinstkaliberwaffen,** deren Geschossen eine Energie von nicht mehr als 7,5 J erteilt wird) und die dazugehörige Munition wird eine **WBK** erteilt, **ohne** dass hierfür ein **Bedürfnis** iSv § 4 Abs. 1 Nr. 4 nachgewiesen zu werden braucht, Anl. 2 Abschn. 2 UAbschn. 3 Nr. 1(→ Anl. 2 Rn. 135). 12

Die waffenrechtl. Erlaubnisse werden nur auf **Antrag erteilt,** nicht von Amts wegen. Zwar wird dies nicht ausdr. im WaffG genannt, folgt aber aus den Formulierungen in § 10 „sind Art, Anzahl und Kaliber der Schusswaffen anzugeben". 13

Die zust. Beh. prüft nach Antragstellung die erforderlichen Vorauss. und stellt, soweit diese vorliegen, die beantragte Erlaubnis aus. Bei dieser Entsch. ist der zust. Beh. **kein Ermessen** eingeräumt (gebundene Entsch.). Liegen die gesetzlichen Vorauss. für den Erwerb und Besitz von Schussw. und der dazugehörigen Munition vor, zB für Jäger, Sportschützen oder gefährdete Personen, so besteht ein **Rechtsanspruch** auf Erteilung der Erlaubnis (vgl. *Steindorf/N. Heinrich* WaffG § 10 Rn. 4). Die zust. Beh. hat jedoch hinsichtlich der Tatbestandsmerkmale Zuverlässigkeit, Eignung, Bedürfnis oder bei Auswahl der Schussw., zB bei gefährdeten Personen, einen **Beurteilungsspielraum** bzgl. der Frage, ob die Tatbestandsmerkmale tatsächlich erfüllt sind. Die Entsch. der zust. Beh. kann verwaltungsgerichtlich vollumfänglich überprüft werden.

Des Weiteren können bei Vorliegen der Vorauss. **Befristungen** oder **Auflagen** eingetragen (§ 9) werden. 14

Gem. § 4 Abs. 2 kann die Erlaubnis zum Erwerb, Besitz, Führen oder Schießen **versagt** werden, wenn der Antragst. seinen **gewöhnlichen Aufenthalt** nicht seit mind. **fünf Jahren** im Geltungsbereich des WaffG hat. 15

3. Gebühren

Für Amtshandlungen nach § 10 werden Gebühren erhoben. Diese richten sich nach den jeweiligen Vorschriften der Länder (→ § 50 Rn. 2). 16

II. Erteilung der WBK (Abs. 1)

Nach Abs. 1 wird die Erlaubnis zum Erwerb und Besitz von Schussw. durch eine Waffenbesitzkarte (WBK) erteilt. Die Besitzerlaubnis wird gleichzeitig mit der Erwerbserlaubnis durch Ausstellung einer WBK oder durch Eintragung in eine bereits erteilte WBK vorgenommen (vgl. BT-Drs. 14/7758, 58). 17

1. WBK als schriftliche Urkunde

WBK dokumentieren die materielle Erlaubnis für den Erwerb sowie der Ausübung der tatsächlichen Gewalt (Besitz) des Antragst. über die darin genannten Schussw. Damit dienen sie zugleich dem **Nachweis dieser Berechtigung** (vgl. § 38). Die WBK ist damit eine **Urkunde** mit personen- und waffenbezogenen Daten. 18

(unbesetzt) 19

2. Fristenregelung beim Erwerb

20 Die Erlaubnis zum **Erwerb** ist gem. § 10 Abs. 1 S. 3 auf **ein Jahr befristet.** Maßgeblich zur Fristberechnung ist das Datum des behördlichen Eintrags. Ein Erwerb **nach Ablauf** der Frist geschieht **ohne Erlaubnis** und kann damit strafbar sein (vgl. *Apel/Bushart* WaffG § 10 Rn. 8).

21 Für die **Fristberechnung** gilt § 36 VwVfG (bzw die entspr. Regelungen in den Landes-VwVfG) iVm §§ 187 ff. BGB. Der Jahreszeitraum beginnt mit dem Zeitpunkt des Eintrags der Schussw. in die WBK, also einem maßgebenden Ereignis iSd § 187 Abs. 2 BGB. Die Frist **endet** gem. § 188 Abs. 2 Alt. 2 BGB mit Ablauf desjenigen Tages des letzten Monats, welcher dem Tage vorhergeht der durch seine Zahl dem Anfangstag der Frist entspricht (zB Eintragung der Erwerbserlaubnis am 13.6.2011, Fristbeginn 13.6.2011, Fristende mit Ablauf des 12.6.2012).

3. Unbefristete Erlaubnis zum Besitz

22 Die Erlaubnis zum **Besitz** erfolgt grds. **unbefristet.** Ausnahmen sind aber denkbar, zB beim Erwerb zum Verbringen in einen Mitgliedstaat im Rahmen der Selbstvornahme (→ § 11 Rn. 11).

4. Eintragungsmodalitäten

23 **a) Arten der WBK, Jagdschein.** Das WaffG sieht auf Grund der unterschiedlichen Bedürfnisse eine Unterteilung der WBK in verschiedene Farben vor. Die reguläre WBK hat die Farbe **grün** (Bedürfnis bspw. für Jäger, gefährdete Personen oder Bewachungsunternehmer).

Sportschützen wird gem. § 14 Abs. 4 S. 1 mittels der „**gelben WBK**" eine **zeitl. unbefristete Erwerbserlaubnis** für bestimmte „privilegierte" Schussw. und dazugehörige Munition erteilt:
- Einzellader-Langwaffen mit glatten und gezogenen Läufen,
- Repetier-Langwaffen mit gezogenen Läufen,
- einläufige Einzellader-Kurzwaffen für Patronenmunition und
- mehrschüssige Kurz- und Langwaffen mit Zündhütchenzündung (Perkussionswaffen) sowie dazugehörige Munition.

Für andere Schussw. erhalten **Sportschützen eine „grüne WBK".**

Für Waffensammler und Waffensachverständige ist die WBK in Heftform in **roter** Farbe einschlägig. Auch diesen wird die Erwerbserlaubnis grds. zeitl. unbefristet erteilt.

Schließlich ist die **WBK für schießsportliche Vereine** (und jagdliche Vereinigungen) vorgesehen (vgl. WaffVordruckVwV Anl. 2).

23a Die zeitl. befristete Erwerbserlaubnis wird durch den sog Voreintrag in die „grüne WBK" erteilt (dort in Spalte 4). Die unbefristete Erwerbserlaubnis wird durch Ausstellung der gelben bzw roten WBK erteilt. Die gelbe und rote WBK stellen also selbst die Erwerbserlaubnis dar. Daher verfügen diese auch nicht über eine Spalte für den Voreintrag.

23b Die Besitzerlaubnis erfolgt durch Eintragung der individuellen Merkmale der erworbenen Waffe – Hersteller, Modellbezeichnung und Seriennummer (zum Verhältnis von Erwerbs- und Besitzerlaubnis vgl. *Gade* WaffR S. 105).

24 **b) Eintragung bestimmter Daten (Abs. 1 S. 2).** Gem. § 10 Abs. 1 S. 2 ist für die Erteilung einer Erlaubnis für Schussw. **Art, Anzahl und Kaliber** anzugeben. In die WBK werden durch die zust. Beh. deshalb folgende Angaben eingetragen (vgl. WaffVwV Nr. 10.9):

- Name, Geburtstag und Geburtsort des Inhabers
- Laufende Nummer, konkrete Bezeichnung der Munition oder – sofern eine derartige Angabe nicht möglich ist – das Kaliber, Art der Schussw. und Herstellungsnummer
- In der WBK ist die Art der zu erwerbenden oder erworbenen Waffe möglichst genau zu bestimmen:

Langwaffen können im Wesentlichen wie folgt def. werden:
- Einzellader: zB Einzelladerbüchse, Einzelladerflinte
- Repetierwaffen: Repetierwaffen mit glatten Läufen (zB Vorderschaftrepetierflinte, Unterhebelrepetierflinte), Repetierwaffen mit gezogenen Läufen (zB Vorderschaftrepetierbüchse, Unterhebelrepetierbüchse)
- Halbautomaten: zB halbautomatische Büchse, halbautomatische Flinte

Kurzwaffen können grds. wie folgt differenziert werden:
- Revolver: zB Double Action (DA)- oder Single Action (SA)-Revolver, Vorderladerrevolver
- Pistole: zB Einzelladerpistole, halbautomatische Pistole, Signalpistole

c) Eintragungen bei Erwerbs- und Überlassensvorgängen. In die WBK 25
sind der **Tag und der Ort der Ausstellung** einzutragen. Erst nach dem abgeschlossenen Erwerbsvorgang feststehende Herstellerzeichen oder Marken, nähere Modellbezeichnungen und ggf. die Herstellungsnummer der Waffe, ferner der **Tag des Überlassens,** werden von der für den Erwerber **zust. Beh.** eingetragen, soweit von einer Privatperson ohne Waffenhandelserlaubnis nach § 21 erworben worden ist. Wird hingegen von einem Waffenhändler erworben, so hat dieser die entspr. Eintragungen nach § 34 Abs. 2 vorzunehmen. Diese werden im Fall der Vorlage der WBK anlässlich des Erwerbs seitens der zust. Beh. kontrolliert und abgestempelt.

Wird der für den Erwerber zust. Beh. die WBK zur Eintragung des Erwerbs vorgelegt, ohne dass sie zuvor hiervon auch durch die für den Überlassenden zust. Beh. unterrichtet worden ist, so benachrichtigt sie initiativ die zust. Beh. des Überlassenden.

Den **Überlassenden** trifft gem. § 34 Abs. 2 S. 2 die Pflicht, gegenüber der **für ihn zust. Beh. mitzuteilen, wem** die Waffe überlassen wurde. Die Austragung der überlassenen Waffe erfolgt durch diese Behörde, die umgehend auch die für den Erwerber zust. Beh. über den Vorgang des Überlassens **informiert.** Bei einem Eintragungsvorgang nicht benötigte Zeilen und Spalten dürfen nicht ungültig gemacht werden (vgl. WaffVwV Nr. 10.9.3).

III. Eintragung des Erwerbs binnen zwei Wochen (Abs. 1a)

Durch das **2. ÄndG** (→ Einf. Rn. 23) wurde Abs. 1 S. 4 gestrichen und als neuer 26
Abs. 1a eingefügt. Damit soll die Unterscheidung der Erteilung der materiellen Erlaubnis und der Sicherung der formalen Richtigkeit der Erlaubnis deutlich zum Ausdruck kommen (vgl. BR-Drs. 838/07, 39).

Abs. 1a gibt vor, dass der **Erwerber** einer Schussw. **auf Grund einer WBK** nach 27
Abs. 1 S. 1 diesen binnen **zwei Wochen** der zust. Beh. unter Benennung von Name und Anschrift des Überlassenden **schriftlich** anzuzeigen und seine WBK zum Eintrag des Erwerbs **vorzulegen** hat.

Eine **Ausnahme** bzgl. dieser Frist besteht gem. § 18 Abs. 2 S. 3, wonach bei Waffensachverständigen im Fall des Erwerbs einer Schussw. Abs. 1a keine Anwendung findet, wenn der Besitz nicht länger als **drei Monate** ausgeübt wird (zu den Anzeigepflichten im Falle des Überlassens → § 34 Rn. 17 ff., 21 ff.)

Konstellationen des vorübergehenden erlaubnisfreien Erwerbs nach § 12 Abs. 1 27a
unterfallen **nicht** der Anzeigepflicht nach Abs. 1a. In diesen Fällen muss auch der Überlassende den Überlassenvorgang nicht gegenüber der zust. Beh. anzeigen

(→ § 34 Rn. 21a). Zu den Anzeigepflichten im Falle des erlaubnisfreien Langwaffenerwerbs auf Grundlage eines gültigen Jahresjagdscheins nach § 13 Abs. 3 → § 13 Rn. 25.

28 Zeigt der Erwerber den Erwerb der Schussw. nicht innerhalb von zwei Wochen an und der Eintrag unterbleibt, hat dies **nicht** zur Folge, dass der **Besitz ohne Erlaubnis** ausgeübt wird, da die materiellen Erlaubnisvorauss. zu diesem Zeitpunkt von der zust. Beh. bereits überprüft und positiv festgestellt worden sind.

Beim sog **Voreintrag** handelt es sich um einen VA, der die Erlaubnis nicht nur zum Erwerb, sondern bereits zum Besitz einer der Eintragung entspr. Schussw. umfasst. Der Eintragung einer auf Grund eines sog Voreintrags erworbenen Schussw. mit ihren individuellen Merkmalen in die WBK kommt keine Regelungswirkung in Form einer konstitutiven Besitzerlaubnis zu. Vielmehr handelt es sich um einen VA, durch den verbindlich festgestellt wird, dass die erworbene Schussw. von der bereits zuvor erteilten Erlaubnis (Voreintrag) umfasst ist, nämlich mit der voreingetragenen Art und dem voreingetragenen Kaliber übereinstimmt und innerhalb der Erwerbsfrist des Abs. 1 S. 3 Hs. 1 erworben wurde (vgl. VG Düsseldorf Urt. v. 4.3.2010 – 22 K 4969/08; zum Verhältnis von Erwerbs- und Besitzerlaubnis vgl. auch *Gade* WaffR S. 105).

29 Die Verletzung der **Anzeigepflicht** wird allerdings als Ordnungswidrigkeit nach § 53 Abs. 1 Nr. 5 geahndet und kann zudem die Zuverlässigkeit des Waffenbesitzers in Frage stellen (vgl. BT-Drs. 14/7758, 58).

30 Wird gegen die **Vorlagepflicht** der WBK verstoßen, so bleibt dies wegen fehlender Regelung sanktionslos.

31 Abs. 1a S. 1 enthält die **Pflicht zur Benennung des Überlassers** gegenüber der zust. Beh. Diese korrespondiert eng mit der Verpflichtung des nicht gewerblichen Überlassers, welcher nach § 34 Abs. 2 S. 2, 3 gegenüber der zust. Beh. das Überlassen sowie die Erwerbsperson zu benennen hat (→ § 34 Rn. 21). Durch diese „doppelte Meldepflicht" gegenüber den zust. Beh. soll eine lückenlose Erfassung des Besitzes von Schussw. ermöglicht werden (BT-Drs. 14/7758, 58).

32 (unbesetzt)

33 Inhaber eines gültigen Jahresjagdscheins iSd § 15 Abs. 2 iVm Abs. 1 S. 1 BJagdG brauchen gem. § 13 Abs. 3 für den Erwerb von Jagd-Langwaffen und Munition iSd § 13 Abs. 1 Nr. 2 keine Erlaubnis. Diese können also ohne Voreintrag in die grüne WBK erworben werden. Allerdings muss der Erwerb binnen zwei Wochen der zust. Beh. unter Benennung von Name und Anschrift des Überlassenden schriftlich angezeigt werden und binnen gleicher Frist für die erworbene Waffe eine WBK beantragt bzw ein Antrag auf Eintrag in eine bereits vorhandene WBK gestellt werden (→ § 13 Rn. 25).

IV. Erteilung der WBK an mehrere natürliche Personen und juristische Personen (Abs. 2)

1. WBK für mehrere Personen (Abs. 2 S. 1)

34 (unbesetzt)

35 Üben mehrere Personen gemeinschaftlich die tatsächliche Gewalt über Schussw. aus, so kann *eine* gemeinsame WBK ausgestellt werden. Die Personen müssen die Vorauss. für die Erteilung der Erlaubnis jeweils höchstpersönlich erfüllen (*König/Papsthart* Neues WaffR Rn. 105; *Steindorf/N. Heinrich* WaffG § 10 Rn. 10; BVerwG GewArch 2016, 297 ff.). Der berechtigte Mitbesitz von Personen mit einem waffenrechtl. Bedürfnis an blockierten Schussw. im berechtigten Besitz von Erben ohne Bedürfnis (→ § 20 Rn. 13 ff.) ist ausgeschlossen (BVerwG GewArch 2016, 297 ff.). Die ausnahmsweise Erteilung einer WBK für mehrere Personen erfolgt aus Effizienzgründen, wenn identische Bedürfnisse eine gemeinschaftliche Besitzberechtigung erfordern (*König/Papsthart* Neues WaffR Rn. 105). So kann dies zB bei Eheleuten der Fall sein, Vater/Mutter und Sohn/Tochter, Geschwistern oder Erbengemeinschaften (*Steindorf/N. Heinrich* WaffG § 10 Rn. 10; vgl. *Lehmann* WaffG § 10 Rn. 30 bei Erbengemeinschaften von Waffensammlungen).

Praktisch wird die WBK auf eine Person als Berechtigtem ausgestellt. Die weiteren Berechtigten, für die diese Erlaubnis auch gelten soll, sind zusätzlich unter „Amtliche Eintragungen" aufzuführen. Die Eintragung weiterer Berechtigter kann auf Antrag sowohl bei der Ausstellung der WBK als auch nachträglich erfolgen (WaffVwV Nr. 10.6). 36

Zur **gemeinschaftlichen Aufbewahrung** → § 36 Rn. 60 ff. 37

2. WBK für juristische Personen (Abs. 2 S. 2–5)

Die Sätze 2–5 ermöglichen die Erteilung einer WBK an einen **schießsportlichen Verein** oder eine **jagdliche Vereinigung** als jeweils juristische Person. Damit wird einem praktischen Bedürfnis der Schießsportvereine und der jagdlichen Vereinigungen Rechnung getragen. 38

Juristische Person ist zB der eingetragene Verein (e.V.) iSd § 21 BGB, wohingegen die Organisation als nichtrechtsfähiger Verein oder als Schießleistungs-(sport)gruppe ohne eigene Rechtspersönlichkeit für diese Eigenschaft nicht ausreicht (vgl. WaffVwV Nr. 10.7). Allerdings kann solchen Gruppen, Gesellschaften oder Organisationen bei Vorliegen der Vorauss. eine **gemeinsame WBK** iSd § 10 Abs. 2 S. 1 ausgestellt werden. 39

a) Schießsportliche Vereine. Die WBK kann zunächst schießsportlichen Vereinen erteilt werden. Die Mitgliedschaft des Vereins in einem anerkannten Schießsportverband ist idR **nicht erforderlich.** Vorauss. ist jedoch, dass der Schießsport nach den Regeln einer genehmigten Sportordnung betrieben wird (vgl. WaffVwV Nr. 10.7). 40

b) Jagdliche Vereinigungen. In Abs. 2 S. 2 wurde mit dem **2. ÄndG** (→ Einf. Rn. 23) **zum 1.4.2008** neben dem schießsportlichen Verein auch die **jagdliche Vereinigung** eingefügt sowie in den Sätzen 4 und 5 das Wort „schießsportlichen" gestrichen. Damit wird einem praktischen Bedürfnis folgend die Möglichkeit zur Ausstellung einer Vereins-WBK über die schießsportlichen Vereine hinaus auf **jagdliche Vereinigungen** erstreckt, soweit es sich bei diesen auch um juristische Personen handelt (vgl. BR-Drs. 838/07, 40). 41

c) Abschluss einer Haftpflichtversicherung (Abs. 2 S. 3 Hs. 1). Abs. 2 S. 3 Hs. 1 verlangt das Vorliegen einer Haftpflichtversicherung zugunsten des Vereins oder der Vereinigung. Damit soll das durch das Fehlen einer persönlichen Verantwortlichkeit bestehende Defizit gegenüber natürlichen Personen als WBK-Inhaber ausgeglichen werden (vgl. *Apel/Bushart* WaffG § 10 Rn. 17). Eine nachgewiesene Haftpflichtversicherung ist daher Vorauss. für die Erteilung einer WBK nach § 10 Abs. 2 S. 2. 42

d) Verantwortliche Person (Abs. 2 S. 3–5). Nach Abs. 2 S. 3 muss durch den Verein eine **verantwortliche Person** benannt werden, welche **höchstpersönlich** die Vorauss. für das Erteilen waffenrechtl. Erlaubnisse nach § 4 Abs. 1 Nr. 1–3 erfüllt. Diese Verpflichtung wird durch Verbindung der Erlaubnis mit einer entspr. (bußgeldbewehrten) Auflage bewirkt. Die benannte verantwortliche Person muss **nicht** vertretungsberechtigtes Organ (oder Teil eines solchen) des Vereins sein. Es kann also jedes „einfache" Vereinsmitglied als sog „Waffenwart" benannt werden. Inhaber der WBK bleibt der Verein als juristische Person. 43

Der Abs. 2 S. 4 und 5 dient der **Kontinuität** einer benannten verantwortlichen Person. Dem Verein wird eine (bußgeldbewehrte) Pflicht zur Mitteilung relevanter 44 persönlicher Veränderungen der benannten Person sowie die Neubenennung einer verantwortlichen Person unverzüglich, dh ohne schuldhaftes Zögern, aufgetragen. Abs. 2 S. 5 stellt schließlich sicher, dass im Fall des Abreißens der in Abs. 2 S. 4 geforderten Kontinuität, wenn also eine verantwortliche Person fehlt, die dem Verein erteilte Erlaubnis widerrufen wird (BT-Drs. 14/8886, 110).

V. Munitionserwerbschein (Abs. 3)

1. Allgemeines

45 (unbesetzt)

46 Der Gesetzgeber hat mit dieser Regelung zunächst klargestellt, dass nur der Inhaber einer Erlaubnis zum Munitionserwerb den Besitz an Munition auf Dauer ausüben können soll.

47 Die Eintragung der Erwerbs- und Besitzberechtigung in die WBK ist als **Regelfall** (S. 1) und die Erteilung eines MES als **Ausnahme** (S. 2) ausgestaltet (BT-Drs. 14/7758, 58). Diese Regelung trägt den Erfahrungen aus der Vergangenheit Rechnung, wonach die Berechtigung zum Munitionserwerb in der ganz überwiegenden Mehrzahl der Fälle in die **WBK eingetragen** wurde und nur in **Ausnahmefällen,** zB bei Munitionssammlern und bei Sachverständigen, die Notwendigkeit zur Erteilung eines MES bestand.

48 Ein **MES** ist **nicht** erforderlich, soweit der Erwerb und Besitz von Munition durch andere gesetzliche Regelungen ohne Erlaubnis erfolgen darf. Dies sind insbes. die in **§ 12 Abs. 2, § 13 V** geregelten personen- und situationsbezogenen Anlässe.

Die in Anl. 2 Abschn. 2 UAbschn. 2 Nr. 1.4, 1.11 und 1.12 genannte Munition kann ohne MES (ab Vollendung des 18. Lebensj.) frei erworben und besessen werden.

2. Erteilung der Erlaubnis zum Munitionserwerb und Fristenregelung

49 Bei der Erteilung der Erlaubnis zum Munitionserwerb und -besitz in Form der Eintragung in die **WBK** oder durch Ausstellung eines **MES** müssen die **Vorauss.** des **§ 4 Abs. 1 Nr. 1–4** vorliegen.

Die Erlaubnis zum Munitionserwerb ist behördlicherseits auf **6 Jahre** zu befristen, der **Besitz** der Munition ist **unbefristet** erlaubt. Daher gilt der für den Erwerb (nach Ablauf der 6-Jahresfrist) ungültige MES für den Besitz unbefristet weiter.

50 Ein **MES** kommt insbes. bei **Munitionssachverständigen** oder **Munitionssammlern** in Betracht.

51 In dem **MES** (Muster siehe in WaffVordruckVwV Anl. 5) ist die amtl. **Bezeichnung der Munition** anzugeben, sofern die Erlaubnis nicht ausnahmsweise für Munition jeder Art erteilt wird (ggf. bei einem Sachverständigen).

Bei Erteilung eines MES nach § 10 Abs. 3 S. 2 (Erlaubnis zum nicht gewerblichen Laden von Munition) hat der Antragst. die gewünschten Kaliber zu benennen. Eine Beschränkung der Erlaubnis auf ein bestimmtes Kaliber soll nur dann erfolgen, wenn ein weitergehendes Bedürfnis auszuschließen ist. Eine mengenmäßige Beschränkung ist nicht vorzusehen.

Der **MES** gilt im gesamten Geltungsbereich des WaffG (vgl. WaffVwV Nr. 10.14.1).

52 **Verbotene Munition** nach Anl. 2 Abschn. 1 Nr. 1.5.1–1.5.7 darf nicht erworben und besessen werden, es sei denn, es liegt hierfür zusätzlich eine Ausnahmebewilligung nach § 40 Abs. 4 durch das BKA vor.

53 Die Erlaubnis zum nicht gewerblichen Laden von Munition iSd SprengG gilt als Erlaubnis zum Erwerb und Besitz der hergest. Munition (Abs. 3 S. 3).

3. Nicht gewerbliche Herstellung von Munition (Wiederladen)

Wiederladen bedeutet, dass nach dem Schießen die (leere) Patronenhülse mit neuem Anzündhütchen, Pulver und einem Geschoss versehen wird. Hierdurch wird die mehrmalige Verwendung der recht teuren Patronenhülse ermöglicht, zum anderen kann so eine für Zweck und Waffe optimal angepasste Patrone hergest. werden. **54**

Die nicht gewerbliche **Herstellung** von Munition ist nach Anl. 2 Abschn. 2 UAbschn. 2 Nr. 6.1 **erlaubnisfrei,** allerdings nicht der damit denknotwendig einhergehende Erwerb und Besitz der fertigen Patrone. **55**

Dieser Konstellation Rechnung tragend **ersetzt** die **sprengstoffrechtliche Erlaubnis** zum Laden von Munition nach Abs. 3 S. 3 **den MES** bei **nicht gewerblichen Wiederladern** für die dabei hergest. Munition (so ausdr. § 27 Abs. 1a SprengG). Die sprengstoffrechtliche Erlaubnis wiederum ist nach § 27 Abs. 1 SprengG für den Erwerb und den Umgang mit explosionsgefährlichen Stoffen (Schwarzpulver oder NC-Pulver) zum Laden und Wiederladen von Patronenhülsen erforderlich. **56**

Ein **Patronenbausatz,** bestehend aus Adapter bzw Ladehülse (passend im Patronenlager Kaliber .308 Win.), Treibkartusche (hergestellt aus Hülsen .30 Carbine) und Geschoss Kaliber .308 bzw .30 (7,62 mm) wurde als **Patronenmunition** eingestuft (FB-BKA v. 2.2.2010, Az. SO11-5164.01-Z-54). Der Zusammenbau dieser Patrone ist **kein Wiederladen** und unterliegt deshalb der Erlaubnispflicht.

Läuft die sprengstoffrechtliche Erlaubnis zeitl. ab, so gilt sie für den Besitz der hergest. Munition für einen Zeitraum von 6 Monaten fort. Hierdurch wird verhindert, dass der Erlaubnisinhaber unverschuldet den Straftatbestand des unerlaubten Besitzes von Munition (§ 52 Abs. 3 Nr. 2b) verwirklicht, etwa, wenn eine fristgerechte Verlängerung der sprengstoffrechtl. Erlaubnis als Folge behördlicher Überlastung nicht möglich ist (vgl. BR-Drs. 838/07, 40). **57**

4. Ausnahmeregelungen

Der ausnahmsweise **erlaubnisfreie** Munitionserwerb und -besitz ist ua bei **58**
- Munition in den Fällen des § 12 Abs. 2,
- Munition durch Inhaber einer Bescheinigung nach § 55 Abs. 2 für die in dieser Bescheinigung eingetragene Munition,
- Munition durch Inhaber eines gültigen Jahres-, Tages- oder Ausländerjagdscheins für Langwaffen nach § 13 Abs. 5,
- Patronen- und Kartuschenmunition, die für Schussw. bestimmt ist, zu deren Erwerb und Besitz es ihrer Art nach keiner Erlaubnis bedarf (zB Anl. 2 Abschn. 2 UAbschn. 2 Nr. 1.4 und 1.11) und bei
- pyrotechnischer Munition nach Anl. 2 Abschn. 2 UAbschn. 2 Nr. 1.12

zulässig.

VI. WS zum Führen (Abs. 4)

1. Allgemeines

(unbesetzt) **59**

Die Erlaubnis zum **Führen** (→ Anl. 1 Rn. 174) einer Schussw. und damit zum Ausüben der tatsächlichen Gewalt über die Schussw. außerhalb der eigenen Wohnung, Geschäftsräume, des eigenen befriedeten Besitztums oder einer Schießstätte (Anl. 1 Abschn. 2 Nr. 4) wird durch einen **WS** erteilt. Ein WS ist auch für **wesentl. Teile und Schalldämpfer** erforderlich. **60**

Für **SRS-Waffen** („PTB im Kreis“) wird gem. § 10 Abs. 4 S. 4 der **KWS** erteilt.

60a Wer für eine Schussw. einen **WS** bzw einen **KWS** besitzt, darf die Schussw. prinzipiell ohne Einschränkungen führen. Der WS ist jedoch durch die zust. Beh. auf besondere Anlässe oder Gebiete zu beschränken, wenn ein darüber hinaus gehendes Bedürfnis nicht geltend gemacht wird (§ 10 Abs. 4 S. 3).

Weiter ist § 42 Abs. 1 zu beachten, wonach das Führen von Waffen bei öffentl. Veranstaltungen verboten ist. Ebenso ist § 2 Abs. 3 VersG einschlägig, der das Führen von Waffen bei oder auf dem Weg zu öffentl. Versammlungen verbietet. Zudem ist es gem. § 11 LuftSiG verboten, im Handgepäck oder an sich Schussw. im Luftfahrzeug oder in nicht allg. zugänglichen Bereichen von Flughäfen zu tragen.

61 Nicht erlaubnispflichtige Waffen, namentlich **Hieb- und Stoßwaffen,** sind nicht vom Waffenscheinerfordernis erfasst. Gleiches gilt für prinzipiell erlaubnispflichtige Waffen, die hinsichtlich des Erwerbs, des Besitzes und des Führens von der Erlaubnispflicht nach Anl. 2 Abschn. 2 UAbschn. 2 Nr. 3 freigestellt sind (Schussw. mit **Lunten- oder Funkenzündung,** deren Modell vor dem 1.1.1871 entwickelt worden ist und **Armbrüste**).

Zu berücksichtigen sind weiterhin die personen- bzw situationsbezogenen Ausnahmen vom erlaubnispflichtigen Führen („waffenscheinfreies Führen") nach § 12 Abs. 3. Von Bedeutung sind zudem die Vorschriften für **Jäger** gem. § 13 Abs. 6–8, **Brauchtumsschützen** gem. § 16 Abs. 2 und 4 und **Wachpersonen** gem. § 28 Abs. 3.

62 Für **Munition** ist **kein WS erforderlich.** Der waffenrechtl. Begriff des Führens erfasst **nur Waffen,** nicht Munition (vgl. Anl. 1 Abschn. 2 Nr. 4), weshalb Munition außerhalb der eigenen Wohnung usw nicht geführt, sondern lediglich iSd Anl. 1 Abschn. 2 Nr. 2 besessen wird. Eine Erlaubnispflicht für das Führen von Munition ist somit begrifflich ausgeschlossen.

63 **a) Muster des WS und Eintragungen.** Der WS ist die Erlaubnisurkunde für die Umgangsart des Führens von Schussw. Er wird nach dem Muster in WaffVordruckVwV Anl. 6 ohne Lichtbild ausgestellt und es werden folgende Eintragungen vorgenommen: Laufende Nr. des WS; Herr/Frau (Name, ggf. auch Vorname), Geburtstag und Geburtsort des Inhabers; Gültig bis; Ort und Datum der Ausstellung; Behörde; Unterschrift des Sachbearbeiters und Dienstsiegel; Waffe (Art, Kaliber, Hersteller, Herstellungsnummer); Weitere amtl. Eintragungen (zB Beschränkung auf Anlässe oder Gebiete, ggf. weitere Auflagen).

64 **b) WS für Bewachungsunternehmer gem. §§ 28, 28a.** Zum WS für Bewachungsunternehmer wird auf die Ausführungen zu §§ 28, 28a verwiesen (→ § 28 Rn. 3, 15 → § 28a Rn. 2).

65 **c) Keine Erteilung des WS oder KWS an mehrere Personen.** Eine Erteilung des WS oder KWS an **mehrere Personen** ist durch den Gesetzgeber **nicht** vorgesehen und kann auch nicht analog zu Abs. 2 S. 1 abgeleitet werden (aA *König/Papshart* Rn. 114, die von der Zulässigkeit der Erteilung eines KWS an mehrere Personen ausgehen, jedoch praktische Schwierigkeiten beim parallelen Führen einräumen). Der WS und KWS sind **höchstpersönliche** personen- und waffenbezogene Erlaubnisse (vgl. *Steindorf/N. Heinrich* WaffG § 10 Rn. 12a mwN).

2. Erteilung und Verlängerung des WS

66 Für die Erteilung des WS hat der Antragst. **alle Vorauss.** nach § 4 Abs. 1 Nr. 1–5 zu erfüllen.

Soweit eine **WBK** nach § 10 Abs. 1 erforderlich ist, bleibt dieses Erfordernis von der Regelung unberührt (*Steindorf/N. Heinrich* WaffG § 10 Rn. 12a mwN).

Gem. Abs. 4 S. 2 wird der WS zum Führen von Schussw. nur für bestimmte Schussw. und für höchstens **drei Jahre** erteilt. Die Geltungsdauer kann **zweimal** um höchstens je **drei Jahre** verlängert werden. Sie ist kürzer zu bemessen, wenn nur ein **vorübergehendes Bedürfnis** nachgewiesen wird.

Die vorgesehene **zweimalige** Verlängerungsmöglichkeit um jeweils bis zu **drei Jahre** dient der Verwaltungsvereinfachung. Allerdings muss der Verlängerungsantrag vor Ablauf der Geltungsdauer gestellt sein, andernfalls ist ein Neuantrag anzunehmen (*Steindorf/N. Heinrich* WaffG § 10 Rn. 12c mwN). Bei der **Verlängerung des WS** sind sämtliche Erteilungsvorauss. erneut zu prüfen (WaffVwV Nr. 10.15.3), nicht nur, ob sich die sachlichen Erteilungsvorauss. gegenüber dem letzten Antrag verändert haben (*Steindorf/N. Heinrich* WaffG § 10 Rn. 12c). Insofern ist die Verlängerung eines WS von denselben materiell-rechtlichen Vorauss. abhängig wie die Neuerteilung (vgl. VG Würzburg Urt. v. 13.10.2004 – W 6 K 03.714; zum WaffG aF BVerwG NJW 1980, 1588). 67

Bedürfnisse für das Führen ergeben sich insbes. aus § 19 Abs. 2 und §§ 28, 28a Abs. 1. Darüber hinaus kann auch das Führen zum **Zweck des Schießens,** zB verwilderter Tauben im Stadtbereich, ein Bedürfnis darstellen (vgl. den Fall bei VG Düsseldorf NVwZ-RR 2006, 183). 68

3. KWS (Abs. 4 S. 4 iVm Anl. 2 Abschn. 2 UAbschn. 3 Nr. 2 und 2.1)

Der **KWS** ist eine Erlaubnis eigener Art, die zum Führen von **SRS-Waffen** nach dem Muster in WaffVordruckVwV Anl. 7 erteilt wird. 69

Der KWS kommt nur für solche SRS-Waffen in Betracht, die das Zulassungszeichen gem. Anl. II Abb. 6 der BeschussV iVm § 8 Abs. 1 BeschG **(„PTB im Kreis")** tragen. Der **Erwerb und Besitz** dieser Waffen ist ab Vollendung des 18. Lebensj. gem. § 2 Abs. 1, 2, 4 iVm Anl. 2 Abschn. 2 UAbschn. 2 Nr. 1.3 **erlaubnisfrei.** Für sonstige SRS-Waffen kommt bei Vorliegen der jeweiligen Vorauss. lediglich die Ausstellung eines „großen" WS in Betracht (WaffVwV Nr. 10.15.4).

Der KWS wird erteilt, wenn die Erteilungsvorauss. des § 4 Abs. 1 Nr. 1 und 2 erfüllt sind. Dies sind das Alterserfordernis, die Zuverlässigkeit und die persönliche Eignung. 70

Ein fachärztliches oder fachpsychologisches Zeugnis über die geistige Eignung gem. § 6 Abs. 3 ist für die Erteilung des KWS nicht Vorauss. und darf daher auch nicht verlangt werden.

Die Vorauss. des § 4 Abs. 1 Nr. 3–5 (erforderliche Sachkunde, Bedürfnis, Haftpflichtversicherungsnachweis) brauchen nicht erfüllt zu werden (vgl. Anl. 2 Abschn. 2 UAbschn. 3 Nr. 2 und 2.1). 71

Der KWS gilt **unbefristet** und ist von der zust. Beh. **ohne** ausdr. **Beschränkung** auf bestimmte Anlässe oder Gebiete zu erteilen. Das Verbot des **Führens** von Waffen bei **öffentl. Veranstaltungen** nach § 42 Abs. 1 bleibt unberührt. 72

Nach der WaffVwV Nr. 10.15.4 soll der KWS in folgenden Fällen **entbehrlich** sein: 73

- Für Inhaber eines WS oder einer Bescheinigung nach § 55 Abs. 2, die zum Führen erlaubnispflichtiger Schussw. berechtigt sind.
- Für Inhaber eines Jagdscheins zum Führen von SRS-Waffen in den Fällen des § 13 Abs. 6.

4. Offenes Führen unbrauchbar gemachter Kriegswaffen

Das offene Führen bestimmter unbrauchbar gemachter Kriegswaffen ist gem. § 3 der VO über den Umgang mit unbrauchbar gemachten Kriegswaffen v. 1.7.2004 (BGBl. I S. 1448) ordnungswidrig. 74

VII. Schießerlaubnis (Abs. 5)

75 Gem. § 10 Abs. 5 wird die Erlaubnis zum Schießen mit einer Schussw. durch einen **Erlaubnisschein** erteilt. Dieser wird formlos erteilt, ein Muster ist dafür nicht vorgesehen. Die Vorschrift entspricht dem Grundsatz nach dem bisherigen § 45 Abs. 1 aF.

76 Für die Erteilung der Schießerlaubnis hat der Antragst. **dieselben Vorauss.** nach § 4 Abs. 1 Nr. 1–5 wie auch bei Erteilung eines WS zu erfüllen, insbes. auch eine Haftpflichtversicherung nachzuweisen.

77 Die vom Gesetzgeber vorgesehenen **Fälle des erlaubnisfreien Schießens** werden abschließend in § 12 Abs. 4, § 13 Abs. 6 und 7 sowie § 16 geregelt.

78 Das Zünden von **Böllern** ist kein Schießen iSd WaffG, da ein Böller keine Schussw. im waffenrechtl. Sinn ist, vgl. § 2 Abs. 3 BeschG. Ebenso stellt die Lärmerzeugung mit **Vorderladern** in der Art des Böllerns unter Verwendung von Verdämmungsmaterial kein Schießen dar (vgl. WaffVwV Anl.I-A2-7).

§ 11 Erwerb und Besitz von Schusswaffen oder Munition mit Bezug zu einem anderen Mitgliedstaat

(1) [1]**Eine Erlaubnis zum Erwerb und Besitz einer Schusswaffe nach Anlage 1 Abschnitt 3 Nr. 1 bis 3 (Kategorien A bis C) oder von Munition für eine solche darf einer Person, die ihren gewöhnlichen Aufenthalt in einem anderen Mitgliedstaat hat, nur erteilt werden, wenn sie**
1. **die Schusswaffen oder die Munition in den Mitgliedstaat im Wege der Selbstvornahme verbringen wird oder**
2. **eine schriftliche oder elektronische Erklärung vorlegt, dass und aus welchen Gründen sie die Schusswaffen oder die Munition nur im Geltungsbereich dieses Gesetzes zu besitzen beabsichtigt.**

[2]**Die Erlaubnis zum Erwerb oder Besitz einer Schusswaffe nach Anlage 1 Abschnitt 3 Nr. 2 (Kategorie B) oder Munition für eine solche darf nur erteilt werden, wenn über die Voraussetzungen des Satzes 1 hinaus eine vorherige Zustimmung dieses Mitgliedstaates hierzu vorgelegt wird.**

(2) **Für eine Person mit gewöhnlichem Aufenthalt im Geltungsbereich dieses Gesetzes, die eine Schusswaffe nach Anlage 1 Abschnitt 3 Nr. 2 (Kategorie B) oder Munition für eine solche in einem anderen Mitgliedstaat mit einer Erlaubnis dieses Staates erwerben will, wird eine Erlaubnis erteilt, wenn die Voraussetzungen nach § 4 Abs. 1 Nr. 2 vorliegen.**

Übersicht

I. Allgemeines

1 § 11 regelt in Abs. 1 **zusätzliche Vorauss.** hinsichtlich der Erlaubniserteilung an Personen, die ihren gewöhnlichem Aufenthalt in **anderen Mitgliedstaaten** haben und im Geltungsbereich des WaffG Schussw. der **Kat. A bis C** (vgl. Anl. 1 Abschn. 3) oder die dazugehörige Munition erwerben und besitzen wollen. In Abs. 2 wird im **umgekehrten** Fall vorgeschrieben, dass Personen mit gewöhnlichem Aufenthalt im Geltungsbereich des WaffG, die eine Schussw. der **Kat. B** oder Munition für eine solche Schussw. in einem anderen Mitgliedstaat mit einer Erlaubnis dieses Staats erwerben wollen, eine vorherige Erlaubnis benötigen.

1a Mit dem **6. ÄndG** (→ Einf. Rn. 26c) wurde der Begriff „Mitgliedstaat der Europäischen Union" durch den Begriff „Mitgliedstaat" ersetzt. Im Kontext der ebenfalls mit dem 6. ÄndG ins Gesetz aufgenommenen Legaldef. für diesen Begriff (Anl. 1 Abschn. 2 Nr. 14) ist damit klargestellt, dass die Norm sich neben den EU-Mitgliedstaaten auch auf die Vertragsstaaten des Schengener Übereinkommens (Norwegen, Island, Liechtenstein und die Schweiz) erstreckt.

2 § 11 regelt nur Vorauss. beim **Erwerb und Besitz** von Schussw. und der Munition der dafür genannten Kat., **nicht** jedoch für das **Führen,** Schießen, Herstellen usw. Für das Verbringen und die Mitnahme gelten zusätzlich die Vorschriften der §§ 29–33.

3 § 11 präzisiert die Vorgaben der Art. 6–9 der Waffenrichtlinie (→ Vorb. §§ 29–33 Rn. 5 ff.), um insbes. zu vermeiden, dass die Regelung auf alle nach deutschem Recht erlaubnispflichtigen Schussw. (zB für den Erwerb von Druckluftwaffen über 7,5 J) angewendet werden muss, da dies den Vorschriften der Waffenrichtlinie zuwiderliefe → § 29 Rn. 5a f. Für solche Schussw. ist § 11 nicht einschlägig.

4 Rechtssystematisch werden in § 11 zusätzliche Vorauss. für die Erteilung von Erlaubnissen zum Erwerb und Besitz der in Frage stehenden Waffen (etwa nach § 13 Abs. 1 im Fall eines Jägers) aufgestellt (BT-Drs. 14/7758, 59).

II. Erlaubnis zum Erwerb und Besitz bei Personen mit gewöhnlichem Aufenthalt in anderen Mitgliedstaaten (Abs. 1)

1. Zweck und Regelungsumfang der Vorschrift

5 Abs. 1 S. 1 ist eine Konsequenz des Art. 9 der Waffenrichtlinie.

Danach werden **zusätzliche Vorauss.** für die Erteilung einer Erwerbs- und Besitzerlaubnis aufgestellt: Entweder werden die Schussw. oder Munition im Wege der **Selbstvornahme** in den Mitgliedstaat unter den Vorauss. des § 31 **verbracht,** oder es wird eine **schriftliche Erklärung** abgegeben, dass die Schussw. oder Munition **nur im Geltungsbereich** des WaffG besessen werden.

6 Abs. 1 ist zudem **Ausnahmevorschrift** zu § 4 Abs. 2, wonach die Erlaubnis ua zum Erwerb und Besitz versagt werden kann, wenn der Antragst. seinen gewöhnlichen Aufenthalt nicht seit mind. **fünf Jahren im Geltungsbereich** des WaffG hat. Wer die Vorauss. des Abs. 1 erfüllt, fällt nicht unter die Ermessensvorschrift des § 4 Abs. 2.

2. Gewöhnlicher Aufenthalt

7 Abs. 1 findet nur Anwendung auf solche Fälle, in denen eine Person ihren gewöhnlichen Aufenthalt in einem anderen Mitgliedstaat hat. Der **gewöhnliche Aufenthalt** wird durch ein tatsächlich längeres Verweilen an einem bestimmten Ort von gewisser Dauer oder Regelmäßigkeit begründet (*Palandt* BGB § 7 Rn. 3). Es muss **kein Wohnsitz** genommen werden. Ein Wohnsitz begründet gem. § 7 Abs. 1 BGB, wer sich an einem Orte ständig niederlässt. Die Begründung eines oder mehrerer Wohnsitze in einem anderen Mitgliedstaat wird jedoch regelm. ein Indiz für den gewöhnlichen Aufenthalt sein. Der gewöhnliche Aufenthalt wird auch nicht durch vorübergehende Abwesenheit aufgehoben, auch nicht durch einen zweijährigen Klinikaufenthalt (*Palandt* BGB § 7 Rn. 3 mwN). Daher ist es durchaus möglich, dass sich die betreffende Person in Deutschland für kürzere oder längere Zeiträume aufhält, hier sogar gemeldet ist und eine Wohnung hat (BT-Drs. 14/7758, 59), was den gewöhnlichen Aufenthalt in einem anderen Mitgliedstaat nicht ausschließt. Der Antragst. hat seinen gewöhnlichen Aufenthaltsort **glaubhaft zu machen.**

8 (unbesetzt)

9 Abs. 1 greift nur, wenn der **gewöhnliche Aufenthalt** der Person in einem **Mitgliedstaat** (→ Anl. 1 Rn. 198a) genommen ist. Auf die **Staatsangehörigkeit** der Person kommt es nicht an. So fällt unter diese Vorschrift zB auch ein Deutscher, der seinen gewöhnlichen Aufenthalt in den Niederlanden genommen oder ein algerischer Staatsangehöriger, der seinen gewöhnlichen Aufenthalt in Frankreich hat. Jedoch muss der **rechtmäßige Aufenthalt** nachgewiesen werden. Bei unerlaubt aufhältigen Personen kann nicht von einem gewöhnlichen (dauernden) Aufenthalt ausgegangen werden, der unter diese Vorschrift fällt; ebenso nicht bei Touristen oder Asylbewerbern.

Der **Wohnsitznachweis** kann sich vorzugsweise aus einem Personaldokument ergeben, das beim Erwerb von Schussw. den Behörden eines Mitgliedstaats oder einem Waffenhändler vorzulegen wäre (BT-Drs. 14/7758, 59).

3. Verbringen im Wege der Selbstvornahme (Abs. 1 S. 1 Nr. 1)

10 Verbringt der Antragst. die Schussw. oder Munition selbst, so ist die Vorauss. nach Abs. 1 S. 1 Nr. 1 erfüllt.

11 **a) Selbstvornahme.** Eine **Selbstvornahme** liegt dann vor, wenn die nach den Vorschriften des WaffG Waffen oder Munition erwerbende Person, diese anschließend in eigener Person verbringt oder dieses veranlasst. In diesem Fall wird die Erlaubnis nur befristet erteilt werden können (vgl. WaffVwV Nr. 11.2).

12 Im Fall der Selbstvornahme können die in § 4 Abs. 1 Nr. 1–4 aufgeführten **Vorauss. für die Erlaubnis** zum Verbringen der Gegenstände in den anderen Mitgliedstaat wie folgt **glaubhaft** gemacht werden (WaffVwV Nr. 11.2):

- Das Alterserfordernis (Vollendung des 18. Lebensj.) nach § 4 Abs. 1 Nr. 1 durch ein amtl. Ausweispapier mit ggf. deutscher Übersetzung.
- Die erforderliche Zuverlässigkeit, die persönliche Eignung und die ausreichende Sachkunde (§ 4 Abs. 1 Nr. 2 und 3) durch aussagekräftige amtl. Mitteilungen des Herkunftsstaats mit deutscher Übersetzung.
- Das Bedürfnis (§ 4 Abs. 1 Nr. 4) kann anerkannt werden, wenn die Vorauss. nach § 8 vorliegen. Dabei soll gem. WaffVwV-E Nr. 11.2 beachtet werden, dass bei **sofortigem Verbringen** in einen anderen Mitgliedstaat die **persönlichen** oder **wirtschaftlichen Interessen** des Antragst. **höher** zu bewerten sind als bei langfristigem Besitz im Geltungsbereich des WaffG. In diesen Fällen findet die Regelung in § 4 Abs. 2 keine Anwendung.

Der **EFP** soll die entspr. Nachweise über das Mindestalter, die Zuverlässigkeit, die persönliche Eignung und die Sachkunde ersetzen (WaffVwV Nr. 11.2). Dies kann jedoch nur für die eingetragenen Waffenarten gelten. 13

Auf Waffen der **Kat. D** findet § 11 keine Anwendung.

b) Kritik an der Vorschrift. Die Regelung des Abs. 1 S. 1 Nr. 1 stellt sich als eine **Überregulierung** dar, durch welche das Verbringen in einen Mitgliedstaat unnötig **erschwert** wird. Ausgangspunkt dieser Überlegung ist, dass die Schussw. oder Munition **endgültig** verbracht wird (zum Verbringen → Anl. 1 Rn. 178 f.) und damit insbes. eine Rückverbringung in den Geltungsbereich des Gesetzes **unzulässig** ist. Zwar könnte die Schussw. später auch wieder nach Deutschland mitgenommen werden, diesen Fall regelt aber hinreichend § 32. Eine Erlaubnis nach dem WaffG ist daher nur für den Erwerb und kurzeitigen Besitz zum Verbringen erforderlich. Es ist kein Sicherheitsinteresse zu erkennen, welches die vollumfängliche Anwendung der waffenrechtl. Erlaubnisvorauss. „eins zu eins" auf den Erwerb und Besitz mit dem Ziel, die Schussw. endgültig aus Deutschland zu verbringen, zu rechtfertigen vermag. 14

Dagegen spricht bereits der Umstand, dass der Antragst., also die Person, welche die Schussw. erwerben und besitzen will, die Schussw. alternativ nach der Vorschrift des § 31 Abs. 1 durch „einen anderen Berechtigten" zu sich verbringen lassen könnte. In diesem Fall müsste lediglich die nach dem anderen Mitgliedstaat erforderliche vorherige Zustimmung vorliegen und der sichere Transport durch einen zum Erwerb und Besitz Berechtigten gewährleistet sein. Berechtigter ist regelm. der Spediteur, der nach § 12 Abs. 1 Nr. 2 erlaubnisfrei erwerben und besitzen darf.

4. Erklärung zum Erwerb und Besitz nur in Deutschland (Abs. 1 S. 1 Nr. 2)

Gem. Abs. 1 S. 1 Nr. 2 ist für den Erwerb und Besitz eine **schriftliche Erklärung** erforderlich, dass und aus welchen Gründen der Antragst. die Schussw. oder die Munition nur im Geltungsbereich des WaffG zu besitzen beabsichtigt. Diese Erklärung gilt nur für die Fälle des Abs. 1 S. 1 Nr. 2, nicht für das Verbringen aus dem Geltungsbereich des WaffG nach Abs. 1 S. 1 Nr. 1. Unabhängig von der Erklärung muss der Antragst. die Vorauss. des § 4 Abs. 1 Nr. 1–4 **nachweisen.** 15

5. Vorherige Zustimmung bei Schusswaffen der Kategorie B (Abs. 1 S. 2)

Nach Abs. 1 S. 2 bedarf eine Person (in Umsetzung des Art. 7 Abs. 1 und 2 der Waffenrichtlichtlinie), die ihren gewöhnlichen Aufenthalt in einem anderen Mitgliedstaat hat, der **vorherigen Zustimmung** dieses Staats **zusätzlich** zur deutschen Erlaubnis, wenn sie im Geltungsbereich des Gesetzes eine Schussw. der Kat. B oder entspr. Munition erwerben oder besitzen will (vgl. BT-Drs. 14/7758, 59). 16

Gem. Abs. 1 S. 2 darf die Erlaubnis zum Erwerb oder Besitz einer Schussw. nach Anl. 1 Abschn. 3 Nr. 2 **(Kat. B),** zB für 17

- halbautomatische Kurz-Schussw. und kurze Repetier-Schussw.,
- halbautomatische Lang-Schussw., deren Magazin und Patronenlager mehr als drei Patronen aufnehmen können oder für
- zivile halbautomatische Schussw., die wie vollautomatische Kriegswaffen aussehen oder Munition für solche Schussw.

nur erteilt werden, wenn über die Vorauss. des Abs. 1 S. 1 hinaus eine **vorherige Zustimmung** dieses Mitgliedstaats hierzu vorgelegt wird.

18 Waffen der **Kat. C und D** (ua lange Einzellader-Schussw. mit gezogenem Lauf/gezogenen Läufen) können nach den allg. waffenrechtl. Regelungen in Deutschland von Jedermann erworben und besessen werden, ohne dass es der vorherigen Zustimmung des anderen Mitgliedstaats bedarf, in dem der Antragst. seinen gewöhnlichen Aufenthalt hat.

6. Spätere Änderung der Voraussetzungen

19 Eine Änderung der Vorauss. kommt lediglich im Fall des Wechsels des gewöhnlichen Aufenthalts nach Deutschland im Fall des Abs. 1 S. 1 Nr. 2 in Betracht. Dies ist unproblematisch, da die Person ohnehin im Besitz einer deutschen Erlaubnis für den Erwerb und Besitz ist.

Will die Person den Besitz über die Schussw. nicht mehr im Bundesgebiet ausüben und auch nicht in den Mitgliedstaat verbringen, in dem sie den gewöhnlichen Aufenthalt hat, kommt nur ein Überlassen an Berechtigte in Betracht. Die Erlaubnis ist zu widerrufen, da eine wesentl. Erlaubnisvorauss. weggefallen ist (vgl. § 45 Abs. 2).

20 Ein **Zurückverbringen** ist im Fall des Abs. 1 S. 1 Nr. 1 **nicht vorgesehen.** Ein Verbringen in den Geltungsbereich des WaffG (zurück) richtet sich allein nach § 29. Sollte ein Waffenbesitzer aus einem Mitgliedstaat eine Schussw. **mitnehmen** und sie in Deutschland überlassen wollen, kommt dies grds. **nicht** in Betracht. Würde eine zunächst mitgenommene Schussw. hier überlassen werden, müssten die Vorauss. des Verbringens gem. § 29 vorliegen. Dieser sieht eine nachträgliche Erlaubnis nicht vor. Gem. § 29 Abs. 2 wird die Erlaubnis zum Verbringen als Zustimmung zu der Erlaubnis des anderen Mitgliedstaats erteilt. Es muss also grds. **vor** dem Grenzübertritt klar sein, ob es sich um Mitnahme oder Verbringen handelt. Würde eine Schussw. auf Grund eines Mitnahmevorgangs, also ohne Erlaubnis zum Verbringen gem. § 29, im Geltungsbereich des WaffG überlassen werden, unabhängig ob es sich um ein endgültiges oder vorübergehendes Überlassen handelt, läge ein Verstoß gegen die Verbringungsvorschrift vor (strafbar gem. § 52 Abs. 1 Nr. 2d bzw bei Fahrlässigkeit Abs. 4).

7. Straf- und Bußgeldvorschriften

21 Der Erwerb und Besitz einer Schussw. oder Munition im Geltungsbereich des WaffG bei gewöhnlichem Aufenthalt in Deutschland **ohne Erlaubnis ist strafbewehrt.** Wer trotz entspr. Angaben die Schussw. oder Munition nicht verbringt, aber im Besitz einer deutschen Erwerbs- und Besitzerlaubnis ist, macht sich nicht strafbar. Ebenso, wer ggf. über die Verbringungsabsicht oder den dauernden Verbleib die Waffenbehörde getäuscht und sich eine **Erlaubnis erschlichen** hat. Abs. 1 stellt lediglich eine zusätzliche Erlaubnisvorauss. auf, deren Nichteinhaltung aber keine Sanktionen nach sich zieht. Wird eine Erlaubnis ggf. mit unrichtigen oder unvollständigen Angaben erlangt, ist die Erlaubnis zwar **fehlerbehaftet,** aber nicht nichtig. Eine **Rücknahme** ist zulässig, wenn die Erlaubnis hätte versagt werden können (vgl. § 45 Abs. 1). Der Täter handelt auch nicht ohne Erlaubnis, da das Handeln mit einer erschlichenen Erlaubnis einem Handeln ohne Erlaubnis **nicht** gleichsteht (anders § 34 Abs. 8 AWG oder § 330d Nr. 5 StGB bzw § 95 Abs. 6 AufenthG).

22 Wer allerdings **ohne Erlaubnis** eine Schussw. oder die dazugehörige Munition gem. § 29 in den oder gem. § 31 aus dem Geltungsbereich des WaffG in Mitgliedstaaten verbringt, macht sich nach § 52 Abs. 1 Nr. 2d bzw Abs. 3 Nr. 4, Abs. 4 strafbar.

III. Erlaubnis zum Erwerb und Besitz in einem Mitgliedstaat bei Personen mit gewöhnlichem Aufenthalt im Geltungsbereich des WaffG (Abs. 2)

Abs. 2 erfasst **sämtliche Personen,** die ihren **gewöhnlichen Aufenthalt** in Deutschland haben, welche aber in einem **anderen Mitgliedstaat** eine Waffe nach Anl. 1 Abschn. 3 Nr. 2 **(Kat. B)** oder Munition für diese erwerben und dort die tatsächliche Gewalt über diese Waffen oder Munition ausüben wollen. 23

Vorauss. der Erlaubnis ist, dass der Antragst. zuverlässig und persönlich geeignet ist (§ 4 Abs. 1 Nr. 2 iVm §§ 5 und 6). Die Zustimmung nach Abs. 2 ist aber zu trennen von einer ggf. zusätzlich erforderlichen Zustimmung zu einem Verbringen der Waffen oder der Munition nach § 29. Abs. 2 regelt nicht den Erwerb und Besitz **in Deutschland,** sondern den Erwerb und dauernden Besitz **in einem anderen Mitgliedstaat** durch einen Gebietsansässigen. 24

Der Antragst. hat für die Erteilung der Erlaubnis die gem. § 28 S. 2 AWaffV erforderlichen Angaben zu machen. 25

Gem. § 28 S. 1 AWaffV wird die Erlaubnis nach Abs. 2 als Zustimmung durch einen **Erlaubnisschein** der zust. Beh. erteilt (Muster in Anl. 11 und 12 WaffVordruckVwV).

§ 12 Ausnahmen von den Erlaubnispflichten

(1) Einer Erlaubnis zum Erwerb und Besitz einer Waffe bedarf nicht, wer diese

1. als Inhaber einer Waffenbesitzkarte von einem Berechtigten
   a) lediglich vorübergehend, höchstens aber für einen Monat für einen von seinem Bedürfnis umfassten Zweck oder im Zusammenhang damit, oder
   b) vorübergehend zum Zweck der sicheren Verwahrung oder der Beförderung

   erwirbt;

2. vorübergehend von einem Berechtigten zur gewerbsmäßigen Beförderung, zur gewerbsmäßigen Lagerung oder zur gewerbsmäßigen Ausführung von Verschönerungen oder ähnlicher Arbeiten an der Waffe erwirbt;

3. von einem oder für einen Berechtigten erwirbt, wenn und solange er
   a) auf Grund eines Arbeits- oder Ausbildungsverhältnisses,
   b) als Beauftragter oder Mitglied einer jagdlichen oder schießsportlichen Vereinigung, einer anderen sportlichen Vereinigung zur Abgabe von Startschüssen oder einer zur Brauchtumspflege Waffen tragenden Vereinigung,
   c) als Beauftragter einer in § 55 Abs. 1 Satz 1 bezeichneten Stelle,
   d) als Charterer von seegehenden Schiffen zur Abgabe von Seenotsignalen

   den Besitz über die Waffe nur nach den Weisungen des Berechtigten ausüben darf;

4. von einem anderen,
   a) dem er die Waffe vorübergehend überlassen hat, ohne dass es hierfür der Eintragung in die Erlaubnisurkunde bedurfte, oder
   b) nach dem Abhandenkommen

   wieder erwirbt;

5. auf einer Schießstätte (§ 27) lediglich vorübergehend zum Schießen auf dieser Schießstätte erwirbt;

6. auf einer Reise in den oder durch den Geltungsbereich des Gesetzes nach § 32 berechtigt mitnimmt.

(2) Einer Erlaubnis zum Erwerb und Besitz von Munition bedarf nicht, wer diese
1. unter den Voraussetzungen des Absatzes 1 Nr. 1 bis 4 erwirbt;
2. unter den Voraussetzungen des Absatzes 1 Nr. 5 zum sofortigen Verbrauch lediglich auf dieser Schießstätte (§ 27) erwirbt;
3. auf einer Reise in den oder durch den Geltungsbereich des Gesetzes nach § 32 berechtigt mitnimmt.

(3) Einer Erlaubnis zum Führen von Waffen bedarf nicht, wer
1. diese mit Zustimmung eines anderen in dessen Wohnung, Geschäftsräumen oder befriedetem Besitztum oder dessen Schießstätte zu einem von seinem Bedürfnis umfassten Zweck oder im Zusammenhang damit führt;
2. diese nicht schussbereit und nicht zugriffsbereit von einem Ort zu einem anderen Ort befördert, sofern der Transport der Waffe zu einem von seinem Bedürfnis umfassten Zweck oder im Zusammenhang damit erfolgt;
3. eine Langwaffe nicht schussbereit den Regeln entsprechend als Teilnehmer an genehmigten Sportwettkämpfen auf festgelegten Wegstrecken führt;
4. eine Signalwaffe beim Bergsteigen, als verantwortlicher Führer eines Wasserfahrzeugs auf diesem Fahrzeug oder bei Not- und Rettungsübungen führt;
5. eine Schreckschuss- oder eine Signalwaffe zur Abgabe von Start- oder Beendigungszeichen bei Sportveranstaltungen führt, wenn optische oder akustische Signalgebung erforderlich ist;
6. in Fällen der vorübergehenden Aufbewahrung von Waffen außerhalb der Wohnung diesen ein wesentliches Teil entnimmt und mit sich führt; mehrere mitgeführte wesentliche Teile dürfen nicht zu einer schussfähigen Waffe zusammengefügt werden können.

(4) [1]Einer Erlaubnis zum Schießen mit einer Schusswaffe bedarf nicht, wer auf einer Schießstätte (§ 27) schießt. [2]Das Schießen außerhalb von Schießstätten ist darüber hinaus ohne Schießerlaubnis nur zulässig
1. durch den Inhaber des Hausrechts oder mit dessen Zustimmung im befriedeten Besitztum
   a) mit Schusswaffen, deren Geschossen eine Bewegungsenergie von nicht mehr als 7,5 Joule (J) erteilt wird oder deren Bauart nach § 7 des Beschussgesetzes zugelassen ist, sofern die Geschosse das Besitztum nicht verlassen können,
   b) mit Schusswaffen, aus denen nur Kartuschenmunition verschossen werden kann,
2. durch Personen, die den Regeln entsprechend als Teilnehmer an genehmigten Sportwettkämpfen nach Absatz 3 Nr. 3 mit einer Langwaffe an Schießständen schießen,
3. mit Schusswaffen, aus denen nur Kartuschenmunition verschossen werden kann,
   a) durch Mitwirkende an Theateraufführungen und diesen gleich zu achtenden Vorführungen,
   b) zum Vertreiben von Vögeln in landwirtschaftlichen Betrieben,
4. mit Signalwaffen bei Not- und Rettungsübungen,
5. mit Schreckschuss- oder mit Signalwaffen zur Abgabe von Start- oder Beendigungszeichen im Auftrag der Veranstalter bei Sportveranstaltungen, wenn optische oder akustische Signalgebung erforderlich ist.

(5) **Die zuständige Behörde kann im Einzelfall weitere Ausnahmen von den Erlaubnispflichten zulassen, wenn besondere Gründe vorliegen und Belange der öffentlichen Sicherheit und Ordnung nicht entgegenstehen.**

Übersicht

I. Allgemeines

1 § 12 regelt **wesentl. Ausnahmebestimmungen** für die Umgangsarten Erwerb, Besitz, Führen und Schießen. Es handelt sich hierbei um **personenbezogene Ausnahmen** von der Erlaubnispflicht, weil die Vorschrift nicht wie die gegenstandsbezogenen Ausnahmen an techn. Spezifikationen der Waffe anknüpfen (*Gade* WaffR S. 52). Vielmehr sind in der Person liegende Umstände und besondere Interessenlagen in **Sondersituationen** Anknüpfungspunkte für die hier vorgesehenen Ausnahmen von der prinzipiellen Erlaubnispflicht.

Die vorgesehenen Freistellungen beziehen sich **ausschl.** auf die **Erlaubnispflicht,** nicht auf das Alterserfordernis nach § 2 Abs. 1 WaffG. Dieses besteht unabhängig von der Erlaubnispflicht. Ausnahmen vom Alterserfordernis ergeben sich im Wesentlichen aus § 3, teilw. auch aus §§ 20, 27 WaffG.

1. Systematik der Vorschrift

Abs. 1 regelt den erlaubnisfreien Erwerb und Besitz von Waffen, Abs. 2 in gleicher Weise den Erwerb und Besitz von Munition. Bestimmte Konstellationen des Führens sind in Abs. 3 erlaubnisfrei gestellt (sog waffenscheinfreies Führen), während Abs. 4 die Fälle des erlaubnisfreien Schießens regelt. Abs. 5 schließlich enthält eine Generalklausel für die zuständigen Waffenbehörden. 2

2. Änderungen der Vorschrift

Geändert wurde § 12 WaffG durch das **2. ÄndG** (→ Einf. Rn. 23) zum 1.4.2008. In § 12 Abs. 1 Nr. 3 wurde Buchst. c neu eingefügt und der bisherige Buchst. c neuer Buchst. d. 3

Mit dem **6. ÄndG** (→ Einf. Rn. 26c) wurde in Abs. 3 die Nr. 6 neu angefügt.

3. Ausnahmeregelungen in anderen Vorschriften

Weitere Ausnahmeregelungen zu Erlaubnispflichten sind zB in Anl. 2 Abschn. 2 UAbschn. 2, §§ 13, 16, 32 enthalten. Auf diese wird in den jeweiligen Vorschriften vertiefend eingegangen. 4

II. Erlaubnisfreier Erwerb und Besitz erlaubnispflichtiger Schusswaffen (Abs. 1)

1. Allgemeines

Gem. Abs. 1 bedarf es **keiner Erlaubnis zum Erwerb und Besitz** einer Waffe unter den in Nr. 1–6 genannten Vorauss. 5

Der Gesetzgeber stellt in Abs. 1 Nr. 1–5 zwar nur auf den **Erwerb** bzw Wiedererwerb ab. Von der Erlaubnisfreiheit umfasst ist sinnlogisch jedoch auch der sich anschließende (im Rahmen von § 12 Abs. 1 typischerweise **vorübergehende**) Besitz. Dafür spricht die in Abs. 1 explizit benannte Erlaubnisfreiheit von **Erwerb und Besitz.**

Soweit Abs. 1 Konstellationen des vorübergehenden Erwerbs betrifft, muss der Erwerb abweichend von § 10 Abs. 1a gegenüber der zust. Beh. nicht angezeigt werden (zu den Anzeigepflichten → § 10 Rn. 25 ff.). Auf der Kehrseite muss eine Privatperson das vorübergehende Überlassen im Rahmen einer Erwerbskonstellation nach § 12 Abs. 1 gem. § 34 Abs. 2 S. 2 HS 2 nicht gegenüber der zust. Beh. anzeigen (→ § 34 Rn. 16 ff.). 5a

2. Regelungsbereich des Abs. 1 auf Schusswaffen und gleichgestellte Gegenstände begrenzt

Abs. 1 verwendet im Tatbestand den Begriff der **„Waffe“.** Dies ist zu weit führend. IErg. beziehen sich die Ausnahmen des Abs. 1 lediglich auf **Schussw.** und **gleichgest. tragbare Gegenstände** iSd § 1 Abs. 2 Nr. 1 iVm Anl. 1 Abschn. 1 UAbschn. 1 Nr. 1–4. Allein diese sind erlaubnispflichtig nach Anl. 2 Abschn. 2 UAbschn. 1 S. 1, weshalb auch nur sie hinsichtlich einzelner Umgangsarten erlaubnisfrei gestellt werden können. 6

(unbesetzt) 7–9

3. Dem Grunde nach erlaubnispflichtige Schusswaffen oder den Schusswaffen gleichgestellte tragbare Gegenstände, die hinsichtlich Erwerb und Besitz von der Erlaubnispflicht freigestellt sind

10 Bestimmte Schussw. sowie den Schussw. gleichgest. tragbare Gegenstände sind zwar dem Grunde nach erlaubnispflichtig, aber bereits gegenstandsbezogen hinsichtlich des **Erwerbs und Besitzes** von der Erlaubnispflicht freigestellt, zB zugelassene SRS- oder Druckluft-, Federdruckwaffen und Waffen, bei denen zum Antrieb der Geschosse kalte Gase verwendet werden (vertiefend → Anl. 2 Rn. 104 ff.).

Allerdings sind diese **nicht generell,** also nicht hinsichtlich aller Umgangsarten, **erlaubnisfrei** gestellt. Zum **Führen** bedarf es grds. eines KWS/WS. Das erlaubnisfreie Führen richtet sich grds. nach Maßgabe des § 12 Abs. 3 Nr. 2.

4. Berücksichtigung des Alterserfordernisses gem. § 2 Abs. 1 bei Erwerb, Besitz und Überlassen

11 Ungeachtet einer Freistellung von der Erlaubnispflicht hinsichtlich einzelner Umgangsarten ist bei Überlassens- und Erwerbsvorgängen das **Alterserfordernis** gem. § 2 Abs. 1 zu beachten, wonach der Umgang mit Waffen oder Munition nur Personen gestattet ist, die das 18. Lebensj. vollendet haben.

Ausnahmen gelten beim Überlassen an **Minderjährige** im Rahmen des § 3 Abs. 1, wonach Jugendliche (von 14 bis 17 Jahre, vgl. Anl. 1 Abschn. 2 Nr. 11) im Rahmen eines **Ausbildungs- oder Arbeitsverhältnisses** abweichend von § 2 Abs. 1 unter **Aufsicht eines weisungsbefugten Waffenberechtigten** mit (Schuss-)waffen oder Munition **umgehen** dürfen. Zudem ist Jugendlichen gem. § 3 Abs. 2 der Umgang mit geprüften Reizstoffsprühgeräten („PTB/R im Trapez" → Anl. 2 Rn. 54 f.) gestattet. Weitere Ausnahmen von § 2 Abs. 1 sind nach § 3 Abs. 3 im Einzelfall oder allg. zulässig. Schließlich gelten weitere Ausnahmen gem. § 13 Abs. 7 und 8 für **Jungjäger** und auf **Schießständen** gem. § 27 Abs. 3–6.

12 Verstöße gegen das Alterserfordernis des § 2 Abs. 1 sind durch den Gesetzgeber ausschl. bezogen auf **nicht erlaubnispflichtige Waffen** und Munition geregelt. Hierher zählen zunächst alle vollumfänglich erlaubnisfreien Waffen (dies sind alle Waffen iSd § 1 Abs. 2 **Nr. 2,** soweit sie nicht als verbotene Waffe nach § 2 Abs. 3 iVm Anl. 2 Abschn. 1 eingestuft sind). Ebenso sind hier dem Grunde nach erlaubnispflichtige Waffen und Munition (dies sind nach Anl. 2 Abschn. 2 UAbschn. 1 S. 1 alle Waffen nach § 1 Abs. 2 **Nr. 1**) erfasst, soweit sie in Anl. 2 Abschn. 2 UAbschn. 2 Nr. 1 generell **hinsichtlich des Erwerbs und des Besitzes** (gegenstandsbezogen) **erlaubnisfrei** gestellt sind.

Werden diese **an Minderjährige überlassen,** so liegt eine Ordnungswidrigkeit nach § 53 Abs. 1 Nr. 16 vor.

Der **Erwerb** und Besitz **durch** einen **Minderjährigen** wird ebenfalls als Ordnungswidrigkeit gem. § 53 Abs. 1 Nr. 1 geahndet.

13 Wird eine hinsichtlich des Erwerbs und Besiztes **erlaubnispflichtige Waffe an Minderjährige überlassen,** so liegt ein Verstoß gegen § 34 Abs. 1 S. 1 vor und es greift der **Vergehenstatbestand** des § 52 Abs. 3 Nr. 7, Abs. 4.

Dies greift auch für den Fall, dass die sonstigen Vorauss. nach Abs. 1 und 2 für einen erlaubnisfreien Erwerb und Besitz vorliegen, da das Alterserfordernis gem. § 2 Abs. 1 als „Berechtigung" iSd § 34 Abs. 1 S. 1 einzustufen ist (vgl. *König/Papshart* Rn. 657; *Steindorf/Gerlemann* WaffG § 34 Rn. 2; wohl auch *Apel/Bushart* WaffG § 34 Rn. 6).

14 Der **Erwerb und Besitz erlaubnispflichtiger Waffen und Munition durch Minderjährige** verstößt zwar auch bei Vorliegen der Vorauss. für einen erlaubnisfreien Erwerb und Besitz gem. Abs. 1 oder 2 gegen das Alterserfordernis des § 2

Abs. 1 WaffG. Allerdings fehlt hier eine dem § 53 Abs. 1 Nr. 1 WaffG entspr. Vorschrift, welche den Erwerb und Besitz erlaubnispflichtiger Waffen durch Jugendliche sanktioniert.

Liegen die Freistellungsvoraussetzungen des Abs. 1 oder 2 beim Erwerb und Besitz durch Jugendliche **nicht** vor, bleibt es bei der **Strafbarkeit** gem. § 52 Abs. 1 Nr. 2b, Abs. 3 Nr. 2a, Abs. 4 WaffG.

Soweit die Vorauss. für einen erlaubnisfreien Erwerb und Besitz nach Abs. 1 oder 2 gegeben sind und **allein ein Verstoß gegen § 2 Abs. 1 WaffG** zu verzeichnen ist, so bleibt der Erwerb und Besitz erlaubnispflichtiger Waffen durch Minderjährige **sanktionslos.**

5. Ausleihe, Verwahrung und nichtgewerbsmäßige Beförderung (Abs. 1 Nr. 1)

a) Ausleihe (Abs. 1 Nr. 1a). Gem. Abs. 1 Nr. 1a darf der Inhaber einer WBK 15
von einem Berechtigten lediglich vorübergehend, **höchstens** aber **für einen Monat,** eine (Schuss-)waffe für einen von seinem Bedürfnis umfassten Zweck oder im Zusammenhang damit erwerben.

aa) Zweck der Vorschrift. Der Gesetzgeber stellt mit der Regelung die **vorübergehende Ausleihe** von Schussw. vor allem unter Sportschützen und Jägern auf 16
eine eindeutige Rechtsgrundlage. Die vorübergehende Ausleihe durch Inhaber einer WBK wird als für die öffentl. Sicherheit unbedenklich eingestuft und dementspr. erlaubnisfrei gestellt. Um das **Vagabundieren** von Schussw. zu verhindern, wurde diese auf einen Monat befristet. Für eine längere Ausleihe ist die Erlaubnis der Waffenbehörde notwendig (vgl. BT-Drs. 14/7758, 60).

bb) Fristberechnung. Für die **Fristberechnung** gilt § 36 VwVfG iVm 17
§§ 187 ff. BGB. Der Monatszeitraum beginnt mit dem Zeitpunkt des Überlassens der Schussw., also einem Ereignis iSd § 187 Abs. 1 BGB. Damit wird der Tag für die Berechnung der Frist **nicht** mitgezählt. Der Monat **endigt** gem. § 188 Abs. 2 Alt. 1 BGB mit Ablauf desjenigen Tags des letzten Monats, welcher durch seine Zahl dem Tag, in den das Ereignis fällt, also des Überlassens, entspricht (zB Überlassen der Schussw. am 16.9.2010, Fristbeginn 17.9.2010, Fristende mit Ablauf des 16.10.2010). **Fehlt** bei einer nach Monaten bestimmten Frist in dem **letzten Monat** der für ihren Ablauf **maßgebende** Tag, so endigt die Frist mit dem Ablaufe des **letzten Tags** dieses Monats (§ 188 Abs. 3 BGB), zB Überlassen zur Ausleihe am 31.1.2011, Fristende mit Ablauf des 28.2.2011.

Die zeitl. Beschränkung der erlaubnisfreien Ausleihe gilt für einen **ununterbrochenen** Monat. Ein **Bezugszeitraum** (etwa die Ausleihe für nur einen Monat 18
innerhalb eines Kalenderjahres) ist ausdr. nicht benannt und nicht gewollt (s.o. amtl. Begr.), so dass die Fristberechnung des Monats bei jeder neuen Ausleihe (selbstverständlich nach vorheriger Rückgabe) **neu** zu laufen beginnt. Zu beachten ist allerdings, dass wegen der Bezugnahme in § 187 BGB auf den **Tag,** also von 00.00 Uhr bis 23.59:59 Uhr, die Rückgabe vor 24.00 Uhr und die erneute Ausleihe nach 00.00 Uhr liegen müssen. Erst nach dem **Tagwechsel** beginnt die Frist neu zu laufen.

Bsp.: Sportschütze S. gibt die für einen Monat geliehene Waffe um 23.55 Uhr zurück. Er kann sie nach dem Tagwechsel ab 00.01 Uhr wieder neu ausleihen. Dies ist angesichts der Fristenberechnung gem. §§ 187 ff. BGB nicht zu beanstanden.

cc) Berechtigungen beim Ver- und Entleiher. Zunächst ist erforderlich, dass 19
der **Verleiher Berechtigter** ist. Die Berechtigung folgt im Regelfall aus einer WBK, kann sich aber ebenso aus einer Ersatzbescheinigung nach § 55 Abs. 2, einer Waffenhandelserlaubnis gem. § 21 Abs. 1 oder einem gültigen Tages- oder Jahres-

Jagdschein ergeben (vgl. WaffVwV Nr. 12.1.1). Der **Entleiher** muss Inhaber einer WBK sein und diese entspr. nachweisen.

20 **dd) Vom Bedürfnis umfasster Zweck oder im Zusammenhang damit.** Schließlich setzt ein erlaubnisfreier Erwerb und Besitz voraus, dass die Ausleihe auf Seiten des Entleihers zu einem von seinem **Bedürfnis umfassten Zweck** oder im **Zusammenhang** damit erfolgt.

Aus Gründen der Rechtsklarheit hat der Bundestag es als erforderlich angesehen, in den vorliegenden Textpassagen ausdr. auch den Umgang **„im Zusammenhang"** mit dem vom Bedürfnis umfassten Zweck zu gestatten. Damit sollen Tätigkeiten gestattet werden, die naturgemäß und anerkannter Weise als **Folge oder Begleiterscheinung des Bedürfnisses** vorgenommen werden. Bspw. wird ein Sportschütze eine fremde Sportwaffe mit Gebrauchsanweisung zu Hause darauf prüfen können, ob ein Erwerb für ihn als Sportschützen in Frage kommt. Gleichermaßen das Vorführen der Waffe bei einem Waffeninteressenten zwecks Besichtigung in Anbahnung eines Kaufgeschäfts über die Waffe (vgl. BT-Drs. 14/7758, 60). Es soll jedoch **kein bedürfnisfremder** Umgang gestattet sein, etwa die Tätigkeit als „Türsteher" in einer Diskothek durch einen Sportschützen mit seiner Sportwaffe (vgl. BT-Drs. 14/8886, 111).

21 Der erlaubnisfreie Erwerb und Besitz ist also auf das **Bedürfnis des Entleihers** beschränkt. Sportschützen dürfen nach dieser Vorschrift keine nach § 6 AWaffV vom sportlichen Schießen ausgeschlossenen Waffen, Jäger keine jagdrechtl. verbotenen Waffen entleihen (WaffVwV Nr. 12.1.1.1), bzw Jäger eine Sportpistole als ungeeignete „Fangschusswaffe" ausleihen.

21a Das Bedürfnis des Entleihers ist nicht dadurch ausgeschlossen, dass es nicht identisch mit dem der WBK für die Leihwaffe ist. So ist etwa die Ausleihe einer durch einen Sportschützen auf „gelbe WBK" erworbenen Langwaffe durch den Inhaber eines gültigen Jahresjagdscheins mit „grüner WBK" zum Zwecke der Jagd abgedeckt, soweit die Langwaffe nicht nach dem BJagdG verboten ist und auch tatsächlich zur Jagd taugt. Dies trifft etwa auf eine Bockdoppelflinte (Kal. 12/70) zu, mit welcher ua. sportliche Disziplinen (Wurftaube) geschossen werden. Das Kal. 12/70 ist gleichermaßen jagdlich geeignet und wird auch allg. für die Niederwildjagd eingesetzt.

Diese Waffe könnte der Jahresjagdscheininhaber beim Waffenhändler ohne weiteres erwerben. Dass er sich die baugleiche Waffe bei einer Person ausleiht, welche sie ihrerseits zu schießsportlichen Zwecken erworben hat, steht nicht dem Umstand entgegen, dass die Waffe gleichermaßen von seinem jagdlichen Bedürfnis umfasst ist. Eine Zweckentfremdung der Waffe gegenüber dem ihm anerkannten Bedürfnis ist nicht zu befürchten.

21b Das Gleiche gilt für die „Ausleihe an sich selbst". Ist ein Sportschütze zugleich Jagdscheininhaber und verwendet eine auf seine gelbe Sportschützen-WBK eingetragene Langwaffe zur Zwecke der Jagd, so ist diese „Ausleihe an sich selbst" dann nach Abs. 1 Nr. 1a zulässig, soweit die als Sportwaffe erworbene Waffe gleichzeitig auch eine taugliche Jagdwaffe ist.

21c Soweit die Regelungen für Jäger und Sportschützen lediglich ein Bedürfnis für eine zahlenmäßig begrenzte Anzahl bestimmter Waffen anerkennen (bis zu zwei Kurzwaffen bei Jahresjagdscheininhabern, § 13 Abs. 2; „Grundkontingent" bei Sportschützen, § 14 Abs. 3) betrifft dies nur das Bedürfnis für den auf Dauer angelegten Erwerb nach §§ 13, 14. Unabhängig davon besteht das prinzipielle Bedürfnis (als Jäger/Sportschütze) im Rahmen der vorübergehenden Ausleihe. Die Ausleihe einer dritten Kurzwaffe durch einen Jäger ist daher ebenso von § 12 Abs. 1 Nr. 1a abgedeckt wie der vorübergehende Erwerb einer über das Grundkontingent des § 14 Abs. 3 hinausgehenden weiteren halbautomatischen Waffe durch einen Sportschützen. Im Rahmen der Ausleihe durch Sportschüzten entfaltet auch das Erwerbsstreckungsgebot nach § 14 Abs. 2 keine Wirkung.

Auch die Ausleihe einer auf Dauer nur auf Grund einer „grünen WBK" zu erwerbenden halbautomatischen Sportwaffe durch den Inhaber lediglich einer „gelben WBK" etwa zum Zwecke eines Probeschießens kann auf § 12 Abs. 1 Nr. 1a gestützt werden. **21d**

Soweit der Inhaber der „gelben WBK" das 21. Lebensjahr noch nicht vollendet hat, ist die Ausleihe nach Abs. 1 Nr. 1a auf Schussw. iSd. § 14 Abs. 1 S. 2 beschränkt. Die Ausleihe großkalibriger Waffen kann hier nicht auf § 12 Abs. 1 Nr. 1a gestützt werden, da für diesen Waffentypus ein waffenrechtl. Bedürfnis durch die Regelung des § 14 Abs. 1 *per se* ausgeschlossen ist. Der vorübergehende Erwerb anderer als in § 14 Abs. 1 S. 2 genannter Schussw. durch Personen, die das 21. Lebensjahr noch nicht vollendet haben, kommt allein nach § 12 Abs. 1 Nr. 5 auf Schießstätten in Betracht.

Ein Jagdschein iSv § 15 Abs. 1 S. 1 BJagdG (gültiger Jahres- oder Tagesjagdschein) steht zur **Ausleihe von Langwaffen** gem. § 12 Abs. 1 Nr. 1 einer WBK gleich (→ § 13 Rn. 27). **21e**

ee) Offensichtlichkeit oder Nachweis des Bedürfnisses. Der Verleiher hat sich zu **vergewissern,** dass der Entleiher das entspr. Bedürfnis **nachweist** oder dieses **offensichtlich** ist (ausf. dazu → § 34 Rn. 8 ff.). Diese Verpflichtung ergibt sich aus § 34 Abs. 1 S. 1, wonach eine Schussw. nur an **Berechtigte** überlassen werden darf, und die Berechtigung offensichtlich sein oder nachgewiesen werden muss. Verstöße gegen § 34 Abs. 1 S. 1 sind strafbar gem. § 52 Abs. 3 Nr. 7, Abs. 4. **22**

b) Nichtgewerbsmäßige Verwahrung oder nichtgewerbsmäßige Beförderung (Abs. 1 Nr. 1b). Abs. 1 Nr. 1b stellt die nichtgewerbsmäßige Verwahrung sowie die nichtgewerbsmäßige Beförderung **nur durch den Inhaber einer waffenrechtl. Erlaubnis** von der Erlaubnispflicht frei. **23**

aa) Sichere Verwahrung durch WBK-Inhaber. Zunächst muss gewährleistet sein, dass der Übernehmende über eine **WBK** oder eine dieser gleich zu achtende Erwerbs- und Besitzerlaubnis verfügt. Unerheblich ist dabei, welche WBK oder welches Bedürfnis im Einzelfall zu Grunde liegt. **24**

Weiter ist die **sichere Verwahrung** zu gewährleisten, welche an den Vorauss. des § 36 Abs. 5 iVm § 13 AWaffV zu bemessen ist. Der Überlasser hat die Möglichkeit der sicheren Verwahrung beim WBK-Inhaber zu prüfen, dh es muss ihm die sichere Verwahrungsmöglichkeit bekannt sein. Die sichere Verwahrung ist als Zweckbestimmung zugleich **Tatbestandsvorauss.,** so dass beim Überlassen für die Beteiligten klar sein muss, dass die Schussw. auch sicher aufbewahrt werden. Sollte der übernehmende WBK-Inhaber die Schussw. nicht ordnungsgemäß aufbewahren, liegt dennoch kein strafbares Überlassen an einen Nichtberechtigten vor (Vertrauensschutz), es sei denn, dem Überlasser war die nicht ordnungsgemäße Aufbewahrung auf Seiten des Erwerbers bekannt oder er hätte sie auf Grund im Einzelfall zu prüfender tatsächlicher Anhaltspunkte kennen müssen.

Schließlich darf die Aufbewahrung nur vorübergehender Natur sein. Damit wird keine Höchstfrist festgelegt, insbes. **keine Monatsfrist** wie bei Abs. 1 Nr. 1a. Nach Auffassung des Gesetzgebers war eine **Höchstfrist verzichtbar,** weil sich einerseits die **Dauer** der Verwahrung nach den Umständen des **konkreten Lebenssachverhalts** richte, andererseits bei der **Beförderung** eine Dauer von bspw. einem Monat idR überzogen wäre. Allerdings macht auch hier der Begriff **„vorübergehend"** deutlich, dass das Ende der Verwahrzeit, von vornherein festgelegt oder zumindest absehbar sein muss (vgl. BT-Drs. 14/7758, 60). Dies können zB urlaubs- oder berufsbedingte Abwesenheiten sein (vgl. WaffVwV Nr. 12.1.1.2). Auch andere Gründe, wie etwa Renovierung der Wohnung oder Umzug können solche Anlässe sein. Zwar kommt es letztlich nicht auf den Grund an, allerdings soll der **Missbrauch** rechtl. nicht geschützt sein, weshalb zumindest ein „vorsätzliches Umgehen" der Vorschrift zum Entfallen der Erlaubnisfreiheit führt. Wird also eine Verwahrung nur zum **Schein** vereinbart, während es sich faktisch um eine „Dauerausleihe" handelt, so ist die Vorauss. für den erlaubnisfreien Erwerb und Besitz zur sicheren Verwahrung nicht (mehr) gegeben.

Zur Waffenaufbewahrung in häuslicher Gemeinschaft → § 36 Rn. 60 ff.

25 **bb) Beförderung durch WBK-Inhaber.** Die **Beförderung** ist der Transport von einem Ort zum anderen, unabhängig ob mit oder ohne Beförderungsmittel. Dabei ist zu beachten, dass der Transport grds. ein erlaubnispflichtiges Führen gem. Anl. 1 Abschn. 2 Nr. 4 darstellt. Nach § 12 Abs. 3 Nr. 2 ist der Transport nur dann erlaubnisfrei, wenn die Schussw. **nicht schussbereit** (→ Anl. 1 Rn. 190) und **nicht zugriffsbereit** (→ Anl. 1 Rn. 191 ff.) transportiert werden. Weiter setzt der erlaubnisfreie Transport einen **Bedürfniszweckzusammenhang** (→ Rn. 69 ff.) voraus. Beim Transport ist weiter auf die **ordnungsgemäße Sicherung** iSd § 36 Abs. 1 zu achten (→ § 36 Rn. 13 ff.).

25a **Immanent** ist der Vorschrift auch, dass die Schussw. zu einem Berechtigten transportiert werden (vgl. WaffVwV Nr. 12.1.1.2), andernfalls läge ggf. ein illegales Überlassen vor.

26 **cc) Formvorschriften bei Abs. 1 Nr. 1.** Die Ausleihe, Lagerung oder Beförderung sind grds. **formfrei.** Aus § 38 Abs. 1 S. 1 Nr. 1g ergibt sich allerdings beim **Führen der Schussw.,** zB beim Transport iSd Abs. 3 Nr. 2, die Verpflichtung, dass im Fall der vorübergehenden Berechtigung zum Erwerb auf Grund des Abs. 1 Nr. 1 und 2 ein **Beleg** ausgestellt wird, aus dem der Name des **Überlassers** (des Verleihers), des **Besitzberechtigten** (Entleihers) und das **Datum der Überlassung** hervorgeht.

Dies wird bei der Ausleihe und anschl. Beförderung der Fall sein, wenn der Entleiher sich mit den Schussw. außerhalb seiner eigenen Wohnung aufhält. Daher ist eine solche Bescheinigung obligatorisch. Bringt hingegen der Verleiher die Schussw. zum Entleiher zum Verwahren, ist eine solche Bescheinigung entbehrlich. Gleichwohl bietet es sich aus Gründen der Rechtssicherheit an, eine Übergabe iSd Nachvollziehbarkeit stets schriftlich zu dokumentieren.

6. Gewerbsmäßige Beförderung, Lagerung und Verschönerung (Abs. 1 Nr. 2)

27 Einer Erlaubnis zum Erwerb und Besitz einer Waffe bedarf nicht, wer diese vorübergehend von einem Berechtigten zur **gewerbsmäßigen Beförderung,** zur **gewerbsmäßigen Lagerung** oder zur **gewerbsmäßigen** Ausführung von **Verschönerungen** oder ähnlicher Arbeiten an der Waffe erwirbt.

28 Der Erwerb muss auf jeden Fall **gewerblichen** Zwecken dienen, wobei der Gesetzgeber hier die Beförderung, Lagerung oder bestimmte Arbeiten an der Waffe nennt. Auch wenn der Erwerber hier **nicht Inhaber** einer WBK ist, so sieht der Gesetzgeber durch die Vorauss. der Gewerbsmäßigkeit doch die erforderliche Sachkunde und Zuverlässigkeit für den Beförderungs-, Lagerungs- oder Arbeitsvorgang als gewährleistet an.

Vorauss. ist wiederum der **vorübergehende** Charakter des Erwerbs. Die Befreiung tritt nur ein, wenn die Waffen von einem Berechtigten und nur **vorübergehend** überlassen werden, wobei die Frist von **einem Monat** des Abs. 1 Nr. 1a **nicht** gilt.

29 **a) Gewerbsmäßige Beförderung.** Unter die Bestimmung fallen in gleicher Weise der Land-, Luft- und Seetransport. Zum Spediteur vgl. §§ 453 ff. HGB, zum Frachtführer §§ 407 ff. HGB.

Das WaffG regelt nicht ausdr. den Güterverkehr mit Kraftfahrzeugen und denjenigen des Luftverkehrs, welche vom HGB nicht erfasst werden. Nach Sinn und Zweck des WaffG ist aber auch für den gewerbsmäßigen Transport von Schussw. mit Kraft- oder Luftfahrzeugen eine Befreiung von der WBK-Pflicht anzunehmen (so auch *Steindorf/N. Heinrich* WaffG § 12 Rn. 8), zB auch durch Taxiunternehmen oder Einzelunternehmer im Kurierdienst.

Werden Schussw. oder Munition zur gewerbsmäßigen Beförderung überlassen, 30 müssen gem. § 34 Abs. 1 S. 3 die **ordnungsgemäße Beförderung** sichergestellt und **Vorkehrungen gegen ein Abhandenkommen** getroffen sein. Unklar ist, wen diese Verpflichtung trifft, auch wenn die Wahl des Begriffs „überlassen" auf den Überlassenden hinweist (so *ABB/Adolph* WaffG § 34 Rn. 8). Letztlich hat der Überlasser keinen Einfluss auf die tatsächliche Durchführung der Beförderung. Ihn trifft aber die Pflicht, eine sorgfältige Auswahl des Spediteurs zu treffen (*Apel/Bushart* WaffG § 34 Rn. 9) bzw einen anerkannt zuverlässigen Beförderer auszuwählen (so *Steindorf/Gerlemann* WaffG § 34 Rn. 4). Die Sicherung gegen ein Abhandenkommen kann dahingehend geprüft werden, ob die Fahrzeuge eine entspr. Ausstattung haben oder geeignetes Bewachungspersonal eingesetzt wird (so *Steindorf/Gerlemann* WaffG § 34 Rn. 4). Sanktionen sind mit der Verletzung dieser Pflicht jedoch nicht verbunden, da § 52 Abs. 3 Nr. 7 oder § 53 Abs. 1 Nr. 16 sich auf § 34 Abs. 1 S. 1 und nicht auf § 34 Abs. 1 S. 3 beziehen. Allerdings kann ein Auswahlverschulden für den Überlasser Konsequenzen hinsichtlich seiner waffenrechtl. Zuverlässigkeit nach § 5 Abs. 2 Nr. 5 nach sich ziehen (*ABB/Adolph* WaffG § 34 Rn. 8).

Mit der Übernahme der Waffen oder Munition trifft den gewerbsmäßigen Beförderer vollumfänglich die Pflicht aus § 36 Abs. 1. Er hat die erforderlichen Vorkehrungen zu treffen, um zu verhindern, dass die Waffen abhanden kommen oder Dritte sie unbefugt an sich nehmen. Verstöße hiergegen werden ebenfalls in Ermangelung einer entspr. Straf- oder Ordnungswidrigkeitennorm nicht geahndet.

Zum gewerbsmäßigen Inlandstransport ergeben sich weitere Pflichten aus Nr. 12.1.2 WaffVwV.

Bei der gewerbsmäßigen Beförderung ist außerdem § 34 Abs. 1 S. 5 zu beachten. 31 Danach stellt bereits die Übergabe von Waffen oder Munition an einen anderen zum Zweck der gewerbsmäßigen Beförderung (§ 12 Abs. 1 Nr. 2, Abs. 2 Nr. 1) zu einer dritten Person zugleich auch ein **Überlassen an den Dritten** dar (→ § 34 Rn. 14).

b) Gewerbsmäßige Lagerung. Der Erwerb kann auch zur gewerbsmäßigen 32 Lagerung erfolgen (zum Lagergeschäft vgl. §§ 467 ff. HGB).

Während der Transport die räuml. Verbringung der Waffen oder Munition an einen anderen Ort bzw zu einer anderen Person zum Ziel hat, geht es bei der Lagerung allein um die sorgfältige Verwahrung der Gegenstände. Die Lagerung ist Aufbewahrung im waffenrechtl. Sinn (so iSd HGB auch § 467 Abs. 1 HGB, wonach durch den Lagervertrag der Lagerhalter verpflichtet wird, das Gut zu lagern und aufzubewahren). Soweit die zur Lagerung übernommenen Waffen oder Munition nicht durchgängig einer persönlichen Bewachung des Lageristen bzw seiner Mitarbeiter unterliegen, treffen ihn die insbes. für Schussw. geltenden weitreichenden Aufbewahrungspflichten des § 36 Abs. 1, 5 iVm § 13 AWaffV.

Die schärferen Sorgfaltspflichten im Zuge der gewerbsmäßigen Lagerung im Vergleich zur gewerbsmäßigen Beförderung erscheinen vertretbar. Während es sich beim Transport stets um einen mobilen Verkehrsvorgang handelt, im Zuge dessen die strengen Anforderungen insbes. des § 13 AWaffV kaum eingehalten werden können, ist dem gewerblichen Lagerer das Vorhalten entspr. Sicherungsmittel durchaus zumutbar.

33 **c) Gewerbsmäßige Verschönerung oder ähnliche Arbeiten.** In die Befreiung von der Erlaubnispflicht sind gewerbsmäßige Handwerksberufe, zB die Galvaniseure, Graveure, Gürtler und Metallbildner eingeschlossen (Bundesinnungsverband: www.biv.org). Diese sind idR keine Instandsetzungs- oder Bearbeitungsbetriebe iSd § 21 Abs. 1, verschönern aber Waffen, bspw. durch Brünieren, Vernickeln oder durch Gravuren (vgl. BT-Drs. 14/7758, 60). Solche Arbeiten sind **ohne** waffenrechtl. Erlaubnis im Rahmen des Abs. 1 Nr. 2 zulässig. Sie stellen **keine Bearbeitung oder Instandsetzung** von Schussw. dar, die nur Waffenherstellern iSv § 21 oder nichtgewerbsmäßigen Waffenherstellern iSv § 26 erlaubt ist.

7. Arbeitsverhältnisse, Beauftragte, Mitglieder oder Charterer (Abs. 1 Nr. 3a bis d)

34 Einer Erlaubnis zum Erwerb und Besitz einer Waffe bedarf nicht, wer diese von einem **oder für** einen Berechtigten erwirbt, wenn und solange die Erwerbsperson diese unter den in Abs. 1 Nr. 3a bis d genannten Vorauss. erwirbt und den Besitz über die Waffe nur nach den Weisungen des Berechtigten ausüben darf. Der Gesetzgeber sieht das Erfordernis einer WBK in diesen Fällen als entbehrlich an, weil der Erwerber bzgl. des Besitzes über die Waffe den Weisungen einer zum Waffenbesitz berechtigten Person bzw Institution unterliegt. Wiederum sind nur solche Fälle erfasst, in denen die Waffe **nicht auf Dauer,** sondern für gewöhnlich nur für sehr kurze Zeit beim Erwerber verbleibt.

35 Für alle Befreiungstatbestände gemeinsam gelten zunächst folgende Tatbestandsvorauss.: **Erstens** muss die (Schuss-)waffe **von** einem oder **für** einen Berechtigten erworben werden. **Zweitens** darf der Besitz über die (Schuss)waffe nur nach Weisungen des Berechtigten ausgeübt werden. **Drittens** darf die (Schuss)waffe unter den jeweiligen Vorauss. nur solange erworben und besessen werden, wie die Vorauss. vorliegen.

36 **a) Arbeits- oder Ausbildungsverhältnisse (Abs. 1 Nr. 3a). Arbeits- oder Ausbildungsverhältnisse** bestehen in der gewerbsmäßig oder selbstständig im Rahmen einer wirtschaftlichen Unternehmung betriebenen Herstellung, Bearbeitung oder Instandsetzung von Schussw. oder Munition sowie in dem entspr. betriebenen Handel iSd § 21. Bei in die Handwerksrolle eingetragenen **Büchsenmachern** schließt die Waffenherstellungserlaubnis die Erlaubnis zum Waffenhandel ein (§ 21 Abs. 2 S. 2).

Soweit die nach § 21 Berechtigten weitere Personen beschäftigen, haben diese in Erfüllung ihrer arbeitsvertraglichen Pflichten typischerweise Umgang mit Schussw. und Munition. Im Rahmen dieser Tätigkeit dürfen sie sowohl **von** dem Berechtigten (Büchsenmachermeister gibt Waffe an Auszubildenden) als auch **für** den Berechtigten (Lehrling nimmt Waffe von Kunden zur Reparatur an) als **Besitzdiener** Schussw. ohne Erlaubnis erwerben und besitzen. Im Rahmen von Arbeits- oder Ausbildungsverhältnissen gilt der erlaubnisfreie Erwerb und Besitz von Schussw. auch für **Minderjährige,** die sich in einem solchen Verhältnis befinden, zB die oder der Auszubildende beim Büchsenmachermeister, im Waffengeschäft beim Verkauf oder beim Wachunternehmen, wo die Schussw. an Wachleute ausgegeben werden, vgl. § 3 Abs. 1.

37 **aa) Besitzdienerschaft.** Abs. 1 Nr. 3 berücksichtigt insbes. die Fälle der **Besitzdienerschaft** iSv § 855 BGB („Übt jemand die tatsächliche Gewalt über eine Sache für einen anderen in dessen Haushalt oder Erwerbsgeschäft oder in einem ähnlichen Verhältnis aus, vermöge dessen er den sich auf die Sache beziehenden Weisungen des anderen Folge zu leisten hat, so ist nur der andere Besitzer."). Erfasst sind demnach der weisungsgebundene Besitz und vergleichbare Fälle. Der Erwerber fungiert als **„verlängerter Arm"** des Berechtigten (*Apel/Bushart* WaffG § 12 Rn. 19).

Er darf keinerlei eigene Entscheidungsbefugnis hinsichtlich des Schicksals der Waffe haben; er ist lediglich eine Art **„befehlsempfangendes Werkzeug“** (*Steindorf/N. Heinrich* WaffG § 12 Rn. 9).

bb) Klare Weisungen und Zeitvorgabe. Die Weisungen des Berechtigten müssen für den **Erwerber** klar, eindeutig und regelm. auch zeitl. beschränkt sein, also quasi eine „Was-, Wie- und Solange“-Vorgabe enthalten. Allerdings wird keine Monatsfrist oÄ vorgeschrieben. Regelm. knüpft die Dauer des erlaubnisfreien Besitzes an die Tätigkeit an, zB das Arbeitsverhältnis, also während der Arbeitszeit an die Tätigkeit als Waffenmechaniker, Waffenverkäufer; bei Charterern an die Dauer des Mietverhältnisses des Schiffs. 38

cc) Berechtigung des Überlassers. Die **Berechtigung** des Überlassers muss offensichtlich oder nachgewiesen sein (→ Rn. 19, 22) und wird sich regelm. aus der dem Erwerber bekannten Stellung des Berechtigten ergeben. Eine schriftliche Beauftragung ist nicht erforderlich (insoweit zu weit gehend WaffVwV Nr. 12.1.3, dass die Erklärungen des Berechtigten in schriftlicher Form vom Weisungsabhängigen mitgeführt werden). Dies ist zwar zweckmäßig, aber gesetzlich nicht gefordert. 39

dd) Alterserfordernis. Grds. dürfen Schussw. nur an Personen überlassen werden, die das 18. Lebensj. vollendet haben. Eine Ausnahme besteht gem. § 3 Abs. 1, wonach Jugendliche (von 14 bis 17 Jahre, vgl. Anl. 1 Abschn. 2 Nr. 11) im Rahmen eines **Ausbildungs- oder Arbeitsverhältnisses** abweichend von § 2 Abs. 1 unter **Aufsicht eines weisungsbefugten Waffenberechtigten** mit Waffen oder Munition **umgehen** dürfen (→ § 3 Rn. 4 ff.). 40

ee) Prüfungen. Zu Abs. 1 Nr. 3a ist klarstellend darauf hinzuweisen, dass Prüfungen im Rahmen oder als Abschluss einer Ausbildung dem Begriff „Ausbildung“ iSd WaffG unterfallen (vgl. BT-Drs. 14/7758, 60). 41

b) Beauftragte oder Mitglieder von ua jagdlichen oder schießsportlichen Vereinigungen (Abs. 1 Nr. 3b). Gem. dieser Vorschrift sind Beauftragte oder Mitglieder einer jagdlichen oder schießsportlichen Vereinigung, einer anderen sportlichen Vereinigung zur Abgabe von Startschüssen oder einer zur Brauchtumspflege Waffen tragenden Vereinigung von der Erlaubnispflicht für den Erwerb und Besitz unter den in → Rn. 35 genannten Vorauss. befreit. Diese Vorschrift gestattet den genannten Vereinigungen weite Ausnahmen. 42

aa) Beauftragte oder Mitglieder einer jagdlichen oder schießsportlichen Vereinigung. Die Beauftragung erfolgt durch Vertreter oder Bevollmächtigte (§§ 164 ff. BGB), Auftrag oder Geschäftsbesorgung (§§ 662 ff. BGB). Der Berechtigte wird idR der Vereinsvorsitzende sein bzw der für einzelne Sparten nach der Vereinsordnung bzw Geschäftsordnung Verantwortliche. So könnte der Jugendtrainer einer Schießsportmannschaft die Eltern der Kinder bitten, eine Schießsportveranstaltung am Wochenende zu unterstützen. Die Eltern könnten daher beauftragt werden, die Vereinswaffen und Munition entspr. den Vorgaben des Abs. 3 Nr. 2 zu transportieren und die Schussw. zu einem Schießstand zu bringen (vgl. WaffVwV Nr. 12.1.3.1, im Anschl. daran *Heller/Soschinka* WaffR Rn. 439). Dies wäre im Rahmen der Beauftragung durch eine schießsportliche Vereinigung möglich. Nicht erforderlich ist, dass die Eltern selbst Mitglieder dieser schießsportlichen Vereinigung sind. Die Erlaubnis erlischt erst mit Ende der Beauftragung. Aus Gründen der Rechtssicherheit auf beiden Seiten könnte die Beauftragung auch schriftlich, zB durch Aushang im Vereinslokal erfolgen. Erforderlich ist dies nicht, es reicht eine mündliche Beauftragung aus. Nicht nachvollziehbar erscheint, warum der Gesetzgeber hier keine Regelung iSd § 38 Abs. 1 S. 1 Nr. 1g eingeführt hat. So kann es in der Praxis zu Problemen kommen, wenn die Eltern ggf. in eine Polizeikontrolle geraten und den erlaubten 43

Waffenbesitz nicht belegen können. Insofern empfiehlt es sich, die Beauftragung schriftlich zu fixieren.

44 Die Beauftragung ist die Kernvorauss., um die Schussw. oder Munition zu erwerben. Zusätzlich ist das **Alterserfordernis** gem. § 2 Abs. 1 zu berücksichtigen. Sonstige Kenntnisse, die Zuverlässigkeit, persönliche Eignung oder Sachkunde sind **nicht** gefordert.

44a Das Überlassen von Vereinswaffen durch Schießsportvereine an neue Mitglieder für die gesamte Dauer des ersten Jahres nach Vereinseintritt ist **nicht von Nr. 3b abgedeckt,** da hierin eine Umgehung des § 14 Abs. 2 S. 2 Nr. 2 läge, wonach ein schießsportliches Bedürfnis ua voraussetzt, dass der Antragst. mind. seit 12 Monaten als Mitglied eines anerkannten Vereines regelm. den Schießsport betreibt (vgl. WaffVwV Nr. 12.1.3.2).

45 **bb) Eine andere sportliche Vereinigung zur Abgabe von Startschüssen.** Diese Ausnahme greift bei jeder anderen sportlichen Vereinigung, bei der Startschüsse abgegeben werden, zB bei Leichtathletikvereinen. Ob das Abgeben von Startschüssen nach der Satzung, der Sportordnung oder jeweils vom Leiter vorgesehen ist, spielt für die Befreiung keine Rolle.

46 **cc) Einer zur Brauchtumspflege Waffen tragenden Vereinigung.** Diese Ausnahme steht im Kontext zu § 16 Abs. 2 und 4 und ergänzt diese Vorschrift. Während § 16 Abs. 2 und 4 Erleichterungen für das **Führen** und **Schießen** vorsieht, lässt Abs. 1 Nr. 3b den erlaubnisfreien Erwerb und Besitz durch Beauftragte oder Mitglieder der zur Brauchtumspflege Waffen tragenden Vereinigung zu. IdR sind Brauchtumsvereinigungen eingetragene Vereine, die sich zur Pflege und zum Erhalt des jeweiligen regionalen Brauchtums gegründet haben (→ § 16 Rn. 2).

47 **c) Beauftragte gem. § 55 Abs. 1 S. 1 (Abs. 1 Nr. 3c).** Die Vorschrift ermöglicht den Erwerb und Besitz durch einen Beauftragten einer in § 55 Abs. 1 S. 1 bezeichneten Stelle **von** einem oder **für** einen Berechtigten.

Die Möglichkeit der **erlaubnisfreien Besitzdienerschaft** seitens einer **Privatperson,** die nicht dem Bereich der Dienstwaffenträger zuzurechnen ist, wurde – einem praktischen Bedürfnis folgend – auf den Bereich der Dienstwaffen erweitert (vgl. BT-Drs. 16/7717, 19). Die Einfügung erlaubt damit den in § 55 Abs. 1 S. 1 bezeichneten Stellen, also ua der Bundeswehr, den Polizeien des Bundes und der Länder sowie der Zollverwaltung, dass sie Dritte mit dem Erwerb und Besitz beauftragen und Weisungen erteilen dürfen. So könnten etwa externe Anbieter von Dienstleistungen beauftragt werden, bei einer dieser bezeichneten Stelle Arbeiten im waffentechn. Bereich zu verrichten.

48 Nicht zweifelsfrei geklärt ist indes die Frage, was der Begriff der „Stelle" exakt umreißt. Dieser könnte bei enger Auslegung ausschl. die Behörde erfassen oder aber bei einer weiteren Begriffsauslegung auch Dienststellen bzw jeden einzelnen Bediensteten der jeweils genannten Stelle.

Bei einer weiten Auslegung könnte auch jeder Bedienstete der og Stellen erfasst sein, zB der erkrankte Polizist, der seine Ehefrau bittet, die dienstliche Schussw. ordnungsgemäß in die Dienststelle zu transportieren. Aber auch bei längeren Einsätzen, wo bewaffnete Einsatzkräfte die Schussw. und Munition bei Einsatzunterbrechungen, zB im Hotelsafe, aufbewahren lassen, wäre eine solche Anordnung denkbar.

Gegen die weite Auslegung spricht, dass es dem Sinn und Zweck der Vorschrift zuwiderläuft, wenn jeder einzelne Behördenmitarbeiter nach eigenem Ermessen sicherheitsrelevante Anordnungen und Weisungen außerhalb der Behörde treffen könnte. Vom Begriff der Stelle ist daher lediglich die Behörde erfasst, die ihrerseits die Befugnis behördenintern delegieren kann.

d) Charterer von seegehenden Schiffen (Abs. 1 Nr. 3d). Die Regelung des Abs. 1 Nr. 3d ermöglicht den erlaubnisfreien Erwerb und Besitz von **Seenotsignalwaffen** durch Charterer von seegehenden Schiffen. Damit ist die Ausrüstung nur durch den Schiffseigner möglich. Der Charterer hat kein Bedürfnis für eigene Waffen. 49

Erfasst sind hier voll umfänglich erlaubnispflichtige Signalwaffen mit Schusswaffeneigenschaft (Kaliber 4 Waffen). Diese hat der Schiffseigner im Regelfall auf WBK erworben und überlässt sie an den Charterer als Berechtigten (vgl. zum waffenrechtl. Bedürfnis für eine großkalibrige Signalpistole zur Seenotrettung OVG BB Urt. v. 28.9.2010 – OVG 11 B 26.08).

Auf gekennzeichnete **SRS-Waffen** („PTB im Kreis") findet die Vorschrift keine Anwendung, da diese bereits nach Anl. 2 Abschn. 2 UAbschn. 2 Nr. 1.3 erlaubnisfrei erworben und besessen werden dürfen.

Soweit der Schiffseigner keine Seenotsignalwaffe zur Verfügung stellt, kann für den Charterer eine Bedürfnisprüfung nach § 8 erfolgen (WaffVwV Nr. 12.1.3.4). 49a

8. Wiedererwerb nach Überlassen und Abhandenkommen (Abs. 1 Nr. 4)

War der ursprüngliche Erwerb einer Waffe erlaubnispflichtig und besteht die Erlaubnis zum Besitz auch noch fort, so ist der Rückerwerb nach einem vorübergehenden Überlassen an einen Dritten oder nach dem Abhandenkommen der Waffe gem. Abs. 1 Nr. 4 erlaubnisfrei. Die Regelung ist deshalb notwendig, da der Erwerb nach Voreintrag in die WBK nur innerhalb eines Jahres möglich ist, und nach Ablauf der Frist der Besitz regelmäßig unbefristet erlaubt wird (vgl. § 10 Abs. 1 S. 3), jedoch einen Neuerwerb nicht umfasst. 50

a) Wiedererwerb nach Überlassen (Abs. 1 Nr. 4a). Die Vorschrift lässt den Wiedererwerb einer Schussw. von einem anderen zu, soweit der WBK-Inhaber die Waffe vorübergehend überlassen hatte, ohne dass es hierfür der Eintragung in die Erlaubnisurkunde bedurfte. Damit sind bspw. die Fälle der Ausleihe erfasst, die im Rahmen des Abs. 1 zugelassen sind. Einer Eintragung in die Erlaubnisurkunde bedarf es nur, wenn Schussw. **endgültig überlassen** werden (vgl. § 10 Abs. 1 S. 4 für den Erwerber und § 34 Abs. 2 S. 2 für den Überlasser). 51

b) Wiedererwerb nach Abhandenkommen (Abs. 1 Nr. 4b). Die Vorschrift lässt den Wiedererwerb von Schussw. von einem anderen nach dem Abhandenkommen zu (zum Abhandenkommen → § 36 Rn. 10). 52

9. Erwerb auf der Schießstätte (Abs. 1 Nr. 5)

Wird eine Waffe lediglich vorübergehend auf einer **Schießstätte** iSd § 27 erworben, so ist dies ebenfalls erlaubnisfrei gestattet. Da hier auch völlig **waffenunkundige** Personen erlaubnisfrei Waffen erwerben (bzw ausleihen) können, kann der vorübergehende Erwerb hier nur meinen, dass er auf jeden Fall spätestens beim **Verlassen** der Schießstätte **enden** muss (so auch *Apel/Bushart* WaffG § 12 Rn. 22). 53

Der Erwerb und Besitz von Schussw. auf Schießstätten durch Minderjährige richtet sich nach § 27.

10. Mitnahme in oder durch das Bundesgebiet (Abs. 1 Nr. 6)

Einer Erlaubnis zum Erwerb und Besitz bedarf es nicht, soweit die Schussw. auf einer Reise **in den** oder **durch den** Geltungsbereich des WaffG **berechtigt** nach § 32 mitgenommen wird. Der Begriff „berechtigte Mitnahme" umfasst sämtliche rechtmäßigen Mitnahmetatbestände iSd § 32. Also zunächst die Fälle, in denen eine erforderliche Mitnahmeerlaubnis vorliegt, gleichermaßen aber auch jene, in welchen 54 eine Mitnahme erlaubnisfrei nach § 32 Abs. 3, Abs. 5 erfolgen kann. Die Regelung knüpft an den Umstand an, dass Schussw. überwiegend von ausländischen Personen in und durch den Geltungsbereich des WaffG mitgenommen werden, die typischerweise über keine deutsche Besitzerlaubnis (WBK) verfügen. Daher ist es konsequent, den Erwerb und Besitz im Rahmen rechtmäßiger Mitnahmekonstellationen erlaubnisfrei zu stellen. Das regelm. zeitgleich stattfindende Führen der Waffe ist nach Maßgabe von Abs. 3 Nr. 2 erlaubnisfrei gestellt.

III. Erlaubnisfreier Erwerb und Besitz von Munition (Abs. 2)

55 Abs. 2 stellt Munition von der Erwerbs- und Besitzerlaubnispflicht frei. **Munition** ist gem. Anl. 1 Abschn. 1 UAbschn. 3 Nr. 1 zum Verschießen aus Schussw. bestimmte Patronenmunition, Kartuschenmunition, hülsenlose Munition oder pyrotechnische Munition.

Zu berücksichtigen ist, dass bestimmte Kartuschenmunition oder pyrotechnische Munition ohnehin bereits ab Vollendung des 18. Lebensj. erlaubnisfrei erworben und besessen werden darf (vgl. Anl. 2 Abschn. 2 UAbschn. 2 Nr. 1.4, 1.11 und 1.12).

1. Erwerb und Besitz von Munition unter den Voraussetzungen des Abs. 1 Nr. 1–4 (Abs. 2 Nr. 1)

56 Gem. Abs. 2 Nr. 1 bedarf einer Erlaubnis zum Erwerb und Besitz von Munition nicht, wer diese unter den Vorauss. des Abs. 1 Nr. 1–4 erwirbt. Danach kann bei Vorliegen dieser Vorauss. Munition ohne eine gesonderte waffenrechtl. Erlaubnis hierfür erworben werden (vgl. zu den Einzelheiten die Kommentierung zu Abs. 1, die auf den Munitionserwerb gem. Abs. 2 übertragen werden kann).

2. Erwerb und Besitz von Munition auf einer Schießstätte (Abs. 2 Nr. 2)

57 Gem. Abs. 2 Nr. 2 bedarf einer Erlaubnis zum Erwerb und Besitz von Munition nicht, wer diese unter den Vorauss. des Abs. 1 Nr. 5 zum **sofortigen Verbrauch lediglich auf dieser Schießstätte** erwirbt.

Der Gesetzgeber hat im Tatbestand eindeutig geregelt, dass Munition „lediglich auf dieser Schießstätte zum sofortigen Verbrauch" erworben werden darf, wodurch klargestellt wird, dass keine Munition von der Schießstätte mitgenommen werden darf. Soweit Munition nicht verschossen wird, hat der Erwerber diese einem Berechtigten noch auf dem Schießstand zu überlassen.

3. Erwerb und Besitz von Munition bei Mitnahme gem. § 32 (Abs. 2 Nr. 3)

58 Gem. Abs. 2 Nr. 3 bedarf einer Erlaubnis zum Erwerb und Besitz von Munition nicht, wer diese auf einer Reise **in den** oder **durch den** Geltungsbereich des WaffG nach § 32 **berechtigt** mitnimmt (→ Rn. 54).

IV. Erlaubnisfreies Führen von Waffen (Abs. 3)

59 Abs. 3 regelt die Ausnahmen von der Erlaubnispflicht hinsichtlich des Führens von Waffen, sog waffenscheinfreies Führen (zum Begriff Führen → Anl. 1 Rn. 174 ff.).

Mit dem **6. ÄndG** (→ Einf. Rn. 26c) wurde in Abs. 3 die Nr. 6 neu angefügt, wonach das Führen eines wesentlichen Schusswaffenteils unter bestimmten Vorauss.

erlaubnisfrei gestellt wird. Diese Regelung stellt heraus, dass sich der Begriff des Führens auch auf wesentliche Teile von Schussw. erstreckt (→ Anl. 1 Rn. 174).

1. Führen auf fremdem Besitztum (Abs. 3 Nr. 1)

Einer Erlaubnis zum Führen von Schussw. bedarf nicht, wer diese mit Zustim- 60
mung eines Anderen in dessen **Wohnung, Geschäftsräumen oder befriedetem Besitztum** oder dessen Schießstätte zu einem von seinem **Bedürfnis umfassten Zweck** oder im Zusammenhang damit führt. Damit können Schussw. auch ohne WS in den Räumlichkeiten eines Anderen oder in dessen befriedetem Besitztum geführt werden. Das Führen von Schussw. in der Stadt, in freiem Gelände, im Wald oder sonstigen nicht eingefriedeten Grundstücken fällt **nicht** unter die Befreiung.

a) Räumlichkeiten. Die Befreiung von der Waffenscheinpflicht greift nur in 61
den vom Gesetzgeber genannten Räumlichkeiten (→ Anl. 1 Rn. 176). Die Begriffe Wohnung, Geschäftsräume und befriedetes Besitztum lehnen sich an § 123 StGB an (*Steindorf/N. Heinrich* WaffG § 12 Rn. 21).

aa) Begriff der Wohnung. Die Wohnung ist eine in irgendeiner Weise abge- 62
schlossene und überdachte Räumlichkeit, die nicht notwendigerweise verschließbar sein muss, auch beweglich sein kann und dazu bestimmt oder gebraucht wird, Menschen zumindest vorübergehend Unterkunft zu gewähren (HK-StrafR StGB § 123 Rn. 7). Zur Wohnung zählen vor allem **Wohnräume,** aber auch **Nebenräume** wie Toiletten, Flure, Treppen, Wasch-, Trocken-, Keller- und Bodenräume (HK-StrafR StGB § 123 Rn. 7). Auf längere Dauer braucht der Aufenthalt nicht angelegt zu sein; auch der Reisende „wohnt" im Hotel (*Fischer* StGB § 123 Rn. 6).

Ein **Fahrzeug** kann im Einzelfall einen Wohn- oder Geschäftsraum darstellen, wenn es zur ständigen Benutzung zu Wohnzwecken oder als Betriebs- und Arbeitsstätte speziell hergerichtet ist, zB Wohn-, Betriebs- oder Verkaufsanhänger. Unabhängig von der geschäftlichen Nutzung fallen jedoch nicht darunter der private PKW oder der gewöhnliche Dienstwagen (so WaffVwV Anl.IA2).

bb) Geschäftsräume. Geschäftsräume sind abgeschlossene (auch mobile) 63
Betriebs- und Verkaufsstätten, die vorübergehend oder dauernd gewerblichen, künstlerischen, wissenschaftlichen oder ähnlichen Zwecken dienen (*Fischer* StGB § 123 Rn. 7). Geschäftsräume sind zB Büroräume, Lagerräume, Warenhäuser, Ateliers, Studios, Fabrikhallen, Schalterräume von Sparkassen und Banken, ärztliche Sprech- und Wartezimmer, Gemeindesäle und Jugendzentren.

cc) Befriedetes Besitztum. Im Gegensatz zu Wohnungen und Geschäftsräu- 64
men handelt es sich bei befriedetem Besitztum stets um eine unbewegliche Sache. Befriedetes Besitztum iSv § 123 StGB ist immer dann gegeben, wenn ein Grundstück von dem Berechtigten in äußerlich erkennbarer Weise mittels zusammenhängender Schutzwehren gegen das beliebige Betreten durch andere gesichert ist (OLG Frankfurt a. M. Beschl. v. 16.3.2006 – 1 Ss 219/05 – juris mwN).

Als befriedete Besitztümer werden angesehen (nach *Fischer* StGB § 123 Rn. 6, 9): 65

- Eingefriedete Äcker und Wiesen, Weiden und Schonungen, Feldgrundstücke mit zusammenhängenden Schutzwehren
- Hausgärten, auch bei leicht überwindbarer Eingrenzung
- Hofräume oder Geschäftsgrundstücke mit erkennbarer Einfriedung, auch wenn über jederzeit geöffnete Zufahrten Kundenverkehr stattfindet
- Durch Ketten gesicherte Privatparkplätze
- Friedhöfe
- Schwimmdocks
- Rohbauten, leer stehende Wohnungen und zum Abbruch bestimmte Häuser

66 Auch abgegrenzte Grundstücke von Hundevereinen stellen befriedetes Besitztum dar, wo bspw. mit **SRS-Waffen** („PTB im Kreis") erlaubnisfrei Training zur **Schussgewöhnung bei Hunden** veranstaltet werden darf.

67 **dd) Schießstätten.** In § 27 Abs. 1 S. 1 ist der Begriff der **Schießstätten** legaldef., wonach diese ortsfeste oder ortsveränderliche Anlagen sind, welche ausschl. oder neben anderen Zwecken dem Schießsport oder sonstigen Schießübungen mit Schussw., der Erprobung von Schussw. oder dem Schießen mit Schussw. zur Belustigung dienen. In die Legaldefinition des **Führens** (Anl. 1 Abschn. 2 Nr. 4) wurden die Schießstätten durch das **2. ÄndG** (→ Einf. Rn. 23) zum 1.4.2008 mit aufgenommen.

Die zentrale Folge dieser Regelung ist, dass derjenige, der innerhalb einer Schießstätte die tatsächliche Gewalt über eine Waffe ausübt, diese **nicht** führt. Die Ausnahme gem. Abs. 3 Nr. 1 in Bezug auf die Schießstätte ist daher **hinfällig,** gleichwohl hat der Gesetzgeber sie (überflüssigerweise) im WaffG belassen.

68 **b) Zustimmung des Hausrechtsinhabers.** Vorauss. für die Entbehrlichkeit eines WS in diesen Fällen ist zunächst die **Zustimmung** des Anderen, in dessen Räumen oder auf dessen Grundstück die Waffe geführt wird. Dieser muss zwar nicht zwingend der Eigentümer sein, jedoch zumindest das **Hausrecht** innehaben, also dazu autorisiert sein, den Zutritt zu gestatten oder aber zu versagen.

68a Dem Begriff „Zustimmung" (§ 182 BGB) unterfallen prinzipiell die vorherige Einwilligung (§ 183 BGB) wie auch die nachträgliche Genehmigung (§ 184 BGB). ISd Rechtsklarheit muss hier prinzipiell davon ausgegangen werden, dass **allein die vorherige Einwilligung** gemeint sein kann (so auch *Steindorf/N. Heinrich* WaffG § 12 Rn. 21). Ob ein erlaubnisfreies Führen nach Abs. 3 Nr. 1 vorliegt, kann insbes. auch für die Beurteilung der Rechtmäßigkeit eines Waffentransportes nach Abs. 3 Nr. 2 von Bedeutung sein, welcher voraussetzt, dass am Ausgangs- wie am Zielort des Transportes ein rechtmäßiger (waffenscheinfreier) Umgang geübt wird (→ Rn. 72 ff.). Nicht zuletzt in Ansehung der Strafandrohung der §§ 51, 52 verbietet sich ein „Schwebezustand der Berechtigung" (vgl. *Steindorf/N. Heinrich* WaffG § 12 Rn. 21).

68b Die Zustimmung sollte ausdrücklich, kann aber auch konkludent erfolgen. Zudem können auch die Grundsätze zur mutmaßlichen Einwilligung Anwendung finden.

Von einer generellen (konkludenten) Einwilligung zum Betreten seiner Geschäftsräume mit rechtmäßig besessenen Schussw. kann etwa ausgegangen werden beim Büchsenmacher, der sein Geschäft geöffnet hat.

69 **c) Vom Bedürfnis umfasster Zweck oder im Zusammenhang damit.** Schließlich ist das Führen nur erlaubnisfrei, soweit es vom **Bedürfnis des die Waffe Führenden umfasst** ist oder **im Zusammenhang** damit steht. Mit diesem Erfordernis soll einer **missbräuchlichen** Verwendung von Schussw. begegnet werden (vor Einführung dieses Erfordernisses war es in der Vergangenheit immer wieder vorgekommen, dass zB **Sportschützen** mit ihren Waffen in Lokalen als **Türsteher** oder als sonstiges Aufsichtspersonal mit Zustimmung des Hausrechtsinhabers fungierten).

Im Zusammenhang mit dem vom Bedürfnis umfassten Zweck sollen Tätigkeiten gestattet werden, die naturgemäß und anerkannter Weise als **Folge oder Begleiterscheinung des Bedürfnisses** vorgenommen werden. Bspw. wird ein Sportschütze einem Vereinskollegen seine Sportwaffe als Kaufinteressenten mitbringen dürfen (→ Rn. 20 f.).

Vor dem Hintergrund dieser gesetzgeberischen Motivation ist im konkreten Einzelfall stets besonderes Augenmerk darauf zu richten, zu welchem **Zweck** die Waffe auf dem fremden Besitztum **geführt** wird und ob dieser Zweck tatsächlich vom

Bedürfnis des Waffenführers umfasst ist oder aber zumindest im Zusammenhang damit steht (*Gade* WaffR S. 58 ff.).

Schussw., die ab Vollendung des 18. Lebensj. ohne Erlaubnis erworben und besessen werden dürfen (→ Anl. 2 Rn. 104 ff.) setzen ein solches Bedürfnis bzw einen Zusammenhang mit dem Bedürfniszweck nicht voraus. Sie dürfen daher mit Zustimmung des Hausrechtsinhabers in dessen Wohnung, Geschäftsräumen oder befriedetem Besitztum ohne Ansehung eines Zwecks erlaubnisfrei geführt werden. Zu berücksichtigen ist jedoch das Verbot des Führens bei öffentlichen Veranstaltungen gem. § 42 Abs. 1 woran das Führen dieser Waffen bspw. durch Türsteher in Diskotheken scheitern wird (→ § 42 Rn. 8).

2. Transport im öffentl. Raum (Abs. 3 Nr. 2)

Einer Erlaubnis zum Führen von Schussw. bedarf nicht, wer diese **nicht schussbereit** und **nicht zugriffsbereit** von einem Ort zu einem anderen Ort befördert, sofern der Transport der Waffe zu einem von seinem Bedürfnis umfassten Zweck oder im Zusammenhang damit erfolgt. 70

Abs. 3 Nr. 2 enthält eine der bedeutsamsten Ausnahmebestimmungen von der Erlaubnispflicht beim Führen von Schussw. im WaffG (grundlegend dazu *Gade* NJW 2015, 3542 ff.). Die Vorauss. werden in der Praxis häufig zu prüfen sein.

Für Jäger hat der Gesetzgeber in § 13 Abs. 6 (→ § 13 Rn. 29 ff.) einen **Freistellungstatbestand** von der Waffenscheinpflicht vorgesehen. Im **Verhältnis zu § 12 Abs. 3 Nr. 2** ist die Regelung des § 13 Abs. 6 weiter gefasst, insoweit sie ein Führen der nicht schussbereiten, aber zugriffsbereiten Waffe zulässt, wohingegen ein erlaubnisfreies Führen nach § 12 Abs. 3 Nr. 2 voraussetzt, dass die Waffe nicht schuss- und nicht zugriffsbereit ist. Deutlich enger ist sie allerdings hinsichtlich des erforderlichen Zweckzusammenhanges. Dieser muss bei § 13 Abs. 6 konkret zur befugten Jagdausübung, bei § 12 Abs. 3 Nr. 2 lediglich zum allg. Jägerbedürfnis bestehen, damit ein erlaubnisfreies Führen in Betracht kommt. Als *lex specialis* geht § 13 Abs. 6 der Regelung des § 12 Abs. 3 Nr. 2 vor. 70a

Die Formulierung „von einem Ort zu einem anderen" verdeutlicht, dass nur solche Wegstrecken von der Vorschrift erfasst sind, die einen klaren **Ausgangs- und Zielort** als Bezugspunkte aufweisen. Ein bloßes „Umherfahren" ohne konkretes Ziel fällt **nicht** hierunter. 70b

Die Begriffe **nicht schussbereit** und **nicht zugriffsbereit** sind **legaldefiniert.** 71

Nach Anl. 1 Abschn. 2 Nr. 12 ist eine Waffe stets dann als **schussbereit** einzustufen, wenn sie geladen (auch „unterladen") ist (→ Anl. 1 Rn. 190).

Gem. Anl. 1 Abschn. 2 Nr. 13 gilt eine Schussw. stets dann als **zugriffsbereit,** wenn sie unmittelbar in Anschlag gebracht werden kann (→ Anl. 1 Rn. 191 ff.).

Der **Waffentransport** von A nach B ist **keine Aufbewahrung** iSd WaffG, weshalb die **Aufbewahrungspflichten** nach § 36 Abs. 5 iVm. § 13 AWaffV im Rahmen von Waffentransporten grds. **nicht greifen.** Dies gilt auch bei Unterbrechungen des Transports (vgl. *Soschinka*, WiW, 59, 70; zu den Grenzen vgl. VGH Kassel, Beschl. v. 15.5.2014 – 4 A 133/13.Z – juris). 71a

Allerdings greift auch während des Transports die **allg. Sorgfaltspflicht aus § 36 Abs. 1.** Der Waffenbesitzer hat demnach die erforderlichen Vorkehrungen zu treffen, um zu verhindern, dass die Schussw. abhanden kommt oder ein unberechtigter Dritter die Waffe an sich nimmt. Bei einem **Transport** von Waffen und Munition in einem Fahrzeug sind kurze Unterbrechungen der Fahrt zB zum Betanken des Fahrzeugs oder zum kurzen Besuch einer Gaststätte oder zum Einkaufen, prinzipiell möglich. Allerdings ist in diesen Fällen das Fahrzeug **abzuschließen** und nach Möglichkeit unter Beobachtung zu halten. Waffenkoffer, Futterale oder Transportbehältnisse müssen **verdeckt** gelagert werden, so dass keine Rückschlüsse auf die Art des Inhalts gezogen werden können. So können diese bspw. im Kofferraum bzw mit Sichtschutz, zB unter der geschlossenen Abdeckhaube im PKW Kombi oder unter Decken auf der Rückbank, gelagert werden (vgl. WaffVwV Nr. 36.2.15).

Verstöße können die waffenrechtl. Unzuverlässigkeit begründen (vgl. OVG Lüneburg, Beschl. v. 22.3.2016 – 11 ME 35/16 – juris), auch wenn sie als Verstoß gegen § 36 Abs. 1 **nicht geahndet** werden (→ § 36 Rn. 19).

71b Eine Pflicht zur getrennten Aufbewahrung von Schussw. und Munition besteht bei einem Waffentransport **nicht** (iErg so wohl auch *Apel/Bushart* WaffG § 36 Rn. 5; aA wohl WaffVwV Nr. 12.3.3.2). So kann Munition gemeinsam mit der Schussw. in einem Waffenkoffer transportiert werden.

72 Wesentl. Vorauss. für die Erlaubnisfreiheit des Transports ist zudem, dass dieser zu einem **Zweck** erfolgen muss, der vom **Bedürfnis** der die Waffe führenden Person umfasst ist oder im **Zusammenhang** damit steht (→ Rn. 20 ff., 69).

Das Bedürfnis bemisst sich typischerweise nach der dem Waffenbesitz zugrunde liegenden WBK. So erfolgt der Transport etwa zum vom Bedürfnis umfassten Zweck, wenn ein Sportschütze seine Waffe zum Schützenverein oder von dort nach Hause transportiert. Soweit für einen Berechtigten gehandelt wird (wenn etwa ein Fall des erlaubnisfreien weisungsgebundenen Besitzes nach Abs. 1 Nr. 3 vorliegt) richtet sich der Bedürfniszweck nach Sinn und Zweck der dem Berechtigten erteilten Erlaubnis.

Im **Zusammenhang** mit dem vom Bedürfnis umfassten Zweck sollen Tätigkeiten gestattet werden, die naturgemäß und anerkannter Weise als **Folge oder Begleiterscheinung des Bedürfnisses** vorgenommen werden. So wird ein Sportschütze einem Vereinskollegen seine Sportwaffe als Kaufinteressenten mitbringen dürfen oder sie zu Wartungszwecken zum Büchsenmacher bringen dürfen. Hierher zählt auch der Transport einer Sportwaffe zum Augenarzt, der die Diopterviesierung individuell für den Sportschützen einrichten soll. Als Anhaltspunkt kann hier der Umstand dienen, dass ein zulässiger erlaubnisfreier Transport immer dann vorliegt, wenn der Waffenbesitzer am **Start- und Endpunkt** des Transports vom Erfordernis eines WS befreit ist und die entspr. Sicherungsvorkehrungen während des Transports getroffen worden sind. Sinnwidrig wäre die Annahme eines erlaubnisfreien Transports, wenn er in einem waffenscheinpflichtigen und damit idR rechtswidrigen Zustand endete, weil der Führer sich ja während des Transports überhaupt nur auf die Entbehrlichkeit eines WS berufen kann, soweit er über einen solchen nicht verfügt. Insoweit bedeutet von einem Ort zum anderen immer ein Ort, der keinen WS erfordert, zB die eigene Wohnung, Schießstätte oder die Wohnung eines Jagd- oder Sportvereinskollegen zur Begutachtung der Schussw. anlässlich eines Verkaufsgesprächs (beim Kollegen ist das Führen nach Maßgabe des Abs. 3 Nr. 1 erlaubnisfrei).

73 Für den Transport von Druckluft- und Federdruckwaffen und Waffen, bei denen zum Antrieb der Geschosse kalte Treibgase verwendet werden und **SRS-Waffen,** welche gem. § 2 Abs. 2, 4 iVm Anl. 2 Abschn. 2 UAbschn. 2 Nr. 1–1.3 ab Vollendung des 18. Lebensj. ohne Erlaubnis erworben und besessen werden dürfen (→ Anl. 2 Rn. 104 ff.), gelten dieselben Vorauss. des Abs. 3 Nr. 2. Diese können jedoch ohne WBK und damit auch ohne Bedürfnisnachweis erworben und besessen werden, weshalb ein **Bedürfniszusammenhang beim Transport** auch **nicht erforderlich** ist. Allerdings wollte der Gesetzgeber nicht jedweden Transport dieser Waffen erlaubnisfrei stellen, soweit diese allein nicht schuss- und nicht zugriffsbereit sind. Diese Waffen dürfen nur erlaubnisfrei transportiert werden, soweit die Erfordernisse „nicht schussbereit" und „nicht zugriffsbereit" erfüllt sind sowie am **Start- und Endpunkt** des Transports ein rechtmäßiger Umgang geübt wird. Dies liegt typischerweise vor, soweit diese vom Erfordernis eines WS befreit sind.

Schließlich setzt ein erlaubnisfreier Transport nach Abs. 3 Nr. 2 voraus, dass er **insgesamt nicht im Widerspruch zur Rechtsordnung** steht. So ist ein erlaubnisfreier Transport nach Abs. 3 Nr. 2 stets ausgeschlossen, soweit im Zuge des Transportes gegen waffengesetzliche Erlaubnispflichten verstoßen wird. So kann ein „an sich" nach Abs. 3 Nr. 2 erlaubnisfreier Transport nicht auf die Norm gestützt werden, soweit im Zuge desselben bspw. ein Verbringen ohne die hierfür erforderliche Erlaubnis erfolgte (vertiefend hierzu *Gade* NJW 2015, 3542, 3544 ff.). 73a

Ebenso kommt ein erlaubnisfreier Transport durch einen Minderjährigen unter Verstoß gegen § 2 Abs. 1 WaffG nicht in Betracht.

Abs. 3 Nr. 2 findet auch Anwendung auf den Transport von Schussw. im Zusammenhang mit dem Einbau des Blockiersystems bei **Erbwaffen** (§ 20 Abs. 3 S. 4). 73b

3. Teilnahme an genehmigten Sportwettkämpfen (Abs. 3 Nr. 3)

Einer Erlaubnis zum Führen von Waffen bedarf nicht, wer eine **Langwaffe** nicht schussbereit den Regeln entspr. als Teilnehmer an **genehmigten Sportwettkämpfen** auf **festgelegten Wegstrecken** führt. Diese Regelung trägt insbes. den Bedürfnissen im **Biathlonsport** Rechnung. Erfasst ist sowohl die Wintersportdisziplin Biathlon als auch die Sportart Sommerbiathlon. Die Begriffe „genehmigte Sportwettkämpfe" und „festgelegte Wegstrecken" machen deutlich, dass es auf organisatorische Erfordernisse hinsichtlich des konkreten Ereignisses und des konkreten Parcours ankommt. Als Sportwettkampf ist auch das Training anzusehen (vgl. WaffVwV Nr. 12.3.4). **Biathlontraining** kann zwar als Sportwettkampf angesehen werden, stellt aber keinen **genehmigten** Sportwettkampf iSd og Vorauss. dar. Für das Training ist also die Erlaubnis der Waffenbehörde erforderlich. Demnach ist der einzelne Teilnehmer von der Erlaubnispflicht freigestellt, erforderlich ist aber die Genehmigung des Sportwettkampfes selbst durch die zust. Beh. (*Heller/Soschinka* WaffR Rn. 2611). 74

Soweit Minderjährige an Sportwettkämpfen iSd Vorschrift teilnehmen wollen, bedarf es für den Umgang einer Ausnahmebewilligung durch die zust. Beh. nach § 3 Abs. 3.

Die Befreiung gilt auch bei **öffentl. Veranstaltungen** iSv § 42 (vgl. WaffVwV Nr. 12.3.5, im Anschl. daran *Heller/Soschinka* WaffR Rn. 2612).

4. Führen von Signalwaffen in Sondersituationen (Abs. 3 Nr. 4)

Einer Erlaubnis zum Führen von Waffen bedarf nicht, wer eine Signalwaffe beim Bergsteigen, als verantwortlicher Führer eines Wasserfahrzeugs auf diesem Fahrzeug oder bei Not- und Rettungsübungen führt. 75

Dies gilt sowohl für die hinsichtlich des Erwerbs und des Besitzes von der Erlaubnispflicht freigestellten gekennzeichneten SRS-Waffen („PTB im Kreis") wie auch für die vollumfänglich erlaubnispflichtigen Signalwaffen mit Schusswaffeneigenschaft.

a) Führen beim Bergsteigen. Diese Ausnahme betr. jeden Bergsteiger, Wanderer oder Kletterer in den Bergen. Es muss sich nicht um einen speziell ausgebildeten **Bergführer** handeln. 76

(unbesetzt) 77

Die Signalwaffe darf jedoch erst ab **Beginn des Bergsteigens** schuss- und/oder zugriffsbereit geführt werden. Bis dorthin darf die Signalwaffe erlaubnisfrei nur unter den Vorauss. des Abs. 3 Nr. 2 geführt werden (nicht schuss- und nicht zugriffsbereit). 78

b) Führen als verantwortlicher Führer eines Wasserfahrzeugs. Diese Ausnahme gilt nur für den **verantwortlichen Führer** eines Wasserfahrzeugs auf die- 79 sem Fahrzeug. Darin eingeschlossen ist jeglicher Wasserfahrzeugführer im See-, Fluss- oder Binnengewässerverkehr. Anders als beim Erwerb und Besitz kommt es hier nicht darauf an, dass es sich um ein seegehendes Schiff handelt. Auch auf kleineren Sportbooten, Seglern und Ruderbooten ist ein erlaubnisfreies Führen zulässig.

80 c) **Führen bei Not- und Rettungsübung.** Diese Ausnahme betr. jegliche **Not- und Rettungsübung** und beschränkt sich nach ihrem Wortlaut **nicht** auf Mitglieder von staatlichen oder staatlich beaufsichtigten Rettungsorganisationen wie zB Feuerwehr, THW oder DRK. Aus dem Sinn und Zweck der Vorschrift folgt, dass das Führen (und Schießen) im Not- bzw Rettungsfall, also im **Ernstfall,** erst recht ohne Erlaubnis als zulässig anzusehen ist (*Steindorf/N. Heinrich* WaffG § 12 Rn. 43).

80a Diese Freistellung gilt auch für öffentl. Veranstaltungen (vgl. WaffVwV Nr. 12.2.5).

5. Führen von Schreckschuss- oder Signalwaffen bei Sportveranstaltungen (Abs. 3 Nr. 5)

81 Einer Erlaubnis zum Führen von Waffen bedarf nicht, wer eine SRS-Waffe („PTB im Kreis") zur Abgabe von Start- oder Beendigungszeichen bei Sportveranstaltungen führt, wenn optische oder akustische Signalgebung erforderlich ist. Als Veranstaltungen sind insbes. Leichtathletik-, Schwimm-, Segel- oder ähnliche Veranstaltungen anzusehen. Die Befreiung ist gleichzeitig eine Befreiung vom Verbot des Führens von Waffen bei öffentl. Veranstaltungen iSv § 42 (→ § 42 Rn. 6 ff.).

6. Führen wesentlicher Einzelteile von Schusswaffen in Fällen der vorübergehenden Aufbewahrung außerhalb der Wohnung (Abs. 3 Nr. 6)

81a Die mit dem **6. ÄndG** (→ Einf. Rn. 26c) in die Norm eingefügte Nr. 6 stellt das Führen eines wesentlichen Schusswaffenteils erlaubnisfrei, soweit dieses zuvor einer Waffe entnommen worden ist, welche vorübergehend außerhalb der Wohnung aufbewahrt wird. Diese Regelung betrifft ua Fälle, in denen Schussw. etwa im Zuge notwendiger Hotelaufenthalte, zB am Ort der Jagd, am Ort der Sportausübung oder im Zusammenhang mit Vertreter- oder Verkaufstätigkeiten im Hotelzimmer verwahrt werden. In solchen Fällen der „vorübergehenden Aufbewahrung" von Schussw. (→ § 36 Rn. 13 ff.) können die strengen Aufbewahrungsvorschriften des § 36 Abs. 5 iVm § 13 Abs. 1–3 AWaffV typischerweise nicht eingehalten werden, weil etwa in Hotelzimmern keine zertifizierten Aufbewahrungsbehältnisse zur Verfügung stehen. Diesem Umstand trägt der Gesetzgeber Rechnung, indem er für diese Konstellationen grds. andere als in § 36 Abs. 5 iVm § 13 Abs. 1–3 AWaffV regulär vorgesehene Sicherungsstandards anerkennt, vgl. § 13 Abs. 9 AWaffV nF. Als eine Sicherungsmaßnahme soll das Entfernen eines wesentlichen Teils in Betracht kommen (WaffVwV Nr. 36.2.15). Dies erscheint sinnvoll, da so auf einfache Weise die zurückbleibende Waffe funktionsuntüchtig gemacht werden kann. Da das entnommene wesentliche (Einzel)teil nach Anl. 1 Abschn. 1 UAbschn. 1 Nr. 1.3 rechtlich der Schussw. gleichgestellt ist, für welche es bestimmt ist, unterliegt es dem Grundsatz nach denselben rechtlichen Anforderungen wie die komplette Schussw. Insb. setzt das Führen eines wesentlichen Schusswaffenteils eine Erlaubnis, den WS, voraus.

Vor diesem Hintergrund hat der Gesetzgeber das Führen eines wesentlichen Teils erlaubnisfrei gestellt, soweit es zuvor einer Schussw. als Sicherungsmaßnahme im Zuge einer vorübergehenden Aufbewahrung entnommen wurde. Hierdurch kann die vorübergehend aufbewahrte Waffe durch einfache Entnahme eines wesentlichen

Einzelteils funktionsuntüchtig gemacht werden und der Waffenbesitzer kann das wesentliche Teil anschließend führen, ohne gegen die gesetzliche Erlaubnispflicht zu verstoßen. Da von dem geführten Einzelteil keinerlei Gefahr ausgeht, ist der Freistellungstatbestand der Nr. 6 unproblematisch.

Im Zuge der vorübergehenden Aufbewahrung von Schussw. soll jeweils nur die Entnahme **eines** wesentlichen Teils aus einer Waffe und das erlaubnisfreie Führen nach Nr. 6 gestattet sein (vgl. BR-Drs. 61/17, 30). Soweit mehrere Waffen vorübergehend aufbewahrt werden, kann es gleichwohl vorkommen, dass mehrere wesentliche Teile zusammen geführt werden. Für diesen Fall muss sichergestellt sein, dass diese wesentlichen Teile ihrerseits nicht zu einer schussfähigen Waffe zusammengefügt werden können. 81b

V. Entbehrlichkeit einer Erlaubnis zum Schießen (Abs. 4)

Abs. 4 regelt die Fallgruppen, in denen das Schießen ohne Schießerlaubnis zulässig ist. Grds. bedarf das Schießen mit Schussw. einer Erlaubnis (§ 2 Abs. 2, 4 iVm Anl. 2 Abschn. 2 UAbschn. 1 S. 1), welche durch einen Erlaubnisschein erteilt wird (§ 10 Abs. 5). Wird ohne Schießerlaubnis mit einer Schussw. geschossen, ist dies nicht strafbar, sondern **ordnungswidrig** (§ 53 Abs. 1 Nr. 3). Für **Jäger** und **Jugendjagdscheininhaber** gelten zusätzlich die Sonderregelungen in § 13 Abs. 6 und 7. 82

Mit **Armbrüsten, Pfeil und Bogen oder Schleudern** wird **nicht** iSv Anl. 1 Abschn. 2 Nr. 7 geschossen (→ Anl. 1 Rn. 181). Auch das Abfeuern von **Böllern** ist kein Schießen iSd Definition, da ein Böller keine Schussw. im waffenrechtl. Sinn ist. Ebenso stellt die Lärmerzeugung mit **Vorderladern** in der Art des Böllerns unter Verwendung von Verdämmungsmaterial kein Schießen dar (vgl. WaffVwV Anl.I-A2-7). 83, 84

1. Schießen auf einer Schießstätte (Abs. 4 S. 1)

Gem. Abs. 4 S. 1 bedarf einer Erlaubnis zum Schießen mit einer Schussw. nicht, wer auf einer **Schießstätte** iSv § 27 schießt. Auf Schießstätten können die durch eine Schussabgabe prinzipiell für die Öffentlichkeit bestehenden Risiken in besonderem Maße kontrolliert und eingedämmt werden, weshalb der Gesetzgeber in diesen Fällen auf das Erfordernis einer Schießerlaubnis verzichtet. 85

2. Schießen im befriedeten Besitztum (Abs. 4 S. 2 Nr. 1)

Das Schießen außerhalb von Schießstätten ist ohne Schießerlaubnis nur zulässig durch den Inhaber des Hausrechts oder mit dessen Zustimmung im befriedeten Besitztum mit Schussw., deren Geschossen eine Bewegungsenergie von nicht mehr als 7,5 J erteilt wird oder deren Bauart nach § 7 BeschG zugelassen ist, sofern die Geschosse das Besitztum nicht verlassen können (Buchst. a) oder mit Schussw., aus denen nur Kartuschenmunition verschossen werden kann (Buchst. b). 86

a) Nur mit Zustimmung des Hausrechtsinhabers. Diese Vorauss. muss in jeder Alternative des Abs. 4 S. 2 Nr. 1 gegeben sein. Danach darf jeder **Hausrechtsinhaber** in seiner Wohnung, seinen Geschäftsräumen oder in seinem befriedeten Besitztum (→ Anl. 1 Rn. 176) mit den in der Vorschrift genannten Schussw. schießen. **Dritte** dürfen dort nur dann schießen, wenn der Hausrechtsinhaber **vorher** zugestimmt hat. 87

b) Schießen mit Schusswaffen bis 7,5 J oder Kleinstkaliberwaffen (Abs. 4 S. 2 Nr. 1a). Das Schießen mit Schussw., deren Geschossen eine Bewegungsenergie von nicht mehr als 7,5 J erteilt wird oder deren Bauart nach § 7 BeschG zugelassen ist, ist außerhalb von Schießstätten **erlaubnisfrei,** wenn dies mit Zustimmung des 88

Hausrechtsinhabers oder mit dessen Zustimmung im befriedeten Besitztum erfolgt und die Geschosse das Besitztum **nicht verlassen** können.

89 **aa) Schusswaffen.** Schussw., deren Geschossen eine Bewegungsenergie von nicht mehr als 7,5 J erteilt wird, sind ua die sog „Kaltgaswaffen" mit **„F im Fünfeck"** gem. Anl. 2 Abschn. 2 UAbschn. 2 Nr. 1.1 (→ Anl. 2 Rn. 104 ff.).

Bei den Schussw. iSd § 7 BeschG handelt es sich insbes. um **Feuerwaffen,** mit einem Patronen- oder Kartuschenlager bis zu 5 Millimetern Durchmesser und bis zu 15 Millimetern Länge oder mit einem Patronen- oder Kartuschenlager kleiner als 6 Millimeter Durchmesser und kleiner als 7 Millimeter Länge, bei denen dem Geschoss eine Bewegungsenergie von nicht mehr als 7,5 J erteilt wird (§ 7 Abs. 1 S. 2 BeschG). Dies sind sog **Kleinstkaliber,** welche nicht der Beschusspflicht unterliegen, sondern nur der Bauartzulassung. Auch bei diesen Schussw. liegt die Grenze der Bewegungsenergie bei 7,5 J, so dass eine Gleichstellung mit den og „Kaltgaswaffen" gerechtfertigt ist.

90 **bb) Geschosse dürfen das Besitztum nicht verlassen.** Weitere Vorauss. ist, dass die Geschosse das **Besitztum nicht verlassen** können. Dies kann etwa durch bauliche Vorkehrungen, Mauern oder aufgeschüttete Erdwälle sichergestellt werden. Auch auf Grund der Größe des Besitztums kann dies gewährleistet sein bzw zusätzlich durch Schutznetze beim Paintballwettkampf.

91 **cc) Schießen mit Gotcha-Waffen.** Mit ausdr. Zustimmung des Hausrechtsinhabers kann in seinem befriedeten Besitztum erlaubnisfrei mit „F im Fünfeck" gekennzeichneten Gotcha-Waffen geschossen werden, soweit sich dies im privaten Rahmen bewegt. Kommerziell oder vereinsmäßig betriebenes Gotcha-Schießen setzt hingegen eine **Schießstättenerlaubnis** gem. § 27 Abs. 1 S. 1 voraus (→ § 27 Rn. 6).

92 **c) Schießen mit Schusswaffen aus denen nur Kartuschenmunition verschossen werden kann (Abs. 4 S. 2 Nr. 1b).** Das Schießen mit Schussw. ohne Schießerlaubnis ist nur zulässig mit Schussw., aus denen **nur Kartuschenmunition** verschossen werden **kann.** Dies betr. einerseits die gekennzeichneten sog SRS-Waffen („PTB im Kreis"), die den Schussw. gleichgest. sind. Da der Wortlaut keine Bauartzulassung nach § 8 BeschG verlangt, sind auch nicht gekennzeichnete SRS-Waffen erfasst.

93 Das Verschießen **pyrotechnischer Munition** mit SRS-Waffen (mittels eines aufgesetzten Abschussbechers), zB zu Silvester oder Feierlichkeiten wird in der Literatur ebenfalls als von der Vorschrift abgedeckt angesehen, sofern gem. den Verwenderhinweisen, also senkrecht nach oben und unter Einhaltung eines genügenden Abstands zu leicht entflammbaren Objekten geschossen wird (*ABB/Brunner* WaffG § 12 Rn. 52; *König/Papsthart* Neues WaffR Rn. 609; *Steindorf/N. Heinrich* WaffG § 12 Rn. 37). Da dies vom Wortlaut der Norm nicht gedeckt ist, sollte eine Klarstellung seitens des Gesetzgebers erfolgen.

3. Teilnahme an genehmigten Sportwettkämpfen (Abs. 4 S. 2 Nr. 2)

94 Das Schießen außerhalb von Schießstätten ist ohne Schießerlaubnis nur zulässig durch Personen, die den Regeln entspr. als Teilnehmer an genehmigten Sportwettkämpfen nach Abs. 3 Nr. 3 mit einer Langwaffe an Schießständen schießen.

Die Motivation der Vorschrift ist im Kontext zu Abs. 3 Nr. 3 zu sehen. Sie trägt ebenfalls den Bedürfnissen im **Biathlonsport** Rechnung. Der Gesetzgeber hielt es jedoch für entbehrlich, hier den Biathlon ausdr. aufzunehmen, bei dem nicht in einer Schießstätte im eigentlichen Sinn geschossen wird, sondern der Wettkampf im **freien Gelände** ausgetragen wird (BT-Drs. 14/7758, 61). Erfasst sind auch hier **nur Langwaffen** (vgl. Anl. 1 Abschn. 1 UAbschn. 1 Nr. 2.5). Mit diesen darf bei der **Teilnahme an genehmigten Sportwettkämpfen** erlaubnisfrei geschossen werden, soweit dies den Regeln entspr. an **Schießständen** geschieht. Zu beachten ist, dass der Begriff Schießstand **nicht** dem der Schießstätte entspricht. Als Schießstände zählen Bereiche im freien Gelände, die idR vorübergehend dem **Schießen gewidmet** und **entspr. gekennzeichnet** sind (BT-Drs. 14/7758, 61).

4. Schießen bei Theateraufführungen und in der Landwirtschaft (Abs. 4 S. 2 Nr. 3)

Das Schießen außerhalb von Schießstätten ist ohne Schießerlaubnis nur zulässig 95
mit **Schussw.,** aus denen nur **Kartuschenmunition** verschossen werden kann, durch Mitwirkende an Theateraufführungen und diesen gleich zu achtenden Vorführungen oder zum Vertreiben von Vögeln in landwirtschaftlichen Betrieben. Wegen einer fehlenden Bezugnahme auf die Bauartzulassung nach § 8 BeschG sind hier neben den gekennzeichneten SRS-Waffen („PTB im Kreis") gleichfalls die nicht gekennzeichneten SRS-Waffen erfasst.

a) Mitwirkende an Theateraufführungen. Die Befreiung von der Schießer- 96
laubnis gilt für **Mitwirkende** an Theateraufführungen, also Schauspieler, Komparsen, Statisten und Gehilfen, aber auch Funktionspersonal hinter den Kulissen. Zu den **gleich zu achtenden Vorführungen** gehören zB Film- und Fernsehaufnahmen oder Öffentlichkeitsvorführungen in Film- und Fernsehstudios (WaffVwV Nr. 12.4.3).

b) Landwirtschaftliche Betriebe. Diese umfassen ua Wein- und Obstbau sowie 97
die Fischereiwirtschaft. Aus einer Zusammenschau der Vorschriften des Abs. 3 Nr. 2, Abs. 4 S. 2 Nr. 1 und 3b soll sich ergeben, dass es für den Transport von SRS-Waffen („PTB im Kreis") zum Weinberg und das Schießen aus solchen Waffen mit Kartuschenmunition **oder pyrotechnischer Munition** zum Zwecke des Vertreibens von Vögeln in **Weinbergen** eines **KWS** und einer **Schießerlaubnis** nicht bedarf (so WaffVwV Nr. 12.4.3).

Des Weiteren gilt die Befreiung nur, soweit es sich bei dem Weinberg um **befriedetes Besitztum** handelt. Ist dies nicht der Fall, dann bedarf es für das Führen der SRS-Waffe im Weinberg eines KWS und für das Schießen einer Erlaubnis durch die zust. Beh. (*Heller/Soschinka* WaffR Rn. 2636).

5. Signalwaffen bei Not- oder Rettungsübungen (Abs. 4 S. 2 Nr. 4)

Das Schießen außerhalb von Schießstätten ist ohne Schießerlaubnis nur zulässig 98
mit Signalwaffen bei Not- und Rettungsübungen (zum erlaubnisfreien Führen → Rn. 80). Wegen einer fehlenden Bezugnahme auf die Bauartzulassung nach § 8 BeschG sind hier neben den gekennzeichneten SRS-Waffen („PTB im Kreis") gleichfalls die nicht gekennzeichneten SRS-Waffen erfasst.

6. Schreckschuss- oder Signalwaffen bei Sportveranstaltungen (Abs. 4 S. 2 Nr. 5)

Das Schießen außerhalb von Schießstätten ist ohne Schießerlaubnis nur zulässig 99
mit Schreckschuss- oder mit Signalwaffen zur Abgabe von Start- oder Beendigungszeichen im Auftrag der Veranstalter bei Sportveranstaltungen, wenn optische oder akustische Signalgebung erforderlich ist. In dieser Vorschrift werden sowohl Kartuschen- als auch pyrotechnische Munition erfasst, damit neben der akustischen auch

die optische Signalgebung möglich ist. Vorauss. ist, dass bei Sportveranstaltungen im **Auftrag des Veranstalters geschossen** wird zum Zwecke der Abgabe von Start- oder Beendigungszeichen (*Steindorf/N. Heinrich* WaffG § 12 Rn. 44). Als Veranstaltungen sind insbes. Leichtathletik-, Schwimm-, Segel- oder ähnliche Veranstaltungen anzusehen.

7. Notwehr, Notstand und Gefahrenabwehr

100 Der Gesetzgeber hat auf eine ausdr. Ausnahmeregelung für die Schussabgabe in **Notwehr- oder Notstandssituationen** sowie den Einsatz von Signalwaffen zur **Gefahrenabwehr** im Ernstfall verzichtet, da ihm dies als **Überreglementierung** erschien (BT-Drs. 14/7758, 61). Soweit erforderlich und sinnvoll, ist der Gebrauch in solchen Situationen erlaubt (*Apel/Bushart* WaffG § 12 Rn. 54; *ABB/Brunner* WaffG § 12 Rn. 56).

VI. Ausnahmen durch die zuständige Behörde (Abs. 5)

101 Die für die Erteilung von Erlaubnissen zust. Beh. kann im Einzelfall weitere Ausnahmen von den Erlaubnispflichten zulassen. Eine solche Ausnahme setzt jedoch das Vorliegen **besonderer Gründe** voraus und kann überdies nur zugelassen werden, wenn Belange der öffentl. Sicherheit und Ordnung nicht entgegenstehen.

102 **a) Sinn und Zweck der Regelung.** Der Gesetzgeber sah in der Regelungsdichte des Gesetzes insgesamt, vor allem aber in § 12, dass zwar eine Vielzahl, jedoch nicht jeder einzelne denkbare Lebenssachverhalt erfasst werden konnte. Die Auslegung von Gesetzen durch die Gerichte führt indes regelm. dazu, dass bei einer derartigen Regelungsdichte die im Einzelnen nicht geregelten Lebenssachverhalte als bewusst vom Gesetzgeber ausgeklammert angesehen werden. Dies kann im Einzelfall zu ungerechten und auch vom Gesetz nicht gewollten Entsch. führen. Es erschien dem Gesetzgeber daher sinnvoll, in die Vorschrift den Abs. 5 einzuführen, die es der zust. Beh. als Kann-Vorschrift ermöglicht, im Einzelfall eine Ausnahme von den bestehenden Erlaubnispflichten zu gestatten (vgl. BT-Drs. 14/8886, 111).

103 **b) Umfang der Erlaubniserteilung.** Die Erlaubnis nach Abs. 5 kann sich auf **jede Umgangsart** beziehen und ist nicht auf die in Abs. 1–4 genannten Umgangsarten Erwerb, Besitz, Führen und Schießen limitiert. Der Behörde kommt dabei ein weiter Ermessensspielraum zu. Schließlich dürfen der Erlaubniserteilung keine Belange der öffentl. Sicherheit und Ordnung entgegenstehen (zu den Begriffen → § 1 Rn. 4).

104 Die Ausnahme betr. nur die Erlaubnispflicht gem. § 2 Abs. 2, 4 iVm Anl. 2 Abschn. 2 UAbschn. 1 S. 1 und nicht die Vorauss. einer Erlaubnis gem. § 4. Daher ist es möglich, eine Person vom WBK-Erfordernis oder eines WS zu befreien, wohingegen es nicht möglich ist, ihr eine WBK bzw einen WS zu erteilen und dabei auf die Prüfung der Erlaubnisvorauss. zu verzichten (vgl. *Apel/Bushart* WaffG § 12 Rn. 56).

105 Bspw. könnte gem. Abs. 5 eine Ausnahme zum Führen für Angehörige eines Schützenvereins erteilt werden, wenn sie mit ihren ungeladenen Schussw. Spalier bei der Hochzeit eines Mitglieds stehen möchten.

Der Abschuss verwilderter Haustauben in Innenstädten wurde aus Gründen der entgegenstehenden öffentl. Sicherheit durch die zust. Beh. nicht bewilligt (zur Rechtmäßigkeit der Entsch. vgl. VG Düsseldorf NVwZ-RR 2006, 183).

Unterabschnitt 3. Besondere Erlaubnistatbestände für bestimmte Personengruppen

§ 13 Erwerb und Besitz von Schusswaffen und Munition durch Jäger, Führen und Schießen zu Jagdzwecken

(1) Ein Bedürfnis für den Erwerb und Besitz von Schusswaffen und der dafür bestimmten Munition wird bei Personen anerkannt, die Inhaber eines gültigen Jagdscheines im Sinne von § 15 Abs. 1 Satz 1 des Bundesjagdgesetzes sind (Jäger), wenn
1. glaubhaft gemacht wird, dass sie die Schusswaffen und die Munition zur Jagdausübung oder zum Training im jagdlichen Schießen einschließlich jagdlicher Schießwettkämpfe benötigen, und
2. die zu erwerbende Schusswaffe und Munition nach dem Bundesjagdgesetz in der zum Zeitpunkt des Erwerbs geltenden Fassung nicht verboten ist (Jagdwaffen und -munition).

(2) [1]Für Jäger gilt § 6 Abs. 3 Satz 1 nicht. [2]Bei Jägern, die Inhaber eines Jahresjagdscheines im Sinne von § 15 Abs. 2 in Verbindung mit Abs. 1 Satz 1 des Bundesjagdgesetzes sind, erfolgt keine Prüfung der Voraussetzungen des Absatzes 1 Nr. 1 sowie des § 4 Abs. 1 Nr. 4 für den Erwerb und Besitz von Langwaffen und zwei Kurzwaffen, sofern die Voraussetzungen des Absatzes 1 Nr. 2 vorliegen.

(3) [1]Inhaber eines gültigen Jahresjagdscheines im Sinne des § 15 Abs. 2 in Verbindung mit Abs. 1 Satz 1 des Bundesjagdgesetzes bedürfen zum Erwerb von Langwaffen nach Absatz 1 Nr. 2 keiner Erlaubnis. [2]Der Jagdscheininhaber nach Satz 1 hat binnen zwei Wochen
1. der zuständigen Behörde unter Benennung von Name und Anschrift des Überlassenden den Erwerb schriftlich anzuzeigen und
2. bei der zuständigen Behörde die Ausstellung einer Waffenbesitzkarte oder die Eintragung des Erwerbs in eine bereits erteilte Waffenbesitzkarte zu beantragen.

(4) Für den Erwerb und vorübergehenden Besitz gemäß § 12 Abs. 1 Nr. 1 von Langwaffen nach Absatz 1 Nr. 2 steht ein Jagdschein im Sinne von § 15 Abs. 1 Satz 1 des Bundesjagdgesetzes einer Waffenbesitzkarte gleich.

(5) Jäger bedürfen für den Erwerb und Besitz von Munition für Langwaffen nach Absatz 1 Nr. 2 keiner Erlaubnis, sofern sie nicht nach dem Bundesjagdgesetz in der jeweiligen Fassung verboten ist.

(6) [1]Ein Jäger darf Jagdwaffen zur befugten Jagdausübung einschließlich des Ein- und Anschießens im Revier, zur Ausbildung von Jagdhunden im Revier, zum Jagdschutz oder zum Forstschutz ohne Erlaubnis führen und mit ihnen schießen; er darf auch im Zusammenhang mit diesen Tätigkeiten die Jagdwaffen nicht schussbereit ohne Erlaubnis führen. [2]Der befugten Jagdausübung gleichgestellt ist der Abschuss von Tieren, die dem Naturschutzrecht unterliegen, wenn die naturschutzrechtliche Ausnahme oder Befreiung die Tötung durch einen Jagdscheininhaber vorsieht.

(7) [1]Inhabern eines Jugendjagdscheines im Sinne von § 16 des Bundesjagdgesetzes wird eine Erlaubnis zum Erwerb und Besitz von Schusswaffen und der dafür bestimmten Munition nicht erteilt. [2]Sie dürfen Schusswaffen und die dafür bestimmte Munition nur für die Dauer der Ausübung der Jagd oder des Trainings im jagdlichen Schießen einschließlich jagdlicher Schießwettkämpfe ohne Erlaubnis erwerben, besitzen, die Schusswaffen

führen und damit schießen; sie dürfen auch im Zusammenhang mit diesen Tätigkeiten die Jagdwaffen nicht schussbereit ohne Erlaubnis führen.

(8) [1]**Personen in der Ausbildung zum Jäger dürfen nicht schussbereite Jagdwaffen in der Ausbildung ohne Erlaubnis unter Aufsicht eines Ausbilders erwerben, besitzen und führen, wenn sie das 14. Lebensjahr vollendet haben und der Sorgeberechtigte und der Ausbildungsleiter ihr Einverständnis in einer schriftlichen oder elektronischen Berechtigungsbescheinigung erklärt haben.** [2]**Die Person hat in der Ausbildung die Berechtigungsbescheinigung mit sich zu führen.**

Übersicht

I. Allgemeines

1 Der Gesetzgeber hat die Vorauss. für den Erwerb, den Besitz und das Führen von Schussw. und Munition für die große Nutzergruppe der Jäger in § 13 **zusammen-**

geführt. Bereits in der Überschrift der Norm werden die beiden wesentl. Regelungskreise der Vorschrift angesprochen: Während die Abs. 1–5 den Erwerb und den Besitz von Schussw. und Munition durch Jäger regeln, ist in Abs. 6 das Führen und Schießen geregelt.

In Abs. 7 ist der erlaubnisfreie vorübergehende Erwerb und Besitz, das erlaubnisfreie Führen sowie das erlaubnisfreie Schießen für Inhaber eines Jugendjagdscheins geregelt, während Abs. 8 die Ausbildung zum Jäger betrifft.

Mit dem **6. ÄndG** (→ Einl. Rn. 26c) wurde Abs. 3 S. 2 der Vorschrift neu **1a** gefasst.

II. Bedürfnis für den Erwerb und Besitz von Schusswaffen und dazugehöriger Munition bei Jägern (Abs. 1)

In Abs. 1 der Vorschrift wird zunächst klargestellt, dass das dem Grundsatz nach **2** in § 8 festgeschriebene zentrale Bedürfnisprinzip des deutschen Waffenrechts auch hinsichtlich der Waffennutzergruppe der Jäger gilt (ausf. zur waffenrechtl. Bedürfnisprüfung bei Jägern *Scheffer* GewArch 2005, 278; zu Erbrechtsfragen beim Tod eines Jägers *Frank* ZEV 2005, 475 f.). Insoweit handelt es sich bei der Bedürfnisregelung des § 13 Abs. 1 um eine *lex specialis* zur Bedürfnisregelung des § 8 und sie findet daher vorzugsweise Anwendung auf die Nutzergruppe der Jäger. Der Regelung des **§ 8** kommt lediglich eine **Auffangfunktion** zu.

1. Begriff des Jägers

Generell ist ein Bedürfnis für den Erwerb und Besitz von Schussw. und dazugehö- **3** riger Munition anzuerkennen, soweit der Antragst. **Jäger** ist und zudem glaubhaft gemacht werden kann, dass die beantragte Schussw./Munition zum beantragten Zweck **benötigt** wird (Abs. 1 Nr. 1). Schließlich darf die beantragte Waffe nicht nach den Vorschriften des BJagdG verboten sein (Abs. 1 Nr. 2).

Zentraler Anknüpfungspunkt der Regelungen zum Erwerb und Besitz von **4** Schussw. und Munition durch Jäger ist zunächst der Umstand, dass der **Antragst.** die Eigenschaft eines **Jägers** iSv § 13 (Jäger im waffenrechtl. Sinn) aufweist. Grds. ist Jäger im waffenrechtl. Sinn nach § 13, wer **Inhaber eines gültigen Jagdscheins iSv § 15 Abs. 1 S. 1 BJagdG** ist. Indes qualifiziert nicht jeder Jagdschein den Inhaber automatisch als Jäger im waffenrechtl. Sinn, so der Falknerjagdschein, → Rn. 13, und der Jugendjagdschein, → Rn. 12 (so auch *Apel/Bushart* WaffG § 13 Rn. 3; *Heller/Soschinka* WaffR Rn. 1353; zweifelnd *ABB/Adolph* WaffG § 13 Rn. 4). Vielmehr muss ein **gültiger Jahres- oder Tagesjagdschein** vorliegen, damit für den Inhaber die Jägereigenschaft im waffenrechtl. Sinn angenommen werden kann. Der Ausländerjagdschein wird als Jahres- oder Tagesjagdscheins ausgestellt und ist damit ein Unterfall derselben. Als eine Erlaubnis nach deutschem Recht stellt der Ausländerjagdschein einen vollwertigen Jagdschein dar und begründet daher die Jägereigenschaft im waffenrechtl. Sinn.

Wer lediglich die Jägerprüfung abgelegt hat, ist **nicht** Jäger im waffenrechtl. Sinn (vgl. WaffVwV Nr. 13.1).

Nur wer Jäger im waffenrechtl. Sinne ist, kann sich auf die privilegierenden Regelungen des § 13 berufen.

Die Vorauss. für den Erwerb und Besitz von Jagdwaffen richten sich danach, welche Art Jagdschein im Einzelfall vorliegt.

Der Begriff des Jägers iSd § 13 (Jäger im waffenrechtl. Sinn) ist von dem in § 32 **4a** zu unterscheiden. Während nach § 13 nur derjenige Jäger ist, wer Inhaber eines von einer deutschen Beh. ausgestellten gültigen Jahres- oder Tagesjagdscheins ist, fasst § 32 den Jägerbegriff weiter. Jäger iSd § 32 ist auch derjenige, der über keinen gültigen deutschen Jagdschein verfügt, aber berechtigt im Ausland jagt. Demnach qualifiziert ein durch eine ausländische Behörde ausgestellter Jagdschein (ausländischer Jagdschein) zwar zum Jäger nach § 32, aber nicht zum Jäger im waffenrechtl. Sinn nach § 13.

5 Indem der Gesetzgeber für Jäger generell ein Bedürfnis zum Erwerb und Besitz von Schussw. und dazugehöriger Munition anerkennt, erleichtert er für diese Nutzergruppe den Erwerb und Besitz gegenüber anderen Waffeninteressenten. Abs. 1 begründet kein Bedürfnis für den Erwerb bzw die Nutzung eines Schalldämpfers zur Jagdausübung (OVG BB, Urt. v. 6.4.2017 – OVG 11 B 11.16 – juris).

6 Diese weniger strengen waffenrechtl. Beschränkungen resultieren zum einen aus dem Umstand, dass Jäger im Rahmen des Jagdscheinerwerbs eine anspruchsvolle **Jägerprüfung unter staatlicher Aufsicht** absolviert haben, wobei die Jagdausübung in den Jagdgesetzen des Bundes und der Länder detailliert geregelt ist (vgl. *Lorz/Metzger/Stöckel* BJagdG § 3 Rn. 5 ff.; *Schuck* BJagdG § 3 Rn. 12 ff.). Die Jägerprüfung besteht aus einem schriftlichen, einem mündlich-praktischen Teil sowie einer Schießprüfung. In der Jägerprüfung müssen ausreichende Kenntnisse hinsichtlich der Tierarten, der Wildbiologie, der Wildhege, des Jagdbetriebes, der Wildschadensverhütung, des Land- und Waldbaues, des Waffenrechts, der Waffentechnik, der Führung von Jagdwaffen und Jagdhunden usw nachgewiesen werden (vgl. *Lorz/Metzger/Stöckel* BJagdG § 15 Rn. 13 ff.; *Schuck* BJagdG § 15 Rn. 33 ff.).

Zudem bezieht sich das geltend gemachte Bedürfnis im Zusammenhang mit der Jagd regelm. auf die für die öffentl. Sicherheit und Ordnung weniger gefährlichen Langwaffen (Flinten und Büchsen).

2. Jagdscheine

7 Das Gesetz differenziert zwischen **verschiedenen Arten von Jagdscheinen.** Grds. ist zwischen dem Jugendjagdschein, Falknerjagdschein, Jahresjagdschein, Tagesjagdschein und dem Ausländerjagdschein zu unterscheiden:

8 **a) Jahresjagdschein.** Der Erteilung des Jahresjagdscheins, welcher höchstens für die Dauer von drei Jagdjahren gilt, richtet sich nach § 15 Abs. 2 iVm § 11 Abs. 4 S. 5 BJagdG. Das **Jagdjahr** beginnt am 1.4. und endet am 31.3., vgl. § 11 Abs. 4 S. 5 BJagdG.

9 **b) Tagesjagdschein.** Der Jagdschein kann durch die zust. Beh. ebenfalls als Tagesjagdschein für 14 aufeinander folgende Tage ausgestellt werden, § 15 Abs. 2 BJagdG. Die Erteilung erfolgt nach einheitlichen Mustern, welche durch das Bundesministerium für Ernährung, Landwirtschaft und Verbraucherschutz vorgegeben werden (Abb. bei *Heller/Soschinka* WaffR Rn. 1350).

10 **c) Ausländerjagdschein.** Ausländern, welche die Jagdausübung in der Bundesrepublik Deutschland begehren, kann nach den Vorschriften des § 15 Abs. 4, 6 BJagdG ein sog Ausländerjagdschein als Jahres- oder Tagesjagdschein ausgestellt werden (vgl. *Heller/Soschinka* WaffR Rn. 1351).

11 **d) Ausländische Jagdscheine.** Im Ggs. zum Ausländerjagdschein, bei dem es sich um eine waffenrechtl. Erlaubnis nach deutschem Recht handelt, qualifizieren ausländische Jagdscheine deren Inhaber nicht als Jäger im waffenrechtl. Sinn. In diesen Fällen scheidet die Erteilung einer waffenrechtl. Erlaubnis nach den Bestimmungen des § 13 aus. Eine Entsch. über die Erteilung waffenrechtl. Erlaubnisse hat von daher prinzipiell nach den allg. Bestimmungen des Waffenrechts zu erfolgen. Die Anerkennung ausländischer Jagdscheine wird nach den Vorschriften des jeweiligen Landesrechts getroffen. Die Bundesländer prüfen, ob die im Herkunftsland des Ausländers abgelegte Prüfung im Wesentlichen der deutschen Jägerprüfung entspricht.

IErg müssen die Kenntnisse und Fertigkeiten den Mindestvorauss. des § 15 Abs. 5 S. 1 BJagdG genügen (*Schuck* BJagdG § 15 Rn. 10).

e) Jugendjagdschein. Gem. § 16 BJagdG darf Personen, die das 16. Lebensj. vollendet haben, aber noch nicht achtzehn Jahre alt sind, nur ein **Jugendjagdschein** erteilt werden. Der Jugendjagdschein berechtigt nur zur Ausübung der Jagd in Begleitung des Erziehungsberechtigten oder einer von dem Erziehungsberechtigten schriftlich beauftragten Aufsichtsperson; die Begleitperson muss jagdlich erfahren sein. Der Jugendjagdschein berechtigt nicht zur Teilnahme an Gesellschaftsjagden. 12

Der Jugendjagdschein ermöglicht gem. § 13 Abs. 7 eingeschränkt den erlaubnisfreien Erwerb, Besitz und das Führen von Schussw. sowie das erlaubnisfreie Schießen damit (→ Rn. 37 ff.). Mit Eintritt der Volljährigkeit wird auf Antrag der Jagdschein erteilt, vgl. § 15 Abs. 2 iVm § 15 Abs. 1 S. 1 BJagdG.

Ein auf Dauer angelegter Schusswaffenerwerb scheidet auf Basis eines Jugendjagdscheines aus.

f) Falknerjagdschein. Die Ausstellung des Falknerjagdscheins (§ 15 Abs. 1 S. 3 BJagdG) erfolgt nach der Vorschrift des § 15 Abs. 7 BJagdG. Falkner bekommen im Rahmen ihrer Jagdausbildung keine ausreichenden Kenntnisse des Waffenrechts, der Waffentechnik und der Führung von Jagdwaffen, einschl. Feuerwaffen, vermittelt. Solche Kenntnisse müssen dementspr. auch in der Falknerjagdprüfung nicht nachgewiesen werden (vgl. *Lorz/Metzger/Stöckel* BJagdG § 15 Rn. 20; *Schuck* BJagdG § 15 Rn. 9). 13

Der Falknerjagdschein nach § 15 Abs. 1 S. 3 BJagdG weist eine Person nicht als Jäger iSd WaffG aus. Inhabern kann daher eine **Erlaubnis auf Grund des § 13 nicht erteilt werden,** es gelten hier vielmehr die allg. Bedürfnisregelungen (vgl. *Apel/Bushart* WaffG § 13 Rn. 3).

g) Allgemein gültiger Jagdschein. Grundvorauss. für die Erteilung einer waffenrechtl. Erlaubnis auf Grund eines Bedürfnisses nach § 13 ist demgemäß stets die Inhaberschaft eines **allgemein gültigen** Jagdscheins im oben dargestellten Sinn. Dies sind sowohl der Jahres- wie auch der Tagesjagdschein. 14

Im Zuge der Erteilung einer waffenrechtl. Erlaubnis (typischerweise WBK) geht es darum, ein **dauerhaftes waffenrechtl. Bedürfnis** zu belegen. Aus diesem Grunde wird typischerweise nur ein gültiger **Jahresjadschein** tauglich sein, um das zur Erteilung einer WBK erforderliche Bedürfnis darzulegen. Ein Tagesjagdschein reicht hierfür auf Grund seiner eng begrenzten Gültigkeitsdauer (bis zu 14 Tage) im Regelfall nicht aus. Möchte ein Tagesjagdscheininhaber Jagdwaffen auf Dauer erwerben, so hat er ein Bedürfnis hierfür in jedem Einzelfall glaubhaft zu machen (vgl. WaffVwV Nr. 13.1). Dies wird etwa zu bejahen sein, wenn der Antragst. belegen kann, in der Vergangenheit in einer gewissen Regelmäßigkeit als Gast an Jagden (jeweils mit Leihwaffe und gültigem Tagesjagdschein) teilgenommen zu haben und dies auch für die Zukunft anzunehmen ist. Sowohl der Langwaffen- wie auch Kurzwaffenerwerb setzt in dieser Konstellation eine Erwerbserlaubnis (Waffenvoreintrag in die WBK) voraus.

Davon unbenommen qualifiziert auch ein gültiger Tagesjagdschein dessen Inhaber zum Jäger im waffenrechtl. Sinn. Dies ist von erheblicher praktischer Bedeutung beim vorübergehenden Erwerb (Ausleihe) von Jagdlangwaffen nach § 13 Abs. 4 iVm § 12 Abs. 1 Nr. 1. Gleichfalls beim erlaubnisfreien Führen von Jagdwaffen durch Jäger nach § 13 Abs. 6.

Gültig bleibt der (Jahres-)Jagdschein, soweit er verlängert wird. Wird er nicht verlängert, ist er nicht mehr gültig. Ebenso liegt kein gültiger Jagdschein vor, wenn er für ungültig erklärt oder eingezogen wurde (vgl. § 18 BJagdG) oder die Einziehung nach einer Ordnungswidrigkeit bzw Straftat angeordnet wird (§§ 40, 41 14a

BJagdG) oder er auf Grund eines Jagdverbotes beschlagnahmt bzw amtlich verwahrt wird. Läuft ein bereits erteilter Jagdschein zeitl. ab und wird nicht verlängert, so kann sich der Antragst. in Ermangelung eines Bedürfnisses nicht mehr auf § 13 stützen. Ist eine waffenrechtl. Erlaubnis bereits nach § 13 erteilt worden, so entfällt mit der unterbliebenen Verlängerung des Jagdscheins das Bedürfnis und damit eine nach § 4 Abs. 1 Nr. 4 essenzielle Vorauss. für die Erteilung einer waffenrechtl. Erlaubnis nach § 13. In diesen Fällen folgt prinzipiell zwingend die Einleitung eines Widerrufsverfahrens nach § 45 Abs. 2 S. 1 (*Apel/Bushart* WaffG § 13 Rn. 4). Zu berücksichtigen ist, dass nach § 45 Abs. 3 S. 1 vom Widerruf der waffenrechtl. Erlaubnis abgesehen werden kann, soweit der Bedürfniswegfall lediglich vorübergehender Natur ist. Dies kann etwa angenommen werden, wenn der Inhaber eines Jahresjagdscheins lediglich vergessen hat, diesen verlängern zu lassen und die Verlängerung alsbald besorgen wird (→ § 45 Rn. 9).

Aus besonderen Gründen kann auch im Falle eines endgültigen Bedürfniswegfalls von einem Widerruf abgesehen werden (→ § 45 Rn. 7 ff.).

3. Für die Jagdausübung benötigte Schusswaffen und Munition (Abs. 1 Nr. 1)

15 Für die Anerkennung des waffenrechtl. Bedürfnisses von Jägern muss der Antragst. glaubhaft machen, dass er die begehrten Schussw. und Munition **für die Jagdausübung benötigt.** Der Wortlaut der Regelung stellt klar, dass nicht nur die Ausübung der Jagd selbst der angestrebte Zweck sein kann. Vielmehr ist auch das Training im jagdlichen Schießen einschl. jagdlicher Schießwettkämpfe vom Gesetzgeber als Zweck des Waffenerwerbs anerkannt. Hierdurch wird dem Antragst. der Erwerb spezieller Schussw. zum jagdlichen Schießen ermöglicht. Im Rahmen des jagdlichen Schießens werden unter Schießstandbedingungen spezielle auf die Jagd bezogene Schießtechniken und -fertigkeiten geübt und vervollkommnet (BT-Drs. 14/8886, 111). Hierbei können häufig wesentl. günstigere Waffen und kostengünstigere Munition verwendet werden als bei der Jagd selbst, welche unter dem Gesichtspunkt des Natur- und Tierschutzes nicht selten sehr hohe Anforderungen an die verwendete Waffe/Munition stellt. Ein Bsp. hierfür sind Repetierbüchsen, welche für das Kaliber .22 l.r. eingerichtet sind.

Der Begriff des Benötigens entspricht inhaltlich dem der **Erforderlichkeit** in § 8. Mit dieser Vorauss. stellt der Gesetzgeber sicher, dass über die für Jäger greifende Sondervorschrift des § 13 nur solche Schussw. erworben werden können, welche **tatsächlich Jagdzwecken dienen.** So benötigt ein Jäger die beantragte Waffe insbes. dann nicht, wenn er bereits über ausreichend Jagdwaffen verfügt.

Zwar sind das Jagdtraining und Wettkämpfe im jagdlichen Schießen als Erwerbszweck von der Vorschrift mit erfasst, allerdings lassen § 13 Abs. 1 Nr. 1 iVm § 8 doch nicht den Erwerb von Waffen durch Jäger zu anderen Zwecken als der Jagd iwS zu. Ein Erwerb zu anderen als jagdlichen Zwecken iwS soll über die Vorschrift des § 13 gerade **nicht möglich** sein, etwa zum Anlegen einer Waffensammlung oÄ.

16 Die **Vorauss.** des § 13 Abs. 1 Nr. 1 **müssen** vom Antragst. **glaubhaft gemacht werden.** Nach diesem unbestimmten Rechtsbegriff reicht eine bloße Behauptung, die beantragte Waffe werde zur Jagdausübung benötigt, nicht aus. Anknüpfungspunkt des Glaubhaftmachens können zwar stets nur Tatsachen sein, anhand welcher der jeweils geltend gemachte Umstand darzulegen ist. Gleichwohl muss der Antragst. nicht belegen, die Jagd auch tatsächlich auszuüben (vgl. BT-Drs. 14/7758, 62). Die Glaubhaftmachung verlangt lediglich eine überwiegende Wahrscheinlichkeit des Vorliegens der behaupteten Tatsache. Zum Glaubhaftmachen dürfte in der Praxis die Vorlage der WBK ausreichen (*Apel/Bushart* WaffG § 13 Rn. 7), da aus dieser ersichtlich ist, welche Schussw. der Antragst. besitzt und vor

allem, ob er bereits über entspr. Jagdwaffen verfügt, welche er im konkreten Einzelfall begehrt.

4. Jagdwaffen und Munition (Abs. 1 Nr. 2)

Schließlich darf die beantragte Waffe nicht nach dem BJagdG verboten sein, damit ein Bedürfnis im Einzelfall anerkannt werden kann (vgl. im Einzelnen *Lorz/Metzger/Stöckel* BJagdG § 19 Rn. 4; *Schuck* BJagdG § 19 Rn. 3 ff.). Wie bereits dargestellt, erfasst die Vorschrift des § 13 ausschl. Jagdwaffen. Diese Eigenschaft wird nicht über die prinzipielle Eignung der Waffe zur Jagd geklärt. Dies war zwar ursprünglich vom Gesetzgeber vorgesehen (vgl. BT-Drs. 14/8886, 111), dürfte aber in der Praxis kaum möglich sein, weshalb von dieser Prüfung Abstand genommen wurde und nunmehr ausschl. zu prüfen ist, ob die **beantragte Waffe** nach den Vorschriften des BJagdG **verboten** ist. Erheblich ist nicht, ob eine Waffe für bestimmte Arten der Jagd verboten ist, erfasst sind hier vielmehr nur **generelle Verbote nach dem BJagdG** (so auch *Apel/Bushart* WaffG § 13 Rn. 8). 17

Als **Prüfungsmaßstab** ist in diesem Zusammenhang daher **§ 19 BJagdG** heranzuziehen, welcher verschiedene Verbote enthält. Allerdings sind die meisten dort geregelten Verbote munitionsbezogen und insofern für die hier konkret aufgeworfene Fragestellung ohne Bedeutung. Die in § 19 BJagdG enthaltenen waffenbezogenen Verbote betreffen ganz überwiegend lediglich einzelne Formen der Jagd und sind daher **unerheblich.**

Von Bedeutung ist hier allein § 19 II Nr. 2 c) BJagdG. Nach dieser Vorschrift (in ihrer Fassung bis zum 22.9.2016) sollten nach jüngster Rspr. des BVerwG (Urt. vom 7.3.2016, AZ 6 C 60/14) sämtliche halbautomatischen Langwaffen (Büchsen) jagdrechtlich verboten sein, soweit sie nur dazu *geeignet* waren, Patronenmagazine mit einer Kapazität von mehr als zwei Patronen aufzunehmen. Ein jagdrechtliches Bedürfnis war für solche Waffen nach dieser Rspr. von vornherein ausgeschlossen. Zuvor wurde das Verbot des § 19 II Nr. 2 c) BJagdG gemeinhin als verhaltensbezogenes Verbot aufgefasst und ein jagdrechtliches Interesse daher auch für solche halbautomatischen Büchsen anerkannt. Entsprechend befanden sich zum Zeitpunkt der neuen Rspr. des BVerwG zahlreiche solcher Waffen in rechtmäßigem Jägerbesitz. 18

In Reaktion hierauf hat der Gesetzgeber § 19 II Nr. 2 c) BJagdG **mit Wirkung zum 23.9.2016** geändert. Hierdurch ist klar gestellt, dass nicht alle halbautomatischen Büchsen für die Jagd verboten sein sollen, soweit sie nur *geeignet* sind, größere Patronenmagazine (mehr als zwei Patronen) aufzunehmen. Verboten sein soll jagdrechtlich lediglich die **Jagdausübung** mit halbautomatischen Waffen, „die mit insgesamt mehr als drei Patronen **geladen** sind". Das Verbot ist demnach iSe. Verhaltensanforderung an den Jäger und nicht als gegenstandsbezogen auf einen Waffentypus gefasst. Halbautomatische Büchsen sind auch dann jagdrechtlich nicht verboten, wenn sie für die Verwendung von Magazinen mit einer Kapazität von mehr als zwei Patronen geeignet sind. Demnach bleibt für diese auch ein jagdrechtliches Bedürfnis nach dem WaffG anerkannt.

Für die Jagd im Ausland kann in besonders begründeten Einzelfällen auch ein Bedürfnis zum Erwerb und Besitz von Waffen und Munition anerkannt werden, welche nach dem BJagdG nicht zugelassen sind. Das Bedürfnis bemisst sich in diesen Fällen nach den allg. Grundsätzen des § 8 (vgl. WaffVwV Nr. 13.1). 18a

Von dieser Regelung **unberührt** bleiben die **allg. Waffenverbote nach dem WaffG.** Diese erfahren durch den Verweis auf die Waffenverbote nach dem BJagdG keine Einschränkung. Ein jagdrechtliches **Bedürfnis für nach dem WaffG verbotene Schussw.** sowie den Schussw. gleichgestellte tragbare Gegenstände **scheidet** daher **aus.** 19

III. Weitere Erwerbs- und Besitzerleichterungen für Jäger (Abs. 2)

20 Abs. 2 der Vorschrift sieht weitere Erleichterungen für die Gruppe der Jäger beim Erwerb und Besitz von Schussw. vor, namentlich werden Ausnahmen von bestimmten Vorschriften des WaffG für Jäger festgeschrieben.

1. Ausnahme von § 6 Abs. 3 S. 1 (Abs. 2 S. 1)

21 Das grds. Erfordernis, dass Personen, die noch nicht das 25. Lebensj. vollendet haben, allg. für den Ersterwerb von Schussw. ein fachärztliches, amts- oder fachärztliches oder fachpsychologisches Zeugnis über die geistige Eignung zum Besitz von Schussw. erbringen müssen, **gilt nicht für Jäger.** Der Gesetzgeber geht davon aus, dass Absolventen einer Jägerprüfung ihre waffenrechtl. Eignung hinlänglich belegt haben (vgl. *Gade* WaffR S. 135).

2. Unwiderleglich vermutetes Bedürfnis für Inhaber eines gültigen Jahresjagdscheins (Abs. 2 S. 2)

22 Gem. Abs. 2 S. 2 sind für den Erwerb und Besitz von **Langwaffen** (Anl. 1 Abschn. 1 UAbschn. 1 Nr. 2.5) sowie für den Erwerb und Besitz von **zwei Kurzwaffen** Inhaber eines **gültigen** Jahresjagdscheins **von jeglicher Bedürfnisprüfung freigestellt,** soweit es sich bei den beantragten Schussw. um Jagdwaffen handelt, was der Fall ist, wenn diese **nicht** nach den Vorschriften des BJagdG generell verboten sind. Es findet **keine** behördliche **Bedürfnisprüfung** statt, dieses wird vom Gesetzgeber unwiderleglich vermutet.

Der Jahresjagdschein muss **gültig** sein, ohne dass der Wortlaut der Norm dies ausdr. klarstellt.

22a Die **zwei Kurzwaffen** werden durch den Gesetzgeber gleichsam als zur **Grundausstattung** eines Jägers dazu gehörend zugestanden. Sie dienen häufig als Fangschussw. bei der Jagd zum Töten verletzter (angeschossener) Tiere und dürfen darüber hinaus gem. § 19 Abs. 1 Nr. 2d) BJagdG lediglich für die Bau- und Fallenjagd eingesetzt werden, woraus sich bereits die zahlenmäßige Begrenzung herleiten lässt. Eine Zulassung zum Fangschuss ist nicht zwingend erforderlich (vgl. WaffVwV Nr. 13.2).

Möchte der Jäger eine **dritte Kurzwaffe** erwerben, so kann er dies nur nach Abs. 1 Nr. 1, wonach er belegen muss, die beantragte Waffe tatsächlich für die Jagdausübung zu benötigen, was voraussetzt, dass die beiden in der Grundausstattung enthaltenen Kurzwaffen für die von ihm verfolgten Jagdzwecke nicht ausreichen (vgl. OVG Münster GewArch 2005, 295; dazu *Scheffer* GewArch 2005, 298).

Ein Bedürfnis des Jagdscheininhabers für den Erwerb einer **dritten Kurzwaffe** ist dann nicht gem. § 13 Abs. 1 Nr. 1 anzuerkennen, wenn es ihm zuzumuten ist, sich von einer der zwei Kurzwaffen zu trennen, die er auf der Grundlage des § 13 Abs. 2 ohne gesonderten Nachweis einer Bedarfslage in Besitz hat, weil diese wegen entspr. Einsatzmöglichkeit der anderen Kurzwaffe tatsächlich zur Jagdausübung nicht benötigt wird (OVG Münster GewArch 2005, 295). Nach Auffassung des OVG Münster entspricht dies auch dem Sinn und Zweck der Regelung des § 13 Abs. 2, wonach einem Jagdscheininhaber nicht etwa ein Sockelbestand an beliebigen Kurzwaffen im Rahmen des jagdrechtl. Erlaubten gesichert werden soll, über den hinaus dann weitere Kurzwaffen zu Jagdzwecken erworben werden können. Vielmehr liegt der gesetzlichen Regelung (nur) die Überlegung zugrunde, dass ein Jagdscheininhaber zur Jagdausübung regelm. zwei Kurzwaffen benötigt und deshalb ein gesonderter Nachweis, dass solche Waffen benötigt werden, entbehrlich erscheint. Bei jeder weiteren Kurzwaffe ist also der gesonderte Nachweis eines Bedarfs zu Jagdzwecken erforderlich. Dieser muss über jenen Bedarf hinausgehen, der sich durch den Erwerb und Besitz von zwei Kurzwaffen befriedigen lässt und bereits durch die Innehabung eines gültigen Jahresjagdscheins nachgewiesen ist. Ein solcher Bedarf kann aber tatsächlich nur dann und so lange bestehen, als die bereits vorhandenen zwei Kurzwaffen nicht nur unterstellt, sondern auch tatsächlich ebenfalls – unter Anwendung (jagd-)waffenrechtl. Kriterien – benötigt werden (OVG Münster GewArch 2005, 295 (296)).

Für **Langwaffen** sieht die Regelung **keine zahlenmäßige Begrenzung** vor 22b (so auch *Heller/Soschinka* WaffR Rn. 1384). An die Inhaberschaft eines **gültigen Jahresjagdscheins** knüpft die unwiderlegliche Vermutung einer positiven Bedürfnisprüfung bezogen auf Jagdlangwaffen an (vgl. BT-Drs. 14/8886, 111).

Anders als bei den Sportschützen (§ 14 Abs. 4) hat der Gesetzgeber im Rahmen des § 13 Abs. 2 S. 2 nicht lediglich auf eine spezifische Bedürfnisprüfung hinsichtlich bestimmter „privilegierter" Waffen verzichtet, welche die allg. Erforderlichkeit der Waffe für den beabsichtigten Zweck nach § 8 Nr. 2 als Bedürfniserfordernis unbeschadet bestehen lässt (→ § 14 Rn. 30b).

Vielmehr schließt § 13 Abs. 2 S. 2 hinsichtlich des Langwaffenerwerbs und -besitzes durch Inhaber eines gültigen Jahresjagdscheins die Prüfung ua des § 4 Abs. 1 Nr. 4 aus. Dieser greift die allg. Bedürfnisregelung nach § 8 auf, welche damit in dieser Konstellation explizit nicht zu prüfen ist. Das unwiderleglich vermutete Bedürfnis für eine unbegrenzte Anzahl von Jagdlangwaffen erscheint fragwürdig. Faktisch können Inhaber gültiger Jahresjagdscheine zahlenmäßig unbegrenzt viele Jagdlangwaffen erwerben und besitzen, ohne dass es darauf ankommt, ob diese auch zur Jagd iwS benötigt werden. Letztlich ermöglicht diese Regelung das schlichte Anhäufen von Jagdlangwaffen durch Inhaber gültiger Jahresjagdscheine (aA *Steindorf/N. Heinrich* WaffG § 13 Rn. 6a, der – ohne Begründung – durch die Norm auch bei Inhabern eines gültigen Jahresjagdscheins lediglich den Erwerb so vieler Langwaffen als erlaubt ansieht, wie der Antragst. tatsächlich für die Ausübung der Jagd benötigt).

Der Gesetzgeber ist aufgerufen, im Rahmen des § 13 Abs. 2 S. 2 einen Rückgriff auf § 8 Nr. 2 zuzulassen und damit auch den Langwaffenerwerb und -besitz durch Inhaber eines gültigen Jahresjagdscheines stets auf solche Waffen zu beschränken, die für den beabsichtigten Zweck, dh die Jagd iwS, erforderlich ist.

Die **weiteren Vorauss.** für die Erteilung einer waffenrechtl. Erlaubnis **bleiben** 22c von dieser Regelung **unberührt** (*Apel/Bushart* WaffG § 13 Rn. 13).

IV. Erlaubnisfreier Erwerb von Langwaffen für Inhaber eines gültigen Jahresjagdscheins (Abs. 3)

Abs. 3 der Vorschrift betrifft den **auf Dauer angelegten Erwerb von Langwaffen** und enthält weitere Erleichterungen für den Inhaber eines **gültigen Jahresjagdscheins.** Dieser bedarf für den auf Dauer angelegten **Erwerb von Langwaffen** keiner behördlichen Erlaubnis, soweit diese nicht nach dem BJagdG verboten sind. IErg **entfällt** für den Jahresjagdscheininhaber damit das **Erfordernis eines Voreintrags** in die WBK (Bsp.: Der Inhaber eines gültigen Jahresjagdscheins legt dem Händler beim Erwerb einer Repetierbüchse allein diesen vor. Der Waffenhändler kontrolliert in diesem Fall nur die Personalien im Jahresjagdschein sowie dessen Gültigkeit.). 23

Dieser erlaubnisfreie, auf Dauer angelegte **„(Lang-)Waffenerwerb auf Jahresjagdschein"** greift **nicht** für Inhaber eines Tagesjagdscheins. Gleiches gilt für Inhaber eines Jugendjagdscheins (→ Rn. 36 ff.).

Der **gültige Tagesjagdschein** ermöglicht lediglich erlaubnisfrei den **vorübergehenden** Erwerb und Besitz (Ausleihe) von Langwaffen nach Abs. 4 iVm § 12 Abs. 1

Nr. 1 (→ Rn. 27). Weiterhin berechtigt er zur Jagd iSd Jagdgesetzes und zum erlaubnisfreien Führen und Schießen bei bzw im Zusammenhang mit der befugten Jagdausübung iSv Abs. 6, **nicht** jedoch zum auf Dauer angelegten Erwerb von Langwaffen nach Abs. 3.

Möchte ein Tagesjagdscheininhaber Jagdwaffen auf Dauer erwerben, so bedarf es hierfür in jedem Fall einer Erlaubnis. Ein Bedürfnis hierfür hat er in jedem Einzelfall glaubhaft zu machen (→ Rn. 14).

Der Erwerb von **Langwaffenmunition** ist hingegen auch Inhabern gültiger Tagesjagdscheine erlaubnisfrei gestattet, vgl. Abs. 5.

24 Hinsichtlich der **Kurzwaffen** bleibt auch bei Jahresjagdscheininhabern das **Voreintragserfordernis** in die WBK bestehen.

Möchte der Jahresjagdscheininhaber eine **Kurzwaffe** erwerben und besitzen, so hat er bei der zust. Beh. **vor dem Erwerb** eine Erlaubnis für diesen (Voreintrag) **zu beantragen.** Soweit die Erlaubnisvorauss. vorliegen stellt die zust. Beh. eine WBK mit der erforderlichen Erwerbserlaubnis (Voreintrag) aus oder trägt diese in eine bereits vorhandene WBK ein.

Allein das Bedürfnis wird beim Erwerb von nicht mehr als 2 Kurzwaffen (durch den Inhaber eines gültigen Jahresjagdscheins) nicht geprüft, vgl. § 13 Abs. 2 S. 2.

Durch das Voreintragserfordernis wird letztlich sichergestellt, dass das Bedürfnis des Jahresjagdscheininhabers tatsächlich nur hinsichtlich des Erwerbs von max. 2 Kurzwaffen nicht geprüft wird und damit die Grenzen der nach § 13 Abs. 2 S. 2 vorgegebenen Bedürfnisvermutung stets berücksichtigt werden.

25 Abs. 3 S. 2 wurde mit dem **6. ÄndG** (→ Einl. Rn. 26c) neu gefasst und um eine Anzeigepflicht des Waffenerwerbs in Nr. 1 erweitert.

Nach Nr. 1 hat der Jahresjagdscheininhaber den Langwaffenerwerb binnen zwei Wochen der zust. Beh. unter Benennung von Name und Anschrift des Überlassenden schriftlich anzuzeigen. Mit dieser Regelung greift der Gesetzgeber die in § 10 Abs. 1a für den Waffenerwerb auf Grund einer WBK geltende Anzeigepflicht (→ § 10 Rn. 27) auf und erstreckt diese nun auch auf den erlaubnisfreien Langwaffenerwerb auf Grund eines gültigen Jahresjagdscheins nach § 13 Abs. 3. Damit ist auch für diese Konstellation des Waffenerwerbs sichergestellt, dass die Behörde im Falle des Überlassens (zur Anzeigepflicht des Überlassens → § 34 Rn. 16 ff.) Kenntnis von der Person des Überlassenden und des Erwerbers erhält und eine eindeutige Zuordnung von Schussw. zu den jeweiligen Besitzern möglich ist.

Nach Nr. 2 muss für den längerfristigen rechtmäßigen Besitz die Eintragung der Langwaffe in eine bereits vorhandene WBK oder die Ausstellung einer WBK zu diesem Zweck innerhalb von 2 Wochen nach dem Erwerb beantragt werden. Die Pflicht nach Nr. 2 entfällt, wenn der Erwerber die Langwaffe vor Fristablauf einem anderen Berechtigten überlässt (*Lehmann* WaffG § 13 Rn. 40).

25a Für den längerfristigen Besitz von Jagdwaffen ist stets zusätzlich zum Jagdschein auch eine WBK erforderlich (zur vorübergehenden Waffenausleihe auf Grund eines Jagdscheins ohne WBK vgl. § 13 Abs. 4 iVm § 12 Abs. 1 Nr. 1a).

25b Zu den Ausweispflichten in den Konstellationen des Erwerbs nach Abs. 3 → § 38 Rn. 28.

26 Der **Besitz nach Fristablauf** stellt im Regelfall eine bloße **Ordnungswidrigkeit** nach § 53 Abs. 1 Nr. 7 dar. Zwar handelt es sich in diesen Fällen um einen Besitz ohne die hierfür erforderliche WBK, allerdings liegen regelm. die materiellen Vorauss. für den Besitz vor. Dies gilt insbes. für Jäger, denen bereits eine WBK erteilt worden ist, da bei diesen die Vorauss. für den Erwerb und Besitz bereits vollständig behördlicherseits bejaht worden sind und der Eintrag eine reine **Formsache** darstellt (im Erg. so bereits *Gade* WaffR, 1. Aufl. S. 98; ebenso *Steindorf/N. Heinrich* WaffG § 13 Rn. 8c; *ABB/Adolph* WaffG § 13 Rn. 22; aA *König/Papsthart* Neues WaffR Rn. 101; Rechtsfolge offen gelassen bei *Apel/Bushart* WaffG § 13 Rn. 17

Fn. 15, welche offensichtlich eine Strafbarkeit nach § 52 Abs. 2 Nr. 2a nicht ausschließen wollen).

Aber auch bei Ersterteilung einer WBK werden die materiellen Vorauss. zur Erteilung derselben für gewöhnlich zu bejahen sein, da die Inhaberschaft eines Jahresjagdscheins hinsichtlich Zuverlässigkeit und Eignung an die gleichen Vorauss. geknüpft ist, wie die Erteilung einer waffenrechtl. Erlaubnis (vgl. § 17 Abs. 1 S. 2 BJagdG) und zudem das Bedürfnis für Erwerb **und Besitz** für Inhaber eines gültigen Jahresjagdscheins nach § 13 Abs. 2 Nr. 2 für zwei Kurzwaffen und unbegrenzt viele Jagdlangwaffen unwiderleglich vermutet wird.

V. Gleichstellung von Jagdschein und WBK (Abs. 4)

Abs. 4 stellt den Jagdschein für Fälle des vorübergehenden Erwerbs nach § 12 Abs. 1 Nr. 1 einer WBK gleich. Diese Gleichstellung gilt für Jahres- **und Tagesjagdscheine.** 27

Erfasst sind von § 12 Abs. 1 Nr. 1 **Fälle des erlaubnisfreien Erwerbs durch WBK-Inhaber vom Berechtigten** zum **vorübergehenden,** vom Bedürfniszweck umfassten **Besitz** von max. einem Monat sowie der vorübergehende Erwerb zum Zweck der sicheren Verwahrung oder der Beförderung.

Von praktischer Relevanz sind die Fälle der Ausleihe von Langwaffen an Jäger zum Zweck der Jagd. In diesen Fällen steht der **Jagdschein,** also nicht nur der Jahresjagdschein, einer WBK gleich.

Bsp.: Einem Jäger fehlt unmittelbar nach dem Bestehen der Jägerprüfung noch das Geld für eine eigene Jagdwaffe. Er löst einen Tagesjagdschein, als er zu einer Jagd bei einem Bekannten eingeladen wird. Dort leiht er sich für die Jagd eine Langwaffe von einem Berechtigten aus.

Im Bsp. ist der vorübergehende Erwerb gem. § 13 Abs. 4 iVm § 12 Abs. 1 Nr. 1 erlaubnisfrei. Es bedarf also keines Voreintrags in eine WBK. Eine WBK ist in dieser Erwerbskonstellation entbehrlich.

Während für den längerfristigen Besitz neben dem Jagdschein stets auch eine WBK vorhanden sein muss (→ Rn. 25), ist dies im Falle des Erwerbs und vorübergehenden Besitzes von Langwaffen nicht der Fall.

Zu beachten ist, dass der Überlassende im Falle der Ausleihe einen **Beleg** ausstellen muss, aus dem sein Name und das Datum des Überlassens hervorgeht, und diesen dem Erwerbenden auszuhändigen hat (vgl. § 38 Abs. 1 Nr. 1g).

Abs. 4 entfaltet in der Praxis lediglich für den waffenlosen Jäger ohne WBK Wirkung, da der vorübergehende Erwerb und Besitz von Schussw. für Inhaber einer WBK bereits nach der Regelung des § 12 Abs. 1 Nr. 1 erlaubnisfrei gestellt ist und ein Rückgriff auf den Jagdschein in diesen Fällen entbehrlich ist (*Apel/Bushart* WaffG § 13 Rn. 19). Das kurzfristige Ausleihen zur Jagd wird die Regel für den Inhaber eines Tagesjagdscheins sein, da ein Genehmigungsverfahren bei der zust. Beh. regelm. länger dauert als der Tagesjagdschein Gültigkeit besitzt. Hinzu kommt, dass der weitere (längerfristige) Besitz von Schussw. und Munition eine gültige WBK voraussetzt, die bei Jägern grds. an einen Jahresjagdschein anknüpft (→ Rn. 14).

VI. Erlaubnisfreier Erwerb und Besitz von Munition für Langwaffen (Abs. 5)

Nach Abs. 5 benötigen Jäger keine Erlaubnis für den Erwerb und Besitz von **Munition für Langwaffen,** soweit diese nicht nach dem BJagdG verboten sind („Jagdwaffen" → Rn. 17 f.). Die Befreiung gilt gleichermaßen für die Inhaber gültiger Jahres- und Tagesjagdscheine. 28

Die Vorschrift ermöglicht, dass Jagdscheininhaber abweichend von dem in § 10 Abs. 3 enthaltenen Grundsatz auch solche Munition erwerben und besitzen dürfen, die für andere als in der WBK eingetragene Langwaffen bestimmt ist. Ausgenommen ist Munition, die unter ein Verbot nach dem BJagdG fällt (*Steindorf/N. Heinrich* WaffG § 13 Rn. 10).

Diese Befreiung gilt ausschl. für Langwaffenmunition, der Erwerb und Besitz von Kurzwaffenmunition bleibt auch für Jäger erlaubnispflichtig (Bsp.: Ein Jäger möchte Munition für seinen zu Fangschusszwecken erworbenen Revolver im Kaliber .357 Magnum erwerben. Er muss bereits beim Waffenhändler seine „grüne WBK" mit der in Spalte 7 eingetragenen Munitionserwerbserlaubnis vorlegen. Der Jagdschein allein reicht nicht aus.).

Soweit Langwaffen für Kurzwaffenmunition eingerichtet sind (zB Unterhebelrepetierer, wie sie beim Westernschießen verwendet werden) zieht dies keinen erlaubnisfreien Erwerb und Besitz dieser Munition nach sich. Diese kann zwar auch mit Langwaffen verschossen werden, gleichwohl handelt es sich um Kurzwaffenmunition, welche nicht unter die Ausnahme des Abs. 5 fällt.

VII. Erlaubnisfreies Führen und Schießen (Abs. 6)

29 Abs. 6 sieht Ausnahmen von der prinzipiellen Erlaubnispflicht für das Führen von Schussw. und das Schießen mit ihnen vor. Demnach dürfen Jäger (→ Rn. 4) Schussw. (Lang- und Kurzwaffen) **zur befugten Jagdausübung**auch **ohne WS** (§ 10 Abs. 4) uneingeschränkt (also schuss- und zugriffsbereit) **führen und ohne Schießerlaubnis** damit **schießen** (§ 10 Abs. 5). Fahrten auf öffentl. Straßen dienen **nicht** „zur befugten Jagdausübung", auch wenn sie durch das Revier führen, und unterfallen daher nicht der Privilegierung (OLG Stuttgart, Urt. v. 24.7.2007 – 4 Ss 185/07 – juris; im Anschl. daran OVG BB, Beschl. v. 4.3.2015 – OVG 11 S 9.15 – juris). Solche Fahrten stehen allenfalls „im Zusammenhang" mit der befugten Jagdausübung und setzen stets voraus, dass die Waffe nicht schussbereit (also ungeladen) ist (→ Rn. 31 ff.).

1. Befugte Jagdausübung (Abs. 6 S. 1 Hs. 1)

30 Nach Bestehen der Jägerprüfung kann der Jäger zwar mit einem Jagdschein legal Waffen und Munition erwerben, zur Jagd ist er aber allein durch den Jagdschein nicht befugt. **Befugt** ist die Jagdausübung insbes. dann, wenn der Jäger einen Jagdbezirk gepachtet hat (§ 11 BJagdG), einen entgeltlichen Jagderlaubnisschein (Gastjäger) oder einen Begehungsschein besitzt.

Die Jagdausübung erstreckt sich gem. § 1 Abs. 4 BJagdG auf das Aufsuchen, Nachstellen, Erlegen und Fangen von Wild (vgl. OLG Stuttgart, Urt. v. 24.7.2007 – 4 Ss 185/07). Neben der eigentlichen Jagdausübung **umfasst** die **Jagdausübung auch die Ausbildung von Jagdhunden sowie das An- und Einschießen** (vgl. BT-Drs. 14/7758, 109). Das Anschießen ist die alleinige Kontrolle der Treffpunktlage mit einigen Schüssen, wohingegen das Einschießen die Kontrolle der Treffpunktlage mit anschließender Korrektur einschließt. Weiter **erfasst die Jagdausübung den Jagd- und Forstschutz.** Der Jagdschutz ist in § 25 BJagdG, aber auch in den jeweiligen Landesjagdgesetzen geregelt. Zum Zweck des Jagdschutzes darf der Jagdschutzberechtigte auch bei einem einfachen Kontrollgang im Revier seine Jagdwaffen führen. Das BJagdG benennt insbes. die Jagdausübungsberechtigten und die bestätigten Jagdaufseher als Jagdschutzberechtigte (vgl. *Lorz/Metzger/Stöckel* BJagdG § 25 Rn. 3 f.; *Schuck* BJagdG § 25 Rn. 8 ff.).

2. Im Zusammenhang mit der befugten Jagdausübung (Abs. 6 S. 1 Hs. 2)

Die Ausnahme vom Erfordernis eines WS gilt **auch** bei Tätigkeiten **im Zusammenhang** mit der **befugten Jagdausübung,** soweit die Waffe **nicht schussbereit** ist. 31

Dabei ist ein materiell-inhaltlicher Bezug der Tätigkeit zur Jagdausübung nicht erforderlich. Allerdings erfordert ein **Zusammenhang** eine **hinreichende zeitl. wie räuml. Nähe** der in Rede stehenden Tätigkeit zur befugten Jagd**ausübung** (so auch OVG Lüneburg, Beschl. v. 22.3.2016 – 11 ME 35/16 – juris). Ob eine solche vorliegt, bemisst sich stets nach den konkreten Umständen des Einzelfalls, setzt aber zumindest voraus, dass am Ausgangs- oder Endpunkt des Waffenführens eine berechtigte Jagdausübung erfolgt. Nur soweit eine Tätigkeit bei Gelegenheit einer tatsächlich beabsichtigten oder stattgefundenen Jagdausübung wahrgenommen wird („Annex-Tätigkeiten", vgl. *Steindorf/N. Heinrich* WaffG § 13 Rn. 13) ist ein Zusammenhang zu bejahen. So liegt ein Zusammenhang nicht mehr vor, wenn bereits ca. 1,5 Stunden vor dem beabsichtigten Transport der Waffe und der Munition zum Ort der Jagd Jagdgewehr und Munition gemeinsam im Kofferraum eines im Innenhof einer Wohnanlage abgestellten PKW deponiert werden (vgl. VGH Kassel, Beschl. v. 15.5.2014 – 4 A 133/13.Z – juris).

An dem notwendigen Bezugspunkt der Jagdausübung und damit auch **am erforderlichen Zusammenhang fehlt es, soweit sich eine Tätigkeit als eigenständiges Ziel des Transportweges darstellt.**

Ein solcher **Zusammenhang besteht** zunächst bei direkten Hin-und Rückwegen ins Revier. Ebenso, wenn Unterbrechungen auf der Wegstrecke zum Zwecke verschiedener Besorgungen wie etwa Abstecher zur Bank, Post, Supermarkt, Tankstelle usw erfolgen. 31a

Auch Treffen im Anschluss an eine Jagd sollen nach überwiegender Meinung (vgl. *Heller/Soschinka* WaffR Rn. 1413; *Steindorf/N. Heinrich* WaffG § 13 Rn. 13) noch im Zusammenhang mit der Jagdausübung stehen (Bsp.: Nach einer Treibjagd lädt der Jagdherr die Gesellschaft in die Dorfgaststätte zum sog **„Schüsseltreiben"** ein.). Zwar knüpft das „Schüsseltreiben" an die zuvor stattgefundene Jagd an und stellt damit eine Art Besorgung auf dem Rückweg von der Jagd nach Hause dar. Allerdings handelt es sich um eine eigenständige Veranstaltung von einer typischerweise längeren Dauer. Die mit dem „Schüsseltreiben" einhergehende zeitl. Zäsur lässt bereits fragwürdig erscheinen, ob dieses noch im Zusammenhang mit der Jagdausübung steht.

Nicht mehr im Zusammenhang mit der befugten Jagdausübung stehen etwa die Fahrt zum Büchsenmacher zu Wartungszwecken, der Transport der Waffe zu einem potenziellen Käufer usw. Auch der Anreiseweg am Vortag einer Jagd steht wegen einer nicht hinreichenden zeitl. Nähe noch nicht im Zusammenhang mit der Jagdausübung. 31b

Soweit nach der WaffVwV (Nr. 13.6) auch pauschal die Wegstrecken zu Vorführungen für Aus-, Weiterbildungs- und Prüfungszwecke einen Zusammenhang iSd Norm aufweisen sollen, ist dies zu weit gefasst. Stellen sich diese Tätigkeiten als eigenständiges Ziel des Transportweges dar, fehlt es an der befugten Jagdausübung als einem notwendigen Bezugspunkt und ein Zusammenhang mit der Tätigkeit Jagdausübung ist daher **nicht** gegeben.

Liegen die Vorauss. des § 13 Abs. 6 nicht vor, bemisst sich das Führen der Waffe nach § 12 Abs. 3 Nr. 2 (→ § 12 Rn. 70 ff.), wonach das Führen ua nur dann erlaubnisfrei gestellt ist, soweit die Waffe nicht schuss- und nicht zugriffsbereit ist. 31c

In den Konstellationen des § 13 Abs. 6 müssen Jäger gem. § 38 Abs. 1 Nr. 2 (zusätzlich zur WBK) den Jagdschein mit sich führen (→ § 38 Rn. 24 ff.). 31d

32 Das Führen im Zusammenhang mit der befugten Jagdausübung ist jedoch nur mit **nicht schussbereiten** Waffen erlaubnisfrei gestellt (zur Schussbereitschaft → Anl. 1 Rn. 190). Nach der Legaldef. „ist eine **Waffe schussbereit,** wenn sie geladen ist, das heißt, dass Munition oder Geschosse in der Trommel, im in die Waffe eingefügten Magazin oder im Patronen- oder Geschosslager sind, auch wenn sie nicht gespannt ist" (vgl. Anl. 1 Abschn. 2 Nr. 12). Hieraus kann abgeleitet werden, dass nur solche Munitionsbehältnisse für die Schussbereitschaft von Relevanz sind, welche sich unmittelbar in der Nähe des Patronenlagers befinden und dem Patronenlager entsprechend Munition zuführen, bzw das Patronenlager selbst. Diese Anforderungen erfüllt ein Schaftmagazin (dies befindet sich meist im Hinterschaft und ist dazu bestimmt, Reservepatronen aufzunehmen) nicht, weshalb eine Waffe auch mit Patronen im Schaftmagazin nicht schussbereit ist. Auch eine Aufbewahrung von Munition in einer Haltevorrichtung am Hinterschaft (Patronenschlaufen) macht die Waffe nicht „schussbereit".

33 Führt ein Jäger **außerhalb seines Reviers** eine geladene Schussw., so ist dieses Führen **nicht** von der Ausnahme des § 13 Abs. 6 gedeckt (vgl. auch OLG Stuttgart, Urt. v. 24.7.2007 – 4 Ss 185/07; im Anschl. daran OVG BB, Beschl. v. 4.3.2015 – OVG 11 S 9.15 – juris). In diesen Fällen liegt ein **strafbares Führen gem. § 52 Abs. 3 Nr. 2a, Abs. 1 Nr. 2b, ggf. Abs. 4** vor. Diese Straftat begründet weiterhin eine Unzuverlässigkeit im Umgang mit Schussw., was in letzter Konsequenz zum Entzug des Jagdscheins führen kann (vgl. OLG Stuttgart NStZ-RR 2008, 23).

Inhaber eines gültigen Jagdscheins benötigen auch zum Führen von **SRS-Waffen** („PTB im Kreis") innerhalb des Jagdreviers **keinen KWS.** Sie dürfen mit diesen Waffen im Rahmen der befugten Jagdausübung (zB Jagdhundeausbildung, Wildschadensverhütung, Jagdschutz) schießen. Insoweit liegt mit dem Jagdschein bereits eine äquivalente Erlaubnis vor (WaffVwV Nr. 13.6, im Anschluss daran *Heller/Soschinka* WaffR Rn. 1417).

3. Gleichstellung naturschutzrechtlicher Abschussmöglichkeiten (Abs. 6 S. 2)

33a Im Verhältnis zu § 12 Abs. 3 Nr. 2 ist die Regelung des § 13 Abs. 6 weiter gefasst, insoweit sie ein Führen der nicht schussbereiten, aber zugriffsbereiten Waffe zulässt, wohingegen ein erlaubnisfreies Führen nach § 12 Abs. 3 Nr. 2 voraussetzt, dass die Waffe nicht schuss- und nicht zugriffsbereit ist. Deutlich enger ist sie allerdings hinsichtlich des erforderlichen Zweckzusammenhanges. Dieser muss bei § 13 Abs. 6 konkret zur befugten Jagdausübung, bei § 12 Abs. 3 Nr. 2 lediglich zum allg. Jägerbedürfnis bestehen, damit ein erlaubnisfreies Führen in Betracht kommt.

34 Der befugten Jagdausübung ist der Abschuss von Tieren, welche dem Naturschutzrecht unterliegen, gleichgestellt, soweit die naturschutzrechtl. Ausnahme oder Befreiung die Tötung durch einen Jagdscheininhaber vorsieht.

VIII. Inhaber eines Jugendjagdscheins (Abs. 7)

35 (unbesetzt)

1. Keine Erlaubnis für Jugendjagdscheininhaber (Abs. 7 S. 1)

36 Für **Jugendjagdscheininhaber** wird festgelegt, dass diesen **keine Erlaubnis** zum auf Dauer angelegten Erwerb und Besitz von Schussw. und die dafür bestimmte Munition erteilt wird. Für den Anwendungsbereich der Sondervorschriften für Jäger hat dies lediglich **deklaratorische** Wirkung, da der Jugendjagdschein gem. § 16 BJagdG den Inhaber nicht als Jäger iSd § 13 qualifiziert, weshalb Jugendjagdscheinin-

haber ohnehin nicht nach den privilegierenden Regelungen des § 13 Schussw. erwerben und besitzen können.

2. Vorübergehender Umgang mit Waffen und Munition durch Jugendjagdscheininhaber (Abs. 7 S. 2)

Dementspr. kommt für Jugendjagdscheininhaber nur ein **vorübergehender** Umgang mit Schussw. und dafür bestimmter Munition in Betracht. Dieser vorübergehende Umgang ist in Abs. 7 S. 2 aufgegriffen und betr. nicht nur die Ausübung der Jagd selbst, sondern erfasst dem Wortlaut nach auch das Training im jagdlichen Schießen sowie jagdliche Schießwettkämpfe. **Für die Dauer dieser Tätigkeiten** können jugendliche Jäger rechtmäßig Schussw. sowie dazugehörige Munition **ohne Erlaubnis erwerben und besitzen.** Zudem dürfen sie Schussw. in diesem Rahmen erlaubnisfrei führen und mit ihnen schießen. **37**

Schließlich ist auch das **Führen** der Jagdwaffen **im Zusammenhang** mit diesen Tätigkeiten **erlaubnisfrei** gestellt, allerdings nur soweit die Jagdwaffe **nicht schussbereit** ist, also keine Munition oder Geschosse in der Trommel, im in die Waffe eingefügten Magazin oder im Patronen- oder Geschosslager sind. **37a**

Zum Führen der Jagdwaffen „im Zusammenhang" → Rn. 31 ff.

Der nach Abs. 7 S. 2 erlaubnisfrei gestellte Umgang erstreckt sich dem Wortlaut nach zunächst pauschal auf „Schusswaffen" und dafür bestimmte Munition. Aus dem inneren Bezug des von der Erlaubnispflicht freistellenden Tatbestandes zu jagdlichen Tätigkeiten lässt sich indes ableiten, dass gegenständlich nur Jagdwaffen (→ Rn. 17 f.) und die hierfür bestimmte Munition erfasst sind. Dem entspricht auch, dass der Gesetzgeber hinsichtlich des erlaubnisfreien Führens im Zusammenhang mit den jagdlichen Tätigkeiten ausdr. nur Jagdwaffen als Bezugsgegenstand benennt. **37b**

Andererseits enthält die Vorschrift keine Beschränkung auf Langwaffen und erfasst damit sowohl Lang- wie auch Kurzwaffen, soweit diese nur als Jagdwaffe zu qualifizieren sind.

Ergänzende Restriktionen folgen für diese Regelung aus der Vorschrift des **§ 16 BJagdG,** wonach der Umgang mit Waffen und Munition durch einen Jugendjagdscheininhaber überhaupt nur in Anwesenheit eines Sorgeberechtigten oder einer anderen verantwortlichen Person (mit schriftlicher Zustimmung eines Erziehungsberechtigten, § 16 Abs. 2 BJagdG) erfolgen darf. Zudem muss die Aufsichtsperson „jagdlich erfahren" sein. Jagdlich erfahren ist eine Person, wenn sie einmal einen Jagdschein besessen und „die Jagd selbst ausgeübt hat". Auf andere Weise ist das Sammeln jagdlicher Erfahrung nicht möglich. Schließlich ist die Teilnahme an einer Gesellschaftsjagd für den Jugendjagdscheininhaber nicht erlaubt, § 16 Abs. 3 BJagdG, selbst wenn er älter als 18 Jahre ist (*Lorz/Metzger/Stöckel* BJagdG § 16 Rn. 3). Der Jugendjagdscheininhaber darf jedoch an einer Gesellschaftsjagd bei jagdscheinfreien Tätigkeiten mitwirken, bspw. als Treiber, Hundeführer oder Jagdhelfer (*Schuck* BJagdG § 16 Rn. 9). **37c**

IX. Personen in der Ausbildung zum Jäger (Abs. 8)

Abs. 8 enthält eine Sonderregelung für Personen, die sich in der Ausbildung zum Jäger befinden. Diese können Jagdwaffen erlaubnisfrei erwerben, besitzen und führen, soweit die Waffen nicht schussbereit sind und der Umgang **unter Aufsicht eines Ausbilders** erfolgt. Vorauss. für diesen erlaubnisfreien Umgang ist weiter, dass der Auszubildende mindestens 14 Jahre alt ist und sowohl der Sorgeberechtigte wie auch der Ausbildungsleiter ihr Einverständnis erklärt haben. Diese Erklärung muss in Form einer von Sorgeberechtigtem und Ausbildungsleiter unterschriebenen **38**

Berechtigungsbescheinigung erfolgen. Ergänzend zu den Ausweispflichten gem. § 38 ist in Abs. 8 S. 2 bestimmt, dass der Auszubildende diese Bescheinigung während der Ausbildung bei sich zu führen hat.

38a Zum **Schießen** auf Schießstätten durch in der Ausbildung zum Jäger befindliche Jugendliche vgl. § 27 Abs. 5 (→ § 27 Rn. 33 f.).

39 Der **Verstoß** gegen eine Ausweispflicht nach § 38 ist bußgeldbewehrt (vgl. § 53 Abs. 1 Nr. 20), wohingegen für den Fall eines Verstoßes gegen die aus § 13 Abs. 8 S. 2 resultierende Ausweispflicht keine Sanktionsmöglichkeit im WaffG enthalten ist.

§ 14 Erwerb und Besitz von Schusswaffen und Munition durch Sportschützen

(1) **Die Erlaubnis zum Erwerb und Besitz von Schusswaffen und Munition zum Zweck des sportlichen Schießens wird abweichend von § 4 Abs. 1 Nr. 1 nur erteilt, wenn der Antragsteller das 21. Lebensjahr vollendet hat. Satz 1 gilt nicht für den Erwerb und Besitz von Schusswaffen bis zu einem Kaliber von 5,6 mm lfB (.22 l.r.) für Munition mit Randfeuerzündung, wenn die Mündungsenergie der Geschosse höchstens 200 Joule (J) beträgt, und Einzellader-Langwaffen mit glatten Läufen mit Kaliber 12 oder kleiner, sofern das sportliche Schießen mit solchen Waffen durch die genehmigte Sportordnung eines Schießsportverbandes zugelassen ist.**

(2) **[1]Ein Bedürfnis für den Erwerb und Besitz von Schusswaffen und der dafür bestimmten Munition wird bei Mitgliedern eines Schießsportvereins anerkannt, der einem nach § 15 Abs. 1 anerkannten Schießsportverband angehört. [2]Durch eine Bescheinigung des Schießsportverbandes oder eines ihm angegliederten Teilverbandes ist glaubhaft zu machen, dass**
1. **das Mitglied seit mindestens zwölf Monaten den Schießsport in einem Verein regelmäßig als Sportschütze betreibt und**
2. **die zu erwerbende Waffe für eine Sportdisziplin nach der Sportordnung des Schießsportverbandes zugelassen und erforderlich ist.**

[3]Innerhalb von sechs Monaten dürfen in der Regel nicht mehr als zwei Schusswaffen erworben werden.

(3) **Ein Bedürfnis von Sportschützen nach Absatz 2 für den Erwerb und Besitz von mehr als drei halbautomatischen Langwaffen und mehr als zwei mehrschüssigen Kurzwaffen für Patronenmunition sowie der hierfür erforderlichen Munition wird unter Beachtung des Absatzes 2 durch Vorlage einer Bescheinigung des Schießsportverbandes des Antragstellers glaubhaft gemacht, wonach die weitere Waffe**
1. **von ihm zur Ausübung weiterer Sportdisziplinen benötigt wird oder**
2. **zur Ausübung des Wettkampfsports erforderlich ist**

und der Antragsteller regelmäßig an Schießsportwettkämpfen teilgenommen hat.

(4) **[1]Sportschützen, die dem Schießsport in einem Schießsportverband nach § 15 Abs. 1 als gemeldetes Mitglied nachgehen, wird abweichend von § 10 Abs. 1 Satz 3 unter Beachtung des Absatzes 2 Satz 2 Nr. 1 und Satz 3 eine unbefristete Erlaubnis erteilt, die zum Erwerb von Einzellader-Langwaffen mit glatten und gezogenen Läufen, von Repetier-Langwaffen mit gezogenen Läufen sowie von einläufigen Einzellader-Kurzwaffen für Patronenmunition und von mehrschüssigen Kurz- und Langwaffen mit Zündhütchenzündung (Perkussionswaffen) berechtigt. [2]Die Eintragung von Waffen, die auf Grund dieser unbefristeten Erlaubnis erworben wurden, in die Waffenbesitzkarte ist durch den Erwerber binnen zwei Wochen zu beantragen.**

Übersicht

I. Allgemeines

Der Gesetzgeber hat die speziellen **Bedürfnisregelungen für Sportschützen** in § 14 zusammengefasst. Für **Sportschützen** sollen bzgl. des Erwerbs und Besitzes von Schussw. sowie dazugehöriger Munition ebenso wie für die Nutzergruppe der Jäger **Privilegien** gelten. Allerdings sieht der Gesetzgeber für die Sportschützen **weitaus zurückhaltendere Erleichterungen als für die Jäger** vor. Die weitreichenden Erleichterungen für Jäger resultieren aus dem Umstand, dass ein Jagdscheininhaber im Zuge des Jagdscheinerwerbs eine anspruchsvolle Jägerprüfung unter staatlicher Aufsicht absolviert hat (→ § 13 Rn. 6). Zudem ist die Jagdausübung mit Schussw. detailliert in den Jagdgesetzen des Bundes und der Länder geregelt, weshalb der Gesetzgeber für die Nutzergruppe der Jäger umfangreiche **Privilegien** bzgl. des Erwerbs und Besitzes von Schussw. und dazugehöriger Munition für angemessen befunden hat (vgl. BT-Drs. 14/7758, 62 f.). Anders liegt es bei der Nutzergruppe der Sportschützen. Diese haben **keine der Jagdscheinprüfung vergleichbare Qualifikation** vorzuweisen. Zudem ist das sportliche Schießen im Wesentlichen nicht gesetzlich reglementiert, sondern ist durch die von den Schießsportverbänden eigenständig gesetzten Regelungen festgelegt. 1

Diesen Umständen Rechnung tragend, hat der Gesetzgeber die speziellen Bedürfnisregelungen für die Sportschützen bei weitem nicht so liberal ausgeformt wie die für Jäger geltenden Vorschriften.

Geändert wurde § 14 WaffG durch das **2. ÄndG** zum 1.4.2008 (→ Einf. Rn. 23) in Abs. 4 S. 1 und Abs. 3 sowie durch das **3. ÄndG** zum 25.7.2008 (→ Einf. Rn. 24) in Abs. 3.

II. Alterserfordernis für Sportschützen (Abs. 1)

2 Abs. 1 enthält besondere Altersvorschriften für Sportschützen, welche Abweichungen vom allg. Alterserfordernis für den Erwerb waffenrechtl. Erlaubnisse nach § 4 Abs. 1 Nr. 1 iVm § 2 Abs. 1 enthalten.

2a § 14 betrifft den **auf Dauer angelegten** Erwerb und Besitz. Davon getrennt betrachtet werden muss der vorübergehende Erwerb und Besitz sowie das Schießen auf Schießstätten. Dieser richtet sich nach § 12 Abs. 1 Nr. 5, Abs. 2 Nr. 2, Abs. 4 S. 1, § 27 Abs. 3, 4.

1. Mindestalter 21 Jahre (Abs. 1 S. 1)

3 Sportschützen dürfen abweichend vom allg. Alterserfordernis des § 4 Abs. 1 Nr. 1 iVm § 2 Abs. 1 Schussw. und Munition zum Zweck des sportlichen Schießens grds. erst **ab dem vollendeten 21. Lebensj. erwerben und besitzen.**

2. Erwerb und Besitz bestimmter Sportwaffen nach Vollendung des 18. Lebensjahres (Abs. 1 S. 2)

4 **Ausgenommen** von diesem verschärften Alterserfordernis sind die in S. 2 aufgeführten Schussw. sowie dazugehörige Munition. Bei diesen handelt es sich um **typische Sportwaffen,** welche bei besonders vielen sportlichen Schießdisziplinen verwendet werden und welche unter obj. Gesichtspunkten weniger gefährlich sind („harmlosere Schusswaffen zum anerkannten Sportbetrieb", so *Steindorf/N. Heinrich* WaffG § 14 Rn. 1a). Hierunter fallen zunächst **Kleinkaliberschussw.** und Munition bis zu einem Kaliber von 5,6 mm lfB (.22 l.r.) mit Randfeuerzündung und einer max. Mündungsenergie (Eo) von bis zu 200 J. Weiterhin zählen hierher **Einzellader-Langwaffen mit glatten Läufen (Flinten) im Kaliber 12 oder kleiner** sowie dazugehörige Munition. Diese dürfen nach dem allg. Alterserfordernis des § 4 Abs. 1 Nr. 1 iVm § 2 Abs. 1 **nach Vollendung des 18. Lebensj. erworben und besessen** werden, soweit das sportliche Schießen mit ihnen durch die genehmigte Sportordnung eines Schießsportverbandes zugelassen ist. Sportliches Schießen liegt dann vor, wenn **nach festen Regeln einer genehmigten Sportordnung** geschossen wird (vgl. Legaldef. in § 15a Abs. 1 S. 1).

5 Für diese Waffen müssen die Schießsportverbände eine durch das **Bundesverwaltungsamt** (BVA) genehmigte Sportordnung besitzen. Die Sportordnung wird auf Grundlage des § 15, in dem die Anforderungen für einen Schießsportverband verbindlich festlegt sind, nach den Bestimmungen des Abschn. 3 der AWaffV anerkannt (Bsp.: Der DSB besitzt eine Sportordnung, welche Waffen dieser Kaliber zulässt. Insbes. sind dies olympische Disziplinen wie Trap und Skeet (für Flinten) und Sportpistole, 50 m KK-Gewehr ua).

6 Zudem gilt für diese Schussw. und die dazugehörige Munition nicht die Vorschrift des § 6 Abs. 3 S. 1, weshalb sie **ohne vorheriges Gutachten über die geistige Eignung erworben und besessen werden dürfen** (vgl. § 6 Abs. 3 S. 2). Sollen hingegen andere Schussw. (ab dem vollendeten 21. Lebensj, vgl. Abs. 1 S. 1) erworben werden, so bleibt das Erfordernis eines vorherigen Gutachtens (bei erstmaliger Erteilung einer waffenrechtl. Erlaubnis an Personen, die das 25. Lebensjahr noch nicht vollendet haben) nach § 6 für diesen Waffenerwerb bestehen.

Die übrigen Regelungen des § 14 werden durch die Vorschrift des S. 2 **nicht berührt,** weshalb auch die in S. 2 genannten Waffen nur bei Vorliegen der Vorauss. nach Abs. 2–4 erworben und besessen werden dürfen (vgl. *Apel/Bushart* WaffG § 14 Rn. 3).

III. Bedürfnis für den Erwerb und Besitz von Schusswaffen für Sportschützen (Abs. 2)

In Abs. 2 ist die zentrale Bedürfnisregelung für Sportschützen enthalten. 7
Das Bedürfnis knüpft in personeller Hinsicht an die **Sportschützeneigenschaft** des Antragst. an und begrenzt in sachlicher Hinsicht zudem die Art und Anzahl der beantragten Schussw.

1. Sportschützen (Abs. 2 S. 1)

Die Bedürfnisregelungen des § 14 gelten nur für den Personenkreis der **Sportschützen.** Zwar hat der Gesetzgeber auf eine Legaldef. des Begriffs verzichtet, gleichwohl kann aus § 14 Abs. 2 hinreichend präzise abgeleitet werden, dass nur derjenige **Sportschütze** iSd Vorschrift ist, der **Mitglied in einem Schießsportverein** (hierzu zählen auch Schießleistungsgruppen oder Reservistenarbeitsgemeinschaften, vgl. WaffVwV Nr. 14.2) ist, welcher einem anerkannten Schießsportverband iSd § 15 (→ § 15 Rn. 8) angehört (vgl. *Gade* WaffR S. 140 ff.). Die Vorauss. für das Vorliegen eines Schießsportverbandes sind ihrerseits in § 15 Abs. 1 festgelegt. 8
Eine Erteilung waffenrechtl. Erlaubnisse zum Zweck des Schießsports kommt nach § 14 demnach nur in Betracht, soweit der Antragst. die Vorauss. eines Sportschützen im oben dargelegten Sinn erfüllt.

Personen, die dem Schießsport nur im Ausland nachgehen, sind keine Sportschützen iSd. Rechtsvorschrift und können ein Bedürfnis zum Waffenerwerb daher nicht auf § 14 stützen. Es greifen hier die allg. Bedürfnisregelungen des § 8, die Privilegierungen des § 14 kommen nicht zum Tragen. Im Rahmen der Anwendung des § 8 ist dafür Sorge zu tragen, dass eine Besserstellung gegenüber organisierten Sportschützen unterbleibt. So ist auch im Rahmen der Bedürfnisprüfung nach § 8 bei Schießsportlern, die sich allein im Ausland betätigen, etwa auf die Mindestbetätigungsfrist von einem Jahr und das Erwerbsstreckungsgebot zu achten, vgl. WaffVwV Nr. 14.2. 8a

Ein **Erwerb und Besitz** von Schussw. ist nach § 14 **ohne Vereinsangehörigkeit nicht möglich.** 9

Der **Austritt** des Sportschützen aus seinem Schießsportverein führt zu einem **Wegfall** des Bedürfnisses und wird die Beh. regelm. zum Widerruf der WBK nach § 45 Abs. 2 veranlassen. Sie kann nach § 45 Abs. 3 S. 1 von einem Widerruf absehen, soweit lediglich von einem vorübergehenden Bedürfniswegfall auszugehen ist (etwa vorübergehende Vereinslosigkeit im Zuge eines Wohnortswechsels). 9a
Damit die Beh. dies entsprechend berücksichtigen kann, ist der schießsportliche Verein verpflichtet, der Waffenbeh. Sportschützen, die im Besitz einer WBK sind und aus dem Verein ausgeschieden sind, **unverzüglich zu benennen,** vgl. § 15 Abs. 5 WaffG (§ 15 Rn. 38 ff.).

Nicht vereinsgebundene Freizeitschützen unterliegen den allg. Bedürfnisregelungen nach § 8. Diese Bedürfnisprüfung dürfte im Regelfall einen negativen Bescheid für den Antragst. zum Ergebnis haben (*Steindorf/N. Heinrich* WaffG § 14 Rn. 2a im Anschl. an *König/Papshart* Rn. 349 ff.). 10

2. Mitglied betreibt seit mindestens 12 Monaten den Schießsport regelmäßig in einem Verein (Abs. 2 S. 2 Nr. 1)

Die Anerkennung eines Bedürfnisses zum Erwerb und Besitz von Schussw. und der dafür bestimmten Munition setzt voraus, dass der den Antrag stellende Sportschütze mind. seit 12 Monaten den Schießsport regelm. in einem Schießsportverein betreibt. Sportliches Schießen liegt dann vor, wenn **nach festen Regeln einer genehmigten Sportordnung** geschossen wird (vgl. Legaldef. des § 15a Abs. 1 11

S. 1). Auch ein regelm. Schießen erfüllt daher nicht die Vorauss. der Nr. 1, soweit es nicht nach bestimmten Regeln erfolgt.

12 Wann eine **regelm. Ausübung** des Schießsports vorliegt, hat der Gesetzgeber nicht ausdr. im WaffG geregelt. Von einer **Regelmäßigkeit** ist auszugehen, wenn der Antragst. **im maßgeblichen Jahreszeitraum mind. achtzehnmal oder einmal im Monat** den Schießsport intensiv und mit einer gewissen Dauer mit einer Waffe der Art ausübt, für die er ein Bedürfnis geltend macht (vgl. auch BT-Drs. 14/7758, 63). Beim Bemessungszeitraum von 12 Monaten ist nicht auf das Kalenderjahr, sondern auf den **vor dem Antrag auf Erteilung der WBK liegenden Zeitraum** abzustellen.

Sachlich knüpft der Bemessungszeitraum zudem nicht ausschl. an den Umstand des regelm. Sportschießens an, sondern setzt während des Zeitraums zudem die Eigenschaft des Antragst. als **Sportschütze** voraus. Der Antragst. muss demnach während des gesamten Bemessungszeitraums **Mitglied eines Schießsportvereins** sein. Deshalb sind die Vorauss. der Nr. 1 bspw. nicht erfüllt, wenn der Antragst. erst seit vier Monaten Mitglied eines Schießsportvereins (und damit Sportschütze iSd Vorschrift) ist, aber bereits seit 12 Monaten regelm. den Schießsport betreibt (etwa als Gastschütze im Zeitraum vor seiner Vereinsmitgliedschaft). Allerdings ist eine 12-monatige Mitgliedschaft anzunehmen, wenn sich diese etwa auf Grund eines Umzugs und Vereinswechsels auf zwei gleichartige Vereine bezieht (vgl. *Heller/Soschinka* WaffR Rn. 1470).

12a Die regelm. Ausübung des Schießsportes ist auch Vorauss. für den Fortbestand des schießsportlichen Bedürfnisses. **Ohne regelm. Ausübung** des Schießsports **entfällt** das Bedürfnis, was regelm. zum Widerruf der WBK nach § 45 Abs. 2 WaffG führt. Die Beh. kann nach § 45 Abs. 3 S. 1 von einem Widerruf absehen, soweit lediglich von einem vorübergehenden Bedürfniswegfall auszugehen ist (Bsp.: Sportschütze muss über mehrere Monate eine erhebliche Verletzung auskurieren und kann daher nicht schießen. Er beabsichtigt aber, nach Genesung wieder sportlich zu schießen).

12b Ein regelm. Schießen im Ausland reicht weder zur Begründung eines Bedürfnisses nach § 14 beim Ersterwerb, noch für den Beleg des Fortbestehens desselben aus.

3. Waffe für Sportdisziplin zugelassen und erforderlich (Abs. 2 S. 2 Nr. 2)

13 Zudem muss die beantragte Schussw. für eine Sportdisziplin nach der Sportordnung des Schießsportverbandes **zugelassen** und **erforderlich** sein. Generell vom Schießsport ausgeschlossene Schussw. hat der Gesetzgeber in § 6 AWaffV zusammengefasst (→ § 15a Rn. 15).

14 Das Kriterium der Zulassung ist allg. Natur, betr. also die **prinzipielle Zulassung** der beantragten Waffe für eine anerkannte Sportdisziplin nach der Sportordnung des Verbandes. Dabei kommt es nicht darauf an, ob die Disziplin tatsächlich in allen Vereinen des Verbandes praktiziert wird. Bloße Vereinsdisziplinen scheiden hingegen aus und begründen keine prinzipielle Zulassung.

15 Weiter muss die beantragte Waffe **konkret** im Einzelfall auch zur Ausübung der in Rede stehenden Schießdisziplin **erforderlich** sein. Diese Erforderlichkeit ist dann gegeben, wenn die beantragte Waffe nicht nur allg. zur Ausübung der benannten Disziplin benötigt wird, sondern **vom Antragst.** hierfür benötigt wird.

Dies setzt zunächst die **Möglichkeit zur tatsächlichen Ausübung gerade dieser Disziplin** für den Antragst. voraus. Diese kann für gewöhnlich angenommen werden, soweit die Disziplin tatsächlich auch im Schießsportverein des Antragst. geschossen wird. Eine solche Möglichkeit liegt indes auch vor, soweit der Antragst. die Disziplin **anderweitig** ausüben kann. In Betracht kommt bspw. das Schießen in einem benachbarten Verein als Gastschütze. Die Umstände sind im Einzelfall vom Antragst. darzulegen.

Hingegen wird die Erforderlichkeit insbes. dann abzulehnen sein, wenn für die in Rede stehende Disziplin bereits eine geeignete Schussw. besessen wird (so auch *Steindorf/N. Heinrich* WaffG § 14 Rn. 2a), was in Anbetracht der meist auf spezielle Waffentypen abgestimmten Disziplinen nicht allzu häufig vorkommen dürfte (vgl. *Heller/Soschinka* WaffR Rn. 1473).

Apel/Bushart stellen hingegen allein auf die **abstrakte Erforderlichkeit** der bean- 16
tragten Schussw. für eine irgendwo im Verband tatsächlich geschossene Sportdisziplin ab. Hiernach sei es bspw. unerheblich, ob der Antragst. auch beabsichtige, diese Disziplin tatsächlich auszuüben. Die Erforderlichkeit der beantragten Schussw. iSd Abs. 2 Nr. 2 sei daher auch in solchen Fällen zu bejahen, in denen mit der begehrten Waffe im Verein des Antragst. bspw. auf Grund der techn. Beschaffenheit des Schießstandes gar nicht geschossen werden könne (*Apel/Bushart* WaffG § 14 Rn. 11).

Dieser Auffassung kann nicht gefolgt werden, da nach dem Willen des Gesetzgebers die positive Bedürfnisprüfung eines Sportschützen stets nur in Betracht kommen kann, soweit er die beantragten Waffen **individuell** zur Sportausübung **benötigt** und nicht bereits dann, soweit die beantragte Schussw. prinzipiell für eine zugelassene Schießsportdisziplin benutzt werden kann. In diesem Sinne auch OVG Münster DVBl 2008, 135, wonach sich die Erforderlichkeit einer Waffe für eine Sportdisziplin danach bemisst, ob sie gerade vom Erlaubnisbewerber genutzt werden soll.

Bejahte man die Erforderlichkeit auch in solchen Fällen, in denen der Antragst. gar nicht beabsichtigt, mit der beantragten Waffe zu schießen oder aber gar keine Möglichkeit zum Schießen mit dieser Waffe besteht, ließe sich zudem das Erfordernis des regelm. Schießens gerade mit einer Waffe des beantragten Typs im Zwölfmonatszeitraum vor Antragstellung kaum erklären.

4. Glaubhaftmachung

Die mind. 12-monatige Vereinsmitgliedschaft und die regelm. Schießsportaus- 17
übung in diesem Zeitraum hat der Antragst. durch Vorlage einer hinreichend genauen und aktuellen Bescheinigung **des anerkannten Schießsportverbandes oder eines ihm angegliederten Teilverbandes** der zust. Beh. gegenüber glaubhaft zu machen. Angaben von Vertretern des Schießsportvereins des Antragst. reichen nicht aus (OVG Lüneburg, Beschl. v. 21.12.2012 – 11 LA 309/12 – juris, auch GewArch 2013, 125 f.). Weiterhin muss mittels dieser Bescheinigung glaubhaft gemacht werden, dass die beantragte Schussw. für eine Sportdisziplin nach der Sportordnung des Schießsportverbands zugelassen und erforderlich ist. Die 12-monatige Vereinsmitgliedschaft wird unproblematisch darzulegen sein. Bzgl. des regelm. Schießens werden der zust. Beh. dokumentierende Unterlagen vorzulegen sein, aus denen die Häufigkeit des Schießens, aber auch die genaue Art der absolvierten Disziplin ersichtlich sein muss, um die Erforderlichkeit der beantragten Waffenart beurteilen zu können (vgl. *Heller/Soschinka* WaffR Rn. 1471). Zum Beleg sind die Schießbücher uä des Schießsportvereins heranzuziehen. Die zust. Beh. wird die vorgelegten Bescheinigungen **lediglich auf Plausibilität** überprüfen und ohne besondere Veranlassung keine weiteren eigenständigen Anstrengungen zur näheren Überprüfung des ihr dargelegten Vortrags unternehmen, da es für die Glaubhaftmachung im Gegensatz zum prozessualen Beweis ausreicht, dass die angeführten Umstände durch einen entspr. Tatsachenvortrag auf nachvollziehbare Weise dargelegt werden. Indes wird **allein die Bescheinigung des Schießsportverbands** für die Behörde **nicht ausreichen,** um über die beantragte Waffenerlaubnis zu entscheiden. So kann die Bescheinigung des Schießsportverbandes typischerweise keine Aussage zum bereits bestehenden Waffenbesitz des Antragst. enthalten, ebenso wenig dazu, ob der Antragst. in den vergangenen sechs Monaten bereits Schussw., und wenn, wie viele,

erworben hat. Da diese Informationen notwendig sind, um über die Erforderlichkeit der beantragten Schussw. entscheiden zu können, wird die zust. Behörde insoweit eigene Nachforschungen anhand der Waffenakte anstrengen müssen (vgl. *Apel/Bushart* WaffG § 14 Rn. 14).

5. Erwerbsstreckungsgebot (Abs. 2 S. 3)

18 In S. 3 ist das sog **Erwerbsstreckungsgebot** festgeschrieben. Dieses sieht vor, dass in einem Zeitraum von sechs Monaten idR nicht mehr als zwei Schussw. erworben werden dürfen, und enthält insoweit eine weitere Beschränkung des Bedürfnisses.

Mit dieser Regelung wollte der Gesetzgeber verhindern, dass unter dem Deckmantel des Sportschützenbedarfs Waffen angehäuft werden, ohne dass diese konkret für das sportliche Schießen benötigt werden (BT-Drs. 14/7758, 63).

Durch die Formulierung „in der Regel" hat der Gesetzgeber klargestellt, dass Abweichungen in **begründeten Einzelfällen** durchaus möglich sein sollen (vgl. BT-Drs. 14/8886, 112).

18a Das Erwerbsstreckungsgebot unterscheidet nicht nach dem dem Waffenerwerb zugrundeliegenden Bedürfnis. Sowohl nach § 14 Abs. 2, 3 (auf „grüne WBK") erworbene Waffen wie nach § 14 Abs. 4 (auf „gelbe WBK") erworbene Waffen werden werden bei der Berechnung der Waffenanzahl mit einbezogen (vgl. auch WaffVwV Nr. 14.2.2).

IV. Erwerb und Besitz weiterer Schusswaffen, gesteigertes schießsportliches Bedürfnis (Abs. 3)

19 Für Sportschützen, die im Zuge einer besonders intensiven Schießsportausübung den Erwerb und Besitz einer erhöhten Anzahl von Schussw. und hierfür erforderlicher Munition begehren, formuliert der Gesetzgeber in Abs. 3 verschärfte Bedürfnisregelungen.

1. Grundausstattung

20 Prinzipiell geht der Gesetzgeber gem. Abs. 3 S. 1 von einem **Grundbedürfnis** eines Sportschützen für bis zu drei halbautomatische Langwaffen sowie zwei mehrschüssige Kurzwaffen für Patronenmunition aus. Die Bedürfnisvorauss. für diese **Grundausstattung** richten sich nach Abs. 2 der Vorschrift.

21 Von der Kontingentierung der Grundausstattung **nicht erfasst** sind Schussw., für welche gem. Abs. 4 eine zeitl. unbefristete Erwerbserlaubnis durch Ausstellung einer **„gelben WBK"** erteilt wird (→ Rn. 30 ff.).

Dies sind:

- Einzellader-Langwaffen mit glatten und gezogenen Läufen
- Repetier-Langwaffen mit gezogenen Läufen
- Einläufige Einzellader-Kurzwaffen für Patronenmunition
- Mehrschüssige Kurz- und Langwaffen mit Zündhütchenzündung (Perkussionswaffen).

Für diese Waffen wird ein **Bedürfnis nach Abs. 2 S. 2 Nr. 1 und S. 3 ohne zahlenmäßige Begrenzung** anerkannt (*Heller/Soschinka* WaffR Rn. 1475; *Steindorf/N. Heinrich* WaffG § 14 Rn. 3).

22 Begehrt der Antragst. den Erwerb und Besitz weiterer, über den Umfang des Grundkontingentes hinausgehender Schussw., so sind für die Annahme eines hierfür erforderlichen „gesteigerten schießsportlichen Bedürfnisses" **zusätzlich zu den Vorauss. nach Abs. 2** die Vorauss. des Abs. 3 zu erfüllen. Dass die Vorauss. des

Abs. 2 stets erfüllt sein müssen, hat der Gesetzgeber im Wortlaut der Norm im Zuge des **2. ÄndG** zum 1.4.2008 (→ Einf. Rn. 23) klargestellt.

Das Grundbedürfnis nach Abs. 2 ist von dem gesteigerten schießsportlichen Bedürfnis nach Abs. 3 zu unterscheiden. Im Rahmen der einmalig stattfindenden Bedürfnisüberprüfung nach § 4 Abs. 4 S. 1 sind diese jeweils **gesondert** zu überprüfen. **22a**

Mit der Regelung des § 14 Abs. 3 wollte der Gesetzgeber sicherstellen, dass über das Grundkontingent hinausgehende Waffen nur dann erworben und besessen werden dürfen, soweit die Vorauss. des gesteigerten schießsportlichen Bedürfnisses vorliegen. **22b**

Soweit über das Grundkontingent hinausgehend Waffen besessen werden, ist ein **„Waffenaustausch im Grundkontingent" nicht möglich.** Dh auch wenn eine Waffe, die ursprünglich auf dem Grundbedürfnis basierend erworben wurde, abgegeben und statt ihrer eine andere Waffe erworben werden soll, so kann dies nicht auf Grund des ursprünglichen (Grund-)bedürfnisses erfolgen. Vielmehr hat die Behörde in diesem Fall das weitere Vorliegen des gesteigerten Bedürfnisses nach Abs. 3 zu prüfen, da in der Summe wiederum mehr Waffen besessen werden sollen, als der Gesetzgeber es dem Antragst. im Rahmen des Grundkontingentes zugesteht.

Bsp.: Sportschütze S hat zwischen 2010 und 2013 drei halbautomatische Langwaffen sowie eine mehrschüssige Kurzwaffe erworben. 2014 belegt er der Waffenbehörde gegenüber ein gesteigertes Bedürfnis nach § 14 Abs. 3 und erwirbt eine weitere halbautomatische Langwaffe. 2016 beabsichtigt er, eine 2010 auf dem Grundbedürfnis erworbene halbautomatische Langwaffe zu veräußern und statt ihrer eine andere zu erwerben.

Dieser „Waffenaustausch" kann nicht im Grundkontingent, also nicht auf Grund einer Darlegung des bloßen Grundbedürfnisses erfolgen. Da der Sportschütze iErg wiederum eine halbautomatische Langwaffe besitzen wird, die über das Grundkontingent hinausgeht, müssen für den 2016 beabsichtigten Erwerb die Vorauss. des gesteigerten Bedürfnisses nach Abs. 3 vorliegen.

2. Schusswaffe zur Ausübung weiterer Sportdisziplinen benötigt (Abs. 3 Nr. 1)

Zur Begründung eines besonderen Bedürfnisses nach Nr. 1 muss der Antragst. darlegen, die beantragte Waffe zur Ausübung weiterer Sportdisziplinen zu benötigen. Demnach muss der Antragst. sein ernstes Ansinnen darlegen, weitere bzw **zusätzliche Disziplinen** schießen zu wollen, für deren Ausübung er die beantragte Schussw. benötigt. Bei der angestrebten Disziplin muss es sich zunächst um eine von seinem Schießsportverband anerkannte Schießdisziplin handeln. **23**

Bei der Beurteilung, ob die beantragte Schussw. für die Ausübung der vom Antragst. angeführten Schießdisziplin benötigt wird, ist zu berücksichtigen, welche Waffen der Antragst. bereits besitzt und ob ggf. auch mit diesen die in Rede stehende Disziplin ohne Einschränkungen geschossen werden kann. Unter diesem Gesichtspunkt muss sich für die zust. Beh. aus der Bescheinigung des Schießsportverbandes erschließen, warum der Antragst. die beantragte Schussw. gerade für diese Schießdisziplin benötigt und warum dieses Bedürfnis nicht mit den bereits vorhandenen Schussw. der Grundausstattung abgedeckt werden kann (*Heller/Soschinka* WaffR Rn. 1480 ff.).

3. Schusswaffe zur Ausübung des Wettkampfsports erforderlich (Abs. 3 Nr. 2)

Alternativ zu den Vorauss. nach Nr. 1 kann ein gesteigertes schießsportliches Bedürfnis auch dadurch begründet sein, dass der Antragst. geltend macht, die bean- **24** tragte Schussw. sei zur Ausübung des Wettkampfsports erforderlich. Die Ausübung des Wettkampfsports setzt zunächst besondere Leistungen und damit auch ein besonderes Talent des Antragst. voraus (*Steindorf/N. Heinrich,* WaffG § 14 Rn. 5). Das Vorhalten einer „Ersatzwaffe" etwa kommt typischerweise nur im Bereich des ernsthaft betriebenen Leistungssports in Betracht.

„Wettkampfmäßiges Schießen" setzt eine Teilnahme an überörtlich organisierten Wettkämpfen **nicht** voraus. Ein solches ist auch bei Vergleichsschießen auf Vereinsebene möglich (klarstellend WaffVwV Nr. 14.3).

4. Regelmäßige Teilnahme an Schießsportwettkämpfen

25 Für beide Alternativen hat der Gesetzgeber im Zuge des **3. ÄndG** (→ Einl. Rn. 24) mit Wirkung zum 25.7.2009 das Erfordernis der **regelm. Teilnahme an Schießsportwettkämpfen** als zusätzliche Vorauss. für die Anerkennung eines gesteigerten schießsportlichen Bedürfnisses in die Regelung aufgenommen.

26 **Schießsportwettkämpfe** sind alle nach den Verbandsregeln ausgeschriebenen Veranstaltungen, welche einem Leistungsvergleich dienen. Diese müssen **mindestens auf Vereinsebene** stattfinden (vgl. WaffVwV Nr. 14.3).

26a Der Begriff **„regelmäßig"** ist nicht iSv Abs. 2 zu verstehen (vgl. WaffVwV Nr. 14.3). Zunächst dürfen hinsichtlich des Zeitraumes (bezogen auf die Teilnahme an Schießsportwettkämpfen) keine zu hohen Anforderungen gestellt werden. Insbes. kann die nach Abs. 2 erforderliche einjährige Teilnahme an schießsportlichen Tätigkeiten nicht als Maßstab auf die Regelung des Abs. 3 übertragen werden. Im Rahmen des Abs. 3 wird auch die Teilnahme an schießsportlichen Wettkämpfen über einen deutlich geringeren Zeitraum hinweg als regelm. angesehen werden können. Gleiches gilt für die Häufigkeit der Teilnahme. Hier wird eine gewisse Häufigkeit ausreichen, um eine regelm. Teilnahme bejahen zu können, ohne dass es auf den Maßstab des Abs. 2 (einmal im Monat oder 18 Mal im Jahr) ankommt. Entscheidend ist, dass sich aus der Art der Teilnahme an schießsportlichen Wettkämpfen der **ernsthafte Wille** zur regelm. Teilnahme an solchen erkennen lässt. Dieser lässt sich aus einer turnusmäßigen Betätigung einerseits und einer zeitl. Kontinuität andererseits ableiten.

26b Bei Mehrfachmitgliedschaften in mehreren Verbänden sind alle Wettkampfteilnahmen zu berücksichtigen (vgl. WaffVwV Nr. 14.3).

27 Wird das Bedürfnis auf Nr. 2 gestützt, so wird diese Regelung kaum nennenswerte Wirkung entfalten, da hier bereits die dargelegte Erforderlichkeit zur Ausübung des Wettkampfsports typischerweise die regelm. Teilnahme an Schießsportwettkämpfen implizieren dürfte.

28 Der Antragst. hat die regelm. Teilnahme an Schießsportwettkämpfen im Zeitpunkt der Antragstellung bei der zust. Beh. **durch eine Bescheinigung des Verbandes glaubhaft zu machen.** Demnach muss er bereits im Zeitraum vor der Antragstellung Wettkampfsport betrieben haben. Das Erfordernis der regelm. Teilnahme bezieht sich nicht zwingend auf die Wettkampfbetätigung mit exakt dem Typ der beantragten Waffe (die sich der Antragst. etwa bei Wettkämpfen ausgeliehen hat). Es genügt die regelm. Teilnahme an schießsportlichen Wettkämpfen unter Verwendung der bereits besessenen Waffen, da diese der **Waffenart** nach (erlaubnispflichtige halbautomatische Langwaffe oder erlaubnispflichtige mehrschüssige Kurzwaffe) derjenigen entsprechen, welche der Antragst. erwerben und besitzen möchte (vgl. auch WaffVwV Nr. 14.3).

28a Zwar kann die Beh. für Altfälle, in denen vor dem 25.7.2009 Überschreitungen des Grundkontingents zugestanden wurden, keine ergänzte Bedürfnisbescheinigung des Verbandes verlangen, aus welcher sich die regelm. Wettkampfteilnahme erschließen lässt. Allerdings kommt regelm. der Widerruf der Erlaubnis in Betracht, soweit sich etwa im Zuge einer Bedürfnisüberprüfung nach § 4 Abs. 4 herausstellt, dass die erforderlichen Vorauss. für eine Überschreitung des Grundkontingents auf Dauer nicht mehr vorliegen (vgl. WaffVwV Nr. 14.3).

5. Glaubhaftmachen

Die Vorauss. des Abs. 3 muss der Antragst. durch Vorlage einer Bescheinigung seines Schießsportverbandes gegenüber der zust. Beh. glaubhaft machen, wobei die Vorauss. der Nr. 1 und 2 **alternativ** vorliegen müssen. 29

V. Unbefristete Erlaubnis (Abs. 4)

Für die in Abs. 4 genannten „privilegierten" Schussw. wird Sportschützen ein prinzipielles Bedürfnis zum Erwerb und Besitz zugestanden. **Diese Waffen unterliegen auch nicht der zahlenmäßigen Reglementierung des Regelbedürfnisses** (→ Rn. 20 f.). Das Gesetz sieht daher abweichend von § 10 Abs. 1 S. 3 die Erteilung einer **zeitl. unbefristeten Erlaubnis zum Erwerb** dieser „privilegierten" Schussw. vor, wodurch Sportschützen der erneute Nachweis von Bedürfnis und Sachkunde bei jedem Erwerbsvorgang erspart wird (*Apel/Bushart* WaffG § 14 Rn. 25). 30

„Privilegierte" Schussw. nach Abs. 4 sind:

- Einzellader-Langwaffen mit glatten und gezogenen Läufen
- Repetier-Langwaffen mit gezogenen Läufen
- Einläufige Einzellader-Kurzwaffen für Patronenmunition
- Mehrschüssige Kurz- und Langwaffen mit Zündhütchenzündung (Perkussionswaffen).

Die Regelung wird mit einem auf diese Waffen gerichteten schießsportlichen Bedarf bei gleichzeitig fehlender Deliktsrelevanz derselben begründet (BT-Drs. 14/8886, 112).

In der Praxis wird die zeitl. unbegrenzte Erwerbserlaubnis nach Abs. 4 durch Ausstellung einer **„gelben WBK"** erteilt. Im Unterschied zur „grünen WBK" wird in die **„gelbe WBK"** nicht jeweils für jeden einzelnen Waffenerwerb eine Erwerbserlaubnis („Voreintrag") eingestempelt, sondern **die WBK selbst stellt die Erwerbserlaubnis dar.** 30a

Die Besitzerlaubnis erfolgt durch die Eintragung der individuellen Merkmale der erworbenen Waffe (Hersteller, Modellbezeichnung und Seriennummer) und das Einstempeln des Dienstsiegels der Waffenbehörde in die WBK. Zum Verhältnis von Erwerbs- und Besitzerlaubnis vgl. *Gade* WaffR S. 105.

Für den Erwerb und Besitz ist **nicht Vorauss., dass die beantragte** (mit „gelber WBK" zu erwerbende) „privilegierte" **Schussw. für eine Disziplin der konkreten Sportordnung des Verbandes oder Vereins, in dem der Sportschütze organisiert ist, zugelassen und erforderlich ist.** Dies folgt aus dem Verzicht des Gesetzgebers auf eine Bezugnahme auf Abs. 2 S. 2 Nr. 2 in der Vorschrift. Hiermit soll es dem Sportschützen ermöglicht werden, mit eigener Waffe Schießsport, zB als Gastschütze, auszuüben (vgl. BT-Drs. 16/7717, 20). 30b

Ein **beliebiger Erwerb** der in Abs. 4 angeführten Schussw. (dazu schon BVerwG GewArch 2008, 163 ff. = NVwZ 2008, 906 ff.) ist allerdings **nicht** durch die Vorschrift **gedeckt** (vgl. *Gade* WaffR S. 146; *Steindorf/N. Heinrich* WaffG § 14 Rn. 6 ausf. zum Streitstand in der Rspr.). Durch die ausdr. Inbezugnahme des Abs. 2 S. 2 Nr. 1 und Abs. 2 S. 3 ist zunächst klargestellt, dass **stets die materiellen Vorauss. des Abs. 2 S. 2 Nr. 1** (Antragst. betreibt als Mitglied eines Vereins seit mind. 12 Monaten regelm. Schießsport) **und S. 3** (Erwerbsstreckungsgebot) für die Erteilung einer zeitl. unbefristeten Erwerbserlaubnis **erfüllt sein müssen.**

Unberührt bleibt auch das allg. Bedürfniserfordernis nach § 8 WaffG, weshalb nur **Schussw. für das sportliche Schießen** nach § 15a WaffG auf „gelbe WBK" erworben werden dürfen (vgl. *Steindorf/N. Heinrich* WaffG § 14 Rn. 6).

Mit dem Verzicht auf die spezifische Bedürfnisprüfung nach Abs. 2 S. 2 Nr. 2 hat der Gesetzgeber **nicht die Möglichkeit** eröffnen wollen, **zahlenmäßig unbegrenzt Schussw. zu besitzen** (OVG Hamburg, Urt. v. 18.4.2016 – K Bf 299/13 – juris). Ein **Anspruch** von Sportschützen auf die Erteilung der Erlaubnis **zum Besitz** einer der in § 14 Abs. 4 S. 1 genannten „privilegierten" Schussw. **besteht nur, wenn der Besitz dieser Waffe** nach § 8 Nr. 2 **für den beabsichtigten Zweck,** dh für das sportliche Schießen, **erforderlich** ist (BVerwG GewArch 2017, 34 f.). Aus dem Normzweck des § 8 Abs. 2 folge, dass das übermäßige Horten von Waffen um ihrer selbst willen verhindert werden soll (BVerwG GewArch 2008, 163 ff. = NVwZ 2008, 906 ff.).

Die Grenze der Erforderlichkeit nach § 8 Nr. 2 wird in der Praxis tlw. sehr weit gefasst. Im Beschluss des BVerwG v. 19.9.2016 (AZ 6 B 38/16 – juris) ging es etwa um die Versagung der Eintragung zweier weiterer „privilegierter" Schussw. gegenüber einem Sportschützen, der bereits 141 Schussw. besaß. Hinsichtlich der 141 Schussw. wurde die Erforderlichkeit nach § 8 Nr. 2 offensichtlich noch als gegeben angesehen.

30c Die zeitl. unbefristete Erwerbserlaubnis erstreckt sich **auch** auf die für die „privilegierten" Schussw. **bestimmte Munition.**

30d Der Wortlaut des § 14 Abs. 4 („wird **unter Beachtung** des Absatzes 2 Satz 2 Nr. 1 und **Satz 3** eine unbefristete Erlaubnis **erteilt,** …") stellt klar, dass die **materiellen Vorauss.** für den Erwerb und Besitz auch einer „privilegierten" Schussw. **nicht** vorliegen, soweit die Maßgaben des Erwerbsstreckungsgebotes nicht eingehalten sind. Allerdings stellt die „gelbe WBK" selbst die Erwerbserlaubnis dar, weshalb auch dann kein unerlaubter Waffenerwerb ieS (und damit auch keine Straftat nach § 52 Abs. 3 Nr. 2a) vorliegt, wenn gegen das Erwerbsstreckungsgebot verstoßen wurde. Der Erwerb einer „privilegierten" Schussw. (auf „gelbe WBK") unter **Verstoß gegen das Erwerbsstreckungsgebot** ist iErg **nicht sanktioniert.** Allerdings begründet der Verstoß gegen das Erwerbsstreckungsgebot Zweifel an der Zuverlässigkeit des Antragstellers (sehr weit WaffVwV Nr. 14.4, wonach erst aus wiederholten Verstößen gegen das Erwerbsstreckungsgebot die Unzuverlässigkeit nach § 5 Abs. 2 hergeleitet werden könne).

31 Die Eintragung des Besitzes der auf Grundlage der unbefristeten Erlaubnis erworbenen Schussw. in die „gelbe WBK" muss gem. Abs. 4 S. 2 innerhalb von zwei Wochen ab dem Erwerb beantragt werden.

32 Ein **Verstoß** gegen die Frist stellt eine **Ordnungswidrigkeit** gem. § 53 Abs. 1 Nr. 7 dar, da in diesen Fällen die materiellen Vorauss. für den rechtmäßigen Besitz im Regelfall vorliegen und der Eintrag desselben eine reine Formsache darstellt (→ § 13 Rn. 26). Zu berücksichtigen ist jedoch, dass regelm. Verstöße Zweifel an der Zuverlässigkeit des Erwerbenden begründen (*Apel/Bushart* WaffG § 14 Rn. 25 aE).

32a Zu den Ausweispflichten in den Konstellationen des Erwerbs nach Abs. 4 → § 38 Rn. 28.

§ 15 Schießsportverbände, schießsportliche Vereine

(1) **Als Schießsportverband im Sinne dieses Gesetzes wird ein überörtlicher Zusammenschluss schießsportlicher Vereine anerkannt, der**

1. **wenigstens in jedem Land, in dem seine Sportschützen ansässig sind, in schießsportlichen Vereinen organisiert ist,**
2. **mindestens 10.000 Sportschützen, die mit Schusswaffen schießen, als Mitglieder insgesamt in seinen Vereinen hat,**

3. den Schießsport als Breitensport und Leistungssport betreibt,
4. a) auf eine sachgerechte Ausbildung in den schießsportlichen Vereinen und
   b) zur Förderung des Nachwuchses auf die Durchführung eines altersgerechten Schießsports für Kinder oder Jugendliche in diesen Vereinen

   hinwirkt,
5. regelmäßig überregionale Wettbewerbe organisiert oder daran teilnimmt,
6. den sportlichen Betrieb in den Vereinen auf der Grundlage einer genehmigten Schießsportordnung organisiert und
7. im Rahmen eines festgelegten Verfahrens die ihm angehörenden schießsportlichen Vereine verpflichtet und regelmäßig darauf überprüft, dass diese
   a) die ihnen nach diesem Gesetz oder auf Grund dieses Gesetzes obliegenden Pflichten erfüllen,
   b) einen Nachweis über die Häufigkeit der schießsportlichen Aktivitäten jedes ihrer Mitglieder während der ersten drei Jahre, nachdem diesem erstmalig eine Waffenbesitzkarte als Sportschütze erteilt wurde, führen und
   c) über eigene Schießstätten für die nach der Schießsportordnung betriebenen Disziplinen verfügen oder geregelte Nutzungsmöglichkeiten für derartige Schießstätten nachweisen.

(2) [1]Von den Voraussetzungen des Absatzes 1 Nr. 1, 2 oder 4 Buchstabe b kann abgewichen werden, wenn die besondere Eigenart des Verbandes dies erfordert, öffentliche Interessen nicht entgegenstehen und der Verband die Gewähr dafür bietet, die sonstigen Anforderungen nach Absatz 1 an die geordnete Ausübung des Schießsports zu erfüllen. [2]Ein Abweichen von dem Erfordernis nach Absatz 1 Nr. 2 ist unter Beachtung des Satzes 1 nur bei Verbänden zulässig, die mindestens 2.000 Sportschützen, die mit Schusswaffen schießen, als Mitglieder in ihren Vereinen haben.

(3) Die Anerkennung nach Absatz 1 erfolgt durch das Bundesverwaltungsamt im Benehmen mit den nach § 48 Abs. 1 zuständigen Behörden des Landes, in dem der Schießsportverband seinen Sitz hat, und, soweit nicht der Schießsportverband nur auf dem Gebiet dieses Landes tätig ist, im Benehmen mit den nach § 48 Abs. 1 zuständigen Behörden der übrigen Länder.

(4) [1]Die zuständige Behörde hat das Recht, jederzeit den Nachweis über das Vorliegen der Voraussetzungen für die Anerkennung zu verlangen. [2]Die Anerkennung kann zurückgenommen werden, wenn die Voraussetzungen nach Absatz 1 für ihre Erteilung nicht vorgelegen haben; sie ist zurückzunehmen, wenn die Voraussetzungen weiterhin nicht vorliegen. [3]Die Anerkennung ist zu widerrufen, wenn eine der Voraussetzungen für ihre Erteilung nachträglich entfallen ist. [4]Anerkennung, Rücknahme und Widerruf sind im Bundesanzeiger zu veröffentlichen. [5]Vom Zeitpunkt der Unanfechtbarkeit der Aufhebung der Anerkennung an sind die Bescheinigungen des betreffenden Verbandes nach § 14 Abs. 2 und 3 nicht mehr als geeignete Mittel zur Glaubhaftmachung anzuerkennen. [6]Sofern der Grund für die Aufhebung der Anerkennung Zweifel an der inhaltlichen Richtigkeit von Bescheinigungen aufkommen lässt, können die Behörden bereits ab der Einleitung der Anhörung von der Anerkennung der Bescheinigungen absehen. [7]Die Anerkennungsbehörde unterrichtet die nach Absatz 3 an der

Anerkennung beteiligten Stellen von der Einleitung und dem Abschluss des Verfahrens zur Aufhebung der Anerkennung.

(5) **Der schießsportliche Verein ist verpflichtet, der zuständigen Behörde Sportschützen, die Inhaber einer Waffenbesitzkarte sind und die aus ihrem Verein ausgeschieden sind, unverzüglich zu benennen.**

Übersicht

I. Allgemeines

1 § 15 regelt die Vorauss. der Bildung von **Schießsportverbänden** als überörtlichem Zusammenschluss von Schießsportvereinen und deren staatliche Anerkennung. Die Vorschrift steht in einem engen Zusammenhang mit der Bedürfnisvorschrift des § 14 Abs. 2, welcher die Zugehörigkeit eines Sportschützen zu einem Schießsportverein, der einem nach § 15 Abs. 1 anerkannten Schießsportverband angehört, als eine wesentl. Vorauss. des Bedürfnisses zum Erwerb und Besitz von Schussw. durch einen Sportschützen verlangt.

2 Mit dem **2. ÄndG** (→ Einf. Rn. 23) wurde § 15 zum 1.4.2008 aus redaktionellen Gründen in insgesamt drei Paragraphen, nämlich die §§ 15, 15a und 15b, aufgeteilt. § 15 Abs. 1–5, der das Vereins- und Verbandswesen der Sportschützen sowie das Anerkennungsverfahren der Schießsportverbände betr., blieb als solcher inhaltlich unverändert. In § 15a wurde das sportliche Schießen auf Grund von Sportordnungen in einem Paragraphen zusammengefasst. § 15b erfasst die Einrichtung eines Fachbeirats für Schießsport beim BMI (vgl. BT-Drs. 16/7717, 20 f.).

3 Nach der amtl. Begr. (BT-Drs. 14/7758, 63 f.) bildet die **uneingeschränkte Rechtstreue** und Verlässlichkeit von Schießsportverbänden sowie deren Bereitschaft und Fähigkeit zur **Aufsicht über ihre Mitgliedsvereine** eine wesentl. Vorauss.

dafür, dass tatsächlich nur ernsthafte Sportschützen den Besitz von Schussw. erlangen und mit ihren Waffen sachgemäß und sorgsam umgehen.

Zur Entstehungsgeschichte der Norm → 1. Aufl. § 15 Rn. 4. 4

Der Gesetzgeber hat festgelegt, dass ein Schießsportverband bestimmte Anforde- 5
rungen hinsichtlich seiner Organisationsstruktur, Mitgliederzahl und sportlichen Betätigung erfüllen muss, um in rechtlicher Hinsicht als Schießsportverband anerkannt zu werden. Nur den Mitgliedern solcher Schießsportvereine, die rechtlich anerkannten Schießsportverbänden angehören, soll der Erwerb von Schussw. und Munition unter den Vorauss. des § 14 gestattet sein. Mit diesem **Mindestmaß an Ordnungsstruktur** wird es einerseits ermöglicht, Gruppierungen zu erkennen, bei denen der Schießsport Vorwand für Waffenbeschaffung ist, andererseits wird ein bundesweit einheitlicher Vollzug des Waffenrechts garantiert. Nicht zuletzt werden die Verbände des Schießsports gestärkt, mit weniger staatlichen Reglementierungen den Vollzug des Waffenrechts zu sichern.

Nach einer Kammer-Entsch. des **BVerfG** gestaltet die Neuregelung des Schieß- 6
sportwesens mit der staatlichen Anerkennung von Verbänden unter Gesichtspunkten der Gefahrenabwehr den Schießsport neu aus und beeinträchtigt durch die faktisch etablierte Präventivkontrolle den beschwerdeführenden Schießsportverband in seiner Vereinigungsfreiheit. Die angegriffenen Vorschriften seien jedoch iErg verfassungsrechtlich nicht zu beanstanden. Danach sei erklärtes Ziel des Gesetzgebers, einer festgestellten missbräuchlichen Ausnutzung des bisher gewährten Bedürfnisnachweisprivilegs und damit einhergehenden erheblichen Defiziten für die öffentl. Sicherheit zu begegnen. Diese Zielsetzung des Gesetzgebers sei legitim und werde in § 15 Abs. 1–4 im Einklang mit dem Verhältnismäßigkeitsgrundsatz umgesetzt. Der Gesetzgeber habe auch nicht die Grenzen eines **angemessenen Ausgleichs** zwischen dem in Art. 9 Abs. 1 GG geschützten **Freiheitsinteresse** des Schießsportverbands und dem verfolgten **Gefahrenabwehrinteresse** überschritten. Angesichts der erheblichen Missbrauchsgefahren, die vom Schusswaffenumgang für die Allgemeinheit ausgehen, diene das Bedürfnisprinzip dazu, nicht mehr Waffen als unbedingt nötig in privaten Besitz gelangen zu lassen. Auch mit dem Kontrollinstrument der behördlichen Genehmigung von Schießsportanlagen und deren Verknüpfung mit der Anerkennungsfähigkeit eines Verbands überschreite der Gesetzgeber nicht die Grenzen eines verhältnismäßigen Ausgleichs zwischen dem durch Art. 9 Abs. 1 GG geschützten Interesse einerseits und dem Anspruch der Allgemeinheit auf Schutz vor den von Schussw. ausgehenden Gefahren andererseits. Die Regelung respektiere die Verbandsautonomie, indem sie die Genehmigung auf die waffenrechtsrelevanten Teile der Sportordnungen beschränke. Insoweit könnten die Verbände einer behördlichen Präventivkontrolle unterworfen werden, ohne dass damit unangemessen in den Gewährleistungsbereich ihrer Vereinigungsfreiheit eingegriffen werde. Der Umstand, dass es sich im Fall des § 15 Abs. 2 nicht um eine gebundene, sondern um eine Ermessensentscheidung handele, mache die Regelung nicht verfassungswidrig. Im Rahmen der Ermessensausübung könne und müsse die Vereinigungsfreiheit hinreichend berücksichtigt werden (BVerfG Nichtannahmebeschl. v. 1.4.2003 – 1 BvR 539/03 = DÖV 2003, 720 f. = GewArch 2003, 241 ff. = NVwZ 2003, 855 f.).

II. Voraussetzungen der Anerkennung von Schießsportverbänden (Abs. 1)

Abs. 1 nennt die Vorauss., unter denen ein Schießsportverband iSd WaffG aner- 7
kannt wird. Die Norm eröffnet keine Ermessensentscheidung, weshalb ein **Anspruch auf Anerkennung** als Schießsportverband gegeben ist, soweit die Vorauss. des Abs. 1 vorliegen. Die für die Anerkennung zust. Beh. (gem. Abs. 3 das

BVA) kann daher keine über den Umfang des Abs. 1 hinausgehenden Anforderungen an den Antragst. stellen.

8 Nach dem Wortlaut der Norm ist unter den Begriff **„Schießsportverband"** ein überörtlicher Zusammenschluss schießsportlicher Vereine zu fassen, wobei nicht weiter umrissen ist, ob und ggf. wie dieser Zusammenschluss näher ausgestaltet sein muss. Auch wenn der Wortlaut keine näheren Anhaltspunkte für die erforderliche Organisationsstruktur des Zusammenschlusses gibt, so lässt sich doch aus den in Abs. 1 Nr. 1–7 genannten Aufgaben des Schießsportverbands erschließen, dass die **Möglichkeit der Einflussnahme auf Seiten des Verbands gegenüber den ihm angehörenden Vereinen** für das Vorliegen eines Schießsportverbands wesentl. ist. Demnach setzt der Zusammenschluss eine Organisations- und Regelungsbefugnis des Verbands gegenüber seinen Vereinen voraus. Einerseits hat diese Regelungsbefugnis gegenüber den Vereinen bindenden Charakter, geht inhaltlich also über bloße Empfehlungen hinaus. Andererseits sind hiervon nicht alle Details des sportlichen Schießens erfasst. Eine eigenständige Regelungs- und Organisationsbefugnis hat bei den Vereinen zu bleiben, die als eigenständig und nicht als bloß unselbständiger Teil des Verbands begriffen werden (vgl. *Apel/Bushart* WaffG § 15 Rn. 5).

9 Ein Schießsportverband ist gem. Abs. 1 erst dann anzuerkennen, wenn er die nach Nr. 1–7 genannten Vorauss. **kumulativ** erfüllt.

10 Nach **Nr. 7a** gehört hierzu insbes., dass die Vereine die unmittelbar aus dem WaffG oder auf Grund des WaffG (RVO) erwachsenden Rechtspflichten erfüllen.

Nach **Nr. 7b** müssen die Vereine darüber hinaus zumindest in den ersten drei Jahren nach der erstmaligen Erteilung der WBK für Sportschützen die Nachweise über die schießsportlichen Aktivitäten der Mitglieder erbringen. Diese sollen es der zust. Beh. ermöglichen, eine Feststellung darüber zu treffen, ob der Sportschütze sich tatsächlich regelm. schießsportlich betätigt hat. Dies ist im Rahmen der einmalig stattfindenden Bedürfnisüberprüfung nach § 4 Abs. 4 von Bedeutung (→ § 4 Rn. 26 ff.). In diesem Zusammenhang ist insbes. darzulegen, welche Übungen der Schütze absolviert oder welche Disziplinen er geschossen hat. **Ohne Bedeutung ist,** wie viel Munition der Schütze verbraucht hat.

Nach **Nr. 7c** müssen die Vereine schließlich über den geregelten Zugang zu einer Schießstätte verfügen, auf der mit den Schussw., für die ein Bedürfnis geltend gemacht wird, auch tatsächlich geschossen werden kann.

11 Zum Nachweis der Verbandsqualität iSd WaffG sind dem BVA geeignete **Nachweise** zu den Vorgaben des Abs. 1 vorzulegen (vgl. WaffVwV Nr. 15.1):
- Verbandsaufbau und -struktur (Nr. 1)
- Listen der maßgeblichen Ansprechpartner (Nr. 1)
- Vereinsübersichten (Nr. 1)
- Anzahl der aktiven Sportschützen (Nr. 2)
- Veranstaltungskalender (Nr. 3 und 5)
- Ausbildungskonzepte und -unterlagen (Nr. 4a)
- Konzepte und Tätigkeitsnachweise für die Nachwuchsarbeit (Nr. 4b)
- Schießsportordnung (Nr. 6)
- Kontrollmechanismen im Verband (Nr. 7a und c)
- Bedürfnisrichtlinie (Nr. 7a)
- Schießbuch oder vergleichbarer Nachweis (Nr. 7b)
- Verzeichnis der Schießstätten (Nr. 7c)

III. Ausnahmeregelungen zu den obligatorischen Voraussetzungen der Anerkennung eines Schießsportverbands (Abs. 2)

12 Die in Abs. 1 festgelegten Vorauss. für die Anerkennung eines Schießsportverbands sind grds. unverzichtbar. Abs. 2 sieht jedoch **Ausnahmeregelungen** für ein-

zelne Vorauss. des Abs. 1 vor. So kann in Abweichung zu Abs. 1 unter den Vorauss. des Abs. 2 ein Schießsportverband auch dann rechtlich anerkannt werden, soweit von der

– Gliederung in Vereine (Abs. 1 Nr. 1),
– Mindestanzahl von 10.000 Mitgliedern (Abs. 1 Nr. 2) oder
– Nachwuchsförderung (Abs. 1 Nr. 4b)

abgewichen wird.

1. Erforderlichkeit der Abweichung

Jede Abweichung ist nur zulässig, soweit die besondere Eigenart des Verbands dies erfordert. Der die Anerkennung begehrende Verband hat die Erforderlichkeit der Abweichung darzulegen und zu begründen. Die Anerkennungsbehörde hat zwar die Darlegung auf Schlüssigkeit zu überprüfen, jedoch grds. die Eigenart des Verbands zu respektieren. So kann dem Verband zB nicht von der Behörde aufgetragen werden, das Angebot an Schießdisziplinen auszudehnen, um so die Mitgliederzahl zu erhöhen (vgl. *Apel/Bushart* WaffG § 15 Rn. 28). 13

Eine Abweichung nach Abs. 1 Nr. 1 kommt in Betracht, wenn der Verband bspw. nur aus waffenrechtl. vertretbaren Gründen einen beschränkten Personenkreis als Mitglieder aufnimmt oder sich die Beschränkung aus der Eigenart der Waffen oder der geschossenen Disziplinen ergibt (vgl. WaffVwV Nr. 15.2). Ausnahmen können sich aber auch unter Berücksichtigung der örtlichen Gegebenheiten, zB in den Bundesländern Berlin, Bremen oder Hamburg, ergeben (vgl. *ABB/Adolph* WaffG § 15 Rn. 29). 14

Von der Bestimmung des Abs. 2 Nr. 2 kann ebenfalls nur bedingt abgewichen werden. So darf die Mindestanzahl von 10.000 Schützen zwar herabgesetzt werden, jedoch nicht unter die Untergrenze von 2.000 Mitgliedern, wobei hier nur die Mitglieder zu zählen sind, die mit Schussw. schießen (vgl. Abs. 2 S. 2). 15

Eine Abweichung bei der Nachwuchsförderung gem. Abs. 1 Nr. 4b kann sich ergeben, wenn zB ausschl. Schießsport mit Waffen durchgeführt wird, der für Kinder und Jugendliche nicht geeignet ist oder Mangel an Nachwuchs besteht, der eine sinnvolle Nachwuchsförderung ausschließt (*ABB/Adolph* WaffG § 15 Rn. 31). 16

2. Keine entgegenstehenden öffentlichen Interessen

Weiter kann eine Abweichung immer nur dann zulässig sein, soweit keine **öffentl. Interessen entgegenstehen.** Die Überprüfung erfolgt durch die Anerkennungsbehörde. Welche öffentl. Interessen insbes. zu berücksichtigen sind, ist nicht weiter vom Gesetzgeber umrissen. Auf jeden Fall müssen sie sich auf die Abweichung beziehen und dürfen der Verbandsgründung als solcher nicht entgegenstehen. Ist eine bestimmte Disziplin zB aus sportlichen Gründen nicht wünschenswert, so kann es sich dabei allein schon deshalb nicht um ein entgegenstehendes öffentl. Interesse iSd Abs. 2 handeln, weil die sportlichen Einwände auch dann noch bestehen würden, wenn der Verband sämtliche strengen Vorauss. des Abs. 1 erfüllen würde (vgl. *Apel/Bushart* WaffG § 15 Rn. 29). 17

3. Erfüllen der übrigen Anforderungen des Abs. 1

Schließlich ist eine Abweichung nur unter der Vorauss. zu dulden, dass alle **übrigen Vorauss.** des Abs. 1 erfüllt sind. Da die übrigen Vorauss. ohnehin nicht disponibel sind, ist diese Vorschrift rein deklaratorischer Natur und bringt noch einmal den Willen des Gesetzgebers zum Ausdruck, dass Abweichungen lediglich eingeschränkt möglich sein sollen. 18

4. Ermessensentscheidung

19 Abs. 2 eröffnet dem BVA als zust. Beh. formal eine **Ermessensentscheidung.** Das BVA wird jedoch bei Vorliegen der Tatbestandsvorauss. des Abs. 2 S. 1 eine Abweichung idR zulassen müssen, da die Erforderlichkeit der Abweichung und evtl. entgegenstehende öffentl. Interessen bereits im Tatbestand geprüft werden. Vor allem dürfte vor dem Hintergrund des Art. 9 Abs. 1 GG für eine Versagung kein Raum mehr sein (*Apel/Bushart* WaffG § 15 Rn. 31). Das **BVerfG** hat dazu entschieden, der Umstand, dass es sich im Fall des § 15 Abs. 2 nicht um eine gebundene, sondern um eine Ermessensentscheidung handele, mache die Regelung nicht verfassungswidrig. Im Rahmen der Ermessensausübung könne und müsse die Vereinigungsfreiheit der Verbände hinreichend berücksichtigt werden (vgl. BVerfG NVwZ 2003, 855 f. Nichtannahmebeschl.).

IV. Das Bundesverwaltungsamt (BVA) als zuständige Behörde (Abs. 3)

20 Wegen der Nähe der Prüfung und Entsch. über die Anerkennung eines Schießsportverbands nach Abs. 1 zum Vollzug des Waffenrechts müssten diese der Sache nach bei den Ländern liegen. So sah es der ursprüngliche Gesetzesentwurf auch vor. Erst nach dem Amoklauf in Erfurt hat sich der Gesetzgeber im Vermittlungsverfahren für die Anerkennung der Schießsportverbände durch das Bundesverwaltungsamt (BVA) entschieden (vgl. BT-Drs. 14/9341) und dies im Gesetz festgeschrieben (vgl. BR-Drs. 524/02).

1. Beteiligung der zuständigen Behörden der Länder durch Benehmensregelung

21 Gem. Abs. 3 ist das BVA die zust. Beh. für die Entsch. der Anerkennung. Die zuständigen Landesbehörden sind hierbei zu beteiligen. Kommt das BVA auf Grund seiner Prüfung zu dem Ergebnis, dass der beantragende Verband alle Vorauss. für eine Anerkennung als Schießsportverband erfüllt, leitet es das Verfahren zur Herstellung des Benehmens nach Abs. 3 mit den nach § 48 Abs. 1 zust. Beh. der Länder ein. Das BVA sendet den zust. Beh. die erforderlichen Unterlagen zu. Die zust. Beh. der Länder können ua Erkenntnisse, die sie länderbezogen auf Grund der ansässigen Sportschützen des Verbands erlangt haben, in das Anerkennungsverfahren einbringen (vgl. WaffVwV Nr. 15.3).

22 Wenn das Gesetz die Formulierung im **„Benehmen"** mit den zust. Beh. verwendet, so geht daraus deutlich hervor, dass die Entsch. des BVA **nicht im Einvernehmen** mit den Landesbehörden zu erfolgen hat. **Benehmen** ist weniger als Einvernehmen. Das bedeutet, die zuständige Landesbehörde ist vor der Entsch. lediglich anzuhören (*Apel/Bushart* WaffG § 15 Rn. 32; *Gade* WaffR S. 152).

23 Die Entscheidungshoheit und -verantwortung liegt allein beim BVA. Entsprechend ist das BVA auch **Klagegegner** des ggf. nicht anerkannten Schießsportverbands.

24 Für länderübergreifende Verbände sieht die Regelung das „Benehmen" aller beteiligten zuständigen Länderbehörden vor. Wird die zust. Beh. eines Bundeslandes nicht beteiligt, ist das Verfahren rechtswidrig, jedoch nicht nichtig. Die Beteiligung erfolgt im Innenverhältnis der Behörden Bund-Land. Zudem ist nicht erforderlich, dass der antragstellende Verband die Rückäußerung der zust. Beh. des Landes erfährt oder einen schriftlichen Abdruck erhält. Eine Verwendung der Erkenntnisse der zust. Beh. eines Landes, zB bei einer Ablehnung, ist daher auch anonym möglich. Letztlich muss das BVA den materiellrechtl. Teil des Ableh-

nungsbescheids vertreten. Evtl. Fehler in der Äußerung der zust. Beh. des Landes fallen dem BVA zur Last.

2. Genehmigung gilt bundesweit

Die Genehmigung der Anerkennung der Tätigkeit eines Verbands gilt für das **gesamte Bundesgebiet.** Für eine räuml. Beschränkung auf ein Bundesland oder mehrere, in denen der Verband in Vereinen gegliedert ist, gibt schon der Wortlaut der Norm keine Grundlage (aA offenbar *Apel/Bushart* WaffG § 15 Rn. 34, wonach nur bei einer länderübergreifenden Tätigkeit die Anerkennung für das gesamte Bundesgebiet gelten soll). Maßgeblich ist die Frage der örtlichen Ausdehnung eines Verbands lediglich bei der Antragstellung, damit das BVA die betroffenen zust. Beh. der Bundesländer beteiligen kann. **25**

Erweitert ein Verband nachträglich seine Aktivitäten auf ein weiteres Bundesland, ist ein Neuantrag oder eine Ergänzung des gestellten Antrags **nicht erforderlich.** Das BVA kann jedoch im Rahmen der vorzunehmenden Überprüfungen gem. Abs. 4 S. 1 entsprechende Nachweise verlangen. **26**

3. Anerkannte Schießsportverbände

Bisher wurden folgende Schießsportverbände anerkannt: **27**

Verband (Nach § 15 anerkannter Verband)	Abkürzung/ Internet	Sportordnung	Genehmigungsdatum
Bund der Militär- und Polizeischützen e.V.	BDMP (www.bdmp.de)	BDMP-Handbuch	9.3.2015
Deutscher Schützenbund e.V.	DSB (www.dsb.de)	Sportordnungen	18.12.2017
Deutsche Schießsport Union e.V.	DSU (www.d-s-u.de)	Sporthandbuch	22.5.2014
Verband der Reservisten der Deutschen Bundeswehr e.V.	VdRBw (www.reservistenverband.de)	Schießsportordnung	11.9.2015
Kyffhäuserbund e.V.	KB (www.kyffhaeuserbundev.de)	Schießsportordnung	25.1.2018
Bund Deutscher Sportschützen e.V.	BDS (www.bdsnet.de)	Sportordnung	13.10.2016
Bund der Historischen Deutschen Schützenbruderschaften e.V.	BHDS (www.bund-bruderschaften.de)	Sportordnung	4.8.2014
Bayerische Kameraden- und Soldatenvereinigung e.V.	BKV (www.bkv-ev.de)	Schießsportordnung	30.10.2007
Bayerischer Soldatenbund 1874 e.V.	BSB (www.bsb-1874.de)	Schießsportordnung	20.11.2007

Verband (Nach § 15 anerkannter Verband)	Abkürzung/ Internet	Sportordnung	Genehmigungsdatum
Bayerischer Landesverband für Dynamic-Schießen e.V.	BLDS (www.blds.de)	Schießsportordnung	11.8.2017
Schützenbund Weser-Ems e.V.	SWE (www.schuetzenbund-weser-ems.de)	Schießsportordnung	29.11.2017

V. Rücknahme und Widerruf der Anerkennung eines Schießsportverbands (Abs. 4)

28 Abs. 4 regelt die Überwachung der Schießsportverbände nach deren Anerkennung durch das BVA als zust. Beh. sowie Rücknahme oder Widerruf der Anerkennung. Insoweit enthält Abs. 4 verwaltungsverfahrensrechtliche Sondervorschriften (vgl. *Heller/Soschinka* WaffR Rn. 1585). Deshalb gilt auch die **Jahresfrist** nach Kenntnisnahme der Behörde von den Tatsachen für die Rücknahme oder den Widerruf gem. §§ 48 Abs. 4, 49 Abs. 2 S. 2 VwVfG **nicht** (ausf. *ABB/Adolph* WaffG § 15 Rn. 41 f.).

29 Sofern die Anerkennung eines Verbands als Schießsportverband durch das BVA zurückzunehmen oder zu widerrufen ist, hat es die nach Abs. 3 iVm § 48 Abs. 1 zust. Beh. der Länder von der Einleitung und dem Abschluss des Verfahrens zu unterrichten (WaffVwV Nr. 15.4).

1. Überprüfung durch das BVA (Abs. 4 S. 1)

30 Gem. Abs. 4 S. 1 ist das BVA jederzeit dazu berechtigt, den Nachweis für das Vorliegen der Anerkennungsvorauss. zu verlangen. Das bedeutet, dass der anerkannte Schießsportverband nach Aufforderung durch das BVA geeignete Unterlagen vorlegt, welche den Nachweis, zB der mind. erforderlichen Mitglieder nach § 15 Abs. 1 Nr. 2, Abs. 2 S. 2, erbringen.

2. Rücknahme der Anerkennung (Abs. 4 S. 2)

31 Abs. 4 S. 2 regelt Fälle der zwingenden und fakultativen Rücknahme der Anerkennung. So kann die Anerkennung zurückgenommen werden, wenn zum Zeitpunkt der Anerkennung die Vorauss. nach Abs. 1 tatsächlich nicht vorgelegen haben. Liegen die Vorauss. auch weiterhin nicht vor, so ist die Anerkennung zwingend zurückzunehmen.

3. Widerruf der Anerkennung (Abs. 4 S. 3)

32 Abs. 4 S. 3 sieht den **zwingenden Widerruf** der Anerkennung für die Fälle vor, in denen nachträglich eine der Vorauss. nach Abs. 1 entfallen ist.

4. Veröffentlichungspflicht (Abs. 4 S. 4)

33 Gem. Abs. 4 S. 4 sind Anerkennung, Rücknahme und Widerruf jeweils im Bundesanzeiger zu veröffentlichen.

5. Folgen der Aufhebung der Anerkennung (Abs. 4 S. 5 und 6)

Ist die Entsch. der Aufhebung, also Rücknahme oder Widerruf der Anerkennung, unanfechtbar geworden, so sind die Bescheinigungen des betreffenden Verbands nach § 14 Abs. 2 und 3 nicht mehr als geeignete Mittel zur Glaubhaftmachung anzuerkennen (Abs. 4 S. 5). Dies hat die weitere Konsequenz, dass den Mitgliedern der dem Verband angeschlossenen Vereine die auf Grund des Bedürfnisses der schießsportlichen Betätigung in dem zuvor anerkannten Verband erteilten WBK gem. § 45 grds. zurückgenommen bzw widerrufen werden muss. 34

Abs. 4 S. 6 sieht für die zust. Beh. eine **Ermessensentscheidung** vor, nach welcher diese bereits **vor** dem Zeitpunkt der Unanfechtbarkeit (nämlich bereits ab der Einleitung der Anhörung) die Anerkennung der Bescheinigungen versagen können, wenn der Grund für die Aufhebung der Anerkennung **Zweifel** an der Richtigkeit der Bescheinigungen nahe legt. Dieser Zeitpunkt kann also nur dann gewählt werden, wenn Zweifel an der **inhaltlichen Richtigkeit** der Bescheinigungen **begründet** sind und dies die Ursache für das Aufhebungsverfahren ist. 35

In diesem Kontext sind nur solche Zweifel erfasst, die sich auf die Bescheinigungen beziehen. Der Sache nach geht es also um Zweifel daran, dass der Antragst. bereits zwölf Monate den Schießsport in einem Verein regelm. als Sportschütze betreibt, oder daran, ob eine Waffe für eine Sportdisziplin zugelassen und erforderlich ist (*Apel/Bushart* WaffG § 15 Rn. 46). 36

6. Informationspflicht durch das BVA (Abs. 4 S. 7)

Schließlich hat das BVA als Rücknahme- oder Widerrufsbehörde nach Abs. 4 S. 7 die nach Abs. 3 an der Anerkennung beteiligten Stellen über die Einleitung und den Abschluss des Verfahrens zur Aufhebung der Anerkennung in Kenntnis zu setzen. Im Kontext zu Abs. 6 S. 6 wird ebenfalls eine Unterrichtungspflicht über die Anhörung für die Fälle zu bejahen sein, in denen Zweifel an der Richtigkeit der Bescheinigungen Anlass für die Anhörung sind (*Apel/Bushart* WaffG § 15 Rn. 49). 37

VI. Meldepflicht bei Ausscheiden von Mitgliedern aus dem Verein (Abs. 5)

Durch Abs. 5 werden die schießsportlichen Vereine gesetzlich verpflichtet, gegenüber der zust. Beh. Sportschützen unverzüglich zu benennen, sobald diese aus ihrem Verein ausgeschieden sind. **Unverzüglich** entspricht der Unverzüglichkeit iSd § 121 BGB und meint der zivilrechtlichen Legaldefinition zufolge „ohne schuldhaftes Zögern" (vgl. *Palandt* BGB § 121 Rn. 3). 38

Diese Meldepflicht stellt sicher, dass den Behörden im Bereich des Schießsportes ein Wegfall des Bedürfnisses in jedem Fall, unabhängig von der ohnehin gem. § 4 Abs. 4 vorgesehenen Regelüberprüfung, zur Kenntnis gelangt. Ebenfalls wird hierdurch erreicht, dass auch nach Ablauf der in § 4 Abs. 4 vorgesehenen Überprüfungszeit von drei Jahren der zuständigen Erlaubnisbehörde die Möglichkeit unbenommen bleibt, erforderlichenfalls ein die Waffenerlaubnis widerrufendes Verfahren gegen den Sportschützen einzuleiten. 39

Verstöße gegen eine unverzügliche Meldung werden **nicht sanktioniert.** Die parallele und bußgeldbewehrte Auflage in der WBK, den Austritt der zust. Beh. unverzüglich anzuzeigen, ist wegen der Spezialität des § 15 Abs. 5 unzulässig (*Steindorf/N. Heinrich* WaffG § 15 Rn. 6 mwN). 40

Zu melden ist nur das **Ausscheiden aus dem Verein,** nicht hingegen der Umstand, dass ein Sportschütze sich aus dem aktiven Sport zurückgezogen hat. Es kommt allein auf das Ausscheiden, also das Erlöschen der Mitgliederrechte oder 41

-pflichten an, gleichgültig, worauf das Ausscheiden beruht (Austritt aus dem Verein, Vereinsausschluss usw).

§ 15a Sportordnungen

(1) [1]**Sportliches Schießen liegt dann vor, wenn nach festen Regeln einer genehmigten Sportordnung geschossen wird.** [2]**Schießübungen des kampfmäßigen Schießens, insbesondere die Verwendung von Zielen oder Scheiben, die Menschen darstellen oder symbolisieren, sind im Schießsport nicht zulässig.**

(2) [1]**Das Bundesverwaltungsamt entscheidet über die erstmalige Genehmigung und die Änderung der Teile der Sportordnungen von Verbänden und Vereinen, die für die Ausführung dieses Gesetzes und der auf seiner Grundlage erlassenen Rechtsverordnungen erheblich sind.** [2]**Die erstmalige Genehmigung oder die Genehmigung von Änderungen erfolgt, wenn die zu prüfenden Teile der Sportordnungen den Anforderungen dieses Gesetzes und der auf Grundlage von Absatz 4 erlassenen Rechtsverordnung genügen.** [3]**Eine Änderung gilt als genehmigt, wenn das Bundesverwaltungsamt nicht binnen drei Monaten nach Zugang aller erforderlichen Prüfunterlagen Änderungen verlangt oder dem Betroffenen mitteilt, dass die Prüfung aus anderen wichtigen Gründen nicht abgeschlossen werden kann.**

(3) **Die Genehmigung von Sportordnungen ohne gleichzeitige Anerkennung als Verband nach § 15 Absatz 1 erfolgt, wenn die Vorgaben des § 15 Absatz 1 Nummer 4 Buchstabe a und Nummer 7 sowie die Vorgaben des Absatzes 2 Satz 2 erfüllt sind.**

(4) **Das Bundesministerium des Innern wird ermächtigt, durch Rechtsverordnung mit Zustimmung des Bundesrates zur Abwehr von Gefahren für die öffentliche Sicherheit oder Ordnung unter Berücksichtigung der berechtigten Interessen des Schießsports Vorschriften über die Anforderungen und die Inhalte der Sportordnungen zum sportlichen Schießen zu erlassen und insbesondere zu bestimmen, dass vom Schießsport bestimmte Schusswaffen wegen ihrer Konstruktion, ihrer Handhabung oder Wirkungsweise ganz oder teilweise ausgeschlossen sind.**

I. Allgemeines

1 § 15a regelt das sportliche Schießen auf Grund genehmigter **Sportordnungen.** Mit dem **2. ÄndG** (→ Einf. Rn. 23) wurden die Regelungen des § 15 Abs. 6 sowie Abs. 7 S. 2 Nr. 1 WaffG in der Fassung des WaffRNeuRegG (→ Einf. Rn. 20) zum 1.4.2008 in § 15a WaffG mit entspr. Überschrift zusammengefasst (→ § 15 Rn. 2). Zusätzlich wurden mit dem 2. ÄndG in Abs. 2 die Sätze 2 bis 5 neu eingefügt; ebenso die Möglichkeit in Abs. 3. eröffnet, Sportordnungen ohne gleichzeitige Anerkennung als Verband (isoliert) zu genehmigen.

Mit dem **6. ÄndG** (→ Einf. Rn. 26c) wurden die Abs. 2 und 3 mit Wirkung zum 6.7.2017 neu gefasst.

II. Sportliches Schießen, Verbot des kampfmäßigen Schießens (Abs. 1)

2 Abs. 1 enthält eine Legaldef. des sportlichen Schießens sowie das Verbot des kampfmäßigen Schießens im Schießsport. Wesentlich für das Sportschießen – und

dies unterscheidet den Schießsport von militärischem oder ähnlichem Schießen – ist, dass die hierbei verwendeten Ziele und Scheiben Menschen weder abbilden noch symbolisieren dürfen. Das sportliche Schießen ist durch einen von vornherein in einer Sportordnung festgelegten Ablauf unter für alle Beteiligten gleichermaßen festgelegten Bedingungen gekennzeichnet. Der Übungsablauf ist daher bekannt und birgt für den Sportschützen keine Überraschungsmomente, die gerade für andere Schießtätigkeiten kennzeichnend sind (vgl. BT-Drs. 14/8886, 112 f.).

1. Sportliches Schießen (Abs. 1 S. 1)

Nach Abs. 1 S. 1 liegt sportliches Schießen nur dann vor, wenn nach den festen Regeln einer genehmigten Sportordnung geschossen wird. Liegt dem Schießen keine genehmigte Sportordnung zugrunde, so handelt es sich auch nicht um sportliches Schießen. Ebenso, wenn zwar eine genehmigte Sportordnung vorhanden ist, nach dieser aber nicht geschossen wird. Damit entfallen die Vergünstigungen beim Bedürfnis für den Erwerb und Besitz von Schussw. und der dazugehörigen Munition iSv § 14. Solche „Verstöße" können auch als Unzuverlässigkeit iSv § 5 Abs. 2 Nr. 5 gewertet werden und zum Widerruf der erteilten Erlaubnis (WBK) gem. § 45 Abs. 2 führen. Eine Ahndung evtl. Verstöße sieht das WaffG oder die AWaffV nicht vor, es sei denn, es werden Verstöße gegen § 7 AWaffV (unzulässige Schießübungen im Schießsport) begangen. In diesen Fällen sieht das Gesetz eine Ordnungswidrigkeit gem. § 34 Nr. 1 AWaffV vor. 3

2. Verbot des kampfmäßigen Schießens im Schießsport (Abs. 1 S. 2)

Gem. Abs. 1 S. 2 sind Schießübungen des kampfmäßigen Schießens, insbes. die Verwendung von Zielen oder Scheiben, die Menschen darstellen oder symbolisieren, im Schießsport nicht zulässig. Ergänzt wird Abs. 1 S. 2 durch § 7 AWaffV. 4

Die Vorgabe des Abs. 1 S. 2 wird bereits bei den vom BVA zu genehmigenden Sportordnungen geprüft. Zuwiderhandlungen werden nur im Rahmen des § 34 Nr. 1 Alt. 1 AWaffV als Ordnungswidrigkeit geahndet, sofern gegen § 7 Abs. 1 S. 2 AWaffV verstoßen und eine dort genannte Schießübung veranstaltet oder an ihr teilgenommen wird. 5

Jegliche Art von Verstößen – auch wenn sie keine Ordnungswidrigkeit darstellen – können zudem als Unzuverlässigkeit iSv § 5 Abs. 2 Nr. 5 gewertet werden und zum Widerruf der erteilten WBK gem. § 45 Abs. 2 führen.

Zum Verbot des kampfmäßigen Schießens auf Schießstätten vgl. § 27 Abs. 7 (→ § 27 Rn. 35 ff.). 5a

Gem. § 7 Abs. 3 AWaffV wird die Ausbildung und das Training im **jagdlichen Schießen einschl. jagdlicher Schießwettkämpfe** durch die Regelungen des § 7 Abs. 1 und 2 AWaffV nicht beschränkt. 6

III. Genehmigung von Sportordnungen (Abs. 2)

Abs. 2 regelt die Zuständigkeit, die Vorauss. und das Verfahren der Genehmigung von Sportordnungen. Die (isolierte) Genehmigung einer Sportordnung ohne gleichzeitige Anerkennung als Verband nach § 15 Abs. 1 richtet sich nach Abs. 3 der Vorschrift. 7

Mit dem **6. ÄndG** (→ Einf. Rn. 26c) wurden die Abs. 2 und 3 neu gefasst und einheitliche Maßstäbe für alle Genehmigungstatbestände geschaffen.

1. Zuständige Behörde ist das BVA (Abs. 2 S. 1)

8 In Abs. 2 S. 1 sind die Regelungen zum Inhalt von Sportordnungen dargestellt. Abs. 2 S. 1 bestimmt das **BVA** zur zuständigen Behörde hinsichtlich der erstmaligen Genehmigung einer Sportordnung unter gleichzeitiger Anerkennung als Schießsportverband iSd § 15 Abs. 1 wie auch hinsichtlich der Genehmigung nachträglicher Änderungen bereits genehmigter Sportordnungen. Bei der Entsch. über eine Sportordnung ist das BVA nur für die Teile zuständig, die für die Ausführung des WaffG und der AWaffV erheblich sind, dh für die sicherheitsrelevanten Inhalte einer Sportordnung. Über andere Teile einer Sportordnung, zB verbands- oder vereinsinterne Zuständigkeiten, hat das BVA keine Regelungsbefugnis. Die **Maßstäbe der Sportordnung** ergeben sich über Abs. 4 aus den §§ 5–7 AWaffV.

2. Legalitätskontrolle (Abs. 2 S. 2)

9 Der Gesetzgeber hat die Prüfung eines besonderen öff. Interesses als Genehmigungsvorauss. mit dem **6. ÄndG** (→ Einf. Rn. 26c) fallen gelassen und sieht stattdessen eine einheitliche Legalitätskontrolle vor. Demnach erfolgt die erstmalige Genehmigung oder die Genehmigung von Änderungen, soweit die zu prüfenden Teile nicht gegen Vorschriften des WaffG verstoßen und insb. auch im Einklang mit den §§ 5–7 AWaffV stehen. Genügt eine Schießsportordnung den Anforderungen dieser Vorschriften, bestehen grds. keine Gründe, die Genehmigung zu versagen (BR-Drs 61/17, 31).

3. Genehmigungsfiktion hinsichtlich Änderungen an der Sportordnung (Abs. 2 S. 3)

10 Nach Abs. 2 S. 3 gelten vorgelegte Änderungen an der Sportordnung spätestens als genehmigt, wenn das BVA nicht binnen drei Monaten nach Zugang aller erforderlichen Prüfunterlagen Änderungen verlangt oder dem Betroffenen mitteilt, dass die Prüfung aus anderen wichtigen Gründen nicht abgeschlossen werden kann.

Die Dreimonatsfrist nach S. 3 beginnt erst mit Zugang aller erforderlichen Prüfunterlagen beim BVA, damit nicht im Wege einer bewusst zögerlichen und nur teilw. Einreichung der Prüfunterlagen ein unlauterer Entscheidungsdruck auf das BVA ausgeübt werden kann.

Hintergrund der Genehmigungsfiktion ist der Umstand, dass viele Schießsportverbände international organisiert sind und diese bei Änderungen der internationalen Schießsportdisziplinen zur Wettkampffähigkeit auf einen raschen Nachvollzug dortiger Regelwerke angewiesen sind (*Steindorf/N. Heinrich* WaffG § 15a Rn. 5).

Nach § 5 Abs. 2 S. 2 AWaffV ist die Genehmigung von Änderungen der Schießsportordnung, insbes. von der Neuaufnahme von Schießdisziplinen, vor Aufnahme des jeweiligen Schießbetriebs nach den geänderten Regeln einzuholen. Diese Regelung wird durch die Genehmigungsfiktion teilw. überlagert.

IV. Isolierte Genehmigung einer Sportordnung ohne Anerkennung eines Verbands (Abs. 3)

11 Durch die Trennung der Regelungen für Sportordnungen und für anerkannte Schießsportverbände wird verdeutlicht, dass auch Verbände und Vereine, die auf Grund fehlender Vorauss. nicht nach § 15 anerkannt werden können, Sportordnungen beim BVA zur Genehmigung vorlegen können. Mit der Genehmigung einer Schießsportordnung durch das BVA wird den Mitgliedern eines nicht anerkannten Verbands die Möglichkeit eröffnet, ihr Bedürfnis für waffenrechtl. Erlaubnisse unter den **strengeren Vorauss. nach § 8 nachzuweisen.** In den Genuss

der Privilegien des § 14 Abs. 2–4 kommen diese Personen nicht. Diese sind ausschl. den Mitgliedern von Schießsportvereinen vorbehalten, die einem nach § 15 anerkannten Schießsportverband angehören. Durch diese Systematik wird klar erkennbar, dass sich die Frage des sportlichen Schießens und der Genehmigungsfähigkeit von Schießsportordnungen nicht auf anerkannte Schießsportverbände und die in ihnen organisierten Schießsportvereine und Sportschützen beschränkt. Vielmehr ist grds. auch die sog isolierte Genehmigung von Schießsportordnungen statthaft (BT-Drs. 16/7717, 20).

Mit dem **6. ÄndG** (→ Einf. Rn. 26c) hat der Gesetzgeber festgelegt, dass auch für die Genehmigung einer Sportordnung ohne gleichzeitige Anerkennung als Schießsportverband nach § 15 Abs. 1 zunächst der einheitliche Maßstab nach Abs. 2 S. 2 (→ Rn. 9) gilt. 12

Die **zusätzlichen Anforderungen an die Verbandsstruktur** bleiben dessen ungeachtet weiterhin bestehen. Neben der Legalitätskontrolle nach Abs. 2 S. 2 setzt eine Genehmigung nach Abs. 3 voraus, dass § 15 Abs. 1 Nr. 4a und Nr. 7a bis c erfüllt werden:

Der **nicht anerkannte** schießsportliche **Verband** oder auch **Verein** muss somit für eine zu genehmigende Sportordnung gem. § 15 Abs. 1 Nr. 4a auf eine sachgerechte Ausbildung in den schießsportlichen Vereinen achten und gem. § 15 Abs. 1 Nr. 7 im Rahmen eines festgelegten Verfahrens die ihm angehörenden schießsportlichen Vereine verpflichten und regelm. darauf überprüfen, dass diese

- die ihnen nach diesem Gesetz oder auf Grund dieses Gesetzes obliegenden Pflichten erfüllen,
- einen Nachweis über die Häufigkeit der schießsportlichen Aktivitäten jedes ihrer Mitglieder während der ersten drei Jahre, nachdem diesem erstmalig eine WBK als Sportschütze erteilt wurde, führen und
- über eigene Schießstätten für die nach der Schießsportordnung betriebenen Disziplinen verfügen oder geregelte Nutzungsmöglichkeiten für derartige Schießstätten nachweisen.

V. Verordnungsermächtigung zu Sportordnungen und dem Ausschluss bestimmter Schusswaffen und Übungen vom Schießsport (Abs. 4)

Von der in Abs. 4 enthaltenen Verordnungsermächtigung wurde bereits durch Erlass der §§ 5–7 AWaffV Gebrauch gemacht. Die Regelungen sind, auch nachdem sich die Bezugsnorm der Ermächtigung im WaffG von § 15 zu § 15a geändert hat, weiterhin gültig. 13

Nach Auffassung des BVerfG sei allg. anerkannt, dass eine im Zeitpunkt ihres Erlasses auf gesetzlicher Grundlage ergangene RVO nicht durch den Fortfall der Ermächtigungsvorschrift in ihrer Gültigkeit berührt werde (BVerfGE 9, 3). Auch wenn das Gesetz also „untergeht", gilt die RVO weiter. In Abs. 4 ist die Ermächtigungsnorm unverändert aus § 15 Abs. 7 S. 2 Nr. 1 in der Fassung des WaffRNeuRegG lediglich in einen neuen Paragraphen „verschoben" worden, so dass dies keine Auswirkung auf die §§ 5–7 AWaffV hat.

1. Schießsportordnungen (§ 5 AWaffV)

Die Vorauss. und näheren Einzelheiten zur Genehmigung einer Schießsportordnung sind in § 5 AWaffV benannt. 14

2. Vom Schießsport ausgeschlossene Schusswaffen (§ 6 AWaffV)

15 Die vom Schießsport ausgeschlossenen Schussw. sind in § 6 AWaffV aufgelistet (zum Verbot zur schießsportlichen Verwendung von Anscheins-Kriegswaffen und zur zunehmend schwierigen Abgrenzung zu im Schießsport zugelassenen Waffen vgl. VGH Kassel, Urt. v. 10.7.2012 – 4 A 152/11 – juris).

§ 15b Fachbeirat Schießsport

Das Bundesministerium des Innern wird ermächtigt, durch Rechtsverordnung mit Zustimmung des Bundesrates einen Ausschuss zu bilden, in den neben Vertretern der beteiligten Bundes- und Landesbehörden auch Vertreter des Sports zu berufen sind und der das Bundesverwaltungsamt in Fragen der Anerkennung eines Schießsportverbandes und der Genehmigung von Schießsportordnungen nach § 15a Abs. 2 und 3 unter Berücksichtigung waffentechnischer Fragen berät.

I. Allgemeines

1 Mit dem **2. ÄndG** (→ Einf. Rn. 23) zum 1.4.2008 wurden die Regelungen des § 15 Abs. 7 S. 2 Nr. 2 WaffG in der Fassung des WaffRNeuRegG (→ Einf. Rn. 20) über die Einrichtung eines Fachbeirates für Schießsport beim BMI in § 15b WaffG neu gefasst (→ § 15 Rn. 2). Die Darstellung von Einrichtung und Aufgaben des Fachbeirates in einem eigenen Paragraphen wird dessen Bedeutung besser gerecht (vgl. BT-Drs. 16/7717, 21). Mit der Neugestaltung der §§ 15 bis 15b WaffG trägt die Neufassung der ausdr. Möglichkeit der isolierten Genehmigung von Schießsportordnungen Rechnung (*Steindorf/N. Heinrich,* § 15b WaffG Rn. 2).

2 Aufgabe des Fachbeirats ist die Beratung des BVA in Fragen der Anerkennung eines Schießsportverbands und der Genehmigung von Schießsportordnungen. Dabei geht es insbes. um die Einbringung waffentechn. Fachkompetenz und verbandsbezogenen Erfahrungswissens.

3 Der Gesetzgeber hatte die Einrichtung dieses Gremiums beschlossen, nachdem – erst durch das Vermittlungsverfahren zum WaffRNeuRegG (→ Einf. Rn. 20) – über die Anerkennung von Schießsportverbänden hinaus auch die Genehmigung von Schießsportordnungen als Vorauss. für sportliches Schießen eingeführt worden war. Beide Aufgaben waren dem BVA zugewiesen worden. Wegen dieser weit reichenden Einwirkung in die Autonomie des Sports, nämlich in die Strukturen und Inhalte des Schießsports, war die Idee einer Relativierung dieser Reglementierung durch Einrichtung eines Fachbeirates entstanden.

4 Es handelte sich um ein Anliegen, das von allen Seiten, also von Bund, Ländern und Verbänden, einvernehmlich gestützt wurde:

- Seitens des Bundes, um zum einen dem BVA die notwendige Beratungskompetenz und fachkundige Unterstützung des Gremiums sowie zum anderen durch die ansiedlung beim BMI und dessen Vorsitz seinen eigenen Einfluss in dem Beirat zu sichern.
- Vom BVA, das bei der Wahrnehmung dieser völlig neuen Aufgaben, die zudem komplexen sportpolitischen, techn. und sicherheitsrechtl. Sachverstand erfordern, auf umfassende und strukturierte Beratung zugreifen kann.
- Von den Ländern, die sich – ohne dass eine verfassungsrechtl. unzulässige Mischverwaltung begründet würde – in die Entscheidungsprozesse des BVA, die von weit reichender sportpolitischer und letztlich für den Vollzug relevanter Bedeutung sind, einbringen können.

– Von den Verbänden, die auf diese Weise ein Forum erhalten, in dem die sportlichen Interessen und Gesichtspunkte gegenüber denen der öffentl. Sicherheit herausgearbeitet und im Dialog abgewogen werden können.

II. Verordnungsermächtigung

Von der Verordnungsermächtigung des WaffG in der Fassung des WaffRNeuRegG (→ Einf. Rn. 20) wurde bereits durch Erlass des § 8 AWaffV Gebrauch gemacht. Die Regelungen sind, auch nachdem sich die Bezugsnorm der Ermächtigung im WaffG von § 15 zu § 15b „verschoben" hat, weiterhin in Kraft und gültig (→ § 15a Rn. 14). 5

§ 8 AWaffV enthält jedoch nur Bestimmungen über die Organisation, die personelle Zusammensetzung und die Teilnahmeberechtigung an den durchzuführenden Sitzungen. Neben dem Vorsitzenden gehören dem Fachbeirat je ein Vertreter jedes Landes, ein Vertreter des Deutschen Olympischen Sportbundes, je ein Vertreter der anerkannten Schießsportverbände und ein Vertreter der Deutschen Versuchs- und Prüfanstalt für Jagd- und Sportwaffen e.V. an, die sachverständig und erfahren sein sollen. 6

§ 16 Erwerb und Besitz von Schusswaffen und Munition durch Brauchtumsschützen, Führen von Waffen und Schießen zur Brauchtumspflege

(1) **Ein Bedürfnis für den Erwerb und Besitz von Einzellader-Langwaffen und bis zu drei Repetier-Langwaffen sowie der dafür bestimmten Munition wird bei Mitgliedern einer zur Brauchtumspflege Waffen tragenden Vereinigung (Brauchtumsschützen) anerkannt, wenn sie durch eine Bescheinigung der Brauchtumsschützenvereinigung glaubhaft machen, dass sie diese Waffen zur Pflege des Brauchtums benötigen.**

(2) **Für Veranstaltungen, bei denen es Brauch ist, aus besonderem Anlass Waffen zu tragen, kann für die Dauer von fünf Jahren die Ausnahmebewilligung zum Führen von in Absatz 1 Satz 1 genannten Schusswaffen sowie von sonstigen zur Brauchtumspflege benötigten Waffen im Sinne des § 1 Abs. 2 Nr. 2 einem verantwortlichen Leiter der Brauchtumsschützenvereinigung unter den Voraussetzungen des § 42 Abs. 2 erteilt werden, wenn gewährleistet ist, dass die erforderliche Sorgfalt beachtet wird.**

(3) **[1]Die Erlaubnis zum Schießen mit den in Absatz 1 Satz 1 genannten Schusswaffen außerhalb von Schießstätten mit Kartuschenmunition bei Veranstaltungen nach Absatz 2 kann für die Dauer von fünf Jahren einem verantwortlichen Leiter der Brauchtumsschützenvereinigung erteilt werden. [2]Sie ist zu versagen, wenn**

1. **in dessen Person eine Voraussetzung nach § 4 Abs. 1 Nr. 1 bis 4 nicht vorliegt,**
2. **die Beachtung der erforderlichen Sorgfalt nicht gewährleistet ist,**
3. **Gefahren oder erhebliche Nachteile für Einzelne oder die Allgemeinheit zu befürchten sind und nicht durch Auflagen verhindert werden können oder**
4. **kein Haftpflichtversicherungsschutz gemäß § 4 Abs. 1 Nr. 5 nachgewiesen ist.**

[3]Die Erlaubnis nach Satz 1 kann mit der Ausnahmebewilligung nach Absatz 2 verbunden werden.

(4) [1]**Brauchtumsschützen dürfen in den Fällen der Absätze 2 und 3 oder bei Vorliegen einer Ausnahmebewilligung nach § 42 Abs. 2 die Schusswaffen ohne Erlaubnis führen und damit schießen.** [2]**Sie dürfen die zur Pflege des Brauchtums benötigten Schusswaffen auch im Zusammenhang mit Veranstaltungen, bei denen es Brauch ist, aus besonderem Anlass Waffen zu tragen, für die eine Erlaubnis nach Absatz 2 oder nach § 42 Abs. 2 erteilt wurde, ohne Erlaubnis führen.**

I. Allgemeines

1 § 16 regelt den Erwerb und Besitz von Schussw. und Munition durch Brauchtumsschützen sowie das Führen von und Schießen mit Schussw. zur Brauchtumspflege. Ebenfalls ist das Führen sonstiger Waffen iSv § 1 Abs. 2 Nr. 2 (zB Hieb- und Stoßwaffen) bei Brauchtumsveranstaltungen abweichend von § 42 Abs. 1 geregelt.

2 IdR sind Brauchtumsvereinigungen eingetragene Vereine, die sich zur Pflege und zum Erhalt des jeweiligen regionalen Brauchtums gegründet haben. Brauchtum in diesem Zusammenhang meint eine langjährige Tradition und Übung und basiert entweder auf einem geschichtlichen Hintergrund (zB das Nachstellen historischer Gegebenheiten oder Ereignisse) oder einer regionalen Gepflogenheit, zB Vogelschießen. Ob Brauchtum vorliegt, bemisst sich nach obj. Kriterien (vgl. WaffVwV Nr. 16.1).

Brauchtumsschützen sind keine Sportschützen und unterliegen daher nicht dem Vereins- und Verbandszwang gem. §§ 14, 15.

II. Bedürfnis für den Erwerb und Besitz von Langwaffen und dazugehöriger Munition für Brauchtumsschützen (Abs. 1)

3 Die Vorschrift erleichtert den Erwerb bestimmter Langwaffen und dafür bestimmter Munition durch Brauchtumsschützen. **Brauchtumsschützen** sind nach der Legaldef. Mitglieder einer zur Brauchtumspflege Waffen tragenden Vereinigung. Diesen wird vom Gesetzgeber prinzipiell ein Bedürfnis für eine unbegrenzte Anzahl an Einzellader-Langwaffen sowie ein Kontingent von bis zu drei Repetier-Langwaffen und dazugehörige Munition zugestanden. Die Zubilligung auch von Repetier-Langwaffen an Brauchtumsschützen trägt dem Umstand Rechnung, dass diese sich besonders gut zum Salutschießen eignen.

Zwar sind die für Sportschützen geltenden Regelungen des § 14 Abs. 2 S. 2 Nr. 1, wonach das waffenrechtl. Bedürfnis eines Sportschützen dessen Mitgliedschaft und regelm. Betreiben des Sportschießens in einem Verein seit mind. einem Jahr voraussetzt, nicht auf Brauchtumsschützen anzuwenden. Allerdings setzt die Anerkennung eines Bedürfnisses nach § 16 stets voraus, dass die Brauchtumspflege tatsächlich auf eine Art und Weise betrieben wird, die eine Auseinandersetzung mit geschichtlichen Vorgängen oder Gepflogenheiten belegt, bei der die beabsichtigte Waffennutzung lediglich einen Bestandteil ausmacht und nicht den eigentlichen alleinigen oder überwiegenden Zweck (vgl. WaffVwV Nr. 16.1). Auch das für Sportschützen geltende Erwerbsstreckungsgebot aus § 14 Abs. 2 S. 3 gilt nicht für Brauchtumsschützen (vgl. BT-Drs. 14/7758, 65).

4 Vorauss. der Anerkennung des Bedürfnisses ist die Vorlage einer formalen **Bescheinigung der Brauchtumsschützenvereinigung** bei der zust. Beh., dass sie diese Waffen/Munition zur Pflege des Brauchtums benötigen. Die Vorlage einer Bescheinigung der Brauchtumsschützenvereinigung dient der **Glaubhaftmachung** des Bedürfnisses, dass die Waffen zur Brauchtumspflege benötigt werden (vgl. BT-Drs. 14/7758, 64 f.). Wie sich die Brauchtumsschützenvereinigung als

Organisation darstellt, ist ohne Belang. Ein Vereins- oder Verbandszwang wird nicht gefordert, allerdings liegt eine derartige Organisationsstruktur in der Praxis regelm. vor.

Während das Bedürfnis von Brauchtumsschützen speziell in Abs. 1 geregelt ist, richtet sich die Erteilung einer Erlaubnis zum Erwerb und Besitz der Schussw. bzw Munition im Übrigen nach den **allg. Vorschriften** (vgl. § 4 Abs. 1 Nr. 1–3). 4a

Wird das Bedürfnis glaubhaft gemacht, besteht auf die Ausstellung der WBK, soweit die anderen nach § 4 Abs. 1 notwendigen Vorauss. erbracht werden, ein **Rechtsanspruch.** 5

Im Kontext zu Abs. 1 steht § 12 Abs. 1 Nr. 3b, der den erlaubnisfreien Erwerb und Besitz durch Beauftragte oder Mitglieder der zur Brauchtumspflege Waffen tragenden Vereinigung zulässt (→ § 12 Rn. 46). 6

III. Ausnahmebewilligung zum Führen von Waffen für den verantwortlichen Leiter der Brauchtumsschützenvereinigung (Abs. 2)

Bei Brauchtumsschützenveranstaltungen handelt es sich typischerweise um öffentl. Veranstaltungen iSd § 42 Abs. 1, bei denen das Führen von Waffen durch die Brauchtumsschützen gerade Sinn und Zweck der Veranstaltung ist. Insoweit enthalten die Abs. 2–4 spezielle Regelungen zu § 42 (WaffVwV Nr. 42.2). 7

Nach Abs. 2 wird durch eine bis zu fünf Jahre geltende Ausnahmebewilligung die Erlaubnis zum Führen bei den genannten Veranstaltungen **unter den Vorauss. des § 42 Abs. 2** erteilt. Adressat ist der verantwortliche Leiter, der nicht der Vorsitzende der Vereinigung sein muss (vgl. BT-Drs. 14/7758, 65). Faktisch ermöglicht die Ausnahmebewilligung es allen an der Brauchtumsverantstaltung teilnehmenden Brauchtumschützen, ohne weitere persönliche Erlaubnis (WS), ihre Waffen während der Veranstaltung oder im Zusammenhang damit (Hin- und Rückwege) zu führen (vgl. WaffVwV Nr. 16.3), da Abs. 4 für diese das Führen erlaubnisfrei stellt, soweit eine Ausnahmebewilligung nach Abs. 2 vorliegt. Die Vorauss. nach § 42 Abs. 2 sind, dass der Antragst. die erforderliche Zuverlässigkeit (§ 5) und persönliche Eignung (§ 6) besitzt, er nachgewiesen hat, dass er auf Waffen bei der öffentl. Veranstaltung nicht verzichten kann, und eine Gefahr für die öffentl. Sicherheit oder Ordnung nicht zu besorgen ist. Zusätzlich hat der verantwortliche Leiter die **erforderliche Sorgfalt** bei der Veranstaltung sicherzustellen. 8

Die Erlaubnis zum Führen von Waffen gilt **nur für** die nach Abs. 1 S. 1 genannten Einzellader-Langwaffen und Repetier-Langwaffen sowie für sonstige zur Brauchtumspflege benötigte Waffen iSd § 1 Abs. 2 Nr. 2 (zB Hieb- und Stoßwaffen). Die zust. Beh. darf nach Abs. 2 auch **nicht ausnahmsweise zB Kurzwaffen** zulassen. Dafür wäre ein WS nach § 10 Abs. 4 sowie eine gesonderte Erlaubnis gem. § 42 Abs. 2 erforderlich. 9

IV. Erlaubnis zum Schießen mit Kartuschenmunition für den verantwortlichen Leiter der Brauchtumsschützenvereinigung (Abs. 3)

Abs. 3 eröffnet die Möglichkeit, einem verantwortlichen Leiter der Brauchtumsschützenvereinigung, der nicht der Vorsitzende der Vereinigung sein muss, für die Dauer von bis zu fünf Jahren die Erlaubnis zum Schießen mit Kartuschenmunition im Rahmen von Brauchstumsveranstaltungen nach Abs. 2 der Vorschrift zu erteilen. Diese Erlaubnis ermöglicht es allen an der Brauchtumsverantstaltung teilnehmenden 10

Brauchtumschützen, ohne weitere persönliche Erlaubnis (Schießerlaubnis) während der Veranstaltung mit den Brauchtumswaffen Kartuschenmunition zu verschießen (vgl. WaffVwV Nr. 16.3), da Abs. 4 für diese das Schießen erlaubnisfrei stellt, soweit eine Erlaubnis nach Abs. 3 vorliegt.

10a Klarstellend benennt der Gesetzgeber in Abs. 3 S. 2 Fälle, in denen die Erteilung der Erlaubnis zum Schießen zu versagen ist. So scheidet eine Schießerlaubnis zunächst aus, wenn eine oder mehrere allg. Vorauss. einer waffenrechtl. Erlaubnis nach § 4 Abs. 1 Nr. 1–4 (Volljährigkeit, erforderliche Zuverlässigkeit und persönliche Eignung, erforderliche Sachkunde, Bedürfnis) in der Person des Antragst. nicht vorliegen. Ebenso ist die Erlaubnis zu versagen, soweit die Beachtung der erforderlichen Sorgfalt nicht gewährleistet ist oder Gefahren oder erhebliche Nachteile für Einzelne oder die Allgemeinheit zu befürchten sind und diese auch nicht durch Auflagen verhindert werden können. Schließlich ist die Erlaubnis zu versagen, wenn kein Haftpflichtversicherungsschutz gem. § 4 Abs. 1 Nr. 5 nachgewiesen wird.

11 Gem. Abs. 3 S. 3 wird der zust. Beh. zur Verwaltungsvereinfachung die Möglichkeit eingeräumt, die Erlaubnis zum Schießen und die Ausnahmebewilligung zum Führen sowie die darauf gerichteten Verwaltungsverfahren miteinander zu verbinden.

V. Erlaubnis zum Führen und Schießen für Brauchtumsschützen (Abs. 4)

12 Brauchtumsschützen dürfen gem. Abs. 4 in den Fällen der Abs. 2 und 3 oder bei Vorliegen einer Ausnahmebewilligung nach § 42 Abs. 2 die Schussw. ohne weitere persönliche Erlaubnis (WS, Schießerlaubnis) führen und damit schießen.

Sie dürfen die zur Pflege des Brauchtums benötigten Schussw. **auch im Zusammenhang** mit Veranstaltungen, bei denen es Brauch ist, aus besonderem Anlass Waffen zu tragen, ohne weitere persönliche Erlaubnis (WS) **führen,** soweit für die Veranstaltung eine Erlaubnis nach Abs. 2 oder nach § 42 Abs. 2 erteilt wurde. Ein Zusammenhang ist etwa auf dem Hin- und Rückweg zur Brauchtumsveranstaltung anzunehmen (vgl. WaffVwV Nr. 16.3).

Im Rahmen einer vorliegenden Erlaubnis nach den angeführten Vorschriften wird demnach von den Grundsatzerfordernissen des § 10 Abs. 4, eines WS zum Führen von Schussw. sowie des § 10 Abs. 5, dem Erfordernis einer Schießerlaubnis, abgesehen. Mit dieser Bestimmung ist eine Freistellung für alle diejenigen Möglichkeiten des Umgangs umfasst, die dem Veranstaltungszweck entsprechen (vgl. BT-Drs. 14/8886, 113).

§ 17 Erwerb und Besitz von Schusswaffen oder Munition durch Waffen- oder Munitionssammler

(1) **Ein Bedürfnis zum Erwerb und Besitz von Schusswaffen oder Munition wird bei Personen anerkannt, die glaubhaft machen, dass sie Schusswaffen oder Munition für eine kulturhistorisch bedeutsame Sammlung (Waffensammler, Munitionssammler) benötigen; kulturhistorisch bedeutsam ist auch eine wissenschaftlich-technische Sammlung.**

(2) **[1]Die Erlaubnis zum Erwerb von Schusswaffen oder Munition wird in der Regel unbefristet erteilt. [2]Sie kann mit der Auflage verbunden werden, der Behörde in bestimmten Zeitabständen eine Aufstellung über den Bestand an Schusswaffen vorzulegen.**

(3) **Die Erlaubnis zum Erwerb und Besitz von Schusswaffen oder Munition wird auch einem Erben, Vermächtnisnehmer oder durch Auflage**

Begünstigten (Erwerber infolge eines Erbfalls) erteilt, der eine vorhandene Sammlung des Erblassers im Sinne des Absatzes 1 fortführt.

I. Allgemeines

In § 17 hat der Gesetzgeber die besonderen Bedürfnisvorauss. für Waffen- und Munitionssammler geregelt. 1

In Abs. 1 wird zunächst der **Begriff des Waffen- und Munitionssammlers** aufgegriffen, bevor die Vorauss. benannt werden, unter denen ein Bedürfnis zum Erwerb und Besitz von Schussw. oder Munition durch diese Personengruppe anerkannt wird. Der Gesetzgeber trennt hier die Begriffe des Waffen- und des Munitionssammlers. Aus dem Erwerb einer Schussw. folgt für gewöhnlich automatisch ein Bedürfnis zum Erwerb dazugehöriger Munition (etwa beim Jäger oder Sportschützen), weshalb Erlaubnisse zum Erwerb und Besitz von Schussw. im Regelfall durch die Erlaubnis zum Munitionserwerb ergänzt werden, § 10 Abs. 3 (vgl. *König/Papsthart* Neues WaffR Rn. 379), soweit der Munitionserwerb nicht bereits erlaubnisfrei erfolgen kann (so etwa Munition für Langwaffen durch Inhaber eines gültigen Jagdscheins gem. § 13 Abs. 5). Anders verhält es sich jedoch beim Waffensammler: Dieser hat nur in besonders gelagerten Fällen auch das Bedürfnis, mit den erworbenen Sammlerwaffen zu schießen.

Des Weiteren ist **in jedem Einzelfall zu prüfen,** ob es sich beim Antragst. ausschl. um einen **Waffensammler oder auch gleichzeitig um einen Munitionssammler** handelt. Entspr. ist die Sammlererlaubnis beschränkt auf den Erwerb und Besitz von Schussw. oder aber gleichzeitig auch für den Erwerb und Besitz von Munition zu erteilen.

Abs. 2 betr. die Geltungsdauer einer erteilten Erlaubnis sowie die Möglichkeit der Verbindung mit einer Auflage bzgl. des turnusmäßigen Erbringens eines Bestandsverzeichnisses durch den Erlaubnisinhaber.

Abs. 3 beinhaltet schließlich eine Sonderregelung für den Personenkreis, der infolge eines Erbfalls an eine Waffensammlung gelangt.

II. Bedürfnis zum Erwerb und Besitz (Abs. 1)

Nach Abs. 1 kommt für die Personengruppe der Waffen- und Munitionssammler unter dem Gesichtspunkt des angestrebten Zwecks – nämlich des Sammelns erlaubnispflichtiger Schussw. bzw Munition – überhaupt nur ein Bedürfnis für den Erwerb und Besitz in Betracht, wohingegen ein **Bedürfnis zum Führen** von Schussw. oder Munition im Kontext des Sammlerzwecks **von vornherein ausscheidet.** Während das Bedürfnis von Sammlern speziell in Abs. 1 geregelt ist, richtet sich die Erteilung einer Erlaubnis zum Erwerb und Besitz der Schussw. bzw Munition im Übrigen nach den **allg. Vorschriften** (vgl. § 4 Abs. 1 Nr. 1–3). 2

Waffensammlern wird typischerweise die „rote WBK“ erteilt. Diese enthält anders als die „grüne WBK“ keine Spalte zur Eintragung einer Erwerbserlaubnis (sog. „Voreintrag“ – Spalte 4 in der „grünen WBK“). Einer solchen gesonderten Voreintragsspalte bedarf es nicht, weil **die „rote WBK“** selbst die **Erwerbserlaubnis** für die in ihr benannten Waffen- und Munitionstypen ist. Dies ist vor dem Hintergrund plausibel, dass Waffen- und Munititonssammlern die Erwerbserlaubnis in Ausnahme zur Grundnorm des § 10 Abs. 1 S. 3 zeitl. unbefristet erteilt wird (→ Rn. 10). 2a

1. Waffen- / Munitionssammler

Nach der in Abs. 1 enthaltenen Def. fallen unter den Begriff des Waffen- bzw Munitionssammlers solche Personen, die glaubhaft machen können, dass sie die 3 begehrten Schussw. oder Munition für eine kulturhistorisch bedeutsame Sammlung benötigen, wobei unter den Begriff der kulturhistorischen Sammlung auch wissenschaftlich-technische Sammlungen zu fassen sind. Der für diese Def. tragende Terminus der **kulturhistorisch bedeutsamen Sammlung** ist nicht weiter konkretisiert, weshalb der Begriff des Waffen- bzw Munitionssammlers allein anhand des Gesetzestextes nicht abschließend geklärt werden kann.

4 **a) Sammlung.** Zunächst muss das **Sammeln** vom **bloßen Anhäufen** von Waffen oder Munition **abgegrenzt** werden. Für den „Waffennarr“, dem es lediglich darum geht, Waffen oder/und Munition zusammenzutragen, ohne dass er damit weitergehende Zwecke verfolgt, **scheidet** ein Sammlerbedürfnis **von vornherein aus.** Nach der Rspr. ist für den Sammler charakteristisch, dass er Waffen in einer Sammlung nach einer **bestimmten Systematik** zusammenstellen will oder aber eine bereits in einem bestimmten System angelegte Waffensammlung erweitern möchte. Die Systematik wird durch das jeweilige Sammlungsziel bestimmt und dokumentiert dieses gleichzeitig. Der nachvollziehbare Sammlungszweck ist es, der den vom Waffenrecht anerkannten Waffensammler vom bloßen „Waffen-Anschaffer“ unterscheidet (vgl. BT-Drs. 14/8886, 110).

Wesensbestimmend für eine Sammlung sei zudem, dass der Wert derselben über die Summe des Wertes der in ihr enthaltenen Einzelstücke hinausgehe. Der Wert einer Sammlung ergebe sich gerade aus der Gesamtschau der zusammengetragenen Einzelstücke, welche einen eigenen Wert darstelle.

5 **b) Kulturhistorisch bedeutsam.** Kulturhistorisch bedeutsam ist eine Sammlung, wenn sie mehr als die bloße Abbildung eines Waffen- oder Munitionsspektrums (etwa Abbildung einer bestimmten Baureihe) ist. Die kulturhistorische Bedeutsamkeit der Sammlung liegt in dem **nicht nur unerheblichen Beitrag zur Dokumentation menschlichen Schaffens** in einer (zeit-)geschichtlichen Dimension (vgl. BVerwG Beschl. v. 18.1.2007 – 6 B 100.06). Der Begriff kulturhistorisch bedeutsam verlangt darüber hinaus eine **geschichtlich-kulturelle Aussagekraft** der Sammlung. Diese bemisst sich nicht nach dem materiellen Wert der Sammelgegenstände, sondern nach ihrer Bedeutung für das Sammlungsziel (vgl. *Apel/Bushart* WaffG § 17 Rn. 4). Die für eine kulturhistorisch bedeutsame Sammlung möglichen **Sammlungszwecke** sind vielfältig: So kann der Sammlungszweck darin bestehen, die Bedeutung bestimmter Waffen oder Munition für die techn. Entwicklung darzustellen oder ein exemplarischer Ausweis einer bestimmten Epoche oder Zeugnis historischer Ereignisse oder Persönlichkeiten sein. Ebenso kommt eine Darstellung nach dem geographischen Bezug (Verwendungs-, Herstellungsort, -land, -zeit) in Betracht (vgl. WaffVwV Nr. 17.3.6). Weitere Sammlungszwecke sind darüber hinaus durchaus denkbar. Einen retrospektiven Charakter iSe. historischen Schau antiquierter Waffen oder Munition muss die Sammlung hingegen nicht aufweisen. Dies folgt allein schon daraus, dass der Gesetzgeber explizit auch eine wissenschaftlich-technische Sammlung als kulturhistorisch bedeutsam anerkennt. Eine kulturhistorisch bedeutsame Sammlung kann sich daher auch auf die Darstellung aktueller Waffen oder Munition beziehen, etwa unter besonderen techn. Gesichtspunkten (Darstellung aktueller Prototypen usw, vgl. *König/Papsthart* Neues WaffR Rn. 381). **Wissenschaftlichen Zwecken** dient eine Sammlung insbes. dann, wenn es dem Sammler in seiner Zielsetzung um **ballistische** Untersuchungen bzw die Darstellung ballistischer Verhältnisse geht. Beschäftigt sich der Sammler bzgl. der Waffen und Munition mit mechanischen Abläufen im weitesten Sinn, so ist davon auszugehen, dass die Sammlung **technischen Zwecken** dient. Dies dürfte der Fall sein, wenn die Systematik der Sammlung etwa dem Zünd-, Verschluss- oder Ladesystem der Waffen folgt.

Neben dem Zweck als solchem muss klar erkennbar sein, welche Waffen dem jeweiligen Sammlungsziel dienen können.

Ob es sich bei der Sammlung um eine solche iSd § 17 Abs. 1 handelt, ob also das Sammlungsziel und der Sammlungsgegenstand anzuerkennen sind, ist **objektiv** (idR durch Gutachter im Erlaubnisverfahren) **festzustellen.** 6

c) Glaubhaftmachung. Der Antragst. muss **glaubhaft** machen, dass er die zu erwerbenden Waffen bzw die zu erwerbende Munition für die kulturhistorisch bedeutsame Sammlung **benötigt.** Von daher reicht es nicht aus, dass der prinzipiell kulturhistorisch bedeutsame Charakter der Sammlung dargelegt wird, vielmehr ist der Antragst. aufgerufen, sein ernsthaftes Bestreben und zudem seine tatsächliche Befähigung zur Verwirklichung des angestrebten Sammlungsziels glaubhaft zu machen (vgl. *Heller/Soschinka* WaffR Rn. 2035). 7

2. Umfang der Erlaubnis

Die Erlaubnis zum Erwerb und Besitz von Waffen bzw Munition ist nach dem Wortlaut des Abs. 1 zunächst weder zahlenmäßig, noch auf bestimmte Arten von Waffen bzw Munition beschränkt. Gleichwohl gilt das anerkannte Bedürfnis **nur für solche Waffen,** die im Einzelfall einen **inneren Zusammenhang** zur Sammlung aufweisen, also vom Sammlungszweck umfasst sind. Nur soweit eine Waffe bzw Munition zur Erweiterung / Vervollständigung einer Sammlung geeignet und erforderlich ist, wird sie vom Erwerber iSd Vorschrift für die Sammlung „benötigt". Daher ist ihr Erwerb und Besitz von der Sammler-WBK nur abgedeckt, soweit diese Vorauss. vorliegen. Neben diesen qualitativen Einschränkungen kann aus diesem Erfordernis ebenfalls eine **zahlenmäßige Beschränkung** abgeleitet werden. Der Erwerb von Mehrexemplaren dürfte der Ausnahmefall sein (vgl. *Heller/Soschinka* WaffR Rn. 2044; ebenso *Apel/Bushart* WaffG § 17 Rn. 10, der die Beschränkung auf bestimmte Waffen und Munition indes aus der Grundnorm des § 8 Nr. 2 herleitet, wonach Waffen und Munition für den mit der Erlaubnis verfolgten Zweck geeignet und erforderlich sein müssen). 8

Soweit erlaubnispflichtige Schussw. Bestandteil einer kulturhistorisch bedeutsamen Sammlung sind oder werden sollen, sind sie nach § 24 Abs. 1 S. 4 **von der Kennzeichnungspflicht ausgenommen,** dasselbe gilt für Sammlermunition nach Maßgabe des § 24 Abs. 6. 8a

3. Unbefristete Erlaubnis und Auflagen (Abs. 2)

Abs. 2 betr. die Geltungsdauer einer erteilten Erlaubnis sowie die Möglichkeit der Verbindung mit einer Auflage bzgl. der turnusmäßigen Erbringung eines Bestandsverzeichnisses durch den Erlaubnisinhaber. 9

a) Unbefristete Erlaubnis (Abs. 2 S. 1). Während Erlaubnisse zum Erwerb von Schussw. nach der Grundnorm des § 10 Abs. 1 S. 3 befristet auf ein Jahr erteilt werden, sieht § 17 Abs. 2 abweichend hiervon vor, dass anerkannten Waffensammlern die Erlaubnis zum **Erwerb** von Schussw. **prinzipiell unbefristet** in Form der roten WBK (→ Rn. 2a) erteilt wird. 10

Der Eintrag der Sammlerwaffen in die WBK richtet sich nach § 10 Abs. 1a, wonach die Schussw. binnen zwei Wochen nach dem Erwerb in die WBK einzutragen sind.

b) Auflagen (Abs. 2 S. 2). Nach Abs. 2 S. 2 **kann** die Erlaubnis mit einer **Auflage** verbunden werden, durch welche der Waffensammler verpflichtet wird, in regelm. Abständen den Schusswaffenbestand gegenüber der zust. Beh. anzuzeigen. Vorsätzliche oder fahrlässige Verstöße gegen eine vollziehbare Auflage nach Abs. 2 S. 2 sind gem. § 53 Abs. 1 Nr. 4 **ordnungswidrig.** Die Verbindung der Erlaubnis mit einer entspr. Auflage ist in das **pflichtgemäße Ermessen** der zust. Beh. gestellt. Die Auflagenerteilung verfolgt **präventive** Zwecke und soll eine allg. Kontrolle bei 11

Waffensammlern ermöglichen, weshalb eine **konkrete Gefahrensituation** für die Erteilung **nicht** erforderlich ist (vgl. BT-Drs. 14/7758, 65). Die zust. Beh. kann nicht nur die Offenlegung der bloßen Waffenanzahl, sondern darüber hinaus auch detaillierte Angaben über bestimmte Schussw. anfordern, um überprüfen zu können, ob die erworbenen Waffen sämtlich vom anerkannten Sammlungszweck erfasst sind (vgl. *Apel/Bushart* WaffG § 17 Rn. 11).

4. Erben, Vermächtnisnehmer, durch Auflage Begünstigte (Abs. 3)

12 Den Personengruppen, die infolge eines Erbfalls eine Waffensammlung erwerben (Erben, Vermächtnisnehmer gem. §§ 1939, 2147 ff. BGB und durch Auflagen Begünstigte gem. §§ 1940, 2192 ff. BGB), soll eine Erlaubnis zum Erwerb und Besitz von Schussw. und Munition zugestanden werden, soweit sie die Sammlung des Erblassers iSd § 17 Abs. 1 fortführen. Vorauss. hierfür ist zunächst, dass die zust. Beh. den Waffen-/Munitionsbestand des Erblassers als **Sammlung** iSd Vorschrift anerkennt, was regelm. der Fall ist, wenn dem Erblasser seitens der zust. Beh. eine Waffensammler-WBK („rote WBK") erteilt worden war (vgl. *König/Papsthart* Neues WaffR Rn. 383). Wird allerdings lediglich eine Mehrzahl von Waffen vererbt, die nicht in einer Systematik zusammengetragen worden ist, welche dem in der ursprünglichen Erlaubnis des Erblassers niedergelegten Sammlerzweck entsprechen, so kann die Vorschrift zumindest dann keine Anwendung finden, wenn sich die Waffen auch nicht unter anderen denkbaren Sammlerzwecken zu einer kulturhistorisch bedeutsamen Sammlung fassen lassen (vgl. *Heller/Soschinka* WaffR Rn. 2062). Es fehlt hier an einer Sammlung, die durch den Erwerber infolge eines Erbfalls fortgeführt werden könnte. Hier richtet sich der Erwerb nach § 20.

13 Die Sammlung muss zudem durch den Erwerber infolge des Erbfalls **fortgeführt** werden. Hier geht es vornehmlich darum, den Bestand der kulturhistorisch bedeutsamen Sammlung zu bewahren, weshalb ein Fortführen nach dem Willen des Gesetzgebers auf Seiten des Erwerbers auch nicht die bei einem aktiven Sammler im Regelfall erforderlichen besonderen Sammlerkenntnisse voraussetzt. Der Gesetzgeber hat den Erwerber infolge eines Erbfalls dementspr. auch als einen passiven Sammler bzw als Sammler *sui generis* bezeichnet, der einen eigenen Status einnehme (vgl. BT-Drs. 14/8886, 113). Entspr. muss der Erwerber infolge eines Erbfalls auch keine Erweiterung bzw Vervollständigung der Sammlung anstreben. Bereits der bloße **Erhalt** der Sammlung **reicht** für ein Fortführen **aus** (vgl. BT-Drs. 14/8886, 113). Ein solches Erhaltensinteresse muss keinen besonderen Anforderungen genügen, dürfte allerdings ausscheiden, wenn der Erbe durch ungezielte Verkäufe dokumentiert, dass der Erhalt der Sammlung für ihn ohne Bedeutung ist (vgl. *Apel/Bushart* WaffG § 17 Rn. 14). Gelangen solche Umstände der zust. Beh. erst nach Erteilung der WBK zur Kenntnis, so hat diese Maßnahmen nach § 45 (Rücknahme und Widerruf) zu prüfen. Wird dieses **„abgeschwächte Sammlerbedürfnis"** seitens des Erben dargelegt und liegen die übrigen Erlaubnisvorauss. nach § 4 Abs. 1 Nr. 1–3 vor, so wird ihm im Regelfall eine **„grüne WBK"** ausgestellt. Auf dieser sind im Feld „Amtliche Eintragungen" ein Hinweis auf § 17 Abs. 3 und das dem Erblasser genehmigte Sammelthema einzutragen (WaffVwV Nr. 17.8). Diese befriedigt das Anliegen, die Sammlung in ihrem Bestand zu erhalten, die Waffen/Munition also (funktionstüchtig) **behalten** zu dürfen. Umgekehrt wird der Erbe hierdurch **nicht** dazu legitimiert, die Sammlung eigenständig auszubauen (so auch *König/Papsthart* Neues WaffR Rn. 383). Für den **Erwerb weiterer Schussw.** benötigt der Inhaber einer „grünen WBK" prinzipiell eine eigenständige Erwerbserlaubnis für jeden einzelnen Erwerbsvorgang (sog. „Waffenvoreintrag" in Spalte 4 der „grünen WBK" durch die zust. Beh.). Allerdings dürfte allein schon auf Grund des Verweises auf § 17 Abs. 3 in der „grünen WBK" ein Bedürfnis für einen Waffenerwerb typischer-

weise nicht vorliegen. Ein Ausbau der Waffensammlung ohne eigenständiges (volles) Sammlerbedürfnis ist damit ausgeschlossen. Die Erteilung einer roten Sammler-WBK ist in Fällen des „abgeschwächten Sammlerbedürfnisses" nicht angezeigt, da diese nicht allein auf die Wahrung des bereits existierenden Sammlungsbestandes abzielt, sondern einem Sammler gerade die **Tätigkeit** des Sammelns ermöglichen soll und damit den Erwerb weiterer Waffen impliziert. Nicht zuletzt wird es dem Erben im Regelfall an den erforderlichen Fachkenntnissen für den Ausbau der Waffensammlung fehlen.

Möchte der Erwerber infolge eines Erbfalls die Sammlung nicht lediglich behal- **14**
ten, sondern strebt darüber hinaus den Erwerb weiterer Schussw. bzw Munition bspw. zur Vervollständigung oder Erweiterung der vorhandenen Sammlung an, so ist die Ausstellung einer Sammler-WBK („rote WBK") angezeigt. In diesem Fall greifen für den Erwerber allerdings **keine Privilegierungen.** Insbes. hat er ein **vollumfängliches Sammlerbedürfnis** (Wille und Fähigkeit zum Ausbau der Sammlung, erforderliche Spezialkenntnisse, Nachweis einer angestrebten Systematisierung usw) darzulegen (vgl. *König/Papsthart* Neues WaffR Rn. 383).

Nach der WaffVwV (Nr. 17.8) soll hingegen auf Antrag des Inhabers einer auf **14a**
Grund der Regelung des § 17 Abs. 3 erworbenen „grünen WBK" im Feld „Amtliche Eintragungen" durch einen weiteren Eintrag auch die Möglichkeit eröffnet werden können, weitere Waffen hinzuerwerben zu können, soweit noch Einzelstücke in der Sammlung fehlen. Vorauss. hierfür sei, dass der Erlaubnisinhaber gegenüber der Waffenbehörde deren Zugehörigkeit zum Sammelthema nachgewiesen habe. Auch wenn nur der Erwerb einzelner noch fehlender Stücke in der Sammlung begehrt wird, liegt hier doch ein aktives Sammelverhalten vor, weshalb es sachgerecht erscheint, in diesem Fall von der Erforderlichkeit einer „roten WBK" auszugehen. Andernfalls könnte es zu einem Waffensammeln kommen, ohne dass alle Vorauss. des § 17 vorliegen.

Schließlich muss der Erbe die allg. Vorauss. für die Erteilung einer waffenrechtl. **15**
Erlaubnis nach § 4 Abs. 1 Nr. 1–3 erfüllen, also volljährig sein und auch die erforderliche Zuverlässigkeit, die persönliche Eignung sowie die persönliche Sachkunde aufweisen (vgl. *Heller/Soschinka* WaffR Rn. 2063). Die Regelung des Abs. 3 soll keine Privilegierungen des „Sammlererben" mit sich bringen, weshalb dieser zumindest die gleichen Vorauss. erfüllen muss wie der Erbe von Einzelwaffen.

Vermag der Erbe auch kein „abgeschwächtes Sammlerbedürfnis" für die Samm- **16**
lung iSe. „Erhaltens" derselben darzulegen, richtet sich der Erwerb und Besitz nach § 20 Abs. 2. Soweit er die allg. Vorauss. nach § 4 Abs. 1 Nr. 1–3 erfüllt, wird ihm eine (grüne) Erben-WBK ausgestellt. In Ermangelung eines Bedürfnisses sind die Erbwaffen in diesem Fall gem. § 20 Abs. 3 S. 2 mit einem **Blockiersystem** zu versehen. Zu berücksichtigen ist allerdings die Spezialregelung des § 20 Abs. 7 S. 2. Hiernach kann die zust. Beh. auf Antrag des Erben nach pflichtgemäßem Ermessen eine Ausnahme vom Erfordernis eines Blockiersystems für solche Erbwaffen zulassen, die Bestandteil einer kulturhistorisch bedeutsamen Sammlung gem. § 17 sind oder werden sollen.

Eine vergleichbare Privilegierung für die Erben von Munitionssammlungen ist in der Regelung des § 20 nicht enthalten. Die ererbte Munition ist gem. § 20 Abs. 3 S. 2 binnen angemessener Frist unbrauchbar zu machen oder einem Berechtigten zu überlassen, unabhängig davon, ob sie Bestandteil einer kulturhistorisch bedeutsamen Sammlung iSd § 17 ist.

§ 18 Erwerb und Besitz von Schusswaffen oder Munition durch Waffen- oder Munitionssachverständige

(1) **Ein Bedürfnis zum Erwerb und Besitz von Schusswaffen oder Munition wird bei Personen anerkannt, die glaubhaft machen, dass sie Schuss-**

waffen oder Munition für wissenschaftliche oder technische Zwecke, zur Erprobung, Begutachtung, Untersuchung oder zu einem ähnlichen Zweck (Waffen-, Munitionssachverständige) benötigen.

(2) [1]**Die Erlaubnis zum Erwerb von Schusswaffen oder Munition wird in der Regel**
1. für Schusswaffen oder Munition jeder Art und
2. unbefristet
erteilt. [2]**Sie kann mit der Auflage verbunden werden, der Behörde in bestimmten Zeitabständen eine Aufstellung über den Bestand an Schusswaffen vorzulegen.** [3]**Auf den Inhaber einer Waffenbesitzkarte für Schusswaffen jeder Art findet im Fall des Erwerbs einer Schusswaffe § 10 Abs. 1a keine Anwendung, wenn der Besitz nicht länger als drei Monate ausgeübt wird.**

I. Allgemeines

1 Das Bedürfnis für den Erwerb und Besitz von Schussw. oder Munition durch Sachverständige hat eine eigenständige Regelung in § 18 erfahren.

In Abs. 1 werden der Begriff des Waffen- bzw Munitionssachverständigen aufgegriffen und die Vorauss. für die Anerkennung eines Bedürfnisses zum Erwerb und Besitz von Schussw. bzw Munition für diese benannt.

Abs. 2 betr. zunächst den materiellen Umfang (Nr. 1) und die Geltungsdauer (Nr. 2) einer erteilten Erlaubnis. Weiterhin wird der zust. Beh. hier die Möglichkeit eingeräumt, die Erlaubnis mit einer Auflage bzgl. der turnusmäßigen Erbringung eines Bestandsverzeichnisses durch den Erlaubnisinhaber zu verbinden (S. 2). Schließlich soll nach Abs. 2 S. 3 das Erfordernis der Waffeneintragung in die WBK nach § 10 Abs. 1a im Falle des lediglich kurzfristigen Besitzes bis zu drei Monaten entfallen.

1a Dem Schusswaffensachverständigen wird eine „rote WBK" ausgestellt (zum Muster s. WaffVordruckVwV Anl. 3). Dem Munitionssachverständigen ein entspr. MES.

Die „rote WBK" enthält anders als die „grüne WBK" keine Spalte zur Eintragung einer Erwerbserlaubnis („Waffenvoreintrag" in Spalte 4 der „grünen WBK"). Einer solchen gesonderten Voreintragsspalte bedarf es nicht, weil **die „rote WBK"** selbst die **Erwerbserlaubnis** für die in ihr benannten Waffen- und Munitionstypen ist. Dies ist vor dem Hintergrund plausibel, dass Waffen- und Munititonssachverständigen die Erwerbserlaubnis in Ausnahme zur Grundnorm des § 10 Abs. 1 S. 3 zeitl. unbefristet erteilt wird (→ Rn. 9). Der Eintrag der erworbenen Schussw. richtet sich prinzipiell nach § 10 Abs. 1a. In Fällen des vorügergehenden Erwerbs sieht Abs. 2 S. 3 allerdings eine Ausnahme hiervon vor (→ Rn. 11), weshalb eine Eintragung der im Rahmen gutachterlicher Tätigkeit erworbenen Schussw. in der Praxis zumeinst entbehrlich sein dürfte.

II. Bedürfnis zum Erwerb und Besitz (Abs. 1)

2 Nach Abs. 1 kommt für die Personengruppe der Waffen- und Munitionssachverständigen unter dem Gesichtspunkt des angestrebten Zwecks – nämlich des Erprobens, Begutachtens, Untersuchens uä von Waffen bzw Munition für wissenschaftliche oder techn. Zwecke – überhaupt nur ein Bedürfnis für den Erwerb und Besitz in Betracht, wohingegen ein **Bedürfnis zum Führen** von Waffen oder Munition im Kontext der Sachverständigentätigkeit **von vornherein ausscheidet.** Während das Bedürfnis von Waffen- und Munitionssachverständigen speziell in Abs. 1 geregelt

ist, richtet sich die Erteilung einer Erlaubnis zum Erwerb und Besitz der Waffen bzw Munition im Übrigen nach den **allg. Vorschriften** (vgl. § 4 Abs. 1 Nr. 1–3).

Für die Sachkunde (§ 4 Abs. 1 Nr. 3, § 7) wird kein besonderer Nachweis iSe. gesonderten Sach- oder Fachkundeprüfung usw verlangt (vgl. auch *ABB/Adolph* WaffG § 18 Rn. 4).

1. Waffen- / Munitionssachverständige

Durch die Schaffung einer eigenen Regelung für das Bedürfnis von Waffen- und Munitionssachverständigen hat der Gesetzgeber eine **klare Trennung** von den Sammlern vorgenommen und zudem deutlich gemacht, dass es sich bei den Waffen- und Munitionssachverständigen nicht um Waffen- und Munitionssammler im eigentlichen Sinne handelt (vgl. BT-Drs. 14/7758, 65). Gleichwohl wird eine klare Abgrenzung zwischen Sammler einerseits und Sachverständigem andererseits nicht selten problematisch sein, da nach dem Wortlaut des § 17 eine kulturhistorisch bedeutsame Sammlung explizit auch wissenschaftlich-techn. Zwecke verfolgen kann. 3

Charakteristisch für den **Sachverständigen** ist in Abhebung zum Sammler, dass sein Interesse nicht kulturhistorischer, sondern ausschl. wissenschaftlicher oder techn. Natur ist. Beim Sammeln geht es zentral um das **Zusammentragen** von Waffen und oder Munition nach einem **bestimmten System** iSe. Sammlerzwecks (etwa Darstellung der Bedeutung bestimmter Waffen oder Munition für die techn. Entwicklung, als exemplarischen Ausweis einer bestimmten Epoche oder Zeugnis historischer Ereignisse oder Persönlichkeiten, Darstellung von Waffen oder Munition nach geographischem Bezug usw). Anders liegt es beim Sachverständigen. Bei diesem stehen **wissenschaftlich-analytische** Zwecke im Mittelpunkt (vgl. auch OVG BB, Beschl. v. 30.7.2014 – OVG 11 N 97.11 – juris). Meist wird der Besitz beim Sachverständigen **lediglich vorübergehend** sein, wohingegen die Sammlertätigkeit typischerweise auf den dauerhaften Besitz der Sammlungsgegenstände gerichtet sein wird. Aber auch der Sachverständige wird seinen Besitz an Waffen bzw an Munition nicht immer auf den Zeitraum beschränken, in dem er sich mit diesen unter wissenschaftlichen oder techn. Gesichtspunkten beschäftigt, so etwa beim Einbehalt von Referenz- oder Vergleichsstücken (vgl. *König/Papsthart* Neues WaffR Rn. 386).

a) Wissenschaftliche Zwecke. Wissenschaftliche Zwecke werden insbes. dann verfolgt, wenn **innerballistische** Untersuchungen vorgenommen werden (etwa Einfluss des Verbrennungsraums, der Form und Größe des Patronen- oder Kartuschenlagers, der Reibungsverhältnisse [Übergang, Feld- und Zugdurchmesser], der Laufgestaltung [Gesamtlänge, Drall und besondere Gestaltung, zB Konizität]) – und/oder außenballistische Untersuchungen einschl. der Endballistik (Vorgänge beim Auftreffen des Geschosses) vorgenommen werden. Ebenso verfolgen Arbeiten über die Sicherung von Waffen und die Entwicklung konstruktiver Neuerungen wissenschaftliche Zwecke (vgl. WaffVwV Nr. 18.1.1). 4

b) Technische Zwecke. Techn. Zwecke werden namentlich dann verfolgt, wenn der Schwerpunkt einer Tätigkeit darin besteht, die **mechanischen Abläufe** und insbes. deren Änderungen und Weiterentwicklungen voranzutreiben. Hierbei kann es sich ua um den Zünd- und den Verschlussmechanismus und bei voll- oder halbautomatischen Waffen um den Auswerf- und Patronenzuführmechanismus handeln (vgl. WaffVwV Nr. 18.1.2). 5

c) Glaubhaftmachung. Der Sachverständige muss **glaubhaft** machen, dass sich sein Bedarf zum Erwerb und Besitz von Waffen bzw Munition aus der Verfolgung wissenschaftlicher oder techn. Zwecke herleitet. Die einzelnen vom Gesetzgeber genannten Varianten „zur Erprobung, Begutachtung, Untersuchung oder zu einem 6 ähnlichen Zweck" stellen keine weiteren Zweckalternativen dar, sondern haben als Beispielsvarianten stets wissenschaftlichen oder techn. Zwecken zu dienen (vgl. *Apel/Bushart* WaffG § 18 Rn. 1). Zentral für die Anerkennung des Bedürfnisses ist demnach, dass die Waffen bzw die Munition für wissenschaftliche oder techn. Zwecke **benötigt** werden.

Für den Bereich der wissenschaftlichen Zwecke kann dies bei Personen angenommen werden, die ihre wissenschaftliche Tätigkeit durch einschlägige Veröffentlichungen auf diesem Gebiet oder aber entspr. inner- oder außenballistische Untersuchungen belegen können (vgl. WaffVwV Nr. 18.1.1). In Betracht kommt ebenso eine einschlägige berufliche Tätigkeit, etwa in einem Laboratorium für experimentelle Waffengeschichte, für die der Sachverständige eine gewisse Anzahl an Waffen bzw Munition benötigt (vgl. *Steindorf/N. Heinrich* WaffG § 18 Rn. 2). Für techn. Zwecke kann ein Bedarf zum Erwerb und Besitz von Waffen etwa angenommen werden, wenn dem Antragst. bspw. von der Polizei oder Staatsanwaltschaft Schussw. zur Erprobung, Begutachtung, Untersuchung oder zu ähnlichen Zwecken überlassen werden. Gleiches gilt für Schießsachverständige, die im Auftrag von Firmen Prototypen unter rechtl. Gesichtspunkten untersuchen sollen usw (vgl. auch *Steindorf/N. Heinrich* WaffG § 18 Rn. 3).

Sind die Waffen lediglich Mittel, nicht aber Gegenstand des Forschungsgegenstandes (Schussw. wird im Rahmen einer psychologischen Studie eingesetzt etc.), so handelt es sich um eine wissenschaftliche Forschung im Allgemeinen und es liegt kein wissenschaftlicher Zweck iSd § 18 für den Umgang mit Schussw. mehr vor. Das Bedürfnis richtet sich in diesen Fällen nach den allg. Regelungen des § 8 (vgl. WaffVwV Nr. 18.1.1).

2. Umfang der Erlaubnis (Abs. 2)

7 Der Umfang der unter den Vorauss. nach Abs. 1 und den allg. Vorschriften nach § 4 Abs. 1 Nr. 1–3 zu erteilenden Erwerbs- und Besitzerlaubnis wird in Abs. 2 der Vorschrift hinsichtlich des materiellen Gehalts (Nr. 1) sowie der zeitl. Geltungsdauer (Nr. 2) konkretisiert. Zudem wird der zust. Beh. in Abs. 2 S. 2 die Möglichkeit eingeräumt, die Erlaubnis mit einer Auflage bzgl. des turnusmäßigen Erbringens eines Bestandsverzeichnisses durch den Erlaubnisinhaber zu verbinden. Abs. 2 S. 3 sieht schließlich eine Ausnahme von der Pflicht zur Eintragung erworbener Waffen in die WBK vor (vgl. § 10 Abs. 1a), soweit die Waffe lediglich für einen Zeitraum für bis zu drei Monaten besessen wird.

8 **a) Schusswaffen und Munition jeder Art (Abs. 2 Nr. 1).** Die Erlaubnis bezieht sich idR auf Schussw. oder Munition **jeder Art.** Anders als beim Sammler wird vom Gesetzgeber hier nicht nur das Bedürfnis für solche Schussw. und/oder Munition anerkannt, die erkennbar dem wissenschaftlichen oder techn. Zweck dienen, sondern darüber hinausgehend auch für andersartige Schussw. und/oder Munition. Dieses vom Gesetzgeber umfassend anerkannte Bedürfnis trägt dem Umstand Rechnung, dass die fachlichen Spezialisten der Waffen- und Munitionsgutachter im Rahmen ihrer gutachterlichen Tätigkeit meist (etwa zu Vergleichszwecken) mit verschiedensten Waffentypen und Arten von Munition umgehen, weshalb die Erlaubnis zum Erwerb und Besitz **im Regelfall für jede Art von Waffen und Munition erteilt wird.** Auch Schalldämpfer, welche rechtl. der Schussw. gleichgest. sind, für die sie bestimmt sind, werden von diesem Bedürfnis erfasst (aA VG Schleswig Urt. v. 17.6.2008 – 7 A 137/06; letztlich offengelassen bei *Steindorf/N. Heinrich* WaffG § 18 Rn. 4). Ist ein Gutachter hingegen auf besondere Typen von Schussw. oder Munition spezialisiert und benötigt im Zuge seiner Tätigkeit offenkundig keine andersartigen Waffen bspw. zu Vergleichszwecken, so ist die Erlaubnis zum Erwerb und Besitz auf diese Waffen und/oder Munition in Abweichung von dieser Regel

zu beschränken (vgl. *Steindorf/N. Heinrich* WaffG § 18 Rn. 4). Dies dürfte allerdings der Ausnahmefall sein.

b) Zeitlich unbefristeter Erwerb (Abs. 2 Nr. 2). Nach Abs. 2 Nr. 2 wird die **9**
Erlaubnis zum Erwerb und Besitz von Schussw. oder Munition für Sachverständige prinzipiell zeitl. unbefristet erteilt. In Ausnahme zur Grundnorm des § 10 Abs. 1 S. 3, wonach Erlaubnisse zum **Erwerb** von Schussw. grds. auf ein Jahr **befristet** erteilt werden, wird diese Sachverständigen in Form einer „roten WBK" **unbefristet** erteilt.

c) Auflagen (Abs. 2 S. 2). In Abs. 2 S. 2 räumt der Gesetzgeber der zust. Beh. **10**
die Möglichkeit ein, die Erlaubnis zum Erwerb und Besitz von Waffen oder Munition mit der Auflage zu verbinden, dass der Sachverständige der zust. Beh. gegenüber in bestimmten Zeitabständen den Bestand an Schussw. und/oder Munition offenlegen muss. Die Verbindung der Erlaubnis mit einer entspr. Auflage ist in das **pflichtgemäße Ermessen** der zust. Beh. gestellt. Die Auflagenerteilung verfolgt **präventive** Zwecke und soll eine allg. Kontrolle bei Waffensachverständigen ermöglichen, weshalb eine **konkrete Gefahrensituation** für die Erteilung **nicht** erforderlich ist (vgl. BT-Drs. 14/7758, 65). Vorsätzliche oder fahrlässige Verstöße gegen eine vollziehbare Auflage nach Abs. 2 S. 2 sind gem. § 53 Abs. 1 Nr. 4 **ordnungswidrig.**

d) Ausnahme von § 10 Abs. 1a bei vorübergehendem Besitz (Abs. 2 S. 3). **11**
Wer auf Grundlage einer WBK eine Schussw. auf Dauer erwirbt, hat den Erwerb nach der Grundnorm des § 10 Abs. 1a binnen **zwei Wochen** der zust. Beh. unter Benennung von Namen und Anschrift des Überlassers **anzuzeigen** und die WBK zur **Eintragung** des Erwerbs vorzulegen. Erwirbt der Inhaber einer WBK zu einem von seinem Bedürfnis umfassten Zweck eine Schussw. nur vorübergehend nach § 12 Abs. 1 Nr. 1, so greift die Anzeige- und Eintragungspflicht nach § 10 Abs. 1a **nicht,** soweit der Besitz der Waffe einen Zeitraum von **einem Monat** nicht überschreitet. Diese Frist wird für die Erstellung eines Gutachtens in vielen Fällen nicht ausreichen. Umgekehrt werden Gutachtern Waffen und Munition anders als Sammlern im Regelfall nicht auf Dauer, sondern lediglich vorübergehend überlassen, bis das Gutachten erstellt ist. Der Erwerb mündet also im Regelfall nicht im dauerhaften Besitz. Diesem Umstand Rechnung tragend hat der Gesetzgeber die Befreiung von der Anzeige- und Eintragungspflicht nach § 10 Abs. 1a für Sachverständige in Abs. 2 S. 3 auf **drei Monate** verlängert, da dieser Zeitraum regelm. für die Erstellung eines Gutachtens ausreichen dürfte. Hierdurch werden unnötige bürokratische Hürden bei einem nur vorübergehenden Besitz zum Zweck einer Gutachtenerstellung vermieden.

Um die Frist in der Praxis belegen zu können, sollte der Zeitpunkt des Waffener- **11a**
werbs stets sorgfältig und allgmein nachvollziehbar dokumentiert werden.

§ 19 Erwerb und Besitz von Schusswaffen und Munition, Führen von Schusswaffen durch gefährdete Personen

(1) **Ein Bedürfnis zum Erwerb und Besitz einer Schusswaffe und der dafür bestimmten Munition wird bei einer Person anerkannt, die glaubhaft macht,**

1. **wesentlich mehr als die Allgemeinheit durch Angriffe auf Leib oder Leben gefährdet zu sein und**
2. **dass der Erwerb der Schusswaffe und der Munition geeignet und erforderlich ist, diese Gefährdung zu mindern.**

(2) **Ein Bedürfnis zum Führen einer Schusswaffe wird anerkannt, wenn glaubhaft gemacht ist, dass die Voraussetzungen nach Absatz 1 auch außer-**

halb der eigenen Wohnung, Geschäftsräume oder des eigenen befriedeten Besitztums vorliegen.

I. Allgemeines

1 In § 19 hat der Gesetzgeber gesonderte Regelungen für das waffenrechtl. Bedürfnis besonders gefährdeter Personen getroffen. Die Norm umreißt die Vorauss. für die Anerkennung eines **Bedürfnisses von Privatpersonen, Waffen zu Verteidigungszwecken einzusetzen.** Dem Grundsatz nach erkennt der Gesetzgeber damit eine Konkurrenz zum staatlichen Gewalt- und Bewaffnungsmonopol an (vgl. *Apel/Bushart* WaffG § 19 Rn. 1). Mit der Formulierung „Bedürfnis zum Erwerb und Besitz **einer** Schusswaffe" hat der Gesetzgeber klargestellt, dass im Regelfall stets nur das Bedürfnis für **eine einzelne** Schusswaffe und die dazugehörige Munition auf die Vorschrift gestützt werden kann (vgl. BT-Drs. 14/8886, 113). In Abs. 1 sind die besonderen Vorauss. für den **Erwerb** und **Besitz** von Schusswaffen und der dafür bestimmten Munition geregelt, wohingegen Abs. 2 die Vorauss. für das **Führen** von Schussw. abhandelt. Während das Bedürfnis für besonders gefährdete Personen eine gesonderte Regelung in § 19 erfahren hat, richtet sich der Erwerb einer WBK bzw eines WS im Übrigen nach den **allg. Vorschriften** (vgl. § 4 Abs. 1 Nr. 1–3).

II. Bedürfnis zum Erwerb und Besitz einer Schusswaffe (Abs. 1)

2 In Abs. 1 fasst der Gesetzgeber die Vorauss. zusammen, unter denen das Bedürfnis besonders gefährdeter Personen zum Erwerb und Besitz einer Schussw. und dafür bestimmter Munition anerkannt wird. Zunächst muss es sich beim Antragst. um eine besonders gefährdete Person iSd Vorschrift handeln. Dies hat er glaubhaft zu machen. Zudem muss er glaubhaft machen, dass die bestehende Gefährdung durch den Erwerb der Schussw. und der Munition **vermindert** wird, weshalb die Waffe geeignet und erforderlich sein muss, um die dargelegte Gefährdung zumindest zu verringern.

1. Besonders gefährdete Person (Abs. 1 Nr. 1)

3 Die Anerkennung eines Bedürfnisses für eine WBK setzt zunächst voraus, dass der Antragst. gegenüber der zust. Beh. glaubhaft machen kann, es handele sich bei ihm um eine besonders gefährdete Person iSd Vorschrift. Er muss also darlegen, dass er **wesentl.** mehr als die Allgemeinheit durch Angriffe auf Leib oder Leben gefährdet ist. Als **Angriff** iSd Vorschrift zählen ausschl. **von Menschen ausgehende rechtswidrige Handlungen,** weshalb etwa Angriffe von Tieren oder aber auch polizeiliche Maßnahmen sowie Notwehr- oder Nothilfehandlungen nicht geeignet sind, das Bedürfnis zu begründen (*Apel/Bushart* WaffG § 19 Rn. 6). Diese müssen sich explizit gegen Leib oder Leben richten, wohingegen drohende Angriffe auch auf wertvolle Sachgüter das Bedürfnis nach § 19 ebenfalls nicht zu begründen vermögen (*Apel/Bushart* WaffG § 19 Rn. 7). Liegt eine Bedrohung für erhebliche Sachgüter vor, so kann sich ein Bedürfnis allerdings prinzipiell nach den allg. Bedürfnisregelungen (§§ 4, 8) ergeben (vgl. *Steindorf/N. Heinrich* WaffG § 19 Rn. 2).

4 Die Entsch., ob eine besondere Gefährdung des Antragst. zu bejahen ist, bemisst sich nach **obj. Kriterien,** die subj. Einschätzung des Antragst. ist unerheblich (vgl. *Heller/Soschinka* WaffR Rn. 1862). Ein Unsicherheitsgefühl des Antragst. vermag daher ebenso wie die rein theoretische Möglichkeit eines Schadenseintritts nicht eine besondere Gefährdung zu begründen. Andererseits ist eine solche Gefahr dann

zu bejahen, wenn feststeht, dass es ohne die beantragte Bewaffnung mit einer großen Wahrscheinlichkeit zu einem Angriff auf Leib oder Leben des Antragst. selbst oder aber anderer ihm nahestehender Personen – wie bspw. Familienangehörige – kommen wird (vgl. *Apel/Bushart* WaffG § 19 Rn. 5 f.). Insofern ist hier prinzipiell ein **strenger Maßstab** anzulegen (vgl. BT-Drs. 14/7758, 66; ebenso *König/Papsthart* Neues WaffR Rn. 391).

Im Zuge dieser Entsch. ist das Interesse der Rechtsgemeinschaft, dass möglichst wenig Waffen ins Volk kommen auf der einen Seite zu berücksichtigen und gegen das Interesse des Antragst., seine Sicherheitslage durch den Erwerb bzw den Besitz oder das Führen einer Schusswaffe zu verbessern, abzuwägen. Das Interesse der Rechtsgemeinschaft wird durch die Erteilung eines WS intensiver betroffen als durch die Erteilung einer WBK, weshalb **bei** der **Beantragung eines WS ein besonders strenger Maßstab** anzulegen ist (vgl. *Heller/Soschinka* WaffR Rn. 1861; *Steindorf/N. Heinrich* WaffG § 19 Rn. 3). In jedem Fall bedarf es einer Überprüfung der Umstände im **Einzelfall.** Da jeder Mensch grds. einer gewissen Gefahr ausgeliefert ist, muss die Prüfung des Einzelfalls Umstände hervorbringen, die begründen, dass die Gefahr eines Angriffs auf Leib oder Leben gerade für den Antragst. **wesentl. größer** als für die Allgemeinheit ist. Diese Umstände müssen **in der Person des Antragst.** oder der besonderen Konstellation des Einzelfalls begründet liegen. Die Rspr. lässt eine bloße abstrakte Gefahr, wie sie zB für besondere Berufsgruppen (Juweliere usw) besteht, hierfür **nicht** ausreichen (ausf. *Steindorf/N. Heinrich* WaffG § 19 Rn. 7; zur Ablehnung eines Antrags auf Ausstellung eines WS an einen gewerbsmäßigen Waffen- und Schießausbilder VG Münster Urt. v. 21.8.2009 – 1 K 2097/2008). Auch der Umgang des Antragst. mit gefährdeten Personen begründet für sich genommen noch keine Gefährdung des Antragst. selbst (*Heller/Soschinka* WaffR Rn. 1863 mwN). Stets müssen **weitere Umstände** hinzutreten, welche die besondere Gefährdungslage begründen. In der Vergangenheit erfolgte Angriffe auf den Antragst. belegen uU eine besondere Gefährdung, können allerdings nicht als zwingendes Erfordernis für die Bejahung einer solchen angenommen werden (vgl. *Heller/Soschinka* WaffR Rn. 1863 mwN). Drohungen gegen den Antragst. oder seine Angehörigen können ebenfalls die Annahme einer besonderen Gefährdung begründen, ebenso können Erfahrungen aus vergleichbaren Fallkonstellationen zur Beurteilung herangezogen werden (vgl. *Apel/Bushart* WaffG § 19 Rn. 9).

2. Erwerb und Besitz geeignet und erforderlich, die Gefährdung zu mindern (Abs. 1 Nr. 2)

Über die besondere Gefährdung hinaus muss der Antragst. nach Abs. 1 Nr. 2 glaubhaft machen, dass die **Gefährdung durch den Erwerb** und Besitz der beantragten Schusswaffe **verringert** werden kann. Die Waffe muss demnach geeignet und erforderlich dazu sein, die Gefährdung zu mindern. 5

Geeignet ist die Schusswaffe zur Verminderung der Gefährdung dann, wenn davon auszugehen ist, dass ein in der konkreten Gefährdungslage typischerweise zu erwartender Angriff **erfolgreich** mit ihr **abgewehrt** werden kann (*Steindorf/N. Heinrich* WaffG § 19 Rn. 13). Abzustellen ist einerseits auf die **Lebensumstände des Antragst.** und die daraus im Einzelfall abzuleitenden Umstände, unter denen Angriffe zu befürchten sind (vgl. *Apel/Bushart* WaffG § 19 Rn. 11). Werden **„Überraschungsangriffe"** bzw Angriffe „aus dem Hinterhalt" in Situationen befürchtet, die eine wirksame Abwehr des Angegriffenen praktisch unmöglich erscheinen lassen, so ist eine Bewaffnung zur Minderung der Gefahrenlage regelm. nicht geeignet (vgl. *Apel/Bushart* WaffG § 19 Rn. 11; WaffVwV Nr. 19.2.4, im Anschl. daran *Heller/Soschinka* WaffR Rn. 1867, wonach ein Bedürfnis zum Besitz einer Schusswaffe zu Verteidigungszwecken etwa für Taxifahrer oder potenzielle Entführungsopfer dem Grundsatz nach abzulehnen sei; OVG Münster Urt. v. 23.4.2008 – 20 A 321/ 6

07; OVG Münster Beschl. v. 16.3.2005 – 20 A 2164/04; aA *Steindorf/N. Heinrich* WaffG § 19 Rn. 13). Auch für **Spielothekeninhaber** besteht grds. kein Bedürfnis zum Schusswaffenbesitz oder zum Führen von Schussw. (vgl. VG Darmstadt GewArch 2004, 435; zur Versagung eines WS für einen **Ausbilder im Verteidigungsschießen** und Berater für Sicherheitsfirmen VG Münster Urt. v. 21.8.2009 – 1 K 2097/08 – bzw für eine **prominente Persönlichkeit** VG Würzburg Urt. v. 13.10.2004 – W 6 K 03.714).

Die **Geeignetheit der Bewaffnung** zur Verminderung einer bestehenden Gefahr kann umfassend nur unter Berücksichtigung der Lebensumstände des Antragst. einerseits, aber zudem auch nach seiner **persönlichen Verteidigungsfähigkeit** beurteilt werden. Der Antragst. muss demnach zunächst einmal eine körperliche Verfassung aufweisen, die prinzipiell eine erfolgreiche Abwehr der für ihn drohenden Gefahren zulässt (vgl. *Apel/Bushart* WaffG § 19 Rn. 12). Körperliche Gebrechen, altersbedingte Reaktionsverzögerungen usw können dem ggf. entgegenstehen. Die Geeignetheit des Antragst. nach § 6 beinhaltet nicht automatisch, dass dieser auch geeignet dazu ist, eine Schussw. zu Verteidigungszwecken einzusetzen, da etwa Sportschützen oder Jäger im Rahmen ihres spezifischen Umgangs mit Schussw. keine speziellen Fertigkeiten erwerben, die typischerweise zum Verteidigungseinsatz von Schussw. benötigt werden. Daher ist **über die Geeignetheit iSd § 6 hinaus** eine Befähigung vom Antragst. zu verlangen, sich mit der begehrten Schussw. auch wirksam **verteidigen** zu können. Dies kann etwa durch den Nachweis der Teilnahme an einem Lehrgang im Verteidigungsschießen nachgewiesen werden, welche die Fähigkeit, unvorhergesehene Krisensituationen sachgerecht zu bewältigen, belegt (vgl. *Heller/Soschinka* WaffR Rn. 1868).

7 **Erforderlich** ist die Waffe nur dann, wenn die Gefährdung **nicht auf andere zumutbare Weise** verhindert werden kann. Sind Änderungen im Verhalten des Antragst. sowie andere Schutzvorkehrungen Dritter zumutbar und geboten, ist eine Bewaffnung nicht erforderlich (OVG Koblenz NVwZ-RR 2005, 326). So reicht es bspw. für ein Bedürfnis nicht aus, dass die Bewaffnung mit einer Schussw. die einfachste und bequemste Möglichkeit zur Verminderung einer Gefährdung darstellt (vgl. *Heller/Soschinka* WaffR Rn. 1866). **Zumutbare Verhaltensänderungen und sonstige Schutzvorkehrungen** sind etwa besondere bauliche Sicherungsmaßnahmen, Installation von Alarm- und Überwachungsanlagen, Einrichtung einer Meldesperre, Löschen des Telefonbucheintrags, Anschaffung eines Wachhundes. Ebenso die Übertragung von Geld- und Werttransporten an Fachfirmen, die Einrichtung von Einlasskontrollen im gewerblichen Bereich usw (vgl. auch *Apel/Bushart* WaffG § 19 Rn. 13; *Heller/Soschinka* WaffR Rn. 1866; *Steindorf/N. Heinrich* WaffG § 19 Rn. 13;). Ob andere Maßnahmen die Gefährdung in vergleichbarer Weise wie eine Bewaffnung zu vermindern vermögen, wird **im Einzelfall auf Grund der polizeilichen Einschätzung** zu entscheiden sein (vgl. *Apel/Bushart* WaffG § 19 Rn. 13), weshalb die zust. Beh. im Zuge des Erlaubnisverfahrens die Stellungnahme der zust. Polizeidienststelle einholen wird. Kann die Erforderlichkeit einer Schussw. grds. bejaht werden, so ist abschließend zu prüfen, ob die Gefährdung ggf. auch mit einer **mindergefährlichen** Waffe vermindert werden kann (etwa mit einer SRS-Waffe anstatt mit einer „scharfen" Schussw., vgl. *Heller/Soschinka* WaffR Rn. 1866).

III. Bedürfnis zum Führen einer Schusswaffe (Abs. 2)

8 Nach Abs. 2 ist ein Bedürfnis auch für das Führen einer Schussw. dann anzuerkennen, wenn der Antragst. anhand der Darlegung von Tatsachen glaubhaft zu machen vermag, dass die in Abs. 1 dargelegten Vorauss. auch außerhalb der eigenen Wohnung, Geschäftsräume oder des eigenen befriedeten Besitztums (→ Anl. 1 Rn. 176) vorliegen. Die **Gefährdungslage** muss also auch und ggf. insbes. **außerhalb des**

häuslichen Bereichs bestehen. Dies kann etwa bei einer beruflichen Reisetätigkeit der gefährdeten Person angenommen werden (vgl. *Steindorf/N. Heinrich* WaffG § 19 Rn. 15). Da das Führen einer Schussw. zu Verteidigungszwecken potenziell eine besondere Gefahrennähe zu einem nicht näher begrenzbaren Personenkreis in der Öffentlichkeit birgt, ist in der Praxis bei der Prüfung der Eignung und Erforderlichkeit der Waffe **ein besonders strenger Maßstab** anzulegen (vgl. BT-Drs. 14/7758, 36).

§ 20 Erwerb und Besitz von Schusswaffen durch Erwerber infolge eines Erbfalls

(1) **Der Erbe hat binnen eines Monats nach der Annahme der Erbschaft oder dem Ablauf der für die Ausschlagung der Erbschaft vorgeschriebenen Frist die Ausstellung einer Waffenbesitzkarte für die zum Nachlass gehörenden erlaubnispflichtigen Schusswaffen oder ihre Eintragung in eine bereits ausgestellte Waffenbesitzkarte zu beantragen; für den Vermächtnisnehmer oder durch Auflage Begünstigten beginnt diese Frist mit dem Erwerb der Schusswaffen.**

(2) **Dem Erwerber infolge eines Erbfalls ist die gemäß Absatz 1 beantragte Erlaubnis abweichend von § 4 Abs. 1 zu erteilen, wenn der Erblasser berechtigter Besitzer war und der Antragsteller zuverlässig und persönlich geeignet ist.**

(3) **[1]Für erlaubnispflichtige Schusswaffen und erlaubnispflichtige Munition, für die der Erwerber infolge eines Erbfalles ein Bedürfnis nach § 8 oder §§ 13 ff. geltend machen kann, sind die Vorschriften des § 4 Abs. 1 Nr. 1 bis 3 und des § 8 und der §§ 13 bis 18 anzuwenden. [2]Kann kein Bedürfnis geltend gemacht werden, sind Schusswaffen durch ein dem Stand der Technik entsprechendes Blockiersystem zu sichern und ist erlaubnispflichtige Munition binnen angemessener Frist unbrauchbar zu machen oder einem Berechtigten zu überlassen. [3]Einer Sicherung durch ein Blockiersystem bedarf es nicht, wenn der Erwerber der Erbwaffe bereits auf Grund eines Bedürfnisses nach § 8 oder §§ 13 ff. berechtigter Besitzer einer erlaubnispflichtigen Schusswaffe ist. [4]Für den Transport der Schusswaffe im Zusammenhang mit dem Einbau des Blockiersystems gilt § 12 Abs. 3 Nr. 2 entsprechend.**

(4) **[1]Das Bundesministerium des Innern erstellt nach Anhörung eines Kreises von Vertretern der Wissenschaft, der Betroffenen, der beteiligten Wirtschaft und der für das Waffenrecht zuständigen obersten Landesbehörden dem Stand der Sicherheitstechnik entsprechende Regeln (Technische Richtlinie – Blockiersysteme für Erbwaffen) für ein Blockiersystem nach Absatz 3 Satz 2 sowie für dessen Zulassungsverfahren und veröffentlicht diese im Bundesanzeiger. [2]Die Prüfung der Konformität und die Zulassung neu entwickelter Blockiersysteme gemäß der Technischen Richtlinie erfolgt durch die Physikalisch-Technische Bundesanstalt.**

(5) **[1]Der Einbau und die Entsperrung von Blockiersystemen dürfen nur durch hierin eingewiesene Inhaber einer Waffenherstellungserlaubnis oder einer Waffenhandelserlaubnis nach § 21 Abs. 1 oder durch deren hierzu bevollmächtigten Mitarbeiter erfolgen. [2]Die vorübergehende Entsperrung aus besonderem Anlass ist möglich. [3]Die Zeitpunkte aller Einbauten und Entsperrungen sind schriftlich oder elektronisch festzuhalten. [4]§ 39 Abs. 1 Satz 1 gilt entsprechend.**

(6) **In der Waffenbesitzkarte ist von der Waffenbehörde einzutragen, dass die Schusswaffe mit einem Blockiersystem gesichert wurde.**

(7) [1]**Die Waffenbehörde hat auf Antrag Ausnahmen von der Verpflichtung, alle Erbwaffen mit einem dem Stand der Sicherheitstechnik entsprechenden Blockiersystem zu sichern, zuzulassen, wenn oder so lange für eine oder mehrere Erbwaffen ein entsprechendes Blockiersystem noch nicht vorhanden ist.** [2]**Eine Ausnahme kann auch für Erbwaffen erteilt werden, die Bestandteil einer kulturhistorisch bedeutsamen Sammlung gemäß § 17 sind oder werden sollen.**

Übersicht

I. Entstehungsgeschichte

1 Das Erbenregelung des § 20 WaffG im Zuge des **2. ÄndG** (→ Einf. Rn. 23) zum 1.4.2008 komplett neu gefasst worden. Zur Entstehungsgeschichte der Norm → 1. Aufl. § 20 Rn. 1.

II. Allgemeines

2 Die Vorschrift des § 20 wird als Erbenregelung oder auch als **Erbenprivileg** bezeichnet. Zu berücksichtigen ist jedoch, dass die Regelungen des § 20 **gleichermaßen** für alle Erwerber in Folge eines Erbfalls, also nicht nur für den **Erben,** sondern ebenso für den **Vermächtnisnehmer** und den **durch Auflage Begünstigten** gelten. Der Erbe tritt im Falle des Ablebens des Erblassers ohne sein besonderes Zutun im Wege der Gesamtrechtsnachfolge (Universalsukzession) gem. § 1922 BGB grds. vollumfänglich in die Rechte und Pflichten des Erblassers ein. Unabhängig von seinem Willen erlangt er also das Eigentum an den Erbwaffen, und auch der Besitz geht gem. § 857 BGB auf ihn über. Diese Rechtsfolgen treten unabhängig davon ein, ob er die für den Besitz der Erbwaffe erforderliche waffenrechtl. Erlaubnis hat oder es sich ggf. um eine verbotene Waffe handelt, die ohne Ausnahmebewilligung des BKA überhaupt nicht besessen werden darf. Gleichermaßen können auch

andere Personen als der Erbe infolge eines Erbfalls die tatsächliche Gewalt an Waffen erlangen, da mit dem Tode des Erblassers dessen Besitz an der Waffe erlischt und auf Dritte übergeht, so dass die tatsächliche Gewalt an den Erbwaffen bspw. auch auf die anwesende Hausangestellte etc übergehen kann (vgl. *Apel/Bushart* WaffG § 20 Rn. 2). Die Sonderheit eines Waffenerwerbs im Zuge eines Erbfalls besteht demnach zentral darin, dass der Erwerb prinzipiell **unabhängig vom Willen des Erwerbers,** ggf. sogar ohne sein Wissen, stattfindet. Hieraus resultieren verschiedene Erwerbskonstellationen. Insbes. ist denkbar, dass der Erbe ohne seinen Willen eine nach dem WaffG verbotene Waffe oder aber eine erlaubnispflichtige Waffe, welcher der Erblasser rechtswidrig besessen hatte, infolge des Erbfalls erwirbt. Der bei weitem häufigste Fall dürfte allerdings derjenige sein, dass der Erbe eine erlaubnispflichtige Waffe erwirbt, welche der Erblasser zu Lebzeiten rechtmäßig besessen hatte, für die der Erbe allerdings im Moment des Erwerbs keine waffenrechtl. Erlaubnis besitzt. Da der Erwerb jeweils unabhängig vom Willen des Erwerbenden erfolgt, bedarf diese besondere Form des Erwerbs einer entspr. eigenen rechtl. Ausformung, um zu jeweils in der Praxis tragenden Ergebnissen zu gelangen. Einerseits muss sichergestellt sein, dass der Erbe einer verbotenen Waffe nicht strafrechtl. für den unerlaubten Erwerb zur Rechenschaft gezogen werden kann, andererseits liegt es auf der Hand, dass die Erbschaft in solch gelagerten Fällen nicht zum dauerhaft legalen Besitz einer verbotenen Waffe führen kann.

Insofern bedarf es zunächst einer **Differenzierung zwischen dem reinen Erwerb** und dem daraus resultierenden lediglich kurzfristigen Besitz infolge eines Erbfalls auf der einen Seite. Davon zu unterscheiden ist die Frage, wie der **dauerhafte Besitz** an einer verbotenen bzw erlaubnispflichtigen Schussw. infolge eines Erbfalls unter rechtl. Aspekten zu beurteilen ist.

Da der Erwerb infolge eines Erbfalls **willensunabhängig** erfolgt, kann dieser vernünftigerweise zunächst nicht unerlaubt sein. Ungeachtet dessen, ob es sich um eine erlaubnispflichtige oder gar verbotene Waffe handelt. Hiervon erfasst ist ebenfalls der kurzfristige Besitz, da dieser denknotwendig aus dem Erwerb resultiert.

Der Erwerb und kurzfristige Besitz erlaubnispflichtiger Waffen infolge eines Erbfalls ist bereits in **§ 37 Abs. 1 S. 1 Nr. 1** angesprochen, wonach die Inbesitznahme der erlaubnispflichtigen Waffe gegenüber der zust. Beh. **unverzüglich** (dh ohne „schuldhaftes Zögern", § 121 BGB, → § 37 Rn. 15) **anzuzeigen** ist. Indes korrespondiert diese Pflicht nur bedingt mit den Regelungen des § 20, da sie zum einen alle willensunabhängigen Erwerbsformen (also etwa auch den Fund usw) erfasst. Zudem trifft sie nicht nur den Erben, sondern bspw. auch den Mitbewohner, die Haushälterin usw des Verstorbenen, soweit diese durch den Tod des Waffenbesitzers in den Besitz einer erlaubnispflichtigen Waffe gelangt sind (vgl. auch *Apel/Bushart* WaffG § 20 Rn. 13).

In **§ 40 Abs. 5 S. 1** ist der Erwerb und kurzfristige Besitz **verbotener Waffen** infolge eines Erbfalls geregelt. Auch hier ist die **Inbesitznahme unverzüglich anzuzeigen.** Solange diese Frist läuft, ist der Besitz als rechtmäßig einzustufen, vgl. § 40 Abs. 5 S. 3.

Verstöße gegen diese Anzeigepflichten stellen **Ordnungswidrigkeiten** gem. § 53 Abs. 1 Nr. 5 dar.

Die zust. Beh. entscheidet nach der Anzeige der Inbesitznahme darüber, wie weiter mit den in Rede stehenden (Schuss-)Waffen zu verfahren ist (Überlassen an einen Berechtigten, Umarbeitung der Schussw. usw).

Der **Erwerb** und der zwingend daraus resultierende **kurzfristige Besitz infolge eines Erbfalls** sind also **zunächst stets** als **rechtmäßig** einzustufen. Dies gilt auch, wenn die vererbte Waffe vom Erblasser ohne die hierfür notwendige Erlaubnis besessen wurde oder aber eine verbotene Waffe vererbt wurde. § 20 enthält hierzu im Gegensatz zum alten WaffG keine explizite Aussage, vielmehr wird dieses

Erwerbsprivileg als selbstverständlich vorausgesetzt (*Apel/Bushart* WaffG § 20 Rn. 3).

Vom Erwerb und dem daraus resultierenden kurzfristigen Besitz zu **unterscheiden** ist die Frage, inwieweit auch **der dauerhafte Besitz** von erlaubnispflichtigen Schussw. und dazugehöriger Munition infolge eines Erbfalls unter Ausnahmen von allg. waffenrechtl. Erlaubnisvorauss. gewährt werden soll. Diese Fragestellung behandelt § 20.

Eine Sonderregelung für Erben von Waffen- und Munitionssammlungen enthält § 17 Abs. 3 (→ § 17 Rn. 12 ff.).

III. Neufassung des „Erbenprivilegs" seit dem 1.4.2008

3 Um ein weiteres unkontrolliertes Anwachsen der infolge von Erbfällen entstandenen Waffenbestände zu verhindern (vgl. BT-Drs. 14/7758, 66), hatte der Gesetzgeber das zum 1.4.2003 in Kraft getretene sog **Erbenprivileg** des § 20 von vornherein auf fünf Jahre befristet (vgl. Art. 19 Nr. 2 WaffRNeuRegG).

Mit dieser erklärten Zielsetzung hat der Gesetzgeber die Erbenregelung des § 20 zum 1.4.2008 komplett neu gefasst und die ehemals einen Abs. umfassende Vorschrift **um sechs weitere Abs. ergänzt.**

Während die beiden ersten Abs. des neu gefassten § 20 lediglich die Regelungen des § 20 aF zur Antragsfrist bzgl. einer WBK (§ 20 Abs. 1 nF) und zu den Ausnahmen von den Erlaubnisvorauss. des § 4 Abs. 1 (§ 20 Abs. 2 nF) aufgreifen, enthält der **neu angefügte Abs. 3** der Vorschrift die **zentralen Neuerungen** zur aktuellen Erbenregelung, welche iErg eine deutlich stärkere Reglementierung des Waffen- und Munitionserwerbs und -besitzes infolge eines Erbfalls beinhalten.

In den Abs. 4–7 sind verschiedene präzisierende Vorschriften zum neu ins WaffG aufgenommenen Erfordernis des Einbaus eines Blockiersystems in die Erbwaffe enthalten.

Unberührt von den Regelungen des Erbenprivilegs bleibt die Vorschrift des § 37 Abs. 1 S. 1 Nr. 1 bestehen, wonach der Erbe verpflichtet ist, der zust. Verwaltungsbehörde **unverzüglich die Inbesitznahme** der erlaubnispflichtigen **Waffe** anzuzeigen.

Verstöße gegen die Anzeigepflicht sind **bußgeldbewehrt,** vgl. § 53 Abs. 1 Nr. 5.

IV. Antrag auf Ausstellung einer WBK / Eintrag der Erbwaffe in die WBK, Antragsfrist (Abs. 1)

4 Gem. Abs. 1 der Vorschrift ist der Erbe verpflichtet, innerhalb **eines Monats** bei der zust. Beh. die **Ausstellung einer WBK** für die geerbte, erlaubnispflichtige Schussw. **zu beantragen.** Für den Fall, dass der Antragst. bereits Schusswaffenbesitzer ist und dementspr. über eine WBK verfügt, hat er innerhalb derselben Frist den Eintrag der Erbwaffe in die vorhandene WBK zu beantragen.

5 Die **Frist beginnt** mit der Annahme der Erbschaft oder dem Ablauf der für die Erbschaftsausschlagung vorgeschriebenen Frist (sechs Wochen, § 1944 BGB) zu laufen. Diese Regelungen gelten gleichermaßen für alle Erwerber in Folge eines Erbfalls, also für den Erben, den Vermächtnisnehmer und den durch Auflage Begünstigten. Die Antragsfristen beginnen für die beiden Letztgenannten mit dem tatsächlichen Erwerb der Schussw. Wird die Antragsfrist versäumt, kann sich der Antragst. nicht mehr auf die privilegierenden Erwerbs- und Besitzregelungen des § 20 berufen (*Heller/Soschinka* WaffR Rn. 2516; *Apel/Bushart* WaffG § 20 Rn. 12).

6 Ein **Verstoß** gegen die Antragsfrist ist **bußgeldbewehrt,** vgl. § 53 Abs. 1 Nr. 7.

Vom Verstoß gegen die Antragsfrist differenziert zu betrachten ist die Frage des Waffenbesitzes. Solange die Antragsfrist läuft, ist der Waffenbesitz auch ohne WBK in jedem Falle rechtmäßig. Nach Ablauf der Frist bemisst sich die rechtl. Würdigung des Verstoßes nach dem Vorliegen der **materiellen Vorauss. für den Besitz.** Erfüllt der Erbe die materiellrechtl. Vorauss. nach § 20 für den Besitz der Erbwaffe (dies trifft etwa auf den Inhaber einer WBK zu), so bleibt es bei der Ordnungswidrigkeit. Liegen die materiellrechtl. Vorauss. für den Besitz hingegen nicht vor, so zieht die Nichtbeachtung der Frist auch einen unerlaubten Waffenbesitz nach sich, welcher nach den Strafvorschriften zu behandeln ist.

Die Rspr. zum alten Erbenprivileg, wonach die Nichtbeachtung der Frist zur Beantragung einer WBK für die Erbwaffen lediglich eine Ordnungswidrigkeit nach § 55 Abs. 1 Nr. 15 WaffG aF darstellte und der unerlaubte Besitz an der Erbwaffe auch nach Ablauf der Frist nicht strafbar war (vgl. BGH Beschl. v. 28.8.2003 – 4 StR, 247/03; NStZ 1993, 192; BayObLG NStZ-RR 1996, 184) kann nicht „eins zu eins" auf die aktuelle Fassung des § 20 übertragen werden (im Erg. so auch *Lehmann* WaffG § 20 Rn. 62 f.; aA offensichtlich *Heller/Soschinka* WaffR Rn. 2518; *ABB/Adolph* WaffG § 20 Rn. 14; *Steindorf/Gerlemann* WaffG § 20 Rn. 5; offen gelassen *Apel/Bushart* WaffG § 20 Rn. 10 f.). Nach § 28 Abs. 4 Nr. 1 WaffG aF war der Erbe bzgl. Erwerb **und** Besitz **erlaubnisfrei** gestellt, weshalb die Fristversäumung gem. § 28 Abs. 5 S. 1 WaffG aF stets nur den als Ordnungswidrigkeit geahndeten Verstoß gegen eine Formalvorschrift darstellen konnte, und die Strafbarkeit wegen eines unerlaubten Waffenbesitzes folgerichtig ausschied.

Das aktuelle Erbenprivileg stellt den Erben hingegen nur bzgl. des Erwerbs, **nicht aber hinsichtlich des weiteren Besitzes** an den Erbwaffen erlaubnisfrei. Auch der Erbe bedarf für den über die Anmeldefrist hinausgehenden Besitz einer WBK. Zudem muss er seit dem **2. ÄndG** (→ Einf. Rn. 23) ab 1.4.2008 dem herkömmlichen Waffenbesitzer vergleichbare materiellrechtl. Anforderungen für den Besitz der voll funktionsfähigen Waffe erfüllen. Lediglich während des Fristenlaufs soll der Besitz der Erbwaffe auch ohne Erlaubnis legal sein. Danach bemisst sich der Besitz nach den allg. materiellrechtl. Vorauss. Liegen diese nicht vor, so handelt es sich um einen strafbaren unerlaubten Waffenbesitz. Die Ordnungswidrigkeit nach § 53 Abs. 1 Nr. 7 betr. ausschl. die Ahndung der Fristversäumung und soll den unerlaubten Besitz infolge einer Erbschaft nicht privilegieren (aA: *Heller/Soschinka* WaffR Rn. 2518; *Steindorf/Gerlemann* WaffG § 20 Rn. 5; ebenso aA: WaffVwV Nr. 20.1.5, wonach derjenige, der die Anmeldefrist nach § 20 Abs. 1 versäumt, lediglich eine Ordnungswidrigkeit begeht und lediglich nicht mehr die Erteilung einer WBK unter den erleichterten Vorauss. des § 20 Abs. 2 verlangen kann.).

V. Ausstellung der Erben-WBK in Ausnahme zu § 4 Abs. 1 (Abs. 2)

Nach Abs. 2 der Vorschrift wird dem Antragst. (Erben) die nach Abs. 1 beantragte 7
WBK abweichend von den allg. in § 4 festgelegten Vorauss. für die Erteilung einer waffenrechtl. Erlaubnis erteilt. Vorauss. für die Erteilung der WBK für die Erbwaffen ist zunächst, dass der **Erblasser berechtigter Besitzer** der vererbten Waffe war.

Typischerweise wird der berechtigte Besitz durch eine von einer deutschen Beh. ausgestellte WBK dokumentiert. Hatte der Erblasser lediglich eine ausländische waffenrechtl. Erlaubnis, so greift das Erbenprivileg nicht (vgl. *Steindorf/Gerlemann* WaffG § 20 Rn. 6).

Das Erbenprivileg kommt nicht für ererbten unrechtmäßigen Waffenbesitz in Betracht (vgl. *Steindorf/Gerlemann* WaffG § 20 Rn. 6). Eine „Legalisierung" der Erbwaffe auf Grund eines auf Seiten des Erben bestehenden Bedürfnisses für diese ist hingegen möglich, soweit die übrigen allg. Vorauss. zur Erteilung einer waffenrechtl. Erlaubnis auf Seiten des Erben vorliegen (vgl. WaffVwV Nr. 20.1.1).

7a Weitere Vorauss. für die Ausstellung einer WBK ist, dass der **Antragst. zuverlässig und persönlich geeignet** ist.

Für die Zuverlässigkeit und die persönliche Eignung des Antragst. gelten die in §§ 5, 6 getroffenen Regelungen als Maßstab. Durch das Erfordernis, dass der Erblasser berechtigter Besitzer der vererbten Waffen war, will der Gesetzgeber verhindern, dass ein ehemals rechtswidriger Waffenbesitz durch einen Erbfall legalisiert wird.

8 Prinzipiell ist demnach auch die Ausstellung einer WBK für solche Erben vorgesehen, welche **weder das 18. Lebensj. vollendet** haben (§ 4 Abs. 1 Nr. 1) **noch die erforderliche Sachkunde** iSd § 7 nachgewiesen (§ 4 Abs. 1 Nr. 3) und zudem **kein Bedürfnis** für die Erbwaffe nachgewiesen haben (§ 4 Abs. 1 Nr. 4). Zwar entfällt mit Minderjährigkeit des Erwerbers grds. auch dessen persönliche Eignung. So zieht die absolute altersbedingte Geschäftsunfähigkeit (Personen unter 7 Jahren, § 104 Nr. 1 BGB) gem. § 6 Abs. 1 S. 1 Nr. 1 ausnahmslos die persönliche Nichteignung nach sich. Zu berücksichtigen ist jedoch, dass gem. § 6 Abs. 1 S. 2 die beschränkte Geschäftsfähigkeit (§ 106 BGB) lediglich eine widerlegliche gesetzliche Vermutung auslöst, der Antragst. sei persönlich ungeeignet. Die Ausstellung einer Erben-WBK an einen beschränkt geschäftsfähigen Minderjährigen wird zwar im Regelfall ausscheiden, kann jedoch in Einzelfällen in Betracht kommen, soweit besondere Umstände ausnahmsweise die persönliche Eignung eines beschränkt geschäftsfähigen Minderjährigen belegen (Bsp.: Ein 17-jähriger, der im Besitz eines Jugendjagdscheins ist, bereits mehrfach mit seinem Vater zur Jagd gegangen ist und für sein Alter ein besonders hohes Maß an sittlicher Reife aufweist, erbt die Jagdwaffen seines verstorbenen Vaters).

Letztlich kann die Ausstellung einer Erben-WBK an einen Minderjährigen nicht schlechterdings ausgeschlossen werden, gleichwohl nur in atypisch gelagerten Ausnahmefällen in Betracht kommen.

Nach *König/Papsthart* Neues WaffR (Rn. 402) könne einem minderjährigen Erben zwar eine Erben-WBK ausgestellt werden, die Erbwaffen seien bis zur Volljährigkeit aber in Besitz und Verwahrung eines Berechtigten zu halten (ähnl. *ABB/Adolph* WaffG § 20 Rn. 15).

Nach WaffVwV Nr. 20.2.1 sei dafür Sorge zu tragen, dass bei minderjährigen Erben der Besitz an der ererbten Schussw. vorübergehend einem waffenrechtl. Berechtigten übertragen werde. Nach Feststellung seiner Zuverlässigkeit und persönlichen Eignung könne für Waffen nach § 14 Abs. 1 S. 2 Personen eine WBK erteilt werden, die das 18. Lebensjahr vollendet hätten. Für andere Waffen nur Personen, die das 25. Lebensjahr vollendet hätten (hier handelt es sich wohl um ein Redaktionsversehen, gemeint ist offensichtlich die Vollendung des 21. Lebensjahres nach § 14 Abs. 1 S. 1). Dies erscheint wenig überzeugend, da etwa der 18jährige Jäger durchaus Schussw. nach § 14 Abs. 1 erwerben darf. Zudem ist zu berücksichtigen, dass die Erben-WBK lediglich zum Besitz der blockierten Erbwaffe berechtigt. Soweit das 25. Lebensjahr noch nicht vollendet sei, sei zudem die Beibringung eines positiven Gutachtens nach § 6 Abs. 3 erforderlich.

Diese ausgesprochen liberale Regelung galt im Rahmen des alten Erbenprivilegs nach dem WaffRNeuRegG vollumfänglich für jeden Erwerb einer erlaubnispflichtigen Waffe infolge eines Erbfalls. Durch die im Zuge des **2. ÄndG** (→ Einf. Rn. 23) eingefügten weitreichenden Bestimmungen des Abs. 3 hat diese Regelung indes **nachhaltige Einschränkungen** erfahren:

Die Erteilung einer WBK an den Erben abweichend von den allg. in § 4 festgelegten Vorauss. kommt nach dem neu gefassten Erbenprivileg iErg nur noch für solche Schussw. in Betracht, die mit einem „dem Stand der Technik entsprechenden Blockiersystem" versehen sind. **Eine WBK für eine voll funktionsfähige Schussw. scheidet abweichend von den Vorauss. des § 4 nunmehr aus.**

Für Erbengemeinschaften kann eine WBK (für die blockierten Erbwaffen) nach § 10 Abs. 2 S. 1 ausgestellt werden. 8a

Eine Erlaubnis zum weiteren Besitz der geerbten **Munition** wird nur erteilt, soweit der Erwerber infolge eines Erbfalls selbst ein Bedürfnis, zB als Jäger oder Sportschütze geltend machen kann (vgl. WaffVwV Nr. 20.2.2). 8b

VI. Das „neue Erbenprivileg" (Abs. 3)

In Abs. 3. der Vorschrift sind die wesentl. Neuerungen der aktuellen Erbenregelung enthalten. Während sich das ursprüngliche Erbenprivileg lediglich auf erlaubnispflichtige Schussw. bezog, ist von der neu gefassten Erbenregelung nun **auch** explizit **erlaubnispflichtige Munition** erfasst. Dem Erben werden auch nach der Neuregelung des 2. ÄndG Privilegien bzgl. des Erwerbs und des Besitzes erlaubnispflichtiger Schussw. belassen, insofern kann die Neuregelung auch als **neues Erbenprivileg** gelten. Gleichwohl zeichnet sich das neue Erbenprivileg durch **massive Beschneidungen** der weitaus liberaler gefassten Vorgängerregelung aus. 9

1. Erbfall und Bedürfnisprinzip

Der Gesetzgeber hat mit der Neuregelung Abstand von der bisherigen Regelung genommen, nach der dem Erben der dauerhafte rechtmäßige Besitz an einer voll funktionsfähigen Erbwaffe grds. unabhängig von einem Bedürfnis des Erben zugestanden wurde. Der dauerhafte Besitz an der voll funktionsfähigen Erbwaffe wird dem Erben nunmehr grds. nur noch zugestanden, soweit er ein **Bedürfnis** für diese nachzuweisen vermag **und** zudem die übrigen **allg. Vorauss.** für die Erteilung einer waffenrechtl. Erlaubnis vorliegen. 10

Eine **Ausnahme** hiervon soll dann greifen, wenn der Erbe bereits rechtmäßiger Besitzer einer erlaubnispflichtigen Waffe ist. In diesen Fällen wird dem Erwerber infolge eines Erbfalls der dauerhafte Besitz an der voll funktionstüchtigen Schussw. auch dann zugestanden, wenn er für diese konkret kein Bedürfnis in Geltung bringen kann (Abs. 3 S. 3).

2. Bedürfnis für Erbwaffe/Munition liegt vor (Abs. 3 S. 1)

Für den Fall, dass der Erbe ein Bedürfnis für die Erbwaffe/Munition geltend machen kann, sieht der Gesetzgeber vor, dass die einschlägigen Bedürfnisregelungen des WaffG zur Anwendung kommen. Hierbei kommt ein allg. Bedürfnis nach § 8 ebenso in Betracht wie die Anwendbarkeit der praktisch bedeutsameren speziellen Bedürfnisregelungen der §§ 13 ff. Erforderlich ist demnach immer ein konkretes Bedürfnis gerade für die Erbwaffe (Bsp.: Wird etwa eine Jagdwaffe vererbt, muss der Erbe ein Bedürfnis nach § 13 glaubhaft machen). 11

Weitere Zugeständnisse hat der Gesetzgeber dem Erben in Abs. 3 S. 3 gemacht, wonach dieser pauschal alle Erbwaffen in einem voll funktionstüchtigen Zustand erwerben und besitzen darf, soweit er bereits **Inhaber einer WBK** ist. Es kommt hier nicht wie in Abs. 3 S. 1 darauf an, ob sich das Bedürfnis aus der WBK auch auf die Erbwaffen erstreckt (→ Rn. 14).

Zudem schreibt der Gesetzgeber auch die Anwendung der allg. waffenrechtl. Erlaubnisvorauss. des § 4 Abs. 1 Nr. 1–3 vor. Dem Erben ohne WBK wird der dauerhafte Besitz der ererbten Waffe/Munition daher **nur dann als rechtmäßig zugestanden,** wenn er ein Bedürfnis für die Erbwaffe nachgewiesen hat und zusätzlich 12

- das 18. Lebensj. vollendet hat,
- die erforderliche Zuverlässigkeit (§ 5) sowie
- die persönliche Eignung (§ 6) besitzt und
- die erforderliche Sachkunde (§ 7) nachgewiesen hat.

Insoweit genießt der Erbe **keinerlei Vorzüge** mehr gegenüber anderen Waffen- bzw Munitionserwerbern. Durch diese Neuregelung seit 1.4.2008 hat der Gesetzgeber für die Zukunft unterbunden, dass Erwerbern infolge eines Erbfalls auch dann der dauerhafte Umgang mit voll funktionsfähigen Schussw. und dazugehöriger Munition als rechtmäßig zugestanden wird, wenn sie die allg., für alle anderen Waffenerwerber geltenden Vorauss. für eine waffenrechtl. Erlaubnis nicht erfüllen. ISd öffentl. Sicherheitsinteressen ist ein Erwerb und dauerhafter rechtmäßiger Besitz einer voll funktionsfähigen Schussw. durch einen Erben daher **ausgeschlossen,** wenn er **kein Bedürfnis** für die Erbwaffe nachweisen kann oder nicht bereits im Besitz einer WBK ist.

3. Bedürfnis für Erbwaffe liegt nicht vor, Blockiersystem (Abs. 3 S. 2)

13 Für den Erben, welcher **kein Bedürfnis** für die geerbten Schussw. geltend machen kann, gilt seit dem 1.4.2008, dass er diese nicht mehr uneingeschränkt funktionsfähig in seinem Besitz behalten darf. Für die Erteilung einer WBK muss der Erbe zunächst die Vorauss. des Abs. 2 erfüllen (zuverlässig und persönlich geeignet). Weiter sind die geerbten Schussw. in diesem Fall grds. „durch ein dem Stand der Technik entsprechendes **Blockiersystem**" zu sichern. Die dazugehörige erlaubnispflichtige Munition ist binnen angemessener Frist **unbrauchbar zu machen** oder einem Berechtigten **zu überlassen.**

Durch diese Regelung soll dem Erben einerseits die Möglichkeit eingeräumt werden, auch dann das Eigentum an geerbten erlaubnispflichtigen Schussw. und erlaubnispflichtiger Munition möglichst umfassend wahrnehmen zu können, wenn er die allg. Vorauss. für eine waffenrechtl. Erlaubnis nicht erfüllt. Umgekehrt wird dem legitimen öffentl. Sicherheitsinteresse Rechnung getragen, indem dem Erben nicht der uneingeschränkte Besitz an der voll funktionsfähigen Schussw. zugebilligt wird. Vielmehr beschränkt sich der rechtmäßige Besitz auf solche Erbwaffen, welche mit einem entspr. Blockiersystem versehen sind. IErg wird hierdurch der ungehinderte Zugriff waffenrechtl. nicht erlaubnisfähiger Personen auf voll funktionsfähige Schussw. unterbunden. Gleichermaßen wird der ungehinderte Zugriff dieses Personenkreises auf intakte (und damit obj. gefährliche) Munition unterbunden.

Schussw. im berechtigten Besitz von Erben ohne waffenrechtl. Bedürfnis unterliegen einem umfassenden, durch die Blockierpflicht gesicherten Benutzungsverbot. Dies schließt berechtigten Mitbesitz von Personen mit einem waffenrechtl. Bedürfnis aus (BVerwG GewArch 2016, 297 ff.), da dieser typischerweise auf die Verwendung der funktionstüchtigen Waffe abzielt. Personen mit einem waffenrechtl. Bedürfnis darf keine Besitzerlaubnis für Schussw. erteilt werden, die einem generellen Benutzungsverbot unterliegen.

13a Die **Blockierpflicht** gilt **auch für „Altfälle",** dh für Schussw. die vor dem 1.4.2008 vererbt worden sind und für die eine Erben-WBK ausgestellt wurde. Das BVerwG hat dies in einer Grundsatzentscheidung (BVerwG Urt. v. 16.3.2015 – 6 C 31.14 – juris) klargestellt: „Die Blockierpflicht soll im Sinne einer konsequenten Risikominimierung die mit dem Besitz von Erbwaffen verbundene abstrakte Gefahr einer Schädigung Dritter verringern, welche der Gesetzgeber bei fehlendem waffenrechtlichen Bedürfnis des Besitzers für nicht hinnehmbar erachtet hat. Wären nur Erbfälle ab dem Jahr 2008 einbezogen, würde die angestrebte Risikoverringerung erst allmählich über einen Zeitraum von mehreren Jahrzehnten eintreten. Dass der Gesetzgeber eine derart massive Verzögerung in Kauf nehmen wollte, kann nicht unterstellt werden. Vielmehr muss davon ausgegangen werden, dass seiner aktualisierten Risikobewertung sofort und umfassend Rechnung getragen werden sollte."

13b Mit dem Entfernen der Blockiervorrichtung wird der Besitz des Erben an der in die Erben-WBK eingetragenen Waffe rechtswidrig. Je nach Waffe ist der Besitz strafbar nach § 52 Abs. 3 Nr. 2a bzw § 52 Abs. 2 Nr. 2b.

4. Entbehrlichkeit eines Blockiersystems (Abs. 3 S. 3)

Der Einbau eines Blockiersystems soll entbehrlich sein, wenn der Antragst. bereits Inhaber einer (iS *irgend*einer) WBK ist, also **berechtigter Besitzer einer erlaubnispflichtigen Schussw.** auf Grund eines Bedürfnisses nach § 8 oder §§ 13 ff. ist. 14

Soweit eine **WBK ohne** ein **Bedürfnis** für die eingetragene Schussw. erteilt worden ist, begründet sie **keine Ausnahme von der Blockierpflicht.** Dies gilt etwa für WBK für Kleinstkaliberwaffen, welche grds. ohne Bedürfnisnachweis erteilt werden, Anl. 2 Abschn. 2 UAbschn. 3 Nr. 1.1. Gleiches gilt für Fälle, in denen etwa einem Jäger nach 40 Jahren aktiver Jagd die WBK für seine Jagdwaffen nach Maßgabe des § 45 Abs. 3 S. 1 belassen wird, obwohl ein Bedürfnis nach § 13 nicht mehr vorliegt. Ebenfalls hierher zählen „Altfälle", in denen etwa WBK für ehemals erlaubnisfrei zu erwerbende Kleinkaliberwaffen ausgestellt wurden, ohne dass für diese ein Bedürfnisnachweis erbracht wurde.

Nach dem Wortlaut des Gesetzestextes kommt es **nicht darauf an,** ob die Erbwaffe von dem Bedürfnis mit umfasst ist, auf Grund dessen bereits eine waffenrechtl. Erlaubnis erteilt worden ist. Das Bedürfnis für die bereits besessene Waffe **ersetzt insoweit** das Erfordernis eines Bedürfnisses des Erben für die Erbwaffe. Besitzt der Erbe also eine Sportwaffe, für die er gegenüber der zust. Beh. im Zuge des Erlaubnisverfahrens ein Bedürfnis nach § 14 glaubhaft gemacht hat, so gesteht ihm der Gesetzgeber iErg den dauerhaften Besitz an jedweder voll funktionstüchtigen Erbwaffe (bspw. Jagdwaffen) zu, ohne dass er für diese ein besonderes Bedürfnis nachzuweisen braucht (so bereits *Gade* WaffR S. 162 f.; ebenso *Steindorf/Gerlemann* WaffG § 20 Rn. 8). Die Ausnahme von der Blockierpflicht erfasst auch Fälle, in denen die ererbten Waffen etwa das **Kurzwaffenkontingent** eines Jägers oder das **Grundkontingent** eines Sportschützen **überschreiten** (so auch WaffVwV Nr. 20.2.2).

Bei Sportschützen ist zudem das Alterserfordernis des § 14 Abs. 1 S. 1 von der Ausnahme betroffen. (Bsp.: Ein 18jähriger Sportschütze besitzt auf Grund einer „gelben WBK" privilegierte Schusswaffen nach § 14 Abs. 1 S. 2. Erbt er eine halbautomatische Schussw., so unterfällt diese § 14 Abs. 1 S. 1 und er dürfte diese als Sportschütze erst ab Vollendung des 21. Lebensjahres erwerben. Als Erben wird ihm hingegen der Besitz dieser Waffe zugestanden. Durch das Erbenprivileg wird in dieser Konstellation auch das Erfordernis eines amts- oder fachärztlichen oder fachpsychologischen Zeugnisses über die geistige Eignung nach § 6 Abs. 3 suspendiert. Schließlich lässt die Ausnahme bei Sportschützen auch eine **Durchbrechung des Erwerbsstreckungsgebots** nach § 14 Abs. 2 S. 3 zu.

IErg wird Inhabern einer WBK damit der Besitz an der voll funktionstüchtigen Erbwaffe zugestanden, auch wenn konkret für diese kein Bedürfnis vorliegt. Gleiches gilt für die Sachkunde. Diese erstreckt sich nicht pauschaul „auf Schussw.", sondern bemisst sich nach dem speziellen Zweck der erworbenen WBK („differenzierte Sachkunde", → § 7 Rn. 3). Es ist daher durchaus möglich, dass der Inhaber einer WBK nicht über die Sachkunde hinsichtlich der ererbten Schussw. verfügt (aA WaffVwV Nr. 20.3, wonach selbst dann von einer für die Gefahreneinschätzung ausreichenden Sachkunde ausgegangen wird, wenn der Erbe eine erlaubnispflichtige Signalwaffe auf Grund eines Bootsführerscheins besitzt und eine großkalibrige Schussw. erbt.).

Die Ausnahme erfasst einzig die Erbwaffen. Der Besitz an der gebrauchsfähigen Munition wird auch Inhabern einer WBK auf Grund dieser Vorschrift **nicht** zugestanden. 14a

Kritik. Die Ausnahmen von der Blockierpflicht stellen eine erhebliche Privilegierung für den Erwerber infolge eines Erbfalls dar. Mit dieser Regelung weicht der Gesetzgeber erheblich vom strengen Bedürfnisprinzip ab. Zudem sind damit in einigen Konstellationen Durchbrechungen weiterer waffenrechtl. Sicherheitsprinzi- 14b pien (besonderes Alterserfordernis nach § 14 Abs. 1 S. 1, fachpsychologisches Zeugnis über die persönliche Eignung nach § 6 Abs. 3) verbunden.

5. Anwendbarkeit des § 12 Abs. 3 Nr. 2 für Transporte (Abs. 3 S. 4)

15 Der Gesetzgeber stellt klar, dass die Transportvorschriften des § 12 Abs. 3 Nr. 2 auch auf den Transport im Zusammenhang mit dem Einbau des Blockiersystems entspr. anzuwenden sind. Demnach kann die Erbwaffe erlaubnisfrei vom Wohnort des Besitzers zum Büchsenmacher und zurück transportiert werden, soweit dieser Transport erforderlich ist, um das gesetzlich vorgeschriebene Blockiersystem einzubauen, die Waffe mit eingebautem Blockiersystem beim Büchsenmacher abzuholen, oder sonst ein Zusammenhang mit dem Einbau des Blockiersystems gegeben ist. Ein sonstiger Zusammenhang kann bspw. angenommen werden, wenn die techn. Funktionstüchtigkeit des Blockiersystems vom Büchsenmacher überprüft werden soll usw.

Bzgl. des erlaubnisfreien Transports gelten demnach die Maßstäbe des § 12 Abs. 3 Nr. 2 → § 12 Rn. 70 ff., welcher voraussetzt, dass die Waffe **nicht schuss- und zudem nicht zugriffsbereit** geführt wird. Es darf sich also während des Transports keine Munition in der Schussw. befinden und diese darf zudem nicht mit wenigen Handgriffen in Anschlag zu bringen sein (zu den Begriffen „nicht schussbereit“ und „nicht zugriffsbereit“ → Anl. 1 Rn. 190 ff.).

VII. Blockiersysteme für Erbwaffen, Technische Richtlinie (Abs. 4)

16 In Abs. 4 sind noch keine konkreten techn. Spezifikationen des nach Abs. 3 S. 2 vorgeschriebenen Blockiersystems festgelegt. Der Gesetzgeber hat hier zunächst geregelt, dass das BMI Regeln für ein Blockiersystem und ein Zulassungsverfahren für dasselbe erstellen und im Bundesanzeiger veröffentlichen wird. Diese Regeln (Technische Richtlinie – Blockiersysteme für Erbwaffen) sollten nach Anhörung von Vertretern der Wissenschaft, der Betroffenen, der beteiligten Wirtschaft und der für das Waffenrecht zuständigen obersten Landesbehörden erstellt werden, um möglichst umfassend die Bedürfnisse aller von dieser Richtlinie betroffenen Personenkreise einarbeiten zu können und insbes. auch sicherzustellen, dass die Regeln dem Stand der Technik entsprechen. Das BMI hat dieser Regelung entspr. eine solche **„Technische Richtlinie – Blockiersysteme für Erbwaffen“** erstellt und am 2.4.2008 im BAnz. (Nr. 50, S. 1167) veröffentlicht.

Die **Prüfung,** ob ein Blockiersystem dieser Richtlinie entspricht, sowie die Zulassung neu entwickelter Blockiersysteme gem. der Technischen Richtlinie erfolgt schließlich durch die **Physikalisch-Technische Bundesanstalt.**

Die Blockiersysteme müssen zumindest so beschaffen sein, dass die erlaubnispflichtige Schussw. nach dem Einbau eines Blockiersystems nicht mehr als Schussw. zu gebrauchen ist. Zudem muss durch die techn. Beschaffenheit des Blockiersystems gewährleistet sein, dass dieses nicht mit allg. gebräuchlichen Werkzeugen (→ Anl. 1 Rn. 26) ausgebaut werden kann. Nur wenn diese techn. Spezifikationen erfüllt sind, ist gewährleistet, dass waffenrechtl. nicht erlaubnisfähige Personen keinen Umgang mit voll funktionstüchtigen erlaubnispflichtigen Schussw. infolge eines Erbfalls üben können (vgl. bereits BT-Drs. 14/8886, 113). Stellte man geringere techn. Anforderungen an die Blockiersysteme, liefe dies der gesetzgeberischen Intention zuwider, wonach dem nicht erlaubnisfähigen Erben lediglich der rechtmäßige Besitz an der blockierten Erbwaffe zugestanden werden soll, und dies auch nur, soweit der Erbe über die erforderliche Zuverlässigkeit und die persönliche Eignung verfügt, vgl. § 20

Abs. 2. Dies muss in jedem Fall durch das eingebaute Blockiersystem unterbunden sein, insofern ist die Sicherstellung dieses Zustandes als Maßstab für die techn. Anforderungen an die vom Gesetzgeber vorgesehenen Blockiersysteme anzuwenden.

VIII. Einbau der Blockiersysteme (Abs. 5)

Um ein höchstmögliches Maß an Sicherheit gewährleisten zu können, dürfen die vorgesehenen Blockiersysteme nicht von jedermann eingebaut werden. Der Einbau eines Blockiersystems ist **ausschl. Berechtigten nach § 21 Abs. 1** (also Inhabern einer Waffenherstellungs- oder Waffenhandelserlaubnis) oder deren hierzu bevollmächtigten Mitarbeitern vorbehalten, um unsachgemäße Einbauten und damit verbundene Gefahren möglichst gering zu halten. Die **vorübergehende Entsperrung** des Blockiersystems soll aus besonderem Anlass prinzipiell möglich sein (zB zu Ausstellungszwecken), wobei die Zeitpunkte aller Einbauten und Entsperrungen **schriftlich zu protokollieren** sind. Um den Behörden die Überwachung der Einhaltung dieser gesetzlichen Pflichten zu ermöglichen, soll schließlich § 39 Abs. 1 S. 1 entspr. anzuwenden sein. Nach diesem gelten für den zum Einbau der Blockiervorrichtung Berechtigten umfangreiche Auskunftspflichten gegenüber der zust. Beh. (→ § 39 Rn. 4 ff.). 17

IX. Eintrag des Blockiersystems in die WBK (Abs. 6)

Der Einbau des Blockiersystems ist von der zust. Beh. in die WBK einzutragen. Durch diesen Eintrag wird für Dritte (etwa im Rahmen einer waffenrechtl. Kontrolle) dokumentiert, dass es sich beim Blockiersystem tatsächlich um ein solches handelt, welches den dauerhaften Besitz des bedürfnislosen Erben an der Erbwaffe legitimiert. Zweifelsfälle werden hierdurch vermieden. So etwa, wenn der Verdacht besteht, dass es sich lediglich um ein laienhaft eingebautes und ggf. wirkungsloses Blockiersystem handelt. 18

X. Ausnahmen (Abs. 7)

Schließlich besteht die Möglichkeit, dass die zust. Beh. Ausnahmen von der Verpflichtung erteilt, alle Erbwaffen mit einem Blockiersystem zu versehen. 19

1. Obligatorische Ausnahmen (Abs. 7 S. 1)

Soweit für eine oder mehrere Erbwaffen noch kein Blockiersystem iSd § 20 vorhanden ist, **hat** die Waffenbehörde eine Ausnahme von der Pflicht zum Einbau eines Blockiersystems zu erteilen. Hierbei handelt es sich um eine **gebundene Entsch.,** der Behörde steht **kein Ermessen** zu. Die Ausnahme ist mind. für den Zeitraum zu erteilen, solange noch kein entspr. Blockiersystem erhältlich ist. 20

2. Fakultative Ausnahmen (Abs. 7 S. 2)

Schließlich sollen Ausnahmen von der Pflicht zum Einbau eines Blockiersystems auch dann möglich sein, wenn die Erbwaffe Bestandteil einer **kulturhistorisch bedeutsamen Sammlung iSd § 17** ist oder werden soll. Bei der Erteilung der Ausnahme handelt es sich um eine **Ermessensentscheidung** der Behörde, insofern sind in jeder Entsch. die Besonderheiten des Einzelfalles zu berücksichtigen (zur Ausstellung einer „grünen WBK" an den Erben einer Waffen/Munitionssammlung auf Grund eines „abgeschwächten Sammlerbedürfnisses" → § 17 Rn. 12 ff.). 21

XI. Würdigung und Ausblick

22 (unbesetzt)

23 Das aktuelle Erbenprivileg gesteht dem Erben den dauerhaften Besitz der voll funktionsfähigen Erbwaffe nur noch zu, soweit er ein Bedürfnis entweder für die Erbwaffe vorweisen kann oder aber bereits rechtmäßig eine erlaubnispflichtige Schussw. besitzt. Soweit der Gesetzgeber im Erbfall dem Grundsatz nach ein Bedürfnis konkret für die Erbwaffe verlangt, beim Inhaber einer WBK hingegen den Erwerb und Besitz der voll funktionsfähigen Erbwaffe zulässt, ohne dass es darauf ankommt, ob die Erbwaffe vom Bedürfnis der waffenrechtl. Erlaubnis erfasst ist, stellt dies einen **Widerspruch** innerhalb der Norm dar.

24 Kann ein Bedürfnis nicht nachgewiesen werden, so wird der Umgang nur noch als rechtmäßig zugestanden, soweit die Schussw. mit einem entspr. Blockiersystem versehen ist. Das öffentl. Sicherheitsinteresse ist insoweit hinreichend berücksichtigt, als der Umgang ungeeigneter Personen mit funktionstüchtigen Schussw. in Zukunft nicht mehr durch das Erbenprivileg legalisiert wird. Gleichwohl wird dem Eigentümerinteresse des Erben Rechnung getragen, als dieser nur soweit in seinem Eigentum eingeschränkt wird, dass ein entspr. Blockiersystem in die Erbwaffe eingebaut wird. Zudem sind in Abs. 7 der Vorschrift ausdr. Ausnahmen vorgesehen, so dass auch besonders gelagerte Einzelfälle seitens der zust. Beh. mit der notwendigen Flexibilität gehandhabt werden können.

Unterabschnitt 4. Besondere Erlaubnistatbestände für Waffenherstellung, Waffenhandel, Schießstätten, Bewachungsunternehmer

§ 21 Gewerbsmäßige Waffenherstellung, Waffenhandel

(1) [1]**Die Erlaubnis zur gewerbsmäßig oder selbstständig im Rahmen einer wirtschaftlichen Unternehmung betriebenen Herstellung, Bearbeitung oder Instandsetzung von Schusswaffen oder Munition wird durch eine Waffenherstellungserlaubnis, die Erlaubnis zum entsprechend betriebenen Handel mit Schusswaffen oder Munition durch eine Waffenhandelserlaubnis erteilt.** [2]**Sie kann auf bestimmte Schusswaffen- und Munitionsarten beschränkt werden.**

(2) [1]**Die Waffenherstellungserlaubnis nach Absatz 1 Satz 1 schließt für Schusswaffen oder Munition, auf die sich die Erlaubnis erstreckt, die Erlaubnis zum vorläufigen oder endgültigen Überlassen an Inhaber einer Waffenherstellungs- oder Waffenhandelserlaubnis sowie zum Erwerb für Zwecke der Waffenherstellung ein.** [2]**Bei in die Handwerksrolle eingetragenen Büchsenmachern schließt die Waffenherstellungserlaubnis die Erlaubnis zum Waffenhandel ein.**

(3) **Die Erlaubnis ist zu versagen, wenn**

1. **der Antragsteller die erforderliche Zuverlässigkeit (§ 5) oder persönliche Eignung (§ 6) nicht besitzt,**
2. **der Antragsteller die für die erlaubnispflichtige Tätigkeit bei handwerksmäßiger Betriebsweise erforderlichen Voraussetzungen nach der Handwerksordnung nicht erfüllt, soweit eine Erlaubnis zu einer entsprechenden Waffenherstellung beantragt wird,**
3. **der Antragsteller nicht die erforderliche Fachkunde nachweist, soweit eine Erlaubnis zum Waffenhandel beantragt wird; dies gilt nicht, wenn**

der Antragsteller weder den Betrieb, eine Zweigniederlassung noch eine unselbstständige Zweigstelle selbst leitet.

(4) **Die Erlaubnis kann versagt werden, wenn der Antragsteller**
1. **nicht Deutscher im Sinne des Artikels 116 des Grundgesetzes ist oder**
2. **weder seinen gewöhnlichen Aufenthalt noch eine gewerbliche Niederlassung im Geltungsbereich dieses Gesetzes hat.**

(5) [1]**Die Erlaubnis erlischt, wenn der Erlaubnisinhaber die Tätigkeit nicht innerhalb eines Jahres nach Erteilung der Erlaubnis begonnen oder ein Jahr lang nicht ausgeübt hat.** [2]**Die Fristen können aus besonderen Gründen verlängert werden.**

(6) **Der Inhaber einer Erlaubnis nach Absatz 1 hat die Aufnahme und Einstellung des Betriebs sowie die Eröffnung und Schließung einer Zweigniederlassung oder einer unselbstständigen Zweigstelle innerhalb von zwei Wochen der zuständigen Behörde anzuzeigen.**

(7) **Die zuständige Behörde unterrichtet das Bundeskriminalamt, die Landeskriminalämter und das Bundesamt für Wirtschaft und Ausfuhrkontrolle über das Erlöschen einer Erlaubnis nach Absatz 5 Satz 1 und über die Rücknahme oder den Widerruf einer Erlaubnis nach Absatz 1.**

Übersicht

I. Allgemeines

1 § 21 regelt die Vorauss. der gewerbsmäßigen oder selbstständig betriebenen Schusswaffen- oder Munitionsherstellung, -bearbeitung oder -instandsetzung oder entspr. betriebenen Waffenhandel. Erlaubnispflichten auf Grund anderer Rechtsvorschriften bleiben hiervon unberührt (zB §§ 1, 7 HwO; § 4 BImSchG iVm der 4. BImSchV).

2 Waffenhandel und Waffenherstellung, -bearbeitung oder -instandsetzung sind erlaubnispflichtige Umgangsarten nach Anl. 2 Abschn. 2 UAbschn. 1 S. 1 (→ Anl. 1 Rn. 182 ff.). Während die Waffenherstellung, -bearbeitung oder -instandsetzung gewerbsmäßig wie auch nichtgewerbsmäßig erfolgen kann, setzt der Waffenhandel stets ein gewerbsmäßiges Tätigwerden bzw selbstständiges Tätigwerden im Rahmen einer wirtschaftlichen Unternehmung voraus. Die Vorauss. für die Erteilung zur Erlaubnis der nichtgewerbsmäßigen Waffenherstellung sind in § 26 geregelt.

Abs. 1 benennt die Vorauss. für die Erteilung einer Erlaubnis zum Waffenhandel sowie der Erteilung einer Erlaubnis zur gewerbsmäßigen Waffenherstellung, -bearbeitung oder -instandsetzung.

Abs. 2 regelt den Umfang der erteilten Waffenherstellungserlaubnis. In Abs. 3 sind abschließend obligatorische Versagungsgründe enthalten, welche dem öffentl. Sicherheitsinteresse Rechnung tragen und sicherstellen, dass Personen eine Erlaubnis zu versagen ist, soweit sie nicht über die erforderlichen persönlichen Vorauss. verfügen. Abs. 4 benennt fakultative Versagungsgründe. Die Gültigkeit der erteilten Erlaubnis ist an bestimmte Vorauss. geknüpft, welche in Abs. 5 geregelt werden. Durch die in Abs. 6 vorgeschriebene Anzeigepflicht wird die Waffenbehörde in die Lage versetzt, die Überwachung der Betriebe zu gewährleisten.

Mit der Unterrichtungspflicht nach Abs. 7 sollen vor allem unzulässige Ein- und Ausfuhren aufgedeckt oder verhindert werden (BT-Drs. 14/7758, 64).

II. Erlaubnispflichtige gewerbsmäßige Umgangsarten Herstellung, Bearbeitung, Instandsetzen und Handel (Abs. 1)

3 Erlaubnispflichtig ist die **gewerbsmäßige** Herstellung, Bearbeitung oder Instandsetzung erlaubnispflichtiger Schussw. oder Munition, ebenso wenn diese Umgangsarten **selbstständig** im Rahmen einer wirtschaftlichen Unternehmung ausgeübt werden. Die Erlaubnis hierzu wird in Form einer **Waffenherstellungserlaubnis** erteilt. Vor Aufnahme der jeweiligen Tätigkeit muss die Erlaubnis erteilt worden sein.

Von der Erlaubnispflicht erfasst sind nicht nur Feuerwaffen (Anl. 1 Abschn. 1 UAbschn. 1 Nr. 2.1), sondern zB auch sog „Kaltgaswaffen" (Anl. 1 Abschn. 1 UAbschn. 1 Nr. 2.9) oder „SRS-Waffen" (Anl. 1 Abschn. 1 UAbschn. 1 Nr. 2.6–2.8).

Von der Erlaubnispflicht **nicht** erfasst ist die Herstellung, Bearbeitung oder Instandsetzung von Waffen gem. § 1 Abs. 2 Nr. 2, also insbes. **Hieb- und Stoßwaffen.** Aber auch Elektroimpulsgeräte und Reizstoffsprühgeräte dürfen ohne Erlaubnis hergestellt, bearbeitet oder instand gesetzt werden.

Erlaubnisfrei ist auch die Herstellung, Bearbeitung oder Instandsetzung der gem. Anl. 2 Abschn. 3 vom WaffG weitgehend (mit Ausnahme von § 2 Abs. 1, § 41 oder § 42a) ausgenommenen Waffen (→ Anl. 2 Rn. 138 ff.).

1. Waffenherstellung, -bearbeitung und -instandsetzung

Erlaubnispflichtig ist zunächst die gewerbsmäßige Waffen- oder Munitionsherstellung, Bearbeitung oder Instandsetzung. Nach Anl. 1 Abschn. 2 Nr. 8.1 werden **Waffen** oder **Munition hergestellt,** wenn aus Rohteilen oder Materialien ein Endprodukt oder wesentl. Teile eines Endprodukts erzeugt werden. Als Herstellen von Munition gilt auch das Wiederladen von Hülsen. 4

Gem. Anl. 1 Abschn. 2 Nr. 8.2 wird eine **Schussw.** insbes. **bearbeitet** oder **instand gesetzt,** wenn sie verkürzt, in der Schussfolge verändert oder so geändert wird, dass andere Munition oder Geschosse anderer Kaliber aus ihr verschossen werden können, oder wenn wesentl. Teile, zu deren Einpassung eine Nacharbeit erforderlich ist, ausgetauscht werden; eine Schussw. wird weder bearbeitet noch instand gesetzt, wenn lediglich geringfügige Änderungen, insbes. am Schaft oder an der Zieleinrichtung, vorgenommen werden (Einzelheiten → Anl. 1 Rn. 182 ff.)

2. Gewerbsmäßiger Handel mit Schusswaffen oder Munition

Ferner unterliegt der **Handel mit Schussw. oder Munition** der Erlaubnispflicht, wenn dieser **gewerbsmäßig** oder **selbstständig** im Rahmen einer wirtschaftlichen Unternehmung geschieht. Erfasst ist hier nicht nur der Großhandel, sondern auch der Einzel-, Versand- oder Außenhandel (vgl. *Steindorf/Gerlemann* WaffG § 21 Rn. 11) sowie der Handel via Internet. 5

Waffenhandel betreibt, wer Schussw. oder Munition ankauft, feilhält, Bestellungen entgegennimmt oder aufsucht, anderen überlässt oder den Erwerb, den Vertrieb oder das Überlassen vermittelt (vgl. Anl. 1 Abschn. 2 Nr. 9). Der damit einhergehende Erwerb und Besitz der Waffen ist vom Waffenhandel mit umfasst.

Die Erlaubnis wird in der Form einer **Waffenhandelserlaubnis** erteilt. Eine **zusätzliche WBK** ist für die von der Waffenhandelserlaubnis umfassten Waffen oder Munition **nicht** erforderlich. Die gesetzlichen Verbote des § 35 Abs. 3 bleiben von einer erteilten Erlaubnis unberührt.

3. Voraussetzungen der Erlaubnis

Die Erlaubnis nach § 21 Abs. 1 setzt gem. § 4 iVm § 21 Abs. 1 voraus: 6
- Vollendung des 18. Lebensj. (§ 2 Abs. 1)
- Besitz der Zuverlässigkeit (§ 5) und persönlichen Eignung (§ 6)
- Erfüllen der erforderlichen Vorauss. nach der Handwerksordnung, soweit eine Erlaubnis zur Waffenherstellung beantragt wird (Umkehrschluss aus Abs. 3 Nr. 2)
- Nachweis der Fachkunde gem. § 22 (nur erforderlich, soweit eine Waffenhandelserlaubnis beantragt wird), es sei denn der Antragst. hat selbst keine leitende Funktion (Umkehrschluss aus Abs. 3 Nr. 3)

Eine weitere Verpflichtung ergibt sich aus § 36 Abs. 5 WaffG iVm § 14 AWaffV. Für gewerbliche Waffenhersteller oder -händler sind individuelle Sicherheitskonzepte im Rahmen der Erteilung der waffenrechtl. Erlaubnis nach Abs. 1 zu prüfen (→ § 36 Rn. 68 f.). Der Antragst. hat bereits bei der Antragstellung ein vorgesehenes Sicherheitskonzept glaubhaft zu machen bzw ein bestehendes nachzuweisen (vgl. § 36 Abs. 3 S. 1). 7

Erfüllt der Antragst. sämtliche Vorauss., so besteht ein **Anspruch** auf Erteilung der Erlaubnis (vgl. WaffVwV Nr. 21.7.3). Liegen fakultative Versagungsgründe gem. Abs. 4 vor, liegt das Erteilen der Erlaubnis im Ermessen der zust. Beh. 8

Die weiteren in § 4 Abs. 1 Nr. 3 und 4 genannten allg. Erlaubnisvorauss. (Sachkunde und Bedürfnis) müssen seitens des Antragst. nicht erfüllt werden. § 21 stellt hinsichtlich dieser Aspekte für jeden Antragst. eigene Vorauss. auf und geht insoweit als speziellere Norm § 4 vor. 9

Der Antragst. muss auch lediglich das 18. Lebensj. vollendet haben. IdR sind die Antragst. für gewerbsmäßige Waffenherstellung oder -handel jedoch lebensälter, da sie eine entspr. Ausbildung und Berufserfahrung nachweisen müssen. Ob daher **Antragst. vor Vollendung des 25. Lebensj.** den Nachweis über die **geistige Eignung** gem. § 6 Abs. 3 im Wege eines amts- oder fachärztlichen oder fachpsychologischen Zeugnisses erbringen müssen, lässt sich nicht eindeutig aus dem Gesetz entnehmen. Für eine Einbeziehung spricht, dass in Abs. 3 Nr. 1 pauschal auf die persönliche Eignung (§ 6) verwiesen und damit systematisch § 6 Abs. 3 mit einbezogen wird. Letztlich wird eine solche Nachweispflicht jedoch abzulehnen sein, da es sich bei der beantragten Erlaubnis nach § 21 dem Grunde nach **nicht** um die Erteilung einer Erlaubnis zum Erwerb und Besitz handelt, sondern eine eigenständige Erlaubnis für gewerbsmäßige Waffenherstellung oder -handel, auch wenn im Zusammenhang damit Schussw. bzw wesentl. Teile oder Munition erworben und besessen werden. Die in § 6 Abs. 3 bezeichneten Erlaubnisse für Erwerb und Besitz sind ausschl. WBK iSv § 10.

4. Gewerbsmäßigkeit; wirtschaftliche Unternehmung

10 **Gewerbsmäßig** handelt derjenige, der selbstständig diese Umgangsarten auf eine gewisse Dauer mit der **Absicht** der **Gewinnerzielung** ausüben will. **Wirtschaftliche Unternehmung** ist jede von einer natürlichen oder juristischen Person vorgenommene Zusammenfassung persönlicher und sächlicher Mittel zur Erreichung eines wirtschaftlichen Zwecks, wenn hierdurch eine Teilnahme am Wirtschaftsverkehr stattfindet. Hierzu gehören insbes. wirtschaftliche Unternehmen, die nicht mit der Absicht der Gewinnerzielung betrieben werden, zB Genossenschaften oder Vereine (WaffVwV Nr. 21.1). Gewerbsmäßigkeit muss hier nicht vorliegen. Die Waffenherstellung oder der Waffenhandel müssen in diesen Fällen jedoch **selbstständig** betrieben werden. **Selbstständig** ist, wer nach außen in eigener Verantwortung auftritt und (oder) nach innen die Leitung eines Betriebs innehat (*Steindorf/Gerlemann* WaffG § 21 Rn. 4).

5. Inhaber der Erlaubnis

11 Inhaber der Erlaubnis können natürliche aber ebenso juristische Personen sein. Allerdings wird die Erlaubnis stets **personengebunden** erteilt, zB an den Inhaber des Betriebs. Bei Gesellschaften des Bürgerlichen Rechts und bei Offenen Handelsgesellschaften wird die Erlaubnis den zur Vertretung berechtigten oder zur Geschäftsführung befugten Gesellschaftern erteilt. Sind mehrere Gesellschafter zur Geschäftsführung befugt, so muss jeder dieser Gesellschafter die Erlaubnis erwerben. Bei Kommanditgesellschaften bedarf jeder zur Vertretung berechtigte oder zur Geschäftsführung befugte persönlich haftende Gesellschafter der Erlaubnis, der Kommanditist nur, soweit er zur Geschäftsführung befugt ist (WaffVwV Nr. 21.5).

12 Beabsichtigt der Inhaber einer Waffenherstellungs- oder Waffenhandelserlaubnis, sein Waffengewerbe durch eine beauftragte Person ausführen lassen, so bedarf auch der Vertreter einer Erlaubnis (**Stellvertretungserlaubnis,** s. hierzu § 21a).

Beim Betriebsinhaber abhängig **beschäftigte Mitarbeiter** bedürfen keiner eigenen Erlaubnis, da sie nicht selbstständig tätig sind, sondern nur in abhängiger Beschäftigung stehen. Soweit auf Grund eines Arbeits- oder Ausbildungsverhältnisses der Besitz nur nach den Weisungen des Berechtigten ausgeübt werden darf, ist auch der Erwerb und Besitz erlaubnisfrei (§ 12 Abs. 1 Nr. 3a). **Jugendliche** können auf Grund des § 3 Abs. 1 bereits vor Vollendung des 18. Lebensj. unter Aufsicht eines weisungsbefugten Waffenberechtigten mit Waffen oder Munition umgehen, dh soweit die Erlaubnis des Inhabers reicht, den erforderlichen Umgang mit Waffen oder Munition im Betrieb ausüben.

6. Ausnahmen von der Erlaubnispflicht bei der gewerbsmäßigen Herstellung, Bearbeitung oder Instandsetzung

Gem. § 2 Abs. 2, 4 iVm Anl. 2 Abschn. 2 UAbschn. 2 Nr. 4 dürfen folgende **13**
Waffen erlaubnisfrei **hergestellt** werden:
- Schusswaffen mit Lunten- oder Funkenzündung, deren Modell vor dem 1.1.1871 entwickelt worden ist (4.1)
- Armbrüste (4.1)

Dem Wortlaut nach sind die og Gegenstände nur hinsichtlich der Herstellung von der Erlaubnispflicht freigestellt, wohingegen die Erlaubnispflicht für das Bearbeiten und Instandsetzen unberührt bleibt. Allerdings stellt das Bearbeiten und Instandsetzen jeweils ein Minus zur Waffenherstellung dar. Soweit der Gesetzgeber die Waffenherstellung erlaubnisfrei gestellt hat, ist also „erst recht" auch das Bearbeiten und Instandsetzen von der Freistellung erfasst.

7. Ausnahmen von der Erlaubnispflicht beim Waffenhandel

Gem. § 2 Abs. 2, 4 iVm Anl. 2 Abschn. 2 UAbschn. 2 Nr. 4 und 5 dürfen folgende **14**
Waffen erlaubnisfrei **gehandelt** werden:
- Schusswaffen mit Lunten- oder Funkenzündung, deren Modell vor dem 1.1.1871 entwickelt worden ist (4.1)
- Armbrüste (4.2)
- Einläufige Einzelladerwaffen mit Zündhütchenzündung (Perkussionswaffen), deren Modell vor dem 1.1.1871 entwickelt worden ist (5.1)
- Schusswaffen mit Zündnadelzündung, deren Modell vor dem 1.1.1871 entwickelt worden ist (5.2)

8. Herstellung oder Handel mit verbotenen Schusswaffen oder Munition

Sollen verbotene Schussw. oder Munition hergestellt, bearbeitet oder instand **15**
gesetzt oder mit ihnen gehandelt werden, so besteht zunächst das Erfordernis einer Ausnahmebewilligung des BKA gem. § 40 Abs. 4. Erst nach Erteilung einer solchen Ausnahmebewilligung besteht für die zust. Beh. die Möglichkeit, eine Waffenherstellungs- oder Waffenhandelserlaubnis auf der Grundlage des § 21 Abs. 1 zu erteilen.

Für Waffen, die allein einem Umgangsverbot unterliegen, aber hinsichtlich der Herstellung und des Handelns nicht gesondert der Erlaubnispflicht unterfallen, bedarf es lediglich einer Ausnahmebewilligung vom Umgangsverbot durch das BKA. Dies trifft etwa auf Faustmesser zu. Soweit hier eine Ausnahmebewilligung des BKA nach § 40 Abs. 4 vorliegt, dürfen diese ohne gesonderte Erlaubnis nach § 21 Abs. 1 hergestellt und gehandelt werden. Ein Vertrieb kommt an Inhaber einer jagdrechtl. Erlaubnis (Jäger) sowie Angehörige der Leder oder Pelz verarbeitenden Berufe in Betracht, da diese Personengruppen vom prinzipiellen Umgangsverbot mit Faustmessern nach Maßgabe des § 40 Abs. 3 ausgenommen sind.

9. Beschränkung auf bestimmte Schusswaffen und Munitionsarten (Abs. 1 S. 2)

Die Erlaubnis kann auf bestimmte Schussw. und Munitionsarten **beschränkt** **16**
werden (Abs. 1 S. 2). Die Beschränkung bezieht sich sowohl auf die Waffenherstellung als auch auf den Waffenhandel. Wird eine Waffenherstellungs- bzw -handelserlaubnis nur für bestimmte Schussw. oder Munition beantragt, zB SRS-Waffen, so wird die Erlaubnis entspr. beschränkt erteilt werden. Hier sind allein Beschränkungen aus Gründen der öffentl. Sicherheit oder Ordnung gemeint (vgl. *Steindorf/*

Gerlemann WaffG § 21 Rn. 12). Eine Beschränkung durch die zust. Beh., um zB wettbewerbsregulierend aufzutreten oder stadtplanerisch tätig zu werden, ist auf Grund dieser Bestimmung unzulässig.

III. Waffenherstellungserlaubnis als Legitimation für zweckgebundenes Überlassen und Erwerben (Abs. 2)

17 Die erteilte **Waffenherstellungserlaubnis** deckt auch das **vorläufige oder endgültige Überlassen** der vom Erlaubnisinhaber hergestellten Schussw. oder Munition mit ab. Vorauss. ist jedoch, dass der Vertrieb nur an Personen erfolgen darf, die ebenfalls über eine Waffenherstellungs- oder Waffenhandelserlaubnis verfügen. Dies betr. typischerweise den Vertrieb im Großhandel und nicht das Überlassen an Letztverbraucher. Der Vertrieb an private Letztverbraucher ist **nicht** von der Waffenherstellungserlaubnis gedeckt. Dieser erfordert stets eine Waffen**handelserlaubnis,** welche ihrerseits den Nachweis der Fachkunde voraussetzt, da der Verkäufer den Käufer in die Handhabung und sachgerechte Verwendung der Waffe und Munition einweisen muss (*Steindorf/Gerlemann* WaffG § 21 Rn. 13)

Ausgenommen hiervon **sind Büchsenmacher,** die in die Handwerksrolle eingetragen sind. Bei diesem Personenkreis schließt die Waffenherstellungserlaubnis die Erlaubnis zum Waffenhandel mit ein (Abs. 2 S. 2). Dies ist unproblematisch, weil bei diesem Personenkreis die für den Waffenhandel erforderliche Fachkunde auf Grund des erlernten Berufs sichergestellt ist.

18 Sollen Schussw. oder Munition nach Anl. 1 Abschn. 3 (Kat. A 1.2 bis D) an Waffenhändler in andere Mitgliedstaaten vertrieben werden, so ist zusätzlich eine Verbringenserlaubnis gem. § 31 Abs. 1 iVm Abs. 2 erforderlich (anders wohl WaffVwV Nr. 21.6 wonach die Herstellungserlaubnis auch die „Ausfuhr" dieser Gegenstände umfassen soll). Diese wird dem Inhaber einer Waffenherstellungs- oder -handelserlaubnis durch einen Erlaubnisschein nach § 31 Abs. 2 auf der Grundlage des § 29 Abs. 5 AWaffV erteilt.

Das Verbringen der hergestellten Schussw. oder Munition in **Drittstaaten** ist nach dem WaffG erlaubnisfrei (§ 2 Abs. 4 S. 1 iVm Anl. 1 Abschn. 2 UAbschn. 2 Nr. 8), unterliegt aber den Vorschriften des AWG (vertiefend *Gade* WaffR S. 225 ff.).

Sofern nicht bereits durch § 31 Abs. 2 S. 2 eine Anzeigepflicht besteht, ist nach § 34 Abs. 5 S. 1 dem BVA schriftlich anzuzeigen, sofern erlaubnispflichtige Feuerwaffen nach Anl. 1 Abschn. 1 UAbschn. 1 Nr. 2 an eine andere Person versandt werden, die ihren gewöhnlichen Aufenthalt in einem Vertragsstaat des **Übereinkommens vom 28.6.1978** über die Kontrolle des Erwerbs und Besitzes von Schussw. durch Einzelpersonen (→ Vorb. §§ 29–33 Rn. 19) hat. Nicht angezeigt werden müssen der Versand von Einzellader-Langwaffen mit nur glattem Lauf oder glatten Läufen und anderer wesentl. Teile, Schalldämpfer und tragbarer Gegenstände nach Anl. 1 Abschn. 1 UAbschn. 1 Nr. 1.2.1.

19 Die Waffen**herstellungserlaubnis** berechtigt ebenfalls zum Erwerb **wesentl. Teile,** allerdings nur für Zwecke der Waffenherstellung. Somit können zB wesentl. Teile einer Schussw., die zu deren Herstellung benötigt werden, auf Grund dieser Erlaubnis erworben werden. Dies kommt ua dann in Betracht, wenn fertige wesentl. Teile bezogen werden, um diese anschließend zu vollständigen Schussw. zusammenzusetzen.

Auch der Erwerb fertig hergest. Schussw. oder Munition ist durch die Waffenherstellungserlaubnis abgedeckt, solange dies mit dem Ziel erfolgt, festzustellen, was die Konkurrenz herstellt (vgl. *ABB/Adolph* WaffG § 21 Rn. 21; *Steindorf/Gerlemann* § 21 Rn. 13).

Nicht umfasst ist hingegen der Erwerb bzw Ankauf fremder Waffen oder Munition mit der Absicht, diese unverändert weiter zu veräußern (*ABB/Adolph* WaffG § 21 Rn. 21; WaffVwV Nr. 21.7).

Sofern die Waffen**herstellungserlaubnis** auch die Herstellung von – möglicherweise nur bestimmter – Munition beinhaltet, ist für bestimmte Tätigkeiten, die mit der Herstellung der Munition verbunden sind, keine Erlaubnis nach § 7 Abs. 1 SprengG erforderlich (§ 13 Abs. 1 SprengG). Durch die Waffenherstellungserlaubnis mit abgedeckt ist das Erwerben und Einfüllen von Treibladungspulver in Patronenhülsen zum Zwecke der Herstellung der Munition. Ebenso mit erfasst ist das Einsetzen des Zündhütchens in die Patronenhülse (SprengG-VwV Nr. 13.1). Die Herstellung von Treibladungspulver, von explosionsgefährlichen Stoffen für Zündhütchen und für das Einpressen dieser Stoffe in das Zündhütchen bedarf einer gesonderten Erlaubnis gem. § 7 Abs. 1 SprengG. 20

IV. Zwingende Versagung der Erlaubnis (Abs. 3)

Abs. 3 beschreibt abschließend, wann eine beantragte Erlaubnis nach dem WaffG zu versagen ist. Evtl. andere Versagungsgründe, zB die gewerberechtl. Unzuverlässigkeit (vgl. § 35 GewO), bleiben davon unberührt. Sobald nur einer der unter Abs. 3 genannten Versagungsgründe vorliegt, hat die Behörde **zwingend** die Erlaubnis zu versagen. Ein Ermessen besteht insoweit nicht. 21

1. Fehlende erforderliche Zuverlässigkeit oder persönliche Eignung (Abs. 3 Nr. 1)

Die beantragte Waffenherstellungs- oder -handelserlaubnis ist zu versagen, wenn es dem Antragst. an der erforderlichen Zuverlässigkeit (§ 5) oder der persönlichen Eignung (§ 6) fehlt. Im Rahmen der Zuverlässigkeitsprüfung hat die Behörde bestimmte Auskünfte einzuholen (§ 5 Abs. 5). 22

2. Versagen der Waffenherstellungserlaubnis bei handwerksmäßiger Betriebsweise (Abs. 3 Nr. 2)

Bei einem Antrag auf eine Waffenherstellungserlaubnis in handwerksmäßiger Betriebsweise ist die Erlaubnis zu versagen, sofern der Antragst. die Vorauss. nicht erfüllt, die auf Grund der Handwerksordnung erforderlich sind. Ein Versagungsgrund kann die fehlende Meisterprüfung für das Büchsenmacherhandwerk oder das Fehlen einer entspr. Ausnahmebewilligung sein (§§ 7 und 8 HwO). 23

Die handwerksmäßige Betriebsweise umfasst Tätigkeiten des Büchsenmacherhandwerks. Während bei einem Industriebetrieb zwischen der Leitungs- und Ausführungsebene eine eindeutige Trennung gegeben ist (so auch *ABB/Adolph* WaffG § 21 Rn. 38), wird dies im Fall der handwerksmäßigen Betriebsweise kaum möglich sein, weshalb der Erlaubnisinhaber hier stets alle Erlaubnisvorauss. persönlich erfüllen muss.

3. Fehlende Fachkunde für den Waffenhandel (Abs. 3 Nr. 3)

Fehlt die erforderliche Fachkunde, ist die Waffenhandelserlaubnis zwingend zu versagen. Aufgabe des Waffenhändlers ist auch, den Käufer in die Handhabung und sachgerechte Verwendung der Waffe und Munition einzuweisen. Dies setzt eine entspr. Fachkunde voraus. In welcher Form der Fachkundenachweis erbracht werden muss, regeln § 22 und die darauf beruhenden weiteren Rechtsvorschriften (§§ 15 ff. AWaffV). Zum Fachkundenachweis bei Ausländern wird auf § 27 AWaffV verwiesen. Die in Abs. 3 Nr. 2 Hs. 2 enthaltene Einschränkung macht deutlich, dass 24 der Antragst., der weder den Betrieb, eine Zweigniederlassung noch eine unselbstständige Zweigstelle selbst leitet, den Nachweis der Fachkunde nicht in persona erbringen muss.

V. Fakultative Versagungsgründe (Abs. 4)

25 Nach Abs. 4 kann die Erlaubnis versagt werden, wenn der Antragst. nicht Deutscher iSd Art. 116 GG ist oder weder seinen gewöhnlichen Aufenthalt noch eine gewerbliche Niederlassung im Geltungsbereich dieses Gesetzes hat. Die fakultativen Versagungsgründe gelten sowohl für die Waffenherstellungserlaubnis als auch für die Waffenhandelserlaubnis.

1. Versagungsgrund bei Ausländern (Abs. 4 Nr. 1)

26 Auf Grundlage des Abs. 4 Nr. 1 kann die Erlaubnis versagt werden, sofern der Antragst. Ausländer ist. Ausländer ist jeder, der nicht Deutscher iSd Art. 116 Abs. 1 GG ist (Art. 116 Abs. 2 GG ist in diesen Fällen nicht mehr relevant).

Auf Staatsangehörige eines Mitgliedstaats (→ Anl. 1 Rn. 198a) ist ist dieser fakultative Versagungsgrund jedoch nicht anzuwenden (§ 26 Abs. 1 AWaffV). Abweichungen hiervon sind nur unter den Vorauss. des § 26 Abs. 4 AWaffV möglich.

2. Fehlender gewöhnlicher Aufenthalt im Geltungsbereich des WaffG (Abs. 4 Nr. 2 Alt. 1)

27 Das Gesetz fordert gem. Abs. 4 Nr. 2, dass der Antragst. seinen **gewöhnlichen Aufenthalt** (→ § 11 Rn. 7 ff.) in Deutschland hat. Andernfalls könnten die persönlichen Verhältnisse sich überwiegend im Ausland aufhaltender Antragst. nur schwerlich überprüft werden (*Steindorf/Gerlemann* WaffG § 21 Rn. 21 mwN).

3. Keine gewerbliche Niederlassung im Geltungsbereich des WaffG (Abs. 4 Nr. 2 Alt. 2)

28 Eine **gewerbliche Niederlassung** setzt voraus, dass der Gewerbetreibende im Geltungsbereich der GewO einen zum dauernden Gebrauch eingerichteten, ständig oder in regelm. Wiederkehr von ihm benutzten Raum für den Betrieb seines Gewerbes besitzt (§ 42 Abs. 2 GewO). Fehlt es an einer solchen gewerblichen Niederlassung in Deutschland, kann ebenfalls die Erlaubnis versagt werden. Dies ist bspw. der Fall, wenn der Antragst. über keine Betriebs- oder Geschäftsräume verfügt (vgl. WaffVwV Nr. 21.8.3).

29 Auf Unionsbürger, die in einem anderen Mitgliedstaat ihren gewöhnlichen Aufenthalt haben, ist § 21 Abs. 4 Nr. 2 nicht anzuwenden, soweit die Erlaubnis darauf beschränkt wird, Bestellungen auf Waffen oder Munition bei Inhabern einer Waffenherstellungs- oder Waffenhandelserlaubnis aufzusuchen und diesen den Erwerb, den Vertrieb oder das Überlassen solcher Gegenstände zu vermitteln und den Besitz nur über solche Waffen oder Munition auszuüben, die als Muster, als Proben oder als Teile einer Sammlung mitgeführt werden (§ 24 Abs. 2 AWaffV). Eine Beschränkung der Niederlassungsfreiheit ist auch hier nur unter den Vorauss. des § 26 Abs. 4 AWaffV möglich.

VI. Erlöschen der erteilten Erlaubnis kraft Gesetzes (Abs. 5)

30 Abs. 5 normiert zwei Gründe, bei denen **kraft Gesetzes** die erteilte Erlaubnis erlischt, ohne dass es hierfür eines gesonderten VA bedarf. Dies ist zum einen der

Fall, wenn der Erlaubnisinhaber nicht innerhalb eines Jahres nach Erteilung der Erlaubnis mit der beantragten Tätigkeit begonnen hat.

Zum anderen erlischt die erteilte Erlaubnis, wenn der Inhaber die Tätigkeiten ein Jahr lang nicht ausgeübt hat. Es muss sich hier um eine Stilllegung des ganzen Betriebs handeln, eine Teilstilllegung reicht nicht aus. Unterbrochen wird die Frist nicht dadurch, dass der Erlaubnisinhaber den Betrieb zum Schein wieder aufnimmt. Notwendig ist eine Tätigkeit, welche alle Merkmale des Gewerbebetriebs erfüllt. Hierzu gehört auch, dass die Tätigkeit auf eine gewisse Dauer ausgelegt ist (WaffVwV Nr. 21.8.2).

Beim Vorliegen besonderer Gründe können die Fristen verlängert werden (Abs. 5 31
S. 2). Ein besonderer Grund kann in einer schweren und längeren Erkrankung des Erlaubnisinhabers liegen (vgl. WaffVwV Nr. 21.9). Eine gesetzliche Fiktionswirkung, dh eine automatische Fristaussetzung nach Antragstellung, ist nicht vorgesehen. Die zust. Beh. kann aber zur Erhaltung der Erlaubnis eine vorläufige Entsch. über die Fristverlängerung treffen.

VII. Anzeigepflicht bei Aufnahme und Einstellung des Betriebs (Abs. 6)

Die in Abs. 6 normierten Anzeigepflichten sollen die zust. Beh. in die Lage 32
versetzen, ihre Überwachungsaufgabe wahrnehmen zu können. Anzeigen nach Abs. 6, die eine Zweigniederlassung oder eine unselbstständige Zweigstelle betreffen, sind der Erlaubnisbehörde mitzuteilen, in dessen Bezirk die Zweigstelle liegt. Die Verlegung des Betriebs in den Bezirk einer anderen Erlaubnisbehörde ist als Betriebseinstellung und Aufnahme eines neuen Betriebs anzusehen; die Betriebseinstellung ist der für den bisherigen Betriebsort zust. Beh. anzuzeigen. Die erteilte Erlaubnis nach Abs. 1 behält in diesen Fällen weiterhin ihre Gültigkeit (WaffVwV Nr. 21.10.1).

Die Anzeige muss ausdr. innerhalb von **zwei Wochen** erfolgen. Das Gesetz 33
schreibt nicht zwingend die schriftliche Anzeige vor, wie zB in den Fällen des § 31 Abs. 2 S. 3. Eine mündliche Anzeige iSd Abs. 6 wird daher als ausreichend anzusehen sein. Verstöße sind gem. § 53 Abs. 1 Nr. 5 ordnungswidrig, wenn die Anzeige nicht, nicht richtig, nicht vollständig, nicht in der vorgeschriebenen Weise oder nicht rechtzeitig erstattet wird. Allerdings ist eine bestimmte Form nicht vorgeschrieben (s.o.).

Weitergehende Anzeigepflichten auf Grund anderer Rechtsnormen bleiben hier- 34
von unberührt (zB § 9 BeschG, § 24 Abs. 5, § 31 Abs. 2 S. 3, § 34 Abs. 5, § 37).

VIII. Unterrichtungspflichten durch die zuständige Behörde (Abs. 7)

In der Vergangenheit kam es trotz Entzugs der Erlaubnis wiederholt zur Fortfüh- 35
rung dieser Tätigkeiten.

Aus diesem Grund hat die zust. Beh. das BKA, die LKA der Bundesländer sowie das BAFA über das Erlöschen einer erteilten Erlaubnis in den Fällen des Abs. 5 S. 1 **zu unterrichten.** Ebenso besteht diese Unterrichtungspflicht, wenn eine erteilte Erlaubnis zurückgenommen oder widerrufen wird. Ein Widerruf der erteilten Erlaubnis kann bspw. gem. § 45 Abs. 2 iVm § 5 Abs. 2 Nr. 5 wegen Unzuverlässigkeit erfolgen, wenn Waffenherstellungs- oder -handelsbücher über einen längeren Zeitraum hinweg nicht ordnungsgemäß oder gar nicht geführt werden (vgl. VG Aachen Beschl. v. 12.2.2010 – 6 L 471/09).

Durch diese Informationsübermittlung werden die Behörden in die Lage versetzt, die Fortführung dieser Tätigkeiten zu unterbinden. Insbes. sollen unberechtigte Ein- und Ausfuhren verhindert oder aufgeklärt werden (BT-Drs. 14/7758, 64).

IX. Bezug zu anderen Rechtsvorschriften; Folgen bei Zuwiderhandlungen

36 Gem. § 20 Abs. 5 darf der Einbau und die Entsperrung von Blockiersystemen nur durch hierin eingewiesene Inhaber einer Waffenherstellungserlaubnis oder einer Waffenhandelserlaubnis nach Abs. 1 oder durch deren hierzu bevollmächtigte Mitarbeiter erfolgen. Gem. § 23 sind Waffenherstellungs- bzw Waffenhandelsbücher zu führen und gem. § 24 bestimmte Kennzeichnungen bei Schussw. oder Munition zu beachten bzw anzubringen. Schließlich sind gem. § 34 Abs. 2 und § 35 Abs. 2 bestimmte Hinweis- und Eintragungspflichten zu beachten.

Die unerlaubte Herstellung, Bearbeitung, Instandsetzung sowie der unerlaubte Waffenhandel sind gem. § 51 Abs. 1, § 52 Abs. 1 Nr. 1, Nr. 2c, Abs. 4, § 53 Abs. 1 Nr. 2 strafbar bzw ordnungswidrig.

§ 21a Stellvertretungserlaubnis

[1]Wer ein erlaubnisbedürftiges Waffengewerbe durch einen Stellvertreter betreiben will, bedarf einer Stellvertretererlaubnis; sie wird dem Erlaubnisinhaber für einen bestimmten Stellvertreter erteilt und kann befristet werden. [2]Dies gilt auch für die Beauftragung einer Person mit der Leitung einer Zweigniederlassung oder einer unselbstständigen Zweigstelle. Die Vorschriften des § 21 gelten entsprechend.

1 Die Vorschrift wurde mit dem **2. ÄndG** (→ Einf. Rn. 23) zum 1.4.2008 eingeführt. § 21a sieht für Waffengewerbetreibende eine gesonderte **Stellvertretungserlaubnis** vor. Nach § 45 GewO können die Befugnisse zum stehenden Gewerbebetrieb durch Stellvertreter ausgeübt werden, sofern diese insbes. den für das in Rede stehende Gewerbe vorgeschriebenen Erfordernissen genügen. Nach § 21a ist neben den gewerberechtl. Vorauss. zusätzlich die waffenrechtl. Stellvertretungserlaubnis erforderlich.

2 Die Änderung beruhte auf einem Vorschlag des BR. In der Praxis soll es immer wieder zur Beschäftigung unzuverlässiger Personen als vermeintliche Zweigstellenleiter im Rahmen von „Strohmannverhältnissen" gekommen sein. Die Einführung einer Stellvertretungserlaubnis – analog zum Gaststättenrecht – war daher gerade in einem sensiblen Bereich wie dem gewerblichen Umgang mit Schussw. und Munition aus Gründen der öffentl. Sicherheit geboten (vgl. BR-Drs. 838/07 [Beschluss], 6; BT-Drs. 16/8224, 17).

3 Die Stellvertretungserlaubnis ist eine **neue waffenrechtl. Erlaubnis.** Sie kann sowohl für die gewerbsmäßige Waffenherstellung als auch für den gewerbsmäßigen Waffenhandel gelten, was durch den eingeführten Oberbegriff „erlaubnispflichtiges **Waffengewerbe**" deutlich wird.

4 Die Vorauss. für die Stellvertretungserlaubnis ergeben sich aus § 21, dessen Anwendung Satz 3 vorsieht. Bei der Stellvertretungserlaubnis sind also sämtliche Vorauss. des § 21 beim Stellvertreter zu prüfen. **Erlaubnisinhaber** ist jedoch derjenige, der das erlaubnispflichtige Waffengewerbe gem. § 21 schon betreibt, da Stellvertretung gem. § 45 GewO nur bei bestehenden Gewerben, in diesem Fall dem Waffengewerbe, möglich ist. Dies setzt § 21a zutreffend um. Im Prinzip müssen die Vorauss. des § 21 beim Stellvertreter vorliegen, damit dem bisherigen Erlaubnisinhaber gem. § 21 die Stellvertretungserlaubnis erteilt werden kann.

§ 22 Fachkunde

(1) [1]Die Fachkunde ist durch eine Prüfung vor der zuständigen Behörde nachzuweisen. [2]Die Fachkunde braucht nicht nachzuweisen, wer die Voraussetzungen für die Eintragung eines Büchsenmacherbetriebes in die Handwerksrolle erfüllt.

(2) Das Bundesministerium des Innern wird ermächtigt, durch Rechtsverordnung mit Zustimmung des Bundesrates Vorschriften über
1. die notwendigen Anforderungen an die waffentechnischen und waffenrechtlichen Kenntnisse, auch beschränkt auf bestimmte Waffen- und Munitionsarten (Fachkunde),
2. die Prüfung und das Prüfungsverfahren einschließlich der Errichtung von Prüfungsausschüssen,
3. die Anforderungen an Art, Umfang und Nachweis der beruflichen Tätigkeit nach Absatz 1 Satz 2
zu erlassen.

I. Allgemeines

1 Die Vorschrift regelt den Nachweis der Fachkunde für Personen, die **Waffenhandel** betreiben wollen (vgl. *Apel/Bushart* WaffG § 22 Rn. 1).

Bei in die Handwerksrolle eingetragenen Büchsenmachern (selbstständige Büchsenmacher) schließt die Waffenherstellungserlaubnis die Erlaubnis zum Waffenhandel gem. § 21 Abs. 2 S. 2 ein, so dass hierfür keine gesonderte Erlaubnis benötigt wird.

Die **Vorauss.** für die Eintragung als Büchsenmacher in die Handwerksrolle erfüllt nach § 7 Abs. 1, 3 oder 7 HwO, wer die Meisterprüfung im Büchsenmacherhandwerk bestanden hat, oder wer eine Ausübungsberechtigung nach § 7b HwO oder eine Ausnahmebewilligung nach den §§ 8 oder 9 HwO für das Büchsenmacherhandwerk besitzt (WaffVwV Nr. 22.2).

2 Das Erfordernis der Fachkunde soll sicherstellen, dass der Waffenhändler im Rahmen der Ausübung seines Gewerbes die erforderlichen Kenntnisse besitzt und Käufer von Schussw. und Munition im Hinblick auf deren Gefährlichkeit in Handhabung und Verwendung fachkundig beraten kann (vgl. *Apel/Bushart* WaffG § 22 Rn. 1).

3 Nach der bis zum 31.3.2008 geltenden Rechtslage war bei Personen, die mind. drei Jahre als Vollzeitkraft im Handel mit Schussw. und Munition berufstätig gewesen waren, der Fachkundenachweis durch eine mündliche Fachkundeprüfung entbehrlich, sofern die Tätigkeit ihrer Art nach geeignet war, die erforderliche Fachkunde zu vermitteln.

Da sich in der Praxis häufig Probleme mit der Anerkennung von Arbeitsbescheinigungen auftaten und nicht selten der Verdacht einer Gefälligkeitsbescheinigung bestand (BT-Drs. 16/7717, 32 und 39), hat der Gesetzgeber die in Abs. 1 Nr. 2 WaffG in der Fassung des WaffRNeuRegG (vgl. → Einf. Rn. 20) enthaltene Regelung durch das **2. ÄndG** (vgl. → Einf. Rn. 23) zum 1.4.2008 aufgehoben.

Nach aktueller Rechtslage muss **jeder Antragssteller** eine Prüfung der Fachkundekenntnisse vor der zust. Beh. ablegen. Soweit durch Abs. 1 S. 2 der Büchsenmacher von diesem Erfordernis ausgenommen ist, bleibt zu berücksichtigen, dass dieser bereits eine Prüfung vor einer Handwerkskammer abgelegt hat; insofern ist eine Wiederholung entbehrlich (BT-Drs. 14/7758, 67).

4 Für vor dem 1.4.2008 auf der Grundlage des § 22 Abs. 1 Nr. 2 aF erteilte Waffenhandelserlaubnisse besteht Bestandsschutz. Ein Widerruf der Erlaubnis gem. § 45 Abs. 2 scheidet aus, da die Gesetzesänderung keine Tatsache iSd Vorschrift ist (vgl. BVerwG NVwZ 2007, 1201 ff., zum Inkrafttreten des WaffRNeuRegG, wonach

dies keine nachträglich eingetretene „Tatsache" darstellt, sondern lediglich zur Änderung der Rechtslage führte).

Für danach erteilte Erlaubnisse gilt die Neuregelung; ebenso für Anträge, die bis zum 1.4.2008 noch nicht beschieden waren.

5 (unbesetzt)

II. Nachweis der Fachkunde (Abs. 1)

1. Fachkunde ist durch eine mündliche Prüfung nachzuweisen (Abs. 1 S. 1)

6 Abs. 1 S. 1 bestimmt, dass der Antragst. die notwendige Fachkunde durch eine Prüfung vor der zust. Beh. nachzuweisen hat. Der Nachweis der Fachkunde ist Vorauss., damit eine Erlaubnis zum Waffenhandel erteilt werden kann. Gem. § 16 Abs. 1 AWaffV bildet die zust. Beh. für die Abnahme der Prüfung staatliche Prüfungsausschüsse. Die Geschäftsführung kann auf die örtliche Industrie- und Handelskammer übertragen werden. Die Fachkundeprüfung ist mündlich abzulegen (§ 16 Abs. 3 AWaffV).

7 Dabei umfasst die Fachkundeprüfung für den **Handel mit Waffen und Munition** neben rechtl. auch praktische Kenntnisse. Einen Maßstab für Schwierigkeitsgrad und Umfang der Prüfung bildet der Fragenkatalog zur Fachkundeprüfung, der bei den Industrie- und Handelskammern erhältlich ist (Leitfaden Waffenhandel -Fragen und Antworten für die Fachkundeprüfung-, DIHK Verlag, 2017).

In der Prüfung werden dem Bewerber bspw. Schussw. vorgelegt, die gesichert, entladen bzw geladen und – so weit dies ohne Werkzeug möglich ist – zerlegt und wieder zusammengesetzt werden müssen. Der Bewerber muss auch in der Lage sein, die wesentl. Teile der Schussw. exakt zu bezeichnen und Munitionsmuster einschl. der Geschosse zu bestimmen.

2. Umfang der Fachkunde

8 Der in der mündlichen Prüfung geforderte nachzuweisende Umfang der Fachkenntnisse wird durch § 15 AWaffV konkretisiert.

9 Das Ausmaß der notwendigen Fachkunde bestimmt sich danach, ob der Antragst. eine allumfassende Waffenhandelserlaubnis beantragt hat oder ob diese auf bestimmte Schussw. und Munitionsarten beschränkt ist (§ 15 Abs. 2 AWaffV). Der Antrag kann sich entweder auf Waffen und Munition aller Art oder nur auf einzelne Waffen- und/oder Munitionsarten beziehen (vgl. Anlage zu § 15 Abs. 2 Nr. 2 AWaffV).

3. Fachkundenachweis auf andere Art

10 **a) Nachweis der Fachkunde durch Büchsenmacher (Abs. 1 S. 2).** Bei **unselbstständigen Büchsenmachern,** die in einem Waffenhandelsgeschäft die Leitung des Betriebs, einer Zweigniederlassung oder einer unselbstständigen Zweigstelle übernehmen sollen, bleibt das Erfordernis einer Waffenhandelserlaubnis bestehen. Nach Abs. 1 S. 2 ist der Nachweis der Fachkunde jedoch nicht erforderlich, da diese bereits durch die Büchseninachereigenschaft als nachgewiesen gilt (vgl. *Apel/Bushart* WaffG § 22 Rn. 4).

11 **b) Nachweis der Fachkunde durch Staatsangehörige eines Mitgliedstaates (§ 27 AWaffV).** Die Fachkunde wird bei Staatsangehörigen eines Mitgliedstaates (→ Anl. 1 Rn. 198a) als erbracht angesehen, sofern sie die in § 27 Abs. 1–4 AWaffV vorgesehenen Vorauss. erfüllen. Der Nachweis, dass die Vorauss. erfüllt sind, hat der Antragst. durch eine Bescheinigung der zuständigen Stelle des Herkunftslandes zu erbringen (§ 27 Abs. 5 AWaffV).

§ 27 AWaffV regelt abschließend die Fälle, unter welchen Vorauss. Mitgliedstaatsangehörigen die notwendige Fachkunde ohne erneute Fachkundeprüfung zuerkannt wird. Für **Drittstaatsangehörige** bleibt das Prüfungserfordernis in jedem Fall bestehen. 12

III. Verordnungsermächtigung (Abs. 2)

Abs. 2 ermächtigt das BMI, durch RVO mit Zustimmung des BR Vorschriften über die Fachkunde, die Prüfung und das Prüfungsverfahren einschl. der Einrichtung von Prüfungsausschüssen sowie die Anforderungen an Art, Umfang und Nachweis der beruflichen Tätigkeit nach Abs. 1 S. 2 festzulegen und zu erlassen. 13

Die Ausgestaltung der geforderten Fachkundekenntnisse erfolgt in § 15 AWaffV, die Prüfung und das Prüfungsverfahren einschl. der Einrichtung von Prüfungsausschüssen in § 16 AWaffV. Die Anforderungen an Art, Umfang und Nachweis der beruflichen Tätigkeiten regelt § 27 AWaffV.

§ 23 Waffenbücher

(1) [1]**Wer gewerbsmäßig Schusswaffen herstellt, hat ein Waffenherstellungsbuch zu führen, aus dem die Art und Menge der Schusswaffen sowie ihr Verbleib hervorgehen.** [2]**Satz 1 ist nicht anzuwenden auf Schusswaffen, deren Bauart nach den §§ 7 und 8 des Beschussgesetzes zugelassen ist oder die der Anzeigepflicht nach § 9 des Beschussgesetzes unterliegen, sowie auf wesentliche Teile von erlaubnisfreien Schusswaffen.**

(2) [1]**Wer gewerbsmäßig Schusswaffen erwirbt, vertreibt oder anderen überlässt, hat ein Waffenhandelsbuch zu führen, aus dem die Art und Menge der Schusswaffen, ihre Herkunft und ihr Verbleib hervorgehen.** [2]**Satz 1 ist nicht anzuwenden auf**
1. **Schusswaffen im Sinne des Absatzes 1 Satz 2, die vom Hersteller oder demjenigen, der die Schusswaffen in den Geltungsbereich dieses Gesetzes verbracht hat, mit dem auf Grund einer Rechtsverordnung nach § 25 Abs. 1 Nr. 1 Buchstabe c bestimmten Kennzeichen versehen sind,**
2. **Schusswaffen, über die in demselben Betrieb ein Waffenherstellungsbuch nach Absatz 1 zu führen ist.**

[3]**Für Verwahr-, Reparatur- und Kommissionswaffen kann ein gesondertes Buch geführt werden.**

I. Allgemeines

Zur Entstehungsgeschichte der Norm → 1. Aufl. § 23 Rn. 1 f. 1

Geändert wurde § 23 WaffG durch das **2. ÄndG** (→ Einf. Rn. 23) zum 1.4.2008. In Abs. 1 S. 2 wurde nach dem Wort „von" das Wort „erlaubnisfrei" eingefügt und in Abs. 2 S. 2 Nr. 3 die Wörter „wesentliche Teile von Schusswaffen" durch die Wörter „Verwahr-, Reparatur- und Kommissionswaffen" ersetzt. 2

Damit wurde die Buchführungspflicht auch für **wesentl. Teile** eingeführt und die Vorgaben aus dem VN-Schusswaffenprotokoll und der Waffenrichtlinie umgesetzt (vgl. dazu Vorb. §§ 29–33 WaffG Rn. 5 ff.). Die bis dahin fehlende Buchführungspflicht für wesentl. Teile führte zu einem Erlöschen der Registrierungspflicht in den Waffenherstellungs- und -handelsbüchern, sobald eine Schussw. zerlegt und ggf. in Einzelteilen weiterverkauft wurde. Die nunmehr eingeführte Buchführungspflicht auch für wesentl. Teile soll die Zusammensetzung nicht registrierter wesentl. Teile zu iErg unregistrierten Schussw. unterbinden (vgl. BT-Drs. 16/7717, 21). Zudem soll die **Herkunftsermittlung** und **Verkaufswegefeststellung** bei verübten **Delikten** aus polizeilicher Sicht erleichtert werden (vgl. auch § 44a WaffG Rn. 3).

Im Zuge des **6. ÄndG** (→ Einf. Rn. 26c) wurde die 2008 eingeführte Regelung des Abs. 2 S. 2 Nr. 3, mit der Verwahr-, Reparatur- und Kommissionswaffen von der Buchführungspflicht des § 23 ausgenommen wurden, gestrichen. Mit Wirkung zum 6.7.2017 unterliegen auch diese Waffen (wieder) der Buchführungspflicht. Abs. 2 S. 3 wurde mit dem 6. ÄndG neu in die Vorschrift eingefügt, wonach für Verwahr-, Reparatur- und Kommissionswaffen ein gesondertes Buch geführt werden kann.

3 Die Waffenherstellungs- und -handelsbücher bieten in der kriminalpolizeilichen Praxis Ermittlungsansätze für die Aufklärung von Straftaten, in denen Schussw. am Tatort gefunden und in Ermittlungsverfahren als Beweismittel benötigt werden (*Steindorf/Gerlemann* WaffG § 23 Rn. 3). Aus diesem Grund sind sie auch zunächst 10 Jahre durch den zur Buchführung Verpflichteten aufzubewahren (vgl. § 17 Abs. 6 AWaffV) und später der Behörde zur weiteren mind. 20-jährigen Aufbewahrung zu übergeben (vgl. § 44a).

II. Waffenherstellungsbuch (Abs. 1)

1. Führen eines Waffenherstellungsbuchs (Abs. 1 S. 1)

4 Adressat der Regelung ist der gewerbsmäßige Waffenhersteller (vgl. § 21; Anl. 1 Abschn. 2 Nr. 8.1). Dieser hat ein Waffenherstellungsbuch zu führen. Aus diesem müssen die Art und Menge der Schussw. sowie ihr Verbleib hervorgehen. (Zum Begriff des Herstellens einer Schussw. → Anl. 1 Rn. 182 ff.). Unter die Eintragungspflicht fallen auch **wesentl. Teile** erlaubnispflichtiger Schussw., sofern diese einzeln gehandelt werden und nicht Teil einer vollständigen erlaubnispflichtigen Schussw. sind. Das **gewerbsmäßige Bearbeiten** oder **Instandsetzen** von Schussw. unterliegt **nicht** der Eintragungspflicht (*Steindorf/Gerlemann* WaffG § 23 Rn. 4).

2. Ausnahmen von der Eintragungspflicht (Abs. 1 S. 2)

5 Abs. 1 S. 2 nimmt bestimmte Schussw. von der Eintragungspflicht aus. Es handelt sich um **minder gefährliche** Schussw. Im Einzelnen:

- Sog Kleinstkaliberwaffen, dh **Feuerwaffen,** mit einem Patronen- oder Kartuschenlager bis zu 5 mm Durchmesser und bis zu 15 mm Länge oder mit einem Patronen- oder Kartuschenlager kleiner als 6 mm Durchmesser und kleiner als 7 mm Länge, bei denen dem Geschoss eine Bewegungsenergie von nicht mehr als 7,5) erteilt wird und die über das Zulassungszeichen „PTB im Viereck" sowie „F im Fünfeck" verfügen (§ 7 Abs. 1 S. 2 BeschG).
- **SRS-Waffen** mit dem Zulassungszeichen „PTB im Kreis" (§ 8 Abs. 1 BeschG)
- Veränderte Langwaffen, die zu Theateraufführungen, Foto-, Film- oder Fernsehaufnahmen bestimmt sind (Salutwaffen), wenn sie entspr. den Anforderungen der Anl. 1 Abschn. 1 UAbschn. 1 Nr. 1.5 abgeändert worden sind (§ 9 BeschG).
- Wesentl. Teile (Anl. 1 Abschn. 1 UAbschn. 1 Nr. 1.3–1.3.4) **erlaubnisfrei** zu erwerbender und zu besitzender Schussw. (vgl. Anl. 2 Abschn. 2 UAbschn. 2 Nr. 1).

III. Waffenhandelsbuch (Abs. 2)

1. Führen eines Waffenhandelsbuchs (Abs. 2 S. 1)

6 Derjenige, der Schussw. **gewerbsmäßig** erwirbt, vertreibt oder anderen überlässt, hat ein Waffenhandelsbuch zu führen. Aus diesem müssen ebenfalls die Art und Menge der Schussw., ihre Herkunft und ihr Verbleib hervorgehen.

Die Eintragungspflicht bezieht sich hier auch auf **wesentl. Teile** erlaubnispflichtiger Schussw., sofern diese einzeln gehandelt werden und nicht Teil einer vollständigen erlaubnispflichtigen Schussw. sind (→ Rn. 2).

2. Von der Eintragung in das Waffenhandelsbuch ausgenommene Schusswaffen (Abs. 2 S. 2)

Nicht eintragungspflichtig in das Waffenhandelsbuch sind folgende Schussw. 7
- Schussw., die vom Hersteller oder demjenigen, der die Schussw. in den Geltungsbereich dieses Gesetzes verbracht hat, mit dem Kennzeichen „F im Fünfeck" (vgl. Anl. II Abbildung 10 BeschussV) versehen worden sind (Abs. 2 S. 2 Nr. 1).
- Schussw., über die in demselben Betrieb bereits ein Waffenherstellungsbuch nach Abs. 1 zu führen ist (Abs. 2 S. 2 Nr. 2).

Im Zuge des **6. ÄndG** (→ Einf. Rn. 26c) wurde die 2008 eingeführte Regelung des Abs. 2 S. 2 Nr. 3, mit der Verwahr-, Reparatur- und Kommissionswaffen von der Buchführungspflicht des § 23 ausgenommen wurden, gestrichen. Die Ausnahme hatte in der Praxis dazu geführt, dass Kontrollen durch die zust. Beh. auf Grund der Uneinheitlichkeit und schwankenden Qualität der Nachweisführung der Händler erschwert wurden. Mit Wirkung zum 6.7.2017 unterliegen auch diese Waffen wieder der Buchführungspflicht. Mit der Wiedereinführung der Buchführungspflicht können Händler und Behörde bei Nachweisführung und Kontrollen auf die ohnehin vorhandene Struktur des Waffenhandelsbuches zugreifen, das eine formalisierte Bestandserfassung und deren Kontrolle gewährleistet (BR-Drs. 61/17, 32).

3. Gesondertes Buch für Verwahr-, Reparatur- und Kommissionswaffen (Abs. 2 S. 3)

Abs. 2 S. 3 wurde mit dem 6. ÄndG neu in die Vorschrift eingefügt. Die Bestimmung ermöglicht es, aus Gründen der Übersichtlichkeit der Buchführung, die seit dem 6.7.2017 wieder buchführungspflichtigen Verwahr-, Reparatur- und Kommissionswaffen in ein eigenes Buch auszulagern (BR-Drs. 61/17, 32). 7a

IV. Inhalt, Führung, Aufbewahrung und Vorlage des Waffenherstellungs- und -handelsbuchs (§§ 17–20 AWaffV)

Inhalt, Führung, Aufbewahrung und Vorlage der Waffenherstellungs- und -handelsbücher werden durch § 23 nicht geregelt. Diese Vorschriften sind in §§ 17–20 AWaffV festgelegt und auf Grund der Ermächtigung aus § 25 Abs. 1 zur Ausgestaltung des § 23 erlassen worden. 8

V. Folgen bei Zuwiderhandlungen

Gem. § 53 Abs. 1 Nr. 8 handelt ordnungswidrig, wer vorsätzlich oder fahrlässig das Waffenherstellungs- oder -handelsbuch nicht, nicht richtig oder nicht vollständig führt. 9

Eine Ordnungswidrigkeit begeht ebenso iSd § 53 Abs. 1 Nr. 23, wer vorsätzlich oder fahrlässig iVm
- § 34 Nr. 14 AWaffV entgegen § 17 Abs. 5 AWaffV, auch iVm § 19 Abs. 5 AWaffV oder § 20 Abs. 3 S. 1 AWaffV, oder § 24 Abs. 3 AWaffV das Buch, ein Karteiblatt oder das Verzeichnis nicht oder nicht rechtzeitig vorlegt,
- § 34 Nr. 15 AWaffV entgegen § 17 Abs. 6 S. 1 AWaffV, auch iVm § 19 Abs. 5 AWaffV oder § 20 Abs. 3 S. 1 AWaffV, das Buch oder ein Karteiblatt nicht oder nicht mind. zehn Jahre aufbewahrt,

– § 34 Nr. 16 AWaffV entgegen § 17 Abs. 6 S. 2 AWaffV, auch iVm § 19 Abs. 5 AWaffV oder § 20 Abs. 3 S. 1 AWaffV, das Buch oder ein Karteiblatt nicht oder nicht rechtzeitig übergibt,
– § 34 Nr. 17 AWaffV entgegen § 17 Abs. 6 S. 3 AWaffV, auch iVm § 19 Abs. 5 AWaffV oder § 20 Abs. 3 S. 1 AWaffV, oder § 24 Abs. 4 S. 2 AWaffV das Buch, ein Karteiblatt oder das Verzeichnis nicht oder nicht rechtzeitig übergibt oder nicht oder nicht rechtzeitig aushändigt.

10 Die Nichtführung oder das unvollständige Führen eines Waffenherstellungs- oder -handelsbuchs über einen längeren Zeitraum hinweg erfüllt den Regeltatbestand der waffenrechtl. Unzuverlässigkeit des § 5 Abs. 2 Nr. 5 (wiederholter oder gröblicher Verstoß gegen Vorschriften des WaffG; vgl. VG Aachen Beschl. v. 12.2.2010 – 6 L 471/09).

§ 24 Kennzeichnungspflicht, Markenanzeigepflicht

(1) [1]**Wer Schusswaffen herstellt oder in den Geltungsbereich dieses Gesetzes verbringt, hat unverzüglich mindestens auf einem wesentlichen Teil der Waffe deutlich sichtbar und dauerhaft folgende Angaben anzubringen:**
1. Im Fall
a) der gewerbsmäßigen Herstellung den Namen, die Firma oder eine eingetragene Marke des Waffenherstellers oder -händlers, der im Geltungsbereich dieses Gesetzes eine gewerbliche Niederlassung hat,
b) der nichtgewerbsmäßigen Herstellung nach § 26 den Namen des nicht gewerblichen Waffenherstellers,
2. das Herstellungsland (zweistelliges Landeskürzel nach ISO 3166),
3. die Bezeichnung der Munition oder, wenn keine Munition verwendet wird, die Bezeichnung der Geschosse,
4. bei Importwaffen zusätzlich das Einfuhrland (Landeskürzel nach ISO 3166) und das Einfuhrjahr und
5. eine fortlaufende Nummer (Seriennummer).
[2]**Die Seriennummer nach Satz 1 Nr. 5 ist bei zusammengesetzten Langwaffen auf dem Lauf und bei zusammengesetzten Kurzwaffen auf dem Griffstück anzubringen.** [3]**Satz 2 gilt nur für Schusswaffen, die ab dem 1. April 2008 hergestellt, auf Dauer erworben oder in den Geltungsbereich des Gesetzes verbracht werden.** [4]**Auf erlaubnispflichtige Schusswaffen, die Bestandteil einer kulturhistorisch bedeutsamen Sammlung im Sinne des § 17 sind oder werden sollen, sind Satz 1 und 2 nicht anzuwenden.** [5]**Auf Schusswaffen im Sinne des § 23 Abs. 1 Satz 2 ist Satz 1 Nr. 2, 4 und 5 nicht anzuwenden.** [6]**Wesentliche Teile erlaubnispflichtiger Schusswaffen sind gesondert mit einer Seriennummer zu kennzeichnen und in Waffenbüchern nach § 23 zu erfassen, wenn sie einzeln gehandelt werden.**

(2) **Schusswaffen, deren Geschossen eine Bewegungsenergie von nicht mehr als 7,5 Joule erteilt wird, müssen eine Typenbezeichnung sowie das Kennzeichen nach Anlage 1 Abbildung 1 zur Ersten Verordnung zum Waffengesetz vom 24. Mai 1976 (BGBl. I S. 1285) in der zum Zeitpunkt des Inkrafttretens dieses Gesetzes geltenden Fassung oder ein durch Rechtsverordnung nach § 25 Abs. 1 Nr. 1 Buchstabe c bestimmtes Zeichen tragen.**

(3) [1]**Wer gewerbsmäßig Munition herstellt oder in den Geltungsbereich dieses Gesetzes verbringt, hat unverzüglich auf der kleinsten Verpackungseinheit Zeichen anzubringen, die den Hersteller, die Fertigungsserie (Fertigungszeichen), die Zulassung und die Bezeichnung der Munition erkennen lassen; das Herstellerzeichen und die Bezeichnung der Munition sind auch auf der Hülse anzubringen.** [2]**Munition, die wiedergeladen wird, ist außer-**

dem mit einem besonderen Kennzeichen zu versehen. [3]Als Hersteller gilt auch derjenige, unter dessen Namen, Firma oder Marke die Munition vertrieben oder anderen überlassen wird und der die Verantwortung dafür übernimmt, dass die Munition den Vorschriften dieses Gesetzes entspricht.

(4) **Wer Waffenhandel betreibt, darf Schusswaffen oder Munition anderen gewerbsmäßig nur überlassen, wenn er festgestellt hat, dass die Schusswaffen gemäß Absatz 1 gekennzeichnet sind, oder wenn er auf Grund von Stichproben überzeugt ist, dass die Munition nach Absatz 3 mit dem Herstellerzeichen gekennzeichnet ist.**

(5) **[1]Wer gewerbsmäßig Schusswaffen, Munition oder Geschosse für Schussapparate herstellt, Munition wiederlädt oder im Geltungsbereich dieses Gesetzes mit diesen Gegenständen Handel treibt und eine Marke für diese Gegenstände benutzen will, hat dies der Physikalisch-Technischen Bundesanstalt unter Vorlage der Marke vorher schriftlich oder elektronisch anzuzeigen. [2]Verbringer, die die Marke eines Herstellers aus einem anderen Staat benutzen wollen, haben diese Marke anzuzeigen.**

(6) **Absatz 3 Satz 3 und Absatz 4 gelten nicht, sofern es sich um Munition handelt, die Teil einer Sammlung (§ 17 Abs. 1) oder für eine solche bestimmt ist.**

I. Allgemeines

Zur Entstehungsgeschichte der Norm → 1. Aufl. § 24 Rn. 1. 1

Die Regelung dient ebenso wie die Buchführungspflicht gem. § 23 kriminalpolizeilichen Zwecken, da die Kennzeichnung einer Schussw. sowie einzeln gehandelter wesentl. Teile diese individualisiert und eine Identifizierung als Tatmittel oder Tatwerkzeug zumindest erleichtert (auch → § 44a Rn. 3).

Darüber hinaus erleichtert § 24 die **Verfolgung von Rechtsansprüchen,** die zB nach einem Unfall aus der mangelhaften Beschaffenheit einer Waffe oder einer Munition hergeleitet werden können (*Apel/Bushart* WaffG § 24 Rn. 1).

Mit dem **2. ÄndG** (→ Einf. Rn. 23) wurde in Abs. 1 mit Wirkung zum 1.4.2008 ergänzt, dass wesentl. Teile erlaubnispflichtiger Schussw. **gesondert mit einer Seriennummer** zu kennzeichnen sind, sofern diese einzeln gehandelt werden. Weiterhin wurden erlaubnispflichtige Schussw., die Bestandteil einer kulturhistorisch bedeutsamen Sammlung sind oder werden sollen, iS ihres Werterhaltes sämtlich von der Kennzeichnungspflicht ausgenommen, vgl. § 24 Abs. 1 S. 4 WaffG.

Für staatliche Stellen sind zusätzliche Pflichten zur Kennzeichnung von Schussw. in § 55 Abs. 4a vorgesehen (→ § 55 Rn. 22).

Mit dem **6. ÄndG** (→ Einf. Rn. 26c) wurde in Abs. 1 das Wort „gewerbsmäßig" gestrichen.

II. Kennzeichnung erlaubnispflichtiger Schusswaffen (Abs. 1)

1. Adressat und Umfang der Kennzeichnungspflicht (Abs. 1 S. 1)

a) Adressat der Kennzeichnungspflicht. Im Zuge des **6. ÄndG** (→ Einf. 2
Rn. 26c) wurde die Kennzeichnungspflicht in Umsetzung der Vorgaben aus Art. 8 Abs. 1a und b des Feuerwaffenprotokolls der Vereinten Nationen (→ Einf. §§ 29–33 Rn. 21) auch auf Fälle der nichtgewerbsmäßigen Waffenherstellung und des nichtgewerbsmäßigen Verbringens von Schusswaffen nach Deutschland ausgedehnt. Adressat der Kennzeichnungspflicht sind demnach **gewerbsmäßige** (→ § 21 Rn. 3 ff.) **und nichtgewerbsmäßige** (→ § 26 Rn. 1 ff.) **Schusswaffenhersteller**

sowie Personen, die **gewerbsmäßig** oder aber **nichtgewerbsmäßig** Schussw. **in den Geltungsbereich** des WaffG **verbringen** (zum Begriff des Verbringens → Anl. 1 Rn. 178 f.).

Für das Verbringen von Schussw. **durch** den Geltungsbereich des Gesetzes gilt die in Abs. 1 normierte Kennzeichnungspflicht nicht.

3 **b) Umfang der Kennzeichnungspflicht.** Mind. auf einem wesentl. Teil (→ Anl. 1 Rn. 23 ff.) der erlaubnispflichtigen Schussw. sind **deutlich sichtbar** und **dauerhaft** bestimmte Angaben anzubringen.

Die erforderlichen Herstellerangaben wurden mit dem **6. ÄndG** (→ Einf. Rn. 26c) differenziert nach gewerblicher und nichtgewerblicher Herstellung in der nunmehr nach Buchstabe a) und b) aufgegliederten Nr. 1 des Abs. 1 geregelt.

Für den Fall der gewerbsmäßigen Herstellung und des gewerbsmäßigen Verbringens nach Deutschland sieht Abs. 1 Nr. 1a vor, dass der Name (§ 12 BGB), die Firma (§ 17 Abs. 1 HGB) oder eine eingetragene Marke (vgl. MarkenG) eines Waffenherstellers oder -händlers, der in Deutschland eine gewerbliche Niederlassung hat, angebracht wird.

Für den Fall der nichtgewerbsmäßigen Herstellung und des nicht gewerbsmäßigen Verbringens nach Deutschland sieht Abs. 1 Nr. 1b vor, dass der vollständige Name des nicht gewerbsmäßigen Herstellers bzw Verbringers angebracht wird. Unabhängig von der Gewerbsmäßigkeit der Herstellung bzw des Verbringens nach Deutschland sind weiterhin anzubringen:

– das Herstellungsland (zweistelliges Landeskürzel nach ISO 3166),
– die Bezeichnung der Munition oder, wenn keine Munition verwendet wird, die Bezeichnung der Geschosse,
– bei Importwaffen zusätzlich das Einfuhrland, das Einfuhrjahr und
– eine fortlaufende Nr. (Seriennr.).

Im Zuge des **2. ÄndG** (→ Einf. Rn. 23) hat der Gesetzgeber zum 1.4.2008 ergänzend S. 2 in die Norm eingefügt, wonach die Seriennr. zwingend bei zusammengesetzten Langwaffen auf dem Lauf und bei zusammengesetzten Kurzwaffen auf dem Griffstück anzubringen ist.

4 Die Kennzeichnung hat **unverzüglich** zu erfolgen, dh ohne schuldhaftes Zögern (§ 121 Abs. 1 BGB). Für den gewerbsmäßigen Hersteller bedeutet dies, dass die Kennzeichnung unmittelbar nach dem Herstellungsvorgang erfolgen muss. Beim Verbringen in den Geltungsbereich des WaffG hat dies unmittelbar nach dem Transport beim Händler zu erfolgen. Verstöße sind ordnungswidrig (vgl. § 53 Abs. 1 Nr. 9).

2. Von der Kennzeichnungspflicht ausgenommene/teilweise ausgenommene Schusswaffen (Abs. 1 S. 4 und 5)

5 Mit dem **2. ÄndG** (→ Einf. Rn. 23) wurden erlaubnispflichtige Schussw., die Bestandteil einer kulturhistorisch bedeutsamen Sammlung sind (§ 17), zum 1.4.2008 von der Kennzeichnungspflicht ausgenommen. Die Ausnahme erschien dem Gesetzgeber wegen der im Regelfall fehlenden Deliktsrelevanz von Sammlerwaffen vertretbar (BT-Drs. 16/7717, 21). Krit. dazu *Steindorf/Gerlemann* (WaffG § 24 Rn. 6) mit dem Hinweis, dass Sammlerwaffen nach § 17 keinesfalls nur antike oder historische Schussw. umfassen, sondern gleichermaßen techn. aktuelle Waffen unter wissenschaftlich-technischen Gesichtspunkten erfassen können.

Schussw., deren Bauart nach den §§ 7 und 8 BeschG zugelassen ist oder die der Anzeigepflicht nach § 9 BeschG unterliegen (zu den einzelnen Schussw. → § 23 Rn. 5) sowie wesentl. Teile erlaubnisfrei zu erwerbender und zu besitzender Schussw., sind **teilw.** von der **Kennzeichnungspflicht ausgenommen.** Auf diesen „ungefährlicheren“ vorgenannten Gegenständen braucht das zweistellige Landeskürzel des Herstellungslands, bei Importwaffen des Einfuhrlands und eine fortlaufende Nummer nicht angebracht zu sein (Abs. 1 S. 5).

3. Kennzeichnungspflicht wesentlicher Teile (Abs. 1 S. 6)

Wesentl. Teile (→ Anl. 1 Rn. 23 ff.) **erlaubnispflichtiger Schussw.** sind unverzüglich gesondert mit einer Seriennummer zu kennzeichnen und in Waffenbüchern nach § 23 zu erfassen, sofern diese **einzeln** gehandelt werden. Diese Kennzeichnungspflicht wurde zum 1.4.2008 mit dem **2. ÄndG** (→ Einf. Rn. 23) eingeführt. 6
Werden gewerbsmäßig Schussw. verändert oder gewerbsmäßig wesentl. Teile einer Schussw. ausgetauscht und dabei die Angaben über den Hersteller (Abs. 1 S. 1 Nr. 1) entfernt, hat der Bearbeiter der Schussw. gem. § 21 Abs. 3 AWaffV seinen Namen, seine Firma oder seine Marke auf der Schussw. anzubringen. Auf der Schussw. und den ausgetauschten Teilen darf keine Kennzeichnung angebracht sein, die auf verschiedene Hersteller oder Händler hinweist (§ 21 Abs. 3 AWaffV).

III. Kennzeichnung von Schusswaffen mit geringer Bewegungsenergie (Abs. 2)

Bei Schussw., deren Geschossen eine Bewegungsenergie von nicht mehr als 7,5 J erteilt wird, muss über die nach Abs. 1 erforderlichen Kennzeichnungen hinaus die Typenbezeichnung, dh die jeweilige Modellbezeichnung der Schussw., angebracht sein. Weiter muss sichtbar und dauerhaft das vorgeschriebene Kennzeichen nach Anl. II Abb. 10 der BeschussV („F im Fünfeck") angebracht sein. Verstöße gegen diese Kennzeichnungspflicht sind ordnungswidrig (vgl. § 53 Abs. 1 Nr. 9). 7
Ebenso fallen hierunter die sog Kleinstkaliberwaffen, dh **Feuerwaffen** mit einem Patronen- oder Kartuschenlager bis zu 5 mm Durchmesser und bis zu 15 mm Länge oder mit einem Patronen- oder Kartuschenlager kleiner als 6 mm Durchmesser und kleiner als 7 mm Länge, bei denen dem Geschoss eine Bewegungsenergie von nicht mehr als 7,5 J erteilt wird und die über die Zulassungszeichen „PTB im Viereck" und „F im Fünfeck" (BeschussV Anl. II Abb. 5 und 10) verfügen.

IV. Kennzeichnung von Munition (Abs. 3)

1. Adressat der Kennzeichnungspflicht

Adressat ist hier derjenige, der Munition **gewerbsmäßig** herstellt oder diese **gewerbsmäßig** in den Geltungsbereich verbringt. Unter Herstellen von Munition fällt auch das gewerbsmäßige **Wiederladen** von Hülsen (siehe Anl. 1 Abschn. 2 Nr. 8.1). 8
Munition, die eingeführt wird und mit dem eingetragenen Zeichen eines Herstellers mit Sitz außerhalb des Geltungsbereichs des Gesetzes versehen ist, braucht von dem einführenden Händler nicht zusätzlich mit dem eigenen Warenzeichen versehen zu werden (WaffVwV Nr. 24.2). Als Hersteller von Munition gilt auch derjenige, unter dessen Namen, Firma oder Marke die Munition vertrieben oder anderen überlassen wird und der die Verantwortung dafür übernimmt, dass die Munition den Vorschriften dieses Gesetzes entspricht (Abs. 3 S. 3). Dies wäre zB der Fall, wenn ein großes Waffenhandelsunternehmen bei einem Unternehmen Munition anfertigen lässt, um diese unter eigenem Namen zu verkaufen (so auch *ABB/Adolph* WaffG § 24 Rn. 32).

2. Umfang der Kennzeichnungspflicht

9 Zu kennzeichnen ist die kleinste Verpackungseinheit (idR ist dies die Patronenschachtel) sowie die einzelne Patrone selbst. Verstöße sind ordnungswidrig (vgl. § 53 Abs. 1 Nr. 9).

10 **a) Kennzeichnung der kleinsten Verpackungseinheit.** Auf der kleinsten Verpackungseinheit hat der Hersteller **unverzüglich** (→ Rn. 4) Zeichen anzubringen, die den Hersteller, die Fertigungsserie (Fertigungszeichen), die Zulassung und die Bezeichnung der Munition erkennen lassen. Neben der Kennzeichnung nach Abs. 3 schreibt § 39 Abs. 1 BeschussV weitere anzubringende Kennzeichnungen auf der kleinsten Verpackungseinheit vor, welche deutlich lesbar sein und, sofern die Munition zum Vertrieb im Geltungsbereich des BeschG bestimmt ist, in deutscher Sprache abgefasst sein müssen. Ein Beipackzettel in deutscher Sprache ist hierfür zulässig (§ 39 Abs. 2 S. 2 und 3 BeschussV).

11 **b) Kennzeichnung der Munition.** Auf jeder Hülse sind unverzüglich das Herstellerzeichen und die Bezeichnung der Munition anzubringen.

§ 39 Abs. 2 BeschussV schreibt für bestimmte Munitionsarten weitere Kennzeichnungen vor.

12 Die Munitions- und Verpackungskennzeichnungen dienen in erster Linie der Sicherheit des Schützen, der hierdurch vor der Verwendung falscher Munition und der daraus resultierenden möglicherweise schweren Folgen gewarnt werden soll (*Steindorf/Gerlemann* WaffG § 24 Rn. 7).

3. Wiedergeladene Munition (Abs. 3 S. 2)

13 Wiedergeladene Munition (→ § 10 Rn. 54 ff.) ist durch den **gewerbsmäßigen** Wiederlader oder **gewerbsmäßigen** Importeur solcher Munition zusätzlich mit einem besonderen Kennzeichen zu versehen, damit diese als solche erkannt wird. Verstöße sind ordnungswidrig (vgl. § 53 Abs. 1 Nr. 9).

14 Über die Kennzeichnungspflicht aus Abs. 3 S. 2 hinaus ist gem. § 39 Abs. 3 BeschussV wiedergeladene Munition, die gewerbsmäßig wiedergeladen wird, auf der Hülse oder dem Zündhütchen sichtbar und dauerhaft mit einem Zeichen zu versehen, aus dem der Wiederlader zu erkennen ist. Bei wiedergeladener Munition, die zur **Ausfuhr bestimmt** ist, muss das Zeichen des Wiederladers auf der Hülse angebracht werden. Bei einer Kennzeichnung auf der Hülse ist das Zeichen des Herstellers oder früheren Wiederladers ungültig zu machen. Wiedergeladene Munition darf nur in geschlossenen Packungen abgegeben werden, auf denen die Anschrift des Wiederladers und die Aufschrift „Wiedergeladene Munition" angebracht ist. Auf der kleinsten Verpackungseinheit wiedergeladener Patronenmunition sind außerdem die Masse und die Bezeichnung der Geschosse anzugeben. Diesen Auflagen unterliegen auch „private" Wiederlader (Inhaber einer Erlaubnis nach § 27 Abs. 1 SprengG), sofern der Wiederlader die Munition einem Dritten überlässt, der nicht Mitglied der jagdlichen oder schießsportlichen Vereinigung ist, der er selbst angehört.

V. Pflichten des Waffenhändlers (Abs. 4)

15 **Gewerbsmäßig** dürfen Schussw. oder Munition anderen nur dann überlassen werden, soweit diese die nach Abs. 1 erforderlichen Kennzeichnungen aufweisen. Der Waffenhändler hat dies bei Schussw. vor dem Überlassen in **vollem Umfang** nachzuprüfen. Bei Munition hat er sich durch **Stichproben** davon zu überzeugen, dass die nach Abs. 3 und § 39 Abs. 1 BeschussV geforderten Kennzeichnungen auf der kleinsten Verpackungseinheit sowie der einzelnen Patrone vorhanden sind. Feh-

len die geforderten Kennzeichnungen, so dürfen Schussw. oder Munition anderen nicht überlassen werden. Verstöße sind ordnungswidrig (vgl. § 53 Abs. 1 Nr. 10).

VI. Anzeigepflicht der beabsichtigten Verwendung einer Marke (Abs. 5)

Der gewerbsmäßige Hersteller oder Händler von Schussw., Munition oder Geschossen für Schussapparate oder gewerbsmäßige Munitionswiederlader hat, soweit er eine Marke für diese Gegenstände nutzen will, dies der PTB unter Vorlage der Marke **vorher schriftlich** anzuzeigen. Importeure, welche die Marke eines Herstellers aus einem anderen Staat benutzen wollen, haben diese Marke anzuzeigen. Das bei der PTB hinsichtlich der Marken geführte Register dient der Identifizierung des Herstellers oder Importeurs und kann kriminalpolizeilichen Ermittlungen dienen. 16

VII. Ausnahmen für Sammlermunition (Abs. 6)

Bei Munition, die als Teil einer kulturhistorisch bedeutsamen Sammlung (§ 17 Abs. 1) oder für eine solche bestimmt ist, entfällt die Kennzeichnungspflicht. Ebenfalls entfällt die Prüfpflicht (Abs. 4) des gewerbsmäßigen Waffenhändlers bei solcher Munition. Nicht gekennzeichnete Munition iSd Abs. 6 kann anderen überlassen werden. Mit der Ausnahme soll sichergestellt werden, dass typische Sammlermunition durch den Händler vertrieben bzw überlassen werden kann, ohne dass sie durch eine Kennzeichnung auf der Hülse Schaden nimmt und damit an Wert verliert (BT-Drs. 14/8886, 114). 17

§ 25 Ermächtigungen und Anordnungen

(1) **Das Bundesministerium des Innern wird ermächtigt, durch Rechtsverordnung mit Zustimmung des Bundesrates zur Durchführung der §§ 23 und 24**

1. Vorschriften zu erlassen über
   a) Inhalt und Führung des Waffenherstellungs- und Waffenhandelsbuches,
   b) Aufbewahrung und Vorlage des Waffenherstellungs- und Waffenhandelsbuches,
   c) eine besondere Kennzeichnung bestimmter Waffen- und Munitionsarten sowie über die Art, Form und Aufbringung dieser Kennzeichnung,

2. zu bestimmen,
   a) auf welchen wesentlichen Teilen der Schusswaffe die Kennzeichen anzubringen sind und wie die Schusswaffen nach einem Austausch, einer Veränderung oder einer Umarbeitung wesentlicher Teile zu kennzeichnen sind,
   b) dass bestimmte Waffen- und Munitionsarten von der in § 24 vorgeschriebenen Kennzeichnung ganz oder teilweise befreit sind.

(2) **Ist eine kennzeichnungspflichtige Schusswaffe nicht mit einer fortlaufenden Nummer (§ 24 Abs. 1 Satz 1 Nummer 5) gekennzeichnet, so kann die zuständige Behörde – auch nachträglich – anordnen, dass der Besitzer ein bestimmtes Kennzeichen anbringen lässt.**

Abs. 1 der Vorschrift ermächtigt das BMI, durch zustimmungsbedürftige RVO die zur Durchführung der §§ 23, 24 erforderlichen Vorschriften zu erlassen. Das 1

BMI hat im Rahmen der AWaffV Gebrauch hiervon gemacht. §§ 17–20 AWaffV enthalten die ausgestaltenden Vorschriften zu § 23, § 21 AWaffV diejenigen zu § 24.

2 Abs. 2 ermöglicht der zust. Beh. die Anordnung der **Nachkennzeichnung** einer kennzeichnungspflichtigen Schussw. mit einem bestimmten Kennzeichen, sofern auf dieser die **fortlaufende Nummer** (Seriennr.) fehlt. Welche Schussw. kennzeichnungspflichtig sind, ergibt sich aus § 24.

Von der Ermächtigung des Abs. 2 soll von der zust. Beh. Gebrauch gemacht werden, wenn bei Vorlage der WBK oder auf andere Weise bekannt wird, dass die Schussw. keine Herstellungsnummer trägt.

Bei Handfeuerwaffen, die vor dem Jahre 1891 hergestellt wurden oder die mit dem „F im Fünfeck" gekennzeichnet sind, ist von einer Anordnung nach S. 1 abzusehen. Anstelle der fortlaufenden Nr. ist ein Ursprungszeichen zu verwenden, das sichtbar und dauerhaft anzubringen ist. Das Ursprungszeichen besteht aus einer fortlaufenden Nr. sowie folgenden Kennbuchstaben der einzelnen Bundesländer:

Baden-Württemberg BW; Bayern BY; Berlin BR; Brandenburg BB; Bremen HB; Hamburg HH; Hessen HE; Mecklenburg-Vorpommern MV; Niedersachsen NI; Nordrhein-Westfalen NW; Rheinland-Pfalz RP; Saarland SL; Sachsen SN; Sachsen-Anhalt ST; Schleswig-Holstein SH; Thüringen TH.

Die fortlaufende Nr. wird von einer zentralen Stelle des Landes festgesetzt (WaffVwV Nr. 25).

§ 26 Nichtgewerbsmäßige Waffenherstellung

(1) [1]**Die Erlaubnis zur nichtgewerbsmäßigen Herstellung, Bearbeitung oder Instandsetzung von Schusswaffen wird durch einen Erlaubnisschein erteilt.** [2]**Sie schließt den Erwerb von zu diesen Tätigkeiten benötigten wesentlichen Teilen von Schusswaffen sowie den Besitz dieser Gegenstände ein.**

(2) [1]**Die Erlaubnis ist auf höchstens drei Jahre zu befristen und auf eine bestimmte Zahl und Art von Schusswaffen und wesentlichen Teilen zu beschränken.** [2]**Personen, denen Schusswaffen zur Erprobung, Begutachtung, Untersuchung oder für ähnliche Zwecke, die insbesondere eine Bearbeitung oder Instandsetzung erforderlich machen können, überlassen werden, kann die Erlaubnis nach Absatz 1 ohne Beschränkung auf eine bestimmte Zahl und Art von Schusswaffen und wesentlichen Teilen erteilt werden.**

I. Allgemeines

1 § 26 regelt die Erlaubnis der nichtgewerbsmäßigen Herstellung, Bearbeitung oder Instandsetzung von Schussw.

Die Vorschrift ergänzt die in § 21 getroffenen Regelungen der **gewerbsmäßigen** Waffenherstellung. Während die in § 21 genannten Umgangsarten mit dem Ziel der Gewinnerzielung ausgeübt werden, erfolgt die Ausübung dieser Tätigkeiten in § 26 zu nicht kommerziellen Zwecken.

2 Die **nichtgewerbsmäßige Herstellung** von **Munition** wird durch § 26 nicht erfasst. Diese ist gem. § 2 Abs. 4 S. 1 iVm Anl. 2 Abschn. 2 UAbschn. 2 Nr. 6.1 erlaubnisfrei. Jedoch sind für das **nichtgewerbliche Wiederladen** von **Munition** die Vorschriften des SprengG zu beachten, so dass hierfür eine Erlaubnis gem. § 27 Abs. 1 SprengG benötigt wird (→ § 10 Rn. 54 ff.).

3 **Andere** Waffen als Schussw. und ihnen gleichgest. tragbare Gegenstände unterliegen gem. § 2 Abs. 2 iVm Anl. 2 Abschn. 2 UAbschn. 1 S. 1 nicht der Erlaubnispflicht und dürfen daher ohne Erlaubnis gewerbsmäßig wie auch nichtgewerbsmäßig hergest., bearbeitet oder instand gesetzt werden, zB Hieb- und Stoßwaffen.

Von der Herstellungserlaubnis abgedeckt ist **auch** der **Erwerb und Besitz** der bearbeiteten, hergest. oder instand gesetzten erlaubnispflichtigen Schussw. sowie der erlaubnispflichtigen wesentl. Teile. Die Geltungsdauer der Erlaubnis richtet sich nach der veranschlagten Herstellungsdauer. Will der nichtgewerbsmäßige Hersteller die von ihm hergest. Waffe über den Gültigkeitszeitraum der erteilten Herstellungserlaubnis hinaus auf Dauer behalten, so bedarf es hierfür einer WBK (WaffVwV Nr. 26.4, im Anschl. daran *Heller/Soschinka* WaffR Rn. 2297; *König/Papsthart* Neues WaffR Rn. 430). **Überlässt** der nichtgewerbsmäßige Hersteller eine angefertigte erlaubnispflichtige Schussw., so tritt die **Anzeigepflicht** an die zust. Beh. gem. § 34 Abs. 2 S. 2 ein (→ § 34 Rn. 21), um deren Schicksal im Rahmen der **Verkaufswegefeststellung** (dazu → § 44a Rn. 3) nachforschbar zu machen (vgl. *König/Papsthart* Neues WaffR Rn. 430). Die ebenfalls durch § 34 Abs. 2 S. 2 verlangte Vorlagepflicht der WBK entfällt, da der nichtgewerbsmäßige Hersteller lediglich eine Herstellungserlaubnis besitzt. 4

II. Erlaubnispflicht für nichtgewerbsmäßige Herstellung, Bearbeitung und Instandsetzung von Schusswaffen (Abs. 1)

Die Erlaubnispflicht für die nichtgewerbsmäßige Herstellung, Bearbeitung oder Instandsetzung (zu den Begriffen → Anl. 1 Rn. 182 ff.) von Schussw. ergibt sich aus § 2 Abs. 2 iVm Anl. 2 Abschn. 2 UAbschn. 1 S. 1. Diese bezieht sich dem Grundsatze nach auf sämtliche Schussw., den Schussw. gleichgest. tragbare Gegenstände sowie wesentl. Teile von Schussw. 5

Gem. § 2 Abs. 4 S. 1 iVm Anl. 2 Abschn. 2 UAbschn. 2 Nr. 4.1 dürfen Schussw. mit **Lunten- oder Funkenzündung,** deren Modell vor dem 1.1.1871 entwickelt worden ist, ohne Erlaubnis hergest. werden. Dies gilt auch für die Anfertigung wesentl. Teile für diese Waffen. Ebenso ist das Herstellen von **Armbrüsten** gem. § 2 Abs. 4 S. 1 iVm Anl. 2 Abschn. 2 UAbschn. 2 Nr. 4.2 erlaubnisfrei. Weiterhin sind von der Erlaubnispflicht gem. § 2 Abs. 4 S. 1 iVm Anl. 2 Abschn. 3 UAbschn. 1 **Harpunengeräte** ausgenommen, sofern bei diesen keine Munition zum Antrieb der Geschosse verwendet wird. 6

Ebenso können die in der Anl. 2 Abschn. 3 UAbschn. 2 aufgeführten Gegenstände **(Spielzeugschussw.)** erlaubnisfrei hergest., bearbeitet oder instand gesetzt werden, da diese mit Ausnahme des § 42a vom WaffG ausgenommen sind.

Sollen **verbotene Schussw.** hergest., bearbeitet oder instand gesetzt werden, so muss nach WaffVwV Nr. 26.3 in dem Erlaubnisbescheid vermerkt sein, dass es zur Herstellung verbotener Waffen bzw Schussw. einer zusätzlichen Erlaubnis nach § 40 Abs. 4 bedarf. Dies erscheint zu weit gefasst. Vielmehr ist die Vorlage einer **Ausnahmebewilligung** des BKA gem. § 40 Abs. 4 erforderlich, **bevor** eine Erlaubnis zur nichtgewerbsmäßigen Herstellung durch die zust. Beh. gem. Abs. 1 S. 1 erteilt werden kann. 6a

Für die Erteilung einer Erlaubnis zur nichtgewerbsmäßigen Herstellung, Bearbeitung oder Instandsetzung erlaubnispflichtiger Schussw. sind die allg. Vorauss. des § 4 Abs. 1 einschlägig. 7

Ein **Bedürfnis** für die nichtgewerbsmäßige Herstellung von Schussw. wird nur in Ausnahmefällen anzuerkennen sein. Dies kann bspw. bei der Forschung, der waffentechn. Entwicklung, Begutachtung oder Untersuchung zu bejahen sein, wenn die Tätigkeit nicht lediglich der Liebhaberei dient (vgl. WaffVwV Nr. 26.2).

Auch einem **fachkundigen Schützen** in einem Jagd- oder Schießsportverein kann ein Bedürfnis zuerkannt werden, wenn er – ohne wirtschaftliche Motivation – für seine Vereinskameraden kleinere Bearbeitungs- oder Instandsetzungsarbeiten an Schussw. vorzunehmen in der Lage ist.

8 Gem. Abs. 1 S. 2 schließt die erteilte Erlaubnis die Berechtigung mit ein, die zur Wahrnehmung dieser Tätigkeit benötigten **wesentl. Teile** zu erwerben und während der Gültigkeitsdauer der Erlaubnis zu besitzen. Eine gesonderte Erlaubnis oder der Eintrag in eine WBK ist in diesen Fällen nicht notwendig (zum dauerhaften Besitz → Rn. 4).

III. Befristung und Beschränkung der Erlaubnis sowie Ausnahmen (Abs. 2)

1. Befristung und Beschränkung der Erlaubnis auf eine bestimmte Anzahl und Art von Schusswaffen sowie wesentlicher Teile (Abs. 2 S. 1)

9 Abs. 2 S. 1 ist Ausfluss des im Waffenrecht geltenden Bedürfnisgrundsatzes. Die Erlaubnis für die nichtgewerbsmäßige Herstellung, Bearbeitung oder Instandsetzung wird daher **nicht unbeschränkt** erteilt. Die Behörde hat die Erlaubnis auf höchstens **drei Jahre** zu befristen **und** auf eine **bestimmte Anzahl und Art von Schussw.** oder wesentl. Teile zu beschränken.

9a Die Erlaubnis hat zur Beschreibung der erfassten Waffen zumindest die Art des Kalibers und der hierfür benötigten Munition, die Art der Automatik, der äußeren Abmessungen der Waffe und das Fassungsvermögen der Trommel oder des Magazins zu bestimmen (WaffVwV Nr. 26.3).

10 Der konkrete Gültigkeitszeitraum der Erlaubnis richtet sich nach dem geltend gemachten Bedürfnis und kann somit auch für einen kürzeren Zeitraum ausgestellt werden, sofern das geltend gemachte Bedürfnis einen dreijährigen Zeitraum nicht rechtfertigt. So richtet sich die Erlaubnis bei der nichtgewerbsmäßigen Herstellung zB nach der Herstellungsdauer, bei der Bearbeitung oder Instandsetzung nach dem Zeitraum, der hierfür veranschlagt wird (WaffVwV Nr. 26.4).

11 Der Erlaubnisbescheid kann von der zust. Beh. gem. § 9 Abs. 2, auch nachträglich, mit der Auflage versehen werden, dass die Schussw., sofern es sich um eine Feuerwaffe handelt (§ 2 Abs. 1 BeschG), einem **Beschussamt** zur Prüfung der Bauart vorgelegt wird. Nach WaffVwV Nr. 26.3 **ist** der Bescheid mit dieser Auflage zu versehen. Für die nichtgewerbsmäßige Waffenherstellung greift die Kennzeichnungspflicht aus § 24 Abs. 1 Nr. 16 (→ § 24 Rn. 3).

2. Ausnahmen für Waffensachverständige (Abs. 2 S. 2)

12 Personen, denen Schussw. zur Erprobung, Begutachtung, Untersuchung oder für ähnliche Zwecke (idR Waffensachverständige), die insbes. eine Bearbeitung oder Instandsetzung erforderlich machen können, überlassen werden, kann die Erlaubnis abweichend von Abs. 1 S. 1 ohne Beschränkung auf eine bestimmte Zahl und für Schussw. aller Art erteilt werden. Die Angaben über Art und Zahl der Schussw. sind in diesen Fällen nicht in die Erlaubnis mit aufzunehmen (WaffVwV Nr. 26.3). Die Dreijahresfrist darf jedoch nicht überschritten werden.

IV. Folgen bei Zuwiderhandlungen

13 Gem. § 52 Abs. 3 Nr. 3 ist die nichtgewerbsmäßige Herstellung, Bearbeitung oder Instandsetzung von Schussw. ohne entspr. Erlaubnis strafbar, bei fahrlässigem Handeln gilt § 52 Abs. 4.

Bei Schussw., die § 51 oder § 52 Abs. 1 Nr. 1 unterfallen, richtet sich die Strafbarkeit nach diesen Normen.

Das Überlassen wesentl. Teile für Schussw., die nicht durch den Erlaubnisschein abgedeckt sind, stellt eine Straftat gem. § 52 Abs. 3 Nr. 7 dar.

Der Erwerb und Besitz wesentl. Teile (→ Anl. 1 Rn. 23), die nicht vom Erlaubnisbescheid mit umfasst sind, richtet sich nach der Strafnorm für die jeweilige Schussw., für die diese bestimmt sind.

Das nichtgewerbsmäßige Herstellen, Bearbeiten oder Instandsetzen von Schussw. **14**
ohne entspr. Erlaubnis stellt idR auch einen nicht sachgemäßen Umgang mit Waffen iSd § 5 Abs. 1 Nr. 2b dar, der zur Regelunzuverlässigkeit des § 5 Abs. 2 Nr. 5 führt (vgl. VG Oldenburg Beschl. v. 21.11.2006 – 11 B 4846/06).

§ 27 Schießstätten, Schießen durch Minderjährige auf Schießstätten

(1) [1]**Wer eine ortsfeste oder ortsveränderliche Anlage, die ausschließlich oder neben anderen Zwecken dem Schießsport oder sonstigen Schießübungen mit Schusswaffen, der Erprobung von Schusswaffen oder dem Schießen mit Schusswaffen zur Belustigung dient (Schießstätte), betreiben oder in ihrer Beschaffenheit oder in der Art ihrer Benutzung wesentlich ändern will, bedarf der Erlaubnis der zuständigen Behörde. [2]Die Erlaubnis darf nur erteilt werden, wenn der Antragsteller die erforderliche Zuverlässigkeit (§ 5) und persönliche Eignung (§ 6) besitzt und eine Versicherung gegen Haftpflicht für aus dem Betrieb der Schießstätte resultierende Schädigungen in Höhe von mindestens 1 Million Euro – pauschal für Personen- und Sachschäden – sowie gegen Unfall für aus dem Betrieb der Schießstätte resultierende Schädigungen von bei der Organisation des Schießbetriebs mitwirkenden Personen in Höhe von mindestens 10 000 Euro für den Todesfall und 100 000 Euro für den Invaliditätsfall bei einem im Geltungsbereich dieses Gesetzes zum Geschäftsbetrieb befugten Versicherungsunternehmen nachweist. [3]§ 10 Abs. 2 Satz 2 bis 5 gilt entsprechend. [4]Abweichend von Satz 2 richtet sich die Haftpflichtversicherung für Schießgeschäfte, die der Schaustellerhaftpflichtverordnung unterliegen, nach § 1 Abs. 2 Nr. 2 dieser Verordnung. [5]Bei ortsveränderlichen Schießstätten ist eine einmalige Erlaubnis vor der erstmaligen Aufstellung ausreichend. [6]Der Inhaber einer Erlaubnis nach Satz 5 hat Aufnahme und Beendigung des Betriebs der Schießstätte der örtlich zuständigen Behörde zwei Wochen vorher schriftlich oder elektronisch anzuzeigen.**

(2) [1]**Absatz 1 Satz 1 ist nicht anzuwenden auf Schießstätten, bei denen in geschlossenen Räumen ausschließlich zur Erprobung von Schusswaffen oder Munition durch Waffen- oder Munitionshersteller, durch Waffen- oder Munitionssachverständige oder durch wissenschaftliche Einrichtungen geschossen wird. [2]Der Betreiber hat die Aufnahme und Beendigung des Betriebs der Schießstätte der zuständigen Behörde zwei Wochen vorher schriftlich oder elektronisch anzuzeigen.**

(3) [1]**Unter Obhut des zur Aufsichtsführung berechtigten Sorgeberechtigten oder verantwortlicher und zur Kinder- und Jugendarbeit für das Schießen geeigneter Aufsichtspersonen darf**

1. **Kindern, die das zwölfte Lebensjahr vollendet haben und noch nicht 14 Jahre alt sind, das Schießen in Schießstätten mit Druckluft-, Federdruckwaffen und Waffen, bei denen zum Antrieb der Geschosse kalte Treibgase verwendet werden (Anlage 2 Abschnitt 2 Unterabschnitt 2 Nr. 1.1 und 1.2),**
2. **Jugendlichen, die das 14. Lebensjahr vollendet haben und noch nicht 18 Jahre alt sind, auch das Schießen mit sonstigen Schusswaffen bis zu einem Kaliber von 5,6 mm lfB (.22 l.r.) für Munition mit Randfeuerzün-**

dung, wenn die Mündungsenergie höchstens 200 Joule (J) beträgt und Einzellader-Langwaffen mit glatten Läufen mit Kaliber 12 oder kleiner gestattet werden, wenn der Sorgeberechtigte schriftlich oder elektronisch sein Einverständnis erklärt hat oder beim Schießen anwesend ist. [2]Die verantwortlichen Aufsichtspersonen haben die schriftlichen Einverständniserklärungen der Sorgeberechtigten vor der Aufnahme des Schießens entgegenzunehmen und während des Schießens aufzubewahren. [3]Sie sind der zuständigen Behörde oder deren Beauftragten auf Verlangen zur Prüfung auszuhändigen. [4]Die verantwortliche Aufsichtsperson hat die Geeignetheit zur Kinder- und Jugendarbeit glaubhaft zu machen. [5]Der in Satz 1 genannten besonderen Obhut bedarf es nicht beim Schießen durch Jugendliche mit Waffen nach Anlage 2 Abschnitt 2 Unterabschnitt 2 Nr. 1.1 und 1.2 und nicht beim Schießen mit sonstigen Schusswaffen durch Jugendliche, die das 16. Lebensjahr vollendet haben.

(4) **[1]Die zuständige Behörde kann einem Kind zur Förderung des Leistungssports eine Ausnahme von dem Mindestalter des Absatzes 3 Satz 1 bewilligen. [2]Diese soll bewilligt werden, wenn durch eine ärztliche Bescheinigung die geistige und körperliche Eignung und durch eine Bescheinigung des Vereins die schießsportliche Begabung glaubhaft gemacht sind.**

(5) **[1]Personen in der Ausbildung zum Jäger dürfen in der Ausbildung ohne Erlaubnis mit Jagdwaffen schießen, wenn sie das 14. Lebensjahr vollendet haben und der Sorgeberechtigte und der Ausbildungsleiter ihr Einverständnis in einer schriftlichen oder elektronischen Berechtigungsbescheinigung erklärt haben. [2]Die Person hat in der Ausbildung die Berechtigungsbescheinigung mit sich zu führen.**

(6) **[1]An ortsveränderlichen Schießstätten, die dem Schießen zur Belustigung dienen, darf von einer verantwortlichen Aufsichtsperson Minderjährigen das Schießen mit Druckluft-, Federdruckwaffen und Waffen, bei denen zum Antrieb der Geschosse kalte Treibgase verwendet werden (Anlage 2 Abschnitt 2 Unterabschnitt 2 Nr. 1.1 und 1.2), gestattet werden. [2]Bei Kindern hat der Betreiber sicherzustellen, dass die verantwortliche Aufsichtsperson in jedem Fall nur einen Schützen bedient.**

(7) **[1]Das kampfmäßige Schießen auf Schießstätten ist nicht zulässig. [2]Das Bundesministerium des Innern wird ermächtigt, durch Rechtsverordnung mit Zustimmung des Bundesrates zur Abwehr von Gefahren für die öffentliche Sicherheit oder Ordnung sowie von sonstigen Gefahren oder erheblichen Nachteilen für die Benutzer einer Schießstätte, die Bewohner des Grundstücks, die Nachbarschaft oder die Allgemeinheit**

1. **die Benutzung von Schießstätten einschließlich der Aufsicht über das Schießen und der Anforderungen an das Aufsichtspersonal und dessen besondere Ausbildung für die Kinder- und Jugendarbeit zu regeln,**
2. **Vorschriften über den Umfang der Verpflichtungen zu erlassen, die bei Lehrgängen zur Ausbildung in der Verteidigung mit Schusswaffen und bei Schießübungen dieser Art einzuhalten sind; darin kann bestimmt werden,**
   a) **dass die Durchführung dieser Veranstaltungen einer Anzeige bedarf,**
   b) **dass und in welcher Weise der Veranstalter die Einstellung und das Ausscheiden der verantwortlichen Aufsichtsperson und der Ausbilder anzuzeigen hat,**
   c) **dass nur Personen an den Veranstaltungen teilnehmen dürfen, die aus Gründen persönlicher Gefährdung, aus dienstlichen oder beruflichen Gründen zum Besitz oder zum Führen von Schusswaffen einer Erlaubnis bedürfen,**

d) dass und in welcher Weise der Veranstalter Aufzeichnungen zu führen, aufzubewahren und der zuständigen Behörde vorzulegen hat,
e) dass die zuständige Behörde die Veranstaltungen untersagen darf, wenn der Veranstalter, die verantwortliche Aufsichtsperson oder ein Ausbilder die erforderliche Zuverlässigkeit, die persönliche Eignung oder Sachkunde nicht oder nicht mehr besitzt,

3. Vorschriften über die sicherheitstechnische Prüfung von Schießstätten zu erlassen.

Übersicht

I. Allgemeines

Obwohl der Betrieb oder die wesentl. Änderung einer Schießstätte selbst keine waffenrechtl. Umgangsart iSd § 1 Abs. 3 darstellt, ist der Betrieb nach § 27 Abs. 1 S. 1 unter **Erlaubnisvorbehalt** gestellt. Dies erscheint gerechtfertigt, weil bei ihrem Betrieb besondere Gefahren für die Bewohner der Nachbargrundstücke oder die Allgemeinheit bspw. in Form der Lärmbelästigung oder Gefährdung durch „Abpraller" bestehen (*Steindorf/Gerlemann* WaffG § 27 Rn. 1a mwN). Die rechtl. Zulassungsvorauss. für Schießstätten auf Grund anderer Rechtsvorschriften (zB BImschG) bleiben von § 27 Abs. 1 unberührt. 1

Abs. 1 und 2 regeln die rechtl. Vorauss. für das Betreiben einer Schießstätte. 2
Durch Abs. 3–6 werden Sonderregelungen für das Schießen durch Jugendliche und Kinder auf Schießstätten getroffen. Diesem Personenkreis wird abweichend vom Grundsatz, dass Personen nur nach Vollendung des 18. Lebensj. Umgang mit Waffen oder Munition haben dürfen, das Schießen auf Schießstätten erlaubt. Der

erlaubnisfreie vorübergehende Erwerb und Besitz von Schussw. und Munition auf der Schießstätte folgt aus § 12 Abs. 1 Nr. 5. Das Schießen auf einer Schießstätte ist gem. § 12 Abs. 4 S. 1 erlaubnisfrei.

Durch das **2. ÄndG** (→ Einf. Rn. 23) wurde Abs. 1 S. 2 zum 1.4.2008 neu gefasst. In Abs. 3 S. 1 wurden nach dem Wort „Obhut" die Wörter „des zur Aufsichtsführung berechtigten Sorgeberechtigten oder" eingefügt und in Abs. 7 S. 2 Nr. 3 neu angefügt.

Durch das **3. ÄndG** (→ Einf. Rn. 24) wurde zum 25.7.2009 die Altersgrenze für Jugendliche in Abs. 3 Nr. 2 von 16 auf 18 Jahre heraufgesetzt sowie auf das Schießen mit sog kleinkalibrigen Schussw. beschränkt. Durch die Gesetzesänderung soll der Altersgruppe der Jugendlichen das Schießen mit sog großkalibrigen Schussw. nicht mehr möglich sein und der Umgang mit diesen deliktsrelevanten Waffen verwehrt bleiben (BT-Drs. 16/13423, 113).

II. Voraussetzungen des Betreibens einer Schießstätte (Abs. 1)

1. Begriff der Schießstätte (Abs. 1 S. 1)

3 Abs. 1 S. 1 enthält eine Legaldef. für den Begriff der Schießstätte. Eine Schießstätte ist nur dann gegeben, wenn diese Anlage **ausschl.** oder **neben anderen Zwecken** dem **Schießsport** oder **sonstigen Schießübungen mit Schussw.,** der **Erprobung** von Schussw. oder dem **Schießen** mit Schussw. zur **Belustigung** dient. Diese Anlage kann ortsgebunden oder ortsveränderlich sein. Durch die Einschränkung des Schießens zu bestimmten Zwecken wird deutlich, dass von der Vorschrift nicht jegliches Schießen auf Anlagen erfasst ist.

4 Von einer **Anlage** nach Abs. 1 S. 1 ist auszugehen, wenn der Ort, an dem geschossen werden soll, für diesen Zweck **besonders hergerichtet** ist. Dies kann angenommen werden, wenn schießtechnische Ausstattungen und/oder sicherheitstechnische Einrichtungen zur Abwehr von Gefahren für die öffentl. Sicherheit und Ordnung sowie von sonstigen Gefahren oder erheblichen Nachteilen für die Benutzer einer Schießstätte, die Nachbarschaft oder die Allgemeinheit vorgehalten werden (WaffVwV Nr. 27.1.1). Schießtechnische Einrichtungen können zB Schießbahnen, Geschossfänge oder Schallschutzvorrichtungen sein.

5 Sofern für gelegentliches Schießen im **befriedetem Besitztum** nach § 12 Abs. 4 S. 2 Nr. 1a mit erlaubnisfrei zu erwerbenden und zu besitzenden Druckluft-, Federdruckwaffen, und Waffen, bei denen zum Antrieb der Geschosse kalte Treibgase Verwendung finden, vorübergehend eine besondere Herrichtung erfolgt und schießtechnische Einrichtungen vorgehalten werden, wird im Falle privater, nicht öffentl., also insbes. nicht kommerzieller oder nicht gewerblicher Nutzung, **keine erlaubnispflichtige Schießstätte nach Abs. 1 betrieben** (WaffVwV Nr. 27.1.1).

6 Nicht unter den Begriff der Schießstätte soll das Schießen mit sog **Gotcha- oder Paintball-Waffen** (→ Anl. 1 Rn. 5) fallen, da es sich bei den eingerichteten Spielfeldern, auf denen das Paintball-Spiel stattfindet, nicht um Schießstätten iSd Abs. 1 handele (*Steindorf/Gerlemann* WaffG § 27 Rn. 2 mwN).

Für das bereits oben (→ Rn. 5) angesprochene gelegentliche Schießen im befriedeten Besitztum nach § 12 Abs. 4 S. 2 Nr. 1a wird gemeinhin nicht vom Betrieb einer erlaubnispflichtigen Schießstätte nach Abs. 1 ausgegangen (WaffVwV Nr. 27.1.1). Allerdings knüpft diese rechtl. Einordnung nicht allein an den Umstand an, dass auf befriedetem Besitztum mit erlaubnisfrei zu erwerbenden und zu besitzenden Schussw. geschossen wird. Vielmehr wird zutreffend weiter darauf abgestellt, ob es sich um eine private, nichtöffentliche Nutzung des befriedeten Besitztums handelt. Die Grenzen dieses privaten Charakters sind typischerweise dort nicht mehr eingehalten, wo eine kommerzielle, gewerbliche (WaffVwV Nr. 27.1.1) oder aber auch vereinsmäßig organisierte Nutzung stattfindet.

Teilw. wird das Schießen mit sog Gotcha-Waffen auch unter dem Verweis darauf nicht als Schießen auf Schießstätten eingestuft, dass es sich bei diesem Schießen weder um Schießsport, noch um sonstige Schießübungen mit Schussw., die Erprobung von Schussw. oder das Schießen mit Schussw. zur Belustigung handele.

Schießübungen lägen nicht vor, da diese an dessen herkömmliche Erscheinungsform anknüpften, wonach sie dem Erlernen und sich Vervollkommnen in der sicheren Handhabung einer Waffe dienten.

Auch ein Belustigungsschießen scheide aus, da dieser Begriff ebenfalls an dessen herkömmliche Erscheinungsformen anknüpfe, nämlich an Schießbuden auf Jahrmärkten und ähnlichen Veranstaltungen (*Scheidler* GewArch 2005, 312 (317)).

Selbst wenn man der Auffassung folgt, wonach es sich beim Paintball um ein Spiel handele, bei dem der Gebrauch der Schussw. nur als unselbstständiger Teil eines komplexen Spielgeschehens anzusehen sei und bei dem die Treffsicherheit des einzelnen Teilnehmers nicht im Vordergrund stehe, so wird Paintball iErg doch unter das **Schießen zur Belustigung zu fassen sein.** Warum dies nur das Schießen auf Jahrmärkten und ähnlichen Veranstaltungen erfassen soll, ist nicht ersichtlich. Der Umstand, dass das Schießen im Rahmen des Paintball in ein komplexes Spielgeschehen eingebettet ist, kann kein tragendes Abgrenzungskriterium zum Belustigungsschießen sein. Beim Paintball geht es nicht zentral um den Erwerb spezieller Schießfertigkeiten (im Unterschied zum Schießsport), die sichere Handhabung einer Waffe (in Abhebung zu sonstigen Schießübungen) und auch nicht um den Erwerb besonderer taktischer Fertigkeiten zur Bewältigung des komplexen Spielgeschehens. Letztlich geht es um das Schießen im Rahmen einer spielerischen und damit Freude und Spaß bereitenden gesellschaftlichen Betätigung („Fun-Sportart"), dient also (auch) der Belustigung. Diese typische, bisweilen für **verfassungswidrig** befundene, Betätigung (BVerwG GewArch 2002, 154) zum Laserdrome; VGH München BayVBl. 2001, 689 zu § 44 Abs. 4 aF; *Aubel* JURA 2004, 255 ff.; aA OVG Lüneburg Urt. v. 18.2.2010 1 LC 244/07 = GewArch 2010, 499; *Scheidler* GewArch 2005, 312 (317); VGH München GewArch 2013, 218 ff.) ist iErg dem Schießen zur Belustigung zuzuordnen. Zumindest soweit **Paintball kommerziell** oder **vereinsmäßig organisiert** betrieben wird, ist daher der **erlaubnispflichtige Betrieb einer Schießstätte anzunehmen** (aA OVG Lüneburg GewArch 2010, 499; VGH München BayVBl. 2001, 689 zu § 44 Abs. 4 aF; *Heller/Soschinka* WaffR Rn. 2672 mwN; *Scheidler* GewArch 2005, 312 (317) mwN; *Steindorf/Gerlemann* WaffG § 27 Rn. 2 mwN).

Strittig ist, ob ein erlaubnispflichtiger **Schießstättenbetrieb** vorliegt, soweit 7
diese zu den vorgenannten Zwecken für **Armbrüste** eingerichtet ist. Das Erfordernis einer Schießstättenerlaubnis wird teilw. mit der Begründung bejaht, dass es sich bei den Armbrüsten um den Schussw. gleichgest. tragbare Gegenstände handele (Anl. 1 Abschn. 1 UAbschn. 1 Nr. 1.2.3). Sie unterfielen daher grds. den gleichen Vorschriften wie die Schussw. (so OVG Münster Beschl. v. 20.2.2008 – 20 A 1368/07, VG Freiburg Urt. v. 29.6.2009 – 3 K 857/08; *Heller/Soschinka* WaffR Rn. 1703; WaffVwV Nr. 27.1.1). Die Subsumtion der bestimmungsgemäßen Betätigung von Armbrüsten unter die Erlaubnispflicht sei auch sachgerecht, da die Betätigung einer Armbrust von der Gefährlichkeit dem Schießen mit zB kleinkalibrigen Schussw. in keiner Weise nachstehe (OVG Münster Beschl. v. 20.2.2008 – 20 A 1368/07).

Auch wenn die Aussage hinsichtlich des obj. Gefährdungspotenzials von Armbrüsten zutrifft, so unterfällt die bestimmungsgemäße Betätigung einer solchen **nicht der Erlaubnispflicht.** Zwar unterfallen Armbrüste in Folge ihrer rechtl. Gleichstellung mit den Schussw. der prinzipiellen Erlaubnispflicht nach Anl. 2 Abschn. 2 UAbschn. 1 S. 1, welche auch das Schießen erfasst. Allerdings stellt die bestimmungsgemäße Betätigung einer Armbrust **kein Schießen** iSd Anl. 1 Abschn. 2 Nr. 7 dar (→ Anl. 1 Rn. 181), weshalb Armbrüste hinsichtlich dieser Umgangsart denklogisch keiner Erlaubnispflicht unterfallen können. Insofern unterliegt der Betrieb einer Schießstätte zur Verwendung von Armbrüsten keiner Erlaubnispflicht (iErg auch VG Aachen Urt. v. 21.3.2007 – 6 K 240/05, allerdings mit der Begründung, der Wortlaut des § 27 Abs. 1 S. 1 erfasse keine den Schussw. gleichgest. tragbaren Gegenstände; *Steindorf/Gerlemann* WaffG § 27 Rn. 2). Soweit der Gesetzgeber hier eine waffenrechtl. Reglementierung für geboten hält, kann er dies durch eine Erweiterung der Def. des Schießens in Anl. 1 Abschn. 2 Nr. 7 auf den bestimmungsgemäßen Gebrauch einer Armbrust bewirken.

7a Vom Begriff der Schießstätte mit umfasst sind neben den zum Schießen bestimmten Schießständen auch Aufenthaltsbereiche und Nebenräume, soweit sie in einem **funktionalen Bezug** zum Schießen stehen (vgl. WaffVwV Nr. 27 1.1).

2. Zweckbindungen der Schießstätte

8 **Schießsport** ist das Schießen nach festen Regeln nach einer genehmigten Sportordnung (→ § 15a Rn. 3). Nicht hierunter fallen Schießübungen des kampfmäßigen Schießens (§ 15a Abs. 1 S. 2). Dies wird auch noch einmal durch Abs. 7 verdeutlicht.

9 Bei den **sonstigen Schießübungen mit Schussw.** handelt es sich um einen Auffangtatbestand. Hiervon erfasst ist ebenfalls nicht das kampfmäßige Schießen. Hierunter fällt zB das Schießen mit dem Ziel, seine Schießfertigkeiten zu verbessern (Trainingsschießen). Dies kann zB durch Jäger erfolgen, aber auch durch Mitarbeiter eines privaten Sicherheitsunternehmens (zB Bewachungsunternehmer oder Personenschützer, die auf Grund ihrer Tätigkeit über eine WBK sowie einen WS verfügen).

10 Bei der **Erprobung von Schussw.** kommen Tätigkeiten wie zB das Ein- oder Anschießen außerhalb des § 13 Abs. 6 S. 1 in Betracht. Auch fällt unter Erprobung von Schussw. wenn ein Sportschütze vor dem Kauf einer neuen Schussw. mit dieser auf einer Schießstätte schießt, um festzustellen, ob diese Schussw. seinen Vorstellungen entspricht.

11 Als letztgenannter Zweck kann das **Schießen** auf einer Schießstätte der **Belustigung dienen.** Dies wäre zB der Fall, wenn ein Schießsportverein im Rahmen eines „Tags der offenen Tür" mit seinen Besuchern ein Schießen veranstaltet oder aber ein Jubiläumsschießen veranstaltet (vgl. *ABB/Adolph* WaffG § 27 Rn. 9). Der klassische Fall ist jedoch das Schießen an Schießbuden auf Volksfesten.

3. Errichtung und Betrieb einer Schießstätte

12 Erlaubnispflichtig ist der Betrieb einer Schießstätte oder die wesentl. Änderung in ihrer Beschaffenheit oder in der Art ihrer Benutzung. Verstöße sind **ordnungswidrig** (vgl. § 53 Abs. 1 Nr. 11). Der Begriff „Betreiben" ist nicht deckungsgleich mit dem Begriff „Errichten". Für die Errichtung einer Schießstätte ist keine Erlaubnis nach Abs. 1 notwendig. Die Genehmigung für die Errichtung einer ortsfesten Schießstätte richtet sich nach anderen Rechtsgrundlagen (zB Baurecht, BImSchG).

13 **a) Betrieb einer Schießstätte (Abs. 1 S. 1 Alt. 1).** Eine **Schießstätte betreibt,** wer diese in eigener Verantwortung führt (*Steindorf/Gerlemann* WaffG § 27 Rn. 3). Relevant für die Erteilung einer Erlaubnis ist, dass eine Gefährdung von Besuchern durch die Benutzung nicht gegeben ist und dass entspr. sicherheitstechnische Anforderungen eingehalten werden. Bei umbauten Räumen ist die Erlaubnis zum Betreiben von einer Genehmigung nach dem BImschG abhängig, da hier idR Gesundheitsgefahren durch Pulverdämpfe entstehen. Eine Erlaubnis nach Abs. 1 darf erst nach möglicherweise notwendigen bau- oder immissionsschutzrechtlichen Genehmigungen erteilt werden (WaffVwV Nr. 27.1.5).

14 Die an Schießstätten zu stellenden **sicherheitstechnischen Anforderungen** ergeben sich aus den vom BMI gem. § 12 Abs. 3 S. 2 AWaffV erlassenen **Schießstandrichtlinien,** welche seit dem 24.10.2012 gelten (BAnz. AT 23.10.2012 B2).

Im Einzelfall kann von den Richtlinien abgewichen werden, wenn dadurch keine Gefahren, erhebliche Nachteile oder Belästigungen für die Allgemeinheit oder Nachbarschaft entstehen können oder wenn dies zur Verhütung solcher Nachteile erforderlich erscheint. Schießstände sind Teile einer Schießstätte oder einzelne Einrichtungen zum Schießen.

Für **ortsveränderliche Schießstätten** gelten die VO der Bundesländer über den Bau und Betrieb fliegender Bauten. Sofern im Rahmen sicherheitstechnischer Überprüfungen nach § 12 AWaffV Beschussversuche bei in fliegenden Bauten untergebrachten Schießstätten durchzuführen sind, müssen die tatsächlich auf den zu prüfenden Anlagen verwendeten Schussw. benutzt werden. Die Schussw. sind in den auszustellenden Prüfprotokollen modellmäßig zu benennen. Baurechtl. Vorschriften bleiben unberührt (WaffVwV Nr. 27.2.1).

b) Wesentliche Änderungen an der Schießstätte (Abs. 1 S. 1 Alt. 2). Änderungen unterliegen nur dann der Erlaubnispflicht, wenn diese **wesentl.** sind. Bei der Beantwortung der Frage, ob diese Änderungen wesentl. sind, handelt es sich um eine **Einzelfallentscheidung.** Wesentl. ist eine Änderung immer dann, wenn durch diese die Gefahrenlage erhöht wird. Die Erhöhung der Gefahrenlage kann sich zB für die Umwelt, für unbeteiligte Dritte oder aber auch für den Schützen selbst ergeben. Möglich wäre dies zB, wenn auf einer für kleinkalibrige Schussw. genehmigten Schießstätte mit großkalibrigen Schussw. geschossen werden soll. Ebenso, wenn Anschlagsarten verwendet werden sollen, die durch den Ursprungsbescheid nicht genehmigt sind. Gleiches gilt, wenn bauliche Sicherheitseinrichtungen – zumindest teilw. – beseitigt werden. IErg kann es sich um Änderungen im Aufbau/in der Beschaffenheit der Schießstätte oder um eine veränderte Nutzung derselben handeln. 15

Nicht unter die Erlaubnispflicht fallen **Instandsetzungsarbeiten.** Hierunter fällt zB der Austausch von Deckungen oder von Kugelfängen. Eine lediglich unwesentl. Änderung ist auch dann anzunehmen, wenn im Zuge der Maßnahme bei den Kugelfängen nunmehr ein anderes Material verwendet wird (so auch *ABB/Adolph* WaffG § 27 Rn. 17). Hierdurch erfolgt keine Änderung am Zustand der Schießstätte und damit auch keine Steigerung der Gefahrenlage. 16

4. Erlaubnis für juristische Personen (Abs. 1 S. 3)

Durch den Verweis auf § 10 Abs. 2 S. 2–5 besteht die Möglichkeit, einer schießsportlichen Vereinigung eine Erlaubnis zu erteilen (BT-Drs. 14/8886, 114). Auf jagdsportliche Vereine wurde dies durch die Neufassung des § 10 Abs. 2 erweitert (→ § 10 Rn. 41). 17

5. Erleichterte Voraussetzungen für ortsveränderliche Schießanlagen und Anmeldepflicht bei ortsveränderlichen Schießstätten (Abs. 1 S. 5 und S. 6)

Ortsveränderlich ist eine Schießanlage, wenn diese ohne große Schwierigkeiten zum Zweck des Transports zusammengelegt und an einem anderen Ort wieder aufgebaut werden kann. Dadurch besteht die Möglichkeit, diese an wechselnden Orten zu betreiben. Dies ist zB bei den sog „Schießbuden" der Fall, die auf Volksfesten usw zu finden sind (vgl. *ABB/Adolph* WaffG § 27 Rn. 13). 18

Abs. 1 S. 5 erleichtert die Anforderungen an ortsveränderliche Schießanlagen. Ausreichend ist hier eine **einmalige Erlaubnis** vor der erstmaligen Aufstellung (BT-Drs. 14/7758, 68). Der Inhaber einer solchen Erlaubnis hat der örtlich zust. Beh. die Aufnahme und Beendigung des Betriebs der Schießstätte zwei Wochen vorher **schriftlich anzuzeigen** (Abs. 1 S. 6). Verstöße sind **ordnungswidrig** (vgl. § 53 Abs. 1 Nr. 5). Damit wird der Behörde die Möglichkeit gegeben, durch entspr. 19

Auflagen (§ 9 Abs. 2) den sicheren Betrieb der ortsveränderlichen Schießstätte zu gewährleisten (BT-Drs. 14/7758, 68).

20 Die zust. Beh. hat das Schießgeschäft **vor seiner erstmaligen Inbetriebnahme** zu prüfen und auf dieser Grundlage dem Schausteller bei Vorliegen der Vorauss. eine Erlaubnis auszustellen. Die Prüfung ist zu dokumentieren und das Protokoll dem Schausteller zu übergeben. Der Schausteller hat diese Unterlagen beim Betrieb der Schießgeschäfte mit sich zu führen, damit die Behörde vor Ort die ordnungsgemäße Prüfung des Schießgeschäftes nachvollziehen kann. Die Prüfdokumentation soll den für die Überwachung von Volksfesten, Schützenfesten uä zust. Beh. (Gewerbeämtern, Marktmeistern uä) im Zusammenhang mit der allg. Marktüberwachung vorgelegt werden. Die Erlaubnis ist bei der Anzeige über die Aufnahme und Beendigung des Betriebs vorzulegen (WaffVwV Nr. 27.2.4). Eine erneute Prüfung des Schießgeschäfts auf Übereinstimmung soll nur bei grundlegenden Veränderungen oder Zweifeln an dessen Sicherheit, ansonsten idR nach **6 Jahren** vorgenommen werden, wenn nur das Schießen mit erlaubnisfrei zu erwerbenden Waffen zugelassen ist (§ 12 Abs. 1 AWaffV).

6. Inhalt des Erlaubnisscheins

21 Die Erlaubnis ist personengebunden und auf die jeweilige Anlage bezogen (vgl. *ABB/Adolph* WaffG § 27 Rn. 18). In der Erlaubnis sind die Waffenarten, die Munition und Geschosse mit der maximal zulässigen Geschossenergie zu bezeichnen, mit der in der Schießstätte geschossen werden darf. Bei in fliegenden Bauten untergebrachten Schießgeschäften sind die zur Verwendung vorgesehenen Waffen (zB Druckluft-Repetierwaffe, Hersteller, Modell und Kaliber) modellmäßig zu beschreiben (WaffVwV 27.2.2).

22 Ferner sind in der Erlaubnis Angaben über die Art der zulässigen Nutzungsmöglichkeiten festzulegen. Insbes. kommen Festlegungen über die zulässigen Schützenstandorte, Anschlagsarten und die Art der zulässigen Ziele (Papierscheiben, Stahlziele oÄ) in Betracht. Die Behörde kann auf Grund des § 9 Abs. 2 die erteilte Erlaubnis mit solchen Auflagen versehen. Diese Angaben sind idR Bestandteil der Abnahmegutachten, die von Schießstandsachverständigen erstellt werden (WaffVwV 27.2.2).

7. Obligatorische Versagungsgründe (Abs. 1 S. 2)

23 Zwingende Vorauss. für die Erteilung einer Erlaubnis iSd Abs. 1 ist, dass der Antragst. über die erforderliche Zuverlässigkeit (§ 5) und die persönliche Eignung (§ 6) verfügt.

Zusätzlich muss der Antragst. eine Haftpflichtversicherung in Höhe von 1 Million Euro – pauschal für Personen- und Sachschäden-, sowie eine Unfallversicherung für bei der Organisation des Schießbetriebs mitwirkende Personen in Höhe von 10.000 Euro für den Todesfall und 100.000 Euro für den Invaliditätsfall für die im Gesetz genannten Gefahren nachweisen. Durch die Regelung wird klargestellt, welcher Personenkreis bei den vorgeschriebenen Versicherungen (Haftpflicht und Unfall) jeweils abzusichern ist (BT-Drs. 16/7717, 21).

Liegen die Vorauss. der §§ 5 und/oder 6 und/oder die erforderliche Haftpflicht- bzw Unfallversicherung nicht vor, darf die zust. Beh. die beantragte Erlaubnis **nicht erteilen.**

III. Von der Erlaubnispflicht freigestellte Schießstätten (Abs. 2)

24 Gem. Abs. 2 S. 1 erstreckt sich die Erlaubnispflicht gem. Abs. 1 S. 1 **nicht** auf Schießstätten, bei denen in geschlossenen Räumen ausschl. zur Erprobung von

Schussw. oder Munition durch Waffen- oder Munitionshersteller, durch Waffen- oder Munitionssachverständige oder durch wissenschaftliche Einrichtungen geschossen wird. Auflagen auf Grund des § 9 Abs. 2 bleiben von dieser Freistellung unberührt. Alle in Abs. 2 genannten Tätigkeiten finden unter Ausschluss der Öffentlichkeit statt und rufen diesbzgl. nicht die gleichen Gefahren wie beim Betrieb einer anderweitigen Schießstätte hervor (vgl. *ABB/Adolph* WaffG § 27 Rn. 35). Solche Schießstätten sind auch nicht vergleichbar mit solchen für schießsportliches oder jagdliches Schießen. Die bei der Erprobung von Waffen geltenden Sicherheitsvorkehrungen gewährleisten, dass Vorschriften zum Schutze der Arbeitnehmer getroffen werden. Deshalb kann nach Auffassung des Gesetzgebers aus sicherheitspolitischen Gründen auf eine Erlaubnis nach Abs. 1 verzichtet werden (BT-Drs. 14/7758, 68).

Abs. 2 S. 2 schreibt eine **Anzeigepflicht** des Betreibers fest. Hierdurch ist gewährleistet, dass die Behörden ihre Überwachungsaufgabe wahrnehmen können. Die Anzeige hat **zwei Wochen** vor der Aufnahme oder der Beendigung des Betriebs der Schießstätte durch den Betreiber **schriftlich** zu erfolgen. Verstöße sind **ordnungswidrig** (vgl. § 53 Abs. 1 Nr. 5).

IV. Schießen durch Minderjährige auf Schießstätten (Abs. 3)

Abs. 3 eröffnet die Möglichkeit des Schießens Minderjähriger auf Schießstätten. **25**
Da der Erwerb, Besitz und das Schießen auf Schießstätten nach § 12 Abs. 1 Nr. 5, Abs. 2 Nr. 2, Abs. 4 S. 1 generell erlaubnisfrei ist, enthält Abs. 3 letztlich allein Ausnahmen vom Alterserfordernis nach § 2 Abs. 1.

Soweit Abs. 3 das Schießen durch Minderjährige zulässt, bezieht sich die Ausnahme vom Alterserfordernis auch auf den nach § 12 Abs. 1 Nr. 5, Abs. 2 Nr. 2 erlaubnisfrei gestellten und zwingend mit dem Schießen einhergehenden Erwerb und Besitz für die Dauer des Schießens.

Bei **Kindern** ab der Vollendung des 12. bis zur Vollendung des 14. Lebensj. **26**
beschränkt sich dies auf das Schießen mit sog Kaltgaswaffen **(Abs. 3 S. 1 Nr. 1).** Es handelt sich zum einen um Druckluft-, Federdruckwaffen und solche Waffen, bei denen zum Antrieb der Geschosse kalte Treibgase Verwendung finden, soweit den Geschossen eine Bewegungsenergie von nicht mehr als 7,5 J erteilt wird und dies durch eine entspr. Kennzeichnung der Waffe („F im Fünfeck") dokumentiert ist (Anl. 2 Abschn. 2 UAbschn. 2 Nr. 1.1). Weiterhin fallen hierunter solche Druckluft-, Federdruckwaffen und Waffen, bei denen zum Antrieb der Geschosse kalte Gase verwendet werden, die zwar nicht die Kennzeichnung „F im Fünfeck" tragen, aber entweder vor dem 1.1.1970 in (West-) Deutschland hergest. worden sind oder aber vor dem 2.4.1991 im Gebiet der ehem. DDR hergest. worden und nach den zum jeweiligen Zeitpunkt geltenden Bestimmungen in den Handel gelangt sind.

Armbrüste fallen **nicht** unter diese Regelung (OVG Münster Beschl. v. **26a**
20.2.2008 – 20 A 1368/07). Der Umgang mit diesen durch Kinder setzt eine Ausnahmebewilligung nach § 3 Abs. 3 voraus (so auch *Steindorf/Gerlemann* WaffG § 27 Rn. 4 mwN).

Soweit nach der WaffVwV (Nr. 27.4.2.3) für Armbrüste die Altersgrenzen für Druckluftwaffen gelten sollen, ist dies mit dem Wortlaut des Gesetzes **nicht** vereinbar.

Das Überlassen einer Armbrust an einen Minderjährigen unter Verstoß gegen § 2 Abs. 1 stellt eine Ordnungswidrigkeit nach § 53 Abs. 1 Nr. 16 dar. Eine Ordnungswidrigkeit nach § 53 Abs. 1 Nr. 12 scheidet aus, da mit Armbrüsten nicht geschossen wird (→ Anl. 1 Rn. 181) und eine Gestattung des Schießens bereits begrifflich ausscheidet.

Jugendliche, die das 14. Lebensj. vollendet haben und noch nicht 18 Jahre alt **27**
sind, dürfen neben bestimmten Kaltgaswaffen (→ Rn. 26) auf Schießstätten seit

dem **3. ÄndG** (→ Einf. Rn. 24) nur noch mit sog **kleinkalibrigen Schussw.,** also mit Feuerwaffen bis zu einem Kaliber von 5,6 mm lfB (.22 l.r.) für Munition mit Randfeuerzündung schießen, bei denen die Mündungsenergie höchstens 200 J beträgt. Ebenso darf dieser Personenkreis mit Einzellader-Langwaffen mit glatten Läufen im Kaliber 12 oder kleiner schießen **(Abs. 3 S. 1 Nr. 2).**

27a Weiter wird beim Schießen gefordert, dass es unter der **Obhut** des zur Aufsichtsführung berechtigten Sorgeberechtigten oder eines Verantwortlichen und zur Kinder- und Jugendarbeit für das Schießen geeigneten Aufsichtsperson geschieht. In der letztgenannten Alt. muss der Sorgeberechtigte vor dem Schießen sein Einverständnis schriftlich erklären, sofern er nicht selbst beim Schießen anwesend ist.

27b Wer einem Kind oder Jugendlichen entgegen Abs. 3 Nr. 1 oder 2 das Schießen gestattet, handelt ordnungswidrig nach § 53 Abs. 1 Nr. 12. Ein Verstoß liegt vor, soweit die Altersgrenzen nicht eingehalten werden bzw dem Minderjährigen gestattet wird, mit anderen als den für die einzelnen Altersstufen zugelassenen Waffen zu schießen. Ebenfalls liegt ein Verstoß vor, soweit das erforderliche Einverständnis des Sorgeberechtigten nicht vorliegt, die erforderlichen Aufsichtspersonen nicht anwesend sind oder aber trotz Anwesenheit nicht die notwendige Aufsicht leisten oder nicht die erforderliche Qualifikation aufweisen (vgl. *Steindorf/B. Heinrich* WaffG § 53 Rn. 18).

Die verantwortliche Aufsichtsperson hat bei Nichtanwesenheit des Sorgeberechtigten dessen **schriftliche Einverständniserklärung** vor der Aufnahme des Schießens entgegenzunehmen und während des Schießens **aufzubewahren** (Abs. 3 S. 2). Schließlich sind die Unterlagen gem. Abs. 3 S. 3 der **zust. Beh.** oder deren Beauftragten auf Verlangen zur Prüfung **auszuhändigen.**

27c Wer diese Unterlagen nicht aufbewahrt oder der zust. Beh. bzw deren Beauftragten nicht auf Verlangen zur Prüfung aushändigt, handelt **ordnungswidrig** nach § 53 Abs. 1 Nr. 13.

28 Die **Obhut** über das Schießen durch Kinder und Jugendliche setzt eine **qualifizierte Aufsichtsperson** voraus (§ 10 Abs. 5 AWaffV). Die Person muss für die Schießausbildung der Kinder oder Jugendlichen leitend verantwortlich und berechtigt sein, jederzeit der Aufsicht beim Schützen Weisungen zu erteilen oder die Aufsicht beim Schützen selbst zu übernehmen.

Die verantwortliche Aufsichtsperson hat die Geeignetheit zur Kinder- und Jugendarbeit **glaubhaft** zu machen (Abs. 3 S. 4). Die Qualifizierung kann durch die Jagdverbände oder die anerkannten Schießsportverbände erfolgen, bei Schießsportverbänden sind die Qualifizierungsrichtlinien Bestandteil des Anerkennungsverfahrens nach § 15 (§ 10 Abs. 6 AWaffV). Bei Vereinen, die nicht einem anerkannten Schießsportverband angehören, ist das Vorliegen der Anforderungen nach § 10 Abs. 1–5 AWaffV von der zust. Beh. zu prüfen. Die Anzeigepflicht nach § 10 Abs. 2 AWaffV ist zu beachten. In jedem Fall sind die Sicherheitsstandards der erlaubten Schießdisziplinen zu beherrschen (WaffVwV Nr. 27.4.1).

29 Für die Geeignetheit zur Kinder- und Jugendarbeit reichen ansonsten Ausbildungen aus, die einen Bezug zur Jugendarbeit herstellen können, zB Jugendleiter, Lehrer usw (WaffVwV Nr. 27.4.2.).

Das durch den Sorgeberechtigten verantwortungsbewusst ausgeübte Erziehungsrecht befähigt zur Beaufsichtigung des Schießens seines Kindes, wenn er selbst die Berechtigung für die Aufsichtsführung nach § 11 AWaffV hat (WaffVwV 27.4.2.1).

Die **Obhut** verantwortlicher und zur Kinder- und Jugendarbeit für das Schießen geeigneter Aufsichtspersonen ist hinreichend sichergestellt, wenn auf der Schießstätte eine angemessene Anzahl derartig qualifizierter Personen anwesend und eine ständige Beaufsichtigung der minderjährigen Schützen durch diese Personen gewährleistet ist. Die Angemessenheit richtet sich ua nach der Größe der Schießstätte, insbes. auch der Anzahl der von diesen Personen insgesamt zu betreuenden Schießbahnen sowie der Zahl der gleichzeitig von Minderjährigen genutzten Schießbahnen. Die **Obhut** durch qualifiziertes Personal ist weder gleichzusetzen mit der Aufsicht beim

Schützen noch mit der Schießstandaufsicht (WaffVwV Nr. 27.4.2.1). Letztere sind von der Obhut gesondert vorzusehende Funktionen.

Hinsichtlich des Nachweises der Sachkunde beim Betrieb von Schießstätten, auf 30
denen ausschl. mit Waffen nach Anl. 2 Abschn. 2 UAbschn. 2 Nr. 1.1 und 1.2 (erlaubnisfreie Kaltgaswaffen) geschossen wird, genügt für das Führen der Aufsicht und die Obhut über die Kinder und Jugendlichen auch der Nachweis über eine mehrjährige Erfahrung im Betrieb entspr. Schießanlagen (WaffVwV Nr. 27.4.3).

Jugendliche können ab der Vollendung des **14. Lebensj.** mit den unter → Rn. 26 31
genannten Schussw. ohne Beachtung der besonderen Obhutspflichten schießen (Abs. 3 S. 5). Zudem entfällt hier das Erfordernis der Anwesenheit oder des Einverständnisses des Sorgeberechtigten, da dies als Bestandteil der besonderen Obhut anzusehen ist (*Steindorf/Gerlemann* WaffG § 27 Rn. 9, BT-Drs. 14/8886, 114).

Nach **Vollendung des 16. Lebensj. können Jugendliche** ohne Beachtung der besonderen Obhutspflichten mit sonstigen Schussw. schießen. Diese Ausnahme ist allerdings im Kontext mit Abs. 3 S. 1 Nr. 2 zu lesen. IErg ermöglicht es Jugendlichen **nicht, mit allen Schussw.** zu schießen, sondern beschränkt sich auf die unter → Rn. 27 genannten sog **kleinkalibrigen** Schussw. Auch hier entfällt aus og Gründen das Erfordernis der Anwesenheit oder des Einverständnisses des Sorgeberechtigten.

Die generelle Aufsichtspflicht über den Schießbetrieb durch den Betreiber wird durch diese Ausnahmeregelungen nicht berührt und besteht weiterhin (BT-Drs. 14/8886, 114).

V. Ausnahmen für Kinder, die das 12. Lebensj. noch nicht vollendet haben (Abs. 4)

Nach Abs. 4 kann die zust. Beh. zur **Förderung des Leistungssports** einem **Kind** 32
unter 12 Jahren eine Ausnahme vom in Abs. 3 S. 1 festgelegten Alterserfordernis bewilligen. Die übrigen in Abs. 3 gefassten Vorauss. bleiben bestehen. Eine Ausnahme **soll** insbes. in den Fällen einer besonderen schießsportlichen Begabung und damit einhergehender geistiger und körperlicher Eignung erteilt werden. Andere Gründe müssen ein vergleichbares Gewicht haben (BT-Drs. 14/7758, 68). Die schießsportliche Begabung muss durch eine Bescheinigung des Vereins glaubhaft gemacht werden. Zur Glaubhaftmachung der geistigen und körperlichen Eignung genügt die Bescheinigung eines Hausarztes oder eines Facharztes zB für Kinder- und Jugendheilkunde; die Anforderungen des § 4 AWaffV gelten nicht (WaffVwV Nr. 27.4.2.2).

Die Ausnahmebewilligung wird nur auf **Antrag der Sorgeberechtigten** erfolgen können, da Minderjährige auf Grund ihrer **beschränkten Geschäftsfähigkeit** keine Verfahrenshandlungen vornehmen können (vgl. § 12 Abs. 1 Nr. 1 VwVfG) und somit keine wirksamen Anträge stellen können.

Die Ausnahme bezieht sich dem Wortlaut nach auf Kinder iSd Abs. 3 S. 1 Nr. 1 und nicht auf Jugendliche nach Abs. 3 S. 1 Nr. 2. Damit ist auch festgelegt, dass es sich nur um erlaubnisfreie sog „Kaltgaswaffen" handeln kann, mit denen das Kind schießen darf (→ Rn. 26). Eine untere Altersgrenze wird vom WaffG nicht festgelegt. Damit übermotivierte Eltern jedoch nicht das Wohl des Kindes aus dem Blick verlieren, dürfte eine Erlaubnis unter 10 Jahren nur in seltenen Fällen – bei augenscheinlich motorisch und intellektuell sehr begabten Kindern – in Betracht kommen.

VI. Schießen in der Ausbildung zum Jäger (Abs. 5)

Abs. 5 enthält eine Sonderregelung für Jäger in der Ausbildung. Dieser Perso- 33
nenkreis darf nach Vollendung des 14. Lebensj. auf **Schießstätten** mit Jagdwaffen schießen, soweit eine Bescheinigung des Ausbildungsleiters und eine Einverständ-

niserklärung des Sorgeberechtigten vorgewiesen wird. Zwar wird das Schießen auf der Schießstätte nicht ausdr. genannt, es kann sich jedoch im Gesamtkontext nur darum handeln (vgl. *Steindorf/Gerlemann* WaffG § 27 Rn. 11). Durch diese Regelung soll der Jäger in der Ausbildung die Möglichkeit haben, sich im jagdlichen Schießen zu schulen. Diese Gelegenheit wird ihm nur auf einer Schießstätte eingeräumt.

33a Der Jäger in der Ausbildung hat die Berechtigungsbescheinigung, die von mind. einem Sorgeberechtigten und dem Ausbildungsleiter zu unterzeichnen ist, beim Schießen auf der Schießstätte mitzuführen (Abs. 5 S. 2).

Das Nichtmitführen der Bescheinigung ist **ordnungswidrig** (vgl. § 53 Abs. 1 Nr. 14).

VII. Schießen durch Minderjährige an ortsveränderlichen Schießstätten, die der Belustigung dienen (Abs. 6)

34 Abs. 6 trägt den sicherheitspolitischen Notwendigkeiten genauso wie den Traditionen des Betriebs von „Schießbuden" und Ähnlichem im Rahmen von Volksfesten Rechnung (vgl. *ABB/Adolph* WaffG § 27 Rn. 54). Hier wird Minderjährigen unter Kontrolle einer verantwortlichen Aufsichtsperson die Möglichkeit gegeben, ohne Erlaubnis zu schießen. Dies beschränkt sich auf hinsichtlich des Erwerbs und Besitzes erlaubnisfrei gestellte Druckluft-, Federdruckwaffen und Waffen, bei denen zum Antrieb der Geschosse kalte Treibgase Verwendung finden (Anl. 2 Abschn. 2 UAbschn. 2 Nr. 1.1 und 1.2; zu den Schussw. im Einzelnen → Rn. 26).

Handelt es sich bei dem Schützen um einen Minderjährigen, der noch nicht das 14. Lebensj. vollendet hat, so hat der Betreiber sicherzustellen, dass die verantwortliche Aufsichtsperson in jedem Fall **nur einen Schützen** bedient (Abs. 6 S. 2). Verstöße sind **ordnungswidrig** (vgl. § 53 Abs. 1 Nr. 12). Ist es auf Grund des äußeren Erscheinungsbildes nicht offensichtlich, ob der Schütze das 14. Lebensj. vollendet hat, so muss der Betreiber sich vor dem Schießen hiervon überzeugen (vgl. *ABB/Adolph* WaffG § 27 Rn. 55).

VIII. Verbot des kampfmäßigen Schießens auf Schießstätten (Abs. 7)

35 Untersagt wird das **kampfmäßige Schießen** auf Schießstätten. Ein solches Verbot für den Schießsport findet sich auch in § 15a Abs. 1(→ § 15a Rn. 4 ff.). Grund für dieses Verbot ist die Befürchtung, dass die missbräuchliche Anwendung einer solchen Schießtechnik zu einer Gefahr für die öffentl. Sicherheit werden kann, insbes. wenn sie gegen Angehörige der Sicherheitsorgane angewendet wird (vgl. BT-Drs. 7/4407, 3).

36 **Kampfmäßiges Schießen ist nicht gleichzusetzen mit dem Verteidigungsschießen.** Das Schießen zur Verteidigung ist im Rahmen des § 22 AWaffV außerhalb des Schießsports **zulässig.** Die Abgrenzung zum kampfmäßigen Schießen ist im Einzelfall schwierig. Das kampfmäßige Schießen ist grds. nur Dienstwaffenträgern im dienstlichen Bereich gestattet (vgl. *König/Papsthart* Neues WaffR Rn. 445). Eine abschließende Def., was der Gesetzgeber unter dem Begriff des „kampfmäßigen Schießens" versteht, existiert nicht. Anhaltspunkte zur Abgrenzung kann § 22 Abs. 1 S. 1 AWaffV liefern. Demnach kann kampfmäßiges Schießen insbes. angenommen werden, wenn bei den Schießübungen Hindernisse und Übungseinlagen in den Ablauf integriert werden, die der Übung über den Zweck der Verteidigung der eigenen Person oder Dritter hinaus einen polizeieinsatzmäßigen oder militärischen Charakter verleihen. Anhaltspunkte für kampfmäßiges Schießen können etwa schnell gezielte Schüsse oder sog Deutschüsse, Schießen bei Dunkelheit, unter einer besonderen Geräusch- oder Lichtkulisse oder Vornahme einer Lageeinschätzung durch den Schützen sein. Ebenso ein unbekannter Übungsablauf, Vorgehen gegen mehrere Ziele, schnelles Reagieren auf plötzlich wechselnd auftretende bewegliche Ziele, „Freund/Feinderkennung", Überwinden von Hindernissen (zB Aufbrechen von Türen) oder das Vorgehen im Team (vgl. *Heller/Soschinka* WaffR Rn. 1652).

Bei der Schießsportdisziplin **IPSC** handelt es sich um dynamisches Schießen mit Kurz- oder Langwaffen, bei dem nicht nur die Treffsicherheit des Schützen, sondern auch das Überwinden vorgegebener Parcours und die dafür benötigte Zeit mit in die Gesamtbewertung der Leistung einbezogen wird. Die Papier/Metallziele sind hierbei teils beweglich, von unterschiedlich gestalteten Deckungen verborgen und durch gekennzeichnete Strafziele ergänzt. Der gleichnamige internationale Dachverband IPSC (International Practical Shooting Confederation) hat die Vertretungsrechte an den Bund Deutscher Sportschützen 1975 e.V. übertragen. Somit ist die Mitgliedschaft sowie das vorherige Bestehen eines Sicherheits- und Regeltests in diesem Verein Vorauss., um diese Sportart in Deutschland ausüben zu können. Gerade nach dem Amoklauf in Winnenden war diese Disziplin auf Grund ihrer Nähe zum verteidigungs- und kampfmäßigen Schießen verständlicherweise häufig in der öffentl. Kritik. Das in Deutschland durch das BVA als Teil der Sportordnung des Bund Deutscher Sportschützen 1975 e.V. genehmigte IPSC-Schießen unterscheidet sich nach der Auffassung des BMI jedoch ausreichend vom verteidigungs- und kampfmäßigen Schießen, da bestimmte international praktizierte Übungen auf Grund des § 7 AWaffV verboten und somit nicht Bestandteil der Genehmigung sind (vgl. BT-DS 17/1305, 3-4). So bspw. das Schießen in der Bewegung, aus Deckungen heraus oder das Abgeben von Schüssen ohne genaues Anvisieren des Ziels, sog Deutschüssen. 37

Das **Verteidigungsschießen** ist im Rahmen des § 22 Abs. 1 AWaffV **zulässig.** Es soll vor allem gefährdeten Personen oder Bewachungspersonal im Rahmen von Lehrgängen unter realitätsnahen Bedingungen die Möglichkeit gegeben werden, Notwehrsituationen unter Verwendung der Schussw. zu trainieren. Die Verwendung von Zielen oder Scheiben, die Menschen darstellen oder symbolisieren, ist hierbei gestattet (§ 22 Abs. 1 S. 2 AWaffV). Unter welcher Vorauss. die Zulassung zu einem solchen Lehrgang erfolgen kann, regelt § 23 AWaffV. 38

IX. Ermächtigungskompetenz des BMI zum Erlass von Rechtsverordnungen (Abs. 7 S. 2)

Abs. 7 S. 2 enthält eine Ermächtigungsnorm, wonach das BMI mit Zustimmung des BR, durch RVO die Benutzung von Schießstätten einschl. der Aufsicht über das Schießen sowie den gesamten Bereich der Ausbildung im Verteidigungsschießen ausgestalten kann. Hiervon hat das BMI Gebrauch gemacht. Durch die §§ 9–12 AWaffV wurden entspr. Regelungen für die Benutzung von Schießstätten einschl. der Aufsicht über das Schießen sowie der Anforderungen an das Aufsichtspersonal und dessen besondere Ausbildung für Kinder- und Jugendarbeit ausgestaltet. Die Vorschriften für den Bereich des Verteidigungsschießens finden sich in den §§ 22–25 AWaffV. 39

Die Vorschriften über die sicherheitstechnische Prüfung von Schießstätten finden sich in den §§ 12 Abs. 3–6 AWaffV, welche mit dem **2. ÄndG** (→ Einf. Rn. 23) zum 1.4.2008 eingeführt wurden. Die Sicherheitsstandards für Schießstätten und die Anforderungen für Schießstandsachverständige ergeben sich aus den vom BMI gem. § 12 Abs. 3 S. 2 AWaffV erlassenen Schießstandrichtlinien (BAnz. AT 23.10.2012 B2). 40

X. Folgen bei Zuwiderhandlungen

41 Verschiedene Verstöße gegen Vorgaben aus § 27 sind gem. § 53 Abs. 1 Nr. 5, 11–14 ordnungswidrig. Verstöße gegen die Vorschriften auf Schießständen der §§ 9–12 AWaffV sind gem. § 34 Nr. 2–11 AWaffV iSd § 53 Abs. 1 Nr. 23 bei Vorsatz oder Fahrlässigkeit ordnungswidrig.

§ 28 Erwerb, Besitz und Führen von Schusswaffen und Munition durch Bewachungsunternehmer und ihr Bewachungspersonal

(1) **[1]Ein Bedürfnis zum Erwerb, Besitz und Führen von Schusswaffen wird bei einem Bewachungsunternehmer (§ 34a der Gewerbeordnung) anerkannt, wenn er glaubhaft macht, dass Bewachungsaufträge wahrgenommen werden oder werden sollen, die aus Gründen der Sicherung einer gefährdeten Person im Sinne des § 19 oder eines gefährdeten Objektes Schusswaffen erfordern. [2]Satz 1 gilt entsprechend für Wachdienste als Teil wirtschaftlicher Unternehmungen. [3]Ein nach den Sätzen 1 und 2 glaubhaft gemachtes Bedürfnis umfasst auch den Erwerb und Besitz der für die dort genannten Schusswaffen bestimmten Munition.**

(2) **[1]Die Schusswaffe darf nur bei der tatsächlichen Durchführung eines konkreten Auftrages nach Absatz 1 geführt werden. [2]Der Unternehmer hat dies auch bei seinem Bewachungspersonal in geeigneter Weise sicherzustellen.**

(3) **[1]Wachpersonen, die auf Grund eines Arbeitsverhältnisses Schusswaffen des Erlaubnisinhabers nach dessen Weisung besitzen oder führen sollen, sind der zuständigen Behörde zur Prüfung zu benennen; der Unternehmer soll die betreffende Wachperson in geeigneter Weise vorher über die Benennung unter Hinweis auf die Erforderlichkeit der Speicherung und Verarbeitung personenbezogener Daten bei der Behörde unterrichten. [2]Die Überlassung von Schusswaffen oder Munition darf erst erfolgen, wenn die zuständige Behörde zugestimmt hat. [3]Die Zustimmung ist zu versagen, wenn die Wachperson nicht die Voraussetzungen des § 4 Abs. 1 Nr. 1 bis 3 erfüllt oder die Haftpflichtversicherung des Bewachungsunternehmers das Risiko des Umgangs mit Schusswaffen durch die Wachpersonen nicht umfasst.**

(4) **In einen Waffenschein nach § 10 Abs. 4 kann auch der Zusatz aufgenommen werden, dass die in Absatz 3 bezeichneten Personen die ihnen überlassenen Waffen nach Weisung des Erlaubnisinhabers führen dürfen.**

I. Allgemeines

1 Die Bewaffnung von Bewachungsunternehmern und deren Personal hat in den vergangenen Jahrzehnten stetig an Bedeutung gewonnen. Während Bewachungsaufgaben über lange Zeit hinweg ganz überwiegend typischerweise zum Kernbereich staatlicher Sicherheitskräfte zählten, haben private Unternehmen zunehmend Bewachungsaufgaben auch in öffentl. Lebensbereichen übernommen. Einerseits haben sich die Sicherheitsbedürfnisse von Bürgern und Wirtschaftsunternehmen in Zeiten erhöht wahrgenommener Kriminalität gesteigert, zum Anderen wird die Wahrnehmung von Sicherheitsaufgaben gesellschaftlich nicht mehr ausschl. als staatliche Aufgabe empfunden. Zudem kann durch den Einsatz privater Bewachungsunternehmen eine hohe Präsenz an Sicherheitskräften geschaffen werden, wodurch das subj. Sicherheitsgefühl des Einzelnen gesteigert wird. Dies ist namentlich im Bereich von

Verkaufsräumen aber auch im Bereich des öffentl. Personen- und Nahverkehrs oder öffentl. Veranstaltungen von erheblichem wirtschaftlichen Interesse (etwa beim Einsatz privaten Wachpersonals in Einkaufszentren, bei öffentl. Veranstaltungen, in Bussen, Zügen usw). Diesen Entwicklungen Rechnung tragend haben die privaten Sicherheitsunternehmen in den letzten Jahrzehnten ihre Tätigkeit auf immer mehr Aufgabenfeldern angeboten, so dass heute im privatwirtschaftlichen Bereich über weite Strecken auf private Unternehmen zurückgegriffen wird. So wird etwa die Sicherung von Geld- und Werttransporten ganz überwiegend von privaten Bewachungsunternehmen wahrgenommen. Ebenso im Werk- und Personenschutz ist der Einsatz privater Sicherheitskräfte gängige Praxis. Aber auch öffentl. Einrichtungen und Behörden (einschl. Bundeswehr und Polizei) greifen mittlerweile in weiten Bereichen auf die Leistungen privater Sicherheitsunternehmen zurück. Im Bereich des öffentl. Personen- und Nahverkehrs ist nicht selten ein Nebeneinander von privaten und staatlichen Sicherheitskräften zu beobachten. Nicht zuletzt aus Kostengründen wird vermehrt auf private Sicherheitskräfte zurückgegriffen, auch wenn diese anders als die Polizeikräfte nicht mit hoheitlichen Befugnissen ausgestattet sind. Mit dieser Entwicklung ging ein außerordentlich großes Wachstum dieser Berufsbranche einher.

Das Interesse der privaten Bewachungsunternehmen, möglichst viele Mitarbeiter auch mit Schussw. auszustatten, steht dem Interesse der Rechtsgemeinschaft, dass die Anzahl der im Verkehr befindlichen Schussw. möglichst gering gehalten wird, gegenüber (vgl. dazu auch *Röger* RdS 2008, 9 ff.)

In § 28 hat der Gesetzgeber die Vorauss. für den Umgang von Bewachungspersonal mit Schussw. geregelt. Diese werden ergänzt durch Vorschriften aus der GewO und der BewachV. Als Gewerbetreibender ist der Bewachungsunternehmer gem. § 13 Abs. 1 S. 1 BewachV für die sichere Aufbewahrung von Schussw. und Munition verantwortlich. Diese Pflicht folgt bereits aus der allgemeineren und damit nur subsidiär anwendbaren Vorschrift des § 36 Abs. 5 i.V.m. § 13 AWaffV. Darüber hinaus hat der Bewachungsunternehmer dafür Sorge zu tragen, dass die Übergabe der Schussw. und Munition nach Beendigung des Wachdienstes ordnungsgemäß erfolgt (vgl. § 13 Abs. 1 S. 2 BewachV).

Ebenso wie für andere Antragst. ist der Umgang mit Schussw. für Bewachungsun- 2
ternehmer **erlaubnispflichtig.** Für den Erwerb und Besitz bedarf es einer WBK, für das Führen eines WS. Eine Spezialregelung enthält § 28 lediglich für das waffenrechtl. **Bedürfnis** von Bewachungsunternehmern, iü. richtet sich die Erlaubniserteilung nach den allg. Vorschriften des § 4 Abs. 1(*Apel/Bushart* WaffG § 28 Rn. 9). Die Erlaubnis wird dem Bewachungsunternehmer bzw dem Geschäftsführer des Bewachungsunternehmens erteilt. Die Vorauss. für einen weisungsgebundenen Einsatz angestellter Bewachungspersonen mit Schussw. bemessen sich nach **Abs. 3** der Vorschrift, → Rn. 11 ff.

II. Bedürfnis zum Erwerb, Besitz und Führen von Schusswaffen und dazugehöriger Munition (Abs. 1)

Der Gesetzgeber hat in Abs. 1 eine spezielle **Bedürfnisregelung für Bewa-** 3
chungsunternehmer vorgesehen und damit die Vorauss. festgelegt, unter denen das waffenrechtl. Bedürfnis von Bewachungsunternehmern für den Erwerb, den Besitz und das Führen von Schussw. anzuerkennen ist. Die Regelung betr. einzig das **Bedürfnis,** die übrigen allg. Erlaubnisvorauss. aus § 4 Abs. 1 bleiben unberührt fortbestehen.

Ein Bedürfnis kommt lediglich für den Erwerb, Besitz und das Führen von Schussw. in Betracht, wobei das Bedürfnis **bzgl. des Führens** nur **eingeschränkt nach den Limitierungen des Abs. 2** anerkannt wird. Umgekehrt erstreckt sich das glaubhaft gemachte Bedürfnis neben den beantragten Schussw. **auch auf die dazugehörige Munition** (vgl. Abs. 1 S. 3).

1. Bewachungsunternehmer gem. § 34a GewO

4 Die Bedürfnisregelung greift zunächst für Bewachungsunternehmer. Der Begriff ist nicht im WaffG, sondern in § 34a GewO umrissen, auf den das WaffG verweist. Demnach **schützen Bewachungsunternehmer gewerbsmäßig das Leben und Eigentum fremder Personen.** Die Betätigung als Bewachungsunternehmer ist ihrerseits erlaubnispflichtig, wobei die Erlaubnisvorauss. wiederum aus den Vorschriften der GewO (vgl. § 34a GewO) folgen.

Die Erteilung einer gewerberechtl. Erlaubnis zur Betätigung als Bewachungsunternehmer setzt nach § 34a Abs. 1 S. 2 GewO voraus, dass der Antragst. die zur Ausübung einer solchen Tätigkeit erforderliche **Zuverlässigkeit** (→ § 5 Rn. 1 ff.) aufweist und **Mittel bzw Sicherheiten** nachweist, welche die Risiken, die aus dem Betrieb eines solchen Unternehmens und insbes. aus dem Umgang des Bewachungspersonals mit Schussw. erwachsen, abdecken. Weiter muss der Antragst. durch die Bescheinigung einer IHK belegen, über die zur Ausübung des Gewerbes notwendigen **rechtl. Vorschriften** unterrichtet worden zu sein. Für die Durchführung besonderer Bewachungsaufgaben muss schließlich eine vor einer IHK erfolgreich absolvierte **Sachkundeprüfung** nachgewiesen werden. Zu diesen Tätigkeiten zählen

- Kontrollgänge im öffentl. Verkehrsraum oder in Handelsbereichen mit tatsächlich öffentl. Verkehr,
- Schutz vor Ladendieben sowie
- Bewachungen im Einlassbereich von gastgewerblichen Diskotheken.

Ein Bedürfnis nach § 28 Abs. 1 kommt demnach nur für gewerbsmäßige **Bewachungsunternehmer mit entsprechender gewerberechtlicher Erlaubnis** nach § 34a GewO in Betracht.

2. Beantragte Schusswaffen zur Durchführung von Bewachungsaufträgen erforderlich

5 Die zust. Beh. hat das waffenrechtl. Bedürfnis eines Bewachungsunternehmers anzuerkennen, wenn dieser zunächst glaubhaft machen kann, dass Bewachungsaufträge wahrgenommen werden oder wahrgenommen werden sollen und zudem darzulegen vermag, dass die beantragten Schussw. zur Ausführung der Bewachungsaufträge erforderlich sind.

Liegen die Bedürfnisvorauss. nach § 28 Abs. 1 sowie die allg. Erlaubnisvorauss. nach § 4 vor, so hat der Bewachungsunternehmer einen Anspruch auf Erlaubniserteilung. Die Wahrnehmung von Bewachungsaufträgen wird im Regelfall unproblematisch darzulegen sein. Diese kann etwa durch Vorlage aussagekräftiger Unterlagen über bereits in der Vergangenheit wahrgenommene Bewachungsaufträge erfolgen. Sollen Bewachungsaufgaben erstmals, also zukünftig, wahrgenommen werden, so wird die zust. Beh. vom Antragst. die Vorlage nachvollziehbarer Belege über eine konkret bevorstehende Auftragserteilung (Anfragen, ggf. Vorverträge) verlangen (vgl. *Steindorf/Gerlemann* WaffG § 28 Rn. 3).

6 Weiter ist glaubhaft zu machen, dass die beantragten Schussw. **zur Durchführung der Bewachungsaufträge erforderlich** sind. Die Erforderlichkeit kann sich aus Gründen der Sicherung gefährdeter Personen iSd § 19 (Personenschutz) oder eines gefährdeten Objekts (Objektschutz) ergeben. Die Erforderlichkeit bemisst sich demgemäß nach den Maßstäben der Vorschrift des § 19, der im Rahmen des § 28 seine eigentliche Wirkung für die Praxis entfaltet. Charakteristisch für **besonders gefährdete Personen iSd § 19** ist, dass sie **wesentlich** mehr als die Allgemeinheit durch

Angriffe auf Leib oder Leben gefährdet sind. Eine solche besondere Gefährdung bemisst sich nach obj. Kriterien und wird nur unter engen Vorauss. und auch nur nach einer sorgfältigen Prüfung des Einzelfalls anerkannt (→ § 19 Rn. 3 f.).

Einem Bewachungsunternehmer kann eine waffenrechtl. Erlaubnis nach § 28 Abs. 1 S. 1 für das Führen einer Schussw. nur für einen konkreten Bewachungsauftrag erteilt werden, der sich auf eine bestimmte gefährdete Person oder ein bestimmtes gefährdetes Objekt bezieht (vgl. BVerwG Urt. v. 11.11.2015 – 6 C 67/14 – juris). **6a**

3. Wachdienste als Teil wirtschaftlicher Unternehmungen (Abs. 1 S. 2)

Der Gesetzgeber hat gem. Abs. 1 S. 2 den **Anwendungsbereich** der in Abs. 1 S. 1 gefassten speziellen Bedürfnisregelung **auf Wachdienste als Teil wirtschaftlicher Unternehmungen ausgedehnt.** Nicht selten verfügen große Unternehmen über einen eigenen Wachdienst bzw Werkschutz, überwiegend mit Objektschutz-, aber durchaus auch mit Personenschutzaufgaben. Diese können nach Abs. 1 ein Bedürfnis geltend machen, wenn die Gefährdungslage bei Durchführung der Objekt- oder Personenschutzaufgabe das Tragen von Schussw. erfordert. Von integrierten Wachdiensten kann seitens der zust. Beh. anders als bei selbstständigen Bewachungsunternehmen typischerweise keine Vorlage von Bewachungsaufträgen Dritter verlangt werden. Hier reicht es aus, wenn entspr. firmeninterne Weisungen glaubhaft gemacht werden (vgl. *Steindorf/Gerlemann* WaffG § 28 Rn. 4). **7**

III. Führen nur bei Auftragsdurchführung und Sicherstellung der Pflichtenerfüllung beim Bewachungspersonal (Abs. 2)

1. Führen nur bei Auftragsdurchführung (Abs. 2 S. 1)

Das Ausüben der tatsächlichen Gewalt über Schussw. außerhalb des eigenen befriedeten Besitztums birgt naturgemäß erhöhte potenzielle Gefahren für die öffentl. Sicherheit und Ordnung, weshalb der Gesetzgeber dem einzelnen Bürger das freie Führen von Schussw. lediglich in einem möglichst engen Rahmen zugesteht. Diesem Ansinnen Rechnung tragend wird das Bedürfnis zum Führen von Schussw. zu Bewachungszwecken vom Gesetzgeber nicht uneingeschränkt anerkannt, sondern setzt stets einen **konkreten Bezug** des Waffenführens **zur** Durchführung der wahrgenommenen **Bewachungsaufgabe voraus.** Dementspr. dürfen Angehörige eines privaten Bewachungsunternehmens Schussw. stets **ausschl. im Zuge der tatsächlichen Durchführung** eines konkreten Bewachungsauftrages führen. Ein Führen davor oder danach ist nicht vom Bedürfnis umfasst, da der Gesetzgeber das Führen im Zusammenhang mit der Durchführung des Bewachungsauftrages nicht zulässt. Im Einzelfall wird allerdings schwierig zu klären sein, wann exakt ein Bewachungsauftrag beginnt, endet oder auch unterbrochen wird. Bei der Beurteilung ist der konkrete Sicherungszweck im Einzelfall zu berücksichtigen (*Steindorf/Gerlemann* WaffG § 28 Rn. 6). Zur Abgrenzung kann zB darauf abgestellt werden, ob zwischen Hin- und Rückweg und der konkreten Durchführung des Bewachungsauftrages eine **zeitl. Zäsur** stattfindet, durch welche das Anlegen der Schussw. bzw deren entspr. Verwahrung zum erlaubnisfreien Transport iSd § 12 Abs. 3 Nr. 2 (Waffe nicht schussbereit und nicht zugriffsbereit) in zumutbarer Weise und ohne Gefährdung der ordnungsgemäßen Erfüllung des Schutzauftrages ermöglicht wird. **8**

So ist bspw. bei einem Geld- und Werttransport das Führen während der Hin- und Rückfahrt zwischen dem Bewachungsunternehmen und den Auftraggebern von der Durchführung des Bewachungsauftrages umfasst. Ebenso ist das Einlegen von Pausen regelm. zur Auftragsdurchführung zu zählen. Etwas Anderes kann aber gelten, wenn bspw. ein Bewachungsauftrag über mehrere Tage dauert und entspr. lange Unterbrechungen vorgenommen werden, welche in zumutbarer Weise und ohne Gefährdung der ordnungsgemäßen Erfüllung des Schutzauftrages das Ablegen und die sichere Aufbewahrung (→ § 36 Rn. 7 ff.) der Schussw. erlauben (bspw. Einschließen der Schussw. im Hotelsafe usw).

So auch bei einem Personenschutzauftrag, wenn die zu schützende Person gem. Auftrag zu einer konkreten Zeit an einem bestimmten Ort abgeholt und anschl. für einen festgelegten Zeitraum bewacht werden soll. Hier zählt der Hin- und Rückweg nicht zur Durchführung des Schutzauftrages, da diese klar von der eigentlichen Auftragsdurchführung abgegrenzt werden können und nicht fließend in diese übergehen. Ein Führen während des Hin- und Rückweges ist in solchermaßen gelagerten Fällen daher nicht von § 28 abgedeckt (vgl. *Lehmann* WaffG § 28 Rn. 28 f.). Hierdurch wird der Bewachungsunternehmer auch nicht unzulässig in seiner unternehmerischen Freiheit betroffen, da der Hin- und Rücktransport der Schussw. zum Ort der Aufgabenwahrnehmung unter den Vorauss. des § 12 Abs. 3 Nr. 2 (Waffe nicht schussbereit und nicht zugriffsbereit) erlaubnisfrei ist.

9 Die Beschränkungen des Abs. 2 (Führen nur bei tatsächlicher Durchführung eines konkreten Auftrages) gelten auch für Wachdienste als Teil wirtschaftlicher Unternehmungen, auch wenn diese nicht explizit angesprochen sind (ausf. *Steindorf/Gerlemann* WaffG § 28 Rn. 6). Allerdings ist die Einschränkung des Abs. 2 S. 1 für **integrierte Wachdienste und Werkschutz** lediglich von nachrangiger Bedeutung, da diese im Zuge der Ausübung ihrer Bewachungsaufgaben ohnehin über weite Strecken **bzgl. des Führens nach § 12 Abs. 3 Nr. 1 erlaubnisfrei gestellt** sind. Soweit die Vorauss. nach § 12 Abs. 3 Nr. 1 vorliegen → § 12 Rn. 60 ff., ist ein WS damit entbehrlich und die Einschränkungen nach Abs. 2 S. 1 obsolet.

10 Das Führen einer Schussw. entgegen § 28 Abs. 2 S. 1 ist strafbewehrt gem. § 52 Abs. 3 Nr. 5, Abs. 4 **(Vergehenstatbestand).**

2. Sicherstellung der Pflichtenerfüllung beim Bewachungspersonal (Abs. 2 S. 2)

11 Für die Einhaltung dieser Verpflichtung zum strikt eingegrenzten Führen der Schussw. hat der Bewachungsunternehmer gem. **Abs. 2 S. 2** bei seinem Personal im Rahmen seiner Aufsicht in geeigneter Weise Sorge zu tragen. Dies kann etwa durch gesonderte (schriftliche) **Belehrungen** des Personals oder entspr. Schulungsmaßnahmen erfolgen (vgl. *Steindorf/Gerlemann* WaffG § 28 Rn. 6). Weiter sollte jeweils eine detaillierte Planung der Bewachungsaufträge erfolgen. Je nach Umfang des Auftrages kommen konkrete Einzelaufträge an verschiedene Mitarbeiter in Betracht. So muss bereits zu Beginn der Durchführung einer Bewachungsaufgabe klar umrissen sein, welche Mitarbeiter Schussw. führen und welchen Auftrag sie konkret im Einzelfall erfüllen. In Bewachungsunternehmen, insbes. aber auch in Wachdiensten und Werkschutzeinrichtungen sollten schließlich detaillierte Rahmenanweisungen für das Personal bzgl. des Umgangs mit Schussw. vorhanden sein, um die Einhaltung der rechtl. Rahmenbedingungen stets ins Bewusstsein der Mitarbeiter zu rufen.

Verstöße gegen die Unternehmerpflicht sind **nicht bußgeldbewehrt.**

IV. Einsatz von Bewachungspersonal (Abs. 3)

12 Zur Durchführung von Bewachungsaufträgen (Personen- oder Objektschutz) wird der Bewachungsunternehmer regelm. angestelltes **Wachpersonal** einsetzen. Sollen Mitarbeiter im Rahmen ihres Arbeitsverhältnisses Umgang mit Schussw. üben, bedürfen sie nach den allg. Vorschriften einer eigenständigen waffenrechtl. Erlaubnis. Abs. 3 enthält diesbzgl. eine Privilegierung, insoweit der Gesetzgeber hier anerkennt, dass

der Bewachungsunternehmer sich zur Wahrnehmung seiner Bewachungsaufträge angestellter Wachpersonen bedient, welche **nach seinen Weisungen** im erforderlichen Umfang Umgang mit Schussw. üben können, **ohne dass sie über eine eigene waffenrechtl. Erlaubnis verfügen.** Die Berechtigung des angestellten Bewachungspersonals zum Erwerb, Besitz und Führen von Schussw. wird hier von der Berechtigung des Bewachungsunternehmers **abgeleitet.** Gleichzeitig werden die persönlichen an das Bewachungspersonal zu stellenden Vorauss. sowie darüber hinausgreifende Pflichten des Bewachungsunternehmers formuliert, um sicherzustellen, dass aus dem weisungsgemäßen Umgang mit Schussw. durch das Bewachungspersonal keine unverhältnismäßigen Gefahren für die öffentl. Sicherheit und Ordnung resultieren. Um die Einhaltung dieser Vorauss. sicherzustellen, darf die **Überlassung** von Schussw. erst erfolgen, **wenn die zust. Beh. zugestimmt hat** (Abs. 3 S. 2).

Das Überlassen entgegen § 28 Abs. 3 S. 2 von Schussw. oder Munition ist nach § 52 Abs. 3 Nr. 7, Abs. 4 strafbar **(Vergehenstatbestand).**

Im Verhältnis zu § 19 stellt die Vorschrift des § 28 *lex specialis* dar, welches vorrangig anzuwenden ist. Von daher besteht nicht alternativ die Möglichkeit, angestellten Wachpersonen entweder eine eigenständige Waffenerlaubnis nach § 19 oder aber eine von der Erlaubnis des Bewachungsunternehmers abgeleitete Waffenerlaubnis nach § 28 zu erteilen. Soweit eine Erlaubnis nach § 28 in Betracht kommt, scheidet die Anwendung des § 19 grds. aus und kommt nur dort in Betracht, wo die Umstände des Einzelfalls ein Bedürfnis begründen, welches über den Regelungsgehalt des § 28 hinausgeht (vgl. *Heller/Soschinka* WaffR Rn. 1945). **12a**

1. Persönliche Anforderungen an das Bewachungspersonal (Abs. 3 S. 3)

Für die behördliche Zustimmung zu einem Überlassen der Schussw. an Mitarbeiter des Bewachungsunternehmers **ist zwingend erforderlich,** dass auch die beim Bewachungsunternehmer beschäftigten **Wachpersonen** die Vorauss. **des Mindestalters (Vollendung des 18. Lebensj.), der Zuverlässigkeit, persönlichen Eignung und erforderlichen Sachkunde** (§ 4 Abs. 1 Nr. 1–3) erfüllen müssen. Andernfalls ist die zust. Beh. in ihrer Entsch. gebunden und hat die Zustimmung zu versagen (kein Ermessen), Abs. 3 S. 3. **13**

2. Pflichten des Unternehmers (Abs. 3 S. 1)

Um die Überprüfung der persönlichen Vorauss. des Bewachungspersonals sicherzustellen, ist der Bewachungsunternehmer dazu verpflichtet, der zust. Beh. gegenüber diejenigen Personen seines Wachpersonals zur Überprüfung anzuzeigen, die nach seiner Weisung Schussw. besitzen oder führen sollen. Die betreffende Wachperson soll er hierüber aus datenschutzrechtl. Gründen vor der Benennung an die zust. Beh. unter Hinweis auf die Erforderlichkeit der Speicherung und Verarbeitung personenbezogener Daten unterrichten. Pflichtverstöße sind nicht bußgeldbewehrt. **14**

Schließlich setzt die behördliche Zustimmung voraus, dass die Haftpflichtversicherung des Unternehmers die Risiken des Umgangs mit Schussw. durch die Wachpersonen abdeckt. Ist dies nicht der Fall, so ist die Zustimmung seitens der zust. Beh. zu versagen, Abs. 3 S. 3. **14a**

V. Waffenschein für Wachpersonal (Abs. 4)

Der WS wird typischerweise auf den **Unternehmer** selbst oder eine von der Geschäftsführung **beauftragte Person** ausgestellt. In den WS kann der Zusatz aufgenommen werden, dass die beim Bewachungsunternehmer angestellten Bewa- **15** chungspersonen die ihnen überlassenen Schussw. nach **Weisung des Erlaubnisinhabers** führen dürfen. Dies dient der Erleichterung der Kontrolle, nämlich rasch feststellen zu können, ob der Bewachungsunternehmer als Erlaubnisinhaber dazu berechtigt ist, seinem Bewachungspersonal Schussw. zuzuweisen und dieses die Schussw. nach seinen Weisungen führen darf. Sie macht eigene WS für jede Wachperson entbehrlich und der Wechsel der Bewachungspersonen bedarf keiner gesonderten Überwachung durch die zust. Beh. (BT-Drs. 14/7758, 69).

Eine namentliche Aufführung der zum weisungsgemäßen Führen berechtigten Bewachungspersonen im WS ist nicht zwingend erforderlich, eine Benennung nach der Funktion der berechtigten Bewachungsperson ist ausreichend (iErg auch *ABB/Adolph* WaffG § 28 Rn. 18). Dies ergibt sich schon daraus, dass ein Überlassen von Schussw. und Munition an die Wachpersonen erst erfolgen darf, wenn die zust. Beh. gem. Abs. 3 S. 2 zugestimmt hat. In der Praxis kann Wachpersonen formlos eine Bescheinigung (mit genauen Angaben zur Person, dem Bewachungsunternehmen und dem konkreten Aufgabenbereich) erteilt werden, aus der sich ergibt, dass sie auf Grundlage eines WS nach § 28 für den Zeitraum seiner Gültigkeit berechtigt sind, dienstlich eine Waffe zu führen (vgl. WaffVwV Nr. 10.15.1.2).

Der Bewachungsunternehmer hat zudem gem. § 14 Abs. 2 Nr. 4 BewachV sicherzustellen, dass die **Überlassung** von Schussw. und Munition gem. § 28 Abs. 3 S. 2 und die **Rückgabe** gem. § 13 Ab. 1 S. 2 BewachV an und von seinem Wachpersonal korrekt **aufgezeichnet** wird. Verstöße sind gem. § 16 Abs. 1 Nr. 10 BewachV ordnungswidrig; eine diesbzgl. bußgeldbewehrte Auflage gem. § 9 Abs. 2 ist daher überflüssig (so aber WaffVwV Nr. 10.15.1.2)

16 Für Wachpersonen besteht während des Führens der überlassenen Schussw. die **Ausweispflicht** gem. § 38 Abs. 1 Nr. 1g, wonach der Personalausweis oder Pass und ein Beleg, aus dem der Name des Überlassers, des Besitzberechtigten und das Datum der Überlassung hervorgeht, mitgeführt und Polizeibeamten oder sonst zur Personenkontrolle Befugten auf Verlangen zur Prüfung ausgehändigt werden muss.

§ 28a Erwerb, Besitz und Führen von Schusswaffen und Munition durch Bewachungsunternehmen und ihr Bewachungspersonal für Bewachungsaufgaben nach § 31 Absatz 1 der Gewerbeordnung

(1) [1]**Für den Erwerb, Besitz und das Führen von Schusswaffen und Munition durch Bewachungsunternehmen und ihr Bewachungspersonal für Bewachungsaufgaben nach § 31 Absatz 1 der Gewerbeordnung auf Seeschiffen, die die Bundesflagge führen, ist § 28 entsprechend anzuwenden.** [2]**Abweichend von § 28 Absatz 1 wird ein Bedürfnis für derartige Bewachungsaufgaben bei Bewachungsunternehmen anerkannt, die eine Zulassung nach § 31 Absatz 1 der Gewerbeordnung besitzen.** [3]**Abweichend von § 28 Absatz 3 wird die Erlaubnis mit Auflagen erteilt, die die Unternehmer verpflichten,**

1. **als Bewachungspersonal nur Personen zu beschäftigen, welche die Voraussetzungen nach § 4 Absatz 1 Nummer 1 bis 3 erfüllen,**
2. **der zuständigen Behörde die eingesetzten Personen in einem von der Behörde bestimmten Zeitraum zu benennen und**
3. **auf Verlangen der zuständigen Behörde Nachweise vorzulegen, die belegen, dass die eingesetzten Personen die Anforderungen nach § 4 Absatz 1 Nummer 1 bis 3 erfüllen.**

(2) [1]**Die Erlaubnis ist auf die Dauer der Zulassung nach § 31 der Gewerbeordnung zu befristen.** [2]**Sie kann verlängert werden.** [3]**Die Verlängerung der Erlaubnis ist insbesondere zu versagen, wenn die Auflagen nach Absatz 1 Satz 3 nicht eingehalten wurden.** [4]**Im Übrigen gelten die allgemeinen**

Bestimmungen dieses Gesetzes. [5]Die Erlaubnis schließt die Erlaubnis zum Verbringen an Bord nach § 29 Absatz 1 ein.

(3) **[1]Die zuständige Behörde kann zur Prüfung der Zuverlässigkeit, Eignung und Sachkunde der im Bewachungsunternehmen verantwortlichen Geschäftsleitung sowie der mit der Leitung des Betriebes oder einer Zweigniederlassung beauftragten Personen und der im Zusammenhang mit der Bewachungsaufgabe tätigen Personen auf die Erkenntnisse und Bewertungen der für die Zulassung nach § 31 Absatz 2 Satz 1 der Gewerbeordnung zuständigen Behörde zurückgreifen. [2]Abweichend von § 7 Absatz 2 orientieren sich die Anforderungen an die Sachkunde an den auf der Grundlage von § 31 Absatz 4 Satz 1 Nummer 3 Buchstabe a der Gewerbeordnung in einer Rechtsverordnung festgelegten besonderen Anforderungen für den Einsatz auf Seeschiffen. [3]Die für das gewerberechtliche Verfahren zuständige Behörde sowie die Bundespolizei dürfen der zuständigen Behörde auch ohne Ersuchen Informationen einschließlich personenbezogener Daten übermitteln, soweit dies zur Erfüllung der waffenbehördlichen Aufgaben erforderlich ist. [4]Die Bundespolizei ist im Rahmen der Prüfung nach § 8 Nummer 2 zu beteiligen.**

(4) **Absatz 3 Satz 3 ist entsprechend anzuwenden auf die Übermittlung von Informationen einschließlich personenbezogener Daten durch die zuständige Behörde, soweit dies zur Erfüllung der Aufgaben nach § 31 Absatz 2 der Gewerbeordnung erforderlich ist.**

(5) **Hat das Bewachungsunternehmen seinen Sitz im Inland, so erfolgt die Erteilung der Erlaubnis durch die nach § 48 Absatz 1 Satz 2 bestimmte Behörde im Benehmen mit der für die gewerbliche Hauptniederlassung zuständigen Behörde.**

(6) **[1]Eine auf der Grundlage des § 28 erteilte Erlaubnis gilt befristet bis zum 31. Dezember 2013 für Aufträge nach § 31 der Gewerbeordnung mit der Maßgabe fort, dass der Inhaber der Erlaubnis der zuständigen Behörde unverzüglich anzuzeigen hat, dass er Aufträge im Sinne des § 31 der Gewerbeordnung wahrnimmt oder wahrnehmen möchte. [2]Die nach § 48 Absatz 1 Satz 1 zuständige Behörde übermittelt der nach § 48 Absatz 1 Satz 2 zuständigen Behörde die Anzeige einschließlich der für die Entscheidung erforderlichen Unterlagen. [3]Weist der in Satz 1 genannte Inhaber der Erlaubnis der nach § 48 Absatz 1 Satz 2 zuständigen Behörde bis zum 31. Dezember 2013 die Zulassung nach § 31 Absatz 1 der Gewerbeordnung und das Vorliegen der Voraussetzungen nach Absatz 1 nach, erteilt diese eine auf die Durchführung von Bewachungsaufgaben nach § 31 Absatz 1 der Gewerbeordnung beschränkte Erlaubnis. [4]Absatz 1 Satz 3, Absatz 2 Satz 1, 4 und 5 sowie Absatz 5 gelten für diese Erlaubnis entsprechend.**

I. Allgemeines

§ 28a wurde durch das Gesetz zur Einführung eines Zulassungsverfahrens für Bewachungsunternehmen auf Seeschiffen v. 4.3.2013 (BGBl. I 362) neu in das WaffG eingefügt. Die Vorschrift ergänzt die Bedürfnisregelungen des § 28 für Bewachungsunternehmen und ihr Bewachungspersonal für Bewachungsaufgaben nach § 31 Abs. 1 GewO. Mit dem ebenfalls neu geschaffenen § 31 GewO wurde ein eigenständiges Zulassungsverfahren eingeführt, welches den Einsatz privater Sicherheitskräfte zum gewerbsmäßigen Schutz von Leben oder Eigentum fremder Personen auf Seeschiffen seewärts der Begrenzung der deutschen ausschließlichen Wirtschaftszone zur Abwehr äußerer Gefahren regelt. 1

Die Vorschriften gehen zurück auf Forderungen des Verbandes deutscher Reeder, nachdem eine Reihe von bewaffneten Angriffen ua auch auf Schiffe deutscher Reedereien im Bereich des Horns von Afrika stattgefunden hatten. Der Gesetzgeber entschloss sich vor diesem Hintergrund, den Einsatz bewaffneter Sicherheitskräfte auf Seeschiffen auf eine umfassende gesetzliche Grundlage zu stellen (*Runkel* GewArch 2014, 242). Da sich diese Aufgabe von sonstigen Bewachungsaufträgen nach § 28 signifikant unterscheidet, wurde zusätzlich zum herkömmlichen Erlaubnisverfahren für Bewachungsunternehmer nach § 34a GewO das Verfahren nach § 31 GewO geschaffen.

Die Zulassung nach § 31 GewO wird durch das BAFA im Benehmen mit der Bundespolizei erteilt, § 31 Abs. 1 S. 1 GewO. Zudem enthält § 31 GewO eine Verordnungsermächtigung, auf Grund derer das Bundesministerium für Wirtschaft und Energie im Einvernehmen mit dem BMI Einzelheiten regeln kann, ohne dass es hierfür der Zustimmung des BR bedarf. Auf Grundlage des § 31 Abs. 4 S. 1, 3 und 4 GewO wurde die Seeschiffbewachungsverordnung (SeeBewachV, BGBl. 2013 I S. 1562) erlassen, auf Grundlage des § 31 Abs. 4 S. 2 bis 4 iVm § 4 Abs. 2, § 5 Abs. 3 und § 6 Abs. 1 S. 2 SeebewachV wurde die Verordnung zur Durchführung der Seeschiffbewachungsverordnung (SeebewachDV, BGBl. 2013 I S. 1623) erlassen.

Die Gebühren für Amtshandlungen im Zusammenhang mit der Zulassung von Bewachungsunternehmen auf Seeschiffen nach § 31 Abs. 1, 2 und 7 GewO richten sich nach der Seeschiffbewachungsgebührenverordnung (SeeBewachGebV, BGBl. 2013 I S. 4110).

II. Anwendbarkeit des § 28, Abweichungen (Abs. 1)

2 Abs. 1 S. 1 sieht zunächst die Anwendbarkeit des § 28 für den Erwerb, Besitz und das Führen von Schussw. und Munition durch Bewachungsunternehmen und ihr Bewachungspersonal für Bewachungsaufgaben nach § 31 Abs. 1 GewO auf Seeschiffen, die die Bundesflagge führen, vor. Erfasst sind hier nur solche Schussw. und Munition, die in den Anwendungsbereich des WaffG fallen, wohingegen dem KrWaffKontrG unterfallende Schussw. und Munition nicht von § 28a erfasst sind (vgl. BT-Drs. 179403, 4). Nach § 14 SeebewachDV muss die Ausstattung des vom Bewachungsunternehmen eingesetzten Personals ua auch (zumindest) eine Lang- und eine Kurzwaffe und ausreichend dazugehörige Munition umfassen. In Betracht kommt hier nur eine erlaubnisfähige und damit nicht nach Anl. 2 Abschn. 1 verbotene Bewaffnung. Ein Bedürfnis nach § 28 Abs. 1 setzt prinzipiell voraus, dass Bewachungsaufträge wahrgenommen werden, die aus Gründen der Sicherung einer gefährdeten Person iSd § 19 (→ § 19 Rn. 3 ff.) oder eines gefährdeten Objekts Schussw. erfordern. Abweichend davon ist nach Abs. 1 S. 2 der Vorschrift das Bedürfnis bei solchen Seebewachungsunternehmen anerkannt, die eine Zulassung nach § 31 GewO vorweisen können. Die gewerberechtliche Zulassung ersetzt insoweit den waffenrechtl. Bedürfnisnachweis (*Heller/Soschinka*, NVwZ 2013 476, 478).

S. 3 Nr. 1 bis 3 sieht Abweichungen von § 28 Abs. 3 vor. Nach § 28 Abs. 3 dürfen Waffen und Munition an Wachpersonen, die im Rahmen eines Arbeitsverhältnisses weisungsgebunden Schussw. und Munition des Erlaubnisinhabers besitzen und führen sollen, diese nur überlassen werden, wenn die zust. Beh. sie zuvor überprüft hat und dem Überlassen zugestimmt hat. Die zust. Beh. stellt sicher, dass die Wachpersonen die Vorauss. des § 4 Abs. 1 Nr. 1 bis 3 erfüllen. Abweichend hiervon sieht S. 3 vor, dass die Erlaubnis mit Auflagen erteilt wird, welche den Unternehmer verpflichten, nur solche Personen zu beschäftigen, welche die Vorauss. nach § 4 Abs. 1 Nr. 1 bis 3 erfüllen (S. 3 Nr. 1). Weiterhin ist der Unternehmer durch Auflage zu verpflichten, der zust. Beh. die eingesetzten Personen in einem von der Beh. bestimmten Zeitraum zu benennen (S. 3 Nr. 2). Schließlich soll die Auflage den Unternehmer verpflichten, der zust. Beh. auf Verlangen Nachweise vorzulegen, die belegen, dass die eingesetzten

Personen die Anforderungen nach § 4 Abs. 1 Nr. 1 bis 3 erfüllen (S. 3 Nr. 3). Dies soll ein schnelleres Verwaltungsverfahren bei der Wiedererteilung einer Erlaubnis nach § 28a WaffG ermöglichen (vgl. BT-Drs. 17/10960, 19).

Zuständig für die Erteilung von Erlaubnissen nach § 28a ist nach § 48 Abs. 1 S. 2 die Waffenbehörde HH. Soweit in Deutschland niedergelassene Bewachungsunternehmen auf Seeschiffen unter ausländischer Flagge mit in Deutschland beschafften Waffen Bewachungsaufgaben wahrnehmen wollen, greift § 28a nicht. Die Erlaubnis zum Erwerb und Besitz in Deutschland ist bei der örtlich zust. Beh. zu beantragen, das Bedürfnis bemisst sich in diesem Fall nach der allg. Bedürfnisregelung des § 8.

Verstöße gegen vollziehbare Auflagen nach Abs. 1 S. 3 werden als Ordnungswid- 3
rigkeit nach § 53 Abs. 1 Nr. 4 geahndet.

III. Zeitliche Befristung (Abs. 2)

Nach Abs. 2 S. 1 der Vorschrift ist die Geltungsdauer der Erlaubnis an die Dauer 4
der Zulassung nach § 31 GewO zu koppeln, welche nach § 3 SeeBewachV für die Dauer von zwei Jahren erteilt wird. Die Erlaubnis ist demnach auf die Geltungsdauer der gewerberechtlichen Zulassung zu befristen. Eine Verlängerung der Erlaubnis ist nach S. 2 möglich, allerdings gem. S. 3 insbes. dann zu versagen, wenn die Auflagen nach Abs. 1 S. 3 nicht eingehalten wurden. Deklaratorisch stellt der Gesetzgeber in S. 4 klar, dass ansonsten die allg. Bestimmungen des WaffG gelten. Gem. S. 5 inkludiert die Erlaubnis nach § 28a die Erlaubnis zum Verbringen an Bord nach § 29 Abs. 1.

IV. Rückgriff auf Erkenntnisse aus dem gewerberechtlichen Verfahren (Abs. 3)

Die Waffenbehörde HH kann bei der Prüfung der Zuverlässigkeit, Eignung und 5
Sachkunde nach S. 1 auf die Bewertungen des BAFA zurückgreifen, die dieses im Zuge des gewerberechtlichen Zulassungsverfahrens nach § 31 Abs. 2 S. 1 GewO gewonnen hat. Nach S. 2 richten sich die Anforderungen an die Sachkunde abweichend von § 7 vorrangig nach den Vorgaben aus der SeebewachV. Auch ohne Ersuchen dürfen das BAFA sowie die Bundespolizei der Waffenhörde HH Informationen einschl. personenbezogener Daten übermitteln, soweit dies zur Erfüllung der waffenbehördlichen Aufgaben erforderlich ist, S. 3. Die Bundespolizei ist bei der Frage, ob Waffen und Munition für den beantragten Zweck geeignet und erforderlich sind, zu beteiligen, S. 4.

V. Datenübermittlung (Abs. 4)

Absatz 4 betrifft die Datenübermittlung zwischen den mit der gewerberechtlichen 6
Zulassung und der waffenrechtl. Erlaubniserteilung befassten Behörden. Er greift die Regelung des Abs. 3 S. 3 auf und erlaubt der Waffenbehörde HH, ihrerseits ebenfalls ohne Ersuchen Informationen einschl. personenbezogener Daten an das BAFA und die Bundespolizei zu übermitteln.

VI. Zuständigkeit für Inlandsunternehmen (Abs. 5)

Soweit das die Erlaubnis beantragende Unternehmen seinen Hauptsitz in Deutsch- 7
land hat, erteilt die Waffenbehörde HH die Erlaubnis im Einvernehmen mit der am Unternehmenssitz zust. Beh. Diese kann erforderlichenfalls gegenüber der Waffenbehörde HH einer Erlaubniserteilung entgegenstehende Bedenken mitteilen.

VII. Übergangsregelungen (Abs. 6)

8 Abs. 6 enthält schließlich eine Übergangsregelung, welche es ermöglichen sollte, dass Reedereien auch nach dem Inkrafttreten der Zulassungspflicht für Bewachungsunternehmen auf Seeschiffen zum 1.8.2013 zunächst noch auf Bewachungsunternehmen zurückgreifen konnten, welche im Besitz einer zeitl. früher erteilten Erlaubnis nach § 28 mit dem Bedürfnis „Schutz von Seeschiffen" waren (vgl. BT-Drs. 17/11887, 21).

Unterabschnitt 5. Verbringen und Mitnahme von Waffen oder Munition in den, durch den oder aus dem Geltungsbereich des Gesetzes

Vorbemerkungen §§ 29–33

Übersicht

I. Allgemeines

1 In den §§ 29–33 sind die für das **Verbringen** (→ Anl. 1 Rn. 178 f.) und die **Mitnahme** (→ Anl. 1 Rn. 180) von Waffen oder Munition in den, durch den oder aus dem Geltungsbereich des WaffG maßgeblichen Bestimmungen enthalten.

2 Das Gesetz unterscheidet zwischen **Mitgliedstaaten** und **Drittstaaten,** zu denen ein Verbringens- bzw Mitnahmevorgang Bezug haben kann. Mit dem **6. ÄndG** (→ Einf. Rn. 26c) wurde der Begriff „Mitgliedstaat" in Anl. 1 Abschn. 2 Nr. 14 legal definiert und damit klargestellt, dass der Begriff neben den EU-Mitgliedstaaten **auch die Vertragsstaaten des Schengener Übereinkommens** (Norwegen, Island, Liechtenstein und die Schweiz) umfasst. Demnach zählen als Drittstaaten nur solche Staaten, die weder EU-Mitgliedstaaten, noch Vertragsstaaten des Schengener Übereinkommens sind.

3 Durch das **3. ÄndG** (→ Einf. Rn. 24 ff.) wurde in § 29 Abs. 1 und 2, § 30 Abs. 2, § 31 Abs. 1, § 32 Abs. 1, 2 und 6 WaffG der Klammertext **„Kategorien A bis D"**

durch den Klammertext **„Kategorien A 1.2 bis D“** ersetzt. Die Änderung der Kategorieangaben im Klammertext dient der Klarstellung. Kriegswaffen nach Anl. 1 Abschn. 3 Kat. A 1.1 WaffG unterliegen nicht den Bestimmungen des WaffG, sondern denen des KrWaffKontrG (vgl. BT-Drs. 16/12597, 50). In § 32 Abs. 5 WaffG wurde die Nr. 3 (Mitnahme von Waffen und Munition an Bord von Schiffen und Luftfahrzeugen) neu eingeführt.

Durch das **6. ÄndG** (→ Einf. Rn. 26c) wurden bedeutsame Änderungen in § 32 vorgenommen. Als wesentlichste Neuerung wurde der Abs. 1a neu in die Vorschrift eingefügt. Dieser regelt die Vorauss. zur Erteilung einer Erlaubnis für die **Mitnahme aus dem Geltungsbereich in einen anderen Mitgliedstaat.** Abs. 3 der Vorschrift wurde um die Worte „oder Absatz 1a“ ergänzt. Damit hat der Gesetzgeber klar gestellt, dass sich die in Abs. 3 enthaltenen Ausnahmen von der Erlaubnispflicht hinsichtlich der Mitnahme auch auf die neu in Abs. 1a gefasste Konstellation (Mitnahme aus Deutschland in einen Mitgliedstaat) beziehen. Weitere Änderungen am Wortlaut des Abs. 3 dienen vornehmlich der sprachlichen Klarheit und wirken sich nicht auf die inhaltlichen Vorauss. für eine Ausnahme von der Erlaubnispflicht aus.

Abs. 5 der Vorschrift wurde im Zuge des 6. ÄndG der Hinweis angefügt, dass ein Jagdschein nach § 15 Abs. 1 BJagdG keine Erlaubnis zum Erwerb oder Besitz für Waffen und Munition nach Nr. 1 des Abs. 5 darstellt. Diese Ergänzung ist rein deklaratorischer Natur und ändert nichts an der bisherigen Rechtslage.

In Abs. 6 der Vorschrift entfällt schließlich im Zuge des 6. ÄndG das Erfordernis des gewöhnlichen Aufenthalts im Geltungsbereich des Gesetzes als Vorauss. zur Erteilung eines EFP.

Werden Schussw. oder Munition in den, durch den oder aus dem Geltungsbereich **4**
des WaffG verbracht oder mitgenommen, gelten die **Ausweispflichten** gem. § 38 Abs. 1 Nr. 1b bis f, wonach im Fall des Verbringens oder der Mitnahme einer Waffe oder von Munition die entspr. Erlaubnisscheine und/oder Belege für den Grund der Mitnahme mitzuführen sind. Verstöße gegen die Ausweispflichten sind ordnungswidrig (§ 53 Abs. 1 Nr. 20).

II. Gemeinschaftsrechtliche Vorgaben

Die Verbringens- und Mitnahmeregelungen der §§ 29–33 sind Ausfluss des Abbaus **5**
der Grenzkontrollen an den Binnengrenzen innerhalb der EU ab dem 26.3.1995. Die Schaffung **gemeinsamer Kontrollmechanismen** bei dem Verbringen und der Mitnahme von Schussw. und Munition war vor diesem Hintergrund geboten.

Die Mitgliedstaaten haben sich deshalb frühzeitig zu einer Angleichung ihrer **6**
waffenrechtl. Vorschriften in der Richtlinie **91/477/EWG** des Rates vom 18.6.1991 über die Kontrolle des Erwerbs und des Besitzes von Waffen (Abl. EG L 256 S. 51 = **Waffenrichtlinie**) sowie der Richtlinie **93/15/EWG** des Rates vom 5.4.1993 zur Harmonisierung der Bestimmungen über das Inverkehrbringen und die Kontrolle von Explosivstoffen für zivile Zwecke (Abl. EG L 121 S. 20 = **Explosivstoffrichtlinie**) verpflichtet. Daneben ist die Empfehlung **93/216/EWG** der Kommission vom 25.2.1993 zum **Europäischen Feuerwaffenpass** (ABl. 1993 L 93, S. 39) in Ergänzung zur Empfehlung **96/129/EG** der Kommission vom 12.1.1996 (ABl. 1996 L 30, S. 47) zu beachten.

Die Waffenrichtlinie wurde durch die Richtlinie **2008/51/EG** des Europäischen **7**
Parlaments und des Rates vom 21.5.2008 zur Änderung der Richtlinie 91/477/EWG des Rates über die Kontrolle des Erwerbs und des Besitzes von Waffen (ABl. 2008 L 179, S. 5) **geändert und erweitert.** Diese Richtlinien regeln den privaten und gewerblichen Waffen- und Munitionstransfer zwischen den Mitgliedstaaten und enthalten Bestimmungen zur Kategorisierung von Schusswaffen (Feuerwaffen). Die Richtlinie ist am 28.7.2008 in Kraft getreten und war von allen EU-Staaten bis zum

28.7.2010 umzusetzen. Der deutsche Gesetzgeber hat diese Vorgaben bereits mit dem 3. ÄndG weitgehend im WaffG umgesetzt.

Weitere Änderungen hat die Richtlinie mit Wirkung zum 24.5.2017 erfahren.

8 Soweit folgend der Begriff der Feuerwaffenrichtlinie (WaffRiLi) verwendet wird, ist damit die durch die Richtlinie 2008/51/EG und die Richtlinie (EU) 2017/853 geänderte Richtlinie 91/477/EWG gemeint.

9 Die WaffRiLi sowie die ExposivstoffRiLi enthalten Vorgaben für die nationale Ausgestaltung des Waffenrechts hinsichtlich des **Verbringens und der Mitnahme** von Waffen und Munition nach den Kategorien A 1.2 bis D.

10 Nach Art. 12 Abs. 1, Art. 11 Abs. 4 und Art. 10 WaffRiLi bedarf das Verbringen (→ Anl. 1 Rn. 178 f.) wie auch die Mitnahme (→ Anl. 1 Rn. 180) iSd WaffG der og Waffen und Munition stets der Genehmigung aller von diesem grenzüberschreitenden Transport betroffenen Mitgliedstaaten. Im Falle eines grenzüberschreitenden Transports bedarf es also prinzipiell sowohl der Erlaubnis des Empfängerstaats wie auch des Entsenderstaats. Es gilt insoweit das **Prinzip der „doppelten Genehmigung“.** Im nationalen Recht wird diesem Erfordernis genügt, indem etwa die Erlaubnis des Empfängerstaates als Zustimmung zur Erlaubnis des Entsenderstaates erteilt wird. Der Entsenderstaat stellt seinerseits die Erlaubnis erst bei Vorliegen der Zustimmung des Empfängerstaates aus.

11 Das Prinzip der „doppelten Genehmigung“ greift umfassend. Es gilt stets, soweit mehrere Mitgliedstaaten von einem Verbringens- oder Mitnahmevorgang tangiert sind, gleichviel, ob der grenzüberschreitende Transport seinen Ursprung in einem Drittstaat nimmt oder aber ausschließlich Mitgliedstaaten betrifft.

12 Hinsichtlich des **Verbringens** ist prioritär Art. 11 WaffRiLi als *lex specialis* anzuwenden. Dieser enthält zahlreiche formelle Vorgaben hinsichtlich des Verbringens von Feuerwaffen sowie ein erleichtertes Verfahren (Art. 11 Abs. 3 WaffRiLi) für das Verbringen durch gewerbsmäßige Waffenhersteller oder -händler. Abs. 4 greift noch einmal das Prinzip der „doppelten Genehmigung“ auf, wonach die Verbringenserlaubnis in einen anderen Mitgliedstaat insbes. von dessen vorheriger Zustimmung abhängig ist (vgl. BT-Drs. 14/8886, 115). Art. 10 Abs. 4 ExplosivstoffRiLi greift das Prinzip der „doppelten Genehmigung“ gleichermaßen für Munition auf.

13 Besonderes Augenmerk legt die WaffRiLi auf die gemeinsame Eindämmung des rechtswidrigen Verbringens und der rechtswidrigen Mitnahme von Schussw. und Munition aus **Drittstaaten,** welches nicht selten im Zusammenhang mit anderen schweren Formen der Kriminalität (Drogenhandel, Terrorismus usw) steht. In den Fällen, in denen ein Drittstaatsangehöriger mit einer Schussw. von einem Mitgliedstaat in einen anderen Mitgliedstaat reist, muss gem. Art. 15 Abs. 1 WaffRiLi daher in jedem Fall sichergestellt sein, dass die erforderliche Genehmigung **aller vom Verbringens- bzw Mitnahmevorgang tangierten Mitgliedstaaten** auch tatsächlich vorliegt (vgl. Art. 12 Abs. 1 WaffRiLi). Im nationalen Recht wird daher der Zielstaat die Erlaubnis als Zustimmung zur Erlaubnis der anderen vom Transport tangierten Mitgliedstaaten erteilen. Diese erteilen die erforderliche Erlaubnis ihrerseits erst bei Vorliegen der Zustimmung des Zielstaates.

14 Art. 12 Abs. 2 WaffRiLi suspendiert das Prinzip der „doppelten Genehmigung“ für einige **Konstellationen der Mitnahme:** So ist das Erfordernis einer vorherigen Erlaubnis entbehrlich bei Jägern, soweit diese eine oder mehrere Feuerwaffen der Kategorie C oder D zum Zwecke der Jagd durch mehrere Mitgliedstaaten mitnehmen und den Grund der Mitnahme nachweisen können. Selbiges gilt für Sportschützen, die eine oder mehrere Waffen der Kategorien B, C oder D zum Zwecke des Sports durch mehrere Mitgliedstaaten mitnehmen und den Grund der Mitnahme nachweisen können. Vorauss. für die Ausnahme ist jeweils, dass die mitnehmende Person Inhaber eines EFP ist und die mitgenommenen Waffen in diesen eingetragen sind.

Im Rahmen dieser Vorgabe können die einzelnen Mitgliedstaaten also auf der Ebene des nationalen Rechts ausnahmsweise die Mitnahme zulassen, ohne dass es hierfür der Genehmigung anderer von der Mitnahme betroffener Mitgliedstaaten bedarf. Die Konstellationen der erlaubnisfreien Mitnahme nach § 32 Abs. 3 greifen diese Möglichkeit auf. Ansonsten bleibt es beim Prinzip der „doppelten Genehmigung" nach Art. 12 Abs. 1 WaffRiLi.

Zu berücksichtigen ist, dass die Begriffe „Jäger" und „Sportschütze" iSd WaffRiLi **15** inhaltlich weiter gefasst sind als im WaffG (Jäger iSd § 13 Abs. 1, Sportschütze iSd § 14 Abs. 2). Hieraus resultiert, dass der Begriff des „Jägers" im Rahmen des § 32 Abs. 3 inhaltlich weiter gefasst ist als in § 13 Abs. 1 und auch die dort verwendeten Begriffe „Sportschütze" wie „Brauchtumsschütze" im Kontext der WaffRiLi betrachtet werden müssen (→ § 32 Rn. 36).

III. Bezug des Waffenrechts zum Außenwirtschaftsrecht

Soweit Waffen und/oder Munition über die Grenze transportiert werden, ist **16** bisweilen nicht nur das WaffG tangiert, da es neben den waffengesetzlichen Erlaubnispflichten auch solche des Außenhandelswirtschaftrechts sowie der Feuerwaffen-VO (VO (EU) 258/2012) gibt.

1. Außenwirtschaftsgesetz (AWG)

Die Vorschriften des AWG iVm der AWV (Neufassung jeweils in Kraft seit **17** 1.9.2013) entfalten vorwiegend in den Fällen des Verbringens und der Mitnahme von Schussw. und Munition in Drittstaaten Wirkung (ausf. Darstellung zur Bedeutung des AWG im Rahmen waffenrechtl. Fallkonstellationen bei *Gade* WaffR S. 224 ff.). Diese Konstellationen sind zwar nach den Vorschriften des WaffG umfänglich erlaubnisfrei gestellt (Anl. 2 Abschn. 2 UAbschn. 2 Nr. 7, 8), sind aber nach § 8 Abs. 1 AWV hinsichtlich ihrer Ausfuhr prinzipiell genehmigungspflichtig. Allerdings ist in zahlreichen Fällen eine Einzelgenehmigung zur Ausfuhr nicht erforderlich, da § 8 AWG die Erteilung von Genehmigungen zur Ausfuhr zulässt, welche gem. § 1 II AWV auch in Form einer Allgemeinverfügung von Amts wegen erfolgen kann. Das Bundesamt für Wirtschaft und Ausfuhrkontrolle (BAFA) hat von dieser Möglichkeit umfangreich Gebrauch gemacht.

2. Feuerwaffen-VO (VO (EU) 258/2012)

Die zum 30.9.2013 in Kraft getretene Feuerwaffen-VO (VO (EU) Nr. 258/2012) **18** vom 14.3.2012 regelt die Ausfuhr von Feuerwaffen aus dem Zollgebiet der Europäischen Union in oder durch Drittländer (vgl. auch *Ullrich* S. 238 ff.). Mit dieser wurde Art. 10 des Protokolls der Vereinten Nationen gegen die unerlaubte Herstellung von und des unerlaubten Handels mit Schusswaffen, Teilen von Schusswaffen und Munition in Europäisches Recht umgesetzt. Als Verordnung der EU gilt diese in jedem Mitgliedstaat unmittelbar (vgl. Art. 288 AEUV) und es bedarf keiner Umsetzung in nationales Recht.

Ergänzend zu den Vorschriften des AWG iVm der AWV bedarf es gem. Art. 4 der Feuerwaffen-VO für die Ausfuhr der in Anhang I zur Feuerwaffen-VO aufgeführten Waffen und Munition einer Ausfuhrgenehmigung. Diese wird schriftlich oder in elektronischer Form durch das BAFA erteilt, vgl. § 48 Abs. 3a.

Die Ausfuhr der meisten der in der Feuerwaffen-VO genannten Schusswaffen ist bereits durch das AWG iVm der AWV der Genehmigungspflicht unterworfen (ausf. Darstellung bei Gade WaffR S. 224 ff.).

IV. Internationale Übereinkommen

1. Europäisches Übereinkommen vom 28.6.1978 über die Kontrolle des Erwerbs und Besitzes von Schusswaffen durch Einzelpersonen

19 Ziel des Übereinkommens (Ges. v. 16.8.1980, BGBl. II S. 953, in Kraft ab 1.6.1986) ist es, ein System für die Kontrolle beim Verbringen von Feuerwaffen innerhalb der Vertragsstaaten einzuführen. Es gilt in allen Fällen, in denen sich eine Schussw. im Hoheitsgebiet eines Vertragsstaats befindet und verkauft, übertragen oder anderweitig zu einer Person mit Wohnsitz im Hoheitsgebiet eines anderen Vertragsstaats verbracht wird. Das Übereinkommen bietet zwei Alternativen der Kontrolle der Verbringung von Waffen: Entweder führt der Vertragsstaat ein Meldesystem ein, verbunden mit der Verpflichtung, das Verbringen einer Waffe in einen anderen Vertragsstaat zu melden (Art. 5–9). Alternativ dazu kommt das Prinzip der doppelten Genehmigung in Betracht, nach welchem das Verbringen nicht erfolgen darf, ohne dass die vorherige Zustimmung der beiden betroffenen Vertragsstaaten vorliegt (Art. 10). Deutschland hat das Meldesystem eingeführt (vgl. § 34 Abs. 5, § 32 Abs. 2 Nr. 3 AWaffV). Außerdem verpflichten sich die Vertragsstaaten zur gegenseitigen Unterstützung bei der Verfolgung des ungesetzlichen Schusswaffenhandels und bei der Suche und Auffindung von Schussw., die vom Hoheitsgebiet eines Vertragsstaats in das Hoheitsgebiet eines anderen Vertragsstaats verbracht werden (Art. 2).

20 Vertragsstaaten und Datum des Inkrafttretens: Aserbaidschan (29.6.2000), Dänemark (1.12.1989), Deutschland (1.6.1986), Island (1.10.1984), Italien (1.12.1989), Luxemburg (1.10.1982), Republik Moldau (1.7.2003), Niederlande (1.7.1982), Polen (1.10.2005), Portugal (1.2.1987), Rumänien (1.4.1999), Schweden (1.7.1982), Slowenien (1.9.2000), Tschechische Republik (1.5.2002) und der griechische Teil Zyperns (1.7.1982).

2. VN-Schusswaffenprotokoll

21 Das VN-Schusswaffenprotokoll (Protokoll gegen die unerlaubte Herstellung von Schusswaffen, dazugehörigen Teilen und Komponenten und Munition und gegen den unerlaubten Handel damit, in Ergänzung des Übereinkommens der Vereinten Nationen gegen die grenzüberschreitende organisierte Kriminalität) ist das dritte Protokoll zum **Übereinkommen der Vereinten Nationen vom 15.11.2000 gegen die grenzüberschreitende organisierte Kriminalität** (Zustimmungsgesetz v. 1.9.2005, BGBl. II S. 954). Zweck des Übereinkommens ist es, die internationale polizeiliche und justizielle Zusammenarbeit zwischen den Vertragsstaaten zu fördern, um die grenzüberschreitende organisierte Kriminalität wirksamer zu verhüten und zu bekämpfen. Die Konvention wird ergänzt durch drei Protokolle, die für einzelne Bereiche grenzüberschreitender Kriminalität zusätzliche Sonderbestimmungen enthalten. Das Zusatzprotokoll vom 15.11.2000 zur Verhütung, Bekämpfung und Bestrafung des Menschenhandels, insbes. des Frauen- und Kinderhandels, das Zusatzprotokoll vom 15.11.2000 gegen die Schleusung von Migranten auf dem Land-, See- und Luftweg und das Zusatzprotokoll vom 31.5.2001 gegen die unerlaubte Herstellung von Feuerwaffen, deren Teilen, Komponenten und Munition sowie gegen den unerlaubten Handel damit (VN-Schusswaffenprotokoll, vgl. dazu *Peilert/Kirsch* S. 362 ff.).

3. Übereinkommen v. 1.7.1969 über die gegenseitige Anerkennung der Beschusszeichen für Handfeuerwaffen

22 Das Übereinkommen regelt die Bildung einer Ständigen Kommission zur Prüfung von Handfeuerwaffen (**CIP**), um gemeinsame Richtlinien bei der Beschussprüfung für die Vertragsstaaten zu erarbeiten und festzulegen. Des Weiteren werden die

Beschusszeichen der Beschussämter einer jeden Vertragspartei im Hoheitsgebiet der anderen Vertragspartei anerkannt, wenn sie Gegenstand der in Art. 1 Nr. 6 vorgesehenen Erklärung waren. Das Übereinkommen (BGBl. 1971 II S. 989; abgedr. bei *Hinze* WaffG A 2b) ist von folgenden Staaten ratifiziert worden: Belgien, Deutschland, Chile, Finnland, Frankreich, Italien, Österreich, Russische Föderation, Spanien, Ungarn, Vereinigtes Königreich mit Nordirland und als Rechtsnachfolger der Tschechoslowakischen Sozialistischen Republik die Tschechische Republik (BGBl. 1993 II S. 933) und die Slowakei (BGBl. 1994 II S. 630) jeweils zum 1.1.1993.

4. Abkommen zwischen Deutschland und Österreich über die gegenseitige Anerkennung von Dokumenten für die Mitnahme von Schusswaffen und Munition durch Angehörige traditioneller Schützenvereinigungen und Sportschützen vom 28.6.2002

Das Abkommen dient der Ausfüllung von Art. 12 Abs. 3 der Waffenrichtlinie 23
und der Schaffung von Erleichterungen im grenzüberschreitenden Verkehr mit Schussw. und Munition zwischen beiden Signatarstaaten. Es wurde mit Verordnung vom 5.1.2004 in das nationale Recht eingeführt (BGBl. II S. 63 ff.) und ist am 1.7.2004 in Kraft getreten (BGBl. II S. 788). Danach ist für Mitglieder deutscher und österreichischer traditioneller Schützenvereinigungen und Sportschützenvereine unter bestimmten Vorauss. der Besitz eines EFP nicht erforderlich (→ § 32 Rn. 32).

§ 29 Verbringen von Waffen oder Munition in den Geltungsbereich des Gesetzes

(1) **Die Erlaubnis zum Verbringen von Schusswaffen oder Munition nach Anlage 1 Abschnitt 3 (Kategorien A 1.2 bis D) und sonstiger Waffen oder Munition, deren Erwerb und Besitz der Erlaubnis bedürfen, in den Geltungsbereich des Gesetzes kann erteilt werden, wenn**
1. der Empfänger zum Erwerb oder Besitz dieser Waffen oder Munition berechtigt ist und
2. der sichere Transport durch einen zum Erwerb oder Besitz dieser Waffen oder Munition Berechtigten gewährleistet ist.

(2) **Sollen Schusswaffen oder Munition nach Anlage 1 Abschnitt 3 (Kategorien A 1.2 bis D) aus einem anderen Mitgliedstaat in den Geltungsbereich des Gesetzes verbracht werden, wird die Erlaubnis nach Absatz 1 als Zustimmung zu der Erlaubnis des anderen Mitgliedstaates für das betreffende Verbringen erteilt.**

Übersicht

I. Allgemeines

1 § 29 regelt **abschließend** die Vorauss. der Erteilung einer Erlaubnis zum Verbringen (→ Anl. 1 Rn 178 f.) bestimmter Waffen und Munition **in den** Geltungsbereich des WaffG, unabhängig ob dies aus einem **Mitgliedstaat** oder **Drittstaat** erfolgt (zu den Staaten → Vorb. §§ 29–33 Rn. 2).

Mit dem **6. ÄndG** (→ Einf. Rn. 26c) wurde die Norm redaktionell an die Aufnahme einer Def. des Begriffs „Mitgliedstaat" ins Gesetz angepasst.

2 (unbesetzt)

II. Erlaubnisvoraussetzungen des Verbringens (Abs. 1)

3 Gem. § 29 Abs. 1 kann die Erlaubnis zum Verbringen von Schussw. oder Munition nach Anl. 1 Abschn. 3 (**Kat. A 1.2 bis D**) und sonstiger Waffen oder Munition, deren Erwerb und Besitz der **Erlaubnis bedürfen,** in den Geltungsbereich des WaffG erteilt werden, wenn der Empfänger zum Erwerb oder Besitz dieser Waffen oder Munition berechtigt ist und der sichere Transport durch einen zum Erwerb oder Besitz dieser Waffen oder Munition Berechtigten gewährleistet ist. Antragst. der Verbringenserlaubnis kann nur die Person sein, die den Vorgang gesamtverantwortlich durchführt oder durchführen lässt.

Die Vorauss. müssen kumulativ vorliegen.

4 § 29 enthält die **verwaltungsrechtl.** Vorauss. für die Erteilung einer Erlaubnis zum Verbringen. Liegen die Vorauss. des Abs. 1 vor, so **kann** die Erlaubnis zum Verbringen nach dem Wortlaut des Gesetzes erteilt werden. Die Entsch. ist damit in das **pflichtgemäße Ermessen** der zust. Beh. gestellt. Soweit die Vorauss. des Abs. 1 vorliegen, wird in der Praxis allerdings nur in seltenen Ausnahmefällen die Entsch. auf Grund der Ermessensbetätigung durch die zust. Beh. für den Antragst. negativ ausgehen können. Eine ablehnende Entsch. kommt nur in Betracht, soweit tatsächliche Anhaltspunkte Zweifel am Bestand des rechtmäßigen Erwerbs bzw Besitzes der Waffen oder Munition begründen. So etwa, wenn der Antragst. zwar auf Grund einer WBK rechtmäßig erwerben bzw besitzen darf, aber bereits im Zeitpunkt der Antragstellung Tatsachen erhebliche Zweifel an der Zuverlässigkeit des Antragst. begründen, welche zeitnah den Widerruf bzw die Rücknahme der WBK annehmen lassen.

Andernfalls steht der Erteilung einer Erlaubnis zum Verbringen (Erlaubnisschein) grds. nichts im Wege, sofern die einzelnen Tatbestandsvorauss. des Abs. 1 erfüllt sind. Ermessen für eine ablehnende Entsch. der zust. Beh. ist dann nicht gegeben.

Bestehen allerdings zB berechtigte Zweifel an einem sicheren Transport, so ist bereits der **Tatbestand nicht erfüllt** und dementspr. die Erlaubnis zu versagen. Die Erlaubnis kann auch mit inhaltlichen Beschränkungen, Befristungen oder **Auflagen** erteilt werden (vgl. § 9).

1. Erfasste Waffen und Munition

5 Nach dem Wortlaut der Norm sind zunächst **Schussw. und Munition** der Anl. 1 Abschn. 3 **Kat. A 1.2-D** und darüber hinaus auch **sonstige Waffen oder Munition,** deren **Erwerb und Besitz der Erlaubnis bedarf,** von der Regelung erfasst.

5a Der gegenständliche Anwendungsbereich der Norm erscheint auf den ersten Blick umständlich formuliert. In der Sache ist dies dem Umstand geschuldet, dass in der WaffRiLi (→ Vorb. §§ 29–33 Rn. 5 ff.) bezogen auf die darin benannten Feuerwaffen einerseits verbindlich Genehmigungspflichten festgelegt werden, die nationale Erlaubnispflicht des deutschen WaffG aber weiter gefasst ist:

Mit den **„Schussw. und Munition** der Anl. 1 Abschn. 3 **Kat. A 1.2-D“** hat der Gesetzgeber die in Anl. 1 zur Waffenrichtlinie vorgenommene Feuerwaffenkategorisierung aufgegriffen und diese in nationales Recht umgesetzt.

Nach Anl. 2 Abschn. 2 UA 2 S. 1 sind allerdings **alle** Schussw., den Schussw. gleichgestellte tragbare Gegenstände sowie dafür bestimmte Munition dem Grunde nach erlaubnispflichtig. Vor diesem Hintergrund erklärt sich, warum der Gesetzgeber nicht pauschal „erlaubnispflichtige Waffen und Munition“ in den Anwendungsbereich der Norm einbezieht, sondern einerseits die **Schussw. und Munition** der Anl. 1 Abschn. 3 **Kat. A 1.2-D** und darüber hinaus auch **sonstige Waffen oder Munition,** deren **Erwerb und Besitz der Erlaubnis bedarf.**

Dies sind solche Schussw. und Munition, die nicht Regelungsgegenstand der Waffenrichtlinie sind und daher auch nicht in Anl. 1 Abschn. 3 WaffG aufgeführt sind, **deren Erwerb und Besitz** aber nach **deutschem** Recht zusätzlich erlaubnispflichtig ist.

Unter Letztere fallen Druckluft- und Federdruckwaffen und Waffen, bei denen **5b** zum Antrieb der Geschosse kalte Treibgase verwendet werden, deren Geschossen eine Bewegungsenergie von **mehr** als 7,5 J erteilt wird. Ebenso fallen hierunter solche Waffen, die den Geschossen zwar eine Energie von weniger oder zumindest nicht mehr als 7,5 J erteilen, die aber keine entspr. Kennzeichnung („F im Fünfeck“) aufweisen, soweit sie nicht vor dem 1.1.1970 oder in dem Gebiet der ehem. DDR bis zum 2.4.1991 hergest. und entsprechend den zu diesem Zeitpunkt geltenden Bestimmungen in den Handel gebracht worden sind, vgl. Anl. 2 Abschn. 2 UAbschn. 2 Nr. 1.2.

Weiter sind hier SRS-Waffen **ohne** PTB-Kennzeichnung, wesentl. Teile von Schussw. und Schalldämpfer zu nennen.

Ist eine unter die Vorschrift des § 29 Abs. 1 fallende Waffe oder Munition nach **6** den Vorschriften des WaffG **verboten,** so wird die zust. Beh. eine Verbringenserlaubnis nur erteilen, soweit der Antragst. eine **Ausnahmebewilligung des BKA** gem. § 40 Abs. 4 vorzulegen in der Lage ist. So bedarf es bspw. im Falle des Verbringens eines Vollautomaten, mit welchem der Umgang nach einer Ausnahmebewilligung des BKA gem. § 40 Abs. 4 erlaubt ist, für das Verbringen zusätzlich einer Verbringenserlaubnis gem. § 29 Abs. 1.

Verbotene Waffen, die nicht von § 29 Abs. 1 erfasst werden (zB Wurfsterne, Tot- **7** schläger, Schlagringe, Fall- und Butterflymesser usw), können allein auf Grund der Ausnahmebewilligung des BKA gem. § 40 Abs. 4 oder auf Grund eines anderen gesetzlichen Ausnahmetatbestandes (etwa § 40 Abs. 3 für den Umgang mit Faustmessern bei Jägern) verbracht werden.

Das Verbringen der og Schussw. oder Munition unter Verstoß gegen § 29 Abs. 1 **8** stellt gem. § 52 Abs. 1 Nr. 2d einen Vergehenstatbestand dar, der Versuch ist gem. § 52 Abs. 2 unter Strafe gestellt. Die fahrlässige Begehung ist nach § 52 Abs. 4 ebenfalls strafbar.

2. Berechtigung des Empfängers (Abs. 1 Nr. 1)

Nach **§ 29 Abs. 1 Nr. 1** muss der **Empfänger** (nach deutschem Recht) zum **9** Erwerb oder Besitz der Schussw. oder Munition **berechtigt** sein, was sich idR aus einer WBK (§ 10), einer Herstellungs- oder Handelserlaubnis (§ 21), oder auch aus einer Ersatzbescheinigung gem. § 55 Abs. 2 ergeben wird. Berechtigt ist der Empfänger auch, soweit er die Waffen/Munition ausnahmsweise erlaubnisfrei erwerben und (zumindest vorübergehend) besitzen darf etwa als WBK-Inhaber nach § 12 Abs. 1 Nr. 1a) und b) oder sonst nach Maßgabe des § 12. Hinsichtlich Jagdlangwaffen kann sich die Berechtigung auch aus einem gültigen Jagdschein ergeben.

3. Sicherer Transport durch Berechtigten (Abs. 1 Nr. 2)

10 Darüber hinaus muss nach **§ 29 Abs. 1 Nr. 2** auch der **sichere Transport** (→ § 12 Rn. 71a) der Waffen oder Munition durch eine zum Erwerb oder Besitz berechtigte Person gewährleistet sein. Zu beachten ist hier, dass nicht nur der Erlaubnisinhaber (WBK für die in Rede stehenden Waffen/Munition, Inhaber einer Herstellungs- oder Handelserlaubnis gem. § 21, Ersatzbescheinigung gem. § 55 Abs. 2) zum Erwerb und/oder Besitz und damit zum Transport berechtigt sein kann. Ebenso kann dies der gewerbsmäßige Beförderer gem. § 12 Abs. 1 Nr. 2 sein (vgl. BT-Drs. 14/8886, 115). Weiterhin kommen anderweitige WBK-Inhaber in Betracht, soweit Konstellationen des erlaubnisfreien Erwerbs und (vorübergehenden Besitzes) nach § 12 Abs. 1 Nr. 1a) oder b) vorliegen.

Weitere Freistellungstatbestände nach § 12 kommen auch hier als Erwerbs- bzw Besitzberechtigung in Betracht.

Schließlich kann sich hinsichtlich Jagdlangwaffen die Berechtigung aus einem gültigen Jagdschein ergeben (insbes. in den Fällen der Selbstvornahme des Transports durch den Empfänger und ggf. gleichzeitigen Antragsteller, vgl. WaffVwV Nr. 29.3).

Das mit dem Transport einhergehende Führen der Waffe ist unter den Vorauss. des § 12 Abs. 3 Nr. 2 erlaubnisfrei gestellt → § 12 Rn. 70 ff.

11 Zutreffend weisen *Apel/Bushart* (WaffG § 29 Rn. 5) in diesem Zusammenhang darauf hin, dass bei einem Transport mit einem Kfz dieselben Sicherheitserfordernisse wie bei einem inländischen Transport gem. § 36 Abs. 1 zu erfüllen sind. Insbes. sind **Sicherungsmaßnahmen** zu treffen, die eine Entwendung oder ein sonstiges Abhandenkommen der Waffen bzw Munition während des Transports erschweren. Vor diesem Hintergrund seien Verbringenserlaubnisse von den zust. Beh. ggf. mit einer diesbzgl. Auflage zu verbinden.

12 Verstöße gegen den sicheren Transport sind jedoch **nicht** von § 53 Abs. 1 Nr. 23 iVm § 34 Nr. 12 AWaffV erfasst. Der Bußgeldtatbestand bezieht sich ausdr. auf Verstöße gegen die speziellen Aufbewahrungsvorschriften nach § 13 Abs. 2 AWaffV.

Ein Verstoß gegen die Pflicht gem. **§ 36 Abs. 1,** als Waffen- oder Munitionsbesitzer die erforderlichen Vorkehrungen zu treffen, um zu verhindern, dass diese Gegenstände abhanden kommen oder Dritte sie unbefugt an sich nehmen, wird **nicht sanktioniert** (→ § 36 Rn. 19).

13 **Verstöße** gegen einen sicheren Transport führen daher grds. **nicht zum Erlöschen** der Verbringenserlaubnis, es sei denn, die Pflicht zum sicheren Transport war von der zust. Beh. als auflösende Bedingung mit der Erlaubniserteilung erlassen worden. Behördlicherseits ist zu beachten, dass eine auflösende Bedingung stets rechtssicher und nachvollziehbar formuliert sein muss, etwa „…die Erlaubnis erlischt, wenn der Transport nicht in einem schlossgesicherten Behältnis erfolgt… “. Die Formulierung „…erlischt, wenn der Transport nicht sicher erfolgt“ ist hingegen zu **unbestimmt.**

14 Mit der Umgangsart des Verbringens geht typischerweise ein Führen einher. Dieses Führen (Transport) ist gem. § 12 Abs. 3 Nr. 2 erlaubnisfrei, soweit die Schussw. nicht **zugriffs- und nicht schussbereit** transportiert wird.

4. Angaben des Antragstellers für die Erteilung der Verbringenserlaubnis

15 Der Antragst. hat bei der zust. Beh. für die Erteilung der **Verbringenserlaubnis** nach § 29 Abs. 1 die gem. § 29 Abs. 2 S. 2 AWaffV erforderlichen **Angaben** zu machen, die auch in dem Erlaubnisschein enthalten sein müssen.

16 Bei der Erteilung einer Erlaubnis zum Verbringen aus einem **Drittstaat** nach § 29 Abs. 1 zwischen **gewerbsmäßigen Waffenherstellern oder -händlern** (§ 21) kann gem. § 29 Abs. 3 S. 2 AWaffV auf die Angaben des **Kalibers und der Herstel-**

lungsnummer verzichtet werden, wenn besondere Gründe hierfür glaubhaft gemacht werden. In diesem Fall müssen die **genannten Angaben** den nach § 33 Abs. 3 **zust. Überwachungsbehörden** beim Verbringen in den Geltungsbereich **mitgeteilt** werden.

Eine Erlaubnis nach § 29 Abs. 1 wird durch einen **Erlaubnisschein** der zust. Beh. erteilt (§ 29 Abs. 1 AWaffV); Muster siehe in WaffVordruckVwV Anl. 13. **17**

III. Verbringen aus einem Mitgliedstaat nach Deutschland (Abs. 2)

1. Einschränkungen des Anwendungsbereichs

In Abhebung zu Abs. 1 beschränkt sich Abs. 2 **gebietsbezogen** auf das Verbringen in den Geltungsbereich des WaffG lediglich **aus Mitgliedstaaten** (→ Vorb. §§ 29–33 Rn. 2). **18**

Als Schussw. und Munition sind im Unterschied zu Abs. 1 **nur** diejenigen Feuerwaffen der **Anl. 1 Abschn. 3 Kat. A 1.2 bis D** erfasst. **19**

Sonstige hinsichtlich des Erwerbs und des Besitzes (nach deutschem Recht) erlaubnispflichtige Schussw. oder Munition (→ Rn. 5 ff.), die aus einem Mitgliedstaat nach Deutschland verbracht werden, unterliegen weiterhin der Erlaubnispflicht gem. Abs. 1. **20**

2. Prinzip der doppelten Genehmigung

Gem. Abs. 2 wird die Erlaubnis nach Abs. 1 als **Zustimmung** zu der Erlaubnis des anderen Mitgliedstaates für das betreffende Verbringen der Schussw. oder Munition der Kat. A 1.2 bis D erteilt. Abs. 2 greift das hinsichtlich des Verbringens für Feuerwaffen und Munition in Art. 12 Abs. 1, 11 Abs. 4 und Art. 10 WaffRiLi festgelegte Prinzip der **„doppelten Genehmigung"** auf (Vorb. §§ 29–33 Rn. 10 ff.). Danach bedürfen Verbringen und Mitnahme in Mitgliedstaaten grds. sowohl einer Zustimmung des Empfängerstaates wie auch einer Erlaubnis des Entsenderstaates (BT-Drs. 14/8886, 115). Derjenige, der Waffen bzw Munition aus einem anderen Mitgliedstaat in den Geltungsbereich des WaffG zu verbringen beabsichtigt, hat die für das Verbringen erforderliche Erlaubnis des betreffenden Mitgliedstaates vorzuweisen, welche erst nach der Erlaubnis der deutschen zust. Beh. erteilt wird (*Ostgathe* WaffR kompakt S. 91; vgl. auch § 31 Abs. 1 für den umgekehrten Fall). Abs. 2 sieht daher vor, dass der **einheitlichen Erlaubnis** der deutschen zust. Beh. die **Bedeutung einer Zustimmung** zu der erforderlichen Erlaubnis des anderen Mitgliedstaats **verliehen wird,** wodurch dem Erfordernis der doppelten Erlaubnis Rechnung getragen ist und die Erlaubnis zum Verbringen von Waffen und Munition aus einem anderen Mitgliedstaat nach Deutschland in **einer Erlaubnisurkunde** erteilt werden kann (*Apel/Bushart* WaffG § 29 Rn. 7). **21**

Das Erfordernis der „doppelten Genehmigung" erfasst in Umsetzung der WaffRiLi gegenständlich ausschließlich die Feuerwaffen der Kat. A 1.2 bis D (Anl. 1 Abschn. 3) sowie dazugehörige Munition. **21a**

Für sonstige Schussw. o. Munition, deren Erwerb und Besitz (der deutschen) Erlaubnis bedarf (→ Rn. 5 ff.), gilt das Prinzip der „doppelten Genehmigung" nicht. Für diese reicht eine „einfache" Verbringenserlaubnis aus. Ob dennoch eine Genehmigung des Ausgangsstaates erforderlich ist, richtet sich nach der dortigen Rechtslage.

3. Angaben des Antragstellers für die Erteilung der Verbringenserlaubnis

22 Der Antragst. hat bei der zust. Beh. für die **Zustimmung** nach § 29 Abs. 2 die gem. § 29 Abs. 2 S. 1 AWaffV erforderlichen Angaben zu machen.

23 Bei **gewerbsmäßigen Waffenherstellern oder -händlern** (§ 21) kann bei Schussw. auf die Angaben des Kalibers und der Herstellungsnummer verzichtet werden (vgl. § 29 Abs. 3 S. 1 AWaffV).

24 Eine Erlaubnis nach Abs. 2 wird durch einen **Erlaubnisschein** der zust. Beh. erteilt (§ 29 Abs. 1 AWaffV); Muster siehe in WaffVordruckVwV Anl. 14.

§ 30 Verbringen von Waffen oder Munition durch den Geltungsbereich des Gesetzes

(1) [1]**Die Erlaubnis zum Verbringen von Waffen oder Munition im Sinne des § 29 Abs. 1 durch den Geltungsbereich des Gesetzes kann erteilt werden, wenn der sichere Transport durch einen zum Erwerb oder Besitz dieser Waffen oder Munition Berechtigten gewährleistet ist.** [2]**§ 29 Abs. 2 gilt entsprechend.**

(2) **Sollen Schusswaffen oder Munition nach Anlage 1 Abschnitt 3 (Kategorien A 1.2 bis D) aus einem Staat, der nicht Mitgliedstaat ist (Drittstaat), durch den Geltungsbereich des Gesetzes in einen Mitgliedstaat verbracht werden, so bedarf die Erlaubnis zu dem Verbringen nach Absatz 1 auch, soweit die Zustimmung des anderen Mitgliedstaates erforderlich ist, dessen vorheriger Zustimmung.**

I. Allgemeines

1 § 30 regelt umfassend und abschließend die Vorauss. der Erteilung einer Erlaubnis zum **Verbringen** (→ Anl. 1 Rn 178 f.) der in § 29 Abs. 1 benannten Waffen und Munition (→ § 29 Rn. 5 ff.) **durch den Geltungsbereich** des WaffG. Erfasst ist das Verbringen aus Mitgliedstaaten und Drittstaaten (→ Vorb. §§ 29–33 Rn. 2), gleichviel ob das Verbringen in einen Mitgliedstaat oder Drittstaat erfolgt (Beispielsfälle bei *Gade* WaffR S. 204 ff.).

Für den Fall des Verbringens aus einem Drittstaat durch den Geltungsbereich des WaffG in einen Mitgliedstaat legt Abs. 2 besondere Anforderungen an die Verbringenserlaubnis fest.

Mit dem **6. ÄndG** (→ Einf. Rn. 26c) wurde Abs. 2 der Vorschrift redaktionell an die Aufnahme einer Def. des Begriffs „Mitgliedstaat" ins Gesetz angepasst.

II. Erlaubnisvoraussetzungen des Verbringens (Abs. 1)

1. Erfasste Waffen und Munition

2 Gegenständlich erfasst die Vorschrift, ebenso wie § 29 Abs. 1, neben den Schussw. oder Munition nach Anl. 1 Abschn. 3 **(Kat. A 1.2 bis D)** auch sonstige Waffen oder Munition, deren Erwerb und Besitz (nach deutschem Recht) der **Erlaubnis bedürfen** (→ § 29 Rn. 5 ff.).

2. Sicherer Transport durch Berechtigten

3 Die Erlaubnis zum Verbringen durch den Geltungsbereich des WaffG kann erteilt werden, wenn der sichere Transport durch einen zum Erwerb oder Besitz dieser Waffen oder Munition Berechtigten (→ § 29 Rn. 10 ff.) gewährleistet ist.

Das **eigenhändige Verbringen** durch Privatpersonen durch den Geltungsbereich des WaffG wird im Regelfall daran scheitern, dass diese als im Ausland ansässige Personen über keine deutsche Erlaubnis zum Erwerb und Besitz verfügen und für diese zudem im Unterschied zu den gewerblichen Beförderern auch keine Ausnahme von der Erlaubnispflicht nach § 12 Abs. 1 Nr. 2 zugestanden wird.

3. Prinzip der doppelten Genehmigung (Abs. 1 S. 2)

Gem. Abs. 1 S. 2 findet § 29 Abs. 2 im Rahmen des Abs. 1 entspr. Anwendung. 4
Die Erlaubnis zum Verbringen durch Deutschland wird demnach als **Zustimmung** zu der Erlaubnis des anderen Mitgliedstaates (Ausgangsstaat des Verbringensvorgangs) erteilt. Es gilt auch hier das Prinzip der doppelten Genehmigung (§ 29 Rn. 21 f., Vorb. §§ 29–33 Rn. 9 ff.).

Das Erfordernis der „doppelten Genehmigung" erfasst nur die Feuerwaffen der Kat. A 1.2 bis D (Anl. 1 Abschn. 3), für sonstige Schussw. o. Munition, deren Erwerb und Besitz (der deutschen) Erlaubnis bedarf (→ § 29 Rn. 5 ff.) reicht eine „einfache" Verbringengserlaubnis aus.

Die Einholung der vorherigen Zustimmung des Zielstaates sieht der Gesetzgeber 5
nur für den Fall des Abs. 2 vor, in dem das Verbringen **aus einem Drittstaat** durch den Geltungsbereich des WaffG in einen Mitgliedstaat vorgesehen ist.

Das Verbringen der og Schussw. oder Munition unter Verstoß gegen § 30 Abs. 1 6
S. 1 stellt gem. § 52 Abs. 1 Nr. 2d einen Vergehenstatbestand dar, der Versuch ist gem. § 52 Abs. 2 unter Strafe gestellt. Die fahrlässige Begehung ist nach § 52 Abs. 4 ebenfalls strafbar.

III. Verbringen aus einem Drittstaat durch Deutschland in einen Mitgliedstaat (Abs. 2)

Erfolgt das Verbringen von Schussw. oder Munition der Kat. A 1.2 bis D durch 7
den Geltungsbereich des WaffG **aus einem Drittstaat in einen Mitgliedstaat,** so bedarf die Verbringenserlaubnis nach Abs. 1 gem. Abs. 2 ebenfalls der **Zustimmung des anderen Mitgliedstaats.** Dieser muss vor Erteilung der deutschen Erlaubnis dem Verbringen durch sein Hoheitsgebiet oder dem Endverbleib in seinem Hoheitsgebiet zugestimmt haben. IErg ist auch bei dieser Konstellation eine „doppelte Genehmigung" erforderlich (vgl. *Steindorf/Gerlemann* WaffG § 30 Rn. 5).

Damit wird der Verpflichtung des Art. 15 Abs. 1 der WaffRiLi entsprochen, wonach die EU-Staaten zu gewährleisten haben, dass das Verbringen von Schussw. oder Munition nach Kat. A 1.2 bis D aus Drittstaaten dem für diese Fälle in den Richtlinien vorgeschriebenen Erlaubnisverfahren („doppelte Genehmigung") unterworfen wird.

Werden sonstige Schussw. o. Munition, deren Erwerb und Besitz (der deutschen) Erlaubnis bedarf (→ § 29 Rn. 5 ff.) aus einem Drittstaat durch den Geltungsbereich des Gesetzes in einen Mitgliedstaat verbracht, reicht eine „einfache" Verbringengserlaubnis aus, die vorherige Zustimmung des anderen Mitgliedstaates ist zur Erlaubniserteilung nicht erforderlich.

Die Einholung der vorherigen Zustimmung ist nicht notwendig, wenn der betref- 8
fende Mitgliedstaat für das Verbringen durch sein Hoheitsgebiet auf seine Zustimmung verzichtet hat. Die Formulierung in Abs. 2, „soweit die Zustimmung des anderen Mitgliedstaats erforderlich ist", lässt ein solches Verfahren ausdr. zu (*Apel/Bushart* WaffG § 30 Rn. 5).

Das Verbringen von Waffen oder Munition iSd Abs. 1 (→ Rn. 2) durch den 9
Geltungsbereich des WaffG im **Transitbereich** eines Flughafens **ist gleichermaßen erlaubnispflichtig,** da auch in diesen Fällen erlaubnispflichtige Waffen oder Muni-

tion in bzw durch den Geltungsbereich des WaffG verbracht werden. Insoweit geht die in der Praxis bisweilen vertretene Auffassung, dass im Falle des Transits keine Verbringenserlaubnis notwendig wäre, fehl. Eine solche Sichtweise lässt sich aus dem Gesetzeswortlaut nicht herleiten. Zudem liefe es dem Sinn und Zweck des § 30 zuwider, wenn für ein bestimmtes Transportmittel (Flugzeug) von dem in § 30 vorgeschriebenen Erlaubnisverfahren abgesehen würde.

Insbes. in den Fällen, in denen die Waffe von einem Drittstaat über Deutschland in einen Mitgliedstaat verbracht wird, hat Deutschland eine **Garantenstellung** gegenüber dem anderen Mitgliedstaat. Dies folgt bereits aus der Formulierung des Abs. 2, wonach eine Erlaubnis für das **Verbringen durch den Geltungsbereich des WaffG** nur dann erteilt wird, wenn der Mitgliedstaat **vorher** dem Verbringen in sein Land zugestimmt hat. Erst dadurch wird die in Art. 15 Abs. 1 WaffRiLi (→ Vorb. §§ 29–33 Rn. 13) bestehende Verpflichtung eingehalten. Soweit eine Erlaubnis des anderen Mitgliedstaats nicht vorgelegt wird, scheidet die Erteilung einer Genehmigung für das Verbringen durch den Geltungsbereich des WaffG von vornherein aus. Die deutsche zust. Beh. kann ihrerseits allein schon deshalb nicht auf das Genehmigungserfordernis verzichten, da dies eine Verletzung der og Garantenstellung darstellte und nicht im Einklang mit der EU-Waffenrichtlinie stünde.

Zudem dient § 30 dem Schutz der öffentl. Sicherheit, da eine Erlaubnis für das Verbringen durch Deutschland nur dann erteilt wird, wenn der sichere Transport durch einen zum Erwerb und Besitz dieser Waffen oder Munition Berechtigten gewährleistet ist. Auch dieser Schutzzweck liefe ins Leere, sähe die zust. Beh. für das Verbringen durch den Geltungsbereich des WaffG auf dem Luftweg von einer Erlaubnispflicht ab. Alle Fälle des Verbringens durch den Geltungsbereich des WaffG erfordern somit eine deutsche Verbringenserlaubnis.

10 Eine Erlaubnis nach § 30 Abs. 1 wird durch einen Erlaubnisschein der zust. Beh. erteilt (§ 29 Abs. 1 AWaffV); Muster siehe in WaffVordruckVwV Anl. 15.

§ 31 Verbringen von Waffen oder Munition aus dem Geltungsbereich des Gesetzes in andere Mitgliedstaaten

(1) **Die Erlaubnis zum Verbringen von Schusswaffen oder Munition nach Anlage 1 Abschnitt 3 (Kategorien A 1.2 bis D) aus dem Geltungsbereich des Gesetzes in einen anderen Mitgliedstaat kann erteilt werden, wenn die nach dem Recht des anderen Mitgliedstaates erforderliche vorherige Zustimmung vorliegt und der sichere Transport durch einen zum Erwerb oder Besitz dieser Waffen oder Munition Berechtigten gewährleistet ist.**

(2) [1]**Gewerbsmäßigen Waffenherstellern oder -händlern (§ 21) kann allgemein die Erlaubnis nach Absatz 1 zum Verbringen aus dem Geltungsbereich des Gesetzes zu Waffenhändlern in anderen Mitgliedstaaten für die Dauer von bis zu drei Jahren erteilt werden.** [2]**Die Erlaubnis kann auf bestimmte Arten von Schusswaffen oder Munition beschränkt werden.** [3]**Der Inhaber einer Erlaubnis nach Satz 1 hat ein Verbringen dem Bundesverwaltungsamt vorher schriftlich anzuzeigen.**

Übersicht

I. Allgemeines

Die Vorschrift des § 31 regelt abschließend die Vorauss. des Verbringens (→ Anl. 1 Rn 178 f.) von Waffen oder Munition der Kat. A 1.2 bis D **aus Deutschland in andere Mitgliedstaaten** (→ Vorb. §§ 29–33 Rn. 2). 1

Mit dem **6. ÄndG** (→ Einf. Rn. 26c) wurde die Überschrift der Norm redaktionell an die Aufnahme einer Def. des Begriffs „Mitgliedstaat" ins Gesetz angepasst. Zudem wurde Abs. 2 abgeändert. Ein Verbringen nach Abs. 1 ist nun nach Abs. 2 S. 3 nicht mehr dem BKA, sondern dem **BVA** anzuzeigen. 1a

Das Verbringen von Waffen oder Munition aus dem Geltungsbereich des WaffG in Drittstaaten ist gem. Anl. 2 Abschn. 2 UAbschn. 2 Nr. 8 erlaubnisfrei und richtet sich insbes. nach dem AWG iVm der AWV und den Vorgaben der Feuerwaffen-VO (VO (EU) 258/2012), (→ Vorb. §§ 29–33 Rn. 17, vgl. auch *Gade* WaffR S. 225 ff.) 2

Verstöße gegen § 31 sind gem. § 52 Abs. 3 Nr. 4a strafbar. Auch die fahrlässige Begehung ist unter Strafe gestellt, § 52 Abs. 4. Allerdings ist der **Versuch nicht strafbar.** 3

Die Strafvorschrift selbst dürfte faktisch ins Leere laufen, da ein unerlaubtes Verbringen von Schusswaffen oder Munition aus Deutschland in einen anderen Mitgliedstaat von den deutschen Überwachungsbehörden typischerweise in Deutschland und damit *im straffreien Versuchsstadium* festgestellt wird.

Allerdings scheidet im Fall des versuchten unerlaubten Verbringens in einen anderen Mitgliedstaat ein erlaubnisfreies Führen nach § 12 Abs. 3 Nr. 2 aus (→ § 12 Rn. 73a). Auch wenn der Versuch des unerlaubten Verbringens für sich genommen straffrei ist, wird häufig ein unerlaubtes Führen und damit eine Straftat nach § 52 Abs. 1 Nr. 2b bzw Abs. 3 Nr. 2a WaffG damit einhergehen (vgl. hierzu auch Beispielsfall mit Erläuterungen bei *Gade* WaffR S. 208 f.)

II. Erlaubnisvoraussetzungen des Verbringens

1. Erfasste Waffen und Munition

Die in § 31 geregelte Verbringenserlaubnis bezieht sich – im Ggs. zu § 29 Abs. 1 – nur auf Schussw. oder Munition nach Anl. 1 Abschn. 3 **Kat. A 1.2 bis D, nicht** jedoch auf **sonstige** (nach deutschem Recht) **erlaubnispflichtige Schussw. oder Munition** (→ § 29 Rn. 5 ff.). 4

Diese „sonstigen Schussw. oder Munition" sind gem. Anl. 2 Abschn. 2 UAbschn. 1 S. 1 erlaubnispflichtig und auch nicht hinsichtlich des Verbringens aus dem Geltungsbereich in Mitgliedstaaten erlaubnisfrei gestellt. Eine Erlaubnisfreiheit sieht der Gesetzgeber nur für die Fälle des Verbringens aus dem Geltungsbereich in einen Drittstaat vor (vgl. Anl. 2 Abschn. 2 UAbschn. 2 Nr. 8). 5

Allerdings sind diese „sonstigen" Waffen nicht von § 31 erfasst, so dass iErg die Erlaubnispflicht im Widerspruch zu dem Umstand steht, dass der Gesetzgeber keine Möglichkeit für die Erteilung einer entspr. Erlaubnis zum Verbringen in einen Mitgliedstaat vorgesehen hat.

König/Papsthart (Neues WaffR Rn. 533) verlangen zu Recht eine Korrektur der Anl. 2 Abschn. 2 UAbschn. 2 Nr. 8 durch den Gesetzgeber, der auch Ausnahmen von der Erlaubnispflicht für andere als die in § 31 Abs. 1 genannten Waffen oder Munition auch für ein Verbringen aus Deutschland in andere Mitgliedstaaten vorsehen müsste.

Für eine vom Gesetzgeber nicht erkannte Regelungslücke spricht auch, dass das Verbringen der og Waffen oder Munition in einen anderen Mitgliedstaat ohne die erforderliche Erlaubnis in den waffenrechtl. Sanktionsnormen nicht berücksichtigt worden ist. So stellt das Verbringen dieser Waffen oder Munition zwar einen Verstoß gegen die Erlaubnispflicht nach § 2 Abs. 2 iVm Anl. 2 Abschn. 2 UAbschn. 1 S. 1 dar. Allerdings werden sie nicht vom Straftatbestand des § 52 Abs. 3 Nr. 4 erfasst, da dessen Verweis auf die Bezugsnorm (§ 31) nur Waffen betr., die auch vom Anwendungsbereich des § 31 Abs. 1 umfasst werden.

In der Praxis kann diese Regelungslücke über die Anwendung des § 12 Abs. 5 (Ausnahme von den Erlaubnispflichten im Einzelfall) unter Berücksichtigung der materiell-rechtl. Vorgaben des § 31 Abs. 1 geschlossen werden. Dazu sollte die zust. Beh. eine vorherige Erlaubnis oder Unbedenklichkeitsbescheinigung des Mitgliedstaats sowie die Gewährleistung eines sicheren Transports durch einen Berechtigten verlangen. Insoweit können diese Vorauss. als Belange der öffentl. Sicherheit und Ordnung iSd § 12 Abs. 5 angesehen werden.

6 **Erlaubnisfreie Waffen oder Munition** dürfen ohne Erlaubnis in Mitgliedstaaten verbracht werden. Weiter dürfen (mit Ausnahme der in Anl. 2 Abschn. 2 UA 2 Nr. 1.11 genannten Kartuschenmunition) auch all jene Waffen oder Munition erlaubnisfrei in Mitgliedstaaten verbracht werden, die zwar dem Grunde nach erlaubnispflichtig sind, die aber hinsichtlich Erwerb und Besitz von der Erlaubnispflicht freigestellt sind (vgl. Anl. 2 Abschn. 2 UAbschn. 2 Nr. 7).

Unberührt bleiben hiervon die nationalen gesetzlichen Vorschriften des Zielstaats, weshalb im Vorfeld eines Verbringens die dort geltenden Rechtsvorschriften geklärt werden sollten.

7 Die Erlaubnis zum Verbringen aus dem Geltungsbereich in einen anderen Mitgliedstaat wird nur erteilt, wenn zuvor die Zustimmung des Empfänger-Mitgliedstaats eingeholt worden und damit das Prinzip der **„doppelten Genehmigung“** (→ § 29 Rn. 21 f., → Vorb. §§ 29–33 Rn. 10 ff.) eingehalten worden ist. § 31 stellt insoweit die umgekehrte Variante zu § 29 Abs. 2 dar.

Soweit der Empfänger-Mitgliedstaat seinerseits keine Erlaubnis für das Verbringen verlangt, ist dies durch den Antragst. glaubhaft zu machen (WaffVwV Nr. 31.2).

8 Die Einholung von Zustimmungen evtl. weiterer Durchfuhr-Mitgliedstaaten ist nach dem Gesetzeswortlaut nicht erforderlich und auch nicht durch die WaffRiLi vorgegeben. Jedoch schreibt Art. 13 Abs. 2 WaffRiLi vor, dass die Informationen, die beim Verbringen von Waffen gefordert werden, spätestens bei der Verbringung dem Empfänger-Mitgliedstaat und ggf. spätestens bei der Verbringung den übrigen Durchfuhr-Mitgliedstaaten übermittelt werden. Unberührt davon bleiben die nationalen Rechtsvorschriften der Durchfuhr-Mitgliedstaaten. Diese können ihrerseits Erlaubnisvorbehalte oder Verbote für das Verbringen durch den Geltungsbereich des jeweiligen Staats enthalten, vergleichbar der deutschen Regelung des § 30 Abs. 1. Diese Vorauss. werden jedoch nicht von der deutschen Waffenbehörde geprüft, sondern sind vom Verbringer selbst zu klären. Allerdings ist der Antragst. durch die zust. Beh. auf diesen Umstand hinzuweisen (WaffVwV Nr. 31.2).

9 Vor diesem Hintergrund schreibt § 29 Abs. 4 AWaffV zwar ua die Benennung des Beförderungsmittels vor, jedoch **nicht** die **Durchgangsländer.** Diese werden lediglich bei **Waffenhändlern** iSd § 31 Abs. 2 abgefordert (vgl. §§ 29 Abs. 5 S. 3 Nr. 1 AWaffV). Insoweit sollte der Verordnungsgeber die Vorschrift des § 29 Abs. 4 AWaffV um die Anzeige der Durchgangsländer ergänzen, damit die Mitteilungspflicht, die sich aus Art. 13 Abs. 2 der Waffenrichtlinie ergibt, von Deutschland (durch das BVA) eingehalten werden kann (vgl. *König/Papsthart* Neues WaffR Rn. 534).

2. Sicherer Transport durch Berechtigten

Gem. Abs. 1 muss der **sichere Transport** (→ § 29 Rn. 11 ff., → § 12 Rn. 71a) durch einen zum Erwerb oder Besitz dieser Waffen oder Munition **Berechtigten** (→ § 29 Rn. 10) gewährleistet sein. 10

Der Antragst. muss auch die übrigen Erlaubnisvorauss. gem. § 4 Abs. 1 Nr. 1–4 nachweisen (*ABB/Adolph* WaffG § 31 Rn. 4). Entbehrlich ist hingegen der Nachweis eines **gesonderten Verbringensbedürfnisses,** welches über das Bedürfnis für den zugrunde liegenden Erwerb und Besitz hinausgeht. Die Darlegung eines nachvollziehbaren Grundes für den Verbringungsvorgang, bspw. bei Veräußerung, Ausleihe oder Reparatur der Waffe, reicht aus. 11

3. Angaben des Antragstellers für die Erteilung der Einzelerlaubnis

Der Antragst. hat bei der zust. Beh. die gem. § 29 Abs. 4 iVm Abs. 2 S. 1 AWaffV erforderlichen Angaben zu machen. 12

Eine Erlaubnis nach § 31 wird durch einen **Erlaubnisschein** der zust. Beh. erteilt (§ 29 Abs. 1 AWaffV); Muster siehe in WaffVordruckVwV Anl. 16. 13

III. Erlaubnis zum Verbringen in einen Mitgliedstaat durch Waffenhändler (Abs. 2)

1. Allgemeines

Gem. Abs. 2 kann gewerbsmäßigen Waffenherstellern oder -händlern (§ 21) allg. die Erlaubnis nach Abs. 1 zum Verbringen aus dem Geltungsbereich des Gesetzes zu Waffenhändlern in andere Mitgliedstaaten für die Dauer von bis zu drei Jahren erteilt werden. Die Erlaubnis kann auf bestimmte Arten von Schussw. oder Munition beschränkt werden. Der Inhaber einer Erlaubnis nach Abs. 2 S. 1 hat ein Verbringen dem BVA vorher schriftlich anzuzeigen. 14

Gewerbsmäßigen Waffenhändlern und -herstellern kann damit ebenso wie Einzelpersonen eine Erlaubnis nach Abs. 1 erteilt werden. Die Erlaubnis bezieht sich auf die Waffen und Munition der **Kat. A 1.2 bis D** der Anl. 1 Abschn. 3. Dies ergibt sich aus der Formulierung „die Erlaubnis nach Absatz 1" (zur Problematik der sonstigen erlaubnispflichtigen Schussw. oder Munition → Rn. 5).

Die Vorschrift bezweckt eine **Erleichterung des Waffentransfers** der Waffenhändler und -hersteller zwischen den Mitgliedstaaten. Dabei ist der Begriff Waffenhändler in der Waffenrichtlinie weit gefasst. Gem. Art. 1 Abs. 2 WaffRiLi gilt als „Waffenhändler" jede natürliche oder juristische Person, deren Beruf oder Gewerbe ganz oder teilw. darin besteht, dass sie Feuerwaffen herstellt, damit Handel treibt oder diese tauscht, vermietet, repariert oder umbaut. 15

Gem. Art. 4 Abs. 1 WaffRiLi macht jeder Mitgliedstaat die Ausübung der Tätigkeit des Waffenhändlers in seinem Gebiet zumindest bei den Waffen der Kat. A und B von einer Zulassung abhängig, der zumindest eine Prüfung der persönlichen und beruflichen Zuverlässigkeit des Waffenhändlers zugrunde liegt. Bei juristischen Personen bezieht sich die Prüfung auf den Unternehmensleiter. Bei den Waffen der Kat. C und D sehen die Mitgliedstaaten, in denen die Tätigkeit eines Waffenhändlers nicht von einer Zulassung abhängig ist, eine Meldepflicht vor. Die Waffenhändlereigenschaft eines in einem Mitgliedstaat ansässigen Waffenhändlers ist vom Antragst. durch Vorlage einer entspr. Genehmigung oder Anmeldung nachzuweisen (vgl. *Apel/Bushart* WaffG § 31 Rn. 7).

Zur Erleichterung der Prüfung der Verbringensvorgänge durch die Waffenhändler und -hersteller sieht Art. 11 Abs. 4 WaffRiLi vor, dass jeder Mitgliedstaat den ande- 16 ren Mitgliedstaaten ein Verzeichnis der Feuerwaffen zuleitet, bei denen die Genehmigung zur Verbringung in sein Gebiet nicht ohne seine Zustimmung erteilt werden darf. Diese Feuerwaffenverzeichnisse werden den Waffenhändlern zugestellt, die im Rahmen des Verfahrens nach Art. 11 Abs. 3 der WaffRiLi eine Genehmigung zur zustimmungsfreien Verbringung der Feuerwaffen erhalten haben. Damit kann jeder gewerbsmäßige Waffenhändler bzw -hersteller prüfen, ob das Verbringen der jeweiligen Schussw. oder Munition der vorherigen Zustimmung durch den Empfänger-Mitgliedstaat unterliegt. Die ggf. nach den Rechtsvorschriften des Empfänger-Mitgliedstaats erforderliche Erlaubnis zum Verbringen muss der Waffenhändler bzw -hersteller ohnehin vorher beantragen.

17 Zudem verlangt § 29 Abs. 5 S. 1 AWaffV, dass der Empfänger-Mitgliedstaat und die Art der Waffen und Munition bei der Antragstellung angegeben werden. Nach § 29 Abs. 5 S. 2 und 3 AWaffV reicht es jedoch vor dem jeweiligen Transport aus, auf einem amtlichen Vordruck eine **Erklärung** mit den vorgegebenen Daten beim Verbringen in den anderen Mitgliedstaat durch den Verbringer oder den Transporteur mitzuführen. Des Weiteren besteht vor jedem Verbringensvorgang eine Anzeigepflicht. Die Anzeige hat seit dem Inkrafttreten des **6. ÄndG** (→ Einf. Rn. 26c) nicht mehr an das BKA, sondern **gegenüber dem BVA** (§ 31 Abs. 1 AWaffV) zu erfolgen.

17a **Verstöße** gegen die Anzeigepflicht nach Abs. 2 S. 3 werden als **Ordnungswidrigkeit** nach § 53 Abs. 1 Nr. 5 geahndet.

18 Die Erlaubnis gilt allg. und für eine unbeschränkte Anzahl von Verbringensvorgängen, allerdings längstens **drei Jahre.**

2. Angaben des Antragstellers für die Erteilung der Einzelerlaubnis

19 Der gewerbsmäßige Waffenhändler oder -hersteller hat bei der Antragstellung für die Erteilung einer Erlaubnis nach § 31 Abs. 2 die gem. § 29 Abs. 5 S. 1 AWaffV erforderlichen Angaben zu machen.

20 Eine Erlaubnis nach § 31 Abs. 2 wird durch einen **Erlaubnisschein** der zust. Beh. erteilt (§ 29 Abs. 1 AWaffV); Muster siehe in WaffVordruckVwV Anl. 17.

3. Mitführen der Einzelerlaubnis bzw einer Erklärung

21 Gem. § 29 Abs. 5 S. 2 und 3 AWaffV kann bei dem Transport der Schussw. oder der Munition innerhalb der EU zu einem Waffenhändler in einem anderen Mitgliedstaat durch einen oder im Auftrag eines Inhabers der Erlaubnis nach § 31 Abs. 2 an Stelle des Erlaubnisscheins nach § 29 Abs. 1 AWaffV eine **Erklärung** mitgeführt werden, die auf diesen Erlaubnisschein verweist.

Das Muster der **Anzeige** ist in WaffVordruckVwV Anl. 18 abgedruckt.

22 Gem. § 32 Abs. 2 Nr. 1 AWaffV übermittelt das **BVA** dem anderen Mitgliedstaat die Angaben nach § 31 Abs. 1 S. 2 und Abs. 2 AWaffV bzgl. Waffenhändler sowie die gem. § 29 Abs. 4 AWaffV erhaltenen Angaben für sonstige Verbringer.

§ 32 Mitnahme von Waffen oder Munition in den, durch den oder aus dem Geltungsbereich des Gesetzes, Europäischer Feuerwaffenpass

(1) [1]**Die Erlaubnis zur Mitnahme von Schusswaffen oder Munition nach Anlage 1 Abschnitt 3 (Kategorien A 1.2 bis D) und sonstiger Waffen oder Munition, deren Erwerb und Besitz der Erlaubnis bedürfen, in den oder durch den Geltungsbereich des Gesetzes kann erteilt werden, wenn die Voraussetzungen des § 4 Abs. 1 Nr. 1 bis 4 vorliegen.** [2]**Die Erlaubnis kann für die Dauer von bis zu einem Jahr für einen oder für mehrere Mitnahme-**

vorgänge erteilt werden und kann mehrfach um jeweils ein Jahr verlängert werden. [3]Für Personen aus einem Drittstaat gilt bei der Mitnahme von Schusswaffen oder Munition nach Anlage 1 Abschnitt 3 (Kategorien A 1.2 bis D) durch den Geltungsbereich des Gesetzes in einen anderen Mitgliedstaat § 30 Abs. 2 entsprechend.

(1a) **[1]Die Erlaubnis zur Mitnahme von Schusswaffen oder Munition nach Anlage 1 Abschnitt 3 (Kategorien A 1.2 bis D) und sonstiger Waffen oder Munition, deren Erwerb und Besitz der Erlaubnis bedürfen, in einen anderen Mitgliedstaat kann erteilt werden, wenn der Antragsteller**
1. **zum Erwerb und Besitz der Waffen nach Maßgabe dieses Gesetzes berechtigt ist,**
2. **die nach dem Recht des anderen Mitgliedstaates erforderliche vorherige Zustimmung vorliegt und**
3. **der sichere Transport durch den Antragsteller gewährleistet ist.**

[2]Absatz 1 Satz 2 gilt entsprechend.

(2) **Eine Erlaubnis nach Absatz 1 darf Personen, die ihren gewöhnlichen Aufenthalt in einem anderen Mitgliedstaat haben und Schusswaffen nach Anlage 1 Abschnitt 3 (Kategorien A 1.2 bis D) und die dafür bestimmte Munition nach Absatz 1 mitnehmen wollen, nur erteilt werden, wenn sie Inhaber eines durch diesen Mitgliedstaat ausgestellten Europäischen Feuerwaffenpasses sind und die Waffen in den Europäischen Feuerwaffenpass eingetragen sind.**

(3) **Sofern sie den Grund der Mitnahme nachweisen können, Inhaber eines Europäischen Feuerwaffenpasses sind und die Waffen in den Europäischen Feuerwaffenpass eingetragen sind, bedarf es einer Erlaubnis nach Absatz 1 oder Absatz 1a nicht für**
1. **Jäger, die bis zu drei Langwaffen nach Anlage 1 Abschnitt 3 der Kategorien C und D und die dafür bestimmte Munition im Sinne des § 13 Absatz 1 Nummer 2, Absatz 5 zum Zweck der Jagd mitnehmen,**
2. **Sportschützen, die bis zu sechs Schusswaffen nach Anlage 1 Abschnitt 3 der Kategorien B, C oder D und die dafür bestimmte Munition zum Zweck des Schießsports mitnehmen,**
3. **Brauchtumsschützen, die bis zu drei Einzellader- oder Repetier-Langwaffen nach Anlage 1 Abschnitt 3 Kategorien C und D und die dafür bestimmte Munition zur Teilnahme an einer Brauchtumsveranstaltung mitnehmen.**

(4) **Zu den in Absatz 3 Nr. 1 bis 3 beschriebenen Zwecken kann für die dort jeweils genannten Waffen und Munition Personen, die ihren gewöhnlichen Aufenthalt in einem Drittstaat haben, abweichend von Absatz 1 eine Erlaubnis erteilt werden, es sei denn, dass Tatsachen die Annahme rechtfertigen, dass die Voraussetzungen des § 4 Abs. 1 Nr. 2 nicht vorliegen.**

(5) **[1]Einer Erlaubnis zur Mitnahme von Waffen oder Munition in den oder durch den Geltungsbereich des Gesetzes bedarf es nicht**
1. **für Waffen oder Munition, die durch Inhaber einer Erlaubnis zum Erwerb oder Besitz für diese Waffen oder Munition mitgenommen werden,**
2. **für Signalwaffen und die dafür bestimmte Munition, die aus Gründen der Sicherheit an Bord von Schiffen mitgeführt werden, oder**
3. **für Waffen und Munition, die an Bord von Schiffen oder Luftfahrzeugen mitgeführt, während des Aufenthalts im Geltungsbereich dieses Gesetzes unter Verschluss gehalten, der zuständigen Überwachungsbehörde unter Angabe des Hersteller- oder Warenzeichens, der Modellbe-**

zeichnung und, wenn die Waffen eine Herstellungsnummer haben, auch dieser, unverzüglich gemeldet und spätestens innerhalb eines Monats wieder aus dem Geltungsbereich des Gesetzes befördert werden.

[2]Ein Jagdschein im Sinne von § 15 Absatz 1 Satz 1 des Bundesjagdgesetzes stellt keine Erlaubnis im Sinne des Satzes 1 Nummer 1 dar.

(6) **Personen, die nach diesem Gesetz zum Besitz von Schusswaffen oder Munition nach Anlage 1 Abschnitt 3 (Kategorien A 1.2 bis D) berechtigt sind und diese Schusswaffen oder diese Munition in einen anderen Mitgliedstaat mitnehmen wollen, wird auf Antrag ein Europäischer Feuerwaffenpass ausgestellt.**

Übersicht

I. Allgemeines

1 Die Vorschrift des § 32 regelt die **Vorauss.** für die Erteilung einer **Erlaubnis** für die Mitnahme (→ Anl. 1 Rn. 180) erlaubnispflichtiger Schussw. oder Munition in den, durch den oder aus dem Geltungsbereich des WaffG. Die Vorschrift regelt **nicht** die **Erlaubnispflicht** für die Mitnahme (dieser Ansicht wohl *Apel/Bushart* WaffG § 32 Rn. 3; *ABB/Adolph* WaffG § 32 Rn. 3 und *Steindorf/Gerlemann* WaffG § 32 Rn. 3; für ein Präventivverbot mit Erlaubnisvorbehalt *Lehmann* WaffG § 32

Rn. 9). Die grds. Erlaubnispflicht für Schussw. und Munition ergibt sich **allein** aus § 2 Abs. 2 iVm Anl. 2 Abschn. 2 UAbschn. 1 S. 1.

Erst mit dem **6. ÄndG** (→ Einf. Rn. 26c) regelt der Gesetzgeber in § 32 Abs. 1a auch die Vorauss. für die Erteilung einer Erlaubnis zur Mitnahme **aus dem Geltungsbereich in andere Mitgliedstaaten** (zum Begriff → Vorb. §§ 29–33 Rn. 2). 2

Nach der davor geltenden Rechtslage (ausf. → 1. Aufl. § 32 Rn. 2 f.) war diese Mitnahme erlaubnispflichtig gem. Anl. 2 Abschn. 2 UAbschn. 1 S. 1 und auch nur erlaubnisfrei gestellt für die in Anl. 2 Abschn. 2 UAbschn. 2 Nr. 7 genannten Waffen. Für alle übrigen Waffen und Munition bestand einerseits eine Erlaubnispflicht, andererseits sah das Gesetz keine Möglichkeit vor, eine entsprechende Erlaubnis zu erteilen. Zudem enthielt das Gesetz keine Sanktion für den Fall einer Mitnahme in einen anderen Mitgliedstaat ohne die erforderliche Erlaubnis. Faktisch war die Mitnahme aller Waffen und Munition aus dem Geltungsbereich in andere Mitgliedstaaten daher erlaubnisfrei, ohne dass dies im Einklang mit der Gesetzessystematik und den Vorgaben der WaffRiLi (Prinzip der „doppelten Genehmigung" nach Art. 12 Abs. 1 WaffRiLi (→ Vorb. §§ 29–33 Rn. 10 ff.) stand.

Mit der Regelung der Vorauss. für eine Erlaubnis zur Mitnahme aus dem Geltungsbereich in andere Mitgliedstaaten hat der Gesetzgeber nun die diesbezügliche Erlaubnispflicht (Anl. 2 Abschn. 2 UAbschn. 1 S. 1) aufgegriffen und konsequenterweise die Möglichkeit zur Erteilung einer solchen Erlaubnis geschaffen.

II. Mitnahme in den oder durch den Geltungsbereich des WaffG (Abs. 1)

Gem. Abs. 1 kann die Erlaubnis zur Mitnahme von **Schussw. oder Munition** nach Anl. 1 Abschn. 3 (Kat. A 1.2 bis D) und **sonstiger Waffen** oder Munition, deren Erwerb und Besitz der **Erlaubnis bedürfen** (→ § 29 Rn. 5 ff.), **in den oder durch den Geltungsbereich** des Gesetzes erteilt werden, wenn die Vorauss. des § 4 Abs. 1 Nr. 1–4 vorliegen. 3

Die Erlaubnis zur **Mitnahme *in* den Geltungsbereich erfasst auch den Reiserückweg** und damit die am Ende des Aufenthalts in Deutschland stattfindende Ausreise über die Landesgrenze. Diese stellt streng genommen ihrerseits eine Mitnahme *aus* dem Geltungsbereich und damit einen eigenständigen erlaubnispflichtigen Vorgang dar. Da diese die logisch zwingende Kehrseite der Mitnahme in den Geltungsbereich ist und sicherheitsrechtliche Interessen nicht entgegenstehen, erscheint es geboten, dass sie von der Erlaubnis zur Mitnahme *in* den Geltungsbereich umfasst ist. 4

Ist die Mitnahme in den Geltungsbereich rechtmäßig (auf Grund einer Mitnahmeerlaubnis oder aber eines Freistellungstatbestandes von der Erlaubnispflicht), so ist damit auch die auf dem Rückweg stattfindende Mitnahme aus dem Geltungsbereich rechtmäßig.

Gleiches gilt für die Erlaubnis zur Mitnahme durch den Geltungsbereich. Von dieser ist auch der Reiserückweg mit umfasst.

Für die Erlaubnis zur Mitnahme *aus* dem Geltungsbereich kann hingegen **nicht** angenommen werden, dass sie automatisch auch den Rückweg und damit die im Zuge desselben stattfindende Mitnahme in den Geltungsbereich umfasst. Dieser Annahme stehen sicherheitsrechtliche Bedenken entgegen. Die auf dem Rückweg stattfindende Mitnahme bedarf hier einer eigenständigen rechtlichen Würdigung. In den meisten Fällen werden auch hier Freistellungstatbestände von der Erlaubnispflicht greifen (§ 32 Abs. 5 Nr. 1 und § 32 Abs. 3). Soweit diese nicht greifen, bedarf es einer eigenständigen Erlaubnis. Nur so kann in der Praxis sichergestellt werden, dass die Waffe rechtmäßig (zurück) in den Geltungsbereich des WaffG mitgenommen wird und nicht ggf. ein rechtswidriges Verbringen einer im Ausland erworbenen Waffe vorliegt.

Der Rechtsklarheit halber und nicht zuletzt auch aus gesetzessystematischen Erwägungen heraus sollte der Gesetzgeber diesen Umstand ausdrücklich im Gesetz regeln.

5 Einer gesonderten Betrachtung bedürfen die Fälle der **Mitnahme im Transitbereich** von Flughäfen. Hier darf der Waffenbesitzer die Waffe und Munition nicht im Handgepäck transportieren, sondern hat sie den Beförderungsvorschriften entspr. als Gepäck aufzugeben. Der unmittelbare Besitz an der Waffe geht zwar auf die Fluggesellschaft über, dem Reisenden verbleibt lediglich der mittelbare Besitz gem. § 868 BGB. Im Schrifttum gemeinhin anerkannt ist jedoch, dass in solchen Konstellationen **keine Aufgabe des Besitzes** im waffenrechtl. Sinne vorliegt (*Heller/Soschinka* WaffR Rn. 1251; *Steindorf/B. Heinrich* WaffG § 1 Rn. 54a; *Ullrich* S. 36 f. mwN). Für die Mitnahme reicht ausnahmsweise der zivilrechtliche mittelbare Besitz für die Annahme waffenrechtl. Besitzes aus. Der Reisende erfüllt daher die Vorauss. der erlaubnispflichtigen Mitnahme.

1. Erteilungsvoraussetzungen im Einzelnen (Abs. 1 S. 1)

6 Die Erteilungsvorauss. entsprechen den Anforderungen des § 4 Abs. 1 Nr. 1–4. Das bedeutet, dass der Antragst., also derjenige, der die Schussw. oder Munition mitzunehmen beabsichtigt, das 18. Lebensj. vollendet haben muss, die erforderliche Zuverlässigkeit (§ 5) und persönliche Eignung (§ 6) besitzt, die erforderliche Sachkunde (§ 7) und ein Bedürfnis gem. § 8 nachweisen muss.

Das Bedürfnis muss kein speziell auf die Mitnahme bezogenes sein, welches über das für den Erwerb und Besitz der Waffe hinausgeht. Allerdings bedarf es eines plausiblen Mitnahmegrundes, welcher sich im Regelfall aus dem der waffenrechtl. Erlaubnis zu Grunde liegenden Bedürfnis ableiten lässt.

7 Bei Antragstellung kann verlangt werden, dass die Belege, Urkunden oder sonstige Dokumente in einer deutschen Übersetzung vorgelegt werden (vgl. § 23 Abs. 2 S. 1 VwVfG bzw entspr. Normen in den Landes-VwVfG). In begründeten Fällen kann auch die Vorlage einer beglaubigten oder von einem öffentl. bestellten oder beeidigten Dolmetscher oder Übersetzer angefertigten Übersetzung verlangt werden (§ 23 Abs. 2 S. 2 VwVfG). Nach der WaffVwV Nr. 32.1 kann das notwendige Alterserfordernis des vollendeten 18. Lebensj. mit der **Fotokopie** eines amtlichen Ausweispapiers und der **deutschen Übersetzung** hierzu nachgewiesen sowie die Nachweise der erforderlichen Zuverlässigkeit, persönlichen Eignung und der ausreichenden Sachkunde durch aussagekräftige amtliche Mitteilungen des Heimatstaats mit deutscher Übersetzung erbracht werden.

8 Bzgl. der Sachkunde regelt § 30 Abs. 2 AWaffV, dass bei der Erteilung einer Erlaubnis nach § 32 Abs. 1 S. 1 die Sachkunde auch als nachgewiesen angesehen werden kann, wenn eine **ausreichende Kenntnis** der geforderten Inhalte durch einen **Beleg des Staates,** in dem die Person ihren gewöhnlichen Aufenthalt hat, glaubhaft gemacht wird. Diese Regelung ist nach der Auffassung des Verordnungsgebers in den Fällen von Bedeutung, in denen Personen nicht bereits durch den Besitz eines EFP (Abs. 3) von der Erlaubnispflicht freigestellt sind oder die Erteilung nach Abs. 4 an geringere Vorauss. geknüpft ist. Es wird dadurch klargestellt, dass bei der Erteilung einer Erlaubnis zur Mitnahme von Schussw. und Munition durch Personen aus anderen Mitgliedstaaten oder Drittstaaten **nicht zwingend die gleichen formalen Anforderungen** an die grds. erforderliche **Sachkunde** iSv § 4 Abs. 1 Nr. 3 iVm § 7 zu stellen sind, wie dies nach § 7 WaffG iVm §§ 1–3 AWaffV sonst vorgesehen ist (vgl. BR-Drs. 415/03, 56).

Damit wird der zust. Beh. ein gewisser Beurteilungsspielraum eingeräumt, da hier lediglich ausreichende Kenntnisse durch einen Beleg des Wohnsitzstaates **glaubhaft** gemacht werden müssen.

2. Erlaubnismodalitäten (Abs. 1 S. 2)

Gem. Abs. 1 S. 2 kann die Erlaubnis für die Dauer von **bis zu einem Jahr** für einen oder für mehrere Mitnahmevorgänge erteilt und **mehrfach** um jeweils **ein Jahr verlängert** werden. 9

Gem. § 30 Abs. 1 S. 1 AWaffV wird eine Erlaubnis nach § 32 Abs. 1 S. 1 durch einen **Erlaubnisschein** der zust. Beh. erteilt; vgl. das Muster in WaffVordruckVwV Anl. 19, evtl. Zusatzblatt Anl. 21.

In den Fällen der Erteilung einer Mitnahmeerlaubnis ist sichergestellt, dass die Vorauss. nach § 4 Abs. 1 Nr. 1–4 vorliegen, weshalb der Besitz in Fällen der berechtigten Mitnahme nach § 12 Abs. 1 Nr. 6 **erlaubnisfrei** gestellt ist.

Die Mitnahme **verbotener Waffen** setzt zusätzlich eine Ausnahmebewilligung des BKA gem. § 40 Abs. 4 voraus.

Der Antragst. hat für die Erteilung der Erlaubnis die nach § 30 Abs. 1 S. 2 AWaffV vorgesehenen Angaben zu machen. 10

Soweit es sich um eine Erlaubnis zur Mitnahme aus einem anderen Mitgliedstaat in den Geltungsbereich des Gesetzes (nach Deutschland) handelt, kann der deutschen Erlaubnis (diese wird in Spalte 5 des ausländischen EFP eingetragen, vgl. WaffVwV Nr. 32.1) die Bedeutung einer Zustimmung zu der Erlaubnis des anderen Mitgliedstaates (diese wird vom anderen Mitgliedstaat in Spalte 4 des ausländischen EFP eingetragen) für die betreffende Mitnahme beigemessen werden, womit dem Prinzip der „doppelten Genehmigung" (→ Vorb. §§ 29–33 Rn. 10 ff.) Rechnung getragen ist, soweit dieses greift (zu den Ausnahmen → Vorb. §§ 29–33 Rn. 14 f.). 11

3. Mitnahme von Schusswaffen und Munition aus einem Drittstaat in einen Mitgliedstaat durch den Geltungsbereich des WaffG (Abs. 1 S. 3)

Gem. Abs. 1 S. 3 gilt für Personen aus einem **Drittstaat** (→ Vorb. §§ 29–33 Rn. 2) bei der Mitnahme von Schussw. oder Munition nach Anl. 1 Abschn. 3 (Kat. A 1.2 bis D) **durch den** Geltungsbereich des WaffG in einen anderen Mitgliedstaat die Vorschrift des § 30 Abs. 2 entspr., wonach die Erteilung der Mitnahmeerlaubnis die **vorherige Zustimmung** des anderen Mitgliedstaats voraussetzt (→ § 30 Rn. 7 ff.). 12

4. Sanktionen

Die Mitnahme von Schusswaffen oder dafür bestimmter Munition in oder durch den Geltungsbereich des Gesetzes ohne die erforderliche Erlaubnis stellt eine Straftat gem. § 52 I Nr. 2d WaffG dar. Der nach § 52 Abs. 2 strafbare Versuch dürfte in der Praxis bedeutungslos sein, da die Sachverhalte typischerweise in Deutschland und damit zu einem Zeitpunkt festgestellt werden, in dem die Straftat bereits vollendet ist. Auch die fahrlässige Begehung ist unter Strafe gestellt, vgl. § 52 IV WaffG. 13

III. Mitnahme aus dem Geltungsbereich des WaffG in einen anderen Mitgliedstaat (Abs. 1a)

Der mit dem 6. ÄndG (→ Einf. Rn. 26c) eingefügte Abs. 1a regelt die Vorauss. zur Erteilung einer Erlaubnis zur Mitnahme von Waffen oder Munition **aus dem Geltungsbereich des Gesetzes in einen anderen Mitgliedstaat.** Entgegen der Überschrift enthielt § 32 in der zuvor geltenden Fassung keinerlei Regelung zur Mitnahme von Schussw. und Munition aus dem Geltungsbereich in andere Mitgliedstaaten. Mit § 32 Abs. 1a wurde eine bis dahin vorhandene **Rechtslücke geschlossen** (zur alten Rechtslage → Rn. 2, ausf. 1. Aufl., § 32 Rn. 2 f.). 14

Die **Mitnahme** aus dem Geltungsbereich des Gesetzes **in Drittstaaten** bedarf keiner eigenständigen Regelung, da diese nach Anl. 2 Abschn. 2 UAbschn. 2 Nr. 8 **erlaubnisfrei** gestellt ist. Die Rückreise (Bsp: Deutscher Jäger kommt von der Jagd in Namibia zurück und reist über den Flughafen Frankfurt/Main wieder ein) stellt ihrerseits als Kehrseite zur Mitnahme aus dem Geltungsbereich eine **rechtlich eigenständig zu beurteilende Mitnahme in den Geltungsbereich** dar. Diese ist erlaubnisfrei nach Maßgabe von Abs. 5 Nr. 1.

1. Erfasste Waffen und Munition

15 Nach dem Wortlaut der Norm sind zunächst **Schussw. und Munition** der Anl. 1 Abschn. 3 **Kat. A 1.2-D** und darüber hinaus auch **sonstige Waffen oder Munition,** deren **Erwerb und Besitz der Erlaubnis bedarf,** von der Regelung erfasst (→ § 29 Rn. 5 ff.).

2. Antragsteller zum Erwerb und Besitz der Waffen berechtigt (Nr. 1)

16 Damit eine Erlaubnis nach Abs. 1a erteilt werden kann, muss der Antragsteller zunächst zum Erwerb und Besitz der Waffen berechtigt sein. Dass sich die Berechtigung „nach Maßgabe dieses Gesetzes" ergeben muss, ist lediglich ein deklaratorischer Hinweis, dessen es nicht unbedingt bedurft hätte.

Berechtigt zum Erwerb und Besitz ist zunächst der Erlaubnisinhaber. Dies ist im Regelfall derjenige, auf dessen Namen die WBK für die in Rede stehenden Waffen ausgestellt ist. Daneben kommen auch die Herstellungs- oder Handelserlaubnis gem. § 21 sowie die Ersatzbescheinigung gem. § 55 Abs. 2 als Erlaubnis in Betracht.

17 Weiterhin kommen sonstige WBK-Inhaber als Berechtigte iSd Norm in Betracht, so etwa im Falle des erlaubnisfreien Erwerbs und (vorübergehenden Besitzes) nach § 12 Abs. 1 Nr. 1a (vorübergehender erlaubnisfreier Erwerb vom Berechtigten zu einem vom Bedürfnis umfassten Zweck oder im Zusammenhang damit).

Auch weitere Konstellationen des erlaubnisfreien Erwerbs und (zumindest vorübergehenden) Besitzes nach § 12 können die Berechtigung zum Erwerb und Besitz begründen.

Bezogen auf Jagdlangwaffen kann sich die Berechtigung auch aus einem gültigen Jagdschein ergeben.

18 Die in Rn. 17 aufgegriffenen Konstellationen des vorübergehenden erlaubnisfreien Besitzes (etwa Waffenausleihe durch WBK-Inhaber) dürften hinsichtlich der Erteilung einer Erlaubnis zur Mitnahme in einen anderen Mitgliedstaat lediglich von geringer praktischer Bedeutung sein, da im Ziel-Mitgliedstaat die Eintragung der Waffe in den EFP des Mitnehmenden erforderlich ist. Häufig wird die Mitnahme der in den EFP eingetragenen Waffen in einen anderen Mitgliedstaat daher bereits nach Maßgabe des Abs. 3 (→ Rn. 27 ff.) erlaubnisfrei sein. Zudem ist die Eintragung einer lediglich vorübergehend erlaubnisfrei besessenen (Leih-) Waffe in den EFP eines WBK-Inhabers zwar denkbar (→ Rn. 54), allerdings sollte die Waffe iSe. klaren personellen Zuordbarkeit der Waffe alsbald nach erfolgter Rückreise nach Deutschland wieder aus dem EFP gestrichen werden, was für den Antragsteller insgesamt einen erheblichen Aufwand darstellt.

Zudem liegt in diesen Fällen auch keine Erlaubnis zum Besitz der Waffe iSd § 32 Abs. 5 Nr. 1 vor (→ Rn. 42 ff.), weshalb die Rückreise nach Deutschland als Mitnahmevorgang (in den Geltungsbereich des Gesetzes) nicht erlaubnisfrei nach § 32 Abs. 5 Nr. 1 ist, sondern ihrerseits eine eigene Erlaubnis nach Abs. 1 voraussetzt (Rn. 4).

Auf den in dieser Konstellation erlaubnispflichtigen Rückreisevorgang sollte die zust. Beh. unbedingt hinweisen.

Keine Berechtigung iSd Vorschrift begründen hingegen der erlaubnisfreie Erwerb durch WBK-Inhaber nach § 12 Abs. 1 Nr. 1b) sowie der erlaubnisfreie gewerbsmäßige Erwerb nach § 12 Abs. 1 Nr. 2. Die hier erforderlichen Erwerbszwecke (Beförderung, Lagerung usw) sind typischerweise mit einem **Besitzwechsel** verbunden und kommen insgesamt nur in Fällen des Verbringens in Betracht (zu Verbringen und Mitnahme → Anl. 1 Rn. 178 f., 180). 19

3. Vorherige Zustimmung des anderen Mitgliedstaates (Nr. 2)

Weiterhin muss nach Abs. 1a Nr. 2 die nach dem Recht des anderen Mitgliedstaates erforderliche vorherige Zustimmung vorliegen, damit eine Erlaubnis zur Mitnahme in einen anderen Mitgliedstaat erteilt werden kann. Auch hier wird dem Prinzip der „doppelten Genehmigung" (→ Vorb. §§ 29–33 Rn. 10 ff.) genügt und insoweit ein bis dato bestehender Widerspruch zur Vorgabe des Art. 12 Abs. 1 WaffRiLi behoben. 20

Da jedoch Art. 12 Abs. 2 WaffRiLi das Prinzip der „doppelten Genehmigung" für einige Konstellationen der Mitnahme suspendiert (→ Vorb. §§ 29–33 Rn. 13), werden insbes. Sportschützen und Jäger häufig im Zielstaat keiner Erlaubnis bedürfen, da hier vom Prinzip her dem § 32 Abs. 3 nachgeformte Ausnahmetatbestände greifen können. Soweit eine Erlaubnis im Zielstaat entbehrlich ist, scheidet auch das Erfordernis einer vorherigen Zustimmung des anderen Mitgliedstaates aus.

Ob im anderen Mitgliedstaat eine Erlaubnis zur Mitnahme ausnahmsweise entbehrlich ist, muss jeweils nach dem nationalen Recht des Mitgliedstaates geklärt werden, da die Ausnahmetatbestände misslicherweise auf der Ebene des nationalen Rechts jeweils unterschiedlich geregelt worden sind. § 32 Abs. 3 kann daher nicht „eins zu eins" als Maßstab für die erlaubnisfreie Mitnahme durch Jäger und Sportschützen auf die anderen Mitgliedstaaten übertragen werden.

Demnach muss der Antragsteller der zust. Beh. gegenüber entweder die vorherige Zustimmung des anderen Mitgliedstaates vorlegen. Diese trägt die Behörde des anderen Mitgliedstaates in Spalte 5 des deutschen EFP ein. Ist eine Erlaubnis seitens des anderen Mitgliedstaates für den Mitnahmevorgang nicht erforderlich, so hat der Antragsteller dies gegenüber der zust. Behörde unter Darlegung der Umstände des Einzelfalles in geeigneter Form zu belegen.

Die zust. (deutsche) Beh. trägt die Erlaubnis zur Mitnahme in den anderen Mitgliedstaat ihrerseits in Spalte 4 des deutschen EFP ein.

4. Sicherer Transport (Nr. 3)

Schließlich muss nach Abs. 1a Nr. 3 der sichere Transport (→ § 29 Rn. 10 f., → § 12 Rn. 71a) der Waffen/Munition durch den zum Erwerb und Besitz Berechtigten gewährleistet sein. 21

5. Sanktion

Die Mitnahme aus dem Geltungsbereich in einen anderen Mitgliedstaat ohne die nach Abs. 1a erforderliche Erlaubnis stellt ein Vergehen nach § 52 Abs. 3 Nr. 4b dar. Auch die fahrlässige Begehung ist unter Strafe gestellt, § 52 Abs. 4. Allerdings ist der Versuch nicht strafbar. 22

Die Strafvorschrift selbst dürfte zumindest teilw. ins Leere laufen, da eine unerlaubte Mitnahme von Schussw. oder Munition aus Deutschland in einen anderen Mitgliedstaat von den deutschen Überwachungsbehörden typischerweise in Deutschland (vor der Ausreise) und damit *im straffreien Versuchsstadium* festgestellt wird. Allenfalls bei der Wiedereinreise kann es zur Feststellung der im Zuge der Ausreise vollendeten strafbaren Mitnahme kommen.

Allerdings scheidet im Fall der versuchten unerlaubten Mitnahme in einen anderen Mitgliedstaat ein erlaubnisfreies Führen nach § 12 Abs. 3 Nr. 2 aus (→ § 12 Rn. 73a). Auch wenn der Versuch der unerlaubten Mitnahme für sich genommen straffrei ist, wird häufig ein unerlaubtes Führen und damit eine Straftat nach § 52 Abs. 1 Nr. 2b bzw Abs. 3 Nr. 2a WaffG damit einhergehen (vgl. hierzu auch Beispielsfall mit Erläuterungen bei *Gade* WaffR S. 208 f.)

IV. Mitnahme von Waffen auf Grundlage des EFP (Abs. 2)

23 Gem. Abs. 2 darf eine Erlaubnis nach Abs. 1 Personen, die ihren gewöhnlichen Aufenthalt (zu dem Begriff → § 11 Rn. 7 ff.) in einem anderen Mitgliedstaat haben und Schussw. nach Anl. 1 Abschn. 3 (Kat. A 1.2 bis D) und die dafür bestimmte Munition mitnehmen wollen, nur erteilt werden, wenn sie Inhaber eines durch diesen Mitgliedstaat ausgestellten **EFP** sind und die Waffen in den EFP eingetragen sind.

Die Erlaubnis wird in Spalte 5 des (ausländischen) EFP eingetragen (vgl. WaffVwV Nr. 32.1), womit der ausländische EFP mit diesem Genehmigungsvermerk zum „Erlaubnisschein" nach Abs. 1 wird.

24 Ist der Antragst. im Besitz eines EFP eines Mitgliedstaats, **ersetzt** dieser die entspr. **Nachweise** über das Mindestalter, die Zuverlässigkeit, die persönliche Eignung und die Sachkunde (WaffVwV Nr. 32.1). Der erforderliche Bedürfnisnachweis (→ Rn. 6) bleibt hiervon unberührt.

25 Im Einzelfall können in den EFP auch Waffen eingetragen werden, die nicht in Anl. 1 Abschn. 3 genannt sind, sofern dies von dem anderen Mitgliedstaat verlangt wird. Vorauss. hierfür ist, dass die Waffen berechtigt besessen werden, zB Druckluftwaffen, SRS-Waffen (vgl. WaffVwV Nr. 32.4).

26 Erlaubnisfrei zu erwerbende und besitzende Waffen und Munition (Anl. 2 Abschn. 2 UAbschn. 2 Nr. 1) sind hinsichtlich der Mitnahme in den, durch den oder aus dem Geltungsbereich des WaffG nach Anl. 2 Abschn. 2 UAbschn. 2 Nr. 7 **von der Erlaubnispflicht ausgenommen.**

Da diese nicht der WaffRiLi unterfallen, sind die gemeinschaftsrechtlichen Vorgaben durch diese Freistellung von der Erlaubnispflicht nicht tangiert.

V. Erlaubnisfreie Mitnahme durch Jäger, Sportschützen oder Brauchtumsschützen (Abs. 3)

27 Abs. 3 bestimmt, dass eine Erlaubnis nach Abs. 1 und Abs. 1a unter bestimmten Vorauss. **entbehrlich** ist. Diese Regelung betr. Jäger, Sportschützen und Brauchtumsschützen.

Die Regelung greift zurück auf Art. 12 Abs. 2 WaffRiLi, der in Ausnahme zu Art. 12 Abs. 1 WaffRiLi für die Gruppen der Jäger und Sportschützen ausdrücklich Ausnahmen vom Prinzip der „doppelten Genehmigung" vorsieht. Die vorherige Zustimmung des „Zielstaates" ist nach Art. 12 Abs. 2 WaffRiLi entbehrlich, soweit Jäger Feuerwaffen der Kategorien C und D zum Zwecke der Jagd bzw Sportschützen Feuerwaffen der Kategorien B, C und D zum Zwecke des Sports mitnehmen, soweit sie einen EFP besitzen, die mitgenommenen Waffen in den EFP eingetragen sind und sie den Grund der Mitnahme nachweisen können.

Demnach kommt eine erlaubnisfreie Mitnahme **in den, durch den und aus dem Geltungsbereich** des Gesetzes in Betracht, soweit die tatbestandlichen Vorauss. des Abs. 3 hierfür vorliegen.

Bei der nach Abs. 3 erlaubnisfrei gestellen Mitnahme **in und durch** den Geltungsbereich des Gesetzes ist daher in dem von einem anderen Mitgliedstaat ausgestellten EFP die deutsche Erlaubnis in Form eines **Genehmigungsvermerks in Spalte 5 des** (ausländischen) **EFP** entbehrlich.

Für den Fall der erlaubnisfreien Mitnahme **aus** dem Geltungsbereich **in einen anderen Mitgliedstaat** ist der **Genehmigungsvermerk** der deutschen Behörde **in Spalte 4 des** (deutschen) **EFP entbehrlich.**

Abs. 3 enthält damit zunächst eine **bedeutsame Ausnahmevorschrift** für Inhaber eines EFP aus anderen Mitgliedstaaten. Mit dem EFP und dem Nachweis des Mitnahmegrundes dürfen sie die in der Vorschrift näher umrissenen und in den EFP eingetragenen Schussw. sowie die dazugehörige Munition **ohne weitere Erlaubnis** in den oder durch den Geltungsbereich des WaffG mitnehmen. Eine Erlaubnis für den Erwerb und Besitz der berechtigt mitgenommenen Waffen sowie der Munition ist nicht erforderlich (vgl. § 12 Abs. 1 Nr. 6, Abs. 2 Nr. 3). Das waffenscheinfreie Führen richtet sich nach § 12 Abs. 3 Nr. 2. 28

Darüber hinaus beinhaltet Abs. 3 auch eine wichtige Ausnahme für Inhaber eines deutschen EFP. Sie können unter den in der Norm formulierten Vorauss. die in den deutschen EFP eingetragenen Waffen sowie die dazugehörige Munition ohne Erlaubnis der deutschen Waffenbehörde in einen anderen Mitgliedstaat mitnehmen.

Soweit ein Mitnahmevorgang aus Deutschland in einen anderen Mitgliedstaat bei Vorliegen der Vorauss. nach Abs. 3 erlaubnisfrei gestellt ist, bleibt hiervon das **Recht des Ziel-Mitgliedstaats unberührt.** Da es keine inhaltlich deckungsgleiche Korrespondenzvorschrift zu Abs. 3 in den Waffengesetzen der anderen Mitgliedstaaten gibt, muss der Mitnehmende stets im Vorfeld einer Mitnahme klären, welchen rechtlichen Vorgaben er im Ziel-Mitgliedstaat zu genügen hat. 29

Bsp.: Das deutsche WaffG gestattet einem Jäger unter den Vorauss. des § 32 Abs. 3 die erlaubnisfreie Mitnahme von bis zu 3 Langwaffen der Kat. C oder D nach Anlage 1 Abschnitt 3 nach oder durch Deutschland bzw aus Deutschland in einen Mitgliedstaat zum Zwecke der Jagd.

§ 38 Abs. 3 des österreichischen WaffG (Bundesgesetz über die Waffenpolizei) ist das Gegenstück zum deutschen § 32 Abs. 3. Nach § 38 Abs. 3 Nr. 1 des österreichischen WaffG können Jäger unter den in der Norm genannten Vorauss. (Waffe in EFP eingetragen, Grund der Mitnahme belegt) bis zu drei Jagdwaffen sämtlicher Kategorien (ausgenommen Faustfeuerwaffen) sowie die dafür bestimmte Munition zum Zwecke der Jagd erlaubnisfrei nach und durch Österreich mitnehmen. Hier ist die österreichische Freistellung von der Erlaubnispflicht also weiter gefasst als die deutsche.

Allerdings ist es dem Sportschützen zum Zwecke der Ausübung des Schießsportes durch § 38 Abs. 3 Nr. 2 des österreichischen WaffG nur gestattet, bis zu drei Schusswaffen jedweder Kategorie sowie die dafür bestimmte Munition erlaubnisfrei unter den in der Norm genannten Vorauss. (Waffe in EFP eingetragen, Grund der Mitnahme belegt) nach oder durch Österreich mitzunehmen. Der Ausnahmetatbestand des § 32 Abs. 3 Nr. 2 gestattet hingegen die erlaubnisfreie Mitnahme von bis zu 6 Schusswaffen und die dafür bestimmte Munition, beschränkt allerdings die Kategorien auf B, C oder D.

Vor diesem Hintergrund ist bereits bei Aushändigung des EFP durch die ausstellende Behörde der Antragsteller darauf hinzuweisen, dass er im eigenen Interesse die jeweils gültige Rechtslage des zu bereisenden Staates selbst erfragen sollte (WaffVwV Nr. 32.4).

Da eine erlaubnisfreie Mitnahme durch einen EFP-Inhaber *in den* Geltungsbereich im Zuge des Rückwegs stets als Kehrseite eine Mitnahme *aus dem* Geltungsbereich bewirkt und umgekehrt jede Mitnahme *aus dem* Geltungsbereich in einen anderen Mitgliedstaat auch stets im Rahmen der Heimreise eine Mitnahme *in den* Geltungsbereich nach sich zieht, sollte der Gesetzgeber klarstellen, dass **die mit den Rück-** 30

wegen jeweils verbundenen Mitnahmevorgänge, welche ihrerseits einer eigenständigen rechtlichen Würdigung unterliegen, ebenfalls vom Freistellungstatbestand erfasst und damit erlaubnisfrei sind. Für die meisten Fälle in der Praxis dürfte ohnehin bereits eine Erlaubnisfreistellung auch für den Rückweg ebenfalls aus Abs. 3 folgen. Im Falle der Rückreise deutscher Waffenbesitzer in den Geltungsbereich des Gesetzes dürfte zudem häufig eine erlaubnisfreie Mitnahme nach Abs. 5 Nr. 1 vorliegen.

31 Grundvorauss. für eine erlaubnisfreie Mitnahme nach Abs. 3 ist zunächst, dass der Mitnehmende Inhaber eines **EFP** ist. Dieser muss **gültig** sein. Weiterhin müssen die mitgenommenen Waffen in den EFP **eingetragen** sein.

32 Folgende erlaubnisfreie Mitnahmetatbestände sieht die Vorschrift vor:

– Jäger, die bis zu drei Langwaffen nach Anl. 1 Abschn. 3 der Kat. C und D und die dafür bestimmte Munition im Sinne des § 13 Abs. 1 Nr. 2, Abs. 5 **zum Zweck der Jagd** mitnehmen.
– Sportschützen, die bis zu sechs Schussw. nach Anl. 1 Abschn. 3 der Kat. B, C oder D und die dafür bestimmte Munition **zum Zweck des Schießsports** mitnehmen.
– Brauchtumsschützen, die bis zu drei Einzellader- oder Repetier-Langwaffen nach Anl. 1 Abschn. 3 Kat. C und D und die dafür bestimmte Munition **zur Teilnahme an einer Brauchtumsveranstaltung** mitnehmen.

33 Die Befreiung nach Abs. 3 setzt schließlich voraus, dass der **Grund für die Mitnahme nachgewiesen** werden kann.

Als Beleg für den Grund der Mitnahme gelten zB die Einladung zu einer Jagd oder eine gültige deutsche Jagderlaubnis und die Einladung zu einer schieß- oder brauchtumssportlichen Veranstaltung.

Bei einer schießsportlichen Veranstaltung (Wettkampf oder Training) im Nahbereich einer EU-Binnengrenze kann auch der Mitgliedsausweis einer schießsportlichen Vereinigung in diesem Grenzbereich als Beleg für den Grund der Mitnahme ausreichend sein (WaffVwV Nr. 32.2, im Anschluss daran *Heller/Soschinka* WaffR Rn. 1268).

34 Gem. § 38 Abs. 1 S 1 Nr. 1f aa) ist neben dem Pass oder Personalausweis im Fall der Mitnahme einer Schussw. nach Anl. 1 Abschn. 3 (Kat. A 1.2 bis D) aus einem anderen Mitgliedstaat der EFP und **zusätzlich** ein Beleg für den Grund der Mitnahme mitzuführen und Polizeibeamten oder sonst zur Personenkontrolle Befugten auf Verlangen zur Prüfung auszuhändigen.

35 Der erforderliche Mitnahmezweck bemisst sich nach dem Wortlaut der Norm („zum Zweck der Jagd, zum Zweck des Schießsports zur Teilnahme an einer Brauchtumsveranstaltung"). Zu weitgehend ist die Auffassung, eine erlaubnisfreie Mitnahme sei bereits dann anzunehmen, soweit diese **im Zusammenhang** mit der Jagd, dem Schießsport oder dem Brauchtum (zB auch Reparatur von Jagd-, Sport- und Brauchtumswaffen, Aussuchen spezieller Munition) erfolge (so aber WaffVwV Nr. 32.2, im Anschluss daran *Heller/Soschinka* WaffR Rn. 1268). In den Reparaturfällen dürfte typischerweise ein zumindest vorübergehender Besitzwechsel (Übergabe an den Büchsenmacher) und daher ohnehin ein Verbringen vorliegen, was nicht in den Regelungsbereich des § 32 fällt. Dessen ungeachtet geht diese weite Auslegung über den Wortlaut der Vorschrift hinaus und ist von diesem nicht mehr gedeckt. Nicht zuletzt ist sie in der Sache auch entbehrlich, da in diesen Fällen ohne weiteres eine Erlaubnis nach Abs. 1 bzw Abs. 1a erteilt werden kann.

36 Die Begriffe Jäger, Sportschütze und Brauchtumsschütze können nicht „eins zu eins" aus den nationalen Vorschriften der §§ 13, 14 und 16 übernommen werden. Soweit die Begriffe im Rahmen des § 32 verwendet werden, greifen diese auf ein weiter gefasstes Begriffsverständnis iSd WaffRiLi zurück. Zudem dokumentieren die Regelungen zum EFP den gesetzgeberischen Willen zur Anerkennung solcher EFP, die durch Mitgliedstaaten unter Zugrundelegung ihrer jeweiligen Rechtsnormen erteilt worden sind. Diesem Grundgedanken liefe es zuwider, in Konstellationen der Mitnahme *nach und durch* Deutschland für die Anerkennung der Jägereigenschaft einen gültigen deutschen Jagdschein zu verlangen (aA wohl *Heller/Soschinka* WaffR Rn. 1266, welche nur „Inhaber eines gültigen Jagdscheins" die erlaubnisfreie Mitnahme nach Nr. 1 zugestehen wollen.). Vielmehr reicht zum Nachweis der prinzipiellen Jägereigenschaft iSv Abs. 3 Nr. 1 auch ein ausländischer Jagdschein oÄ aus.

Ein gültiger deutscher Jagdschein (ausgestellt als Tagesjagdschein) ist erst für die Ausübung der Jagd in Deutschland erforderlich.

Ebenso kann nicht der deutsche Sportschützen- oder Brauchtumsschützenbegriff angewendet werden. Es gelten insoweit die Rechtsvorschriften des Ausstellerstaats (uneinheitlich *Steindorf/Gerlemann* WaffG § 32 Rn. 9 ff.; offen gelassen bei *Apel/Bushart* WaffG § 32 Rn. 11).

Der Freistellungstatbestand erfasst hinsichtlich der Mitnahme *in und durch* den Geltungsbereich des Gesetzes auch die „Rückwege" der Mitnahme. **37**

Bsp.: Ein finnischer Biathlet reist nach Beendigung des Biathlonwettkampfs in Ruhpolding mit seiner Biathlonwaffe über den Flughafen München zurück nach Finnland. Bei der Anreise erfüllte er die in § 32 Abs. 3 Nr. 2 genannten Anforderungen und konnte somit erlaubnisfrei seine Biathlonwaffe mitnehmen. Der Freistellungstatbestand erfasst auch die hier stattfindende Heimreise nach Ende des Wettkampfes.

Für den Fall der Mitnahme *aus* dem Geltungsbereich des Gesetzes ist der Rückweg (also die Wiedereinreise bzw Durchreise nach/durch Deutschland) nach Maßgabe des Abs. 5 Nr. 1 erlaubnisfrei gestellt (→ Rn. 43 ff.). **37a**

Für die Mitnahme anderer oder der Zahl nach darüber hinausgehender Waffen oder Munition, zB bei Überschreitung der in Abs. 3 festgelegten Kontingente oder zur Jagdausübung benötigte Kurzwaffen (sog Fangschussw.), verbleibt es ebenfalls bei der Erlaubnispflicht nach Abs. 1 (vgl. *Hinze* WaffG § 32 Rn. 25 f.). **38**

Sonderregelungen ergeben sich aus dem **deutsch-österreichischen Abkommen** über die gegenseitige Anerkennung von Dokumenten für die Mitnahme von Schussw. und Munition durch Angehörige traditioneller Schützenvereinigungen und Sportschützen v. 28.6.2002 (→ § 47 Rn. 2). Danach ist für Mitglieder deutscher und österreichischer traditioneller Schützenvereinigungen und Sportschützenvereine für die im Abkommen genannten Waffen und dafür bestimmte Munition unter besonderen Vorauss. der Besitz eines EFP **nicht erforderlich.** Dieses Abkommen gilt nur für die Mitnahme von Schussw. und der dafür bestimmten Munition zu besonderen Anlässen in der Republik Österreich und im Freistaat Bayern. Nach dem Inhalt des Abkommens kann die Mitnahme von Waffen aus Österreich nach Bayern nur direkt über die österreichisch-bayerische Grenze erfolgen. **39**

VI. Erleichterte Erteilung der Erlaubnis bei der Mitnahme aus einem Drittstaat (Abs. 4)

Ein erleichterter Erlaubniserwerb ist für Personen mit **gewöhnlichem Aufenthalt** (→ § 11 Rn. 7 ff.) in **Drittstaaten** vorgesehen, soweit diese zu den in Abs. 3 Nr. 1–3 beschriebenen Zwecken (Jagd, Schießsport, Teilnahme an Brauchtumsveranstaltung) eine Erlaubnis nach Abs. 1 begehren. Diesen kann eine Erlaubnis gem. Abs. 1 erteilt werden, soweit keine Tatsachen die Annahme rechtfertigen, dass sie unzuverlässig oder persönlich nicht geeignet sind. **40**

Gem. § 30 Abs. 3 AWaffV kann die zust. Beh. bei der Erteilung einer Erlaubnis nach Abs. 4 auf die Angaben der Waffen und Munition verzichten, wenn diese nicht rechtzeitig gemacht werden können. Die Angaben sind der zust. Beh. unverzüglich nachzureichen und bei der Einreise den nach § 33 Abs. 3 zust. **Überwachungsbehörden** mitzuteilen. **41**

Gem. § 30 Abs. 4 AWaffV kann die zust. Beh. in besonderen Fällen gestatten, dass Antragstellungen für die Erteilung einer Erlaubnis nach Abs. 4 durch **mehrere Personen gemeinsam** auf dem hierfür vorgesehenen amtlichen Vordruck erfolgen.

VII. Ausnahmen von der Erlaubnispflicht (Abs. 5)

42 Abs. 5 enthält weitere Ausnahmetatbestände für die **Mitnahme** von Waffen oder Munition **in den** oder **durch den** Geltungsbereich des WaffG.

1. Mitnahme durch Inhaber einer Erlaubnis (Abs. 5 Nr. 1)

43 Die Mitnahme in oder durch den Geltungsbereich des WaffG ist gem. Abs. 5 Nr. 1 **erlaubnisfrei,** wenn Waffen oder Munition durch **Inhaber einer Erlaubnis** zum Erwerb oder Besitz für diese Waffen oder Munition mitgenommen werden. In Betracht kommen nur von **deutschen zust. Beh.** ausgestellte Erlaubnisse, zB eine WBK, MES, Ersatzbescheinigungen gem. § 55 Abs. 2 oder auch Handelserlaubnisse gem. § 21 (*Apel/Bushart* WaffG § 32 Rn. 15).

44 Der Freistellungstatbestand nach Nr. 1 stellt nicht allein darauf ab, dass der Mitnehmende „zum Erwerb und Besitz berechtigt" ist, sondern setzt positiv voraus, dass er Inhaber einer Erlaubnis zum Erwerb oder Besitz ist.

Daher begründen Fälle des erlaubnisfreien (vorübergehenden) Erwerbs und Besitzes (etwa nach § 12) zwar eine Rechtmäßigkeit desselben, aber keine erlaubnisfreie Mitnahme nach Abs. 5 Nr. 1.

45 Ein gültiger **Jahresjagdschein** nach § 15 Abs. 1 S. 1 BJagdG stellt **keine Erlaubnis** zum Erwerb oder Besitz iSd Vorschrift dar. Dieser stellt lediglich den Erwerb von Jagdlangwaffen erlaubnisfrei, stellt seinereits aber keine eigenständige Erlaubnis für Erwerb und Besitz dar. Mit dem **6. ÄndG** (→ Einf. Rn. 26c) stellt der Gesetzgeber dies im Wortlaut der Norm klar (so bereits WaffVwV Nr. 32.3).

46 In der Praxis entfaltet dieser Freistellungstatbestand typischerweise Wirkung für den von einer Reise nach Deutschland zurückkehrenden Jäger oder Sportschützen. Soweit diese über eine deutsche Erlaubnis zum Erwerb und Besitz der mitgeführten Waffen verfügen, ist die deutsche Rechtsordnung durch den grenzüberschreitenden Vorgang im Zuge der Rückreise nach oder durch Deutschland nicht tangiert und eine gesonderte Mitnahmeerlaubnis daher entbehrlich. Kann keine deutsche Erlaubnis zum Erwerb und Besitz vorgelegt werden, so bleibt es bei der Erlaubnispflicht und die Rückreise setzt eine Erlaubnis nach Abs. 1 voraus.

Bsp.: Der deutsche Jäger J hat sich für die Großwildjagd in Namibia eine großkalibrige Jagdlangwaffe nach § 12 Abs. 1 Nr. 1a ausgeliehen. Nach seinem zweiwöchigen Jagdaufenthalt in Namibia reist er über den Flughafen Frankfurt/Main wieder ein.

In dieser Konstellation bedarf es für die Wiedereinreise nach Deutschland (Mitnahme *in den* Geltungsbereich) einer Erlaubnis nach Abs. 1. Diese wird typischerweise vor Antritt der Reise eingeholt. Damit ist sichergestellt, dass die Waffe bereits bei Reiseantritt berechtigt besessen wurde und es sich sich um einen Mitnahmevorgang handelt.

Wurde hingegen im Ausland eine Waffe erworben, liegt ein erlaubnispflichtiges Verbringen vor (WaffVwV Nr. 32.3).

Bedeutsam kann dieser Freistellungstatbestand auch für deutsche Waffenbesitzer sein, die ihren gewöhnlichen Aufenthalt im Ausland haben und gelegentlich mit ihre Waffe zu Besuch nach Deutschland kommen.

Bsp.: Der deutsche Jäger J ist Inhaber einer deutschen WBK und eines gültigen deutschen Jahresjagdscheins. Er lebt und arbeitet in Straßburg. Regelmäßig kommt er nach Deutschland, um an Treibjadgen teilzunehmen.

In dieser Konstellation benötigt der J keine Erlaubnis für jede einzelne Mitnahme nach Deutschland. Da er Inhaber einer deutschen Besitzerlaubnis (WBK) ist, greift § 32 Abs. 5 Nr. 1 und die Mitnahme nach Deutschland ist jeweils erlaubnisfrei möglich.

2. Signalwaffen und die dafür bestimmte Munition an Bord von Schiffen (Abs. 5 Nr. 2)

Die Mitnahme von Signalwaffen und die dafür bestimmte Munition, die aus **47** Gründen der **Sicherheit an Bord von Schiffen** mitgeführt werden, bedarf keiner Erlaubnis. Vorauss. ist, dass die Signalwaffen und die Munition **zweckbestimmt** an Bord mitgeführt werden. IdR sind dies Signalwaffen im Kaliber 4, welche für den Erwerb und Besitz der Erlaubnispflicht unterliegen. Die Ausnahme greift nur, solange die Signalwaffen und die dazugehörige Munition **an Bord des Schiffs** verbleiben. In diesem Fall ist der Erwerb und Besitz nach § 12 Abs. 1 Nr. 6 von der Erlaubnispflicht ausgenommen.

Hinsichtlich des **Führens** gilt für den verantwortlichen Führer eines Wasserfahrzeugs die Ausnahme des § 12 Abs. 3 Nr. 4.

Die Befreiung gilt nur für Schiffe, **nicht für Luftfahrzeuge.** Die Mitnahme in **48** Luftfahrzeugen ist in Abs. 5 Nr. 3 geregelt.

3. Sonstige Waffen und Munition an Bord von Schiffen oder Luftfahrzeugen (Abs. 5 Nr. 3)

Unter den Vorauss. des Abs. 5 Nr. 3 ist die Mitnahme von Waffen und Munition **49** in den oder durch den Geltungsbereich des WaffG erlaubnisfrei gestellt, soweit diese an Bord von Schiffen oder Luftfahrzeugen mitgeführt werden. Die Befreiung von der Erlaubnispflicht greift, soweit die Waffen und Munition während des Aufenthalts im Geltungsbereich des WaffG unter Verschluss gehalten, der zust. Überwachungsbehörde unter Angabe des Hersteller- oder Warenzeichens, der Modellbezeichnung und, wenn die Waffen eine Herstellungsnummer haben, auch dieser, unverzüglich gemeldet und spätestens innerhalb eines Monats wieder aus dem Geltungsbereich des WaffG befördert werden.

Die Vorschrift ist mit dem **3. ÄndG** (→ Einf. Rn. 24) zum 25.7.2009 eingeführt **50** worden. Damit hat der Gesetzgeber einem praktischen Bedürfnis im Transportwesen Rechnung getragen (vgl. BT-Drs. 16/12597, 50). Während sich die Vorgängerregelung auf **Schussw.** und die **dafür bestimmte** Munition beschränkte, wird von der jetzigen Regelung jegliche Munition erfasst. Zudem verzichtet der Gesetzgeber auf eine ausdr. Zweckbindung des Mitnehmens der Waffen und Munition und erweitert damit den Ausnahmetatbestand gegenüber der Vorgängervorschrift zumindest dem Wortlaut nach erheblich. Soweit der Gesetzgeber mit der aktuellen Vorschrift lediglich zur Rechtslage des § 27 Abs. 3 Nr. 3 aF zurückkehren wollte, wonach eine erlaubnisfreie Mitnahme nur zum Zwecke der Sicherheit an Bord in Betracht kam (vgl. *Steindorf*, 7. Aufl., WaffG § 27 Rn. 9; BT-Drs. 16/12597, 50) hat er sein Ziel verfehlt.

So fallen zumindest dem Wortlaut nach auch Reisende, die zB als Jäger oder Sportschützen Waffen oder Munition an Bord eines Schiffs oder Luftfahrzeugs mitnehmen, unter diese Ausnahmeregelung.

Offensichtlich hat der Gesetzgeber bei der Neuregelung die **Garantenstellung** Deutschlands gegenüber den anderen Mitgliedstaaten aus Art. 15 Abs. 1 iVm Art. 12 der Waffenrichtlinie übersehen, wonach die Erteilung einer deutschen Mitnahmeerlaubnis aus **Drittstaaten** in oder durch den Geltungsbereich des WaffG in einen anderen Mitgliedstaat dessen **vorherige Zustimmung** erfordert. Dieser Garantenstellung Rechnung tragend kann Abs. 5 Nr. 3 nur dahingehend auszulegen sein, dass iErg allein solche Mitnahmevorgänge aus Drittstaaten erlaubnisfrei sind, in denen die Waffen und Munition **zum Zwecke der Sicherheit** an Bord von Schiffen oder Luftfahrzeugen mitgeführt werden.

Nichts Anderes kann für die Mitnahme aus Mitgliedstaaten gelten. Stellte man diese Mitnahmevorgänge ohne Ansehen des konkreten Zwecks von der Erlaubnispflicht frei, so ginge damit gleichzeitig auch ein erlaubnisfreier Besitz (§ 12 Abs. 1 Nr. 6) und ggf. auch ein erlaubnisfreies Führen (vgl. § 12 Abs. 3 Nr. 2) einher. So könnte bspw. eine Person, die in Österreich unerlaubt eine Schussw. besitzt, diese auf dem Luftweg unter den Vorauss. des § 32 Abs. 5 Nr. 3 iVm § 12 Abs. 1 Nr. 6, Abs. 3 Nr. 2 nach Deutschland mitnehmen und ginge in Deutschlang straffrei aus. Ein solches Ergebnis stünde im Widerspruch zum Willen des Gesetzgebers, der offenkundig nur zur alten Rechtslage zurückkehren wollte. Von daher ist eine erlaubnisfreie Mitnahme in oder durch den Geltungsbereich stets nur in den Fällen zu bejahen, in denen die Waffen und Munition **zum Zwecke der Sicherheit** an Bord von Schiffen oder Luftfahrzeugen mitgeführt werden.

Reisende, die Waffen und Munition zu anderen Zwecken mitnehmen, unterliegen den vorrangigen Bestimmungen des Abs. 1 S. 3 und benötigen somit eine Mitnahmeerlaubnis. Diese setzt ihrerseits, soweit es sich um eine Mitnahme aus einem Drittstaat durch Deutschland in einen anderen Mitgliedstaat handelt, die vorherige Zustimmung des/der betroffenen Mitgliedstaaten voraus.

Im Sinne der Rechtssicherheit sollte der Gesetzgeber diesen Umstand im Wortlaut **klarstellen.**

51 Ein Grund für die Mitnahme von Waffen und Munition an Bord von Schiffen liegt in der Abwehr von **Piratenangriffen.** Auch für das Mitnehmen von Waffen und Munition an Bord von **Luftfahrzeugen** besteht ein praktisches Bedürfnis.

52 Die Befreiung gilt nur, wenn die Waffen oder Munition unter Verschluss gehalten und der zust. Überwachungsbehörde unter Angabe des Hersteller- oder Warenzeichens, der Modellbezeichnung und, wenn die Waffen eine Herstellungsnummer haben, auch dieser gemeldet werden. Die Meldung muss **unverzüglich** erfolgen, dh ohne „schuldhaftes Zögern" (§ 121 BGB). Wo die Waffen unter Verschluss gehalten werden ist unerheblich. Dies kann bspw. auch bei der zust. Überwachungsbehörde (Bundespolizei oder Zollverwaltung) erfolgen und wird insbes. im Luftverkehr der Fall sein, da bei Luftfahrzeugen ein sicherer Verschluss über längere Zeit idR nicht vollzogen werden kann.

Während des Aufenthaltes des Schiffs oder Luftfahrzeugs im Geltungsbereich des WaffG sind die Waffen nicht schuss- und nicht zugriffsbereit aufzubewahren, da nur dann gem. § 12 Abs. 3 Nr. 2 ein **erlaubnisfreies Führen** vorliegt.

53 Die Ausnahme gilt längstens **einen Monat** und wird vom Beginn der Mitnahme an, idR dem Tag des Einlaufens in den Hafen oder der Landung auf einem Flughafen, berechnet. Für die **Fristberechnung** gilt § 36 VwVfG iVm §§ 187 ff. BGB (→ § 12 Rn. 17 f.).

VIII. Voraussetzungen zur Erteilung eines EFP (Abs. 6)

54 Abs. 6 regelt die **Anspruchvoraussetzungen** auf Erteilung eines EFP. Der EFP ist auszustellen, wenn der Antragsteller zum Besitz der Waffen, die in den EFP eingetragen werden sollen, berechtigt ist und er diese in einen Mitgliedstaat von Deutschland aus **mitnehmen will.**

Im Regelfall ergibt sich die Berechtigung aus einer WBK. In Betracht kommen weiterhin MES oder Ersatzbescheinigungen gem. § 55 Abs. 2 oder auch Handelserlaubnisse gem. § 21.

Weiterhin kommen sonstige WBK-Inhaber als Berechtigte iSd Norm in Betracht, so etwa im Falle des erlaubnisfreien Erwerbs und (vorübergehenden Besitzes) nach

§ 12 Abs. 1 Nr. 1a (vorübergehender erlaubnisfreier Erwerb vom Berechtigten zu einem vom Bedürfnis umfassten Zweck oder im Zusammenhang damit).

Auch weitere Konstellationen des erlaubnisfreien Erwerbs und (zumindest vorübergehenden) Besitzes nach § 12 können die Berechtigung zum Erwerb und Besitz begründen.

Bezogen auf Jagdlangwaffen kann sich die Berechtigung auch aus einem gültigen Jagdschein ergeben (*Heller/Soschinka* WaffR Rn. 1285l mwN).

Bei Erfüllung der Vorauss. besteht ein **Anspruch** auf Erteilung des EFP.

Zur Mitnahme von Leihwaffen aus Deutschland in andere Mitgliedstaaten → Rn. 17.

Dass der Antragsteller seinen gewöhnlichen Aufenthalt im Bundesgebiet haben **55** muss, ist mit dem **6. ÄndG** (→ Einf. Rn. 26c) als Vorauss. für die Erteilung eines EFP entfallen. Damit wurden bislang Personen vom Erwerb ausgeschlossen, die sich zwar im Besitz einer deutschen Waffenerlaubnis befanden, deren Waffen sich auch in Deutschland befanden (etwa am Wohnsitz der Familie), die aber vorübergehend (etwa aus beruflichen Gründen) ihren gewöhnlichen Aufenthalt im Ausland hatten. Da hierfür keine sachlichen Gründe ersichtlich waren, stellt der Gesetzgeber nunmehr allein auf die Besitzberechtigung ab (BR-Drs 61/17, 34).

Vor der jeweiligen Mitnahme in andere Mitgliedstaaten muss der Inhaber des EFP prüfen, ob er einen Genehmigungsvermerk des betreffenden Mitgliedstaats benötigt, oder ob dieser darauf verzichtet.

§ 33 Anmelde- und Nachweispflichten, Befugnisse der Überwachungsbehörden beim Verbringen oder der Mitnahme von Waffen oder Munition in den, durch den oder aus dem Geltungsbereich dieses Gesetzes

(1) [1]**Waffen oder Munition im Sinne des § 29 Abs. 1 hat derjenige, der sie aus einem Drittstaat in den oder durch den Geltungsbereich dieses Gesetzes verbringen oder mitnehmen will, bei der nach Absatz 3 zuständigen Überwachungsbehörde beim Verbringen oder bei der Mitnahme anzumelden und auf Verlangen vorzuführen und die Berechtigung zum Verbringen oder zur Mitnahme nachzuweisen.** [2]**Auf Verlangen sind diese Nachweise den Überwachungsbehörden zur Prüfung auszuhändigen.**

(2) [1]**Die nach Absatz 3 zuständigen Überwachungsbehörden können Beförderungsmittel und -behälter sowie deren Lade- und Verpackungsmittel anhalten, um zu prüfen, ob die für das Verbringen oder die Mitnahme in den, durch den oder aus dem Geltungsbereich dieses Gesetzes geltenden Bestimmungen eingehalten sind.** [2]**Werden Verstöße gegen die in Satz 1 genannten Bestimmungen festgestellt, so können die zuständigen Überwachungsbehörden, soweit erforderlich, Vor-, Familien- und gegebenenfalls Geburtsname, Geburtsdatum und -ort, Wohnort und Staatsangehörigkeit der betroffenen Personen erheben und diese Daten sowie Feststellungen zum Sachverhalt den zuständigen Behörden zum Zweck der Ahndung übermitteln.** [3]**Für Postsendungen gilt dies nur, wenn zureichende tatsächliche Anhaltspunkte für eine Straftat vorliegen.** [4]**Das Brief- und Postgeheimnis nach Artikel 10 des Grundgesetzes wird nach Maßgabe der Sätze 2 und 3 eingeschränkt.**

(3) [1]**Das Bundesministerium der Finanzen bestimmt die Zolldienststellen, das Bundesministerium des Innern bestimmt die Behörden der Bundespolizei, die bei der Überwachung des Verbringens und der Mitnahme von Waffen oder Munition mitwirken.** [2]**Soweit der grenzpolizeiliche Einzeldienst von Kräften der Länder wahrgenommen wird (§ 2 Abs. 1 und 3 des Bundespolizeigesetzes), wirken diese bei der Überwachung mit.**

Übersicht

I. Allgemeines

1 § 33 beinhaltet Vorschriften über Anmelde-, Vorführ- und Nachweispflichten, die im Fall des Verbringens oder der Mitnahme von Schussw. oder Munition **aus einem Drittstaat** nach Deutschland bestehen (Abs. 1). Des Weiteren werden Befugnisse (Abs. 2) und Zuständigkeiten (Abs. 3) der **Überwachungsbehörden** für das Verbringen und die Mitnahme allg. festgelegt.

2 Abs. 3 S. 1 und S. 2 wurde durch Art. 34 des Gesetzes zur Umbenennung des Bundesgrenzschutzes in Bundespolizei v. 21.5.2005 (BGBl. I S. 1818) zum 1.7.2005 **geändert.** Die Wörter „Bundesgrenzschutz" bzw „Bundesgrenzschutzgesetz" wurden jeweils in „Bundespolizei" bzw „Bundespolizeigesetz" umbenannt. Die im Zuge des **2. ÄndG** (→ Einf. Rn. 23) vorgesehene Einführung der Anmeldepflicht beim Verbringen oder der Mitnahme aus dem Geltungsbereich des WaffG in Drittstaaten wurde aufgehoben, bevor sie in Kraft trat.

Abs. 2 der Vorschrift wurde durch das **6. ÄndG** (→ Einf. Rn. 26c) ergänzt. Die Kontrollbefugnisse der in der Norm genannten Behörden (Zoll und Bundespolizei) erstrecken sich nun neben dem Verbringen und der Mitnahme in den Geltungsbereich auch auf das Verbringen und die Mitnahme **aus** dem Geltungsbereich. Weiterhin erhalten die Behörden die Befugnis zur Erhebung und Weiterleitung von personenbezogenen Daten, soweit Verstöße gegen die Verbringens- oder Mitnahmevorschriften festgestellt werden.

II. Anmelde-, Vorführ- und Nachweispflichten (Abs. 1)

3 Abs. 1 legt Anmelde-, Vorführ- und Nachweispflichten für Waffen und Munition iSd § 29 Abs. 1 fest. Diese Pflichten obliegen demjenigen, der die genannten Schussw. und Munition **aus einem Drittstaat** in den oder durch den Geltungsbereich des WaffG verbringt oder mitnimmt (zu den Begriffen → Anl. 1 Rn. 178 f.). Keine Anmeldepflicht besteht beim Verbringen oder der Mitnahme von Waffen oder Munition aus einem Mitgliedstaat (Vorb. §§ 29–33 Rn. 2) in den oder durch den Geltungsbereich des WaffG. Die Anmelde-, Vorführ- und Nachweispflicht besteht **nicht** beim Verbringen oder der Mitnahme **aus dem** Geltungsbereich des WaffG in einen **Drittstaat,** sondern es gelten die Vorschriften des AWG (→ Vorb. §§ 29–33 Rn. 17, vgl. auch *Gade* WaffR S. 225 ff.).

1. Anzumeldende Waffen und Munition

4 Der Anmelde- und ggf. Vorführpflicht unterliegen Waffen und Munition iSd § 29 Abs. 1. Darunter fallen Schussw. und Munition der Anl. 1 Abschn. 3 Kat. A 1.2 –

D und sonstige Waffen oder Munition, deren Erwerb und Besitz der **Erlaubnis** bedürfen, zB Druckluft- und Federdruckwaffen und Waffen, bei denen zum Antrieb der Geschosse kalte Treibgase Verwendung finden, deren Geschossen eine Bewegungsenergie von **mehr** als 7,5 J erteilt wird. Ebenso fallen hierunter solche Waffen, die den Geschossen zwar eine Energie von weniger oder zumindest nicht mehr als 7,5 J erteilen, die aber keine entspr. Kennzeichnung („F im Fünfeck") aufweisen, soweit sie nicht vor dem 1.1.1970 oder in dem Gebiet der ehem. DDR bis zum 2.4.1991 hergest. und entsprechend den zu diesem Zeitpunkt geltenden Bestimmungen in den Handel gebracht worden sind, vgl. Anl. 2 Abschn. 2 UAbschn. 2 Nr. 1.2.

Weiter sind hier SRS-Waffen **ohne** PTB-Kennzeichnung, wesentl. Teile von Schussw. und Schalldämpfer zu nennen.

Damit unterliegen den og Pflichten **nicht** diejenigen Waffen, die **nicht Schussw.** sind, zB Hieb- und Stoßwaffen (vgl. Anl. 1 Abschn. 1 UAbschn. 2), ebenso **Anscheinswaffen.** Zudem fallen Schussw. oder Munition, deren Erwerb und Besitz **nicht der Erlaubnis** bedarf, nicht unter die Anmeldepflicht, zB bestimmte Kaltgaswaffen, SRS-Waffen und Kartuschenmunition (also alle Schussw. und Munitionsarten, die in Anl. 2 Abschn. 2 UAbschn. 2 Nr. 1 aufgeführt sind) sowie sog **Spielzeugwaffen,** die gem. Anl. 2 Abschn. 3 UAbschn. 2 weitestgehend nicht dem WaffG unterliegen.

Anzumelden sind auch **verbotene Schussw. und Munition,** soweit sie mit einer 5
Ausnahmebewilligung des BKA gem. § 40 Abs. 4 aus einem Drittstaat verbracht oder mitgenommen werden dürfen. Dann ist die Berechtigung zum Verbringen oder zur Mitnahme zusätzlich zur Ausnahmebewilligung vorzulegen (*Heller/Soschinka* WaffR Rn. 1219).

2. Anmeldung, Vorführung, Nachweise und Aushändigung

Anmeldung ist die Bekanntgabe bei den Überwachungsbehörden, dass melde- 6
pflichtige Waffen oder Munition verbracht oder mitgenommen werden sollen. Diese Verpflichtung ist nach der sprachlichen Interpretation des Begriffs der „Anmeldung" **unaufgefordert** einzuhalten und von der Person, die anmeldepflichtige Waffen oder Munition verbringen oder mitnehmen will, **selbstständig** vorzunehmen.

Die Vorschrift hat nur noch an den **Luft- und Seeaußengrenzen** praktische 7
Bedeutung, da an **allen Landgrenzen** zu Deutschlands Nachbarstaaten auf Grund der Inkraftsetzung des Art. 2 Abs. 1 SDÜ bzw Art. 1, 20 SGK die **Grenzkontrollen iSd SGK abgeschafft** wurden und die Landgrenze (Binnengrenze) an jeder Stelle von jedermann ohne Personenkontrolle überschritten werden darf, ebenso bei Binnenflügen (vgl. *Westphal/Stoppa* AuslR S. 94).

Die **Vorführung** ist das Sichtbarmachen, also **Vorzeigen** der Waffen oder Muni- 8
tion. Sie ist erst auf **Verlangen** der Überwachungsbehörden erforderlich. Ebenso ist erst auf Verlangen der Überwachungsbehörden die Berechtigung zum Verbringen oder der Mitnahme **nachzuweisen** und diese Nachweise zur Prüfung **auszuhändigen.** Das bloße Vorzeigen reicht nicht aus, vielmehr müssen die Nachweise an die Überwachungsbehörde übergeben werden. Als **Nachweise** sind für das Verbringen aus Drittstaaten nach Deutschland oder durch Deutschland in einen anderen Mitgliedstaat **Erlaubnisscheine** vorgesehen.

3. Ordnungswidrigkeiten

Vorsätzliche oder fahrlässige Verstöße der **Nichtanmeldung** anmeldepflichtiger 9
Schussw. oder Munition sind ordnungswidrig gem. § 53 Abs. 1 Nr. 15. Das bedeutet, erst die Nichtanmeldung, **nicht** aber die verspätete oder zögerliche bzw nicht unverzügliche Anmeldung erfüllt den Tatbestand.

Des Weiteren ist die **nicht** oder **nicht rechtzeitige Vorführung** der anmelde- 10
pflichtigen Schussw. oder der Munition gem. § 53 Abs. 1 Nr. 15 ordnungswidrig.

11 Das **Nichtaushändigen** der Erlaubnisse nach Aufforderung gem. § 33 Abs. 1 S. 2 ist **nicht** ordnungswidrig. Die Überwachungsbehörden haben die Möglichkeit, die Aushändigung der Erlaubnisscheine mit den Befugnissen des unmittelbaren Zwangs nach UZwG durchzusetzen.

11a Beim Verbringen oder der Mitnahme werden die Waffen jedoch auch **geführt,** weshalb die Ausweispflichten aus § 38 greifen. Wer die in § 38 Abs. 1 Nr. 1b–f genannten Urkunden nicht mitführt oder nicht oder nicht rechtzeitig aushändigt, begeht gem. § 53 Abs. 1 Nr. 20 eine Ordnungswidrigkeit.

III. Befugnisse der Überwachungsbehörden (Abs. 2)

12 Neben den Befugnissen des Abs. 1 können gem. Abs. 2 die nach Abs. 3 zust. Überwachungsbehörden Beförderungsmittel und -behälter sowie deren Lade- und Verpackungsmittel anhalten, um zu prüfen, ob die für das Verbringen oder die Mitnahme in den Geltungsbereich des WaffG geltenden Bestimmungen eingehalten sind.

Das **Anhalten** schließt das Anhalten der Personen ein. Die **Prüfung** umfasst die **Nachschau und evtl. Durchsuchung der Beförderungsmittel und -behälter.** Von der Nachschau und Durchsuchung eingeschlossen sind auch alle Lade- und Verpackungsmittel auf oder in dem Beförderungsmittel oder -behälter. Darunter fallen zB bei Lkw die Ladungen, aber auch Hohlräume und die Fahrerkabine. Bei Pkw bezieht sich dies auf den Pkw sowie auf, im oder am Fahrzeug mitgeführte Ladung, einschl. Koffer, Taschen, Beutel oder Tüten.

13 Das Anhalten und die Prüfung der Beförderungsmittel sowie deren Lade- und Verpackungsmittel, sind **spezialgesetzliche** Befugnisse. Sie gehen den Befugnissen der Bundespolizei gem. § 14 Abs. 3 BPolG und der Zollverwaltung vor. Weitergehende Befugnisse, insbes. das Anhalten, Befragen und Durchsuchen von Personen nach Vorliegen der Vorauss. gem. BPolG oder der Zollverwaltung nach deren Vorschriften bleiben davon unberührt.

13a Mit dem **6. ÄndG** (→ Einf. Rn. 26c) wurden das Anhalte- und Prüfungsrecht um die Befugnis zur Erhebung und Weiterleitung von personenbezogenen Daten erweitert, soweit Verstöße gegen die Verbringens- oder Mitnahmevorschriften festgestellt werden. Neben den in der Norm im Einzelnen aufgeführten personenbezogenen Daten können den zust. Beh. auch Feststellungen zum Sachverhalt übermittelt werden. Die Datenübermittlung hat zum „Zweck der Ahndung" zu erfolgen. Dies setzt nicht voraus, dass die in Kenntnis gesetzte Stelle selbst zur Ahndung berufen ist. Gleichermaßen kommt in Betracht, dass diese etwa weitere erforderliche Informationen zum Sachverhalt zur Verfügung stellen kann, welche für eine Ahndung sachdienlich sind. Häufig wird in Zweifelsfällen eine Kontaktaufnahme mit den zust. Beh. unter Weitergabe von Beteiligtendaten erforderlich sein. Hierfür ist nun eine Rechtsgrundlage geschaffen worden. Die Befugnis zur Weiterleitung personenbezogener Daten besteht bei Eingriffen in das Postgeheimnis nur dann, wenn die Weiterleitung zur Ahndung einer Straftat erforderlich ist (BR-Drs. 61/17, 35).

14 Die Befugnisse finden nicht nur bei der Kontrolle zu Drittstaaten Anwendung, sondern überall dort, wo die Überwachungsbehörden im Rahmen des Abs. 3 zuständig sind, namentlich an allen Binnengrenzen Deutschlands (→ Rn. 7).

Die Befugnisse des Abs. 2 kommen zunächst bei allen Sachverhalten zum Tragen, die Anhaltspunkte für ein Verbringen oder eine Mitnahme von Waffen oder Munition in den Geltungsbereich des WaffG aufweisen. Die BPol kann diese Befugnis auch außerhalb des 30- bzw 50-km-Bereichs (vgl. § 2 Abs. 2 Nr. 3 BPolG), zB auf Flughäfen, Seehäfen oder Bahnhöfen, anwenden, soweit der einzelne Sachverhalt einen entspr. Grenzbezug aufweist. Durch das **6. ÄndG** (→ Einf. Rn. 26c) wurden die Kontrollbefugnisse auch auf solche Sachverhalte ausgedehnt, welche Anhaltspunkte für ein Verbringen oder eine Mitnahme **aus** dem Geltungsbereich aufweisen.

IV. Zuständigkeit der Überwachungsbehörden (Abs. 3)

Gem. Abs. 3 S. 1 bestimmt das BMF die Zolldienststellen, das BMI die Behörden der BPol, die bei der Überwachung des Verbringens und der Mitnahme von Waffen oder Munition mitwirken. Der Überwachungsaufgabe unterliegen **sämtliche Waffen und Munition** gem. WaffG, die verbracht oder mitgenommen werden. Hiervon sind zB auch Hieb- und Stoßwaffen, Elektroimpulsgeräte, Reizstoffsprühgeräte und verbotene Waffen erfasst. 15

Die Überwachungsbehörden sind somit für jeglichen grenzüberschreitenden Waffen- und Munitionstransfer an allen Grenzen zuständig, unabhängig davon, ob es sich um Außen- oder Binnengrenzen handelt.

1. Behörden der Zollverwaltung

Durch das BMF wurde bestimmt, dass die **Zollstellen** gem. Abs. 3 bei der Überwachung des Verbringens und der Mitnahme von Waffen und Munition in bzw durch den Geltungsbereich des WaffG mitwirken (vgl. VSF-Nachrichten v. 27.11.2007 – N 82 2007 Nr. 453, Verbote und Beschränkungen/Waffen und Munition (außer Kriegswaffen), Bekanntgabe der Neufassung der Dienstvorschrift, Erlass BMF III B 1 – SV 0206/06/0002 – Dok.-Nr. 2007/0518451 v. 14.11.2007, S. 4). 16

Im Bereich der **Ordnungswidrigkeiten** wird gem. § 1 WaffGHZAOWiV die Zuständigkeit zur Verfolgung und Ahndung von Ordnungswidrigkeiten nach § 53 Abs. 1 Nr. 15 auf die Hauptzollämter übertragen, soweit § 33 Abs. 1 durch Behörden der Zollverwaltung ausgeführt wird. 17

2. Behörden der Bundespolizei

Das Bundespolizeipräsidium und die Bundespolizeidirektionen einschl. der ihnen nachgeordneten Bundespolizeiinspektionen wirken bei der Überwachung des Verbringens oder der Mitnahme von Waffen und Munition mit. 18

3. Behörden der Länder mit grenzpolizeilichen Aufgaben

Werden Aufgaben des grenzpolizeilichen Einzeldienstes durch die **Bundesländer** wahrgenommen (§ 2 Abs. 1 und 4 BPolG), so wirken deren Polizeibehörden bei der Überwachung des Verbringens und der Mitnahme von Waffen und Munition mit. Durch die entspr. Regelung in Abs. 3 S. 2 wird klargestellt, dass die in den Verwaltungsabkommen mit den Bundesländern Bayern und Hamburg getroffenen Vereinbarungen auch für die Durchführung von Aufgaben nach dem WaffG verbindlich sind. 19

Unterabschnitt 6. Obhutspflichten, Anzeige-, Hinweis- und Nachweispflichten

§ 34 Überlassen von Waffen oder Munition, Prüfung der Erwerbsberechtigung, Anzeigepflicht

(1) [1]**Waffen oder Munition dürfen nur berechtigten Personen überlassen werden.** [2]**Die Berechtigung muss offensichtlich sein oder nachgewiesen werden.** [3]**Werden sie zur gewerbsmäßigen Beförderung überlassen, müssen die ordnungsgemäße Beförderung sichergestellt und Vorkehrungen gegen ein Abhandenkommen getroffen sein.** [4]**Munition darf gewerbsmäßig nur in verschlossenen Packungen überlassen werden; dies gilt nicht im Fall des Überlassens auf Schießstätten gemäß § 12 Abs. 2 Nr. 2 oder soweit einzelne**

Stücke von Munitionssammlern erworben werden. [5]Wer Waffen oder Munition einem anderen lediglich zur gewerbsmäßigen Beförderung (§ 12 Abs. 1 Nr. 2, Abs. 2 Nr. 1) an einen Dritten übergibt, überlässt sie dem Dritten.

(2) **[1]Der Inhaber einer Erlaubnis nach § 21 Abs. 1 Satz 1, der einem anderen auf Grund einer Erlaubnis nach § 10 Abs. 1 oder einer gleichgestellten anderen Erlaubnis zum Erwerb und Besitz eine Schusswaffe überlässt, hat in die Waffenbesitzkarte unverzüglich Herstellerzeichen oder Marke und – wenn gegeben – die Herstellungsnummer der Waffe, ferner den Tag des Überlassens und die Bezeichnung und den Sitz des Betriebs dauerhaft einzutragen und das Überlassen binnen zwei Wochen der zuständigen Behörde schriftlich oder elektronisch anzuzeigen. [2]Überlässt sonst jemand einem anderen eine Schusswaffe, zu deren Erwerb es einer Erlaubnis bedarf, so hat er dies binnen zwei Wochen der zuständigen Behörde schriftlich oder elektronisch anzuzeigen und ihr, sofern ihm eine Waffenbesitzkarte oder ein Europäischer Feuerwaffenpass erteilt worden ist, diese zur Berichtigung vorzulegen; dies gilt nicht in den Fällen des § 12 Absatz 1 oder beim Überlassen an einen Erlaubnisinhaber nach § 21 Absatz 1 Satz 1 zum Zweck der Verwahrung, der Reparatur oder des Kommissionsverkaufs. [3]In der Anzeige nach den Sätzen 1 und 2 sind anzugeben Name, Vorname, Geburtsdatum, Geburtsort und Wohnanschrift des Erwerbers sowie Art und Gültigkeitsdauer der Erwerbs- und Besitzberechtigung. [4]Bei Nachweis der Erwerbs- und Besitzerlaubnis durch eine Waffenbesitzkarte sind darüber hinaus deren Nummer und ausstellende Behörde anzugeben. [5]Bei Überlassung an einen Erlaubnisinhaber nach § 21 Abs. 1 Satz 1 sind in der Anzeige lediglich der Name der Firma und die Anschrift der Niederlassung anzugeben.**

(3) **[1]Die Absätze 1 und 2 gelten nicht für denjenigen, der Schusswaffen oder Munition einem anderen, der sie außerhalb des Geltungsbereichs des Gesetzes erwirbt, insbesondere im Versandwege unter eigenem Namen überlässt. [2]Die Vorschriften des § 31 bleiben unberührt.**

(4) **Wer Personen, die ihren gewöhnlichen Aufenthalt in einem anderen Mitgliedstaat haben, eine Schusswaffe nach Anlage 1 Abschnitt 3 (Kategorien B und C) oder Munition für eine solche überlässt, hat dies unverzüglich dem Bundesverwaltungsamt schriftlich anzuzeigen; dies gilt nicht in den Fällen des § 12 Abs. 1 Nr. 1 und 5.**

(5) **[1]Wer erlaubnispflichtige Feuerwaffen nach Anlage 1 Abschnitt 1 Unterabschnitt 1 Nr. 2, ausgenommen Einzellader-Langwaffen mit nur glattem Lauf oder glatten Läufen, und deren wesentliche Teile, Schalldämpfer und tragbare Gegenstände nach Anlage 1 Abschnitt 1 Unterabschnitt 1 Nr. 1.2.1 einem anderen, der seinen gewöhnlichen Aufenthalt in einem Mitgliedstaat des Übereinkommens vom 28. Juni 1978 über die Kontrolle des Erwerbs und Besitzes von Schusswaffen durch Einzelpersonen (BGBl. 1980 II S. 953) hat, überlässt, dorthin versendet oder ohne Wechsel des Besitzers endgültig dorthin verbringt, hat dies unverzüglich dem Bundesverwaltungsamt schriftlich anzuzeigen. [2]Dies gilt nicht**

1. **für das Überlassen und Versenden der in Satz 1 bezeichneten Gegenstände an staatliche Stellen in einem dieser Staaten und in den Fällen, in denen Unternehmen Schusswaffen zur Durchführung von Kooperationsvereinbarungen zwischen Staaten oder staatlichen Stellen überlassen werden, sofern durch Vorlage einer Bescheinigung von Behörden des Empfangsstaates nachgewiesen wird, dass diesen Behörden der Erwerb bekannt ist, oder**

2. soweit Anzeigepflichten nach Absatz 4 oder nach § 31 Abs. 2 Satz 3 bestehen.

(6) **Das Bundesministerium des Innern wird ermächtigt, durch Rechtsverordnung mit Zustimmung des Bundesrates zur Abwehr von Gefahren für Leben und Gesundheit von Menschen zu bestimmen, dass in den in den Absätzen 2, 4 und 5 bezeichneten Anzeigen weitere Angaben zu machen oder den Anzeigen weitere Unterlagen beizufügen sind.**

Übersicht

I. Allgemeines

1 § 34 regelt das **Überlassen** von Waffen oder Munition sowie die damit im Zusammenhang stehenden **Prüfungs- und Anzeigepflichten** der Beteiligten.

Im waffenrechtl. Sinn überlässt eine Waffe oder Munition, wer die tatsächliche Gewalt darüber einem anderen einräumt (→ Anl. 1 Rn. 173).

Die Umgangsart des Überlassens ist nicht erlaubnispflichtig (→ Anl. 2 Rn. 98). Auch dem Grunde nach erlaubnispflichtige Waffen (Schussw., den Schussw. gleichgest. tragbare Gegenstände und dazugehörige Munition) dürfen überlassen werden, ohne dass es hierfür einer Erlaubnis bedarf (→ Anl. 2 Rn. 98).

Das Überlassen sämtlicher Waffen und Munition richtet sich daher **allein nach** der Spezialvorschrift des **§ 34.**

Abs. 1 bezieht das Überlassen dementsprechend auf sämtliche Waffen und Munition und statuiert die Pflicht, nur an **berechtigte Personen** zu überlassen. Abs. 2 umfasst Anzeige-, Berichtigungs- und Vorlagepflichten für Inhaber einer Waffenherstellungs- oder -handelserlaubnis nach § 21 sowie von sonstigen Personen, wenn sie Waffen oder Munition überlassen haben. Nach Abs. 3 entfallen die in Abs. 1 und 2 festgelegten Pflichten, soweit an Personen außerhalb des Geltungsbereichs des WaffG überlassen wird. Abs. 4 und 5 enthalten Anzeigepflichten gegenüber dem BVA beim Überlassen bestimmter Schussw. und Munition an Personen, die ihren gewöhnlichen Aufenthalt in einem anderen Mitgliedstaat oder einem Vertragsstaat des Übereinkommens v. 28.6.1978 über die Kontrolle des Erwerbs und Besitzes von Schusswaffen durch Einzelpersonen haben. In Abs. 6 ist schließlich eine Verordnungsermächtigung zur Regelung von Details der in den Abs. 2, 4 und 5 genannten Anzeigen enthalten.

Geändert wurde § 34 durch das **2. ÄndG** (→ Einf. Rn. 23) ab 1.4.2008. In Abs. 2 S. 1 wurde nach der Angabe „nach § 10 Abs. 1" die Wörter „oder einer gleichgestellten anderen Erlaubnis zum Erwerb und Besitz" eingefügt.

Mit dem **6. ÄndG** (→ Einf. Rn. 26c) wurde Abs. 2 geändert und die Ausnahme von der grds. Pflicht zur Umtragung überlassener Waffen erweitert auf Fälle des Überlassens an Erlaubnisinhaber nach § 21 zum Zweck der Verwahrung, der Reparatur oder des Kommissionsverkaufs. Weiter wurde der Begriff „Bundeskriminalamt" in Abs. 4 und 5 durch „Bundesverwaltungsamt" im Zuge der Übertragung des EU-Meldedienstes vom BKA auf das BVA ersetzt.

II. Überlassen von Waffen oder Munition nur an berechtigte Personen (Abs. 1)

1. Überlassen nur an Berechtigte (Abs. 1 S. 1)

2 Waffen oder Munition dürfen nur **berechtigten Personen** überlassen werden. Dem Überlassenden Waffenbesitzer wird demnach eine hohe **Eigenverantwortlichkeit** auferlegt, da er persönlich die Verantwortung dafür trägt, dass seine Waffen oder Munition **ordnungsgemäß** von anderen erworben werden.

3 Aus welchem **Grund** das Überlassen erfolgt, ist **unerheblich.** Es kann sich um Kauf, Tausch, Miete, Leihe, Schenkung, Hingabe als Pfand usw handeln.

4 **a) Erfassung sämtlicher Waffen und Munition beim Überlassen.** Die Vorschrift erfasst **sämtliche Waffen,** unabhängig von deren rechtlicher Einordnung (verboten, erlaubnispflichtig, erlaubnisfrei). So sind neben den **Schussw.** auch die ihnen gleichgest. tragbaren Gegenstände, wesentl. Teile, Schalldämpfer sowie **Munition** unter die Überlassensregelungen des § 34 zu fassen.

Ebenso fallen **Waffen nach** § 1 Abs. 2 Nr. 2 in den Anwendungsbereich. Soweit **erlaubnisfreie** Waffen oder Munition (→ § 1 Rn. 8 ff.) überlassen werden, greift auf Seiten des Erwerbers allein die Vorauss. des **Alterserfordernisses** gem. § 2 Abs. 1. Soweit der Erwerber das 18. Lebensj. vollendet hat, gilt er daher als berechtigt iSd Vorschrift.

Bei **erlaubnispflichtigen** Waffen oder Munition gilt neben der Erwerbsberechtigung ebenso das Alterserfordernis gem. § 2 Abs. 1 (*Steindorf/Gerlemann* WaffG § 34 Rn. 2). Auch wenn die tatbestandlichen Vorauss. eines erlaubnisfreien Erwerbs vorliegen, ist der Erwerber nur berechtigt iSd § 34, soweit er die Vorauss. des § 2 Abs. 1 erfüllt (→ § 12 Rn. 15 ff.).

Das Überlassen hinsichtlich des Erwerbs und Besitzes erlaubnispflichtiger Waffen und Munition an Nichtberechtigte stellt eine Straftat nach § 52 Abs. 3 Nr. 7 dar.

Das Überlassen generell erlaubnisfreier Waffen oder aber nach Anl. 2 Abschn. 2 UAbschn. 2 Nr. 1 hinsichtlich des Erwerbs und Besitzes komplett von der Erlaubnispflicht ausgenommener Waffen und Munition an Minderjährige unter Verstoß gegen § 2 Abs. 1 stellt eine Ordnungswidrigkeit nach § 53 Abs. 1 Nr. 16 dar.

b) Berechtigungen. Berechtigungen ergeben sich insbes. aus vorliegenden 5
WBK oder **MES** (→ § 10 Rn. 17 ff., 45 ff.). Bei diesen ist zu prüfen, ob das ihnen zugrundeliegende Bedürfnis die jeweils in Rede stehende Waffe abdeckt. So stellt etwa eine „gelbe WBK" gerade keine Berechtigung zum Erwerb einer halbautomatischen Schussw. dar. Ebenso stellt die „grüne WBK" eines Jägers keine Berechtigung zum Erwerb einer halbautomatischen Sportwaffe dar, wenn diese nicht auch zugleich zu jagdlichen Zwecken taugt. Damit eine WBK bzw ein MES taugliche Berechtigung iSd Vorschrift ist, muss im Einzelfall geklärt sein, dass die Erlaubnis gerade auch zum Erwerb der konkret zu erwerbenden Schussw./Munition legitimiert.

Der erlaubnisfreie vorübergehende Erwerb durch Inhaber einer WBK richtet sich nach § 12 Abs. 1 Nr. 1 (→ § 12 Rn. 15 ff.).

Für **verbotene Waffen** ist eine Ausnahmebewilligung des BKA nach § 40 Abs. 4 beim Erwerber erforderlich.

Berechtigungen können sich aber auch ergeben 6
- für Inhaber waffen- oder jagdrechtl. Erlaubnisse, die den erlaubnisfreien Erwerb von Waffen ermöglichen, bei Vorliegen der Vorauss. der jeweiligen Freistellung (vgl. § 12 Abs. 1 Nr. 1, § 13 Abs. 3, 4),
- für gewerbliche Transporteure oder gewerbliche Verschönerer zum Zweck der Ausführung des Transports oder der Verschönerung (vgl. § 12 Abs. 1 Nr. 2),
- für Personen, die auf Grund eines Arbeits- oder Ausbildungsverhältnisses den Weisungen des eigentlichen Erwerbsberechtigten unterliegen und in dieser Funktion für den weisungsberechtigten Erlaubnisinhaber Waffen oder Munition entgegennehmen (vgl. § 12 Abs. 1 Nr. 3a),
- für Beauftragte von jagdlichen oder schießsportlichen Vereinigungen, die ebenfalls den Weisungen der Vereinigung unterliegen und im Rahmen ihres Auftrags Waffen oder Munition für die Vereinigung entgegennehmen (vgl. § 12 Abs. 1 Nr. 3b),
- zum Schießen auf einer Schießstätte (§ 12 Abs. 1 Nr. 5).

Beim Überlassen auf **Schießstätten** sind die jeweiligen **Altersbestimmungen** zu 7
beachten, wonach teilw. auch Minderjährigen das Schießen (und damit inbegriffen auch der Erwerb sowie der Besitz für die Dauer des Schießens) mit **bestimmten** Waffen erlaubt ist (→ § 27 Rn. 25 ff.). Wer einem Minderjährigen unter Verstoß gegen § 27 Abs. 3 S. 1 Nr. 1 und 2 das Schießen auf einer Schießstätte gestattet (und im Zuge dessen die Waffe überlässt), handelt ordnungswidrig nach § 53 Abs. 1 Nr. 12.

2. Nachweis oder Offensichtlichkeit der Berechtigung (Abs. 1 S. 2)

Gem. Abs. 1 S. 2 muss die Berechtigung des Erwerbers offensichtlich sein oder 8
nachgewiesen werden.

9 **a) Offensichtlichkeit. Offensichtlich** ist die Berechtigung, wenn sie klar auf der Hand liegt. Offensichtlichkeit liegt **nicht** vor, wenn nur eine überwiegende Wahrscheinlichkeit für eine Berechtigung spricht. Für die Offensichtlichkeit der Berechtigung muss verlangt werden, dass über das Vorliegen der Berechtigung vernünftigerweise kein Zweifel besteht, sich die **Erwerbsberechtigung** dem Überlassenden geradezu **aufdrängt.** Dies ist zB der Fall, wenn der Überlassende eine Schussw. in einem Waffenhandelsgeschäft dem Geschäftsinhaber überlässt und Waffen gleicher Art, etwa Lang- oder Kurzwaffen, dort zum Verkauf feilgehalten werden (*ABB/Adolph* WaffG § 34 Rn. 7). Eine offensichtliche Berechtigung ergibt sich auch aus der waffenrechtl. Ausnahmestellung bestimmter Behörden und deren Bediensteter nach § 55 Abs. 1, 5 oder 6, soweit diese dienstlich tätig werden (so auch *ABB/Adolph* WaffG § 34 Rn. 7).

Bei **erlaubnisfreien** Waffen und Munition ist die Offensichtlichkeit gegeben, wenn die Erwerbsperson unzweifelhaft das 18. Lebensj. vollendet hat (*ABB/Adolph* WaffG § 34 Rn. 7).

10 **b) Nachweis.** In den Fällen, in denen keine Offensichtlichkeit gegeben ist, hat der Überlassende den Nachweis für den jeweiligen Überlassensvorgang zu prüfen. Der **Nachweis** ist letztlich die Inaugenscheinnahme der Urkunde über die Erwerbsberechtigung.

11 **c) Umfang der Prüfpflicht.** Beim Überlassen erlaubnispflichtiger Schussw. und Munition gilt neben der Überprüfung des Alterserfordernisses insbes. die Pflicht zur Überprüfung der Berechtigung. Diese **Prüfung der Berechtigung** des Erwerbers durch den Überlassenden hat sich auf den waffenrechtl. Sachverhalt insg. zu erstrecken. Wenn bspw. der Erwerb auf Grundlage allg. Erlaubnisse (zB gültiger Jahresjagdschein nach § 13 Abs. 3, gültiger Jagdschein nach § 13 Abs. 5, WBK nach § 14 Abs. 4) erfolgen soll, müssen zur Unterstützung dieser Prüfung durch den Überlasser ggf. vom Erwerber auch alle sonstigen Umstände dargelegt werden, aus denen sich eine Erstreckung der betreffenden Erlaubnis auf die konkrete Waffe ergibt (zB jagdrechtl. Zulässigkeit der Langwaffe oder zu den im Rahmen der WBK erlaubten Waffen). Wichtiger Bestandteil der Berechtigungsprüfung sind immer auch eine **Identitätsprüfung** und **Alterfeststellung** sowie die Kontrolle etwaiger **behördlicher Beschränkungen** in den Erlaubnissen, zB Befristungen oder Auflagen sowie sonstige Umstände wie Authentizität der Erlaubnisse, deren Einträge und augenscheinliche Echtheit der Dienstsiegel (vgl. WaffVwV Nr. 34.1).

Dies setzt auf der anderen Seite die **Verpflichtung des Erwerbers** voraus, alle sachdienlichen **Angaben** zu machen und **Nachweise** beizubringen, welche die Erwerbsberechtigung belegen. Auf bloße Behauptungen des Erwerbers darf sich der Überlassende nicht verlassen. Vom Überlassenden kann allerdings nicht verlangt werden, dass er hinsichtlich der vorgelegten Erlaubnisse und Eintragungen **Fälschungen** erkennt, insbes. wenn dies einen besonderen Sachverstand, zusätzliche Hilfsmittel oder einen großen zeitl. Aufwand erforderlich machen würde. Vom Wertungsmaßstab wird auf den idR sachkundigen WBK-Inhaber abgestellt werden können (Parallelwertung in der Laiensphäre) und nicht auf den waffenrechtl. Sachbearbeiter der zust. Beh.

11a Soweit eine Waffe oder Munition durch einen gewerbsmäßigen Transporteur zu einem Dritten befördert werden soll, erweitert sich die Prüfpflicht des Überlassenden, da der Gesetzgeber bereits mit der Übergabe von Waffen oder Munition an einen anderen zum Zweck der gewerbsmäßigen Beförderung (§ 12 Abs. 1 Nr. 2, Abs. 2 Nr. 1) zu einer dritten Person ein Überlassen an den Dritten fingiert. Bereits bei Übergabe der Waffe/Munition an den gewerbsmäßigen Transporteur muss der Überlassende daher nicht nur für die Auswahl eines berechtigten Transporteurs, sondern gleichermaßen für die Erwerbsberechtigung auf Seiten des letztlich Empfangenden Dritten Sorge tragen (so auch WaffVwV Nr. 34.1).

3. Gewerbsmäßige Beförderung (Abs. 1 S. 3)

12 Werden Schussw. oder Munition zur gewerbsmäßigen Beförderung überlassen, müssen gem. Abs. 1 S. 3 die **ordnungsgemäße Beförderung** sichergestellt und **Vorkehrungen gegen ein Abhandenkommen** getroffen sein. Unklar ist, wen diese Verpflichtung trifft. Letztlich hat der Überlasser keinen Einfluss auf die tatsächliche Durchführung der Beförderung. Gleichwohl trifft ihn zumindest die Pflicht, eine **sorgfältige Auswahl** des Spediteurs zu treffen (*Apel/Bushart* WaffG § 34 Rn. 9) bzw einen anerkannt zuverlässigen Beförderer auszuwählen (so *Steindorf/Gerlemann* WaffG § 34 Rn. 4). Die Sicherung gegen ein Abhandenkommen kann dahingehend geprüft werden, ob die Fahrzeuge eine entspr. Ausstattung aufweisen oder geeignetes Bewachungspersonal eingesetzt wird (*Steindorf/Gerlemann* WaffG § 34 Rn. 4). Sanktionen sind mit der Verletzung dieser Pflicht jedoch nicht verbunden. Es gilt aber für den Beförderer während des Transports die allg. Sorgfaltspflicht gem. § 36 Abs. 1 (→ § 12 Rn. 71a). Für den gewerblichen Inlandstransport ergeben sich weitere Pflichten aus Nr. 12.1.2 WaffVwV. Vgl. dazu auch *Heller/Soschinka* WaffR Rn. 474, 1161 ff.

4. Überlassen von Munition (Abs. 1 S. 4)

13 Gem. Abs. 1 S. 4 darf **Munition gewerbsmäßig** nur in verschlossenen Packungen überlassen werden. Da sich insbes. **Patronenmunition** idR wegen Platzmangels techn. nicht auf jeder einzelnen Patrone kennzeichnen lässt, schreibt § 24 Abs. 3 vor, die **Kennzeichnung** auf der kleinsten Verpackungseinheit anzubringen. Munition darf gewerbsmäßig ausschl. in verschlossenen Verpackungen überlassen werden, da nur so eine wirksame Kontrolle der Berechtigung zum Erwerb von Munition und des Verkaufs ausschl. zugelassener Munition mit Verantwortlichkeit des Herstellers oder Verbringers (Importeur) praktisch durchführbar ist (*Steindorf/Gerlemann* WaffG § 34 Rn. 5 mwN). Der gesamte **nichtgewerbliche** Bereich ist von dem Überlassen in verschlossenen Packungen nicht betroffen (*ABB/Adolph* WaffG § 34 Rn. 9). Ausnahmen für den gewerblichen Bereich gelten im Fall des Überlassens auf **Schießstätten** gem. § 12 Abs. 2 Nr. 2 zum sofortigen Verbrauch oder soweit einzelne Stücke von **Munitionssammlern** erworben werden. Bei der gewerbsmäßigen Lagerung von Munition, zB durch einen Waffenhändler auf der Schießstätte, sind geöffnete kleinste Verpackungseinheiten unverzüglich wieder zu verschließen (vgl. § 40 Abs. 1 BeschussV).

5. Überlassen an den Dritten bei gewerbsmäßiger Beförderung (Abs. 1 S. 5)

14 Gem. Abs. 1 S. 5 stellt bereits die Übergabe von Waffen oder Munition an einen anderen zum Zweck der gewerbsmäßigen Beförderung (§ 12 Abs. 1 Nr. 2, Abs. 2 Nr. 1) zu einer dritten Person auch ein **Überlassen an den Dritten** dar. Damit stellt der Gesetzgeber klar, dass bereits im Zeitpunkt der Übergabe der Waffe oder Munition an den gewerbsmäßigen Beförderer die Erwerbsberechtigung des Empfängers sichergestellt sein muss. Liegt diese nicht vor, stellt bereits die Übergabe an den gewerbsmäßigen Beförderer einen Verstoß gegen § 34 Abs. 1 S. 1 dar.

Im Augenblick der Übergabe der Waffe oder Munition an den gewerbsmäßigen Beförderer findet demnach ein Überlassen sowohl an den Beförderer wie auch (gesetzlich fingiert) an den Empfänger der Waffe statt (aA *ABB/Adolph* WaffG § 34 Rn. 15). Der gewerbsmäßige Beförderer ist allerdings hinsichtlich des Erwerbs und Besitzes erlaubnisfrei gestellt nach § 12 Abs. 1 Nr. 2, Abs. 2 Nr. 1.

6. Überlassensverbote

15 Gem. § 35 Abs. 3 ist der Vertrieb und das Überlassen von **Schussw., Munition, Hieb- oder Stoßwaffen** ua im Reisegewerbe, auf Messen, Ausstellungen und

Märkten sowie auf Volksfesten, Schützenfesten, Märkten, Sammlertreffen oder ähnlichen öffentl. Veranstaltungen verboten. **Ausgenommen** vom Verbot ist das Überlassen der benötigten Schussw. oder Munition auf einer **Schießstätte** sowie das Überlassen von Munition, die Teil einer Sammlung ist oder für eine solche bestimmt ist. Verstöße sind gem. § 52 Abs. 1 Nr. 3 **strafbar,** der Versuch nach § 52 Abs. 2.

III. Eintragungs-, Melde- und Anzeigepflichten beim Überlassen (Abs. 2)

16 Beim Überlassen gelten die Pflichten des Abs. 2., wobei der Gesetzgeber differenziert, ob gewerblich überlassen wird oder von einer Privatperson.

1. Überlassen durch Gewerbetreibende iSd § 21 (Abs. 2 S. 1)

17 Die Inhaber einer Erlaubnis nach § 21 Abs. 1 S. 1, also **Waffenhersteller und Waffenhändler,** haben bestimmte **Eintragungs- und Meldepflichten** zu erfüllen, wenn sie einer anderen Person auf Grund einer WBK nach § 10 Abs. 1 oder auf Grund einer gleichgest. Erlaubnis zum Erwerb oder Besitz eine Schussw. überlassen. Durch die Formulierung wird zunächst klargestellt, dass die Eintragungs- und Anzeigepflicht des gewerblich Überlassenden nicht ausschl. bei einem auf eine WBK gestützten Vorgang besteht, sondern auch dann, wenn es sich um eine sonstige, funktional gleichgest. Erlaubnis, nämlich den gültigen (Jahres-)**Jagdschein** oder die **Ersatzbescheinigung** nach § 55 Abs. 2, handelt (BR-Drs. 838/07, 46). Im Überlassensfall muss der Waffenhersteller oder -händler in die WBK oder die gleichgest. andere Erlaubnis Folgendes **unverzüglich** und dauerhaft **eintragen:**
- Herstellerzeichen oder die Marke
- (wenn gegeben) Herstellungsnummer der Waffe
- Tag des Überlassens
- Bezeichnung und den Sitz des Betriebs

Die Eintragungspflicht hinsichtlich der gleichgest. Erlaubnis besteht jedoch nicht beim Erwerb mit gültigem **Jahresjagdschein,** da dort keine Möglichkeit des Eintrags besteht. Das weitere Verfahren richtet sich beim Erwerb auf Grund eines gültigen Jahresjagdscheins nach § 13 Abs. 3. Nach § 13 Abs. 3 Nr. 1 hat der Jagdscheininhaber der zust. Beh. unter Benennung von Name und Anschrift des Überlassenden den Erwerb schriftlich anzuzeigen.

Weiterhin hat er gem. § 13 Abs. 3 Nr. 2 binnen zwei Wochen die Ausstellung einer WBK oder die Eintragung in eine bereits bestehende WBK bei der zust. Beh. zu beantragen.

Hingegen ist beim Inhaber einer Ersatzbescheinigung nach § 55 Abs. 2 eine Eintragung möglich.

17a Der Waffenhersteller oder -händler hat das Überlassen binnen zwei Wochen schriftlich gegenüber der zust. Beh. anzuzeigen.

18 Die Pflicht nach S. 1, die Berechtigung des Waffen/Munitionserwerbers zu überprüfen, gilt **nicht** beim Überlassen zwischen Erlaubnisinhabern gem. § 21. In solchen Fällen wird der Hersteller oder Waffenhändler seiner Prüfpflicht vor dem Überlassen genügen, wenn er sich von der Berechtigung des Erwerbers vor Beginn der Geschäftsbeziehung überzeugt (*Apel/Bushart* WaffG § 34 Rn. 12) und dies weiter in regelm. Abständen vornimmt. Eine Anzeige der überlassenen Gegenstände ist nicht erforderlich. Allerdings gelten die Pflichten aus § 23, wonach der Verbleib, damit insbes. das Überlassen, in das **Waffenherstellungs- oder -handelsbuch** eingetragen werden muss.

19 Soweit bestimmte Wechsel- und Austauschläufe, Wechseltrommeln nach Anl. 2 Abschn. 2 UAbschn. 2 Nr. 2 hinsichtlich des **Erwerbs** erlaubnisfrei gestellt sind,

bleibt zu berücksichtigen, dass die Eintragungspflicht in die WBK durch den Erwerber gem. § 10 Abs. 1a bei den genannten Gegenständen ausdr. bestehen bleibt (vgl. Anl. 2 Abschn. 2 UAbschn. 2 Nr. 2 (zur Übergangsregelung bis 1.10.2008 vgl. § 58 Abs. 12). Die **Meldepflicht** nach Abs. 2 S. 3 besteht auch beim Überlassen dieser erlaubnisfrei zu erwerbenden Gegenstände (*König/Papsthart* Neues WaffR Rn. 660, *Steindorf/Gerlemann* WaffG § 34 Rn. 6).

Gem. § 53 Abs. 1 Nr. 5 handelt **ordnungswidrig,** wer entgegen § 34 Abs. 2 S. 1 oder S. 2 eine Anzeige nicht, nicht richtig, nicht vollständig, nicht in der vorgeschriebenen Weise oder nicht rechtzeitig erstattet. **20**

2. Überlassen durch Privatpersonen (Abs. 2 S. 2)

Überlässt **sonst jemand** (Privatperson) **einem Anderen** eine Schussw., zu deren Erwerb es einer Erlaubnis bedarf, so ist dies von der Privatperson binnen **zwei Wochen** der zust. Beh. **schriftlich anzuzeigen** und ihr, sofern der Privatperson eine WBK oder ein EFP erteilt worden ist, die Urkunde zur Berichtigung **vorzulegen.** **21**

Die Zwei-Wochen-Frist gilt auch für die Vorlagepflicht (so auch iErg *Steindorf/Gerlemann* WaffG § 34 Rn. 7). Allerdings hat der Gesetzgeber lediglich die nicht oder nicht rechtzeitige Vorlage des **EFP** gem. § 53 Abs. 1 Nr. 7 **sanktioniert,** wohingegen die nicht rechtzeitige Vorlage einer **WBK nicht sanktioniert** wird.

Die Eintragung des Überlassens (=Austragung) einer Waffe in die WBK oder den EFP ist **gebührenpflichtig** (zur Rechtmäßigkeit der zehnfachen Gebühr beim Überlassen von zehn Waffen vgl. BVerwG NVwZ-RR 2005, 592).

Die Anzeigepflicht des Überlassenden korrespondiert eng mit der Verpflichtung des **Erwerbers,** nach § 10 Abs. 1a S. 1 im Erwerbsfall einer Waffe auf Grund einer WBK gegenüber der zust. Beh. binnen **zwei Wochen** den Erwerb sowie den Überlasser zu melden sowie die WBK zum Eintrag des Erwerbs vorzulegen (→ § 10 Rn. 26 ff.). Hierdurch wird eine **doppelte Sicherung** beim Überlassen bewirkt.

3. Ausnahmen von der Anzeige- und Vorlagepflicht (Abs. 2 S. 2 HS 2)

In S. 2 sind weitere Ausnahmen von Pflicht, das Überlassen gegenüber der zust. Beh. anzuzeigen und ggf. ausgestellte WBK und EFP zur Berichtigung im Überlassensfall vorzulegen, geregelt. **21a**

a) Vorübergehendes Überlassen nach § 12 Abs. 1. Ausgenommen von der Anzeige- und Vorlagepflicht sind zunächst Konstellationen des vorübergehenden Erwerbs nach § 12 Abs. 1, da der Überlassensvorgang hier nur auf einen **zeitl. begrenzten Besitzwechsel** angelegt ist (zur Anzeigepflicht auf Seiten des Erwerbers → § 10 Rn. 27a). **21b**

b) Überlassen an Gewerbetreibende iSd § 21 zu bestimmten Zwecken nach § 12 Abs. 1. Mit dem **6. ÄndG** (→ Einf. Rn. 26c) wurde zudem das Überlassen an Erlaubnisinhaber nach § 21 zum Zweck der Verwahrung, der Reparatur oder des Kommissionsverkaufs von der Anzeige- und Umtragungspflicht ausgenommen. Der Gesetzgeber begründet dies damit, dass solche Überlassenskonstellationen im Regelfall nicht auf Dauer angelegt seien, andererseits aber häufig länger als vier Wochen in Anspruch nähmen. Hieraus resultierten in der Vergangenheit trotz der bereits bestehenden Ausnahme für Überlassensvorgänge nach § 12 Abs. 1 nicht selten mehrere Umtragungsvorgänge (vom ursprünglichen Besitzer auf den Händler und zurück). Dieser erhöhte Verwaltungsaufwand und die damit verbundenen Kosten sollten vermieden werden. Durch die fortbestehende Eintragung in die WBK und deren Abgleich mit der Eintragung im Handelsbuch des Händlers (→ § 23 Rn. 7 f.) sei auch dem Interesse an der jederzeitigen eindeutigen Zuordnung von Waffen zu einem Erlaubnisinhaber genügt (BR-Drs. 61/17, 35 f.). **21c**

22 In der Anzeige durch das Waffengewerbe oder durch Privatpersonen nach Abs. 2 S. 1 und 2 sind Name, Vorname, Geburtsdatum, Geburtsort und Wohnanschrift des Erwerbers sowie Art und Gültigkeitsdauer der Erwerbs- und Besitzberechtigung anzugeben. Beim Nachweis der Erwerbs- und Besitzerlaubnis durch eine WBK ist darüber hinaus deren Nr. und ausstellende Behörde anzugeben.

23 Bei Überlassung an einen Erlaubnisinhaber nach § 21 Abs. 1 S. 1, also Waffenhersteller oder -händler, sind in der Anzeige lediglich die Firma und die Anschrift der Niederlassung anzugeben. Gem. § 17 Abs. 1 HGB ist die **Firma** eines Kaufmanns der Name, unter dem er seine Geschäfte betreibt und die Unterschrift abgibt (zur Eintragung der Firma in das Handelsregister vgl. §§ 29 ff. HGB).

IV. Ausnahmeregelung beim Überlassen außerhalb des Geltungsbereichs des WaffG (Abs. 3)

24 Gem. Abs. 3 gelten die Überlassungspflichten der Abs. 1 und 2 **nicht** für denjenigen, der Schussw. oder Munition einem anderen überlässt, der sie **außerhalb des Geltungsbereichs des WaffG** erwirbt.

25 Die Vorschriften des § 31 bleiben unberührt, was bedeutet, dass die Erlaubnispflicht für das Verbringen aus dem Geltungsbereich des WaffG in einen Mitgliedstaat zu beachten ist. Das Verbringen erlaubnispflichtiger Waffen und Munition in einen **Drittstaat** ist erlaubnisfrei (vgl. Anl. 2 Abschn. 2 UAbschn. 2 Nr. 8). Es greifen aber die Vorschriften des AWG (→ Vorb. §§ 29–33 Rn. 17, vgl. auch *Gade* WaffR S. 225 ff.). Zu beachten sind beim Überlassen im Ausland zusätzlich die **Meldepflichten** gem. Abs. 4 und 5.

26 Erwirbt eine Person Schussw. oder Munition mit der Absicht, sie an Nichtberechtigte **im Ausland zu überlassen,** dann ist der Straftatbestand gem. § 52 Abs. 1 Nr. 2a (und auch § 52 Abs. 3 Nr. 7) **nicht einschlägig.** § 34 Abs. 3 schließt den Tatbestand des § 34 Abs. 1 S. 1 ausdr. für das Überlassen aus. Dies gilt sowohl beim Erwerb in der Absicht der illegalen Weitergabe als auch bei der Durchführung der Überlassung im Ausland.

V. Schriftliche Anzeigepflicht beim Überlassen in einen Mitgliedstaat (Abs. 4)

27 Abs. 4 unterwirft im Interesse der anderen Mitgliedstaaten – wie in Art. 7 Abs. 2 S. 2 und Art. 8 Abs. 2 der Waffenrichtlinie vorgesehen – das Überlassen von Schussw. nach Anl. 1 Abschn. 3 Nr. 2 und 3 Kat. B und C und von für diese Waffen bestimmter Munition an Personen mit **gewöhnlichem Aufenthalt** in einem anderen Mitgliedstaat einer schriftlichen Anzeigepflicht gegenüber dem BVA. Die Anzeigepflicht besteht für **jeden Inhaber** der tatsächlichen Gewalt, der Waffen oder Munition einer Person mit gewöhnlichem Aufenthalt in einem anderen Mitgliedstaat **überlässt.**

Mit dem **6. ÄndG** (→ Einf. Rn. 26c) besteht die Meldepflicht nicht mehr gegenüber dem BKA, sondern dem BVA. Entsprechend wurde der Normtext im Zuge der Übertragung des EU-Meldedienstes vom Bundeskriminalamt auf das Bundesverwaltungsamt geändert.

1. Gewöhnlicher Aufenthalt

28 Zum gewöhnlichen Aufenthalt → § 11 Rn. 7 ff.

2. Anzeigepflichtige Waffen und Munition

Die anzeigepflichtigen Waffen der Kat. B und C sind in Anl. 1 Abschn. 3 genannt. 29

3. Ausnahmen von der Anzeigepflicht

Von der **Anzeigepflicht ausgenommen** ist ein lediglich vorübergehendes und erlaubnisfreies Überlassen von Schussw. oder Munition zum Gebrauch an Inhaber einer WBK oder auf Schießstätten gem. § 12 Abs. 1 Nr. 1 und 5 und Abs. 2 Nr. 1 und 2 (vgl. WaffVwV Nr. 34.5). 30

Ebenso fällt das Überlassen von Schussw. und Munition der Kat. A und D sowie **sonstige Waffen,** insbes. **Waffen** gem. § 1 Abs. 2 Nr. 2, zB Hieb- und Stoßwaffen, **nicht** unter diese **Anzeigepflicht.**

4. Schriftlichkeit der Anzeige

Die Anzeige gegenüber dem BVA ist **schriftlich** auf dem amtlichen Vordruck nach Muster der WaffVordruckVwV Anl. 20 zu erstatten. Sie muss die in § 31 Abs. 2 AWaffV geforderten Angaben enthalten. 31

Das BVA **übermittelt** dem anderen **Mitgliedstaat** die og Angaben gem. § 32 Abs. 2 Nr. 2 AWaffV.

Durch das **6. ÄndG** (→ Einf. Rn. 26c) wurde im Zuge der Übertragung des EU-Meldedienstes vom Bundeskriminalamt auf das Bundesverwaltungsamt dieses anstelle des BKA in der Norm benannt.

5. Unverzügliche Anzeige

Die Anzeigepflicht setzt erst **nach** dem Überlassensvorgang ein. Die Anzeige ist **unverzüglich** abzugeben, also ohne schuldhaftes Zögern iSv § 121 BGB. Allerdings hat der Gesetzgeber, anders als in Abs. 2, keine ausdr. Frist gesetzt. Die Zwei-Wochen-Frist des Abs. 2 kann aber als **Anhalt** dienen, in deren Rahmen die Anzeige noch als unverzüglich anzusehen ist. Eine kürzere Frist kann nicht verlangt werden, insbes. vor dem Hintergrund, dass gem. § 53 Abs. 1 Nr. 5 die Person **ordnungswidrig** handelt, wenn sie entgegen § 34 Abs. 4 eine Anzeige **nicht rechtzeitig** erstattet. Im Einzelfall kann eine später als zwei Wochen erstattete Anzeige immer noch als rechtzeitig angesehen werden, wenn entspr. Gründe vorgetragen werden. Setzt die zust. Beh. eine angemessene Frist, ist diese maßgeblich. 32

VI. Anzeigepflichten beim Überlassen in Staaten des Übereinkommens v. 28.6.1978 (Abs. 5)

Gem. Abs. 5 bestehen **Anzeigepflichten** an das BVA, wenn bestimmte Schussw. an Personen, die ihren gewöhnlichen Aufenthalt (zum Begriff → § 11 Rn. 7 ff.) in einem Vertragsstaat des Übereinkommens vom 28.6.1978 über die Kontrolle des Erwerbs und Besitzes von Schusswaffen durch Einzelpersonen haben, **überlassen, versandt** oder dorthin endgültig **verbracht** werden. Das BVA wiederum gibt bestimmte Daten aus der Anzeige des Überlassenden im Rahmen der **Meldepflichten** an den betreffenden Vertragsstaat weiter, sofern Gegenseitigkeit gewährleistet ist (vgl. § 32 Abs. 2 Nr. 4 AWaffV). Ziel des Übereinkommens ist es, ein System für die **Kontrolle beim Verbringen** von Feuerwaffen innerhalb der Vertragsstaaten einzuführen. Es gilt in allen Fällen, in denen sich eine Schussw. im Hoheitsgebiet eines Vertragsstaats befindet und verkauft, übertragen oder anderweitig zu einer Person mit Wohnsitz im Hoheitsgebiet des anderen Vertragsstaats verbracht wird. 33

1. Anzeigepflicht nur bei bestimmten Schusswaffen und Gegenständen

34 Die **Anzeigepflicht** besteht nur bei **erlaubnispflichtigen Feuerwaffen** nach Anl. 1 Abschn. 1 UAbschn. 1 Nr. 2 (ausgenommen Einzellader- Langwaffen mit glattem Lauf oder glatten Läufen), deren **wesentl. Teile, Schalldämpfer** und **tragbare Gegenstände** nach Anl. 1 Abschn. 1 UAbschn. 1 Nr. 1.2.1.

2. Ausnahmen von der Anzeigepflicht

35 **Ausnahmen** von der Anzeigepflicht bestehen für das Überlassen und Versenden der in Abs. 5 S. 1 bezeichneten Gegenstände an **staatliche Stellen** in einem der Vertragsstaaten und in den Fällen, in denen **Unternehmen** Schussw. zur Durchführung von **Kooperationsvereinbarungen** zwischen Staaten oder staatlichen Stellen überlassen werden, sofern durch Vorlage einer Bescheinigung von Behörden des Empfangsstaats nachgewiesen wird, dass diesen Behörden der Erwerb bekannt ist (Abs. 5 S. 2 Nr. 1)

36 Eine Anzeigepflicht besteht ebenfalls **nicht,** soweit Anzeigepflichten nach Abs. 4 oder nach § 31 Abs. 2 S. 3 bestehen. Diese gehen der Anzeigepflicht gem. Abs. 5 S. 1 vor (Abs. 5 S. 2 Nr. 2). So sind einige Mitgliedstaaten auch Mitglieder des Übereinkommens von 1978 (Für die Staaten, Dänemark, Deutschland, Island, Italien, Luxemburg, Niederlande, Polen, Portugal, Rumänien, Slowenien, Schweden, Tschechische Republik und Zypern gelten die **Anzeige- und Meldeverpflichtungen** aus der **Waffenrichtlinie** und der Explosivstoffrichtlinie. Insoweit finden dort die speziellen EU-Richtlinien Anwendung). Lediglich für die sonstigen Staaten **Aserbaidschan** und die **Republik Moldau** finden gem. Abs. 5 S. 1 die Anzeige- und Meldeverpflichtung auf Grund des Übereinkommens derzeit (noch) Anwendung.

37 **Nicht** unter die Anzeigepflicht fällt die **Mitnahme** einer Feuerwaffe zur Teilnahme an einer zeitl. befristeten sportlichen oder jagdlichen Veranstaltung in einem anderen Vertragsstaat (*Apel/Bushart* WaffG § 34 Rn. 16), weil damit kein Überlassen oder endgültiges Verbringen verbunden ist.

3. Schriftlichkeit der Anzeige

38 Die Anzeige ist gem. § 31 Abs. 3 S. 1 AWaffV gegenüber dem BVA **schriftlich** auf dem hierfür vorgesehenen amtlichen Vordruck in **zweifacher** Ausfertigung zu erstatten, vgl. WaffVordruckVwV, Anl. 20. Die Anzeige muss die in § 31 Abs. 3 Nr. 1–3 AWaffV geforderten Angaben enthalten.

Gem. § 31 Abs. 3 S. 2–5 AWaffV sind folgende weitere Vorschriften zu beachten:

Beim Erwerb durch **gewerbliche Unternehmen** sind die Angaben nach § 31 Abs. 3 S. 1 Nr. 1 AWaffV über den Inhaber des Unternehmens, bei juristischen Personen über eine zur Vertretung des Unternehmens befugte Person mitzuteilen und deren **Pass oder Personalausweis vorzulegen.** Bei laufenden Geschäftsbeziehungen **entfällt** die **wiederholte** Vorlage des Passes oder des Personalausweises, es sei denn, dass der Inhaber des Unternehmens gewechselt hat oder bei juristischen Personen zur Vertretung des Unternehmens eine andere Person bestellt worden ist.

Wird die Schussw. oder die Munition (**Bedenken** gegen die Einbeziehung von Munition in die RVO über den Regelungsbereich des § 34 Abs. 5 hinaus haben *ABB/Adolph* WaffG § 34) einer Person überlassen, die sie außerhalb des Geltungsbereichs des WaffG, insbes. im **Versandweg** erwerben will, ist die Angabe der **Erwerbsberechtigung** nach § 31 Abs. 3 S. 1 Nr. 1 AWaffV **nicht erforderlich,** ferner genügt an Stelle des Passes oder des Personalausweises eine **amtl. Beglaubigung dieser Urkunden.**

Das **BVA bestätigt** dem Anzeigenden den **Eingang** auf dem Doppel der Anzeige und **übermittelt** dem anderen **Mitgliedstaat** die og Angaben gem. § 32 Abs. 2 Nr. 4 AWaffV.

4. Unverzügliche Anzeige nach dem Überlassen

Die Anzeigepflicht besteht für **jeden Inhaber** der tatsächlichen Gewalt, der eine der genannten Feuerwaffen oder Gegenstände überlässt, in den Vertragsstaat versendet oder ohne Wechsel des Besitzers endgültig dorthin verbringt. Die Anzeigepflicht setzt erst **nach** dem Überlassensvorgang ein. Die Anzeige ist **unverzüglich** abzugeben, also ohne schuldhaftes Zögern iSv § 121 BGB. Allerdings hat der Gesetzgeber, anders als in Abs. 2, keine ausdr. Frist gesetzt. Die Zwei-Wochen-Frist des Abs. 2 kann aber als **Anhalt** dienen, in deren Rahmen die Anzeige noch als unverzüglich anzusehen ist. Eine kürzere Frist kann nicht verlangt werden, insbes. vor dem Hintergrund, dass gem. § 53 Abs. 1 Nr. 5 die Person **ordnungswidrig** handelt, wenn sie entgegen § 34 Abs. 5 S. 1 eine Anzeige **nicht rechtzeitig** erstattet. Im Einzelfall kann eine später als zwei Wochen erstattete Anzeige immer noch als rechtzeitig angesehen werden, wenn entspr. Gründe vorgetragen werden. Setzt die zust. Beh. eine angemessene Frist, ist diese maßgeblich. 39

VII. Verordnungsermächtigung (Abs. 6)

Abs. 6 lässt auf dem Verordnungsweg nähere Durchführungsbestimmungen durch das BMI mit Zustimmung des Bundesrates bzgl. der Anzeigepflichten zu. Davon ist in §§ 31 f. AWaffV Gebrauch gemacht worden. 40

§ 35 Werbung, Hinweispflichten, Handelsverbote

(1) [1]**Wer Waffen oder Munition zum Kauf oder Tausch in Anzeigen oder Werbeschriften anbietet, hat bei den nachstehenden Waffenarten auf das Erfordernis der Erwerbsberechtigung jeweils wie folgt hinzuweisen:**

1. **bei erlaubnispflichtigen Schusswaffen und erlaubnispflichtiger Munition: Abgabe nur an Inhaber einer Erwerbserlaubnis,**
2. **bei nicht erlaubnispflichtigen Schusswaffen und nicht erlaubnispflichtiger Munition sowie sonstigen Waffen: Abgabe nur an Personen mit vollendetem 18. Lebensjahr,**
3. **bei verbotenen Waffen: Abgabe nur an Inhaber einer Ausnahmegenehmigung,**

sowie seinen Namen, seine Anschrift und gegebenenfalls seine eingetragene Marke bekannt zu geben. [2]**Anzeigen und Werbeschriften nach Satz 1 dürfen nur veröffentlicht werden, wenn sie den Namen und die Anschrift des Anbieters sowie die von ihm je nach Waffenart mitzuteilenden Hinweise enthalten.** [3]**Satz 2 gilt nicht für die Bekanntgabe der Personalien des nicht gewerblichen Anbieters, wenn dieser der Bekanntgabe widerspricht.** [4]**Derjenige, der die Anzeige oder Werbeschrift veröffentlicht, ist im Fall des Satzes 3 gegenüber der zuständigen Behörde verpflichtet, die Urkunden über den Geschäftsvorgang ein Jahr lang aufzubewahren und dieser auf Verlangen Einsicht zu gewähren.**

(2) [1]**Dürfen Schusswaffen nur mit Erlaubnis geführt oder darf mit ihnen nur mit Erlaubnis geschossen werden, so hat der Inhaber einer Erlaubnis nach § 21 Abs. 1 bei ihrem Überlassen im Einzelhandel den Erwerber auf das Erfordernis des Waffenscheins oder der Schießerlaubnis hinzuweisen.** [2]**Beim Überlassen von Schreckschuss-, Reizstoff- oder Signalwaffen im**

Sinne des § 10 Abs. 4 Satz 4 hat der Inhaber einer Erlaubnis nach § 21 Abs. 1 überdies auf die Strafbarkeit des Führens ohne Erlaubnis (Kleiner Waffenschein) hinzuweisen und die Erfüllung dieser sowie der Hinweispflicht nach Satz 1 zu protokollieren.

(3) [1]**Der Vertrieb und das Überlassen von Schusswaffen, Munition, Hieb- oder Stoßwaffen ist verboten:**

1. **im Reisegewerbe, ausgenommen in den Fällen des § 55b Abs. 1 der Gewerbeordnung,**
2. **auf festgesetzten Veranstaltungen im Sinne des Titels IV der Gewerbeordnung (Messen, Ausstellungen, Märkte), ausgenommen die Entgegennahme von Bestellungen auf Messen und Ausstellungen,**
3. **auf Volksfesten, Schützenfesten, Märkten, Sammlertreffen oder ähnlichen öffentlichen Veranstaltungen, ausgenommen das Überlassen der benötigten Schusswaffen oder Munition in einer Schießstätte sowie von Munition, die Teil einer Sammlung (§ 17 Abs. 1) oder für eine solche bestimmt ist.**

[2]**Die zuständige Behörde kann Ausnahmen von den Verboten für ihren Bezirk zulassen, wenn öffentliche Interessen nicht entgegenstehen.**

Übersicht

I. Allgemeines

§ 35 enthält Hinweispflichten bei Werbung für Waffen und Handelsverbote. **1**
Abs. 1 regelt die Vorauss. bei Werbung und Anzeigen bzgl. **sämtlicher Waffen.** Abs. 2 enthält Hinweispflichten für Waffenhändler im Einzelhandel. Abs. 3 legt ein generelles **Verbot** des Vertriebs und Überlassens von Schussw. und Munition im Reisegewerbe, auf festgesetzten Veranstaltungen iSd Titels IV der GewO sowie auf Volksfesten uä öffentl. Veranstaltungen fest und stellt das Verbot zugleich unter einen **Ausnahmevorbehalt.**

II. Werbung und Hinweispflichten bei Anzeigen (Abs. 1)

1. Angaben beim Angebot zum Kauf oder Tausch von Waffen (Abs. 1 S. 1)

Gem. Abs. 1 S. 1 sind bei Angeboten zum Kauf oder Tausch von Waffen oder **2**
Munition in Anzeigen oder Werbeschriften folgende Hinweise zum Erfordernis der Erwerbsberechtigung zu geben:

- Bei erlaubnispflichtigen Schusswaffen und erlaubnispflichtiger Munition: Abgabe nur an Inhaber einer Erwerbserlaubnis
- Bei nicht erlaubnispflichtigen Schusswaffen und nicht erlaubnispflichtiger Munition sowie sonstigen Waffen: Abgabe nur an Personen mit vollendetem 18. Lebensj.
- Bei verbotenen Waffen: Abgabe nur an Inhaber einer Ausnahmegenehmigung.

Zudem ist der Name, die Anschrift und ggf. die eingetragene Marke des Anbietenden bekannt zu geben.

Der Anbieter wird durch Abs. 1 S. 1 verpflichtet, dem Publikationsorgan gegen- **3**
über seine Personalien anzugeben und in der Anzeige auf das Erfordernis einer Erwerbserlaubnis – nach der jeweiligen Waffenart unterschieden – hinzuweisen. Die Vorschrift ermöglicht den zust. Beh. so ein Vorgehen gegen unlautere Werbepraktiken (vgl. BT-Drs. 14/7758, 72).

Die Angabenpflicht greift nur bei **Kauf- oder Tauschgesuchen,** nicht bei ande- **4**
ren Rechtsgeschäften wie zB Miete, Pacht, Leihe oder Schenkung.

2. Verpflichtung zur Prüfung der Angaben durch das verantwortliche Publikationsorgan (Abs. 1 S. 2)

Gem. Abs. 1 S. 2 dürfen Anzeigen und Werbeschriften nach S. 1 nur veröffentlicht **5**
werden, wenn sie den Namen und die Anschrift des Anbieters sowie die von ihm je nach Waffenart mitzuteilenden Hinweise enthalten. Damit sollen auch Personen, die Angebote für Schussw. oder Munition in Anzeigen oder Werbeschriften veröffentlichen, verpflichtet werden, auf die Mitveröffentlichung der dort bezeichneten Hinweise hinzuwirken.

6 Zwar gilt die in Art. 5 GG garantierte Pressefreiheit auch für den **Anzeigenteil** von Druckwerken (vgl. BVerfGE 21, 278 ff.), die Pressefreiheit findet allerdings ihre Schranken in den Vorschriften der allg. Gesetze. Die Presse ist danach verpflichtet, Druckwerke von strafbarem Inhalt freizuhalten und Druckwerke strafbaren Inhalts nicht zu verbreiten. Nach der Ergänzung hat daher das Publikationsorgan – vorwiegend Fachverlage – eine Prüfung der Anzeigen vorzunehmen, ob diese die in Abs. 1 S. 1 geforderten Angaben enthalten. Das Publikationsorgan hat dabei lediglich zu prüfen, ob der Anbieter seine Personalien angegeben hat und ob die Anzeige einen der für die jeweilige Waffenart vorgeschriebenen Hinweise enthält. Eine Prüfung der Anzeigen darauf, ob die Hinweise sachlich richtig oder bei Angeboten für mehrere Waffenkategorien richtig zugeordnet sind, wird von dem Publikationsorgan **nicht** gefordert (BT-Drs. 14/7758, 73).

7 Publikationsorgane sind insbes. einschlägige Waffenfachzeitschriften, aber auch Jagd- oder Waffenausrüsterkataloge sowie Zeitungen oder Annoncenblätter. Vom Begriff der Anzeigen oder Werbeschriften werden alle Angebote erfasst, unabhängig davon, ob diese in Papierform oder in elektronischer Form abgegeben werden (vgl. WaffVwV Nr. 35.1). Das gilt aber nicht für Publikationen im Internet, wenn sie über Tauschbörsen, zB eBay oder eGun, erfolgen. Dort werden nur die Kauf- bzw Tauschplattformen zur Verfügung gestellt. Der Anbieter dieser Plattformen übernimmt regelm. keine Verantwortung für die eingestellten Gegenstände und Angaben oder schließt Waffen und Munition als Angebotsware regelm. aus (vgl. die einschlägigen AGB, zB ist der Handel mit Waffen- und Waffenzubehör auf dem eBay-Marktplatz grds. verboten und eine dazugehörige konkretisierende Liste aufgestellt). Allerdings müssen die jeweiligen Anbieter, egal ob gewerblich oder nicht, Angaben zu den Erlaubnispflichten und zu ihrer Person machen, Abs. 1 S. 1 bleibt also unberührt.

3. Ausnahme für private Anbieter (Abs. 1 S. 3–4)

8 Die Verpflichtung zur Bekanntgabe der Personalien des Anbieters gilt gem. S. 3 **nicht** für den **nicht gewerblichen** Anbieter, soweit dieser der Bekanntgabe **widerspricht.** In diesem Fall muss der Inserent seine Personalien nur dem Publikationsorgan bekannt geben. Derjenige, der die Anzeige oder Werbeschrift letztlich veröffentlicht, ist dann allerdings gem. Abs. 1 S. 4 verpflichtet, die Urkunden über den Geschäftsvorgang ein Jahr lang aufzubewahren und der zust. Beh. auf Verlangen Einsicht in die Unterlagen zu gewähren.

9 Damit wird den Beteiligten die Wahl gelassen, ob in der Anzeige die Personalien des nicht gewerblichen Inserenten angegeben oder ob bei Chiffreanzeigen die Unterlagen hierüber von dem Publikationsorgan ein Jahr lang aufbewahrt werden. Damit soll den Besorgnissen privater Waffenbesitzer Rechnung getragen werden, die in der öffentl. Bekanntgabe ihrer Personalien in Verbindung mit dem Verkaufsangebot einen sie gefährdenden Hinweis auf lohnende Diebstahlobjekte für potenzielle Straftäter erblicken (BT-Drs. 14/7758, 73).

10 **Presserechtlich** bestehen gegen die Bekanntgabe der Personalien des Anbieters an die zust. Beh. keine Bedenken. Das Zeugnisverweigerungsrecht der Presse nach § 53 Abs. 1 Nr. 4 StPO ist hinsichtlich des Inhalts auf die für den redaktionellen Teil des periodischen Druckwerks bestimmten Beiträge, Unterlagen und Mitteilungen beschränkt. Damit entfällt die entspr. Sicherung für den Anzeigenteil der periodischen Druckwerke. Der Verleger ist daher rechtlich nicht gehindert, die ihm bekannten Personalien eines Inserenten der zust. Beh. auf Verlangen bekannt zu geben (BT-Drs. 14/7758, 73).

4. Sanktionen

11 Gem. § 53 Abs. 1 Nr. 17 handelt ordnungswidrig, wer vorsätzlich oder fahrlässig entgegen § 35 Abs. 1 S. **4** die Urkunden nicht aufbewahrt oder nicht, nicht vollstän-

dig oder nicht rechtzeitig Einsicht gewährt. Verstöße gegen Pflichten aus S. 1 und S. 2 werden keiner Sanktion unterworfen. Eine Überwachung und behördliche Durchsetzung der Befolgung kann deshalb nur unter ergänzender Anwendung des allg. Ordnungsrechts in Betracht kommen, etwa durch eine **zwangsgeldbewehrte Unterlassungsverfügung** bei festgestellter Wiederholungsgefahr (vgl. WaffVwV Nr. 35.1).

III. Hinweispflichten von Waffenhändlern beim Überlassen von Schusswaffen (Abs. 2)

1. Hinweispflichten beim Überlassen im Einzelhandel (Abs. 2 S. 1)

12 Gem. Abs. 2 S. 1 hat der Inhaber einer Waffenhandels- oder -herstellungserlaubnis nach § 21 Abs. 1 beim Überlassen im Einzelhandel den Erwerber auf das Erfordernis des Waffenscheins und der der Schießerlaubnis hinzuweisen, wenn Schussw. nur mit Erlaubnis geführt oder mit ihnen nur mit Erlaubnis geschossen werden darf. Gem. Abs. 2 S. 2 ist die Erfüllung der Hinweispflicht zu protokollieren.

13 (unbesetzt)

14 Die Hinweis- und Protokollpflichten betreffen nur den Einzelhandel, also den Verkauf an den Letztverbraucher, nicht den Großhandel (vgl. *Steindorf/Gerlemann* WaffG § 35 Rn. 6). Adressat der Hinweis- und Protokollpflicht ist nur der Inhaber einer Waffenhandels- oder -herstellungserlaubnis, **kein privater Verkäufer.** Es muss sich auch nicht um neu in Verkehr gebrachte Schussw. handeln, es werden bereits im Umlauf befindliche, also auch Gebrauchtwaffen, erfasst.

2. Hinweispflichten beim Überlassen von SRS-Waffen im Einzelhandel (Abs. 2 S. 2)

15 Gem. Abs. 2 S. 2 hat der Inhaber einer Waffenhandels- oder -herstellungserlaubnis nach § 21 Abs. 1 beim Überlassen von SRS-Waffen iSd § 10 Abs. 4 S. 4 überdies auf die Strafbarkeit des Führens ohne KWS hinzuweisen und die Erfüllung dieser Hinweispflicht zu protokollieren.

16 Dazu führt die amtl. Begr. (BT-Drs. 14/8886, 116) aus: „Der Abschreckungseffekt im Hinblick auf das Führen ohne Kleinen Waffenschein wird durch den zusätzlichen Hinweis auf die eventuelle Strafbarkeit und insb. durch die Protokollierung und die damit verbundene, dem Käufer bewusste Erfassung des Käufers sehr verstärkt… Zugleich ist mit dieser Lösung ein Strafverfolgungsansatz verbunden: Bei Straftaten unter Verwendung von Gas- oder Schreckschussw. besteht im Falle des Auffindens der Waffe (die etwa am Tatort zurückbleibt oder auf der Flucht verloren wird) die Möglichkeit zur Einsicht in die Protokolle beim Händler."

3. Umfang der Hinweis- und Protokollpflicht

17 Die das Überlassen im Einzelhandel durch Waffenhändler betreffenden Hinweispflichten aus Abs. 2 S. 1 bestehen bei allen **Schussw.,** die im Führen oder Schießen ihrer Art nach den entspr. waffenrechtl. Erlaubnisvorbehalten unterliegen, also auch die **ab Vollendung des 18. Lebensj.** frei zu erwerbenden und besitzenden Druckluft-, Federdruckwaffen und Waffen, bei denen zum Antrieb der Geschosse kalte Treibgase Verwendung finden und SRS-Waffen (vgl. Anl. 2 Abschn. 2 UAbschn. 2 Nr. 1.1–1.3).

18 Eine entspr. verpflichtete Person, die auf die Möglichkeit des im Einzelfall zulässigen erlaubnisfreien Führens oder Schießens hinweist, genügt nur dann ihren gesetzli-

chen Pflichten, wenn neben diesem Hinweis auch die grds. Erlaubnispflichtigkeit sowie die konkreten Vorauss. der betreffenden Freistellung im Einzelfall vollständig dargestellt werden (WaffVwV Nr. 35.2).

19 Bezieht sich der Vorgang des Überlassens auf SRS-Waffen nach § 10 Abs. 4 S. 4 (KWS), so erweitert sich die nach Abs. 2 S. 1 bestehende Hinweispflicht gem. Abs. 2 S. 2 um den Umstand der **Strafbarkeit** des Führens ohne die erforderliche Erlaubnis.

20 Der Hinweispflichtige hat darüber hinaus die Erfüllung dieser erweiterten Hinweispflicht insg. zu **protokollieren.** Den Formerfordernissen dieser Protokollierung ist Genüge getan, wenn der Waffenhändler das Protokoll **schriftlich** absetzt und **unterschreibt.** Die Gegenzeichnung des Erwerbers ist – im Eigeninteresse des gewerblichen Überlassers selbst – dringend anzuraten, jedoch rechtlich nicht zwingend vorgeschrieben (WaffVwV Nr. 35.2).

4. Sanktionen

21 Gem. § 53 Abs. 1 Nr. 18 handelt ordnungswidrig, wer vorsätzlich oder fahrlässig entgegen § 35 Abs. 2 einen **Hinweis nicht,** nicht richtig, nicht vollständig oder nicht rechtzeitig **gibt** oder die Erfüllung einer dort genannten **Pflicht** nicht, nicht richtig, nicht vollständig oder nicht rechtzeitig **protokolliert.**

IV. Verbot des Vertriebs und Überlassens im Reisegewerbe, auf Märkten usw (Abs. 3)

1. Allgemeines

22 Gem. Abs. 3 S. 1 ist der Vertrieb und das Überlassen von Schussw., Munition, Hieb- oder Stoßwaffen ua im Reisegewerbe, auf festgesetzten Veranstaltungen iSd Titels IV der GewO (Messen, Ausstellungen, Märkte), auf Volksfesten, Schützenfesten, Märkten, Sammlertreffen oÄ öffentl. Veranstaltungen, verboten. Ausgenommen sind das Überlassen der benötigten Schussw ist. oder Munition in einer Schießstätte sowie von Munition, die Teil einer Sammlung (§ 17 Abs. 1) ist oder für eine solche bestimmt ist.

Der **Internethandel** oder Vertragsabschlüsse via Internet stellen keinen Vertrieb oder Überlassen iSd § 35 Abs. 3 dar und unterliegen damit nicht der Verbotsnorm.

23 Vom Waffenhandelsverbot werden alle gewerblichen und privaten Veranstaltungen erfasst. Hierher zählen gewerbliche Flohmärkte ebenso wie nichtgewerbliche Flohmärkte oder Sammlertreffen.

24 Die Vorschrift bezweckt, dass unzuverlässige Bevölkerungsteile möglichst wenig angereizt werden, sich mit Waffen oder Munition zu versehen (vgl. *Steindorf/Gerlemann* WaffG § 35 Rn. 10).

2. Schusswaffen, Munition, Hieb- und Stoßwaffen

25 Gegenständlich erstreckt sich das Verbot des Abs. 3 auf **Schussw.,** auf die diesen nach Anl. 1 Abschn. 1 UAbschn. 1 Nr. 1.2–1.5 rechtl. **gleichgest.** tragbaren **Gegenstände,** auf **Munition** gem. Anl. 1 Abschn. 1 UAbschn. 3 Nr. 1 sowie auf **Hieb- und Stoßwaffen** nach Anl. 1 Abschn. 1 UAbschn. 2 Nr. 1.1 (WaffVwV Nr. 35.3). Nach dem Wortlaut des Gesetzes werden vom Waffenhandelsverbot **nicht** sämtliche Waffen erfasst. **Reizstoffsprühgeräte sowie Elektroimpulsgeräte** mit Waffeneigenschaft sind **nicht** von der Vorschrift **erfasst.**). Auch sonstige Waffen im techn. Sinn (→ § 1 Rn. 9 ff.), welche nicht den Hieb- und Stoßwaffen unterfallen, sind nicht vom Handelsverbot erfasst.

Dass nicht sämliche Waffen vom Handelsverbot erfasst sind, stellt eine **Gesetzeslücke** dar.

Der Gesetzgeber hat in Abs. 3 die Formulierung des § 38 aF übernommen, dabei jedoch übersehen, dass bspw. Elektroimpulsgeräte im aktuellen WaffG rechtlich nicht mehr den Hieb- und Stoßwaffen gleichgest. sind (vgl. § 1 Abs. 7 aF).

Vermutlich war die gesetzgeberische Intention, dass sämtliche Waffen vom Handelsverbot erfasst werden sollen. Dies ist nach dem Wortlaut des Gesetzes nicht der Fall, weshalb der Gesetzgeber aufgerufen ist, die Vorschrift entspr. zu ergänzen.

3. Verbotsumfang, Vertrieb und Überlassen

Gem. Abs. 3 S. 1 werden der **Vertrieb** und das **Überlassen** von Schussw., Munition, sowie Hieb- oder Stoßwaffen erfasst. 26

a) Vertrieb. Vertrieb ist nicht gleichzusetzen mit „**Waffenhandel treiben**" gem. § 21 iVm Anl. 1 Abschn. 2 Nr. 9, sondern ein **enger** gefasster Begriff (so *Heller/Soschinka* WaffR Rn. 2360; aA *Steindorf/Gerlemann* WaffG § 35 Rn. 12, letztlich offen gelassen in WaffVwV Nr. 35.3). Die gesetzliche Def. „Waffenhandel treiben" erfasst den „Vertrieb" als eine mögliche Handelsform, so dass eine Gleichsetzung der Begriffe im Zuge einer erweiternden Auslegung durch den Wortlaut des Abs. 3 S. 1 nicht gedeckt ist (*Heller/Soschinka* WaffR Rn. 2360). 27

Von Bedeutung ist der Wortlaut auch mit Blick auf die **Strafnorm** des § 52 Abs. 1 Nr. 3, wonach das Vertreiben oder Überlassen jeweils als selbstständige **Handlungsform strafrechtlich** erfasst werden, womit das **Bestimmtheitsgebot** gem. Art. 103 Abs. 2 GG einer weiten Auslegung des Begriffs entgegensteht. 28

Die **Auslegung** des Begriffs Vertrieb ergibt sich vielmehr aus **§ 55 Abs. 1 Nr. 1 GewO,** der Def. des Reisegewerbes. Dies legt schon der Umstand nahe, dass die verbotenen Handlungen, auf die sich Abs. 3 S. 1 mit den Nr. 1–3 bezieht, grds. nach der GewO zu bestimmen sind. 29

Vertrieb ist iSd § 55 Abs. 1 Nr. 1 GewO das **Feilbieten** von **Waren** oder das **Aufsuchen** von **Bestellungen.** Der Begriff wird auch in § 56 Abs. 1 und § 56a Abs. 2 S. 1 GewO verwendet, ohne dass es dort noch erläuternder Zusätze bedarf (*Landmann/Rohmer* GewO § 55 Rn. 71). 30

Das **Feilbieten** von Waren besteht in dem äußerlich erkennbaren **Bereitstellen** von Waren zum **sofortigen Verkauf** (vgl. *Landmann/Rohmer* GewO § 55 Rn. 63). Zum Begriff des Feilbietens gehört **nicht,** dass ein förmliches Anbieten mit ausdr. Aufforderung zum Kauf stattfindet oder ein Kaufvertrag abgeschlossen wird. Es genügt, die Verkäuflichkeit der Ware dem Publikum auf irgendeine, den Umständen entspr. Weise erkennbar zu machen, zB indem die Auslage eines Wanderlagers (vgl. § 56a Abs. 2 GewO) ausgestellt wird (*Landmann/Rohmer* GewO § 55 Rn. 64). Ein Feilbieten liegt **nicht** vor, wenn lediglich für die Waren geworben wird, zB durch Werbevorträge oder Filmvorführungen. Werden allerdings im Anschluss daran Bestellungen auf die vorgeführten Waren entgegengenommen, liegt idR ein Aufsuchen von Bestellungen vor (vgl. *Landmann/Rohmer* GewO § 55 Rn. 64). Soweit der Gesetzgeber den Begriff des **Feilhaltens** in Anl. 1 Abschn. 2 Nr. 9 verwendet, ist dieser **wie** der Begriff des **Feilbietens** in § 55 Abs. 1 GewO zu verstehen. 31

Das **Aufsuchen von Warenbestellungen** bedeutet das Bemühen, feste Aufträge für die künftige Lieferung von bestimmten Waren zu erlangen, idR auf Grund von Vorführungen, Proben, Mustern oder Zeichnungen (*Landmann/Rohmer* GewO § 55 Rn. 64 mwN). Durch die Bereitschaft zur **sofortigen Warenübergabe** unterscheidet sich das Feilbieten von dem Aufsuchen von Bestellungen. Beim Aufsuchen von Bestellungen ist **wesentlich,** dass erst eine künftige Lieferung der zB nach Muster oder Katalog gekauften Ware **vereinbart** wird (*Landmann/Rohmer* GewO § 55 Rn. 61). Bloße **Werbung** ist **kein Aufsuchen von Bestellungen,** insbes. wenn 32 keine unmittelbare Bestellmöglichkeit besteht (vgl. *Landmann/Rohmer* GewO § 55 Rn. 66). Allerdings kommt es nicht auf die Bezeichnung zB „Werbeveranstaltung" oder „Promotion" an. Ist die Annahme von Bestellungen möglich, liegt das Aufsuchen von Bestellungen vor.

33 **b) Überlassen.** Das Überlassen def. Anl. 1 Abschn. 2 Nr. 3, wonach eine Waffe oder Munition überlässt, wer die tatsächliche Gewalt darüber einem anderen einräumt (→ Anl. 1 Rn. 173). Das Verbot des Überlassens gilt darüber hinaus unabhängig davon, ob der betreffende Umgang im Rahmen einer gewerblichen Betätigung des Anbietenden oder aber **nichtgewerblich** erfolgt. Von dieser Verbotsalternative werden also alle Formen des Überlassens ohne Rücksicht auf die Motivationen der Beteiligten oder die Ausgestaltung der dem Überlassen zugrunde liegenden Rechtsbeziehungen zwischen diesen erfasst (WaffVwV Nr. 35.3 im Anschl. daran auch *Heller/Soschinka* WaffR Rn. 2361).

4. Reisegewerbe (Abs. 3 S. 1 Nr. 1)

34 Gem. Abs. 3 S. 1 Nr. 1 ist der Vertrieb und das Überlassen von Schussw., Munition oder Hieb- und Stoßwaffen im **Reisegewerbe** verboten.

35 **a) Begriff Reisegewerbe.** Gem. § 55 Abs. 1 Nr. 1 GewO betreibt ein Reisegewerbe, wer gewerbsmäßig ohne vorhergehende Bestellung außerhalb seiner gewerblichen Niederlassung (§ 42 Abs. 2 GewO) oder ohne eine solche zu haben Waren feilbietet oder Bestellungen aufsucht (vertreibt) oder ankauft, Leistungen anbietet oder Bestellungen auf Leistungen aufsucht.

36 Nach Abs. 3 Nr. 1 sind nur der Vertrieb und das Überlassen der genannten Waffen verboten. Das Ankaufen, das Anbieten von Leistungen oder das Aufsuchen von Bestellungen auf Leistungen, sind danach **zulässig.** Das bedeutet, dass im Reisegewerbe sehr wohl Schussw., Munition oder Hieb- und Stoßwaffen **angekauft** werden dürfen. Auch dürfen **Dienstleistungen** angeboten, zB das Reparieren von Schussw. oder Bestellungen von solchen Dienstleistungen abgeschlossen werden.

37 **aa) Gewerbsmäßigkeit. Gewerbsmäßig** handelt, wer durch eine fortgesetzte Tätigkeit der in § 55 Abs. 1 GewO bezeichneten Art, planmäßig sowie dauernd die Erzielung eines nicht nur vorübergehenden Gewinns erstrebt (*Erbs/Kohlhaas* § 55 GewO Nr. 2). Es muss daher die **Absicht** vorliegen, im Reisegewerbe eine auf **Dauer** angelegte, zumindest mit **Wiederholungsabsicht** ausgeübte, **berufsmäßige Tätigkeit** auszuüben und nicht nur eine gelegentliche einmalige Einnahme zu erzielen (*Landmann/Rohmer* GewO § 55 Rn. 20 mwN).

38 **Bagatell-** und **Gelegenheitsgeschäfte** werden nicht von der GewO erfasst (*Erbs/Kohlhaas* § 1 GewO Nr. 2a). Auch wenn den Gelegenheitsgeschäften eine über die Bagatellgrenze hinausgehende Gewinnerwartung zu Grunde liegt, unterliegen sie nicht der GewO, weil Gewerbsmäßigkeit grds. eine auf Dauer angelegte „nachhaltige planmäßige und gleichmäßig fortgesetzte Tätigkeit" voraussetzt (*Erbs/Kohlhaas* § 1 GewO Nr. 2a mwN).

39 **bb) Ohne vorhergehende Bestellung. Ohne vorhergehende Bestellung** setzt voraus, dass der Reisegewerbetreibende ohne vorhergehende Vereinbarung mit dem Kunden an diesen herantritt (*Erbs/Kohlhaas* § 55 GewO Nr. 5). Bei einer vorhergehenden **konkreten Bestellung** liegt **kein** Reisegewerbe vor. Bestellung ist die an den Gewerbetreibenden gerichtete Aufforderung, dem Besteller eine Ware der in § 55 Abs. 1 Nr. 1 GewO bezeichneten Art zu erbringen, die nach Gegenstand, Ort und Zeit der Geschäftshandlung hinreichend bestimmt ist; Bestellung liegt auch dann vor, wenn der Gewerbetreibende vom Besteller durch schlüssige Handlung aufgefordert wird, sich bei ihm zum Abschluss derartiger Geschäfte einzufinden,

auch wenn ein konkreter Geschäftsabschluss noch nicht zugesichert ist (*Erbs/Kohlhaas* § 55 GewO Nr. 5).

cc) Außerhalb seiner gewerblichen Niederlassung. Außerhalb seiner gewerblichen Niederlassung findet die Tätigkeit nur statt, wenn kein räuml. Zusammenhang zwischen Tätigkeit und der Niederlassung besteht. Ein und dieselbe Person kann gleichzeitig ein stehendes Gewerbe und ein Reisegewerbe ausüben. Die Reisegewerbekarte ist in einem solchen Fall entbehrlich, wenn der Gewerbetreibende für das entspr. Gewerbe bereits eine Erlaubnis besitzt, wobei die Feststellung der Gewerbsmäßigkeit jeweils für das stehende und das Reisegewerbe getrennt zu treffen ist (*Erbs/Kohlhaas* § 55 GewO Nr. 4). 40

b) Reisegewerbekartenfreie Tätigkeit. Gem. § 55 Abs. 2 GewO bedarf derjenige einer Erlaubnis **(Reisegewerbekarte),** der ein Reisegewerbe betreiben will. Die §§ 55a und 55b GewO enthalten einige reisegewerbekartenfreie Tätigkeiten. Die in § 55a und § 55b GewO aufgeführten Tätigkeiten sind zwar reisegewerbekartenfrei. Dennoch handelt es sich um eine Tätigkeit im Reisegewerbe, sofern die allg. Vorauss. des § 55 GewO vorliegen (vgl. *Erbs/Kohlhaas* § 55a GewO Nr. 1 und *Landmann/Rohmer*GewO § 55a Rn. 3). Auch eine reisegewerbekartenfreie Tätigkeit ist somit als Reisegewerbe anzusehen. 41

c) Ausnahme von der Verbotsnorm gem. § 55b Abs. 1 GewO. Ausdr. **ausgenommen** von der Verbotsnorm des Abs. 3 S. 1 Nr. 1 sind die in § 55b Abs. 1 GewO gefassten Konstellationen. Dieser betrifft Fälle, in denen **Gewerbetreibende** andere Personen **im Rahmen deren Geschäftsbetriebes** aufsuchen und sich nicht an den privaten Letztverbraucher wenden (vgl. *Landmann/Rohmer*GewO § 55b Rn. 1). Das bedeutet, dass im Rahmen der geschäftlichen Beziehungen zu anderen Gewerbetreibenden das Verbot nicht gilt. Insoweit begegnen sich hier zB Waffenhändler „auf Augenhöhe“. 42

5. Messen, Ausstellungen und Märkte (Abs. 3 S. 1 Nr. 2)

Gem. Abs. 3 S. 1 Nr. 2 ist der Vertrieb und das Überlassen von Schussw., Munition oder Hieb- und Stoßwaffen auf festgesetzten Veranstaltungen iSd Titels IV der Gewerbeordnung (Messen, Ausstellungen, Märkte) verboten. 43

a) Messen. Gem. § 64 Abs. 1 GewO ist eine Messe eine zeitl. begrenzte, im allg. regelm. wiederkehrende Veranstaltung, auf der eine Vielzahl von Ausstellern das wesentliche Angebot eines oder mehrerer Wirtschaftszweige ausstellt und überwiegend nach Muster an gewerbliche Wiederverkäufer, gewerbliche Verbraucher oder Großabnehmer vertreibt. Messen dienen als privilegierte Verkaufseinrichtungen dem Binnen- und Außenhandel und fördern durch den umfassenden Überblick über das Angebot eines Wirtschaftszweiges (Fachmessen) oder mehrerer Wirtschaftszweige (allg. Messen) den Wettbewerb (*Landmann/Rohmer* GewO § 64 Rn. 1). Als Waffenmessen können die IWA in Nürnberg (Int. Fachmesse für Jagd- u. Sportwaffen, Munition und Messer), die Internationale Waffenbörse in Stuttgart oder die Waffenbörse International in Kassel angesehen werden. 44

b) Ausstellungen. Gem. § 65 GewO ist eine Ausstellung eine zeitl. begrenzte Veranstaltung, auf der eine Vielzahl von Ausstellern ein repräsentatives Angebot eines oder mehrerer Wirtschaftszweige oder Wirtschaftsgebiete ausstellt und vertreibt oder über dieses Angebot zum Zweck der Absatzförderung informiert. 45

c) Märkte. Märkte sind gem. § 66 GewO der Großmarkt, gem. § 67 GewO der Wochenmarkt und gem. § 68 GewO der Spezialmarkt und der Jahrmarkt. Bei den Marktveranstaltungen dürfen keine Schussw., Munition oder Hieb- und Stoßwaffen vertrieben oder überlassen werden. 46

47 **d) Ausnahmen von der Verbotsnorm.** Von der Verbotsnorm iSd Abs. 3 S. 1 Nr. 2 **ausgenommen** ist die **Entgegennahme** von Bestellungen auf **Messen** und **Ausstellungen.** Verboten ist zwar der Vertrieb, also das Feilbieten und das Aufsuchen von Bestellungen; letzteres wird durch die **Zulässigkeit** der Entgegennahme von Bestellungen jedoch ausnahmsweise durch den Gesetzgeber erlaubt.

48 Das bedeutet, dass auf festgesetzten Messen und Ausstellungen, **nicht** aber auf **Märkten,** Waffen und Munition mit dem Ziel der Entgegennahme von Bestellungen vorgeführt werden dürfen. Die Entgegennahme von Bestellungen **auf nicht festgesetzten Messen und Ausstellungen** ist verboten.

49 (unbesetzt)

6. Volksfeste, Schützenfeste, Märkte, Sammlertreffen oder ähnliche öffentliche Veranstaltungen (Abs. 3 S. 1 Nr. 3)

50 Gem. Abs. 3 S. 1 Nr. 3 ist der Vertrieb und das Überlassen von Schussw., Munition oder Hieb- und Stoßwaffen auf Volksfesten, Schützenfesten, Märkten, Sammlertreffen oder ähnlichen öffentl. Veranstaltungen verboten.

51 **a) Volksfeste.** Gem. § 60b Abs. 1 GewO ist ein Volksfest eine im allg. regelm. wiederkehrende, zeitl. begrenzte Veranstaltung, auf der eine Vielzahl von Anbietern unterhaltende Tätigkeiten iSd § 55 Abs. 1 Nr. 2 GewO ausübt und Waren feilbietet, die üblicherweise auf Veranstaltungen dieser Art angeboten werden. Historisch sind Volksfeste aus Märkten, Kirchfesten und Wallfahrten entstanden und stark im Brauchtum verankerte regionale Feste. Manche haben sich im Laufe der Jahrhunderte aus einem **Jahrmarkt** entwickelt. An diese Tradition knüpft der bei vielen Volksfesten am Rande des Festplatzes gelegene Krämermarkt an.

52 **b) Schützenfeste, Märkte, Sammlertreffen oder ähnliche öffentliche Veranstaltungen.** Hierunter fallen die nach dem Brauchtum in den Städten und Dörfern abgehaltenen Schützenfeste und Märkte usw. Diese werden nicht iSd Titels IV der GewO festgesetzt, sondern unterliegen den regionalen Anmeldeverfahren bei den Ordnungsbehörden. Durch die Benennung auch **ähnlicher öffentl. Veranstaltungen** erstreckt sich das Verbot ua auf private nichtgewerbliche **Trödel- bzw Flohmärkte** sowie alle Veranstaltungen nach Titel IV der GewO, die in Ermangelung einer Festsetzung nicht unter die Nr. 2 fallen.

Auch die Entgegennahme von Bestellungen **auf nicht festgesetzten Veranstaltungen** ist verboten. Dies gilt auch für Veranstaltungen, die im Hinblick auf ihren Zweck (Vergnügung oder Warenverkehr) und das Geschehen iwS als vergleichbar oder ähnlich anzusehen sind, zB auch Tauschbörsen oder Kulturfeste (vgl. WaffVwV Nr. 35.3.3).

53 **c) Ausnahmen von der Verbotsnorm.** Von der Verbotsnorm iSd Abs. 3 S. 1 Nr. 3 **ausgenommen** ist das Überlassen der benötigten Schussw. oder Munition in einer Schießstätte sowie von Munition, die Teil einer Sammlung iSd § 17 Abs. 1 ist oder für eine solche bestimmt ist. Von der Ausnahme **nicht** erfasst ist der Vertrieb.

54 Bei den Schießstätten handelt es sich um genehmigte Schießstätten iSd § 27 Abs. 1, die auf Volksfesten, Schützenfesten, Märkten oder anderen öffentl. Veranstaltungen betrieben werden (vgl. *ABB/Adolph* WaffG § 35 Rn. 31). Durch die Ausnahme wird das Überlassen an interessierte Personen im Rahmen der öffentl. Veranstaltung ermöglicht. Die Vorschriften beim Schießen gem. § 27 sind in jedem Fall zu beachten (→ § 27 Rn. 34).

55 Eine weitere Ausnahme greift für Munitionssammler. Diese betr. **nur das Überlassen** von Munition. Diese darf im Rahmen von Sammlertreffen an Berechtigte iSd § 34 überlassen werden.

7. Ausnahmen durch die zuständige Behörde (Abs. 3 S. 2)

Gem. Abs. 3 S. 2 kann die zust. Beh. Ausnahmen von den Verboten für ihren Bezirk zulassen, wenn öffentl. Interessen nicht entgegenstehen. 56

Bei der Zulassung von Ausnahmen von den Verboten des Abs. 3 S. 1 nach Abs. 3 S. 2 ist zu berücksichtigen, dass es sich um repressive Verbote mit Ausnahmevorbehalt handelt. Die verbotenen Handlungen sind somit grds. unerwünscht und bedürfen im Falle ihrer Zulassung einer besonderen Rechtfertigung. Von der Ausnahmemöglichkeit wird daher im öffentl. Interesse nur äußerst zurückhaltend Gebrauch gemacht werden (WaffVwV Nr. 35.3 im Anschl. daran *Heller/Soschinka* WaffR Rn. 2367). 57

Als **Tatbestandsvorauss.** gilt allein, dass öffentl. Interessen nicht entgegenstehen (instruktiv dazu *Berger* JA 2005, 377). Dies ist am Schutzzweck der Norm festzustellen, wonach verhindert werden soll, dass unzuverlässige Bevölkerungsteile angereizt werden, sich mit Waffen oder Munition zu versehen. Dies wäre bspw. dann der Fall, wenn Messen oder Ausstellungen nur der Allgemeinheit und nicht dem Fachpublikum offen stehen würden. Ein **besonderes Interesse** des Veranstalters verlangt die Ausnahme gerade **nicht,** liegt jedoch bei Waffenfachmessen, -ausstellungen und Spezialmärkten idR schon deshalb vor, weil es um wirtschaftliche Interessen der Aussteller geht. 58

Aber auch das Ziel des Gesetzgebers, die Zahl der Waffenbesitzer sowie die Art und die Zahl der in Privatbesitz befindlichen Schussw. auf das unbedingt notwendige und mit Rücksicht auf die Interessen der öffentl. Sicherheit vertretbare Maß zu beschränken, wird dabei zu beachten sein. 59

Die zust. Beh. haben zudem darauf zu achten, dass die Ausnahmevorschrift des Abs. 3 S. 2 nicht als Regel ausgelegt wird. So sind jedenfalls viele deutsche Städte der Intention der Novellierung des Waffengesetzes gefolgt und haben den Verkauf von Waffen auf Messen bereits verhindert. Es verbleiben wohl nur noch Kassel, Nürnberg und Stuttgart als ernstzunehmende Waffenbörsen. Mittlerweile wird die Ausnahmeregelung mit der Auflage verbunden, nur Personen den Zugang zur Messe zu erlauben, die das 18. Lebensj. vollendet haben. 60

Ausnahmen durch die nach § 49 Abs. 2 Nr. 4 örtlich zust. Beh. werden daher im Interesse der öffentl. Sicherheit und Ordnung nur bei Veranstaltungen in Betracht kommen, die eine besondere Gewähr des gefahrlosen Ablaufs bieten, weil auf Anreizeffekte gegenüber bestimmten Personengruppen verzichtet wird und der Schutz vor Abhandenkommen etwa durch entspr. Aufbewahrungsvorgaben behördlich sichergestellt werden kann, zB Fachmessen/-ausstellungen im Ggs. zu allg. Militariabörsen oder Anbietern auf Flohmärkten (WaffVwV Nr. 35.3 im Anschl. daran *Heller/Soschinka* WaffR Rn. 2367). 61

Der Charakter einer Veranstaltung kann zB durch Beschränkung des Anbieterkreises, durch Auflagen zur Art der angebotenen Waffen oder Munition oder durch Zugangsbeschränkungen zur Veranstaltung beeinflusst werden. Die zust. Beh. wird alle diesbzgl. Umstände im Rahmen ihrer Entsch. angemessen würdigen und kann auch Beschränkungen und Nebenbestimmungen nach § 9 erlassen (WaffVwV Nr. 35.3 im Anschl. daran *Heller/Soschinka* WaffR Rn. 2367). 62

Bei der Ausübung des **Ermessens** im Rahmen der Entsch. über die Zulassung einer Ausnahme gem. Abs. 3 S. 2 ist auch zu berücksichtigen, dass einem ungeregelten Verkauf entgegengewirkt und dadurch Gefahren vorgebeugt werden soll, die bei diesen Formen des behördlich nicht effektiv kontrollierbaren Verhaltens bestehen (zB Defizite in den Aufbewahrungsmodalitäten; Überlassen an Nichtberechtigte usw). Weiter sollen Anreize für den Erwerb von Waffen und Munition durch die allgegenwärtige Präsenz von Angeboten und Erwerbsmöglichkeiten im öffentl. Raum oder bei speziellen Veranstaltungen vermieden werden (vgl. WaffVwV Nr. 35.3). 63

8. Sanktionen

64 Gem. § 52 Abs. 1 Nr. 3 wird mit Freiheitsstrafe von **sechs Monaten bis zu fünf Jahren** bestraft, wer entgegen § 35 Abs. 3 S. 1 eine Schussw., Munition oder eine Hieb- oder Stoßwaffe im Reisegewerbe oder auf einer dort genannten Veranstaltung **vertreibt** oder anderen **überlässt.** Der Versuch ist strafbar, § 52 Abs. 2.

65 Entspr. Verurteilungen stellen in Anbetracht ihrer Gewichtigkeit regelm. auch die **waffenrechtl. Zuverlässigkeit** iSd § 5 des Täters in Frage.

§ 36 Aufbewahrung von Waffen oder Munition

(1) **Wer Waffen oder Munition besitzt, hat die erforderlichen Vorkehrungen zu treffen, um zu verhindern, dass diese Gegenstände abhanden kommen oder Dritte sie unbefugt an sich nehmen.**

(2) *(aufgehoben)*

(3) [1]**Wer erlaubnispflichtige Schusswaffen, Munition oder verbotene Waffen besitzt oder die Erteilung einer Erlaubnis zum Besitz beantragt hat, hat der zuständigen Behörde die zur sicheren Aufbewahrung getroffenen oder vorgesehenen Maßnahmen nachzuweisen.** [2]**Besitzer von erlaubnispflichtigen Schusswaffen, Munition oder verbotenen Waffen haben außerdem der Behörde zur Überprüfung der Pflichten aus Absatz 1 in Verbindung mit einer Rechtsverordnung nach Absatz 5 Zutritt zu den Räumen zu gestatten, in denen die Waffen und die Munition aufbewahrt werden.** [3]**Wohnräume dürfen gegen den Willen des Inhabers nur zur Verhütung dringender Gefahren für die öffentliche Sicherheit betreten werden; das Grundrecht der Unverletzlichkeit der Wohnung (Artikel 13 des Grundgesetzes) wird insoweit eingeschränkt.**

(4) [1]**Die in einer Rechtsverordnung nach Absatz 5 festgelegten Anforderungen an die Aufbewahrung von Schusswaffen und Munition gelten nicht bei Aufrechterhaltung der bis zum 6. Juli 2017 erfolgten Nutzung von Sicherheitsbehältnissen, die den Anforderungen des § 36 Absatz 2 Satz 1 zweiter Halbsatz und Satz 2 in der Fassung des Gesetzes vom 11. Oktober 2002 (BGBl. I S. 3970, 4592; 2003 I S. 1957), das zuletzt durch Artikel 6 Absatz 34 des Gesetzes vom 13. April 2017 (BGBl. I S. 872) geändert worden ist, entsprechen oder die von der zuständigen Behörde als gleichwertig anerkannt wurden.** [2]**Diese Sicherheitsbehältnisse können nach Maßgabe des § 36 Absatz 1 und 2 in der Fassung des Gesetzes vom 11. Oktober 2002 (BGBl. I S. 3970, 4592; 2003 I S. 1957), das zuletzt durch Artikel 6 Absatz 34 des Gesetzes vom 13. April 2017 (BGBl. I S. 872) geändert worden ist, sowie des § 13 der Allgemeinen Waffengesetz-Verordnung vom 27. Oktober 2003 (BGBl. I S. 2123), die zuletzt durch Artikel 108 des Gesetzes vom 29. März 2017 (BGBl. I S. 626) geändert worden ist,**

1. **vom bisherigen Besitzer weitergenutzt werden sowie**
2. **für die Dauer der gemeinschaftlichen Aufbewahrung auch von berechtigten Personen mitgenutzt werden, die mit dem bisherigen Besitzer nach Nummer 1 in häuslicher Gemeinschaft leben.**

[3]**Die Berechtigung zur Nutzung nach Satz 2 Nummer 2 bleibt über den Tod des bisherigen Besitzers hinaus für eine berechtigte Person nach Satz 2 Nummer 2 bestehen, wenn sie infolge des Erbfalls Eigentümer des Sicherheitsbehältnisses wird; die berechtigte Person wird in diesem Fall nicht bisheriger Besitzer im Sinne des Satzes 2 Nummer 1.** [4]**In den Fällen der Sätze 1 bis 3 finden § 53 Absatz 1 Nummer 19 und § 52a in der Fassung des Gesetzes vom 11. Oktober 2002 (BGBl. I S. 3970, 4592; 2003 I S. 1957), das**

zuletzt durch Artikel 6 Absatz 34 des Gesetzes vom 13. April 2017 (BGBl. I S. 872) geändert worden ist, und § 34 Nummer 12 der Allgemeinen Waffengesetz-Verordnung vom 27. Oktober 2003 (BGBl. I S. 2123), die zuletzt durch Artikel 108 des Gesetzes vom 29. März 2017 (BGBl. I S. 626) geändert worden ist, weiterhin Anwendung.

(5) [1]**Das Bundesministerium des Innern wird ermächtigt, nach Anhörung der beteiligten Kreise durch Rechtsverordnung mit Zustimmung des Bundesrates unter Berücksichtigung des Standes der Technik, der Art und Zahl der Waffen, der Munition oder der Örtlichkeit die Anforderungen an die Aufbewahrung oder an die Sicherung der Waffe festzulegen.** [2]**Dabei können**
1. Anforderungen an technische Sicherungssysteme zur Verhinderung einer unberechtigten Wegnahme oder Nutzung von Schusswaffen,
2. die Nachrüstung oder der Austausch vorhandener Sicherungssysteme,
3. die Ausstattung der Schusswaffe mit mechanischen, elektronischen oder biometrischen Sicherungssystemen

festgelegt werden.

(6) **Ist im Einzelfall, insbesondere wegen der Art und Zahl der aufzubewahrenden Waffen oder Munition oder wegen des Ortes der Aufbewahrung, ein höherer Sicherheitsstandard erforderlich, hat die zuständige Behörde die notwendigen Ergänzungen anzuordnen und zu deren Umsetzung eine angemessene Frist zu setzen.**

Übersicht

I. Allgemeines

§ 36 ist iVm §§ 13, 14 AWaffV die **zentrale** Vorschrift zur Gewährleistung der Sicherheit im Umgang mit Waffen und Munition. Die Regelungen im WaffG und der AWaffV stellen den unter Sicherheitsaspekten erforderlichen **Mindeststandard** für die Aufbewahrung dar und sollen die Bevölkerung vor den **Gefahren,** die von Waffen oder Munition ausgehen, **schützen** (vgl. BT-Drs. 16/7717, 42). 1

Der Regelungskreis des § 36 unterscheidet nicht zwischen Waffenhändlern bzw Waffenherstellern auf der einen und privaten Schusswaffen- sowie Munitionsbesitzern auf der anderen Seite. Die Norm erfasst **sämtliche Waffen** und beschränkt sich nicht auf Schussw. und Munition.

Von besonderer Bedeutung ist die **sichere Aufbewahrung** von Waffen oder Munition vor allem unter dem Gesichtspunkt, eine **unberechtigte Nutzung** durch **Dritte** möglichst zu verhindern (BT-Drs. 14/7758, 73; vgl. auch *Papsthart*, WiW, 23 ff.). Missbräuchlicher Umgang mit Schussw. ist weniger durch die Waffenbesitzer selbst, sondern vielmehr durch illegale Waffenbesitzer, welche unrechtmäßig auf die Schussw. zugreifen, festzustellen. Hervorzuheben sind hier Familienangehörige der rechtmäßigen Schusswaffenbesitzer. Das BKA geht davon aus, dass jährlich rund 6.000 scharfe Schussw. abhandenkommen. Die kriminelle Verwendung legaler Waffen nimmt ihren Ursprung häufig in einer nachlässigen Aufbewahrung derselben. Über 85 % aller Waffendiebstähle ereignen sich im privaten Bereich, weshalb die sichere Aufbewahrung zu den herausragenden Pflichten jedes Waffen- und Munitionsbesitzers zählt (BT-Drs. 14/8340, 6). 2

§ 36 formuliert iVm §§ 13, 14 AWaffV Teile der umfassenden **Garantenstellung,** die jeden Waffen- oder Munitionsbesitzer als Konsequenz aus der Ausübung tatsächlicher Gewalt über Waffen oder Munition trifft (vgl. *Apel/Bushart* WaffG § 36 Rn. 2). Die Garantenstellung bezieht sich sowohl auf die techn. Funktionssicherheit als auch auf die ordnungsgemäße Handhabung durch den Waffenbesitzer; gleichermaßen umfasst sie die Mitverantwortung für den Missbrauch durch Dritte. § 36 stellt deliktsrechtl. ein Schutzgesetz iSv § 823 Abs. 2 BGB dar (vgl. *Palandt* BGB § 823 Rn. 71 und MüKoBGB § 823 Rn. 189 mwN). 3

Neben den Anforderungen an die Sicherheitsbehältnisse, idR Waffenschränke, gelten also auch **Verhaltensweisen** zum sicheren Umgang mit Waffen und Munition. Ob zu Hause oder unterwegs, Schussw. und Munition dürfen grds. **nicht unbeaufsichtigt** und ungesichert stehen oder liegen gelassen werden. Der Umgang mit Schussw. und Munition hat stets so zu erfolgen, dass keine Zugriffsmöglichkeit für Unbefugte (auch Familienangehörige) besteht. 4

1. Normstruktur

In Abs. 1 hat der Gesetzgeber die **Generalklausel** für den sicheren **Umgang** mit Waffen und Munition gefasst. Die **konkreten Vorgaben** für die **Aufbewahrung** von Schussw. und Munition sind in **§ 13 Abs. 1–3 AWaffV** zusammengefasst (→ Rn. 20 ff.), welcher auf Grundlage von § 36 Abs. 5 erlassen wurde. Nachweisvorschriften der Waffenbesitzer an die zust. Beh. über die beschafften Sicherheitsbehältnisse sind in Abs. 3 enthalten, darüber hinaus sind hier Befugnisse der zust. Beh. zur Überprüfung der sicheren Aufbewahrung festgeschrieben. Abs. 4 enthält eine umfassende Besitzstandsregelung und ermöglicht die Weiternutzung solcher Sicherheitsbehältnisse, welche den Vorgaben der alten Rechtslage (§ 36 Abs. 2 S. 1 HS 2 aF) entsprechen (→ Rn. 93 ff.). Abs. 5 enthält die Ermächtigung zum Erlass bestimmter Vorschriften in einer RVO. Hiervon hat der Gesetzgeber in §§ 13, 14 AWaffV Gebrauch gemacht. Abs. 6 beinhaltet schließlich eine Anordnungspflicht bei erforderlichen höheren Sicherheitsstandards. 5

Der Gesetzgeber hat in § 36 iVm § 13 AWaffV iSe. einheitlichen und effizienten Vollzugs die materiellen Anforderungen an die Aufbewahrung in verbindlicher Form festgelegt. Zur Entstehungsgeschichte der Norm → 1. Aufl. § 36 Rn. 5, 8.

2. Änderungen der Vorschrift

6 Mit dem **2. ÄndG** (→ Einf. Rn. 23) wurde in §§ 13 und 14 AWaffV die vorgeschriebene Beteiligung der **kriminalpolizeilichen Beratungsstellen** zur fachlichen Unterstützung der Waffenbehörden bei konkret-individuellen Aufbewahrungsentscheidungen gestrichen, da diese sich aus Sicht der BReg. nicht bewährt hatte (vgl. BT-Drs. 16/7717, 42).

Vor dem Hintergrund des Amoklaufs in Winnenden am 11.3.2009 hat der Gesetzgeber mit dem **3. ÄndG** (→ Einf. Rn. 24) Verschärfungen in den Aufbewahrungsvorschriften vorgenommen. Die Abs. 3 und 5 wurden neu gefasst. Zudem wurde § 52a als **neue Strafvorschrift** eingeführt, wenn Schussw. oder Munition vorsätzlich nicht ordnungsgemäß aufbewahrt werden und dadurch (zumindest bedingt vorsätzlich) die Gefahr verursacht wird, dass sie abhanden kommen oder unbefugt darauf zugegriffen wird. § 52a wurde mit dem **6. ÄndG** (→ Einf. Rn. 26c) aufgehoben und die Regelung in § 52 Abs. 3 Nr. 7a (→ § 52 Rn. 58a ff.) überführt.

Mit dem **6. ÄndG** (→ Einf. Rn. 26c) haben § 36 sowie § 13 AWaffV mit Wirkung zum 6.7.2017 **grundlegende Änderungen** erfahren.

Soweit dies iSe. klaren Darstellung im Folgenden erforderlich ist, wird die zum Zeitpunkt vor Inkrafttreten des 6. ÄndG geltende Fassung des § 36 sowie des § 13 AWaffV als „alte Fassung" (aF), die mit dem 6. ÄndG in Kraft gesetzte Fassung als „neue Fassung" (nF) bezeichnet. Werden Normen in Bezug genommen, welche mit dem Inkrafttreten des 6. ÄndG gestrichen worden sind, werden diese ebenfalls als „alte Fassung" (aF) zitiert. Soweit zitierte Normen keine gesonderte Kennzeichnung aufweisen, sind die aktuellen Fassungen derselben bezeichnet. Verweise auf die WaffVwV sowie auf die gesetzgeberischen Motive zur alten Rechtslage werden weiterhin zitiert, soweit sie in der Sache greifen, auch wenn sich die ursprünglich in Bezug genommene Fundstelle in Folge der Gesetzesnovellierung innerhalb der Normen verlagert hat.

Die bis zum Inkrafttreten des **6. ÄndG** (→ Einf. Rn. 26c) in **Abs. 1 S. 2 und Abs. 2 des § 36 aF** enthaltenen Vorgaben zur Aufbewahrung von Schusswaffen und Munition wurden aus der Norm **gestrichen.** Die konkreten Vorgaben zur Schusswaffen- und Munitionsaufbewahrung, insb. zu den technischen Vorgaben zu Sicherheitsbehältnissen, sind gänzlich in den **neu gefassten § 13 Abs. 1–3 AWaffV nF** ausgelagert worden. Dadurch ist das Gesetz iSe. erhöhten Technikoffenheit und – neutralität von technischen Detailregelungen entlastet und ermöglicht eine zukünftige Aktualisierung der Verweise auf technische Regelwerke, ohne dass jeweils eine Änderung des WaffG erforderlich wird (BR-Drs 61/17, 36).

Weitere ergänzende Regelungen zur Aufbewahrung enthalten §§ 13, 14 AWaffV in ihrer aktuellen Fassung.

Mit der Neustrukturierung des § 36 und des § 13 AWaffV hat der Gesetzgeber die **Aufbewahrungsstandards deutlich angehoben.** Die Vorgängernorm enthielt in § 36 Abs. 2 aF unter Bezugnahme auf die Norm 24992 des Verbandes Deutscher Maschinen- und Anlagenbau (VDMA) eine Gleichwertigkeitsfiktion von Behältnissen der Sicherheitsstufe B sowie der Sicherheitsstufe A (hinsichtlich Langwaffen) mit Sicherheitsbehältnissen der Norm DIN/EN 1143-1 Widerstandsgrad 0. In den Behältnissen der Sicherheitsstufe A (nur für bis zu zehn Langwaffen) und B durften nach der alten Rechtslage Schussw. zumindest **getrennt** von der Munition aufbewahrt werden. Diese **Gleichwertigkeitsfiktion** hat der Gesetzgeber **ersatzlos gestrichen.** Das Sicherheitsniveau der Behältnisse (Sicherheitsstufe A und B) nach der bereits zum Jahresende 2003 vom VDMA zurückgenommenen Norm 24992 blieb tats. deutlich hinter dem der Sicherheitsbehältnisse nach DIN/EN 1143-1 zurück. Auch die der Norm 24992 (VDMA) nachfolgende Norm DIN/EN 14450 bewirkte keine signifikante Steigerung des Sicherheitsniveaus, weshalb sich der Gesetzgeber dazu veranlasst sah, die Bezugnahme zur Norm 24992 (VDMA) ersatzlos zu streichen und auch die Nachfolgenorm nicht in die gesetzliche Regelung miteinzubeziehen (BR-Drs. 61/17, 36 f.). Hieraus resultiert neben einer Anhebung des Aufbewahrungsstandards gleichzeitig auch eine Vereinfachung der Aufbewahrungsvorschriften, da mit der Aufgabe der Gleichwertigkeitsfiktion auch das **Erfordernis einer getrennten Aufbewahrung von Waffe und Munition entfallen** ist. Der Gesetzgeber hält mit der Neuregelung der Aufbewahrungsvorschriften auch das Risiko einer „versehentlichen" fehlerhaften Aufbewahrung von Schussw. und Munition für geringer im Vergleich zur Vorgängerregelung (BR-Drs. 61/17, 36 f.).

Schussw. und Munition, deren Erwerb und Besitz der Erlaubnis bedarf, dürfen nach der aktuellen Rechtslage prinzipiell nur noch in Sicherheitsbehältnissen aufbewahrt werden, welche mind. der Norm DIN/EN 1143-1, Widerstandsgrad 0 (Stand Mai 1997, Oktober 2002, Februar 2006, Januar 2010 oder Juli 2012) entsprechen, vgl. § 13 Abs. 1 Nr. 1, 2 AWaffV nF. Die Einzelheiten zu den Sicherheitsbehältnissen sind in § 13 Abs. 2 AWaffV nF. geregelt.

Neben redaktionellen Änderungen in Abs. 3, erfuhr Abs. 4 im Zuge des **6. ÄndG** (→ Einf. Rn. 26c) eine grundlegende Neufassung und beinhaltet nun eine Besitzstandsregelung für Personen, die ein der alten Rechtslage entsprechendes Sicherheitsbehältnis weiterhin nutzen wollen (→ Rn. 93 ff.). Schließlich wurde die in Abs. 5 der Vorschrift enthaltene Verordnungsermächtigung so gefasst, dass die genauen Anforderungen an die Aufbewahrung oder die Sicherung von Waffen vollständig in der RVO geregelt werden können.

II. Generalklausel (Abs. 1)

In Abs. 1 hat der Gesetzgeber die zentrale **Generalklausel** zum **sicheren Umgang** mit **Waffen und Munition** gefasst. 7

Gegenständlich erfasst die Generalklausel **sämtliche Waffen** iSd WaffG, also insbes. auch Hieb- und Stoßwaffen, RSG und Elektroimpulsgeräte mit Waffeneigenschaft nach § 1 Abs. 2 Nr. 2a etc.

Sie legt allen Waffen- und Munitionsbesitzern die Pflicht auf, die **erforderlichen Vorkehrungen** zu treffen, um das Abhandenkommen und den unbefugten Zugriff Dritter auf diese zu verhindern (vgl. BayVGH, Beschl. v. 22.12.2014 – 21 ZB 14.1512 – juris).

Die Verpflichtung aus Abs. 1 erfasst nicht nur die Aufbewahrung, sondern **jeden Umgang** mit Waffen und Munition.

Flankiert wird die Generalklausel durch die speziellen Vorgaben zur Aufbewahrung von Schussw. und Munition, welche auf Grundlage von § 36 Abs. 5 in § 13 Abs. 1–3 AWaffV (→ Rn. 20 ff.) zusammengefasst sind.

1. Waffen und Munition

Abs. 1 gilt für **alle Waffen iSd § 1 Abs. 2.** Insoweit fallen neben den **Schussw.** auch deren **wesentl. Teile** und **Schalldämpfer** unter die Vorschrift sowie ausdr. auch **Munition.** Desgleichen **tragbare Gegenstände** gem. § 1 Abs. 2 Nr. 2, insbes. Hieb- und Stoßwaffen. Damit werden **sämtliche Waffen** von § 36 Abs. 1 erfasst. 8

2. Vorkehrungen

9 Unter Vorkehrungen iSd des Abs. 1 sind insbes. **techn. Vorkehrungen** zu verstehen. Sie umfassen bauliche Maßnahmen und die Bereitstellung geeigneter Behältnisse. Die baulichen Maßnahmen sollen den unbefugten Zutritt verwehren und entsprechen den allg. Maßnahmen zum Einbruchschutz (*Apel/Bushart* WaffG § 36 Rn. 7).

Weitere Vorkehrungen sind aber auch **Verhaltenspflichten,** die sich in Verwahrungs-, Verschluss- und Transportpflichten niederschlagen (vgl. *Apel/Bushart* WaffG § 36 Rn. 8 ff.).

3. Verhinderung des Abhandenkommens

10 Die Vorkehrungen und Verhaltenspflichten haben zum Ziel, das **Abhandenkommen** zu verhindern. Gemeinhin anerkannt ist, dass der Begriff des **Abhandenkommens** iSd Bürgerlichen Rechts nach § 935 BGB auf die Vorschrift übertragen werden kann. Danach ist eine Sache abhanden gekommen, wenn der unmittelbare Besitzer ohne seinen Willen oder willentliches Zutun den Besitz verloren hat (vgl. schon RGZ 101, 224 (225)). Abhandenkommen liegt demnach etwa bei Vergessen oder Verlieren der Gegenstände vor, ebenfalls in Fällen der unbefugten Inbesitznahme durch Dritte, bspw. durch Diebstahl, Raub oder Unterschlagung. Abhandenkommen kann ein Gegenstand weiterhin infolge höherer Gewalt oder aber im Wege der Fortgabe durch einen Geschäftsunfähigen (vgl. *Steindorf/Gerlemann* WaffG § 37 Rn. 12). **Überlässt** (→ Anl. 1 Rn. 173) der Besitzer Waffen oder Munition iSd § 34, so ist die Einräumung von Gewahrsam vom Willen des Besitzers getragen, weshalb ein Abhandenkommen in diesen Fällen nicht vorliegt.

4. Verhinderung der unbefugten Ansichnahme durch Dritte

11 Weiter soll die un**befugte** Ansichnahme durch Dritte verhindert werden, welche nicht gleichbedeutend ist mit un**berechtigter** Ansichnahme. Unbefugte Ansichnahme ist ein weitergehender Begriff, der nicht nur die waffenrechtl. Nichtberechtigung iSd § 34 umfasst, sondern vielmehr auch die zivilrechtl. Komponente, weshalb jede Ansichnahme unbefugt ist, soweit sie ohne Einwilligung des Besitzers erfolgt, selbst wenn der Wegnehmende eine waffenrechtl. Erlaubnis vorzuweisen in der Lage ist.

12 Welche Maßnahmen im Einzelnen getroffen werden müssen, damit der allgemeinen Sorgfaltspflicht nach § 36 Abs. 1 WaffG genügt wird, bemisst sich jeweils nach den Umständen des Einzelfalles.

Als Mindeststandard für erlaubnisfreie Waffen reicht etwa die Befestigung von Blankwaffen an der Wand durch aufschraubbare oder gleichwertig gesicherte (abschließbare) Wandhalterungen (vgl. WaffVwV Nr. 36.2.1). Ebenso können diese in einem fest verschlossenen Behältnis aufbewahrt werden.

Zum Waffentransport → Rn. 15 f., zur vorübergehenden Aufbewahrung → Rn. 17 f.

5. Vorübergehende Aufbewahrung

13 Die vom Gesetzgeber unter den Begriff „der vorübergehenden Aufbewahrung" gefassten Fälle (vgl. § 13 Abs. 9 AWaffV nF [entspricht Abs. 11 aF]) stellen bei präziser Anwendung der gesetzlichen Terminologie keine Aufbewahrung iSd § 36 iVm § 13 AWaffV dar.

Charakteristisch für diese Konstellation ist, dass die Aufbewahrungspflichten, namentlich die Anforderungen an die Aufbewahrungsbehältnisse (vgl. § 13 Abs. 1–

3 AWaffV nF), typischerweise in der Praxis gar nicht eingehalten werden können. Diesen Umständen Rechnung tragend anerkennt auch der Gesetzgeber in solchen Fällen Abweichungen von den obligatorischen Aufbewahrungspflichten, soweit die Einhaltung derselben nicht möglich ist (vgl. § 13 Abs. 9 AWaffV nF [entspricht Abs. 11 aF]).

Die Sorgfaltspflichten bemessen sich bei Sachverhalten der „vorübergehenden Aufbewahrung" daher nach § 36 Abs. 1 WaffG iVm § 13 Abs. 9 AWaffV nF (entspricht Abs. 11 aF) und nicht nach den für die Aufbewahrung im Rechtssinne für Schussw. und Munition geltenden Vorschriften des § 13 Abs. 1–3 AWaffV nF, soweit diese nach den Umständen des Einzelfalles nicht eingehalten werden können.

So ist etwa der **Waffentransport** von A nach B **keine Aufbewahrung** iSd WaffG, weshalb die **Aufbewahrungspflichten** nach § 13 Abs. 1–3 AWaffV im Rahmen von Waffentransporten grds. **nicht greifen** (ausf. → § 12 Rn. 71a). 14

Auf § 13 Abs. 9 AWaffV nF und damit auf eine Freistellung von den regulären Aufbewahrungsanforderungen kann sich nicht berufen, wer bereits ca. 1,5 Stunden vor dem beabsichtigten Transport der Waffe und der Munition zum Ort der Jagd sein Jagdgewehr und die Munition gemeinsam im Kofferraum seines im Innenhof einer Wohnanlage abgestellten PKW deponiert (vgl. VGH Kassel, Beschl. v. 15.5.2014 – 4 A 133/13.Z – juris).

Im Falle eines **Waffentransports** besteht die Pflicht, die notwendigen Vorkehrungen gegen das Abhandenkommen zu treffen. Eine konkretisierte Aufbewahrungspflicht, etwa iSe. speziell gesicherten oder gepanzerten Fahrzeugs, besteht nicht. 15

Im Rahmen von Transporten hat der Gesetzgeber durch das Erfordernis des § 12 Abs. 3 Nr. 2, wonach Schussw. ua nur nicht schussbereit transportiert werden dürfen, sichergestellt, dass diese nicht ohne zeitl. Zäsur missbräuchlich zum Einsatz gebracht werden können.

Wird der Transport von Schussw. und Munition unterbrochen und das Fahrzeug kurzfristig verlassen, zB zur Einnahme des Mittagessens, zum Tanken, nach der Jagd zum „Schüsseltreiben" oder zur Erledigung von Einkäufen, so ist das Fahrzeug in jedem Fall **abzuschließen** und nach Möglichkeit unter Beobachtung zu halten. 16

Weiter sind Waffenkoffer, Futterale sowie sonstige Transportbehältnisse verdeckt zu lagern, so dass **keine Rückschlüsse** auf die Art des Inhalts möglich sind. So können diese bspw. im Kofferraum bzw mit Sichtschutz, zB unter der geschlossenen Abdeckhaube im PKW-Kombi oder unter Decken auf der Rückbank, gelagert werden (vgl. WaffVwV Nr. 36.2.15).

Nicht ausreichend gesichert sind Waffen in Behältnissen, die unbeaufsichtigt am Platz zurückgelassen werden, zB während der Bahnfahrt zwecks Toilettengangs oder Restaurantbesuchs (→ § 12 Rn. 71a).

Als Merksatz gilt: Solange der Waffenbesitzer **unmittelbaren Zugriff** auf die „verschlossenen Waffenbehältnisse" hat, ist der sichere Transport in jedem Fall gewährleistet.

Bei notwendigen **Hotelaufenthalten,** zB am Ort der Jagd, am Ort der Sportausübung oder im Zusammenhang mit Vertreter- oder Verkaufstätigkeiten, ist die Aufbewahrung im Hotelzimmer – auch bei kurzfristigem Verlassen des Hotelzimmers – dann möglich, wenn die Waffen und die Munition in einem Transportbehältnis oder in einem verschlossenen Schrank oder einem sonstigen verschlossenen Behältnis aufbewahrt werden. Auch das Entfernen eines wesentlichen Teils oder die Anbringung einer Abzugssperrvorrichtung ist möglich (WaffVwV Nr. 36.2.15). Das Führen des wesentlichen Teils ist nach § 12 Abs. 3 Nr. 6 (eingeführt mit dem **6. ÄndG** (→ Einf. Rn. 26c) in diesem konkreten Zusammenhang erlaubnisfrei gestellt (→ § 12 Rn. 81a). 17

18 Hinsichtlich der vorübergehenden Aufbewahrung erlaubnispflichtiger Seenotsignalpistolen an Bord einer seegehenden Yacht → Rn. 70 ff.

6. Sanktionen

19 Verstöße gegen Abs. 1 werden **nicht geahndet.**

Ordnungswidrig gem. § 34 Nr. 12 AWaffV nF iSd § 53 Abs. 1 Nr. 23 handelt **nur,** wer vorsätzlich oder fahrlässig **gegen** die in **§ 13 Abs. 2 AWaffV nF** normierten **Aufbewahrungsvorgaben verstößt.**

Es erscheint wenig überzeugend, dass die Pflichten nach Abs. 1 einerseits die zentrale Vorschrift zum sorgfältigen Umgang mit Waffen und Munition darstellen, andererseits ein Verstoß gegen diese Pflichten nicht geahndet wird.

Verstöße gegen die Sorgfaltspflichten des Abs. 1 können allerdings im Rahmen der Zuverlässigkeitsprüfung iSd § 5 Berücksichtigung finden. Bereits der erstmalige Verstoß kann bei einer entsprechenden Erheblichkeit die Unzuverlässigkeit begründen (OVG Hamburg GewArch 2016, 31 ff.; zu diesem Themenkreis auch OVG Lüneburg, Beschl. v. 22.3.2016 – 11 ME 35/16 – juris).

III. Detailvorgaben an die Aufbewahrung von Waffen und Munition (§ 13 Abs. 1–3 AWaffV)

20 § 13 AWaffV legt die Mindeststandards zur sicheren Aufbewahrung von Waffen und Munition fest.

1. Schusswaffe stets ungeladen

21 Mit dem **6. ÄndG** (→ Einf. Rn. 26c) hat der Gesetzgeber explizit klar gestellt, dass Schussw. stets nur in **ungeladenem Zustand** aufbewahrt werden dürfen. Soweit eine Schussw. aufbewahrt wird, darf sich daher keine Patrone im Patronenlager oder aber im in die Waffe eingeführten Magazin befinden (→ Anl. 1 Rn. 190). Dieser Grundsatz greift für alle Schussw., gleichviel, ob sie vollumfänglich erlaubnispflichtig sind oder aber hinsichtlich des Erwerbs und des Besitzes von der Erlaubnispflicht nach Anl. 2 Abschn. 2 UAbschn. 2 Nr. 1 frei gestellt sind.

Diese Pflicht hatte das BVerwG bereits mit Beschluss vom 3.3.2014 (DÖV 2014, 631) als Ausfluss aus den allg. Sorgfaltspflichten für den Umgang mit Schussw. formuliert. Eine Waffe nach dem Gebrauch nicht zu entladen und im durchgeladenen Zustand (Patrone im Patronenlager) aufzubewahren, stelle einen unvorsichtigen Umgang mit der Waffe dar. „Die Aufbewahrung einer durchgeladenen Waffe könne per se nicht sorgfältig sein. Die behördliche Zulassung einer bestimmten Art der Aufbewahrung besage nichts über die ansonsten für einen vorsichtigen und sachgemäßen Umgang erforderlichen Verhaltens- und Vorsichtsmaßregeln“ (BVerwG DÖV 2014, 631).

Wer Schussw. durchgeladen aufbewahre, verstoße gegen grundlegende Vorsichts- und Sorgfaltsmaßnahmen im Umgang bzw bei der Aufbewahrung von Waffen und Munition und sei daher unzuverlässig iSd § 5 I Nr. 2b WaffG.

2. Erlaubnisfrei zu erwerbende Waffen oder Munition (§ 13 Abs. 2 Nr. 1 AWaffV)

22 Waffen und Munition, die von der Erlaubnispflicht hinsichtlich des Erwerbs freigestellt sind (→ Anl. 2 Rn. 104 ff.), dürfen nach § 13 Abs. 2 Nr. 1 AWaffV ohne zahlenmäßige Begrenzung in einem verschlossenen Behältnis (→ § 42a Rn. 20 ff.) aufbewahrt werden.

Besondere technische Anforderungen an die Beschaffenheit des Behältnisses stellt der Gesetzgeber nicht. Eine Aufbewahrung etwa im abgeschlossenen Nachtschrank etc ist demnach zulässig.

Verschlossene Schießbuden bzw Schießwagen sind als festes verschlossenes Behältnis anerkannt (vgl. WaffVwV Nr. 36.2.1)

Aus dem Wortlaut, nach dem solche Waffen von der Vorschrift erfasst sind, welche 23 hinsichtlich des Erwerbs „von der Erlaubnispflicht *freigestellt* sind", folgt, dass dies nur solche sein können, die dem Grundsatz nach erlaubispflichtig iSd Anl. 2 Abschn. 2 UAbschn. 1 S. 1 sind. IErg erstrecken sich die Aufbewahrungsvorgaben der Nr. 1 daher neben der Munition nur auf Schussw. (einschl. gleichgest. tragbarer Gegenstände), die nach Maßgabe von Anl. 2 Abschn. 2 UAbschn. 2 Nr. 1 hinsichtlich des Erwerbs erlaubnisfrei gestellt sind.

Dies trifft etwa für Kaltgaswaffen nach Anl. 2 Abschn. 2 UAbschn. 2 Nr. 1.1, 1.2, SRS-Waffen nach Anl. 2 Abschn. 2 UAbschn. 2 Nr. 1.3 und Armbrüste nach Anl. 2 Abschn. 2 UAbschn. 2 Nr. 1.10 zu. Ebenso zählt Kartuschenmunition gem. Anl. 2 Abschn. 2 UAbschn. 2 Nr. 1.11 hierher.

Die Kugeln (Diabolos = „Eierbrecher"), Federbolzen oÄ für og Kaltgaswaffen sind Geschosse und **keine** Munition und unterfallen daher nicht den Aufbewahrungsvorschriften.

Zwar dürfen die Schussw. nicht geladen sein, allerdings ist das Erfordernis der 24 getrennten Aufbewahrung von Waffe und Munition mit dem 6. ÄndG (→ Einf. Rn. 26c) aufgegeben worden.

3. Erlaubnispflichtige Munition (§ 13 Abs. 2 Nr. 2 AWaffV)

Soweit **Munition,** deren **Erwerb nicht** von der Erlaubnispflicht **freigestellt** 25 ist, aufbewahrt werden soll, kann dies nach § 13 Abs. 2 Nr. 2 AWaffV in einem **Stahlblechbehältnis** ohne Klassifizierung mit **Schwenkriegelschloss** oder einer **gleichwertigen** Verschlussvorrichtung oder in einem **gleichwertigen** Behältnis erfolgen.

Bei der gemeinsamen Aufbewahrung erlaubnispflichtiger Munition mit Schussw. 26 ist zu differenzieren:

Wird die erlaubnispflichtige Munition gemeinsam mit einer erlaubnisfrei zu erwerbenden Schussw. aufbewahrt, so bleibt es bei den Anforderungen des § 13 Abs. 2 Nr. 2 AWaffV.

Wird die erlaubnispflichtige Munition hingegen mit einer Schussw. aufbewahrt, die hinsichtlich des Erwerbs erlaubnispflichtig ist, so richtet sich die Aufbewahrung nach § 13 Abs. 2 Nr. 3 AWaffV (→ Rn. 29). Die gemeinsame Aufbewahrung darf in diesem Fall grds. nur in Sicherheitsbehältnissen des Widerstandsgrads 0 erfolgen.

4. Erlaubnispflichtige Schusswaffen und Munition, verbotene Waffen und verbotene Munition (§ 13 Abs. 1, 2 Nr. 3–5 AWaffV)

§ 13 Abs. 1, 2 Nr. 3–5 legen den **Mindeststandard** hinsichtlich der Aufbewah- 27 rung von **erlaubnispflichtig zu erwerbenden und besitzenden** Schussw. und Munition sowie **verbotenen** Waffen (Schussw. und sonstige verbotene Waffen) und Munition fest, was nicht ausschließt, dass im Einzelfall zusätzliche Anforderungen gem. §§ 13, 14 AWaffV gestellt werden können (*ABB/Adolph* WaffG § 36 Rn. 30).

Erfasst werden hier ebenfalls den Schussw. gem. Anl. 1 Abschn. 1 UAbschn. 1 gleichgest. tragb. Gegenstände → § 1 Rn. 7a, soweit diese nicht nach Anl. 2 Abschn. 2 UAbschn. 2 Nr. 1 hinsichtlich des Erwerbs und Besitzes von der Erlaubnispflicht freigestellt sind.

28 **a) Aufbewahrung nur in Sicherheitsbehältnissen der Norm DIN/EN 1143-1 (§ 13 Abs. 1 S. 1 Nr. 1 AWAffV).** Gem. § 13 Abs. 1 Nr. 1 AWaffV sind **Schussw., deren Erwerb** und Besitz **erlaubnispflichtig** ist, und verbotene Waffen und Munition (hier geht es um Fälle des Besitzes auf Grund einer Ausnahmebewilligung des BKA gem. § 40 Abs. 4) **mind. in einem der Norm DIN/EN 1143-1** (Stand Mai 1997, Oktober 2002, Februar 2006, Januar 2010 oder Juli 2012) **entspr. Behältnis** aufzubewahren.

Die Bezeichnung DIN/EN 1143-1 geht auf die europäische Norm EN 1143-1 (Anforderung, Klassifizierung und Methoden zur Prüfung des Widerstandes gegen Einbruchdiebstahl von Geldschränken, Tresorraumtüren und Tresorräumen) zurück, die auf Grund der Billigung des Deutschen Instituts für Normung e.V. auch zur deutschen Norm geworden ist (*ABB/Adolph* WaffG § 36 Rn. 24).

Die **detaillierten technischen Anforderungen** an das Schutzniveau des Sicherheitsbehältnisses (Widerstandsgrad und Gewicht) **folgen aus § 13 Abs. 2 Nr. 3–5 AWaffV.** Zudem sind in § 13 Abs. 2 Nr. 3, 4 AWaffV **zahlenmäßige Begrenzungen** hinsichtlich der aufbewahrten Waffen vorgegeben. Zur Berechnung der Waffenanzahl → Rn. 32.

Das **Vorliegen der techn. Vorauss.** ist über eine Zertifizierung des Sicherheitsbehältnisses durch eine akkreditierte Stelle gem. § 13 Abs. 10 AWaffV **nachzuweisen.**

29 **b) Unbegrenzt Langwaffen, bis zu fünf Kurzwaffen, Munition und verbotene Waffen (§ 13 Abs. 1, 2 Nr. 3 AWaffV).** In einem Sicherheitsbehältnis, das mind. der Norm DIN/EN 1143-1 **Widerstandsgrad 0** (Stand Mai 1997, Oktober 2002, Februar 2006, Januar 2010 oder Juli 2012) entspr., bei dem das **Gewicht** des Behältnisses **200 Kg unterschreitet,** dürfen gem. § 13 Abs. 1, 2 Nr. 3 AWaffV aufbewahrt werden:

- **Unbegrenzt viele Langwaffen** (→ Anl. 1 Rn. 70), deren Erwerb und Besitz erlaubnispflichtig ist, § 13 Abs. 2 Nr. 3a AWaffV.
- Insgesamt **bis zu fünf Kurzwaffen** (→ Anl. 1 Rn. 70), deren Erwerb und Besitz erlaubnispflichtig ist **oder verbotene Schussw.** nach Anl. 2 Abschn. 1 Nr. 1.1 bis 1.2.3 und 1.2.5, § 13 Abs. 2 Nr. 3a AWaffV.
  Die Begrenzung auf **bis zu 5 Waffen** bezieht sich auf die Kurzwaffen **und** auf die verbotenen Schussw. Die Kurzwaffen wie auch die verbotenen Schussw. dürfen für sich genommen oder aber in Kombination die **Anzahl von fünf nicht überschreiten.** Neben den (zahlenmäßig unbegrenzten) Langwaffen dürfen demnach stets nur bis zu fünf weitere Waffen iSd § 13 Abs. 2 Nr. 3a AWaffV aufbewahrt werden.
- **Munition,** deren Erwerb und Besitz erlaubnispflichtig ist, § 13 Abs. 2 Nr. 3c AWaffV.
- **Zahlenmäßig unbegrenzt sonstige verbotene Waffen** nach Anl. 2 Abschn. 1 Nr. 1.2.4 bis 1.2.4.2 und 1.3 bis 1.4.4, § 13 Abs. 2 Nr. 3b AWaffV. Hierher zählen zunächst die verbotenen wesentlichen Teile von Schussw. Weiterhin sämtliche verbotenen Waffen, die weder Schussw., noch wesentliches Teil einer solchen sind.

30 **c) Unbegrenzt Langwaffen, bis zu zehn Kurzwaffen, Munition und verbotene Waffen (§ 13 Abs. 1, 2 Nr. 4 AWaffV).** In einem Sicherheitsbehältnis, das mind. der Norm DIN/EN 1143-1 **Widerstandsgrad 0** (Stand Mai 1997, Oktober 2002, Februar 2006, Januar 2010 oder Juli 2012) entspr., bei dem das **Gewicht** des Behältnisses **mind. 200 Kg** beträgt, dürfen gem. § 13 Abs. 1, 2 Nr. 4 AWaffV aufbewahrt werden:

- **Unbegrenzt viele Langwaffen,** deren Erwerb und Besitz erlaubnispflichtig ist, § 13 Abs. 2 Nr. 4a AWaffV.

– Insgesamt **bis zu zehn Kurzwaffen,** deren Erwerb und Besitz erlaubnispflichtig ist **oder verbotene Schussw.** nach Anl. 2 Abschn. 1 Nr. 1.1 bis 1.2.3 und 1.2.5, § 13 Abs. 2 Nr. 4a AWaffV.
  Die Begrenzung auf **bis zu 10 Waffen** bezieht sich auf die Kurzwaffen **und** auf die verbotenen Schussw. Die Kurzwaffen wie auch die verbotenen Schussw. dürfen für sich genommen oder aber in Kombination die Anzahl von zehn nicht überschreiten. Neben den zahlenmäßig unbegrenzten Langwaffen dürfen demnach stets nur bis zu zehn weitere Waffen iSd § 13 Abs. 2 Nr. 4a AWaffV aufbewahrt werden.
– **Munition,** deren Erwerb und Besitz erlaubnispflichtig ist, § 13 Abs. 2 Nr. 4c AWaffV.
– **Zahlenmäßig unbegrenzt sonstige verbotene Waffen** nach Anl. 2 Abschn. 1 Nr. 1.2.4 bis 1.2.4.2 und 1.3 bis 1.4.4, § 13 Abs. 2 Nr. 4b AWaffV. Hierher zählen zunächst die verbotenen wesentlichen Teile von Schussw. Weiterhin sämtliche verbotenen Waffen, die weder Schussw., noch wesentliches Teil einer solchen sind.

d) Unbegrenzt Lang- und Kurzwaffen, Munition und verbotene Waffen (§ 13 Abs. 1, 2 Nr. 5 AWaffV). In einem Sicherheitsbehältnis, das mind. der Norm DIN/EN 1143-1 **Widerstandsgrad I** (Stand Mai 1997, Oktober 2002, Februar 2006, Januar 2010 oder Juli 2012) entspr., dürfen gem. § 13 Abs. 1, 2 Nr. 5 AWaffV aufbewahrt werden: 31

– **Unbegrenzt viele Lang- und Kurzwaffen,** deren Erwerb und Besitz erlaubnispflichtig ist, § 13 Abs. 2 Nr. 5a AWaffV.
– **Munition,** § 13 Abs. 2 Nr. 5c AWaffV.
– **Zahlenmäßig unbegrenzt viele verbotene Waffen** nach Anl. 2 Abschn. 1 Nr. 1.1 bis 1.4.4. Hierher zählen alle verbotenen Waffen, gleichviel, ob es sich um Schussw., wesentliche Teile oder sonstige verbotene Waffen handelt, § 13 Abs. 2 Nr. 5b AWaffV.

e) Berechnung der Waffenanzahl (§ 13 Abs. 3 AWaffV). Die **Berechnung** der in § 13 Abs. 2 Nr. 3, 4 AWaffV vorgegebenen **zahlenmäßigen Begrenzungen** hinsichtlich der aufbewahrten Waffen wird in § 13 Abs. 3 AWaffV präzisierend umrissen. Wesentliche Teile von Schussw. sind zwar rechtlich den Schussw. gleichgestellt, für die sie bestimmt sind (→ Anl. 1 Rn. 23 ff.) und unterliegen daher prinzipiell den für Schussw. geltenden (Aufbewahrungs-)vorschriften. Da sie für sich genommen allerdings keine Gefahr darstellen, hat der Gesetzgeber sie von der Berücksichtigung der Zahl der zulässigerweise in einem Sicherheitsbehältnis aufzubewahrenden Waffen ausgenommen (BR-Drs. 61/17, 46). 32

Demnach bleiben ausdr. nach dem Gesetzeswortlaut **außer Betracht** bei der Berechnung der Schusswaffenanzahl:
– **wesentliche Teile** von Schussw. sowie **Schalldämpfer** nach Anl. 1 Abschn. 1 UAbschn 1 Nr. 1.3–1.3.4
– Vorrichtungen nach Anl. 2 Abschn. 1 Nr. 1.2.4.1, die das Ziel beleuchten oder markieren und Nachtsichtgeräte, -vorsätze und -aufsätze sowie Nachtzielgeräte nach Anl. 2 Abschn. 1 Nr. 1.2.4.2

soweit diese ihrerseits nicht zu einer schussfähigen Waffe zusammengefügt werden können.

Die in Anl. 1 Abschn. 1 UAbschn. 1 Nr. 3 benannten Austauschläufe, Wechselläufe, Einsteckläufe, Wechseltrommeln, Wechselsysteme, Einstecksysteme und Einsätze zählen zu den wesentlichen Teilen von Schussw. und sind daher ebenfalls nicht in Ansatz zu bringen bei der zahlenmäßigen Berechnung der aufbewahrten Schussw.

5. Übersicht zur Waffenaufbewahrung nach § 13 Abs. 1, 2 AWaffV

33 **Übersicht**

Behältnis	**erlaubnisfrei zu erwerben-de Schussw. und Munition**	**Erlaubnispflichtige Munition**	**Verbotene wesentliche Teile von Schussw., sonstige verbotene Waffen (die nicht Schussw. sind)**	**Erlaubnispflichtige Langwaffen**	**Erlaubnispflich-tige Kurzwaffen / verbotene Schussw.**
Verschlossenes Behältnis ohne technische Spezifikation	ja	nein	nein	nein	nein
Stahlbehältnis ohne Klassifizierung mit Schwenkriegelschloss oder gleichwertiger Verschlussvorrichtung	ja	ja	nein	nein	nein
0 mit Gewicht unter 200 Kg	ja	ja	ohne Begrenzung	ohne Begrenzung	bis 5 Stück
0 mit Gewicht über 200 Kg	ja	ja	ohne Begrenzung	ohne Begrenzung	bis 10 Stück
I	ja	ja	ohne Begrenzung	ohne Begrenzung	ohne Begrenzung

6. Sanktionen

34 **Verstöße** gegen die Aufbewahrungsvorschriften nach § 13 Abs. 2 AWaffV werden gem. § 34 Nr. 12 AWaffV als **Ordnungswidrigkeit** geahndet. Wird die Handlung vorsätzlich begangen und dadurch (zumindest bedingt vorsätzlich) die Gefahr verursacht, dass eine **Schussw.** oder Munition abhanden kommt oder darauf unbefugt zugegriffen wird, ist die Strafvorschrift des § 52 Abs. 3 Nr. 7a (Vergehenstatbestand) einschlägig.

Verstöße gegen die Aufbewahrungsvorschriften des Abs. 2 können auch im Rahmen der Zuverlässigkeitsprüfung iSd § 5 zum Tragen kommen.

35 Soweit hinsichtlich Schussw. und/oder Munition Verstöße gegen die Aufbewahrungsvorschriften festgestellt werden, ist stets zu prüfen, ob auch ein Überlassen an Nichtberechtigte und damit ein strafbares Verhalten nach § 52 Abs. 3 Nr. 7 WaffG

vorliegt (vgl. *Gade* WaffR, S. 184). Dies ist auch für die Beurteilung der Zuverlässigkeit des Waffenbesitzers von Bedeutung. Ein strafbares Überlassen (→ Anl. 1 Rn. 173) muss immer dann angenommen werden, wenn der Waffenbesitzer sich dergestalt von der Waffe/Munition entfernt hat, dass ein Nichtberechtigter **ohne Überwindung nennenswerter Hindernisse** tats. nach eigenem Willen auf die Waffe/Munition einwirken kann und dies demjenigen, der gegen die Aufbewahrungsvorschriften verstoßen hat, klar sein musste.

Da von der Vorschrift ausschl. Schussw. erfasst sind (Rn. 32) bleibt es bei der 36
unsorgfältigen Aufbewahrung von erlaubnisfreien Waffen, insb. von Hieb- und Stoßwaffen bei einem Verstoß gegen § 36 Abs. 1, welcher nicht sanktioniert wird (→ Rn. 28)

IV. Alternativen zu Sicherheitsbehältnissen (§ 13 Abs. 1 S. 2–5 AWaffV)

In § 13 Abs. 1 S. 2 bis 5 AWaffG lässt der Gesetzgeber Alternativen zu Sicherheits- 37
behältnissen nach Din/EN 1143-1 zu, soweit sie ein entsprechendes Schutzniveau aufweisen. Hierdurch kann der technischen Entwicklung im Bereich der Aufbewahrung ohne jeweilige Gesetzesänderung Rechnung getragen werden.

1. Normen anderer EWR Staaten der DIN/EN 1143-1 gleichgestellt (§ 13 Abs. 1 S. 2 AWaffV)

Der DIN/EN 1143-1 gleichgest. ist auch eine Norm mit gleichem Schutzniveau 38
eines anderen EWR-Staats, § 13 Abs. 1 S. 2 AWaffV. Zum EWR gehören sämtliche EU-Staaten sowie Norwegen, Island, Liechtenstein. Diese Ergänzung beruht auf dem Hinweis der EU-Kommission darauf, dass zwecks Vermeidung von Handelshemmnissen auch gleichwertige Normen anderer EWR-Staaten anzuerkennen seien (BT-Drs. 14/8886, 116). Bestehen jedoch begründete Zweifel, dass Normen anderer EWR-Staaten im Schutzniveau den in Abs. 1 und 2 des § 13 AWaffV genannten Normen gleichwertig sind, kann die zust. Beh. vom Verpflichteten die Vorlage einer Stellungnahme insbes. des Deutschen Instituts für Normung, verlangen (§ 13 Abs. 7 [entspricht Abs. 9 aF] AWaffV).

2. Zulassung anderer gleichwertiger Aufbewahrung (§ 13 Abs. 1 S. 3 AWaffV)

Die zust. Beh. kann nach § 13 Abs. 1 S. 3 AWaffV eine **andere gleichwertige** 39
Aufbewahrung der Waffen und Munition zulassen. Dies kann etwa ein vergleichbar gesicherter Waffenraum sein, welcher nach S. 4 der Vorschrift als gleichwertig anzusehen ist. Gleichermaßen können dies aber auch alternative Sicherungseinrichtungen sein, so zum Nachweis der Gleichwertigkeit des Schutzniveaus eine entsprechende Zertifizierung vorliegt, vgl. S. 5 der Vorschrift. Diese Regelung berücksichtigt insb. die Interessen von Museen und Sammlern, indem sie klarstellt, dass auch Formen der sicheren Aufbewahrung in Betracht kommen, durch welche die Waffen **nicht der Sichtbarkeit entzogen** werden, wie dies etwa bei Stahlschränken der Fall ist.

3. Vergleichbar gesicherte Räume (§ 13 Abs. 1 S. 4 AWaffV)

Nach § 13 Abs. 1 S. 4 AWaffV sind vergleichbar gesicherte Räume als **gleichwer-** 40
tig anzusehen. Hervorzuheben ist das Erfordernis der Vergleichbarkeit im Sicherheitsniveau. Dazu gehört, dass nicht nur der Schutz vor Eindringlingen von außen

(Einbruch/Diebstahl), sondern auch – worauf es insbes. **bei privaten Sammlern** ankommt – vor dem Zugriff **nicht berechtigter Hausgenossen** gegeben sein muss. Daher wird bspw. die Tatsache, dass ein Privathaus durch eine Alarmanlage gesichert ist, nicht davon entbinden, die Waffen wegzuschließen (BT-Drs. 14/8886, 117). Dementspr. kann die zust. Beh. eine andere gleichwertige Aufbewahrung der Waffen zulassen und von den Sicherheitsbehältnissen nach der Norm DIN/EN 1143-1 absehen, wenn die Waffen und Munition in einem **Waffenraum** oder einer **Waffenkammer** aufbewahrt werden, soweit diese Räume ein dem grds. erforderlichen Sicherheitsbehältnis vergleichbares Sicherheitsniveau bewirken. Eine exakte Vorgabe, wann dies der Fall ist, enthält die Vorschrift nicht. Die Formulierung, dass die Räume „dem Stand der Technik" entsprechen müssen (vgl. § 13 Abs. 5 AWaffV aF) wurde nicht übernommen und es wurden anstelle dessen auch keine anderweitigen, konkretisierenden Vorgaben angefügt. Dabei kommt den Waffenräumen bzw Waffenkammern gerade bei der Aufbewahrung einer großen Anzahl von Waffen **praktische Bedeutung** zu, da diese, nicht zuletzt unter baustatischen Gesichtpunkten, eine vernünftige Alternative zur Ansammlung einer Mehrzahl von Sicherheitsbehältnissen darstellen können (*König/Papsthart* Neues WaffR Rn. 693). In einem entspr. gesicherten Waffenraum oder einer Waffenkammer müssen Waffen und Munition gerade nicht in gesonderten Sicherheitsbehältnissen aufbewahrt werden. Als vergleichbar gesicherten Raum wird man etwa Räume zählen können, die zB mit einer Tresortür verschließbar und mit entsprechend widerstandsfähigen Wänden, Gittern, Panzerglas oÄ versehen sind (*Heller/Soschinka* WaffR Rn. 1087). **Normaler Wohnraum,** dessen Tür abgeschlossen werden kann, erfüllt **nicht** die Vorauss. eines Waffenraums (OVG Koblenz Beschl. v. 8.11.2004 – 12 B 11728/04.OVG zit. nach *ABB/Adolph* WaffG § 36 Rn. 36).

41 Da der Gesetzgeber keine präzisen bautechnischen Maßstäbe festgelegt hat, denen Waffenräume bzw Waffenkammern zu genügen haben, können wie bisher die baufachlichen Richtlinien der Bundeswehr für die Absicherung von Waffenräumen, ergänzt um die VdS-Richtlinie 2334 und die Vorschriftsnorm DIN V ENV 1627 für den zu fordernden Sicherheitsmaßstab herangezogen werden. Soweit die Anforderungen etwa in Rundschreiben an die Waffenbehörden präzisiert und bei Bedarf fortgeschrieben werden, so ist dies wünschenswert. Solche Rundschreiben oder eine als Merkblatt herausgegebene Vorgabe kann jedoch nicht als verbindliche Vorschrift mit Rechtsnormcharakter angesehen werden und ist daher in vollem Umfang **gerichtlich** überprüfbar (*Heller/Soschinka* WaffR Rn. 1087).

4. Alternative Sicherungseinrichtungen (§ 13 Abs. 1 S. 5 AWaffV)

42 S. 5 sieht vor, dass prinzipiell auch **alternative Sicherungseinrichtungen,** die keine Behältnisse sind, zulässig sein sollen. Hierdurch kann der technischen Entwicklung im Bereich der Aufbewahrung ohne jeweilige Rechtsänderung Rechnung getragen werden (BR-Drs. 61/17, 46).

Vorauss. hierfür ist zunächst, dass die Sicherungseinrichtung ein mind. den jeweiligen Anforderungen **vergleichbares Schutzniveau** bietet (Abs. 1 S. 5 Nr. 1) und zum Nachweis dessen über eine **Zertifizierung durch eine akkreditierte Stelle** gem. Abs. 10 verfügt (Abs. 1 S. 5 Nr. 2).

Bei den alternativen Sicherungseinrichtungen darf es sich zunächst **nicht um Behältnisse** handeln. Nach § 243 Abs. 1 Nr. 2 StGB ist ein Behältnis „ein zur Aufnahme von Sachen dienendes und sie umschließendes Raumgebilde, das nicht dazu bestimmt ist, von Menschen betreten zu werden" (GrSenBGH 1, 163). Nach dieser Begriffsdeutung wäre eine Waffenkammer kein Behältnis, wohingegen etwa die Vitrine eines Museums als Behältnis gerade nicht von den alternativen Sicherungseinrichtungen erfasst wäre.

Vorliegend bezieht sich der Begriff allein auf Abs. 1 der Vorschrift und ist iSv „Behältnis das der Norm DIN/EN 1143-1 mit dem in der AWaffV genannten Ausgabedatum entspricht“ zu verstehen. Daher unterfallen etwa Glasvitrinen, Waffenverankerungen, Sicherungen mittels Stahlseilen oder fester Verschraubungen, elektronische Sicherungssysteme usw. den hier erfassten alternativen Sicherungseinrichtungen. Diese unterliegen dem Erfordernis einer Zertifizierung durch eine akkreditierte Stelle gem. Abs. 10 zum Beleg ihres mind. vergleichbaren Schutzniveaus.

Waffenräume zählen hingegen nicht hierher. Hierfür spricht nicht zuletzt, dass der Gesetzgeber in § 13 Abs. 6 AWaffV nF explizit zwischen „Sicherheitsbehältnissen, Waffenräumen oder alternativen Sicherungseinrichtungen“ unterscheidet. Waffenräume und Waffenkammern unterliegen daher auch nicht der Zertifizierungspflicht.

5. Besitzstandswahrung

Soweit gleichwertige Aufbewahrungen vor Inkrafttreten des **6. ÄndG** (→ Einf. Rn. 26c) zugelassen worden sind, bleiben die Zulassungen bei Weiternutzung bestandskräftig und bemessen sich weiterhin nach der alten Rechtslage (§ 36 Abs. 2 S. 3 aF iVm § 13 Abs. 5 AWaffV aF). 43

V. Sonderfälle der Aufbewahrung gem. AWaffV

1. Aufbewahrung in einem nicht dauernd bewohnten Gebäude (§ 13 Abs. 4 AWaffV)

Besonders strenge Aufbewahrungsvorschriften gelten für die Aufbewahrung von Schussw. in nicht dauernd bewohnten Gebäuden. Nach § 13 Abs. 4 S. 1 und 2 (entspricht Abs. 6 aF) AWaffV dürfen dort lediglich bis zu drei Langwaffen, zu deren Erwerb und Besitz es einer Erlaubnis bedarf, aufbewahrt werden. Zudem kommt eine Aufbewahrung nur in einem mind. der Norm DIN/EN 1143-1 **Widerstandsgrad I** entspr. Sicherheitsbehältnis in Betracht. Im Umkehrschluss scheidet die Aufbewahrung von Kurzwaffen, deren Erwerb und Besitz der Erlaubnis bedarf, in einem nicht dauernd bewohnten Gebäude aus. 44

a) Nicht dauernd bewohnt (§ 13 Abs. 4 S. 1 AWaffV). Nicht dauernd bewohnt sind Gebäude, in denen nur **vorübergehend** Nutzungsberechtigte verweilen, zB Jagdhütten, Wochenend- oder Ferienhäuser oder -wohnungen. Regelm. sind derartige Gebäude gering frequentiert, befinden sich im Außenbereich und sind weniger massiv gebaut als typische Wohnhäuser (BR-Drs. 415/03, 50). Die Abgrenzung zu dauerhaft bewohnten Gebäuden ist daher von Bedeutung: Die Eigenschaft als **dauerhaft bewohntes Gebäude** geht nicht dadurch verloren, dass die Nutzungsberechtigten sich dort **zeitweise nicht aufhalten,** soweit dies im Rahmen der Sozialadäquanz infolge der Erledigung von Besorgungen oder Besuchen geschieht. Selbst nicht allzu ausgedehnte Urlaubsabwesenheiten lassen die Wohnung oder Gebäude dauerhaft bewohnt (so BR-Drs. 415/03, 50). Auch die **Wohnungen** von **Pendlern,** die sich einen Teil der Woche am Arbeitsort, den anderen am Hauptwohnsitz aufhalten, werden in aller Regel als dauernd bewohntes Gebäude einzustufen sein. Ebenfalls bewohnte Gebäude in diesem Sinne sind dem **Publikumsverkehr** zugängliche **Museen** (BR-Drs. 415/03, 50). Auch der Keller eines Mehrfamilienhauses ist kein „nicht dauernd bewohntes Gebäude“ (vgl. VGH München, Beschl. v. 7.4.2017 – 21 CS 16.2083). 45

Die Vorschrift bezieht sich deshalb ausdr. auf **nicht dauernd bewohnte** Gebäude oder Wohnungen, weil Schussw. dort weit überwiegend einer Präsenz des Waffenbesitzers und damit der Kontrolle und Bewachung durch den Waffenbesitzer 46 entzogen sind. Aus diesem Grund wird die Aufbewahrung in einem besonders widerstandsfähigen I-Schrank vorgeschrieben. In diesem Sinne legen auch *Apel/Bushart* die Vorschrift aus, dass die Unterscheidung danach gehen müsse, ob ein Gebäude trotz Abwesenheit der Bewohner/Nutzer einer gewissen **kontinuierlichen Kontrolle** unterliegt. So sollen bspw. **Bürogebäude in einem reinen Gewerbegebiet** auch zu den nicht dauernd bewohnten Gebäuden zählen. Andererseits seien alle Gebäude **dauernd bewohnt,** in denen sich eine **Person dauernd** aufhält, selbst wenn diese zum Umgang mit Waffen nicht berechtigt sei. Denn die Vorschrift solle nicht vor dem Missbrauch durch weitere Wohnungsinhaber, sondern vor dem erhöhten Risiko des **Einbruchs** schützen (*Apel/Bushart* AWaffV § 13 Rn. 9).

47 Ein **anderer** Sachverhalt und damit eine andere rechtl. Beurteilung liegt vor, wenn der **Waffenbesitzer selbst vor Ort anwesend** ist und die Schussw. und Munition zu dem Aufenthalt in seinem nicht dauernd bewohnten Gebäude (zweckbedingt) mitführt. In diesem Fall lagert er sie **nicht unbeaufsichtigt** vor Ort, so dass § 13 Abs. 4 AWaffV nicht einschlägig ist.

48 **b) I-Schrank für bis zu drei Langwaffen (§ 13 Abs. 4 S. 2 AWaffV).** Für die Aufbewahrung von bis zu drei Langwaffen, **nicht Kurzwaffen** (→ Anl. 1 Rn. 70), ist ein sog. I-Schrank mit hohem Widerstandsgrad vorgeschrieben.

49 **c) Ausnahmen durch die zuständige Behörde (§ 13 Abs. 4 S. 3 AWaffV).** Gem. § 13 Abs. 4 S. 3 AWaffV kann die zust. Beh. Abweichungen von der Art oder Anzahl der aufbewahrten Waffen oder des Sicherheitsbehältnisses auf **Antrag** zulassen. Dabei ist die **Gewährleistung eines hinreichenden Entwendungsschutzes** in diesen Fällen **einzelfallbezogen** sicherzustellen. Dazu wird es einerseits auf die Art und Anzahl der zu verwahrenden Waffen und Munition sowie andererseits auf die Belegung und Frequentiertheit des Gebäudes ankommen. Ebenso ist die Beschaffenheit des Gebäudes von Bedeutung, ob zB baulicher Einbruchschutz, EMA, Videoüberwachungsanlagen oder Bewegungsmelder vorhanden sind, aber auch, wie hoch die Entdeckungswahrscheinlichkeit eines Entwendungsversuchs sich darstellt und die mögl. Erreichbarkeit von Polizeikräften (vgl. BR-Drs. 415/03, 50).

Die Regelungen im WaffG und der AWaffV bilden den unter **Sicherheitsaspekten** erforderlichen **Mindeststandard** für die Aufbewahrung ab. Die Waffenbehörde hat daher **Aufbewahrungskonzepte der Antragst.** unter **Beachtung** der **unterschiedlichen Vorauss. dieser Regelungen** und auf Grund der jeweiligen **örtlichen und sachlichen Gegebenheiten** zu beurteilen und eine angemessene Lösung zu befürworten (vgl. BT-Drs. 16/7717, 42).

50 **d) Sanktion. Ordnungswidrig** handelt gem. § 34 Nr. 13 (entspricht Nr. 12 aF) AWaffV iSd § 53 Abs. 1 Nr. 23, wer vorsätzlich oder fahrlässig entgegen § 13 Abs. 4 S. 1 oder 2 AWaffV Schussw. oder Munition aufbewahrt.

2. Aufbewahrung einer Waffen- und Munitionssammlung (§ 13 Abs. 5 AWaffV)

51 **a) Abweichungen von den Vorgaben des § 13 Abs. 1, 2 und 4 AWaffV.** Gem. § 13 Abs. 5 (entspricht Abs. 7 aF) AWaffV **kann** die zust. Beh. auf Antrag bei einer Waffen- oder Munitionssammlung unter Berücksichtigung der Art und der Anzahl der Waffen oder der Munition und ihrer Gefährlichkeit für die öffentl. Sicherheit und Ordnung von den Vorgaben des § 13 Abs. 1, 2 und 4 AWaffV, insbes. unter dem Gesichtspunkt der Sichtbarkeit zu Ausstellungszwecken, abweichen und dabei geringere oder höhere Anforderungen an die Aufbewahrung stellen. Des Weiteren **soll** sie bei Sammlungen von Waffen, deren **Modell vor dem 1.1.1871**

entwickelt worden ist, und bei Munitionssammlungen geringere Anforderungen stellen. Dem Antrag ist ein Aufbewahrungskonzept beizufügen.

Die Vorschrift erlaubt damit **Abweichungen** von den rechtl. Vorgaben, allerdings nur bei Waffen- und Munitions**sammlungen.** Die Abweichungen werden idR Erleichterungen für die Sammlung historischer Waffen oder eine Munitionssammlung betreffen, die wegen der geringeren Gefährlichkeit zugestanden werden können (*Apel/Bushart* AWaffV § 13 Rn. 13). **52**

Höhere Anforderungen können bei modernen Sammlungen, insbes. Feuerwaffen, in Betracht kommen. Auch sei entscheidend, ob sich die Sammlung im Wohnhaus oder bspw. einem Museum befinde. Während bei der Wohnung die „passive" Sicherung im Vordergrund stehen wird, kommt in Museen – ähnlich wie im gewerblichen Bereich (vgl. § 14 AWaffV) – eine stärkere Akzentuierung des aktiven Schutzes in Betracht (BR-Drs. 415/03, 50).

b) Antrag, Entscheidung und Ermessen. Die gewünschten Abweichungen setzen **einen Antrag** voraus (*Apel/Bushart* AWaffV § 13 Rn. 11) und müssen durch ein Aufbewahrungskonzept begründet werden. Die Entsch. trifft die zust. Beh. im Zusammenwirken mit dem Antragst. Die Entsch. über den Antrag liegt im **pflichtgemäßen Ermessen** der zust. Beh. Gem. § 40 VwVfG hat sie ihr Ermessen entspr. dem Zweck der Ermächtigung auszuüben und die gesetzlichen Grenzen des Ermessens einzuhalten. Das **Handeln der zust. Beh.** ist also nicht schon durch die Rechtsvorschriften abschließend vorgezeichnet, sondern gibt ihr einen gewissen **Spielraum** für die Entsch. Bei der Ausübung des Ermessens können mehrere unterschiedliche oder sogar gegensätzliche Entsch. rechtmäßig sein. **53**

Die **Verwaltungsgerichte** prüfen im **Klageverfahren,** ob die gesetzlichen Grenzen des Ermessens überschritten worden sind oder von dem Ermessen in einer dem Zweck der Ermächtigung nicht entspr. Weise Gebrauch gemacht wurde (§ 114 VwGO). Fehler der zust. Beh. sind zB **Ermessensnichtgebrauch oder -fehlgebrauch,** Zugrundelegung sachfremder Erwägungen, Nichtbeachtung des Grundsatzes der **Verhältnismäßigkeit** oder des bereits vorhandenen Vertrauensschutzes.

c) Aufbewahrungskonzept. Ein Aufbewahrungskonzept für Sammlungen kann zB enthalten: **54**
- Art u. Anzahl der Waffen und Munition, die die Sammlung umfasst und wie diese gelagert, aufbewahrt und gezeigt werden sollen
- Lageplan des Objekts mit genauer Beschreibung der Örtlichkeit
- Grundrisszeichnung mit Angaben über Wandstärke und Material, vorhandene Fenster und Türen sowie die Sicherheitsmerkmale der Türen und Fenster
- Darstellung und Erläuterung der geplanten oder Nachweise der bereits vorhandenen Sicherungsmaßnahmen wie zB Sicherheitsstufe evtl. vorhandener Sicherheitsbehältnisse; vorhandene EMA, Videoüberwachungsanlagen oder Bewegungsmelder; ggf. vorhandener Waffenraum; ggf. weitere Sicherheitsmaßnahmen (eigener oder fremder Pförtner-, Wach- oder Sicherheitsdienst)
- Frequentierung und Nutzungszeiten des Objekts

Diese Angaben werden auch für einen entspr. **Versicherungsschutz** benötigt.

3. Härtefälle (§ 13 Abs. 6 AWaffV)

Gem. § 13 Abs. 6 (entspricht Abs. 8 aF) AWaffV kann die zust. Beh. auf Antrag von Anforderungen an die Sicherheitsbehältnisse, Waffenräume oder alternative Sicherungseinrichtungen nach den Abs. 1 und 2 **absehen,** wenn ihre Einhaltung unter Berücksichtigung der Art und der Anzahl der Waffen und der Munition und ihrer Gefährlichkeit für die öffentl. Sicherheit und Ordnung eine besondere Härte darstellen würde. In diesem Fall hat sie die niedrigeren Anforderungen festzusetzen. **55**

56 Mit der Vorschrift wird das verfassungsmäßig gesicherte **Übermaßverbot** angesprochen (*Steindorf/N. Heinrich* AWaffV § 13 Rn. 10). Auf der einen Seite stellen die „strengen Aufbewahrungsvorschriften" aus Sicht des Waffenbesitzers eine **besondere Härte** dar. Auf der anderen Seite gilt es, Gefahren für die öffentl. Sicherheit und Ordnung, die von der Art und Anzahl der Waffen und Munition ausgeht, zu verhindern. Damit können im Einzelfall durch die zust. Beh. **niedrigere Sicherheitsstufen** für die Aufbewahrung gewährt werden. Da bei den zugrunde liegenden Waffen auch immer deren Gefährlichkeit für die öffentl. Sicherheit und Ordnung geprüft wird, kann die Aufbewahrung von Kurzwaffen deshalb kaum als geringe Gefahr angesehen werden (*Apel/Bushart* AWaffV § 13 Rn. 15). Auf der anderen Seite wird eine besondere Härte für den Waffenbesitzer **nicht** allein in der **finanziellen Belastung** durch die aus einer regelgerechten Aufbewahrung entstehenden Kosten liegen, da diese für **jeden Waffenbesitzer** in vergleichbaren Fällen anfallen (*Apel/Bushart* AWaffV § 13 Rn. 16). Insoweit vermag das in der amtl. Begr. (BR-Drs. 415/03, 51) für eine besondere Härte angeführte Beispiel, vom Besitzer einer einzigen sehr speziell auf den Verwendungszweck ausgelegten Kleinkaliber-Langwaffe (wie etwa bei der Biathlon-Waffe), zwingend die Anschaffung eines zertifizierten Waffenschranks zu verlangen, nicht zu überzeugen.

57 Der finanzielle Aspekt kann ggf bei **Besitzern von Sammlungen** oder größerer Bestände von Waffen und Munition besonders zu gewichten sein. Diese haben bei den Sicherungsmaßnahmen an **Waffenräumen** uU im Einzelfall unzumutbar hohe finanzielle Investitionen zu tätigen. Hier wird eine **Abweichung** unter Festlegung anderer als baulicher Schutzmaßnahmen, zB durch Einbau einer EMA, Videoüberwachungsanlagen und/oder Beauftragung eines Wachdienstes, durch die zust. Beh. sinnvoll ermöglicht.

58 Die WaffVwV (Nr. 36.2.12) sieht beispielhaft einige Ausnahmen vor, ua für den Besitz nur **einer kleinkalibrigen Einzellader- oder Repetier-Langwaffe,** zB durch Biathleten, Traditionsschützen, Erben oder Altbesitzer. In diesen Fällen soll ein **festes verschlossenes Behältnis** ausreichen (zur Kritik hieran → Rn. 56 aE).

Gleiches soll für den Besitz von Langwaffen und Munition nach Anl. 2 Abschn. 2 UAbschn. 3 (Feuerwaffen, deren Geschossen eine Bewegungsenergie von nicht mehr als 7,5 J erteilt wird) gelten (WaffVwV Nr. 36.2.12).

59 Letztlich liegt es an den zust. Beh., eine solche Entsch. zu treffen und dabei die von der Art und Anzahl der Waffen ausgehenden Gefahren für die öffentl. Sicherheit und Ordnung gegen die Interessen des Waffenbesitzers zur Vermeidung einer besonderen Härte abzuwägen. Jede Ausnahme bedarf einer **Festsetzung** durch die zust. Beh. (§ 13 Abs. 6 S. 2 AWaffV).

4. Aufbewahrung in häuslicher Gemeinschaft (§ 13 Abs. 8 AWaffV)

60 Gem. § 13 Abs. 8 (entspricht Abs. 10 aF) AWaffV soll die **gemeinschaftliche Aufbewahrung** von Waffen oder Munition durch berechtigte Personen, die in einer häuslichen Gemeinschaft leben, zulässig sein.

61 **a) Berechtigte Personen.** Die gemeinschaftliche Aufbewahrung soll nur **im Verbund mit Berechtigten zulässig** sein. Das schließt nicht aus, dass auch Unberechtigte in der häuslichen Gemeinschaft wohnen. Ihnen darf der Zugang zu den Waffen und der Munition jedoch nicht gestattet werden.

Nach der WaffVwV Nr. 36.2.14 soll der Begriff „berechtigte Personen" die Statthaftigkeit der gemeinschaftlichen Aufbewahrung und des damit eingeräumten gemeinschaftlichen Zugriffs auf solche Personen begrenzen, die grds. die Berechtigung zum Erwerb und Besitz der gemeinschaftlich aufbewahrten Waffen haben. Alle auf die jeweilige Waffe Zugriffsberechtigten sollen danach prinzipiell das gleiche

Erlaubnisniveau aufweisen, wobei sich das Bedürfnis des Einzelnen nicht auf alle gemeinschaftlich aufbewahrten Waffen zu beziehen braucht. Zulässig soll daher etwa die gemeinschaftliche Aufbewahrung von Kurzwaffen sein, bspw. wenn ein Aufbewahrer Jäger, der andere Sportschütze ist.

Nicht zulässig ist die gemeinschaftliche Aufbewahrung, wenn bspw. der Inhaber eines Reizstoffsprühgeräts oder einer SRS-Waffe Zugriff auf Jagdwaffen oder Sportpistolen erhält (vgl. WaffVwV Nr. 36.2.14, im Anschl. daran *Heller/Soschinka* WaffR Rn. 1099).

Die gemeinschaftliche Aufbewahrung unter Berechtigten setzt weiter voraus, dass die regulären Aufbewahrungsvorschriften des § 36 Abs. 1, 5 iVm § 13 AWaffV von jedem Waffen- und Munitionsbesitzer eingehalten werden. Nur innerhalb der **vorschriftsmäßigen Sicherheitsbehältnisse** dürfen Waffen und Munition verschiedener Besitzer aufbewahrt werden.

b) Häusliche Gemeinschaft. Die gemeinschaftliche Aufbewahrung setzt nach § 13 Abs. 8 AWaffV des Weiteren eine **häusliche Gemeinschaft** der Waffen- und Munitionsbesitzer voraus. Der Begriff der häuslichen Gemeinschaft ist spezifisch waffenrechtl. **weit gefasst** (BT-Drs. 18/12397, 14). Eine solche ist regelm. bei einem familiären Verbund gegeben (*Apel/Bushart* AWaffV § 13 Rn. 19). Im Normalfall bewohnen die Personen gemeinsam ein Haus oder eine Wohnung, was den Kreis der Familie erweitert, so dass auch Studenten, Wehrpflichtige, Wochenendheimfahrer usw als in häuslicher Gemeinschaft Lebende anzusehen sind (WaffVwV Nr. 36.2.14). Dies soll danach auch gelten, wenn ein naher Angehöriger in gewissen Abständen das Familienheim aufsucht und eine jederzeitige Zutrittsmöglichkeit besitzt. An den Nachweis sind keine zu hohen Anforderungen zu stellen. Insb. ist nicht erforderlich, dass der Angehörige am Ort der häuslichen Gemeinschaft auch gemeldet ist (BT-Drs. 12397, 14). 62

Eine häusliche Gemeinschaft soll nicht vorliegen, wenn es sich um Gemeinschaftsunterkünfte handelt (*Apel/Bushart* AWaffV § 13 Rn. 19).

c) Kritik. Die gemeinschaftliche Aufbewahrung erlaubt sinnlogisch die jederzeitige Zugriffs**möglichkeit** auf die Waffen und Munition der anderen Mitglieder der Gemeinschaft (*Apel/Bushart* AWaffV § 13 Rn. 19). Die gemeinschaftliche Aufbewahrung impliziert daher auch stets ein **gegenseitiges Überlassen** der Waffen untereinander (→ Anl. 1 Rn. 173). 63

Das Überlassen ist nach § 34 nur an **Berechtigte** (→ § 34 Rn. 2 ff.) zulässig, wobei eine überlassene Schussw. prinzipiell vom Bedürfnis desjenigen, dem überlassen wird, erfasst sein muss. Ausnahmen hiervon hat der Gesetzgeber in § 12 vorgesehen. Nach § 12 Abs. 1 Nr. 1b kommt zum Zwecke der sicheren Verwahrung auch das Überlassen von Waffen an einen Berechtigten in Betracht, soweit die überlassenen Waffen nicht vom Bedürfnis des Erwerbers erfasst sind. Allerdings beschränkt der Gesetzgeber dies auf Fälle der **vorübergehenden** Aufbewahrung. Nicht zulässig ist demnach das dauerhafte Überlassen einer Waffe durch einen Jäger an einen Sportschützen.

Die Regelung des § 13 Abs. 8 (entspricht Abs. 10 aF) AWaffV geht inhaltlich darüber hinaus, insoweit die gemeinschaftliche Aufbewahrung keiner zeitl. Beschränkung unterliegt. IErg normiert § 13 Abs. 8 AWaffV Ausnahmen von der grundsätzlichen aus Anl. 2 Abschn. 2 UAbschn. 1 S. 1 WaffG resultierenden Erlaubnispflicht zum Erwerb und Besitz von Schussw. und Munition im Rahmen gemeinsamer Aufbewahrung und erweitert damit die Vorschrift des § 12 Abs. 1 Nr. 1b. Während nach § 12 Abs. 1 Nr. 1b WaffG Inhaber einer WBK **nur vorübergehend** Waffen und Munition erlaubnisfrei zum Zwecke der sicheren Verwahrung erwerben können, soll dies nach § 13 Abs. 8 AWaffV zeitl. **unbefristet** möglich sein.

Diese weitreichende Regelung des § 13 Abs. 8 AWaffV ist von der in § 36 Abs. 5 WaffG enthaltenen **Verordnungsermächtigung nicht** mehr **gedeckt.** Diese ermöglicht es dem Verordnungsgeber mit der Neufassung der Vorschrift durch das **6. ÄndG** (→ Einf. Rn. 26c) zwar, sämtliche Anforderungen an die Aufbewahrung oder die Sicherung von Waffen vollständig in der RVO zu regeln. Allerdings beinhaltet dies nicht die Befugnis des Verordnungsgebers, weitergehende Ausnahmen von der grds. Erlaubnispflicht nach Anl. 2 Abschn. 2 UAbschn. 1 S. 1 WaffG zuzulassen, die nicht bereits im WaffG vorgesehen sind.

Soweit es um den erlaubnisfreien Waffenerwerb zum Zwecke der sicheren Aufbewahrung geht, bleibt es bei den Regelungen des § 12 Abs. 1 Nr. 1b WaffG, der diesen nur **vorübergehend** zulässt. In Ermangelung einer entsprechenden Ermächtigungsgrundlage ist die Regelung des § 13 Abs. 8 AWaffV **rechtswidrig** (vgl. auch *Gade* WaffR, S. 186 f.).

64 In der Praxis sollten die Waffenbehörden ihr Ermessen nutzen und jeweils auf den Einzelfall bezogen entscheiden, wann der Erwerb und Besitz zur sicheren Aufbewahrung noch „vorübergehend" iSd § 12 Abs. 1 Nr. 1b WaffG ist (→ § 12 Rn. 23 ff.). Ein Überlassen zur sicheren Aufbewahrung außerhalb der Grenzen des § 12 Abs. 1 Nr. 1b WaffG kommt nicht in Betracht.

5. Aufbewahrung von Waffen oder Munition in Schützenhäusern, auf Schießstätten oder im gewerblichen Bereich (§ 14 AWaffV)

65 Gem. § 14 AWaffV kann die zust. Beh. auf Antrag des Betreibers eines **Schützenhauses,** einer **Schießstätte** oder eines **Waffengewerbes** Abweichungen von den Anforderungen des § 13 Abs. 1, 2 und 4 S. 1 und 2 AWaffV zulassen, wenn ihr ein geeignetes **Aufbewahrungskonzept** (→ Rn. 54) vorgelegt wird. Sie hat bei ihrer Entsch. neben der für die Aufbewahrung vorgesehenen Art und der Anzahl der Waffen oder der Munition und des Grades der von ihnen ausgehenden Gefahren für die öffentl. Sicherheit und Ordnung die Belegung und Frequentiertheit der Aufbewahrungsstätte besonders zu berücksichtigen.

66 **a) Adressaten.** Die **Adressaten** der Regelung sind die Betreiber von Schützenhäusern, Schießstätten oder eines Waffengewerbes. Hier kann die zust. Beh. auf Antrag Abweichungen von den Anforderungen des § 13 Abs. 1, 2 und 4 S. 1 und 2 AWaffV zulassen. Die Abweichungsmöglichkeiten greifen nicht für Sammler oder Museen, für diese ist die Spezialvorschrift des § 13 Abs. 5 (entspricht Abs. 7 aF) AWaffV einschlägig.

67 **b) Antragsverfahren.** Die Vorschrift sieht für die genannten Betreiber ein Antragsverfahren mit Vorlage eines Aufbewahrungskonzeptes vor. Das Verfahren lässt bewusst Abweichungen von den Standards des § 13 AWaffV zu, gibt aber für den iErg zu erzielenden Entwendungsschutz einen Mindestanhalt vor (BR-Drs. 415/03, 51).

68 **c) Waffengewerbe.** Für das Waffengewerbe, dh für Waffenhersteller oder -händler, sind **individuelle Sicherheitskonzepte** im Rahmen der Erteilung der waffenrechtl. Erlaubnis nach § 21 Abs. 1 oder der Kontrolle der sicheren Aufbewahrung durch die zust. Beh. zu prüfen (zum Aufbewahrungskonzept → Rn. 54). Sind die Räumlichkeiten baulich und durch EMA, Bewegungsmelder oder sonstigen „aktiven" Entwendungsschutz gesichert, erscheint es überflüssig, zusätzlich zu diesen Sicherungen zu verlangen, dass die Waffen nach Geschäftsschluss in entspr. Sicherheitsbehältnisse umgepackt und dort verschlossen werden (BR-Drs. 415/03, 51).

69 Bei **Waffengeschäften** wird zB zu verlangen sein, dass erlaubnispflichtige Schussw. oder Munition, wenn sie nicht gerade zur Kundenbedienung benötigt werden, nicht unbeaufsichtigt im Laden liegen gelassen, sondern in den dafür bestimmten Ladenfächern aufbewahrt werden (*Steindorf/Gerlemann* WaffG § 36 Rn. 3). Allerdings werden die im Verkaufsraum ausgestellten Schussw. mechanisch

gegen **schnelle Wegnahme,** zB durch verschließbare Stahlseile oder anderweitig verschließbare mechanische Konstruktionen, zu sichern bzw in abschließbaren (zertifizierten) Vitrinen zu lagern sein. Auch **Raumtrennung und Zugangskontrollen** sind unerlässlich, damit ein unkontrollierter Zugang in hintere Verkaufs- oder Lagerräume bzw Werkstätten verhindert wird, zB durch entspr. selbstverriegelnde Sicherheitstüren mit elektronischem Türschließer oder Zahlenschloss. **Munition** sollte in abschließbaren Vitrinen oder in der Verkaufstheke unter Verschluss gehalten werden.

6. Aufbewahrung einer erlaubnispflichtigen Seenotsignalpistole an Bord von Yachten

Für die vorübergehende Aufbewahrung einer **erlaubnispflichtigen Seenotsignalpistole** an Bord einer seegehenden Yacht wird ein nicht zertifiziertes Aufbewahrungsbehältnis als ausreichend anerkannt, soweit es aus (möglichst rostfreiem) Stahlblech gearbeitet ist, das Stahlblech der Tür/Klappe eine Stärke von mind. 4 mm aufweist, das Behältnis mit dem Schiff verankert und verschließbar (elektronisch codiertes Schloss, Zahlenschloss oder Riegelschloss) ist. 70

Die Munition ist in einem abschließbaren Blechkasten mit innenliegendem Schloss (zB Geldkassette) aufzubewahren (WaffVwV Nr. 36.5.1). 71

Während der Zeit auf See ist keine Aufbewahrung der Seenotsignalpistole, sondern ein erlaubnisfreies Führen durch den verantwortlichen Führer des Wasserfahrzeugs gem. § 12 Abs. 3 Nr. 4 anzunehmen. Hier kann die Seenotsignalpistole zusammen mit der dazugehörigen Munition verwahrt werden und so die Bewältigung von Notlagen an Bord effektiv gewährleistet werden.

In Fällen der längeren und absehbaren **Abwesenheit** von seiner Yacht hat der Erlaubnisinhaber die Seenotsignalpistole und die Munition in seiner Wohnung oder seinem Haus entspr. den allg. Vorschriften aufzubewahren. 72

Eine längere Abwesenheit kann angenommen werden, wenn sich das Schiff zu Reparaturzwecken in einer Werft befindet oder zum Saisonende in eine Yachthalle eingestellt wird (vgl. WaffVwV Nr. 36.5.2).

VI. Nachweispflicht an die und Kontrollen durch die zuständige Behörde (Abs. 3)

Die durch das **3. ÄndG** (→ Einf. Rn. 24) bewirkte Neufassung des Abs. 3 (zur Rechtslage vor Inkrafttreten des 3. ÄndG zum 25.9.2009 → 1. Aufl. § 36 Rn. 79) umfasst drei zentrale Bereiche: 73

Erstens wird nicht mehr auf sämtliche Schussw., Munition oder verbotene Waffen abgestellt, sondern „nur“ noch auf auch hinsichtlich des Erwerbs und Besitzes **erlaubnispflichtige Schussw.,** Munition oder verbotene Waffen.

Sämtliche **erlaubnisfreien** Waffen sowie dem Grunde nach erlaubnispflichtige Waffen oder Munition, die hinsichtlich Erwerb und Besitz von der Erlaubnispflicht freigestellt sind (vgl. Anl. 2 Abschn. 2 UAbschn. 2 Nr. 1) sind daher von der Nachweispflicht **befreit** und der Nachweis darf *de lege lata* auch nicht mehr von der zust. Beh. verlangt werden.

Zweitens muss die vorhandene oder vorgesehene **sichere Aufbewahrung** bereits bei der **Antragstellung** für eine Erlaubnis **nachgewiesen** werden.

Drittens besteht die Nachweispflicht bzgl. der bereits getroffenen Maßnahmen in jedem Fall **ohne entspr. Verlangen** der zust. Beh. (*Heller/Soschinka* NVwZ 2009, 994). Aus der „**Holschuld**“ der zust. Beh. wird eine „**Bringschuld**“ des Waffenbesitzers bzw Antragst., da die Nachweispflicht nun **unabhängig** von einem behördlichen Verlangen besteht (BT-Drs. 16/13423, 70 f.). Diese Verpflichtung zur

Nachweisführung gilt allerdings **nicht** für solche Besitzer, die der zust. Beh. bis zu dem Tag des Inkrafttretens der Neuregelung (25.7.2009) bereits den Nachweis über die sichere Aufbewahrung erbracht haben (BT-Drs. 16/13423, 71). Das bedeutet im Umkehrschluss, dass alle anderen, bei denen die Behörde bis dato ihre „Holschuld" nicht eingelöst hat, den Nachweis nachträglich zu erbringen haben (*Steindorf/Gerlemann* WaffG § 36 Rn. 10).

Nach der bis zum 24.7.2009 geltenden Rechtslage hatte der Waffenbesitzer die zur sicheren Aufbewahrung getroffenen Maßnahmen gegenüber der zust. Beh. auf Verlangen nachzuweisen. Eine **verdachtsunabhängige Kontrolle** der Aufbewahrung bei den Waffenbesitzern war nicht vorgesehen. Erst bei **begründeten Zweifeln,** also zusätzlichen Anhaltspunkten, konnte die zust. Beh. vom Besitzer verlangen, dass dieser ihr zur Überprüfung der sicheren Aufbewahrung Zutritt zum Ort der Aufbewahrung gewährte (vgl. *Apel/Bushart* WaffG § 36 Rn. 31); diese Pflicht war für den Fall der Verweigerung jedoch nicht bußgeldrechtl. abgesichert.

Abs. 3 erweitert nun die Nachweispflicht der sicheren Aufbewahrung bereits auf die **Antragstellung.** Des Weiteren erhalten die zust. Beh. die Möglichkeit, die Einhaltung der Aufbewahrungsvorschriften von erlaubnispflichtigen Schussw., Munition oder verbotenen Waffen in den Räumen der Waffenbesitzer **verdachtsunabhängig** zu überprüfen. Zu diesem Zweck sind die Waffenbesitzer verpflichtet, den Zutritt zu den Räumen zu gestatten, in denen die Waffen und die Munition aufbewahrt werden. Die Anpassung des § 36 Abs. 3 soll gewährleisten, dass die zust. Beh. die Beachtung der Bestimmungen zur sicheren Aufbewahrung wirksam überwachen können (BT-Drs. 16/13423, 71).

1. Nachweispflicht der sicheren Aufbewahrung (Abs. 3 S. 1)

74 Gem. Abs. 3 S. 1 hat der Besitzer **erlaubnispflichtig** zu erwerbender und besitzender Schussw., Munition oder verbotener Waffen der zust. Beh. die zur sicheren Aufbewahrung getroffenen Maßnahmen nachzuweisen. Ist die Erteilung einer Erlaubnis zum Besitz **beantragt,** so hat der Antragst. die vorgesehenen Maßnahmen nachzuweisen.

75 Der Nachweis ist also von jedem Schusswaffenbesitzer bereits bei Antragstellung nachzuweisen. Dabei kann es sich bei Antragstellung nur um die beabsichtigte Aufbewahrung handeln, also regelm. um **Glaubhaftmachung** der vorgesehenen Maßnahmen. Solange die Erlaubniserteilung noch nicht sichergestellt ist, kann dem Antragst. eine ggf. hohe Investition in Aufbewahrungsbehältnisse nicht ohne Weiteres zugemutet werden. Sinnvollerweise wird es in der Praxis so vonstatten gehen, dass nach der Erlaubniserteilung für den Erwerb der Schussw. und der Munition vor oder spätestens mit dem Kauf der Schussw. auch das Aufbewahrungsbehältnis beschafft wird, damit die Schussw. vom Moment des Erwerbs an ordnungsgemäß aufbewahrt werden kann.

Die Vorlage des Kaufbelegs dient anschließend beim Eintrag der Schussw. als Nachweis der Beschaffung des Sicherheitsbehältnisses bei der zust. Beh. Zum Nachweis des geforderten Schutzniveaus des Sicherheitsbehältnisses dürfte idR der Beleg und die Produktbeschreibung gem. Typenschild ausreichen (*Heller/Soschinka* NVwZ 2009, 993 (994)). Eine weitere Nachweismöglichkeit besteht in der Vorlage von Fotografien, zB des Typenschilds des Waffenschranks oder der konkreten Aufbewahrungsmodalitäten. Die getrennte Aufbewahrung kann insbes. durch Fotos der Aufbewahrungsbehältnisse in geöffnetem Zustand mit Blick auf die Waffen oder Munition nachgewiesen werden (*Heller/Soschinka* NVwZ 2009, 993 (994)).

76 Werden die vorgesehenen Maßnahmen zur sicheren Aufbewahrung im Zeitpunkt der Antragstellung nicht glaubhaft gemacht, so wird die zust. Beh. die Erlaubnis nicht erteilen. Werden nicht spätestens beim Antrag auf Eintrag der Schussw. oder Munition in die WBK die tats. vorgenommenen Maßnahmen (Erwerb eines entspr.

Aufbewahrungsbehältnisses) nachgewiesen, wird die zust. Beh. die Eintragung der Schussw. oder Munition in die WBK verweigern. Soweit auch nach wiederholter Fristsetzung der Nachweis nicht erbracht wird, ist der Widerruf der WBK gem. § 45 Abs. 2 **obligatorisch.**

2. Duldungspflicht verdachtsunabhängiger Kontrollen (Abs. 3 S. 2)

Abs. 3 S. 2 verpflichtet Waffenbesitzer, Mitarbeitern der zust. Beh. zur Überprüfung der Aufbewahrungspflichten aus Abs. 1, 5 iVm § 13 AWaffV **Zutritt zu den Räumen zu gestatten,** in denen die Waffen und die Munition aufbewahrt werden. **77**

a) Zweck der Vorschrift. Mit der Vorschrift erhalten die zust. Beh. erstmals im Waffenrecht die Möglichkeit, **verdachtsunabhängig** die Einhaltung der Aufbewahrungsvorschriften bzgl. erlaubnispflichtiger Schussw., Munition oder verbotener Waffen in den Räumen der Waffenbesitzer zu überprüfen. Die Neufassung des Abs. 3 S. 2 soll sicherstellen, dass die zust. Beh. wirksam die Einhaltung der Aufbewahrungspflichten überwachen können (BT-Drs. 16/13423, 71). Nach Auffassung des Gesetzgebers sei dies notwendig, um Fällen, in denen **nachlässige Aufbewahrung** das **Leben** von Kindern und Eltern nachhaltig gefährden, **wirksam** entgegentreten zu können. Nicht zuletzt sei der Amoklauf von Winnenden erst durch eine nicht ordnungsgemäß verwahrte Waffe möglich gewesen. Ein wirksamer Schutz könne nur erreicht werden, wenn Schusswaffenbesitzer stets mit **verdachtsunabhängigen** Kontrollen **rechnen** müssten. Hierdurch werde sowohl das Risiko des Waffenmissbrauchs als auch die Notwendigkeit sorgfältiger Aufbewahrung jederzeit **ins Bewusstsein** von Waffenbesitzern gerufen (BT-Drs. 16/13423, 70 f.). **78**

Die gesetzlich eingeräumte Möglichkeit der verdachtsunabhängigen Kontrollen schließt eine Überprüfung nach Anmeldung **nicht** aus. Aus Gründen der Arbeitsökonomie wird sogar regelm. von einer angemeldeten Nachschau auszugehen sein. **79**

Für die durchgeführten Kontrollen sollten nach WaffVwV (Nr. 36.7) **keine Gebühren** erhoben werden, da diese im öffentl. Interesse lägen (vgl. auch BT-Drs. 16/13423, 71). Dennoch erhobene Gebühren wurden von der Rspr. gleichwohl als rechtmäßig erachtet (OVG HB, Urt. v. 16.5.2017 – 1 LB 234/15 – juris). **80**

Die Frage, inwieweit die zust. Beh. im Rahmen der Neuregelung des Abs. 3 **verpflichtet** ist, tätig zu werden, insbes. bei konkreten Hinweisen auf eine unsachgemäße Aufbewahrung, hat der Gesetzgeber leider unbeantwortet gelassen (zur aF eine Pflicht verneinend *Apel/Bushart* WaffG § 36 Rn. 40). **81**

b) Umfang der Duldungspflicht. Der Waffenbesitzer muss Mitarbeitern der zust. Beh. nicht umfänglich Zutritt zu seinen Räumlichkeiten gestatten. Die Pflicht bezieht sich lediglich auf diejenigen Räumlichkeiten, in denen die Waffen und Munition aufbewahrt werden. Diese Pflicht greift unabhängig davon, ob es sich beim Aufbewahrungsort um Wohnraum oder sonstige Räumlichkeiten handelt. **82**

Eine vertretene Auffassung, wonach der Waffenbesitzer stets den Zutritt zu Wohnräumen ohne besonderen Grund verweigern darf (so *Heller/Soschinka* NVwZ 2009, 993 (995)), erscheint wenig überzeugend und wird den Bedürfnissen der Praxis nicht gerecht.

Bereits die einheitliche Auslegung zum Wohnungsbegriff des Art. 13 Abs. 1 GG spricht dagegen. Nach dieser Auslegung zählen zur Wohnung auch Nebenräume, zB Flure, Keller oder Dachgeschosse, die nicht dem eigentlichen Wohnen, dh dem ständigen Verweilen von Personen dienen.

Für den Fall, dass sich die Duldungspflicht in S. 2 allein auf **Nicht-Wohnräume** bezöge, wären letztlich fast alle üblicherweise zur Aufbewahrung von Schussw.

benutzten Räumlichkeiten dem Zutritt der Behördenmitarbeiter entzogen. Dies kann nicht Sinn der Regelung sein und folgt auch nicht zwingend aus dem Gesetzeswortlaut. Dem Schutz der Unverletzlichkeit der Wohnung ist dadurch hinreichend Rechnung getragen, dass der Gesetzgeber ein Betreten der Wohnung gegen den Willen des Waffenbesitzers nur zur Verhütung **dringender Gefahren** für die öffentl. Sicherheit zulässt (Abs. 3 S. 3).

Bei der Duldungspflicht handelt es sich um die Duldung des **Betretens, nicht** der **Durchsuchung.** Das Betreten einer Wohnung besteht in dem Eintreten, Verweilen und Besichtigen einer Wohnung. Dazu gehört auch, ggf. verschlossene Türen und Behältnisse zu öffnen, soweit der Zweck der Kontrolle dies erfordert (*Heller/Soschinka* NVwZ 2009, 993 (995)). Die Durchsuchung ist das ziel- und zweckgerichte Suchen durch staatliche Organe nach Personen oder Sachen oder zur Ermittlung eines Sachverhalts, um etwas aufzuspüren, was der Inhaber der Wohnung von sich aus nicht offenlegen oder herausgeben will (vgl. BVerfGE 47, 31 (37); 28, 285 (287 ff.)). Eine **Durchsuchung** der Wohnung ist nach der Vorschrift **nicht erlaubt.**

Ein Zutritt in andere Räume mit dem Ziel einer allg. Umschau und Kontrolle, ob dort Waffen ggf. unkorrekt aufbewahrt werden oder offen herumliegen, ist daher **nicht zulässig.** Gleichwohl schließt das Zutrittsrecht ein Hineinschauen in andere Räume der Wohnung, zB vom Flur, der im Rahmen einer Kontrolle notwendigerweise betreten werden muss, nicht aus. Denn die zust. Beh. wird sich davon überzeugen dürfen, ob dort nicht etwa Aufbewahrungsbehältnisse stehen, soweit dies nicht bereits hinlänglich bekannt ist. Zu den Aufbewahrungsräumen hat der Waffenbesitzer als Wohnungsinhaber den Zutritt sowie die Kontrolle zu gewähren und zu dulden.

83 **c) Dauer, Zeitpunkt und Umfang der Kontrolle, Mitwirkungspflichten des Waffenbesitzers.** Die Dauer der Kontrolle hängt von der Mitwirkungsbereitschaft des Waffenbesitzers sowie dem Umfang der zu kontrollierenden Schussw. und Munition ab. Die zust. Beh. kontrolliert die Einhaltung der Pflichten nach Abs. 1 iVm § 13 AWaffV, dh die erforderlichen Sicherheitsbehältnisse sowie die vorgeschriebene ungeladene Aufbewahrung der Waffen. Dazu ist der Waffenbesitzer verpflichtet, die Waffenschränke auf Verlangen zu öffnen und Waffen auf Vollzähligkeit bzw ggf. den Verbleib von Waffen, zB verliehene oder beim Büchsenmacher in Reparatur gegebene, kontrollieren zu lassen (vgl. *Heller/Soschinka* NVwZ 2009, 993 (996)). Fehlende Waffen sind von der zust. Beh. zu dokumentieren, damit eine Überprüfung erfolgen kann, ob ggf. ein Abhandenkommen der Waffen vorliegt. Behördlicherseits sollte ein Protokoll über die Kontrolle angefertigt werden, welches Datum, Ort, Zeit, Ablauf und Ergebnis der Überprüfung mit einer Gegenzeichnung des Waffenbesitzers erkennen lässt. Eine Durchschrift ist dem Waffenbesitzer zu belassen.

84 Zudem hat der Waffenbesitzer seine vorhandene **WBK** sowie sonstige Erlaubnisscheine **vorzulegen** und den Mitarbeitern der zust. Beh. **auszuhändigen.** Erst hierdurch kann seitens der zust. Beh. präzise überprüft werden, welche Waffen besessen werden und hinsichtlich ihrer ordnungsgemäßen Aufbewahrung zu prüfen sind (zum Umfang der Kontrolle vgl. auch VGH Mannheim, Beschl. v. 3.8.2011 – 1 S 1391/11 – juris).

Rechtsgrundlage hierfür ist § 39, da die Überprüfung der sicheren Aufbewahrung einen begründeten Anlass zur Vorlage der Erlaubnisscheine iSv § 39 Abs. 3 darstellt.

85 **Kontrollen „zur Unzeit“,** also zur Nachtzeit und an Sonn- und Feiertagen (vgl. § 758a ZPO) scheiden nach dem Willen des Gesetzgebers aus (vgl. BT-Drs. 16/13423, 71). Als **Nachtzeit** zählen die Stunden von **21 bis 6 Uhr** (vgl. § 758a Abs. 4 S. 2 ZPO). **Feiertage** umfassen gesetzliche Feiertage nach Bundes- und Landesrecht (vgl. § 193 BGB). Gesetzliche Feiertage im gesamten Bundesgebiet sind: Neujahr, Karfreitag, Ostermontag, Christi Himmelfahrt, 1.5., Pfingst-

montag. 3.10., 1. und 2. Weihnachtstag. Tage, die keine gesetzlichen Feiertage sind, an denen die Behörden aber üblicherweise nicht arbeiten, wie der 24.12. oder der 31.12., fallen nicht unter die Feiertagsregelung, können aber Sonntage sein (vgl. *Palandt* BGB § 193 Rn. 6).

d) Verweigerung einer verdachtsunabhängigen Kontrolle. Da die Mitwirkungspflicht eine **höchstpersönliche Verpflichtung** des Waffenbesitzers ist, darf zB die Ehefrau den Zutritt zur Wohnung verweigern, wenn der Ehemann und Waffenbesitzer nicht anwesend ist. Dies darf dem Waffenbesitzer nicht als Verweigerung der Mitwirkung angelastet werden (*Heller/Soschinka* NVwZ 2009, 993 (996)). 86

Wer als Waffenbesitzer bei einer verdachtsunabhängigen Kontrolle durch die zust. Beh. den Zutritt zum Aufbewahrungsort der Waffen oder Munition verweigert, muss wegen der zu respektierenden Unverletzlichkeit der Wohnung (Art. 13 Abs. 1 GG) nicht mit einem Betreten gegen seinen Willen rechnen.

Grds. hat der Waffenbesitzer zwar den Zutritt zu den Räumlichkeiten der Aufbewahrung zu gestatten, auch wenn es sich dabei um Wohnräume handelt. Allerdings kann er den Zutritt zu Wohnräumen verweigern, soweit er hierfür sachlich nachvollziehbare Gründe vorzuweisen vermag. Dies können insbes. in den persönlichen Verhältnissen liegende Umstände sein. So wird eine Zutrittsverweigerung anzuerkennen sein, wenn etwa zum Zeitpunkt der unangemeldeten Kontrolle eine Familienfeier stattfindet, der Waffenbesitzer einen auswärtigen Termin wahrnehmen muss, krank ist usw.

Hingegen muss eine Zutrittsverweigerung als unberechtigt angesehen werden, wenn sie ohne Begründung erfolgt und sich eine Nachvollziehbarkeit auch sonst nicht aus den Umständen des Einzelfalles ergibt. In diesen Fällen liegt zwar ein Verstoß gegen die Duldungspflicht des Waffenbesitzers vor, allerdings scheidet auch hier ein Betreten gegen den Willen des Waffenbesitzers im Regelfall aus. Auch eine unberechtigte Zutrittsverweigerung begründet für sich allein nicht die Annahme, ein Betreten der Wohnung sei zur Verhütung dringender Gefahren für die öffentl. Sicherheit geboten.

Allerdings soll nach dem Willen des Gesetzgebers eine **nicht nachvollziehbare Verweigerung** der Mitwirkungspflicht **nicht folgenlos** bleiben. Denn wer wiederholt oder gröblich gegen Vorschriften des WaffG verstößt, gilt gem. § 5 Abs. 2 Nr. 5 regelm. als unzuverlässig und schafft damit selbst die Vorauss. für den möglichen Widerruf seiner waffenrechtl. Erlaubnis nach § 45 Abs. 2 (BT-Drs. 16/13423, 71).

Zumindest die wiederholte Verweigerung der notwendigen Mitwirkung begründet die **Regelunzuverlässigkeit** (ähnlich auch *Bauer/Fleck* GewArch 2010, 16 (19)).

3. Betreten der Wohnung gegen den Willen des Waffenbesitzers (Abs. 3 S. 3)

Dem aus Art. 13 GG resultierenden besonderen Schutz der Unverletzlichkeit der Wohnung Rechnung tragend hat der Gesetzgeber das Betreten der Wohnung **gegen den Willen** des Waffenbesitzers allerdings nur **zur Verhütung dringender Gefahren** für die öffentl. Sicherheit zugelassen. Auch hier handelt es sich um das Recht **zum Betreten** der Wohnräume, **nicht** zur Durchsuchung, um zu überprüfen, ob Waffen und Munition ordnungsgemäß aufbewahrt werden. Insoweit dürfen auch hier nur die Räume betreten werden, in denen sich die Aufbewahrungsbehältnisse befinden. Liegen jedoch der zust. Beh. Informationen vor, dass Waffen und Munition unverschlossen in der Wohnung herumliegen, darf ggf. die ganze Wohnung betreten werden. Das Betreten gegen den Willen wird idR unter Einsatz unmittelbaren Zwangs durch Vollstreckungskräfte der zust. Beh. bzw durch die Polizei erfolgen. Nur hinsichtlich Abs. 3 **S. 3** wird das Grundrecht der Unverletzlichkeit der Wohnung (Art. 13 GG) ausdr. **eingeschränkt.** 87

88 Eine dringende Gefahr iSv Abs. 3 S. 3 liegt vor, wenn ein bedeutsames Rechtsgut gefährdet wird (BVerwGE 47, 31). Insoweit entspricht die dringende Gefahr der erheblichen Gefahr (*Götz/Geis* PolR § 6 Rn. 27 f.). **Bedeutsame Rechtsgüter** sind im Allgemeinen Leib, Leben, Freiheit und Sachen von bedeutendem Wert (*Götz/Geis* PolR § 6 Rn. 2).

89 Der Begriff Verhütung (von Gefahren) ist mit dem der Verhütung (von Straftaten) der Polizeigesetze gleichzusetzen. Die Polizeigesetze dehnen die **Aufgabe der Gefahrenabwehr** auf das **Vorfeld konkreter Gefahren** aus. Auch andere Begriffe wie Gefahrenvorsorge, Gefahrenverhütung, Vorbereitung auf die Gefahrenabwehr oder Gefahrenprophylaxe werden verwendet.

90 Die **Verhütung** dringender Gefahren liegt also bereits im **Vorfeld einer konkreten Gefahr.** So auch das **BVerfG,** wonach Beschränkungen des Grundrechts der Unverletzlichkeit der Wohnung ua dann zulässig sind, wenn sie auf Grund eines Gesetzes zur **Verhütung** dringender Gefahren für die öffentl. Sicherheit und Ordnung vorgenommen werden. Eine dringende Gefahr für die öffentl. Sicherheit und Ordnung braucht **nicht bereits eingetreten zu sein.** Es genügt, dass die Beschränkung des Grundrechts dem Zweck dient, einen Zustand nicht eintreten zu lassen, der seinerseits eine dringende Gefahr für die öffentl. Sicherheit und Ordnung darstellen würde (BVerfGE 17, 232 zu Art. 13 Abs. 3 GG aF; BVerwGE 47, 31; BVerwG NJW 2006, 2504; so auch *ABB/Adolph* WaffG § 36 Rn. 54).

91 In Anbetracht des hohen Gefährdungspotenzials von Schussw. und Munition liegt der Tatbestand der **Verhütung einer dringenden Gefahr** bereits dann vor, wenn es für die zust. Beh. tats. Anhaltspunkte gibt, die auf Grund einer **Prognose** den **Eintritt einer Gefahr** für bedeutsame Rechtsgüter wie zB Leben oder Gesundheit von Menschen zukünftig befürchten lassen. Im Sinne des Abs. 3 S. 3 liegt dies bereits dann vor, wenn es Hinweise auf wiederholte oder grobe Verstöße gegen die Aufbewahrungspflicht gibt, indem Waffen und Munition nicht ordnungsgemäß aufbewahrt werden, dass Sicherheitsbehältnisse nicht benutzt werden, offen stehen, oder es Hinweise auf jegliches Fehlen von geeigneten Sicherheitsbehältnissen gibt (*Apel/Bushart* WaffG § 36 Rn. 39; *Heller/Soschinka* NVwZ 2009, 993 (996)). Ein Umschlag von einer verdachtsunabhängigen Kontrolle hin in die Situation einer dringenden Gefahr nach Satz 3 wird regelmäßig anzunehmen sein, wenn bei der Nachschau eine Waffe fehlt und der Waffenbesitzer den Verbleib nicht plausibel darlegen kann (vgl. *Steindorf/Gerlemann* WaffG Rn. 10 aE).

4. Kritik an der Vorschrift

92 Die Vorschrift hat insbes. bei den Waffenverbänden kritische Äußerungen nach sich gezogen. In der Lit. wird die Auffassung vertreten, dass die Erweiterung der Pflicht der Zutrittsgewährung zur Prüfung der sicheren Aufbewahrung gegen Art. 13 Abs. 1, Abs. 7 GG verstoße und daher verfassungswidrig sei (*Fandrey* AUR 2010, 1 (3); *Hermes* Die Polizei 2009, 277 (281) mwN). Der Gesetzgeber lege auf der einen Seite jedem Waffenbesitzer die Pflicht auf, den Zutritt zum Ort der Aufbewahrung zu gewähren, auf der anderen Seite räume er der Behörde jedoch nicht die Befugnis ein, diese Pflicht auch durchzusetzen. Ein Eingriff sei dann nicht gegeben, wenn der Grundrechtsberechtigte freiwillig und ausdr. oder konkludent auf seine Grundrechtsausübung verzichte, was in diesem Kontext jedoch fraglich sei. Dem Waffenbesitzer werde offen damit gedroht, dass ihm die waffenrechtl. Erlaubnisse entzogen werden könnten, falls er nicht auf den Schutz aus Art. 13 Abs. 1 GG gegenüber den Kontrollbeamten verzichte (vgl. amtl. Begr. BT-Drs. 16/13423, 71). Dies stelle einen offensichtlichen Machtmissbrauch des Staats dar und rücke die Norm in die Nähe des gesetzlichen Zwangs. Wenn eine Einwilligung des

Grundrechtsträgers in die Grundrechtsbeeinträchtigung nicht frei erfolge, sei die Einwilligung unwirksam, lasse den Eingriff aber nicht entfallen. Der Gesetzgeber sei danach aufzufordern, eine Befugnis zu schaffen, damit diese „verdachtsunabhängigen Kontrollen" auch in verfassungsrechtl. korrekter Weise abgesichert sind und auch durchgesetzt werden können.

Hinsichtlich des Vorschlags, seitens des Gesetzgebers eine ggf. mit Zwangsmitteln durchsetzbare verdachtsunabhängige Kontrolle in das Gesetz zu implementieren, ist diese Kritik nachvollziehbar.

Überzogen scheint indes die Bewertung, die derzeitige Regelung sei verfassungswidrig. In der Tat erscheint es misslich, wenn dem Waffenbesitzer auf der einen Seite die Rechtspflicht trifft, den Behörden Zutritt zu den Räumen der Aufbewahrung der Schussw. und Munition zu gewähren und den staatlichen Organen im Falle der Zutrittsverweigerung andererseits keine Möglichkeit zur zwangsweisen Durchsetzung des Zutritts eingeräumt ist.

Umgekehrt kann aus dieser Konstellation nicht abgeleitet werden, dass eine nicht nachvollziehbare Zutrittsverweigerung in waffenrechtl. Hinsicht keine negativen Folgen für den Waffenbesitzer nach sich ziehen dürfe. Vom lauteren Waffenbesitzer kann erwartet werden, dass er den Mitarbeitern der zust. Beh. Zutritt zu den Räumen der Aufbewahrung gestattet. Durchaus nachvollziehbar erscheint es, wenn der Waffenbesitzer den Zutritt zu weiten Teilen seiner Wohnung als Störung seiner Privatsphäre vermeiden möchte. Diese Möglichkeit steht ihm problemlos zur Verfügung, indem er die Schussw. in entspr. Räumlichkeiten aufbewahrt.

Zumindest die wiederholte Zutrittsverweigerung unter dem pauschalen und nicht im Einzelfall nachvollziehbaren Verweis, es handele sich bei den Aufbewahrungsräumlichkeiten um Wohnraum, lässt einzig Zweifel an der ordnungsmäßigen Aufbewahrung der Waffen und damit auch an der Zuverlässigkeit des Waffenbesitzers zu (vgl. *Bauer/Fleck* GewArch 2010, 16 (20); aA *ABB/Adolph* WaffG § 36 Rn. 49a).

Die vom Gesetzgeber getroffene Regelung ist, wenn auch nicht umfänglich zufriedenstellend, so doch **verfassungskonform.**

VII. Besitzstandsregelung für die Weiternutzung vorhandener Sicherheitsbehältnisse (Abs. 4)

Abs. 4 nF enthält eine umfassende **Besitzstandsregelung** für „Altbesitzer". **93** Demnach **gelten** die mit dem **6. ÄndG** (→ Einf. Rn. 26c) zum 6.7.2017 neu eingeführten strengeren Vorgaben zur Aufbewahrung nach § 36 Abs. 5 nF iVm. § 13 Abs. 1–3 AWaffV nF **nicht bei einer Aufrechterhaltung der Nutzung von Sicherheitsbehältnissen,** welche der alten Rechtslage (§ 36 Abs. 2 S. 1 HS 2 aF) entsprechen.

Waffenbesitzer, welche bei Inkrafttreten des 6. ÄndG ihre Schussw. sowie dazugehörige Munition rechtmäßig in Sicherheitsbehältnissen aufbewahrt haben, welche **94** den Vorgaben des § 36 Abs. 2 S. 1 2. HS aF entsprachen (Behältnisse Sicherheitsstufe A und B Norm 24992 VDMA), können dies auch weiterhin tun und müssen sich keine neuen Sicherheitsbehältnisse anschaffen, welche den Vorgaben der neuen Rechtslage (§ 36 Abs. 5 nF iVm 13 AWaffV nF) entsprechen, § 36 Abs. 4 S. 2 Nr. 1 nF.

Dies gilt auch für den Fall, dass weitere Waffen (nach dem Inkrafttreten des 6. ÄndG) rechtmäßig erworben und in den weitergenutzten Sicherheitsbehältnissen aufbewahrt werden (BR-Drs. 61/17, 37).

Gleichermaßen können solche Behältnisse weitergenutzt werden, welche nach der alten Rechtslage von der zust. Beh. als (den Behältnissen Sicherheitsstufe A und B Norm 24992 VDMA) gleichwertig anerkannt wurden.

95 Nach § 36 Abs. 4 S. 2 Nr. 2 nF erstreckt sich der Bestandsschutz auch auf berechtigte Personen, welche in **häuslicher Gemeinschaft** (→ Rn. 62) mit dem bisherigen Besitzer leben und dessen Aufbewahrungsbehältnisse mit benutzen. Der Bestandsschutz bezieht sich für den „Mitnutzer" lediglich auf die Dauer der gemeinschaftlichen Aufbewahrung (→ Rn. 60 ff.). Darauf, dass die häusliche Gemeinschaft und/oder Mitnutzung bereits vor Inkrafttreten des 6. ÄndG bestanden hat, kommt es nicht an. Ebenfalls steht der Mitnutzung im Rahmen des Bestandsschutzes nicht entgegen, dass der Mitnutzer erst nach Inkrafttreten des 6. ÄndG Waffenbesitzer wird (BT-Drs. 18/12379, 14).

Nach Abs. 4 S. 3 nF kann der Mitnutzer **auch im Falle des Todes** des bisherigen Besitzers die Aufbewahrungsbehältnisse **weiter benutzen,** soweit er infolge des Erbfalls Eigentümer des Sicherheitsbehältnisses wird. Vorauss. ist, dass im Zeitpunkt des Todes des bisherigen Besitzers die häusliche Gemeinschaft und die gemeinsame Aufbewahrung bestanden haben.

Zum **Nachweis** der Weiternutzungsbefugnis können auch die Nachweise der sicheren Aufbewahrung, die gem. § 36 Abs. 3 bei der zust. Beh. vorliegen müssen, herangezogen werden. Ebenso kann auf Zeugnisse von Mitbewohnern sowie anderweitige Dokumentationen (Fotos etc) zurückgegriffen werden (BT-Drs. 18/12379, 14).

Die berechtigte Person leitet im Erbfall die Berechtigung zur Weiternutzung aus Abs. 4 S. 2 Nr. 2 nF ab und wird nicht zum bisherigen Besitzer iSd Abs. 4 S. 2 Nr. 1 nF. Eine **Neubegründung einer gemeinschaftlichen Aufbewahrung** ist daher **nicht** mehr **möglich** (BT-Drs. 18/12379, 13).

96 Die weitere Nutzung der den Vorgaben des § 36 Abs. 2 S. 1 2. HS aF entsprechenden Sicherheitsbehältnisse (Sicherheitsstufe A und B Norm 24992 VDMA) ist im Rahmen des Bestandsschutzes nach Abs. 4 nur dann zulässig, soweit sämtliche nach der alten Rechtslage bestehenden Vorgaben zur Aufbewahrung eingehalten werden, § 36 Abs. 4 S. 2 nF. Zum einen greift die Pflicht zur **getrennten Aufbewahrung** von Schussw. und Munition (§ 36 Abs. 1 S. 2 aF). Zudem ist zu berücksichtigen, dass in Behältnissen der Sicherheitsstufe A lediglich (bis zu zehn) Langwaffen aufbewahrt werden dürfen (§ 36 Abs. 2 S 1 HS 2 aF). Weiterhin ist § 13 AWaffV aF einschlägig.

97 Schließlich greift die Besitzstandsregelung für den bisherigen Besitzer nach § 36 Abs. 4 S. 2 Nr. 1 nF nur für die ununterbrochene **Weiternutzung** eines der alten Rechtslage entsprechenden Aufbewahrungsbehältnisses. Findet nach Inkrafttreten der neuen Aufbewahrungsvorschriften (6.7.2017) ein **Besitzwechsel** an dem Aufbewahrungsbehältnis statt, so kann sich der neue Besitzer **nicht** auf die Rechtslage nach § 36 Abs. 1 S. 2 Abs. 2 S. 1 HS 2 aF berufen (BR-Drs. 61/17, 37). Dies gilt auch für den Erwerber infolge eines Erbfalls. Dieser kann geerbte Sicherheitsbehältnisse zum Zweck der Aufbewahrung von Waffen oder Munition grds. nur dann weiternutzen, wenn diese die Vorgaben der DIN/EN 1143-1 mit dem in § 13 AWaffV nF genannten Ausgabedatum erfüllen. Zum Bestandsschutz für den Erben in häuslicher Gemeinschaft in den Fällen gemeinschaftlicher Aufbewahrung → Rn. 95.

Ebenso scheidet die „erneute" Nutzung eines Sicherheitsbehältnisses auf Grundlage der alten Rechtslage (§ 36 Abs. 1 S. 2 Abs. 2 S. 1 HS 2 aF) aus. Veräußert ein Waffenbesitzer sämtliche Schussw., die er nach Inkrafttreten der aktuellen Rechtslage zulässigerweise in einem der alten Rechtslage entsprechenden Behältnis (weiterhin) aufbewahrt hat, so unterliegt ein ggf. zu einem späteren Zeitpunkt erfolgender erneuter Erwerb von Schussw. stets den Vorgaben der DIN/EN 1143-1 mit dem in § 13 AWaffV nF genannten Ausgabedatum.

98 In Fällen des **zukünftigen Erwerbs** von Sicherheitsbehältnissen gelten die Vorgaben der DIN/EN 1143-1 mit dem in § 13 AWaffV nF genannten Ausgabedatum.

Soweit eine Waffenaufbewahrung auf die alte Rechtslage nach § 36 Abs. 1 S. 2 Abs. 2 S. 1 HS 2 aF gestützt wird, kommen auf diesen Sachverhalt bezogen auch die im Zeitpunkt vor dem Inkrafttreten des **6. ÄndG** in Geltung befindlichen Sanktionsvorschriften des § 53 Abs. 1 Nr. 19, § 52a aF sowie des § 34 Nr. 12 AWaffV aF zur Anwendung, vgl. § 36 Abs. 4 S. 4 nF. 99

Da sich derzeit die meisten Fälle der Aufbewahrung noch im Rahmen des Bestandsschutzes nach der bis zum 5.7.2017 geltenden Rechtslage (§ 36 Abs. 1 S. 2 Abs. 2 S. 1 HS 2 aF iVm § 13 AWaffV aF) richten dürften, soll diese folgend tabellarisch dargestellt werden (ausf. zur alten Rechtslage → 1. Aufl. § 36 Rn. 12 ff.). 100

Übersicht zur Aufbewahrung erlaubnispflichtiger Schusswaffen, verbotener Waffen und von Munition im privaten Bereich nach der bis zum 5.7.2017 geltenden Rechtslage (§ 36 Abs. 1 S. 2 Abs. 2 S. 1 HS 2 aF iVm § 13 AWaffV aF): 101

Behältnis	**Langwaffen**	**Kurzwaffen / Verbotene Waffen**	**Munition**
A[1] ohne Innenfach	bis 10 Stück	keine	nein, da getrennte Aufbewahrung nicht möglich
A[2] mit Stahlblechinnenfach und Schwenkriegelschloss[3]	bis 10 Stück	keine	getrennt von den Schusswaffen im Innenfach; nicht zu den Schusswaffen gehörige Munition darf auch mit diesen im Hauptfach aufbewahrt werden (Über-Kreuz-Aufbewahrung)
A[4] mit Innenfach Sicherheitsstufe **0**[5] oder **B**[6] (sog Jägerschrank)	bis 10 Stück	1 bis 5 Stück im Innenfach	im 0 oder B-Innenfach für Kurz- und Langwaffen zusammen mit den Kurzwaffen; nicht zu den Schusswaffen gehörige Munition darf auch im anderen Fach aufbewahrt werden (Über-Kreuz-Aufbewahrung)
B[7] mit Gewicht/ Verankerung unter 200 kg	ohne Begrenzung, Munition aber getrennt	1 bis 5 Stück im Haupt- oder Innenfach, getrennt von der Munition	getrennt von den Schusswaffen im Innenfach

[1] Sicherheitsstufe A nach VDMA 24992, Stand Mai 1995.

[2] Sicherheitsstufe A nach VDMA 24992, Stand Mai 1995.

[3] Sicherheitsstufe A nach VDMA 24992, Stand Mai 1995.

[4] Sicherheitsstufe A nach VDMA 24992, Stand Mai 1995.

[5] Widerstandsgrad 0 nach DIN/EN 1143-1, Stand Mai 1997 (oder einer Norm mit gleichem Schutzniveau eines anderen EWR-Staats).

[6] Sicherheitsstufe A nach VDMA 24992, Stand Mai 1995.

[7] Sicherheitsstufe B nach VDMA 24992, Stand Mai 1995.

Behältnis	Langwaffen	Kurzwaffen / Verbotene Waffen	Munition
B[8] mit Gewicht/ Verankerung über 200 kg	ohne Begrenzung, Munition aber getrennt	1 bis 10 Stück im Haupt- oder Innenfach, getrennt von der Munition	getrennt von den Schusswaffen im Innenfach
0[9] mit Gewicht/ Verankerung unter 200 kg	ohne Begrenzung, Munition aber getrennt	1 bis 5 Stück im Haupt- oder Innenfach, getrennt von der Munition	getrennt von den Schusswaffen im Innenfach
0[10] mit Gewicht/ Verankerung über 200 kg	ohne Begrenzung, zusammen mit der Munition	1 bis 10 Stück im Haupt- oder Innenfach, zusammen mit der Munition	ohne räumliche Trennung von den Lang- und Kurzwaffen
I[11]	mehr als 10 Stück, zusammen mit der Munition (bis zu drei Langwaffen bei nicht dauernd bewohnten Gebäuden, vgl. § 13 Abs. 6 AWaffV aF; Ausnahmen durch zust. Beh. möglich)	mehr als 10 Stück, zusammen mit der Munition (keine Kurzwaffen bei nicht dauernd bewohnten Gebäuden, vgl. § 13 Abs. 6 AWaffV aF; Ausnahmen durch zust. Beh. möglich)	ohne räumliche Trennung von den Lang- und Kurzwaffen

VIII. Verordnungsermächtigung (Abs. 5)

102 Abs. 5 enthält eine Verordnungsermächtigung. Mit dem **3. ÄndG** (→ Einf. Rn. 24) hatte der Gesetzgeber Abs. 5 zum 25.7.2009 neu gefasst und damit die Möglichkeit für den Verordnungsgeber geschaffen, detaillierte Anforderungen an techn. Sicherungssysteme zur Verhinderung einer unberechtigten Wegnahme oder Nutzung von Schussw., die Nachrüstung oder den Austausch vorhandener Sicherungssysteme bei Waffenschränken sowie die Sicherung der Schussw. mit mechanischen, elektronischen oder biometrischen Sicherungssystemen in einer RVO zu regeln.

[8] Sicherheitsstufe B nach VDMA 24992, Stand Mai 1995.

[9] Widerstandsgrad 0 nach DIN/EN 1143-1, Stand Mai 1997 (oder einer Norm mit gleichem Schutzniveau eines anderen EWR-Staats).

[10] Widerstandsgrad 0 nach DIN/EN 1143-1, Stand Mai 1997 (oder einer Norm mit gleichem Schutzniveau eines anderen EWR-Staats).

[11] Widerstandsgrad I nach DIN/EN 1143-1, Stand Mai 1997 (oder einer Norm mit gleichem Schutzniveau eines anderen EWR-Staats).

Mit dem **6. ÄndG** (→ Einf. Rn. 26c) wurde Abs. 5 so gefasst, dass die genauen Anforderungen an die Aufbewahrung oder die Sicherung von Waffen vollständig in der RVO geregelt werden können. Diese Änderung wurde mit der kompletten Bereinigung des § 36 von technischen Vorschriften (→ Rn. 6) erforderlich (BR-Drs. 61/17, 37)

Mit den §§ 13, 14 AWaffV hat der Verordnungsgeber hiervon Gebrauch gemacht. Soweit der Verordnungsgeber in § 13 Abs. 8 (entspricht Abs. 10 aF) AWaffV die gemeinschaftliche Aufbewahrung erlaubnispflichtiger Waffen geregelt hat, ist dies nicht mehr von der Ermächtigungsgrundlage gedeckt (→ Rn. 63).

IX. Im Einzelfall höherer Sicherheitsstandard obligatorisch (Abs. 6)

Gem. Abs. 6 hat die zust. Beh. im **Einzelfall,** insbes. wenn wegen der Art und Zahl der aufzubewahrenden Waffen oder Munition oder wegen des Ortes der Aufbewahrung ein höherer Sicherheitsstandard erforderlich ist, die notwendigen Ergänzungen anzuordnen und zu deren Umsetzung eine angemessene Frist zu setzen. **103**

Das Einschreiten der zust. Beh. steht bei Vorliegen des Tatbestandes nicht in deren Ermessen (vgl. *Apel/Bushart* WaffG § 36 Rn. 53). Allerdings steht ihr hinsichtlich des Tatbestandes ein gerichtlich voll überprüfbarer Beurteilungsspielraum zu. Welche Maßnahmen einen höheren Sicherheitsstandard gewährleisten, wird in der Norm nicht vorgegeben und bemisst sich stets nach den **Umständen des Einzelfalles.** Erforderlich ist jedenfalls, dass ein höherer Sicherheitsstandard erreicht wird. Insoweit hat die Behörde ein Auswahlermessen. **104**

§ 37 Anzeigepflichten

(1) [1]**Wer Waffen oder Munition, deren Erwerb der Erlaubnis bedarf,**
1. **beim Tode eines Waffenbesitzers, als Finder oder in ähnlicher Weise,**
2. **als Insolvenzverwalter, Zwangsverwalter, Gerichtsvollzieher oder in ähnlicher Weise**

in Besitz nimmt, hat dies der zuständigen Behörde unverzüglich anzuzeigen. [2]**Die zuständige Behörde kann die Waffen und die Munition sicherstellen oder anordnen, dass sie binnen angemessener Frist unbrauchbar gemacht oder einem Berechtigten überlassen werden und dies der zuständigen Behörde nachgewiesen wird.** [3]**Nach fruchtlosem Ablauf der Frist kann die zuständige Behörde die Waffen oder Munition einziehen.** [4]**Ein Erlös aus der Verwertung steht dem nach bürgerlichem Recht bisher Berechtigten zu.**

(2) [1]**Sind jemandem Waffen oder Munition, deren Erwerb der Erlaubnis bedarf, oder Erlaubnisurkunden abhanden gekommen, so hat er dies der zuständigen Behörde unverzüglich anzuzeigen und, soweit noch vorhanden, die Waffenbesitzkarte und den Europäischen Feuerwaffenpass zur Berichtigung vorzulegen.** [2]**Die örtliche Behörde unterrichtet zum Zweck polizeilicher Ermittlungen die örtliche Polizeidienststelle über das Abhandenkommen.**

(3) [1]**Wird eine Schusswaffe, zu deren Erwerb es einer Erlaubnis bedarf, oder eine verbotene Schusswaffe nach Anlage 2 Abschnitt 1 Nr. 1.2 nach den Anforderungen der Anlage 1 Abschnitt 1 Unterabschnitt 1 Nr. 1.4 unbrauchbar gemacht oder zerstört, so hat der Besitzer dies der zuständigen Behörde binnen zwei Wochen schriftlich oder elektronisch anzuzeigen und ihr auf Verlangen den Gegenstand vorzulegen.** [2]**Dabei hat er seine**

Personalien sowie Art, Kaliber, Herstellerzeichen oder Marke und – sofern vorhanden – die Herstellungsnummer der Schusswaffe anzugeben.

(4) **Inhaber waffenrechtlicher Erlaubnisse und Bescheinigungen sind verpflichtet, bei ihrem Wegzug ins Ausland ihre neue Anschrift der zuletzt für sie zuständigen Waffenbehörde mitzuteilen.**

Übersicht

I. Allgemeines

1 § 37 regelt die Anzeigepflichten für den Fall der Inbesitznahme erlaubnispflichtiger Waffen und Munition durch waffenrechtl. **nichtberechtigte Personen** in besonderen Erwerbssituationen.

Abs. 1 betr. zunächst die Inbesitznahme im Zuge des Todes eines Waffenbesitzers, durch Fund oder auf ähnliche Weise. Darüber hinaus die Inbesitznahme als Insolvenzverwalter, Zwangsverwalter, Gerichtsvollzieher oder auf ähnliche Weise.

Die **Inbesitznahme** erlaubnispflichtiger Waffen oder Munition durch Unberechtigte kann in vielen Fallkonstellationen **im Interesse der Rechtsgemeinschaft** sein. So etwa, wenn ein Erwachsener eine erlaubnispflichtige Waffe findet. Hier liegt es iSd Allgemeinheit, wenn dieser die Waffe unmittelbar an sich nimmt, um so den unberechtigten Zugriff Minderjähriger zu verhindern.

Abs. 2 benennt die Pflichten im Falle des Abhandenkommens von Waffen oder Munition oder von Erlaubnisurkunden. Abs. 3 regelt die Nachweispflicht der Unbrauchbarmachung; Abs. 4 die Adressenmeldepflicht bei Wegzug ins Ausland.

Abs. 4 wurde mit dem **2. ÄndG** (→ Einf. Rn. 23) zum 1.4.2008 eingeführt. 2

Für den Erwerb erlaubnispflichtiger Waffen oder Munition im Erbfall vgl. § 17 3
Abs. 3, § 20 Abs. 1 und für verbotene Waffen die Regelung in § 40 Abs. 5. Eine dem § 37 Abs. 1 vergleichbare Vorschrift für **Kriegswaffen** enthält § 12 Abs. 6 S. 1 Nr. 1 KrWaffKontrG.

II. Inbesitznahme von Waffen oder Munition beim Tode eines Waffenbesitzers, durch Fund, als Insolvenzverwalter, Zwangsverwalter, Gerichtsvollzieher oder in ähnlicher Weise (Abs. 1)

1. Allgemeines

Abs. 1 verpflichtet, die Inbesitznahme von Waffen oder Munition, deren Erwerb 4
der Erlaubnis bedarf, in bestimmten Erwerbskonstellationen **unverzüglich** bei der zust. Beh. **anzuzeigen.**

Die zust. Beh. kann mit verschiedenen **Amtshandlungen** reagieren. In Betracht 5
kommt die Sicherstellung. Weiter kann die zust. Beh. anordnen, die Waffe/Munition binnen **angemessener Frist** unbrauchbar zu machen oder an einen Berechtigten zu überlassen. Die Entsch. steht im **Ermessen** der zust. Beh. Dass die Behörde dem Anzeigenden die in Rede stehenden Waffen oder Munition ohne weiteres belässt, wird allerdings ausscheiden, da dies regelm. nicht mit den stets zu berücksichtigenden Belangen der öffentl. Sicherheit und Ordnung zu vereinbaren wäre. Daher wird die zust. Beh. in jedem Fall in einer der im Gesetz genannten Alternativen tätig werden (müssen). Eine Ausnahme kommt allenfalls in Betracht, soweit der Inbesitznehmende die Vorauss. für die Erteilung einer waffenrechtl. Erlaubnis für die Waffe oder Munition erfüllt.

Die Unbrauchbarmachung oder das Überlassen an einen Berechtigten kann **nicht** 6
mit **Zwangsmitteln** durchgesetzt werden. Die Anordnung der zust. Beh. begründet **keine Handlungspflicht.** Vielmehr hat der Betroffene das **Wahlrecht,** ob er selbst der Anordnung nachkommt oder nach Ablauf der gesetzten Frist die Einziehung der Waffen durch die Behörde gem. § 37 Abs. 1 S. 3 duldet (vgl. die Vorinstanz in OVG Hamburg GewArch 1997, 338 zu § 48 Abs. 2 S. 2).

Im Falle des Erwerbs durch Erbfall ist die angemessene Frist stets so zu bemessen, 6a
dass dem Erben noch die Möglichkeit bleibt, die Erbstücke wirtschaftlich zu verwerten (vgl. WaffVwV Nr. 37.1).

2. Erlaubnispflichtige Waffen und Munition

Von der Vorschrift erfasst werden nur **erlaubnispflichtige Waffen** oder **Muni-** 7
tion. Tragbare Gegenstände iSd § 1 Abs. 2 Nr. 2, zB Hieb- und Stoßwaffen, fallen nicht darunter. Nach Anl. 2 Abschn. 2 UAbschn. 1 S. 1 sind prinzipiell **Schussw.,** ihnen **gleichgest. tragbare Gegenstände** sowie dafür bestimmte **Munition** erlaubnispflichtig. Ausgenommen davon sind **frei erwerbbare** Schussw., zB bestimmte (Kennzeichnung „F im Fünfeck“) Druckluft- und Federdruckwaffen und Waffen, bei denen zum Antrieb der Geschosse kalte Treibgase verwendet werden oder den Schussw. gleichgest. tragbare Gegenstände, zB **SRS-Waffen,** soweit diese die Kennzeichnung „PTB im Kreis“ aufweisen (vgl. Anl. 2 Abschn. 2 UAbschn. 2 Nr. 1).

Zum Erwerb verbotener Waffen und Munition → § 40 Rn. 8 ff.

3. Erwerb beim Tode des Waffenbesitzers, durch Fund oder in ähnlicher Weise (Abs. 1 S. 1 Nr. 1)

8 Den Fallkonstellationen der Inbesitznahme erlaubnispflichtiger Waffen oder Munition beim Tode des Waffenbesitzers oder durch Fund ist gemeinsam, dass der Erwerb der Waffe jeweils **unabhängig vom Willen** des Erwerbers erfolgt. Vernünftigerweise kann dieser daher zunächst nicht unerlaubt sein, auch wenn es sich um eine erlaubnispflichtige Waffe oder Munition handelt. Hiervon erfasst ist ebenfalls der kurzfristige Besitz, da dieser denknotwendig aus dem Erwerb resultiert (vgl. *Apel/Bushart* WaffG Anl. 1 Rn. 63). Zumindest innerhalb der Anzeigefrist ist der Besitz erlaubnispflichtiger Schussw. oder Munition im Rahmen des Abs. 1 S. 1 daher rechtmäßig und entspr. sanktionslos.

Auch der **Minderjährige,** der beim Tode des Waffenbesitzers oder als Finder Waffen oder Munition in Besitz nimmt, wird von dem Ausnahmetatbestand erfasst (so auch *König/Papsthart* Neues WaffR Rn. 63).

Unerheblich für das Greifen der Ausnahme ist, ob die Schussw. oder Munition dem Vorbesitzer legal oder illegal gehörten.

9 Die Anzeigepflicht knüpft an den **tats. Vorgang des Erwerbs** an (vgl. *Apel/Bushart* WaffG § 37 Rn. 3).

Für den Fall des Erwerbs beim Tode des Waffenbesitzers trifft sie daher nicht nur den Erben, sondern bspw. auch den Mitbewohner, die Haushälterin usw des Verstorbenen, soweit diese durch den Tod des Waffenbesitzers in den Besitz einer erlaubnispflichtigen Waffe gelangt sind (vgl. auch *Apel/Bushart* WaffG § 20 Rn. 13).

Hierdurch wird die Regelung des § 20 für den Erbfall ergänzt, wonach der Erbe mit Annahme der Erbschaft bzw mit Ablauf der für die Ausschlagung vorgeschriebenen Frist – binnen eines Monats – die Ausstellung einer WBK zu beantragen oder aber die Schussw. einem Berechtigten zu überlassen hat (vgl. § 20 Abs. 1).

Häufig nimmt die Feststellung des rechtmäßigen Erben erhebliche Zeit in Anspruch, woraus lange Zeiträume bis zur Anzeige der Inbesitznahme der Erbwaffen durch den Erben resultieren. Um einen „Schwund" an Schussw. im Nachlass des Erblassers zu unterbinden, ist **jedermann,** der beim Tode eines Waffenbesitzers Waffen oder Munition, deren Erwerb der Erlaubnis bedarf, in **Besitz** (Obhut) nimmt, verpflichtet, dies **unverzüglich** der zust. Beh. **anzuzeigen** (BT-Drs. 14/7758, 75).

10 Wird der Verlierer ermittelt, verzichtet aber auf die Rückgabe, so wird der Finder nicht zum waffenrechtl. berechtigten Besitzer. Die Erlaubnisfreiheit des Abs. 1 S. 1 Nr. 1 kann auf diesen weiteren Besitz nicht mehr angewendet werden. Die zust. Beh. hat einen Anspruch auf Herausgabe (*Heller/Soschinka* WaffR Rn. 2577).

11 In **ähnlicher Weise** werden Waffen oder Munition in Besitz genommen, wenn es sich um die **Aneignung herrenloser Sachen** iSv § 958 BGB handelt, da diese nicht verloren sind. Als praktisches Bsp. kommt hier die etwa vom Eigentümer **weggeworfene** Schussw. in Betracht (*Steindorf/Gerlemann* WaffG § 37 Rn. 5).

4. Erwerb als Insolvenzverwalter, Zwangsverwalter, Gerichtsvollzieher oder in ähnlicher Weise (Abs. 1 S. 1 Nr. 2)

12 Im Ggs. zu den in Abs. 1 S. 1 Nr. 1 geregelten Fällen erfolgt in Abs. 1 S. 1 Nr. 2 die Inbesitznahme nicht durch Zufall, sondern in **Vollziehung** gerichtlichen oder behördlichen **Auftrags** (*ABB/Adolph* WaffG § 37 Rn. 9). Hierher sind die Tätigkeiten der Insolvenzverwalter gem. InsO (vgl. §§ 22, 27, 80 InsO), der Zwangsverwalter gem. § 150 ff. ZVG und der Gerichtsvollzieher gem. ZPO (vgl. §§ 753 ff. ZPO) zu zählen. Dieser Personenkreis ist ebenfalls zur Anzeige verpflichtet, soweit

im Rahmen der Tätigkeit tats. Waffen vorgefunden und in Besitz genommen werden.

In **ähnlicher Weise** sind Nachlassverwalter (§§ 1984, 1985 BGB), Betreuer (§ 1897 BGB), Pfleger (§§ 1909 ff. BGB) oder Vormünder (§§ 1773 ff. BGB) in solchen Situationen tätig. Nehmen sie erlaubnispflichtige Waffen oder Munition in Besitz, dann haben sie entspr. die Anzeige an die zust. Beh. vorzunehmen. 13

Den verschiedenen Konstellationen ist gemeinsam, dass der Erwerb bei Gelegenheit der Wahrnehmung einer anderen Aufgabe stattfindet.

Die Anzeigepflicht des **Vormunds** ist von besonderer Bedeutung, wenn ein Minderjähriger im Wege der Erbschaft in den Besitz erlaubnispflichtiger Waffen und Munition kommt (*ABB/Adolph* WaffG § 37 Rn. 12). 14

5. Unverzügliche Anzeige bei der sachlich und örtlich zuständigen Behörde

Den Inbesitznehmenden trifft die Pflicht, den Erwerb **unverzüglich,** dh ohne schuldhaftes Zögern (vgl. § 121 Abs. 1 S. 1 BGB), der zust. Beh. **anzuzeigen,** § 37 Abs. 1 S. 1. 15

Solange die **Anzeigefrist noch nicht verstrichen** ist, sind der Erwerb sowie der sich anschließende **Besitz** an der Waffe/Munition **rechtmäßig.** Insoweit begründet § 37 ein vorübergehendes Besitzrecht bzw suspendiert vorübergehend die Erlaubnispflicht (vgl. *Gade* WaffR S. 27 f., 187). Das Recht zum vorübergehenden Besitz endet mit Ablauf der Anzeigefrist. 15a

Zudem greift die Regelung von vornherein **allein für den redlichen In-Besitz-Nehmenden.** Nimmt der Finder oder eine auf sonstige Weise in Besitz nehmende Person die Waffe oder Munition in Besitz, um sie für sich zu behalten, greift § 37 Abs. 1 S. 1 nicht und der Besitz ist von vornherein unerlaubt (vgl. auch OLG Zweibrücken, Beschl. v. 13.7.2017 – 1 OLG 2 Ss 25/17 – juris).

Der für das ges. Privatrecht und das öffentl. Recht gleichermaßen Wirkung entfaltende Begriff der Unverzüglichkeit ist nach hM (*Palandt* BGB § 121 Rn. 3 mwN) nicht gleichzusetzen mit sofort, sondern iSv „ohne schuldhaftes Zögern". Dies beinhaltet das Zugeständnis an den von der Pflicht Betroffenen zur Handlungsvornahme **binnen angemessener Frist** unter Berücksichtigung und Prüfung auch seiner berechtigten Interessen. Diese ist beim Erwerb erlaubnispflichtiger Waffen oder Munition beim Tode des Waffenbesitzers, als Finder oder Insolvenzverwalter usw allerdings prinzipiell **eng zu bemessen,** da bei der Fristberechnung stets auch die berechtigten Interessen des Einzelnen, zB des Verlierers einer Waffe, aber auch der Rechtsgemeinschaft an der Wahrung der öffentl. Sicherheit und Ordnung mit einzubeziehen sind. Die Dauer der angemessenen Frist kann sich nur nach den **Umständen des Einzelfalls** bemessen. Dabei müssen stets auch die konkrete Möglichkeit und Zumutbarkeit einer Anzeige auf Seiten des Inbesitznehmenden in die Beurteilung einbezogen werden. So wird etwa beim Finder darauf abzustellen sein, **an welchem Ort** er die Waffe gefunden hat (in der Stadt gegenüber einer Polizeiwache oder abgelegen in einem ländlich gelegenen Waldstück). Weiter ist die **konkrete Situation** zu berücksichtigen (Inbesitznahme im Zuge einer zeitl. entspannten Lage oder zwischen zwei eng aufeinanderfolgenden Terminen). Nach den konkreten Umständen der Inbesitznahme wird sich ebenfalls die Intensität des Gemeinwohlinteresses an einer möglichst zeitnahen Anzeige bemessen lassen. So ist etwa ein sehr großes Gemeinwohlinteresse an einer besonders schnellen Anzeige anzunehmen, wenn die Situation der Inbesitznahme für den weiteren Besitz eine tendenziell große Gefahr für die öffentl. Sicherheit und Ordnung befürchten lässt (waffenunkundiger Wanderer findet im Zuge einer mehrtägigen Exkursion eine Waffe und verwahrt diese in seiner Jackentasche). Umgekehrt ist dieses Interesse als geringer 15b einzuschätzen, wenn sich aus den Umständen der Inbesitznahme eine ungleich geringere Gefahrenlage für die öffentl. Sicherheit und Ordnung prognostizieren lässt (Insolvenzverwalter nimmt Waffe in Besitz und lagert diese in seinem Bürosafe).

Der Gesetzgeber hat die im WaffG häufig vorgesehene Frist von zwei Wochen (etwa § 10 Abs. 1a für die schriftliche Anzeige und Vorlage der WBK nach Erwerb einer Schussw.; § 34 Abs. 2 S. 1 und 2 für die schriftliche Anzeige des Überlassens einer Schussw.; § 37 Abs. 3 S. 1) wohl bewusst nicht in die Regelung des § 37 Abs. 1 S. 1 übernommen. Dem Inbesitznehmer einer erlaubnispflichtigen Waffe oder Munition wird daher **regelm. keine Zwei-Wochen-Frist** zuzugestehen sein.

Häufig wird eine Anzeige binnen **einer Woche ab Inbesitznahme** noch als unverzüglich angesehen werden können (Bsp.: Gerichtsvollzieher nimmt Waffe in Besitz und lagert sie zunächst in seinem Safe ein. Dies zeigt er binnen einer Woche gegenüber der zust. Beh. an). Allerdings sind auch Konstellationen denkbar, in denen nur eine **kürzere Frist** zugestanden werden kann (Bsp.: Waffenunkundige Person findet geladene Schussw. im Gebüsch in unmittelbarer Nähe einer Polizeiwache. Obwohl Zeit vorhanden wäre, steckt die Person die Waffe zunächst ein und zeigt den Fund erst nach einer Woche an). Selbst in außergewöhnlich gelagerten Fällen wird die äußerste Grenze der Unverzüglichkeit nach Ablauf von zwei Wochen erreicht sein. Die längere Frist kann der Inbesitznehmer allerdings nur dann für sich beanspruchen, soweit er **triftige Gründe** des Einzelfalls hierfür vorzubringen vermag (etwa wichtige Dienstreise, ernsthafte Erkrankung usw).

16 Die **Anzeige** ist bei der sachlich und örtlich zust. Beh. zu erstatten. Die **sachlich** zust. Beh. ergibt sich aus § 48 iVm den landesrechtl. Vorschriften. Die **örtlich zust. Beh.** bestimmt sich nach § 49 Abs. 1, welcher auf die Vorschriften des VwVfG verweist. IErg wird wohl die Behörde am Ort der Inbesitznahme durch Fund oder beim Tode des Waffenbesitzers nach § 3 Abs. 1 Nr. 4 VwVfG zuständig sein, da der gesetzgeberische Grund der Anzeige das Sicherheitsinteresse des Staates ist, die herrenlos gewordene Waffe oder Munition bzw den nicht mehr legitimierten Waffenbesitz wieder unter behördliche Kontrolle zu bringen (vgl. auch *Apel/Bushart* WaffG § 37 Rn. 7).

16a Die Fundbehörden teilen Fundanzeigen für erlaubnispflichtige Waffen/Munition unverzüglich der zust. Beh. mit. Diese schalten zur Klärung der bisherigen Besitzverhältnisse an der Waffe die örtliche Polizeidienststelle ein (vgl. WaffVwV Nr. 37.3).

16b Für die Anzeige ist **keine besondere Form** vorgeschrieben (vgl. *ABB/Adolph* WaffG § 37 Rn. 13), sie kann also schriftlich, mündlich, durch Fax, E-Mail oder telefonisch erfolgen.

6. Sicherstellung durch die zuständige Behörde bzw weitere Anordnungen (Abs. 1 S. 2)

17 **a) Sicherstellung.** Die zust. Beh. kann nach Anzeigeerstattung die betroffenen Waffen oder Munition sicherstellen. Die Sicherstellung ist eine **vorübergehende** Maßnahme, wobei die Gegenstände zunächst im Gewahrsam der landesrechtl. zust. Beh. verbleiben (vgl. *Steindorf/Gerlemann* WaffG § 37 Rn. 7). Durch die Sicherstellung entsteht ein öffentl.-rechtl. Verwahrungsverhältnis, welches dem Schutz der sichergestellten Sache dient (*Gusy* PolR Rn. 287) und zugleich die von den Waffen/der Munition ausgehenden Gefahren für die öffentl. Sicherheit und Ordnung abwenden soll. Die zust. Beh. hat auch die Möglichkeit, sich gem. § 39 Abs. 3 Nr. 1 die erlaubnispflichtigen Waffen oder Munition zunächst vorlegen zu lassen und dann eine Sicherstellung zu verfügen.

Die Sicherstellung schließt eine evtl folgende Anordnung des Unbrauchbarmachens bzw des Überlassens an einen Berechtigten nicht aus.

Bei **Fundsachen** wird vor der Anordnung des Unbrauchbarmachens, des Überlassens an Berechtigte bzw der Verwertung abzuwarten sein, ob der rechtmäßige Besitzer ermittelt werden kann.

b) Anordnung der Unbrauchbarmachung. Im Fall des Unbrauchbarmachens werden Schussw. techn. so verändert, dass sie iSd Anl. 1 Abschn. 1 UAbschn. 1 Nr. 1.4 auf Dauer nicht mehr als Waffe verwendet werden können (→ Anl. 1 Rn. 37 f.). 18

c) Anordnung des Überlassens an einen Berechtigten. Schließlich steht es der Behörde frei, das Überlassen der Waffe oder Munition an einen **Berechtigten** anzuordnen. Berechtigte sind idR Inhaber einer WBK oder eines MES, wobei hier insbes. das Bedürfnis zu berücksichtigen ist (→ § 34 Rn. 5 ff.). 19

d) Sanktion. Vorsätzliche oder fahrlässige Verstöße gegen eine vollziehbare Anordnung nach Abs. 1 S. 2, die erlaubnispflichtigen Waffen oder Munition unbrauchbar zu machen oder einem Berechtigten zu überlassen, sind gem. § 53 Abs. 1 Nr. 4 **ordnungswidrig.** 20

7. Einziehung, Verwertung und Erlös (Abs. 1 S. 3 und 4)

Verstreicht die gesetzte Frist „fruchtlos", dh ohne dass der Verpflichtete rechtzeitig den Nachweis über die angeordnete Unbrauchbarmachung oder Überlassung an einen Berechtigten erbringt, kann die zust. Beh. die betroffenen Waffen oder Munition **einziehen** (S. 3). Die Verwertung erfolgt durch Verkauf an einen Berechtigten, ggf. auch im Wege der Versteigerung. Der Erlös steht gem. S. 4 dem nach bürgerlichem Recht bisher Berechtigten zu. Alternativ kann die zust. Beh. auch weiter abwarten bzw die Anordnung unter erneuter Fristsetzung wiederholen oder auch die Anordnung abändern. 21

8. Sanktion gem. § 53 Abs. 1 Nr. 5 bzw Strafbarkeit bei Fristablauf wegen unerlaubten Waffen- oder Munitionsbesitzes

Verstöße gegen die **Anzeigepflicht** gem. Abs. 1 S. 1 (unterlassen, verspätet oder unvollständig) werden lediglich als **Ordnungswidrigkeit** nach § 53 Abs. 1 Nr. 5 geahndet. 22

Die Pflicht zum Besitz einer WBK für Schussw. bzw eines MES für erlaubnispflichtige Munition ist allerdings nur während der laufenden Anzeigepflicht **ausgesetzt.**

Die Anzeigepflicht besteht prinzipiell **neben** der Erlaubnispflicht für den Besitz derjenigen erlaubnispflichtigen Waffe oder Munition, welche **rechtl. getrennt** zu betrachten sind.

Nach dem Fristenlauf entfallen jedoch die Vorauss. des legalen Besitzes und es greifen die für die jeweilige erlaubnispflichtige Waffe oder Munition geltenden Pflichten einschl. der Strafvorschriften des unerlaubten Waffenbesitzes gem. § 52 Abs. 1 Nr. 2b, Abs. 3 Nr. 2a, Abs. 4. So auch *König/Papsthart* Neues WaffR (Rn. 837 Bsp. 1) mit der Begründung, dass nach Ablauf der Anzeigefrist und weiterem Besitz ohne materielle Erlaubnis Strafbarkeit zumindest gem. § 52 Abs. 3 Nr. 2a vorliegt (so auch *Lehmann* WaffG § 37 Rn. 35, 46; aA *Vordermayer/von Heintschel-Heinegg* StA-HdB S. 647), die den Besitz unter Verstoß gegen die Anzeigepflicht wohl nur als Ordnungswidrigkeit nach § 53 Abs. 1 Nr. 5 ansehen; *Steindorf/Gerlemann* WaffG § 37 Rn. 15; vgl. zu diesem Problemkreis auch → § 20 Rn. 6 und → § 40 Rn. 11).

III. Unverzügliche Anzeige- und Vorlagepflicht bei Abhandenkommen (Abs. 2)

23 Das **Abhandenkommen** erlaubnispflichtiger Waffen und Munition birgt die Gefahr, dass die Waffe zur Begehung von Straftaten oder in sonstiger Weise missbräuchlich verwendet wird (BT-Drs. 14/7758, 75) und beeinträchtigt daher öffentl. Sicherheitsinteressen.

1. Unverzügliche Anzeigepflicht abhanden gekommener erlaubnispflichtiger Waffen, Munition oder Erlaubnisurkunden (Abs. 2 S. 1)

24 Sind jemandem Waffen oder Munition, deren Erwerb der Erlaubnis bedarf, oder Erlaubnisurkunden abhanden gekommen, so hat er dies gem. Abs. 2 S. 1 der zust. Beh. **unverzüglich** anzuzeigen und, soweit noch vorhanden, die WBK und den EFP zur Berichtigung vorzulegen.

25 Die Anzeigepflicht wird durch das Abhandenkommen **erlaubnispflichtiger Waffen oder Munition** bzw von **Erlaubnisurkunden** ausgelöst (zum Begriff des Abhandenkommens → § 36 Rn. 10).

Zu den **Erlaubnisurkunden** zählen sämtliche Urkunden und Erlaubnisse, welche die zust. Beh. ausstellen, zB WBK, MES, WS, KWS, EFP, Schießerlaubnis, Waffenhandels- und -herstellungserlaubnis, Schießstättenerlaubnis, Erlaubnisscheine zum Verbringen und zur Mitnahme, Ausnahmebewilligung für verbotene Waffen (BKA), Ausnahmeerlaubnis für das Führen von Waffen bei öffentl. Veranstaltungen, Ersatzbescheinigungen für eine WBK oder einen WS.

26 Die **Frist** zur Anzeige kann erst dann zu laufen beginnen, wenn der Besitzer der Waffen oder Munition bzw der Erlaubnisurkunden von dem Abhandenkommen **Kenntnis** genommen hat. Erst dann ist **unverzüglich** (nicht sofort, aber ohne schuldhaftes Zögern, → Rn. 15 ff.) Anzeige zu erstatten.

26a Wird vorsätzlich oder fahrlässig eine Anzeige entgegen Abs. 2 S. 1 nicht, nicht richtig, nicht vollständig, nicht in der vorgeschriebenen Weise oder nicht rechtzeitig erstattet, stellt dies eine **Ordnungswidrigkeit** gem. § 53 Abs. 1 Nr. 5 dar.

27 Der zust. Beh. sind nach dem Abhandenkommen einer Schussw. die WBK und der EFP zur Berichtigung vorzulegen. Die zust. Beh. trägt in Spalte 10 das Datum der Verlustanzeige, den Vermerk „Abhandenkommen angezeigt" ein und versieht Spalte 12 mit dem Dienstsiegel (vgl. WaffVwV Nr. 37.4).

27a **Erwirbt** der Berechtigte die Waffe gem. § 12 Abs. 1 Nr. 4b erlaubnisfrei wieder **zurück** (Wiedererwerb), ist die Waffe für den endgültigen Besitz mit den Ursprungsdaten **neu einzutragen** (vgl. WaffVwV Nr. 37.4). Die Aus- und evtl Eintragungen sind jeweils gebührenpflichtig (so auch *Lehmann* WaffG § 37 Rn. 53).

2. Benachrichtigung der örtlichen Polizeidienststelle (Abs. 2 S. 2)

28 Nach der Vorschrift unterrichtet die zust. Beh. zum Zweck polizeilicher Ermittlungen die örtliche Polizeidienststelle über das Abhandenkommen, wodurch **Fahndungsmaßnahmen** nach den abhanden gekommenen Waffen wie auch andere polizeiliche Ermittlungen (BT-Drs. 14/7758, 75) ermöglicht werden.

IV. Anzeigepflicht nach Unbrauchbarmachung (Abs. 3)

29 Abs. 3 statuiert eine **grds. Pflicht** zur Anzeige der Unbrauchbarmachung oder Zerstörung (zu den Begriffen → Anl. 1 Rn. 37, 184) erlaubnispflichtiger und verbotener Schussw. Die Pflicht erfasst **sämtliche** Vorgänge des Unbrauchbarmachens

und Zerstörens, eine systematische Verknüpfung zu Abs. 1 und 2 der Norm besteht nicht.

Dem Wortlaut nach umfasst die Vorschrift nur Schussw., der Verweis in Abs. 3 S. 1 bezieht sich jedoch insgesamt auf die Nr. 1.2 der Anl. 2 Abschn. 1, weshalb auch das Zubehör nach Nr. 1.2.4 erfasst ist (aA *Steindorf/Gerlemann* WaffG § 37 Rn. 14).

Abs. 3 S. 1 statuiert eine Anzeigepflicht an die zust. Beh., wonach der Besitzer die Unbrauchbarmachung der zust. Beh. binnen **zwei Wochen** schriftlich anzuzeigen und ihr auf Verlangen den Gegenstand vorzulegen hat. Nach **Abs. 3 S. 2** hat der Anzeigende **dabei,** also bei der Anzeige nach Abs. 3 S. 1, seine Personalien sowie Art, Kaliber, Herstellerzeichen oder Marke und – sofern vorhanden – die Herstellungsnummer der Schussw. anzugeben (so iErg auch *Steindorf/Gerlemann* WaffG § 37 Rn. 14). **30**

Wird vorsätzlich oder fahrlässig eine **Anzeige** entgegen Abs. 3 S. 1 nicht, nicht richtig, nicht vollständig, nicht in der vorgeschriebenen Weise oder nicht rechtzeitig erstattet, stellt dies eine **Ordnungswidrigkeit** gem. § 53 Abs. 1 Nr. 5 dar. Verstößt ein Waffenhändler in Fällen der Unbrauchbarmachung mehrfach gegen diese Pflicht, ist er idR unzuverlässig nach § 5 Abs. 2 Nr. 5 (*Steindorf/Gerlemann* WaffG § 37 Rn. 14 mwN.). **31**

Nicht erfasst von der Bußgeldvorschrift ist die **Vorlagepflicht** der unbrauchbar gemachten Waffe in Abs. 3 S. 1 Hs. 2. Dies ergibt sich schon aus dem Wortlaut der Sanktionsnorm. **32**

V. Adressenangabe bei Wegzug ins Ausland (Abs. 4)

Nach Abs. 4 haben Inhaber waffenrechtl. Erlaubnisse und Bescheinigungen im Fall ihres Wegzugs ins Ausland ihre neue Anschrift gegenüber der zuletzt für sie zust. Waffenbehörde mitzuteilen. Für im Ausland lebende deutsche Staatsangehörige ist in waffenrechtl. Angelegenheiten gem. § 48 Abs. 2 Nr. 4 grds. das **BVA** zuständig. Durch die Meldepflicht werden Kosten beim BVA zur Ermittlung aktueller Anschriften vermieden, zudem ist es der (bisher zuständigen) abgebenden Behörde so möglich, die Waffenakte unter Angabe der aktuellen Anschrift an das BVA zu übersenden (BT-Drs. 16/7717, 22). **33**

Wird vorsätzlich oder fahrlässig eine **Mitteilung** entgegen Abs. 4 nicht, nicht richtig, nicht vollständig oder nicht rechtzeitig erstattet, stellt dies eine **Ordnungswidrigkeit** gem. § 53 Abs. 1 Nr. 6 dar. **34**

§ 38 Ausweispflichten

[1]Wer eine Waffe führt, muss folgende Dokumente mit sich führen:

1. seinen Personalausweis oder Pass und
   a) wenn es einer Erlaubnis zum Erwerb bedarf, die Waffenbesitzkarte oder, wenn es einer Erlaubnis zum Führen bedarf, den Waffenschein,
   b) im Fall des Verbringens einer Waffe oder von Munition im Sinne von § 29 Absatz 1 aus einem Drittstaat gemäß § 29 Absatz 1 oder § 30 Absatz 1 den Erlaubnisschein,
   c) im Fall der Mitnahme einer Waffe oder Munition im Sinne von § 29 Absatz 1 aus einem Drittstaat gemäß § 32 Absatz 1 den Erlaubnisschein, im Fall der Mitnahme auf Grund einer Erlaubnis nach § 32 Absatz 4 auch den Beleg für den Grund der Mitnahme,
   d) im Fall des Verbringens einer Schusswaffe oder von Munition nach Anlage 1 Abschnitt 3 (Kategorien A 1.2 bis D) gemäß § 29 Absatz 2 oder § 30 Absatz 1 aus einem anderen Mitgliedstaat den Erlaubnis-

schein oder eine Bescheinigung, die auf diesen Erlaubnisschein Bezug nimmt,

e) im Fall des Verbringens einer Schusswaffe oder von Munition nach Anlage 1 Abschnitt 3 (Kategorien A 1.2 bis D) aus dem Geltungsbereich dieses Gesetzes in einen anderen Mitgliedstaat gemäß § 31 den Erlaubnisschein oder eine Bescheinigung, die auf diesen Erlaubnisschein Bezug nimmt,

f) im Fall der Mitnahme einer Schusswaffe oder von Munition nach Anlage 1 Abschnitt 3 (Kategorien A 1.2 bis D)

aa) aus einem anderen Mitgliedstaat gemäß § 32 Absatz 1 und 2 den Erlaubnisschein und den Europäischen Feuerwaffenpass,

bb) aus dem Geltungsbereich dieses Gesetzes gemäß § 32 Absatz 1a den Erlaubnisschein,

cc) aus einem anderen Mitgliedstaat oder aus dem Geltungsbereich dieses Gesetzes gemäß § 32 Absatz 3 den Europäischen Feuerwaffenpass und einen Beleg für den Grund der Mitnahme,

g) im Fall der vorübergehenden Berechtigung zum Erwerb oder zum Führen auf Grund des § 12 Absatz 1 Nummer 1 und 2 oder § 28 Absatz 4 einen Beleg, aus dem der Name des Überlassers und des Besitzberechtigten sowie das Datum der Überlassung hervorgeht, oder

h) im Fall des Schießens mit einer Schießerlaubnis nach § 10 Absatz 5 diese und

2. in den Fällen des § 13 Absatz 6 den Jagdschein.

[2]In den Fällen des § 13 Absatz 3 und § 14 Absatz 4 Satz 2 genügt an Stelle der Waffenbesitzkarte ein schriftlicher Nachweis darüber, dass die Antragsfrist noch nicht verstrichen oder ein Antrag gestellt worden ist. [3]Satz 1 gilt nicht in Fällen des § 12 Absatz 3 Nummer 1.

(2) **Die nach Absatz 1 Satz 1 und 2 mitzuführenden Dokumente sind Polizeibeamten oder sonst zur Personenkontrolle Befugten auf Verlangen zur Prüfung auszuhändigen.**

Übersicht

I. Allgemeines

Durch die Vorschrift werden die **Ausweispflichten** beim **Führen** von Waffen geregelt. Mit dem **6. ÄndG** (→ Einf. Rn. 26c) wurde die Norm übersichtlicher in nunmehr zwei Absätzen strukturiert und erweitert. Neu ist die in Abs. 1 Nr. 1e gefasste Pflicht, im Falle des Verbringens der in der Norm genannten Schussw. oder Munition in einen anderen Mitgliedstaat, den Erlaubnisschein oder eine Bescheinigung, die auf diesen Erlaubnisschein Bezug nimmt, mit sich zu führen. Zudem wurden die Ausweispflichten für den Fall der Mitnahme im neu gefassten Abs. 1 Nr. 1f klarer gefasst und um die Konstellation der Mitnahme aus Deutschland in einen anderen Mitgliedstaat ergänzt. 1

Die bußgeldrechtlich abgesicherten Ausweispflichten bezwecken die behördliche Kontrollmöglichkeit beim Führen von Waffen, idR bei Waffentransporten, und damit auch die Bekämpfung des illegalen Waffenbesitzes.

II. Einzelne Ausweispflichten (Abs. 1)

Abs. 1 Nr. 1 sieht zunächst vor, dass Waffen führende Personen ihren Personalausweis oder Pass mit sich zu führen haben. 2

Die Ausweispflichten beziehen sich ausschl. auf die Umgangsart des **Führens** (→ Anl. 1 Rn. 174). Von dieser Umgangsart **nicht erfasst** ist Munition, weshalb Munitionsbesitzer von dieser Ausweispflicht nicht erfasst werden.

Die Ausweispflicht wird erst beim Führen einer Waffe ausgelöst, also beim Ausüben der tats. Gewalt über die Waffe außerhalb der eigenen Wohnung, Geschäftsräume, des eigenen befriedeten Besitztums oder einer Schießstätte (Anl. 1 Abschn. 2 Nr. 4). 3

Von der Ausweispflicht erfasst sind **sämtliche Waffen iSd WaffG.** Neben Schussw. fallen daher auch diesen gleichgest. tragbare Gegenstände (§ 1 Abs. 2 Nr. 1 Alt. 2) sowie Hieb- und Stoßwaffen, Elektroimpulsgeräte, Reizstoffsprühgeräte mit Waffeneigenschaft usw unter die Vorschrift. Als den Schussw. gleichgest. tragbare Gegenstände unterliegen auch Armbrüste der Vorschrift (aA *Lehmann* WaffG § 38 Rn. 9). Auf die Erlaubnispflichtigkeit des Führens kommt es für die prinzipielle Ausweispflicht nicht an. 4

Auch **Minderjährige** unterliegen der Ausweispflicht. In der Praxis bedeutsam ist hier der Fall des erlaubten Führens gekennzeichneter („PTB/R im Trapez“) RSG durch Minderjährige in Ausnahme zum allg. Alterserfodernis des § 2 Abs. 1 (vgl. § 3 Abs. 2). 5

6 Die Ausweispflicht verlangt das **Mitführen** von Pass oder Personalausweis. Diese Pflicht ist erfüllt, soweit die Waffen führende Person die Papiere unmittelbar in greifbarer Nähe hat. Sichergestellt sein muss, dass eine Überprüfung ohne nennenswerten Zeitaufwand und ohne Beeinträchtigung des polizeilichen Kontrollzwecks möglich ist. Dies ist auch noch dann anzunehmen, wenn sich bei einem Spaziergänger die Dokumente in dem in ca. 100 bis 200 m Entfernung geparkten Fahrzeug befinden (*Steindorf/Gerlemann* WaffG § 38 Rn. 1 mwN).

7 Bei den genannten Dokumenten (Personalausweis oder Pass) muss es sich um die für die jeweilige Person ausgestellten Dokumente handeln und sie müssen **gültig** sein, dh insbes. dürfen sie nicht zeitl. abgelaufen sein. Als Pässe gelten auch vorläufige und amtl. Pässe (vgl. § 1 Abs. 2 PassG). Auch **ausländische** Pässe oder Personalausweise sind zu akzeptieren, soweit sie iSd § 3 Abs. 1 AufenthG bzw § 8 FreizügG/EU **anerkannt und gültig** sind. **Dienstausweise** werden nicht als Ausweisdokument anerkannt. Ebenso **nicht Führerscheine,** da sie kein Identitätsnachweis sind, sondern den Nachweis einer Fahrerlaubnis erbringen. Der Gesetzgeber hat explizit keine weiteren Dokumente aufgeführt, es handelt sich um eine **abschließende** Aufzählung (iErg auch *ABB/Adolph* WaffG § 38 Rn. 5). Andere Auffassungen, wonach unter Bezugnahme auf die Begr. zum WaffG aF auch andere mit Lichtbild versehene amtl. Personalpapiere als gleichwertig anzuerkennen seien, zB Dienstausweise, Führer- oder Fischereischeine bzw der EFP (so *Lehmann* WaffG § 38 Rn. 6), überzeugen nicht.

8 Die allg. Ausweispflichten aus § 38 werden für den Bereich öffentl. Veranstaltungen durch **§ 42 Abs. 3 ergänzt.** Soweit in Ausnahme zum allg. Waffentrageverbot des § 42 Abs. 1 Waffen bei öffentl. Veranstaltungen auf Grund einer Ausnahmegenehmigung nach § 42 Abs. 2 geführt werden dürfen, ist die Ausnahmegenehmigung mitzuführen und zur Kontrolle berechtigten Personen auszuhändigen. Verstöße gegen diese **zusätzliche Ausweispflicht** aus § 42 Abs. 3, neben der die Ausweispflichten aus § 38 unberührt bestehen bleiben, ist nicht sanktionsbewehrt (→ § 42 Rn. 19 f.).

9–10 (unbesetzt)

Gegenstands- und situationsbezogen legt das Gesetz **zusätzliche** Mitführenspflichten fest:

1. Mitführen von WBK oder WS (Nr. 1a)

11 Erfordert die Waffe eine Erlaubnis zum Erwerb, dann ist zusätzlich zum Personalausweis oder Pass die **WBK** mitzuführen. Bei der WBK handelt es sich um **die den Erwerb legitimierende WBK** (*Gade* WaffR S. 189), in welche die Waffe bereits eingetragen ist bzw noch nach Maßgabe des § 10 Abs. 1a einzutragen ist oder die einen Voreintrag enthält.

Soweit der Erwerb generell oder im Einzelfall erlaubnisfrei gestellt ist, so muss auch keine WBK mitgeführt werden (→ Rn. 20 f.).

Bedarf es in der konkreten Situation einer Erlaubnis zum Führen (vgl. § 10 Abs. 4), dann ist der WS oder auch der KWS mitzuführen. Soweit ein WS vorgelegt werden kann, ist das Mitführen der WBK entbehrlich. Dies folgt bereits aus dem Wortlaut der Norm („oder…den Waffenschein"; vgl. auch *Lehmann* WaffG § 38 Rn. 14).

2. Mitführen von Erlaubnisscheinen beim Verbringen aus Drittstaaten (Nr. 1b)

12 Im Fall des Verbringens einer Waffe oder von Munition iSv § 29 Abs. 1 aus einem Drittstaat in oder durch den Geltungsbereich des WaffG nach § 29 Abs. 1, § 30 Abs. 1 ist gem. Nr. 1b der Erlaubnisschein mitzuführen.

3. Mitführen von Erlaubnisscheinen bei der Mitnahme aus Drittstaaten (Nr. 1c)

Im Fall der Mitnahme einer Waffe oder von Munition iSv § 29 Abs. 1 aus einem Drittstaat in oder durch den Geltungsbereich des WaffG nach § 32 Abs. 1 ist gem. 1c der Erlaubnisschein mitzuführen. Erfolgt die Mitnahme auf Grund einer Erlaubnis nach § 32 Abs. 4, muss zusätzlich zum Erlaubnisschein auch der Beleg für den Grund der Mitnahme mitgeführt werden. 13

4. Mitführen von Erlaubnisscheinen beim Verbringen aus Mitgliedstaaten (Nr. 1d)

Im Fall des Verbringens einer Schussw. iSv Anl. 1 Abschn. 3 (Kat. A 1.2 bis D) in oder durch den Geltungsbereich des WaffG nach § 29 Abs. 1 oder § 30 Abs. 1 aus einem anderen Mitgliedstaat, muss der Erlaubnisschein dieses Staats mitgeführt werden. Zur Erfüllung dieser Pflicht kann auch eine Bescheinigung mitgeführt werden, die auf diesen Erlaubnisschein Bezug nimmt. 14

5. Mitführen von Erlaubnisscheinen beim Verbringen aus dem Geltungsbereich des Gesetzes in einen anderen Mitgliedstaat (Nr. 1e)

Mit dem **6. ÄndG** (→ Einf. Rn. 26c) neu ins Gesetz aufgenommen wurde die Regelung der Nr. 1e. Hiernach sind im Fall des Verbringens einer Schussw. oder Munition iSv Anl. 1 Abschn. 3 (Kat. A 1.2 bis D) aus dem Geltungsbereich dieses Gesetzes in einen anderen Mitgliedstaat gem. § 31 der Erlaubnisschein oder eine Bescheinigung, die auf diesen Erlaubnisschein Bezug nimmt, mitzuführen. Die Aufnahme dieser Pflicht folgt aus Art. 11 Abs. 2 der EU-Feuerwaffenrichtlinie, welcher vorgibt, dass der Erlaubnisschein für das Verbringen die Waffen und Munition bis zu ihrem Bestimmungsort begleiten muss und dass dieser auf Verlangen den Behörden der Mitgliedstaaten jederzeit vorzulegen ist. 15

6. Mitführen von Erlaubnisscheinen bei der Mitnahme in und aus Mitgliedstaaten (Nr. 1f)

Zudem wurden die Ausweispflichten für den Fall der Mitnahme im neu gefassten Abs. 1f klarer gefasst und um die Konstellation der Mitnahme aus Deutschland in einen anderen Mitgliedstaat ergänzt. 16

a) Mitnahme aus einem anderen Mitgliedstaat auf Grund einer Erlaubnis nach § 32 Abs. 1 und 2 (aa). Im Fall der Mitnahme einer Schussw. oder Munition iSv Anl. 1 Abschn. 3 (Kat. A 1.2 bis D) in oder durch den Geltungsbereich auf Grund einer Mitnahmeerlaubnis gem. § 32 Abs. 1 und 2 aus einem anderen Mitgliedstaat muss nach dem Wortlaut der Norm der Erlaubnisschein *und* der EFP mitgeführt werden. Die Mitnahmeerlaubnis wird von der zust. (deutschen) Behörde in Spalte 5 des (ausländischen) EFP eingetragen, so dass der EFP zugleich auch den „Erlaubnisschein" darstellt. Typischerweise genügt daher die Vorlage des EFP mit eingestempelter Mitnahmeerlaubnis der Ausweispflicht. 17

b) Mitnahme aus dem Geltungsbereich in eine anderen Mitgliedstaat auf Grund einer Erlaubnis nach § 32 Abs. 1a (bb). Für den Fall der Mitnahme einer Schussw. oder Munition iSv Anl. 1 Abschn. 3 (Kat. A 1.2 bis D) aus dem Geltungsbereich dieses Gesetzes in einen anderen Mitgliedstaat auf Grund einer Erlaubnis nach § 32 Abs. 1a muss der Erlaubnisschein mitgeführt werden. Die Mitnahmeerlaubnis nach § 32 Abs. 1a wird von der deutschen Behörde in Spalte 4 des 18 deutschen EFP eingetragen, welcher in diesem Fall zugleich auch den Erlaubnisschein inkludiert. Die Regelung wurde ebenso wie § 32 Abs. 1a mit dem 6. ÄndG (→ Einf. Rn. 26c) neu ins Gesetz aufgenommen.

19 **c) Nach § 32 Abs. 3 erlaubnisfreie Mitnahme (cc).** Soweit die **Mitnahme** aus dem Geltungsbereich in einen anderen Mitgliedstaat bzw aus einem anderen Mitgliedstaat in den oder durch den Geltungsbereich **nach § 32 Abs. 3 erlaubnisfrei** erfolgt, muss der **EFP und** zusätzlich ein **Beleg für den Grund der Mitnahme** mitgeführt werden.

7. Mitführen von Belegen im Falle der vorübergehenden Berechtigung (Nr. 1g)

20 In den Fällen der vorübergehenden Berechtigung zum Erwerb oder zum Führen auf Grund des § 12 Abs. 1 Nr. 1 und 2 oder § 28 Abs. 4 muss gem. Nr. 1g ein **Beleg** mitgeführt werden, aus dem der Name des Überlassers, des Besitzberechtigten und das Datum der Überlassung hervorgeht.

Der Gesetzgeber erfasst hier die Fälle des erlaubnisfreien vorübergehenden Erwerbs und Besitzes im Wege der Ausleihe, zum Zwecke der sicheren Verwahrung, der nicht gewerbsmäßigen und gewerbsmäßigen Beförderung iSd § 12 Abs. 1 Nr. 1 und 2.

21 Der Gesetzgeber hat die Ausweispflicht hier nur **lückenhaft** ausgeformt. Es besteht in den Fällen des vorübergehenden erlaubnisfreien Erwerbs/Besitzes einzig die Pflicht, den in Nr. 1g benannten Beleg mitzuführen. Dieser lässt für zur Kontrolle befugte Personen keinen abschließenden Rückschluss auf die Rechtmäßigkeit des geübten Umgangs mit der Waffe zu. Auf den erlaubnisfreien Erwerb nach § 12 Abs. 1 Nr. 1 und 2 bezogen müssten zumindest auch Dokumente vorgelegt werden, welche sowohl die Berechtigung des die Waffe Überlassenden (etwa Kopie der WBK, in welche die Waffe eingetragen ist) wie auch der Umgang übenden Person (eigene WBK, in welche die Waffe zwar nicht eingetragen ist, die aber die prinzipielle Waffenberechtigung der Umgang übenden Person belegt). Vgl. hierzu auch *Gade* WaffR S. 190.

22 Ebenso waffenscheinfrei führen die Wachpersonen der Bewachungsunternehmen iSd § 28 Abs. 4 Waffen im Rahmen eines konkreten Auftrags. Da den Wachpersonen kein eigener WS erteilt wird, soll ihnen eine Bescheinigung des Arbeitgebers mit den og Daten als Nachweis ausgestellt werden (→ § 28 Rn. 15). Damit wird vor Ort eine Kontrolle des in § 28 Abs. 3 genannten Personenkreises ermöglicht (BT-Drs. 14/7758, 115).

8. Mitführen einer Schießerlaubnis (Nr. 1h)

23 Gem. Nr. 1h ist im Fall des Schießens die erteilte Schießerlaubnis nach § 10 Abs. 5 **zusätzlich** zum WS mitzuführen.

9. Mitführen des Jagdscheins bei der befugten Jagdausübung und im Zusammenhang damit (Nr. 2)

24 In Fällen des erlaubnisfreien Führens von Waffen zur befugten Jagdausübung (→ § 13 Rn. 29 f.) sowie im Zusammenhang damit (→ § 13 Rn. 31 ff.) nach § 13 Abs. 6 ist gem. Abs. 1 Nr. 2 S. 1 **zusätzlich** der **Jagdschein** mitzuführen. Als Jagdscheine werden gültige Jahres-, und Tagesjagdscheine angesehen (→ § 13 Rn. 7 ff.).

25 Damit müssen Jäger iSd § 13 Abs. 1 (→ § 13 Rn. 3 ff.) bei der befugten Jagdausübung einschl. des Ein- und Anschießens im Revier, zur Ausbildung von Jagdhunden im Revier, zum Jagdschutz oder zum Forstschutz oder im Zusammenhang mit diesen Tätigkeiten einen Personalausweis oder Reisepass, die WBK **und** den

Jagdschein mitführen. Soweit ein Jäger als Mitglied einer **Jagdgesellschaft** eine Waffe des Gastgebers führt, liegt eine Konstellation des vorübergehenden erlaubnisfreien Erwerbs (§ 12 Abs. 1 Nr. 1) vor und das Mitführen einer WBK ist entbehrlich (→ Rn. 20 f.; iErg so auch WaffVwV Nr. 38.3, allerdings wird dort verlangt, dass der Gastgeber als Mitglied ders. Jagdgesellschaft die entspr. WBK mit sich führt). Die WaffVwV scheint aus pragmatischen Erwägungen heraus in den Fällen des vorübergehenden erlaubnisfreien Erwerbs nach § 12 Abs. 1 Nr. 1 **während einer Jagd** von einer Entbehrlichkeit eines entsprechenden Leihbelegs nach § 38 Abs. 1 Nr. 1g auszugehen.

10. Ergänzung durch § 42 Abs. 3

Eine **spezialgesetzliche Ergänzung** erhalten die allg. Ausweispflichten aus § 38 **26** durch die in **§ 42 Abs. 3** enthaltene Regelung (→ § 42 Rn. 18 f.). Danach müssen Personen, die als Teilnehmer einer öff. Veranstaltung auf Grund eines behördlichen Ausnahmebescheides eine Waffe führen, diesen **Ausnahmebescheid mit sich führen und** auf Verlangen zur Kontrolle berechtigten Personen zur Prüfung aushändigen. Die in § 38 festgeschriebenen Ausweispflichten bleiben **vollumfänglich bestehen.** IErg muss also neben dem Ausnahmebescheid auch stets der Personalausweis oder Pass und zudem (falls es sich um eine erlaubnispflichtige Waffe handelt) die WBK bzw der WS mitgeführt und auf Verlangen zur Prüfung ausgehändigt werden. Während Verstöße gegen Ausweispflichten nach § 38 als Ordnungswidrigkeit nach § 53 Abs. 1 Nr. 20 geahndet werden, hat der Gesetzgeber für Verstöße gegen die Ausweispflicht nach § 42 Abs. 3 **keine Sanktion** vorgesehen (→ § 42 Rn. 20).

11. Ergänzung durch § 42 Abs. 5 iVm Abs. 3

Eine weitere **spezialgesetzliche Ergänzung** erhalten die allg. Ausweispflichten **27** aus § 38 durch die in **§ 42 Abs. 5** enthaltene Regelung (→ § 42 Rn. 37). Danach müssen Personen, die auf Grund eines behördlichen Ausnahmebescheides eine Waffe im Geltungsbereich einer Waffenverbotszone (auf § 42 Abs. 5 gestützte RVO) führen, diesen **Ausnahmebescheid mit sich führen und** auf Verlangen zur Kontrolle berechtigten Personen zur Prüfung aushändigen. Die in § 38 festgeschriebenen Ausweispflichten bleiben **vollumfänglich bestehen.** Während Verstöße gegen Ausweispflichten nach § 38 als Ordnungswidrigkeit nach § 53 Abs. 1 Nr. 20 geahndet werden, hat der Gesetzgeber für Verstöße gegen die Ausweispflicht nach § 42 Abs. 5 S. 3 iVm Abs. 3 **keine Sanktion** vorgesehen (→ § 42 Rn. 38).

III. Ausnahme für Jagdscheininhaber oder Sportschützen nach Erwerb (Abs. 1 Nr. 2 S. 2)

Soweit eine Waffe erlaubnisfrei nach § 13 Abs. 3 (→ § 13 Rn. 23 ff.) oder auf **28** Grund einer gelben WBK nach § 14 Abs. 4 (→ § 14 Rn. 30 ff.) erworben worden ist und die Frist zur Eintragung der Waffe noch nicht verstrichen ist, sieht Abs. 1 Nr. 2 S. 2 vor, dass **an Stelle** der WBK ein **schriftlicher Nachweis** darüber, dass die Antragsfrist zur Eintragung der Waffe in die WBK noch nicht verstrichen oder ein Antrag gestellt worden ist, mitgeführt wird. Hierbei handelt es sich regelm. um den Kaufbeleg oder aber um den bereits gestellten Eintragungsantrag mit behördlichem Eingangsstempel (vgl. *Heller/Soschinka* WaffR Rn. 505). Die Regelung berücksichtigt Fälle, in denen der Besitz der Waffen noch nicht in die WBK eingetragen worden ist. Ebenso sind Fälle erfasst, in denen eine Waffe erlaubnisfrei auf gültigen Jahresjagdschein erworben und eine WBK für diese noch nicht erteilt worden ist.

Nicht ersichtlich ist, warum der Gesetzgeber darauf verzichtet hat, in den Fällen des § 14 Abs. 4 S. 2 das Mitführen der gelben WBK und in den Fällen des 13 Abs. 3 das Mitführen des gültigen Jahresjagdscheins (soweit nicht eine Transportkonstellation nach § 13 Abs. 6 vorliegt → Rn. 24) zu verlangen.

In den Fällen des Erwerbs nach § 14 Abs. 4 S. 2 wurde eine unbefristete Erlaubnis zum Erwerb bestimmter Schussw. in Form der gelben WBK ausgestellt. Selbst wenn der an den Erwerb anschließende Besitz noch nicht eingetragen worden ist, so gibt die WBK doch zumindest Auskunft über die prinzipielle Berechtigung zum Erwerb (und späteren Besitz).

Gleiches gilt für die Jäger hinsichtlich des gültigen Jahresjagdscheins, da der Jagdschein zumindest eine prinzipielle Aussage über die waffenrechtl. Erwerbslegitimation des Inhabers enthält.

Es erscheint daher sinnvoll, in den Fällen des erlaubnisfreien Erwerbs nach § 13 Abs. 3 oder des Erwerbs nach § 14 Abs. 4 S. 2 zusätzlich zum Mitführen der og Nachweise auch das Mitführen der WBK (unabhängig davon, dass die geführte Waffe noch nicht in diese eingetragen ist) bzw des gültigen Jahresjagdscheins zu verlangen.

IV. Ausnahme beim Führen mit Zustimmung des Hausrechtsinhabers (Abs. 1 S. 3)

29 Wird eine Waffe mit Zustimmung des Hausrechtsinhabers in dessen Wohnung, Geschäftsräumen oder befriedetem Besitztum oder dessen Schießstätte zu einem von seinem (des die Waffe Führenden) Bedürfnis umfassten Zweck oder im Zusammenhang damit führt, so sind die Ausweispflichten nach S. 1 suspendiert. Gleiches muss für die Fälle des erlaubten Waffenführens in der Wohnung bzw im befriedeten Besitztum eines Dritten nach § 42a Abs. 3 (→ § 42a Rn. 28, 31) gelten.

Diese Ausnahme gilt nicht für den Weg dorthin oder zurück iSd § 12 Abs. 3 Nr. 2 (*Steindorf/Gerlemann* WaffG § 38 Rn. 12).

V. Pflicht zur Aushändigung (Abs. 2)

30 Neben der Pflicht des Mitsichführens der genannten Dokumente begründet Abs. 2 die Pflicht zur **Aushändigung** der Dokumente an Polizisten oder sonst zur Personenkontrolle Befugte, allerdings erst nach Aufforderung. **Befugt** zur Personenkontrolle sind neben den Polizeien der Länder, der Bundespolizei und der Bundeszollverwaltung auch Jagdschutzorgane, zB Jagdaufseher und Forstschutzorgane.

Die Regelung wurde mit dem **6. ÄndG** (→ Einf. Rn. 26c) der Übersichtlichkeit halber aus dem alten Abs. 1 der Norm in den neu geschaffenen Abs. 2 ausgelagert.

31 Die Überprüfung durch die Polizei oder andere zur Personenkontrolle Befugte umfasst die Prüfung der Echtheit der Dokumente sowie den Abgleich der Waffen mit den Eintragungen in den vorgelegten Dokumenten, zB die Überprüfung der Waffennummern. Das bedeutet, dass die zur Kontrolle Befugten die mitgeführten Sachen **in Augenschein nehmen** und dazu diese auch **öffnen** lassen dürfen (so *Apel/Bushart* WaffG § 38 Rn. 9). Von der Überprüfungsbefugnis nach § 38 **nicht gedeckt sind Durchsuchungen** der Person oder mitgeführter Sachen.

VI. Sanktionen

32 Gem. § 53 Abs. 1 Nr. 20 handelt **ordnungswidrig,** wer vorsätzlich oder fahrlässig entgegen § 38 Abs. 1 S. 1 oder Abs. 2 eine dort genannte Urkunde nicht mit sich führt oder nicht oder nicht rechtzeitig aushändigt. Bei den Urkunden handelt es sich um die jeweiligen in dem Tatbestand aufgeführten Dokumente.

§ 39 Auskunfts- und Vorzeigepflicht, Nachschau

(1) [1]**Wer Waffenherstellung, Waffenhandel oder eine Schießstätte betreibt, eine Schießstätte benutzt oder in ihr die Aufsicht führt, ein Bewachungsunternehmen betreibt, Veranstaltungen zur Ausbildung im Verteidigungsschießen durchführt oder sonst den Besitz über Waffen oder Munition ausübt, hat der zuständigen Behörde auf Verlangen oder, sofern dieses Gesetz einen Zeitpunkt vorschreibt, zu diesem Zeitpunkt die für die Durchführung dieses Gesetzes erforderlichen Auskünfte zu erteilen; eine entsprechende Pflicht gilt ferner für Personen, gegenüber denen ein Verbot nach § 41 Abs. 1 oder 2 ausgesprochen wurde.** [2]**Sie können die Auskunft auf solche Fragen verweigern, deren Beantwortung sie selbst oder einen der in § 383 Abs. 1 Nr. 1 bis 3 der Zivilprozessordnung bezeichneten Angehörigen der Gefahr strafrechtlicher Verfolgung oder eines Verfahrens nach dem Gesetz über Ordnungswidrigkeiten aussetzen würde.** [3]**Darüber hinaus hat der Inhaber der Erlaubnis die Einhaltung von Auflagen nachzuweisen.**

(2) [1]**Betreibt der Auskunftspflichtige Waffenherstellung, Waffenhandel, eine Schießstätte oder ein Bewachungsunternehmen, so sind die von der zuständigen Behörde mit der Überwachung des Betriebs beauftragten Personen berechtigt, Betriebsgrundstücke und Geschäftsräume während der Betriebs- und Arbeitszeit zu betreten, um dort Prüfungen und Besichtigungen vorzunehmen, Proben zu entnehmen und Einsicht in die geschäftlichen Unterlagen zu nehmen; zur Abwehr dringender Gefahren für die öffentliche Sicherheit oder Ordnung dürfen diese Arbeitsstätten auch außerhalb dieser Zeit sowie die Wohnräume des Auskunftspflichtigen gegen dessen Willen besichtigt werden.** [2]**Das Grundrecht der Unverletzlichkeit der Wohnung (Artikel 13 des Grundgesetzes) wird insoweit eingeschränkt.**

(3) **Aus begründetem Anlass kann die zuständige Behörde anordnen, dass der Besitzer von**
1. Waffen oder Munition, deren Erwerb der Erlaubnis bedarf, oder
2. in Anlage 2 Abschnitt 1 bezeichneten verbotenen Waffen
ihr diese sowie Erlaubnisscheine oder Ausnahmebescheinigungen binnen angemessener, von ihr zu bestimmender Frist zur Prüfung vorlegt.

Übersicht

I. Allgemeines

1 § 39 regelt Auskunfts- und Vorzeigepflichten sowie die Befugnisse der zust. Beh. bei Überprüfungen, womit die Einhaltung waffenrechtl. Bestimmungen festgestellt werden soll. Abs. 1 verpflichtet Waffen und Munitionsbesitzer zu Auskünften hinsichtlich der Einhaltung waffenrechtl. Vorschriften. Abs. 2 gibt der zust. Beh. bei bestimmten Adressaten die zur Überwachung notwendigen Betretens- und Prüfungsrechte. Abs. 3 regelt die Vorlagepflichten bestimmter Erlaubnisinhaber. Für Waffenbücher der gewerbsmäßigen Waffenhersteller und Waffenhändler enthalten §§ 17 Abs. 5, § 20 Abs. 3 AWaffV weitere Vorlagepflichten. Gem. § 20 Abs. 5 S. 4 gilt dort § 39 Abs. 1 S. 1 entspr.

2 Die Vorschrift soll den zust. Beh. die Überwachung der Durchführung des WaffG, der auf Grund des WaffG erlassenen RVO und der darauf beruhenden behördlichen Anordnungen und Verfügungen ermöglichen.

3 Auf das Beschussrecht bezogene Auskunfts- und Vorzeigepflichten sind in § 17 BeschG geregelt. Eine vergleichbare Überwachungsvorschrift enthält § 14 Abs. 3–6 KrWaffKontrG für Kriegswaffen.

II. Auskunftspflicht, Auskunftsverweigerungsrecht (Abs. 1)

1. Auskunftspflicht (Abs. 1 S. 1)

4 Wer Waffenherstellung, Waffenhandel oder eine Schießstätte betreibt, eine Schießstätte benutzt oder in ihr die Aufsicht führt, ein Bewachungsunternehmen betreibt, Veranstaltungen zur Ausbildung im Verteidigungsschießen durchführt oder sonst den Besitz über Waffen oder Munition ausübt, hat gem. Abs. 1 der zust. Beh. auf Verlangen oder, sofern dieses Gesetz einen Zeitpunkt vorschreibt, zu diesem Zeitpunkt die für die Durchführung dieses Gesetzes erforderlichen Auskünfte zu erteilen.

Mit der Regelung wird eine **Auskunftspflicht** generell für **jeden** Waffen- oder Munitionsbesitzer eingeführt. Der Gesetzgeber listet jedoch verschiedene waffenrechtl. relevante Bereiche auf, woraus sich eine Prioritätenreihenfolge der Prüfung für die zust. Beh. ablesen lässt.

Danach werden durch den Gesetzgeber explizit
- Waffenhersteller (§ 21 Abs. 1 S. 1),
- Waffenhändler (§ 21 Abs. 1 S. 1),
- Betreiber, Benutzer und Aufsichtsführer in einer Schießstätte (§ 27),
- Betreiber von Bewachungsunternehmen (§§ 28, 28a) und
- Veranstalter zur Ausbildung im Verteidigungsschießen (§ 27 Abs. 7 S. 2 Nr. 2; §§ 22–25 AWaffV)

genannt.

5 Nach Nr. 39.2 der WaffVwV soll bei Inhabern einer Waffenherstellungs- oder -handelserlaubnis nach § 21 der Geschäftsbetrieb insbes. anhand der Waffenherstellungs- bzw Waffenhandelsbücher in unregelmäßigen Abständen – mind. jedoch alle **zwei Jahre** – überprüft werden. Hierbei soll durch Stichproben festgestellt werden, ob der Gewerbetreibende die ihm nach dem WaffG und den Durchführungsbestimmungen obliegenden Pflichten erfüllt.

Bei der Überprüfung der Bücher eines **Hersteller- oder Großhandelsbetriebs** soll die zust. Beh. **stichprobenweise** Art und Menge der abgegebenen Schussw. unter Angabe des Empfängerbetriebs zusammenstellen und die Zusammenstellung der für die Überwachung des **jeweiligen Empfängerbetriebs zust. Beh.** übersenden (vgl. WaffVwV Nr. 39.2). Diese überprüft anlässlich der nächsten Betriebsprüfung, ob der Empfänger die angegebenen Waffen in seinem Waffenbuch ordnungsgemäß verbucht hat. 6

Weiter soll nach der WaffVwV Nr. 39.2 die behördliche Nachprüfung im Waffenherstellungsbuch oder im -handelsbuch unter Angabe des Datums **vermerkt** und wesentl. Beanstandungen darin aufgenommen werden. Ergeben sich bei der Prüfung der Waffenbücher aus den Eintragungen, insbes. aus Zahl und Art der getätigten Geschäfte oder aus anderen Umständen Anhaltspunkte dafür, dass ein **Gewerbe nicht** oder **nicht mehr ausgeübt** wird, so soll geprüft werden, ob die Erlaubnis erloschen (vgl. § 21 Abs. 5), ob sie zurückzunehmen oder zu widerrufen (vgl. § 45) ist. 7

Überprüfungen bei **sonstigen Waffen- oder Munitionsbesitzern,** zB bei Betreibern oder Aufsichtsführenden in Schießstätten, Bewachungsunternehmern oder nichtgewerbsmäßigen Waffenherstellern liegen hinsichtlich der zeitl. Abfolge im **Ermessen** der zust. Beh. 8

Gem. Abs. 1 S. 1 letzter Hs. gilt eine dem Abs. 1 S. 1 erster Hs. **entsprechende Auskunftspflicht für Personen,** gegenüber denen ein **Verbot** nach § 41 Abs. 1 oder 2 ausgesprochen wurde (s. dort). 9

Auskunft nach Abs. 1 S. 1 bedeutet die Beantwortung von im Einzelfall gestellten Fragen, nicht aber eine allg. fortlaufende Benachrichtigung über Geschäftsvorfälle. Die Pflicht zur Auskunftserteilung umfasst auch die Verpflichtung, Abschriften, Auszüge und Zusammenstellungen **vorzulegen.** Auskünfte, die einer allg. Ausforschung dienen, dürfen allerdings nicht verlangt werden (WaffVwV Nr. 39.1). 10

2. Auskunftsverweigerungsrecht (Abs. 1 S. 2)

Gem. Abs. 1 S. 2 können die Adressaten des Abs. 1 S. 1 die **Auskunft** auf solche Fragen **verweigern,** deren Beantwortung sie selbst oder einen der in § 383 Abs. 1 Nr. 1–3 ZPO bezeichneten Angehörigen der Gefahr strafrechtl. Verfolgung oder eines Verfahrens nach dem Gesetz über Ordnungswidrigkeiten (vgl. § 55 OWiG) aussetzen würde. Zu den erfassten Angehörigen zählen: 11

- Der Verlobte einer Partei oder derjenige, mit dem die Partei ein Versprechen eingegangen ist, eine Lebenspartnerschaft zu begründen (Nr. 1).
- Der Ehegatte einer Partei, auch wenn die Ehe nicht mehr besteht (Nr. 2).
- Der Lebenspartner einer Partei, auch wenn die Lebenspartnerschaft nicht mehr besteht (Nr. 2a).
- Diejenigen, die mit einer Partei in gerader Linie verwandt oder verschwägert, in der Seitenlinie bis zum dritten Grad verwandt oder bis zum zweiten Grad verschwägert sind oder waren (Nr. 3).

Gem. § 1589 Abs. 1 BGB sind Personen, deren eine von der anderen abstammt, in **gerader Linie** verwandt. Personen, die nicht in gerader Linie verwandt sind, aber von derselben dritten Person abstammen, sind in der **Seitenlinie** verwandt. Der Grad der Verwandtschaft bestimmt sich nach der **Zahl** der sie **vermittelnden Geburten.**

Gleichlautende Vorschriften enthalten zB § 14 Abs. 6 KrWaffKontrG, § 44 Abs. 4 AWG oder § 31 Abs. 2 WeinG. Das Auskunftsverweigerungsrecht schließt die Verweigerung der Vorlage bestimmter belastender Unterlagen mit ein (vgl. *Steindorf/Gerlemann* WaffG § 39 Rn. 4).

Die Einräumung eines solchen **Auskunftsverweigerungsrechts** entspricht dem rechtsstaatlichen Grundsatz *nemo tenetur se ipsum accusare,* wonach niemand gezwun- 12 gen werden darf, sich selbst oder seine nahen Angehörigen straf- oder bußgeldrechtl. zu belasten.

13 Die Vorschrift enthält keine ausdr. Pflicht zur **Belehrung** der auskunftspflichtigen Personen über das Verweigerungsrecht (Belehrungspflichten enthalten zB § 383 Abs. 2 ZPO, § 136 Abs. 1 StPO und § 393 Abs. 1 S. 4 AO). Nach *Adolph* muss aus **rechtsstaatlichen** Überlegungen davon ausgegangen werden, dass eine solche **Verpflichtung besteht.** Andernfalls wäre der rechtsunkundige gegenüber dem rechtskundigen Betroffenen in erheblichem Maße benachteiligt (*ABB/Adolph* WaffG § 39 Rn. 12). Allerdings soll nach dieser Auffassung eine Belehrungspflicht nur dann bestehen, wenn der zust. Beh. **Anhaltspunkte** bekannt sind, aus denen sich möglicherweise ein Auskunftsverweigerungsrecht des Auskunftspflichtigen ergibt. Dieser Auffassung kann nicht gefolgt werden. Die **Belehrung** ist ausdr. vor einem konkreten Auskunftsbegehren **zu erteilen.** Dies entspricht dem Grundgedanken der Selbstbezichtigungsfreiheit und gewährleistet eine **effektive** Wirkung dieses Schutzgedankens. Erst die Belehrung versetzt den Auskunftsverpflichteten in die Lage, über die Ausübung eines ggf. existierenden Verweigerungsrechts zu entscheiden. Unterbleibt die Belehrung oder erfolgt sie fehlerhaft, so scheidet die Verwendung der getroffenen Feststellungen für ein Straf- oder Bußgeldverfahren aus (Verwertungsverbot). Aus Gründen der Rechtssicherheit und eines fairen Verfahrens sollte der Gesetzgeber die Belehrung ausdr. in Abs. 1 S. 2 aufnehmen (so auch *Erbs/Kohlhaas* WeinG § 31 Rn. 3d für die vergleichbare Vorschrift § 31 Abs. 2 WeinG).

3. Nachweis der Einhaltung von Auflagen (Abs. 1 S. 3)

14 Gem. Abs. 1 S. 3 hat der Erlaubnisinhaber die Einhaltung von **Auflagen** nachzuweisen. Bei den Auflagen handelt es sich um solche nach § 9. Erforderlich ist der **Nachweis,** nicht ausreichend ist die Glaubhaftmachung. Die BReg. hat in ihrer Stellungnahme zu Recht darauf hingewiesen, dass das Wort „Nachweis“ bewusst gewählt worden sei und im systematischen Regelungszusammenhang des § 39 stehe, der auch sonst stringente Verhaltenspflichten zum Zweck effektiver Kontrolle im Vollzug des Waffenrechts auferlege. Mit diesem Begriff in Bezug auf die Einhaltung von Auflagen solle gegenüber der **Glaubhaftmachung,** die lediglich eine **überwiegende Wahrscheinlichkeit** des Vorliegens der behaupteten Tatsachen verlange, der hier notwendige höhere Grad der **Überzeugung** bei der zust. Beh. herausgestellt werden. Damit seien auch keine überzogenen Anforderungen verbunden. Der Begriff „Nachweis“ verlange in seiner verwaltungsverfahrensrechtl. Bedeutung **nicht** zwingend einen **Beweis** im prozessrechtl. Sinne des Wortes. Mit dem Begriff sei weder eine Festlegung der Mittel zu seiner Erbringung noch deren Würdigung durch die Behörde festgelegt. Der Nachweis biete also die notwendige Flexibilität, um den Unterschiedlichkeiten der Lebenssachverhalte gerecht zu werden (BT-Drs. 14/7758, 135).

4. Sanktionen

15 Gem. § 53 Abs. 1 Nr. 21 handelt **ordnungswidrig,** wer vorsätzlich oder fahrlässig entgegen § 39 Abs. 1 **S. 1** eine Auskunft nicht, nicht richtig, nicht vollständig oder nicht rechtzeitig erteilt. Verstöße gegen die Nachweispflicht der Auflagen gem. Abs. 1 S. 3 werden nicht sanktioniert.

III. Betretens- und Überprüfungsrechte der zuständigen Behörde (Abs. 2)

16 Betreibt der Auskunftspflichtige Waffenherstellung, Waffenhandel, eine Schießstätte oder ein Bewachungsunternehmen, so sind gem. Abs. 2 S. 1 die von der

zust. Beh. mit der Überwachung des Betriebs beauftragten Personen berechtigt, Betriebsgrundstücke und Geschäftsräume während der Betriebs- und Arbeitszeit zu betreten, um dort Prüfungen und Besichtigungen vorzunehmen, Proben zu entnehmen und Einsicht in die geschäftlichen Unterlagen zu nehmen.

1. Betretensrecht der Betriebsgrundstücke und Geschäftsräume

Hierbei handelt es sich für die Mitarbeiter der zust. Beh. um ein **Betretensrecht** der **Betriebsgrundstücke** und **Geschäftsräume** (zu den Begriffen → Anl. 1 Rn. 176) während der Betriebs- und Arbeitszeit, auch ohne dass dies zur Verhütung oder Abwehr dringender Gefahren erfolgt. 17

Behördliche Betretens- und Besichtigungsrechte zu Räumen, die nicht auch zu privaten Zwecken genutzt werden, stellen **keinen Eingriff** in Art. 13 Abs. 1 GG dar (BVerfGE 32, 54 (73 ff.)). Bei reinen Geschäfts- und Betriebsräumen ist das Schutzbedürfnis auf Grund der nach außen gerichteten Zweckbestimmung des Inhabers gemindert. Dabei stellen sich die behördlichen Betretens- und Besichtigungsrechte als Annex der in den Räumen ausgeübten gewerblichen Tätigkeit dar, ihre Ausübung bedeutet keine Störung des Hausfriedens im eigentlichen Sinne. Vor diesem Hintergrund müssen die Rechtsgrundlagen für Betretens- und Besichtigungsrechte solcher Räumlichkeiten auch nicht den Anforderungen des qualifizierten Gesetzesvorbehalts in Art. 13 Abs. 7 GG entsprechen, sondern stellen lediglich einen Eingriff in Art. 2 Abs. 1 GG dar. Außerdem sind derartige Betretungen nur während der Zeit statthaft, zu denen die Räume normalerweise für die jeweilige geschäftliche oder betriebliche Nutzung zu Verfügung stehen (*Maunz/Dürig* GG Art. 13 Rn. 138 mwN).

Abs. 2 S. 1 lässt die Überprüfung ausdr. nur **während der Betriebs- und Arbeitszeit** zu. Als **Betriebs- und Arbeitszeit** sind diejenigen Zeiten anzusehen, zu denen die Räume normalerweise für die jeweilige geschäftliche oder betriebliche Nutzung zur Verfügung stehen (vgl. BVerfGE 32, 54 (77)). 18

2. Keine grundsätzliche Anmeldepflicht

Nach der Rspr. des BVerwG ist eine vorherige Unterrichtung des Geschäftsinhabers nur dann erforderlich, soweit dem **Publikum nicht eröffnete Geschäfts- und Betriebsräume** betreten werden sollen. Die **Informationsverpflichtung** der kontrollierenden Bediensteten **beschränkt** sich danach auf die Aussage, dass sie die dem Publikum nicht zugänglichen Geschäfts- und Betriebsräume zu Kontrollzwecken betreten werden. Auf **Verlangen** müssen sie sich **legitimieren.** Eine darüber hinausgehende Verpflichtung gegenüber dem auskunftspflichtigen Inhaber (auch Filialleiter oder dessen Stellvertreter) besteht nicht. **Angaben** über Einzelheiten des **Besichtigungszwecks** und vorgesehene Kontrollmaßnahmen sind **nicht verpflichtend.** Eine weitergehende Verpflichtung könnte den Überwachungsvorgang verzögern. Auf erforderliche Schutzmaßnahmen – wie die Anlegung einer Schutzbekleidung oder das Abstellen von Maschinen – kann der Auskunftspflichtige während der Begleitung der Behördenbediensteten aufmerksam machen. Ist der Auskunftspflichtige (auch Filialleiter oder dessen Stellvertreter) nicht sofort erreichbar oder ist auf Grund vorliegender Anhaltspunkte zu besorgen, dass sonst durch eine Verzögerung der Zweck der Kontrolle beeinträchtigt wird, reicht es aus, wenn die Behördenbediensteten einem anwesenden **sonstigen Betriebsangehörigen** mitteilen, dass sie die dem Publikum nicht zugänglichen Geschäfts- und Betriebsräume zu Kontrollzwecken betreten werden (vgl. BVerwGE 78, 251 (255 f.) zu § 41 Abs. 3 Nr. 1 LMG = DÖV 1988, 689). 19

3. Adressaten der Regelung

20 Adressaten des Abs. 2 S. 1 sind die Auskunftspflichtigen, die **Waffenherstellung, Waffenhandel,** eine **Schießstätte** oder ein **Bewachungsunternehmen** betreiben.

4. Berechtigte Personen und Umfang der Überprüfung

21 Die zust. Beh. darf bei den Adressaten Prüfungen und Besichtigungen vornehmen, Proben entnehmen und Einsicht in die geschäftlichen Unterlagen nehmen. Das Auskunftsverweigerungsrecht gilt auch hier, da sich die Auskunftspflicht nach Abs. 1 S. 1 richtet und der Schutz aus Abs. 1 S. 2 eingreift. Die Vorschrift enthält keine ausdr. Regelung, dass die Bediensteten der zust. Beh. **Kopien** oder **Abschriften** anfertigen dürfen, so wie es in § 17 Abs. 2 S. 1 Nr. 3 BeschG geregelt ist. Gleichwohl ist davon auszugehen, dass diese Möglichkeit besteht, zumal alle erforderlichen Unterlagen auch in Verbindung mit Abs. 1 S. 1 zur Auskunft mind. eingesehen werden können. Eine ausdr. Vorlagepflicht von Dokumenten bei der zust. Beh. enthält nur Abs. 3 hinsichtlich Erlaubnisscheinen oder Ausnahmebescheinigungen.

22 **Berechtigt** zur Vornahme der Überprüfung sind die von der zust. Beh. mit der Überwachung des Betriebs beauftragten Personen, wozu auch **dritte Personen** gehören können, zB Schießstandsachverständige, die für die zust. Beh. tätig werden (vgl. *ABB/Adolph* WaffG § 39 Rn. 21).

23 Bei der Überprüfung kann auch die **sichere Aufbewahrung** iSv § 36 Abs. 1, 5 iVm § 13 AWaffV geprüft werden. Bei Waffenherstellern und -händlern ist ohnehin ein höheres Schutzniveau vorgesehen und es sind besondere Sicherungsmaßnahmen einzuhalten (→ § 36 Rn. 68 f.). Die Überprüfung nach Abs. 2 S. 1 dient dazu, auf die Einhaltung der waffenrechtl. Vorschriften zu achten, also auch die Vorschriften der sicheren Aufbewahrung (nach *ABB/Adolph* WaffG § 39 Rn. 24 ergibt sich das Recht zum Betreten und der Nachschau aus § 36 Abs. 3).

24 Der Umfang erlaubt, **Prüfungen** (zB Waffenbücher und Geschäftsunterlagen oder die sichere Aufbewahrung) und **Besichtigungen** vorzunehmen (zB einer Waffenkammer oder den Ablauf an einer Waffenfertigungsanlage), **Proben** zu entnehmen und **Einsichtnahme** in die **Geschäftsunterlagen** zu nehmen (ausf. auch *ABB/Adolph* WaffG § 39 Rn. 22 ff.).

25 Für die Betroffenen besteht **keine ausdr. Duldungspflicht** der Maßnahmen nach Abs. 2 S. 1. Auch ohne ausdr. Duldungspflicht kann die Durchsetzung der Auskunftspflicht sowie das Betreten durch die zust. Beh. auf dem Verwaltungsrechtsweg durchgesetzt werden (vgl. *ABB/Adolph* WaffG § 39 Rn. 31 ff.).

5. Betreten zur Abwehr dringender Gefahren für die öffentliche Sicherheit oder Ordnung

26 Gem. Abs. 2 S. 1 letzter Hs. dürfen zur Abwehr dringender Gefahren für die öffentl. Sicherheit oder Ordnung die og Arbeitsstätten (das sind die vorgenannten Betriebsgrundstücke und Geschäftsräume) auch außerhalb der Betriebs- und Arbeitszeit sowie die **Wohnräume** des Auskunftspflichtigen gegen dessen Willen besichtigt werden. Gem. Abs. 2 S. 2 wird insoweit das Grundrecht der Unverletzlichkeit der Wohnung gem. Art. 13 GG eingeschränkt. Im Unterschied zum Betreten der Wohnräume gegen den Willen des Hausrechtsinhabers iSd § 36 Abs. 3 S. 3, welches unter der Vorauss. der **Verhütung** dringender Gefahren für die öffentl. Sicherheit gestattet ist (zum Begriff → § 36 Rn. 87 ff.), muss es sich hierbei um die **Abwehr einer dringenden Gefahr** handeln.

IV. Vorlagepflicht bei der zuständigen Behörde (Abs. 3)

Gem. Abs. 3 kann die zust. Beh. aus begründetem Anlass anordnen, dass der Besitzer bestimmte Waffen oder Munition sowie Erlaubnisscheine zur Prüfung vorlegt. **Besitzer** ist, wer die tats. Gewalt über Waffen oder Munition ausübt (→ Anl. 1 Rn. 172). 27

1. Zweckbestimmung

Diese Vorschrift stellt ein **Relikt** dar, welches noch auf Erwerbsmöglichkeiten nach dem Reichswaffengesetz zurückgeht. Danach konnten Inhaber von Waffenscheinen und Jahresjagdscheinen über einen langen Zeitraum Schussw. aller Arten in unbeschränkter Zahl erwerben. Als in Waffenhandelsbüchern jedoch festgestellt wurde, dass eine größere Anzahl scharfer Faustfeuerwaffen erworben wurde, gab es für die zust. Beh. keine Berechtigung, beim Erwerber vor allem zu klären, ob dieser die Waffen noch besaß oder an Unbefugte weiterveräußert hatte. Diese Lücke schloss § 46 Abs. 3 aF, wonach die zust. Beh. aus **begründetem Anlass** von ihrer Befugnis Gebrauch machen sollte. Ein solcher **Anlass** wurde bspw. aus der og Erkenntnis von Prüfungen der Waffenhandelsbücher gesehen, dass eine das Bedürfnis offensichtlich übersteigende Zahl von Waffen erworben wurde (vgl. *Steindorf/Gerlemann* WaffG § 39 Rn. 13 mit Verweis auf BT-Drs. VI/2678, 36). 28

Ein begründeter Anlass ist bspw. auch die Überprüfung der ordnungsgemäßen Aufbewahrung nach § 36 Abs. 1, 5 iVm § 13 AWaffV3.

2. Vorlagepflichtige Waffen, Munition oder Erlaubnisse

Zu den **vorlagepflichtigen** Schussw., den Schussw. gleichgest. tragbaren Gegenständen oder Munition gem. Abs. 3 Nr. 1 zählen (nur) diejenigen, deren **Erwerb der Erlaubnis** bedarf. Ferner sind die in Anl. 2 Abschn. 1 bezeichneten **verbotenen** Waffen vorlagepflichtig. 29

Schussw. sowie den Schussw. gleichgest. tragbare Gegenstände, die hinsichtlich des Erwerbs und Besitzes von der Erlaubnispflicht ausgenommen sind und frei von Personen ab Vollendung des 18. Lebensj. erworben werden können (vgl. Anl. 2 Abschn. 2 UAbschn. 2 Nr. 1), fallen **nicht** hierunter. So etwa bestimmte Druckluft- und Federdruckwaffen und Waffen, bei denen zum Antrieb der Geschosse kalte Treibgase verwendet werden oder den Schussw. gleichgest. tragbare Gegenstände, zB gekennzeichnete („PTB im Kreis“) **SRS-Waffen** (vgl. Anl. 2 Abschn. 2 UAbschn. 2 Nr. 1.1–1.3).

Zudem kann die zust. Beh. verlangen, dass **Erlaubnisscheine** oder **Ausnahmebescheinigungen** vorgelegt werden. Deren Vorlage kann auch gesondert verlangt werden. Die Aufnahme in den Tatbestand der Vorlage der Erlaubnisse bedurfte besonderer Erwähnung, da sich der waffenrechtl. Besitzbegriff nicht auf Urkunden erstreckt (BT-Drs. 14/7758, 75). 30

3. Vorlage in angemessener Frist und Sanktionsmöglichkeit

Die zust. Beh. kann die Vorlage binnen angemessener, von ihr zu bestimmender **Frist,** verlangen. Verweigert der Betroffene die Vorlage, kann sie mit einer Anordnung verlangt und mit den Mitteln des Verwaltungszwangs auch zwangsweise durchgesetzt werden. Die Anordnung stellt einen VA dar, der nach den Bestimmungen der VwGO (§§ 68, 42) angefochten werden kann (*Steindorf/Gerlemann* WaffG § 39 Rn. 15). Ist die Anordnung **vollziehbar** und wird ihr vorsätzlich oder fahrlässig zuwidergehandelt, so begeht der Betroffene eine **Ordnungswidrigkeit** (§ 53 Abs. 1 Nr. 4). 31

Unterabschnitt 6a. Unbrauchbarmachung von Schusswaffen und Umgang mit unbrauchbar gemachten Schusswaffen

§ 39a Verordnungsermächtigung

(1) **Das Bundesministerium des Innern wird ermächtigt, durch Rechtsverordnung, die nicht der Zustimmung des Bundesrates bedarf, nähere Regelungen zur Unbrauchbarmachung von Schusswaffen zu treffen; insbesondere kann es**
1. **die Vornahme der Unbrauchbarmachung von bestimmten Qualifikationen abhängig machen,**
2. **darauf bezogene Dokumentationen und Mitteilungen verlangen und**
3. **Regelungen in Bezug auf vor Inkrafttreten dieser Bestimmung unbrauchbar gemachte Schusswaffen treffen.**

(2) [1]**Das Bundesministerium des Innern wird ermächtigt, durch Rechtsverordnung, die nicht der Zustimmung des Bundesrates bedarf, die Anwendbarkeit von Vorschriften des Waffengesetzes auf unbrauchbar gemachte Schusswaffen zu regeln sowie den Umgang mit unbrauchbar gemachten Schusswaffen (Anlage 1 Abschnitt 1 Unterabschnitt 1 Nummer 1.4) zu verbieten oder zu beschränken oder mit bestimmten Verpflichtungen zu verbinden; insbesondere kann es**
1. **bestimmte Arten des Umgangs mit unbrauchbar gemachten Schusswaffen verbieten oder unter Genehmigungsvorbehalt stellen und**
2. **Anzeigen oder Begleitdokumente vorschreiben.**

[2]**Durch die Verordnung können diejenigen Teile der Anlage 2 zu diesem Gesetz, die unbrauchbar gemachte Schusswaffen betreffen, aufgehoben werden.**

I. Allgemeines

1 Die Vorschrift wurde mit dem **6. ÄndG** (→ Einf. Rn. 26c) mit der gleichzeitigen Einfügung eines neuen Unterabschnittes 6a in Abschnitt 2 neu in das WaffG aufgenommen. Mit demselben Gesetz wurden in Anl. 1 Abschn. 1 UAbschn. 1 Nr. 1.4 die technischen Anforderungen für unbrauchbar gemachte Schussw. den Vorgaben der Durchführungsverordnung (EU) 2015/2403 zur Festlegung gemeinsamer Leitlinien über Deaktivierungsstandards und -techniken, die gewährleisten, dass Feuerwaffen bei der Deaktivierung endgültig unbrauchbar gemacht werden (EU-Deaktivierungsdurchführungsverordnung), angepasst. Die Verordnung überlagerte als unmittelbar geltendes Recht seit ihrem Inkrafttreten am 8.4.2016 die nationalen Regelungen zur Unbrauchbarmachung im WaffG. Da sie auf nationaler Ebene der Flankierung und Präzisierung bedarf, werden mit § 39a Verordnungsermächtigungen an den Gesetzgeber erteilt, mit denen der Umgang mit unbrauchbar gemachten Schussw. geregelt werden kann (vgl. BR-Drs. 61/17, 39).

II. RVO zur näheren Regelung der Unbrauchbarmachung (Abs. 1)

2 In Abs. 1 geht es um die Präzisierung der Durchführung der Unbrauchbarmachung. Hierzu wird das BMI zum Erlass von RVOen ermächtigt, welche nähere

Regelungen zur Unbrauchbarmachung von Schussw. enthalten, ohne dass es der Zustimmung des Bundesrates bedarf.

Satz 2 spezifiziert in einer Regelaufzählung die Stoßrichtung der von der EU-Deaktivierungsdurchführungsverordnung vorgezeichneten Regelungsgegenstände (BR-Drs. 61/17, 39). Insb. kann das BMI solche RVOen erlassen, welche die Vornahme der Unbrauchbarmachung von bestimmten Qualifikationen abhängig machen (Nr. 1), welche auf die Unbrauchbarmachung bezogene Dokumentationen und Mitteilungen verlangen (Nr. 2) oder welche Regelungen in Bezug auf solche Schussw. enthalten, welche vor Inkrafttreten des § 39a unbrauchbar gemacht wurden.

III. RVO zur Anwendbarkeit gesetzlicher Bestimmungen auf unbrauchbar gemachte Waffen und zum Umgang mit diesen (Abs. 2)

Die in Abs. 2 enthaltene Verordnungsermächtigung zielt darauf ab, die ohnehin **3** unmittelbar geltende EU-Deaktivierungsdurchführungsverordnung in das nationale Waffenrecht einzupflegen und mit diesem bündig zu machen (BR-Drs. 61/17, 39). Zunächst ist das BMI zum Erlass solcher RVOen, welche die Anwendbarkeit von Vorschriften des WaffG auf unbrauchbar gemachte Schussw. regeln, ermächtigt. Weiterhin kann es durch RVO den Umgang mit unbrauchbar gemachten Schussw. regeln sowie den Umgang mit diesen verbieten oder beschränken oder mit bestimmten Verpflichtungen verbinden. Hierzu bedarf es jeweils nicht der Zustimmung des Bundesrates.

Satz 2 präzisiert Satz 1 regelbeispielhaft, insofern durch RVO insbes. bestimmte Arten des Umgangs mit unbrauchbar gemachten Schussw. verboten oder unter Genehmigungsvorbehalt gestellt werden (Nr. 1) und Anzeigen oder Begleitdokumente vorgeschrieben werden (Nr. 2).

Der Gesetzgeber sieht vor, dass durch die RVO diejenigen Teile der Anl. 2, die unbrauchbar gemachte Schussw. betreffen, aufgehoben werden können.

Bislang hat das BMI von den in § 39a gefassten Verordnungsermächtigungen **4** keinen Gebrauch gemacht.

Unterabschnitt 7. Verbote

§ 40 Verbotene Waffen

(1) **Das Verbot des Umgangs umfasst auch das Verbot, zur Herstellung der in Anlage 2 Abschnitt 1 Nr. 1.3.4 bezeichneten Gegenstände anzuleiten oder aufzufordern.**

(2) **Das Verbot des Umgangs mit Waffen oder Munition ist nicht anzuwenden, soweit jemand auf Grund eines gerichtlichen oder behördlichen Auftrags tätig wird.**

(3) [1]**Inhaber einer jagdrechtlichen Erlaubnis und Angehörige von Leder oder Pelz verarbeitenden Berufen dürfen abweichend von § 2 Abs. 3 Umgang mit Faustmessern nach Anlage 2 Abschnitt 1 Nr. 1.4.2 haben, sofern sie diese Messer zur Ausübung ihrer Tätigkeit benötigen.** [2]**Inhaber sprengstoffrechtlicher Erlaubnisse (§§ 7 und 27 des Sprengstoffgesetzes) und Befähigungsscheine (§ 20 des Sprengstoffgesetzes) sowie Teilnehmer staatlicher oder staatlich anerkannter Lehrgänge dürfen abweichend von § 2 Absatz 3 Umgang mit explosionsgefährlichen Stoffen oder Gegenständen nach Anlage 2 Abschnitt 1 Nr. 1.3.4 haben, soweit die durch die Erlaub-**

nis oder den Befähigungsschein gestattete Tätigkeit oder die Ausbildung hierfür dies erfordern. [3]Dies gilt insbesondere für Sprengarbeiten sowie Tätigkeiten im Katastrophenschutz oder im Rahmen von Theatern, vergleichbaren Einrichtungen, Film- und Fernsehproduktionsstätten sowie die Ausbildung für derartige Tätigkeiten.

(4) **[1]Das Bundeskriminalamt kann auf Antrag von den Verboten der Anlage 2 Abschnitt 1 allgemein oder für den Einzelfall Ausnahmen zulassen, wenn die Interessen des Antragstellers auf Grund besonderer Umstände das öffentliche Interesse an der Durchsetzung des Verbots überwiegen. [2]Dies kann insbesondere angenommen werden, wenn die in der Anlage 2 Abschnitt 1 bezeichneten Waffen oder Munition zum Verbringen aus dem Geltungsbereich dieses Gesetzes, für wissenschaftliche oder Forschungszwecke oder zur Erweiterung einer kulturhistorisch bedeutsamen Sammlung bestimmt sind und eine erhebliche Gefahr für die öffentliche Sicherheit nicht zu befürchten ist.**

(5) **[1]Wer eine in Anlage 2 Abschnitt 1 bezeichnete Waffe als Erbe, Finder oder in ähnlicher Weise in Besitz nimmt, hat dies der zuständigen Behörde unverzüglich anzuzeigen. [2]Die zuständige Behörde kann die Waffen oder Munition sicherstellen oder anordnen, dass innerhalb einer angemessenen Frist die Waffen oder Munition unbrauchbar gemacht, von Verbotsmerkmalen befreit oder einem nach diesem Gesetz Berechtigten überlassen werden, oder dass der Erwerber einen Antrag nach Absatz 4 stellt. [3]Das Verbot des Umgangs mit Waffen oder Munition wird nicht wirksam, solange die Frist läuft oder eine ablehnende Entscheidung nach Absatz 4 dem Antragsteller noch nicht bekannt gegeben worden ist.**

I. Allgemeines

1 Die Vorschrift des § 40 umfasst verschiedene Erweiterungen und Einschränkungen des waffenrechtl. Umgangsverbots nach § 2 Abs. 3 iVm Anl. 2 Abschn. 1. Der Gesetzgeber hat in § 2 Abs. 3 bestimmt, dass der Umgang mit den in Anl. 2 Abschn. 1 aufgeführten Waffen und Munition verboten ist. Dieses Verbot umfasst **alle Umgangsarten** iSd § 1 Abs. 3. Verwaltungsrechtl. stellt dies ein **repressives Verbot mit Befreiungsvorbehalt** dar. Der Umgang mit den in Anl. 2 Abschn. 1 genannten Waffen und Munition ist daher grds. vollumfänglich verboten und kann nur in begründeten Ausnahmefällen behördlicherseits zugelassen werden, soweit dem keine öffentl. Interessen entgegenstehen (BVerwG NJW 1979, 1563). § 40 greift dieses prinzipielle Umgangsverbot auf. Zum einen sieht er bzgl. einzelner verbotener Waffen **Verschärfungen** vor, die das Verbot über den Umgang hinaus erweitern. Zum anderen enthält er **Ausnahmen** vom Umgangsverbot hinsichtlich einzelner Umgangsarten für bestimmte Personengruppen, die besondere Notwendigkeiten für den Umgang mit grds. verbotenen Waffen für sich in Anspruch nehmen können. Schließlich werden Fallkonstellationen benannt, in denen das Verbot nicht wirksam werden soll.

Abs. 1 bezieht sich allein auf das Umgangsverbot bzgl. sog Molotow-Cocktails und **weitet dieses aus auf die Anleitung und Aufforderung zur Herstellung** solcher Gegenstände. In den Abs. 2–4 sind hingegen **Ausnahmen** vom Umgangsverbot für bestimmte Personengruppen enthalten, wodurch dieses zumindest hinsichtlich einzelner Umgangsarten für die bevorrechtigten Personen eingeschränkt wird. Abs. 5 regelt schließlich Sonderfälle, in denen das Umgangsverbot nach § 2 Abs. 3 **nicht wirksam** wird.

Mit dem **3. ÄndG** (→ Einf. Rn. 24) wurde Abs. 3 um die Sätze 2 und 3 ergänzt.

II. Ausdehnung des Verbots von Molotow-Cocktails, USBV (Abs. 1)

Das für sog Molotow-Cocktails und USBV (zu den Begriffen → Anl. 1 Rn. 117 ff.) geltende Umgangsverbot wird durch Abs. 1 ausgedehnt. Zum einen wird die **Anleitung** zur Herstellung solcher Gegenstände untersagt. Zum anderen ist es verboten, zur Herstellung derselben **aufzufordern** (zu den Begriffen der „Anleitung" und des „Aufforderns" → § 52 Rn. 32 ff.). Hintergrund dieser Verbotsausdehnung ist auch der Umstand, dass die einzelnen Bestandteile etwa eines Molotow-Cocktails frei verkäuflich sind (so auch *König/Papsthart* Neues WaffR Rn. 624). 2

Der Verstoß gegen Abs. 1 wird gem. § 52 Abs. 1 Nr. 4 als Vergehen bestraft. Der Versuch ist strafbar, § 52a Abs. 2. 3

III. Ausnahmen vom waffenrechtlichen Umgangsverbot für behördlich beauftragte Personen (Abs. 2)

Ausgenommen vom waffenrechtl. Umgangsverbot sind Personen, die im behördlichen Auftrag Umgang mit verbotenen Waffen üben. Praktisch sind hiervon überwiegend **Gutachter- und Sachverständigentätigkeiten** umfasst (*Steindorf/Gerlemann* WaffG § 40 Rn. 3). Dies können aber auch Personen sein, die von Polizeibehörden zum Transport dieser Waffen beauftragt sind. Die vom Verbot ausgenommenen Waffen müssen im Auftrag explizit benannt sein, zudem gilt die Ausnahme nur für solche Umgangsarten, die zur Erfüllung des behördlichen Auftrags notwendig ausgeübt werden müssen (*Apel/Bushart* WaffG § 40 Rn. 3). 4

IV. Ausnahmen für bestimmte Berufsgruppen (Abs. 3)

1. Ausnahmen vom Faustmesserverbot für Jäger und Leder oder Pelz verarbeitende Berufe (Abs. 3 S. 1)

Nach Abs. 3 sind bestimmte Personengruppen vom Umgangsverbot mit Faustmessern (zum Begriff → Anl. 1 Rn. 145, zum Umgangsverbot → Anl. 2 Rn. 77) ausgenommen. Hierher zählen Angehörige des Leder oder Pelz verarbeitenden Gewerbes (Kürschnergewerbe), außerdem sind Inhaber jagdrechtlicher Erlaubnisse genannt. Beide Gruppen sollen Umgang mit Faustmessern üben dürfen, soweit sie diese für die Ausübung ihrer Tätigkeit benötigen. Faustmesser werden von diesen Personengruppen typischerweise als Werkzeug zum Ablösen tierischer Felle vom Kadaver verwendet. Von daher soll die Ausnahme vom Verbot nur für solche Angehörige des Leder oder Pelz verarbeitenden Gewerbes gelten, die tatsächlich mit dem Abtrennen der Tierhäute vom Körper befasst sind. Bei der Gruppe der Jäger verlangt der Gesetzgeber eine jagdrechtl. Erlaubnis, ohne diese weiter zu differenzieren. Demnach sind alle Jagdscheine gem. § 15 Abs. 1 S. 1 BJagdG erfasst. 5

Die genannten Personengruppen sollen durch die Ausnahme **nicht generell** vom Umgangsverbot freigestellt werden, sondern nur, soweit sie die Faustmesser **für die Ausübung ihrer Tätigkeit benötigen** (vgl. *Steindorf/Gerlemann* WaffG § 40 Rn. 4). Außerhalb dieser Tätigkeiten gilt auch für Angehörige des Kürschnergewerbes und Jäger das Umgangsverbot nach Anl. 2 Abschn. 1 Nr. 1.4.2.

Waffenhersteller und -händler sind vom Umgangsverbot mit Faustmessern nach dem Wortlaut der Vorschrift nicht ausgenommen, was insofern eine **Regelungslücke** darstellt, als die privilegierten Personengruppen die Faustmesser typischerweise im Fachhandel erwerben müssen. Waffenhersteller und Waffenhändler benötigen daher für den Umgang mit Faustmessern einer Ausnahmebewilligung nach § 40 Abs. 4 WaffG durch das BKA.

2. Ausnahme vom Umgangsverbot mit USBV (Abs. 3 S. 2 und 3)

6 Gem. Abs. 3 S. 2 und 3 dürfen Inhaber sprengstoffrechtl. Erlaubnisse (§§ 7 und 27 SprengG) und von Befähigungsscheinen (§ 20 SprengG) sowie Teilnehmer staatlicher oder staatlich anerkannter Lehrgänge abweichend von § 2 Abs. 3 Umgang mit **explosionsgefährlichen Stoffen** oder Gegenständen nach Anl. 2 Abschn. 1 Nr. 1.3.4 haben, soweit dies die durch die Erlaubnis oder den Befähigungsschein gestattete Tätigkeit oder die Ausbildung hierfür erfordern. Dies gilt insbes. für Sprengarbeiten sowie Tätigkeiten im Katastrophenschutz oder im Rahmen von Theatern, vergleichbaren Einrichtungen, Film- und Fernsehproduktionsstätten sowie die Ausbildung für derartige Tätigkeiten.

Die in Abs. 3 S. 2 und 3 enthaltenen Ausnahmen sind durch das 3. ÄndG (→ Einf. Rn. 24) in die Vorschrift eingefügt worden und tragen dem bereits zum 1.4.2008 eingeführten Verbot des Umgangs mit sog unkonventionellen Spreng- und Brandvorrichtungen **(USBV)** Rechnung (vgl. Anl. 2 Abschn. 1 Nr. 1.3.4). Das Umgangsverbot ab 1.4.2008 hatte zur Folge, dass der Umgang mit USBV umfänglich verboten wurde. Erfasst hiervon waren insbes. auch Schadensdarstellungen und sog pyrotechnische Effekte im Rahmen des Katastrophenschutzes sowie von Theatern, vergleichbaren Einrichtungen und Film- und Fernsehproduktionsstätten.

V. Ausnahmen von Verboten nach Anl. 2 Abschn. 1 (Abs. 4)

7 Nach Abs. 4 sind Ausnahmen vom Umgangsverbot nach § 2 Abs. 3 iVm Anl. 2 Abschn. 1 im Einzelfall, aber auch allg. möglich. Im Sinne einheitlicher Entscheidungsmaßstäbe ist das **BKA** für die Erteilung solcher Ausnahmen **zuständig.** Diese ergehen in Form eines **VA,** als Einzelentscheidung (§ 35 S. 1 VwVfG) oder aber als Allgemeinverfügung (§ 35 S. 2 VwVfG), sog **Feststellungsbescheide.** Wird eine Ausnahmebewilligung versagt, kann der Antragst. hiergegen einen Widerspruch (§§ 68 Abs. 1, 69 VwGO) und im Falle der Zurückweisung des Widerspruchs eine Anfechtungsklage (§ 42 Abs. 1 Alt. 1 VwGO) erheben.

Die Ausnahme befreit **ausschl.** vom Umgangsverbot nach § 2 Abs. 3. Ist hingegen zweifelhaft, ob ein Gegenstand überhaupt dem Umgangsverbot nach § 2 Abs. 3 unterfällt, so richtet sich die Entsch. nach § 2 Abs. 5. Diese trifft ebenfalls das BKA nach § 48 Abs. 3.

Die Ausnahmebewilligung kann zur Abwehr von Gefahren für die öffentl. Sicherheit und Ordnung mit **Auflagen** verbunden werden; dies kann auch nachträglich geschehen, § 9 Abs. 2.

Die **allg. Erlaubnisvorauss.** für die Erteilung anderweitiger waffenrechtl. Erlaubnisse werden von der Ausnahmebewilligung iErg **nicht berührt.** Auch der Inhaber einer Ausnahmebewilligung muss daher die allg. Erlaubnisvorauss. nach §§ 4 ff. erfüllen (vgl. *König/Papsthart* Neues WaffR Rn. 630; zustimmend *Steindorf/Gerlemann* WaffG § 40 Rn. 7).

Die Erteilung einer Ausnahmebewilligung erfolgt nach pflichtgemäßem **Ermessen** der zust. Beh. Die behördliche Ermessensentscheidung ist das Resultat einer **Interessenabwägung.** Eine Ausnahmebewilligung kommt nur dann in Betracht, wenn dem **Individualinteresse** des Antragst. an dem Umgang mit einer verbotenen Waffe ausnahmsweise **mehr Gewicht** beizumessen ist als dem **allg.** Interesse der Rechtsgemeinschaft, das Verbot auch in dem in Rede stehenden Einzelfall aufrecht zu erhalten. Ein höherrangiges Individualinteresse des Antragst. kann nur in **Ausnahmefällen** angenommen werden, in denen durch die Aussetzung des Umgangsverbotes nach § 2 Abs. 3 zumindest keine erheblichen Gefahren für die öffentl. Sicherheit zu befürchten sind. Der Gesetzgeber nennt hierzu beispielhaft einige Verwendungszwecke. So kommt eine Verbotsausnahme in Betracht, wenn die verbotene Waffe **aus dem Geltungsbereich des WaffG** verbracht werden soll. In diesem Fall sind zumindest im Geltungsbereich des WaffG von der verbotenen Waffe ausgehende Gefahren ausgeschlossen. Weiter nennt das Gesetz als **Regelbeispiele für ein überwiegendes Individualinteresse** die Fälle, in denen die verbotene Waffe für **wissenschaftliche oder Forschungszwecke** oder zur **Erweiterung einer kulturhistorisch bedeutsamen Sammlung** (→ § 17 Rn. 4) bestimmt ist. Hier werden die verbotenen Waffen besonders gesicherten Bereichen zugeführt und zudem Personen überlassen, von denen eine besondere Sorgfalt und Sachkunde im Umgang mit ihnen erwartet werden kann. Auch wenn eine Gefahr für die öffentl. Sicherheit mit letzter Gewissheit nicht ausgeschlossen werden kann, so ist diesen Konstellationen doch gemeinsam, dass im Regelfall zumindest eine aus der Verbotsausnahme resultierende erhebliche Gefahr **in hohem Maße unwahrscheinlich** erscheint. Die vom Gesetzgeber genannten Verwendungszwecke sind **exemplarisch** und nicht abschließend aufgezählt, so dass Ausnahmebewilligungen prinzipiell auch zu anderen als in der Vorschrift genannten Zwecken erteilt werden können. Indes dürfte dies in der Praxis von untergeordneter Bedeutung sein. Die Interessenabwägung muss letztlich stets auf den **Einzelfall** bezogen vorgenommen werden. In jedem Fall kann eine Ausnahmebewilligung nur erteilt werden, wenn erhebliche Gefahren für die öffentl. Sicherheit nicht zu befürchten sind. Ob eine solche Gefahr für die öffentl. Sicherheit ausgeschlossen werden kann, ist nur unter sorgfältiger Abwägung der Umstände des Einzelfalles zu ermitteln.

VI. Erwerb verbotener Waffen als Erbe, Finder usw (Abs. 5)

Nach der in Abs. 5 enthaltenen Regelung soll das waffenrechtl. Umgangsverbot nach § 2 Abs. 3 iVm Anl. 2 Abschn. 1 in einigen Sonderfällen unter bestimmten Vorauss. **nicht wirksam** werden (zum Erwerb erlaubnispflichtiger Waffen und Munition → § 37 Rn. 4 ff.). 8

1. Willensunabhängiger Erwerb (Abs. 5 S. 1)

Satz 1 stellt klar, dass nur in jeweils speziellen Konstellationen des Erwerbs einer verbotenen Waffe ein Nichtwirksamwerden des Umgangsverbots in Betracht kommt. Als exemplarische Fälle nennt der Gesetzgeber den **Fund** sowie die **Erbschaft** einer verbotenen Waffe. Allerdings sollen auch solche Fälle erfasst sein, in denen die verbotene Waffe „in ähnlicher Weise" erworben wurde (→ § 37 Rn. 13). Ebenso der Erwerb infolge des Todes des Waffenbesitzers, soweit der Erwerber nicht bereits als Erbe von der Vorschrift erfasst ist. Zum Erwerb erlaubnispflichtiger Waffen beim Tode eines Waffenbesitzers vgl. § 37 Abs. 1 S. 1 Nr. 1. 9

Den Fallkonstellationen des Findens, Erbens usw einer verbotenen Waffe ist gemeinsam, dass der Erwerb der Waffe jeweils **unabhängig vom Willen** des Erwerbers erfolgt. Beim Finder basiert er auf Zufall, beim Erben auf einer vom eigenen Willen nicht beeinflussbaren Rechtsfolge (vgl. *Apel/Bushart* WaffG § 40 Rn. 12). Das Gesetz trägt hier dem Umstand Rechnung, dass die Zugriffsmöglichkeit auf eine verbotene Waffe ohne das Zutun des Erwerbers und ohne seinen Willen entstehen kann. Dies ist typischerweise beim Fund oder im Erbfall gegeben. Hier will der Gesetzgeber eine Strafbarkeit desjenigen vermeiden, der willensunabhängig eine verbotene Waffe in Besitz genommen hat. Auch der minderjährige Erbe/Finder wird von dem Ausnahmetatbestand erfasst (so auch *König/Papsthart* Neues WaffR Rn. 63).

Zudem kann die **Inbesitznahme** in vielen Fallkonstellationen **im Interesse der Rechtsgemeinschaft** sein. Findet bspw. ein Erwachsener eine verbotene Waffe, so wird es regelm. im Interesse der Allgemeinheit sein, wenn dieser die Waffe unmittelbar an sich nimmt, um so den unberechtigten Zugriff Dritter – namentlich Minderjähriger – zu verhindern. Auch hierfür sah der Gesetzgeber ein Nichtwirksamwerden des Umgangsverbots berechtigterweise für angezeigt.

10 **a) Unverzügliche Anzeige bei der örtlich zuständigen Behörde.** Durch das Nichtwirksamwerden des Umgangsverbots soll lediglich eine Kriminalisierung des Erben bzw Finders vermieden und eine erste Sicherung der verbotenen Waffe durch den vermeintlich unbescholtenen Finder ermöglicht werden. Der **dauerhafte Besitz** einer verbotenen Waffe soll **nicht legitimiert** werden. Daher trifft den Erben bzw Finder die Pflicht, den Erwerb **unverzüglich,** dh ohne schuldhaftes Zögern (vgl. § 121 Abs. 1 S. 1 BGB), der zust. Beh. **anzuzeigen,** § 40 Abs. 5 S. 1. Es gelten hier die Maßstäbe wie bei der unverzüglichen Anzeige des Fundes einer erlaubnispflichtigen Waffe (→ § 37 Rn. 15 ff.).

Die örtlich zust. Beh. bestimmt sich nach § 49 Abs. 1, welcher auf die Vorschriften der VwVfG verweist. Im Ergebnis ist die Behörde des Fundorts bzw des Erbfalls nach § 3 Abs. 1 Nr. 4 VwVfG zuständig, da ansonsten insbes. beim Finder ggf. ein längerer Transport der verbotenen Waffe zum Wohnort des Finders notwendig werden könnte (vgl. mit ausf. Begründung *Apel/Bushart* WaffG § 40 Rn. 14). Nur im Falle einer unverzüglichen Anzeige der Inbesitznahme wird das Wirksamwerden des Umgangsverbots nach § 2 Abs. 3 ausgesetzt.

11 **b) Sanktion.** Verstöße gegen die Anzeigepflicht (unterlassen, verspätet oder unvollständig) werden als Ordnungswidrigkeiten nach § 53 Abs. 1 Nr. 5 geahndet.

Getrennt davon ist der Waffenbesitz zu betrachten. Solange die Frist läuft, ist das Umgangsverbot nach § 2 Abs. 3 ausgesetzt. Mit Fristablauf entfallen jedoch die Vorauss. des legalen Besitzes und es greifen die für die verbotene Waffe zutreffenden Straf- und Bußgeldvorschriften (dazu auch → § 20 Rn. 6).

2. Reaktion der Behörde (Abs. 5 S. 2)

12 Die zust. Beh. kann auf die Anzeige der Inbesitznahme verbotener Waffen mit der Gefahren abwehrenden **Sicherstellung** oder aber mit verschiedenen **Anordnungen** reagieren.

Im Rahmen ihrer Anordnungsbefugnis steht es der Behörde frei, eine Frist zu setzen, innerhalb derer die Waffe **unbrauchbar zu machen** oder aber von **Verbotsmerkmalen** zu **befreien** ist. Im Falle des Unbrauchbarmachens wird die verbotene Waffe techn. so verändert, dass sie auf Dauer nicht mehr als Waffe verwendet werden kann (→ Anl. 1 Rn. 37). Wird die Waffe hingegen von ihren Verbotsmerkmalen befreit, so ist sie weiterhin (als dann nicht mehr verbotene) Waffe zu gebrauchen (Bsp.: Pistolengriff einer Pumpgun wird durch einen Langwaffenschaft ersetzt; vgl. auch *Apel/Bushart* WaffG § 40 Rn. 18). Weiter kann sie die **Überlassung** der verbotenen Waffe binnen einer angemessenen Frist an einen **Berechtigten** anordnen. Berechtigter kann eine nach Abs. 2 oder 3 der Vorschrift privilegierte Person, der Inhaber einer Ausnahmebewilligung nach Abs. 4 oder aber ein Angehöriger einer Institution, die vom Umgangsverbot nach § 2 Abs. 3 ausgenommen ist (vgl. § 55), sein. Schließlich kann die Behörde dem Anzeigenden nahe legen, einen Antrag auf Erteilung einer **Ausnahmebewilligung** für die verbotene Waffe nach **§ 40 Abs. 4** zu stellen.

Kommt der Anzeigende den behördlichen Anordnungen nicht nach, so **scheidet** ein **fortdauernder Besitz** der verbotenen Waffe **aus.** Diese unterfällt dann dem Verbot nach § 2 Abs. 3 und ist durch die zust. Beh. sicherzustellen (ausf. zum Rechtscharakter der Anordnung *Apel/Bushart* WaffG § 40 Rn. 18).

3. Rechtsfolge (Abs. 5 S. 3)

Solange die von der Behörde nach S. 2 gesetzte Frist noch nicht abgelaufen ist, wird das Umgangsverbot **nicht wirksam.** Allerdings soll hierdurch kein vollumfänglich freier Umgang mit der verbotenen Waffe ermöglicht werden. Vielmehr ist die Norm restriktiv auszulegen, weshalb das Verbot **nur soweit nicht wirksam** wird, wie ein Umgang unmittelbar durch die unfreiwillige Inbesitznahme **notwendig** ist. Dies ist neben dem Erwerbsakt typischerweise der daraus resultierende Besitz und im Falle des Waffenfundes ggf. auch der Transport nach Hause (Führen). **Weiterer Umgang** mit der verbotenen Waffe bleibt nach § 2 Abs. 3 **verboten** mit den entspr. straf- oder bußgeldrechtl. Konsequenzen. Hat die zust. Beh. dem Finder/Erben aufgetragen, einen Antrag auf eine Ausnahmebewilligung nach § 40 Abs. 4 zu stellen, so wird das Umgangsverbot solange nicht wirksam, wie dem Antragst. die ablehnende Entsch. nach Abs. 4 noch nicht mitgeteilt worden ist. 13

§ 41 Waffenverbote für den Einzelfall

(1) [1]**Die zuständige Behörde kann jemandem den Besitz von Waffen oder Munition, deren Erwerb nicht der Erlaubnis bedarf, und den Erwerb solcher Waffen oder Munition untersagen,**
1. **soweit es zur Verhütung von Gefahren für die Sicherheit oder zur Kontrolle des Umgangs mit diesen Gegenständen geboten ist oder**
2. **wenn Tatsachen bekannt werden, die die Annahme rechtfertigen, dass der rechtmäßige Besitzer oder Erwerbswillige abhängig von Alkohol oder anderen berauschenden Mitteln, psychisch krank oder debil ist oder sonst die erforderliche persönliche Eignung nicht besitzt oder ihm die für den Erwerb oder Besitz solcher Waffen oder Munition erforderliche Zuverlässigkeit fehlt.**

[2]**Im Fall des Satzes 1 Nr. 2 ist der Betroffene darauf hinzuweisen, dass er die Annahme mangelnder persönlicher Eignung im Wege der Beibringung eines amts- oder fachärztlichen oder fachpsychologischen Zeugnisses über die geistige oder körperliche Eignung ausräumen kann; § 6 Abs. 2 findet entsprechende Anwendung.**

(2) **Die zuständige Behörde kann jemandem den Besitz von Waffen oder Munition, deren Erwerb der Erlaubnis bedarf, untersagen, soweit es zur Verhütung von Gefahren für die Sicherheit oder Kontrolle des Umgangs mit diesen Gegenständen geboten ist.**

(3) **Die zuständige Behörde unterrichtet die örtliche Polizeidienststelle über den Erlass eines Waffenbesitzverbotes.**

I. Allgemeines

Nach der Vorschrift des § 41 kann die zust. Beh. verschiedene waffenrechtl. **Erwerbs- und Besitzverbote für den Einzelfall** erlassen. Zum einen soll Personen unter bestimmten Vorauss. der Erwerb und Besitz solcher Waffen untersagt werden können, die „an sich“ erlaubnisfrei erworben und besessen werden dürfen. Erwerbswilligen Personen wird der Erwerb untersagt. Ist der Erwerb bereits erfolgt, wird der Besitz untersagt. Zum anderen kann die zust. Beh. im Einzelfall den Besitz erlaubnispflichtiger Waffen untersagen. 1

Bei den Verboten handelt es sich jeweils um **Ermessensentscheidungen** der nach Landesrecht zust. Beh. Im Rahmen der Entscheidung hat die Behörde stets eine besondere Prüfung der Erforderlichkeit vorzunehmen. Die Anordnungen nach Abs. 1 und 2 ergehen in Form eines VA, welcher bundesweite Wirkung entfaltet.

1a Die Anordnung der sofortigen Vollziehbarkeit kommt insbes. dann in Betracht, wenn die unverzügliche Sicherstellung von Waffen/Munition nach § 46 Abs. 4 geboten ist und Maßnahmen nach § 45 (Rücknahme und Widerruf) nicht ausreichen (WaffVwV Nr. 41.1).

2 Soweit Waffenbesitzverbote nach den Vorschriften des § 40 aF erlassen worden sind, bleiben diese nach § 58 Abs. 6 im ursprünglichen Umfang als Einzelfallverbote nach § 41 in Geltung (vgl. *Steindorf/Gerlemann* WaffG § 41 Rn. 1).

3 Die **Grundordnung des WaffG,** nach welcher Waffen in verbotene, erlaubnispflichtige und erlaubnisfreie Waffen einzuteilen sind, wird durch Waffenverbote nach § 41 **für den Einzelfall durchbrochen.** Aus der Einstufung eines Gegenstandes durch das WaffG als gänzlich erlaubnisfreie oder aber frei zu erwerbende und besitzende Waffe folgt in rechtlicher Hinsicht, dass diese Gegenstände zwar in den Anwendungsbereich des WaffG fallen, iErg aber nur wenigen Reglementierungen desselben unterliegen. Eine nach den allg. Vorschriften des WaffG als erlaubnisfrei eingestufte Waffe unterfällt grds. nur dem Alterserfordernis des § 2 Abs. 1 und kann daher ab Vollendung des 18. Lebensj. frei erworben, besessen und im Regelfall auch frei geführt werden. (Das freie Führen wird eingeschränkt durch das Verbot des § 42 Abs. 1, Waffen auf öffentl. Veranstaltungen zu führen. Weiter einschränkend wirkt zudem das grds. Führensverbot sämtlicher erlaubnisfreier Hieb- und Stoßwaffen nach § 42a Abs. 1 Nr. 2).

Anders als bei erlaubnispflichtigen Waffen sieht der Gesetzgeber das **Gemeinschaftsinteresse** an der öffentl. Sicherheit und Ordnung durch die freie Zugänglichkeit dieser Waffen für alle Personen ab Vollendung des 18. Lebensj. **grds. nicht tangiert.** Vor diesem Hintergrund verzichtet der Gesetzgeber hinsichtlich solcher Waffen prinzipiell auf die Überprüfung bestimmter persönlicher Vorauss. Bei der Einstufung bestimmter Waffen als erlaubnisfrei hatte der Gesetzgeber auf Seiten der Personen, welche mit erlaubnisfreien Waffen Umgang üben, den **Durchschnittsbürger** im Blick. Der grds. freie Umgang ab Vollendung des 18. Lebensj. mit erlaubnisfreien Waffen setzt also voraus, dass die Umgang übende Person jeweils den geistigen und charakterlichten Grundanforderungen genügt, welche man an einen Durchschnittsbürger stellen kann.

In Ausnahme zu dieser Einteilung, welche gleichermaßen eine waffenrechtl. Bewertung der eingestuften Waffen impliziert, kann der Erwerb und Besitz „an sich" erlaubnisfreier Waffen **im Einzelfall untersagt** werden, da auch mit diesen im Falle eines missbräuchlichen Umgangs erhebliche Verletzungen rechtlich geschützter Güter, namentlich der körperlichen Unversehrtheit, verursacht werden können. Ein solches Verbot kommt allerdings nur dann in Betracht, wenn eine Person so **massiv nachteilig** von den persönlichen Grundvorauss. eines Durchschnittsbürgers **abweicht,** dass hieraus im Falle des Umgangs mit Waffen **Gefahren für die Sicherheit der Rechtsgemeinschaft** zu befürchten sind.

Ebenso kann der Besitz erlaubnispflichtiger (und damit dem Grunde nach erlaubnis**fähiger**) Waffen und Munition unter den tatbestandlichen Vorauss. des § 41 Abs. 2 untersagt werden. In jedem Fall handelt es sich um **Verbote für den Einzelfall,** welche auf die Person des Waffenbesitzers bezogen ergehen. Die tatbestandlichen Vorauss. eines Verbotes knüpfen daher nicht an die Eigenschaften des Umgangsgegenstandes Waffe an. Als Anknüpfungspunkt für ein Verbot im Einzelfall kommt entweder das **Verhalten** der Besitz ausübenden bzw begehrenden **Person** in Betracht oder aber solche Umstände, die in der Person begründet liegen (vgl. *Steindorf/Gerlemann* WaffG § 41 Rn. 4; zum Adressatenkreis vgl. *Humberg* VR 2004, 8).

Folgemaßnahmen nach vollziehbaren Verboten wie Sicherstellung oder die Anordnung der Unbrauchbarmachung enthält § 46.

4 Während die Absätze 1 und 2 die tatbestandlichen Vorauss. für den Erlass von Verboten des Erwerbs und Besitzes für den Einzelfall benennen, enthält Abs. 3 behördliche Informationspflichten.

Nach Abs. 1 Nr. 1 kommt ein **Erwerbs- und Besitzverbot erlaubnisfreier Waffen** in Betracht, wenn dies entweder zur Verhütung von Gefahren für die Sicherheit oder aber zur Kontrolle des Umgangs mit diesen Gegenständen geboten ist. Ein Verbot nach Nr. 2 kommt hingegen in Betracht, wenn der Adressat des Verbots entweder nicht die erforderliche Zuverlässigkeit iSd § 5 aufweist oder aber die erforderliche persönliche Eignung nach § 6 zu verneinen ist.

Nach Abs. 2 der Norm kann ebenfalls der **Besitz von erlaubnispflichtigen Waffen und Munition** untersagt werden, soweit dies zur Verhütung von Gefahren für die Sicherheit oder aber iSd Kontrolle des Umgangs mit diesen Gegenständen geboten ist.

Abs. 3 schließlich bestimmt die Pflicht der das Verbot erlassenden Behörde, dieses **der örtlichen Polizeidienststelle zu melden.**

II. Umgangsverbot für Waffen, die erlaubnisfrei erworben werden können (Abs. 1 S. 1)

Nach Abs. 1 S. 1 kann die zust. Beh. im Einzelfall ein Umgangsverbot für Waffen 5
erlassen, welche nach dem Gesetzeswortlaut zumindest bzgl. des Erwerbs erlaubnisfrei gestellt sind. Hierher zählen zunächst **alle vollumfänglich erlaubnisfreien Waffen.** Insbes. sind hier sämtliche Waffen im techn. Sinn nach § 1 Abs. 2 Nr. 2a (namentlich alle Hieb- und Stoßwaffen, → Anl. 1 Rn. 92 ff.) anzusprechen, soweit sie nicht den verbotenen Waffen nach Anl. 2 Abschn. 1 unterfallen. Aber auch Waffen nach § 1 Abs. 2 Nr. 2b iVm Anl. 1 Abschn. 1 UAbschn. 2 Nr. 2 zählen hierher, soweit sie nicht den verbotenen Waffen nach Anl. 2 Abschn. 1 unterfallen (etwa ausnahmsweise nicht verbotene Springmesser, vgl. Anl. 2 Abschn. 1 Nr. 1.4.1).

Zudem können **prinzipiell erlaubnispflichtige Waffen** von diesem Verbot erfasst sein, soweit sie hinsichtlich des Erwerbs **von der Erlaubnispflicht freigestellt** sind. Da die Freistellung von der Erlaubnispflicht für den Erwerb regelm. mit der Befreiung von der Erlaubnispflicht bzgl. des Besitzes einhergeht, sind iErg solche Waffen potenziell von der Vorschrift erfasst, die frei erworben und besessen werden können (vgl. Anl. 2 Abschn. 2 UAbschn. 2 Nr. 1). Diese grds. erlaubnispflichtigen Schussw. und ihnen gleichgest. tragbare Gegenstände können daher von einem Verbot betroffen sein, soweit sie bzgl. des Erwerbs und Besitzes von der grds. auf sie anzuwendenden Erlaubnispflicht befreit sind. Dies trifft auf Druckluft-, Federdruckwaffen und solche Waffen zu, bei denen zum Antrieb der Geschosse kalte Treibgase Verwendung finden, soweit den Geschossen eine Bewegungsenergie von nicht mehr als 7,5 J erteilt wird und dies durch eine entspr. Kennzeichnung der Waffe („F im Fünfeck") dokumentiert ist. Weiter sind hier solche Druckluft-, Federdruckwaffen und Waffen, bei denen zum Antrieb der Geschosse kalte Gase verwendet werden, zu nennen, die zwar nicht die Kennzeichnung „F im Fünfeck" tragen, aber entweder vor dem 1.1.1970 hergest. worden sind oder aber vor dem 2.4.1991 im Gebiet der ehem. DDR hergest. worden und nach den zum jeweiligen Zeitpunkt geltenden Bestimmungen in den Handel gelangt sind.

Als den Schussw. gleichgest. tragbare Gegenstände sind zudem SRS-Waffen zu nennen, welche bzgl. des Erwerbs und des Besitzes von der Erlaubnispflicht freigestellt sind, soweit sie nach § 8 BeschG bauartbedingt zugelassen sind und dies durch eine entspr. Kennzeichnung der Waffe („PTB im Kreis") dokumentiert ist. Der Gesetzgeber differenziert hierbei zwischen zwei Fallgruppen des Verbots:

1. Gefahrenverhütung und Umgangskontrolle (Abs. 1 S. 1 Nr. 1)

Nach Abs. 1 S. 1 Nr. 1 kann ein Besitzverbot für erlaubnisfrei zu erwerbende Waffen 6
erlassen werden, soweit dies im Einzelfall zur Verhütung von Gefahren für die Sicherheit oder zur Kontrolle des Umgangs mit diesen Gegenständen geboten ist.

Nach der prinzipiellen Einordnung des WaffG sollen erlaubnisfrei zu erwerbende Waffen von jeder Person erworben und besessen werden können, die das 18. Lebensj. vollendet hat. Daher kommt ein Besitzverbot nur gegenüber solchen Personen in Betracht, die **zum Nachteil von den persönlichen Grundeigenschaften eines volljährigen Durchschnittsbürgers abweichen.** Diese Abweichung muss so nachhaltig sein, dass für den Fall des Umgangs auch mit an sich erlaubnisfrei zu erwerbenden Waffen Gefahren für die Rechtsordnung zu befürchten sind. Ein Verbot ist dann geboten, wenn der Waffenbesitzer bzw der Erwerbswillige in der Vergangenheit ein Verhalten oder eine seiner Person anhaftende Eigenschaft zutage gelegt hat, welche den auf Tatsachen beruhenden Verdacht begründet, dass durch einen Umgang mit der Waffe Gefahren für die öffentl. Sicherheit verursacht werden. Dies kann zum einen ein **missbräuchlicher Umgang** mit der Waffe in der Vergangenheit sein, etwa unsachgemäße Aufbewahrung, Überlassen an Nichtberechtigte usw (vgl. auch OVG SL, Beschl. v. 15.6.2015 – 1 A 57/15 –, juris). Insbes. sind Erwerbs- und Besitzverbote dann gerechtfertigt, wenn der Betroffene eine Straftat begangen hat, aus der auf eine rohe oder gewalttätige Gesinnung oder eine Schwäche des Täters zu schließen ist. Gleiches gilt für Fälle, in denen der Täter schwere Straftaten mit Hilfe oder unter Mitführen von Waffen oder Sprengstoff begangen hat (WaffVwV Nr. 41.3). Ebenso kommen aber auch der Person anhaftende **körperliche und geistige Defizite** in Betracht. Gemeinsamer Anknüpfungspunkt ist der Umstand, dass für den Fall des Umgangs mit Waffen in der Zukunft Gefährdungen Dritter zu befürchten sein müssen. Bei der Gefahrenprognose kann der in § 5 enthaltene Kriterienkatalog zur Zuverlässigkeit mit einbezogen werden (so auch *Steindorf/Gerlemann* WaffG § 41 Rn. 4).

6a Anordnungen nach § 41 setzen eine Verurteilung des Betroffenen **nicht** voraus.

2. Rechtmäßiger Besitzer bzw Erwerbswilliger ungeeignet oder unzuverlässig iSd Waffenrechts (Abs. 1 S. 1 Nr. 2)

7 Nach Abs. 1 S. 1 Nr. 2 kann ein Besitzverbot für erlaubnisfreie Waffen zudem im Einzelfall geboten sein, wenn Tatsachen die Annahme rechtfertigen, dass der Waffenbesitzer bzw die erwerbswillige Person die erforderliche Zuverlässigkeit oder persönliche Eignung iSd WaffG nicht aufweist. Dies ist insbes. bei Alkoholikern und Drogenabhängigen anzunehmen. Bloßer Alkohol**missbrauch** soll nach der Gesetzesbegründung nicht ausreichen (BR-Drs. 596/01, 146 f.). Zu den Anforderungen an die erforderliche Zuverlässigkeit und die persönliche Eignung vgl. Erläuterungen zu §§ 5, 6.

3. Behördliche Hinweispflicht im Falle des Besitzverbots wegen mangelnder persönlicher Eignung, Anwendbarkeit des § 6 Abs. 2 (Abs. 1 S. 2)

8 Ist das Besitzverbot im Einzelfall mit der Begründung fehlender persönlicher Eignung ergangen, so hat die Behörde den Verbotsadressaten darauf hinzuweisen, dass er die behördliche Vermutung durch Vorlage eines amts- oder fachärztlichen oder fachpsychologischen Gutachtens über die geistige und körperliche Eignung (auf eigene Kosten) widerlegen kann.

III. Umgangsverbot für erlaubnispflichtige Waffen (Abs. 2)

9 Nach den Bestimmungen des Abs. 2 kann der Besitz erlaubnispflichtiger (und damit dem Grunde nach erlaubnis**fähiger**) Waffen und Munition im Einzelfall untersagt werden. Dass hier anders als in Abs. 1 allein der Besitz, nicht aber der

Erwerb angesprochen wird, ist dem Umstand geschuldet, dass es für die in Abs. 1 betroffenen erlaubnisfreien Waffen keine Erwerbsbeschränkung gibt (BVerwG NVwZ-RR 2013, S. 35). Anders liegt es beim Erwerb erlaubnispflichtiger Waffen, dieser unterliegt einem Erlaubnisvorbehalt. Das Besitzverbot kann sich auf bereits ausgeübten Besitz ebenso wie auf zukünftigen Besitz erstrecken (ausf. dazu *Steindorf/Gerlemann* WaffG § 41 Rn. 8). Es schließt das Verbot mit ein, die Waffen/Munition zu erwerben. Soweit ein Umgangsverbot nach Abs. 2 ergangen ist, sind Ausnahmetatbestände von der Erlaubnispflicht (etwa nach § 12) gegenüber dem Verbotsadressaten nicht anwendbar, worauf in den Anordnungen hingewiesen werden soll (WaffVwV Nr. 41.2). Bei Abs. 2 handelt es sich um eine spezielle, dem Konzept der Gefahrenvorsorge dienende Ermächtigungsgrundlage, welche nicht erst greift, soweit etwa eine umgehende Sicherstellung im Einzelfall nicht nach polizeirechtlichen Vorschriften oder im Anschluss an eine für sofort vollziehbar erklärte Rücknahme- oder Widerrufsverfügung erfolgen kann (vgl. OVG Hamburg, Beschl. v. 13.4.2011 – 3 Bf 86/10.Z). Gegenständlich fallen **erlaubnispflichtige Waffen** in den Anwendungsbereich der Vorschrift. Nach Anl. 2 Abschn. 2 UAbschn. 1 S. 1 sind prinzipiell alle Schussw., ihnen gleichgest. tragbare Gegenstände sowie dafür bestimmte Munition erlaubnispflichtig, soweit sie nicht nach Anl. 2 Abschn. 1 verboten sind. Diese Gegenstände fallen jedoch in den Anwendungsbereich des Abs. 1, soweit sie bzgl. des Erwerbs von der Erlaubnispflicht ausgenommen sind. IErg unterfallen also nur diejenigen erlaubnispflichtigen Waffen der Regelung des Abs. 2, die hinsichtlich des Erwerbs nicht von der Erlaubnispflicht ausgenommen sind (vgl. die Ausnahmen nach Anl. 2 Abschn. 2 UAbschn. 2 Nr. 1).

Anknüpfungspunkt ist auch hier ebenso wie bei einem Erwerbs- und Besitzverbot nach Abs. 1 Nr. 1 eine **Gefährlichkeit des Waffenbesitzers** (BVerwG NVwZ-RR 2013, S. 36). Ein Verbot ist daher geboten, soweit der fortdauernde Waffenbesitz des Verbotsadressaten eine Gefahr für die öffentl. Sicherheit darstellt. Im Rahmen dieser auf Tatsachen gestützten Gefahrenprognose ist derselbe Maßstab anzulegen, der auch im Zuge eines Erwerbs- und Besitzverbotes nach Abs. 1 Nr. 1 zur Anwendung kommt (→ Rn. 6, 6a). **10**

IV. Meldepflichten (Abs. 3)

Nach Abs. 3 hat die das Verbot erlassende Behörde die **örtliche Polizeidienststelle** hierüber **zu unterrichten.** Mit der örtlichen Polizeidienststelle ist die des Wohnsitzes bzw des gewöhnlichen Aufenthaltsortes des Verbotsadressaten gemeint (so iErg auch *Steindorf/Gerlemann* WaffG § 41 Rn. 10 unter Verweis auf die amtl. Begr.). Des Weiteren sind vollziehbare oder nicht mehr anfechtbare Verbote dem Bundeszentralregister mitzuteilen (§ 10 Abs. 1 Nr. 3a BZRG). Die Maßnahme verfolgt eine möglichst effektive Überwachung der Verbote. Zwar ist in Abs. 3 explizit nur die Meldung von Besitzverboten nach Abs. 1 und Abs. 2 benannt, indes wird auch der Erlass eines Erwerbsverbotes nach Abs. 1 zu melden sein. **11**

Die Polizei hat Erwerbs- und Besitzverbote nach Abs. 1 und 2 bei der Erlaubnisbehörde anzuregen, sofern ihr entsprechende Anhaltspunkte für die Vorauss. bekannt werden (WaffVwV Nr. 41.4).

V. Sanktion

Der Verstoß gegen eine vollziehbare Anordnung nach Abs. 1 S. 1 oder nach Abs. 2 wird gem. § 52 Abs. 3 Nr. 8 bei vorsätzlicher, aber auch fahrlässiger Begehungsweise gem. § 52 Abs. 4 als **Vergehen** geahndet. **12**

§ 42 Verbot des Führens von Waffen bei öffentlichen Veranstaltungen

(1) [1]Wer an öffentlichen Vergnügungen, Volksfesten, Sportveranstaltungen, Messen, Ausstellungen, Märkten oder ähnlichen öffentlichen Veranstaltungen teilnimmt, darf keine Waffen im Sinne des § 1 Abs. 2 führen. [2]Dies gilt auch, wenn für die Teilnahme ein Eintrittsgeld zu entrichten ist, sowie für Theater-, Kino-, und Diskothekenbesuche und für Tanzveranstaltungen.

(2) Die zuständige Behörde kann allgemein oder für den Einzelfall Ausnahmen von Absatz 1 zulassen, wenn

1. der Antragsteller die erforderliche Zuverlässigkeit (§ 5) und persönliche Eignung (§ 6) besitzt,
2. der Antragsteller nachgewiesen hat, dass er auf Waffen bei der öffentlichen Veranstaltung nicht verzichten kann, und
3. eine Gefahr für die öffentliche Sicherheit oder Ordnung nicht zu besorgen ist.

(3) Unbeschadet des § 38 muss der nach Absatz 2 Berechtigte auch den Ausnahmebescheid mit sich führen und auf Verlangen zur Prüfung aushändigen.

(4) Die Absätze 1 bis 3 sind nicht anzuwenden

1. auf die Mitwirkenden an Theateraufführungen und diesen gleich zu achtenden Vorführungen, wenn zu diesem Zweck ungeladene oder mit Kartuschenmunition geladene Schusswaffen oder Waffen im Sinne des § 1 Abs. 2 Nr. 2 geführt werden,
2. auf das Schießen in Schießstätten (§ 27),
3. soweit eine Schießerlaubnis nach § 10 Abs. 5 vorliegt,
4. auf das gewerbliche Ausstellen der in Absatz 1 genannten Waffen auf Messen und Ausstellungen.

(5) [1]Die Landesregierungen werden ermächtigt, durch Rechtsverordnung vorzusehen, dass das Führen von Waffen im Sinne des § 1 Abs. 2 auf bestimmten öffentlichen Straßen, Wegen oder Plätzen allgemein oder im Einzelfall verboten oder beschränkt werden kann, soweit an dem jeweiligen Ort wiederholt

1. Straftaten unter Einsatz von Waffen oder
2. Raubdelikte, Körperverletzungsdelikte, Bedrohungen, Nötigungen, Sexualdelikte, Freiheitsberaubungen oder Straftaten gegen das Leben

begangen worden sind und Tatsachen die Annahme rechtfertigen, dass auch künftig mit der Begehung solcher Straftaten zu rechnen ist. [2]In der Rechtsverordnung nach Satz 1 soll bestimmt werden, dass die zuständige Behörde allgemein oder für den Einzelfall Ausnahmen insbesondere für Inhaber waffenrechtlicher Erlaubnisse, Anwohner und Gewerbetreibende zulassen kann, soweit eine Gefährdung der öffentlichen Sicherheit nicht zu besorgen ist. [3]Im Falle des Satzes 2 gilt Absatz 3 entsprechend. [4]Die Landesregierungen können ihre Befugnis nach Satz 1 in Verbindung mit Satz 2 durch Rechtsverordnung auf die zuständige oberste Landesbehörde übertragen; diese kann die Befugnis durch Rechtsverordnung weiter übertragen.

Übersicht

I. Allgemeines

§ 42 enthält zwei zentrale, die allg. Vorschriften des Waffenrechts verschärfende Regelungen. Zunächst ist in Abs. 1 ein **Verbot des Waffenführens für den Bereich der öffentl. Veranstaltungen** festgeschrieben. Der Gesetzgeber trägt mit diesem Verbot dem Umstand Rechnung, dass es bei öffentl. Veranstaltungen typischerweise zu konfliktgeneigten Situationen kommen kann, nicht zuletzt vor dem Hintergrund, dass auf zahlreichen öffentl. Veranstaltungen Alkoholkonsum zu verzeichnen ist, wodurch erfahrungsgemäß unbedachte Verhaltensweisen einzelner Veranstaltungsteilnehmer hervorgerufen werden können. Das für die öffentl. Veranstaltung charakteristische ungesteuerte Zusammenkommen einer Vielzahl verschiedenster Personen führt im Kontext eines häufig mit dem Veranstaltungsbesuch einhergehenden Alkoholkonsums dazu, dass im Rahmen öffentl. Veranstaltungen eine besonders hohe Gefahr gewalttätiger Auseinandersetzungen besteht. Zudem ist die Gefahr gerade bei öffentl. Veranstaltungen erheblich, dass auch Unbeteiligte leicht in Konflikte mit einbezogen werden können. Um eine hier nahe liegende Eskalation von Waffengewalt in diesem Bereich von vornherein auszuschließen, hat der Gesetzgeber in Abs. 1 ein Verbot des Führens von Waffen bei öffentl. Veranstaltungen normiert. 1

Dieses Verbot erfährt inhaltliche Ausformungen in den Abs. 2–4. Die **Abs. 2 und 4** sehen **verschiedene Ausnahmen** von dem Führensverbot nach Abs. 1 vor. Während der zust. Beh. durch Abs. 2 die Ermessensentscheidung eingeräumt wird, unter gewissen Vorauss. Ausnahmen vom Verbot allg. oder für den Einzelfall zuzulassen, benennt Abs. 4 allg. Sachverhalte, auf welche das Verbot keine Anwendung findet. **Abs. 3** regelt die **Ausweispflicht** der durch eine Ausnahmegenehmigung begünstigten Personen.

Durch den mit dem **1. ÄndG** (→ Einf. Rn. 22) angefügten **Abs. 5** werden die Landesregierungen ermächtigt, an besonders kriminalitätsgeneigten Orten **durch RVO** das Führen von Waffen iSd § 1 Abs. 2 allg. oder im Einzelfall zu beschränken oder gänzlich zu verbieten, § 42 Abs. 5 S. 1.

Durch das **6. ÄndG** (→ Einf. Rn. 26c) wurde Abs. 1 um den klarstellenden Hinweis ergänzt, dass das Führensverbot von Waffen auch für solche Veranstaltungen gilt, deren Teilnahme von der Entrichtung eines Eintrittsgeldes abhängt. Weiter hat der Gesetzgeber klargestellt, dass auch Theater-, Kino-, und Diskothekenbesuche sowie Tanzveranstaltungen vom Verbot mitumfasst sind.

II. Verbot des Führens bei öffentlichen Veranstaltungen (Abs. 1)

2 Der Gesetzgeber hat ein umfassendes Verbot bzgl. des Führens von Waffen bei öffentl. Veranstaltungen vorgesehen.

1. Waffen

3 Vom Verbot des § 42 Abs. 1sind **alle Waffen** iSd WaffG erfasst.

4 Dieses waffenrechtl. Führensverbot **ergänzt** die versammlungsrechtl. Vorschrift des **§ 2 Abs. 3 VersG,** wonach das Tragen von Waffen in den vom VersG erfassten **Versammlungen** und zusätzlich auf dem Weg dorthin verboten ist. Durch § 42 Abs. 1 wird dieses Verbot auch auf solche Veranstaltungen **ausgedehnt,** die keine Versammlungen iSd VersG sind. Insoweit greift das Führensverbot nach § 42 Abs. 1 weiter als das des Versammlungsrechts. Vom Bezugsgegenstand her ist es indes **enger** gefasst, da **nur Waffen iSd WaffG** vom Verbot nach § 42 Abs. 1 betroffen sind. Waffen im nichttechn. Sinn (§ 1 Abs. 2 Nr. 2b, → § 1 Rn. 17) sind daher nur vom Verbot des § 42 Abs. 1 erfasst, soweit sie in Anl. 1 Abschn. 1 UAbschn. 2 Nr. 2 aufgeführt und damit als Waffe iSd WaffG qualifiziert sind.

Anders liegt es beim Verbot des § 2 Abs. 3 VersG. Dieses erfasst alle Waffen im nichttechn. Sinn, soweit sie mit der subjektiven Zweckbestimmung mitgeführt werden, Verletzungen oder Sachschäden herbeizuführen (vgl. *Dietel/Gintzel/Kniesel* VersG § 2 Rn. 15 ff.). Da die Schwelle für eine solche Verwendungsabsicht gemeinhin niedrig eingestuft wird, erfasst das versammlungsrechtl. Verbot eine Vielzahl von Waffen im nichttechn. Sinn, welche keine Waffe iSd WaffG darstellen und daher nicht unter das Waffentrageverbot des § 42 Abs. 1 fallen. Das versammlungsrechtl. Waffentrageverbot bezieht sich demnach zwar auf einen enger gefassten Lebensausschnitt als das waffenrechtl. Führensverbot nach § 42 Abs. 1, erfasst andererseits weitaus mehr Gegenstände als jenes.

4a Das Führensverbot erfasst **nur die Teilnahme** (→ Rn. 11 f.) an öffentl. Veranstaltungen, der **Weg dorthin ist nicht erfasst.** Auch der Versuch einer strafbaren bewaffneten Teilnahme an einer öffentl. Veranstaltung ist nicht unter Strafe gestellt, weshalb der bewaffnete Weg zu einer öffentl. Veranstaltung für sich genommen unberücksichtigt bleibt, soweit nicht andere waffengesetzliche Vorschriften tangiert sind. Bezogen auf Hieb- und Stoßwaffen (→ Anl. 1 Rn. 92 ff.) kommt etwa das allg. Führensverbot gem. § 42a Abs. 1 Nr. 2 in Betracht. Das Führen gekennzeichneter („PTB/E im Trapez") Elektroimpulsgeräte sowie gekennzeichneter („PTB/R im Trapez") RSG auf dem Weg hin zu einer öffentl. Veranstaltung bleibt hingegen folgenlos. Hier ist der Gesetzgeber aufgeruften, das Führensverbot nach Abs. 1 auch auf den Weg zu öffentl. Veranstaltungen auszudehnen. Nicht zuletzt stellt die derzeitige Rechtslage einen Wertungswiderspruch zu § 17a Abs. 1 VersG dar, wonach das Führen von Schutzwaffen auch auf dem Weg zu öffentl. Veranstaltungen unter freiem Himmel verboten und ein Verstoß nach § 27 Abs. 2 Nr. 1 strafbewehrt ist.

2. Führen

Verhaltensbezogen ist die Umgangsart des Führens iSv § 1 Abs. 3 iVm Anl. 1 Abschn. 2 Nr. 4 vom Verbot erfasst (→ Anl. 1 Rn. 174 ff.). 5

3. Öffentliche Veranstaltung

Das in Abs. 1 festgeschriebene Führensverbot soll Wirkung im Bereich öffentl. Veranstaltungen entfalten. 6

Die **öffentl. Veranstaltung** ist „im Grenzbereich der Versammlung einerseits, der bloßen zufälligen Menschenansammlung andererseits" zu verorten (BGH NJW 1991, 2715). Das waffenrechtl. Verbot des Führens von Waffen auf öffentl. Veranstaltungen ergänzt das versammlungsrechtl. Waffentrageverbot nach § 2 Abs. 3 VersG und verbietet das Führen von Waffen auch bei solchen öffentl. Ereignissen, welche zwar nicht unter den Versammlungsbegriff des VersG fallen, bei denen aber typischerweise ähnliche Gefahren für die öffentl. Sicherheit und Ordnung bestehen. Andererseits soll das Verbot nach § 42 Abs. 1 nicht allein schon deshalb greifen, weil sich zufällig eine Mehrzahl von Menschen zu einer bloßen Ansammlung zusammengefunden hat. Dementspr. reicht die bloße Öffentlichkeit eines Ereignisses für sich genommen nicht aus, um es als öffentl. Veranstaltung einzuordnen. Typischerweise ergeben sich hieraus **Abgrenzungsprobleme im Grenzbereich** zwischen öffentl. Veranstaltung auf der einen und bloßer zufälliger Menschenansammlung auf der anderen Seite.

a) Öffentlich. Das Kriterium der **Öffentlichkeit** einer Veranstaltung ist erfüllt, soweit grds. **Jedermann** Zugang zu ihr hat. Die Entrichtung eines Eintrittsgeldes ändert nichts an dem öffentl. Charakter einer Veranstaltung (vgl. *Apel/Bushart* WaffG § 42 Rn. 2), was mit dem 6. ÄndG (→ Einf. Rn. 26c) klarstellend in die Vorschrift aufgenommen wurde. Hingegen liegt keine öffentl. Veranstaltung vor, wenn es sich um eine private Veranstaltung mit einem ausgewählten Teilnehmerkreis handelt (vgl. *Steindorf/Gerlemann* WaffG § 42 Rn. 3) oder aber die Teilnehmerzahl anderweitig strikt limitiert ist, bspw. durch persönliche Einladung usw (VIP-Veranstaltungen, Feier eines Vereins nur für Vereinsmitglieder uä). 7

Veranstaltungen in Diskotheken sind nach denselben Kriterien einzuordnen. Handelt es sich um eine geschlossene Gesellschaft mit einem von vorneherein begrenzten und ausgesuchten Besucherkreis (Einlass zB nur mit persönlicher Einladung vom Veranstalter), so handelt es sich nicht um eine öffentl. Veranstaltung iSd § 42 Abs. 1. Der typische Diskothekenbetrieb, bei dem eine gesonderte individuelle Auswahl des Besucherkreises nicht erfolgt, ist hingegen **öffentlich.**

b) Begriff der öffentlichen Veranstaltung. Das Gesetz nennt als Bsp. für öffentl. Veranstaltungen neben den Volksfesten und öffentl. Vergnügungen **auch Sportveranstaltungen, Messen, Ausstellungen und Märkte.** 8

Durch die Formulierung „oder ähnlichen öffentl. Veranstaltungen" stellt der Gesetzgeber klar, dass die Aufzählung der öffentl. Veranstaltungen lediglich eine **exemplarische** ist. Demnach ist eine Vielzahl weiterer Ereignisse denkbar, die zu den öffentl. Veranstaltungen zählen und damit den Anwendungsbereich des Führensverbotes nach § 42 Abs. 1 eröffnen.

Mit dem 6. ÄndG (→ Einf. Rn. 26c) hat der Gesetzgeber ausdr. auch **Theater-, Kino- und Diskothekenbesuche sowie Tanzveranstaltungen** in den Anwendungsbereich des Verbotes mit einbezogen. Die vom BGH zum § 39 Abs. 1 aF entwickelte Rspr. zur Begrifflichkeit der öffentl. Veranstaltung war zu eng gefasst und vermochte in der Sache nicht zu überzeugen (→ 1. Aufl. § 42 Rn. 9). Nach dieser sollte eine öffentl. Veranstaltung nur dann vorliegen, wenn es sich um planmäßige zeitl. eingegrenzte, aus dem Alltag herausgehobene Ereignisse handelte (BGH NJW 1991, 2715). Solch ein außeralltäglicher Charakter eines Ereignisses wurde etwa für eine besondere Veranstaltung in einer Diskothek (zB eine „Miss-Wahl") bejaht und diese damit als öffentl. Veranstaltung bewertet, wohingegen der alltägliche Betrieb der Diskothek keine öffentl. Veranstaltung darstellen sollte. Dass solche spezifischen Gefahren im Rahmen einer gesondert organisierten „Miss-Wahl" in einer Diskothek oder auf einem Jahrmarkt anzunehmen sind, trifft zu. Nicht nachvollziehbar erschien hingegen die Annahme, dass diese Gefahren im Rahmen des herkömmlichen Diskothekenbetriebes nicht gegeben sein sollten (so bereits → 1. Aufl. § 42 Rn. 9, sich anschließend BR-Drs. 61/17, 40).

Mit der Nennung der Theater-, Kino-, und Diskothekenbesuche hat der Gesetzgeber im Zuge des **6. ÄndG** (→ Einf. Rn. 26c) klar gestellt, dass die **Rspr. des BGH zum § 39 Abs. 1 aF nicht „eins zu eins" auf § 42 Abs. 1 zu übertragen ist.**

9 **Wesensbestimmend** ist für die öffentl. Veranstaltung iSd § 42 Abs. 1 ihr **außeralltäglicher Charakter.** Dieser findet Ausdruck in einer spezifischen Stimmung, welche Gefahren für die öffentl. Sicherheit und Ordnung in sich birgt. Das Verbot des Waffenführens im Zuge öffentl. Veranstaltungen soll gerade diesen Gefahren begegnen, die sich **spezifisch durch das Führen von Waffen im Zuge außeralltäglicher Ereignisse** ergeben. Die öffentl. Veranstaltung lässt sich durch den ihr eigenen außeralltäglichen Charakter vom bloßen gemeinsamen Verweilen an einem Ort unterscheiden. Indes kann der außeralltägliche Charakter eines Ereignisses iSe. pragmatischen Abgrenzung der Begrifflichkeit nicht an einer besonderen Veranlassung, einem programmhaft festgelegten Ablauf oder an einer örtlichen und zeitl. Begrenztheit festgemacht werden.

Auch **zeitlich wie räumlich auf Dauer eingerichtete Ereignisse** können durchaus einen **außeralltäglichen Charakter** aufweisen, soweit die Besucher bzw Teilnehmer häufig wechseln und der Besuch etwas aus dem Alltag Herausgehobenes darstellt. Wesentl. für die Einordnung ist die Beantwortung der Frage, ob sich eine Situation darstellt, in der eine **spezifische gefahrtragende Stimmung** bzgl. der öffentl. Sicherheit und Ordnung anzunehmen ist, welche aus der vom Alltag abgehobenen Eigenart des Ereignisses resultiert. Die Abgrenzung zwischen öffentl. Veranstaltung einerseits und bloßem gemeinsamen Verweilen an einem Ort andererseits wird nicht immer problemlos und zwingend erfolgen können. Eine Entsch. kann in Zweifelsfällen nur unter hinreichender Berücksichtigung der konkreten **Umstände im Einzelfall** erfolgen können.

10 **c) Einzelfälle.** Nach dem oben Gesagten zählen über die in Abs. 1 explizit benannten Beispiele hinaus auch Schützenfeste, Kirchweih- und Karnevalsveranstaltungen zu den öffentl. Veranstaltungen (*Steindorf/Gerlemann* WaffG § 42 Rn. 3). Ebenso zählen hierzu traditionelle Umzüge und Brauchtumsveranstaltungen jeder Art (*Heller/Soschinka* WaffR Rn. 510). Auch Wahlversammlungen sind als öffentl. Veranstaltungen iSd Vorschrift einzustufen (*Apel/Bushart* WaffG § 42 Rn. 2). Nicht zuletzt ist auch der Jahrmarkts- oder Weihnachtsmarktbesuch erfasst.

Gleiches gilt für den Betrieb eines dauerhaft betriebenen Freizeit- oder Vergnügungparks usw (aA BGH NJW 1991, 2715).

Nicht in den Bereich der öffentl. Veranstaltungen fällt der schlichte Alltagsbetrieb einer Gaststätte, eines Restaurants, einer Spielhalle usw, da es in diesen Fällen an der für die Annahme einer öffentl. Veranstaltung notwendigen Außeralltäglichkeit mangelt. Zu beachten ist jedoch, dass in diesen Einrichtungen ggf. anlassbezogen öffentl. Veranstaltungen abgehalten werden können.

4. Teilnahme

Nach der Rspr. des BGH ist das Teilnehmen mit Erscheinen, Anwesendsein gleichzusetzen und gehört wesensmäßig zum Begriff der Veranstaltung (BGH NJW 1991, 2715). Zwar ist zutreffend nach *Steindorf/Gerlemann* (WaffG § 42 Rn. 4) eine besondere Aktivität für eine Teilnahme nicht wesensnotwendig. Allerdings scheint diese Auslegung insofern zu weitgehend, als hiervon auch die zufällige lediglich vorübergehende Nähe zu einer Veranstaltung als „Teilnahme" erfasst würde. Gerade bei öffentl. Veranstaltungen unter freiem Himmel ist eine bloße vorübergehende Anwesenheit in *den* Fällen **nicht als Teilnahme** zu qualifizieren, in denen etwa eine Waffe im Rahmen einer Wegstrecke geführt wird, die **rein zufällig Berührungspunkte** mit einer öffentl. Veranstaltung aufweist (Bsp.: Angestellter geht von seinem Arbeitsplatz nach Feierabend zur nahe gelegenen Bushaltestelle und muss auf dieser Wegstrecke notgedrungen den in der Fußgängerzone stattfindenden Weihnachtsmarkt überqueren). Geht die Verweildauer über das für den Waffentransport notwendige Maß hinaus, liegt hingegen eine Teilnahme vor, ohne dass diese eine besondere Aktivität auf Seiten des Teilnehmenden voraussetzt. 11

Bei öffentl. Veranstaltungen in geschlossenen Räumen kann regelm. allein aus der Anwesenheit eine Teilnahme abgeleitet werden.

Auch Mitarbeiter privater Sicherheitsunternehmen sind während ihrer Tätigkeit bei der Veranstaltung unter den Begriff der Teilnehmer zu fassen. 11a

5. Sanktion

Der **Verstoß** gegen das Führensverbot nach § 42 Abs. 1 wird bei vorsätzlicher, aber auch fahrlässiger Begehungsweise als **Vergehen** gem. § 52 Abs. 3 Nr. 9 bestraft. 12

III. Behördliche Ausnahmen (Abs. 2)

Unter den Vorauss. des Abs. 2 kann die zust. Beh. **allg. oder für den Einzelfall Ausnahmen** vom Führensverbot nach Abs. 1 zulassen. Nach § 49 Abs. 2 Nr. 5 ist die Behörde zuständig, in deren Bezirk die Veranstaltung stattfinden soll. Aus der Formulierung „kann" folgt, dass der Behörde auch bei Vorliegen der Vorauss. nach Abs. 2 ein **Ermessenspielraum** eingeräumt ist, welcher die Einbeziehung von Zweckmäßigkeitserwägungen bei der Entsch. erlaubt (vgl. *Apel/Bushart* WaffG § 42 Rn. 10). 13

1. Erforderliche Zuverlässigkeit und persönliche Eignung (Abs. 2 Nr. 1)

Eine Ausnahme kommt nur in Betracht, soweit der Antragst. die **erforderliche Zuverlässigkeit** nach § 5 und die **persönliche Eignung** nach § 6 besitzt. Dieses Erfordernis besteht auch dann, wenn eine Ausnahme vom Verbot nach Abs. 1 für das Führen erlaubnisfreier Waffen begehrt wird. 14

2. Nachweis der Unverzichtbarkeit der Waffen (Abs. 2 Nr. 2)

Die zentrale Vorauss. für die Erteilung einer Ausnahme vom Führensverbot nach Abs. 1 hat der Gesetzgeber in Ziff. 2 angeführt, wonach der Antragst. nachweisen muss, dass er auf Waffen bei der öffentl. Veranstaltung **nicht verzichten** kann. Eine 15

Unverzichtbarkeit iSd Vorschrift ist nicht schon dann anzunehmen, wenn der Antragst. die Notwendigkeit des Führens von Waffen zur Erfüllung eines prinzipiell rechtmäßigen Zwecks darzulegen vermag. Vielmehr ist die Unverzichtbarkeit unter dem Gesichtspunkt der **traditionsgemäßen Üblichkeit** des Führens von Waffen auf öffentl. Veranstaltungen zu bemessen (BT-Drs. 14/7758, 77). Nur wenn das Führen von Waffen im Kontext der jeweiligen Veranstaltung üblich ist, kann eine Unverzichtbarkeit angenommen werden. Dies kommt insbes. bei **historischen Umzügen, Aufmärschen, Schützenveranstaltungen usw** in Betracht, bei denen das **Waffentragen Bestandteil der Veranstaltung** selbst sein kann. Demgemäß nimmt auch das BVerwG an, dass das Merkmal „nicht verzichten kann" auf die jeweilige Veranstaltung bezogen ist, nicht aber auf den Selbstschutz des Antragst. zielt (Beschl. v. 26.3.2008 – 6 B 11.08; vgl. *Apel/Bushart* WaffG § 42 Rn. 7; *Hahn* GewArch 2008, 383; *Lehmann* WaffG § 42 Rn. 40; *Steindorf/Gerlemann* WaffG § 42 Rn. 7).

Zu berücksichtigen ist hier, dass bzgl. Brauchtumsveranstaltungen die Sonderregelungen des § 16 Abs. 2–4 vorgehen (→ § 16 Rn. 7 ff.). Eine gesetzliche Ausnahmeregelung greift ebenfalls für **gefährdete Hoheitsträger,** § 55 Abs. 2 (→ § 55 Rn. 13 ff.). Eine Unverzichtbarkeit kommt aber auch in Betracht, wenn das Waffentragen zwar nicht selbst Bestandteil der Veranstaltung ist, aber in engem Zusammenhang mit ihr steht. Dies wird bspw. im Falle des Schutzes besonders gefährdeter Personen bei der Begleitung durch eine Menschenmenge, aber ebenso bei der Sicherung von Geldtransporten anzunehmen sein (*Heller/Soschinka* WaffR Rn. 513).

3. Keine Gefahr für die öffentliche Sicherheit oder Ordnung (Abs. 2 Nr. 3)

16 Schließlich darf keine Gefahr für die öffentl. Sicherheit oder Ordnung zu besorgen sein. Ob Gefahren für die öffentl. Sicherheit und Ordnung ausgeschlossen werden können, kann stets nur im Wege einer **Entsch. im Einzelfall** geklärt werden (*Steindorf/Gerlemann* WaffG § 42 Rn. 8). Im Zuge dieser Entsch. wird auch zu berücksichtigen sein, um **welche Art von mitzuführender Waffe** es sich handelt. Gefahren für die öffentl. Sicherheit und Ordnung sind insbes. stets dann zu befürchten, wenn den Umständen der Veranstaltung nach nicht auszuschließen ist, dass Waffen als Droh- oder Verteidigungsmittel eingesetzt werden. Es reicht bereits aus, dass das Führen von Waffen durch Dritte als Drohung fehlgedeutet werden kann (*Apel/Bushart* WaffG § 42 Rn. 8). Gefahren für die öffentl. Sicherheit und Ordnung sind zudem anzunehmen, wenn das unfriedliche Verhalten von Veranstaltungsteilnehmern oder aber das Abhandenkommen geführter Waffen in der Veranstaltung zu befürchten ist (*Steindorf/Gerlemann* WaffG § 42 Rn. 8). Bei Veranstaltungen, auf denen alkoholische Getränke ausgeschenkt werden und bei welchen es erfahrungsgemäß zu unbedachten Verhaltensweisen kommt, werden Ausnahmen nur dann zuzulassen sein, wenn durch entspr. **Auflagen** Gefahren für die öffentl. Sicherheit und Ordnung ausgeschlossen werden können (so auch *Heller/Soschinka* WaffR Rn. 514; *Steindorf/Gerlemann* WaffG § 42 Rn. 8).

Unter Zugrundelegung dieses **strengen Maßstabes** wird die Erteilung einer Ausnahmegenehmigung für Mitarbeiter eines Bewachungsunternehmens, welche im Rahmen einer Veranstaltung wertvolle Ausstellungsgegenstände bewachen, scheitern (vgl. *Apel/Bushart* WaffG § 42 Rn. 9). Ebenso wird Mitarbeitern von Sicherheits- und Ordnungsdiensten für ihre Tätigkeit bei öffentl. Veranstaltungen keine Ausnahmegenehmigung erteilt, auch wenn das Führen von Waffen (Schlagstock, Reizstoffsprühgerät usw) im Rahmen der Aufgabenerfüllung eines Sicherheitsdienstes ansonsten durchaus üblich und ggf. auch sachdienlich ist.

4. Weitere gesetzliche Ausnahmen

Die in § 55 Abs. 1 genannten Behörden und deren Bedienstete fallen von vornherein nicht in den Anwendungsbereich des Verbots nach Abs. 1, soweit sie dienstlich tätig werden. 17

Das Gleiche gilt für die Bediensteten anderer Staaten iSd § 55 Abs. 3.

Weitere Ausnahmen vom Führensverbot ergeben sich aus § 12 Abs. 3. Dieser sieht für erlaubnispflichtige Waffen (Schussw., den Schussw. gleichgest. tragbare Gegenstände, § 2 Abs. 2 iVm Anl. 2 Abschn. 2 UAbschn. 1 S. 1) Ausnahmen von der Erlaubnispflicht hinsichtlich des Führens vor. Diese erstrecken sich tlw. auch auf den Bereich öffentl. Veranstaltungen. So wirkt das erlaubnisfreie Führen als Teilnehmer an genehmigten Sportwettkämpfen nach § 12 Abs. 3 Nr. 3 (→ § 12 Rn. 74) und das erlaubnisfreie Führen von SRS-Waffen bei Sportveranstaltungen nach § 12 Abs. 3 Nr. 5 (→ § 12 Rn. 81) gleichzeitig als Ausnahme vom Waffentrageverbot nach § 42 Abs. 1. 17a

Spezialgesetzliche Regelungen enthält § 16 Abs. 2–4 zu Bewilligungen hinsichtlich des Führens und Schießens für Brauchtumsschützen (→ § 16 Rn 7 ff.). 17b

IV. Ausweispflicht (Abs. 3)

Um die möglichen nach Abs. 2 zugelassenen Ausnahmen vom Waffentrageverbot behördlicherseits nachvollziehen zu können, hat der Gesetzgeber in Abs. 3 der Vorschrift festgelegt, dass diejenigen Personen, denen nach Abs. 2 eine Ausnahmegenehmigung zum Führen bestimmter Waffen auf einer öffentl. Veranstaltung erteilt worden ist, den **Ausnahmebescheid mit sich führen** müssen und diesen auf Verlangen zur Kontrolle berechtigten Personen (Polizeibeamte, nicht uniformierte Beamte der Ordnungsämter) zur Prüfung auszuhändigen haben. 18

Die Regelung des Abs. 3 **ergänzt die allg.**, in § 38 enthaltenen **Ausweispflichten** (→ § 38 Rn. 2 ff.). Demnach ersetzt die in Abs. 3 enthaltene Ausweispflicht nicht die Ausweispflichten des § 38, sondern sieht eine **zusätzliche Ausweispflicht** für einen bestimmten Personenkreis vor. Die in § 38 festgeschriebenen Ausweispflichten werden davon nicht tangiert und bleiben dementspr. **vollumfänglich bestehen.** IErg muss also neben dem Ausnahmebescheid auch stets der Personalausweis oder Pass und zudem (falls es sich um eine erlaubnispflichtige Waffe handelt) die WBK bzw der WS mitgeführt und auf Verlangen zur Prüfung ausgehändigt werden, vgl. § 38. 19

Während Verstöße gegen Ausweispflichten nach § 38 als Ordnungswidrigkeit nach § 53 Abs. 1 Nr. 20 geahndet werden, hat der Gesetzgeber für Verstöße gegen die Ausweispflicht nach § 42 Abs. 3 **keine Sanktion** vorgesehen. Gleichwohl werden Verstöße gegen die in § 42 Abs. 3 festgelegte Ausweispflicht regelm. nicht folgenlos bleiben, da hier zunächst die Einleitung eines Strafverfahrens wegen des Verdachts einer Straftat nach § 52 Abs. 3 Nr. 9 (Führen einer Waffe im Rahmen einer öffentl. Veranstaltung entgegen dem Verbot nach § 42 Abs. 1) in Betracht kommt (vgl. *Apel/Bushart* WaffG § 42 Rn. 11). Zudem können wiederholte Verstöße **Zweifel an der Zuverlässigkeit** begründen und Anlass für ein behördliches Widerrufsverfahren evtl. erteilter waffenrechtl. Erlaubnisse sein (vgl. § 45 Abs. 2). 20

V. Allgemeine Ausnahmesachverhalte (Abs. 4)

In Abs. 4 sind Sachverhalte angeführt, auf welche die Regelungen der Abs. 1–3 keine Anwendung finden. Demgemäß hat der Gesetzgeber allg. Ausnahmesachverhalte vorgesehen, für welche das generelle Führensverbot des § 42 Abs. 1 nicht gilt. 21

1. Theateraufführungen und gleich zu achtende Aufführungen (Abs. 4 Nr. 1)

22 Zunächst sind Mitwirkende an Theateraufführungen und gleich zu achtenden Aufführungen vom Führensverbot des Abs. 1 ausgenommen, soweit sie Waffen **zu diesem Zwecke** führen. Als gleich zu achtende Aufführungen kommen etwa Filmaufnahmen in Betracht, soweit diese den Charakter einer öffentl. Veranstaltung aufweisen, was lediglich selten der Fall sein dürfte (vgl. *Apel/Bushart* WaffG § 42 Rn. 12).

Zu den **Mitwirkenden** sind prinzipiell nur solche Personen zu zählen, die einen **eigenen Beitrag** zu der Gestaltung der Theateraufführung oder gleich zu achtenden Aufführung leisten. Während Komparsen noch hierher zählen, sind bloße **Zuschauer oder Besucher** einer Veranstaltung **keine Mitwirkenden,** auch wenn sie im Rahmen einer Animation in die Aufführung durch einen spontanen Beitrag mit einbezogen werden sollten. Bei Bühnenarbeitern und sonstigem Personal muss differenziert werden. Diese sind nur dann Mitwirkende, wenn sie konkret an der Gestaltung des Bühnenbildes oder durch Bereitstellung der Requisiten usw die Aufführung unterstützen.

Die Ausnahme gilt zunächst für alle Waffen nach § 2 Abs. 2 Nr. 2 (tragbare Waffen im techn. Sinn und tragbare Waffen im nichttechn. Sinn, soweit sie in Anl. 1 Abschn. 1 UAbschn. 2 Nr. 2 aufgeführt sind). Für Schussw. gilt die Ausnahme vom Führensverbot nur, soweit diese entweder **ungeladen** (keine Munition in der Waffe) oder aber lediglich mit **Kartuschenmunition** geladen geführt werden. Allerdings kommt ein Führen dieser Waffen auch im Rahmen einer Theateraufführung überhaupt nur in Betracht, soweit sie nicht als verbotene Waffen in Anl. 2 Abschn. 1 aufgeführt sind, da Abs. 4 ausschl. Ausnahmen vom Führensverbot nach § 42 Abs. 1 zu begründen vermag und anderweitige Waffenverbote (hier gem. § 2 Abs. 3) hiervon nicht berührt werden.

2. Schießen in genehmigten Schießstätten (Abs. 4 Nr. 2)

23 Das Schießen in genehmigten Schießstätten hat in § 27 eine gesonderte Regelung erfahren, welche die Vorauss. hierfür detailliert festlegt. Daher soll dieses auch dann vom Verbot des § 42 Abs. 1–3 ausgenommen sein, wenn es im Rahmen von öffentl. Veranstaltungen wie bspw. Schützenfesten vonstatten geht. Verbandsschießen oder Wettkämpfe mit festgelegtem Teilnehmerkreis sind keine öffentl. Veranstaltungen (vgl. *Steindorf/Gerlemann* WaffG § 42 Rn. 11). Die Freistellung vom Verbot ist **begrenzt auf die Dauer des tats. Schießens** (*Apel/Bushart* WaffG § 42 Rn. 13).

3. Vorliegen einer Schießerlaubnis (Abs. 4 Nr. 3)

24 Weiterhin soll das Verbot nicht greifen, soweit eine Schießerlaubnis nach § 10 Abs. 5 vorliegt.

Dieser Ausnahmetatbestand dürfte praktisch **von untergeordneter Bedeutung** sein, da der Spezialvorschrift des § 16 Abs. 2 Vorrang zu gewähren ist, welche die Vorauss. für das Führen von Waffen im Rahmen von Brauchtumsveranstaltungen regelt (§ 16 Rn. 7 ff.). So fallen Böllerschützen (soweit sie vom Geltungsbereich des WaffG erfasst sind) bspw. nicht in den Regelungsbereich der Nr. 3, sondern des § 16 Abs. 2 (*Apel/Bushart* WaffG § 42 Rn. 14).

Soweit der Anwendungsbereich der Nr. 3 eröffnet ist, gilt es zu beachten, dass die bloße Schießerlaubnis nach § 10 Abs. 5 nicht ausreicht. Diese muss vielmehr **explizit** auch **das Schießen im Rahmen der öffentl. Veranstaltung erfassen,** damit die Verbotsausnahme greift (*Apel/Bushart* WaffG § 42 Rn. 14). Im Regelfall wird die Behörde die Schießerlaubnis für das Schießen mit Schussw. außerhalb von

Schießstätten mit der Auflage versehen, dass von ihr bei öffentl. Veranstaltungen kein Gebrauch gemacht werden darf (*Steindorf/Gerlemann* WaffG § 42 Rn. 12).

Soweit das Führen bestimmter Waffen auf einer öffentl. Veranstaltung nach den Regelungen des § 12 erlaubnisfrei gestellt ist oder aber eine Schießerlaubnis entbehrlich ist, **greift bereits das Führensverbot nach § 42 Abs. 1 nicht** (vgl. *Apel/Bushart* WaffG § 42 Rn. 14). Von besonderer Praxisrelevanz ist hier das gem. § 12 Abs. 4 Nr. 5 erlaubnisfreie Führen von und Schießen mit Schreckschuss- oder Signalwaffen im Rahmen von Sportveranstaltungen (→ § 12 Rn. 99). In solch gelagerten Fällen **bedarf es keiner Ausnahme nach Nr. 3.**

4. Gewerbliches Ausstellen auf Messen und Ausstellungen (Abs. 4 Nr. 4)

NachAbs. 4 Nr. 4 ist auch das gewerbliche Ausstellen von Waffen auf Messen und Ausstellungen vom Verbot des Waffenführens nach Abs. 1 der Vorschrift ausgenommen. 25

VI. Ermächtigung zum Erlass weiterer Verbote durch Rechtsverordnungen (Abs. 5)

Durch das 2. ÄndG (→ Einf. Rn. 23) ist die Vorschrift des § 42 WaffG mit Wirkung zum 23.11.2007 durch die Regelung des Abs. 5 erweitert worden. Abs. 5 enthält eine Ermächtigung der Landesregierungen zum Erlass von RVO, mit denen die Reglementierungen des WaffG auf Landesebene bei Vorliegen der tatbestandlichen Vorauss. des Abs. 5 S. 1 im Bedarfsfalle **zusätzlich verschärft** werden können. 26

Die Regelung des Abs. 5 ist vor dem Hintergrund in das WaffG eingefügt worden, dass sich zunehmend – namentlich in Großstädten – **kriminalitätsgeneigte Viertel** herauskristallisiert haben, welche durch überdurchschnittlich viele Straftaten unter Einsatz von Waffen oder aber andere Gewaltdelikte wie Raub, Körperverletzung usw in Erscheinung treten (vgl. BT-Drs. 16/1991, 6). Häufig handelt es sich hierbei um Siedlungsbereiche mit einem hohen Anteil sozialschwacher und gesellschaftlich randständiger Bewohner. Aber ebenso zählen typische „**Touristenmeilen**" (bspw. die Hamburger Reeperbahn) hierzu.

Durch die RVO kann das Führen jeglicher Waffen iSd WaffG in den og Räumen beschränkt oder gänzlich verboten werden, soweit für die Zukunft die weitere Begehung gewaltgeprägter Straftaten zu befürchten ist. Gemeinsam mit den waffenrechtl. Beschränkungen kann, ggf. auf die Polizei- und Ordnungsgesetze der Länder gestützt, auch das Führen bestimmter gefährlicher Gegenstände (welche nicht dem WaffG unterfallen) eingeschränkt oder verboten werden.

Soweit in der RVO auf das WaffG verwiesen wird, kann ein Verstoß gegen die in der RVO festgeschriebenen Reglementierungen als Ordnungswidrigkeit nach § 53 Abs. 1 Nr. 23 geahndet werden. 26a

1. Vom Verbot prinzipiell erfasste Gegenstände

Erfasst sind von dieser Regelung **ausschl. Waffen iSd WaffG,** wohingegen sonstige gefährliche Gegenstände, wie bspw. Baseballschläger, Tierabwehrsprays usw, nicht unter die Regelung des Abs. 5 fallen. Gleichwohl geht die Bundesregierung **unzutreffenderweise** offensichtlich davon aus, dass auch das Verbot des Führens gefährlicher Gegenstände, welche nicht Waffe iSd WaffG sind (Baseballschläger, Äxte, alle Arten von Gebrauchsmessern usw), durch RVO auf die Ermächtigungsgrundlage des § 42 Abs. 5 gestützt werden kann (vgl. BT-Drs. 16/7717, 96). Das Waffentrageverbot wird im Zuge des Erlasses einer RVO ggf. gemeinsam mit dem 27

Verbot des Führens bestimmter gefährlicher Gegenstände (welche keine Waffen iSd WaffG sind) einhergehen. Dieses kann indes nicht auf die in § 42 Abs. 5 enthaltene Ermächtigungsgrundlage gestützt werden. Eine solche kann sich aber aus den Polizei- und Ordnungsgesetzen der Länder ergeben.

2. Sachliche und räumliche Grenzen des Verbots

28 Durch klare tatbestandliche Vorgaben will der Bundesgesetzgeber ausufernde waffenrechtl. Einschränkungen auf Landesebene mittels RVO und eine damit tendenziell uneinheitliche Rechtslage auf dem Gebiet des Waffenrechts im Bundesgebiet verhindern.

29 Beschränkende RVO können nur für besonders kriminalitätsgeneigte Örtlichkeiten ergehen, welche durch besondere Formen der Kriminalität tatsächlich in Erscheinung getreten sind und dies auch für die Zukunft zu befürchten ist. Demnach dürfen die Landesregierungen das Führen von Waffen zunächst lediglich auf **bestimmten** öffentl. Straßen, Wegen und Plätzen verbieten oder einschränken. Eine RVO, welche das Führen bestimmter Waffen generell und ohne konkrete räumliche Begrenzung einschränkt oder verbietet, ist **nicht** von der Ermächtigungsgrundlage des Abs. 5 gedeckt.

30 Weitere Vorauss. ist, dass an den in der RVO benannten Örtlichkeiten in der Vergangenheit **wiederholt Straftaten** unter Einsatz von Waffen (Abs. 5 S. 1 Nr. 1) oder Raubdelikte, Körperverletzungsdelikte, Bedrohungen, Nötigungen, Sexualdelikte, Freiheitsberaubungen oder Straftaten gegen das Leben begangen worden sind. Die vom Gesetzgeber geforderten Erscheinungsformen der Kriminalität knüpfen demnach an **zwei verschiedene Gesichtspunkte** an: Zum einen soll jedwede Straftat den Erlass einer das Führen von Waffen einschränkenden RVO legitimieren, soweit sie nur unter Einsatz einer Waffe verübt worden ist (Nr. 1). Unerheblich ist hier die tatsächliche Tragweite der Straftat, ebenso kommt es nicht darauf an, ob die Straftat mit einer verbotenen, erlaubnispflichtigen oder erlaubnisfreien Waffe begangen worden ist. Darüber hinaus kommen auch Straftaten ohne Waffengebrauch in Betracht, soweit es sich um eine gewaltgeprägte Katalogstraftat nach Nr. 2 handelt.

31 Die Straftaten müssen an den besagten Örtlichkeiten **wiederholt** begangen worden sein. Das Gesetz benennt keine konkret erforderliche Häufigkeit bzw Wiederholungsanzahl. Zudem lässt der Gesetzgeber offen, woraus sich die wiederholte Begehung herleiten lassen muss, bzw ob diese besonders zu dokumentieren ist. Dies wird insbes. dort relevant, wo keine präzisen Kriminalitätsstatistiken unter den in Abs. 5 S. 1 Nr. 1 und 2 benannten Gesichtspunkten geführt werden. In der Praxis dürfen keine überzogenen Anforderungen an diese prinzipiellen Vorauss. gestellt werden. Insbes. ist eine konkrete Mindestanzahl der „wiederholten Begehung" nicht erforderlich, zudem bedarf es keiner validen statistischen Belegbarkeit derselben. Dies wird in weiten Teilen infolge der derzeitigen Erhebungspraxis der Kriminalitätsstatistik gar nicht möglich sein. Zudem spricht die Intention des Gesetzgebers dagegen. Auf Länderebene sollte eine **möglichst flexible** Option geschaffen werden, im Bedarfsfall punktuell mit waffenrechtl. Beschränkungen reagieren zu können. Ob ein solcher Bedarfsfall vorliegt, kann nicht einzig an der Anzahl und der objektiven Erheblichkeit der begangenen Straftaten bemessen werden. Namentlich in Bezug auf die ggf. erhebliche **präventive Wirkung** einer das Führen von Waffen einschränkenden RVO müssen auch Faktoren wie die Öffentlichkeitswirksamkeit vorangegangener Straftaten usw in die Abwägung mit einfließen, ob im Einzelfall waffenrechtl. Beschränkungen angezeigt sind. Bei der Beurteilung, ob die wiederholte Begehung bestimmter Straftaten idS vorliegt, dass diese den Erlass einer RVO nach § 42 Abs. 5 rechtfertigt, dürfen zusammenfassend **keine starren Maßstäbe** angelegt werden, vielmehr ist den Landesbehörden bei der Beurteilung des Einzelfalles ein **weiter Ermessensspielraum** beizumessen.

Schließlich muss auf Grund **tatsächlicher Anhaltspunkte** auch für die **Zukunft** 32
von der weiteren Begehung gewaltgeprägter Straftaten auszugehen sein. Für diese Zukunftsprognose reichen bloße Vermutungen und Spekulationen **nicht** aus. Es bedarf **verbindlicher Tatsachenfeststellungen,** welche die Annahme rechtfertigen, dass sich die für die Vergangenheit festgestellten Kriminalitätsstrukturen beim ungesteuerten Fortgang der Dinge auch in der Zukunft fortsetzen werden. Auch hier sind keine überzogenen Anforderungen zu stellen, um dem präventiven Charakter der Norm Rechnung zu tragen. So wird für eine entspr. **Prognose** regelm. ausreichen, dass die bestimmenden soziokulturellen Verhältnisse, welche in der Vergangenheit die prägenden Rahmenbedingungen für das besorgende Kriminalitätsklima ausmachten, zwischenzeitlich unverändert geblieben sind.

Die in der RVO vorgesehenen waffenrechtl. Beschränkungen können **allg.** oder 33
aber für den **Einzelfall** vorgesehen sein. Typischerweise werden die Beschränkungen allg. erlassen.

Eine entspr. RVO ist bspw. im Bundesland Hamburg erlassen worden, welche auf 34
§ 42 Abs. 5 gestützt das Führen von Waffen an den besonders kriminalitätsbelasteten Orten „Reeperbahn" und „Hansaplatz" untersagt. Darüber hinaus untersagt die RVO das Führen bestimmter gefährlicher Gegenstände und sieht verschiedene Ausnahmen vom prinzipiellen Führensverbot vor (vgl. Verordnung über das Führen von Waffen und gefährlichen Gegenständen vom 4.12.2007, HmbGVBl. 2007, S. 411, abgedr. bei *Lehmann* WaffG B 10.3). Im Jahr 2009 hat auch das **Land Bremen** eine **Waffenverbotszone** erlassen. Im Bereich des Bahnhofsplatzes und der sog „Diskomeile" ist das Führen jeglicher Waffen iSd WaffG und darüber hinaus auch das Führen bestimmter gefährlicher Gegenstände untersagt (Polizeiverordnung über das Verbot des Führens von gefährlichen Gegenständen). Unzutreffend wird diese RVO ausschl. auf die Rechtsverordnungskompetenz aus § 49 und § 50 Abs. 2 des Bremischen Polizeigesetzes gestützt. Soweit in der RVO das Führen von Waffen über die Regelungen des WaffG hinaus limitiert wird, hätte die RVO richtigerweise auf § 42 Abs. 5 gestützt werden müssen.

Auf den Einzelfall bezogen kommt eine **anlassbezogene Beschränkung** in 35
Betracht, welche etwa das räuml Umfeld bestimmter öffentl. Veranstaltungen für die Dauer der Veranstaltung erfasst. Das Führen jeglicher Waffen auf der Veranstaltung selbst ist bereits nach § 42 Abs. 1 verboten.

3. Ausnahmen (Abs. 5 S. 2)

Abs. 5 S. 2 sieht iSe. maßvollen Anwendung der Vorschrift vor, dass die RVO 36
ausdr. die Befugnis für die zust. Beh. enthalten soll, Ausnahmen von den Beschränkungen bzw Verboten der RVO allg. oder für den Einzelfall zuzulassen. Diese Ausnahmen können (und sollen) insbes. für Inhaber waffenrechtl. Erlaubnisse, Anwohner und Gewerbetreibende zugelassen werden, soweit keine Gefährdung der öffentl. Sicherheit zu besorgen ist. Durch diese bereits vom Gesetzgeber der Ermächtigungsgrundlage vorgesehenen Ausnahmen sollen **unbillige Härten** durch den Erlass einschränkender RVO **vermieden** werden.

4. Ausweispflicht, Anwendbarkeit des Abs. 3 (Abs. 5 S. 3)

Um die möglichen Ausnahmen von den Einschränkungen der RVO behördli- 37
cherseits nachvollziehen zu können, schreibt Abs. 5 S. 3 vor, dass die Bestimmungen des § 42 Abs. 3 im Rahmen der Regelung des Abs. 5 S. 2 zur Anwendung kommen. IErg müssen die von der Ausnahme begünstigten Personen demnach den Ausnahmebescheid mit sich führen und auf Verlangen zur Prüfung aushändigen. Die Ausweispflichten nach § 38 (→ § 38 Rn. 2 ff.) bleiben von dieser Bestimmung unberührt.

38 Während Verstöße gegen Ausweispflichten nach § 38 als Ordnungswidrigkeit nach § 53 Abs. 1 Nr. 20 geahndet werden, hat der Gesetzgeber für Verstöße gegen die Ausweispflicht nach § 42 Abs. 5 S. 3 iVm Abs. 3 **keine Sanktion** vorgesehen. Im Übrigen gilt das zu Abs. 3 Gesagte, → Rn. 18 ff.

5. Übertragung der Befugnis zum Erlass der Rechtsverordnungen (Abs. 5 S. 4)

39 In Abs. 5 S. 4 ist schließlich festgelegt, dass die Landesregierung ihre Befugnis zum Erlass von RVO iSd Vorschrift auf die zuständige oberste Landesbehörde übertragen kann, welche die Befugnis ihrerseits weiter übertragen kann. Die Übertragbarkeit der Erlasskompetenz ermöglicht, dass tats. auch diejenigen Verwaltungsbehörden zum Erlass der RVO ermächtigt werden, welche über die notwendige Fachkompetenz verfügen. Den Eigenheiten der Bundesländer entspr. erfolgt die Delegation in landeseigener Verantwortung.

6. Schlussbetrachtung

40 Nicht selten wird unter dem Gesichtspunkt der Rechtsklarheit zweifelhaft sein, ob für den Bürger, vor allem für Touristen und Kurzurlauber, ohne Weiteres auszumachen sein wird, ob er sich gerade in einem Gebiet aufhält, für welches durch RVO besondere Waffenverbote erlassen worden sind. ISd Rechtsklarheit ist Sorge dafür zu tragen, dass durch RVO erlassene Beschränkungen und Verbote entspr. publik gemacht werden.

Trotz der Einbeziehung von Beschränkungs- und Verbotsausnahmen in die Norm werden **Härten im Einzelfall** kaum zu vermeiden sein. Gerade in einer Waffenverbotszone niedergelassene Waffenhändler werden in ihrer wirtschaftlichen Existenzgrundlage betroffen sein, auch wenn sie selbst vom Verbot ausgenommen sein sollten.

Regelm. werden allerdings die **Individualinteressen der Waffenhändler** hinter dem gesellschaftlichen Interesse an einer hinreichenden Gewährleistung der öffentl. Sicherheit und Ordnung **zurückzutreten** haben.

Abs. 5 eröffnet auf Landesebene eine Möglichkeit, im Bedarfsfall flexibel waffenrechtl. Verschärfungen vorzunehmen. Zugleich wird eine generelle und ohne weitere Differenzierungen greifende Verschärfung des WaffG vermieden.

§ 42a Verbot des Führens von Anscheinswaffen und bestimmten tragbaren Gegenständen

(1) **Es ist verboten**
1. **Anscheinswaffen,**
2. **Hieb- und Stoßwaffen nach Anlage 1 Abschnitt 1 Unterabschnitt 2 Nr. 1.1 oder**
3. **Messer mit einhändig feststellbarer Klinge (Einhandmesser) oder feststehende Messer mit einer Klingenlänge über 12 cm**

zu führen.

(2)[1] **Absatz 1 gilt nicht**
1. **für die Verwendung bei Foto-, Film- oder Fernsehaufnahmen oder Theateraufführungen,**
2. **für den Transport in einem verschlossenen Behältnis,**
3. **für das Führen der Gegenstände nach Absatz 1 Nr. 2 und 3, sofern ein berechtigtes Interesse vorliegt.**

[2]**Weitergehende Regelungen bleiben unberührt.**

(3) **Ein berechtigtes Interesse nach Absatz 2 Satz 1 Nr. 3 liegt insbesondere vor, wenn das Führen der Gegenstände im Zusammenhang mit der Berufsausübung erfolgt, der Brauchtumspflege, dem Sport oder einem allgemein anerkannten Zweck dient.**

Übersicht

I. Allgemeines

Die Regelung des § 42a WaffG ist mit dem **2. ÄndG** (→ Einf. Rn. 23) mit Wirkung zum **1.4.2008** in Kraft getreten (zum Gesetzgebungsverfahren vgl. *Heller/Soschinka* WaffR Rn. 521, Fn. 162) und hat im Zuge des **6. ÄndG** (→ Einf. Rn. 26c) in Abs. 3 eine redaktionell-rechtsförmliche Präzisierung hinsichtlich der darin enthaltenen Rechtsverweisung erfahren. Die Norm hat nachhaltige Auswirkungen auf die **strukturellen Wirkungen** des Waffenrechts: Sie enthält weitgreifende prinzipielle Führensverbote für sämtliche Hieb- und Stoßwaffen sowie für Anscheinswaffen. Zudem untersagt sie das Führen bestimmter Gegenstände (Einhandmesser und feststehende Messer mit einer Klingenlänge über 12 cm), die nicht als Waffe iSd WaffG zu qualifizieren sind und damit dem Grunde nach nicht vom Anwendungsbereich des WaffG erfasst sind. 1

In Abs. 1 enthält die Norm das grds. Verbot, bestimmte Gegenstände zu führen. Der Gesetzgeber unterscheidet hierbei zwischen drei Verbotsgruppen. Nach Abs. 1 Nr. 1 ist zunächst das Führen sämtlicher **Anscheinswaffen** generell verboten, wohingegen Nr. 2 das Führen sämtlicher **Hieb- und Stoßwaffen** untersagt. Hiervon gesondert zu betrachten ist die Regelung des Abs. 1 Nr. 3, nach welcher das Führen von **Einhandmessern** und sämtlichen **feststehenden Messern** mit einer Klingenlänge **über 12 cm** dem Grundsatz nach verboten ist. Die durch den Gesetzgeber in Abs. 1 Nr. 3 getroffene Regelung hebt sich von den Verboten nach Nr. 1 und 2 insofern ab, als hier Gegenstände von einer Norm des WaffG erfasst werden, welche *per definitionem* keine Waffe iSd WaffG sind. Die Vorschrift des § 42a Abs. 1 Nr. 3 stellt daher einen **Bruch in der Systematik** des WaffG dar.

In Abs. 2 sind diverse **Ausnahmen vom Verbot** nach Abs. 1 festgeschrieben, wobei die Ausnahmen jeweils für bestimmte in Abs. 1 def. Verbotsgruppen greifen.

In Abs. 3 der Vorschrift ist schließlich der Begriff des **berechtigten Interesses** näher dargelegt, welcher für das Greifen einer Verbotsausnahme nach Abs. 2 Nr. 3 maßgeblich ist.

II. Verbot des Führens (Abs. 1)

2 Die Vorschrift des § 42a schränkt ausschl. die Umgangsart des Führens ein (zum Führen → Anl. 1 Rn. 174 ff.). Alle übrigen Umgangsarten werden von der Vorschrift nicht berührt.

1. Anscheinswaffen (Abs. 1 Nr. 1)

3 In Abs. 1 Nr. 1 ist das Führen von **Anscheinswaffen** (→ Anl. 1 Rn. 44 ff.) grds. verboten.

4 **a) Allgemeines.** Das dem Thema Waffenattrappen zugrunde liegende **Spannungsverhältnis** besteht darin, dass bisweilen obj. ungefährliche Gegenstände optisch scharfen Schussw. nachempfunden sind und vom äußeren Erscheinungsbild her nicht ohne Weiteres von diesen zu unterscheiden sind. Diese **potenzielle psychische Zwangswirkung** sowie die Gefahr des missbräuchlichen Umgangs mit Anscheinswaffen will der Gesetzgeber rechtl. nicht unberücksichtigt lassen. Andererseits ist er im Kontext der **obj. Ungefährlichkeit** darum bemüht, überzogene Anforderungen an den Umgang mit Waffenattrappen zu vermeiden. Letztlich hat der Gesetzgeber entschieden, dass Waffenattrappen dem Grundsatz nach **nicht geführt werden dürfen.**

Allerdings unterliegen die Anscheinswaffen einzig dem Führensverbot nach § 42a Abs. 1 Nr. 1 und sind im Übrigen vom Geltungsbereich des WaffG ausgenommen (vgl. Anl. 2 Abschn. 3 UAbschn. 2). Dieser rechtl. Einordnung entspr. unterliegen Anscheinswaffen auch **nicht dem Alterserfordernis des § 2 Abs. 1** und können demgemäß **frei als Spielzeug** verkauft werden. Zudem unterliegen sie nicht den Aufbewahrungsvorschriften nach § 36 Abs. 1, 5 iVm § 13 AWaffV, und auch vom Verbot des Führens von Waffen bei öffentl. Veranstaltungen gem. § 42 Abs. 1 sind sie nicht erfasst.

Erklärtes Ziel des Gesetzgebers war es, den Missbrauch von Anscheinswaffen einzudämmen. Konsequenterweise hätte der Gesetzgeber Anscheinswaffen nicht nur dem Führensverbot des § 42a Abs. 1 Nr. 1 unterwerfen müssen, sondern zudem auch dem Alterserfordernis des § 2 Abs. 1. Ein Wertungswiderspruch lässt sich nicht von der Hand weisen, wenn der Gesetzgeber einen Gegenstand einerseits von allen für erlaubnisfreie Waffen geltenden Vorschriften ausnimmt und andererseits ein generelles Führensverbot für diesen vorsieht. Die Geltung des Alterserfordernisses für Anscheinswaffen hätte das Führensverbot iSe. möglichst effektiven Eindämmung des Missbrauchs trefflich ergänzt.

5 **b) Begriff.** Der Begriff „Anscheinswaffe" (→ Anl. 1 Rn. 44 ff.) ist in Anl. 1 Abschn. 1 UAbschn. 1 Nr. 1.6 geregelt. Demnach bildet die **Anscheinswaffe** den **Oberbegriff** für Gegenstände, die zwar unter objektiven Gesichtspunkten ungefährlich sind, aber vom optischen Erscheinungsbild her den Eindruck einer scharfen Schussw. erwecken.

Zur alten Rechtslage und Entstehungsgeschichte der Norm → 1. Aufl. § 42a Rn. 6 f. 6

(unbesetzt) 7

2. Hieb- und Stoßwaffen (Abs. 1 Nr. 2)

Weiterhin unterliegen alle Hieb- und Stoßwaffen (→ Anl. 1 Rn. 92 ff.) nach Anl. 1 Abschn. 1 UAbschn. 2 Nr. 1.1 dem Führensverbot. Soweit Hieb- und Stoßwaffen nicht vom Gesetzgeber verboten sind (→ Anl. 2 Rn. 28 ff.), stellen sie **erlaubnisfreie Waffen** dar. Für diese gilt zunächst die allg. Ausweispflicht aus § 38 Abs. 1 Nr. 1, das allg. Alterserfordernis nach § 2 Abs. 1 und das Verbot des Führens bei öffentl. Veranstaltungen nach § 42 Abs. 1. 8

Insoweit Abs. 1 Nr. 2 das Führen grds. verbietet, stellt die Regelung eine **einschneidende Limitierung** des Umgangs mit erlaubnisfreien Hieb- und Stoßwaffen dar. Diese wird indes durch die in Abs. 2 gefassten Ausnahmetatbestände in ihrer Wirkung relativiert.

Bei den Hieb- und Stoßwaffen handelt es sich um tragbare Gegenstände iSd § 1 Abs. 2 Nr. 2a und damit um **Waffen im techn. Sinn,** welche sich dadurch auszeichnen, dass sie von der Zweckbestimmung her dazu bestimmt sind, die Angriffs- oder Abwehrfähigkeit von Menschen herabzusetzen oder auszuschalten. Hierzu zählen insbes. Säbel, Dolche und Kampfmesser. Bei der Einstufung von Messern als Hieb- und Stoßwaffe ist die Klingenlänge von 12 cm irrelevant (→ Anl. 1 Rn. 94c). Ebenso zählen hierher Teleskopschlagstöcke, Tonfa, Kubotan (aA BKA-FB v. 5.3.2008, AZ. SO 11-5164.01-Z-170) usw. Schließlich fallen alle selbstgebauten Waffen hierunter, soweit sie unter Ausnutzung der Muskelkraft durch Hieb, Stoß, Stich, Schlag oder Wurf Verletzungen beizubringen bestimmt sind.

Nicht erfasst vom prinzipiellen Führensverbot sind erlaubnisfreie Waffen, welche nicht als Hieb- oder Stoßwaffe einzustufen sind (etwa amtl. zugelassene und gekennzeichnete Elektroimpulsgeräte, amtl. zugelassene und gekennzeichnete Reizstoffsprühgeräte, aber auch Armbrüste).

3. Einhandmesser sowie feststehende Messer mit einer Klingenlänge über 12 cm (Abs. 1 Nr. 3)

Schließlich sollen vom Führensverbot nach dem Willen des Gesetzgebers auch Einhandmesser und feststehende Messer mit einer Klingenlänge über 12 cm erfasst sein. 9

a) Allgemeines. Bestimmte Messertypen haben insbes. unter gewaltbereiten Jugendlichen eine weite Verbreitung gefunden. So hat das Einhandmesser in dieser Klientel annähernd den **Kultstatus** des seit 1.4.2003 verbotenen Butterflymessers eingenommen (vgl. BT-Drs. 16/8224, 17). Entspr. waren vermehrt Provokationen mit bestimmten Messertypen sowie Straftaten unter Verwendung derselben festzustellen (vgl. BR-Drs. 701/07 – kritisch hierzu *Ostgathe* WaffR kompakt S. 101 f.). Im Zuge dieser Entwicklung sah der Gesetzgeber sich veranlasst, bestimmte Messer einem Führensverbot zu unterwerfen, um so den Missbrauch dieser Messer einzudämmen. Entgegen der eigentlichen politischen Intention ist das Führensverbot aber nicht an die og Zielgruppe gerichtet, sondern erfasst alle Bürger gleichermaßen (BT-Drs. 16/7717, 40). Diese weite Fassung des Führensverbots lässt bezweifeln, inwieweit es überhaupt das ursprüngliche politische Ansinnen zu verfolgen in der Lage ist. Zudem ist durch die letztlich in Geltung gekommene allg. Verbotsregelung erforderlich geworden, weitreichende Ausnahmen vom Verbot des Führens zuzulassen, um eine sozial inakzeptable Reglementierung des Bürgers zu vermeiden. 10

Das in Kraft getretene Verbot stellt namentlich deshalb eine **umstrittene** Regelung dar, da hier explizit solche Gegenstände vom Gesetzgeber benannt sind, welche

nicht als Waffe iSd WaffG zu qualifizieren und daher nicht vom Regelungsbereich des WaffG erfasst sind. In § 1 Abs. 1 hat der Gesetzgeber den Anwendungsbereich des WaffG dahingehend umrissen, dass dieser eröffnet ist, sobald mit einer Waffe oder Munition Umgang im waffenrechtl. Sinn geübt wird. Die Einordnung tragbarer Gegenstände als Waffe bemisst sich danach, ob es sich um Waffen im techn. Sinn nach § 1 Abs. 2 Nr. 2a oder um Waffen im nichttechn. Sinn nach § 1 Abs. 2 Nr. 2b handelt. Waffen im techn. Sinn sind stets dazu **bestimmt,** die Angriffs- oder Abwehrfähigkeit von Menschen zu beseitigen oder herabzusetzen. Diese Zweckbestimmung weisen Waffen im nichttechn. Sinn nicht auf, allerdings sind sie insbes. auf Grund ihrer Handhabung, Beschaffenheit oder Wirkungsweise dazu **geeignet,** die Angriffs- oder Abwehrfähigkeit von Menschen zu beseitigen oder herabzusetzen. Während die Waffen im techn. Sinn stets und ausnahmslos als Waffe iSd WaffG eingestuft werden, sollen Waffen im nichttechn. Sinn nur dann als Waffe vom WaffG erfasst sein, soweit sie in der abschließenden Aufzählung in Anl. 1 Abschn. 1 UAbschn. 2 Nr. 2 genannt sind. Da die **Einhandmesser** ebenso wie die **feststehenden Messer** mit einer Klingenlänge über 12 cm **keine Erwähnung** in der Anlage 1 gefunden haben, sind sie **nicht als Waffe iSd WaffG einzustufen** und fallen daher prinzipiell nicht in den Anwendungsbereich des WaffG. Durch die ausdr. Nennung in § 42a Abs. 1 Nr. 3 werden diese Gegenstände gleichsam dem Regelungsbereich des WaffG **„unterzwungen".** Dies stellt einen **systematischen Bruch** im Gefüge des Waffenrechts dar (krit. zur Verfassungsmäßigkeit des § 42a Abs. 1 Nr. 3 *Heinrich, B.*, WiW, 107 ff.). Zudem wird hierdurch die Anwendung des WaffG in der Praxis erschwert (*Gade* WaffR S. 82 ff.).

Teilw. wird im Schrifttum vor diesem Hintergrund angenommen, dass vom Führensverbot nur solche Einhandmesser und feststehende Messer mit einer Klingenlänge über 12 cm erfasst seien, die als Waffe im techn. Sinn und damit auch als Waffe iSd WaffG zu qualifizieren seien (vgl. *Ostgathe* WaffenR aktuell S. 27). Diese Auffassung vermag indes nicht zu überzeugen. Soweit Messer als Waffe im techn. Sinn einzustufen sind, zählen sie zu den Hieb- und Stoßwaffen und werden demgemäß bereits von § 42a Abs. 1 Nr. 2 erfasst. Daraus folgt, dass in Nr. 3 gerade solche Messer angesprochen sind, welche nicht als Waffe, sondern als bloßer **Gebrauchsgegenstand** hergest. worden sind (so auch *Heller/Soschinka* WaffR Rn. 208, 521; aA *ABB/Brunner* WaffG § 42a Rn. 6, der unter Nr. 3 auch Hieb- und Stoßwaffen wie etwa Bajonette fassen). Hierher zählen alle **Messer des täglichen Gebrauchs** wie etwa Brot-, Fleisch-, Angler-, Taucher-, Camping-, Freizeitmesser usw.

Zudem hat der Gesetzgeber den systematischen Bruch offensichtlich bewusst hingenommen, um eine generelle Einordnung sämtlicher Einhandmesser und feststehender Messer mit einer Klingenlänge über 12 cm als Waffe zu vermeiden (vgl. BT-Drs. 16/8224, 17 f.).

Eine solche generelle Einstufung als Waffe stellte insoweit eine Überreglementierung dar, als sämtliche Gebrauchsmesser dem Alterserfordernis des § 2 Abs. 1 und den Sorgfaltspflichten nach § 36 Abs. 1 und dem Führensverbot bei öffentl. Veranstaltungen gem. § 42 Abs. 1 unterfielen.

10a Die in Nr. 3 angeführten Gegenstände unterfallen, weil sie nicht dem Waffenbegriff des WaffG unterfallen, **einzig** dem Führensverbot nach **§ 42a.** Das für alle Waffen greifende Alterserfordernis nach § 2 Abs. 1, die Sorgfaltspflichten nach § 36 Abs. 1, die Ausweispflichten nach § 38 und das Führensverbot bei öffentl. Veranstaltungen nach § 42 Abs. 1 greifen für diese Gegenstände nicht. Auch Waffenverbote für den Einzelfall nach § 41 erfassen nicht die in Nr. 2 benannten Gebrauchsmesser.

11 **b) Erfasste Gegenstände.** Erfasst vom Verbot sind Einhandmesser und feststehende Messer mit einer Klingenlänge über 12 cm.

aa) Einhandmesser. Zunächst sind alle **Einhandmesser** unabhängig von ihrer Klingenlänge (so auch OLG Köln, Beschl. v. 24.5.2012 – III-1 RBs 116/12 – juris) vom Führensverbot erfasst. Der Gesetzgeber umschreibt diese als **einhändig feststellbare Messer.** Demnach wird das Einhandmesser über **zwei Kriterien** def., welche **kumulativ** vorliegen müssen: 12

Das Messer muss zum einen so **konstruiert** sein, dass die Klinge mit der das Messer haltenden Hand aufgeklappt werden kann. Technisch wird dies idR durch verschiedene Mechanismen ermöglicht: **(1) Daumenloch** in der Klinge, welches das Ausschwenken der Klinge mit dem Daumengelenk ermöglicht. **(2) Flipper** (aus dem Messergriff heraussstehender und mit der Klingenachse verbundener Öffnungshebel). **(3) Daumenpin** oder Daumenstift (seitwärts an der Klinge angebrachter Metallstift, welcher das Öffnen der Klinge mit dem Daumen ermöglicht).

Auch wenn die für ein Einhandmesser typischen Bedienelemente nicht vorliegen, können anderweitige konstruktive Merkmale die Einhandmessereigenschaft begründen. So etwa, wenn sich das Messer **auf Grund der** besonderen **Konstruktion ohne besondere Fertigkeiten oder Übung durch** eine **Schleuderbewegung öffnen und arretieren lässt** (vgl. BKA-FB v. 18.3.2013, Az. SO11-5164.01-Z-269 zum Messer **„Foxtrott Two Outdoor"** der Firma Pool Force. Dieses wurde nicht als Hieb- und Stoßwaffe, aber als Einhandmesser eingestuft, weil es sich auch ohne besondere Fertigkeiten oder Übung des Anwenders wegen des weit aus dem Heft stehenden Klingenrückens und des weit ausgeprägten Nagelhaus durch eine einfache Schleuderbewegung aus dem Handgelenk heraus öffnen und arretieren lässt.).

Hingegen ist die Einhandmessereigenschaft **abzulehnen,** wenn ein herkömmliches (also von den techn. Grundmerkmalen zweihändig aufzuklappendes) Messer nur durch eine *geschickte Schleuderbewegung* mit einer Hand aufgeklappt werden kann, welche typischerweise eine besondere Übung voraussetzt. Hier ist es nicht die Konstruktion des Messers, sondern allein die besondere Geschicklichkeit des Anwenders, welche das einhändige Aufklappen ermöglicht.

Zum anderen muss es sich um ein **feststellbares** Messer handeln. Dies erfordert einen **Feststellmechanismus,** der im Falle des Aufklappens der Klinge greift. Das Einklappen der Klinge erfordert ein Lösen der mechanischen Sperrvorrichtung. Diese verhindert das unbeabsichtigte Einklappen der geöffneten Klinge. Es befinden sich zahlreiche verschiedene Feststellmechanismen am Markt.

Messer, die zwar mit einer Hand geöffnet werden können, aber nicht verriegeln, fallen nicht unter die Verbotsnorm (so etwa, wenn die Klinge lediglich durch eine Feder in der geöffneten Position gehalten wird).

Ein **Verlust** der „Einhandmesser-Eigenschaft" ist immer dann anzunehmen, wenn die konstruktiven Merkmale des Messers, welche das einhändige Ausklappen der Klinge ermöglichen, entfernt oder so verändert worden sind, dass die Bedienung mit einer Hand nicht mehr möglich ist. **Kein** Einhandmesser liegt demnach vor, wenn von einem ursprünglich als Einhandmesser konstruierten Messer der Daumenpin oder der Flipper entfernt wurde, da es in diesem Fall nicht mehr mit einer Hand geöffnet werden kann. 13

(unbesetzt) 14

Der Begriff des Einhandmessers ist **weit auszulegen.** Er erfasst nicht nur die og typischen Einhandmesser, sondern bildet den **Oberbegriff** für alle Messer, die über eine einhändig aufklappbare und feststellbare Klinge verfügen. Demnach stellen Springmesser eine Untergruppe der Einhandmesser dar. Ebenso zählen Gegenstände wie Teppichmesser und Multifunktionswerkzeuge zu den Einhandmessern, soweit sie über eine Klinge verfügen, die mit einer Hand aufgeklappt und festgestellt werden kann. 15

Von herausgehobener Relevanz sind hierbei die **Springmesser.** Bei Springmessern springt die Klinge auf Knopfdruck hervor und wird nicht wie beim typischen Einhandmesser mit dem Daumen der das Messer haltenden Hand aufgeklappt.

Die techn. Spezifikation der Springmesser besteht also in einem selbsttätigen Hervorschnellen der Klinge, regelm. durch einen im Messer vorhandenen Federmechanismus, infolge dessen die Klinge hierdurch oder beim Loslassen der Sperrvorrichtung festgestellt werden kann. Beim typischen Einhandmesser erfolgt die Energieübertragung zum Öffnen der Klinge gerade nicht durch einen im Messer vorhandenen Federmechanismus, sondern durch die Hand selbst. Dies spricht dagegen, die Springmesser begrifflich zu den Einhandmessern zu zählen.

Für diese **enge Auslegung** der Begrifflichkeit des Einhandmessers spricht auch, dass der Begriff des Springmessers bereits im WaffG def. war (Anl. 1 Abschn. 1 UAbschn. 2 Nr. 2.1.1) und der Begriff des Einhandmessers erst später gesondert hinzugetreten ist. Demnach sprechen auch systematische Gesichtspunkte für eine Unterscheidung der Begrifflichkeiten.

Andererseits kann auch das Springmesser – wenn auch unter Verwendung eines Federmechanismus – mit einer Hand aufgeklappt und festgestellt werden. Dies spricht gegen eine enge Auslegung des Begriffs. Eine enge Auslegung hätte zudem zur Folge, dass nicht verbotene Springmesser (dies ist der Fall, wenn die Klinge seitlich aus dem Griff herausspringt, der aus dem Griff herausragende Teil der Klinge höchstens 8,5 cm lang ist und die Klinge nicht zweiseitig geschliffen ist, vgl. Anl. 2 Abschn. 1 Nr. 1.4.1) frei geführt werden könnten. Gleichzeitig unterliegen Einhandmesser unabhängig von der Klingenlänge dem prinzipiellen Führensverbot nach § 42a Abs. 1 Nr. 3. Dies stellte einen **Wertungswiderspruch** dar, der in dieser Form vom Gesetzgeber offenkundig nicht gewollt war.

Unter teleologischen Gesichtspunkten erscheint eine weite Auslegung der Begrifflichkeit des Einhandmessers sinnvoller, weil hierdurch der oben beschriebene Wertungswiderspruch ausgeräumt wird. Demnach bildet das Einhandmesser den **Oberbegriff** für alle Messer, soweit diese – gleich auf welche Weise – mit einer Hand geöffnet und festgestellt werden können.

IErg ist der Begriff des Einhandmessers daher weit zu verstehen, weshalb neben den typischen, og Einhandmessern auch Springmesser unter den Begriff des Einhandmessers fallen. Soweit diese nicht verboten sind, unterfallen sie immer noch dem prinzipiellen Führensverbot nach § 42a Abs. 1 Nr. 3 (so auch *Heller/Soschinka* WaffR Rn. 521; *Ullrich* Waffenrechtl. Erlaubnisse S. 47; aA *Ostgathe* WaffenR aktuell S. 23).

Im Zuge dieser weiten Auslegung müssen konsequenterweise auch Gegenstände wie Teppichmesser und Multifunktionswerkzeuge zu den Einhandmessern gezählt werden, soweit sie über eine Klinge verfügen, die mit einer Hand aufgeklappt und festgestellt werden kann.

Diese Auslegung wird in der Verwaltungspraxis ganz überwiegend angewendet (vgl. Protokoll der AG WT/WR des BKA und der LKA v. 22./23.4.2008, S. 3).

Nicht zu verkennen ist jedoch der Umstand, dass sich diese weite Auslegung unter dem Gesichtspunkt des Bestimmtheitsgebotes, welches auch im Ordnungswidrigkeitenrecht zum Tragen kommt, Kritik ausgesetzt sieht. Eine Ausdehnung des Begriffes „Einhandmesser" nach Sinn und Zweck auch auf Springmesser im Rahmen des § 42a Abs. 1 Nr. 3 erscheint zielführend und auch verwaltungsrechtl. zulässig. Gleichwohl bleiben Zweifel bestehen, ob Springmesser damit als Begriff in der Sanktionsnorm des § 53 Abs. 1 Nr. 21a hinreichend bestimmt sind. Eine klarstellende Regelung durch den Gesetzgeber ist daher angezeigt.

16 **bb) Feststehende Messer mit Klingenlänge über 12 cm.** Bereits aus dem Wortlaut lässt sich herleiten, dass zu den feststehenden Messern all jene Messer zählen, deren Klinge nicht im Griff versenkbar oder auf sonstige Weise einklappbar ist. Feststehende Messer unterfallen dem prinzipiellen Führensverbot, soweit sie eine Klingenlänge von mehr als 12 cm aufweisen. Hierunter fallen ausschl. Messer zum **alltäglichen Gebrauch** (→ Rn. 10). Zur Ermittlung der Klingenlänge → Anl. 2 Rn. 73.

Nicht ersichtlich ist, warum der Gesetzgeber **feststellbare** Messer mit einer Klingenlänge von mehr als 12 cm nicht in das Führensverbot einbezogen hat, zumal diese nicht selten im kriminellen Milieu vorzufinden sind. 16a

III. Sanktion

Verstöße gegen die Führensverbote nach § 42a Abs. 1 werden als Ordnungswidrigkeit gem. § 53 Abs. 1 Nr. 21a geahndet. 17

IV. Verbotsausnahmen (Abs. 2)

In Abs. 2 der Vorschrift sind verschiedene Ausnahmen von den Verboten des Abs. 1 vorgesehen, wobei sich die Ausnahmen der **Nr. 1 und 2** auf **alle** in Abs. 1 angeführten Gegenstände beziehen, wohingegen von der Ausnahme nach **Nr. 3** die **Anscheinswaffen** (Abs. 1 Nr. 1) **ausgenommen** sein sollen. 18

1. Verwendung bei Foto-, Film- oder Fernsehaufnahmen oder Theateraufführungen (Abs. 2 Nr. 1)

Die in Abs. 2 Nr. 1 vorgesehene Ausnahme vom Führensverbot im Rahmen der Verwendung bei Foto-, Film- oder Fernsehaufnahmen oder Theateraufführungen erschließt sich im Kontext der Zielrichtung der Norm. Eine Ausnahme bzgl. der Anscheinswaffen folgt aus dem Umstand, dass das Führen solcher obj. ungefährlicher Gegenstände vornehmlich deshalb verboten werden sollte, weil die von diesen Gegenständen ausgehende potenzielle psychische Zwangswirkung nicht unberücksichtigt bleiben sollte. Entspr. soll durch das Führensverbot die Missbrauchsgefahr eingedämmt werden. Im Rahmen von Foto-, Film oder Fernsehaufnahmen oder Theateraufführungen ist offensichtlich, dass lediglich Anscheinswaffen verwendet werden, so dass bereits fraglich ist, ob den Gegenständen in diesem speziellen Verwendungskontext überhaupt eine potenzielle psychische Zwangswirkung innewohnt. In jedem Fall aber erscheint in diesem Zusammenhang die Gefahr eines missbräuchlichen Umgangs mit einem solchen Gegenstand ausgesprochen unwahrscheinlich, weshalb der Gesetzgeber für diese Verwendungsfälle eine Ausnahme von dem Verbot des Führens vorgesehen hat. 19

Im Rahmen von Versammlungen ist der Begriff der Theateraufführung im Lichte des Grundrechts auf Versammlungsfreiheit (Art. 8 GG) iSd Verfassungskonformität weit auszulegen. So wurde das Mitführen von Sturmgewehrattrappen iSd § 42a Abs. 2 Nr. 1 im Rahmen einer als „Kundgebung mit Kunstbeitrag" angemeldeten Versammlung durch die Rechtsprechung als Theateraufführung und damit als erlaubnisfrei angesehen (VGH Kassel Beschl. v. 17.3.2011 – 8 A 1188/10).

2. Transport in einem verschlossenen Behältnis (Abs. 2 Nr. 2)

Das Führensverbot soll für alle in Abs. 1 genannten Waffen und sonstigen Gegenstände nicht greifen, soweit sie im Rahmen eines Transportes in einem verschlossenen Behältnis geführt werden. 20

a) Begriffe. Zunächst kommt eine Ausnahme vom Führensverbot nur in Betracht, soweit das Führen im Rahmen eines **Transportes** erfolgt. Ein Transport setzt stets einen **konkreten Anfangs- und Endpunkt** (von A nach B) voraus. Eine Ausfahrt ohne bestimmtes Ziel stellt keinen Transport iSd Vorschrift dar. Auf solchen Wegen greift die Ausnahme auch dann nicht, wenn sich die Gegenstände in einem verschlossenen Behältnis befinden (vgl. *Gade* WaffR, S. 82 f.). 20a

21 Vom Gesetzgeber sind keine besonderen techn. Spezifikationen vorgesehen, über welche ein **verschlossenes Behältnis** spezifisch iSd WaffG def. wird. Daher kann zur Erfassung des Begriffs Bezug auf die Norm des § 243 Abs. 1 Nr. 2 StGB genommen werden (vgl. OLG Stuttgart NStZ 2012, 453 (453 f.)). Demnach ist ein Behältnis „ein zur Aufnahme von Sachen dienendes und sie umschließendes Raumgebilde, das nicht dazu bestimmt ist, von Menschen betreten zu werden" (GrSenBGH 1, 163). Verschlossen ist iSv abgeschlossen zu verstehen. Demnach liegt ein verschlossenes Behältnis vor, wenn es durch ein Schloss oder eine andere, diesem vergleichbare Sicherungsvorrichtung gegen Zugriff schützt (*Fischer* StGB § 243 Rn. 14; *Lackner/Kühl* StGB § 243 Rn. 15). Zur Abgrenzung zum nicht verschlossenen Behältnis ist im Einzelfall darauf abzustellen, ob das Behältnis dergestalt gegen einen Zugriff gesichert ist, dass auf die geführten Gegenstände nicht unmittelbar zugegriffen werden kann. So wie eine Schussw. nicht zugriffsbereit ist, wenn sie nicht unmittelbar in Anschlag gebracht werden kann (vgl. Anl. 1 Abschn. 2 Nr. 12), sind die vom Führensverbot erfassten Hieb- und Stoßwaffen und Messer dann als nicht zugriffsbereit einzustufen, wenn sie nicht ohne Weiteres zum Angriff oder zur Verteidigung eingesetzt werden können. Demnach muss ein „verschlossenes Behältnis" iSd Vorschrift zwar keine besonderen technischen Spezifikationen ieS erfüllen, es muss allerdings gewährleisten, dass auf die in Rede stehenden Gegenstände nicht unmittelbar zugegriffen werden kann und für einen Einsatz der Hieb- und Stoßwaffen bzw Messer weitere Zwischenhandlungen nötig sind, mit denen regelmäßig auch eine zeitl. Zäsur einhergeht. Ein vom Verbot ausgenommenes Führen liegt daher nur vor, soweit das Behältnis während des Transports auch **tatsächlich verriegelt** ist.

22 **b) Einzelfälle. Verschlossene Behältnisse:**

Mit Schloss oder vergleichbarer Sicherungsvorrichtung verschließbare Kassette, Aktentasche, Kiste, Container; abgeschlossener Kofferraum eines Kfz; abgeschlossenes Handschuhfach eines Kfz; abgeschlossene Fahrrad-/Motorradtasche; Rucksack, soweit Doppelreißverschluss durch ein Schloss, Kabelbinder oÄ gesichert ist; abgeschlossener Zahlenschlosskoffer; verplombter Sack; aber auch eingeschweißte Verpackung (BT-Drs. 16/8224, 27), soweit diese nur mit gewissem Aufwand geöffnet werden kann; mit Paketband verklebter Karton.

Keine verschlossenen Behältnisse:

Lediglich mit Reißverschluss gesicherte Reise-/Transporttaschen; Seesack, der lediglich mit einem Karabinerhaken gesichert ist; nicht abgeschlossener Kofferraum / nicht abgeschlossenes Handschuhfach; auch nicht das Kfz selbst (vgl. OLG Köln, Beschl. v. 24.5.2012 – III-1 RBs 116/12 – juris); „einfache" Plastiktüten, Leinenbeutel uä.

3. Berechtigtes Interesse (Abs. 2 Nr. 3 iVm Abs. 3)

23 Eine weitere Ausnahme vom Führensverbot knüpft an ein **berechtigtes Interesse** zum Führen an. Ist ein solches berechtigtes Interesse zu bejahen, so greift die Ausnahme und es liegt ein rechtmäßiges Führen der vom prinzipiellen Führensverbot erfassten Gegenstände vor. Die Möglichkeit eines berechtigten Interesses zum Führen sieht der Gesetzgeber allerdings nur für die Hieb- und Stoßwaffen sowie für die in Abs. 1 Nr. 3 benannten Messertypen vor. Die **Anscheinswaffen** sind hingegen **nicht** vom **Ausnahmetatbestand** des berechtigten Interesses erfasst.

Im Sinne einer Präzisierung des unbestimmten Rechtsbegriffs des **berechtigten Interesses** hat der Gesetzgeber dieses in Abs. 3 näher umrissen. Dies erfolgt durch die Nennung verschiedener Fallgruppen, in denen **insbes.** ein berechtigtes Interesse anzunehmen ist.

24 **a) Führen im Zusammenhang mit der Berufsausübung.** Zunächst ist ein berechtigtes Interesse anzunehmen, soweit das Führen im Zusammenhang mit der Berufsausübung erfolgt.

Der Gesetzgeber stellt hierbei auf das Führen **im Zusammenhang** mit der Berufsausübung ab. Diese Formulierung legt nahe, dass die Ausnahme umfassend greifen soll. Nicht nur das Führen **während** der Ausübung des Berufes ist vom Verbot freigestellt. Vielmehr soll jedes Führen vom Verbot frei gestellt sein, soweit dieses nachvollziehbar **einen inneren Zusammenhang** zur Berufsausübung aufweist. Die Grenze für einen solchen inneren Zusammenhang wird da zu ziehen sein, wo entweder ein **sachlicher Bezug** des Führens oder aber eine **räumlich-zeitliche Beziehung** zwischen dem Führen und der Tätigkeit nicht zu erkennen ist. **Im Zusammenhang** erfolgt das Führen demnach, soweit der geführte Gegenstand zur Ausübung des Berufes benötigt wird und das Führen zudem einen zeitlich-räumlichen Zusammenhang mit der Tätigkeit aufweist.

Erfasst sind daher bspw. auch Hin- und Rückwege, selbst wenn diese unterbrochen werden. Zur Beurteilung sind stets die Umstände des Einzelfalles heranzuziehen, nach welchen sich der innere Zusammenhang bemisst.

Eine Ausnahme vom Verbot kommt bspw. in Betracht beim Führen von Messern durch Metzger, Köche, Konditoren, Verkäufer von Käse, Obst und Backwaren, Berufsjäger, Rebschneider, Handwerker uä. Aber auch das Führen von Hieb- und Stoßwaffen durch Mitarbeiter von Sicherheitsdiensten oder Bewachungspersonal iSd § 28 zählt hierher (*Gade* WaffR S. 84; *ABB/Brunner* WaffG § 42a Rn. 12). Ebenso das Führen von Einhandmessern als Hilfsmittel für den Einsatz durch Angehörige von Feuerwehr, Abschleppdiensten, THW, usw. Soweit Polizeibeamte **dienstlich tätig** werden, sind sie gem. § 55 Abs. 1 S. 1 vom Geltungsbereich des WaffG ausgenommen, weshalb die Regelung des § 42a im Zuge der Dienstverrichtung nicht greift. Hinsichtlich des Führens außerhalb des Dienstes gelten prinzipiell die dargestellten Kriterien zum Zusammenhang mit der Dienstausübung. Allerdings ist hier ergänzend zu berücksichtigen, ob Alltagsgegenstände nach Abs. 1 Nr. 3 (insbes. Einhandmesser) oder Hieb- und Stoßwaffen geführt werden. Beim Einhandmesser ist **unerheblich,** ob es im Einzelfall dienstlich zugewiesen ist (aA *Ostgathe* WaffenR aktuell S. 30). Es ist nicht ersichtlich, warum die Vorschrift des § 42a Abs. 2 Nr. 2 iVm Abs. 3 auf Polizeibeamte anders anzuwenden sei als auf Mitarbeiter der Feuerwehr. Auch der Verweis darauf, dass dienstlich nicht zugewiesene Gegenstände *per se* nicht im Zuge der Berufsausübung benötigt würden, vermag nicht zu überzeugen. Es sind durchaus für den Polizeivollzugsdienst nützliche Ausrüstungsgegenstände denkbar, welche dienstlich nicht zugewiesen sind. Anders ist das Führen von **Hieb- und Stoßwaffen** zu beurteilen. Bei diesen kann auch bei Vorliegen der allg. Kriterien (räumlich-zeitliche Beziehung zur Berufsausübung) nur dann ein Zusammenhang mit der Berufsausübung angenommen werden, soweit sie **dienstlich zugewiesen** worden sind. Ein Führen dienstlich nicht zugewiesener Waffen im Zusammenhang mit der Dienstausübung scheidet von daher aus.

Die Ausnahme tangiert nicht das Führensverbot jeglicher Waffen bei öffentl. **24a**
Veranstaltungen nach § 42 Abs. 1. Die Regelungen des § 42a sind prinzipiell gesondert von denen des § 42 Abs. 1 zu betrachten.

b) Führen dient der Brauchtumspflege. Weiter ist ein berechtigtes Interesse **25**
anerkannt, soweit das Führen der Brauchtumspflege dient oder im Zusammenhang damit erfolgt. Brauchtumspflege iSd Vorschrift umfasst typischerweise traditionsgemäß wiederkehrende Anlässe, im Rahmen derer das Tragen von Waffen üblich ist, etwa Umzüge von Schützenvereinigungen, historische Bürgerwehren usw.

Das Führen dient der Brauchtumspflege, soweit es in einem **inneren Zusammenhang** mit dieser steht. Erforderlich ist demnach auch hier ein sachlicher wie ein zeitlich-räumlicher Bezug zur konkreten Brauchtumsveranstaltung. Dies kann insbes. bei Hin- und Rückwegen zu Brauchtumsveranstaltungen angenommen werden.

26 **c) Führen dient dem Sport.** Ebenso ist ein berechtigtes Interesse anzunehmen, soweit das Führen dem Sport dient. Der Begriff **Sport** ist im Kontext der Regelung weit auszulegen. Vereinsgebundene Aktivitäten oder sonstige Qualifikationen sind nicht erforderlich, auch laienhafte sportliche Betätigungen sind von der Vorschrift erfasst. So der Taucher oder Angler, der ein Einhandmesser führt. Das Führen dient dem Sport, soweit es in einem **inneren Zusammenhang** mit diesem steht. Der hierfür erforderliche sachliche wie zeitlich-räumliche Bezug zur Sportausübung kann insbes. bei Hin- und Rückwegen zu Sportveranstaltungen angenommen werden.

27 **d) Führen dient einem allgemein anerkannten Zweck.** Schließlich soll ein berechtigtes Interesse vorliegen, soweit das Führen einem **allg. anerkannten Zweck** dient.

Im Zuge der Nennung von Beispielsfällen, in denen typischerweise ein berechtigtes Interesse anzunehmen sein soll, verwendet der Gesetzgeber die Formulierung **„insbesondere"**, was den exemplarischen Charakter dieser Konkretisierungen dokumentiert. Weitere Umstände, welche ein berechtigtes Interesse rechtfertigen, sollen nicht schlechterdings ausgeschlossen sein.

Die sehr umfangreich greifende Fassung des prinzipiellen Führensverbots nach Abs. 1 der Vorschrift spricht dafür, die Hürden für die Annahme eines allg. anerkannten Zwecks nicht zu hoch anzusetzen. Dies entspricht auch dem Willen des Gesetzgebers, der offensichtlich ganz bewusst zwei unbestimmte Rechtsbegriffe verwendet hat, um einen **möglichst großen Entscheidungsspielraum** bei der Anwendung der Verbotsnorm gewährleisten zu können.

Andererseits vermag nicht jedes nachvollziehbare Individualinteresse einen allg. anerkannten Zweck darzustellen, da die Verbotsnorm des § 42a andernfalls faktisch ins Leere liefe. Soll die Vorschrift in der Praxis zu tragenden Ergebnissen führen, so muss sich der Zweck des Mitführens einem Durchschnittsbürger ohne Weiteres erschließen, damit von einem allg. anerkannten Zweck ausgegangen werden kann.

Wann dies anzunehmen ist, muss differenziert beurteilt werden, je nachdem, welche Gegenstände konkret geführt werden.

27a Die Rspr. verlangt eine **sozialadäquate Konnexität** zwischen dem Führen des Messers und dem allg. anerkannten Zweck. Für die Annahme eines „allgemein anerkannten Zwecks" iSv § 42a Abs. 3 WaffG bedürfe es eines hinreichend konkreten Anlasses, der einen klaren Rückschluss auf den Zweck des Transportes zulasse. Hieran mangele es etwa, wenn ein Einhandmesser als Rettungsmesser (zum Durchschneiden eines Sicherheitsgurtes) für den Eventualfall eines eintretenden Verkehrsunfalles geführt werde (OLG Stuttgart NStZ 2012, 453 (455).

27b **Kritik:** Die Kombination zweier unbestimmter Rechtsbegriffe („berechtigtes Interesse" und „allgemein anerkannter Zweck") führt dazu, dass die Verbotsausnahmen in der Praxis kaum zu fassen sind (berechtigte Bedenken an der Bestimmtheit der Norm formuliert ua *Heinrich, B.,* WiW, 107, 127 ff.; krit. zur Norm auch *Steindorf/Gerlemann* WaffG, § 42a Rn. 3c; OLG Stuttgart NStZ 2012, 453 (454) hält die Norm hingegen – wenig überzeugend – für hinreichend bestimmt). Die Intention des Gesetzgebers, behördlichen Kräften hierdurch einen möglichst großen Entscheidungsspielraum einzuräumen, erscheint zweifelhaft. Zum Einen ist ein Verstoß gegen das Führensverbot bußgeldbewehrt (vgl. § 53 Abs. 1 Nr. 21a), so dass ohnehin das im Recht der Ordnungswidrigkeiten geltende Opportunitätsprinzip zum Tragen kommt. Zudem ermöglichen die exemplarisch vom Gesetzgeber genannten Beispiele für ein berechtigtes Interesse durchaus eine pflichtgemäße Ermessensentscheidung im Einzelfall. Die Kombination zweier unbestimmter Rechtsbegriffe erscheint vielmehr fragwürdig, da diese in der Praxis eher Zweifel am Umfang der Verbotsausnahmen hervorrufen, als dass sie ein ansonsten zu eng gefasstes Ermessen kompensieren.

Wenn der Gesetzgeber bei Erlass der Vorschrift meinte, die Vorschrift enthalte „die für den Alltag erforderlichen Ausnahmeregelungen, um den sozialadäquaten

Gebrauch von Messern nicht durch das Führensverbot zu beeinträchtigen" (BT 16/8224, S. 18), so kann dem nicht zugestimmt werden. Tatsächlich geht das Verbot in der Praxis – nicht zuletzt wegen des von der Rspr. formulierten Erfordernisses einer sozialadäquaten Konnexität zwischen dem Führen des Messers und dem allg. anerkannten Zweck – über die ursprüngliche Intention des Gesetzgebers deutlich hinaus. Dieser sah insbes. in Einhandmessern deshalb eine Gefahr, weil diese „besonders in Gestalt von zivilen Varianten so genannter Kampfmesser" bei vielen gewaltbereiten Jugendlichen den Kultstatus des 2003 verbotenen Butterflymessers übernommen hätten (WaffVwV Nr. 42a.2). Er hätte gut daran getan, das Verbot entsprechend seiner ursprünglichen politischen Intention (BT-Drs. 16/8224, S. 17 f.) gezielt auf gewaltbereite Jugendliche auszurichten und kein allg. Verbot zu schaffen, welches alle Bürger gleichermaßen trifft.

Bezüglich des Führens von Hieb- und Stoßwaffen sind über die vom Gesetzgeber 28
genannten Beispiele hinaus wenige Konstellationen denkbar, in denen ein allg. anerkannter Zweck für das Führen angenommen werden kann. Das bloße (durchaus legitime) **Selbstverteidigungsinteresse** stellt für sich genommen **keinen allg. anerkannten Zweck** zum Führen von Hieb- und Stoßwaffen dar. Etwas Anderes kann sich aber in besonders gelagerten Einzelfällen ergeben. So kann bspw. das gesteigerte Selbstverteidigungsinteresse eines Taxifahrers, welcher sich im Zuge seiner Berufsausübung typischerweise in **gefahrgeneigten Situationen** (Nachtfahrten) befindet im Einzelfall einen allg. anerkannten Zweck zum Führen eines Schlagstocks darstellen.

Ein allg. anerkannter Zweck zum Führen von Hieb- und Stoßwaffen wird allerdings nur in **Ausnahmefällen** anzunehmen sein, etwa im Falle des Führens in der Wohnung, den Geschäftsräumen oder auf dem befriedeten Besitztum eines **anderen Hausrechtsinhabers,** soweit dieser sein Einverständnis hierzu erklärt hat (→ Rn. 31).

Im Zuge des Führens der in Abs. 1 Nr. 3 benannten Messer dürfte die Annahme 29
eines allg. anerkannten Zwecks hingegen von großer praktischer Bedeutung sein. Für das Führen dieser Messer, welche keine Waffen darstellen, wird häufig ein allg. anerkannter Zweck anzuerkennen sein, da bspw. auch die Freizeitgestaltung oder die Pflege eines Hobbys einen allg. anerkannten Zweck darstellen können.

Einzelfälle: Pfadfinder, welche typischerweise feststehende Fahrtenmesser bei 30
sich führen, deren Klinge häufig länger als 12 cm Länge misst; Führen von Messern durch Segler, Wanderer, Taucher, Jäger, Bergsteiger, Pilzesammler usw im Zusammenhang mit ihrer jeweiligen Betätigung; ebenso das Führen im Zusammenhang mit Camping/Zelten, Grillen, Gartenpflege, Picknick, usw (vgl. *Borsdorff/Kastner* EinsatzR S. 440).

Ein Führen liegt auch dann vor, wenn die Sachherrschaft über die in Nr. 2 und 31
Nr. 3 benannten Gegenstände in der Wohnung, den Geschäftsräumen oder auf dem befriedeten Besitztum eines **Anderen** ausgeübt wird. Allerdings stellt auch das **Einverständnis des Hausrechtsinhabers** regelm. einen allg. anerkannten Zweck für das Führen dar. Die Ausnahmeregelung greift selbst in solchen Fällen, in denen bspw. ein Diskothekenbetreiber aus dem randständigen Milieu ausgewählten Personen aus seinem sozialen Umfeld den Zutritt zur Lokalität mit Hieb- und Stoßwaffen erlaubt. In diesem Fall scheidet eine Ordnungswidrigkeit nach § 53 Abs. 1 Nr. 21a aus. Zu berücksichtigen ist aber, dass es sich beim Diskothekenbetrieb um eine öffentl. Veranst. handelt (→ § 42 Rn. 8 f.), so dass die Spezialvorschrift des § 42 Abs. 1 zum Tragen kommt, wonach das Führen jeglicher Waffen bei öffentl. Veranst. verboten ist. Das verbotswidrige Führen von Waffen bei öffentl. Veranst. wird als Straftat nach § 52 Abs. 3 Nr. 9 geahndet.

Zweifelhaft ist, wie der Umgang mit einer **Anscheinswaffe** durch den Inhaber 32
derselben in der Wohnung, den Geschäftsräumen oder auf dem befriedeten Besitztum eines **Anderen** zu qualifizieren ist. Der Inhaber führt die Anscheinswaffe in diesem

Fall. Eine Ausnahme nach Abs. 2 Nr. 3 (berechtigtes Interesse zum Führen) scheidet hier aus, da der Gesetzgeber diese Ausnahme nur für die Hieb- und Stoßwaffen nach Abs. 1 Nr. 2 sowie für die Messer nach Abs. 1 Nr. 3 vorgesehen hat. Aus dem Einverständnis des Hausrechtsinhabers resultiert daher bei präziser Anwendung der Vorschrift keine Ausnahme vom Führensverbot. Gleichwohl ist davon auszugehen, dass der Gesetzgeber diese Fälle nicht vom Führensverbot des § 42a erfasst wissen wollte.

Hierfür spricht bereits ein „Erst-Recht-Schluss" innerhalb der Norm. Wenn das Einverständnis des Hausrechtsinhabers die Ausnahme vom Verbot des Führens von Hieb- und Stoßwaffen nach Abs. 2 Nr. 3, Abs. 3 begründet, dann erst Recht eine Ausnahme vom Verbot des Führens von Anscheinswaffen. Denselben Schluss legt die Regelung des § 12 Abs. 3 Nr. 1 nahe, wonach das Einverständnis des Hausrechtsinhabers das Erfordernis einer Erlaubnis zum Führen erlaubnispflichtiger Waffen in dessen Herrschaftssphäre entfallen lässt.

Daher ist anzunehmen, dass das **Führen einer Anscheinswaffe** in der Wohnung, den Geschäftsräumen oder auf dem befriedeten Besitztum eines Anderen **mit Zustimmung des Hausrechtsinhabers nicht** unter das Verbot des § 42a Abs. 1 Nr. 1 fällt.

33 Die iErg nur bedingt greifbare Fassung der Ausnahmetatbestände führt in der Praxis zu erheblichen Anwendungsproblemen, da im konkreten Einzelfall kaum anhand tats. Anknüpfungspunkte darzulegen sein wird, inwieweit das Führen zu einem allg. anerkannten Zweck glaubhaft dargelegt worden ist (Bsp.: Person gibt an, Einhandmesser zum Zwecke des Apfelschälens mitzuführen).

Die Prüfung des Vorliegens eines allg. anerkannten Zwecks bleibt letztlich immer der sorgfältigen **Einzelfallprüfung** unter Einbeziehung sämtlicher Sachverhaltsumstände vorbehalten.

34 Die zust. Beh. kann im Einzelfall weitere Ausnahmen zulassen. Zwar ist keine ausdr. Ausnahmeregelung für die zust. Beh., so wie in § 42 Abs. 2, für das Verbot des Führens von Waffen bei öffentl. Veranstaltungen in § 42a enthalten. Allerdings kann dies aus der Formulierung in § 42a Abs. 2 S. 2 „weitergehende Regelungen bleiben unberührt" geschlossen werden. Hierfür spricht auch die systematische Stellung des § 42a nach § 42 sowie der „Erst-Recht-Schluss" im Vergleich mit § 42 Abs. 2. § 12 Abs. 5 findet hingegen keine Anwendung, da es im Rahmen des § 42a um die ausnahmsweise Aufhebung eines Verbots geht und nicht um das ausnahmsweise Erlauben einer grds. erlaubnispflichtigen Handlung.

V. Sanktion

35 Während Verstöße gegen das Verbot des Führens von Waffen bei öffentl. Veranstaltungen (§ 42 Abs. 1) Straftaten nach § 52 Abs. 3 Nr. 9 darstellen, sind Verstöße gegen § 42a lediglich **bußgeldbewehrt,** vgl. § 53 Abs. 1 Nr. 21a.

VI. Würdigung und Ausblick

36 Die Implementierung des § 42a in das WaffG geht im Wesentlichen auf zwei Anliegen des Gesetzgebers zurück: Zum einen wollte er den missbräuchlichen Umgang mit Waffenattrappen eindämmen, zum anderen sah er sich veranlasst, den Umgang mit bestimmten Messertypen einzuschränken, da diese insbes. unter gewaltbereiten Jugendlichen weite Verbreitung gefunden haben.

Das prinzipielle Führensverbot von Anscheinswaffen trägt dazu bei, den missbräuchlichen Umgang mit diesen zu verringern. Durch die Verbotsnorm sind klare Handlungsmöglichkeiten für die Polizei geschaffen worden, so dass missbräuchliches Verhalten auch in der Praxis effektiv geahndet werden kann. Wünschenswert ist es, die Anscheinswaffen nicht einzig dem Führensverbot nach § 42 Abs. 1 Nr. 1, sondern zusätzlich dem Alterserfordernis des § 2 Abs. 1 zu unterwerfen, um so der Gefahr des missbräuchlichen Umgangs mit Waffenattrappen durch Jugendliche weiter entgegenzuwirken. Hierdurch wäre auch klargestellt, dass es sich bei **Softairwaffen,** welche optisch scharfen Schussw. täuschend ähnlich nachempfunden sind, gerade nicht um Spielzeug, sondern um waffenrechtl. erhebliche Gegenstände handelt.

Die aktuelle Rechtslage, wonach Anscheinswaffen einerseits als frei verkäufliches **37** Spielzeug eingestuft werden, aber gleichzeitig einem Führensverbot nach dem WaffG unterworfen werden, überzeugt nicht.

Das Führensverbot jeglicher Hieb- und Stoßwaffen stellt eine deutliche Beschrän- **38** kung des Umgangs mit Waffen im öffentl. Raum dar, zumal die in Abs. 2 der Norm vorgesehenen Ausnahmetatbestände für Hieb- und Stoßwaffen vergleichsweise selten greifen. Hierin spiegelt sich der gesetzgeberische Wille wider, dass der öffentl. Umgang auch mit erlaubnisfreien Waffen nicht ohne Weiteres geduldet werden soll. Waffen sollen nicht mehr zum alltäglichen Bild im öffentl. Raum gehören.

Kritisch zu betrachten ist das Führensverbot von Einhandmessern und feststehen- **39** den Messern mit einer Klingenlänge über 12 cm.

Zunächst hat der Gesetzgeber begrifflich nicht überzeugend geklärt, welche Messer exakt vom Begriff des Einhandmessers erfasst sein sollen. Die vom Gesetzgeber gewählte Def. ist hierfür nur bedingt geeignet.

Nicht nachvollziehbar ist der Systembruch, den der Gesetzgeber dadurch begeht, dass er Messer des täglichen Gebrauchs, welche nicht als Waffe iSd WaffG einzustufen sind, unter ein waffenrechtl. Führensverbot fasst.

Die Intention des Gesetzgebers, damit bestimmte Messertypen zu reglementieren, welche namentlich unter gewaltbereiten Jugendlichen weite Verbreitung gefunden haben, ist durchaus nachvollziehbar. Allerdings hat es der Gesetzgeber selbst für nicht angezeigt befunden, diese Messertypen sämtlich als Waffen einzustufen (BT-Drs. 16/8224, 17 f.). Dies hätte in der Tat eine fragwürdige waffenrechtl. Überreglementierung zur Folge gehabt.

Demnach spricht allerdings einiges dafür, dass es sich um eine Problemkonstellation handelt, welche außerhalb des Waffenrechts liegt.

Hinzu tritt, dass der rechtsmissbräuchliche Umgang mit diesen Messern des täglichen Gebrauchs offensichtlich kein Problem ist, welches gleichermaßen in allen Bereichen der Gesellschaft auftritt. Der Gesetzgeber hatte im Zuge der Neuregelung offensichtlich insbes. gewaltbereite Jugendliche im Sinn. Von daher scheint es angezeigt, mit konkreter greifenden Maßnahmen auf besondere Missbrauchsgefahren hinsichtlich gefährlicher Gegenstände zu reagieren. Dies wäre durchaus möglich im Wege zu erlassender RVO. Soweit diese punktuelle waffenrechtl. Reglementierungen enthalten, können sie auf § 42 Abs. 5 gestützt werden (→ § 42 Rn. 26 ff.). Insbes. können hiermit auch (gestützt auf das allg. Polizeirecht) Verbote sonstiger gefährlicher Gegenstände mit verbunden werden, welche nicht vom WaffG erfasst sind.

Das waffenrechtl. Führensverbot dieser Gebrauchsmesser ist demnach nicht nur rechtstechnisch fragwürdig, sondern erfasst in dieser pauschalen Fassung auch nicht das konkrete Problem. Adressat des Führensverbots ist gleichermaßen jeder Bürger, wohingegen die Regelung motiviert war durch den missbräuchlichen Umgang durch überwiegend gewaltbereite Jugendliche. Um nicht zu lebensfremden Ergebnissen zu gelangen, hat der Gesetzgeber entspr. weit gefasste Ausnahmen vom Führensverbot in Abs. 2 vorgesehen. Diese führen iErg allerdings dazu, dass die Ausnahmetatbestände in ihren Vorauss. für den Rechtsanwender ausufernd und kaum von – einander abgrenzbar erscheinen.

Insg. ist das Führensverbot von Gebrauchsmessern im WaffG deplatziert und läuft einer praktikablen Anwendung des Gesetzes zuwider.

Abschnitt 3. Sonstige waffenrechtliche Vorschriften

§ 43 Erhebung und Übermittlung personenbezogener Daten

(1) [1]**Die für die Ausführung dieses Gesetzes zuständigen Behörden dürfen personenbezogene Daten auch ohne Mitwirkung des Betroffenen in den Fällen des § 5 Abs. 5 und des § 6 Abs. 1 Satz 3 und 4 erheben.** [2]**Sonstige Rechtsvorschriften des Bundes- oder Landesrechts, die eine Erhebung ohne Mitwirkung des Betroffenen vorsehen oder zwingend voraussetzen, bleiben unberührt.**

(2) **Öffentliche Stellen im Geltungsbereich dieses Gesetzes sind auf Ersuchen der zuständigen Behörde verpflichtet, dieser im Rahmen datenschutzrechtlicher Übermittlungsbefugnisse personenbezogene Daten zu übermitteln, soweit die Daten nicht wegen überwiegender öffentlicher Interessen geheim gehalten werden müssen.**

I. Allgemeines

1 § 43 legt spezifische datenschutzrechtl. Regelungen fest, beschränkt sich aber darauf, punktuell solche Aspekte zu regeln, die Besonderheiten gegenüber dem allg. Datenschutzrecht aufweisen bzw in diesem angelegte Gestaltungsspielräume auszuschöpfen (BT-Drs. 14/7758, 78).

Abs. 1 regelt die Erhebung personenbezogener Daten in bestimmten Fällen ohne Mitwirkung des Betroffenen. Abs. 2 enthält die Verpflichtung öffentl. Stellen zur Übermittlung personenbezogener Daten auf Ersuchen der zust. Beh.

2 Die Vorschrift des Abs. 1 ist nach Auffassung des Gesetzgebers erforderlich, um deutlich und bundeseinheitlich klarzustellen, dass es in den genannten Fällen der **Mitwirkung des Betroffenen nicht bedarf.** Andernfalls würden die Datenschutzgesetze der Länder zur Anwendung kommen, die unterschiedliche Anforderungen an das Erfordernis der Mitwirkung des Betroffenen stellen (BT-Drs. 14/7758, 78). Allerdings bleibt außerhalb des Anwendungsbereichs dieser Vorschrift der allg. datenschutzrechtl. Grundsatz der **Erhebung personenbezogener Daten beim Betroffenen** unberührt. Sonstige Aspekte der Erhebung und Verarbeitung personenbezogener Daten werden von Abs. 1 ohnehin nicht geregelt.

II. Erhebung personenbezogener Daten in bestimmten Fällen ohne Mitwirkung des Betroffenen (Abs. 1)

3 Abs. 1 S. 1 beschränkt sich auf den Aspekt der Nichterforderlichkeit der Mitwirkung des Betroffenen und führt diesbzgl. die Vorschriften gem. § 5 Abs. 5 und § 6 Abs. 1 S. 3 und 4 auf, welche den zust. Beh. bei der Zuverlässigkeits- und Eignungsprüfung ausdr. Datenerhebungen bei den dort bezeichneten inländischen öffentl. Stellen aufgeben.

Gem. § 5 Abs. 5 hat die zust. Beh. im Rahmen der Zuverlässigkeitsprüfung die unbeschränkte Auskunft aus dem **BZR,** die Auskunft aus dem **zentralen staatsanwaltschaftlichen Verfahrensregister** hinsichtlich der in § 5 Abs. 2 Nr. 1 genannten Straftaten und die Stellungnahme der **örtlichen Polizeidienststelle,** ob Tatsachen bekannt sind, die Bedenken gegen die Zuverlässigkeit begründen, einzuholen.

Gem. § 6 Abs. 1 S. 3 und 4 soll die zust. Beh. hinsichtlich der persönlichen Eignung auch die Stellungnahme der **örtlichen Polizeidienststelle** einholen sowie ggf. im **Erziehungsregister** eingetragene Entsch. oder Anordnungen nach § 60 Abs. 1 Nr. 1–7 BZRG berücksichtigen.

Abs. 1 S. 2 stellt klar, dass die Fälle der Datenerhebung, in denen Mitwirkungs- 4
handlungen des Betroffenen entbehrlich sind, in Abs. 1 S. 1 nicht abschließend geregelt sind.

Es sind durchaus nicht ausdr. vom Gesetz aufgegebene Erhebungen denkbar, die schlicht vom WaffG vorausgesetzt werden und datenschutzrechtl. bspw. in Erhebungsbefugnissen von oder in Übermittlungsverpflichtungen oder -befugnissen an die zust. Beh. nach bundes- oder landesrechtlichen Vorschriften abgesichert sind. So wird die Frage der Mitgliedschaft in einem verbotenen Verein oder einer für verfassungswidrig erklärten Partei oder die Verfolgung verfassungsfeindlicher Bestrebungen regelm. nicht über die Anfrage bei der örtlichen Polizeidienststelle geklärt werden können. Zur Aufklärung des Vorliegens einer Suchtkrankheit wird sich die zust. Beh. ggf. auch an Sozial- oder Gesundheitsbehörden wenden. Hier ist auf spezialgesetzliche Normen etwa der Verfassungsschutzgesetze des Bundes oder der Länder oder des Sozialgesetzbuchs (SGB) oder auf sonstige Normen des bereichsspezifischen oder des allg. Datenschutzrechts zurückzugreifen (BT-Drs. 14/7758, 78).

III. Verpflichtung zur Übermittlung personenbezogener Daten auf Ersuchen der zuständigen Behörde (Abs. 2)

Abs. 2 statuiert eine Auskunftspflicht für inländische öffentl. Stellen und verstärkt 5
damit bestehende Übermittlungsbefugnisse zu einer **Auskunftspflicht.** Die gesetzgeberische Formulierung „im Rahmen von“ sichert die Kompatibilität mit korrespondierenden Übermittlungsvorschriften, zB nach dem BZRG. Die Regelung führt als begrenzendes Element öffentl. Geheimhaltungsinteressen an. Diese Einschränkung bezieht sich deshalb ausschl. auf öffentl. Geheimhaltungsinteressen, weil private Interessen bereits in den datenschutzrechtl. Übermittlungsbefugnissen aufgefangen sind. Die Bestimmung ist erforderlich, weil zum einen die Regelungen der Amtshilfe dort nicht greifen, wo die Auskunftserteilung zu den eigenen Aufgaben der ersuchten Behörde gehört, zB bei den Auskünften des BZR an die zust. Beh. Zum anderen bei Fehlen einer Regelung im WaffG, weil je nach Paarung der Auskunft ersuchenden und Auskunft erteilenden Behörde sich die Amtshilfe einfachrechtlich nach den §§ 4 ff. VwVfG oder den die Amtshilfe betreffenden Regelungen des Verwaltungsverfahrensrechts der Länder richten würde (BT-Drs. 14/7758, 78).

Verzichtet wird auf die ausdr. Regelung einer Pflicht zu **Spontanmitteilungen,** 6
also Mitteilungen ohne Auskunftsersuchen auf Initiative der an die zust. Beh. übermittelnden Stelle. Dies deshalb, weil die Eigenschaft einer Person, Antragst. in waffenrechtl. Verfahren oder Umgang Habender mit Waffen zu sein, nicht evident oder allg. bekannt ist. Nichtsdestoweniger bestehen aus allg. datenschutzrechtl. Gründen Befugnisse zu Spontanmitteilungen an die zust. Beh., die in den Fällen relevant werden, in denen der Übermittelnde weiß, dass der Betroffene Waffenbesitzer ist oder zu werden im Begriff ist (BT-Drs. 14/7758, 78).

§ 43a Nationales Waffenregister

Bis zum 31. Dezember 2012 ist ein Nationales Waffenregister zu errichten, in dem bundesweit insbesondere Schusswaffen, deren Erwerb und Besitz der Erlaubnis bedürfen, sowie Daten von Erwerbern, Besitzern und Überlassern dieser Schusswaffen elektronisch auswertbar zu erfassen und auf aktuellem Stand zu halten sind.

1 § 43a wurde mit dem 3. ÄndG (→ Einf. Rn. 24) neu in das Gesetz eingefügt. Nach § 43a hatte der Gesetzgeber spätestens bis zum 31.12.2012 ein **Nationales Waffenregister** (hierzu *Braun*, GewArch 2013, 277 ff.; ausf. *Heinrich, N.*, WiW, 45 ff.) einzurichten. Die Grundlage für die Einführung des Registers war die Änderung der EU-Waffenrichtlinie durch die Richtlinie 2008/51/EG vom 21.5.2008, wonach die EU-Staaten gem. Art. 4 Abs. 4 verpflichtet wurden, spätestens bis zum 31.12.2014 ein computergestütztes Waffenregister einzuführen und darin mind. für die Dauer von **20 Jahren** alle Schussw. mit bestimmten Daten zu erfassen. Gem. Art. 4 Abs. 4 der Waffenrichtlinie sollen folgende Daten gespeichert werden: Typ, Modell, Fabrikat, Kaliber, Seriennummer, Name und Anschrift des Verkäufers und des Waffenbesitzers.

2 Ein derartiges Nationales Waffenregister ist zentrale Vorauss. für die genaue Kenntnis der Anzahl legaler Waffenbesitzer und Schussw. in Deutschland. Das NWR leistet die datentechnische Vernetzung der gegenwärtig ca. 570 Waffenerlaubnisbehörden in den Ländern sowie des BKA und des BAFA.

Zum NWR vgl. auch *Heller/Soschinka* NVwZ 2012, 1148 ff.; *Sturm* Kriminalistik 2014, 233 ff.; zum NWRG und zur NWRG-DV vertiefend *Steindorf/N. Heinrich* Nr. 14 und 15.

§ 44 Übermittlung an und von Meldebehörden

(1) [1]**Die für die Erteilung einer waffenrechtlichen Erlaubnis zuständige Behörde teilt der für den Antragsteller zuständigen Meldebehörde die erstmalige Erteilung einer Erlaubnis mit.** [2]**Sie unterrichtet ferner diese Behörde, wenn eine Person über keine waffenrechtlichen Erlaubnisse mehr verfügt.**

(2) **Die Meldebehörden teilen den Waffenerlaubnisbehörden Namensänderungen, Zuzug, Änderungen der derzeitigen Anschrift im Zuständigkeitsbereich der Meldebehörde, Wegzug und Tod der Einwohner mit, für die das Vorliegen einer waffenrechtlichen Erlaubnis gespeichert ist.**

I. Allgemeines

1 (unbesetzt)

2 Mit § 44 soll verhindert werden, dass den zust. Beh. ohne eine entsprechende vorherige Mitteilung oft erst bei einer Regelüberprüfung von Erlaubnisvorauss. nach § 4 Abs. 3, 4 der Wegzug oder der Tod eines Erlaubnisinhabers zur Kenntnis gelangte. Gerade im Zuge von Todesfällen „verschwinden" nicht selten aus Unkenntnis, Leichtsinn oder Vorsatz Waffen. Eine zeitnahe Information der zust. Beh. über die wichtigen Tatsachen des Wohnorts oder des Todes eines Erlaubnisinhabers ist aber nur über das Melderegister zu gewährleisten. Die hier zur Tätigkeit verpflichteten Meldebehörden wiederum können die Informationen naturgemäß nur dann übermitteln, wenn ihnen zuvor selbst Mitteilung über den Waffenbesitz durch die zust. Beh. gemacht wurde. Diese Mitteilung bezieht sich dabei lediglich auf die Tatsache, dass ein Einwohner eine waffenrechtl. Erlaubnis innehat. Entsprechend wurde mit dem WaffRNeuRegG auch das MRRG geändert, in dem in § 2 Abs. 2 Nr. 6 MRRG die Tatsache, dass eine waffenrechtl. Erlaubnis erteilt worden ist sowie die diese Tatsache mitteilende Behörde mit Angabe des Tages der erstmaligen Erteilung zu speichern sind.

3 Durch das **3. ÄndG** (→ Einf. Rn. 24) wurde in Abs. 2 nach dem Wort „Namensänderungen" das Wort „Zuzug" eingefügt. Die Ergänzung dient der Schließung einer Regelungslücke und der Schaffung einer normenklaren Rechtslage für die **Übermittlungsbefugnis der Meldebehörden.** Gegenwärtig erhalten die

Waffenbehörden vom Zuzug des Inhabers einer waffenrechtl. Erlaubnis erst dann Kenntnis, wenn die Übersendung der Papierakte erfolgt. Dies setzt voraus, dass sich der Bürger an seinem neuen Wohnort anmeldet, die Zuzugsmeldebehörde den Datensatz von der Fortzugsmeldebehörde abruft, letztere auf Grund des Wegzugs die Waffenbehörde am früheren Wohnort nach § 44 Abs. 2 informiert, welche dann die Akte auf dem Postwege an die nunmehr zust. Beh. übersendet. Dieser Vorgang kann einige Zeit in Anspruch nehmen und ist zudem fehleranfällig. Bevor nicht alle beschriebenen Maßnahmen umgesetzt sind, hat die Meldebehörde der Zuzugsgemeinde Kenntnis von der waffenrechtl. Erlaubnis, nicht aber die zust. Beh. Durch die Ergänzung des Tatbestands „Zuzug" wird sichergestellt, dass die zust. Beh. bereits im Zeitpunkt der Anmeldung von der Meldebehörde informiert wird, dass ein Inhaber einer waffenrechtl. Erlaubnis zugezogen ist (BT-Drs. 16/13423, 71).

Durch das 6. ÄndG (→ Einf. Rn. 26c) wurde Abs. 2 um die Pflicht der Meldebehörden erweitert, den Waffenbehörden auch Änderungen der derzeitigen Anschrift im Zuständigkeitsbereich der Meldebehörde mitzuteilen.

II. Mitteilung an die Meldebehörde bei Erteilung einer waffenrechtlichen Erlaubnis (Abs. 1)

Gem. Abs. 1 teilt die für die Erteilung einer waffenrechtl. Erlaubnis zust. Beh. 4
der für den Antragsteller zuständigen Meldebehörde die erstmalige Erteilung einer Erlaubnis mit. Sie unterrichtet ferner diese Behörde, wenn eine Person über keine waffenrechtl. Erlaubnisse mehr verfügt.

III. Mitteilung an die zuständige Behörde durch die Meldebehörde bei Änderungen (Abs. 2)

Gem. Abs. 2 teilen die Meldebehörden den zust. Beh. Namensänderungen, 5
Zuzug, Wegzug und Tod der Einwohner mit, für die das Vorliegen einer waffenrechtl. Erlaubnis gespeichert ist. Darüber hinaus haben sie durch die mit dem 6. ÄndG (→ Einf. Rn. 26c) vorgenommene Erweiterung der Vorschrift den Waffenbehörden auch Änderungen der derzeitigen Anschrift im Zuständigkeitsbereich der Meldebehörde mitzuteilen. Dies war zuvor nicht der Fall, weil Umzüge im Zuständigkeitsbereich ein und derselben Meldebehörde keinen Umzug im melderechtlichen Sinn darstellen. Durch die Ergänzung der Vorschrift wird sichergestellt, dass die Waffenbehörde jederzeit über die aktuelle Anschrift von Waffenbesitzern informiert sind, um eine Erreichbarkeit zu gewährleisten und ggf. Kontrollen vor Ort vornehmen zu können. Die Vorschrift benennt lediglich Anlässe einer Datenübermittlung. Die zu übermittelnden Daten werden durch melderechtliche Regelungen der Länder bestimmt (BR-Drs. 61/17, 40).

§ 44a Behördliche Aufbewahrungspflichten

(1) [1]**Die für die Ausführung dieses Gesetzes zuständigen Behörden haben alle Unterlagen, die für die Feststellung der gegenwärtigen und früheren Besitzverhältnisse sowie die Rückverfolgung von Verkaufswegen erforderlich sind, aufzubewahren.** [2]**Ferner haben die in Satz 1 genannten Behörden alle Unterlagen aufzubewahren, aus denen sich die Versagung einer waffenrechtlichen Erlaubnis**

1. **wegen fehlender Zuverlässigkeit nach § 4 Absatz 1 Nummer 2 in Verbindung mit § 5 Absatz 1 Nummer 2 oder Absatz 2 Nummer 2, 3 oder Nummer 4 oder**

2. wegen fehlender persönlicher Eignung nach § 4 Absatz 1 Nummer 2 in Verbindung mit § 6 Absatz 1 Satz 1 und 2,
einschließlich der Gründe hierfür, ergibt.

(2) **Die Aufbewahrungspflicht bezieht sich sowohl auf eigene Unterlagen als auch auf nach § 17 Abs. 6 Satz 2 und 3 der Allgemeinen Waffengesetz-Verordnung vom 27. Oktober 2003 (BGBl. I S. 2123), die zuletzt durch Artikel 2 des Gesetzes vom 26. März 2008 (BGBl. I S. 426) geändert worden ist, übernommene Waffenherstellungs- und Waffenhandelsbücher.**

(3) [1]**Für die Waffenherstellungsbücher beträgt die Aufbewahrungsfrist mindestens 30 Jahre.** [2]**Für alle anderen Unterlagen nach Absatz 1 Satz 1 einschließlich der Einfuhr- und Ausfuhraufzeichnungen beträgt die Aufbewahrungsfrist mindestens 20 Jahre.** [3]**Für Unterlagen nach Absatz 1 Satz 2 beträgt die Aufbewahrungsfrist fünf Jahre.**

I. Allgemeines

1 § 44a regelt behördliche Pflichten zur Aufbewahrung von Unterlagen und wurde mit dem **2. ÄndG** (→ Einf. Rn. 23) zum 1.4.2008 eingeführt. Die Regelung dient der Umsetzung des VN-Schusswaffenprotokolls (→ Vorb. §§ 29–33 Rn. 21) in innerstaatliches Recht. Außerdem sollen die Bestimmungen der Resolution der Generalversammlung zum Markieren und Nachverfolgen von Kleinwaffen und leichten Waffen vom 8.12.2005 in innerstaatliches Recht umgesetzt werden. Durch die Regelung wird die in den vorgenannten Vereinbarungen vorgeschriebene Aufbewahrungsfrist für alle zur Rückverfolgung des Verkaufsweges und der Besitzverhältnisse von Waffen erforderlichen Unterlagen verbindlich geregelt (vgl. BT-Drs. 16/7717, 22).

Mit dem **6. ÄndG** (→ Einf. Rn. 26c) wurde Abs. 1 um S. 2 ergänzt. Der neu eingefügte Abs. 1 Nr. 1 und 2 erweitert die bisherige Aufbewahrungspflicht mit Wirkung zum 6.7.2017 auf solche Unterlagen, auf welche sich die Versagung waffenrechtl. Erlaubnsisse wegen fehlender Zuverlässigkeit oder fehlender persönlicher Eignung stützt. In Abs. 3 wurde mit dem 6. ÄndG eine Aufbewahrungsfrist von fünf Jahren für die nach Abs. 1 S. 2 aufzubewahrenden Unterlagen eingefügt.

II. Behördliche Pflichten zur Aufbewahrung von Unterlagen (Abs. 1)

2 Abs. 1 legt den für die Ausführung des Gesetzes zust. Beh. die Pflicht zur Aufbewahrung verschiedener, hinsichtlich des Besitzes an Waffen und der Versagung waffenrechtl. Erlaubnisse wegen fehlender Zuverlässigkeit oder fehlender persönlicher Eignung aussagekräftiger Unterlagen auf.

1. Zur Ausführung des Gesetzes zuständige Behörden

2a Die Vorschrift richtet sich nicht nur an die Waffenbehörden der Länder, sondern auch an die Bundesbehörden, zB BKA, BVA, Bundespolizei und Zollverwaltung, soweit sie Unterlagen betreffen, aus denen Besitzverhältnisse hervorgehen.

2. Unterlagen zu Besitzverhältnissen (Abs. 1 S. 1)

2b Gem. Abs. 1 S. 1 haben die für die Ausführung des WaffG zust. Beh. alle Unterlagen, die für die Feststellung der gegenwärtigen und früheren Besitzverhältnisse sowie die Rückverfolgung von Verkaufswegen erforderlich sind, aufzubewahren.

Durch die über längere Zeit (20 Jahre, vgl. Abs. 3) erfolgende Dokumentation der gegenwärtigen und früheren Besitzverhältnisse soll der jeweilige Besitz **lückenlos** festgestellt werden können. 3

Dabei kommt der Rückverfolgung von Verkaufswegen, der sog Verkaufswegfeststellung, hohe Bedeutung zu. Sie ist ein effektives **kriminalistisches Instrument** bei der Bekämpfung der **Waffenkriminalität** (für die Polizeibehörden ist dafür das BKA-Blatt Nr. 209/2003 v. 7.11.2003, die Darstellung der Rechtslage und Verfahrensweise bei Verkaufswegfeststellungen zu Schusswaffen im In- und Ausland, einschlägig). Ziel der Feststellung des Verkaufsweges einer sichergestellten Schusswaffe ist es, herauszufinden, auf welchem Weg der Täter in den Besitz der Schusswaffe gelangt ist. Die Kriminalpolizeibehörden können aufgrund der **Verkaufswegefeststellungen** bei Anschlussermittlungen häufig weitere Personen ermitteln und auch andere Straftaten, zB wegen unerlaubten Überlassens, unerlaubten Verbringens, Diebstahl oder Hehlerei, nachweisen. Daher kommt der **lückenlosen Dokumentation der Besitzverhältnisse,** des endgültigen Überlassens oder auch nur der vorübergehenden, zB zur Ausleihe (vgl. § 12 Abs. 1 Nr. 1 und 2 und § 38 Abs. 1 Nr. 1g), wichtige Bedeutung zu. Ebenso dient die Pflicht zur Buchführung wesentl. Teile gem. § 23 der Möglichkeit, behördlicherseits Erwerb, Besitz und **Verkaufswege** im Bedarfsfall nachvollziehen zu können (→ § 23 Rn. 2).

3. Unterlagen zur Versagung waffenrechtlicher Erlaubnisse wegen fehlender Zuverlässigkeit oder fehlender persönlicher Eignung (Abs. 1 S. 2)

Mit dem **6. ÄndG** (→ Einf. Rn. 26c) wurden die in S. 2 gefassten Aufbewahrungspflichten neu in das Gesetz eingefügt. 3a

Nach Abs. 1 S. 2 Nr. 1 haben die zust. Beh. zunächst alle Unterlagen aufzubewahren, aus denen sich die Versagung der waffenrechtl. Erlaubnis wegen fehlender Zuverlässigkeit nach § 5 Abs. 1 Nr. 2 oder Abs. 2 Nr. 2, 3 oder Nr. 4 einschl. der Gründe hierfür ergibt. Weiterhin haben sie nach Abs. 1 S. 2 Nr. 2 die Unterlagen aufzubewahren, aus denen sich die Versagung einer waffenrechtl. Erlaubnis wegen fehlender persönlicher Eignung nach § 6 Abs. 1 S. 1 und 2 einschl. der Gründe hierfür, ergibt.

Die Erweiterung der bisherigen Aufbewahrungspflichten war geboten, da eine Lücke in den Fällen bestand, in denen die waffenrechtl. Zuverlässigkeit oder persönliche Eignung (§§ 5 und 6) **aus Gründen** abgelehnt wurde, **die nicht auf von jeder Waffenbehörde überprüfbaren Tatsachen beruhte** (§ 5 Abs. 5 WaffG). Dem hieraus resultierenden Bedürfnis, entsprechende Unterlagen aufzubewahren, damit diese im Falle der Antragstellung bei einer anderen Waffenbehörde dieser zugänglich gemacht werden können, tragen die in S. 2 neu formulierten Aufbewahrungspflichten Rechnung. Die Waffenbehörden erlangen durch die Speicherung der Versagung im NWR davon entsprechend Kenntnis (vgl. BT-Drs. 18/12379, 13).

III. Umfang der Aufbewahrungspflicht (Abs. 2)

Gem. Abs. 2 bezieht sich die Aufbewahrungspflicht sowohl auf eigene Unterlagen als auch auf nach § 17 Abs. 6 S. 2 und 3 AWaffV übernommene Waffenherstellungs- und Waffenhandelsbücher. Damit ist die Bezeichnung der Unterlagen sehr allg. gehalten und erfasst abstrakt alle, aus denen Besitzverhältnisse bzw die Versagung einer waffenrechtl. Erlaubnis wegen fehlender Zuverlässigkeit oder fehlender persönlicher Eignung hervorgehen. 4

IV. Aufbewahrungsfrist (Abs. 3)

5 Gem. Abs. 3 S. 1 beträgt die Aufbewahrungsfrist für die Waffenherstellungsbücher mind. 30 Jahre. Für alle anderen Unterlagen nach Abs. 1 S. 1 einschließlich der Einfuhr- und Ausfuhraufzeichnungen beträgt die Aufbewahrungsfrist mind. 20 Jahre.

Die Vorschrift erlaubt die langjährige Speicherung personenbezogener Daten, die in den Unterlagen der zust. Beh. bzgl. sämtlicher waffenrelevanter Vorgänge anfallen. Durch die Einfügung „mindestens" könnte der Eindruck entstehen, dass die Unterlagen auch länger aufbewahrt werden dürfen. Ob dies der Fall ist, richtet sich dann nach den datenschutzrechtlichen Bestimmungen der Länder bzw des Bundes über die Aktenaufbewahrung, ggf. auch in Landes- oder Bundesarchiven. Für Zwecke des Abs. 1 dürfen die Unterlagen dann nicht weiter vorgehalten werden.

5a Der mit dem 6. ÄndG (→ Einf. Rn. 26c) neu eingefügte Abs. 3 S. 3 sieht für Unterlagen nach Abs. 1 S. 2 eine Aufbewahrungsfrist von 5 Jahren vor. Die Speicherfrist von 5 Jahren entspricht der kürzesten zeitlich begrenzten Frist, für die ein Versagungsgrund, für den nach dem neuen Abs. 1 S. 2 Unterlagen zu speichern sind, für die Erteilung einer waffenrechtl. Erlaubnis relevant sein kann. Hierdurch soll Datenschutzinteressen Rechnung getragen werden (vgl. BT-Drs. 18/12379, 13).

§ 45 Rücknahme und Widerruf

(1) **Eine Erlaubnis nach diesem Gesetz ist zurückzunehmen, wenn nachträglich bekannt wird, dass die Erlaubnis hätte versagt werden müssen.**

(2) [1]**Eine Erlaubnis nach diesem Gesetz ist zu widerrufen, wenn nachträglich Tatsachen eintreten, die zur Versagung hätten führen müssen.** [2]**Eine Erlaubnis nach diesem Gesetz kann auch widerrufen werden, wenn inhaltliche Beschränkungen nicht beachtet werden.**

(3) [1]**Bei einer Erlaubnis kann abweichend von Absatz 2 Satz 1 im Fall eines vorübergehenden Wegfalls des Bedürfnisses, aus besonderen Gründen auch in Fällen des endgültigen Wegfalls des Bedürfnisses, von einem Widerruf abgesehen werden.** [2]**Satz 1 gilt nicht, sofern es sich um eine Erlaubnis zum Führen einer Waffe handelt.**

(4) [1]**Verweigert ein Betroffener im Fall der Überprüfung des weiteren Vorliegens von in diesem Gesetz oder in einer auf Grund dieses Gesetzes erlassenen Rechtsverordnung vorgeschriebenen Tatbestandsvoraussetzungen, bei deren Wegfall ein Grund zur Rücknahme oder zum Widerruf einer Erlaubnis oder Ausnahmebewilligung gegeben wäre, seine Mitwirkung, so kann die Behörde deren Wegfall vermuten.** [2]**Der Betroffene ist hierauf hinzuweisen.**

(5) **Widerspruch und Anfechtungsklage gegen Maßnahmen nach Absatz 1 und Absatz 2 Satz 1 haben keine aufschiebende Wirkung, sofern die Erlaubnis wegen des Nichtvorliegens oder Entfallens der Voraussetzungen nach § 4 Abs. 1 Nr. 2 zurückgenommen oder widerrufen wird.**

Übersicht

I. Allgemeines

Die besonderen Vorschriften über die Rücknahme und den Widerruf waffenrechtl. Erlaubnisse sind Sondervorschriften zu den grds. auch im Waffenrecht geltenden §§ 48, 49 VwVfG. 1

Wegen der sicherheitspolizeilichen Zielsetzung des WaffG kann die Rücknahme oder der Widerruf bei mangelnder Zuverlässigkeit, persönlicher Eignung oder Sachkunde nicht in das Ermessen der zust. Beh. gestellt werden. Der Schutz der Allgemeinheit verlangt, dass in diesen Fällen die Rücknahme und der Widerruf zwingend vorgeschrieben werden. Dies gilt grds. auch beim Wegfall des Bedürfnisses (vgl. OVG Berlin NVwZ-RR 2000, 431 f.) und folgt auch aus Art. 87 Abs. 1 SDÜ, der den EU-Staaten vorschreibt, waffenrechtl. Erlaubnisse bei Wegfall des Bedürfnisses zu widerrufen (vgl. BT-Drs. 14/7758, 78).

Abs. 1 regelt die zwingende Rücknahme, Abs. 2 den zwingenden Widerruf. Abs. 3 sieht die Möglichkeit vor, in bestimmten Fällen vom Widerruf abzusehen. Abs. 4 enthält eine Vermutensregelung des Wegfalls eines Grundes bei Nichtmitwirkung. Abs. 5 lässt schließlich die aufschiebende Wirkung von Widerspruch und Anfechtungsklage im Fall der Rücknahme oder des Widerrufs entfallen, soweit diese wegen fehlender Zuverlässigkeit oder fehlender persönlicher Eignung ergangen sind.

II. Rücknahme der Erlaubnis (Abs. 1)

Nach Abs. 1 ist eine waffenrechtl. Erlaubnis **obligatorisch** zurücknehmen, wenn die zust. Beh. **nachträglich** Kenntnis davon erhält, dass im Zeitpunkt der Erteilung Versagungsgründe vorlagen. Diese Regelung enthält eine notwendige Sonderregelung zu § 48 VwVfG, wonach die Rücknahme im allg. VerwR ins Ermessen der Beh. gestellt und zudem nur limitiert zulässig ist. Abweichend von § 48 Abs. 4 VwVfG ist die Rücknahmepflicht **zeitlich unbefristet.** In anderen Fällen kann eine Rücknahme waffenrechtl. Erlaubnisse auch auf § 48 VwVfG gestützt werden (vgl. BT-Drs. 14/7758, 78). 2

Der Begriff „waffenrechtliche Erlaubnis“ umfasst dabei alle Erlaubnistatbestände des WaffG, also auch etwa Zustimmungen oder Ausnahmebewilligungen und -bescheide (BT-Drs. 14/7758, 78). 3

III. Widerruf der Erlaubnis (Abs. 2)

Gem. Abs. 2 S. 1 ist eine Erlaubnis nach dem WaffG zu widerrufen, wenn nachträglich Tatsachen eintreten, die zur Versagung hätten führen müssen. 4

Abs. 2 S. 1 enthält damit die notwendige Sonderregelung zu § 49 VwVfG. Erlangt die zust. Beh. davon Kenntnis, dass **nach Erteilung** einer waffenrechtl. Erlaubnis **Versagungstatbestände** eingetreten sind, **ist** die Erlaubnis zu widerrufen.

Zum Widerruf von WBK bei nachträglichem Wegfall und Austausch des waffenrechtl. Bedürfnisses vgl. *Bernhardt* GewArch 2015, 108 ff.

4a Das Inkrafttreten der Grundfassung des aktuellen WaffG zum 1.4.2003 stellt ebenso wie die seitdem erfolgten Gesetzesnovellierungen keine nachträglich eingetretene „Tatsache" dar (vgl. BVerwG NVwZ 2007, 1201, 1202, zum Inkrafttreten des WaffRNeuRegG; *Scheidler* Kriminalistik 2008, 386 mit ausf. Besprechung der Entsch.). Ändern sich die rechtlichen Vorauss. für eine waffenrechtl. Erlaubnis auf Grund einer Gesetzesänderung (bspw. § 22 Abs. 1; → § 22 Rn. 4), scheidet daher ein Widerruf der Erlaubnis gem. Abs. 2 allein infolge der geänderten Rechtslage aus.

4b Soweit eine waffenrechtl. Erlaubnis erteilt worden ist und nachträglich Tatsachen eintreten (etwa strafrechtliche Verurteilung des Erlaubnisinhabers), ist als Prüfungsmaßstab, ob die nachträglich eingetretenen Tatsachen zu einer Versagung der waffenrechtl. Erlaubnis hätten führen müssen, stets die **aktuelle Rechtslage** heranzuziehen.

Dies gilt auch, soweit die Tatsachen zwar nachträglich (also nach Erteilung der waffenrechtl. Erlaubnis), aber noch vor Inkrafttreten des akutellen WaffG zum 1.4.2003 eingetreten sind (BVerwG NVwZ 2007, 1201, 1202 ff. mit ausf. Begr.). Der für die gerichtliche Beurteilung der Sach- und Rechtslage im Falle des Widerrufs maßgebliche Zeitpunkt ist der Zeitpunkt des Erlasses des Widerspruchsbescheides (vgl. *Bernhardt* GewArch 2015, 108, 110).

4c Soweit die Waffenbehörde bereits auf Grund von Anhaltspunkten für den Wegfall der erforderlichen Zuverlässigkeit oder der persönlichen Eignung des Inhabers einer waffenrechtl. Erlaubnis ein Widerrufsverfahren eingeleitet hat, hindert der Verzicht des Erlaubnisinhabers nicht den Widerruf der Erlaubnis. Ein wirksamer Verzicht auf die Erlaubnis und damit ihre Erledigung auf sonstige Weise ist in diesem Fall ausgeschlossen (vgl. BVerwG Urt. v. 17.11.2016 – 6 C 36/15 – juris).

5 Gem. Abs. 2 S. 2 kann eine Erlaubnis nach dem WaffG widerrufen werden, wenn inhaltliche Beschränkungen nicht beachtet werden. Ergänzend zu § 49 VwVfG ermöglicht Abs. 2 S. 2 den Widerruf auch, wenn inhaltliche Beschränkungen der erteilten Erlaubnis nicht beachtet werden (BT-Drs. 14/7758, 78). Der Widerruf steht allerdings im pflichtgemäßen **Ermessen** der zust. Beh.

6 Dem Widerruf der waffenrechtl. Erlaubnisse nach Abs. 2 S. 1 steht auch nicht die Regelung des § 49 Abs. 2 S. 2 iVm. § 48 Abs. 4 VwVfG bzw der LVwVfG entgegen, wonach der Widerruf durch die zust. Beh. nur **ein Jahr nach Kenntnisnahme der Tatsachen** zulässig ist. Die im VwVfG geregelte Jahresfrist für den Widerruf eines VA **gilt nicht** für den **Widerruf waffenrechtl. Erlaubnisse** gem. § 45 Abs. 2 S. 1 (so bereits BVerwGE 101, 24 zu § 47 Abs. 2 S. 1 aF). Dies folgt daraus, dass das WaffG entgegenstehende Regelungen enthält (Art. 31 GG, vgl. § 1 Abs. 2 VwVfG). Das WaffG regelt den Widerruf der WBK **abschließend,** soweit er zwingend vorgeschrieben ist. Es schließt damit eine Heranziehung der Jahresfrist nach den Landes-VwVfG aus. Der Gesetzgeber will erkennbar zum Schutz vorrangiger Grundrechte oder Rechtsgüter Dritter einen gesetzwidrigen Zustand schlechterdings nicht hinnehmen. Die Pflicht, Gefahren durch Waffen in der Hand unzuverlässiger Personen zu vermeiden, verbietet daher eine Anwendung der Fristenregelung. Auch beim Widerruf gem. Abs. 2 sind sämtliche waffenrechtl. Erlaubnisse erfasst (→ Rn. 3).

6a Der **Streitwert** in Verfahren um den Widerruf von WBK bemisst sich zunächst unabhängig von deren Anzahl auf den Auffangwert von 5.000 Euro. Damit ist zugleich die erste eingetragene Waffe erfasst. Für jede weitere eingetragene Waffe kommt ein Betrag von 750 Euro hinzu (OVG TH, Beschl. v. 8.12.2016 – 3 EO 835/16 – juris, mwN und unter Bezugnahme auf den Streitwertkatalog für die Verwaltungsgerichtsbarkeit vom Mai/Juni 2012 mit den im Juli 2013 beschlossenen Änderungen).

IV. Absehen vom Widerruf der Erlaubnis (Abs. 3)

Gem. Abs. 3 S. 1 kann bei einer Erlaubnis abweichend von Abs. 2 S. 1 im Fall eines **vorübergehenden** Wegfalls des Bedürfnisses, aus besonderen Gründen auch in Fällen des endgültigen Wegfalls des Bedürfnisses, von einem Widerruf abgesehen werden. 7

(unbesetzt) 8

Abs. 3 S. 1 Alt. 1 räumt der zust. Beh. die Möglichkeit ein, bei einem nur vorübergehenden Wegfall des ursprünglichen Bedürfnisses von einem Widerruf der Erlaubnis abzusehen. Ob der Wegfall des Bedürfnisses lediglich **vorübergehend** ist, kann nicht an einem exakt umrissenen Zeitraum, in welchem das Bedürfnis tatsächlich wegfällt, festgemacht werden. Vielmehr ist in die Beurteilung neben dem **Zeitfaktor** auch die **Wahrscheinlichkeit** mit einzubeziehen, mit welcher das der Erlaubnis zu Grunde liegende Bedürfnis **wiederaufleben** wird. Berücksichtigt werden muss hier insbes. auch der **Grund** für den Wegfall des Bedürfnisses, da dieser wiederum Rückschlüsse auf die Wahrscheinlichkeit des Wiederauflebens desselben zulässt. 9

So ist stets von einem **vorübergehenden** Bedürfniswegfall auszugehen, soweit das **Wiederaufleben** des der Erlaubnis zu Grunde liegenden Bedürfnisses **in naher Zukunft** zu erwarten ist. Dies ist bspw. gegeben, wenn ein Sportschütze wegen eines Wohnortwechsels und eines damit verbundenen Vereinswechsels in dem der Bedürfnisprüfung zu Grunde liegenden Jahreszeitraum nicht regelm. schießsportlich aktiv war, dies aber fortan wieder zu tun gedenkt. Ebenso können berufliche Gründe, Erkrankungen, Schwangerschaften, Kinderbetreuungszeiten usw zu einer Unterbrechung der schießsportlichen Aktivität und damit zu einem vorübergehenden Wegfall des Bedürfnisses führen. Zudem ist zu berücksichtigen, dass es sich beim Schießsport um eine Freizeitbetätigung handelt, welche typischerweise gewissen Schwankungen unterliegt. Wird hingegen festgestellt, dass ein Sportschüzte ohne triftige Gründe in der Vergangenheit nicht regelm. dem Schießsport nachgegangen ist, liegt im Regelfall ein endgültiger Wegfall des Bedürfnisses vor. Nur soweit hier seitens des WBK-Inhabers Besonderheiten des Einzelfalls für die Zukunft schlüssig dargelegt werden können, dass fortan eine regelm. Betätigung des Schießsportes erfolgen werde, kann es ausnahmsweise bei einer Bewertung als lediglich vorübergender Bedürfniswegfall bleiben. Die letztliche Wertung durch die zust. Beh. bemisst sich stets nach den konkreten Umständen des Einzelfalls. Ebenso ein nur vorübergehender Bedürfniswegfall ist anzunehmen beim Inhaber eines Jahresjagdscheines, der es versäumt hat, seinen Jahresjagdschein verlängern zu lassen, dies aber alsbald nachzuholen gedenkt. Kommt dies wiederholt vor, kann dies Auswirkungen auf seine Zuverlässigkeit nach § 5 haben.

Aber auch bei deutlich längeren Zeiträumen, kann ein lediglich vorübergehender Wegfall des Bedürfnisses angenommen werden, wenn es zum Einen für den Wegfall einen triftigen, nachvollziehbaren Grund gibt und zum Anderen nach den Gesamtumständen des Einzelfalls mit einer hinreichenden Wahrscheinlichkeit vom Aufleben des Bedürfnisses ausgegangen werden kann. Dies kann etwa bei einem Studenten angenommen werden, der sich zwar über mehrere Semester hinweg nicht regelm. iSd § 14 II schießsportlich betätigt hat, weil er während des laufenden Semesters nicht aktiv war, aber jeweils in den Semesterferien am Heimatort mit einer gewissen Häufigkeit dem Schießsport nachgegangen ist und dies nach Abschluss des Studiums auch wieder regelm. tun will. Ebenso kann etwa ein längerer Auslandsaufenthalt ein Grund sein, der einen Sportschützen am regelm. sportlichen Schießen hindert oder einen Jäger dazu veranlasst, keinen neuen Jahresjagdschein zu lösen. Der Zeitraum, in dem das Bedürfnis tatsächlich entfällt, kann daher in Ausnahmefällen auch mehrere Jahre umfassen.

10 Abs. 3 S. 1 Alt. 2 eröffnet die Möglichkeit, auch bei einem **endgültigen** Wegfall des Bedürfnisses von einem Widerruf absehen zu können, wenn ein besonderer Grund hierfür vorliegt. Die Formulierung „besonderer Grund" macht bereits klar, dass ein Belassen der waffenrechtl. Erlaubnis trotz des auf Dauer entfallenden Bedürfnisses **nur in wenigen Ausnahmefällen** in Betracht kommt. Ein rein wirtschaftliches Interesse am weiteren Waffenbesitz reicht hierfür nicht aus. Hat ein Jäger, Sportschütze, Waffen- oder Munitionssammler gewissermaßen **sein Leben lang** die Jagd, den Schießsport oder das Sammeln ausgeübt und gibt dies nun aus Altersgründen auf, so kann sich hieraus ein besonderes Interesse typischerweise an einzelnen Waffen begründen (vgl. WaffVwV Nr. 45.3.2).

Zu weit erscheint die verwaltungsinterne Vollzugsregelung in Bayern, wonach bei einem endgültigen Wegfall des Bedürfnisses regelm. von einem Widerruf abzusehen sei, wenn der Waffenbesitz nicht durch Missbrauch erfolgt sei und der bedürfnisgerechte Besitz der Waffen länger als 10 Jahre gegeben war (vgl. dazu und zur Übertragbarkeit dieser „10-Jahres-Regelung" auf Edelmetall- und Schmuckhändler: VGH München, Beschl. v. 13.6.2014 – 21 ZB 14.320 – juris).

11 Soweit es um eine Erlaubnis zum **Führen** einer Waffe geht, bleibt es beim zwingenden Widerruf, auch wenn das Bedürfnis nur vorübergehend entfällt. Abs. 3 S. 2 stellt klar, dass ein ausnahmsweises **Absehen vom Widerruf nicht für WS** in Frage kommt. Hier verbleibt es bei der Regelung des Abs. 2 S. 1: Der WS ist zwingend zu widerrufen, sobald das Bedürfnis – vorübergehend oder endgültig – entfällt (BT-Drs. 14/7758, 78).

11a Beim Widerruf von Erlaubnissen im gewerblichen Bereich sieht die WaffVwV (Nr. 45.4) besondere Verfahrensvorschriften vor.

V. Vermutensregel des Wegfalls des Grundes bei Rücknahme oder Widerruf (Abs. 4)

12 Abs. 4 S. 1 schreibt eine gesetzliche Vermutung für die Fälle fest, in denen ein Betroffener seine Mitwirkung im Falle der Überprüfung des weiteren Vorliegens der für seine waffenrechtl. Erlaubnis vorgeschriebenen Tatbestandsvorauss. verweigert. Die zust. Beh. kann den Wegfall des Grundes vermuten, soweit es um die Feststellung solcher Tatbestandsvorauss. geht, bei deren Wegfall ein Grund zur Rücknahme oder zum Widerruf einer Erlaubnis oder Ausnahmebewilligung gegeben wäre.

13 Diese Vorschrift trägt dem Umstand Rechnung, dass die erstmalige Erteilung einer waffenrechtl. Erlaubnis ein begünstigender VA ist, der mit **Dauerwirkung** ergeht, damit die Erlaubnis bzw eine Verlängerung derselben nicht immer wieder aufs Neue beantragt werden muss. Gleichwohl müssen bestimmte Tatbestandsvorauss. weiter gegeben sein, um den Zustand der Begünstigung aufrecht erhalten zu können, zB Zuverlässigkeits-, Eignungs- und Bedürfnisprüfung gem. § 4 Abs. 3 und 4.

Abs. 4 S. 1 deckt die Fälle der datenschutzrechtl. Mitwirkung des Betroffenen bei der wiederholten Erhebung der Daten ab. Er trägt dem Umstand Rechnung, dass im Regelfall die Prüfungsgrundlagen für das Vorliegen von Tatbestandsvorauss. zur Erteilung einer waffenrechtl. Erlaubnis von demjenigen beizubringen sind, der den begünstigenden VA begehrt. Bei der (erstmaligen) Beantragung zieht die Mitwirkungsverweigerung ohne Weiteres die Versagung der begehrten Erlaubnis nach sich. Damit sich der Erlaubnisinhaber bei späteren Überprüfungen nicht durch schlichte Mitwirkungsverweigerung die Aufrechterhaltung dieses begünstigenden Zustandes gleichsam erschleichen kann, lässt Abs. 4 S. 1 für diesen Fall die – im Einzelfall widerlegbare – Vermutung zu, dass die Basis für die Begünstigung weggefallen sei (vgl. BT-Drs. 14/7758, 78).

14 Gem. Abs. 4 S. 2 ist der Betroffene hierauf hinzuweisen.

VI. Entfallen der aufschiebenden Wirkung (Abs. 5)

Gem. Abs. 5 haben Widerspruch und Anfechtungsklage in den Fällen der Rücknahme nach Abs. 1 oder des Widerrufs nach Abs. 2 S. 1 **keine aufschiebende Wirkung,** sofern die Erlaubnis wegen des Nichtvorliegens oder Entfallens der Vorauss. nach § 4 Abs. 1 Nr. 2, also bei **fehlender Zuverlässigkeit oder fehlender persönlicher Eignung,** zurückgenommen oder widerrufen wird. Damit bestimmt Abs. 5, in welchen Fällen der gesetzliche Suspensiveffekt, der gem. § 80 Abs. 1 VwGO mit dem Einlegen eines Widerspruchs, soweit landesrechtlich noch vorgesehen, und/oder einer Klage gegen die Rücknahme oder den Widerruf verbunden ist, ausgeschlossen ist. 15

Die Anordnungen können durch die zust. Beh. sofort vollzogen werden. Rechtsschutz kann aber durch die VG erlangt werden, indem ein **Anordnungsantrag** gem. § 80 Abs. 5 VwGO gestellt wird, damit das VG die aufschiebende Wirkung im Einzelfall wieder eintreten lässt.

Der Gesetzgeber sah es als notwendig an, den Verzicht auf eine aufschiebende Wirkung von Widerspruch und Anfechtungsklage in den Fallgruppen der zwingenden Rücknahme bzw des zwingenden Widerrufs zum Schutz der öffentl. Sicherheit und Ordnung vorzusehen. Diese Fälle seien im Einzelfall umfangreich geprüft und eine umgehende Beendigung des Waffenbesitzes geboten. Ein höherwertiges legitimes Interesse an einem weiteren Waffenbesitz bis zum Eintritt von Bestands- oder Rechtskraft, was sich uU über mehrere Monate oder Jahre hinziehen könne, sei nicht zu erkennen. Den berechtigten Belangen der Betroffenen – etwa in den Ausnahmefällen einer offensichtlich rechtswidrigen Behördenentscheidung – kann durch die Möglichkeit von abweichenden (Eil-)Anordnungen der VG Rechnung getragen werden (vgl. BR-Drs. 838/07, 11). Damit hat sich der Gesetzgeber bewusst entschieden, dass das **öffentl. Interesse** an der sofortigen Durchsetzbarkeit waffenrechtl. Widerrufsverfügungen grds. das private Interesse des Betroffenen **überwiegt,** die behördliche Maßnahme nicht ohne vorherige Überprüfung der Rechtmäßigkeit befolgen zu müssen (VG Köln Beschl. v. 27.7.2010 – 20 L 251/10). 16

§ 46 Weitere Maßnahmen

(1) [1]**Werden Erlaubnisse nach diesem Gesetz zurückgenommen oder widerrufen, so hat der Inhaber alle Ausfertigungen der Erlaubnisurkunde der zuständigen Behörde unverzüglich zurückzugeben.** [2]**Das Gleiche gilt, wenn die Erlaubnis erloschen ist.**

(2) [1]**Hat jemand auf Grund einer Erlaubnis, die zurückgenommen, widerrufen oder erloschen ist, Waffen oder Munition erworben oder befugt besessen, und besitzt er sie noch, so kann die zuständige Behörde anordnen, dass er binnen angemessener Frist die Waffen oder Munition dauerhaft unbrauchbar macht oder einem Berechtigten überlässt und den Nachweis darüber gegenüber der Behörde führt.** [2]**Nach fruchtlosem Ablauf der Frist kann die zuständige Behörde die Waffen oder Munition sicherstellen.**

(3) [1]**Besitzt jemand ohne die erforderliche Erlaubnis oder entgegen einem vollziehbaren Verbot nach § 41 Abs. 1 oder 2 eine Waffe oder Munition, so kann die zuständige Behörde anordnen, dass er binnen angemessener Frist**
1. **die Waffe oder Munition dauerhaft unbrauchbar macht oder einem Berechtigten überlässt oder**
2. **im Fall einer verbotenen Waffe oder Munition die Verbotsmerkmale beseitigt und**
3. **den Nachweis darüber gegenüber der Behörde führt.**

[2]Nach fruchtlosem Ablauf der Frist kann die zuständige Behörde die Waffe oder Munition sicherstellen.

(4) **[1]Die zuständige Behörde kann Erlaubnisurkunden sowie die in den Absätzen 2 und 3 bezeichneten Waffen oder Munition sofort sicherstellen**

1. **in Fällen eines vollziehbaren Verbots nach § 41 Abs. 1 oder 2 oder**
2. **soweit Tatsachen die Annahme rechtfertigen, dass die Waffen oder Munition missbräuchlich verwendet oder von einem Nichtberechtigten erworben werden sollen.**

[2]Zu diesem Zweck sind die Beauftragten der zuständigen Behörde berechtigt, die Wohnung des Betroffenen zu betreten und diese nach Urkunden, Waffen oder Munition zu durchsuchen; Durchsuchungen dürfen nur durch den Richter, bei Gefahr im Verzug auch durch die zuständige Behörde angeordnet werden; das Grundrecht der Unverletzlichkeit der Wohnung (Artikel 13 des Grundgesetzes) wird insoweit eingeschränkt. [3]Widerspruch und Anfechtungsklage haben keine aufschiebende Wirkung.

(5) **[1]Sofern der bisherige Inhaber nicht innerhalb eines Monats nach Sicherstellung einen empfangsbereiten Berechtigten benennt oder im Fall der Sicherstellung verbotener Waffen oder Munition nicht in dieser Frist eine Ausnahmezulassung nach § 40 Abs. 4 beantragt, kann die zuständige Behörde die sichergestellten Waffen oder Munition einziehen und verwerten oder vernichten. [2]Dieselben Befugnisse besitzt die zuständige Behörde im Fall der unanfechtbaren Versagung einer für verbotene Waffen oder Munition vor oder rechtzeitig nach der Sicherstellung beantragten Ausnahmezulassung nach § 40 Abs. 4. [3]Der Erlös aus einer Verwertung der Waffen oder Munition steht nach Abzug der Kosten der Sicherstellung, Verwahrung und Verwertung dem nach bürgerlichem Recht bisher Berechtigten zu.**

I. Allgemeines

1 § 46 benennt **mögliche weitere Maßnahmen** der zust. Beh. nach Rücknahme oder Widerruf von Erlaubnissen. Abs. 1 regelt die Rückgabepflicht von Erlaubnisurkunden, während Abs. 2 die Möglichkeit der Anordnung der Unbrauchbarmachung, des Überlassens an Berechtigte und die Sicherstellung nach Rücknahme oder Widerruf der Erlaubnis durch die zust. Beh. vorsieht. Die Anordnung der Unbrauchbarmachung, des Überlassens an Berechtigte und Sicherstellung bei unerlaubtem Waffenbesitz oder nach erlassener Verbotsverfügung ist in Abs. 3 geregelt. Abs. 4 beinhaltet die Regelungen zur Sicherstellung von Waffen oder Munition sowie zu Wohnungsdurchsuchungen. Abs. 5 schließlich regelt die Einziehung, Verwertung oder Vernichtung sichergestellter Waffen oder Munition.

Geändert wurde Abs. 5 S. 1 durch das **3. ÄndG** (→ Einf. Rn. 24) zum 25.7.2009, wonach die sichergestellten Waffen oder Munition nicht nur eingezogen und verwertet, sondern auch vernichtet werden können.

II. Rückgabepflicht von Erlaubnisurkunden (Abs. 1)

2 Gem. Abs. 1 S. 1 hat der Inhaber der Erlaubnis alle Ausfertigungen der Erlaubnisurkunde der zust. Beh. unverzüglich **zurückzugeben,** wenn diese zurückgenommen oder widerrufen wurden. Den Erlaubnisinhaber trifft gem. Abs. 1 S. 2 dieselbe Pflicht, wenn die Erlaubnis erloschen ist, etwa bei einer befristeten Erlaubnis.

3 Abs. 1 legt dem Erlaubnisinhaber die schon nach § 52 VwVfG bestehende (selbstverständliche) Pflicht auf, dass dieser bei Rücknahme oder Widerruf seiner waffenrechtl. Erlaubnis alle Ausfertigungen der Erlaubnis der zust. Beh. zurückzugeben hat. Diese Handlungspflicht ist „unverzüglich", also ohne schuldhaftes Zögern iSv § 121 Abs. 1 BGB, zu erfüllen (BT-Drs. 14/7758, 80). Die gleiche Verpflichtung trifft den Inhaber einer erloschenen, etwa befristeten Erlaubnis.

Insoweit ist Abs. 1 S. 1 gegenüber § 52 S. 1 und 2 VwVfG die speziellere Norm. Allerdings gilt des Weiteren § 52 S. 3 VwVfG, wonach der Inhaber oder der Besitzer verlangen kann, dass ihm die Urkunden oder Sachen wieder ausgehändigt werden, nachdem sie von der zust. Beh. als **ungültig gekennzeichnet** sind. Dies gilt nicht bei Sachen, bei denen eine solche Kennzeichnung nicht oder nicht mit der erforderlichen Offensichtlichkeit oder Dauerhaftigkeit möglich ist. Bei Erlaubnisurkunden ist dies jedoch bei entspr. Ungültigkennzeichnung durch Lochen, Stanzen, Ecken abschneiden oder Ungültigkeitsstempel prinzipiell möglich, so dass diese als „Erinnerung" dem Inhaber wieder zurückgegeben werden können.

Verstöße sowohl gegen Abs. 1 S. 1 als auch S. 2 sind **ordnungswidrig** gem. § 53 Abs. 1 Nr. 22. 4

III. Anordnung der Unbrauchbarmachung, des Überlassens an Berechtigte und Sicherstellung nach Rücknahme oder Widerruf der Erlaubnis (Abs. 2)

Abs. 2 S. 1 räumt der zust. Beh. die Befugnis ein, nach Rücknahme, Widerruf oder Erlöschen einer waffenrechtl. Erlaubnis anzuordnen, dass die bezeichneten Gegenstände innerhalb einer bestimmten Frist einem Berechtigten zu überlassen oder unbrauchbar zu machen sind. Die Erfüllung dieser Anordnung ist durch den Besitzer in vollem Umfang nachzuweisen (vgl. BT-Drs. 14/7758, 80). 5

Gem. Abs. 2 S. 2 kann die zust. Beh. nach fruchtlosem Ablauf der Frist die Waffen oder Munition sicherstellen. Die Regelung des Abs. 2 S. 2 lässt die Befugnisse zur Sicherstellung oder Beschlagnahme der Gegenstände durch die Polizei nach den Polizeigesetzen oder eines Richters oder Staatsanwalts in einem Strafverfahren nach §§ 94, 98, 111b StPO unberührt. 6

IV. Anordnung der Unbrauchbarmachung, des Überlassens an Berechtigte und Sicherstellung bei unerlaubtem Waffenbesitz oder Verbotsverfügung (Abs. 3)

Abs. 3 räumt der zust. Beh. eine dem Abs. 2 vergleichbare Befugnis für den Fall unerlaubten Waffen- oder Munitionsbesitzes ein. Zusätzlich erfasst Abs. 3 verbotene Waffen oder Munition. Hier kann alternativ die Beseitigung der Verbotsmerkmale angeordnet werden. 7

Gem. Abs. 3 S. 2 kann die zust. Beh. nach fruchtlosem Ablauf der Frist die Waffen oder Munition **sicherstellen.** Die Regelung des Abs. 3 S. 2 lässt die Befugnisse zur Sicherstellung oder Beschlagnahme der Gegenstände durch die Polizei nach den Polizeigesetzen oder eines Richters oder Staatsanwalts in einem Strafverfahren nach §§ 94, 98, 111b StPO unberührt. 8

V. Sofortige Sicherstellung von Waffen oder Munition, Wohnungsdurchsuchung (Abs. 4)

Abs. 4 räumt der zust. Beh. in den Fällen des § 41 die Befugnis ein, beim Betroffenen die in seinem Besitz befindlichen Waffen und Munition sowie die ihm erteilten 9

Erlaubnisurkunden **unverzüglich sicherzustellen** (zur Sicherstellung → § 37 Rn. 17). Eine **Fristsetzung** ist – anders als in den Fällen des Abs. 3 – nicht erforderlich.

10 Für den Fall, dass sich der Beteiligte der Sicherstellung **widersetzt,** besteht gem. Abs. 4 S. 2 die rechtliche Grundlage, die Wohnung des Beteiligten zu **betreten** und diese nach Waffen, Munition sowie den in Abs. 4 S. 1 genannten Erlaubnispapieren zu **durchsuchen.** Die Durchsuchung ist das ziel- und zweckgerichte Suchen durch staatliche Organe nach Personen oder Sachen oder zur Ermittlung eines Sachverhalts, um etwas aufzuspüren, was der Inhaber der Wohnung von sich aus nicht offenlegen oder herausgeben will (vgl. BVerfGE 47, 31 (37); 28, 285 (287 ff.)).

Gem. Abs. 4 S. 2 darf die Durchsuchung nur durch den Richter, bei Gefahr im Verzug auch durch die zust. Beh. angeordnet werden. Für den Vollzug der behördlichen Sicherstellung nach § 46 Abs. 4 gelten die allg. Grundsätze des Polizeirechts (OLG Hamm NVwZ-RR 2010, 921; *Apel/Bushart* WaffG § 46 Rn. 11).

So sieht bspw. § 42 Abs. 1 S. 3 PolGNW die entspr. Anwendung der Verfahrensvorschriften des FamFG vor, so dass eine Beschwerde gegen die Durchsuchungsanordnung gem. §§ 119 Abs. 1 Nr. 1b GVG, 42 Abs. 1 S. 3 PolGNW, 46 Abs. 4 S. 2, 58 Abs. 1 FamFG möglich ist. Im Anschluss an den Vollzug der Anordnung kann sie dem Ziel der Feststellung der Rechtswidrigkeit gem. § 62 Abs. 2 Nr. 1 FamFG weiter verfolgt werden (OLG Hamm NVwZ-RR 2010, 921 f.).

Die (ordentlichen) Gerichte sind nach der Vorschrift nur für die **Anordnung der Durchsuchung** zuständig, **nicht** für die Anordnung der **Sicherstellung oder Beschlagnahme.** Diese Anordnung der Sicherstellung obliegt allein der zust. Beh. und kann, da es sich um eine öffentl.-rechtl. Streitigkeit nach § 40 Abs. 1 S. 2 VwGO handelt, auf dem Verwaltungsrechtsweg angefochten werden (OLG Hamm NVwZ-RR 2010, 921).

Gefahr im Verzug ist gegeben, wenn im Einzelfall Tatsachen vorliegen, aus denen sich ergibt, dass die vorherige Einholung der richterlichen Anordnung den Erfolg der Durchsuchung, dh die sofortige Sicherstellung der Erlaubnisurkunden, Waffen oder Munition, gefährden würde.

11 Um einen Vollzug der Maßnahmen nicht zu gefährden, wird in Abs. 4 S. 3 angeordnet, dass Widerspruch und Anfechtungsklage gegen die behördlichen Maßnahmen der Sicherstellung und des Betretens der Wohnung sowie der Anordnung der Durchsuchung bei Gefahr im Verzuge **keine aufschiebende Wirkung** haben. Gegen die Anordnung der Durchsuchung durch das AG sind die einschlägigen Rechtsbehelfe gem. FamFG möglich.

VI. Einziehung, Verwertung oder Vernichtung sichergestellter Waffen oder Munition (Abs. 5)

12 Die Vorschrift ermöglicht die Einziehung und Verwertung oder Vernichtung sichergestellter Waffen. **Geändert** wurde Abs. 5 S. 1 durch das **3. ÄndG** (→ Einf. Rn. 24) zum 25.7.2009, wonach die sichergestellten Waffen oder Munition nicht nur eingezogen und verwertet, sondern auch **vernichtet** werden können. Durch diese Änderung wird den zust. Beh. die Möglichkeit eingeräumt, auf den Verkauf eingezogener Waffen verzichten zu können. Dies hat den Vorteil, dass sich staatliche Stellen nicht mehr als „Waffenhändler" gerieren müssen und die Anzahl der im „Umlauf" befindlichen Waffen reduziert werden kann. Eine Entschädigungspflicht im Hinblick auf Artikel 14 Abs. 1 S. 1 GG wird durch eine Vernichtung nicht ausgelöst. Zum einen geht das Eigentum bereits durch die Einziehung kraft Gesetzes auf die einziehende Körperschaft über, zum anderen entfällt die Entschädigungspflicht bei Sachen, von denen Gefahren für Rechtsgüter ausgehen können, wozu

Waffen zu zählen sind. Die zust. Beh. kann nunmehr entscheiden, ob sie die sichergestellte Waffe oder Munition nach deren Einziehung verwertet oder vernichtet (vgl. BT-Drs. 16/13423, 71 f.).

13 Die **Einziehung** gem. Abs. 5 S. 1 steht nicht in Abhängigkeit von dem Bestehen einer Gefahr für die öffentl. Sicherheit oder Ordnung (vgl. BT-Drs. 14/8886, 117). Benennt der bisher Berechtigte nicht binnen eines Monats nach der Sicherstellung einen Empfänger für die Waffen und Munition oder beantragt im Fall der Sicherstellung verbotener Waffen oder Munition nicht in dieser Frist eine Ausnahmezulassung nach § 40 Abs. 4, so kann die zust. Beh. diese einziehen und verwerten oder vernichten. Der benannte Empfänger muss dabei waffenrechtl. berechtigt sein, also die für den Erwerb und Besitz der sichergestellten Waffen notwendigen waffenrechtl. Erlaubnisse haben. Fehlt es daran, so kommt es zur Einziehung und anschließenden Verwertung oder Vernichtung.

14 Nach Abs. 5 S. 2 kommen der zust. Beh. die gleichen Befugnisse zu, wenn eine vor oder fristgerecht nach Sicherstellung beantragte Ausnahmebewilligung für eine verbotene Waffe oder Munition nach § 40 Abs. 4 beim BKA unanfechtbar versagt worden ist.

15 Gem. Abs. 5 S. 3 steht der wirtschaftliche Erlös der Verwertung dabei grds. dem bisher nach Bürgerlichem Recht Berechtigten zu. Die zust. Beh. kann jedoch die auf Grund der Kostenordnung zum Waffengesetz gerechtfertigten Gebühren bei der Auskehr des Erlöses einbehalten.

§ 47 Verordnungen zur Erfüllung internationaler Vereinbarungen oder zur Angleichung an Gemeinschaftsrecht

Das Bundesministerium des Innern wird ermächtigt, mit Zustimmung des Bundesrates zur Erfüllung von Verpflichtungen aus internationalen Vereinbarungen oder zur Erfüllung bindender Beschlüsse der Europäischen Union, die Sachbereiche dieses Gesetzes betreffen, Rechtsverordnungen zu erlassen, die insbesondere

1. **Anforderungen an das Überlassen und Verbringen von Waffen oder Munition an Personen, die ihren gewöhnlichen Aufenthalt außerhalb des Geltungsbereichs des Gesetzes haben, festlegen und**
2. **das Verbringen und die vorübergehende Mitnahme von Waffen oder Munition in den Geltungsbereich des Gesetzes sowie**
3. **die zu den Nummern 1 und 2 erforderlichen Bescheinigungen, Mitteilungspflichten und behördlichen Maßnahmen regeln.**

1 § 47 enthält eine Verordnungsermächtigung für das BMI, wonach mit Zustimmung des BR zur Erfüllung von Verpflichtungen aus internationalen Vereinbarungen oder zur Erfüllung bindender Beschlüsse der EU die genannten Sachbereiche des WaffG geregelt werden können. Eine weitere Fortschreibung der bindenden Beschlüsse zum Waffenrecht auf Ebene der EU ist zu erwarten (vgl. BT-Drs. 14/7758, 80).

2 § 47 ist bereits Grundlage der §§ 26–33 AWaffV und setzt das **deutsch-österreichische Abkommen** über die gegenseitige Anerkennung von Dokumenten für die Mitnahme von Schussw. und Munition durch Angehörige traditioneller Schützenvereinigungen und Sportschützen vom 28.6.2002 in nationales Recht um. Das Abkommen dient der Ausfüllung von Art. 12 Abs. 3 der Waffenrichtlinie und der Schaffung von Erleichterungen im grenzüberschreitenden Verkehr mit Schussw. und Munition zwischen beiden Staaten. Es wurde mit VO vom 5.1.2004 in das nationale Recht eingeführt (BGBl. II S. 63 ff.) und ist am 1.7.2004 in Kraft getreten (BGBl. II S. 788). Danach ist für Mitglieder deutscher und österreichischer traditioneller

Schützenvereinigungen und Sportschützenvereine unter besonderen Vorauss. der Besitz eines EFP nicht erforderlich (s. erg. → § 32 Rn. 39).

§ 48 Sachliche Zuständigkeit

(1) [1]**Die Landesregierungen oder die von ihnen durch Rechtsverordnung bestimmten Stellen können durch Rechtsverordnung die für die Ausführung dieses Gesetzes zuständigen Behörden bestimmen, soweit nicht Bundesbehörden zuständig sind.** [2]**Abweichend von Satz 1 ist für die Erteilung von Erlaubnissen an Bewachungsunternehmen für Bewachungsaufgaben nach § 28a Absatz 1 Satz 1 die für das Gebiet der Freien und Hansestadt Hamburg bestimmte Waffenbehörde zuständig.**

(1a) **Die Landesregierungen oder die von ihnen durch Rechtsverordnung bestimmten Stellen bestimmen durch Rechtsverordnung die nach Artikel 6 Absatz 5 Satz 2 der Verordnung (EU) Nr. 1214/2011 des Europäischen Parlaments und des Rates vom 16. November 2011 über den gewerbsmäßigen grenzüberschreitenden Straßentransport von Euro-Bargeld zwischen den Mitgliedstaaten des Euroraums (ABl. L 316 vom 29.11.2011, S. 1) zuständige Kontaktstelle.**

(2) **Das Bundesverwaltungsamt ist die zuständige Behörde für**

1. **ausländische Diplomaten, Konsularbeamte und gleichgestellte sonstige bevorrechtigte ausländische Personen,**
2. **ausländische Angehörige der in der Bundesrepublik Deutschland stationierten ausländischen Streitkräfte sowie deren Ehegatten und unterhaltsberechtigte Kinder,**
3. **Personen, die zum Schutze ausländischer Luftfahrzeuge und Seeschiffe eingesetzt sind,**
4. **Deutsche im Sinne des Artikels 116 des Grundgesetzes, die ihren gewöhnlichen Aufenthalt außerhalb des Geltungsbereichs dieses Gesetzes haben; dies gilt nicht für die in den §§ 21 und 28 genannten Personen, wenn sich der Sitz des Unternehmens im Geltungsbereich dieses Gesetzes befindet,**
5. **natürliche und juristische Personen, die im Geltungsbereich dieses Gesetzes im Sinne des § 21 Handel treiben, hier aber keinen Unternehmenssitz haben.**

(3) **Zuständig für die Entscheidungen nach § 2 Abs. 5 ist das Bundeskriminalamt.**

(3a) **Das Bundesamt für Wirtschaft und Ausfuhrkontrolle ist die zuständige Behörde zur Erteilung von Genehmigungen nach Artikel 4 der Verordnung (EU) Nr. 258/2012 des Europäischen Parlaments und des Rates vom 14. März 2012 zur Umsetzung des Artikels 10 des Protokolls der Vereinten Nationen gegen die unerlaubte Herstellung von Schusswaffen, dazugehörigen Teilen und Komponenten und Munition und gegen den unerlaubten Handel damit, in Ergänzung des Übereinkommens der Vereinten Nationen gegen die grenzüberschreitende organisierte Kriminalität (VN-Feuerwaffenprotokoll) und zur Einführung von Ausfuhrgenehmigungen für Feuerwaffen, deren Teile, Komponenten und Munition sowie von Maßnahmen betreffend deren Einfuhr und Durchfuhr (ABl. L 94 vom 30.3.2012, S. 1).**

(4) **Verwaltungsverfahren nach diesem Gesetz oder auf Grund dieses Gesetzes können über eine einheitliche Stelle nach den Vorschriften der Verwaltungsverfahrensgesetze abgewickelt werden.**

Übersicht

I. Allgemeines

1 Die Vorschrift eröffnet die Möglichkeit für die Länder, Sonderregelungen über die sachliche Zuständigkeit zu treffen (BT-Drs. 14/7758, 80).

2 § 48 regelt die sachliche Behördenzuständigkeit im WaffG. Gem. Art. 83, 84 GG führen die Länder die Bundesgesetze als eigene Angelegenheit aus, was Abs. 1 entspr. festlegt. Abs. 1a ermächtigt die Landesregierungen, zentrale Kontaktstellen für Bargeldkontrollen in Bezug auf den gewerbsmäßigen grenzüberschreitenden Straßentransport von Euro-Bargeld einzurichten. Abs. 2, 3 und 3a regeln sachbezogene Ausnahmen für Bundesbehörden. Zu beachten ist außerdem, dass gem. § 33 Abs. 3 die Zollverwaltung und die Bundespolizei für die Überwachung des Verbringens und der Mitnahme zuständig sind. Weitere Zuständigkeiten sind in § 15 Abs. 3, 4; § 15a Abs. 2; § 31 Abs. 2; § 34 Abs. 4, 5 für das BVA gegeben.

3 Durch das **2. ÄndG** (→ Einf. Rn. 23) wurde mit Wirkung vom 1.4.2008 in Abs. 2 Nr. 4 der 2. Hs. angefügt. Abs. 4 wurde durch das **3. ÄndG** (→ Einf. Rn. 24) mit Wirkung zum 25.9.2009 neu angefügt. Mit dem **4. ÄndG** (→ Einf. Rn. 26a) wurde die Vorschrift um die Abs. 1a und 3a erweitert, mit dem **5. ÄndG** (→ Einf. Rn. 26b) wurde Abs. 1 S. 2 in die Vorschrift eingefügt. Schließlich wurde zuletzt mit dem **6. ÄndG** (→ Einf. Rn. 26c) in Abs. 2 der Vorschrift die Nr. 5 angefügt.

II. Verordnungsermächtigungen für die Landesregierungen (Abs. 1)

4 Gem. Abs. 1 S. 1 können die Landesregierungen oder die von ihnen durch RVO bestimmten Stellen durch RVO die für die Ausführung dieses Gesetzes zust. Beh. bestimmen, soweit nicht Bundesbehörden zuständig sind.

Bei Bedarf können die Länder von der Verordnungsermächtigung Gebrauch machen und sich damit ein aufwändiges Gesetzgebungsverfahren ersparen. Der Weg, die Bestimmung durch Gesetz zu treffen, ist durch Art. 80 Abs. 4 GG ohnehin eröffnet, so dass die Vorschrift den Ländern ein Wahlrecht einräumt (BT-Drs. 14/8886, 118).

5 Welches die jeweils zust. Beh. ist, richtet sich, soweit keine besonderen Zuständigkeiten begründet sind, prinzipiell nach den Durchführungsverordnungen der Bundesländer zum WaffG:

- Baden-Württemberg: DVOWaffG v. 8.4.2003 (GVBl. S. 166), geänd. durch G v. 5.5.2015 (GVBl. S. 313)
- Bayern: AVWaffBeschR v. 22.7.2014 (GVBl. S. 286)
- Berlin: DVWaffG v. 18.3.2003 (GVBl. S. 147), geänd. durch VO v. 12.6.2007 (GVBl. S. 244)
- Brandenburg: DVO WaffG v. 17.12.1991 (GVBl. II/91 S. 670), geänd. durch VO v. 18.4.2008 (GVBl. II/08 S. 136)
- Bremen: VOWaffG v. 18.11.2003 (GVBl. S. 387), geänd. durch Geschäftsverteilung des Senats v. 2.8.2016 (Brem.GBl. S 434)
- Hamburg: WaffGDAnO HA v. 9.11.2004 (Amtl. Anz. 2004, S. 2226), zuletzt geänd. durch Art. 71 der Anordnung v. 26.10.2010 (Amtl. Anz. S. 2129, 2135)
- Hessen: WaffGDV HE v. 17.12.2007 (GVBl. I S. 926), geänd. durch VO v. 26.1.2017 (GVBl. I S. 14)
- Mecklenburg-Vorpommern: WaffRAusfLVO v. 4.8.2003 (GVBl. S. 407), geänd. durch VO v. 21.12.2006 (GVBl. S. 861
- Niedersachsen: ZustVO-SOG v. 18.10.1994 (GVBl. S. 457), geänd. durch G v. 7.10.2010 (GVBl. S. 465)
- Nordrhein-Westfalen: DVWaffG v. 8.4.2003 (GVBl. S. 217), Amtl. Anz. S. 2226 geänd. durch VO v. 3.11.2009 (GVBl. S. 561)
- Rheinland-Pfalz: WaffGDV RP v. 26.4.2005 (GVBl. S. 148), geänd. durch VO v. 24.5.2007 (GVBl. S. 93)
- Saarland: DVWaffG v. 20.12.1976 (ABl. S. 1184), geänd. durch G v. 30.11.2011 (Amtsbl. I, S. 1629)
- Sachsen: SächsWaffGDVO v. 16.4.1991 (GVBl. S. 61), geänd. durch VO v. 30.8.2017 (GVBl. S. 502)
- Sachsen-Anhalt: WaffBeschR-VO v. 18.6.2004 (GVBl. S. 344), geänd. durch VO v. 8.5.2007 (GVBl. S. 154)
- Schleswig-Holstein: WaffGAV SH v. 30.6.2004 (GVBl. S. 344), zuletzt geänd. durch Art. 8 LVO v. 16.3.2015 (GVOBl. S. 96)
- Thüringen: WaffGDV TH v. 10.12.2004 (GVBl. S. 896), geänd. durch VO v. 7.8.2013 (GVBl. S. 206)

5a Der mit dem 5. ÄndG (→ Einf. Rn. 26b) in die Vorschrift eingefügte S. 2 bestimmt abweichend von S. 1 die Waffenbehörde von HH als die für die Erteilung von Erlaubnissen an Bewachungsunternehmen für Bewachungsaufgaben nach § 28a Abs. 1 S. 1 zust. Beh. Damit wird die Zuständigkeit für die Erteilung waffenrechtl. Erlaubnisse zum Schutz von Seeschiffen, die die Bundesflagge führen, auf eine Waffenbehörde mit maritimer Kompetenz übertragen. Die Regelung dient der effektiven Aufgabenerfüllung und dem einheitlichen Vollzug (BR-Drs. 473/12, 22).

III. Verordnungsermächtigung zur Bestimmung zuständiger Stellen (Abs. 1a)

6 Der mit dem 4. ÄndG (→ Einf. Rn. 26a) eingefügte Abs. 1a ermächtigt die Landesregierungen, zentrale Kontaktstellen für Bargeldkontrollen in Bezug auf den gewerbsmäßigen grenzüberschreitenden Straßentransport von Euro-Bargeld einzurichten. Art. 6 Abs. 5 der VO (EU) Nr. 1214/2011 des Europäischen Parlaments und des Rates vom 16.11.2011 (ABl. L 316 v. 29.11.2011) über den gewerbsnmäßigen grenzüberschreitenden Straßentransport von Euro-Bargeld zwischen Mitgliedstaaten des Euroraums verpflichtet die Mitgliedstaaten zur Einführung einer zentralen Kontaktstelle und gewährt bundesstaatlich aufgebauten Mitgliedstaaten die Möglichkeit,

diese auf der Ebene der Gliedstaaten einzurichten. Mit der Einfügung des Abs. 1a wurde die Zuständigkeit der Landesregierungen für die Bestimmung der Kontaktstellen begründet.

IV. Zuständigkeit des BVA für bestimmte Personengruppen (Abs. 2)

Mit Abs. 2 wird das BVA im Bereich des Bundes als sachlich zust. Beh. festgelegt, 7
soweit einer der vier abschließend aufgezählten Sachverhalte gegeben ist. Damit trifft der Bund für seinen Bereich die notwendige Regelung der sachlichen Zuständigkeit (BT-Drs. 14/7758, 81).

In den Fällen des Abs. 2 Nr. 1–3 liegt auch eine grds. **Ausnahme** von dem Erfordernis des § 4 Abs. 2 vor, wonach ein **fünfjähriger vorheriger gewöhnlicher Aufenthalt** in Deutschland für die Erteilung der Erlaubnis erforderlich ist. Andernfalls liefe die Vorschrift ihrer Intention zuwider.

1. Bevorrechtigte Personen (Abs. 2 Nr. 1)

Gem. Abs. 2 Nr. 1 ist das BVA für ausländische Diplomaten, Konsularbeamte 8
und gleichgestellte sonstige bevorrechtigte ausländische Personen zuständig. Hierbei handelt es sich um Ausländer, die auf Grund ihrer Tätigkeit als **bevorrechtigte Personen** gelten. Diese unterliegen idR gem. §§ 18–20 GVG nicht der **deutschen Gerichtsbarkeit** oder sind nach Maßgabe **völkerrechtlicher Verträge** für den diplomatischen und konsularischen Verkehr und für die Tätigkeit internationaler Organisationen und Einrichtungen von Einwanderungsbeschränkungen befreit. Für diese Personen ist das BVA zust. Beh. bzgl. der Erteilung von waffenrechtl. Erlaubnissen.

2. Stationierte Streitkräfte (Abs. 2 Nr. 2)

Gem. Abs. 2 Nr. 2 ist das BVA zust. Beh. für ausländische Angehörige der in 9
der Bundesrepublik Deutschland stationierten ausländischen Streitkräfte sowie deren Ehegatten und unterhaltsberechtigte Kinder. Mit der Vorschrift wird die notwendige Regelung getroffen, um der seit dem 1.1.2001 bestehenden uneingeschränkten Geltung des deutschen Waffenrechts für alle Angehörigen der in Deutschland **stationierten Streitkräfte** Rechnung zu tragen. Der hier erfasste Personenkreis orientiert sich an den Bestimmungen des NATO-Truppenstatuts sowie dem früheren Abkommen zwischen der Regierung der Bundesrepublik Deutschland und der Regierung der Vereinigten Staaten von Amerika über den Erwerb und Besitz von privateigenen Waffen durch Personal der Streitkräfte der Vereinigten Staaten in Deutschland vom 29.11.1984, und erstreckt sich auch auf solche Personen, die Mitglieder von Streitkräften, jedoch Staatsangehörige aus Nicht-NATO-Staaten sind. Damit wird dem Wunsch des US-Hauptquartiers in Europa und der Länder nach einer **zentralen Bundesstelle** für die Erteilung waffenrechtl. Erlaubnisse an diesen Personenkreis entsprochen (vgl. BT-Drs. 14/7758, 81).

Erfasst sind Angehörige von dauernd oder auch nur vorübergehend stationierten 10
Streitkräften sowie deren Ehegatten und unterhaltsberechtigte Kinder. Es handelt sich dabei um privaten Waffenbesitz nach dem WaffG, nicht um die im Rahmen der Stationierung idR beibehaltene Ausstattung mit (Kriegs-)Waffen oder Munition. Sehr kurzfristige Aufenthalte wie zB zu Übungen, Transit oder Vorbereitung auf einen Auslandseinsatz reichen idR für die Begründung eines Bedürfnisses als Sportschütze oder Jäger nicht aus.

11 Vorauss. für die Zuständigkeit des BVA ist außerdem, dass es sich bei den Personen um **Ausländer** handelt, also nicht um Deutsche iSd Art. 116 Abs. 1 GG (vgl. § 2 Abs. 1 AufenthG).

3. Personen zum Schutz ausländischer Luftfahrzeuge (Abs. 2 Nr. 3)

12 Gem. Abs. 2 Nr. 3 erfasst die Vorschrift Personen, die zum Schutz ausländischer Luftfahrzeuge und Seeschiffe eingesetzt sind. Dabei handelt es sich idR um ausländisches Personal für ausländische Luftfahrzeuge oder Seeschiffe. Das Personal für deutsche Seeschiffe und Flugzeuge wird idR ein Bedürfnis für Schussw. zum Schutz gefährdeter Personen oder Objekte nach § 19 begründen können. Bei einer juristischen Person des Privatrechts, einem Luftfahrtunternehmen oder einer Reederei, kann das Unternehmen ein Bedürfnis für die eigenen Beschäftigten im Bereich der sog Konzernsicherheit gem. § 28 Abs. 1 S. 2 glaubhaft machen bzw nach § 28a Abs. 1 darlegen. Allerdings ist gem. § 12 Abs. 3 S. 2 LuftSiG der Gebrauch von Schussw. nur Polizeivollzugsbeamten, insbes. denjenigen der Bundespolizei nach § 4a BPolG, vorbehalten (vgl. *Borsdorff/Deyda* LuftSiG S. 105).

4. Deutsche mit gewöhnlichem Aufenthalt außerhalb des Geltungsbereichs des WaffG (Abs. 2 Nr. 4)

13 Die Vorschrift soll eine einheitliche Behandlung der gestellten Anträge gewährleisten und zugleich der Verwaltungsvereinfachung dienen (vgl. Begr. zu § 50 Abs. 2 Nr. 4 aF in BT-Drs. 7/2379, 23).

14 Der durch das **2. ÄndG** (→ Einf. Rn. 23) in Abs. 2 Nr. 4 angefügte 2. Hs. regelt, dass die Zuständigkeit des BVA für die in den §§ 21 und 28 genannten Personen, wenn sich der Sitz des Unternehmens im Geltungsbereich des WaffG befindet, **nicht gegeben** ist.

15 Befindet sich der Wohnsitz des Unternehmers im Ausland und der Sitz des Gewerbebetriebs jedoch im Inland, ist es nach Auffassung des Gesetzgebers nicht sachgerecht, dass das BVA zuständig ist. Vielmehr sei der zutreffende Anknüpfungspunkt der Sitz des Unternehmens im Inland. Damit wird ortsnah und ohne ein unnötiges, umständliches und aufwändiges Beteiligungsverfahren zwischen BVA und örtlicher Waffenbehörde entschieden. Dies auch vor dem Hintergrund, dass das Personal im Regelfall im regionalen Umfeld des Unternehmenssitzes wohnt und daher insoweit die einschlägigen Informationen ohnehin bei der örtlichen Waffenbehörde des Landes liegen (vgl. BT-Drs. 16/7717, 22).

5. Abs. 2 Nr. 5

15a Die in Nr. 5 gefasste Regelung wurde durch das 6. ÄndG (→ Einf. Rn. 26c) in die Vorschrift eingefügt. Mit ihr erweitert der Gesetzgeber die sachliche Zuständigkeit des BVA insbes. für die aus dem Online-Handel resultierenden waffenrechtl. Fragen. Der Unternehmenssitz vieler Online-Waffenhändler liegt im Ausland, weshalb eine Konzentration der Zuständigkeit beim BVA auf Grund der dort schon vorhandenen Auslandsbezüge sinnvoll erschien (BR-Drs. 61/17, 41).

V. Zuständigkeit des BKA in Fällen des § 2 Abs. 5 (Abs. 3)

16 Abs. 3 weist dem BKA die Zuständigkeit der Erfassung oder Einstufung der Gegenstände gem. § 2 Abs. 5 zu.

17 Im Sinne bundesheinheitlicher Regelungen ist das BKA für die Einstufung gem. § 2 Abs. 5 (§ 2 Rn. 9 f.) im gesamten Bundesgebiet allein zuständig, hat aber die

zuständigen Länderbehörden, idR die Landeskriminalämter, vor der Entsch. zu hören.

18 Die Zuständigkeit für länderübergreifende Einzelfallentscheidungen durch das BKA ist nach Auffassung des Gesetzgebers auch **nicht systemfremd.** Das BKA ist zB schon nach § 33d Abs. 2 GewO für die Unbedenklichkeitsbescheinigung bei bestimmten Spielen mit Gewinnmöglichkeit zuständig. Die Zuständigkeit zur Entscheidung über die Einstufungen nach dem WaffG sei den Kernaufgaben des BKA näher als die Unbedenklichkeitsentscheidung über Spiele mit Gewinnmöglichkeiten (vgl. BT-Drs. 14/8886, 106).

VI. Abs. 3a

18a Abs. 3a wurde durch das **4. ÄndG** (→ Einf. Rn. 26a) in die Vorschrift eingefügt. In ihr greift der Gesetzgeber die zum 30.9.2013 in Kraft getretene und mit unmittelbarer Rechtskraft ausgestattete Verordnung (EU) Nr. 258/2012 (Feuerwaffen-VO) v. 14.3.2012 (vgl. *Gade* WaffR S. 224 ff.) auf.

Diese regelt die Ausfuhr von Feuerwaffen aus dem Zollgebiet der EU in oder durch Drittstaaten. Ua wurden durch die Feuerwaffen-VO Genehmigungspflichten für die Ausfuhr von Feuerwaffen, deren Teile, Komponenten und Munition aus dem Zollgebiet der EU in oder durch Drittländer eingeführt. In Abs. 3a bestimmt der Gesetzgeber das BAFA als zuständige Stelle für die Erteilung von Ausfuhrgenehmigungen nach der Feuerwaffen-VO. Das BAFA ist bereits für die Erteilung von waffenrechtl. Ausfuhrgenehmigungen in Drittstaaten nach dem Außenwirtschaftsrecht zuständig (Übersicht zu diesem Themenkreis *Gade* WaffR S. 224 ff.), weshalb es iSe. einheitlichen Vollzugs und einer effektiven Verwaltung geboten erschien, auch die Erteilung von Ausfuhrgenehmigungen nach der Feuerwaffen-VO beim BAFA anzusiedeln (vgl. *Steindorf/Gerlemann* WaffG § 48 Rn. 8).

VII. Abwicklung von Verwaltungsverfahren über eine einheitliche Stelle (Abs. 4)

19 Abs. 4 wurde durch das **3. ÄndG** (→ Einf. Rn. 24) neu angefügt. Danach können Verwaltungsverfahren nach dem WaffG oder auf Grund des WaffG über eine einheitliche Stelle nach den Vorschriften der Verwaltungsverfahrensgesetze abgewickelt werden.

20 Die Regelung dient der Umsetzung der Art. 6–8 der Richtlinie 2006/123/EG des Europäischen Parlaments und des Rates vom 12.12.2006 über Dienstleistungen im Binnenmarkt (ABl. 2006 L 376, S. 36).

§ 49 Örtliche Zuständigkeit

(1) **Die Vorschriften der Verwaltungsverfahrensgesetze über die örtliche Zuständigkeit gelten mit der Maßgabe, dass örtlich zuständig ist**

1. **für einen Antragsteller oder Erlaubnisinhaber, der keinen gewöhnlichen Aufenthalt im Geltungsbereich dieses Gesetzes hat,**
   a) **die Behörde, in deren Bezirk er sich aufhält oder aufhalten will, oder,**
   b) **soweit sich ein solcher Aufenthaltswille nicht ermitteln lässt, die Behörde, in deren Bezirk der Grenzübertritt erfolgt,**
2. **für Antragsteller oder Inhaber einer Erlaubnis nach § 21 Abs. 1 sowie Bewachungsunternehmer die Behörde, in deren Bezirk sich die gewerbliche Hauptniederlassung befindet oder errichtet werden soll.**

(2) **Abweichend von Absatz 1 ist örtlich zuständig für**
1. **Schießerlaubnisse nach § 10 Abs. 5 die Behörde, in deren Bezirk geschossen werden soll, soweit nicht die Länder nach § 48 Abs. 1 eine abweichende Regelung getroffen haben,**
2. **Erlaubnisse nach § 27 Abs. 1 sowie für Maßnahmen auf Grund einer Rechtsverordnung nach § 27 Abs. 7 bei ortsfesten Schießstätten die Behörde, in deren Bezirk die ortsfeste Schießstätte betrieben wird oder betrieben oder geändert werden soll,**
3. a) **Erlaubnisse nach § 27 Abs. 1 sowie für Maßnahmen auf Grund einer Rechtsverordnung nach § 27 Abs. 7 bei ortsveränderlichen Schießstätten die Behörde, in deren Bezirk der Betreiber seinen gewöhnlichen Aufenthalt hat,**
   b) **Auflagen bei den in Buchstabe a genannten Schießstätten die Behörde, in deren Bezirk die Schießstätte aufgestellt werden soll,**
4. **Ausnahmebewilligungen nach § 35 Abs. 3 Satz 2 die Behörde, in deren Bezirk die Tätigkeit ausgeübt werden soll,**
5. **Ausnahmebewilligungen nach § 42 Abs. 2 die Behörde, in deren Bezirk die Veranstaltung stattfinden soll oder, soweit Ausnahmebewilligungen für mehrere Veranstaltungen in verschiedenen Bezirken erteilt werden, die Behörde, in deren Bezirk die erste Veranstaltung stattfinden soll,**
6. **die Sicherstellung nach § 46 Abs. 2 Satz 2, Abs. 3 Satz 2 und Abs. 4 Satz 1 auch die Behörde, in deren Bezirk sich der Gegenstand befindet.**

I. Allgemeines

1 Die Vorschrift enthält Bestimmungen über Abweichungen der örtlichen Zuständigkeit der zust. Beh. Mit dem **2. ÄndG** (→ Einf. Rn. 23) wurde Abs. 2 Nr. 5 neu gefasst.

II. Geltung der VwVfG bzgl. der örtlichen Zuständigkeit (Abs. 1)

2 Die örtliche Zuständigkeit bestimmt sich grds. nach den § 3 VwVfG entspr. Regelungen der Landes-VwVfG. So ist zB bei Gefahr im Verzug die Waffenbehörde für unaufschiebbare Maßnahmen zuständig, in deren Bezirk die Gefahr droht (§ 3 Abs. 4 VwVfG).

3 Eine Sonderregelung ist nach Auffassung des Gesetzgebers jedoch für die Fälle erforderlich, in denen der Antragst. im Geltungsbereich des WaffG **keinen gewöhnlichen Aufenthalt** hat oder hatte, oder wenn es um die Entsch. über die Erteilung oder Aufhebung einer Erlaubnis nach § 21 Abs. 1 (gewerbsmäßige Waffenherstellung, Waffenhandel) oder § 28 Abs. 1 (Umgang mit Waffen oder Munition durch Bewachungsunternehmer) geht. Abs. 1 Nr. 1 und 2 sehen deshalb für diese Fälle eine ergänzende Zuständigkeitsregelung vor (vgl. BT-Drs. 14/7758, 81).

4 Abs. 1 Nr. 1a ordnet die örtliche Zuständigkeit der Waffenbehörde an, in deren Bezirk sich der Antragst. oder Erlaubnisinhaber aufhält oder aufhalten will. Für die Fälle, in denen sich ein solcher Wille nicht ermitteln lässt, wird die örtliche Zuständigkeit der Waffenbehörde zugeschrieben, in deren Bezirk der **Grenzübertritt** erfolgte (Abs. 1 Nr. 1b).

5 Abs. 1 Nr. 2 knüpft abweichend von § 3 Abs. 1 Nr. 2 VwVfG die Zuständigkeit an den Ort der **gewerblichen Hauptniederlassung** an.

III. Abweichende Regelungen der örtlichen Zuständigkeit (Abs. 2)

Abs. 2 schreibt die Sonderzuständigkeitsregelungen fest, ua 6
- für **Schießerlaubnisse** nach § 10 Abs. 5 die Behörde, in deren Bezirk geschossen werden soll, soweit nicht die Länder nach § 48 Abs. 1 eine abweichende Regelung getroffen haben (Abs. 2 Nr. 1),
- für **Schießstättenerlaubnisse** nach § 27 Abs. 1 sowie für Maßnahmen auf Grund einer Rechtsverordnung nach § 27 Abs. 7 bei ortsfesten Schießstätten die Behörde, in deren Bezirk die ortsfeste Schießstätte betrieben wird oder betrieben oder geändert werden soll (Abs. 2 Nr. 2),
- für **Schießstättenerlaubnisse** nach § 27 Abs. 1 sowie für Maßnahmen auf Grund einer Rechtsverordnung nach § 27 Abs. 7 bei ortsveränderlichen Schießstätten die Behörde, in deren Bezirk der Betreiber seinen gewöhnlichen Aufenthalt hat sowie für deren Auflagen (Abs. 2 Nr. 3a) und b),
- für Ausnahmebewilligungen nach § 35 Abs. 3 S. 2 **im Reisegewerbe, auf Messen oder Märkten** die Behörde, in deren Bezirk die Tätigkeit ausgeübt werden soll (Abs. 2 Nr. 4),
- für Ausnahmebewilligungen nach § 42 Abs. 2 **bei öffentlichen Veranstaltungen** die Behörde, in deren Bezirk die Veranstaltung stattfinden soll oder, soweit Ausnahmebewilligungen für mehrere Veranstaltungen in verschiedenen Bezirken erteilt werden, die Behörde, in deren Bezirk die erste Veranstaltung stattfinden soll (Abs. 2 Nr. 5),
- für die **Sicherstellung** nach § 46 Abs. 2 S. 2, Abs. 3 S. 2 und Abs. 4 S. 1 auch die Behörde, in deren Bezirk sich der Gegenstand befindet (Abs. 2 Nr. 6).

Mit dem **2. ÄndG** (→ Einf. Rn. 23) wurde Abs. 2 Nr. 5 neu gefasst und die 7
Zuständigkeit für mehrere gleichartige Veranstaltungen in verschiedenen Bezirken auf eine Behörde festgelegt. Als Begründung wurde angeführt, dass nach der bisherigen Rechtslage eine zust. Beh. eine Ausnahmebewilligung nach § 42 Abs. 2 nur für Veranstaltungen in ihrem Zuständigkeitsbereich erteilen konnte mit der Folge, dass **Personen des öffentl. Lebens** bei allen Waffenbehörden im Bundesgebiet, in deren Zuständigkeitsbereich sie an öffentl. Veranstaltungen teilnehmen wollten, jeweils eine **kostenpflichtige** Ausnahmebewilligung beantragen mussten.

Eine solche räuml. Beschränkung ergibt sich bei einer Person, die wegen der von ihr wahrzunehmenden **hoheitlichen Aufgaben** erheblich gefährdet ist, im Rahmen der Erteilung der Ersatzbescheinigung nach § 55 Abs. 2 iVm § 42 Abs. 2 auf Grund der anderweitig geregelten Zuständigkeit nicht. Vielmehr ist mit Erteilung einer Ersatzbescheinigung für den WS das Führen der Waffe auf allen öffentl. Veranstaltungen bundesweit als Regelfall anzusehen. Es scheint nicht sachgerecht, (andere) gefährdete Personen, die ebenfalls in der Öffentlichkeit stehen und zu deren Aufgaben es gehört, bei öffentl. Veranstaltungen zu repräsentieren oder daran teilzunehmen, und die die Vorauss. des § 42 Abs. 2 erfüllen, abweichend zu behandeln.

Die Änderung der örtlichen Zuständigkeitsregelung hält im Hinblick auf Ausnahmebewilligungen für einzelne Veranstaltungen an der Zuständigkeit der Behörde, in deren Bezirk diese Veranstaltung stattfindet, fest. Nur soweit die Vorauss. für die Erteilung einer Ausnahmebewilligung für eine **Mehrzahl gleichartiger Veranstaltungen** im Zuständigkeitsbereich verschiedener Behörden vorliegen, ist die Behörde, in deren Bezirk die erste Veranstaltung stattfindet, für die Erteilung der Ausnahme mit Wirkung über ihren örtlichen Zuständigkeitsbereich hinaus zuständig. Den Belangen der jeweils örtlich für die Veranstaltungsorte zuständigen Waffenbehörden kann dadurch Rechnung getragen werden, dass dem Antragsteller aufgegeben wird, das Mitführen von Waffen der jeweiligen Behörde vorher anzuzeigen (so BT-Drs. 16/7717, 33 f.)

§ 50 Gebühren und Auslagen

(1) **Für individuell zurechenbare öffentliche Leistungen nach diesem Gesetz und nach den auf diesem Gesetz beruhenden Rechtsvorschriften werden Gebühren und Auslagen erhoben.**

(2) **[1]Das Bundesministerium des Innern wird ermächtigt, im Einvernehmen mit dem Bundesministerium für Wirtschaft und Energie für den Bereich der Bundesverwaltung durch Rechtsverordnung, die nicht der Zustimmung des Bundesrates bedarf, die gebührenpflichtigen Tatbestände näher zu bestimmen und dabei feste Sätze oder Rahmensätze vorzusehen. [2]Die Gebührensätze sind so zu bemessen, dass der mit den individuell zurechenbaren öffentlichen Leistungen verbundene Personal- und Sachaufwand gedeckt wird. [3]Bei begünstigenden Leistungen kann daneben die Bedeutung, der wirtschaftliche Wert oder der sonstige Nutzen für den Gebührenschuldner angemessen berücksichtigt werden. [4]Soweit der Gegenstand der Gebühr in den Anwendungsbereich der Richtlinie 2006/123/EG des Europäischen Parlaments und des Rates vom 12. Dezember 2006 über Dienstleistungen im Binnenmarkt (ABl. L 376 vom 27.12.2006, S. 36) fällt, findet Satz 3 keine Anwendung; inländische Gebührenschuldner dürfen hierdurch nicht benachteiligt werden.**

(3) **[1]In der Rechtsverordnung nach Absatz 2 kann bestimmt werden, dass die für die Prüfung oder Untersuchung zulässige Gebühr auch erhoben werden darf, wenn die Prüfung oder Untersuchung ohne Verschulden der prüfenden oder untersuchenden Stelle und ohne ausreichende Entschuldigung des Bewerbers oder Antragstellers am festgesetzten Termin nicht stattfinden konnte oder abgebrochen werden musste. [2]In der Rechtsverordnung können ferner die Gebühren- und Auslagenbefreiung, die Gebührengläubigerschaft, die Gebührenschuldnerschaft, der Umfang der zu erstattenden Auslagen und die Gebührenerhebung abweichend von den Vorschriften des Bundesgebührengesetzes geregelt werden.**

1 § 50 regelt den Grundsatz, dass für Amtshandlungen, Prüfungen und Untersuchungen nach dem WaffG und nach den auf diesem Gesetz beruhenden Rechtsvorschriften Kosten, also Gebühren und Auslagen, erhoben werden. § 50 hat sowohl durch das 2. ÄndG wie auch durch das 3. ÄndG inhaltliche Modifikationen erfahren.

2 Durch das **2. ÄndG** (→ Einf. Rn. 23) wurde zum 1.4.2008 die in Abs. 2 und 3 generell und umfassend bestehende Ermächtigungsgrundlage des Bundes zum Erlass von kostenregelnden Rechtsverordnungen auf solche begrenzt, die den **Bund** betreffen. Im Übrigen wurde die Zuständigkeit auf die Länder abgeschichtet.

Den Vorgaben der **Föderalismusreform** entsprechend wird der Bund nur noch auf die Bundesbehörden bezogene Kostenverordnungen im Waffen-, Beschuss- und Sprengstoffrecht erlassen. Der Bund überlässt damit den Ländern die Regelung der bei ihnen anfallenden Kosten.

Die Föderalismusreform 2006 gibt zu Regelungen des Verwaltungsverfahrens einschl. des Verwaltungskostenrechts nach Art. 84 Abs. 1 S. 1 ff. GG eine neue Vorgabe. Demnach steht es den Ländern grds. frei, von bundesrechtlichen Regelungen des Verwaltungsverfahrens abweichende Regelungen zu treffen. Nur in Ausnahmefällen kann der Bund für einzelne Regelungen bei Darlegung eines besonders qualifizierten Grundes für das Bedürfnis einer Bundesregelung die sog Abweichungsfestigkeit anordnen. Ein solcher Ausnahmefall liegt bei den genannten kostenrechtlichen Regelungsbereichen jedoch nicht vor. Der Bund muss daher die gesetzlichen Ermächtigungsgrundlagen im Waffen-, Beschuss- und Sprengstoffrecht anpassen und neue, rein auf Bundesbehörden bezogene Kostenverordnungen hierzu erlassen (BT-Drs. 16/7717, 22).

Es war auch nicht zu befürchten, dass die Länder bis zum Erlass neuer Kostenverordnungen keine Gebühren und Auslagen mehr erheben können (so aber der Bundesrat in seiner Gegenäußerung BT-Drs. 16/7717, 34), da die Länder bis zum Erlass abweichenden Landesrechts das bisherige Bundesrecht weiterhin anwenden können, damit sich im Zuge des Umstellungsprozesses keine Regelungslücke auftut.

Über diese Weichenstellungen wurden die Länder bereits im Vorfeld der Entwurfserstellung zum 2. ÄndG eingehend unterrichtet, um ihrerseits entsprechende Regelungen für den Landesbereich in Angriff nehmen zu können (so die BReg. in BT-Drs. 16/7717, 40).

Zukünftig wird es in jedem Bundesland und im Bund unterschiedliche Kostenverordnungen geben. Die WaffKostV ist deshalb nur noch **Übergangsvorschrift,** solange der Bund oder das jeweilige Land keine eigene Kostenverordnung erlassen hat.

Durch das **3. ÄndG** (→ Einf. Rn. 24) wurde Abs. 2 zum 25.7.2009 geändert. 3
Zum einen wurde in Abs. 2 S. 1 festgelegt, dass zukünftige Gebührenregelungen des Bundes im **Einvernehmen** mit dem Bundesministerium für Wirtschaft und Technologie, zu dessen Geschäftsbereich auch die Physikalisch-Technische Bundesanstalt gehört, ergehen.

Zum anderen wurde die Ermächtigungsgrundlage, gebührenpflichtige Tatbestände für den Bereich der Bundesverwaltung durch RVO festzulegen, an die Vorgaben der EG-Dienstleistungsrichtlinie 2006/123/EG v. 12.12.2006 über Dienstleistungen im Binnenmarkt (ABl. 2006 L 376, S. 36) angepasst.

Abschnitt 4. Straf- und Bußgeldvorschriften

§ 51 Strafvorschriften

(1) **Mit Freiheitsstrafe von einem Jahr bis zu fünf Jahren wird bestraft, wer entgegen § 2 Abs. 1 oder 3, jeweils in Verbindung mit Anlage 2 Abschnitt 1 Nr. 1.2.1, eine dort genannte Schusswaffe zum Verschießen von Patronenmunition nach Anlage 1 Abschnitt 1 Unterabschnitt 3 Nr. 1.1 erwirbt, besitzt, überlässt, führt, verbringt, mitnimmt, herstellt, bearbeitet, instand setzt oder damit Handel treibt.**

(2) **[1]In besonders schweren Fällen ist die Strafe Freiheitsstrafe von einem Jahr bis zu zehn Jahren. [2]Ein besonders schwerer Fall liegt in der Regel vor, wenn der Täter gewerbsmäßig oder als Mitglied einer Bande, die sich zur fortgesetzten Begehung solcher Straftaten verbunden hat, unter Mitwirkung eines anderen Bandenmitgliedes handelt.**

(3) **In minder schweren Fällen ist die Strafe Freiheitsstrafe bis zu drei Jahren oder Geldstrafe.**

(4) **Handelt der Täter fahrlässig, so ist die Strafe Freiheitsstrafe bis zu zwei Jahren oder Geldstrafe.**

I. Allgemeines

1 Die Vorschrift enthält den einzigen **Verbrechenstatbestand** (§ 12 Abs. 1 StGB) des WaffG. Damit ist der Versuch strafbar (§ 23 StGB), und es wird gem. § 30 StGB bereits das Vorfeld der Tatbegehung, der Versuch der Beteiligung, erfasst.

Abs. 1 sanktioniert den Umgang mit bestimmten verbotenen Waffen unter Freiheitsstrafe von einem Jahr bis zu fünf Jahren. Abs. 2 erhöht die Strafandrohung bis zu zehn Jahren Freiheitsstrafe für besonders schwere Fälle, welche idR bei **gewerbsmäßigem** oder **bandenmäßigem** Handeln vorliegen. Abs. 3 sieht eine geringere Strafandrohung bis zu drei Jahren Freiheitsstrafe in **minderschweren** Fällen vor, nach Abs. 4 ist die **fahrlässige** Handlung mit bis zu zwei Jahren Freiheitsstrafe oder Geldstrafe an.

2 Mit dem **2. ÄndG** (→ Einf. Rn. 23) wurde zum 1.4.2008 der Tatbestand des Abs. 1 um die Einschränkung „zum Verschießen von **Patronenmunition** nach Anlage 1 Abschnitt 1 Unterabschnitt 3 Nr. 1.1“ ergänzt. Patronenmunition besteht aus Hülsen mit Ladungen, die ein Geschoss enthalten und Geschosse mit Eigenantrieb. Damit handelt es sich bei den genannten Schussw. um sog „scharfe“ Schussw., da nur diese Patronenmunition verschießen. Die Begrenzung der Strafvorschrift auf Feuerwaffen soll vermeiden, dass der Umgang mit **vollautomatischen Kaltgaswaffen** unter die erhöhte Strafnorm fällt (BT-Drs. 16/7717, 22).

3 Allerdings hat es der Gesetzgeber versäumt, für den verbotswidrigen Umgang mit **vollautomatischen Kaltgaswaffen** eine Strafvorschrift zu schaffen bzw den verbotswidrigen Umgang in den milderen Straftatbestand des § 52 Abs. 3 Nr. 1 aufzunehmen. Insoweit besteht eine Regelungslücke.

Prinzipiell dürften solche Waffen auf dem freien Markt in Deutschland kaum vorhanden sein. Jedoch ist nicht ausgeschlossen, dass diese Waffen aus dem Ausland nach Deutschland mitgenommen oder verbracht werden. Auch hierfür fehlt eine entspr. Straf- oder Bußgeldandrohung. Gleichwohl können die zust. Beh. gem. § 41 Abs. 1 Nr. 1 oder die Polizeibehörden solche Waffen nach den jeweiligen Polizeigesetzen zur Abwehr einer Gefahr für die öffentl. Sicherheit sicherstellen.

II. Strafbarer Umgang mit vollautomatischen Schusswaffen oder Pumpguns (Abs. 1)

1. Objektiver Tatbestand

a) Tatobjekte. Tatobjekte sind die in Anl. 2 Abschn. 1 Nr. 1.2.1.1 und 1.2.1.2 aufgeführten (und dort verbotenen) **vollautomatischen** Schussw. (→ Anl. 2 Rn. 5 ff.) oder **Vorderschaftrepetierflinten** (Pumpguns), bei denen anstelle des Hinterschaftes ein Kurzwaffengriff vorhanden ist oder die in ihrer kürzestmöglichen Verwendungsform eine Gesamtlänge von weniger als 95 cm aufweisen oder bei denen die Lauflänge weniger als 45 cm beträgt (→ Anl. 2 Rn. 10). 4

Zu berücksichtigen ist, dass sich der Straftatbestand nur auf vollautomatische Schussw. zum Verschießen von Patronenmunition nach Anl. 1 Abschn. 1 UAbschn. 3 Nr. 1.1 bezieht, also jeweils nur „scharfe" **Feuerwaffen** erfasst sind. Diese Begrenzung der Strafvorschrift auf vollautomatische Feuerwaffen soll vermeiden, dass der Umgang mit vollautomatischen Kaltgaswaffen unter die erhöhte Strafnorm fällt (vgl. BT-Drs. 16/7717, 53). Indes hat es der Gesetzgeber unterlassen, den verbotswidrigen Umgang mit vollautomatischen Kaltgaswaffen als Straf- oder Bußgeldtatbestand auszuweisen, so dass dieser iErg nach der derzeitigen Rechtslage sanktionslos bleibt.

Gleiches gilt für verbotene Pumpguns, soweit diese zum Antrieb der Geschosse kalte Treibgase verwenden.

Wesentl. Teile der og Schussw. unterfallen ebenfalls der Sanktionsnorm. Eine **Ausdehnung** der Strafvorschrift auf **wesentl. Teile** der **verbotenen Vorderschaftrepetierflinten** wird im Schrifttum teilw. a**bgelehnt,** da es sich hierbei um eine zusammengesetzte Waffe handele, deren Teile für sich genommen (auch) anderen Waffen zugeordnet werden können (*Steindorf/Heinrich* WaffG § 51 Rn. 9a mit Verweis auf *ABB/Adolph* WaffG § 51 Rn. 8). 5

Dieser Auffassung kann nicht gefolgt werden, da der Gesetzgeber die rechtl. Einordnung wesentl. Teile explizit über deren **Bestimmung** für eine bestimmte Schussw. vornimmt. Demnach unterliegt ein wesentl. Teil den für die **Zielwaffe** geltenden Rechtsvorschriften. Unerheblich ist die prinzipielle Verwendbarkeit auch für andere Schussw. (→ Anl. 1 Rn. 23).

Gleichwohl wird die Anwendung der Vorschrift in der Praxis erhebliche Probleme bereiten, da die Bestimmung eines wesentl. Teils für eine bestimmte Schussw. allein anhand obj. Kriterien nicht immer möglich sein wird. Insofern wird die Erstreckung der Vorschrift auch auf wesentl. Teile der vorgenannten verbotenen Schussw. zumindest in Teilen faktisch ins Leere laufen.

Der **verbotswidrige Umgang** mit Vollautomaten iSd Vorschrift ist gem. § 51 Abs. 1 strafbar **(Verbrechenstatbestand);** bei fahrlässiger Begehung Vergehenstatbestand, vgl. § 51 Abs. 4. 6

Munition wird vom Wortlaut des Abs. 1 nicht erfasst (vgl. *Steindorf/Heinrich* WaffG § 51 Rn. 8). 7

b) Unzutreffende Benennung im Tatbestand. Der in Abs. 1 enthaltene Verweis auf die Anl. 2 Abschn. 1 Nr. 1.2.1 ist **unzutreffend.** Unter die Nr. 1.2.1 fielen bis zum 31.3.2008 die verbotenen Vollautomaten und Vorderschaftrepetierflinten. Mit dem **2. ÄndG** (→ Einf. Rn. 23) hat der Gesetzgeber die frühere Nr. 1.2.1 in Nr. 1.2.1.1 (Vollautomaten) und 1.2.1.2 (Vorderschaftrepetierflinten) unterteilt. Eine Nr. 1.2.1 existiert in der aktuellen Fassung nicht mehr, was der Gesetzgeber wohl redaktionell „übersehen" hat. 8

c) Tathandlungen. Als Tathandlungen werden alle in § 1 Abs. 3 iVm Anl. 1 Abschn. 2 genannten Umgangsarten (→ Anl. 1 Rn. 168 ff.), mit **Ausnahme** des 9

Schießens erfasst. Das verbotswidrige Schießen ist als Ordnungswidrigkeit gem. § 53 Abs. 1 Nr. 3 sanktioniert.

10 Vom Tatbestand wird ein Handeln entgegen „§ 2 Abs. 1" (Alterserfordernis) und alternativ ein Handeln entgegen „§ 2 Abs. 3" (verbotener Umgang) erfasst. Damit sind zwei „Tatbestandsstränge" aufgebaut (so *Steindorf/Heinrich* WaffG § 51 Rn. 11). Beide sind erkennbar Alternativen („oder") und jeder bezieht sich selbstständig auf die verbotenen Waffen („jeweils"). Die Alternative des Handelns entgegen § 2 Abs. 1 erscheint indes überflüssig, da diese allein den Verstoß gegen das Alterserfordernis bestraft und nicht gegen die zentrale Verbotsnorm gem. § 2 Abs. 3 („Umgang ist ... verboten"). Die Alternative des Handelns entgegen § 2 Abs. 3 reicht daher für die Bestimmung der Strafnorm aus und erfasst alle Personen, sowohl Erwachsene wie auch Minderjährige (vgl. *Steindorf/Heinrich* WaffG § 51 Rn. 11).

2. Subjektiver Tatbestand

11 Die Straftat erfordert vorsätzliches Handeln (vgl. § 15 StGB), bedingter Vorsatz genügt. Handelt der Täter fahrlässig, so ist gem. Abs. 4 die Strafe Freiheitsstrafe bis zu zwei Jahren oder Geldstrafe.

III. Besonders schwere Fälle der Gewerbsmäßigkeit oder Bandentätigkeit (Abs. 2)

12 Gem. Abs. 2 S. 2 liegt idR ein besonders schwerer Fall vor, wenn der Täter gewerbsmäßig oder als Mitglied einer Bande, die sich zur fortgesetzten Begehung solcher Straftaten verbunden hat, unter Mitwirkung eines anderen Bandenmitglieds handelt. Die besonders schweren Fälle werden mit Freiheitsstrafe von einem bis zu zehn Jahren bedroht.

Ein besonders schwerer Fall ist dann gegeben, wenn die Tat sich innerhalb einer Gesamtwürdigung bei Abwägung aller Zumessungstatsachen nach dem Gewicht von Unrecht und Schuld vom Durchschnitt der praktisch vorkommenden Fälle soweit abhebt, dass die Anwendung des Ausnahmestrafrahmens geboten ist (*Fischer* StGB § 46 Rn. 88 mwN).

1. Gewerbsmäßiges Handeln (Abs. 2 S. 2 Alt. 1)

13 **Gewerbsmäßig** handelt, wer sich aus wiederholter Tatbegehung eine nicht nur vorübergehende Einnahmequelle von einigem Umfang verschafft oder verschaffen möchte (*Fischer* StGB Vor § 52 Rn. 62 f. mwN). Es braucht sich dabei nicht um die Haupteinnahmequelle des Täters zu handeln oder um regelm. Erwerb. Allerdings müssen erstrebte Einnahmen ins Gewicht fallen; geringfügige Beträge reichen nicht aus. In Geld brauchen die Einnahmen nicht zu bestehen, es können daher auch Waffen als Wertgegenstände als Einnahmen angesehen werden.

2. Handeln als Mitglied einer Bande, die sich zur fortgesetzten Begehung solcher Straftaten verbunden hat, unter Mitwirkung eines anderen Bandenmitglieds (Abs. 2 S. 2 Alt. 2)

14 Die bandenmäßige Tatausführung wird in verschiedenen Normen des StGB und der strafrechtl. Nebengesetze als qualifizierendes Merkmal unter erhöhte Strafandrohung gestellt (vgl. zB §§ 236 Abs. 4, 244 Abs. 1 Nr. 2, 250 Abs. 1 Nr. 2, 260 Abs. 1 Nr. 2, 260a, 261 Abs. 4 und § 335 Abs. 2 Nr. 3 StGB; § 373 Abs. 2 Nr. 3 AO; § 30 Abs. 1 Nr. 1, 30a Abs. 1 BtmG, § 96 Abs. 2 Nr. 2 AufenthG).

Der Grund für die höhere Strafwürdigkeit der Bandendelikte liegt zum einen in der **abstrakten Gefährlichkeit der Bandenabrede,** zum anderen in der konkreten

Gefährlichkeit der bandenmäßigen Tatbegehung für das geschützte Rechtsgut. Die abstrakte Gefährlichkeit der Bandenabrede folgt aus der engen Bindung, welche die Mitglieder für die Zukunft und für eine gewisse Dauer eingehen, die einen ständigen Anreiz zur Fortsetzung der kriminellen Tätigkeit bildet (BGH NJW 2005, 2629 (2631) mwN).

a) Begriff der Bande. Unter einer Bande ist eine **Verbindung von Personen** zu verstehen, die sich mit **ernsthaftem Willen zusammengeschlossen** haben, künftig für eine **gewisse Dauer** selbstständige, **im Einzelnen noch ungewisse Straftaten** der gesetzlich umschriebenen Art zu begehen (BGH NStZ 1995, 85; 1996, 443; 1997, 90 f.; NStZ-RR 1997, 121 L; 1997, 375 f.; 1997, 376 f.; NStZ 1998, 305). 15

Nach der aktuellen Rspr. setzt der **Begriff der Bande** den Zusammenschluss von **mind. drei Personen** voraus. Diese müssen sich mit dem Willen verbunden haben, künftig für eine gewisse Dauer Straftaten des im Gesetz genannten Deliktstyps zu begehen. Ein **übergeordnetes Bandeninteresse** ist hingegen **nicht** erforderlich (BGH NJW 2001, 2266 GSSt.).

b) Handeln als Mitglied einer Bande. Allein der Zusammenschluss mehrerer Täter zu einer Bande hat nicht zur Folge, dass die von einem Bandenmitglied auf Grund der Bandenabrede begangene Tat den anderen Bandenmitgliedern ohne Weiteres als gemeinschaftlich begangene Straftat iSd § 25 Abs. 2 StGB zugerechnet werden kann. Vielmehr ist für jede einzelne Tat nach den allg. Kriterien festzustellen, ob sich die anderen Bandenmitglieder hieran als Mittäter, Anstifter oder Gehilfen beteiligt haben oder aber auch ggf. überhaupt keinen strafbaren Tatbeitrag geleistet haben (BGH StV 2008, 575 f.). 16

Es ist ausreichend, dass ein oder zwei Bandenmitglieder lediglich als **Teilnehmer** an einem Delikt nach § 51 Abs. 1 beteiligt sind (vgl. BGH NStZ 2002, 318).

Die Bandenmitgliedschaft stellt indes ein strafschärfendes besonderes persönliches Merkmal iSd § 28 Abs. 2 StGB dar (BGH Beschl. v. 22.1.2008 – 5 StR 253/07 mwN), deren Fehlen zu einer Tatbestandsverschiebung führt (vgl. *Fischer* StGB § 28 Rn. 8 mwN). Damit kann ein Gehilfe, der **nicht selbst Bandenmitglied** ist, nur wegen Beteiligung am Grunddelikt, nicht aber aus der Qualifikation der bandenmäßigen Begehung bestraft werden (vgl. BGH NStZ-RR 2007, 279 (280)). Gem. § 27 Abs. 2 StGB iVm § 49 Abs. 1 StGB ist die **Strafe** für den Gehilfen zu **mildern.**

c) Einzelheiten. Eine Bande braucht **nicht über längere** Zeit hinweg zu bestehen, sondern es reicht die Verbindung für eine gewisse Dauer, zB wenige Tage, aus (BGH Urt. v. 9.12.1992 – 3 StR 431/92, Urteilsabdruck S. 5 mit Hinweis auf BGHSt. 38, 26 (31); BGH GA 1974, 308). Der Zusammenschluss für wenige Stunden genügt nicht (OLG Hamm NJW 1981, 2207). Für die Annahme einer **Bandenabrede** ist es nicht erforderlich, dass sich sämtliche Mitglieder einer bandenmäßig organisierten Gruppe persönlich verabredet haben und sich untereinander kennen, wenn nur jeder den Willen hat, sich zur künftigen Begehung von Straftaten mit (mind.) zwei anderen zu verbinden (BGH NJW 2005, 2629). 17

Auch eine **Jugendbande** fällt unter die Vorschrift (vgl. BGH NStZ 2008, 625 f. zu § 244a Abs. 1 StGB).

IV. Minder schwere Fälle (Abs. 3)

Die Entsch. der Frage, ob ein minder schwerer Fall vorliegt, erfordert eine **Gesamtbetrachtung,** bei der alle Umstände heranzuziehen und zu würdigen sind, die für die Wertung der Tat und des Täters in Betracht kommen. Unerheblich ist, ob sie der Tat selbst innewohnen, sie begleiten, ihr vorausgehen oder nachfolgen (BGHSt. 26, 97 ff.). 18

Die gem. Abs. 3 für minder schwere Fälle angedrohte Freiheitsstrafe von bis zu drei Jahren Freiheitsstrafe oder Geldstrafe bleibt für die Qualifikation als **Verbrechen** außer Betracht (vgl. § 12 Abs. 3 StGB).

V. Fahrlässiges Handeln (Abs. 4)

19 Nach Abs. 4 ist auch die fahrlässige Begehung der Tat unter Strafe gestellt.

§ 52 Strafvorschriften

(1) **Mit Freiheitsstrafe von sechs Monaten bis zu fünf Jahren wird bestraft, wer**

1. entgegen § 2 Abs. 1 oder 3, jeweils in Verbindung mit Anlage 2 Abschnitt 1 Nr. 1.1 oder 1.3.4, eine dort genannte Schusswaffe oder einen dort genannten Gegenstand erwirbt, besitzt, überlässt, führt, verbringt, mitnimmt, herstellt, bearbeitet, instand setzt oder damit Handel treibt,

2. ohne Erlaubnis nach

a) § 2 Abs. 2 in Verbindung mit Anlage 2 Abschnitt 2 Unterabschnitt 1 Satz 1, eine Schusswaffe oder Munition erwirbt, um sie entgegen § 34 Abs. 1 Satz 1 einem Nichtberechtigten zu überlassen,

b) § 2 Abs. 2 in Verbindung mit Anlage 2 Abschnitt 2 Unterabschnitt 1 Satz 1, eine halbautomatische Kurzwaffe zum Verschießen von Patronenmunition nach Anlage 1 Abschnitt 1 Unterabschnitt 3 Nr. 1.1 erwirbt, besitzt oder führt,

c) § 2 Abs. 2 in Verbindung mit Anlage 2 Abschnitt 2 Unterabschnitt 1 Satz 1 in Verbindung mit § 21 Abs. 1 Satz 1 oder § 21a eine Schusswaffe oder Munition herstellt, bearbeitet, instand setzt oder damit Handel treibt,

d) § 2 Abs. 2 in Verbindung mit Anlage 2 Abschnitt 2 Unterabschnitt 1 Satz 1 in Verbindung mit § 29 Abs. 1, § 30 Abs. 1 Satz 1 oder § 32 Abs. 1 Satz 1 eine Schusswaffe oder Munition in den oder durch den Geltungsbereich dieses Gesetzes verbringt oder mitnimmt,

3. entgegen § 35 Abs. 3 Satz 1 eine Schusswaffe, Munition oder eine Hieb- oder Stoßwaffe im Reisegewerbe oder auf einer dort genannten Veranstaltung vertreibt oder anderen überlässt oder

4. entgegen § 40 Abs. 1 zur Herstellung eines dort genannten Gegenstandes anleitet oder auffordert.

(2) **Der Versuch ist strafbar.**

(3) **Mit Freiheitsstrafe bis zu drei Jahren oder mit Geldstrafe wird bestraft, wer**

1. entgegen § 2 Abs. 1 oder 3, jeweils in Verbindung mit Anlage 2 Abschnitt 1 Nr. 1.2.2 bis 1.2.5, 1.3.1 bis 1.3.3, 1.3.5 bis 1.3.8, 1.4.1 Satz 1, Nr. 1.4.2 bis 1.4.4 oder 1.5.3 bis 1.5.7, einen dort genannten Gegenstand erwirbt, besitzt, überlässt, führt, verbringt, mitnimmt, herstellt, bearbeitet, instand setzt oder damit Handel treibt,

2. ohne Erlaubnis nach § 2 Abs. 2 in Verbindung mit Anlage 2 Abschnitt 2 Unterabschnitt 1 Satz 1

a) eine Schusswaffe erwirbt, besitzt, führt oder

b) Munition erwirbt oder besitzt,

wenn die Tat nicht in Absatz 1 Nr. 2 Buchstabe a oder b mit Strafe bedroht ist,

3. ohne Erlaubnis nach § 2 Abs. 2 in Verbindung mit Anlage 2 Abschnitt 2 Unterabschnitt 1 Satz 1 in Verbindung mit § 26 Abs. 1 Satz 1 eine Schusswaffe herstellt, bearbeitet oder instand setzt,
4. ohne Erlaubnis nach § 2 Absatz 2 in Verbindung mit Anlage 2 Abschnitt 2 Unterabschnitt 1 Satz 1 in Verbindung mit
   a) § 31 Absatz 1 eine dort genannte Schusswaffe oder Munition in einen anderen Mitgliedstaat verbringt oder
   b) § 32 Absatz 1a Satz 1 eine dort genannte Schusswaffe oder Munition in einen anderen Mitgliedstaat mitnimmt,
5. entgegen § 28 Abs. 2 Satz 1 eine Schusswaffe führt,
6. entgegen § 28 Abs. 3 Satz 2 eine Schusswaffe oder Munition überlässt,
7. entgegen § 34 Abs. 1 Satz 1 eine erlaubnispflichtige Schusswaffe oder erlaubnispflichtige Munition einem Nichtberechtigten überlässt,
7a. entgegen § 36 Absatz 1 Satz 1 in Verbindung mit einer Rechtsverordnung nach § 36 Absatz 5 Satz 1 eine dort genannte Vorkehrung für eine Schusswaffe nicht, nicht richtig oder nicht rechtzeitig trifft und dadurch die Gefahr verursacht, dass eine Schusswaffe oder Munition abhandenkommt oder darauf unbefugt zugegriffen wird,
8. einer vollziehbaren Anordnung nach § 41 Abs. 1 Satz 1 oder Abs. 2 zuwiderhandelt,
9. entgegen § 42 Abs. 1 eine Waffe führt oder
10. entgegen § 57 Abs. 5 Satz 1 den Besitz über eine Schusswaffe oder Munition ausübt.

(4) **Handelt der Täter in den Fällen des Absatzes 1 Nr. 1, 2 Buchstabe b, c oder d oder Nr. 3 oder des Absatzes 3 Nummer 1 bis 7, 8, 9 oder 10 fahrlässig, so ist die Strafe bei den bezeichneten Taten nach Absatz 1 Freiheitsstrafe bis zu zwei Jahren oder Geldstrafe, bei Taten nach Absatz 3 Freiheitsstrafe bis zu einem Jahr oder Geldstrafe.**

(5) **In besonders schweren Fällen des Absatzes 1 Nr. 1 ist die Strafe Freiheitsstrafe von einem Jahr bis zu zehn Jahren. Ein besonders schwerer Fall liegt in der Regel vor, wenn der Täter gewerbsmäßig oder als Mitglied einer Bande, die sich zur fortgesetzten Begehung solcher Straftaten verbunden hat, unter Mitwirkung eines anderen Bandenmitgliedes handelt.**

(6) **In minder schweren Fällen des Absatzes 1 ist die Strafe Freiheitsstrafe bis zu drei Jahren oder Geldstrafe.**

Übersicht

I. Allgemeines

1 § 52 enthält einen umfangreichen Katalog von Vergehenstatbeständen. Abs. 1 bedroht schwerwiegende Verstöße gegen das WaffG mit Freiheitsstrafe von sechs Monaten bis zu fünf Jahren. Abs. 2 stellt den Versuch der in Abs. 1 genannten Fälle unter Strafe, Abs. 3 stellt sonstige Verstöße gegen das WaffG unter Strafe und bedroht diese mit Freiheitsstrafe bis zu drei Jahren oder mit Geldstrafe. Bestimmte Delikte des Abs. 1 werden gem. Abs. 4 bei Fahrlässigkeit bis zu zwei Jahren oder Geldstrafe bestraft, bei Taten nach Abs. 3 ist dies Freiheitsstrafe bis zu einem Jahr oder Geldstrafe. Abs. 5 stellt in Bezug auf Abs. 1 Nr. 1 besonders schwere Fälle mit einer Freiheitsstrafe von einem Jahr bis zu zehn Jahren unter Strafe und Abs. 6 lässt bei minder schweren Fällen Freiheitsstrafe bis zu drei Jahren oder Geldstrafe zu.

Mit dem **6. ÄndG** (→ Einf. Rn. 26c) hat der Gesetzgeber Änderungen in Abs. 3 und 4 der Vorschrift vorgenommen. In Abs. 3 Nr. 1 wurde ein Verweis auf Anl. 2 Abschn. 1 Nr. 1.3.6 aufgenommen und der Umgang mit verbotenen RSG damit in den Straftatbestand aufgenommen. Die bisherige Nr. 4 ist nunmehr in der neu geschaffenen Nr. 4a gefasst und um Nr. 4b ergänzt. Die bislang in § 52a gefasste Sanktionsvorschrift wurde überführt in die neu eingefügte Nr. 7a. Abs. 4 wurde neu gefasst, um klar zu stellen, dass Abs. 3 Nr. 7a nicht von der Fahrlässigkeitsstrafbarkeit erfasst ist. **1a**

II. Vergehenstatbestände mit Androhung von Freiheitsstrafe von 6 Monaten bis zu 5 Jahren (Abs. 1)

Abs. 1 stellt schwerwiegende Verstöße gegen das WaffG unter Freiheitsstrafe von sechs Monaten bis zu fünf Jahren. Eine Geldstrafe scheidet wegen des erhöhten Unrechtsgehalts aus. Der **Versuch** ist gem. Abs. 2 strafbar. **2**

Das **gleichzeitige** unerlaubte Ausüben der tats. Gewalt über **mehrere** Waffen oder Waffenteile bzw Munition gilt, auch wenn sie nicht unter dieselbe Strafbestimmung fallen, als nur **ein Verstoß gegen das Waffenrecht** (BGH NStZ 2010, 456 f.).

1. Verbotener Umgang mit Kriegswaffen nach Verlust der Kriegswaffeneigenschaft, mit Molotow-Cocktails und USBV (Abs. 1 Nr. 1)

Nach Abs. 1 Nr. 1 wird bestraft, wer entgegen § 2 Abs. 1 oder 3, jeweils iVm Anl. 2 Abschn. 1 Nr. 1.1 oder 1.3.4, eine dort genannte Schussw. oder einen dort genannten Gegenstand erwirbt, besitzt, überlässt, führt, verbringt, mitnimmt, herstellt, bearbeitet, instand setzt oder damit Handel treibt. **3**

a) Tatobjekt (ehemalige) verbotene Kriegswaffen (Anl. 2 Abschn. 1 Nr. 1.1). Hierbei handelt es sich um **ehemalige** Kriegswaffen, idR Maschinenpistolen und vollautomatische Gewehre, die nach der Entlassung aus der KWL den Regelungen des WaffG unterliegen. Soweit es sich um Vollautomaten handelt, sind diese ausnahmslos verboten (→ Anl. 2 Rn. 2). Der unerlaubte Besitz vollautomatischer Maschinenpistolen mit Kriegswaffeneigenschaft fällt unter das KrWaffKontrG (vgl. BGH NStZ-RR 2008, 154). **4**

Unklar bleibt, warum der verbotswidrige Umgang mit vollautomatischen ehemaligen Kriegsschusswaffen lediglich **als Vergehen** bestraft wird, der Gesetzgeber den Umgang mit zivilen Vollautomaten gem. § 51 Abs. 1 hingegen als **Verbrechenstatbestand** ausgeformt hat. Nachvollziehbare Gründe hierfür ergeben sich – soweit ersichtlich – weder aus den vorliegenden Gesetzesmaterialien, der einschlägigen Literatur oder Rspr. Dieser offensichtliche **Wertungswiderspruch** in der Beurteilung des Deliktstypus (vgl. § 12 StGB) sollte durch den Gesetzgeber beseitigt werden, auch wenn das Höchstmaß der Strafandrohung von fünf Jahren Freiheitsstrafe identisch ist.

b) Tatobjekt Molotow-Cocktails, USBV (Anl. 2 Abschn. 1 Nr. 1.3.4). Bei den Molotow-Cocktails handelt es sich um Gegenstände, bei denen leicht entflammbare Stoffe so verteilt und entzündet werden, dass schlagartig ein Brand entstehen kann. USBV sind unkonventionelle Spreng- und Brandvorrichtungen (sog Selbstlaborate), bei denen unter Verwendung explosionsgefährlicher oder explosionsfähiger **5**

Stoffe eine Explosion ausgelöst werden kann (ausf. → Anl. 1 Rn. 117 ff.; → Anl. 2 Rn. 49 ff.).

Zu berücksichtigen ist hier der mit dem 3. **ÄndG** (→ Vorb. Rn. 24 ff.) zum 25.7.2009 neu in das WaffG eingefügte § 40 Abs. 3 S. 2, wonach bestimmte Personengruppen in Ausnahme zum Verbot Umgang mit Gegenständen nach Nr. 1.3.4 üben dürfen (→ § 40 Rn. 6).

6 Darüber hinausgehend ist es gem. § 40 Abs. 1 **verboten,** zur Herstellung solcher Gegenstände (Molotow-Cocktails, USBV) **anzuleiten.** Zudem ist es verboten, zur Herstellung derselben **aufzufordern** (→ § 40 Rn. 2). Erfasst durch dieses Verbot sind vor allem Herstellungsanleitungen bzw Aufforderungen zur Herstellung durch das Internet. **Verstöße** gegen das Verbot nach § 40 Abs. 1 werden als **Vergehen** gem. § 52 Abs. 1 Nr. 4 bestraft.

7 **c) Tathandlungen für beide Tatobjekte.** Tathandlungen für beide Tatobjekte sind die nachfolgenden Umgangsarten mit Ausnahme des Schießens, also

- Erwerb (→ Anl. 1 Rn. 169 ff.),
- Besitz (→ Anl. 1 Rn. 172),
- Überlassen (→ Anl. 1 Rn. 173),
- Führen (→ Anl. 1 Rn. 174 ff.),
- Verbringen (→ Anl. 1 Rn. 178 ff.),
- Mitnahme (→ Anl. 1 Rn. 180 ff.),
- Herstellen (→ Anl. 1 Rn. 182),
- Bearbeiten oder Instandsetzen (→ Anl. 1 Rn. 183 ff.) oder
- Handel treiben (→ Anl. 1 Rn. 187).

8 **d) Fahrlässigkeit.** Bei Fahrlässigkeit bzgl. der Taten gem. Abs. 1 Nr. 1 ist die Strafe Freiheitsstrafe bis zu zwei Jahren oder Geldstrafe (vgl. Abs. 4).

2. Weitere schwerwiegende Verstöße gegen das WaffG (Abs. 1 Nr. 2)

9 **a) Erwerb zum beabsichtigten illegalen Überlassen (Abs. 1 Nr. 2a).** Bestraft wird danach, wer ohne Erlaubnis gem. § 2 Abs. 2 iVm Anl. 2 Abschn. 2 UAbschn. 1 S. 1, eine Schussw. oder Munition erwirbt, um sie entgegen § 34 Abs. 1 S. 1 einem Nichtberechtigten zu überlassen. Dieser Tatbestand erfasst den typischen illegalen Waffenhandel.

Hier wäre die Einstufung als **Verbrechenstatbestand** zumindest für Schussw. zum Verschießen von Patronenmunition („scharfe" Schussw.) angebracht gewesen, wie es bspw. in der Anhörung der Sachverständigen beim Deutschen Bundestag hinsichtlich des **Führens** illegaler scharfer Schussw. gefordert wurde, um Polizisten besser zu schützen (vgl. Protokoll der 92. Sitzung des Innenausschusses v. 20.3.2002, S. 70 ff. zur Anhörung von Sachverständigen zum Thema „Waffenrecht").

10 **aa) Tathandlungen.** Tathandlung ist allein das **Erwerben** der genannten Gegenstände ohne die erforderliche waffenrechtl. Erlaubnis. Da auch mehrere Personen die tats. Gewalt über einen Gegenstand ausüben können, reicht es aus, wenn den Betreffenden lediglich Mitverfügungsgewalt eingeräumt wird. Eine Zurechnung der tats. Gewalt auf einen Tatbeteiligten, der keine direkte Zugriffsmöglichkeit auf die Waffe hat, ist dagegen auch über § 25 Abs. 2 StGB nicht möglich (vgl. BGH NStZ 2008. 158).

11 **bb) Tatobjekte.** Tatobjekte sind **sämtliche hinsichtlich Erwerb und Besitz erlaubnispflichtige Schussw.** (zum Begriff → Anl. 2 Rn. 97 ff.) und die dazugehörige erlaubnispflichtige Munition. Die Vorschrift beschränkt sich also nicht nur auf Kurzwaffen.

cc) Subjektiver Tatbestand. Der Erwerb muss in der **Absicht** erfolgen, dass die Schussw. oder die Munition entgegen § 34 Abs. 1 S. 1 einem Nichtberechtigten weiter überlassen werden sollen. Typisch für die **Absicht** ist der herausgehobene Willensfaktor, dass der Täter die Tatbestandsverwirklichung gerade anstrebt, sein Wille ist auf diesen Erfolg gerichtet (*Fischer* StGB § 15 Rn. 6 mwN). 12

Vorauss. zum Erfüllen des Tatbestands ist also nicht nur der Erwerb ohne Erlaubnis, sondern auch die gewollte „illegale" Weitergabe. Diese Absicht muss bereits **beim Erwerb** der Schussw. oder Munition vorliegen. Ein später gefasster Entschluss zur Weitergabe an Nichtberechtigte erfüllt nicht den Tatbestand. In diesem Fall liegt lediglich ein unerlaubter Waffenerwerb (und -besitz) vor.

Zur Erfüllung des Tatbestands reicht allein die Absicht des illegalen Überlassens 13
aus. Ein tats. Überlassen der Tatobjekte an Nichtberechtigte muss nicht erfolgen.

Hinsichtlich der Überlassensabsicht reicht aus, dass der Täter die Tatobjekte in irgendeiner Weise nichtberechtigten Personen überlassen will, ohne dass die Person näher konkretisiert sein muss.

Der Tatbestand setzt einen Erwerb ohne Erlaubnis voraus, weshalb der Tatbestand 14
nicht erfüllt ist, wenn die erlaubnispflichtigen Schussw. oder Munition mit Erlaubnis oder im Rahmen eines erlaubnisfreien Erwerbs erworben werden. Fasst der Täter hingegen den Entschluss, eine **legal erworbene** Schussw. entgegen § 34 Abs. 1 S. 1 weiterzugeben, liegt erst beim Überlassen ggf. der Straftatbestand des § 52 Abs. 3 Nr. 7 iVm § 34 Abs. 1 S. 1 vor. Allerdings ist dazu erforderlich, dass die Schussw. oder Munition auch tats. überlassen werden. Die Absicht allein reicht nicht aus. Ebenso ist der Versuch in dem dort genannten Fall nicht strafbar.

b) Illegaler Erwerb, Besitz oder illegales Führen halbautomatischer 15
Kurzwaffen zum Verschießen von Patronenmunition (Abs. 1 Nr. 2b). Nach Abs. 1 Nr. 2b wird bestraft, wer ohne Erlaubnis nach § 2 Abs. 2 iVm Anl. 2 Abschn. 2 UAbschn. 1 S. 1, eine halbautomatische Kurzwaffe zum Verschießen von Patronenmunition nach Anl. 1 Abschn. 1 UAbschn. 3 Nr. 1.1 erwirbt, besitzt oder führt. Zum Begriff der halbautomatischen Kurzwaffe → Anl. 1 Rn. 62 f. und 70. Zum Erwerb → Anl. 1 Rn. 169 ff., zum Besitz → Anl. 1 Rn. 172, zum Führen → Anl. 1 Rn. 174 ff.

Halbautomatische **Langwaffen** werden, auch wenn sie Patronenmunition verschießen, **nicht** von dieser Norm erfasst. Der erlaubnispflichtwidrige Umgang mit **sonstigen Schussw.** wird von Abs. 3 Nr. 2a erfasst, der erlaubnispflichtwidrige Erwerb und Besitz von Munition von Abs. 3 Nr. 2b.

Der Straftatbestand hat mit dem **2. ÄndG** (→ Einf. Rn. 23) zum 1.4.2008 eine 16
inhaltliche Reduktion erfahren, soweit halbautomatische Kurzwaffen allein **zum Verschießen von Patronenmunition nach Anl. 1 Abschn. 1 UAbschn. 3 Nr. 1.1** (zu diesem Begriff → Anl. 1 Rn. 157) von der Norm erfasst sind. Mit dieser Änderung wollte der Gesetzgeber vermeiden, dass der Umgang mit halbautomatischen SRS-Waffen oder Kaltgaswaffen unter die erhöhte Strafnorm fällt (BT-Drs. 16/7717, 23).

Kann bei mehreren Tätern nicht festgestellt werden, welcher von ihnen eine halbautomatische Kurzwaffe führte, so ist **keine mittäterschaftliche Zurechnung** gem. § 25 Abs. 2 StGB möglich, da es sich bei diesem Tatbestand um ein eigenhändiges Delikt handelt, (BGH NStZ 2010, 456).

Bei **Fahrlässigkeit** bzgl. der Taten gem. Abs. 1 Nr. 2b ist die Strafe Freiheitsstrafe bis zu zwei Jahren oder Geldstrafe (vgl. Abs. 4).

c) Illegales gewerbsmäßiges Herstellen oder Handeltreiben (Abs. 1 17
Nr. 2c). Bestraft wird danach, wer ohne Erlaubnis nach § 2 Abs. 2 iVm Anl. 2 Abschn. 2 UAbschn. 1 S. 1 iVm § 21 Abs. 1 S. 1 oder § 21a eine Schussw. oder Munition herstellt, bearbeitet, instand setzt oder damit Handel treibt. Mit dem

2. ÄndG (→ Einf. Rn. 23) wurde der Tatbestand zum 1.4.2008 um den neu eingeführten § 21a erweitert (vgl. BT-Drs. 16/8224, 18).

18 Als **Tatobjekte** werden **sämtliche Schussw.** einschl. der den Schussw. gleichgest. tragbaren Gegenstände und Munition erfasst. **Ausgenommen** sind solche Schussw. oder Munition, die vom Geltungsbereich des WaffG ausgenommen sind, zB Spielzeugwaffen (Anl. 2 Abschn. 3 UAbschn. 2). Ebenfalls nicht von der Norm erfasst sind die in Anl. 2 Abschn. 2 UAbschn. 2 Nr. 4 und 5 genannten Schussw. oder Munition.

19 Erfasst werden in diesem Tatbestand nur **gewerbsmäßig** iSd WaffG handelnde Personen. Das ergibt der Verweis auf §§ 21 und 21a. Die nichtgewerbsmäßige Herstellung, Bearbeitung oder Instandsetzung wird in § 26 geregelt und Verstöße sind gem. Abs. 3 Nr. 3 unter Strafe gestellt.

20 Zu den **Tathandlungen** Herstellen → Anl. 1 Rn. 182, zum Bearbeiten und Instand setzen → Anl. 1 Rn. 183 ff., zum Handel treiben → Anl. 1 Rn. 187.

21 Bei **Fahrlässigkeit** bzgl. der Taten gem. Abs. 1 Nr. 2c ist die Strafe Freiheitsstrafe bis zu zwei Jahren oder Geldstrafe (vgl. Abs. 4).

22 **d) Illegales Verbringen oder illegale Mitnahme in den oder durch den Geltungsbereich (Abs. 1 Nr. 2d).** Strafbar nach Nr. 2d macht sich, wer ohne Erlaubnis nach § 2 Abs. 2 iVm Anl. 2 Abschn. 2 UAbschn. 1 S. 1 iVm § 29 Abs. 1, § 30 Abs. 1 S. 1 oder § 32 Abs. 1 S. 1 eine Schussw. oder Munition **in den oder durch den Geltungsbereich** des WaffG verbringt oder mitnimmt.

23 **Tatobjekte** sind die in § 29 Abs. 1, § 30 Abs. 1 S. 1 oder § 32 Abs. 1 S. 1 genannten Schussw. oder Munition (vgl. die Erläuterungen dort).

24 Zu den **Tathandlungen** Verbringen → Anl. 1 Rn. 178 ff. sowie zur Mitnahme → Anl. 1 Rn. 180. Das Verbringen sowie die Mitnahme **aus** dem Geltungsbereich des WaffG ohne Erlaubnis wird vom Tatbestand **nicht** erfasst (→ Rn. 49 ff.).

25 Bei **Fahrlässigkeit** bzgl. der Taten gem. Abs. 1 Nr. 2d ist die Strafe Freiheitsstrafe bis zu zwei Jahren oder Geldstrafe (vgl. Abs. 4).

3. Vertreiben oder Überlassen im Reisegewerbe (Abs. 1 Nr. 3)

26 Nach Abs. 1 Nr. 3 ist strafbar, wer entgegen § 35 Abs. 3 S. 1 eine Schussw., Munition oder eine Hieb- oder Stoßwaffe im Reisegewerbe oder auf einer in der Vorschrift genannten Veranstaltung vertreibt oder anderen überlässt.

27 **Tatobjekte** sind die in § 35 Abs. 3 S. 1 genannten Schussw., Munition oder Hieb- und Stoßwaffen (→ § 35 Rn. 25).

28 Zu den **Tathandlungen** Vertreiben oder anderen Überlassen im Reisegewerbe oder auf einer dort genannten Veranstaltung → § 35 Rn. 26 ff.

29 Bei **Fahrlässigkeit** bzgl. der Taten gem. Abs. 1 Nr. 3 ist die Strafe Freiheitsstrafe bis zu zwei Jahren oder Geldstrafe (vgl. Abs. 4).

4. Anleitung zur Herstellung von Molotow-Cocktails, USBV (Abs. 1 Nr. 4)

30 Wer entgegen § 40 Abs. 1 zur Herstellung eines dort genannten Gegenstands anleitet oder auffordert, ist nach Abs. 1 Nr. 4 strafbar. Gem. § 40 Abs. 1 umfasst das Verbot des Umgangs auch das Verbot, zur Herstellung der in Anl. 2 Abschn. 1 Nr. 1.3.4 bezeichneten Gegenstände anzuleiten oder aufzufordern.

31 **Tatobjekte** sind die in § 40 Abs. 1 iVm Anl. 2 Abschn. 1 Nr. 1.3.4 genannten Gegenstände: Molotow-Cocktails, USBV (→ Anl. 2 Rn. 49).

32 Die **Tathandlungen anleiten** oder **aufzufordern** stehen alternativ im Tatbestand und beziehen sich auf die **Herstellung,** dh das Zusammenbauen, Zusammenstellen bzw Anfertigen des jeweiligen Tatobjekts Molotow-Cocktail oder USBV.

Strafbar ist also entweder die Aufforderung zur Herstellung oder die Anleitung zur Herstellung der genannten Tatobjekte.

Im Ggs. zum Verbot gem. §§ 37 Abs. 1 S. 3, 53 Abs. 1 Nr. 5 aF wurde der **Vertrieb von Bestandteilen,** die zur Herstellung dieser Gegenstände bestimmt sind, **nicht** mehr in den Tatbestand des WaffRNeuRegG **aufgenommen.**

Nach allg. Auffassung wird unter dem Begriff der **Anleitung** (s. § 130a StGB) 33
eine Kenntnisse vermittelnde, unterrichtende Schilderung der Möglichkeiten, die insbes. durch Hinweise technischer Art konkrete Kenntnisse darüber vermittelt, wie eine bestimmte Straftat begangen werden kann (*Fischer* StGB § 130a Rn. 7). Eine Anleitung iSd Strafvorschrift zur Herstellung von Molotow-Cocktails oder USBV liegt daher vor, wenn sie tauglich ist, dh die zur Verwirklichung einer Straftat geeignete Begehungsweise so genau und allg. verständlich beschreibt, dass diese in der geschilderten Weise begangen werden kann (BayObLG NJW 1998, 1087 f. mwN).

Täter ist nur, wer **selbst** anleitet, was auch zu bejahen ist, wenn sich der Täter den Inhalt eines fremden Textes einer Anleitung oder Aufforderung zur Herstellung (bspw. einer Datei oder Email im Internet) **zu Eigen** macht und damit selbst zur Herstellung der verbotenen Gegenstände anleitet (dazu: BayObLG NJW 1998, 1087 f., mit zust. Anmerkung *Derksen* NJW 1998, 3760 f.; mit abl. Anm. *Gänßle* NStZ 1999, 90 f.).

Aufforderung ist eine bestimmte, über eine bloße Befürwortung hinausgehende, 34
sich aus der Schrift oder Unterlage ergebende Erklärung, dass andere etwas tun oder lassen sollen (*Fischer* StGB § 111 Rn. 2a). Die Aufforderung ist gegenüber der Anleitung eine – unterhalb der Schwelle der Anstiftung bleibende – etwas stärker dosierte Äußerung, die erkennbar vom Adressaten ein Tun oder Unterlassen verlangt (*Steindorf/Heinrich* WaffG § 52 Rn. 26). In diesem Fall muss sich die Aufforderung auf die Herstellung von Molotow-Cocktails oder USBV beziehen.

III. Versuch (Abs. 2)

Abs. 2 stellt den Versuch der in Abs. 1 genannten Vergehenstatbestände unter 35
Strafe.

Eine Straftat versucht, wer nach seiner Vorstellung von der Tat zur Verwirklichung des Tatbestands unmittelbar ansetzt (§ 22 StGB). Der Versuch ist die begonnene, aber nicht vollendete Tat, die zwar den subjektiven Tatbestand vollständig, den objektiven aber nur teilw. verwirklicht oder dazu wenigstens unmittelbar ansetzt (*Fischer* StGB § 22 Rn. 2).

Straflos ist die **Vorbereitung** der Straftat, also die vor dem Versuchsstadium liegende Tätigkeit, die zwar auf die Tatbestandsverwirklichung hinzielt, aber noch nicht dazu unmittelbar ansetzt (vgl. *Fischer* StGB § 22 Rn. 5). Zur straflosen Vorbereitung gehört bspw. das Beschaffen von Spezialwerkzeug mit dem Schussw. hergest. werden können.

Vollendung der Tat und damit die Beendigung des Versuchsstadiums ist erreicht, wenn sämtliche Tatbestandsmerkmale erfüllt sind (*Fischer* StGB § 22 Rn. 4).

Der Versuch kann gem. § 23 Abs. 2 StGB milder bestraft werden als die vollendete Tat; es gelten besondere gesetzliche Milderungsgründe gem. § 49 Abs. 1 StGB. Für einen Rücktritt vom Versuch gilt § 24 StGB.

IV. Vergehen (Abs. 3)

Abs. 3 stellt sonstige Verstöße gegen das WaffG unter Strafe und bedroht diese mit 36
Freiheitsstrafe bis zu drei Jahren oder mit Geldstrafe. Der **Versuch** ist **nicht** strafbar. Der **subjektive Tatbestand** verlangt bei allen Delikten des Abs. 3 mind. **bedingten Vorsatz** (vgl. § 15 StGB). Bei **Fahrlässigkeit** bzgl. sämtlicher Taten gem. Abs. 3 ist die Strafe Freiheitsstrafe bis zu einem Jahr oder Geldstrafe (vgl. Abs. 4).

1. Verbotener Umgang mit bestimmten Waffen (Abs. 3 Nr. 1)

37 Gem. Abs. 3 Nr. 1 ist strafbar, wer entgegen § 2 Abs. 1 oder 3, jeweils iVm Anl. 2 Abschn. 1 einen in der Vorschrift genannten Gegenstand erwirbt, besitzt, überlässt, führt, verbringt, mitnimmt, herstellt, bearbeitet, instand setzt oder damit Handel treibt.

Mit dem **6. ÄndG** (→ Einf. Rn. 26c) wurde ein Verweis auf Anl. 2 Abschn. 1 Nr. 1.3.6 in die Nr. 1 aufgenommen und der Umgang mit verbotenen Elektroimpulsgeräten uä damit in den Straftatbestand aufgenommen. Zuvor war der Umgang mit verbotenen Waffen der Anl. 2 Abschn. 1 Nr. 1.3.6 (nicht gekennzeichnete Elektroimpulsgeräte uä, die zu Angriffs- oder Abwehrzwecken gegen Menschen bestimmt sind, → Anl. 2 Rn. 60 ff.), nicht strafbar, sondern lediglich ordnungswidrig (nach § 53 Abs. 1 Nr. 2 aF). Der Umgang mit verbotenen Waffen nach Anl. 2 Abschn. 1 Nr. 1.4.4 (als Tierabwehrgerät konzipierte nicht gekennzeichnete oder nicht bestimmungsgemäß verwendete Elektroimpulsgeräte uä, → Anl. 2 Rn. 83 ff.) war hingegen stets nach Abs. 3 Nr. 1 strafbar. Insoweit beseitigt die Regelung die Ungleichbehandlung beim Umgang mit vergleichbar gefährlichen verbotenen Waffen (vgl. BR-Drs. 61/17, S. 41)

38 **Tatobjekte** sind folgende verbotene Waffen gem. Anl. 2 Abschn. 1 Nr.:
- 1.2.2 Getarnte Schussw. (→ Anl. 2 Rn. 13 ff.)
- 1.2.3 Über das normale Maß hinaus zerlegbare Schussw. (→ Anl. 2 Rn. 16 ff.)
- 1.2.4 Für Schussw. bestimmtes Zubehör (→ Anl. 2 Rn. 20 ff.)
- 1.3.1 Getarnte Hieb- und Stoßwaffen (→ Anl. 2 Rn. 29 ff.)
- 1.3.2 Stahlruten, Totschläger oder Schlagringe (→ Anl. 2 Rn. 38 ff.)
- 1.3.3 Wurfsterne (→ Anl. 2 Rn. 43 ff.)
- 1.3.5 Gegenstände mit Reiz- oder anderen Wirkstoffen (→ Anl. 2 Rn. 53 ff.)
- 1.3.6 Elektroimpulsgeräte uä (→ Anl. 2 Rn. 60)
- 1.3.7 Präzisionsschleudern (→ Anl. 2 Rn. 65 ff.)
- 1.3.8 Drosselwerkzeuge (→ Anl. 2 Rn. 68 f.)
- 1.4.1 S. 1 Spring- und Fallmesser nach Anl. 1 Abschn. 1 UAbschn. 2 Nr. 2.1.1 und 2.1.2 (→ Anl. 2 Rn. 71 ff.)
- 1.4.2 Faustmesser (→ Anl. 2 Rn. 77 ff.)
- 1.4.3 Butterflymesser (→ Anl. 2 Rn. 80 ff.)
- 1.4.4 Elektroimpulsgeräte, WASP-Knives uä als Tierabwehrgeräte, die nicht bestimmungsgemäß in der Tierhaltung verwendet werden (→ Anl. 2 Rn. 83 ff.)
- 1.5.3 Patronenmunition mit Treibspiegelgeschossen (→ Anl. 2 Rn. 91 f.)
- 1.5.4 Patronenmunition mit Geschossen die einen Leucht-, Brand- oder Sprengsatz oder einen Hartkern enthalten (→ Anl. 2 Rn. 93)
- 1.5.5 Knallkartuschen, Reiz- und sonstige Wirkstoffmunition, bei deren Verschießen in Entfernungen von mehr 1,5 m vor der Mündung Verletzungen durch feste Bestandteile hervorgerufen werden können (→ Anl. 2 Rn. 94)
- 1.5.6 Kleinschrotmunition (→ Anl. 2 Rn. 95)
- 1.5.7 Munition die ausschl. für Streitkräfte, oberste Bundes- und Landesbehörden, Bundesbank, Polizei und Zoll verwendet wird (→ Anl. 2 Rn. 96)

39 Der Umgang mit Molotow-Cocktails, USBV der Nr. 1.3.4 (→ Anl. 2 Rn. 49 f.) ist nach Abs. 1 Nr. 1 strafbar.

40 **Tathandlungen** für die og verbotenen Waffen sind die nachfolgenden Umgangsarten mit Ausnahme des Schießens:
- Erwerb (→ Anl. 1 Rn. 169 ff.),
- Besitz (→ Anl. 1 Rn. 172),
- Überlassen (→ Anl. 1 Rn. 173),
- Führen (→ Anl. 1 Rn. 174 ff.),
- Verbringen (→ Anl. 1 Rn. 178 ff.),
- Mitnahme (→ Anl. 1 Rn. 180 ff.),

– Herstellen (→ Anl. 1 Rn. 182),
– Bearbeiten oder Instandsetzen (→ Anl. 1 Rn. 183 ff.) oder
– Handel treiben (→ Anl. 1 Rn. 187).

Des Weiteren werden von Abs. 3 Nr. 1 Straftaten gem. § 57 Abs. 1 S. 3 erfasst (→ § 57 Rn. 5 ff.). 41

2. Illegaler Erwerb, Besitz oder illegales Führen einer Schusswaffe oder illegaler Erwerb oder Besitz von Munition (Abs. 3 Nr. 2)

Nach Abs. 3 Nr. 2 wird bestraft, wer ohne Erlaubnis nach § 2 Abs. 2 iVm Anl. 2 Abschn. 2 UAbschn. 1 S. 1 eine Schussw. (Nr. 2a) erwirbt, besitzt, führt oder ohne Erlaubnis Munition (Nr. 2b) erwirbt oder besitzt, wenn die Tat nicht in Abs. 1 Nr. 2a oder b mit Strafe bedroht ist. 42

Halbautomatische Kurzwaffen zum Verschießen von Patronenmunition sind infolge der für die Praxis bedeutsamen **Subsidiaritätsklausel** in Abs. 3 Nr. 2 von der spezielleren Vorschrift des Abs. 1 Nr. 2b erfasst. Sie unterliegen wegen ihres besonderen Gefährdungspotentials einer erhöhten Strafandrohung. 43

Von Abs. 3 Nr. 2a wird daher das **erlaubniswidrige** Erwerben, Besitzen oder Führen **sonstiger Schussw.** sowie gleichgest. tragbarer Gegenstände (zB SRS-Waffen) als Auffangtatbestand erfasst. Das erlaubniswidrige **Führen** einer Kaltgaswaffe, einer SRS-Waffe oder einer halbautomatischen „scharfen" Langwaffe ist daher mit der gleichen Strafandrohung belegt. Gleichwohl wird in der Urteilspraxis dem unterschiedlichen Unrechtsgehalt der dargestellten Verstöße im Rahmen der Strafzumessung Rechnung zu tragen sein.

Ebenso ist zu berücksichtigen, dass der **erlaubniswidrige Erwerb** von Schussw. oder Munition zum Zweck des Überlassens an Nichtberechtigte von der spezielleren Norm des Abs. 1 Nr. 2a erfasst wird. 44

Der sonstige erlaubniswidrige Erwerb von Munition sowie der erlaubniswidrige Besitz von **Munition** ist nach Abs. 3 Nr. 2b strafbar. Hierunter kann auch der unerlaubte Besitz von Munition für vollautomatische Maschinenpistolen fallen, soweit es sich um Patronenmunition mit Vollmantelweichkerngeschossen handelt, da diese vom KrWaffKontrG gem. Teil B VIII Nr. 50 KWL ausgenommen sind (vgl. BGH NStZ-RR 2008, 154). 45

3. Widerrechtliche Herstellung, Bearbeitung oder Instandsetzung einer Schusswaffe (Abs. 3 Nr. 3)

Wer ohne Erlaubnis nach § 2 Abs. 2 iVm Anl. 2 Abschn. 2 UAbschn. 1 S. 1 iVm § 26 Abs. 1 S. 1 eine Schussw. herstellt, bearbeitet oder instand setzt, wird nach Abs. 3 Nr. 3 bestraft. 46

Als **Tatobjekte** werden **sämtliche Schussw.** einschl. der den Schussw. gleichgest. tragbaren Gegenstände erfasst. **Ausgenommen** sind solche Schussw., die vom Geltungsbereich des WaffG ausgenommen sind, zB Spielzeugwaffen (Anl. 2 Abschn. 3 UAbschn. 2). Ebenfalls nicht von der Norm erfasst sind die in Anl. 2 Abschn. 2 UAbschn. 2 Nr. 4 und 6 genannten Schussw. 47

Erfasst wird in diesem Tatbestand nur die **nichtgewerbsmäßige** Herstellung, Bearbeitung oder Instandsetzung. Zu den **Tathandlungen** Herstellen → Anl. 1 Rn. 182, zum Bearbeiten und Instand setzen → Anl. 1 Rn. 183 ff. 48

4. Illegales Verbringen oder illegale Mitnahme einer Schusswaffe oder Munition aus dem Geltungsbereich in einen anderen Mitgliedstaat (Abs. 3 Nr. 4)

Mit dem 6. ÄndG (→ Einf. Rn. 26c) wurde die vormalige Nr. 4 untergliedert in a und b. Die vormalige Nr. 4 ist in der jetzigen 4a gefasst, die unter 4b gefasste Regelung wurde neu eingefügt. 49

49a **a) Illegales Verbringen in einen anderen Mitgliedstaat (Nr. 4a).** Nach Abs. 3 Nr. 4a wird bestraft, wer ohne Erlaubnis nach § 2 Abs. 2 iVm Anl. 2 Abschn. 2 UAbschn. 1 S. 1 iVm § 31 Abs. 1 eine dort genannte Schussw. oder Munition in einen anderen Mitgliedstaat verbringt.

49b Erfasst werden als **Tatobjekte** lediglich Schussw. oder Munition nach Anl. 1 Abschn. 3 (Kat. A 1.2 bis D) (→ § 29 Rn. 5 ff.).

49c **Tathandlung** ist das Verbringen aus dem Geltungsbereich des WaffG in einen anderen Mitgliedstaat (→ Vorb. §§ 29–33 Rn. 2).

49d **b) Illegale Mitnahme in einen anderen Mitgliedstaat (Nr. 4b).** Abs. 3 Nr. 4b erweitert die Vorschrift und dehnt sie auf Verstöße gegen die ebenfalls mit dem 6. ÄndG (→ Einf. Rn. 26c) eingefügte Vorschrift des § 32 Abs. 1a (→ § 32 Rn. 14 ff.) zur Mitnahme von Schussw. und Munition aus dem Geltungsbereich in einen anderen Mitgliedstaat aus. Danach wird bestraft, wer ohne erforderliche Erlaubnis nach § 2 Abs. 2 iVm Anl. 2 Abschn. 2 UAbschn. 1 S. 1 iVm § 32 Abs. 1a eine dort genannte Schussw. oder Munition in einen anderen Mitgliedstaat mitnimmt.

50 Erfasst werden als **Tatobjekte** lediglich Schussw. oder Munition nach Anl. 1 Abschn. 3 (Kat. A 1.2 bis D) (→ § 29 Rn. 5 ff.).

51 **Tathandlung** ist die Mitnahme aus dem Geltungsbereich des WaffG in einen anderen Mitgliedstaat (→ Vorb. §§ 29–33 Rn. 2).

5. Widerrechtliches Führen einer Schusswaffe durch Bewachungspersonal (Abs. 3 Nr. 5)

52 Nach Abs. 3 Nr. 5 wird bestraft, wer entgegen § 28 Abs. 2 S. 1 eine Schussw. **führt.** Gem. § 28 Abs. 2 S. 1 darf die Schussw. nur bei der tatsächlichen Durchführung eines konkreten Auftrags nach § 28 Abs. 1 geführt werden. Danach dürfen nur dann Schussw. geführt werden, wenn Bewachungsaufträge wahrgenommen werden oder werden sollen, die aus Gründen der Sicherung einer gefährdeten Person iSd § 19 oder eines gefährdeten Objektes (Einzelheiten → § 28 Rn. 6) Schussw. erfordern. Eine solche Aufgabe ergibt sich aus dem beim Wachunternehmen vorliegenden Personen- oder Objektschutzplan. Ein Führen von Waffen **im Zusammenhang** mit einem Auftrag, dh davor oder danach, ist grds. **nicht zulässig** (dazu ausf. → § 28 Rn. 8). Ebenso nicht für solche Bewachungsaufträge, bei denen keine Schussw. erforderlich sind, die also vom Bedürfnis des § 28 Abs. 1 nicht umfasst werden.

6. Widerrechtliches Überlassen einer Schusswaffe an Bewachungspersonal (Abs. 3 Nr. 6)

53 Bestraft wird danach, wer entgegen § 28 Abs. 3 S. 2 eine Schussw. oder Munition **überlässt.** Danach dürfen Schussw. oder Munition an Bewachungspersonal erst überlassen werden, wenn die zust. Beh. zugestimmt hat. Die Regelung soll bewirken, dass Schussw. und Munition durch den Bewachungsunternehmer oder eine von ihm beauftragte Person erst dann (an das Bewachungspersonal) überlassen werden, wenn behördlicherseits die entspr. Vorauss. (Zuverlässigkeit, persönliche Eignung und Sachkunde des Bewachungspersonals einschl. ausreichender Haftpflichtversicherung durch den Unternehmer) festgestellt worden sind.

54 **Tathandlung** ist das **Überlassen** zeitlich **vor** der jeweiligen Zustimmung der zust. Beh.

55 **Tatobjekte** sind für Erwerb und Besitz erlaubnispflichtige Schussw. und Munition.

7. Widerrechtliches Überlassen von erlaubnispflichtigen Schusswaffen oder Munition an Nichtberechtigte (Abs. 3 Nr. 7)

Wer entgegen § 34 Abs. 1 S. 1 eine erlaubnispflichtige Schussw. oder erlaubnispflichtige Munition einem Nichtberechtigten überlässt, wird nach Abs. 3 Nr. 7 bestraft. Gem. § 34 Abs. 1 S. 1 dürfen Waffen oder Munition nur berechtigten Personen überlassen werden (zur Berechtigung → § 34 Rn. 5 ff.). 56

Tatobjekte sind sämtliche hinsichtlich Erwerb und Besitz erlaubnispflichtige Schussw. oder Munition. Das Überlassen an Nichtberechtigte (idR Minderjährige) einer bzgl. des Erwerbs und Besitzes von der Erlaubnispflicht freigestellten Schussw. (zB Kaltgaswaffe) oder den Schussw. gleichgest. tragbaren Gegenständen (SRS-Waffen), stellt lediglich eine Ordnungswidrigkeit gem. § 53 Abs. 1 Nr. 16 dar (vgl. *Steindorf/Heinrich* WaffG § 52 Rn. 55). 57

Tathandlung ist das Überlassen (→ Anl. 1 Rn. 173). 58

Wird eine Schussw. hingegen an eine **Vertrauensperson der Polizei** (V-Mann) übergeben, liegt **keine Tatvollendung** vor, das Tatbestandsmerkmal des „Überlassens" ist nicht erfüllt. Insoweit schafft ein solches Scheingeschäft mit der Vertrauensperson keine Gefährdungslage, die § 52 Abs. 3 Nr. 7 verhindern will, oder hält eine solche aufrecht. Vielmehr soll das Scheingeschäft gerade verhindern, dass Waffen unter Missachtung der waffenrechtl. Vorschriften in Umlauf kommen bzw bleiben. Danach ist, wenngleich die Verfügungsgewalt über die Waffe auf eine andere Person übertragen wurde, das Tatbestandsmerkmal des „Überlassens" iSd § 52 Abs. 3 Nr. 7 nicht erfüllt (BGH NStZ 2010, 456 f.; BGH StraFo 2011, 61).

8. Vorsätzlicher Verstoß gegen Aufbewahrungsvorschriften (Abs. 3 Nr. 7a)

Abs. 3 Nr. 7a wurde mit dem **6. ÄndG** (→ Einf. Rn. 26c) zum 6.7.2017 in die Vorschrift aufgenommen. Durch sie wird die Regelung des § 52a in die Vorschrift des § 52 überführt. Der seinerseits mit dem **3. ÄndG** (→ Einf. Rn. 24) zum 25.7.2009 ins Gesetz aufgenommene § 52a entfällt mit dem 6. ÄndG. Die Vorschrift bestraft vorsätzliche Verstöße gegen Aufbewahrungsvorschriften, wenn dadurch die konkrete Gefahr des Abhandenkommens bzw des Zugriffs Dritter auf die Schussw./Munition entsteht. 58a

a) Tathandlungen und Tatobjekte. Die Vorschrift soll inhaltlich § 52a WaffG aF entsprechen, welcher mit dem **6. ÄndG** (→ Einf. Rn. 26c) entfallen ist. § 52a aF bezog sich auf vorsätzliche Verstöße gegen § 53 Abs. 1 Nr. 19 WaffG aF, der seinerseits an den Verstoß gegen die für Schussw. geltenden Vorschriften zur (stationären) Aufbewahrung nach § 36 Abs. 1 S. 2 WaffG aF anknüpfte. 58b

Die materiellen Vorgaben zur stationären Aufbewahrung von Schussw. und Munition sind mit dem 6. ÄndG komplett aus § 36 ausgelagert worden in § 13 Abs. 2 AWaffV nF. Verstöße gegen die Vorschriften zur stationären Aufbewahrung nach § 13 Abs. 2 AWaffV werden als Ordnungswidrigkeit nach § 34 Nr. 12 AWaffV nF geahndet.

Während sich § 52a WaffG aF auf die Ordnungswidrigkeit nach § 53 Abs. 1 Nr. 19 bezog, bezieht sich Nr. 7a nicht präzise auf die Nachfolgevorschrift zu § 53 Abs. 1 Nr. 19 (dies ist § 34 Nr. 12 AWaffV), sondern pauschal auf „Verstöße gegen § 36 Abs. 1 S. 1 iVm einer RVO nach § 36 Abs. 5 S. 1". Gemeint ist hier § 13 AWaffV. Diese Verweisung ist insofern problematisch, als in § 13 AWaffV neben den Vorgaben zur stationären Aufbewahrung (Abs. 2) auch Vorgaben für Konstellationen der „vorübergehenen Aufbewahrung" enthalten sind (Abs. 9). Die Pauschalverweisung in Nr. 7a auf die AWaffV könnte daher als eine deutliche Erweiterung der Vorschrift iSe. einer Erstreckung auch auf Verstöße gegen Vorgaben zur lediglich vorübergehenden Aufbewahrung verstanden werden.

Gegen eine Erweiterung spricht, dass der Gesetzgeber an der bisherigen Regelung festhalten wollte (vgl. auch BR-Drs. 61/17, S. 41, wonach der Gesetzgeber in der Novellierung der Norm eine Überführung des § 52a WaffG aF in § 52 Abs. 3 Nr. 7a neu sieht). Zudem knüpft § 34 Nr. 12 AWaffV nF als Nachfolgevorschrift zu § 53 Abs. 1 Nr. 19 WaffG aF präzise an Verstöße nur gegen § 13 Abs. 2 AWaffV an, welcher allein die stationäre Aufbewahrung erfasst.

Hieraus kann abgeleitet werden, dass iErg **nur solche Konstellationen** von Abs. 3 Nr. 7a erfasst sind, in denen eine Schussw. oder Munition unter **Verstoß gegen** die in **§ 13 Abs. 2 AWaffV** benannten Sicherungsvorkehrungen (→ § 36 Rn. 21 ff.) aufbewahrt wird. Die Vorschrift findet damit allein auf Verstöße gegen die Vorschriften zur **stationären Aufbewahrung von Schussw.** Anwendung.

Nicht von der Strafvorschrift erfasst sind Fälle der vorübergehenden Aufbewahrung im Zusammenhang mit der Jagd oder dem sportlichen Schießen, zB beim Transport der Waffen (ausf. dazu → § 36 Rn. 13 ff.). Werden in diesen Fällen nicht die erforderlichen Vorkehrungen gegen ein Abhandenkommen der Waffen und oder Munition vorgenommen, so liegt lediglich ein Verstoß gegen § 36 Abs. 1 bzw § 13 Abs. 9 AWaffV vor, der **sanktionslos** bleibt (→ § 36 Rn. 19).

Der Gesetzgeber hätte iSd Rechtsklarheit gut daran getan, in Abs. 3 Nr. 7a konkret auf eine vorsätzliche Handlung nach § 34 Nr. 12 AWaffV zu verweisen und damit hinreichend klar zu stellen, dass nur Verstöße gegen Vorschriften bzgl. der stationären Aufbewahrung (§ 13 Abs. 2 AWaffV) Gegenstand der Strafvorschrift sein können.

58c **b) Vorsätzliches Handeln und konkrete Gefährdung.** Abs. 3 Nr. 7a verlangt vorsätzliches Handeln, dh es wird wissentlich und willentlich gegen die Aufbewahrungspflicht verstoßen (vgl. BT-Drs. 16/13423, 72). Bedingter Vorsatz ist ausreichend. Hinzukommen muss, dass kausal durch die vorsätzliche Vernachlässigung der Aufbewahrungspflicht die **konkrete Gefahr des Abhandenkommens** (→ § 36 Rn. 10) bzw des **unbefugten Zugriffs Dritter** (→ § 36 Rn. 11) hervorgerufen wird. Insoweit stellt die Vorschrift ein konkretes Gefährdungsdelikt dar. Bei konkreten Gefährdungsdelikten beschreibt der Tatbestand eine Handlung, die eine Gefahr für Menschen oder Sachen auslöst (*Fischer* StGB Vor § 13 Rn. 18).

58d Eine **konkrete Gefahr** bedeutet in diesem Fall das Vorliegen einer tatsächlichen Situation, in der bei ungehindertem Ablauf des Geschehens nach allg. Lebenserfahrung die Möglichkeit des Abhandenkommens der Schussw./Munition oder des unbefugten Zugriffs Dritter sehr wahrscheinlich geworden ist. Die durch den vorsätzlichen Verstoß gegen die Aufbewahrungsvorschriften verursachte **Gefahr muss in so bedrohliche Nähe gerückt** sein, dass sich das Ausbleiben der Rechtsgutverletzung nur noch als **Zufall** darstellt. Demnach hängt es nur noch vom Zufall ab, dass gerade durch den Verstoß gegen die Aufbewahrungspflicht ein Zugriff durch unbefugte Dritte erfolgen kann (vgl. BT-Drs. 16/13423, 72). Allerdings reicht es zur Tatbestandserfüllung aus, dass die **konkrete Gefahr** besteht, sie muss sich nicht realisieren. Kommen Schussw. abhanden oder greifen unbefugte Dritte darauf zu, ist die Gefahr realisiert und dieser Teil des Tatbestands in jedem Fall erfüllt.

58e Wie bei sonstigen konkreten Gefährdungsdelikten muss auch hier die **konkrete Gefährdung** vom (wenigstens bedingten) **Vorsatz** des Täters umfasst sein, er muss also neben dem vorsätzlichen Verstoß gegen die Aufbewahrungspflicht auch mit der Möglichkeit des unbefugten Zugriffs Dritter rechnen und diesen billigend in Kauf nehmen (so *Steindorf/B. Heinrich* WaffG § 52a Rn. 3).

58f **Fahrlässige Verstöße** in Fällen, in denen zu Hause der vorhandene Waffenschrank versehentlich nicht abgeschlossen wurde und die Waffe abhanden kommt (BT-Drs. 16/13423, 72) oder wenn Tresorschlüssel versehentlich liegen gelassen werden (*Bauer/Fleck* GewArch 2010, 16 (22)), werden lediglich als Ordnungswidrigkeit (§ 34 Nr. 12 AWaffV) behandelt.

Hat die zust. Beh. den (objektiven) Verdacht einer Straftat nach § 52 Abs. 3 Nr. 7a, zB durch Anzeige des Abhandenkommens einer Schussw. unter Verstoß gegen die Aufbewahrungspflichten, so kann sie Strafanzeige bei der Staatsanwaltschaft erstatten. Dazu ist sie jedoch nicht verpflichtet, da das Legalitätsprinzip nur für die Staatsanwaltschaft (und die Polizei) gilt und nicht für Verwaltungsbehörden (*Bauer/Fleck* GewArch 2010, 16 (22) mwN). Etwas Anderes kann sich jedoch aus Dienstvorschriften ergeben. **58g**

9. Zuwiderhandlung gegen eine vollziehbare Anordnung eines Waffenerwerb- oder -besitzverbots (Abs. 3 Nr. 8)

Strafbar macht sich, wer einer vollziehbaren Anordnung nach § 41 Abs. 1 S. 1 oder Abs. 2 zuwiderhandelt. Gem. § 41 Abs. 1 S. 1 kann die zust. Beh. jemandem den Besitz von Waffen oder Munition, deren Erwerb nicht der Erlaubnis bedarf sowie den Erwerb solcher Waffen oder Munition unter bestimmten Vorauss. untersagen (zu den Einzelheiten → § 41 Rn. 5 ff.). Gem. § 41 Abs. 2 kann die zust. Beh. jemandem den Besitz von Waffen oder Munition, deren Erwerb der Erlaubnis bedarf, untersagen, soweit es zur Verhütung von Gefahren für die Sicherheit oder Kontrolle des Umgangs mit diesen Gegenständen geboten ist. Ein Waffenverbot kann auch an denjenigen ergehen, der aktuell nicht beabsichtigt eine Waffe zu erwerben oder zu besitzen, von ihm aber gleichwohl Gefahren für die öffentl. Sicherheit ausgehen (vgl. *Humberg* VR 2004, 8 f.) **59**

Die Anordnungen betreffen sowohl **erlaubnisfreie** als auch **erlaubnispflichtige** Waffen oder Munition. **Tathandlung** ist bei der Alt. 1 sowohl der (weitere) Besitz als auch der zukünftige Erwerb erlaubnisfreier Waffen oder Munition entgegen einer vollziehbaren Verbotsverfügung nach § 41 Abs. 1 S. 1. Bei der Alt. 2 ist nur der (weitere) Besitz erlaubnispflichtiger Waffen oder Munition entgegen einer vollziehbaren Verbotsverfügung nach § 41 Abs. 2 erfasst. **60**

Der Tatbestand setzt weiterhin voraus, dass eine entspr. **vollziehbare Anordnung** der zust. Beh. vorliegen muss. Die **Vollziehbarkeit** von VA richtet sich nach § 6 Abs. 1 VwVG bzw den insoweit inhaltsgleichen Regelungen der Landes-VwVG (vgl. *Engelhardt/App/Schlatmann* VwVG § 6 Kapitel V). Danach ist der VA erst vollziehbar, wenn er entweder **unanfechtbar,** im Einzelfall die **sofortige Vollziehung** im öffentl. Interesse angeordnet (§ 80 Abs. 2 S. 1 Nr. 4 VwGO) oder dem Rechtsmittel **keine aufschiebende Wirkung beigelegt** ist (§ 80 Abs. 2 S. 1 Nr. 3 VwGO). **61**

Unanfechtbar ist ein VA, wenn er nicht mehr mit einem förmlichen Rechtsmittel angefochten werden kann. Gegen einen VA kann im Regelfall binnen eines Monats Widerspruch erhoben werden (§ 70 Abs. 1 S. 1 VwGO). Der VA wird daher regelm. **unanfechtbar,** wenn die Widerspruchsfrist von einem Monat abgelaufen ist, ohne dass der Betroffene widersprochen hat. Solange es noch zulässig ist Widerspruch einzulegen, ist der VA nicht unanfechtbar und somit **nicht vollziehbar.** Ist der Betroffene über den **Rechtsbehelf** nicht oder nicht vollständig und zutreffend belehrt worden, kann der Widerspruch innerhalb **eines Jahres** nach der Bekanntgabe des VA noch erhoben werden (§ 70 Abs. 2 iVm § 58 Abs. 2 VwGO). Er wird daher in diesem Fall erst mit Ablauf der Jahresfrist unanfechtbar (*Engelhardt/App/Schlatmann* VwVG § 6 Kapitel II Nr. 1). Ordnet die zust. Beh. die **sofortige Vollziehung** gem. § 80 Abs. 2 S. 1 Nr. 4 VwGO aber schriftlich an, so tritt die Vollziehbarkeit mit der Bekanntgabe der Verfügung ein. Eine richterliche Anordnung nach § 80 Abs. 5 VwGO oder § 123 VwGO **hemmt** wiederum die Vollziehbarkeit, bis in der Sache unanfechtbar entschieden worden ist.

10. Unerlaubtes Führen einer Waffe bei einer öffentlichen Veranstaltung (Abs. 3 Nr. 9)

62 Nach Abs. 3 Nr. 9 macht sich strafbar, wer entgegen § 42 Abs. 1 eine Waffe führt. Gem. § 42 Abs. 1 darf derjenige, der an öffentl. Vergnügungen, Volksfesten, Sportveranstaltungen, Messen, Ausstellungen, Märkten oder ähnlichen öffentl. Veranstaltungen teilnimmt, keine Waffen iSd § 1 Abs. 2 führen.

63 **Tatobjekte** sind hier sämtliche Waffen gem. § 1 Abs. 2, insbes. auch Hieb- und Stoßwaffen (→ § 42 Rn. 3 ff.).

64 **Tathandlung** ist das Führen (→ Anl. 1 Rn. 174 ff.) einer Waffe als **Teilnehmer** an einer der og Veranstaltung (→ § 42 Rn. 4a, 11 ff.).

11. Unerlaubter Besitz einer ehemaligen Kriegswaffe oder ehemaliger Kriegswaffenmunition (Abs. 3 Nr. 10)

65 Nach Abs. 3 Nr. 10 ist strafbar, wer entgegen § 57 Abs. 5 S. 1 den Besitz über eine Schussw. oder Munition ausübt. Erfasst werden hier ehemalige **Kriegswaffen** oder **Kriegswaffenmunition,** die aus der KWL gestrichen worden sind. Die bis dahin gültigen Erlaubnisse nach dem KrWaffKontrG sind wegen der Trennung des KrWaffKontrG vom WaffG keine ausreichenden Besitzerlaubnisse für Waffen oder Munition nach dem WaffG. Deshalb müssen entspr. Erlaubnisse (WBK oder Ausnahmebewilligung vom BKA) nach dem WaffG beantragt werden. Wer diesen Antrag innerhalb der Frist nicht stellt oder wem der Antrag auf Erteilung der Erlaubnis unanfechtbar versagt wurde, darf den Besitz über die Waffen oder Munition nicht mehr ausüben.

V. Fahrlässiges Handeln (Abs. 4)

66 Nach Abs. 4 ist auch die fahrlässige Begehung der genannten Taten unter Strafe gestellt.

VI. Besonders schwere Fälle (Abs. 5)

67 § 52 bedroht in Abs. 5 in Bezug auf Abs. 1 Nr. 1 besonders schwere Fälle mit einer Freiheitsstrafe von einem Jahr bis zu zehn Jahren. Auf andere Alternativen des Abs. 1 ist Abs. 5 nicht anwendbar (vgl. BGH NStZ-RR 2008, 154).

Ein besonders schwerer Fall liegt danach idR vor, wenn der Täter gewerbsmäßig oder als Mitglied einer Bande, die sich zur fortgesetzten Begehung solcher Straftaten verbunden hat, unter Mitwirkung eines anderen Bandenmitglieds handelt (→ § 51 Rn. 12 ff.).

VII. Minder schwere Fälle (Abs. 6)

68 Gem. Abs. 6 ist in **minder schweren Fällen** des Abs. 1 die Strafe Freiheitsstrafe bis zu drei Jahren oder Geldstrafe.

Die Entsch. der Frage, ob ein minder schwerer Fall vorliegt, erfordert eine **Gesamtbetrachtung,** bei der alle Umstände heranzuziehen und zu würdigen sind, die für die Wertung der Tat und des Täters in Betracht kommen, gleichgültig, ob sie der Tat selbst innewohnen, sie begleiten, ihr vorausgehen oder nachfolgen (BGHSt. 26, 97 ff.).

Ein minder schwerer Fall ist etwa dann anzunehmen, wenn ein strafbares Verbringen ohne erforderliche Verbringenserlaubnis vorliegt (Abs. 1 Nr. 2d), der Täter jedoch im Besitz einer WBK für die verbrachten Schussw. ist.

§ 52a *(aufgehoben)*

Mit dem 6. ÄndG (→ Einf. Rn. 26c) wurde § 52a aufgehoben und die Strafvorschrift in § 52 Abs. 3 Nr. 7a überführt (→ § 52 Rn. 58a ff.). 1

Die Strafvorschrift des § 52a findet nach Maßgabe von § 36 Abs. 4 S. 4 (→ § 36 Rn. 93 ff.) auch weiterhin auf solche Fälle Anwendung, in denen gegen die Aufbewahrungsvorschriften des § 36 Abs. 1, 2 aF verstoßen wird, soweit diese auf Grund der in § 36 Abs. 4 nF enthaltenen Besitzstandsregelung fortgelten. Näher zu § 52a → 1. Aufl. § 52a Rn. 1 ff.

§ 53 Bußgeldvorschriften

(1) **Ordnungswidrig handelt, wer vorsätzlich oder fahrlässig**

1. **entgegen § 2 Abs. 1 eine nicht erlaubnispflichtige Waffe oder nicht erlaubnispflichtige Munition erwirbt oder besitzt,**
2. **(aufgehoben)**
3. **ohne Erlaubnis nach § 2 Abs. 2 in Verbindung mit Abs. 4, dieser in Verbindung mit Anlage 2 Abschnitt 2 Unterabschnitt 1 Satz 1, mit einer Schusswaffe schießt,**
4. **einer vollziehbaren Auflage nach § 9 Abs. 2 Satz 1, § 10 Abs. 2 Satz 3, § 17 Absatz 2 Satz 2 oder § 18 Absatz 2 Satz 2 oder § 28a Absatz 1 Satz 3 oder einer vollziehbaren Anordnung nach § 9 Absatz 3, § 36 Abs. 3 Satz 1 oder Abs. 6, § 37 Abs. 1 Satz 2, § 39 Abs. 3, § 40 Abs. 5 Satz 2 oder § 46 Abs. 2 Satz 1 oder Abs. 3 Satz 1 zuwiderhandelt,**
5. **entgegen § 10 Abs. 1a, § 21 Abs. 6 Satz 1 und 4, § 24 Abs. 5, § 27 Abs. 1 Satz 6, Abs. 2 Satz 2, § 31 Abs. 2 Satz 3, § 34 Absatz 2 Satz 1 oder Satz 2, Abs. 4 oder Abs. 5 Satz 1, § 37 Abs. 1 Satz 1, Abs. 2 Satz 1 oder Abs. 3 Satz 1 oder § 40 Abs. 5 Satz 1 eine Anzeige nicht, nicht richtig, nicht vollständig, nicht in der vorgeschriebenen Weise oder nicht rechtzeitig erstattet,**
6. **entgegen § 10 Absatz 2 Satz 4 oder § 37 Absatz 4 eine Mitteilung nicht, nicht richtig, nicht vollständig oder nicht rechtzeitig macht,**
7. **entgegen § 13 Abs. 3 Satz 2, § 14 Abs. 4 Satz 2 oder § 20 Absatz 1 die Ausstellung einer Waffenbesitzkarte oder die Eintragung der Waffe in eine bereits erteilte Waffenbesitzkarte nicht beantragt oder entgegen § 34 Absatz 2 Satz 2 erster Halbsatz die Waffenbesitzkarte oder den Europäischen Feuerwaffenpass nicht oder nicht rechtzeitig vorlegt,**
8. **entgegen § 23 Abs. 1 Satz 1 oder Abs. 2 Satz 1, jeweils auch in Verbindung mit einer Rechtsverordnung nach § 25 Abs. 1 Nr. 1 Buchstabe a, das Waffenherstellungs- oder Waffenhandelsbuch nicht, nicht richtig oder nicht vollständig führt,**
9. **entgegen § 24 Abs. 1, auch in Verbindung mit einer Rechtsverordnung nach § 25 Abs. 1 Nr. 1 Buchstabe c oder Nr. 2 Buchstabe a, oder § 24 Abs. 2 oder 3 Satz 1 und 2, auch in Verbindung mit einer Rechtsverordnung nach § 25 Abs. 1 Nr. 1 Buchstabe c, eine Angabe, ein Zeichen oder die Bezeichnung der Munition auf der Schusswaffe nicht, nicht richtig, nicht vollständig, nicht in der vorgeschriebenen Weise oder nicht rechtzeitig anbringt oder Munition nicht, nicht richtig, nicht**

vollständig, nicht in der vorgeschriebenen Weise oder nicht rechtzeitig mit einem besonderen Kennzeichen versieht,
10. entgegen § 24 Abs. 4 eine Schusswaffe oder Munition anderen gewerbsmäßig überlässt,
11. ohne Erlaubnis nach § 27 Abs. 1 Satz 1 eine Schießstätte betreibt oder ihre Beschaffenheit oder die Art ihrer Benutzung wesentlich ändert,
12. entgegen § 27 Abs. 3 Satz 1 Nr. 1 und 2 einem Kind oder Jugendlichen das Schießen gestattet oder entgegen § 27 Abs. 6 Satz 2 nicht sicherstellt, dass die Aufsichtsperson nur einen Schützen bedient,
13. entgegen § 27 Abs. 3 Satz 2 Unterlagen nicht aufbewahrt oder entgegen § 27 Abs. 3 Satz 3 diese nicht herausgibt,
14. entgegen § 27 Abs. 5 Satz 2 eine Bescheinigung nicht mitführt,
15. entgegen § 33 Abs. 1 Satz 1 eine Schusswaffe oder Munition nicht anmeldet oder nicht oder nicht rechtzeitig vorführt,
16. entgegen § 34 Abs. 1 Satz 1 eine nicht erlaubnispflichtige Waffe oder nicht erlaubnispflichtige Munition einem Nichtberechtigten überlässt,
17. entgegen § 35 Abs. 1 Satz 4 die Urkunden nicht aufbewahrt oder nicht, nicht vollständig oder nicht rechtzeitig Einsicht gewährt,
18. entgegen § 35 Abs. 2 einen Hinweis nicht, nicht richtig, nicht vollständig oder nicht rechtzeitig gibt oder die Erfüllung einer dort genannten Pflicht nicht, nicht richtig, nicht vollständig oder nicht rechtzeitig protokolliert,
19. (aufgehoben)
20. entgegen § 38 Absatz 1 Satz 1 oder Absatz 2 eine dort genannte Urkunde nicht mit sich führt oder nicht oder nicht rechtzeitig aushändigt,
21. entgegen § 39 Abs. 1 Satz 1 eine Auskunft nicht, nicht richtig, nicht vollständig oder nicht rechtzeitig erteilt,
21a. entgegen § 42a Abs. 1 eine Anscheinswaffe, eine dort genannte Hieb- oder Stoßwaffe oder ein dort genanntes Messer führt,
22. entgegen § 46 Abs. 1 Satz 1, auch in Verbindung mit Satz 2, eine Ausfertigung der Erlaubnisurkunde nicht oder nicht rechtzeitig zurückgibt oder
23. einer Rechtsverordnung nach § 15a Absatz 4, § 25 Abs. 1 Nr. 1 Buchstabe b, § 27 Abs. 7, § 36 Abs. 5, § 39a, § 42 Abs. 5 Satz 1, auch in Verbindung mit Satz 2, oder § 47 oder einer vollziehbaren Anordnung auf Grund einer solchen Rechtsverordnung zuwiderhandelt, soweit die Rechtsverordnung für einen bestimmten Tatbestand auf diese Bußgeldvorschrift verweist.

(1a) **Ordnungswidrig handelt, wer vorsätzlich oder fahrlässig ohne Genehmigung nach Artikel 4 Absatz 1 Satz 1 der Verordnung (EU) Nr. 258/2012 des Europäischen Parlaments und des Rates vom 14. März 2012 zur Umsetzung des Artikels 10 des Protokolls der Vereinten Nationen gegen die unerlaubte Herstellung von Schusswaffen, dazugehörigen Teilen und Komponenten und Munition und gegen den unerlaubten Handel damit, in Ergänzung des Übereinkommens der Vereinten Nationen gegen die grenzüberschreitende organisierte Kriminalität (VN-Feuerwaffenprotokoll) und zur Einführung von Ausfuhrgenehmigungen für Feuerwaffen, deren Teile, Komponenten und Munition sowie von Maßnahmen betreffend deren Einfuhr und Durchfuhr (ABl. L 94 vom 30.3.2012, S. 1) einen dort genannten Gegenstand ausführt.**

(2) **Die Ordnungswidrigkeit kann mit einer Geldbuße bis zu zehntausend Euro geahndet werden.**

(3) **Verwaltungsbehörde im Sinne des § 36 Absatz 1 Nummer 1 des Gesetzes über Ordnungswidrigkeiten sind,**
1. **in den Fällen des Absatzes 1, soweit dieses Gesetz von der Physikalisch-Technischen Bundesanstalt, dem Bundesverwaltungsamt oder dem Bundeskriminalamt ausgeführt wird, die für die Erteilung von Erlaubnissen nach § 21 Absatz 1 zuständigen Behörden,**
2. **in den Fällen des Absatzes 1a die Hauptzollämter.**

I. Allgemeines

Die Vorschrift erfasst die Bußgeldtatbestände des WaffG. Über die Blankettvorschrift des Abs. 1 Nr. 23 werden zudem die in § 34 AWaffV benannten Bußgeldtatbestände erfasst. 1

Weitere Bußgeldtatbestände mit Bezug zu Waffen, Munition, Kriegswaffen oder Explosivstoffen enthalten § 21 BeschG, § 22b KrWaffKontrG, § 41 SprengG, § 33 AWG und § 70 AWV.

Die in § 53 normierten Tatbestände erfassen typisches Verwaltungsunrecht, dessen Ahndung mit Kriminalstrafe unangemessen erscheint. Der Gesetzgeber hat die betreffenden Verstöße daher als Ordnungswidrigkeiten eingestuft. Diese sind allerdings im Hinblick auf die Bedeutung der Ordnungsfunktion des Waffenrechts einheitlich mit einer im Höchstmaß empfindlichen Geldbuße von 10.000 Euro bedroht.

Der **Versuch** ist nicht ordnungswidrig (vgl. § 13 Abs. 2 OWiG).

Mit dem **2. ÄndG** (→ Einf. Rn. 23) hat der Gesetzgeber die Nr. 21a in die Vorschrift eingefügt. Durch das **4. ÄndG** (Einf. → Rn. 26a) wurde die Norm um Abs. 1a erweitert und in diesem Zusammenhang Abs. 3 neu gegliedert und um die Regelung der Nr. 2 ergänzt. Mit dem **5. ÄndG** (Einf. → Rn. 26b) wurde in Nr. 4 der Vorschrift „§ 28a" aufgenommen. Durch das **6. ÄndG** (→ Einf. Rn. 26c) wurden Nr. 2 und Nr. 19 aufgehoben und in Nr. 23 wurde „§ 39a" eingefügt. 1a

II. Die einzelnen Tatbestände (Abs. 1)

1. Erwerb und Besitz nicht erlaubnispflichtiger Waffen oder solcher Munition durch Minderjährige (Nr. 1)

Nach Abs. 1 Nr. 1 handelt ordnungswidrig, wer entgegen § 2 Abs. 1 eine nicht erlaubnispflichtige Waffe oder nicht erlaubnispflichtige Munition (→ Anl. 2 Rn. 99 f., 104 ff.) erwirbt oder besitzt (→ Anl. 1 Rn. 169 ff.). 2

Erfasst sind hier zunächst alle Waffen, die als vollumfänglich erlaubnisfrei einzustufen sind. Hierunter fallen sämtliche Waffen nach § 1 Abs. 1 Nr. 2, soweit sie nicht nach § 2 Abs. 3 iVm Anl. 2 Abschn. 1 verboten sind. 2a

Weiterhin sind solche Waffen und Munition erfasst, die grds. erlaubnispflichtig sind (Schussw., gleichgest. tragbare Gegenstände sowie dazugehörige Munition nach § 1 Abs. 2 Nr. 1 Alt. 2 iVm Anl. 2 Abschn. 2 UAbschn. 1 S. 1), vom Gesetz aber hinsichtlich des Erwerbs und des Besitzes von der prinzipiellen Erlaubnispflicht generell ausgenommen sind nach Anl. 2 Abschn. 2 UAbschn. 2 Nr. 1 (→ Anl. 2 Rn. 99 f., 104 ff.).

2. Nr. 2

Mit dem 6. ÄndG (→ Einf. Rn. 26c) wurde Nr. 2 aufgehoben. Wer entgegen § 2 Abs. 1 oder 3, jeweils iVm Anl. 2 Abschn. 1 Nr. 1.3.6 WaffG Umgang mit einer dort genannten Waffe (verbotene Elektroimpulsgeräte uä; → Anl. 2 Rn. 60) hat, macht sich nunmehr strafbar nach § 52 Abs. 3 Nr. 1 (→ § 52 Rn. 37). 3

3. Schießen ohne Schießerlaubnis (Nr. 3)

4 Nach Abs. 1 Nr. 3 handelt ordnungswidrig, wer ohne Erlaubnis nach § 2 Abs. 2 iVm Abs. 4, dieser iVm Anl. 2 Abschn. 2 UAbschn. 1 S. 1, mit einer Schussw. schießt. Erfasst sind prinzipiell sämtliche **Schussw.** Lediglich die in Anl. 2 Abschn. 3 UAbschn. 2 genannten Spielzeugschussw. (→ Anl. 2 Rn. 139 ff.) unterfallen nicht der Vorschrift.

Zu berücksichtigen sind die vom Gesetzgeber vorgesehenen Ausnahmen von der Erlaubnispflicht hinsichtlich des Schießens gem. § 12 Abs. 4. Soweit eine Erlaubnis für das Schießen erteilt worden ist oder aber eine Ausnahme von der Erlaubnispflicht nach § 12 Abs. 4 greift, ist der Tatbestand nicht erfüllt.

Der bestimmungsgemäße Gebrauch einer Armbrust fällt nicht unter den Begriff des Schießens im rechtl. Sinn, weshalb die Bußgeldvorschrift hierauf nicht anwendbar ist (dazu und zum Begriff des Schießens → Anl. 1 Rn. 181).

4. Verstöße gegen vollziehbare Auflagen oder vollziehbare Anordnungen (Nr. 4)

5 Der Inhalt des Bußgeldtatbestands ergibt sich aus dem Gesetzeswortlaut.

5. Verstöße gegen Anzeigepflichten (Nr. 5)

6 Nach Abs. 1 Nr. 5 handelt ordnungswidrig, wer entgegen § 10 Abs. 1a, § 21 Abs. 6 S. 1 und 4, § 24 Abs. 5, § 27 Abs. 1 S. 6, Abs. 2 S. 2, § 31 Abs. 2 S. 3, § 34 Abs. 2 S. 1 oder S. 2, Abs. 4 oder Abs. 5 S. 1, § 36 Abs. 4 S. 2, § 37 Abs. 1 S. 1, Abs. 2 S. 1 oder Abs. 3 S. 1 oder § 40 Abs. 5 S. 1 eine Anzeige nicht, nicht richtig, nicht vollständig, nicht in der vorgeschriebenen Weise oder nicht rechtzeitig erstattet.

Soweit der Normtext einen Verstoß gegen § 21 Abs. 6 **S. 4** anführt, handelt es sich um einen redaktionellen Fehler des Gesetzgebers, da der angeführte Abs. 6 seit dem **2. ÄndG** (→ Einf. Rn. 23) keinen Satz 4 mehr aufweist.

7 Eine Anzeige liegt **nicht** vor, wenn sie nach Eintritt eines die Anzeigepflicht auslösenden Tatbestands unterbleibt. **Nicht richtig** ist eine Anzeige, die unwahre oder erfundene Angaben enthält.

Nicht vollständig ist eine Auskunft, die zwar wahrheitsgemäß ist, jedoch wesentl. Angaben oder Vorgänge verschweigt.

Nicht rechtzeitig ist eine Auskunft, die der zust. Beh. nicht termingerecht zugeht.

8 Die durch Nr. 5 in Bezug genommenen Vorschriften verlangen ganz überwiegend eine schriftliche Anzeige des Anzeigepflichtigen. Soweit die in Nr. 5 gefasste Regelung hinsichtlich der aus § 21 Abs. 6 S. 1, § 36 Abs. 4 S. 2, § 37 Abs. 1 S. 1, Abs. 2 S. 1 oder § 40 Abs. 5 S. 1 resultierenden Anzeigepflichten den Bußgeldtatbestand auch in den Fällen eintreten lässt, in denen eine Anzeige „nicht in der vorgeschriebenen Weise" getätigt worden ist, greift diese Tatbestandsalternative faktisch ins Leere, da in diesen Fällen vom Gesetzgeber **keine bestimmte Form** der zu erstattenden Anzeige bestimmt worden ist (→ § 37 Rn. 16; *Lehmann* WaffG § 37 Rn. 35).

6. Tatbestände (Nr. 6–20)

9 Der Inhalt der Bußgeldtatbestände ergibt sich aus dem Gesetzeswortlaut.

7. Verstoß gegen die Auskunftspflicht bei Waffenhändlern und -herstellern (Nr. 21)

10 Nach Abs. 1 Nr. 21 handelt ordnungswidrig, wer entgegen § 39 Abs. 1 S. 1 eine Auskunft nicht, nicht richtig, nicht vollständig oder nicht rechtzeitig erteilt (zu den Tathandlungen → Rn. 7).

Der Auskunftspflicht unterliegen die in § 39 Abs. 1 S. 1 genannten **Adressaten** (→ § 39 Rn. 4 ff.).

Da die Auskunftspflicht gem. § 39 Abs. 1 S. 1 sehr umfassend ist, hat die zust. Beh. zu **konkretisieren,** worüber im Einzelnen Auskunft zu erteilen ist (→ § 39 Rn. 10).

Verweigert der Auskunftspflichtige **zu Recht** die Angaben iSv § 39 Abs. 1 S. 2 **11**
(→ § 39 Rn. 11 ff.), ist der Tatbestand nicht erfüllt.

8. Tatbestände (Nr. 21a und Nr. 22)

Der Inhalt der beiden Bußgeldtatbestände ergibt sich aus dem Gesetzeswortlaut. **12**

9. Verstoß gegen Rechtsverordnung (Nr. 23)

Nach Abs. 1 Nr. 23 handelt ordnungswidrig, wer einer RVO nach § 15 Abs. 7 **13**
S. 2, § 25 Abs. 1 Nr. 1b, § 27 Abs. 7, § 36 Abs. 5 oder § 47 oder einer vollziehbaren Anordnung auf Grund einer solchen RVO zuwiderhandelt, soweit die RVO für einen bestimmten Tatbestand auf diese Bußgeldvorschrift verweist.

Damit enthält Nr. 23 ein sog **Blankett** für Zuwiderhandlungen gegen die auf Grund des WaffG erlassenen Bestimmungen der RVO (vgl. § 34 AWaffV).

III. (Abs. 1a)

Abs. 1a wurde mit dem **4. ÄndG** (Einf. → Rn. 26a) in die Norm eingefügt. Mit **13a**
ihm werden Verstöße gegen die Ausfuhrgenehmigungspflichten der Feuerwaffen-VO (→ Vorb. §§ 29–33 Rn. 18) als Ordnungswidrigkeiten geahndet.

IV. Geldbuße (Abs. 2)

Gem. Abs. 2 kann die Ordnungswidrigkeit mit einer Geldbuße bis zu 10.000 **14**
Euro geahndet werden. Das Bußgeld liegt damit deutlich über dem Regelrahmen des § 17 Abs. 1 OWiG (5-1.000 Euro).

Da § 53 Abs. 1 und 2 für vorsätzliches und fahrlässiges Handeln Geldbuße androht ohne im Höchstmaß zu unterscheiden, kann **fahrlässiges Handeln** im Höchstmaß nur mit **der Hälfte** des angedrohten Höchstbetrags der Geldbuße geahndet werden (vgl. § 17 Abs. 2 OWiG).

V. Zuständige Verwaltungsbehörden

Abs. 3 wurde mit dem **4. ÄndG** (Einf. → Rn. 26a) neu gegliedert und um die **15**
Regelung der Nr. 2 ergänzt.

1. Abs. 3 Nr. 1

Gem. § 36 Abs. 1 Nr. 1 OWiG ist die Verwaltungsbehörde sachlich für die Ahn- **15a**
dung von Ordnungswidrigkeiten zuständig, die durch Gesetz bestimmt ist.

Nach § 48 sind die Landesbehörden nach dem jeweiligen Landesrecht für die Ahndung zuständig, soweit nicht Bundesbehörden zuständig sind.

Allerdings verweist Abs. 3 Nr. 1 wiederum auf die allg. Zuständigkeit der Landesbehörden, soweit das Gesetz von der PTB, dem BVA oder dem BKA ausgeführt wird.

Bei der Überwachung des Verbringens und der Mitnahme von Waffen oder Munition wirken die Bundespolizei sowie der Zollverwaltung als weitere Bundesbehörden gem. § 33 Abs. 3 mit.

Entspr. wird gem. § 1 WaffGHZAOWiV die Zuständigkeit zur Verfolgung und Ahndung von Ordnungswidrigkeiten nach § 53 Abs. 1 Nr. 15 auf die **Hauptzollämter** übertragen, soweit § 33 Abs. 1 S. 1 durch Behörden der Zollverwaltung ausgeführt wird. Für die Bundespolizei existiert keine vergleichbare Vorschrift, weshalb eine Ahndung von Ordnungswidrigkeiten nach § 53 Abs. 1 Nr. 15 durch die Bundespolizei derzeit ausscheidet. In Ermangelung einer entspr. Bestimmung ist in diesen Fällen das fachlich zuständige BMI für die Ahndung sachlich zuständig, vgl. § 36 Abs. 1 Nr. 2b) OWiG. Indes wird in der Praxis regelm. eine Abgabe der Ordnungswidrigkeitenanzeige an die Zollverwaltung erfolgen.

2. Zuständigkeit der Hauptzollämter (Abs. 3 Nr. 2)

16 Die Regelung der Nr. 2 wurde mit dem **4. ÄndG** (→ Einf. Rn. 26a) in die Norm eingefügt. Danach sind zur Bearbeitung von Verstößen gegen Ausfuhrgenehmigungspflichten der Feuerwaffen-VO (→ Vorb. §§ 29–33 Rn. 18) die Hauptzollämter zuständig.

§ 54 Einziehung

(1) **Ist eine Straftat nach den §§ 51, 52 Abs. 1, 2 oder 3 Nr. 1, 2 oder 3 oder Abs. 5 begangen worden, so werden Gegenstände,**
1. auf die sich diese Straftat bezieht oder
2. die durch sie hervorgebracht oder zu ihrer Begehung oder Vorbereitung gebraucht worden oder bestimmt gewesen sind,
eingezogen.

(2) **Ist eine sonstige Straftat nach § 52 oder eine Ordnungswidrigkeit nach § 53 begangen worden, so können in Absatz 1 bezeichnete Gegenstände eingezogen werden.**

(3) **§ 74a des Strafgesetzbuches und § 23 des Gesetzes über Ordnungswidrigkeiten sind anzuwenden.**

(4) **Als Maßnahme im Sinne des § 74f Absatz 1 Satz 3 des Strafgesetzbuches kommt auch die Anweisung in Betracht, binnen einer angemessenen Frist eine Entscheidung der zuständigen Behörde über die Erteilung einer Erlaubnis nach § 10 vorzulegen oder die Gegenstände einem Berechtigten zu überlassen.**

I. Allgemeines

1 § 54 betr. die **Einziehung** bei Straftaten und Ordnungswidrigkeiten nach dem WaffG. Das Rechtsinstitut der Einziehung ist im StGB geregelt. Sie wird im Urteil angeordnet, mit dessen Rechtskraft das Eigentum am Einziehungsgegenstand auf den Staat übergeht, vgl. § 75 StGB. Nach hM handelt es sich bei der Einziehung nicht um eine Nebenstrafe, sondern um eine Maßnahme (vgl. § 11 Abs. 1 Nr. 8 StGB) eigener Art.

Mit dem **6. ÄndG** (→ Einf. Rn. 26c) wurde die Vorschrift inhaltlich angepasst an die umfänglich neu geregelte Vermögensabschöpfung im StGB (dazu *Köhler* NStZ 2017. 497 ff.).

2 Die Einziehung nach § 73 StGB (ehemals Verfall) bezieht sich auf materielle Werte, die der Täter für eine rechtswidrige oder aus einer rechtswidrigen Tat

erlangt hat (Taterträge), wobei Vorsatz- wie Fahrlässigkeitstaten gleichermaßen erfasst sind. Dabei gilt das Bruttoprinzip, weshalb nicht nur Tat-Gewinne, sondern die Gesamtheit des aus der Tat materiell Erlangten von der Einziehung erfasst sind (vgl. BT-Drs. 12/989, 23). Das Institut kann auch schuldlos handelnden Personen gegenüber zur Anwendung kommen, ebenfalls gegenüber an der Tat nicht beteiligten Dritten, soweit der Tatbeteiligte für ihn gehandelt und dieser dadurch etwas erlangt hat.

Die **Einziehung** nach § 74 StGB betr. Gegenstände (Sachen und Rechte), die durch eine vorsätzliche Straftat hervorgebracht (Tatprodukte) oder zu ihrer Begehung (Tatmittel) verwendet worden sind. Die Einziehung setzt stets eine vorsätzlich begangene rechtswidrige Tat voraus und kommt grds. nur dem schuldhaft handelnden Täter gegenüber zur Anwendung. Dem schuldlos handelnden Täter gegenüber kommt die Einziehung nur in Betracht, soweit der Einziehungsgegenstand nach seiner Art und den Umständen nach die Allgemeinheit gefährdet oder die Gefahr besteht, dass er der Begehung rechtswidriger Taten dienen werde, vgl. § 74b Abs. 1 Nr. 1 StGB (Sicherungseinziehung). Die Einziehung ist kein einheitliches Rechtsinstitut. Je nach Konstellation des Einzelfalls kommt sie unter verschiedenen Vorauss. als Strafe, gemischtes Institut oder als bloße Sicherungsmaßnahme in Betracht (vgl. *Fischer* StGB § 74 Rn. 2, 13). Die Einziehung zieht mit der Rechtskraft der Entsch. den Übergang des Eigentums am eingezogenen Gegenstand auf den Staat nach sich, vgl. §§ 74e StGB. Die Einziehung der Gegenstände erfolgt jeweils im Urteil durch das Strafgericht bzw durch Bußgeldbescheid. Grds. **können** Gegenstände nach § 74 Abs. 1 StGB **eingezogen** werden. Eine von den Vorauss. des § 74 Abs. 1 StGB abweichende obligatorische Einziehung kann aber nach § 74 Abs. 3 S. 2 StGB daraus folgen, dass diese in besonderen gesetzlichen Vorschriften angeordnet ist. Eine solche **obligatorische Einziehung** ist **in § 54 Abs. 1** festgeschrieben. Die Wirksamkeit des § 74 Abs. 2 und 3 StGB bleibt hiervon unberührt. 3

Im Strafverfahren können die Einziehungsgenstände sichergestellt bzw beschlagnahmt werden. Grds. reicht eine Beschlagnahme nach § 94 StPO hierfür aus, gleichwohl ist eine Beschlagnahme nach § 111b, c StPO tunlich, weil nur diese nach § 111d Abs. 1 StPO ein Veräußerungsverbot hinsichtlich des Einziehungs- bzw Verfallsgegenstands nach sich zieht (vgl. *Meyer-Goßner/Schmitt* StPO § 94 Rn. 1). 4

Die Anordnung der Einziehung resultiert aus der Annahme, dass aus dem weiteren Besitz einer Waffe Gefahren für die öffentl. Sicherheit und Ordnung zu besorgen sind. Diese Gefahr wird in den Fällen der zwingenden Einziehung vom Gesetzgeber als gegeben vorausgesetzt. 5

Die Fälle der obligatorischen und damit zwingenden Einziehung sind in § 54 Abs. 1 geregelt, während in § 54 Abs. 2 die Fälle einer fakultativen, also auf einer Ermessensentscheidung basierenden Einziehung abgehandelt sind. Die Einziehung betr. Gegenstände allg., weshalb von ihr nicht ausschl. Waffen betroffen sein können (*Apel/Bushart* WaffG § 54 Rn. 3). 6

II. Obligatorische Einziehung (Abs. 1)

Abs. 1 der Vorschrift betr. die Fälle der obligatorischen, also zwingenden Einziehung. Der Gesetzgeber hat hier einen abschließenden Katalog besonders schwerwiegender Straftaten nach dem WaffG gefasst, bei deren Vorliegen die Einziehung ohne Ermessensspielraum zu erfolgen hat. 7

Zu berücksichtigen ist jedoch, dass auch in den Fällen der vorgeschriebenen Einziehung stets der **Grundsatz der Verhältnismäßigkeit** zu berücksichtigen ist (NStZ 1981, 104; BayObLG NStZ-RR 2001, 281 f.). Daher ist auch in diesen Fällen durch das Gericht jeweils im Einzelfall eine Güterabwägung vorzunehmen 8 und insbes. zu prüfen, ob der Zweck der Einziehung nicht durch weniger intensiv eingreifende Maßnahmen erreicht werden kann. IErg kommen daher auch bei Vorliegen der Vorauss. für eine zwingende Einziehung Mindermaßnahmen nach § 74f Abs. 1 S. 2 StGB (auch → Rn. 22 f.) unter Vorbehalt der Einziehung in Betracht (NStZ 1981, 104).

Soweit die durch das Gericht getroffenen Anweisungen befolgt werden, hebt das Gericht den Vorbehalt der Einziehung auf. Andernfalls ordnet das Gericht nachträglich die Einziehung an (vgl. § 74f Abs. 1 S. 4 HS 2 StGB).

1. Einziehungsgegenstände

9 In Abs. 1 Nr. 1 und 2 sind die Gegenstände aufgeführt, die potenziell von einer Einziehung nach § 54 WaffG iVm § 74 StGB betroffen sein können.

10 **a) Gegenstände, auf die sich die Straftat bezieht (Abs. 1 Nr. 1).** Nach Abs. 1 Nr. 1 sind zunächst solche Gegenstände von der Einziehung betroffen, auf die sich die Straftat bezieht **(Beziehungsgegenstände).** Der Gesetzgeber stellt damit klar, dass der Einziehung auch die Waffe unterliegen kann, die Gegenstand der Zuwiderhandlung war (*Steindorf/Heinrich* WaffG § 54 Rn. 6). Dies ist im Regelfall die Waffe, mit der pflichtwidrig umgegangen wurde. In § 74 Abs. 2 StGB nF werden Beziehungsgegenstände nunmehr als „Tatobjekte" bezeichnet.

11 **b) Gegenstände, die durch die Straftat hervorgebracht oder zu ihrer Begehung oder Vorbereitung gebraucht worden oder bestimmt gewesen sind (Abs. 1 Nr. 2).** Nach Nr. 2 können zunächst Gegenstände eingezogen werden, welche **durch die Tat hervorgebracht** worden sind und damit Tatprodukte (*producta sceleris*) darstellen. Hierher zählen etwa Waffen, die ohne die erforderliche Erlaubnis hergest. worden sind oder aber erlaubnisfreie Waffen, die in verbotene Waffen umgebaut wurden. Ebenso ist hiervon das Entgelt für einen unerlaubten Waffenerwerb erfasst (*Apel/Bushart* WaffG § 54 Rn. 5).

Darüber hinaus können nach dieser Vorschrift solche Gegenstände eingezogen werden, die zur Begehung oder Vorbereitung der Straftat gebraucht worden oder bestimmt gewesen sind, also Tatmittel (*instrumenta sceleris*). Hierher zählen etwa die Geräte und Maschinen, die zur unerlaubten Herstellung einer Waffe bzw zum Umbau einer erlaubnisfreien in eine erlaubnispflichtige oder verbotene Waffe verwendet wurden.

2. Straftatenkatalog

12 Der Gesetzgeber benennt abschließend die Straftaten, bei deren Vorliegen eine zwingende Einziehung zu erfolgen hat. Betroffen sind besonders schwerwiegende Straftaten, im Einzelnen betroffen sind zunächst Straftaten nach § 51, zudem Straftaten nach § 52 Abs. 1, 2 oder Abs. 3 Nr. 1, 2 oder 3. Schließlich sind Straftaten nach § 52 Abs. 5 erfasst.

III. Fakultative Einziehung (Abs. 2)

13 Abs. 2 betr. Fälle der fakultativen und damit ins **Ermessen** des Gerichts gestellten Einziehung. Diese bezieht sich auf dieselben potenziellen Einziehungsgegenstände wie die obligatorische Einziehung nach Abs. 1 und kommt bei Vorliegen einer Straftat nach § 52 in Betracht, soweit diese nicht bereits in Abs. 1 aufgeführt ist. Erfasst sind demnach Straftaten von geringerer Bedeutung. Schließlich kann eine Einziehung nach Abs. 2 auch bei Vorliegen einer Ordnungswidrigkeit nach § 53 erfolgen.

IV. Erweiterte Einziehungsmöglichkeit (Abs. 3)

14 Über den in Abs. 3 enthaltenen Verweis kommen weitere Rechtsvorschriften im Rahmen der Einziehung nach § 54 WaffG iVm § 74 StGB zur Anwendung. Demnach soll § 74a StGB sowie § 23 OWiG angewandt werden.

15 Nach § 74 Abs. 3 StGB kommt grds. eine Einziehung nur solcher Gegenstände in Betracht, die zur Zeit der Entsch. **dem Täter oder Teilnehmer gehören oder zustehen.** Eine Einziehung bei Dritten ist nach § 74b Abs. 1 StGB möglich, soweit die einzuziehenden Gegenstände nach ihrer Art und den Umständen nach die Allgemeinheit gefährden oder die Gefahr besteht, dass sie der Begehung rechtswidriger Taten dienen werden. Im Ordnungswidrigkeitenrecht ist zwingende Vorauss. für eine Einziehung, dass diese in einer besonderen Einziehungsvorschrift ausdr. zugelassen ist (vgl. *Göhler* OWiG § 22 Rn. 1). Ansonsten gelten die gleichen Vorauss. für die Einziehung wie auch im Strafrecht, vgl. § 22 Abs. 1 Nr. 1 und 2 OWiG.

16 Abweichend von § 74 Abs. 3 StGB können Gegenstände **gem. § 74a StGB** auch ohne Vorliegen der Vorauss. nach § 74b Abs. 1 StGB **bei Dritten eingezogen werden,** wenn der Dritte zumindest leichtfertig dazu beigetragen hat, dass die Sache oder das Recht Mittel oder Gegenstand der Tat oder ihrer Vorbereitung gewesen ist (§ 74a Nr. 1 StGB) oder aber die Gegenstände in Kenntnis der Umstände, welche die Einziehung zugelassen hätten, in verwerflicher Weise erworben hat (§ 74a Nr. 2 StGB). Der verwerfliche Erwerb setzt neben der positiven Kenntnis der Einziehungsumstände ein hehlerähnliches Verhalten voraus (vgl. *Schönke/Schröder/Stree* StGB § 74a Rn. 10). Das Gleiche gilt im Ordnungswidrigkeitenrecht nach **§ 23 OWiG,** der wortgleich mit § 74a StGB ist.

V. Alternative Maßnahmen zur Einziehung gem. § 74f Abs. 1 S. 3 StGB (Abs. 4)

17 Nach § 74f Abs. 1 S. 3 StGB kann das Gericht in Fällen fakultativer wie vorgeschriebener Einziehung (§§ 74, 74a StGB) anstelle der Einziehung minder einschneidende Maßnahmen treffen, wenn diese den Zweck der vorbehaltenen Einziehung zu erfüllen vermögen. In Betracht kommt die Anordnung, die Gegenstände unbrauchbar zu machen, an den Gegenständen bestimmte Einrichtungen oder Kennzeichnungen zu beseitigen oder die Gegenstände sonst zu ändern oder über die Gegenstände in bestimmter Weise zu verfügen. Für den Fall, dass die Anweisung befolgt wird, hebt das Gericht den Vorbehalt der Einziehung auf, andernfalls ordnet das Gericht die Einziehung nachträglich an (vgl. § 74f Abs. 1 S. 4 StGB).

18 Als weitere Mindermaßnahme iSd § 74f Abs. 1 S. 3 StGB sieht Abs. 4 vor, dass das Gericht die Anweisung erteilen kann, die Gegenstände binnen einer angemessenen Frist einer berechtigten Person zu überlassen. Schließlich kommt die Anweisung in Betracht, binnen der gesetzten Frist eine Entsch. der zust. Beh. über die Erteilung einer Erlaubnis nach § 10 vorzulegen. So wird sichergestellt, dass der Täter nicht weiterhin fortdauernd unberechtigt im Besitz der Waffe verbleibt.

Abschnitt 5. Ausnahmen von der Anwendung des Gesetzes

§ 55 Ausnahmen für oberste Bundes- und Landesbehörden, Bundeswehr, Polizei und Zollverwaltung, erheblich gefährdete Hoheitsträger sowie Bedienstete anderer Staaten

(1) [1]Dieses Gesetz ist, wenn es nicht ausdrücklich etwas anderes bestimmt, nicht anzuwenden auf
1. die obersten Bundes- und Landesbehörden und die Deutsche Bundesbank,
2. die Bundeswehr und die in der Bundesrepublik Deutschland stationierten ausländischen Streitkräfte,
3. die Polizeien des Bundes und der Länder,
4. die Zollverwaltung

und deren Bedienstete, soweit sie dienstlich tätig werden. [2]Bei Polizeibediensteten und bei Bediensteten der Zollverwaltung mit Vollzugsaufgaben gilt dies, soweit sie durch Dienstvorschriften hierzu ermächtigt sind, auch für den Besitz über dienstlich zugelassene Waffen oder Munition und für das Führen dieser Waffen außerhalb des Dienstes.

(2) [1]Personen, die wegen der von ihnen wahrzunehmenden hoheitlichen Aufgaben des Bundes oder eines Landes erheblich gefährdet sind, wird an Stelle einer Waffenbesitzkarte, eines Waffenscheins oder einer Ausnahmebewilligung nach § 42 Abs. 2 eine Bescheinigung über die Berechtigung zum Erwerb und Besitz von Waffen oder Munition sowie eine Bescheinigung zum Führen dieser Waffen erteilt. [2]Die Bescheinigung ist auf die voraussichtliche Dauer der Gefährdung zu befristen. [3]Die Bescheinigung erteilt für Hoheitsträger des Bundes das Bundesministerium des Innern oder eine von ihm bestimmte Stelle.

(3) Dieses Gesetz ist nicht anzuwenden auf Bedienstete anderer Staaten, die dienstlich mit Waffen oder Munition ausgestattet sind, wenn die Bediensteten im Rahmen einer zwischenstaatlichen Vereinbarung oder auf Grund einer Anforderung oder einer allgemein oder für den Einzelfall erteilten Zustimmung einer zuständigen inländischen Behörde oder Dienststelle im Geltungsbereich dieses Gesetzes tätig werden und die zwischenstaatliche Vereinbarung, die Anforderung oder die Zustimmung nicht etwas anderes bestimmt.

(4) Auf Waffen oder Munition, die für die in Absatz 1 Satz 1 bezeichneten Stellen in den Geltungsbereich dieses Gesetzes verbracht oder hergestellt und ihnen überlassen werden, ist § 40 nicht anzuwenden.

(4a) [1]Auf Waffen, die für die in Absatz 1 Satz 1 bezeichneten Stellen in den Geltungsbereich dieses Gesetzes verbracht oder hergestellt und ihnen überlassen werden, sind neben den für Waffen allgemein vorgeschriebenen Kennzeichnungen (§ 24) zusätzlich Markierungen anzubringen, aus denen die verfügungsberechtigte Stelle ersichtlich ist. [2]Bei Aussonderung aus staatlicher Verfügung und dauerhafter Überführung in zivile Verwendung ist die zusätzliche Markierung durch zwei waagerecht dauerhaft eingebrachte Striche zu entwerten. [3]Dabei muss erkennbar bleiben, welche nach Absatz 1 Satz 1 bezeichnete Stelle verfügungsberechtigt über die Waffe war.

(5) [1]Die Bundesregierung kann durch Rechtsverordnung, die nicht der Zustimmung des Bundesrates bedarf, eine dem Absatz 1 Satz 1 entsprechende Regelung für sonstige Behörden und Dienststellen des Bundes tref-

fen. [2]Die Bundesregierung kann die Befugnis nach Satz 1 durch Rechtsverordnung, die nicht der Zustimmung des Bundesrates bedarf, auf eine andere Bundesbehörde übertragen.

(6) **[1]Die Landesregierungen können durch Rechtsverordnung eine dem Absatz 5 Satz 1 entsprechende Regelung für sonstige Behörden und Dienststellen des Landes treffen. [2]Die Landesregierungen können die Befugnis nach Satz 1 durch Rechtsverordnung auf andere Landesbehörden übertragen.**

Übersicht

I. Allgemeines

1 § 55 sieht für eine ganze Reihe von Institutionen und Personengruppen des öffentl. Sektors Ausnahmen vom Geltungsbereich des WaffG vor. Diesen sind besondere Aufgaben und dementspr. spezifische Bedürfnisse eigen, weshalb eine uneingeschränkte Anwendung der waffenrechtl. Vorschriften auf diese nicht angemessen sind. Von der Freistellung sind **Waffen aller Art** erfasst, da die frei gestellten Institutionen ihre Bediensteten tatsächlich auch mit anderen Waffen als Schussw. ausstatten (zB nicht gekennzeichnete Reizstoffsprühgeräte im polizeilichen Bereich). In Abs. 1 sind diejenigen Behörden und Gruppierungen aufgeführt, die **vom Geltungsbereich des WaffG ausgenommen** sind. Abs. 2 sieht ein vereinfachtes Verfahren zur Erteilung waffenrechtl. Erlaubnisse für Personen vor, die durch die Wahrnehmung hoheitlicher Aufgaben besonders gefährdet sind. In Abs. 3 der Vorschrift nimmt der Gesetzgeber Bedienstete anderer Staaten von den Rechtsvorschriften des WaffG aus, wenn diese dienstlich mit Waffen oder Munition ausgestattet sind und darüber hinaus im Rahmen einer zwischenstaatlichen Vereinbarung oder einer Anforderung oder einer allg. oder im Einzelfall erteilten Zustimmung einer zuständigen inländischen Behörde amtl. im Geltungsbereich des Gesetzes tätig werden. In Abs. 4 hat der Gesetzgeber festgelegt, dass „an sich" verbotene Waffen vom Umgangsverbot nach Anl. 2 Abschn. 1 befreit sind, soweit sie für die in Abs. 1 genannten Behörden in die Bundesrepublik Deutschland eingeführt oder aber im Inland für diese hergest. und diesen überlassen werden. Soweit Waffen für die in Abs. 1 näher umrissenen

Stellen bestimmt sind, unterliegen sie nach der Regelung des im Zuge des **2. ÄndG** (→ Einf. Rn. 23) zum 1.4.2008 in Kraft getretenen Abs. 4a besonderen Kennzeichnungspflichten. Die Abs. 5 und 6 enthalten schließlich Ermächtigungsgrundlagen zugunsten der Bundesregierung bzw der Landesregierungen zum Erlass von RVO, auf Grund derer auch in Abs. 1 nicht benannte Behörden und Dienststellen des Bundes und der Länder vom Geltungsbereich des WaffG ausgenommen werden können.

II. Vom Geltungsbereich des WaffG ausgenommene Behörden und Institutionen (Abs. 1)

2 In Abs. 1 der Vorschrift benennt der Gesetzgeber die Behörden, Institutionen und Personengruppen, auf welche die Vorschriften des WaffG keine Anwendung finden. Über diese Aufzählung hinaus können auf Grund der in Abs. 5 und 6 enthaltenen Ermächtigungsgrundlagen weitere Behörden und Dienststellen des Bundes und der Länder im Wege der RVO vom Anwendungsbereich der waffenrechtl. Vorschriften ausgenommen werden.

3 Die Ausnahme erstreckt sich zunächst auf die genannten **Behörden.** Soweit sie **dienstlich tätig** werden, sind zudem die **Behördenbediensteten** von der Ausnahme erfasst. Der dienstliche Erwerb und Besitz sowie das dienstliche Führen richtet sich daher nicht nach den Vorschriften des WaffG. Ein dienstlicher Umgang ist dann anzunehmen, wenn der Bedienstete vom Dienstherrn zur Erfüllung von Dienstaufgaben mit Waffen ausgestattet wird oder auf Grund seiner dienstlichen Tätigkeit Umgang mit Waffen hat. Hierbei handelt es sich nicht zwingend ausschl. um hoheitliche Tätigkeiten, ebenso können auch nicht hoheitliche Tätigkeiten von der Ausnahme erfasst sein, so etwa wenn ein Bediensteter Schussw. für seine Behörde aufbewahrt (vgl. *Apel/Bushart* WaffG § 55 Rn. 9), in Stand setzt oder pflegt (WaffVwV Nr. 55.1.1). Gleiches gilt für den Bereich fiskalischen Tätigwerdens (*Steindorf/Heinrich* WaffG § 55 Rn. 4a). Soweit Waffen im privaten Eigentum der Bediensteten stehen, zugleich aber auch dienstlichen Zwecken dienen, sollen sie nicht automatisch von der Anwendung waffenrechtl. Vorschriften frei gestellt sein (BT-Drs. 7/2379, 15). Für den rein privaten Bereich der öffentl. Bediensteten gilt die Freistellung vom WaffG nicht (BayObLGSt. 2001, 26).

1. Oberste Bundes- und Landesbehörden, Bundesbank (Abs. 1 S. 1 Nr. 1)

4 Nach Abs. Nr. 1 sind zunächst **sämtliche oberste Bundesbehörden** von den Vorschriften des WaffG ausgenommen. Hierher zählen das Bundeskanzleramt, die Bundesministerien, das Bundespräsidialamt sowie das BVerfG.

5 Zudem soll das WaffG nicht auf die **Bundesbank** anwendbar sein, insofern wird diese den obersten Bundesbehörden in waffenrechtl. Hinsicht durch die Vorschrift gleichgest. Die Freistellung auch der Bundesbank von den Vorschriften des WaffG wird damit begründet, dass diese zur Bewachung der ihr anvertrauten Gelder und Wertsachen die Ausstattung eigener Bediensteter mit Waffen erfordere. Von der Freistellung erfasst sind auch die **Landeszentralbanken,** welche gemeinsam mit der Bundesbank eine „einheitliche bundesunmittelbare juristische Person des öff. Rechts" darstellen (vgl. BT-Drs. 7/2379, 15).

2. Bundeswehr, in Deutschland stationierte ausländische Streitkräfte (Abs. 1 S. 1 Nr. 2)

6 Nach Nr. 2 ist zunächst die Bundeswehr vom Regelungsbereich waffengesetzlicher Vorschriften ausgenommen. Einer ausdr. Erwähnung der Bundeswehr bedurfte

es, da diese anders als das BMVg keine oberste Bundesbehörde ist. Während **Soldaten** bereits aus der Natur der Sache heraus zum Umgang mit Waffen berechtigt sind und daher nicht in den Anwendungsbereich des WaffG fallen (vgl. *Steindorf/Heinrich* WaffG § 55 Rn. 4), sind darüber hinaus **auch zivile Bedienstete** der Bundeswehr vom Anwendungsbereich des WaffG frei gestellt (BT-Drs. 7/2379, 15). Zudem finden die Regelungen des WaffG auch auf ausländische Streitkräfte keine Anwendung, die in der BRD stationiert sind. Die Bediensteten dieser Institutionen sind von der Ausnahme erfasst, soweit sie dienstlich tätig werden.

3. Polizeien des Bundes und der Länder (Abs. 1 S. 1 Nr. 3)

Eine deutlich weitere Freistellung von den Regelungen des WaffG ist in Nr. 3 **7** für die Polizeien des Bundes (Bundespolizei, BKA, Polizei im Deutschen Bundestag, Strom- und Schifffahrtspolizei des Bundes, vgl. *Gade/Kieler* Polizei S. 211 f.; *Knemeyer* PolR Rn. 28 ff.) und der Länder vorgesehen. Die Freistellung erstreckt sich zunächst auf alle polizeilichen Einrichtungen, die ihre Aufgaben in Erfüllung eines gesetzlichen Auftrages wahrnehmen. Die Bediensteten sind ebenfalls pauschal von der Anwendung waffenrechtl. Vorschriften ausgenommen, sofern sie **dienstlich tätig** werden (vgl. → Rn. 3). Neben den **PVB** sind demnach auch **Mitarbeiter** der og Behörden **ohne Hoheitsbefugnisse** von der Vorschrift erfasst. Im Falle eines dienstlichen Tätigwerdens richtet sich der Umgang mit Waffen daher prinzipiell nach den **Dienstvorschriften** der jeweiligen Behörde. Der dienstliche Umgang mit Waffen wird bei Mitarbeitern ohne Hoheitsbefugnisse im Regelfall an dienstinternen Vorschriften scheitern, gleichwohl kann ein solcher nicht schlechterdings ausgeschlossen werden, so käme er etwa im Bereich des bloßen Transports von Waffen oder Munition oder aber in Fällen der Sicherung dienstlich aufbewahrter Waffen in Betracht. Hierüber entscheidet der jeweilige Dienstherr.

4. Zollverwaltung (Abs. 1 S. 1 Nr. 4)

Nr. 4 nimmt die Zollverwaltung und deren Bedienstete vom Geltungsbereich **8** des WaffG aus. Deren Umgang mit Waffen und Munition richtet sich nach den Dienstvorschriften.

5. Besitz und Führen von Waffen außerhalb des Dienstes (Abs. 1 S. 2)

Für Polizeibedienstete mit Vollzugsaufgaben sowie für die mit Vollzugsaufgaben **9** betrauten Beamten der Zollverwaltung beschränkt sich die Ausnahme nicht zwingend auf die Bereiche dienstlichen Tätigwerdens. Die Unanwendbarkeit des WaffG gilt auch für den Besitz dienstlich zugelassener Waffen oder Munition sowie für das Führen dieser Waffen **außerhalb des Dienstes,** soweit die PVB bzw Zollbediensteten durch Dienstvorschriften dazu ermächtigt sind.

Die Bundes- wie auch Landespolizeien sehen durchweg die Möglichkeit des **10** Umgangs mit den dienstlich zugewiesenen Waffen durch die PVB auch außerhalb des Dienstes vor. Dies trägt ua dem Umstand Rechnung, dass sich außerhalb des Dienstes jederzeit Situationen ergeben können, in denen sich ein PVB **in den Dienst versetzt.** Dies ist nicht selten der Fall, wenn der Hin- und/oder Rückweg zur Dienststelle in Uniform zurückgelegt wird. Namentlich in öffentl. Verkehrsmitteln kann hieraus die Notwendigkeit resultieren, sich anlassbezogen in den Dienst zu versetzen. Allein vor diesem Hintergrund wird den PVB die Möglichkeit auch des außerdienstlichen Umgangs mit den dienstlich zugewiesenen Waffen eingeräumt. Zudem entspricht eine Bewaffnung dem Gesellschaftsbild eines uniformierten Polizeibeamten, und für den Bürger ist nicht erkenntlich, ob sich dieser gerade im Dienst befindet oder nicht. Die Berechtigung eines PVB zum Führen von Waffen auch außerhalb des Dienstes kann aus einem entspr. dienstlich gesiegelten Hinweis im Dienstausweis ersehen werden. ISd Nachvollziehbarkeit sind waffenführende PVB durch Dienstvorschrift dazu verpflichtet, ihren Dienstausweis bei sich zu führen.

11 Die beim außerdienstlichen Umgang zu beachtenden **Sorgfaltspflichten** ergeben sich aus den **Dienstvorschriften,** welche sich ganz überwiegend an die entspr. Vorschriften im WaffG anlehnen (vgl. Muster-Dienstvorschrift bei *Apel/Bushart* Bd. I S. 231; vgl. auch den Erlass zum Umgang mit dienstlichen Schussw. bei der hessischen Polizei im und außerhalb des Dienstes v. 3.4.2003, StAnz. 16/2003, 1555). Namentlich die Aufbewahrungspflichten des § 36 (ggf. iVm § 13 AWaffV nF) gelangen so mittelbar über die Dienstvorschriften der Polizeien gegenüber den PVB zur Geltung.

Insbes. kommt ein außerdienstlicher Umgang mit der dienstlich zugewiesenen Schussw. nur in Betracht, soweit der PVB für die sichere Aufbewahrung über ein entspr. Behältnis nach § 36 Abs. 2 aF bzw § 36 Abs. 5 nF iVm § 13 AWaffV nF verfügt und dies gegenüber seinem Dienstherrn nachzuweisen vermag.

Über diese Sorgfaltspflichten hinaus ergeben sich weitere Reglementierungen aus den Dienstvorschriften, welche je nach Polizei differieren können. Diese Einschränkungen folgen aus dem Umstand, dass den PVB der außerdienstliche Umgang mit den dienstlich zugewiesenen Waffen nicht pauschal, sondern nur soweit zugestanden werden soll, wie dies dem Dienstherrn im Zusammenhang mit der Dienstverrichtung durch den PVB geboten erscheint (anlassbezogene Versetzung in den Dienst usw). So scheidet etwa die private Aufbewahrung der dienstlich zugewiesenen Schussw. über einen längeren Zeitraum hinweg (Urlaub usw) nach den Dienstvorschriften aus.

12 Der pflichtwidrige Umgang mit den dienstlich zugewiesenen Waffen außerhalb des Dienstes unterliegt prinzipiell der **dienstrechtl. Würdigung** und ggf. Ahndung (so etwa, wenn ein PVB die dienstlich zugewiesene Schussw. während eines Urlaubes über den nach der einschlägigen Dienstvorschrift zulässigen Zeitraum hinaus privat gelagert hat). Indes wollte der Gesetzgeber mit der Freistellung der Bundes- und Landespolizeien sowie des Zolls und ihrer Bediensteten vom Geltungsbereich des WaffG keine umfängliche Amnestie für Polizei- und Zollbedienstete schaffen, die widerrechtl. Umgang mit den dienstlich zugewiesenen Waffen außerhalb des Dienstes üben. Die Ausnahme von den Vorschriften des WaffG findet dort ihre Grenze, wo von vornherein ein ordnungsgemäßer und sicherer Umgang mit den dienstlich zugewiesenen Waffen ausscheidet. Dies ist etwa bei einem bewusst missbräuchlichen Umgang der Fall, oder aber, wenn außerdienstlich unter Alkoholeinfluss rechtswidrig mit der Waffe umgegangen wird. Solchermaßen gelagerte Sachverhalte unterliegen neben einer dienstrechtl. Würdigung den einschlägigen waffenrechtl. Ordnungswidrigkeiten- und Straftatbeständen.

Ist dem PVB seitens des Dienstherrn keine Befugnis zum außerdienstlichen Umgang mit Waffen eingeräumt worden, so greift bereits nicht die Ausnahme nach Abs. 1 S. 2 und die Vorschriften des WaffG kommen uneingeschränkt zur Anwendung.

III. Gefährdete Personen mit Hoheitsaufgaben (Abs. 2)

13 In Abs. 2 der Vorschrift sieht der Gesetzgeber ein vereinfachtes Verfahren zum Erwerb waffenrechtl. Erlaubnisse für Personen vor, die durch die Wahrnehmung hoheitlicher Aufgaben des Bundes oder eines Landes besonders gefährdet sind. Dieser Personenkreis soll nicht darauf verwiesen sein, eine Berechtigung zum Erwerb, Besitz und Führen von Waffen nach den allg. Vorschriften des WaffG erwerben zu müssen. Darüber hinaus soll diesem Personenkreis das Führen von Waffen bei **öffentl. Veranstaltungen** ohne das Erfordernis einer Ausnahme im Einzelfall nach § 42 Abs. 2 ermöglicht werden. Umgekehrt rechtfertigt die spezifische dienstbezo-

gene Gefährdung der mit Hoheitsaufgaben betrauten Personen nicht die Erteilung eines „normalen" WS (*Steindorf/Heinrich* WaffG § 55 Rn. 6 mwN). Die Erteilung einer entspr. waffenrechtl. Erlaubnis richtet sich in diesen Fällen nach der Vorschrift des Abs. 2, welcher insoweit *lex specialis* zu §§ 10, 19, 42 Abs. 2 darstellt.

Hoheitliche Aufgaben können von Justiz-, Parlaments- oder sonstigen Verwaltungsangehörigen wahrgenommen werden (*Apel/Bushart* WaffG § 55 Rn. 15). Die schlicht hoheitliche Tätigkeit zählt ebenfalls hierher. Öffentl. Bedienstete, die hoheitlichen Zwecken dienende Objekte oder hoheitlich tätige Personen gegen Angriffe beschützen, handeln ebenfalls hoheitlich (vgl. *Heller/Soschinka* WaffR Rn. 2718 mwN). 14

Wann eine **erhebliche Gefährdung** der hoheitlich tätigen Person anzunehmen ist, richtet sich nach den Maßstäben des § 19 Abs. 1 (→ § 19 Rn. 3 f.). Die Gefährdung muss zumindest teilw. auf die noch wahrgenommene hoheitliche Tätigkeit zurückzuführen sein, was im Falle eines Aufgabenwechsels regelm. entfallen dürfte (vgl. *Apel/Bushart* WaffG § 55 Rn. 15; *Heller/Soschinka* WaffR Rn. 2719). 15

Nach der Spezialvorschrift des Abs. 2 ist dem og Personenkreis anstatt einer WBK, eines WS oder einer Ausnahmebewilligung nach § 42 Abs. 2 eine Bescheinigung über die Berechtigung zum Erwerb und Besitz von Waffen oder Munition (sog Ersatzbescheinigung für eine WBK, vgl. Muster in WaffVordruckVwV Anl. 9) sowie eine Bescheinigung zum Führen von Waffen (sog Ersatzbescheinigung für einen WS, vgl. Muster in WaffVordruckVwV Anl. 10) zu erteilen. Diese Bescheinigung vermittelt **nicht** *per se* zusammenfassend die Berechtigungen aus WBK, WS und Ausnahmebewilligung nach § 42 Abs. 2 (Führen von Waffen bei öffentl. Veranstaltungen). Die **Tragweite** richtet sich vielmehr nach der **konkreten Fassung** der Bescheinigung **im Einzelfall** und kann den Inhaber dementspr. zum Erwerb und Besitz von Schussw. oder Munition bzw zum Führen von Schussw. berechtigen. Soll die gefährdete Person zum Führen von Waffen auch bei öffentl. Veranstaltungen berechtigt sein, so hat diese Berechtigung in einer gesonderten Bescheinigung zu erfolgen (vgl. *Heller/Soschinka* WaffR Rn. 2720). 16

Die Vorschrift selbst sagt nichts darüber aus, welche Vorauss. eine besonders gefährdete hoheitlich tätig werdende Person erfüllen muss, damit eine waffenrechtl. Erlaubnis nach § 55 Abs. 2 erteilt werden kann. Bereits aus Sinn und Zweck der Vorschrift folgt, dass vom Gesetzgeber nicht die Erteilung waffenrechtl. Erlaubnisse an hoheitlich tätig werdende Personen unter materiell erleichterten Vorauss. intendiert war. Zudem entspricht es dem allg. Sicherheitsinteresse und auch dem Grundsatz der Gleichbehandlung, dass für die Erteilung einer waffenrechtl. Ersatzbescheinigung nach § 55 Abs. 2 auf Seiten des Berechtigten stets die allg. Vorauss. für den Erwerb waffenrechtl. Erlaubnisse vorliegen müssen (vgl. *Apel/Bushart* WaffG § 55 Rn. 16; vgl. auch WaffVwV Nr. 55.2). 17

Die Bescheinigung wird für Hoheitsträger des Bundes vom BMI oder einer von ihm bestimmten Stelle erteilt. Da die Gefährdung in Folge der Wahrnehmung hoheitlicher Aufgaben idR zeitl. begrenzt ist (etwa Ausscheiden aus der Dienststelle, Versetzung, Aufgabenwechsel innerhalb der Behörde usw), sieht Abs. 2 S. 2 eine **zeitl. Befristung** der erteilten Erlaubnis auf die voraussichtliche Dauer der Gefährdung vor. 18

Die Erlaubnis ist demgemäß max. für die Zeit des Dienst- oder Amtsverhältnisses zu erteilen. Bei Beendigung des Dienst- oder Amtsverhältnisses bzw dem Ausscheiden aus einem öffentlich-rechtlichen Wahlamt ist die Erlaubnis **einzuziehen** (vgl. *Heller/Soschinka* WaffR Rn. 2720). Dauert die Gefährdung fort, so richtet sich die Erteilung einer waffenrechtl. Erlaubnis nach den **allg. Vorschriften.**

IV. Bedienstete anderer Staaten (Abs. 3)

Nach Abs. 3 kommt eine Ausnahme von den Rechtsvorschriften des WaffG für Bedienstete anderer Staaten in Betracht, soweit diese dienstlich mit Waffen oder Munition ausgestattet sind. 19

Vorauss. für eine Ausnahme vom Geltungsbereich des WaffG ist zudem, dass die betreffenden Personen entweder im Rahmen einer zwischenstaatlichen Vereinbarung (etwa das SDÜ) oder einer Anforderung tätig werden. Zudem greift die Ausnahme, wenn eine zuständige inländische Behörde allg. oder im Einzelfall ihre Zustimmung zu einem amtl. Tätigwerden der Bediensteten des anderen Staates im Geltungsbereich des Gesetzes gegeben hat.

Der Begriff der zust. Beh. ist im Kontext der Norm nicht dem aus § 48 gleichzusetzen. Vielmehr kommen nur solche Behörden in Betracht, die nach § 55 ihrerseits vom Geltungsbereich des WaffG ausgenommen sind. Dies folgt bereits aus dem Sinn und Zweck der Norm, wonach bestimmte Behörden vom Geltungsbereich des WaffG ausgenommen werden und ihnen insoweit eine Autonomie eingeräumt wird, waffenrechtl. Angelegenheiten für den behördlichen Interessenbereich eigenverantwortlich auszugestalten. Diesem Grundgedanken entspricht es, dass diese privilegierten Behörden im Falle der internationalen Zusammenarbeit dazu legitimiert sind, durch ihre entspr. Zustimmung zum dienstlichen Tätigwerden einer kooperierenden ausländischen Organisationseinheit, diese ihrerseits auch aus dem Anwendungsbereich des WaffG herauszunehmen.

V. Ausnahmen vom Verbot des § 40 (Abs. 4)

20 Nach dem Wortlaut des Abs. 4 findet die Vorschrift des § 40 keine Anwendung auf Waffen, wenn diese für die in Abs. 1 näher umrissenen militärischen, polizeilichen oder zivilen Stellen bestimmt sind. Der pauschale Verweis auf § 40 lässt den Regelungsgehalt der Vorschrift zunächst unklar und sieht sich in der Literatur zu Recht Kritik ausgesetzt (vgl. *Steindorf/Heinrich* WaffG § 55 Rn. 9). § 40 umfasst verschiedene Erweiterungen und Einschränkungen des waffenrechtl. Umgangsverbots nach § 2 Abs. 3, wonach jeglicher Umgang mit den in Anl. 2 Abschn. 1 aufgeführten Waffen und Munition verboten ist.

Der Gesetzgeber hat in § 40 zum einen **Verschärfungen** bzgl. einzelner verbotener Waffen vorgesehen, die das Verbot über den Umgang hinaus erweitern. Zum anderen hat er **Ausnahmen** vom Umgangsverbot hinsichtlich einzelner Umgangsarten für bestimmte Personengruppen in die Vorschrift aufgenommen, soweit diese besondere Notwendigkeiten für den Umgang mit grds. verbotenen Waffen für sich in Anspruch nehmen können. Nicht zuletzt werden Fallkonstellationen benannt, in denen das Verbot nicht wirksam werden soll (→ § 40 Rn. 1 ff.).

21 IErg sollen nach Abs. 4 **Waffen, mit denen der Umgang grds. verboten ist,** vom allg. Umgangsverbot (vgl. hierzu Anl. 2 Abschn. 1) sowie von Verbotsverschärfungen nach § 40 **ausgenommen** sein, soweit sie für die in Abs. 1 näher bezeichneten militärischen, polizeilichen oder zivilen Stellen entweder importiert oder aber im Inland für diese hergest. worden sind und ihnen überlassen werden.

Tats. werden bspw. Polizeikräfte häufig dienstlich mit Waffen ausgestattet, mit denen der Umgang nach den allg. Vorschriften des WaffG verboten ist (etwa nicht gekennzeichnete Reizstoffsprühgeräte, vgl. Anl. 2 Abschn. 1 Nr. 1.3.5 und Distanz-Elektroimpulsgeräte, vgl. Anl. 2 Abschn. 1 Nr. 1.3.6).

Die Freistellung gilt jedoch nur für die in Abs. 1 S. 1 bezeichneten Stellen, nicht jedoch für die Hersteller oder Importeure dieser Gegenstände, die ihrerseits auf eine Ausnahmebewilligung gem. § 40 Abs. 4 durch das BKA angewiesen sind (vgl. *ABB/Adolph* WaffG § 55 Rn. 10; aA *Apel/Bushart* WaffG § 55 Rn. 18).

VI. Besondere Kennzeichnungspflichten (Abs. 4a)

22 Der im Zuge des **2. ÄndG** (→ Einf. Rn. 23) zum 1.4.2008 in Kraft getretene Abs. 4a sieht besondere Kennzeichnungspflichten für Waffen vor, soweit sie für die

in Abs. 1 näher umrissenen militärischen, polizeilichen oder zivilen Stellen bestimmt sind. Neben den allg. gem. § 24 vorgeschriebenen Kennzeichnungen sind nun gem. Abs. 4a S. 1 auch solche **Markierungen** anzubringen, aus welchen die **verfügungsberechtigte Stelle** ersichtlich ist. Mit dieser Regelung wird das VN-Schusswaffenprotokoll und die Resolution der Generalversammlung zur Markierung und Nachverfolgung von Kleinwaffen und leichten Waffen in innerstaatliches Recht umgesetzt (BR-Drs. 838/07, 33, 49).

Sollen Waffen dauerhaft aus der staatlichen Verfügung ausgesondert und einer zivilen Nutzung zugeführt werden, so ist dies durch eine Entwertung der zusätzlichen Markierung mittels zweier waagerechter Striche kenntlich zu machen, § 55 Abs. 4a S. 2. Hierbei ist darauf zu achten, dass die ursprünglich verfügungsberechtigte Stelle (und damit mittelbar der Staat dem sie angehört) auch nach der Entwertung noch ersichtlich sein muss, § 55 Abs. 4a S. 3.

VII. Ausnahme sonstiger Behörden und Dienststellen des Bundes vom Geltungsbereich des WaffG (Abs. 5)

Über den in Abs. 1 S. 1 umrissenen Umfang hinaus können weitere Behörden und Dienststellen des Bundes im Wege der RVO vom Geltungsbereich des WaffG ausgenommen werden, Abs. 5 S. 1. Die Ermächtigung steht zunächst der Bundesregierung zu, welche diese Befugnis ihrerseits durch RVO (ohne Zustimmung des Bundesrates) an andere Bundesbehörden übertragen kann, Abs. 5 S. 2. Für den Bund ist hier die 5. WaffV (v. 11.8.1976, BGBl. I S. 2117) maßgeblich, welche auch für das aktuelle Waffenrecht fortgilt (vgl. *Heller/Soschinka* WaffR Rn. 5). **23**

VIII. Ausnahme sonstiger Behörden und Dienststellen eines Bundeslandes (Abs. 6)

In Abs. 6 werden auch die Landesregierungen ermächtigt, im Wege der RVO weitere Behörden und Dienststellen des jeweiligen Bundeslandes von den Vorschriften des WaffG auszunehmen, Abs. 6 S. 1. Diese Befugnis kann ebenso wie auf Bundesebene durch RVO auf andere oberste Landesbehörden (Ministerien) übertragen werden, Abs. 6 S. 2. Die Angehörigen der Ministerien sind bereits nach Abs. 1 S. 1 Nr. 1 vom Geltungsbereich des WaffG ausgenommen. Die Landesministerien werden so in die Lage versetzt, den persönlichen Anwendungsbereich des WaffG für ihren nachgeordneten Bereich über den in Abs. 1 S. 1 festgelegten Umfang hinaus einzuschränken, bspw. auf Bedienstete von Dienststellen der Gemeinden und Gemeindeverbände, soweit diese dienstlich tätig werden (vgl. *Steindorf/Heinrich* WaffG § 55 Rn. 11). Entspr. RVO sind auf Länderebene ergangen (abgedruckt bei *Lehmann* WaffG Teil B). **24**

§ 56 Sondervorschriften für Staatsgäste und andere Besucher

[1]Auf

1. **Staatsgäste aus anderen Staaten,**
2. **sonstige erheblich gefährdete Personen des öffentlichen Lebens aus anderen Staaten, die sich besuchsweise im Geltungsbereich dieses Gesetzes aufhalten, und**
3. **Personen aus anderen Staaten, denen der Schutz der in den Nummern 1 und 2 genannten Personen obliegt,**

sind § 10 und Abschnitt 2 Unterabschnitt 5 nicht anzuwenden, wenn ihnen das Bundesverwaltungsamt oder, soweit es sich nicht um Gäste des Bundes handelt, die nach § 48 Abs. 1 zuständige Behörde hierüber eine Bescheini-

gung erteilt hat. [2]Die Bescheinigung, zu deren Wirksamkeit es der Bekanntgabe an den Betroffenen nicht bedarf, ist zu erteilen, wenn dies im öffentlichen Interesse, insbesondere zur Wahrung der zwischenstaatlichen Gepflogenheiten bei solchen Besuchen, geboten ist. [3]Es muss gewährleistet sein, dass in den Geltungsbereich dieses Gesetzes verbrachte oder dort erworbene Schusswaffen oder Munition nach Beendigung des Besuches aus dem Geltungsbereich dieses Gesetzes verbracht oder einem Berechtigten überlassen werden. [4]Sofern das Bundesverwaltungsamt in den Fällen des Satzes 1 nicht rechtzeitig tätig werden kann, entscheidet über die Erteilung der Bescheinigung die nach § 48 Abs. 1 zuständige Behörde. [5]Das Bundesverwaltungsamt ist über die getroffene Entscheidung zu unterrichten.

I. Allgemeines

1 Zur alten Rechtslage → 1. Aufl. § 56 Rn. 1 f.

2 § 56 nimmt den Adressatenkreis der Norm (→ Rn. 5) nicht von den Regelungen des WaffG zum Umgang mit erlaubnispflichtigen Waffen aus, sondern modifiziert für diese die Form der Erteilung der Erlaubnisse. Die Sonderregelungen gelten für die WBK, den MES, den WS, den KWS und die Schießerlaubnis (→ § 10 Rn. 7) sowie die Erlaubniserteilung sämtlicher Vorgänge des Verbringens und der Mitnahme (§§ 29–33).

Eine Ausnahme von § 42 (Führensverbot von Waffen bei öffentl. Veranstaltungen) ist nicht vorgesehen.

3 **Zweck der Vorschrift** ist es, den ausländischen Staatsgästen oder Personen des öffentl. Lebens einen nach deren Ermessen vollumfänglich ausgestalteten Sicherheits- und Begleitschutz zu ermöglichen. Daher gilt für sie bzw für die Personenschutzbegleiter, dass sie eigene Schussw. und Munition in Art und Umfang mitführen dürfen, den sie grds. für erforderlich halten.

4 Nehmen die Bediensteten zum Schutz des Staatsgastes **Kriegswaffen** iSd KrWaffKontrG mit, so sind die nach dem KrWaffKontrG erforderlichen Ausnahmegenehmigungen durch die zuständigen Genehmigungsbehörden (§ 11 KrWaffKontrG iVm der Ersten VO zur Durchführung des KrWaffKontrG) einzuholen.

II. Berücksichtigter Personenkreis

5 Zum berücksichtigten Personenkreis gehören zunächst **Staatsgäste** aus anderen Staaten, also Repräsentanten dieser Staaten, die idR auf Einladung in Deutschland verweilen möchten und grds. **Immunität** genießen (vgl. § 20 GVG).

Weiter zählen dazu sonstige **erheblich gefährdete Personen des öffentl. Lebens** aus anderen Staaten, die sich besuchsweise im Geltungsbereich des WaffG aufhalten. Diese Personen genießen grds. keine Immunität. IdR handelt es sich um Repräsentanten eines anderen Staates sowie sonstige Persönlichkeiten aus dem Bereich der Regierung, des Parlaments, der Verwaltung, der Justiz und anderen Bereichen, die nicht anlässlich eines Staatsbesuchs einreisen (vgl. *ABB/Adolph* WaffG § 56 Rn. 3; *Steindorf/Heinrich* WaffG § 56 Rn. 2). Darunter fallen zB Staatschefs, Minister, sonstige Politiker, aber auch Monarchen und Thronfolger, die sich zB im Urlaub oder zu privaten Besuchen in Deutschland aufhalten wollen. Bekannte Persönlichkeiten aus anderen Bereichen als der Politik, bspw. aus der Unterhaltungsindustrie oder Wirtschaft, fallen nicht hierunter.

Letztlich genießen die waffenrechtl. Befreiung die Personen aus anderen Staaten, denen der Schutz der Staatsgäste oder der Personen des öffentl. Lebens obliegt, also **Personenschutzbegleiter** oder bei Staatsgästen idR polizeiliche bzw militärische Sicherheitskräfte aus diesen Staaten.

III. Erteilung der Bescheinigung

Die Bescheinigung **ist** zu erteilen, wenn dies im **öffentl. Interesse** liegt, insbes. zur Wahrung der zwischenstaatlichen Gepflogenheiten. An Staatsbesuchen besteht stets hohes öffentl. Interesse, so dass es hier keine Zweifel geben dürfte. Wie weit die Erteilung für mitgebrachtes Sicherheitspersonal geht, ist im Einzelfall zu klären. Hier wird großzügig zu entscheiden sein. Hochrangige Staatsbesucher bringen oftmals mehrere Dutzend Sicherheitskräfte mit. Sonstige Begleiter, die im Rahmen einer Delegation mit dem Staatsgast reisen, fallen ebenfalls unter diese Norm. Sie werden wegen des offiziellen Begleitstatus unter den Begriff des „Staatsgastes" zu subsumieren sein. 6

Bei Besuchen gefährdeter Personen des öffentl. Lebens ist das öffentl. Interesse besonders zu prüfen (für eine grds. strenge Prüfung *Steindorf/Heinrich* WaffG § 56 Rn. 3). Bei Zweifelsfragen ist die diplomatische Vertretung des Herkunftsstaates zu befragen (so *Steindorf/Heinrich* WaffG § 56 Rn. 3 und *Hinze* WaffG § 56 Rn. 6), jedoch erscheint es sinnvoll, insbes. das AA bzgl. der Protokollfragen zu beteiligen. Hinsichtlich des Gefährdungsgrades liegt eine Beteiligung des BKA oder der Innenbehörden der Länder nahe, um rechtzeitig eine Gefährdungsanalyse anfertigen zu lassen. Diese kann mit Grundlage für den Umfang der zu erteilenden Erlaubnis durch die zust. Beh. sein. 7

Die Bescheinigung ist **nicht empfangsbedürftig** und wird idR durch Bedienstete des AA und BKA bzw der Stellen der Länder, die für die deutsche Seite die Organisation bspw. im Falle eines Staatsbesuchs übernehmen, bereits mitgeführt. Üblicherweise werden sie beim ersten Kontakt übergeben. Zwar kann der Adressat seinen privilegierten Status nur durch die waffenrechtl. Bescheinigung nachweisen (vgl. BT-Drs. 14/7758, 85). Die Wirksamkeit wird durch den Nichtempfang oder das Nichtmitführen allerdings nicht berührt. 8

Mit Ausstellung der waffenrechtl. Bescheinigung greift die Befreiung für sämtliche mitgeführten Schussw. und die dazugehörige Munition. Vor dem Verlassen des Geltungsbereichs des WaffG sollte die Bescheinigung wieder an die ausstellende Behörde zurückgegeben werden.

IV. Zuständigkeit

Zust. Beh. für Besucher des Bundes ist das BVA, bei Besuchen der Länder die jeweils zust. Beh. des Landes. Wird die nach § 48 Abs. 1 zuständige Behörde statt des BVA tätig, handelt es sich regelmäßig um eine **Eilentscheidung,** bei der das Einvernehmen nicht vorab herbeigeführt werden kann. In diesem Fall ist jedoch die nachträgliche Unterrichtung des BVA geboten (BT-Drs. 14/7758, 85). 9

§ 57 Kriegswaffen

(1) **[1]Dieses Gesetz gilt nicht für Kriegswaffen im Sinne des Gesetzes über die Kontrolle von Kriegswaffen. [2]Auf tragbare Schusswaffen, für die eine Waffenbesitzkarte nach § 59 Abs. 4 Satz 2 des Waffengesetzes in der vor dem 1. Juli 1976 geltenden Fassung erteilt worden ist, sind unbeschadet der Vorschriften des Gesetzes über die Kontrolle von Kriegswaffen § 4 Abs. 3, § 45 Abs. 1 und 2 sowie die § 36, die Vorschriften einer Rechtsverordnung nach § 36 Absatz 5und § 52 Absatz 3 Nr. 7a anzuwenden. [3]Auf Verstöße gegen § 59 Abs. 2 des Waffengesetzes in der vor dem 1. Juli 1976 geltenden Fassung und gegen § 58 Abs. 1 des Waffengesetzes in der vor dem 1. April 2003 geltenden Fassung ist § 52 Abs. 3 Nr. 1 anzuwenden. [4]Zuständige**

Behörde für Maßnahmen nach Satz 2 ist das Bundesamt für Wirtschaft und Ausfuhrkontrolle.

(2) [1]**Wird die Anlage zu dem Gesetz über die Kontrolle von Kriegswaffen (Kriegswaffenliste) geändert und verlieren deshalb tragbare Schusswaffen ihre Eigenschaft als Kriegswaffen, so hat derjenige, der seine Befugnis zum Besitz solcher Waffen durch eine Genehmigung oder Bestätigung der zuständigen Behörde nachweisen kann, diese Genehmigung oder Bestätigung der nach § 48 Abs. 1 zuständigen Behörde vorzulegen; diese stellt eine Waffenbesitzkarte aus oder ändert eine bereits erteilte Waffenbesitzkarte, wenn kein Versagungsgrund im Sinne des Absatzes 4 vorliegt.** [2]**Die übrigen Besitzer solcher Waffen können innerhalb einer Frist von sechs Monaten nach Inkrafttreten der Änderung der Kriegswaffenliste bei der nach § 48 Abs. 1 zuständigen Behörde die Ausstellung einer Waffenbesitzkarte beantragen, sofern nicht der Besitz der Waffen nach § 59 Abs. 2 des Waffengesetzes in der vor dem 1. Juli 1976 geltenden Fassung anzumelden oder ein Antrag nach § 58 Abs. 1 des Waffengesetzes in der vor dem 1. April 2003 geltenden Fassung zu stellen war und der Besitzer die Anmeldung oder den Antrag unterlassen hat.**

(3) **Wird die Anlage zu dem Gesetz über die Kontrolle von Kriegswaffen (Kriegswaffenliste) geändert und verliert deshalb Munition für tragbare Kriegswaffen ihre Eigenschaft als Kriegswaffe, so hat derjenige, der bei Inkrafttreten der Änderung der Kriegswaffenliste den Besitz über sie ausübt, innerhalb einer Frist von sechs Monaten einen Antrag auf Erteilung einer Erlaubnis nach § 10 Abs. 3 bei der nach § 48 Abs. 1 zuständigen Behörde zu stellen, es sei denn, dass er bereits eine Berechtigung zum Besitz dieser Munition besitzt.**

(4) **Die Waffenbesitzkarte nach Absatz 2 und die Erlaubnis zum Munitionsbesitz nach Absatz 3 dürfen nur versagt werden, wenn Tatsachen die Annahme rechtfertigen, dass der Antragsteller nicht die erforderliche Zuverlässigkeit oder persönliche Eignung besitzt.**

(5) [1]**Wird der Antrag nach Absatz 2 Satz 2 oder Absatz 3 nicht gestellt oder wird die Waffenbesitzkarte oder die Erlaubnis unanfechtbar versagt, so darf der Besitz über die Schusswaffen oder die Munition nach Ablauf der Antragsfrist oder nach der Versagung nicht mehr ausgeübt werden.** [2]**§ 46 Abs. 2 findet entsprechend Anwendung.**

I. Allgemeines

1 § 57 regelt die Abgrenzung zwischen KrWaffKontrG und WaffG.

II. Keine Anwendung des WaffG auf Kriegswaffen nach dem KrWaffKontrG (Abs. 1)

2 Abs. 1 S. 1 nimmt Kriegswaffen nach dem KrWaffKontrG vom Anwendungsbereich des WaffG aus. Ohne eine solche abgrenzende Vorschrift würden die Bestimmungen des WaffG auch auf solche Schussw. Anwendung finden, welche vom KrWaffKontrG erfasst sind.

Das WaffRNeuRegG (→ Einf. Rn. 20) hat inhaltliche Schnittmengen zwischen dem WaffG und dem KrWaffKontrG beseitigt, wodurch Gemengelagen sowie daraus resultierende Unklarheiten ausgeschlossen sind (BT-Drs. 14/7758, 85).

3 Diese klare gesetzliche Trennung kann für bestimmte Kriegswaffen, die in der Vergangenheit durch Privatpersonen nach dem KrWaffKontrG erworben und in

eine WBK eingetragen wurden, nicht gewährleistet werden. Deshalb gelten gem. Abs. 1 S. 2 für tragbare Schussw., für die eine WBK nach § 59 Abs. 4 S. 2 in der vor dem 1.7.1976 geltenden Fassung erteilt worden ist, unbeschadet der Vorschriften des KrWaffKontrG, folgende Vorschriften des WaffG:
– § 4 Abs. 3 (Prüfung der Zuverlässigkeit und persönlichen Eignung alle 3 Jahre)
– § 45 Abs. 1 und 2 (Zwingende Rücknahme und zwingender Widerruf der WBK)
– § 36 Abs. 1, 5 iVm § 13 AWaffV, § 52 Abs. 3 Nr. 7a (Sichere Aufbewahrung)
Die Klausel „unbeschadet der Vorschriften des KrWaffKontrG" in Abs. 1 S. 2 stellt außer Zweifel, dass die Registrierung und Legalisierung der Schussw. nach dem Waffengesetz 1972 keine Freistellung von den Genehmigungstatbeständen des KrWaffKontrG bedeutet, also der Inhaber einer solchen Waffe zB zur Überlassung an einen anderen oder zu ihrer Beförderung einer Genehmigung nach dem KrWaffKontrG bedarf (BT-Drs. 14/7758, 85).

Nach Abs. 1 S. 4 ist das Bundesamt für Wirtschaft und Ausfuhrkontrolle (BAFA) 4
die **zuständige Überwachungsbehörde** für die Maßnahmen in den Fällen des Abs. 1 S. 2. Damit hat der Gesetzgeber keine sachliche Änderung der Zuständigkeit vorgenommen, sondern lediglich im Kontext der bisherigen Aufgabe des BAFA aus Gründen der Rechtsklarheit die Zuständigkeit weitergeführt, da die Waffen in den Fällen des Abs. 1 S. 2 bereits beim BAFA registriert sind.

Nach Abs. 1 S. 3 sollen auf Zuwiderhandlungen von Personen, die ihre Schusswaf- 5
fen nach dem Waffengesetz 1972 (BGBl. I S. 1797) und dem Waffengesetz 1976 (BGBl. I S. 432) nicht angemeldet oder einen Antrag auf Erteilung einer Ausnahmebewilligung gem. § 37 Abs. 3 aF nicht gestellt haben, die einschlägigen Strafvorschriften des WaffG weiterhin anwendbar sein. Diese Regelung stellt eine Besonderheit im WaffG dar. Der Gesetzgeber möchte Vorschriften aus bereits aufgehobenen Gesetzen weitergelten lassen und evtl. unerlaubten Waffenbesitz weiter unter Strafe stellen. Dazu unterwirft er die Verstöße gegen Anmelde- oder Antragspflichten aus § 59 Abs. 2 aF (1972) und § 58 Abs. 1 aF (1976) dem geltenden § 52 Abs. 3 Nr. 1. IErg sind nur Personen von der Weitergeltung des Anwendungsbereiches der Vorschrift betroffen, die jeweils bis zu diesen Stichtagen die damals besessenen Waffen nicht angemeldet haben. Wer nach den Stichtagen eine solche Kriegswaffe illegal erworben hat, fällt **nicht** unter die Vorschrift, sondern es gelten die Bestimmungen des KrWaffKontrG.

Eine Bestrafung ist zum einen angesichts der Verjährungsvorschriften gem. 6
§§ 78 ff. StGB jedoch nur dann möglich, soweit die unter die Vorschrift fallenden Schussw. seit Fristablauf unerlaubt besessen werden und somit strafrechtlich ein sog **Dauerdelikt** besteht. Denn erst mit Überlassung an einen Berechtigten, bei Zerstörung oder Unbrauchbarmachung wird der illegale Waffenbesitz deliktisch beendet.

Bei den vorgenannten Altfällen ist allein die Strafvorschrift des § 52 Abs. 3 Nr. 1 7
einschlägig, sofern der unerlaubte Waffenbesitz bereits zu den og Stichtagen ausgeübt wurde. Dies gilt auch, wenn es sich um vollautomatische Selbstladewaffen oder um halbautomatische Selbstladewaffen, die ihrer äußeren Form nach den Anschein einer vollautomatischen Selbstladewaffe hervorrufen, die Kriegswaffe iSd KrWaffKontrG ist, handelt (vgl. *ABB/Adolph* WaffG § 57 Rn. 7; *Steindorf/Heinrich* WaffG § 57 Rn. 6).

III. Verlust der Kriegswaffeneigenschaft bei Wegfall aus der Kriegswaffenliste (Abs. 2)

Abs. 2 sieht eine Auffangregelung für tragbare Schussw. vor, die aus der KWL 8
herausgenommen werden und damit in den Anwendungsbereich des WaffG fallen. Dabei können mehrere Fallgestaltungen auftreten (zu den Einzelheiten vgl. BT-Drs. 14/7758, 86).

IV. Verlust der Kriegswaffeneigenschaft bei Munition (Abs. 3)

9 Wird Munition für tragbare Schussw. aus der KWL gestrichen, so verliert sie ihre Kriegswaffeneigenschaft und fällt in den Anwendungsbereich des WaffG. Nach Abs. 3 hat der Besitzer innerhalb einer Frist von sechs Monaten nach Streichung aus der Kriegswaffenliste einen Antrag auf Erteilung einer Erlaubnis nach § 10 Abs. 3 bei der nach Landesrecht zust. Beh. zu stellen. Prinzipiell unerheblich ist, ob die Munition nach dem KrWaffKontrG erlaubt oder unerlaubt besessen wurde. Allerdings scheidet in solchen Fällen die Erteilung eines MES aus, da der Antragsteller wegen des unerlaubten Munitionsbesitzes nach den Vorschriften des KrWaffKontrG die zur Erlaubniserteilung erforderliche Zuverlässigkeit nach § 5 Abs. 2 Nr. 5 nicht besitzt, vgl. auch Abs. 4.

Eine Bestrafung wegen unerlaubten Munitionsbesitzes nach den Vorschriften des KrWaffKontrG scheidet aus, sobald die Munition aus der KWL herausgenommen worden ist.

V. Versagungsgründe bei Erteilung WBK oder MES (Abs. 4)

10 Abs. 4 beschränkt die Gründe für die Versagung einer WBK nach Abs. 2 oder eines MES nach Abs. 3 auf die Zuverlässigkeit (§ 5) und die persönliche Eignung (§ 6). Insbes. ein Bedürfnis braucht iSd Besitzstandswahrung nicht nachgewiesen zu werden. Das Alterserfordernis nach § 2 Abs. 1 bleibt indes unberührt.

VI. Ende des erlaubnisfreien Besitzes (Abs. 5)

11 Abs. 5 S. 1 regelt die Rechtsfolge des Unterlassens eines Antrags nach Abs. 2 S. 2 oder Abs. 3. Für Waffen oder Munition, die aus der KWL gestrichen werden, muss durch den Besitzer innerhalb einer Frist von **sechs Monaten** ein Antrag auf Erteilung einer WBK bzw eines MES gestellt werden. Verstreicht die Frist oder wird der Antrag unanfechtbar abgelehnt, ist der weitere Besitz unerlaubt.

Verstöße sind nach § 52 Abs. 3 Nr. 10 **strafbar.**

Gem. Abs. 5 S. 2 gelten die Vorschriften über die Unbrauchbarmachung, das Überlassen an einen Berechtigten oder die Sicherstellung gem. § 46 Abs. 2 entsprechend.

Abschnitt 6. Übergangsvorschriften, Verwaltungsvorschriften

§ 58 Altbesitz

(1) [1]Soweit nicht nachfolgend Abweichendes bestimmt wird, gelten Erlaubnisse im Sinne des Waffengesetzes in der Fassung der Bekanntmachung vom 8. März 1976 (BGBl. I S. 432), zuletzt geändert durch das Gesetz vom 21. November 1996 (BGBl. I S. 1779), fort. [2]Erlaubnisse zum Erwerb von Munition berechtigen auch zu deren Besitz. [3]Hat jemand berechtigt Munition vor dem Inkrafttreten dieses Gesetzes erworben, für die auf Grund dieses Gesetzes eine Erlaubnis erforderlich ist, und übt er über diese bei Inkrafttreten dieses Gesetzes noch den Besitz aus, so hat er diese Munition bis 31. August 2003 der zuständigen Behörde schriftlich anzumelden. [4]Die Anmeldung muss die Personalien des Besitzers sowie die Munitionsarten enthalten. [5]Die nachgewiesene fristgerechte Anmeldung gilt als Erlaubnis zum Besitz.

(2) Eine auf Grund des Waffengesetzes in der Fassung der Bekanntmachung vom 8. März 1976 (BGBl. I S. 432) erteilte waffenrechtliche Erlaubnis für Kriegsschusswaffen tritt am ersten Tag des sechsten auf das Inkrafttreten dieses Gesetzes folgenden Monats außer Kraft.

(3) Ist über einen vor Inkrafttreten dieses Gesetzes gestellten Antrag auf Erteilung einer Erlaubnis nach § 7 des Waffengesetzes in der Fassung der Bekanntmachung vom 8. März 1976 (BGBl. I S. 432) noch nicht entschieden worden, findet für die Entscheidung über den Antrag § 21 dieses Gesetzes Anwendung.

(4) Bescheinigungen nach § 6 Abs. 2 des Waffengesetzes in der Fassung der Bekanntmachung vom 8. März 1976 (BGBl. I S. 432) gelten im bisherigen Umfang als Bescheinigungen nach § 55 Abs. 2 dieses Gesetzes.

(5) Ausnahmebewilligungen nach § 37 Abs. 3 und § 57 Abs. 7 des Waffengesetzes in der Fassung der Bekanntmachung vom 8. März 1976 (BGBl. I S. 432) gelten in dem bisherigen Umfang als Ausnahmebewilligungen nach § 40 Abs. 4 dieses Gesetzes.

(6) Die nach § 40 Abs. 1 des Waffengesetzes in der Fassung der Bekanntmachung vom 8. März 1976 (BGBl. I S. 432) ausgesprochenen Verbote gelten in dem bisherigen Umfang als Verbote nach § 41 dieses Gesetzes.

(7) [1]Besitzt eine Person am 6. Juli 2017 ein Geschoss, das nicht dem bis zum 5. Juli 2017 geltenden Verbot der Anlage 2 Abschnitt 1 Nummer 1.5.4 unterfiel, so wird das Verbot nach Anlage 2 Abschnitt 1 Nummer 1.5.4 gegenüber dieser Person nicht wirksam, wenn
1. sie bis zum 1. Juli 2018 einen Antrag nach § 40 Absatz 4 stellt und
2. ihr daraufhin eine Erlaubnis nach § 40 Absatz 4 erteilt wird.

[2]§ 46 Abs. 3 Satz 2 und Abs. 5 findet entsprechend Anwendung.

(8) [1]Wer eine am 6. Juli 2017 unerlaubt besessene Waffe oder unerlaubt besessene Munition bis zum 1. Juli 2018 der zuständigen Behörde oder einer Polizeidienststelle übergibt, wird nicht wegen unerlaubten Erwerbs, unerlaubten Besitzes, unerlaubten Führens auf dem direkten Weg zur Übergabe an die zuständige Behörde oder Polizeidienststelle oder wegen unerlaubten Verbringens bestraft.

[2]Satz 1 gilt nicht, wenn
1. **vor der Unbrauchbarmachung, Überlassung oder Übergabe dem bisherigen Besitzer der Waffe die Einleitung des Straf- oder Bußgeldverfahrens wegen der Tat bekannt gegeben worden ist oder**
2. **der Verstoß im Zeitpunkt der Unbrauchbarmachung, Überlassung oder Übergabe ganz oder zum Teil bereits entdeckt war und der bisherige Besitzer dies wusste oder bei verständiger Würdigung der Sachlage damit rechnen musste.**

(9) **[1]Besitzt eine Person, die noch nicht das 25. Lebensjahr vollendet hat, am 1. April 2003 mit einer Erlaubnis auf Grund des Waffengesetzes in der Fassung der Bekanntmachung vom 8. März 1976 (BGBl. I S. 432) eine Schusswaffe, so hat sie binnen eines Jahres auf eigene Kosten der zuständigen Behörde ein amts- oder fachärztliches oder fachpsychologisches Zeugnis über die geistige Eignung nach § 6 Abs. 3 vorzulegen. [2]Satz 1 gilt nicht für den Erwerb und Besitz von Schusswaffen im Sinne von § 14 Abs. 1 Satz 2 und in den Fällen des § 13 Abs. 2 Satz 1.**

(10) **Die Erlaubnispflicht für Schusswaffen im Sinne der Anlage 2 Abschnitt 2 Unterabschnitt 1 Satz 3 gilt für Schusswaffen, die vor dem 1. April 2008 erworben wurden, erst ab dem 1. Oktober 2008.**

(11) **[1]Hat jemand am 1. April 2008 eine bislang nicht nach Anlage 2 Abschnitt 1 Nr. 1.2.1.2 dieses Gesetzes verbotene Waffe besessen, so wird dieses Verbot nicht wirksam, wenn er bis zum 1. Oktober 2008 diese Waffe unbrauchbar macht, einem Berechtigten überlässt oder der zuständigen Behörde oder einer Polizeidienststelle überlässt oder einen Antrag nach § 40 Abs. 4 dieses Gesetzes stellt. [2]§ 46 Abs. 3 Satz 2 und Abs. 5 findet entsprechend Anwendung.**

(12) **Besitzt der Inhaber einer Waffenbesitzkarte am 1. April 2008 erlaubnisfrei erworbene Teile von Schusswaffen im Sinne der Anlage 2 Abschnitt 2 Unterabschnitt 2 Nr. 2, so sind diese Teile bis zum 1. Oktober 2008 in die Waffenbesitzkarte einzutragen.**

Übersicht

I. Allgemeines

Die Vorschrift enthält die im Zuge der Neufassung des WaffG erforderlich gewordenen **Übergangsbestimmungen.** Weiter enthält sie Amnestieregelungen. 1

Erweitert wurde § 58 durch die Abs. 10–12 im Zuge des **2. ÄndG** (→ Einf. Rn. 23). Durch das **3. ÄndG** (→ Einf. Rn. 24) erfolgte eine erneute Amnestieregelung in Abs. 8, gültig bis zum 31.12.2009. Schließlich wurden im Zuge des **6. ÄndG** (→ Einf. Rn. 26c) die Abs. 7 und 8 der Vorschrift neu gefasst und die Amnestieregelung verlängert bis zum 1.7.2018. 2

II. Weitergeltungsregelung von Erlaubnissen nach WaffG aF Anmeldung von Munitionsbesitz (Abs. 1)

Abs. 1 regelt die nicht unbedeutende Frage der **Weitergeltung** bisheriger Erlaubnisse nach dem WaffG aF. Gem. Abs. 1 S. 1 gelten Erlaubnisse iSd WaffG aF fort und lassen die verwaltungsrechtliche Bestandskraft der einmal erteilten Erlaubnisse (Verwaltungsakte) weiter bestehen. Zu den Erlaubnissen zählen zB vormalige WBK, WS, Schießerlaubnisse, EFP oder MES. 3

Erlaubnisse nach dem WaffG aF gelten auch im **Widerrufsverfahren** gem. § 45 als Erlaubnisse „nach diesem Gesetz“, dem neuen WaffG, weiter (BVerwG NVwZ 2007, 1201; VGH München Urt. v. 20.9.2007 – 21 BV 07.2029; *Apel/Bushart* WaffG § 58 Rn. 4; *Lehmann* WaffG § 45 Rn. 25; *Scheidler* Kriminalistik 2008, 386). 4

Die Erlaubnisse gelten jedoch lediglich im bisherigen Umfang fort, so dass befristete Erlaubnisse entspr. zeitl. ablaufen. Die Berufung auf einen Rechtszustand, etwa auf eine Erlaubnisbefreiung nach dem WaffG aF ist nicht möglich (*ABB/Adolph* WaffG § 58 Rn. 2).

Zum Prüfungsmaßstab im Widerspruchsverfahren → § 45 Rn. 4a f.

Gem. Abs. 1 S. 2 berechtigen Erlaubnisse zum Erwerb von Munition auch zu deren Besitz. Dies ist nach dem WaffRNeuRegG seit 1.4.2003 (→ Einf. Rn. 20) erforderlich, da mit diesem auch Besitz von Munition der Erlaubnispflicht unterworfen wurde. Nach dem WaffG aF war nur der Erwerb von Munition erlaubnispflichtig, nicht der Besitz. 5

Abs. 1 S. 3–5 betr. Fallkonstellationen, in denen **Munition** ohne Erlaubnis, gleichwohl rechtmäßig erworben wurde (entweder Munitionserwerb vor dem 1.1.1973, da vor diesem Zeitpunkt eine Erwerbserlaubnis für Munition noch nicht notwendig war; des weiteren Munitionserwerb mit Erlaubnissen, die aber mittlerweile nicht mehr bestehen, weil etwa der Jagdschein oder die WBK zurückgegeben worden sind). 6

Für diese Fälle sah der Gesetzgeber eine schriftliche Anmeldung bei der zust. Beh. unter Angabe der Personalien des Besitzers sowie der Munitionsarten bis 31.8.2003 vor. Die nachgewiesene fristgerechte Anmeldung gilt gem. Abs. 1 S. 5 als Erlaubnis für den weiteren Besitz.

III. Außerkrafttreten einer waffenrechtlichen Erlaubnis nach WaffG aF für Kriegsschusswaffen (Abs. 2)

7 Gem. Abs. 2 traten die auf Grund des WaffG aF erteilten waffenrechtl. Erlaubnisse für Kriegsschusswaffen am 1.10.2003 außer Kraft. Die Vorschrift korrespondiert mit § 57 Abs. 1, wonach auf Kriegswaffen waffenrechtl. Vorschriften nicht mehr anzuwenden sind, es sei denn, sie fallen ausdr. in die Übergangsvorschrift des § 57 Abs. 1 S. 2.

IV. Überleitungsregel bei laufender waffengewerblicher Antragstellung (Abs. 3)

8 Abs. 3 enthält eine Übergangsvorschrift für bereits vor dem Inkrafttreten des WaffG gestellten Anträge auf Erteilung einer Waffenhandels- oder -herstellungserlaubnis nach § 7 aF. Waren die Anträge nicht entschieden, so fand für die Entsch. darüber § 21 Anwendung.

V. Weitergeltung von Ersatzbescheinigungen für WBK und WS (Abs. 4)

9 Abs. 4 enthält eine Übergangsvorschrift für sog Ersatzbescheinigungen gem. § 6 Abs. 2 aF für eine WBK oder einen WS. Ausgestellte Bescheinigungen gelten als Bescheinigungen iSd § 55 Abs. 2 weiter.

VI. Weitergeltung von Ausnahmebewilligungen für verbotene Waffen (Abs. 5)

10 Abs. 5 legt fest, dass Ausnahmebewilligungen für verbotene Waffen nach § 37 Abs. 3 und § 57 Abs. 7 aF in dem bisherigen Umfang als Ausnahmebewilligungen nach § 40 Abs. 4 dieses Gesetzes weiter gelten.

VII. Weitergeltung von Waffenverboten gem. § 40 Abs. 1 aF (Abs. 6)

11 Gem. Abs. 6 gelten die nach § 40 Abs. 1 aF ausgesprochenen Verbote in dem bisherigen Umfang als Verbote nach § 41 weiter.

VIII. Übergangsregelung für seit dem 6.7.2017 verbotene Geschosse (Abs. 7)

12 Die Übergangsregelung für solche Waffen, die erst nach dem Inkrafttreten des WaffRNeuRegG zum 1.4.2003 (→ Einf. Rn. 20) verboten wurden, wurde mit dem **6. ÄndG** (Einf. Rn. 26c) aus dem Gesetz genommen und Abs. 7 komplett neu gefasst.

13 Der neu gefasste Abs. 7 hat Geschosse zum Gegenstand, die mit dem **6. ÄndG** (→ Einf. Rn. 26c) mit Wirkung zum 6.7.2017 als verboten eingestuft worden sind (→ Anl. 2 Rn. 93) und schafft eine Übergangsfrist für den Altbesitz. Für Personen, die ein solches Geschoss besitzen, wird das Verbot nach Anl. 2 Abschn. 1 Nr. 1.5.4

nicht wirksam, wenn sie bis zum 1.7.2018 einen Antrag nach § 40 Abs. 4 (→ § 40 Rn. 7) stellt **und** ihr darauf hin eine entspr. Ausnahmebewilligung erteilt wird.

(unbesetzt) 14, 15

IX. Amnestieregelungen für unerlaubt besessene Waffen (Abs. 8)

Abs. 8 enthält eine **Amnestieregelung** für unerlaubt besessene Waffen. Eine solche wurde bereits mit dem Inkrafttreten des WaffRNeuRegG (→ Einf. Rn. 20) zum 1.4.2003 bis zum 30.9.2003 gewährt und mit dem **3. ÄndG** (→ Einf. Rn. 24) nochmals zum 25.7.2009 eingeführt und bis zum 31.12.2009 ausgedehnt. Mit dem **6. ÄndG** (→ Einf. Rn. 26c) hat der Gesetzgeber erneut eine zeitlich befristete Strafverzichtsregelung in das Gesetz aufgenommen. 16

Unter die Strafbefreiung fällt, wer **am 6.7.2017 eine Waffe oder Munition unerlaubt besaß** und diese **bis zum 1.7.2018** der zust. Beh. oder einer Polizeidienststelle übergibt. Erfolgt der Erwerb nach dem 6.7.2017, aber noch vor dem 1.8.2018, so greift die Amnestieregelung **nicht.** Die Straffreiheit betr. nur den unerlaubten Erwerb, Besitz, das Verbringen und das Führen **auf dem direkten Weg** zur Übergabe an die zust. Beh. oder Polizeidienststelle. Das anderweitige unerlaubte Führen, die Mitnahme, der Handel, das Herstellen oder Bearbeiten einer Waffe fallen jeweils nicht darunter. Für diese bleibt es bei der regulären Strafandrohung gem. §§ 51 f. und den Verjährungsfristen gem. §§ 78 ff. StGB. 17

Bei der Strafbefreiung in Abs. 8 handelt es sich um einen **persönlichen Strafaufhebungsgrund** (*Steindorf/Heinrich* WaffG § 58 Rn. 11; *ABB/Adolph* WaffG § 58 Rn. 16). Für evtl. Teilnehmer (Anstifter oder Gehilfen, vgl. §§ 26, 27 StGB) an dem unerlaubten Waffenerwerb, -besitz oder -verbringen, tritt die Strafbefreiung daher nicht ein (vgl. BGH NStZ 1999, 409). 18

Materielle Vorauss. der Straffreiheit ist, dass der Besitzer die unerlaubt besessene Waffe/Munition bis zum 1.7.2018 der zust. Beh. (§ 48 Abs. 1) oder einer Polizeidienststelle übergibt. 19

Im Unterschied zu den Amnestieregelungen der Jahre 2003 und 2009 greift die aktuelle Strafbefreiung ausdr. auch für **Munition.** Zudem unterfällt auch der Transport der Waffen/Munition zur Abgabe bei der zust. Beh. oder einer Polizeidienststelle der Regelung. 20

Nach S. 2 greift die Amnestie nicht, wenn dem bisherigen Besitzer der Waffe/Munition die Einleitung eines Straf- oder Bußgeldverfahrens wegen der Tat bekannt gegeben worden ist (S. 2 Nr. 1) oder der Verstoß im Zeitpunkt der Übergabe ganz oder tlw. bereits entdeckt war und der bisherige Besitzer dies wusste oder bei verständiger Würdigung der Sachlage damit rechnen musste (S. 2 Nr. 2). 21

X. Übergangsregelung für Eignungsnachweis für Personen, die noch nicht das 25. Lebensjahr vollendet haben (Abs. 9)

Abs. 9 verlangt von Personen, die am 1.4.2003 noch nicht das 25. Lebensj. vollendet haben, jedoch bereits im Besitz einer Schussw. auf Grund einer erteilten WBK sind, binnen eines Jahres auf eigene Kosten ein amts- oder fachärztliches oder fachpsychologisches Zeugnis über die geistige Eignung nach § 6 Abs. 3 der zust. Beh. vorzulegen. Gem. Abs. 9 S. 1 gilt dies nicht für den Erwerb und Besitz von Schussw. iSv § 14 Abs. 1 S. 2 und in den Fällen des § 13 Abs. 2 S. 1, da das Erfordernis eines Gutachtens für diese Gruppen von Waffenbesitzern ebenfalls nicht gilt. 22

XI. Erlaubnispflicht für sog LEP-Waffen (Abs. 10)

23 Abs. 10 ist mit dem **2. ÄndG** zum 1.4.2008 (→ Einf. Rn. 23) eingeführt worden. Dieser trägt dem Umstand Rechnung, dass mit dem 2. ÄndG eine Neuregelung für ehemals „scharfe" Feuerwaffen, welche in frei oder unter erleichterten Vorauss. zu erwerbende und besitzende Waffen umgearbeitet worden sind (sog LEP-Waffen), in Kraft getreten ist, vgl. Anl. 2 Abschn. 2 UAbschn. 1 S. 3. Nach der neuen Rechtslage ab 1.4.2008 bewirkt der Umbau nicht mehr, dass die erleichterten bzw wegfallenden Erlaubnis- und Besitzregelungen greifen. Vielmehr richtet sich der Erwerb und Besitz auch nach Umbau nach den für die **ursprüngliche Ausgangswaffe geltenden Erlaubnisvorauss.,** so dass es sich nunmehr um WBK-pflichtige Schussw. handelt (zu den Einzelheiten → Anl. 2 Rn. 102).

Diese umfassende Erlaubnispflicht gilt gem. Abs. 10 für solchermaßen umgebaute Schussw. erst ab dem 1.10.2008, wenn sie **vor dem 1.4.2008 erworben wurden.** Hierdurch soll Personen, die eine entspr. umgebaute Feuerwaffe ehemals erlaubnisfrei erworben und besessen hatten, die Möglichkeit eingeräumt werden, eine WBK für die nunmehr erlaubnispflichtige Schussw. zu beantragen oder aber auf andere Weise einen auf Dauer rechtmäßigen Zustand herbeizuführen (Überlassen an einen Berechtigten, Unbrauchbarmachen usw). Die Erteilung einer WBK für vormalige Eigentümer von LEP-Waffen scheidet jedoch wegen eines fehlenden Bedürfnisses grds. aus (vgl. VG Berlin Urt. v. 5.7.2010 – 1 K 747.09).

XII. Übergangsregelung für neue verbotene kurze Vorderschaftrepetierflinten bis 30.9.2008 (Abs. 11)

24 Abs. 11 ist mit dem 2. ÄndG eingeführt worden (→ Einf. Rn. 23) und schafft eine Übergangsregelung für seit dem 1.4.2008 verbotene sog „kurze" Vorderschaftrepetierflinten (Pumpguns). Dabei handelt es sich um Vorderschaftrepetierflinten, bei denen die Waffengesamtlänge in der kürzest möglichen Verwendungsform weniger als 95 cm oder die Lauflänge weniger als 45 cm beträgt (Anl. 2 Abschn. 1 Nr. 1.2.1.2 Alt. 2).

Abs. 11 suspendiert das gesetzliche Verbot, wenn der Besitzer die „kurze" Pumpgun am 1.4.2008 besitzt und er diese bis zum 1.10.2008 unbrauchbar macht, einem Berechtigten überlässt (vgl. § 34), der zust. Beh. oder einer Polizeidienststelle überlässt oder einen Antrag nach § 40 Abs. 4 beim BKA stellt.

Die Befreiung betr. nur bisher **nicht verbotene Waffen,** in der og Norm also solche, deren Waffengesamtlänge in der kürzest möglichen Verwendungsform weniger als 95 cm oder die Lauflänge weniger als 45 cm beträgt (→ Anl. 2 Rn. 10 ff.). Bisher verbotene Pumpguns fallen nicht unter Abs. 11; für diese galt die Übergangsregelung des Abs. 7.

Gem. Abs. 7 S. 2 gilt § 46 Abs. 3 S. 2, Abs. 5 über die Anordnung Sicherstellung, Einziehung und Verwertung oder Vernichtung der unter Abs. 11 S. 1 fallenden Gegenstände entsprechend.

XIII. Übergangsregelung für bestimmte Wechselsysteme und Wechseltrommeln (Abs. 12)

25 Abs. 12 ist mit dem **2. ÄndG** eingeführt worden (→ Einf. Rn. 23). Die Regelung bezieht sich auf Teile von Schussw. iSd Anl. 2 Abschn. 2 UAbschn. 2 Nr. 2 (Wechselsysteme und Wechseltrommeln), die Inhaber einer WBK bis zum 31.3.2008 frei erwerben und besitzen durften. Diese dürfen seit dem 1.4.2008 durch WBK-Inhaber zwar weiterhin frei erworben werden, allerdings bleibt nach der neuen

Rechtslage die Eintragungspflicht nach Abs. 1a bestehen (vgl. Anl. 2 Abschn. 2 UAbschn. 2 Nr. 2). Wer solche ursprünglich auf WBK erlaubnisfrei erworbene und besessene Gegenstände am 1.4.2008 besessen hat, musste diese bis zum **1.10.2008** in die WBK eintragen lassen.

§ 59 Verwaltungsvorschriften

Das Bundesministerium des Innern erlässt allgemeine Verwaltungsvorschriften über den Erwerb und das Führen von Schusswaffen durch Behörden und Bedienstete seines Geschäftsbereichs sowie über das Führen von Schusswaffen durch erheblich gefährdete Hoheitsträger im Sinne von § 55 Abs. 2; die anderen obersten Bundesbehörden und die Deutsche Bundesbank erlassen die Verwaltungsvorschriften für ihren Geschäftsbereich im Einvernehmen mit dem Bundesministerium des Innern.

Nach der Vorschrift erlassen die obersten Bundesbehörden und die deutsche Bundesbank, jeweils im Einvernehmen mit dem BMI, Verwaltungsvorschriften für ihren Geschäftsbereich. Erlassen wurde bisher, soweit ersichtlich, die Allgemeine Verwaltungsvorschrift des Bundesministeriums der Verteidigung zum Waffengesetz (WaffVwV-BMVg) v. 17.12.2004 (VMBl. 2005 S. 36). **1**

§ 60 Übergangsvorschrift

Die Kostenverordnung zum Waffengesetz in der Fassung der Bekanntmachung vom 20. April 1990 (BGBl. I S. 780), die zuletzt durch Artikel 2 der Verordnung vom 10. Januar 2000 (BGBl. I S. 38) geändert worden ist, gilt in den Ländern bis zum 1. Oktober 2021 fort, solange die Länder keine anderweitigen Regelungen getroffen haben; für die Erhebung von Auslagen ist insoweit § 10 des Verwaltungskostengesetzes vom 23. Juni 1970 in der bis zum 14. August 2013 geltenden Fassung weiter anzuwenden.

§ 60 wurde dem WaffG durch Art. 2 Abs. 84 des Gesetzes zur Strukturreform des Gebührenrechts des Bundes vom 7.8.2013 (BGBl. I S. 3154) angefügt. Danach gilt die Kostenverordnung des Bundes bis zum 14.8.2018 in den Ländern fort, soweit diese keine anderweitigen Regelungen getroffen haben. **1**

Anlage 1 (zu § 1 Abs. 4)
Begriffsbestimmungen

Abschnitt 1
Waffen- und munitionstechnische Begriffe, Einstufung von Gegenständen

Unterabschnitt 1
Schusswaffen

1. Schusswaffen im Sinne des § 1 Abs. 2 Nr. 1
1.1 Schusswaffen
Schusswaffen sind Gegenstände, die zum Angriff oder zur Verteidigung, zur Signalgebung, zur Jagd, zur Distanzinjektion, zur Markierung, zum Sport oder zum Spiel bestimmt sind und bei denen Geschosse durch einen Lauf getrieben werden.
1.2 Gleichgestellte Gegenstände
Den Schusswaffen stehen gleich tragbare Gegenstände,
1.2.1 die zum Abschießen von Munition für die in Nummer 1.1 genannten Zwecke bestimmt sind,
1.2.2 die in Anhang IV Nummer 18 der Richtlinie 2006/42/EG des Europäischen Parlaments und des Rates vom 17. Mai 2006 über Maschinen und zur Änderung der Richtlinie 95/16/EG (Neufassung) (ABl. L 157 vom 9.6.2006, S. 24; L 76 vom 16.3.2007, S. 35), die zuletzt durch die Verordnung (EU) Nr. 167/2013 (ABl. L 60 vom 2.3.2013, S. 1) geändert worden ist, aufgeführt sind und zum Abschießen von Munition für andere als die in Nummer 1.1 genannten Zwecke (insbesondere Schlachtzwecke, technische und industrielle Zwecke) bestimmt sind (tragbare Befestigungsgeräte mit Treibladung und andere Schussgeräte), sofern
a) sie nicht die Anforderungen des § 7 des Beschussgesetzes erfüllen und zum Nachweis das Kennzeichen der in § 20 Absatz 3 Satz 1 des Beschussgesetzes bezeichneten Stelle oder ein anerkanntes Prüfzeichen eines Staates, mit dem die gegenseitige Anerkennung der Prüfzeichen vereinbart ist, tragen oder
b) bei ihnen nicht die Einhaltung der Anforderungen nach Anhang I Nummer 2.2.2.1 der Richtlinie 2006/42/EG durch Bescheinigung einer zuständigen Stelle eines Mitgliedstaates oder des Übereinkommens über den Europäischen Wirtschaftsraum nachgewiesen ist,
1.2.3 bei denen bestimmungsgemäß feste Körper gezielt verschossen werden, deren Antriebsenergie durch Muskelkraft eingebracht und durch eine Sperrvorrichtung gespeichert werden kann (z. B. Armbrüste). Dies gilt nicht für feste Körper, die mit elastischen Geschossspitzen (z. B. Saugnapf aus Gummi) versehen sind, bei denen eine maximale Bewegungsenergie der Geschossspitzen je Flächeneinheit von 0,16 J/cm^2 nicht überschritten wird;
1.3 Wesentliche Teile von Schusswaffen, Schalldämpfer
Wesentliche Teile von Schusswaffen und Schalldämpfer stehen, soweit in diesem Gesetz nichts anderes bestimmt ist, den Schusswaffen gleich, für die sie bestimmt sind. Dies gilt auch dann, wenn sie mit anderen Gegenständen verbunden sind und die Gebrauchsfähigkeit als Waffenteil nicht beeinträchtigt ist oder mit allgemein gebräuchlichen Werkzeugen wiederhergestellt werden kann. Teile von Kriegswaffen im Sinne des Gesetzes über die Kontrolle von Kriegswaffen in der Fassung der Bekanntmachung vom 22. November 1990 (BGBl. I S. 2506), zuletzt geändert durch Artikel 24 der Verordnung vom 31. Oktober 2006 (BGBl. I S. 2407), die nicht vom Gesetz über die Kontrolle von Kriegswaffen erfasst und nachstehend als wesentliche

Teile aufgeführt sind, sowie Schalldämpfer zu derartigen Waffen werden von diesem Gesetz erfasst;
Wesentliche Teile sind
1.3.1 der Lauf oder Gaslauf, der Verschluss sowie das Patronen- oder Kartuschenlager, wenn diese nicht bereits Bestandteil des Laufes sind; der Lauf ist ein aus einem ausreichend festen Werkstoff bestehender rohrförmiger Gegenstand, der Geschossen, die hindurchgetrieben werden, ein gewisses Maß an Führung gibt, wobei dies in der Regel als gegeben anzusehen ist, wenn die Länge des Laufteils, der die Führung des Geschosses bestimmt, mindestens das Zweifache des Kalibers beträgt; der Gaslauf ist ein Lauf, der ausschließlich der Ableitung der Verbrennungsgase dient; der Verschluss ist das unmittelbar das Patronen- oder Kartuschenlager oder den Lauf abschließende Teil;
1.3.2 bei Schusswaffen, bei denen zum Antrieb ein entzündbares flüssiges oder gasförmiges Gemisch verwendet wird, auch die Verbrennungskammer und die Einrichtung zur Erzeugung des Gemisches;
1.3.3 bei Schusswaffen mit anderem Antrieb auch die Antriebsvorrichtung, sofern sie fest mit der Schusswaffe verbunden ist;
1.3.4 bei Kurzwaffen auch das Griffstück oder sonstige Waffenteile, soweit sie für die Aufnahme des Auslösemechanismus bestimmt sind.
Als wesentliche Teile gelten auch vorgearbeitete wesentliche Teile von Schusswaffen sowie Teile/Reststücke von Läufen und Laufrohlingen, wenn sie mit allgemein gebräuchlichen Werkzeugen fertiggestellt werden können.
Schalldämpfer sind Vorrichtungen, die der wesentlichen Dämpfung des Mündungsknalls dienen und für Schusswaffen bestimmt sind;
1.4 Unbrauchbar gemachte Schusswaffen (Dekorationswaffen)
Schusswaffen sind unbrauchbar, wenn sie gemäß ihrem Waffentyp und in jedem wesentlichen Bestandteil den Maßgaben des Anhangs I Tabelle I bis III der Durchführungsverordnung (EU) 2015/2403 der Komission vom 15. Dezember 2015 zur Festlegung gemeinsamer Leitlinien über Deaktivierungsstandards und -techniken, die gewährleisten, dass Feuerwaffen bei der Deaktivierung endgültig unbrauchbar gemacht werden (ABl. L 333 vom 19.12.2015, S. 62), ensprechen.
1.5 Salutwaffen
Salutwaffen sind veränderte Langwaffen, die u. a. für Theateraufführungen, Foto-, Film- oder Fernsehaufnahmen bestimmt sind, wenn sie die nachstehenden Anforderungen erfüllen:
- **das Patronenlager muss dauerhaft so verändert sein, dass keine Patronen- oder pyrotechnische Munition geladen werden kann,**
- **der Lauf muss in dem dem Patronenlager zugekehrten Drittel mindestens sechs kalibergroße, offene Bohrungen oder andere gleichwertige Laufveränderungen aufweisen und vor diesen in Richtung der Laufmündung mit einem kalibergroßen gehärteten Stahlstift dauerhaft verschlossen sein,**
- **der Lauf muss mit dem Gehäuse fest verbunden sein, sofern es sich um Waffen handelt, bei denen der Lauf ohne Anwendung von Werkzeugen ausgetauscht werden kann,**
- **die Änderungen müssen so vorgenommen sein, dass sie nicht mit allgemein gebräuchlichen Werkzeugen rückgängig gemacht und die Gegenstände nicht so geändert werden können, dass aus ihnen Geschosse, Patronen- oder pyrotechnische Munition verschossen werden können, und**
- **der Verschluss muss ein Kennzeichen nach Abbildung 11 der Anlage II zur Beschussverordnung tragen;**

1.6 Anscheinswaffen
Anscheinswaffen sind

1.6.1 Schusswaffen, die ihrer äußeren Form nach im Gesamterscheinungsbild den Anschein von Feuerwaffen (Anlage 1 Abschnitt 1 Unterabschnitt 1 Nr. 2.1) hervorrufen und bei denen zum Antrieb der Geschosse keine heißen Gase verwendet werden,
1.6.2 Nachbildungen von Schusswaffen mit dem Aussehen von Schusswaffen nach Nummer 1.6.1 oder
1.6.3 unbrauchbar gemachte Schusswaffen mit dem Aussehen von Schusswaffen nach Nummer 1.6.1.
Ausgenommen sind solche Gegenstände, die erkennbar nach ihrem Gesamterscheinungsbild zum Spiel oder für Brauchtumsveranstaltungen bestimmt sind oder die Teil einer kulturhistorisch bedeutsamen Sammlung im Sinne des § 17 sind oder werden sollen oder Schusswaffen, für die gemäß § 10 Abs. 4 eine Erlaubnis zum Führen erforderlich ist. Erkennbar nach ihrem Gesamterscheinungsbild zum Spiel bestimmt sind insbesondere Gegenstände, deren Größe die einer entsprechenden Feuerwaffe um 50 Prozent über- oder unterschreiten, neonfarbene Materialien enthalten oder keine Kennzeichnungen von Feuerwaffen aufweisen.
2. Arten von Schusswaffen
2.1 Feuerwaffen; dies sind Schusswaffen nach Nummer 1.1, bei denen ein Geschoss mittels heißer Gase durch einen oder aus einem Lauf getrieben wird.
2.2 Automatische Schusswaffen; dies sind Schusswaffen, die nach Abgabe eines Schusses selbsttätig erneut schussbereit werden und bei denen aus demselben Lauf durch einmalige Betätigung des Abzuges oder einer anderen Schussauslösevorrichtung mehrere Schüsse abgegeben werden können (Vollautomaten) oder durch einmalige Betätigung des Abzuges oder einer anderen Schussauslösevorrichtung jeweils nur ein Schuss abgegeben werden kann (Halbautomaten). Als automatische Schusswaffen gelten auch Schusswaffen, die mit allgemein gebräuchlichen Werkzeugen in automatische Schusswaffen geändert werden können. Als Vollautomaten gelten auch in Halbautomaten geänderte Vollautomaten, die mit den in Satz 2 genannten Hilfsmitteln wieder in Vollautomaten zurückgeändert werden können. Double-Action-Revolver sind keine halbautomatischen Schusswaffen. Beim Double-Action-Revolver wird bei Betätigung des Abzuges durch den Schützen die Trommel weitergedreht, so dass das nächste Lager mit einer neuen Patrone vor den Lauf und den Schlagbolzen zu liegen kommt, und gleichzeitig die Feder gespannt. Beim weiteren Durchziehen des Abzuges schnellt der Hahn nach vorn und löst den Schuss aus.
2.3 Repetierwaffen; dies sind Schusswaffen, bei denen nach Abgabe eines Schusses über einen von Hand zu betätigenden Mechanismus Munition aus einem Magazin in das Patronenlager nachgeladen wird.
2.4 Einzelladerwaffen; dies sind Schusswaffen ohne Magazin mit einem oder mehreren Läufen, die vor jedem Schuss aus demselben Lauf von Hand geladen werden.
2.5 Langwaffen; dies sind Schusswaffen, deren Lauf und Verschluss in geschlossener Stellung insgesamt länger als 30 cm sind und deren kürzeste bestimmungsgemäß verwendbare Gesamtlänge 60 cm überschreitet; Kurzwaffen sind alle anderen Schusswaffen.
2.6 Schreckschusswaffen; dies sind Schusswaffen mit einem Kartuschenlager, die zum Abschießen von Kartuschenmunition bestimmt sind.
2.7 Reizstoffwaffen; dies sind Schusswaffen mit einem Patronen- oder Kartuschenlager, die zum Verschießen von Reiz- oder anderen Wirkstoffen bestimmt sind.

2.8 Signalwaffen; dies sind Schusswaffen mit einem Patronen- oder Kartuschenlager oder tragbare Gegenstände nach Nummer 1.2.1, die zum Verschießen pyrotechnischer Munition bestimmt sind.

2.9 Druckluft- und Federdruckwaffen und Waffen, bei denen zum Antrieb der Geschosse kalte Treibgase verwendet werden; Federdruckwaffen sind Schusswaffen, bei denen entweder Federkraft direkt ein Geschoss antreibt (auch als Federkraftwaffen bezeichnet) oder ein federbelasteter Kolben in einem Zylinder bewegt wird und ein vom Kolben erzeugtes Luftpolster das Geschoss antreibt. Druckluftwaffen sind Schusswaffen, bei denen Luft in einen Druckbehälter vorkomprimiert und gespeichert sowie über ein Ventilsystem zum Geschossantrieb freigegeben wird. Waffen, bei denen zum Antrieb der Geschosse kalte Treibgase Verwendung finden, sind z. B. Druckgaswaffen.

3. Weitere Begriffe zu den wesentlichen Teilen

3.1 Austauschläufe sind Läufe für ein bestimmtes Waffenmodell oder -system, die ohne Nacharbeit ausgetauscht werden können.

3.2 Wechselläufe sind Läufe, die für eine bestimmte Waffe zum Austausch des vorhandenen Laufes vorgefertigt sind und die noch eingepasst werden müssen.

3.3 Einsteckläufe sind Läufe ohne eigenen Verschluss, die in die Läufe von Waffen größeren Kalibers eingesteckt werden können.

3.4 Wechseltrommeln sind Trommeln für ein bestimmtes Revolvermodell, die ohne Nacharbeit gewechselt werden können.

3.5 Wechselsysteme sind Wechselläufe einschließlich des für sie bestimmten Verschlusses.

3.6 Einstecksysteme sind Einsteckläufe einschließlich des für sie bestimmten Verschlusses.

3.7 Einsätze sind Teile, die den Innenmaßen des Patronenlagers der Schusswaffe angepasst und zum Verschießen von Munition kleinerer Abmessungen bestimmt sind.

4. Sonstige Vorrichtungen für Schusswaffen

4.1 Zielscheinwerfer sind für Schusswaffen bestimmte Vorrichtungen, die das Ziel beleuchten. Ein Ziel wird dann beleuchtet, wenn es mittels Lichtstrahlen bei ungünstigen Lichtverhältnissen oder Dunkelheit für den Schützen erkennbar dargestellt wird. Dabei ist es unerheblich, ob das Licht sichtbar oder unsichtbar (z. B. infrarot) ist und ob der Schütze weitere Hilfsmittel für die Zielerkennung benötigt.

4.2 Laser oder Zielpunktprojektoren sind für Schusswaffen bestimmte Vorrichtungen, die das Ziel markieren. Ein Ziel wird markiert, wenn auf diesem für den Schützen erkennbar ein Zielpunkt projiziert wird.

4.3 Nachtsichtgeräte oder Nachtzielgeräte sind für Schusswaffen bestimmte Vorrichtungen, die eine elektronische Verstärkung oder einen Bildwandler und eine Montageeinrichtung für Schusswaffen besitzen. Zu Nachtzielgeräten zählen auch Nachtsichtvorsätze und Nachtsichtaufsätze für Zielhilfsmittel (Zielfernrohre).

5. Reizstoffe sind Stoffe, die bei ihrer bestimmungsgemäßen Anwendung auf den Menschen eine belästigende Wirkung durch Haut- und Schleimhautreizung, insbesondere durch einen Augenreiz ausüben und resorptiv nicht giftig wirken.

6. Nachbildungen von Schusswaffen sind Gegenstände,
- **die nicht als Schusswaffen hergestellt wurden,**
- **die die äußere Form einer Schusswaffe haben,**
- **aus denen nicht geschossen werden kann und**

– die nicht mit allgemein gebräuchlichen Werkzeugen so umgebaut oder verändert werden können, dass aus ihnen Munition, Ladungen oder Geschosse verschossen werden können.

Unterabschnitt 2
Tragbare Gegenstände

1. Tragbare Gegenstände nach § 1 Abs. 2 Nr. 2 Buchstabe a sind insbesondere
1.1 Hieb- und Stoßwaffen (Gegenstände, die ihrem Wesen nach dazu bestimmt sind, unter unmittelbarer Ausnutzung der Muskelkraft durch Hieb, Stoß, Stich, Schlag oder Wurf Verletzungen beizubringen),
1.2 Gegenstände,
1.2.1 die unter Ausnutzung einer anderen als mechanischen Energie Verletzungen beibringen (z. B. Elektroimpulsgeräte),
1.2.2 aus denen Reizstoffe versprüht oder ausgestoßen werden, die eine Reichweite bis zu 2 m haben (Reizstoffsprühgeräte),
1.2.3 bei denen in einer Entfernung von mehr als 2 m bei Menschen
a) eine angriffsunfähig machende Wirkung durch ein gezieltes Versprühen oder Ausstoßen von Reiz- oder anderen Wirkstoffen oder
b) eine gesundheitsschädliche Wirkung durch eine andere als kinetische Energie, insbesondere durch ein gezieltes Ausstrahlen einer elektromagnetischen Strahlung,

hervorgerufen werden kann,
1.2.4 bei denen gasförmige, flüssige oder feste Stoffe den Gegenstand gezielt und brennend mit einer Flamme von mehr als 20 cm Länge verlassen,
1.2.5 bei denen leicht entflammbare Stoffe so verteilt und entzündet werden, dass schlagartig ein Brand entstehen kann, oder in denen unter Verwendung explosionsgefährlicher oder explosionsfähiger Stoffe eine Explosion ausgelöst werden kann,
1.2.6 die nach ihrer Beschaffenheit und Handhabung dazu bestimmt sind, durch Drosseln die Gesundheit zu schädigen,
1.3 Schleudern, die zur Erreichung einer höchstmöglichen Bewegungsenergie eine Armstütze oder eine vergleichbare Vorrichtung besitzen oder für eine solche Vorrichtung eingerichtet sind (Präzisionsschleudern) sowie Armstützen und vergleichbare Vorrichtungen für die vorbezeichneten Gegenstände.
2. Tragbare Gegenstände im Sinne des § 1 Abs. 2 Nr. 2 Buchstabe b sind
2.1 Messer,
2.1.1 deren Klingen auf Knopf- oder Hebeldruck hervorschnellen und hierdurch oder beim Loslassen der Sperrvorrichtung festgestellt werden können (Springmesser),
2.1.2 deren Klingen beim Lösen einer Sperrvorrichtung durch ihre Schwerkraft oder durch eine Schleuderbewegung aus dem Griff hervorschnellen und selbsttätig oder beim Loslassen der Sperrvorrichtung festgestellt werden (Fallmesser),
2.1.3 mit einem quer zur feststehenden oder feststellbaren Klinge verlaufenden Griff, die bestimmungsgemäß in der geschlossenen Faust geführt oder eingesetzt werden (Faustmesser),
2.1.4 Faltmesser mit zweigeteilten, schwenkbaren Griffen (Butterflymesser),
2.2 Gegenstände, die bestimmungsgemäß unter Ausnutzung einer anderen als mechanischen Energie Tieren Schmerzen beibringen (z. B. Elektroimpulsgeräte), mit Ausnahme der ihrer Bestimmung entsprechend im Bereich

der Tierhaltung oder bei der sachgerechten Hundeausbildung Verwendung findenden Gegenstände (z. B. Viehtreiber).

Unterabschnitt 3
Munition und Geschosse

1. Munition ist zum Verschießen aus Schusswaffen bestimmte
1.1 Patronenmunition (Hülsen mit Ladungen, die ein Geschoss enthalten, und Geschosse mit Eigenantrieb),
1.2 Kartuschenmunition (Hülsen mit Ladungen, die ein Geschoss nicht enthalten),
1.3 hülsenlose Munition (Ladung mit oder ohne Geschoss, wobei die Ladung mit oder ohne Geschoss eine den Innenabmessungen einer Schusswaffe oder eines Gegenstandes nach Unterabschnitt 1 Nr. 1.2 angepasste Form hat),
1.4 pyrotechnische Munition (dies sind Gegenstände, die Geschosse mit explosionsgefährlichen Stoffen oder Stoffgemischen [pyrotechnische Sätze] enthalten, die Licht-, Schall-, Rauch-, Nebel-, Heiz-, Druck- oder Bewegungswirkungen erzeugen und keine zweckbestimmte Durchschlagskraft im Ziel entfalten); hierzu gehört
1.4.1 pyrotechnische Patronenmunition (Patronenmunition, bei der das Geschoss einen pyrotechnischen Satz enthält),
1.4.2 unpatronierte pyrotechnische Munition (Geschosse, die einen pyrotechnischen Satz enthalten),
1.4.3 mit der Antriebsvorrichtung fest verbundene pyrotechnische Munition.
2. Ladungen sind die Hauptenergieträger, die in loser Schüttung in Munition oder als vorgefertigte Ladung oder in loser Form in Waffen nach Unterabschnitt 1 Nr. 1.1 oder Gegenstände nach Unterabschnitt 1 Nr. 1.2.1 eingegeben werden und
– zum Antrieb von Geschossen oder Wirkstoffen oder
– zur Erzeugung von Schall- oder Lichtimpulsen
bestimmt sind, sowie Anzündsätze, die direkt zum Antrieb von Geschossen dienen.
3. Geschosse im Sinne dieses Gesetzes sind als Waffen oder für Schusswaffen bestimmte
3.1 feste Körper,
3.2 gasförmige, flüssige oder feste Stoffe in Umhüllungen.

Abschnitt 2
Waffenrechtliche Begriffe

Im Sinne dieses Gesetzes
1. erwirbt eine Waffe oder Munition, wer die tatsächliche Gewalt darüber erlangt,
2. besitzt eine Waffe oder Munition, wer die tatsächliche Gewalt darüber ausübt,
3. überlässt eine Waffe oder Munition, wer die tatsächliche Gewalt darüber einem anderen einräumt,
4. führt eine Waffe, wer die tatsächliche Gewalt darüber außerhalb der eigenen Wohnung, Geschäftsräume, des eigenen befriedeten Besitztums oder einer Schießstätte ausübt,
5. verbringt eine Waffe oder Munition, wer diese Waffe oder Munition über die Grenze zum dortigen Verbleib oder mit dem Ziel des Besitzwechsels in den, durch den oder aus dem Geltungsbereich des Gesetzes zu einer

anderen Person oder zu sich selbst transportieren lässt oder selbst transportiert,
6. nimmt eine Waffe oder Munition mit, wer diese Waffe oder Munition vorübergehend auf einer Reise ohne Aufgabe des Besitzes zur Verwendung über die Grenze in den, durch den oder aus dem Geltungsbereich des Gesetzes bringt,
7. schießt, wer mit einer Schusswaffe Geschosse durch einen Lauf verschießt, Kartuschenmunition abschießt, mit Patronen- oder Kartuschenmunition Reiz- oder andere Wirkstoffe verschießt oder pyrotechnische Munition verschießt,
8.
8.1 werden Waffen oder Munition hergestellt, wenn aus Rohteilen oder Materialien ein Endprodukt oder wesentliche Teile eines Endproduktes erzeugt werden; als Herstellen von Munition gilt auch das Wiederladen von Hülsen,
8.2 wird eine Schusswaffe insbesondere bearbeitet oder instand gesetzt, wenn sie verkürzt, in der Schussfolge verändert oder so geändert wird, dass andere Munition oder Geschosse anderer Kaliber aus ihr verschossen werden können, oder wenn wesentliche Teile, zu deren Einpassung eine Nacharbeit erforderlich ist, ausgetauscht werden; eine Schusswaffe wird weder bearbeitet noch instand gesetzt, wenn lediglich geringfügige Änderungen, insbesondere am Schaft oder an der Zieleinrichtung, vorgenommen werden,
9. treibt Waffenhandel, wer gewerbsmäßig oder selbstständig im Rahmen einer wirtschaftlichen Unternehmung Schusswaffen oder Munition ankauft, feilhält, Bestellungen entgegennimmt oder aufsucht, anderen überlässt oder den Erwerb, den Vertrieb oder das Überlassen vermittelt,
10. sind Kinder Personen, die noch nicht 14 Jahre alt sind,
11. sind Jugendliche Personen, die mindestens 14, aber noch nicht 18 Jahre alt sind;
12. ist eine Waffe schussbereit, wenn sie geladen ist, das heißt, dass Munition oder Geschosse in der Trommel, im in die Waffe eingefügten Magazin oder im Patronen- oder Geschosslager sind, auch wenn sie nicht gespannt ist;
13. ist eine Schusswaffe zugriffsbereit, wenn sie unmittelbar in Anschlag gebracht werden kann; sie ist nicht zugriffsbereit, wenn sie in einem verschlossenen Behältnis mitgeführt wird;
14. sind Mitgliedstaaten die Mitgliedstaaten der Europäischen Union und gelten als Mitgliedstaaten auch die Vertragsstaaten des Schengener Übereinkommens.

Abschnitt 3
Einteilung der Schusswaffen oder Munition in die Kategorien A bis D nach der Waffenrichtlinie

1. Kategorie A
1.1 Kriegsschusswaffen der Nummern 29 und 30 der Kriegswaffenliste (Anlage zu § 1 Abs. 1 des Gesetzes über die Kontrolle von Kriegswaffen),
1.2 vollautomatische Schusswaffen,
1.3 als anderer Gegenstand getarnte Schusswaffen,
1.4 Pistolen- und Revolvermunition mit Expansivgeschossen sowie Geschosse für diese Munition mit Ausnahme solcher für Jagd- und Sportwaffen von Personen, die zur Benutzung dieser Waffen befugt sind,
1.5 panzerbrechende Munition, Munition mit Spreng- und Brandsätzen und Munition mit Leuchtspursätzen sowie Geschosse für diese Munition,

soweit die Munition oder die Geschosse nicht von dem Gesetz über die Kontrolle von Kriegswaffen erfasst sind.
2. Kategorie B
2.1 halbautomatische Kurz-Schusswaffen und kurze Repetier-Schusswaffen,
2.2 kurze Einzellader-Schusswaffen für Munition mit Zentralfeuerzündung,
2.3 kurze Einzellader-Schusswaffen für Munition mit Randfeuerzündung mit einer Gesamtlänge von weniger als 28 cm,
2.4 halbautomatische Lang-Schusswaffen, deren Magazin und Patronenlager mehr als drei Patronen aufnehmen kann,
2.5 halbautomatische Lang-Schusswaffen, deren Magazin und Patronenlager nicht mehr als drei Patronen aufnehmen kann und deren Magazin auswechselbar ist oder bei denen nicht sichergestellt ist, dass sie mit allgemein gebräuchlichen Werkzeugen nicht zu Waffen, deren Magazin und Patronenlager mehr als drei Patronen aufnehmen kann, umgebaut werden können,
2.6 lange Repetier-Schusswaffen und halbautomatische Schusswaffen mit glattem Lauf, deren Lauf nicht länger als 60 cm ist,
2.7 zivile halbautomatische Schusswaffen, die wie vollautomatische Kriegswaffen aussehen.
3. Kategorie C
3.1 andere lange Repetier-Schusswaffen als die unter Nummer 2.6 genannten,
3.2 lange Einzellader-Schusswaffen mit gezogenem Lauf/gezogenen Läufen,
3.3 andere halbautomatische Lang-Schusswaffen als die unter den Nummern 2.4 bis 2.7 genannten,
3.4 kurze Einzellader-Schusswaffen für Munition mit Randfeuerzündung, ab einer Gesamtlänge von 28 cm.
4. Kategorie D
4.1 lange Einzellader-Schusswaffen mit glattem Lauf/glatten Läufen.

Übersicht

Vorbemerkung

1 Anl. 1 wurde mit dem **2. ÄndG** (→ Einf. Rn. 23) zum 1.4.2008 umfangreich geändert, um aufgetretene Schwächen des geltenden WaffG aus Gründen der inneren Sicherheit zu beseitigen. Dazu war es erforderlich, bestimmte Begriffe neu einzufügen wie zB den der Anscheinswaffen. Des Weiteren wurden die Überschriften und Def. insbes. der Anl. 1 Abschn. 1 UAbschn. 1 Nr. 2 und 2.2 neu gefasst. Damit hat der Gesetzgeber die Kategorisierung der Waffenarten sprachlich-systematisch richtiggestellt und klar zum Ausdruck gebracht, dass es für die eigentlichen Waffenarten davon unabhängig ist, wie die Geschosse angetrieben werden. „Feuerwaffe" sollte daher keine – vermeintliche – „Überschrift" der Waffenarten sein, sondern ein Sonderfall, der durch die Art und Weise des Antriebs der Geschosse gekennzeichnet ist. Automaten, Halbautomaten usw können daher Schussw. aller Art sein, wenn sie dem Anwendungsbereich des WaffG unterfallen. Zur Vervollständigung der Auflistung wurden auch Druckluft- und Federdruckwaffen und Waffen, bei denen zum Antrieb der Geschosse kalte Treibgase verwendet werden, in Anl. 1 Abschn. 1 UAbschn. 1 Nr. 2.9 neu def. (vgl. BT-Drs. 16/7717, 24).

Weitere Änderungen hat die Anl. 1 durch das **6. ÄndG** (→ Einf. Rn. 26c) erfahren. In Abschn. 1 Nr. 1.2.2 wurden bestimmte Geräte (zB Schussgeräte zu Schlachtzwecken) als den Schussw. gleichgest. tragbare Gegenstände eingestuft, soweit sie nicht nachweislich nur zu diesen Zwecken verwendet werden können. In Abschn. 1 Nr. 1.4 wurden die technischen Anforderungen für unbrauchbar gemachte Schussw. den Vorgaben der Durchführungsverordnung (EU) 2015/2403 zur Festlegung gemeinsamer Leitlinien über Deaktivierungsstandards und -techniken, die gewährleisten, dass Feuerwaffen bei der Deaktivierung endgültig unbrauchbar gemacht werden (EU-Deaktivierungsdurchführungsverordnung, ABl. L 333 v. 19.12.2015, S. 62), angepasst.

In Abschn. 2 Nr. 14 wurde schließlich eine Legaldef. für den Begriff des Mitgliedstaats eingefügt, welche klarstellt, dass zu diesen nicht nur die Mitgliedstaaten der EU, sondern auch die des Schengener Übereinkommens zählen.

Abschnitt 1. Waffen- und munitionstechnische Begriffe, Einstufung von Gegenständen

In Anl. 1 Abschn. 1 klärt der Gesetzgeber zunächst wesentl. waffen- und munitionstechnische Begriffe und nimmt zudem eine Einstufung von Gegenständen vor. In UAbschn. 1 wird zunächst der Schusswaffenbegriff erörtert (Nr. 1.1). Folgend werden bestimmte tragbare Gegenstände, welche nicht der Legaldef. der Schussw. unterfallen, **den Schussw. rechtlich gleichgestellt (Nr. 1.2)** 2

Dem Wortlaut nach sind **nur** die in Nr. **1.2** WaffG benannten tragbaren Gegenstände *pauschal* den Schussw. gleichgestellt. Die in Nr. 1.3 angeführten wesentlichen Teile von Schussw. sowie Schalldämpfer sind *den* Schussw. gleichgestellt, für die sie **bestimmt** sind.

In den **Nrn. 1.4 ff.** erfolgen lediglich **Begriffsdefinitionen.** Soweit hier definierte Gegenstände nicht dem Waffenbegriff des § 1 Abs. 2 entsprechen, legt die Systematik des WaffG nahe, dass diese gar nicht dem Anwendungsbereich des WaffG unterliegen. Dies trifft etwa auf die in Nr. 6 def. Nachbildungen von Schussw. zu. Allerdings werden diese in Anl. 2 Abschn. 3 aufgegriffen und weitestgehend vom Anwendungsbereich des WaffG ausgenommen. Hieraus lässt sich erschließen, dass **auch alle in Anl. 1 Abschn. 1 UAbschn. 1 Nr. 1.4 – Nr. 6 aufgezählten Gegenstände den Schussw. rechtlich gleich gestellt** sein sollen. Dass der Gesetzgeber dies hinsichtlich der unter den Nrn. 1.4 ff. angeführten Gegenstände nicht ausdr. getan hat, ist systemwidrig (kritisch auch: *Heinrich, B.,* WiW, 107 (114); vgl. auch MüKo/*Heinrich* WaffG § 1 Rn. 70 (Fn. 15).

UAbschn. 2 enthält zunächst eine **exemplarische** Aufzählung von **Waffen im techn. Sinn** iSd § 1 Abs. 2 Nr. 2a (→ § 1 Rn. 9 ff.). Dieser folgt eine **abschließende** Aufzählung derjenigen Waffen im nichttechn. Sinn iSd § 1 Abs. 2 Nr. 2b (→ § 1 Rn. 17), welche als Konsequenz ihrer Nennung im WaffG in den Anwendungsbereich desselben fallen.

Unterabschnitt 1. Schusswaffen

a) Schusswaffen im Sinne des § 1 Abs. 2 Nr. 1. aa) Schusswaffen (Nr. 1.1). 3
Der Begriff der Schussw. ist in Nr. 1.1 legaldef., wonach sie Gegenstände sind, „die zum Angriff, zur Verteidigung, zur Signalgebung, zur Jagd, zur Distanzinjektion, zur Markierung, zum Sport oder zum Spiel bestimmt sind und bei denen Geschosse durch einen Lauf getrieben werden". Erforderlich ist demnach zunächst eine bestimmte **Zweckbestimmung.**

Die Zweckbestimmung „zum Angriff"/„zur Verteidigung" ist beim Schusswaf- 3a
fenbegriff **weiter gefasst** als beim Waffenbegriff nach § 1 Abs. 2 Nr. 2 (→ § 1 Rn. 8 ff.). Im Rahmen des § 1 Abs. 2 Nr. 2 sieht der Gesetzgeber als Bezugspunkt der Zweckbestimmung allein die Angriffs- oder Abwehrfähigkeit **von Menschen** vor (→ Rn. 90).

Als Zweckbestimmung für eine Schussw. ist hingegen jedwede Angriffs- bzw Verteidigungsbestimmung ausreichend, weshalb auch die Tierabwehr die Zweckbestimmung „zur Verteidigung" iSd Schusswaffendef. erfüllt (→ Rn. 13a).

Zweites charakterisierendes Kriterium ist der Umstand, dass ein **Geschoss** 3b
(→ Rn. 165) **durch einen Lauf getrieben** wird. Der Begriff des Laufes (→ Rn. 30) ist ebenfalls legaldef., demnach ist er „ein aus einem ausreichend festen Werkstoff bestehender rohrförmiger Gegenstand, der Geschossen, die hindurch getrieben werden, ein gewisses Maß an Führung gibt", Anl. 1 Abschn. 1 UAbschn. 1 Nr. 1.3.1. Diese Def. des Laufes geht demgemäß sehr weit. So kann ein Lauf durchaus auch aus Kunststoff bestehen. Handelsübliche Abflussrohre finden nicht selten in Selbstbauten Verwendung als Lauf („potatoe-gun", → Rn. 4). Ein gewisses Maß an Führung kann im Regelfall angenommen werden, wenn die Länge des Laufteils,

der die Führung des Geschosses bestimmt, mind. **das Zweifache** des Kalibers (Außendurchmesser des Geschosses bzw Innendurchmesser des Laufes) beträgt. Seit dem 1.4.2008 (**2. ÄndG,** → Einf. Rn. 23) ist diese seit jeher anerkannte Faustformel im WaffG als geschriebenes Recht verankert, vgl. Anl. 1 Abschn. 1 UAbschn. 1 Nr. 1.3.1. Eine präzise Geschossführung ist hingegen **nicht** erforderlich.

Die Def., dass Geschosse *durch* einen Lauf getrieben werden, **umfasst auch Schussw., bei denen Geschosse *aus* einem Lauf getrieben werden**, wie dies etwa bei Vorderladern oder „Saugnapfwaffen" der Fall ist (vgl. WaffVwV Anl. I-A1UA1-1.1 aE). **Einzelfälle:**

4 So fallen bspw. **Blasrohre** unter die Def. des Schusswaffenbegriffs. Da diese iErg jedoch mit Ausnahme der Regelung des § 42a gänzlich dem Anwendungsbereich des WaffG entzogen sind (→ Anl. 2 Rn. 139 und 149), finden die für Schussw. geltenden Vorschriften auf diese letztlich keine Anwendung.

Insofern ist Schussw. iErg über die Legaldef. hinausgehend eigen, dass das Geschoss durch einen mechanischen oder physikalischen Antrieb, also durch Treibladungen, Federdruck oder Ähnliches erfolgt.

Sog. „Kartoffelkanonen" (auch „Potatoe-Guns") sind regelm. als Schussw. zu qualifizieren. Bei diesen illegalen Selbstbauten werden handelsübliche Abflussrohre so verbaut, dass in einer Brennkammer leicht entzündliche Gase gezündet werden, welche eine Kartoffel oÄ durch ein als Lauf fungierendes Stück Abflussrohr treiben. Den Geschossen kann in solchen Selbstbauten bisweilen eine extrem hohe Antriebsenergie erteilt werden. Entspr. gefährlich stellen sich diese Schussw. dar. Ihrer rechtl. Einstufung entspr. unterliegen sie zudem der Beschusspflicht nach § 3 BeschG.

5 **Paintball-** oder auch **Gotcha-Waffen** zählen ebenfalls zu den Schussw. Mit diesen werden Farbmarkierungskugeln als Geschosse verschossen. Sie wurden Anfang der 1980er Jahre in den USA entwickelt und gehen auf Farbmarkierer zurück, mit denen zu fällende Bäume gekennzeichnet wurden.

Im Rahmen des modernen Gotcha-Spiels treten zumeist mehrere Teams gegeneinander an. Wer von einer Farbpatrone getroffen wird, gilt als vernichtet/besiegt. Da es sich bei den Gotcha- oder Paintball-Waffen um Schussw. handelt, die zum Antrieb der Geschosse kalte Treibgase verwenden, können sie, soweit den Geschossen eine Energie von max. 7,5 J erteilt werden kann und sie entspr. durch ein „F im Fünfeck" gekennzeichnet sind, frei ab Vollendung des 18. Lebensj. erworben und besessen werden, vgl. Anl. 2 Abschn. 2 UAbschn. 2 Nr. 1.1. Zum Führen bedarf es hingegen eines WS, so dass Paintball- bzw Gotcha-Waffen idR nur auf dafür vorgesehenen Spielfeldern Verwendung finden, die zB von Wettkampfveranstaltern zur Verfügung gestellt werden und hinreichend nach außen abgegrenzt sind. Während des Transports zum Schießplatz dürfen sie erlaubnisfrei geführt werden, soweit sie nicht schuss- und zusätzlich nicht zugriffsbereit sind (§ 12 Abs. 3 Nr. 2).

Farbmarkierungswaffen werden auch zu Ausbildungszwecken ua bei der Polizei verwendet. So etwa die P30CM (Colour Marker), die als Trainingssystem bei der Bundespolizei eingeführt wurde. Da diese nicht mit einem „F im Fünfeck" gekennzeichnet ist, wurde sie zutreffend als vollumfänglich erlaubnispflichtige Schussw. eingestuft (BKA-FB v. 10.7.2012, Az SO11-5164.01-Z-253-b-).

6 Ebenso sind bloße **Erbsenpistolen** sowie **Softairwaffen** (häufig auch unter der Bezeichnung „Nerf" in verschiedenen Ausführungen am Markt erhältlich) prinzipiell vom Schusswaffenbegriff erfasst. Dies spielt in der Praxis jedoch eine lediglich untergeordnete Rolle, da diese Schussw. grds. vom Geltungsbereich des WaffG ausgenommen sind, soweit sie dem Geschoss eine Energie von nicht mehr als 0,5 J erteilen, zum Spiel bestimmt sind und nicht mit allg. gebräuchlichen Werkzeugen (→ Rn. 26) so umgebaut werden können, dass den Geschossen eine Energie von mehr als 0,5 J erteilt wird (Anl. 2 Abschn. 3 UAbschn. 2 Nr. 1).

Sie unterliegen lediglich der Regelung des § 42a, soweit sie ihrer äußeren Form nach im Gesamterscheinungsbild den Anschein von Feuerwaffen hervorrufen, Anl. 1 Abschn. UAbschn. 1 Nr. 2.1.

Auch „Saugnapfwaffen“, bei denen Geschosse *aus* einem Lauf getrieben werden, zählen zu den Schussw. Für sie gilt das unter Rn. 6 Gesagte. **6a**

Armbrüste sowie **Bogenwaffen** unterfallen in Ermangelung eines Laufes **nicht** dem Schusswaffenbegriff. Gleiches trifft auf **Harpunengeräte** zu. Der Gesetzgeber hat die Armbrüste allerdings in rechtl. Hinsicht den Schussw. gleichgest., ebenso die Harpunengeräte (→ Rn. 17). **7**

Sog **„Laserwaffen“** fallen hingegen **nicht** unter den Schusswaffenbegriff. Bei diesen handelt es sich um Infrarotsignalgeber, mit denen sich Schusswechsel simulieren lassen. In eigens hierfür eingerichteten Spielstätten **(„Laserdrome“)** „beschießen“ sich Kontrahenten gegenseitig und simulieren die Tötung des Gegenübers. **8**

Da diese Gegenstände weder einen Lauf aufweisen und zudem keine Geschosse verwendet werden, trifft die Schusswaffendef. nicht auf sie zu.

Mangels einer entspr. Zweckbestimmung fallen auch tragbare Abschussgeräte „Master Blaster“ **(Konfettikanone)** nicht unter den Schusswaffenbegriff (FB-BKA v. 12.8.2009, Az. SO11-5164.01-Z-185).

Auch Böller unterfallen nicht dem Schusswaffenbegriff, vgl. § 2 Abs. 3 BeschG (zum Zünden von Böllern → Rn. 181). **8a**

Ebenso fallen **Schussapparate** regelm. **nicht** unter den Schusswaffenbegriff (aA *ABB/Brunner* WaffG § 12 Rn. 49). Bei diesen handelt es sich nach § 2 Abs. 4 BeschG um tragbare (→ § 1 Rn. 7) Geräte, die für gewerbliche oder techn. Zwecke bestimmt sind und bei denen zum Antrieb Munition verwendet wird. Bei der Munition handelt es sich um Kartuschenmunition mit angepasster Ladungsstärke. Zu differenzieren ist zwischen Apparaten, mit denen feste Körper verschossen werden (etwa Bolzen bei **Bolzensetzgeräten** für Montagearbeiten) und solchen Apparaten, bei denen der feste Körper zwar durch die Munition angetrieben wird, sich aber nicht vom Schussapparat trennt (etwa Bolzenschussapparat zur Tötung von Tieren). Ohne Ansehen der konkreten Konstruktion fehlt es zumindest an der für Schussw. erforderlichen Zweckbestimmung. **9**

Mit dem **6. ÄndG** (→ Einf. Rn. 26c) hat der Gesetzgeber diese Schussapparate allerdings in Umsetzung der RiLi 2006/42/EG des Europäischen Parlaments den Schussw. nach Maßgabe von Anl. 1 Abschn. 1 UAbschn. 1 Nr. 1.2.2 gleichgestellt (→ Rn. 14a).

Schussapparate unterliegen zudem stets der Bauartzulassung nach § 7 BeschG. Die Kartuschenmunition unterliegt dem WaffG und kann ab dem vollendeten 18. Lebensj. frei erworben und besessen werden (Anl. 2 Abschn. 2 UAbschn. 2 Nr. 1.11).

Umstritten ist bisweilen die Schusswaffeneigenschaft von **Schreckschuss-, Reizstoff- und Signalwaffen.** Hier gilt es zu differenzieren: Zumeist handelt es sich um solche, welche nach § 8 BeschG zugelassen sind und eine entspr. Kennzeichnung („PTB im Kreis“) tragen. Diese verfügen über einen Gaslauf, der ausschl. der Ableitung der Verbrennungsgase dient und nicht durchgängig (frei von Hindernissen) ist (→ Rn. 31). Demgemäß kann mit ihnen lediglich **Kartuschenmunition** (→ Rn. 158) verschossen werden. Dies können Knallkartuschen, aber ebenso Reizstoffkartuschen sein. Durch Aufschrauben eines Abschussbechers (Kaliber 15 mm) kann zumeist auch pyrotechnische Munition verschossen werden. Diese unterschiedlichen Funktionen zusammenfassend werden solche Waffen gemeinhin als Schreckschuss-, Reizstoff- und Signalwaffen **(SRS-Waffen)** bezeichnet. **SRS-Waffen** stellen **keine Schussw.** iSd WaffG dar. Beim Abschießen der Kartuschenmunition treten allein heiße Rußpartikel mit hoher Geschwindigkeit aus dem Lauf aus. Diese stellen keine Geschosse dar. Geschosse können bei diesen Gegenständen schon deshalb nicht durch den Lauf getrieben werden, da der Gaslauf nicht durchgängig ist. Gleichwohl können bei einem „aufgesetzten Schuss“ erhebliche, nicht selten letale Verletzungen hervorgerufen werden (ausf. *Rothschild* Schreckschusswaffen S. 79 ff.) **10**

Die SRS-Waffen (auch solche ohne die Kennzeichnung „PTB im Kreis") zählen zu den Schussw. **gleichgest. tragbaren Gegenständen** iSd Anl. 1 Abschn. 1 UAbschn. 1 Nr. 1.2.1.

Da mit Schreckschussw. stets nur Kartuschenmunition verschossen werden kann, handelt es sich bei diesen ausnahmslos um den Schussw. gleichgest. tragbare Gegenstände.

Anders liegt es bei den Signal- und Reizstoffwaffen. Neben den og „SRS-Waffen" zum Verschießen von Kartuschenmunition gibt es auch als **Schussw.** konstruierte Reizstoff- und Signalwaffen, bei welchen ein Signal- bzw Reizstoffgeschoss durch den durchgängigen Lauf der Schussw. getrieben wird. Bei den Signalwaffen mit Schusswaffeneigenschaft handelt es sich regelm. um solche im Kaliber 4 (26,5 mm, „Kaliber 4 Waffen"), als Reizstoffwaffe kann die Mehrzweckpistole (MZP1, Kaliber 40 mm) genannt werden, welche überwiegend bei den Verbandspolizeien dienstlich zugelassen ist.

Während gekennzeichnete („PTB im Kreis") SRS-Waffen hinsichtlich des Erwerbs und Besitzes von der Erlaubnispflicht freigestellt sind (→ Anl. 2 Rn. 108), bedarf es für den Erwerb und Besitz von Reizstoff- und Signalwaffen mit Schusswaffeneigenschaft einer WBK.

10a **Raketenpistolen** (Gyrojet-Waffen), bei denen raketenangetriebene Geschosse anstelle eines Projektils, das mittels einer Treibladung durch den Lauf getrieben wird, Verwendung finden, zählen ebenfalls zu den **Schussw.**

10b Die unter dem Begriff „**Verminator**" vertriebenen mit Druckluft betriebenen Pfeilabschussgeräte, bei denen innen hohle Pfeile auf ein Startrohr aufgesteckt und dann mit deutlich über 7,5 Joule über eine Pressluftkartusche abgeschossen werden können, sind **keine Schussw.,** da hier das Geschoss (der Pfeil) nicht *durch* einen Lauf getrieben wird, sondern das Geschoss *über* ein die Geschossführung vermittelndes Rohr geschoben wird. Das Gerät fällt insgesamt nicht in den Anwendungsbereich des WaffG und fällt nach Einstufung des BKA auch nicht unter den Anscheinswaffenbegriff (BKA-FB v. 25.3.2015, Az SO11-5164.01-Z-263). Angesichts des erheblichen Verletzungspotenzials dieser Gegenstände sollte der Gesetzgeber andenken, die für Schussw. geltenden Vorschriften des WaffG *de lege ferenda* auch auf diese zu erstrecken.

10c Die in der polizeilichen Ausbildung verwendeten „Rotwaffen", mit welchen die Handhabungssicherheit geübt wird, sind keine Schussw. Gleiches gilt für die ebenfalls in der polizeilichen Ausbildung verwendeten „Grünwaffen" (diese zeigen mittels eines Lasers bei Betätigung des Abzugs den anvisierten Treffpunkt an). Allerdings wurden die Abzugseinrichtungen beider Waffen als wesentliches Teil einer Schussw. eingestuft (BKA-FB v. 21.9.2012, Az SO 5164.01-Z-165-167).

11 **bb) Gleichgestellte Gegenstände (Nr. 1.2).** In Nr. 1.2 führt der Gesetzgeber die den Schussw. gleichgest. Gegenstände auf, woraus sich begrifflich bereits ableiten lässt, dass der Gesetzgeber die für Schussw. geltenden Vorschriften auch auf solche Gegenstände ausdehnt, welche von der Def. her nicht unter den Schusswaffenbegriff fallen. Erfasst sind hier ausschl. **tragbare Gegenstände,** ortsfeste Gegenstände fallen **nicht** hierunter.

12 Die gleichgest. Gegenstände können in **zwei Gruppen** aufgegliedert werden: Zunächst sind solche Gegenstände rechtl. mit den Schussw. gleichgest., welche zwar nicht unter den vom Gesetzgeber gefassten Schusswaffenbegriff zu subsumieren sind, aber von der Wirkung her einer Schussw. vergleichbar sind. Weiter sind **wesentl. Teile** von Schussw. diesen gleichgest., um den die Schussw. reglementierenden Vorschriften des WaffG umfassende Wirkung zu verschaffen. Ein Umgehen der strengen für Schussw. geltenden Rechtsvorschriften wird durch die rechtl. Gleichbehandlung von kompletten Schussw. mit den wesentl. Teilen von Schussw. verhindert.

Zu den gleichgest. Gegenständen vgl. auch → § 1 Rn. 7a.

(1) Zum Abschießen von Munition bestimmte Gegenstände (Nr. 1.2.1). 13
Die unter Nr. 1.2.1 fallenden Gegenstände müssen dieselbe Zweckbestimmung wie Schussw. aufweisen, allerdings sind sie zum „Abschießen" von Munition bestimmt, was bedeutet, dass hier keine Geschosse durch einen Lauf getrieben werden, sondern lediglich Kartuschenmunition gezündet wird, welche bspw. einen Knall erzeugt oder aber abrupt Reizgas entweichen lässt. Hervorzuheben sind an dieser Stelle die **Schreckschuss-, Reizstoff- und Signalwaffen,** welche der Gesetzgeber wegen des erheblichen Verletzungspotenzials, aber auch explizit wegen ihrer hohen Deliktsrelevanz den strengen für Schussw. geltenden Reglementierungen unterwerfen wollte.

Hierher zählen auch **Signalgeber** (gelegentlich auch als Signalstifte bezeichnet), mit denen zu Notsignalzwecken Raketengeschosse abgeschossen werden (entsprechend wurden etwa die Signalabschussgeräte **„OSA Egida 2"** und **„OSA Egida 4"** vom BKA eingestuft, vgl. BKA-FB v. 3.7.2013, Az. SO11-5164.01-Z-271).

Einzelfälle. 13a
Das als Tierabwehrgerät deklarierte Reizstoffsprühgerät „JPX Jet Protector" wurde wegen seiner Zweckbestimmung vom BKA (vgl. BKA-FB v. 12.12.2007, Az. SO11-5164.01-Z-174) nicht als Waffe nach § 1 Abs. 2 Nr. 2 eingestuft. Bei diesem ist sowohl das Gerät selbst wie auch der mit Reizstoff befüllte Wechselaufsatz als „Tierabwehrgerät" gekennzeichnet. Weil mit dem Gerät keine Kartuschen verschossen werden, schied auch eine Einstufung als den Schussw. gleichgestellter tragbarer Gegenstand aus. Unzutreffend wurde der JPX Jet Protector auch nicht als Anscheinswaffe eingestuft (→ Rn. 60).

Anders wurde die Behördenversion als Selbstverteidigungsgerät im selben BKA-FB hingegen als verbotene Waffe (→ Anl. 2 Rn. 53) eingestuft. Bei diesem Modell ist sowohl das Gerät selbst wie auch der mit Reizstoff befüllte Wechselaufsatz als „Selbstverteidigungsgerät" gekennzeichnet. Da mit beiden Varianten keine Kartuschenmunition verschossen wird, sind sie **nicht** den Schussw. gleichgestellt.

Das ebenfalls als Tierabwehrgerät deklarierte Nachfolgermodell des „Jet Protector", der „JPX4" wurde anders als das Vorgängermodell als den Schussw. gleichgest. tragbarer Gegenstand iSd Nr. 1.2.1 eingestuft, da mit diesem Kartuschen verschossen werden können, die einzeln austauschbar sind und nicht wie beim Vorgängermodell als Wechselaufsatz mit fest verbauten Einzelladungen konzipiert sind (vgl. BKA-FB v. 26.1.2015, Az. SO11-5164.01-Z-328). Gleichermaßen wurde das ebenfalls als Tierabwehrgerät ausgewiesene Reizstoffsprühgerät „OC JPX" als eine Variante des „OSA Egida 2" (→ Rn. 13) bewertet (vgl. BKA-FB v. 27.1.2015, Az. SO11-5164.01-Z-343).

Das zur Tierabwehr bestimmte Reizstoffsprühgerät „Take Down Pepper Gun" wird nicht als Waffe nach § 1 Abs. 2 Nr. 2 eingestuft, weil es zur Tierabwehr bestimmt ist. Weil mit ihm keine Kartuschenmunition verschossen wird, ist es auch kein den Schussw. gleichgestellter tragbarer Gegenstand (vgl. BKA-FB v. 10.6.2013, Az. SO11-5164.01-Z-280).

Geräte zum Abschießen von **Apportierdummies** bei der Hundeausbildung zählen nicht dazu. Zwar wird bei diesen Kartuschenmunition abgeschossen, allerdings nicht zum Angriff, zur Verteidigung, zur Signalgebung, zur Jagd, zur Distanzinjektion, zur Markierung, zum Sport oder zum Spiel. Wegen des Fehlens einer solchen Zweckbestimmung sind diese Gegenstände nicht von Nr. 1.2.1 erfasst. 14

Auch **„Schussfallen"** unterfallen nicht Nr. 1.2.1. Schussfallen erzeugen hohe Druckwellen mittels Kartuschenmunition und werden zur Bekämpfung von Schädlingen eingesetzt, die sich in unterirdischen Bauten aufhalten. Eine solche Schädlingsbekämpfung fällt nicht unter die Jagd, weshalb es an einer für die Schussw. notwendigen Zweckbestimmung mangelt.

Diese Geräte sind mit dem Inkrafttreten des **6. ÄndG** (→ Einf. Rn. 26c) den Schussw. nach Maßgabe von Anl. 1 Abschn. 1 UAbschn. 1 Nr. 1.2.2 gleichgestellt.

14a **(2) Zum Abschießen von Munition für andere als die in Nr. 1.1 genannten Zwecke (Nr. 1.2.2).** Geräte zum Abschießen von Munition für andere als die für Schussw. vorgesehenen Zwecke waren bislang nicht vom WaffG erfasst. In Umsetzung der RiLi 2006/42/EG des Europäischen Parlaments und des Rats vom 17. Mai 2006 über Maschinen und zur Änderung der RiLi 95/16/EG (Neufassung) für bestimmte technische Geräte, die die EU-Feuerwaffenrichtlinie als Waffen ansieht, wenn sie nicht nachweislich nur zu technischen Zwecken verwendet werden können, sind diese mit dem **6. ÄndG** (→ Einf. Rn. 26c) unter bestimmten Vorauss. den Schussw. rechtlich gleich gestellt. Sie sind den Schussw. gleichgestellt, soweit sie **nicht die Anforderungen des § 7 BeschG erfüllen** und kein entsprechendes Prüfzeichen („PTB im Viereck" oder ein anerkanntes Prüfzeichen eines Staates, mit dem die gegenseitige Anerkennung der Prüfzeichen vereinbart ist) tragen und bei denen auch nicht die Einhaltung der (Sicherheits-) Anforderungen nach Anhang 1 Nr. 2.2.2.1 der RiLi 2006/42/EG durch Bescheinigung einer zuständigen Stelle eines Mitgliedstaates oder des Übereinkommens über den Europäischen Wirtschaftsraum nachgewiesen ist.

14b Auch Schussfallen sowie Geräte zum Abschießen von Apportierdummies (→ Rn. 14) sind prinzipiell von der Vorschrift erfasst. Allerdings unterfallen diese als Schussapparate (→ Rn. 9) der Bauartzulassung nach § 7 BeschG, tragen regelm. ein entsprechendes Prüfzeichen und sind in diesem Fall nicht den Schussw. gleichgestellt. Soweit sie ein entsprechendes Prüfzeichen tragen, fallen sie **nicht** in den Anwendungsbereich des WaffG.

15 **(3) Gegenstände, bei denen bestimmungsgemäß feste Körper gezielt verschossen werden, deren Antriebsenergie durch Muskelkraft eingebracht und durch eine Sperrvorrichtung gespeichert werden kann (Nr. 1.2.3).** Erfasst sind hier Gegenstände, bei denen feste Körper gezielt verschossen werden können, soweit die Antriebsenergie durch Muskelkraft eingebracht worden ist und durch eine Sperrvorrichtung gespeichert werden kann.

16 Typischerweise unterfallen dieser Regelung die **Armbrüste,** welche der Gesetzgeber auch explizit benennt und welche den Anwendungsbereich der Vorschrift im Wesentlichen umreißen dürften. Die Gleichstellung der Armbrüste mit den Schussw. läuft faktisch „ins Leere", da die Betätigung einer Armbrust kein erlaubnispflichtiges Schießen im Rechssinne darstellt (→ Anl. 1 Rn. 181) und Armbrüste im übrigen nach Anl. 2 Abschn. 2 UAbschn. 2 vollumfänglich von der für Schussw. und gleichgest. tragbare Gegenstände grds. geltenden Erlaubnispflicht ausgenommen sind.

16a Nicht den Schussw. gleichgestellt sind solche Gegenstände (Armbrüste), bei denen die festen Körper (Geschosse) mit einer elastischen Spitze versehen sind und bei denen den Geschossspitzen eine Bewegungsenergie von nicht mehr als 0,16 J/cm^2 erteilt wird. Hierher zählen „Spielzeugarmbrüste" mit Saugnapf-Pfeilen.

17 Ebenso können **Harpunengeräte** unter diese Vorschrift fallen. Soweit bei diesen zum Antrieb der Geschosse keine Munition verwandt wird, sind diese jedoch weitgehend von den Regelungen des WaffG ausgenommen. Sie unterfallen lediglich dem Alterserfordernis nach § 2 Abs. 1 sowie der Regelung des § 41 (vgl. Anl. 2 Abschn. 3 UAbschn. 1).

18 Weiter sind auch sog **Kugelschnäpper** von der Vorschrift erfasst. Diese aus dem Mittelalter stammenden Gerätschaften weisen eine den Armbrüsten vergleichbare Mechanik auf, allerdings werden keine Pfeile sondern Metallkugeln mit diesen verschossen.

19 Ebenso gehören hierher oftmals durch Kinder und Jugendliche selbst gebastelte **Schießgeräte,** welche aus einem Lattenstück bestehen und an deren Kopfende ein fester Gummi befestigt wurde. Dieses Gummiband wird im gespannten Zustand von einer Klammer gehalten, welche auch als Abzug dient. Mit diesen Selbstbauten

können Steine oder Kugellagerkugeln mit einer beträchtlichen Energie verschossen werden.

Indes sind auch Messer, bei denen die Klinge nicht fest mit dem Griffstück verbunden ist und die auf Knopfdruck durch einen Federdruckmechanismus nach vorne ausgestoßen wird, von der Vorschrift erfasst (aA *Heller/Soschinka* WaffR Rn. 292, welche solche Gegenstände zu den verbotenen Hieb- oder Stoßwaffen nach Anl. 2 Abschn. 1 Nr. 1.3.1 zählen). Der zylindrische Messergriff ist zusammen mit einer kräftigen Feder in die Griffhülle geschoben und wird dort durch die Auslösevorrichtung festgehalten. Der Auslöseknopf sitzt an der vorderen Griffseite und ist zusätzlich mit einem Vorstecker gegen unbeabsichtigtes Auslösen gesichert. Solche Messer sind teilw. mit mehreren Klingen ausgestattet und werden auch als **„KGB-Messer"** bezeichnet. Typisch für diese ist, dass sie einerseits wie ein herkömmliches Kampfmesser benutzt werden können, bei Bedarf aber mit diesen die Klinge auch „verschossen" werden kann. Aus einer Entfernung von mehreren Metern kann mit diesen Messern eine tödliche Wirkung erzielt werden. 20

Blasrohre (zu deren rechtl. Einordnung → Rn. 3) fallen hingegen **nicht** in den Anwendungsbereich dieser Vorschrift, da bei diesen die Antriebsenergie nicht durch eine Sperrvorrichtung gespeichert werden kann. 21

Ebenso zählen **Bogen** und **Schleudern** (umgangsspr. auch „Zwille" oder „Oschi") **nicht** hierher. 22

cc) Wesentliche Teile von Schusswaffen, Schalldämpfer (Nr. 1.3). Wesentl. Teile von Schussw. und Schalldämpfer sind jeweils den Schussw. gleichgest., **für die sie bestimmt sind.** Dieser Grundsatz bezieht sich gleichermaßen auf die den Schussw. gleichgest. tragbaren Gegenstände nach Anl. 1 Abschn. 1 UAbschn. 1 Nr. 1.2. (so auch *Apel/Bushart* WaffG Anl. 1 Rn. 13; aA *Steindorf/B. Heinrich* WaffG § 1 Rn. 19b). 23

Er gilt dem Wortlaut nach, soweit im WaffG nichts anderes bestimmt ist. Soweit ersichtlich, hat der Gesetzgeber keine von diesem Grundsatz abweichenden Bestimmungen ins WaffG aufgenommen, weshalb die Gleichstellung der wesentl. Teile mit der Ziel-Schussw. (bzw gleichgest. Gegenstand) **uneingeschränkt gilt** (aA *Steindorf/B. Heinrich* WaffG § 1 Rn. 19b, der in §§ 23 ff. offensichtlich eine Einschränkung dieses Grundsatzes sieht).

Kann ein wesentl. Teil hinsichtlich seiner Bestimmung einer Schussw. zugeordnet werden, so sind allein die für die Ziel-Schussw. (bzw gleichgest. Gegenstand) geltenden Rechtsvorschriften auf das wesentl. Teil anzuwenden (so auch VG Wiesbaden Urt. v. 23.11.2009 – 6 K 922/09.WI für eine in einen Halbautomaten umgebaute Maschinenpistole). Insbes. kommt der für Schussw. prinzipiell vollumfänglich geltende Erlaubnisvorbehalt zum Tragen, soweit das Gesetz für bestimmte Schussw. keine Ausnahmen bzgl. einzelner Umgangsarten vorsieht (zum erlaubnisfreien Führen wesentlicher Teile → § 12 Rn. 81a f.).

Dementsprechend ist etwa die **Gear-Box** (Antriebsvorrichtung) einer Kaltgaswaffe mit einer Geschossenergie unter 7,5 Joule als wesentliches Teil einer Schussw. nach Anl. 1 Abschn. 1 UA 1 Nr. 1.3.3 eingestuft worden, welches den gleichen rechtlichen Regulierungen wie die Zielschusswaffe unterliegt (vgl. BKA-FB v. 8.4.2011, Az SO11-5164.01-Z-152). Diese bemessen sich ihrerseits danach, ob die Zielwaffe eine Kennzeichnung („F im Fünfeck") aufweist. Zu wesentl. Teilen verbotener Vorderschaftrepetierflinten → § 51 Rn. 5.

Die rechtliche Gleichstellung gilt gleichermaßen für **Schalldämpfer,** welche im Anschl. an Nr. 1.3.4 der Anl. 1 Abschn. 1 UAbschn. 1 als Vorrichtungen legaldef. sind, die der wesentl. Dämpfung des Mündungsknalls dienen und für Schussw. bestimmt sind (ausf. zu Schalldämpfern und deren Abgrenzung zu Kompensatoren *ABB/Adolph* WaffG § 1 Rn. 67 ff.).

Grds. erlaubnisfreie Mündungsfeuer- oder Rückstoßbremsen zählen prinzipiell nicht zu den Schalldämpfern. Sie sind nur dann als erlaubnispflichtige Schalldämpfer zu bewerten, wenn es durch ihre Verwendung zu einer deutlichen Dämpfung des Schussknalls kommt. So sprach das BKA einem zu beurteilendem „Feuerschlucker" eine Schalldämpfereigenschaft zu, da bei dem Gegenstand der Schussknall über den Richtwert von 10 dB hinaus gedämpft wird (BKA FB v. 16.4.2014, Az SO11-5164.01-Z-236).

23a Hinsichtlich der **Aufbewahrung** von Schussw. ist zu berücksichtigen, dass nach der Regelung des im Zuge des **6. ÄndG** (→ Einf. Rn. 26c) neu gefassten § 13 Abs. 3 AWaffV bestimmte wesentliche Teile bei der Bestimmung der Zahl der Waffen, die in einem Sicherheitsbehältnis aufbewahrt werden dürfen, außer Betracht bleiben (→ § 36 Rn. 32).

24 Wesentl. Teile sollen auch dann den Schussw. gleichgest. sein, wenn sie zwar mit anderen Gegenständen verbunden sind, hierdurch aber ihre Gebrauchsfähigkeit als Waffenteil nicht beeinträchtigt ist (ausf. *ABB/Adolph* WaffG § 1 Rn. 48).

25 Wird die Gebrauchsfähigkeit durch die Verbindung mit anderen Gegenständen zwar beeinträchtigt, kann diese aber mit allg. gebräuchlichen Werkzeugen wieder hergest. werden, so soll es ebenfalls bei der Gleichstellung mit den Schussw. bleiben. Das Gleiche gilt für wesentl. Teile, die **weißfertig** sind, also nur noch unwesentl. bearbeitet werden müssen, um in einer Schussw. verbaut werden zu können, vgl. § 2 Abs. 5 BeschG.

26 Als **allg. gebräuchlich** sind Werkzeuge stets dann einzustufen, wenn sie zum einen von jedermann problemlos erworben werden können und sie zudem von einem Durchschnittsbürger ohne besondere handwerkliche Qualifikation bedient werden können. Typischerweise zählen etwa Bohrmaschinen, Feilen, Sägen, Schleifsteine, Hämmer, Schraubendreher, Maul- und Steckschlüssel, Kombizangen, Seitenschneider, Heißluftgebläse, Hartmetallbohrer, Meißel, Körner, Splinttreiber, Schraubstöcke usw hierzu (vgl. BT-Drs. 16/7717, 24). Auch der Winkelschleifer zählt noch als allg. gebräuchliches Werkzeug. Nicht mehr zu den allg. gebräuchlichen Werkzeugen zählen hingegen Werkzeugmaschinen oder andere Geräte, die nur stationär betrieben werden (Drehmaschinen, Fräsen oÄ, vgl. WaffVwV Anl. I-A1UA1-1.3). Zwar sind solche Maschinen ohne Weiteres für Jedermann zu erwerben, für deren sachgerechten Gebrauch bedarf es allerdings einer besonderen Ausbildung.

27 Schließlich sollen wesentl. Teile von Kriegswaffen iSd KrWaffKontrG sowie Schalldämpfer für solche Waffen von den Regelungen des WaffG erfasst sein, soweit sie nicht bereits in den Anwendungsbereich des KrWaffKontrG fallen. Hierunter fallen zB wesentl. Teile von Schussw., welche mit dem WaffRNeuRegG zum 1.4.2003 aus der Kriegswaffenliste entlassen wurden (zB Sturmgewehr 44, MP 38 und 40, Gewehr .30 M1).

Zudem werden auch Bestandteile wesentl. Teile von Kriegswaffen erfasst. Nach dem KrWaffKontrG sind bei den Rohrwaffen Rohre und Verschlüsse als wesentl. Teile vom KrWaffKontrG erfasst (Anl. zu § 1 Abs. 1 KrWaffKontrG, Teil B, V Nr. 34 u. 35). Diese werden nach der Terminologie des KrWaffKontrG stets als **vollständige** Bauteile verstanden. Wird bspw. der Verschlusskopf von einem Verschluss eines Maschinengewehrs entfernt, so liegt kein Verschluss mehr iSd Kriegswaffenliste vor und unterfällt damit nicht dem KrWaffKontrG. Gleichwohl stellt der Verschluss ohne Verschlusskopf ein wesentl. Teil iSd WaffG dar. Nach der amtl. Begr. sollen wesentl. Teile von Kriegsschussw. ohne Kriegswaffeneigenschaft iSe. **Auffangregelung** dem WaffG unterworfen werden (BR-Drs. 838/07, 49).

28 In den Nr. 1.3.1–1.3.4. und 3 sind die wesentl. Teile von Schussw. **abschließend aufgezählt.** Die in Nr. 3 vorgenommene Aufzählung erfolgt unter der wenig geglückten Bezeichnung „Weitere Begriffe zu den wesentl. Teilen". Der Sache nach handelt es sich jedoch um eine die Nr. 1.3.1–1.3.4 ergänzende Aufzählung weiterer wesentl. Teile. Der Übersicht wegen hätte der Gesetzgeber besser daran getan, diese inhaltlich zusammenhängende Aufzählung auch im Gesetzestext zusammenhängend vorzunehmen.

Soweit Teile von Schussw. nicht in dieser Aufzählung genannt sind, gelten sie nicht als wesentl. Teile von Schussw. und unterliegen dementspr. auch nicht den für Schussw. geltenden Erlaubnispflichten. So zählen bspw. Abzüge, Federn, Magazine, Zieleinrichtungen, Tragevorrichtungen, Schlagbolzen usw **nicht** zu den wesentl. Teilen. **29**

Im Einzelnen:

(1) Lauf, Gaslauf, Verschluss, Patronenlager, Kartuschenlager (Nr. 1.3.1). Unter die Begriffe Läufe und Gasläufe fallen bereits fertige Läufe, welche lediglich in die Waffe eingepasst werden müssen oder bereits eingepasst worden sind. Bei gezogenen Büchsenläufen sind bereits nach dem Ziehen (Einbringen der Züge und Felder) die erlaubnisrechtl. Vorschriften eines fertigen Laufes anzuwenden, auch wenn diese noch nicht weiter bearbeitet sind. Dies gilt auch, wenn das Patronenlager (worin sich die Patrone im Augenblick der Zündung befindet) noch nicht eingeschnitten/eingefräst wurde. Problematisch wird dies bei Flintenläufen, welche naturgemäß nicht gezogen sind. Bei diesen kann im Regelfall erst dann die Laufeigenschaft angenommen werden, wenn das Patronenlager fertiggestellt ist. Erst hieraus kann die Bestimmung des Rohres als Lauf einer Schussw. und damit wesentl. Teil verbindlich abgeleitet werden (→ Rn. 18). **30**

Charakteristisch für den **Gaslauf** ist, dass er ausschl. zur Ableitung der verschossenen Gase in einer durch die Physikalisch-Technische Bundesanstalt festgelegten Art dient. Im Gegensatz zum herkömmlichen Lauf werden durch ihn typischerweise keine Geschosse getrieben (zur Def. des Laufes → Rn. 2). **31**

Der Gaslauf darf nicht durchgängig (frei von Hindernissen) sein, ansonsten greifen die Bestimmungen für die „normalen" Läufe, da es möglich wäre, durch einen durchgängigen Gaslauf Geschosse hindurchzutreiben. Dient die Waffe auch zum Abschießen von pyrotechnischer Munition mittels eines Abschussbechers, so muss der Gaslauf im Inneren ebenfalls mit einem „Steg" bzw Hindernis versehen sein, das nicht mit allg. gebräuchlichem Werkzeug entfernt werden kann (§ 8 BeschG iVm § 11 Abs. 2 BeschussV und Anl. I Nr. 4 BeschussV).

Der **Verschluss** dient dazu, den Lauf und das Patronenlager nach hinten abzuschließen. Das Abschließen ist allerdings nur möglich, wenn auch ein Widerlager für das eigentliche Verriegelungselement vorhanden ist. Bei den moderneren Waffen verriegelt der Verschluss unmittelbar im Lauf. Bei älteren Modellen (zB Modell Mauser 98, Steyr Mannlicher) wird der Verschluss in einer Hülse (Verschlusshülse) geführt, welche auch den Lauf hält. Das Widerlager befindet sich in der Verschlusshülse. Damit ist nach dem Sinn der Vorschrift die Verschlusshülse ebenfalls dem Verschluss zuzurechnen. Neben den Repetierverschlüssen zählen hierher auch die Basküle von Kipplaufwaffen. Diese halten den oder die Läufe und beinhalten den Schlagmechanismus und den Verriegelungsmechanismus. Da sie mit dem Hinterschaft verbunden sind, werden sie oft nicht als Verschluss erkannt. Das Gleiche gilt für Blockverschlüsse, die vertikal hinter dem Lauf geführt werden und den Schlagbolzen enthalten. Bei Selbstladelangwaffen sowie einigen modernen Repetierbüchsen ist dies nur der Verschlusskopf, welcher von einem Verschlussträger gehalten wird, sofern er alleine dazu geeignet ist, den Lauf nach hinten zu verschließen. Bei letzteren wird nicht selten anhand von Wechselläufen und austauschbaren Verschlussköpfen die Waffe auf unterschiedliche Patronengrößen eingerichtet. Diese sind ohne Nacharbeiten austauschbar. Ist das Patronen- oder Kartuschenlager nicht bereits Bestandteil des Laufes, so ist dieses dennoch ein wesentl. Teil. Hierher zählt bspw. die Revolvertrommel, welche nicht selten lediglich als eine Art Magazin **32** angesehen wird, tats. aber als Patronenlager einzustufen ist, da die Patronen unmittelbar in dieser Trommel gezündet werden.

33 **(2) Verbrennungskammer (Nr. 1.3.2).** Diese Vorschrift geht auf Versuche der Waffenindustrie zurück, eine neue Generation von Schussw. ohne Patronenmunition für militärische Zwecke zu entwickeln, bei denen in einer Verbrennungskammer ein gasförmiges Gemisch aufbereitet werden sollte, welches entzündet als Geschossantrieb dienen sollte. Solche Verbrennungskammern finden heute bspw. bei den selbstgebauten „Potatoe-Guns" (→ Rn. 4) Verwendung.

34 **(3) Antriebsvorrichtung (Nr. 1.3.3).** Erfasst sind hier die Antriebsvorrichtungen von Luft- und Federdruckwaffen („Gear-Box" → Rn. 23).

35 **(4) Griffstück oder sonstige Waffenteile, die für die Aufnahme des Auslösemechanismus bestimmt sind (Nr. 1.3.4). Griffstücke** von Kurzwaffen sind als wesentl. Teile vom WaffG erfasst, sofern sie für die Aufnahme des **Auslösemechanismus** bestimmt sind. Der Auslösemechanismus selbst unterliegt **nicht** den Vorschriften des WaffG. **Sonstige Waffenteile,** die zur Aufnahme wesentl. Elemente des Auslösemechanismus dienen, fallen ebenfalls unter diese Vorschrift, zB der Rahmen bei Single-Action-Revolvern (vgl. WaffVwV Anl. I-A1-UA1-1.3.4).

Eine Konstruktion, bei der sich die Abzugseinrichtung in einem eigenständigen Rahmen befindet, welcher seinerseits durch das Griffstück (Griffmodul) aufgenommen wird, wurde vom BKA dahingehend beurteilt, dass der Rahmen mit dem Auslösemechanismus als wesentl. Teil eingestuft wurde, das Griffmodul für sich genommen hingegen nicht, weil es nicht fest mit dem Abzugssystem verbunden ist (BKA-FB v. 14.5.2008, Az. SO 11-5164.01-Z-149; BKA-FB v. 8.2.2017, Az SO23-5164.01-Z-396).

36 Weiter zählen auch noch nicht fertig gestellte wesentl. Teile zu den wesentl. Teilen, sofern sie mit allg. gebräuchlichen Werkzeugen (→ Rn. 26) fertiggestellt werden können. Sie müssen demnach bereits so weit bearbeitet sein, dass diese mit nur noch geringen Arbeiten fertig gestellt werden können. Der Umstand, dass Jedermann diese Gegenstände soweit fertigstellen kann, dass sie zumindest funktionieren, rechtfertigt, diese bereits im Rohstadium rechtl. wie ein fertiggestelltes wesentl. Teil zu behandeln. Seit dem 1.4.2008 in diese Bestimmung aufgenommen wurden deshalb Teile/Reststücke von Läufen und Laufrohlinge (**2. ÄndG,** → Einf. Rn. 23).

37 **dd) Unbrauchbar gemachte Schusswaffen, Dekorationswaffen (Nr. 1.4).** Grds. soll eine Schussw. dann nicht mehr den Reglementierungen des WaffG unterliegen (mit Ausnahme des § 42a), wenn sie techn. so verändert worden ist, dass sie **auf Dauer funktionsuntüchtig** ist und die Funktionsfähigkeit mit allg. gebräuchlichem Werkzeug (→ Rn. 26) nicht wieder hergest. werden kann. Bei den unbrauchbar gemachten Schussw. (auch **Dekorationswaffen**) handelt es sich also immer um solche Gegenstände, aus denen ursprünglich einmal geschossen werden konnte, und die ihre Schusswaffeneigenschaft im Nachhinein durch entspr. Umbaumaßnahmen verloren haben, vgl. Nr. 1.4.6.

Beim **Zerstören** einer Schussw. wird diese nicht nur auf Dauer funktionsuntüchtig gemacht, sondern darüber hinausgehend in ihrer Substanz vernichtet. Insofern stellt das Zerstören eine **Sonderform** des Unbrauchbarmachens dar. Sofern Schussw. durch Zerschmelzen, Zersägen oder Zusammenstauchen der wesentl. Waffenteile so zerstört werden, dass sie mit allg. gebräuchlichen Werkzeugen (→ Rn. 26) nicht wieder schießfähig gemacht werden können, gelten diese als unbrauchbar (WaffVwV Anl.I-A1-UA1-1.4).

Unbrauchbar im Rechtssinne ist eine Waffe dann, wenn sie den Vorgaben der am 8. April 2016 in Kraft getretenen Durchführungsverordnung (EU) 2015/2403 entspricht, welche Vorgaben für die Unbrauchbarmachung von Feuerwaffen der

Kategorien A, B, C und D (Anl. 1 Abschn. 3) enthält. Das Unbrauchbarmachen stellt **kein erlaubnispflichtiges Bearbeiten** der Waffe dar, → Rn. 184.

Näheres zur Unbrauchbarmachung kann das BMI durch RVO auf Grundlage des § 39a regeln. 38

(unbesetzt) 39–4

ee) Salutwaffen (Nr. 1.5). Hierunter fallen **Langwaffen,** die für Theateraufführungen, Filmaufnahmen usw bestimmt sind. Diese müssen techn. so umgearbeitet worden sein, dass sie nicht mehr als Schussw. verwendet werden können. Zudem darf ihre Funktionstüchtigkeit nicht mit allg. gebräuchlichem Werkzeug (→ Rn. 26) wieder herstellbar sein. Welche techn. Modifikationen diese strengen Anforderungen erfüllen, benennt der Gesetzgeber detailliert im Gesetzestext. Um die Einhaltung der vom Gesetzgeber gestellten Anforderungen in der Praxis nachvollziehen zu können, muss der Verschluss besonders gekennzeichnet sein (Zeichen der verschiedenen **Beschussämter im Rhombus,** vgl. § 19 Abs. 1, 2 u. § 20 Abs. 2 iVm Anl. II Abb. 11 BeschussV). Salutwaffen werden typischerweise mit Kartuschenmunition für Knall- und Schusseffekte bei Theateraufführungen und Filmaufnahmen usw eingesetzt. 43

Salutwaffen werden vom Gesetzgeber zwar zunächst als den Schussw. gleichgest. Gegenstände eingeordnet, iErg dürfen diese aber im Unterschied zu scharfen Schussw. erlaubnisfrei erworben und besessen werden (vgl. Anl. 2 Abschn. 2 UAbschn. 2 Nr. 1.5 und 1.11 Kartuschenmunition).

ff) Anscheinswaffen (Nr. 1.6). Der Begriff der **Anscheinswaffe** ist **zum 1.4.2008** durch das **2. ÄndG** (→ Einf. Rn. 23) **neu ins WaffG aufgenommen** worden (ausf. zur Vorgängerregelung → 1. Aufl. Anl. 1 Rn. 44 f.). 44

(unbesetzt) 45, 4

Durch die Aufnahme der Begrifflichkeit der Anscheinswaffe ist durch den Gesetzgeber klar gestellt, wann exakt davon auszugehen ist, dass ein Gegenstand in waffenrechtl. relevanter Weise optisch einer scharfen Schussw. nachempfunden ist.

Die Begrifflichkeit der **Anscheinswaffe bildet den Oberbegriff,** welcher gleichsam verschiedene Untergruppen nach dem Kriterium erfasst, inwieweit ein Gegenstand vom **äußeren Erscheinungsbild** her einer **scharfen Schussw.** nachempfunden ist. IErg wird dadurch ein **einheitlicher Maßstab** im WaffG hergest. Anscheinswaffen werden vom Gesetzgeber zwar zunächst als den Schussw. gleichgest. Gegenstände eingeordnet, im Weiteren aber weitestgehend vom Anwendungsbereich des WaffG ausgenommen (→ Anl. 2 Rn. 139 ff.), so dass sie **iErg nur der Regelung des § 42a unterfallen,** welcher das Führen von Anscheinswaffen prinzipiell untersagt (→ § 42a Rn. 3 ff.)), davon aber Ausnahmen zulässt (→ § 42a Rn. 18 ff.). 47

Unter den Begriff der Anscheinswaffe fallen:

(1) Schusswaffen, bei denen zum Antrieb der Geschosse keine heißen Gase verwendet werden, die aber auf Grund ihres Gesamterscheinungsbildes den Eindruck einer Feuerwaffe erwecken (Nr. 1.6.1). Hierzu zählen typischerweise die oben erwähnten Spielzeugschussw. (Softairwaffen). 48

(2) Nachbildungen von Schusswaffen mit dem Aussehen von Feuerwaffen (Nr. 1.6.2). Nachbildungen von Schussw. sind nicht als Schussw. hergest. Gegenstände, welche die äußere Form einer Schussw. aufweisen, aus denen nicht geschossen werden kann, und die nicht mit allg. gebräuchlichen Werkzeugen (→ Rn. 26) so umgebaut oder verändert werden können, dass aus ihnen Munition, Ladungen oder Geschosse verschossen werden können (Anl. 1 Abschn. 1 UAbschn. 1 Nr. 6). Bei Nachbildungen handelt es sich demgemäß nicht um Schussw. (*Apel/Bushart* WaffG Anl. 2 UAbschn. 2 Rn. 61). Hierher zählen Feuerzeuge oder Taschenmesser in der Verkleidung einer Pistole oder eines Revolvers; 49

ebenso Druckgusse von Schussw. oder aber Kunststoffdummies von Pistolen für die Ausbildung in der Selbstverteidigung. Auch Wasserpistolen mit Schusswaffenoptik zählen hierher.

50 **(3) Unbrauchbar gemachte Schusswaffen mit dem Aussehen von Feuerwaffen (Nr. 1.6.3).** Der Gesetzgeber sieht vor, dass zur Unterscheidung zwischen Anscheinswaffe und Spielzeug „unter Berücksichtigung des objektiven Empfängerhorizonts auf das Gesamterscheinungsbild des Gegenstandes abzustellen" ist (BT-Drs. 16/8224, 31). Hieraus kann als **Faustformel** abgeleitet werden, dass immer dann das Vorliegen einer Anscheinswaffe anzunehmen ist, wenn sich ein Gegenstand bei Betrachtung eines Durchschnittsbürgers als scharfe Schussw. darstellt.

51 Es bedarf daher nicht der optischen Nachbildung eines real existierenden Feuerwaffenmodells. Ausreichend ist auch eine Fantasiekonstruktion, soweit sie vom Betrachter nicht ohne Weiteres als Spielzeug zu identifizieren ist.

52 ISe. präzisen Abgrenzung hat der Gesetzgeber **Wertungsmaßstäbe** in die Regelung mit aufgenommen.

53 **Keine Anscheinswaffen** sind demnach solche Gegenstände, die erkennbar nach ihrem Gesamterscheinungsbild zum Spiel (zB Zündblättchenrevolver) oder für Brauchtumsveranstaltungen (Karneval, öffentl Western-Veranstaltung oÄ) bestimmt sind. Dabei kommt es allein auf die **Gesamterscheinung der Waffe** und nicht auf das Gesamterscheinungsbild aus Waffe und Träger an (*Steindorf/B. Heinrich* WaffG § 1 Rn. 19e). Eine erkennbare Bestimmung zum Spiel ist nach dem Wortlaut des Gesetzes insbes. dann anzunehmen, wenn die Größe der entspr. Feuerwaffe um **50 %** über- oder unterschritten wird, **neonfarbene** Materialien enthalten sind oder **keine Kennzeichnungen** von Feuerwaffen vorhanden sind. Diese Formulierung des Gesetzgebers ist nicht unproblematisch, da streng nach dem Wortlaut der Norm allein der Umstand fehlender Kennzeichnungen von Feuerwaffen dazu führt, einen Gegenstand nicht als Anscheinswaffe zu qualifizieren. Indes bleibt der optische Eindruck einer Feuerwaffe von diesem Umstand zunächst unberührt. Fehlende waffenrechtl. Kennzeichnungen können erst im Rahmen einer näheren Untersuchung des Gegenstandes für eine Beurteilung desselben zum Tragen kommen, ebenso wie bspw. das tats. Gewicht des Gegenstandes. Für die Beurteilung der potenziellen psychischen Zwangswirkung kann es nur auf solche Umstände ankommen, welche für eine Person ohne besondere Waffenkunde ohne eine eingehende Untersuchung des Gegenstandes wahrnehmbar sind. Demnach führt **allein** das Fehlen einer für Feuerwaffen bestimmten Kennzeichnung **nicht** dazu, dass ein Gegenstand automatisch als offensichtliches Spielzeug und nicht als Anscheinswaffe eingestuft wird (offen gelassen bei *Steindorf/B. Heinrich* WaffG § 1 Rn. 19e; aA *Ullrich* Waffenrechtl. Erlaubnisse S. 46).

54 **Im Ergebnis** ist also immer nur dann anzunehmen, dass ein Gegenstand nicht unter den Begriff der Anscheinswaffe fällt, wenn er unter Zugrundelegung eines obj. Empfängerhorizonts (waffenunkundiger Laie) auf Grund seines äußeren Gesamterscheinungsbildes als offensichtliches Spielzeug zu erkennen ist. Jeder strengere Maßstab liefe der gesetzgeberischen Intention zuwider (vgl. auch BT-Drs. 16/8224, 19).

55 Ähnliche Maßstäbe sind anzulegen bei der Beurteilung, wann Gegenstände erkennbar nach ihrem Gesamterscheinungsbild für Brauchtumsveranstaltungen bestimmt sind. Der Begriff der **Brauchtumsveranstaltung** erfasst neben klassischen Aufzügen historischer Bürgerwehren uä auch Umzüge im Rahmen von Schützenfesten, aber auch Karnevalsveranstaltungen usw. Hier sind bei der Beurteilung eines Gegenstandes die Umstände des Einzelfalls mit einzubeziehen (zB Cowboy-Kostüm im Rahmen einer Faschingsveranstaltung).

56 Neben den Gegenständen, welche offensichtlich als Spielzeug zu erkennen oder für Brauchtumsveranstaltungen bestimmt sind, fallen auch solche Gegenstände nicht

unter den Begriff der Anscheinswaffe, die Bestandteil einer kulturhistorischen Sammlung iSd § 17 sind oder werden sollen.

Schließlich sind Schussw., für die gem. **§ 10 Abs. 4** eine Erlaubnis zum Führen erforderlich ist, ebenfalls **nicht** vom Begriff der **Anscheinswaffe** erfasst. Hierunter fallen die ganz überwiegend von Sportschützen verwendeten **Luftpistolen und Luftgewehre,** welche zwar frei erworben und besessen werden dürfen, bzgl. des Führens aber der allg. für Schussw. geltenden Waffenscheinpflicht unterliegen. Eine Erfassung dieser Gegenstände als Anscheinswaffe war nicht angezeigt, da der Umgang, insbes. das Führen solcher Gegenstände, mit der prinzipiellen Waffenscheinpflicht bereits eine angemessene Regelung erfahren hat und ein missbräuchlicher Umgang mit solchen Gegenständen zumindest von der gesetzgeberischen Regelung her weitgehend ausgeschlossen ist. 57

Weiter zählen hierher auch die waffenscheinpflichtigen (KWS, vgl. § 10 Abs. 4 S. 4 iVm Anl. 2 Abschn. 2 UAbschn. 3 Nr. 2 und 2.1) **SRS-Waffen.** Bei diesen handelt es sich zwar nicht um Schussw., sondern um den Schussw. gleichgest. tragbare Gegenstände (vgl. → Rn. 10). Da das Führen solcher Waffen indes bereits eine gesonderte (restriktive) Regelung durch den Gesetzgeber erfahren hat, erscheint es geboten, auch diese Gegenstände unter die Ausnahme von den Anscheinswaffen zu subsumieren (so auch *Heller/Soschinka* WaffR Rn. 156). 58

Als Anscheinswaffen unterfielen solche Gegenstände grds. dem Verbot des Führens nach § 42a, was der Waffenscheinpflicht schlichtweg zuwiderliefe. Mit dem Erfordernis eines WS zum Führen hat der Gesetzgeber die Anforderungen an den öffentl. Umgang mit solchen Gegenständen klar umrissen, weshalb die **Regelung des § 42a insgesamt für waffenscheinpflichtige Gegenstände unpassend** ist. 59

Einzelfälle.

Das zweischüssige Tierabwehrgerät „JPX Jet Protector" (→ Rn. 13a) wurde **nicht** als Anscheinswaffe eingestuft (vgl. BKA-FB v. 6.12.2011, Az. SO11-5164.01-Z-174). Unbegründet bleibt, warum das Gerät nicht die Vorauss. einer „Nachbildung von Schussw." iSv Anl. 1 Abschn. 1 Uabschn. 1 Nr. 1.6.2 (→ Rn. 49) nicht erfüllen soll.

Auch das Pfeilabschusssgerät **„Verminator"** (→ Rn. 10b) wurde vom BKA nicht als Anscheinswaffe eingestuft

b) Arten von Schusswaffen (Nr. 2). Während bei der Aufzählung der Schussw. nach der bis zum 31.3.2008 geltenden Rechtslage die „Feuerwaffen" den Oberbegriff bildeten, unter dem die verschiedenen Gruppen von Feuerwaffen aufgezählt wurden, bilden nunmehr die Arten von Schussw. den Oberbegriff. Auf Grund dieser allgemeineren Fassung werden folgend nicht nur die verschiedenen Arten von Feuerwaffen aufgeführt, sondern auch die Druckluft- und Federdruckwaffen und Waffen, bei denen zum Antrieb der Geschosse kalte Treibgase verwendet werden. 60

aa) Feuerwaffen (Nr. 2.1). Die grundlegende Eigenschaft der Feuerwaffen ist durch den Gesetzgeber dahingehend festgelegt, dass es sich um Schussw. handelt, bei denen die Geschosse durch heiße Gase angetrieben werden. Die zum Antrieb der Geschosse verwendeten heißen Gase entstehen durch Verbrennung von Nitrozellulose oder Schwarzpulver, aber auch Gasgemische sind möglich. 61

Eine klare **Trennung** zwischen Feuerwaffen einerseits und Druckluft- und Federdruckwaffen und solchen Waffen, bei denen zum Antrieb der Geschosse kalte Treibgase verwendet werden, ist andererseits für deren rechtl. Behandlung **wesentl.**

Während Feuerwaffen prinzipiell umfänglich der für Schussw. geltenden Erlaubnispflicht unterliegen, hat der Gesetzgeber die Druckluft- und Federdruckwaffen und Waffen, bei denen zum Antrieb der Geschosse kalte Treibgase verwendet werden, bzgl. des Erwerbs und des Besitzes von der Erlaubnispflicht ausgenommen, soweit diese gewisse Vorauss. erfüllen („F im Fünfeck“, „Suhler-Waffe“ oder „Alt-Waffe“, auch → Anl. 2 Rn. 105 ff.).

Im Unterschied zu sonstigen Schussw. unterliegen Feuerwaffen einer besonderen Beschussprüfung nach §§ 1 ff. BeschG.

62 **bb) Automatische Schusswaffen (Nr. 2.2).** Der Gesetzgeber unterscheidet die automatischen Schussw. grundlegend in die vollautomatischen Schussw. einerseits und die halbautomatischen Schussw. andererseits. Wesensbestimmendes Kriterium für automatische Schussw. insgesamt ist die selbsttätige Herstellung der erneuten Schussbereitschaft nach dem ersten Schuss. Die Waffe lädt nach dem ersten abgegebenen Schuss (und ausgeworfener Hülse), also ohne Zutun des Schützen, eine neue Patrone nach und spannt sich auch wieder selbst.

63 Können durch einmaliges Betätigen des Abzugs mehrere Schüsse selbstständig hintereinander abgefeuert werden, so handelt es sich um eine **vollautomatische** Schussw. In Abhebung hierzu muss der Abzug bei **Halbautomaten** nach dem Schuss erneut betätigt werden.

64 Den automatischen Waffen werden Schussw. **gleichgest.,** die mit allg. gebräuchlichen Werkzeugen (→ Rn. 26) zu automatischen Schussw. umgebaut werden können. (*Steindorf/B. Heinrich* WaffG § 2 Rn. 6a).

Bsp.: Eine vorher halbautomatische Militärlangwaffe wurde zum Erwerb auf die WBK für Sportschützen zum Geradezugrepetierer umgebaut. Das vorher vorhandene Rohr für den Gasmechanismus wurde verschlossen. Da es sich aber mit allg. gebräuchlichem Werkzeug austauschen lässt, ist diese Waffe einem Halbautomaten gleichzustellen.

ISd Rechtsklarheit werden die zum Verkauf vorgesehenen Waffen in Mustern dem BKA zur Begutachtung vorgelegt (zu den FB des BKA vgl. im Internet: www.bka.de → Fragen&Antworten → Waffenrecht).

Das Gleiche gilt für ehemals vollautomatische Schussw., die zu Halbautomaten umgebaut wurden, aber weiterhin mit allg. gebräuchlichem Werkzeug in Vollautomaten zurückgeändert werden können (*Steindorf/B. Heinrich* WaffG § 2 Rn. 6a).

Bsp.: Das mit dem 1.4.2003 aus der Kriegswaffenliste entlassene Sturmgewehr 44 wird zum Halbautomaten verändert. Hierzu wird vom Büchsenmacher nur die Feuerstoßeinrichtung entfernt. Da man diese Einrichtung aber erlaubnisfrei erwerben kann, ist das Sturmgewehr 44 noch als vollautomatische (und damit ohne Ausnahmebewilligung des BKA verbotene) Schussw. einzuordnen.

65 Modernere Feuerwaffen sind so konstruiert, dass mit ihnen wahlweise Einzelfeuer, Dauerfeuer und auch einzelne Sequenzen, zB Drei-Schuss-Dauerfeuer, geschossen werden können. Diese Waffen zählen ebenfalls zu den Vollautomaten.

66 Vollautomaten müssen nicht zwingend Feuerwaffen sein. Denkbar sind auch vollautomatische Druckluft- und Federdruckwaffen und Waffen, bei denen zum Antrieb der Geschosse kalte Treibgase verwendet werden (vgl. *Steindorf/B. Heinrich* WaffG § 1 Rn. 6a). Zum Umgangsverbot mit Vollautomaten und zu den Sanktionsnormen → Anl. 2 Rn. 2 ff.

67 Bei den sog Double-Action-Revolvern handelt es sich um Spannabzugrevolver. Durch das Betätigen des Abzugs wird der Hahn gespannt und eine Patrone vor den Lauf gebracht. Wird der Abzug weiter gezogen, löst sich der Schuss. Bei Single-Action-Revolvern muss der Hahn vor jedem Schuss von Hand gespannt werden. Der Gesetzgeber hat klargestellt, dass es sich bei den Double-Action-Revolvern **nicht** um halbautomatische Schussw. iSd WaffG handelt.

68 **cc) Repetierwaffen (Nr. 2.3).** Charakteristisch für Repetierwaffen ist nicht der bloße Vorgang des Repetierens, denn auch Selbstladewaffen repetieren. Kennzeichnend für die Repetierwaffe iSd WaffG ist vielmehr, dass der Mechanismus, über welchen Munition aus einem Magazin in das Patronenlager nachgeladen wird, nach jedem Schuss **von Hand** betätigt werden muss. Als Repetierwaffe zählt bereits eine

Schussw. mit einem Magazin, welches nur eine einzelne Patrone aufzunehmen in der Lage ist, und bei der die Möglichkeit besteht, bereits eine Patrone von Hand in das Patronenlager einzuführen. Der Verschluss wird dann leer über das Magazin geführt. Damit befinden sich zwei Patronen in der Waffe, so dass ein Nachladen durch Repetieren möglich ist.

dd) Einzelladerwaffen (Nr. 2.4). Zu den Einzelladern zählen überwiegend die Kipplauf- und Blockverschlusswaffen. Aber auch Schussw. mit einem Repetiermechanismus, die kein oder ein gesperrtes Magazin besitzen, zählen dazu. **69**

ee) Langwaffen und Kurzwaffen (Nr. 2.5). Der Begriff der Langwaffe wird an zwei Merkmalen festgemacht. Zunächst müssen der Lauf und der Verschluss in geschlossener Stellung, dh in schussbereitem Zustand, **länger als 30** cm sein. Zusätzlich muss die Schussw. in ihrer kürzesten bestimmungsgemäß verwendbaren Gesamtlänge **60 cm** überschreiten. Ist die Waffe mit einem Klappschaft oÄ ausgestattet, so ist für die Beurteilung stets die kürzeste Möglichkeit heranzuziehen, in der die Schussw. noch abgefeuert werden kann. **70**

Kurzwaffen sind alle anderen Schussw.

ff) Schreckschuss-, Reizstoff- und Signalwaffen (Nr. 2.6. bis 2.8). Schreckschussw. dienen grds. lediglich zur Erzeugung von Schall, weshalb sie nur über ein Kartuschenlager verfügen, aus dem Kartuschenmunition verschossen werden kann. **Reizstoffwaffen** besitzen ebenfalls regelm. ein Kartuschenlager, sofern es sich um eine Schreckschussw. handelt, aus der auch Reizstoffe verschossen werden können. Diese werden bei der Kartuschenmunition in die Treibladung mit eingebracht. **71**

Ist ein Patronenlager vorhanden, muss auch der Lauf durchgängig sein, um die entspr. Reizstoffgeschosse zu schießen.

Üblich ist auch eine Kombination aus Schreckschuss-, Reizstoff- und Signalwaffen, was bei den nach § 8 BeschG zugelassenen Waffen der Fall ist (**SRS-Waffen**). Mit diesen können Knallkartuschen, aber ebenso Reizstoffkartuschen abgeschossen werden. Durch Aufschrauben eines Abschussbechers (Kaliber 15 mm) kann auch pyrotechnische Munition verschossen werden.

Unzutreffend hat der Gesetzgeber die Schreckschuss-, Reizstoff- und Signalwaffen pauschal jeweils als eine Untergruppe der Schussw. angeführt. **72**

Bei den SRS-Waffen handelt es sich typischerweise **nicht** um Schussw., da bei diesen keine Geschosse durch einen Lauf getrieben werden, was für das Vorliegen einer Schussw. notwendig ist. Auf Grund der hohen Deliktsrelevanz hat der Gesetzgeber diese Gruppe von Waffen den Schussw. gleichgest., wodurch diese grds. der für Schussw. geltenden Erlaubnispflicht unterfallen. Zu den SRS-Waffen als den Schussw. gleichgest. tragbaren Gegenständen einerseits und den Reizstoff- und Signalwaffen mit Schusswaffeneigenschaft andererseits → Rn. 10.

Die Einstufung in die Erlaubnispflichten bemisst sich nach einer Zulassung gem. § 8 BeschG. Als Grundsatz gilt: Ist **keine Kennzeichnung** der PTB vorhanden („PTB im Kreis"), unterliegen auch SRS-Waffen **uneingeschränkt** der **Erlaubnispflicht.** **73**

IErg hat der Gesetzgeber die nach § 8 BeschG zugelassenen SRS-Waffen von der Erlaubnispflicht bzgl. des Erwerbs und des Besitzes ausgenommen, so dass sie unter Berücksichtigung des Alterserfordernisses (§ 2 Abs. 1) frei erworben und besessen werden dürfen, soweit sie eine entspr. Kennzeichnung („PTB im Kreis") aufweisen. Zwar unterliegen sie demnach der Waffenscheinpflicht, jedoch hat der Gesetzgeber mit dem sog KWS eine adäquate Regelung eingeführt, wonach der WS für SRS-Waffen unter erleichterten Vorauss. (ohne Sachkunde-, Bedürfnis- und Haftpflichtversicherungsnachweis, vgl. § 10 Abs. 4 S. 4 iVm Anl. 2 Abschn. 2 UAbschn. 3 Nr. 2 und 2.1) erteilt wird.

74 Ausnahmen können sich bei Reizstoff- und Signalwaffen ergeben. Diese sind teilw. so konzipiert, dass Reizstoffgeschosse bzw Geschosse mit pyrotechnischem Satz durch den Lauf getrieben werden. Diese unterfallen dem Schusswaffenbegriff und sind vollumfänglich erlaubnispflichtig (→ Rn. 10). Die Signalwaffen mit Schusswaffeneigenschaft werden auch als „Kaliber 4 Waffen" bezeichnet (→ Rn. 10).

ISe. klaren terminologischen Abgrenzung hätte der Gesetzgeber gut daran getan, die SRS-Waffen einerseits als den Schussw. gleichgest. Gegenstände zu erfassen und davon getrennt diejenigen Schussw. im Gesetz anzuführen, welche zusätzlich zur Schusswaffeneigenschaft über eine Reizstoff- bzw Signalwaffenfunktion verfügen.

75 gg) **Druckluft- und Federdruckwaffen und Waffen, bei denen zum Antrieb der Geschosse kalte Treibgase verwendet werden (Nr. 2.9).** Diesen Waffen ist gemeinsam, dass zum Antrieb der Geschosse kalte Treibgase verwendet werden. **Druckluftwaffen** sind Schussw., bei denen Geschosse durch in einem Druckbehälter zusammengepresste Luft aus dem Lauf getrieben werden. Zu den pneumatischen Druckluftwaffen gehören sog Pumpgewehre, die über einen Druckzylinder (Kolben) verfügen, welcher mittels einer eingebauten Pumpe voll Luft gepumpt wird. Dabei kann der unterhalb des Laufs befindliche Kolben bei einigen Waffentypen auch auswechselbar sein. Beim Schuss öffnet sich über den Abzug ein Ventil, durch das die Luft entweicht und das Geschoss aus dem Lauf getrieben wird. Andere pneumatische Druckluftwaffen sind mit einem Druckluftbehälter ausgestattet, der aus Pressluftflaschen befüllt wird. Bei Druckluftwaffen mit pneumatischem System kommt es zu keinerlei Verprellungen, sodass eine erschütterungsfreie Schussabgabe möglich ist. Die **Federdruckwaffen** stellen genau genommen eine Untergruppe der Druckluftwaffen dar. Federdruckwaffen ist eigen, dass hier Federn als Energiespeicher benutzt werden und erst beim Schuss ihre Energie in Druckluft umgewandelt wird, wohingegen bei den Druckluftwaffen komprimierte Luft als Energiespeicher verwendet wird. Federdruckwaffen arbeiten – ähnlich einer Fahrradluftpumpe – mit einem Druckzylinder, in dem sich eine auf unterschiedliche Art gespannte Feder befindet, die durch den Abzug ausgelöst wird und dadurch zusammengepresste Luft entweichen lässt. Das vom Kolben erzeugte Luftpolster treibt dann das Geschoss durch den Lauf. Die Federspannung wird entweder durch Kippen des Laufs (sog Laufspanner), durch einen verlängerten Abzugsbügel (Bügelspanner), mittels einer Kurbel (Kurbelspanner) oder mittels eines unter bzw seitlich neben dem Lauf angebrachten Spannhebels (Hebelspanner) erzeugt. Im Ggs. zu den mit pneumatischem System arbeitenden Luftdruckwaffen kommt es bei der Schussabgabe zu gewissen Verprellungen, die keine gänzlich erschütterungsfreie und damit genaue Schussabgabe ermöglichen. Wird das Geschoss direkt durch die Federkraft angetrieben, so liegt eine Federkraftwaffe vor, die eine Untergruppe der Federdruckwaffen darstellt (vgl. Anl. 1 Abschn. 1 UAbschn. 1 Nr. 2.9). Zu den Waffen, bei denen zum Antrieb der Geschosse kalte Treibgase verwendet werden, gehören bspw. CO_2-Waffen uä, welche vorwiegend im sportlichen Bereich Verwendung finden.

76 Während Feuerwaffen umfänglich der für Schussw. geltenden Erlaubnispflicht unterliegen, hat der Gesetzgeber Druckluft- und Federdruckwaffen und Waffen, bei denen zum Antrieb der Geschosse kalte Treibgase verwendet werden, teilw. von der Erlaubnispflicht ausgenommen. Zwar setzt das Führen einen WS voraus, der Erwerb und Besitz ist hingegen erlaubnisfrei, soweit den Geschossen eine Energie von nicht mehr als 7,5 J erteilt wird und dies durch eine entspr. Kennzeichnung dokumentiert ist („F im Fünfeck"), vgl. Anl. 2 Abschn. 2 UAbschn. 2 Nr. 1.1. Tragen die Waffen keine entspr. Kennzeichnung, so sind sie dennoch bzgl. des Erwerbs und des Besitzes erlaubnisfrei gestellt, soweit sie vor dem 1.1.1970 oder in der ehem. DDR vor dem

2.4.1991 hergest. und entsprechend den zu diesem Zeitpunkt geltenden Bestimmungen in den Handel gebracht worden sind, vgl. Anl. 2 Abschn. 2 UAbschn. 2 Nr. 1.2.

Im Falle des prinzipiell waffenscheinpflichtigen Führens ist in der Praxis zu **77**
berücksichtigen, dass es sich häufig um erlaubnisfreie Formen des **Waffentransports** nach § 12 Abs. 3 Nr. 2 handeln dürfte (→ § 12 Rn. 70 ff.).

Liegt kein Fall des erlaubnisfreien Führens vor, so ist das Führen ohne Waffenschein nach § 52 Abs. 3 Nr. 2a strafbewehrt (Vergehenstatbestand).

c) Weitere Begriffe zu den wesentlichen Teilen (Nr. 3). Unter der Über- **78**
schrift „weitere Begriffe zu den wesentl. Teilen“ werden die in Nr. 1.3.1 angeführten wesentl. Teile in ihren typischen am Markt erhältlichen Ausführungen benannt und def.

Der Übersichtlichkeit halber hätte der Gesetzgeber gut daran getan, diese Def. unmittelbar im Anschl. an die Auflistung der wesentl. Teile folgen zu lassen.

aa) Austauschläufe (Nr. 3.1). Bei diesen Läufen handelt es sich um komplett **79**
fertig bearbeitete und einsatzbereite Läufe, welche die Einsatzmöglichkeiten der Grundwaffe ergänzen bzw erweitern. Der Tausch ist durch eine präzise Fertigung von den Verbindungen System und Lauf sowie meist mit einer Verriegelung des Verschlusses im Lauf möglich geworden.

Austauschläufe finden bspw. im Bereich des Sportschießens Verwendung, wo die **80**
Sportwaffen für gewöhnlich mit Originalläufen für kostenintensive Mantelgeschosse ausgestattet sind. Bei der Verwendung von Bleigeschossen lagert sich dieses in den Zügen eines herkömmlichen Laufes ab. Um die wegen ihres günstigen Preises beliebten Bleigeschosse verwenden zu können, kommen hier häufig Austauschläufe zum Einsatz, welche speziell für das Verschießen von Bleimunition eingerichtet sind.

Ebenso werden Austauschläufe im Bereich der Jagd eingesetzt. Sog **„kombinierte Jagdwaffen“** ermöglichen durch den Einsatz verschiedener Austauschläufe den vielfältigen Jagdeinsatz einer einzigen Jagdwaffe. So können bspw. für eine Bockbüchsflinte (diese verfügt über einen Kugellauf und einen Schrotlauf) Austauschläufe erworben werden. Verschiedene Hersteller bieten zielgerichtet solche flexibel einsetzbaren Systeme an. So werden zB Laufbündel für Schrot- oder Büchsenpatronen in unterschiedlichen Kombinationen (Bockflinte, Bockbüchse, Bergstutzen und Kombinationen in den verschiedensten Kalibern) angeboten. Der ursprüngliche Lauf wird durch den Austauschlauf ersetzt, es kann aber jederzeit ein „Rücktausch“ erfolgen. Hintergrund für die Verwendung der Austauschläufe im jagdlichen Bereich ist bspw. die Verwendung einer Grundwaffe zum jagdlichen Schießen oder die Jagd auf verschieden große Wildarten.

bb) Wechselläufe (Nr. 3.2). Im Unterschied zu Austauschläufen **ersetzen** **81**
Wechselläufe den Originallauf **endgültig** und werden daher beim Büchsenmacher bisweilen als „Ersatzlauf“ bezeichnet. Diesem Verwendungszweck entspr. handelt es sich bei Wechselläufen um noch nicht komplett fertig gestellte Läufe („weißfertig“). Die letzte Endbearbeitung erfolgt erst durch den Büchsenmacher, welcher sie individuell und abschließend in die jeweilige Waffe einpasst. Der Einsatz eines Wechsellaufs kommt bspw. in Betracht, wenn der ursprüngliche Lauf einer Waffe schadhaft ist.

cc) Einsteckläufe (Nr. 3.3). Einsteckläufe ersetzen nicht den ursprünglichen **82**
Lauf einer Waffe, sondern werden in diesen eingeführt. Dementspr. müssen sie denknotwendig kleineren Kalibers sein als der Lauf, in den sie eingeführt werden. Sie verfügen typischerweise über keinen eigenen Verschluss und werden idR für kombinierte Jagdwaffen wie Drillinge (Kipplaufwaffe, die drei Gewehrläufe in einer Waffe kombiniert) benutzt. In diesem Fall wird der Einstecklauf in einen Schrotlauf eingeführt, wodurch die Einsatzmöglichkeit der Waffe erweitert wird.

Bsp.: Ein Jäger erwirbt für seinen Drilling, der 2 Schrotläufe im Kaliber 12 und einen Kugellauf im Kaliber 8 x 57 IRS besitzt, zusätzlich einen Einstecklauf im

Kugelkaliber 5,6 x 50 R Magnum als Rehwild- und Raubwildpatrone. Diesen setzt er in einen der beiden Schrotläufe ein und ist damit in der Lage, auf kurze Entfernungen Federwild mit Schrot zu erlegen. Die große Kugel nutzt er für Schwarzwild und die kleine Kugel für Rehwild.

83 **dd) Wechseltrommeln (Nr. 3.4).** Wechseltrommeln werden häufig von Schützen genutzt, um aus einem Revolver verschiedene Patronen mit dem gleichen Geschosskaliber zu verschießen. Aus einem Revolver im Kaliber .357 Magnum können bspw. ohne Änderungen auch Patronen des Kalibers .38 Spezial verschossen werden. Mit einer Wechseltrommel ist das auch für Patronen im Kaliber 9 mm Luger denkbar. Möglich ist die Verwendung von Wechseltrommeln nur in einem im Durchmesser der Geschosse gleichen Kaliber wie bspw. .38 Spezial, .357 Magnum oder 9 mm Luger.

84 **ee) Wechselsysteme (Nr. 3.5).** Wechselsysteme müssen nicht mehr bearbeitet oder angepasst werden, bevor sie in eine Waffe eingebaut werden können. Zieht man die gesetzgeberische Begriffsbildung bzgl. der Wechsel- und Austauschläufe heran, so erscheint die Bezeichnung als Wechselsystem wenig gelungen. Ist das wesensbestimmende Kriterium für den Austauschlauf, dass er vor dem Einbau nicht weiter bearbeitet werden muss und keiner eigenen Einpassung in die Waffe bedarf, so hätte der Gesetzgeber die Wechselsysteme iSe. terminologisch einheitlichen Gesetzesfassung als **Austausch**systeme bezeichnen müssen. Diese Systeme ergänzen eine Waffe und werden insbes. bei Pistolen häufig zum Zweck des Kaliberwechsels benutzt. Originallauf und Verschluss auf dem Griffstück werden gewechselt, so dass mit der gewohnten Waffe ein kleineres Kaliber oder auch ein größeres Kaliber verschossen werden kann.

85 **ff) Einstecksysteme (Nr. 3.6).** Ein Einstecksystem wird in eine vorhandene Schussw. eingebaut. Kennzeichnend hierfür ist, dass es sich um einen Einstecklauf handelt, der in den Originallauf eingeschoben wird.

Der Einbau eines Einstecksystems ist also stets mit der Zwecksetzung verbunden, Patronen mit einem kleineren Geschosskaliber zu verwenden. Im Unterschied zum bloßen Einstecklauf beinhaltet das Einstecksystem auch den zum Einstecklauf dazugehörigen Verschluss. Einstecksysteme werden idR bei Repetier- und Selbstladegewehren verwendet.

86 **gg) Einsätze (Nr. 3.7).** Einsätze, welche auch als „Reduzierstücke" bezeichnet werden, ähneln vom optischen Erscheinungsbild einer herkömmlichen Patrone. Sie dienen dazu, eine kleinere Patrone aufzunehmen, damit diese verschossen werden kann. Die Verwendung solcher Einsätze ermöglicht das Trainieren mit der Waffe auf kurze Entfernung, ist aber auch zum Zweck des Fangschusses bei der Jagd gebräuchlich, da mit Reduzierstücken das Schrotkaliber verkleinert werden kann, etwa das Patronenlager vom Kaliber 12 auf 16.

Bsp.: Bei einer Baujagd wird ein Fuchs mit der Flinte angeschossen. Da der Jäger den Pelz verwerten möchte, gibt er den Fangschuss nicht mit der Schrotpatrone ab, sondern verwendet ein Reduzierstück.

87 **d) Sonstige Vorrichtungen für Schusswaffen, Zielscheinwerfer, Laser oder Zielpunktprojektoren, Nachtsichtgeräte oder Nachtzielgeräte (Nr. 4.1–4.3).** Bei den sonstigen Vorrichtungen für Schussw. handelt es sich um verschiedene **Zielhilfsmittel** (→ Anl. 2 Rn. 20 ff.), welche ihrerseits nicht unter die Vorschrift des § 1 Abs. 2 subsumiert werden können. Aus dem Umstand, dass diese Zielhilfsmittel bei den sonstigen Vorrichtungen für Schussw. aufgeführt sind, kann allerdings abgeleitet werden, dass ihnen nach dem Willen des Gesetzgebers eine Waffeneigenschaft beigemessen werden soll (so auch *Apel/Bushart* WaffG Anl. 2 Rn. 3), auch wenn dies unter systematischen Gesichtspunkten nicht unproblema-

tisch ist. Diese Einordnung folgt weiter daraus, dass diese Teile in der Anl. 2 Abschn. 1 bei den verbotenen Waffen aufgeführt sind. Schließlich können Waffen bzw Waffenteile nur in der Anl. 2 Abschn. 1 verboten werden, soweit sie nach Anl. 1 als Waffe oder wesentl. Teil eingestuft worden sind. Ausschlaggebend ist die **Zweckbestimmung** des Gegenstandes, wonach dieser für Schussw. bestimmt sein muss.

e) Reizstoffe (Nr. 5). Charakteristisch für Reizstoffe ist, dass sie zwar bestim- **88**
mungsgemäß eine belästigende Wirkung auf den Menschen ausüben, aber resorptiv nicht giftig wirken, also keine vergiftende Wirkung entfalten, wenn sie in den menschlichen Stoffwechselkreislauf eindringen. Zu den gängigsten Reizstoffen gehören CS und CN, es sind aber ebenso Pfeffersprays uä unter den Begriff der Reizstoffe zu fassen.

f) Nachbildungen (Nr. 6). Nachbildungen von Schussw. sind Gegenstände, **89**
welche zwar nicht als Schussw. hergest. sind und aus denen auch dementspr. nicht geschossen werden kann, welche aber die äußere Form einer Schussw. aufweisen. Wesentl. für Nachbildungen von Schussw. ist zudem, dass sie mit allg. gebräuchlichem Werkzeug (→ Rn. 26) nicht so umgebaut oder verändert werden können, dass aus ihnen Munition, Ladungen oder Geschosse verschossen werden können.

In der Masse handelt es sich bei den Nachbildungen um Modellwaffen, welche überwiegend aus Zinkspritzguss hergest. werden und getreue Nachbildungen von scharfen Schussw. darstellen. Solche Nachbildungen sind weit verbreitet und werden ua auch durch Versandhäuser und Jagdausstatter vertrieben. Ebenso fällt unter den Begriff der Nachbildung aber bspw. auch das klassische Tischfeuerzeug in Form einer scharfen Schussw.

Nachbildungen sind zwar zunächst den Schussw. gleichgest., iErg aber fast gänzlich vom Geltungsbereich des WaffG ausgenommen (vgl. Anl. 2 Abschn. 3 UAbschn. 2 Nr. 5). Letztlich unterfallen sie einzig der Regelung des § 42a, soweit sie dem optischen Erscheinungsbild einer Feuerwaffe gleichen und damit eine Anscheinswaffe (→ Rn. 44 ff.) iSd § 42a darstellen. Nach dieser Bestimmung ist das Führen von Anscheinswaffen grds. verboten, vgl. § 42a Abs. 1 Nr. 1. Eine Ausnahme vom Verbot greift, soweit die Anscheinswaffen für die Verwendung bei Foto-, Film-, oder Fernsehaufnahmen oder Theateraufführungen geführt werden, vgl. § 42a Abs. 2 Nr. 1. Ebenfalls greift das Verbot nicht, soweit die Anscheinswaffen in einem verschlossenen Behältnis transportiert werden, vgl. § 42a Abs. 2 Nr. 2.

Unterabschnitt 2. Tragbare Gegenstände

Im UAbschn. 2 werden tragbare Gegenstände iSd § 1 Abs. 2 Nr. 2 aufgegriffen, **90**
wobei der Gesetzgeber zwischen tragbaren Gegenständen nach § 1 Abs. 2 Nr. 2a und solchen nach § 1 Abs. 2 Nr. 2b differenziert. Die in Nr. 1 angeführten tragbaren Gegenstände nach § 1 Abs. 2 Nr. 2a stellen eine rein **exemplarische Aufzählung** dar, wie sich aus der gesetzgeberischen Formulierung „insbesondere" herleiten lässt. Nach § 1 Abs. 2 Nr. 2a sind **alle** tragbaren Gegenstände als Waffe zu qualifizieren, soweit sie **ihrem Wesen nach dazu bestimmt** sind, die Angriffs- oder Abwehrfähigkeit **von Menschen** zu beseitigen oder herabzusetzen **(Waffen im techn. Sinn).** Die Wesensbestimmung eines Gegenstandes bemisst sich zentral nach dem **Herstellerzweck.** Soweit ein tragbarer Gegenstand diese Zweckbestimmung erfüllt, ist er gem. § 1 Abs. 2 Nr. 2a als Waffe im techn. Sinn zu qualifizieren und unterliegt als Waffe den Reglementierungen des WaffG. Unerheblich für diese Einstufung ist, ob ein solcher Gegenstand auch in der Aufzählung in Anl. 1 Abschn. 1 UAbschn. 1 Nr. 1 angeführt ist. Der rein exemplarische Charakter dieser Aufzählung folgt schon aus dem Umstand, dass in der Praxis mannigfaltige Waffen im techn. Sinn denkbar sind, die vom Gesetzgeber nicht abschließend erfasst werden können. Insbes. im

Bereich der „Selbstbauten" wird eine umfängliche Erfassung aller als Waffen hergest. Gegenstände kaum möglich sein. Bsp.: Ein Feuerlöscher wird so präpariert, dass mit dem Löschpulver kleine Metallspäne mit hohem Druck ausgestoßen werden.

Die in Nr. 2 folgende Aufzählung der tragbaren Gegenstände nach § 1 Abs. 2 Nr. 2b ist hingegen **abschließend.** In § 1 Abs. 2 Nr. 2b sind solche tragbaren Gegenstände angeführt, welche zwar **nicht dazu bestimmt** sind, die Angriffs- oder Abwehrfähigkeit von Menschen zu beseitigen oder herabzusetzen, die aber insbes. wegen ihrer Beschaffenheit, Handhabung oder Wirkungsweise hierzu **geeignet** (also obj. zwecktauglich) sind **(Waffen im nichttechn. Sinn).** Da hierunter eine Großzahl von bloßen Alltagsgegenständen fällt, welche bei entspr. Gebrauch dazu verwendet werden können, die Angriffs- oder Abwehrfähigkeit eines Menschen zu beseitigen oder herabzusetzen, sah der Gesetzgeber sich veranlasst, die Erfassung solcher Gegenstände vom WaffG iSe. unangemessenen Ausweitung des Geltungsbereichs des WaffG strikt einzugrenzen. Aus diesem Grund sollen Waffen im nichttechn. Sinn **nur vom WaffG erfasst** sein, **soweit** sie ausdr. in der in Anl. 1 Abschn. 1 UAbschn. 2 Nr. 2 erfolgten **abschließenden Aufzählung genannt** sind. Insofern ist die in Nr. 2 erfolgte Aufzählung von zentraler Bedeutung für die Beantwortung der Frage, ob eine Waffe im nichttechn. Sinn den Regelungen des WaffG unterfällt. Dies ist nur der Fall, soweit sie in der abschließenden Aufzählung explizit benannt ist.

91 **a) Tragbare Gegenstände nach § 1 Abs. 2 Nr. 2a (Nr. 1).** Unter diese exemplarische Aufzählung fallen nur tragbare Gegenstände nach § 1 Abs. 2 Nr. 2a, also **Waffen im techn. Sinn.** (→ § 1 Rn. 9 ff., zu den verbotenen Waffen im techn. Sinn → Anl. 2 Rn. 28 ff.). Diesen ist eigen, dass sie ihrem Wesen nach dazu **bestimmt** sind, die Angriffs- oder Abwehrfähigkeit von **Menschen** zu beseitigen oder herabzusetzen. Es ist ausschl. auf die Zweckbestimmung des Gegenstandes abzustellen, wobei sich diese zentral nach dem **Herstellerzweck** bemisst. Zu welchem konkreten Zweck ein Gegenstand mitgeführt wird, hat hingegen keinerlei Einfluss auf die Zweckbestimmung desselben. In der Praxis ist stets zu beachten, dass es für die Einstufung auf die Zweck**bestimmung** ankommt, wohingegen der Zweck**tauglichkeit** keine Bedeutung zukommt (zur Einstufung von Gegenständen als Waffen im techn. Sinn → § 1 Rn. 9 ff.).

92 **aa) Hieb- und Stoßwaffen (Nr. 1.1).** Die Abgrenzung zwischen einem Alltagsgegenstand einerseits und einer Hieb- und Stoßwaffe (verbotene Hieb- und Stoßwaffen → Anl. 2 Rn. 28 ff., zum Führensverbot erlaubnisfreier Hieb- und Stoßwaffen → § 42a Rn. 8, 18 ff.) andererseits ist in der Praxis häufig problematisch, da Schnittmengen zwischen beiden Gruppen unvermeidbar sind (vgl. *Apel/Bushart* WaffG Anl. 1 Rn. 31 ff.).

93 **(1) Zweckbestimmung.** Hieb- und Stoßwaffen ist eigen, dass sie „ihrem Wesen nach dazu bestimmt sind, Verletzungen herbeizuführen". Hiermit sind Körperverletzungen iSd § 223 StGB gemeint, weshalb die Zweckbestimmung auf die Verletzung der körperlichen Integrität eines **Menschen** gerichtet sein muss (vgl. *Apel/Bushart* WaffG Anl. 1 Rn. 33).

Dies folgt bereits aus dem Umstand, dass es sich bei Hieb- und Stoßwaffen stets um tragbare Gegenstände handelt, welche unter § 1 Abs. 2 Nr. 2a fallen. Diese auch als Waffen im techn. Sinn bezeichneten Gegenstände weisen zwingend die Zweck**bestimmung** auf, die Angriffs- oder Abwehrfähigkeit von **Menschen** herabzusetzen oder zu beseitigen.

Insbes. wenn ein Gegenstand ursprünglich als bloßer Gebrauchsgegenstand hergest. worden ist, darf für die Einstufung als Waffe nicht auf den konkreten Verwendungszweck oder die prinzipielle Tauglichkeit hinsichtlich einer waffengleichen Wirkung abgestellt werden. Vielmehr ist einzig auf den **Herstellerzweck** abzustellen (zur Bestimmung des Herstellerzwecks → § 1 Rn. 9 ff.). Dieser kann sich durch einen Umbau eines Alltagsgegenstandes ändern, so dass techn. modifizierte Alltagsgegenstände durchaus eine Waffeneigenschaft aufweisen können. Wird ein Alltagsgegenstand hingegen ohne techn. Modifikation lediglich als Waffe missbraucht, so erfährt der solchermaßen eingesetzte Gegenstand hierdurch keine andere Zweckbestimmung und ist daher auch nicht als Hieb- oder Stoßwaffe einzustufen. Die Beurteilung des Herstellerzwecks eines Gegenstandes wird in Zweifelsfällen stets im Wege einer sorgfältigen Einzelfallprüfung erfolgen müssen.

In der Praxis gestaltet sich die rechtl. Einstufung von Messern besonders schwierig, **94** wenn es bloße Gebrauchsmesser von Messern mit Waffeneigenschaft zu unterscheiden gilt. Bei der Bestimmung des Herstellerzwecks ist zunächst die **Deklaration des Herstellers** bzw des Vertreibers heranzuziehen, welche sich etwa aus der Verpackung oder aus dem Verkaufsangebot ersehen lässt. Können explizite Herstellerangaben nicht ermittelt werden (was in der Praxis sehr häufig der Fall sein dürfte), können auch vergleichbare Messertypen mit deren nachvollziehbarer Zweckbestimmung (bspw. aus dem Internet) herangezogen werden, um den Herstellerzweck des zu beurteilenden Messers zu ermitteln.

Ist der Herstellerzweck anhand von Herstellerangaben nicht nachzuvollziehen, **94a** sind **obj. Kriterien der Messerkonstruktion** für dessen Einstufung als Waffe oder Gebrauchsgegenstand heranzuziehen. Die Abgrenzung kann sich im Einzelfall komplex gestalten, gleichwohl kann als **Faustformel** für die Praxis gelten, dass ein **beidseitiger Klingenschliff** für die Waffeneigenschaft eines Messers spricht. Ein beidseitiger Klingenschliff ist bereits dann zu bejahen, wenn die Klinge **zumindest im vorderen Bereich** zur Spitze hin beidseitig geschärft bzw angeschliffen ist (zur Bestimmung der Klingenlänge → Anl. 2 Rn. 73).

Allerdings sind auch Messer mit beidseitigem Klingenschliff denkbar, die nicht dem Waffenbegriff unterfallen. Zu nennen sind hier etwa als Sportgeräte hergestellte Wurfmesser, die nicht als Waffe zu qualifizieren sind, im Einzefall aber schwierig vom Dolch (dieser ist Waffe im techn. Sinn) abzugrenzen sind. Gleiches gilt für die sog „Hirschfänger" und „Saufedern", welche einen beidseitigen Klingenschliff aufweisen, aber als Jagdwerkzeuge und nicht als Waffe iSd WaffG einzustufen sind. Da es sich hierbei um Ausnahmefälle handelt, greift in der Praxis gleichwohl die die oben dargestellte Faustformel. Ebenso lassen konstruktive Vorrichtungen, welche das Abrutschen der das Messer führenden Hand vom Griff in die Klinge im Falle des Zustoßens verhindern sollen (**Parierstange** oÄ), auf die Waffeneigenschaft des Messers schließen (Parierstangen sollen weiterhin im Falle eines Kampfes die Verletzung der das Messer führenden Hand durch ein gegnerisches Messer verhindern, wenn sich die Klingen kreuzen). Liegen diese Merkmale kumulativ vor, so ist davon auszugehen, dass das zur Beurteilung anstehende Messer als Waffe und nicht als Gebrauchsmesser hergest. worden ist, so dass die Waffeneigenschaft zu bejahen ist.

Anderweitige konstruktive Merkmale, wie **94b**

- tarnfarbene Klingen,
- Sägezahnschliff, welcher besonders schwere Verletzungen hervorruft,
- Einkerbungungen in der Klinge (zum Ablaufen von Blut oder Entweichen von Luft beim Stich in die Lunge),
- Klingenrücken, der sich zur Spitze hin verjüngt. Klinge hat also nicht die Form eines typischen Gebrauchsmessers,
- ergonomisch so ausgearbeiteter Messergriff, dass im Falles des Zustechens ein Abrutschen der das Messer führenden Hand in die Klinge verhindert wird,
- so konstruiertes Messer, dass es mit der das Messer führenden Hand aufgeklappt und arretiert werden kann (Einhandmessereigenschaft)

lassen jeweils für sich **isoliert betrachtet keinen Rückschluss** auf den Herstellerzweck zu.

Allerdings sollten sonstige Konstruktionsmerkmale zusammengeführt in eine gesamtheitliche Betrachtung des Gegenstandes einbezogen werden, wenn es darum geht, Rückschlüsse auf dessen Herstellerzweck zu ziehen.

94c Auch die **Klingenlänge** ist prinzipiell kein taugliches Mittel zur Beurteilung der Waffeneigenschaft eines Messers. Die bisweilen vertretene Auffassung, dass bei einer Klingenlänge von mehr als 8,5 cm idR eine Waffeneigenschaft zu bejahen sei (WaffVwV Anl.I-A1-UA2-Nr. 1.1, im Anschl. daran *Heller/Soschinka* WaffR Rn. 206), vermag nicht zu überzeugen. So zählen bspw. Fahrtenmesser und zahlreiche Küchen- und sonstige Gebrauchsmesser mit einer Klingenlänge von deutlich mehr als 8,5 cm anerkanntermaßen nicht zu den Waffen. Umgekehrt können auch Messer mit geringerer Klingenlänge als Stichwaffe konstruiert sein.

Auch der **Werkstoff,** aus dem eine Klinge gefertigt ist, lässt nur bedingt Rückschlüsse auf die Waffeneigenschaft zu. Dass eine Klinge etwa aus Kunststoff, Keramik oder Glas gefertigt ist, lässt keinen Rückschluss auf deren Zweckbestimmung zu.

Diese Kriterien sind allenfalls im Kontext einer alle einzelnen Konstruktionskriterien des Messers zusammenfassend würdigenden Gesamtschau zu berücksichtigen.

Verfehlt ist es zudem, von der **obj. Gefährlichkeit** eines Messers auf dessen Zweckbestimmung als Waffe zu schließen (so aber offensichtlich *ABB/Adolph* WaffG § 1 Rn. 123). Der Zweck ist hier von der Eignung zu trennen. So sind bspw. unter obj. Gesichtspunkten äußerst gefährliche Messertypen aus dem Profiküchenbereich klar den Gebrauchsmessern zuzuordnen, ebenso der Jagdnicker sowie sonstige Messertypen, die ihrer Bestimmung nach **beruflichen Nutzzwecken** usw zugeordnet werden können. Umgekehrt verliert ein ausdr. als Waffe hergestelltes Messer nicht automatisch dadurch seine Waffeneigenschaft, dass es von seiner Konstruktion her ggf. ein weniger erhebliches Verletzungspotenzial aufweist.

Unzutreffend auch VG Wiesbaden (Urt. v. 11.7.2016 – 6 K 102/15 WI, – juris), welches aus den nicht vollumfänglich zutreffenden Werbeangaben des Herstellers zur effektiven Waffentauglichkeit eines Messers Rückschlüsse auf die Wesensbestimmung des Gegenstandes zieht und die Waffeneigenschaft wegen mangelnder obj. Zwecktauglickeit wenig überzeugend ablehnt.

94d Die **Waffeneigenschaft** eines Messers ist dann **zu bejahen,** wenn nach einer **Gesamtschau** des Gegenstandes, welche alle einzelnen Konstruktionsmerkmale desselben einbezieht, **eine Verwendung typischerweise als Waffe** naheliegt und eine Konstruktion als Gebrauchsmesser nicht überzeugend begründar erscheint.

Zutreffend hat das BKA etwa ein sog **„Krallenmesser“** (auch **„Messerring“**) mit einer kreisrunden Aussparung im Griffbereich und einer ca. 3,3 cm langen, einseitig geschliffenen und nach innen gewölbten Klinge auf Grund seiner Gesamtkonstruktion (und der typischen Verwendung als Verteidigungswaffe) als Hieb- und Stoßwaffe eingestuft (vgl. BKA-FB v. 24.3.2016, Az. SO11-5164.01-Z-373).

94e Soll die Waffeneigenschaft eines Messers durch irreführende Herstellerangaben verschleiert werden, so ist die Zweckbestimmung aus den obj. vorhandenen Konstruktionsmerkmalen herzuleiten. Lassen diese nur eine Zweckbestimmung des Messers als Waffe plausibel erscheinen, so ist die Waffeneigenschaft auch bei einer gegenteiligen Herstellerbeschreibung zu bejahen (→ § 1 Rn. 12). So etwa, wenn ein Dolch als bloßes Taschenmesser beworben wird. In Zweifelsfällen kann das BKA gem. § 2 Abs. 5 iVm § 48 Abs. 3 eine entspr. Einstufung vornehmen.

94f **Einzelfälle.**

Ein Scheckkartenmesser, bei dem eine etwa ca. 5 cm lange Klinge mit einem ca. 3 cm kurzen Griff in einem scheckkartenähnlichen Behältnis untergebracht ist, wurde nicht als Waffe eingestuft (BKA-FB v. 16.11.2004, Az. KT 21/ZV 25-5164.01-Z-47 → Anl. 2 Rn. 34).

Ebenso wurde das Faltmesser (auch Kartenmesser) **„Sinclair Cardsharp“** vom BKA unter intensiver Bezugnahme auf die Herstellerbeschreibung nicht als Waffe eingestuft (vgl. BKA-FB v. 18.2.2014, Az. SO11-5164.01-Z-307). Bei diesem sehr flach konstruierten Messer handelt es sich um eine 6,5cm lange (einseitig geschliffene) Klinge, die aus einer Kunststoffkarte im Scheckkartenformat heraus- und wieder hineingefaltet werden kann. Im ausgefalteten Zustand stellt sie ein funktionsfähiges Messer dar. Eingefaltet ist es als Messer nicht zu erkennen, sondern vermittelt den Eindruck einer Scheckkarte.

Ein **„Freihand-Cuttermesser"** mit kreisrundem Eingriff und über den Fingern liegender Klinge wurde ebenfalls nicht als Waffe eingestuft (vgl. BKA-FB v. 6.1.2015, Az. SO11-5164.01-Z-281).

(2) Unmittelbare Ausnutzung der Muskelkraft. Neben der Zweckbestimmung, Körperverletzungen beizubringen, ist für Hieb- und Stoßwaffen charakteristisch, dass die Verletzung unter **unmittelbarer** Ausnutzung der Muskelkraft beigebracht wird. Einzige Energiequelle für die Verletzung ist demgemäß die Muskelkraft, welche unmittelbar im Rahmen der Verletzungshandlung umgesetzt wird und keine vorherige Speicherung oÄ erfährt. Hierdurch erfahren die Hieb- und Stoßwaffen eine wesensmäßige Abgrenzung zu den Elektroimpulsgeräten, Reizstoffsprühgeräten usw (vgl. *Steindorf/B. Heinrich* WaffG § 1 Rn. 21). Die Übertragung der in Form von Muskelkraft eingebrachten Antriebsenergie auf eine Hieb- und Stoßwaffe führt im Regelfall zu einer verstärkenden Verletzungswirkung, etwa bei einem Schlag mit einem Schlagstock, dem Stich mit einem Messer usw. Die Verletzung erfolgt durch Hieb, Stoß, Stich, Schlag oder Wurf. 95

(3) Einzelfälle. Zu den **Hiebwaffen** zählen typischerweise: Gummiknüppel, Schlagstöcke, Teleskopschlagstöcke, Stahlruten, Totschläger usw. In Ermangelung der für die Hieb- und Stoßwaffen spezifischen Zweckbestimmung zählen **nicht** zu den Hiebwaffen: Baseballschläger, Knüppel, Eisenstangen, Fahrradketten, Stuhlbeine, Äxte, Beile usw. 96

Auch tragbare Gegenstände, die zur Verwendung für **Kampfsportarten** hergest. wurden, zählen wegen ihrer **Zweckbestimmung** zu den **Sportgeräten** und nicht zu den Waffen. So werden bspw. der sog Escrima-Stock, ca. 70 cm lang und 2,5 cm Durchmesser aus Rattan, Bambus oder Hartholz bzw der BO-Stab bzw JO-Stab aus demselben Material bis 180 cm lang für asiatische Kampfsportarten benutzt. Ursprünglich waren dies Wanderstäbe für Mönche und Bauern. Diese Gegenstände unterliegen nicht dem WaffG.

Zu den **Stoßwaffen** zählen: Dolche, Säbel, Degen, Florette, Kampfmesser, Bajonette, Stiefelmesser, Stilette usw. Fantasy-Messer, sog Klingenschwerter, sind Hieb- und Stoßwaffen (→ Anl. 2 Rn. 41). **Nicht** hierzu zählen aber die als reines **Sportgerät** hergest. Florette, Degen und Säbel. 97

Ebenso fallen **nicht** unter die **Stoßwaffen:** Bloße „Gebrauchsmesser" (Küchenmesser, Fahrtenmesser, Überlebensmesser, Taschenmesser, Tauchermesser, Fleischermesser, Teppichmesser usw), ebenso Macheten, Jagdnicker (zustimmend *Apel/Bushart* WaffG Anl. 1 Rn. 35; aA *Steindorf/B. Heinrich* WaffG § 1 Rn. 23) und damit alle Arten von Jagdmessern. Zu den Jagdmessern zählt auch der Hirschfänger (zustimmend *Apel/Bushart* WaffG Anl. 1 Rn. 35; aA *Steindorf/B. Heinrich* WaffG § 1 Rn. 23). Auch **Einhandmesser** (vgl. § 42a Abs. 1 Nr. 3 und → Rn. 136) zählen im Regelfall nicht zu den Hieb- und Stoßwaffen, sondern zu den bloßen Gebrauchsmessern. Ebenso zählen **nicht** dazu das medizinische Skalpell, Seziermesser, Sicheln, Sensen usw mangels einer entspr. Zweckbestimmung (vgl. *Steindorf/B. Heinrich* WaffG § 1 Rn. 23). Ein **Miniatur-Schlagringmesser** (→ Anl. 2 Rn. 41a) wurde gem. BKA-FB (v. 3.12.2010, Az. SO11-5164.01-Z-69) **nicht** als Waffe eingestuft. Hingegen wurde durch das BKA eine **Wurfaxt** als Hieb- und Stoßwaffe eingestuft, weil sie in ihrem Erscheinungsbild von einem Gebrauchsgegenstand erheblich abweicht (BKA-FB v. 19.6.2009, Az. SO 11-5164.01-Z-83). Fragwürdig erscheint ein FB des BKA, in dem ein **Kubotan** (asiatische Waffe in Stiftform, die zum Reizen von Nervenpunkten benutzt wird) mit Schlüsselring **nicht als Waffe einge-**

stuft wurde (BKA-FB v. 5.3.2008, Az. SO 11-5164.01-Z-170). Die Kritik an diesem FB wird nicht zuletzt dadurch gestützt, dass diese Gegenstände im Internet als unauffällig mitzuführende Waffen beworben werden.

Verschiedene aus Kunststoff gefertigte Gegenstände, welche in der Hand geführt als Druckverstärker bzw Hilfsmittel zur Verteidigung iwS dienen, wurden hingegen zutreffend als (nicht verbotene) Hieb- und Stoßwaffen angesehen. Bei den als Hieb- und Stoßwaffen eingestuften Gegenständen handelt es sich um die unter den Bezeichnungen
- Spikey
- Geck.o
- Saf-T-Wrench

und
- Hand Shock

vertriebenen Gegenstände (vgl. BKA-FB v. 29.9.2011, Az. SO11-5164.01-Z-265).

Als vergleichbarer Gegenstand wurde gleichermaßen das Polymer Tool „**SNAG**" als (nicht verbotene) Hieb- und Stoßwaffe eingestuft (vgl. BKA-FB v. 1.10.2012, Az. SO11-5164.01-Z-254).

Der sog **„Griffin Grip"**, ein in der Innenhand geführter pyramidenförmiger Gegenstand, welcher der Druckausübung auf spezielle Schmerzpunkte dient, wurde hingegen nach BKA-FB (v. 30.10.2013, Az. SO11-5164.01-Z-264) als Hieb- und Stoßwaffe eingestuft und zudem auch (wenig überzeugend) als verbotene Waffe (→ Anl. 2 Rn. 35a).

98 **bb) Gegenstände, die unter Ausnutzung einer anderen als mechanischen Energie Verletzungen beibringen, zB Elektroimpulsgeräte, WASP-Knives uä (Nr. 1.2.1).** Während bei den Hieb- und Stoßwaffen Muskelkraft und damit mechanische Energie zum Tragen kommt, erfasst Nr. 1.2.1 solche Gegenstände, die durch eine andere als mechanische Energie Verletzungen beibringen. Die beispielhaft angeführten **Elektroimpulsgeräte** dürften im Wesentlichen den Anwendungsbereich dieser Vorschrift umreißen, wobei auch Distanz-Elektroimpulsgeräte, die mit dem Abschuss- oder Auslösegerät durch einen leitungsfähigen Flüssigkeitsstrahl einen Elektroimpuls übertragen oder durch Leitung verbundene Elektroden zur Übertragung eines Elektroimpulses am Körper aufbringen, von der Vorschrift erfasst sind (aA *Apel/Bushart* WaffG Anl. 1 Rn. 37). Gleichermaßen zählen aber auch Geräte, die mittels Schall, Laserstrahlung oÄ die Angriffs- oder Abwehrfähigkeit von Menschen zu beseitigen oder herabzusetzen bestimmt sind, hierzu (vgl. *ABB/Adolph* WaffG § 1 Rn. 137; *Steindorf/B. Heinrich* WaffG § 1 Rn. 23d; aA bzgl. Laser *Heller/Soschinka* WaffR Rn. 10).

Hierzu zählen aber auch die sog **WASP-Knives,** soweit sie dazu bestimmt sind, die Angriffs- oder Abwehrfähigkeit von Menschen herabzusetzen oder zu beseitigen (zu den Verbotsnormen → Anl. 2 Rn. 64). In diesem Fall erfüllen sie zudem die Eigenschaft einer Hieb- und Stoßwaffe.

Bei diesen Messern wird, sobald die Klinge in das Ziel eingedrungen ist, durch ein kleines Loch in der Klingenspitze stark komprimiertes Gas freigegeben, welches auf Knopfdruck aus einer Minikartusche im Messerschaft freigesetzt wird. Hierdurch werden im Ziel verheerende Verletzungen hervorgerufen, da das Gas dem Zielkörper blitzartig erhebliche Mengen Wärmeenergie entzieht, wodurch dieser partiell regelrecht zerplatzt. Entwickelt wurden diese Messer für Jäger, Taucher und das Militär.

99 Die Gegenstände müssen **dazu bestimmt** sein, Verletzungen (Körperverletzungen iSd § 223 StGB) beizubringen. Dieser Hinweis ist insofern überflüssig, als ohnehin nur Waffen im techn. Sinn von Nr. 1.2.1 erfasst sind, welche zwingend die Zweckbestimmung aufweisen, die Angriffs- oder Abwehrfähigkeit von Menschen

herabzusetzen oder zu beseitigen (§ 1 Abs. 2 Nr. 2a). Dementspr. sind nur solche Geräte von der Vorschrift erfasst, die **gegen Menschen** wirken sollen.

Elektroimpulsgeräte, die gegen Tiere eingesetzt werden sollen (sog „Viehtreiber") **100** fallen **nicht** unter diese Vorschrift. Ebenso **elektrische Insektenfallen** oder **Elektrohalsbänder zur Tierabrichtung,** da es bei diesen an der Bestimmung fehlt, die Angriffs- oder Abwehrfähigkeit von Menschen herabzusetzen oder zu beseitigen. Schließlich werden auch als **Scherzartikel** dienende Gegenstände mit der äußeren Form zB eines Schreibgerätes oder Feuerzeugs, die **elektrische Impulse geringer Stärke** erzeugen, nicht von der Vorschrift in Ermangelung einer entspr. Zweckbestimmung erfasst (vgl. WaffVwV Anl.I-A1-UA2-1.2.1).

Die ursprüngliche Gleichstellung von Elektroimpulsgeräten iSd Vorschrift mit **101** den Hieb- und Stoßwaffen (vgl. § 1 Abs. 7 S. 2 aF) hat der Gesetzgeber **aufgegeben,** so dass sie nunmehr einer rechtl. **eigenständigen** Würdigung unterliegen. Dies hat in der Praxis erhebliche Konsequenzen, da Elektroimpulsgeräte, die ihrer Form nach geeignet sind, einen anderen Gegenstand vorzutäuschen oder die mit Gegenständen des täglichen Gebrauchs verkleidet sind, in Ermangelung einer rechtl. Gleichstellung mit den Hieb- und Stoßwaffen **nicht** unter das Verbot nach Anl. 2 Abschn. 1 Nr. 1.3.1 fallen. Auch vom prinzipiellen Führensverbot von Hieb- und Stoßwaffen nach § 42a Abs. 1 Nr. 2 sind Elektroimpulsgeräte als Konsequenz ihrer Einstufung als Waffen *sui generis* **nicht erfasst** (vgl. *Apel/Bushart* WaffG Anl. 1 Rn. 38).

Distanz-Elektroimpulsgeräte sind ausnahmslos verboten, vgl. Anl. 2 Abschn. 1 **102** Nr. 1.3.6.

Sonstige Elektroimpulsgeräte sind nach Anl. 2 Abschn. 1 Nr. 1.3.6 ebenfalls **ver-** **103** **boten,** wobei vom Verbot solche Geräte **ausgenommen** sind, die als gesundheitlich unbedenklich amtl. zugelassen sind, was durch eine entspr. Kennzeichnung **(„PTB/ E im Trapez")** dokumentiert ist (vgl. Anl. II Abb. 12 BeschussV, dazu → Anl. 2 Rn. 62).

Der Umgang mit verbotenen Elektroimpulsgeräten wird mit Inkrafttreten des **104** **6. ÄndG** (→ Einf. Rn. 26c) nicht mehr als Ordnungswidrigkeit, sondern als **Vergehen** nach § 52 Abs. 3 Nr. 1, Abs. 4 geahndet.

cc) Gegenstände, aus denen Reizstoffe versprüht oder ausgestoßen wer- **105** **den, die eine Reichweite bis zu 2 m haben (Nr. 1.2.2).** Unter die hier angeführten **Reizstoffsprühgeräte** fallen im Wesentlichen Reizstoffsprühdosen, welche im Handel als typische Verteidigungswaffen weit verbreitet sind. Zu berücksichtigen ist auch hier, dass nur solche Reizstoffsprühgeräte erfasst sind, die ihrem Wesen nach dazu **bestimmt** sind, die Angriffs- oder Abwehrfähigkeit von **Menschen** herabzusetzen oder zu beseitigen.

Werden Sprühgeräte, die vormals zB Parfüms beinhalteten oder Wasserspritzgeräte (Wasserpumpguns) mit Reizstoffen befüllt, um sie gegen Menschen einzusetzen, wird eine Waffe iSv Nr. 1.2.2 bzw 1.2.3a (→ Rn. 110 f.) hergest.

Tierabwehrsprays fallen in Ermangelung dieser Zweckbestimmung **nicht** unter **106** diese Vorschrift. Schließlich zählen nur solche Reizstoffsprühgeräte hierher, deren Reichweite auf bis zu 2 m beschränkt ist.

Reizstoffsprühgeräte iSd Vorschrift sind nach Anl. 2 Abschn. 1 Nr. 1.3.5 **verbo-** **107** **ten,** wobei vom Verbot solche Geräte **ausgenommen** sind, deren Wirkstoffe als gesundheitlich unbedenklich amtl. zugelassen sind und die in ihrer Reichweite sowie Sprühdauer begrenzt sind und dies durch eine entspr. Kennzeichnung **(„PTB/R im Trapez")** dokumentiert ist (vgl. Anl. II Abb. 12 BeschussV). Darunter fallen auch Altgeräte mit Kennzeichen „BKA in der Raute" (→ Anl. 2 Rn. 55).

Mit solchermaßen geprüften und gekennzeichneten Reizstoffsprühgeräten dürfen **108** in Ausnahme zu § 2 Abs. 1 auch **Jugendliche** Umgang üben, vgl. § 3 Abs. 2.

Der Umgang mit verbotenen Reizstoffsprühgeräten ist gem. § 52 Abs. 3 Nr. 1, **109** Abs. 4 **strafbewehrt** (Vergehenstatbestand).

110 **dd) Distanzwaffen (Nr. 1.2.3).** Unter Nr. 1.2.3 fallen Distanzwaffen, welche eine angriffsunfähig machende bzw gesundheitsschädliche Wirkung in mehr als 2 m Entfernung zu entfalten in der Lage sind. Die ehemals im WaffG enthaltene Gleichstellung dieser Gegenstände mit den Hieb- und Stoßwaffen (vgl. § 1 Abs. 7 S. 2 aF) ist aufgegeben worden, so dass diese Gegenstände nunmehr einer rechtl. eigenständigen Würdigung unterliegen und von den für Hieb- und Stoßwaffen geltenden Rechtsvorschriften nicht mehr erfasst sind.

111 Von **Buchst. a** sind zunächst Sprühgeräte mit einer Reichweite von mehr als 2 m mit einer angriffsunfähig machenden Wirkung erfasst. In der Masse handelt es sich dabei um Reizstoff versprühende Geräte, welche auf Grund der Reichweite von mehr als 2 m nicht unter die Def. der Reizstoffsprühgeräte nach 1.1.2 fallen. Aber auch Gegenstände, die andere Wirkstoffe mit einer angriffsunfähig machenden Wirkung gezielt versprühen oder ausstoßen, sind von dieser Vorschrift erfasst. Unter die anderen Wirkstoffe fallen etwa Säuren uä.

Für die Schädlingsbekämpfung konstruierte Sprühgeräte fallen wegen ihrer Zweckbestimmung zur landwirtschaftlichen Nutzung nicht hierunter.

112 Unter **Buchst. b** fallen Gegenstände, die unter Ausnutzung einer anderen als kinetischen Energie gesundheitsschädliche Wirkung entfalten. Der Gesetzgeber nennt hier als Beispiel das gezielte Ausstrahlen elektromagnetischer Strahlung, erfasst werden von Buchst. b aber auch Gegenstände wie bspw. Lasergeräte, welche dem Blenden dienen oder aber auch Schalldruckgeräte bzw Geräte, welche einen besonders tiefen Ton ausstrahlen.

Auch Laserpointer der Laserklasse 3B (auch als **„Greenlaser"** bezeichnet) dienen nach Einschätzung des BKA lediglich der Unterhaltung und werden dementsprechend nicht als (Distanz-)Waffe iSd Vorschrift eingestuft (vgl. BKA-FB v. 12.7.2011, Az. SO11-Z-227). Gleichermaßen unterfallen bisweilen als **„Laserschwert"** bezeichnete Lasergeräte **nicht** dem Anwendungsbereich des WaffG (vgl. BKA-FB v. 12.7.2011, Az. SO11-Z-215).

113 Distanzwaffen iSd Nr. 1.2.3 sind nach Anl. 2 Abschn. 1 Nr. 1.3.5 **verboten.** Zwar sieht das Gesetz eine Ausnahme für den Fall vor, dass die Stoffe als gesundheitlich unbedenklich amtl. zugelassen sind und die Gegenstände in der Reichweite und Sprühdauer begrenzt sind und zum Nachweis der gesundheitlichen Unbedenklichkeit, der Reichweiten- und der Sprühdauerbegrenzung ein amtl. Prüfzeichen tragen. Dies trifft auf Distanzwaffen typischerweise nicht zu, weshalb eine Ausnahme vom Verbot regelm. ausscheidet. Allerdings kommt im Einzelfall eine Ausnahmebewilligung durch das BKA gem. § 40 Abs. 4 in Betracht, etwa für private Wachdienste, Personen- oder Objektschutzunternehmen. Bei den Polizeien zählen Distanzwaffen zur Regelausstattung, allerdings unterliegen sie nach Maßgabe des § 55 Abs. 1 nicht den Regelungen des WaffG.

114 Der **verbotswidrige Umgang** wird gem. § 52 Abs. 3 Nr. 1 als **Vergehen** geahndet.

115 **ee) Flammenwerfer (Nr. 1.2.4).** Erfasst werden hier Gegenstände, bei denen gasförmige, flüssige oder feste Stoffe den Gegenstand gezielt und brennend mit einer Flamme von mehr als 20 cm Länge verlassen. Zu beachten ist auch hier, dass nur Waffen im techn. Sinn (§ 1 Abs. 2 Nr. 2a) gemeint sind, also Gegenstände, die **ihrem Wesen nach dazu bestimmt sind,** die Angriffs- oder Abwehrfähigkeit von **Menschen** zu beseitigen oder herabzusetzen. Gasbrenner, die im Handwerk beim Verarbeiten von Bitumenbahnen usw eingesetzt werden, erzeugen zwar häufig eine mehr als 20 cm lange Flamme, welche auch gezielt vom Brenner ausgestoßen wird. In Ermangelung einer entspr. Zweckbestimmung unterfallen sie gleichwohl nicht dieser Vorschrift. Gleiches gilt für Brenngeräte, die zur Unkrautvernichtung eingesetzt werden, Schweißgeräte uä (vgl. *ABB/Adolph* WaffG § 1 Rn. 140).

Flammenwerfer iSd Vorschrift unterfallen zwar dem Waffenbegriff, zählen aber nicht zu den verbotenen Waffen und sind auch nicht erlaubnispflichtig. IErg ist der Umgang mit ihnen **umfänglich** ab Vollendung des 18. Lebensj. frei. Vom Führensverbot des § 42a werden diese Gegenstände grds. nicht erfasst, es sei denn, es handelt sich ausnahmsweise um eine Anscheinswaffe. Es gilt einzig die Beschränkung des § 42 Abs. 1. In Anbetracht der obj. Gefährlichkeit solcher Waffen stellt dies eine vom Gesetzgeber wohl nicht beabsichtigte **Regelungslücke** dar. **116**

ff) Molotow-Cocktails, USBV (Nr. 1.2.5). Generell erfasst sind hier Gegenstände, bei denen leicht entflammbare Stoffe so verteilt und entzündet werden, dass schlagartig ein Brand entstehen kann, oder in denen unter Verwendung explosionsgefährlicher oder explosionsfähiger Stoffe eine Explosion ausgelöst werden kann. Hierunter sind im Wesentlichen die sog Molotow-Cocktails zu zählen. Diese bestehen aus einer in Flaschen gefüllten brennbaren Flüssigkeit, welche meist über einen Docht gezündet wird, wenn die Flasche nach dem Wurf zerspringt. **117**

Molotow-Cocktails zählen gem. Anl. 2 Abschn. 1 Nr. 1.3.4 zu den **verbotenen** Waffen. **118**

Der **verbotswidrige Umgang** ist gem. § 52 Abs. 1 Nr. 1, Abs. 4 **strafbewehrt** (Vergehenstatbestand). **119**

Weiter fallen Gegenstände unter diese Vorschrift, welche eine Explosion verursachen können. Bei diesen im polizeilichen Sprachgebrauch als **USBV** (Unkonventionelle Spreng- und Brandvorrichtung) bezeichneten Gegenständen handelt es sich um selbst laborierte Sprengsätze, deren Explosivmittel oft individuell hergest. wurden. **120**

Auch diese Gegenstände zählen gem. Anl. 2 Abschn. 1 Nr. 1.3.4 zu den **verbotenen** Waffen. **121**

Der **verbotswidrige Umgang** ist gem. § 52 Abs. 1 Nr. 1, Abs. 4 **strafbewehrt** (Vergehenstatbestand). **122**

Zu berücksichtigen ist hier der durch das **3. ÄndG** (→ Einf. Rn. 24) mit Wirkung zum 25.7.2009 neu in das WaffG eingefügte § 40 Abs. 3 S. 2, wonach bestimmte Personengruppen in Ausnahme zum Verbot Umgang mit Gegenständen nach Nr. 1.3.4 üben dürfen (→ § 40 Rn. 6).

Darüber hinausgehend ist es gem. § 40 Abs. 1 **verboten,** zur Herstellung solcher Gegenstände (Molotow-Cocktails, USBV) **anzuleiten.** Zudem ist es verboten, zur Herstellung derselben **aufzufordern** (→ § 40 Rn. 2). Erfasst durch dieses Verbot sind vor allem Herstellungsanleitungen bzw Aufforderungen zur Herstellung durch das Internet. Hintergrund dieser Verbotsausdehnung ist nicht zuletzt der Umstand, dass die einzelnen Bestandteile eines Molotow-Cocktails frei verkäuflich sind (so auch *König/Papsthart* Neues WaffR Rn. 624) und andernfalls das bloße Umgangsverbot über weite Strecken ins Leere liefe. **123**

Verstöße gegen das Verbot nach § 40 Abs. 1 werden als **Vergehen** gem. § 52 Abs. 1 Nr. 4, Abs. 4 bestraft. **124**

gg) Drosselwerkzeuge (Nr. 1.2.6). Von Nr. 1.2.6 sind Gegenstände erfasst, die nach ihrer Beschaffenheit und Handhabung dazu bestimmt sind, durch Drosseln die Gesundheit zu schädigen. Zu diesen Drosselwerkzeugen zählen insbes. die sog **Nun-Chakus,** welche zwar überwiegend zum Schlagen benutzt werden, deren Einsatzmöglichkeit als Würgegerät aber ebenso in den einschlägigen Kampfsportbüchern beschrieben wird. Nun-Chakus bestehen aus zwei ca. 30 cm langen Rundstäben (meist aus Hartholz), die durch ca. 15 cm lange Ketten, Schnüre oder Lederriemen miteinander verbunden sind. Das Nun-Chaku wurde bereits im 5. Jh. n.Chr. in Japan aus einem Handwerksgerät der Bauern entwickelt und später in die asiatischen Kampftechniken übernommen. **125**

Aber auch **Garotten** sind unter diese Bestimmung zu fassen. Bei diesen handelt es sich um Halseisen oder auch Würgschrauben, welche meist aus zwei Hölzern bestehen, die jeweils in der Mitte mit einem Seil oder Draht miteinander verbunden sind.

126 Drosselwerkzeuge zählen gem. Anl. 2 Abschn. 1 Nr. 1.3.8 zu den **verbotenen** Waffen.

127 Der **verbotswidrige Umgang** ist gem. § 52 Abs. 3 Nr. 1, Abs. 4 **strafbewehrt** (Vergehenstatbestand).

128 **hh) Präzisionsschleudern (Nr. 1.3).** Von dieser Vorschrift sind **Präzisionsschleudern** erfasst. Neben der **Zweckbestimmung zur Waffe** zeichnen sich diese konstruktiv dadurch aus, dass sie zur Erreichung einer höchstmöglichen Bewegungsenergie über eine **Armstütze** oder Ähnliches verfügen, wobei es ausreicht, dass sie **für eine solche eingerichtet** sind. Zumindest müssen sie also über eine Vorrichtung zur Befestigung einer Armstütze oder Ähnlichem verfügen. Selbst ein fehlender Gummi ist kein Indiz dafür, dass es sich nicht um eine Präzisionsschleuder handelt. Dieser kann jederzeit ohne Weiteres eingebaut werden.

Solche Armstützen entlasten das Handgelenk der Haltehand, wodurch möglich wird, einen starken Gummi bis weit hinter den Kopf zu spannen. Präzisionsschleudern erreichen eine sehr hohe Bewegungsenergie. Mit ihnen kann ein höherer Wirkungsgrad als mit einer mit Sportschrot (2,4 mm) geladenen Schrotflinte erzielt werden.

129 **Nicht** unter diese Vorschrift fallen die meist von Kindern hergest. Schleudern **(„Zwille“ oder „Oschi“).** Auch die zum Anfüttern bei der Sportfischerei verwendeten Schleudern sind keine Präzisionsschleudern.

130 **Einzelfälle.**

Eine Plastikschleuder mit Armstütze zum Abschießen von Saugnapfpfeilen („Geologic Easytech“) wurde nicht als Waffe im techn. Sinne, sondern als Spielbzw Freizeitgerät eingestuft (vgl. BKA-FB v. 31.8.2015, Az. SO11-5164.01-Z-367).

Bei der sog **„Pocket-Shot“** handelt es sich um eine neuartige Variante einer Schleuder. Diese besteht aus einem stabilen Kunststoffring von ca. 2 cm Tiefe und einem Durchmesser von 6 cm, an welchen sich ein elastischer Gummisack anschließt. Während der Ring mit der einen Hand gehalten wird, kann mit der anderen Hand der Gummisack gespannt werden, so dass man etwa Stahlkugeln „verschießen“ kann.

Die Pocket-Shot wird mit der enormen Beschleunigung der Stahlkugeln, der hohen Durchschlagskraft, Präzision sowie potenziell hohen Schussfrequenz beworben. Weiterhin wird auf die schnelle Einsetzbarkeit sowie nicht zuletzt auf ein unauffälliges Design hingewiesen, welches nicht „im Entferntesten“ an eine „hocheffektive Schusswaffe“ erinnert. Die auf eine höchstmögliche Durchschlagskraft der Geschosse ausgerichtete Konstruktion wie auch die Herstellerbeschreibung der „Pocket-Shot“ sprechen für eine Konstruktion als Waffe im techn. Sinn. Gleiches gilt für die „Pocket-Arrow“, mit welcher Pfeile verschossen werden.

Der Kunststoffring der „Pocket-Shot“ weist eine umlaufende Einkerbung auf, in welche ein Handgriff, der sog „Pocket-Hammer“ eingerastet werden kann. Dieser wird in verschiedenen Varianten angeboten, von denen einige als Armstütze zu bewerten sind.

Mithin ist die „Pocket-Shot“ konstruktiv für eine Armstütze bzw eine vergleichbare Vorrichtung eingerichtet und daher als verbotene **Präzisionsschleuder** einzustufen.

131 Durch das **2. ÄndG** (→ Einf. Rn. 23) sind seit dem **1.4.2008** von der Vorschrift auch die **Armstützen** oder **vergleichbare Teile,** die für Präzisionsschleudern bestimmt sind, erfasst.

132 Präzisionsschleudern sowie für diese bestimmte Armstützen oder vergleichbare Vorrichtungen zählen gem. Anl. 2 Abschn. 1 Nr. 1.3.7 zu den **verbotenen** Waffen (→ Anl. 2 Rn. 65).

Der **verbotswidrige Umgang** ist gem. § 52 Abs. 3 Nr. 1, Abs. 4 **strafbewehrt** (Vergehenstatbestand). 133

b) Tragbare Gegenstände nach § 1 Abs. 2 Nr. 2b (Nr. 2). Unter Nr. 2 erfolgt eine Auflistung von Gegenständen nach § 1 Abs. 2 Nr. 2b, also von **Waffen im nichttechn. Sinn.** (→ § 1 Rn. 17 ff., zu den verbotenen Waffen im nichttechn. Sinn → Anl. 2 Rn. 70 ff.). Diesen ist eigen, dass sie zwar ihrem Wesen nach **nicht** dazu **bestimmt** sind, die Angriffs- oder Abwehrfähigkeit von Menschen zu beseitigen oder herabzusetzen, die aber auf Grund ihrer Beschaffenheit, Handhabung oder Wirkungsweise dazu **geeignet** sind. Da diese Eigenschaft auf eine unüberschaubare Anzahl von Alltagsgegenständen zutrifft, hat der Gesetzgeber iSd Vermeidung einer waffenrechtl. Überreglementierung festgelegt, dass Waffen im nichttechn. Sinn nur dann als Waffe von den Regelungen des WaffG erfasst sein sollen, wenn sie in diesem explizit benannt sind (vgl. § 1 Abs. 2 Nr. 2b aE). Insofern ist die in Nr. 2 erfolgte Auflistung von Waffen im nichttechn. Sinn von hoher Bedeutung. Nur diejenigen Waffen im nichttechn. Sinn, die in dieser **abschließenden** Aufzählung aufgeführt sind, sind auch als Waffe iSd WaffG zu qualifizieren und unterfallen den Regelungen desselben. Alle anderen Gegenstände, die zwar Waffe im nichttechn. Sinn gem. § 1 Abs. 2 Nr. 2b sind, aber nicht in dieser Auflistung benannt sind, fallen **nicht** in den Anwendungsbereich des WaffG. 134

aa) Messer (Nr. 2.1). Unter 2.1 sind Messer benannt, die als Waffe vom WaffG erfasst sein sollen. Diese gesonderte Aufführung der Messer generell in einem Gliederungspunkt erscheint wenig geglückt, da hieraus immer wieder unzutreffend gefolgert wird, alle Messer des täglichen Gebrauchs (Küchenmesser, Fahrtenmesser usw) sollten nach dem Willen des Gesetzgebers in den Anwendungsbereich des WaffG fallen. Dies trifft nicht zu, Gebrauchsmesser sind **nicht** allg. als Waffe eingestuft. Vielmehr sollen nur diejenigen Gebrauchsmesser als Waffe iSd WaffG eingestuft sein, die explizit in einer den nachfolgenden Nummern der Auflistung aufgeführt sind. 135

Einhandmesser (→ § 42a Rn. 12 ff.) zählen im Regelfall nicht zu den Hieb- und Stoßwaffen, sondern zu den bloßen Gebrauchsmessern. In Ermangelung ihrer Nennung in der Nr. 2.1 folgenden Aufzählung sind sie **keine** Waffen iSd WaffG. Das Gleiche gilt für die in § 42a Abs. 1 Nr. 3 genannten feststehenden Messer mit einer Klingenlänge über 12 cm. Sog **Power-Glide** sind keine Einhandmesser (BKA-FB v. 23.11.2010, Az. SO 11-5164.01-Z-183; → Rn. 149 sowie → Anl. 2 Rn. 81). 136

Insoweit hat die Auflistung auch eine **Klarstellungsfunktion.** Alle in der Aufzählung angeführten Messertypen unterfallen unabhängig von ihrer Zweckbestimmung den Regelungen des WaffG. Ist ein Gebrauchsmesser hier nicht genannt, so ist es auch keine Waffe iSd WaffG. 137

Im Wesentlichen qualifiziert der Gesetzgeber diejenigen Messer als Waffe iSd WaffG, welche er bis auf wenige Ausnahmen auch in Anl. 2 Abschn. 1 zu den verbotenen Waffen zählt. 138

(1) Springmesser (Nr. 2.1.1). Zunächst sollen **Springmesser** dem WaffG unterliegen. Charakteristisch für die Funktion eines Springmessers ist, dass die Klinge aus dem Griff hervorschnellt, was nur durch eine mit Federn angetriebene Mechanik bewerkstelligt werden kann. Demgemäß werden Springmesser nach dem Drücken einer Entriegelung („Knopf- oder Hebeldruck") **vollständig** durch Federkraft geöffnet. Ein federunterstütztes Öffnen reicht **nicht** aus (FB des BKA vom 9.7.2004; Az. KT 21/ZV 25 5164.01 -Z- 22). Ein weiteres essenzielles Kriterium für das Vorliegen eines Springmessers ist, dass die Klingen sich nach dem Öffnen entweder selbsttätig oder durch das Loslassen des Öffnungsmechanismus arretieren. Wird die Klinge zwar vollständig durch Federkraft geöffnet, aber anschließend nicht festgestellt, so handelt es sich nicht um ein Springmesser iSd Vorschrift. 139

Nicht zu den Springmessern gehören **Rettungsmesser („rescue tools")** in Form eines Springmessers mit seitlich herausspringender Klinge, die länger als 8,5 cm ist. Diese werden als Werkzeug und nicht als Messer eingestuft, wenn ihre Klinge
- einen nahezu geraden, durchgehenden Rücken hat,
- sich zur Schneide hin verjüngt,
- anstelle der Spitze abgerundet und stumpf ist,
- im vorderen Teil hinter der abgerundeten Klingenspitze eine hakenförmige Schneide hat,
- eine gebogene Schneide hat, deren Länge 60 % der Klingenlänge nicht übersteigt und
- im hinteren Bereich einen wellenförmigen Schliff aufweist (vgl. hierzu BKA-FB v. 28.8.2003, Az. KT 21/ZV 25-5164.01-Z-20/2003).

140 Springmesser zählen gem. Anl. 2 Abschn. 1 Nr. 1.4.1 zu den **verbotenen** Waffen (→ Anl. 2 Rn. 71 ff.). **Ausgenommen** von diesem Verbot sind Springmesser, bei denen die Klinge seitwärts aus dem Griff herausspringt **und** der aus dem Griff herausragende Teil der Klinge höchstens 8,5 cm lang ist **und** nicht zweiseitig geschliffen ist.

Unabhängig von der geltenden Ausnahmeregelung sind sämtliche **Mini-Springmesser nicht** vom Verbot erfasst, bei denen die Klinge nicht länger als 41 mm und nicht höher als 10 mm ist (BKA-FB v. 19.12.2006, Az. KT 21/SO 11-5164.01-Z-76). Grund für diese Ausnahme ist die mangelnde Eignung als Waffe und die Zweckbestimmung solcher Gegenstände meist als Schlüsselanhänger.

141 Der Umgang mit verbotenen Springmessern ist gem. § 52 Abs. 3 Nr. 1, Abs. 4 **strafbewehrt** (Vergehenstatbestand).

142 **(2) Fallmesser (Nr. 2.1.2).** Bei den hier angeführten Fallmessern ist typischerweise keine Federmechanik vorhanden. Die Klingen schnellen beim Lösen einer Sperrvorrichtung durch eine Schleuderbewegung oder durch ihre Schwerkraft aus dem Griff hervor. Ebenso wie bei den Springmessern ist erforderlich, dass die Klinge selbsttätig oder beim Loslassen der Sperrvorrichtung festgestellt wird. Ist dies nicht der Fall, so unterliegen sie nicht den Vorschriften und Bestimmungen des Waffengesetzes.

Nicht zu den Fallmessern gehören **Rettungsmesser („rescue tools")** in Form eines Fallmessers mit seitlich herausspringender Klinge, die länger als 8,5 cm ist. Diese werden als Werkzeug und nicht als Messer eingestuft, wenn ihre Klinge
- einen nahezu geraden, durchgehenden Rücken hat,
- sich zur Schneide hin verjüngt,
- anstelle der Spitze abgerundet und stumpf ist,
- im vorderen Teil hinter der abgerundeten Klingenspitze eine hakenförmige Schneide hat,
- eine gebogene Schneide hat, deren Länge 60 % der Klingenlänge nicht übersteigt und
- im hinteren Bereich einen wellenförmigen Schliff aufweist (vgl. hierzu BKA-FB v. 28.8.2003, Az. KT 21/ZV 25-5164.01-Z-20/2003).

143 Fallmesser zählen gem. Anl. 2 Abschn. 1 Nr. 1.4.1 zu den **verbotenen** Waffen (→ Anl. 2 Rn. 71 ff.).

144 Der verbotswidrige Umgang ist gem. § 52 Abs. 3 Nr. 1, Abs. 4 **strafbewehrt** (Vergehenstatbestand).

145 **(3) Faustmesser (Nr. 2.1.3).** Charakteristisch für diese ist, dass bei ihnen die Klinge **quer** zum Griff steht, so dass diese beim Ergreifen des Messers zwischen den Fingern herausragt. Dieser Konstruktion Rechnung tragend werden sie in der geschlossenen Faust geführt. Faustmesser stammen aus dem Leder und Pelz verarbeitenden Gewerbe, wo sie zum Abziehen von Tierhäuten verwendet werden. Ebenso kommen sie bei Jägern zum Einsatz. Der Umstand, dass sie in der geschlossenen Faust geführt werden, hat zur Folge, dass im Falle des Zustechens mit einem solchen Messer die Klinge mit einer enormen Wucht auf das Ziel trifft, weshalb Faustmessern ein besonderes Verletzungspotenzial innewohnt. Vor diesem Hintergrund hat der Gesetzgeber sich dazu entschieden, Faustmesser in den Katalog der Nr. 2 aufzunehmen und damit den Regelungen des WaffG und iErg einem weitreichenden Umgangsverbot zu unterwerfen. Charakteristisch für Faustmesser iSd Vorschrift ist zudem, dass die Klinge entweder **fest steht,** oder aber **feststellbar** ist. Dementspr. gehören auch Messer, die über eine bewegliche Klinge verfügen und bei denen die Möglichkeit besteht, diese quer zum Griff zu arretieren, zu den Faustmessern. Typischerweise fallen hierunter sog **Faustdolche,** welche einerseits als „normales" Messer benutzt werden können, bei denen aber auch die Klinge aufgeklappt und quer stehend zum Griff festgestellt werden kann.

Ebenfalls zu den Faustmessern zählen die sog **Hibben-Claws** (weitere Einzelfälle → Anl. 2 Rn. 77). Diese haben idR eine Klingenlänge von etwa 60 mm und eine Klingenbreite von ca. 20 mm. Die quer zum Griff stehende Klinge ist seitlich an der Griffseite angebracht. Die Klinge ist zweiseitig geschliffen und spitz zulaufend. Es wird im Regelfall in einer Ledertasche mit Gürtelclip getragen, wobei das Messer mit einer Druckknopfvorrichtung in der Lederscheide fixiert wird (vgl. auch BKA-FB v. 7.12.2007, Az. SO11-5164.01-Z-111).

Faustmesser zählen gem. Anl. 2 Abschn. 1 Nr. 1.4.2 zu den **verbotenen** Waffen **146**
(→ Anl. 2 Rn. 77 ff.).

Der **verbotswidrige Umgang** ist gem. § 52 Abs. 3 Nr. 1, Abs. 4 **strafbewehrt** **147**
(Vergehenstatbestand).

Bestimmten Personengruppen ist jedoch der Umgang mit Faustmessern in Ausnahme zu diesem Verbot gem. § 40 Abs. 3 S. 1 gestattet, so etwa Inhabern einer jagdrechtl. Erlaubnis (Jäger) sowie Angehörigen der Leder oder Pelz verarbeitenden Berufe, sofern sie diese zur Ausübung ihrer Tätigkeit benötigen (→ § 40 Rn. 5 u. → Anl. 2 Rn. 78). **148**

(4) Butterflymesser (Nr. 2.1.4). Kennzeichnend für diese Art von Messern ist, **149**
dass sich die Klinge im geschlossenen Zustand innerhalb des zweigeteilten Griffs befindet. Die Klinge besitzt zum Aufklappen an der Griffseite zwei Drehgelenke, an denen jeweils eine Griffhälfte befestigt ist. Mit einer kurzen Schleuderbewegung des Handgelenks (bei gleichzeitigem Festhalten einer Griffhälfte) wird die Klinge geöffnet („ausgeklappt") und der Griff wieder zusammengeführt. Diese Mechanik lässt eine einhändige Bedienung zu. Die schwenkbaren Griffhälften werden am hinteren Ende durch einen kleinen umlegbaren Bügelverschluss zusammengehalten, um dem Griff eine höhere Stabilität zu verleihen.

Nicht als Waffe werden sog **Mini-Butterflymesser** eingestuft, deren Klinge nicht länger als 41 mm ist und deren Klingenhöhe nicht mehr als 10 mm beträgt (BKA-FB v. 19.12.2006, Az. KT 21/SO 11-5164-Z-76). Grund für diese Ausnahme ist die mangelnde Eignung als Waffe und die Zweckbestimmung solcher Gegenstände meist als Schlüsselanhänger.

Nicht als Butterflymesser eingestuft werden sog **Power-Glide,** wohingegen das Messer **„Paradox"** der Firma Cold Steel als Butterflymesser angesehen wird (→ Anl. 2 Rn. 81).

Der Butterfly-Trainer (auch Balisong-Trainer), bei dem anstelle der Klinge ein stumpfes Stück Stahl eingebracht ist, stellt keine Waffe dar und fällt nicht in den Anwendungsbereich des WaffG.

Butterflymesser zählen gem. Anl. 2 Abschn. 1 Nr. 1.4.3 zu den **verbotenen** Waffen (→ Anl. 2 Rn. 80 ff.). **150**

Der **verbotswidrige Umgang** ist gem. § 52 Abs. 3 Nr. 1, Abs. 4 **strafbewehrt** **151**
(Vergehenstatbestand).

152 **bb) Elektroimpulsgeräte, WASP-Knives uä (Nr. 2.2).** Betroffen sind hier Elektroimpulsgeräte uä, welche dazu bestimmt sind, Tieren Schmerzen zuzufügen und die in der Tierhaltung verwendet werden. Mit dieser wenig geglückten Formulierung will der Gesetzgeber in der Tierhaltung zum Einsatz kommende **Elektroimpulsgeräte** uä in den Regelungsbereich des WaffG einbeziehen. Hierunter fallen zunächst sog „**Bullentreiber**", aber auch **Teletaktgeräte,** die bei der Abrichtung von Hunden zum Einsatz kommen. Ebenso **WASP-Knives** (→ Rn. 98), soweit diese Gegenstände nicht dazu bestimmt sind, die Angriffs- oder Abwehrfähigkeit von Menschen herabzusetzen oder zu beseitigen, sondern als Tierabwehrgeräte, etwa für Jäger oder Sporttaucher, bestimmt sind (zu den Verbotsnormen → Anl. 2 Rn. 64).

Diese Gegenstände sollen dem WaffG allerdings nur dann unterfallen, wenn sie nicht bestimmungsgemäß, also nicht in der Tierhaltung eingesetzt werden. Solange sie unter Berücksichtigung des Tierschutzgesetzes bei Tieren verwendet werden, zählen diese Gegenstände daher nicht als Waffe iSd WaffG. Eine Waffeneigenschaft soll diesen Gegenständen erst dann beigemessen werden, wenn sie **nicht bestimmungsgemäß,** also gegen Menschen, zum Einsatz kommen (→ vertiefend Anl. 2 Rn. 83). Der versuchte Einsatz ist hiervon mitumfasst.

153 Soweit sie nicht bestimmungsgemäß eingesetzt werden, zählen diese Gegenstände gem. Anl. 2 Abschn. 1 Nr. 1.4.4 zu den **verbotenen** Waffen (→ Anl. 2 Rn. 83 ff.).

154 **Verstöße** gegen das Verbot werden als **Vergehen** geahndet, vgl. § 52 Abs. 3 Nr. 1, Abs. 4.

Unterabschnitt 3. Munition und Geschosse

155 Im UAbschn. 3 nimmt der Gesetzgeber begriffliche Bestimmungen bzgl. Munition und Geschossen vor.

156 **a) Munition (Nr. 1).** Das WaffG unterscheidet zwischen Patronenmunition, Kartuschenmunition, hülsenloser Munition und pyrotechnischer Munition, die zum Verschießen aus Schussw. bestimmt sind. Im allg. Sprachgebrauch wird der Begriff Munition zusammenfassend für Treibladung, Hülse, Anzündung und Geschoss verwendet, wobei aber nicht immer alle vier Komponenten vorhanden sein müssen. Loses Treibladungspulver, Geschosse, Hülsen u. Zündhütchen fallen als einzelne Komponenten **nicht** unter den Munitionsbegriff. Treibladungen, die zwar nicht in Hülsen untergebracht sind, aber eine den Innenabmessungen der Waffe angepasste Form haben und zum Antrieb von Geschossen bestimmt sind (Presslinge), gelten hingegen als Munition.

156a Munition ist zum Verschießen aus Schussw. bestimmt. Diese Bestimmung entfällt allenfalls, wenn sie augenscheinlich nicht mehr zum Verschießen geeignet ist. Auf die Funktionsfähigkeit kommt es für den Munitionsbegriff ansonsten nicht an (vgl. OLG Zweibrücken, Beschl. v. 13.7.2017 – 1 OLG 2 Ss 25/17 – juris).

157 **aa) Patronenmunition (Nr. 1.1).** Bei der **Patronenmunition** handelt es sich um mit Ladung versehene Hülsen, die das Geschoss enthalten (Patrone). Die Ladung, welche aus dem Zünd- und dem Treibsatz besteht, gibt dem Geschoss die Antriebsenergie. Neben der am häufigsten in modernen Waffen verwendeten Patronenmunition, die aus einer festen Hülse (bestehend aus Metall oder einer Metalllegierung) mit Treibladung und einem aufgesetzten Geschoss besteht, werden auch andere Patronenmunitionsarten verwendet. Bei den Zündnadelwaffen wird bspw. eine Patrone aus Papier geladen. Kennzeichnend für diese Munition ist, dass alle Komponenten (Hülse, Treibladung, Geschoss) eine fest verbundene Einheit bilden. Auch Geschosse mit Eigenantrieb **(Raketengeschosse)** sind als Patronenmunition erfasst. Das Geschoss ist hier an seinem Boden hohl (bzw enthält es Austrittsöffnungen) und enthält das zum Antrieb erforderliche Mittel. Eine Hülse im eigentlichen Sinn

ist nicht vorhanden, die gesamte Patrone ist hier einheitlich als Projektil zu sehen (aA *Apel/Bushart* WaffG Anl. 1 Rn. 51, die auch bei der Raketenmunition eine Hülse für erforderlich halten, in die Geschoss und Ladung integriert sind).

Ein **Patronenbausatz,** bestehend aus Adapter bzw Ladehülse (passend im Patronenlager Kaliber .308 Win.), Treibkartusche (hergestellt aus Hülsen .30 Carbine) und Geschoss Kaliber .308 bzw .30 (7,62 mm) wurde als Patronenmunition eingestuft (FB-BKA v. 2.2.2010, Az. SO11-5164.01-Z-54).

bb) Kartuschenmunition (Nr. 1.2). Charakteristisch für die Kartuschenmuni- 158
tion ist, dass sie **kein Geschoss** enthält. Sie besteht allein aus Hülsen mit Treibladungen. Kartuschenmunition wird gewöhnlich zur Erzeugung von Arbeitskraft genutzt und bspw. bei Bolzensetzgeräten uä eingesetzt. Ebenso kann Kartuschenmunition dazu bestimmt sein, Geschosse anzutreiben (Bsp.: Patrone 4 mm M 20). Hier besteht sie aus Hülsen, welche ein Anzündmittel enthalten, das auch gleichzeitig als Treibmittel dient. Bei diesen Hülsen wird vor dem Schießen eine Rundkugel aufgesteckt. Im Unterschied zur Patronenmunition ist das Geschoss hier nicht fest mit der Hülse verbunden. Kartuschenmunition kommt gleichfalls bei der Artillerie zum Einsatz, wo in den meisten Fällen zunächst das Geschoss geladen wird, bevor erst im Anschluss daran die Kartusche mit der Treibladung geladen wird. Für die Einstufung von Kartuschenmunition ist es unerheblich, ob die Treibladung dazu bestimmt ist, Energie zu erzeugen oder ein Geschoss anzutreiben. Zur Kartuschenmunition zählen daher auch die in Hülsen gepackten Ladungen für SRS-Waffen, auch wenn sie ausschl. der Schallerzeugung dienen.

cc) Hülsenlose Munition (Nr. 1.3). Nach der Legaldef. handelt es sich bei der 159
hülsenlosen Munition um eine Ladung mit oder ohne Geschoss, wobei die Treibladung eine den Innenabmessungen der Schussw. (Patronenlager oder Laufkaliber) oder eines Schussw. gleichgest. Gegenstandes angepasste Form hat. Die Komponenten Geschoss (soweit vorhanden), Treibladung und Anzündung sind demnach unter Verzicht auf eine Hülse zu einer festen Einheit zusammengefasst.

Die bekannteste hülsenlose Munition wurde für das Gewehr G 11 entwickelt. Hier wurde ein Geschoss in die Treibladung integriert, um für den Soldaten das Gewicht der Hülsen, das den bei weitem größten Anteil am Patronengewicht ausmacht, zu reduzieren. Trotz immer wieder neuer Entwicklungen hat sich hülsenlose Munition in der Praxis bislang nicht allg. durchsetzen können. Sog **„Presslinge“** (Treibladungen, die durch Kleben oder Pressen geformt werden) zählen ebenfalls zur hülsenlosen Munition.

dd) Pyrotechnische Munition (Nr. 1.4). Pyrotechnische Munition erfasst 160
Gegenstände, die Geschosse mit explosionsgefährlichen Stoffen oder Stoffgemischen (pyrotechnische Sätze) enthalten, die Schall-, Rauch-, Nebel-, Heiz-, Druck- oder Bewegungswirkungen erzeugen und keine zweckbestimmte Durchschlagskraft im Ziel entfalten. Kennzeichnend ist für die pyrotechnische Munition, dass kein Geschoss mit einer zweckbestimmten Durchschlagskraft angetrieben wird. Pyrotechnische Munition dient demnach nicht dem Treffen eines Ziels, sondern ist auf die Erzeugung von Licht-, Schall-, Rauch- oder ähnlichen Effekten ausgerichtet.

Das WaffG differenziert zwischen pyrotechnischer Patronenmunition (Nr. 1.4.1), unpatronierter pyrotechnischer Munition (Nr. 1.4.2) und solcher, die fest mit der Antriebsvorrichtung verbunden ist (Nr. 1.4.3).

Die **pyrotechnische Patronenmunition** enthält neben der Hülse und dem 161
Treibmittel ein Geschoss, welches den pyrotechnischen Satz hält bzw aus diesem besteht. Hierzu zählen etwa Signalpatronen und Feuerwerkspatronen.

Zur **unpatronierten pyrotechnischen Munition** zählen etwa Leucht- und Sig- 162
nalsterne sowie Rauch- und Knallgeschosse, welche auf Schreckschussw. mit Abschussbecher aufgesetzt werden (vgl. *Heller/Soschinka* WaffR Rn. 220). Auch die

Böllerpulver sind hierunter zu fassen, deren Erwerb aber durch das SprengG geregelt ist (für den rechtmäßigen Erwerb bedarf es einer Erlaubnis nach § 27 SprengG).

Kartuschenmunition fällt nicht unter die unpatronierte Munition (WaffVwV Anl.I-A1-UA3-1.4.2, im Anschl. daran *Heller/Soschinka* WaffR Rn. 220).

163 Von der **pyrotechnischen Munition, die fest mit der Antriebsvorrichtung verbunden ist,** sind die für Feuerwerk, Notsignalgebung usw bestimmten Geschosse erfasst, welche nach der Zündung mit einem eigenen Treibsatz angetrieben werden und in besonderen Abschussgeräten zur Anwendung kommen (vgl. *Apel/Bushart* WaffG Anl. 1 Rn. 54).

164 **b) Ladungen (Nr. 2).** Die in Nr. 2 angeführten Treibladungen dienen in loser Schüttung oder aber als vorgefertigte Ladung (etwa in Papier gewickelte Schwarzpulverladung mit Geschossen für Vorderlader) oder in loser Form zum Antrieb von Geschossen oder Wirkstoffen oder zur Erzeugung von Schall- oder Lichtimpulsen in Schussw. oder Abschussgeräten nach Anl. 1 Abschn. 1 UAbschn. 1 Nr. 1.2.1. Ladungen fallen in dieser Form nicht unter den Begriff der Munition nach Nr. 1. Als hülsenlose Munition sind sie allerdings zu qualifizieren, wenn sie als geometrisch geformte Presslinge den Innenmaßen einer Schussw. oder eines Abschussgerätes nach Anl. 1 Abschn. 1 UAbschn. 1 Nr. 1.2.1 entsprechen (*Heller/Soschinka* WaffR Rn. 223).

Treibladungen (hierzu zählen Nitrozellulosepulver, Schwarzpulver und Böllerpulver) unterliegen grds. dem SprengG.

165 **c) Geschosse (Nr. 3).** Typischerweise werden Geschosse aus **Schussw.** verschossen und sind daher **für diese bestimmt** und hergerichtet. Dies ist aber nicht zwingend, ein Geschoss kann **auch für sich genommen als Waffe hergest.** sein. So etwa, wenn Benzin in eine Flasche gefüllt und mit einer Lunte versehen wird (Molotow-Cocktail). Dies ist nicht nur als Geschoss (flüssiger Stoff in Umhüllung), sondern auch zugleich als eigenständige Waffe einzustufen.

Geschosse werden überwiegend durch eine Treibladung angetrieben. Dies trifft allerdings nicht ausnahmslos zu, so etwa bei Druckluft-, Federdruckwaffen und Waffen, bei denen zum Antrieb der Geschosse kalte Treibgase Verwendung finden. Gleiches trifft auf Geschosse zu, die mittels einer Armbrust oÄ beschleunigt werden.

166 Der Gesetzgeber differenziert bei den Geschossen zwischen festen Körpern (Nr. 3.1) und gasförmigen, flüssigen oder festen Stoffen in Umhüllungen (Nr. 3.2). Die festen Körper müssen eine gewisse (massive) Konsistenz besitzen. Die Verdämmung eines Vorderladers oder Böllers aus Stoff oder Filz fallen mangels Festigkeit nicht unter diesen Begriff, wohingegen Körper aus Blei oder anderen Metallen typischerweise zu den Geschossen zählen. Ebenso Gummigeschosse sind hinzuzuzählen. Als Geschosse kommen Einzelgeschosse ebenso wie Schrotladungen in Betracht, die ihrerseits aus mehreren festen Körpern, den Schrotkugeln, bestehen.

Die gasförmigen, flüssigen oder festen Stoffe zählen nur dann zu den Geschossen, wenn sich diese in Umhüllungen befinden. Diese Umhüllungen geben dem losen Material vor dem Verschießen Halt. Zu diesen Geschossen zählen bspw. die **Gotcha-Farbkugeln.**

Abschnitt 2. Waffenrechtliche Begriffe

167 In Abschn. 2 der Anl. 1 hat der Gesetzgeber waffenrechtl. Grundbegriffe legaldef. Neben den in § 1 Abs. 3 genannten Umgangsarten sind die Begriffe der Kinder und der Jugendlichen aufgeführt und def. Mit dem **2. ÄndG** (→ Einf. Rn. 23) sind mit Wirkung zum 1.4.2008 auch die Def. der Begriffe „schussbereit" und „zugriffsbereit" in den 2. Abschn. aufgenommen worden. Mit dem **6. ÄndG** (→ Einf. Rn. 26c) wurde mit Wirkung zum 6.7.2017 zuletzt die Def. des Begriffs „Mitgliedstaaten" in den 2. Abschn. aufgenommen.

1. Allgemeines

Erwerb, Besitz, Überlassen und Führen ist gemeinsam, dass sie zentral an das Merkmal der **tatsächlichen Gewalt** anknüpfen. Wann die tats. Gewalt über eine Waffe oder Munition erworben worden ist, richtet sich nicht nach rechtl. Kat. und Vorauss., sondern allein nach der faktischen Möglichkeit, nach eigenem Willen frei über die Waffe oder Munition zu verfügen. **168**

Insofern setzt die tats. Gewalt eine „jederzeit zu realisierende tatsächliche Herrschaftsmöglichkeit" voraus (vgl. *Apel/Bushart* WaffG Anl. 1 Rn. 61), wobei diese **in zeitlicher und räumlicher Hinsicht nicht zu eng** ausgelegt werden darf. Vielmehr geht es um die **grds. Möglichkeit, nach eigenem Willen auf die Waffe einzuwirken.** Diese Möglichkeit besteht auch dann, wenn der Zugriff nur mit einer zeitlichen Verzögerung oder erst nach einer räumlichen Annäherung erfolgen kann (*Gade* WaffR S. 25). Die tatsächliche Gewalt erfordert daher nicht die Anwesenheit des Inhabers. So bleiben zB Waffen, die in einer Wohnung eingeschlossen sind, in der tats. Gewalt des abwesenden Inhabers (vgl. WaffVwV Anl.I-A2-2). Ebenso wird die tatsächliche Gewalt nicht dadurch aufgehoben, dass eine Waffe nicht schuss- und nicht zugriffsbereit transportiert wird. In diesen Fällen wird die Waffe regelm. geführt, auch wenn das Führen ggf. erlaubnisfrei ist.

Neben diese **objektive Komponente** der tats. Gewalt tritt eine **subjektive Komponente,** wonach die tats. Gewalt neben der obj. Herrschaftsmöglichkeit auch den subj. Herrschaftswillen voraussetzt. Für die Annahme eines solchen Herrschaftswillens ist mind. eine intellektuelle Willenskomponente, also das **Wissen** um die Zugriffsmöglichkeit erforderlich (vgl. *Steindorf/B. Heinrich* WaffG § 1 Rn. 35). Im Falle des fahrlässigen unerlaubten Umgangs ist entspr. das **„schuldhafte Nichtwissen"** um die obj. Einwirkungsmöglichkeit erforderlich.

Eine **voluntative Willenskomponente** iSe. „Beherrschensollens" ist **nicht erforderlich** (*Gade* NJW 2015, 3542, 3543; Beispielsfälle bei *Gade* WaffR, S. 26), weshalb auch Konstellationen denkbar sind, in denen die tats. Gewalt ohne oder gar gegen den Willen (das Wollen) des Erwerbenden begründet wird. Für den Herrschaftswillen reicht ein natürlicher Wille aus, ein rechtsgeschäftlicher Wille ist nicht erforderlich.

Die tats. Gewalt kann mehreren Personen zustehen, etwa bei der gemeinsamen Zugriffsmöglichkeit auf einen Waffenschrank. Andererseits ist der Eigentümer einer Waffe nicht automatisch auch dessen Besitzer.

2. Erwerb (Nr. 1)

Der Erwerb erfasst das Erlangen der tats. Gewalt, wobei es hierbei nicht auf rechtsgeschäftliche Erwerbstatbestände ankommt. **Allein entscheidend ist der Übergang der tatsächlichen Einwirkungsmöglichkeit.** **169**

Im waffenrechtl. Sinn kann eine Waffe daher nicht nur durch Rechtsgeschäft, sondern ebenso durch Fund, Erbfolge, Aneignung oder auch Diebstahl erworben werden. Für den Erwerb in waffenrechtl. Hinsicht kommt es nicht auf einen die Zugriffsmöglichkeit legitimierenden Erwerbstatbestand an, da es nicht um die rechtl. Zuordnung eines Rechts an einer Sache zu einer Person geht. Unter waffenrechtl. Gesichtspunkten ist von zentraler Bedeutung, ob eine Person tatsächlich nach eigenem Willen auf eine Waffe oder Munition einwirken kann, da allein durch diesen Umstand eine waffenrechtl. spezifische Gefahrensphäre eröffnet wird, gleichgültig, ob dies zivilrechtl. legitimiert ist.

Ohne Belang für den Erwerb ist **die Dauer** der tatsächlichen Gewalt. Auch wenn diese nur vorübergehend ausgeübt wird, handelt es sich um einen Erwerb, weshalb der Entleiher, Transporteur, Verwahrer, Waffenmechaniker usw regelm. erwirbt. **170**

171 **Fund** und **Ererben** (vertiefend *Gade* WaffR, S. 27 f., 160 f.) einer Waffe stellen Sonderfälle des Erwerbs dar. Beiden Fallkonstellationen ist gemeinsam, dass der Erwerb der Waffe jeweils **unabhängig vom Willen des Erwerbers** erfolgt. Man kann insoweit von Fällen des **unfreiwilligen** Erwerbs ausgehen, welcher beim Finder auf Zufall basiert und beim Erben in Folge einer von eigenem Willen nicht beeinflussbaren Rechtsfolge eintritt (so auch *Apel/Bushart* WaffG § 40 Rn. 12).

Diesem Umstand Rechnung tragend sieht der Gesetzgeber eine besondere rechtl. Behandlung dieser Erwerbsformen vor, vgl. §§ 37 Abs. 1, 40 Abs. 5.

Ebenso ist ein Erwerb „gegen den Willen" des Erwerbers denkbar. So etwa, wenn eine erlaubnispflichtige oder verbotene Waffe gegen den Willen des Wohnungsinhabers in dieser zurückgelassen wird. Der Wohnungsinhaber kann in diesem Fall tatsächlich auf die Waffe zugreifen und er weiß dies auch. Die typischerweise aus einem Waffenerwerb resultierende Gefahrensphäre für die öffentl. Sicherheit und Ordnung ist damit eröffnet. Es liefe dem Sicherungszweck des Gesetzes zuwider, in solchen Fällen für die Annahme eines Erwerbs ein über das bloße Wissenselement hinausgehendes voluntatives Willenselement zu verlangen. Dem Umstand, dass der Erwerbende den Waffenerwerb tatsächlich nicht wollte, trägt der Gesetzgeber Rechnung, indem er den willensunabhängigen Erwerb zunächst nicht unter Strafe stellt. Den Erwerbenden trifft lediglich die Pflicht, den Erwerb gegenüber der zust. Beh. unverzüglich anzuzeigen (vgl. §§ 37 Abs. 1, 40 Abs. 5).

3. Besitz (Nr. 2)

172 Während der Erwerb den Moment der Erlangung der tatsächlichen Gewalt betr., ist durch den Besitz schlicht der aus dem Erwerb resultierende Dauerzustand beschrieben. So wie es beim Erwerb nicht auf einen rechtsgeschäftlichen Erwerbstatbestand ankommt, spielt es für den Besitz keine Rolle, ob dieser auf einem rechtl. legitimierenden Erwerbsakt beruht oder aber rechtswidrig erlangt worden ist. So ist bspw. auch der Dieb Besitzer im waffenrechtl. Sinn, ebenso der Finder, oder ein Vollstreckungsorgan bei Sicherstellung oder Beschlagnahme.

Es kann nur derjenige die tatsächliche Gewalt ausüben, der sie zuvor erworben hat. Umgekehrt zieht auch jeder Erwerb den anschließenden Besitz nach sich, wobei es auf eine besondere Dauer des Besitzes nicht ankommt (so auch *Apel/Bushart* WaffG Anl. 1 Rn. 63; *Heller/Soschinka* WaffR Rn. 422; iErg so auch OVG Münster Beschl. v. 20.2.2008 – 20 A 1368/07; aA *Steindorf/B. Heinrich* WaffG § 1 Rn. 42, der „rein sprachlich ein gewisses Moment der Dauer" verlangt, wobei dies nicht näher konkretisiert wird).

Dementspr. ist der „vorübergehende" Besitz explizit in § 12 Abs. 1 angesprochen. Soweit der Gesetzgeber teilw. **allein den Erwerb** erlaubnisfrei stellt (§§ 13 Abs. 3, 14 Abs. 4), ist zu berücksichtigen, dass damit zumindest auch der Besitz für eine gewisse Dauer (bis zum Eintrag des Besitzes in die WBK) erlaubnisfrei gestellt ist (so auch zutreffend *Apel/Bushart* WaffG Anl. 1 Rn. 63).

Eigenständige Bedeutung kommt dem Besitz etwa in den Fällen zu, in denen eine Waffe ursprünglich rechtmäßig erworben worden ist (etwa beim Erben oder Finder), der spätere Besitz dann aber unerlaubt wird oder aber der unrechtmäßige Erwerb zwischenzeitlich strafrechtl. verjährt ist (vgl. *Steindorf/B. Heinrich* WaffG § 1 Rn. 42).

Häufig wird der waffenrechtl. Besitz mit dem unmittelbaren Besitz nach Bürgerlichem Recht (§ 854 BGB) zusammenfallen, allerdings besteht **keine Begriffskongruenz.** Die spezifische rechtl. Bedeutung des waffenrechtl. Besitzes lässt eine gänzliche Übertragung der zivilrechtl. Regelungen auf die Begriffsbedeutung im WaffG nicht zu. Der waffenrechtl. Besitzbegriff ist stets unter dem Gesichtspunkt zu ermitteln, inwieweit aus der Beziehung einer Person zu einer Waffe ein **Gefährdungspotenzial für die öffentl. Sicherheit und Ordnung** abgeleitet werden kann. Die zivilrechtl. Bedeutung verschiedener Besitzformen im Sachenrecht ist für die inhaltliche Bestimmung des waffenrechtl. Besitzbegriffs ohne Bedeutung.

Der Begriff des waffenrechtl. Besitzes kann allenfalls an den unmittelbaren Besitz nach § 854 BGB angelehnt werden. Unerheblich ist, ob es sich um Fremd- oder Eigenbesitz (§ 872 BGB) handelt.

Auch der **Besitzdiener** (§ 855 BGB), der die tatsächliche Sachherrschaft über die Waffe ohne zivilrechtl. Benutzungsbefugnis ausübt, ist **Besitzer** im waffenrechtl. Sinn (vgl. auch OVG Münster Beschl. v. 20.2.2008 – 20 A 1368/07). Hierfür spricht allein die Formulierung des § 12 Abs. 1 und 2, wonach Konstellationen der Besitzdienerschaft vom waffenrechtl. Besitzbegriff umfasst werden (vgl. *Lehmann* WaffG Rn. 94).

Konstellationen des **mittelbaren Besitzes** (§ 868 BGB) sind vom waffenrechtl. Besitz zumindest in **engen Grenzen** erfasst (ablehnend *Apel/Bushart* WaffG Anl. 1 Rn. 61, die den mittelbaren Besitz in keinem Fall ausreichen lassen wollen). Zwar ist für Konstellationen des mittelbaren Besitzes charakteristisch, dass die Einwirkungsmöglichkeit des mittelbaren Besitzers vom Willen des unmittelbaren Besitzers abhängt. Von daher reicht der mittelbare Besitz nach § 868 BGB regelm. nicht aus, um auch waffenrechtl. Besitz zu begründen (so hat etwa der mittelbare Besitzer einer behördlich beschlagnahmten Waffe den waffenrechtl. Besitz verloren, weil dieser jede tatsächliche Einwirkungsmöglichkeit auf die Waffe verloren hat, vgl. *Steindorf/B. Heinrich* WaffG § 1 Rn. 33).

Etwas Anderes gilt aber bspw. auf **Flugreisen.** Hier müssen Waffen und Munition den Beförderungsvorschriften entspr. als Reisegepäck aufgegeben werden. Der unmittelbare Besitz geht in diesen Fällen auf die Fluggesellschaft über, wohingegen dem Fluggast lediglich der mittelbare Besitz bleibt. Zutreffend ist jedoch im Schrifttum ganz überwiegend anerkannt, dass **keine Aufgabe des Besitzes** im waffenrechtl. Sinn vorliegt (*Heller/Soschinka* WaffR Rn. 1251; *Steindorf/B. Heinrich* WaffG § 1 Rn. 54a; *Ullrich* Waffenrechtl. Erlaubnisse S. 36 f. mwN). Der mittelbare Besitz reicht in solchermaßen gelagerten Konstellationen aus, um auch Besitz im waffenrechtl. Sinn zu begründen (→ § 32 Rn. 6).

Ließe man den mittelbaren Besitz des Reisenden nicht für einen waffenrechtl. Besitz ausreichen, so müsste man bei grenzüberschreitenden Flügen konsequenterweise auch eine Mitnahme iSv Anl. 1 Abschn. 2 Nr. 7 ablehnen. Faktisch würde man damit rein begrifflich eine Vielzahl grenzüberschreitender Waffentransporte weitgehend aus dem Anwendungsbereich des WaffG „heraussezieren". Eine solche Sichtweise liefe der Schutzintention des WaffG zuwider und ist daher abzulehnen. Gleichwohl wird in Fällen des mittelbaren Besitzes nur in Ausnahmefällen waffenrechtl. Besitz zu bejahen sein.

Zudem sind auch Fallkonstellationen denkbar, in denen waffenrechtl. Besitz anzunehmen ist, wohingegen zivilrechtl. Besitz in Ermangelung des erforderlichen Besitzbegründungswillens anerkanntermaßen nicht gegeben ist. So wird etwa die **Mitbenutzung** einer Waffe in waffenrechtl. Hinsicht stets als Besitzerwerb (Mitbesitz) einzustufen sein, wohingegen ein zivilrechtl. Mitbesitz (§ 866 BGB) ausscheidet, soweit der Mitbenutzer keinen Besitzwillen aufweist. Darüber hinaus sind solche Fälle erfasst, in denen die tatsächliche Einwirkungsmöglichkeit auf die Waffe zwar mit Wissen, aber **ohne bzw gegen den Willen** des Erwerbenden begründet wird (Waffe wird ohne den Willen des Wohnungsinhabers in seiner Wohnung zurückgelassen; frei zugängliche Aufbewahrung einer Waffe gegen den Willen des Ehepartners, vgl. *Palandt* BGB § 854 Rn. 4).

4. Überlassen (Nr. 3)

Am Überlassen sind stets **mehrere Personen** beteiligt. Die Umgangsart des Überlassens bildet die Kehrseite zum Erwerben: Der Erwerb betr. die Vorgänge auf 173 der Seite dessen, der die tatsächliche Gewalt erlangt, der Begriff des Überlassens beschreibt hingegen die Handlungen auf der Seite dessen, der die Möglichkeit zum Erwerb einräumt. Erwerb und Überlassen fallen nicht zwingend zusammen, da nicht jeder Erwerb ein Überlassen voraussetzt, etwa im Falle des Erwerbs durch Fund oder Diebstahl. Umgekehrt führt jedes Überlassen denknotwendig zu einem Erwerb der tatsächlichen Gewalt auf der anderen Seite. Die Einräumung der tatsächlichen Gewalt erfordert nicht die gänzliche Besitzaufgabe auf Seiten des Überlassenden. So reicht es für ein Überlassen aus, wenn der gemeinsame Zugriff auf den Waffenschrank ermöglicht wird. Wesentl. ist allerdings, dass die überlassende Person bisher Besitz innehatte, wohingegen der erwerbenden Person erst durch den Akt des Überlassens (Mit-)Besitz an der Waffe/Munition eingeräumt wird.

Eine „**aktive,** vom Willen getragene **Übergabehandlung oder** entsprechende **Erlaubnis zur Ansichnahme** falls auf die Waffe eine Zugriffsmöglichkeit besteht" ist **nicht Vorauss. für ein Überlassen** (so aber *Soschinka,* WiW, 59, 73).

Auf Seiten des Überlassenden reicht das bloße Wissen aus, einem anderen die tatsächliche Gewalt über die Waffe/Munition einzuräumen (vgl. auch *Steindorf/ B. Heinrich,* § 1 WaffG Rn. 43, der ein Überlassen bejaht, soweit der Überlassende einer anderen Person die Möglichkeit einräumt, „sich in gleicher Weise selbstständig der Waffe (oder Munition) bedienen zu können."). Darauf, ob eine Mitbenutzung der Waffen durch den Dritten beabsichtigt und erlaubt war, kommt es nicht an (*Heller/Soschinka* WaffR Rn. 758a unter Verweis auf die Rspr. zum Überlassen an Nichtberechtigte).

Im Falle des fahrlässigen Überlassens (ausdr. unter Strafe gestellt in § 52 Abs. 3 Nr. 7, Abs. 4) ist entsprechend das „schuldhafte Nichtwissen" um die Einräumung der Einwirkungsmöglichkeit erfasst.

Auch ist für den Erwerb auf Seiten desjenigen, dem die Waffe/Munition überlassen wird, eine voluntative Willenskomponente iSe. „Beherrschenwollens" nicht erforderlich.

Allerdings kann ein Überlassen nicht automatisch angenommen werden, wenn neben dem Waffenbesitzer eine weitere Person rein tatsächlich auf die Waffe einwirken kann und dies subjektiv auch weiß.

Erst wenn der Besitzer sich so von der Waffe/Munition entfernt hat, dass der Unberechtigte wissentlich auf die Waffe einwirken kann, ohne dass er hierfür wesentliche Hindernisse überwinden müsste, liegt ein Überlassen im waffenrechtl. Sinne vor.

Demnach ist ein Überlassen immer dann anzunehmen, wenn der Waffenbesitzer sich dergestalt von der Waffe/Munition entfernt hat, dass ein Nichtberechtigter **ohne Überwindung nennenswerter Hindernisse** tatsächlich nach eigenem Willen auf die Waffe/Munition einwirken kann und dies demjenigen, der gegen die Aufbewahrungsvorschriften verstoßen hat, klar sein musste.

Ist der rechtmäßige Inhaber der tatsächlichen Gewalt jederzeit in der Lage, die Waffe vor der Zugriffsmöglichkeit einer anderen nichtberechtigten Person zu sichern, liegt kein Überlassen vor (vertiefend mit Abgrenzungsfällen: *Gade* WaffR S. 28 ff.).

5. Führen (Nr. 4)

174 Während sich alle übrigen Arten des Umgangs auf Waffen *und* Munition beziehen, **beschränkt** sich die Umgangsart des Führens **auf Waffen. Munition** ist vom Begriff des Führens **nicht erfasst.** Unerheblich für das Vorliegen der Umgangsart „Führen" ist, ob die geführte Waffe funktionstüchtig ist. Ebenso, ob sie zugriffsbereit oder schussbereit ist (WaffVwV Anl.I-A2-4).

Eine Waffe wird dann geführt, wenn die tatsächliche Gewalt **räumlich spezifisch** (**außerhalb** der eigenen Wohnung, Geschäftsräume oder des eigenen befriedeten

Besitztums oder einer Schießstätte) über sie ausgeübt wird. An die tatsächliche Gewalt sind dieselben Anforderungen wie beim Besitz zu stellen (→ Rn. 168). Das Führen stellt insofern eine **Sonderform des Besitzes** dar.

Für das Führen einer Waffe ist daher ohne Bedeutung, ob jemand eine Waffe in der Absicht bei sich hat, mit ihr ausgerüstet zu sein (vgl. WaffVwV Anl.I-A2-4).

Schussw. gleichgest. tragbare Gegenstände, insbes. **auch wesentl. Teile** und Schalldämpfer sind ebenfalls **vom Begriff des Führens** umfasst. Spätestens mit der Einführung des § 12 Abs. 3 Nr. 6 (→ § 12 Rn. 81a f.) durch das 6. ÄndG (→ Einf. Rn. 26c), wonach wesentliche Einzelteile einer Schussw. unter bestimmten Vorauss. erlaubnisfrei geführt werden dürfen, dürften hieran keine ernstlichen Zweifel mehr bestehen (zum Diskussionsstand in der Literatur vgl. *Steindorf/B. Heinrich* WaffG § 1 Rn. 46a). **174a**

Die Unterscheidung zwischen Besitz und Führen ist von erheblicher Bedeutung, da für das Führen besondere Rechtsvorschriften gelten (Waffenscheinpflicht, § 10 Abs. 4, besondere Ausweispflicht, § 38, Verbot für öffentl. Veranstaltungen, § 42 Abs. 1, sonstige Verbote des Führens, § 42a). **175**

Charakteristisch für das Führen ist, wo die tats. Gewalt räuml. ausgeübt wird. Unerheblich ist, zu welchem Zweck sie ausgeübt wird. **176**

Die tats. Gewalt muss **außerhalb** der eigenen Wohnung, Geschäftsräume oder des eigenen befriedeten Besitztums oder einer Schießstätte ausgeübt werden, wobei darauf abzustellen ist, ob sich der Inhaber der tatsächlichen Gewalt außerhalb befindet. Auf eine etwaige Schusswirkung außerhalb kommt es nicht an. So liegt bspw. kein Fall des Führens vor, wenn aus der eigenen Wohnung heraus geschossen wird (andere etwaige Gesetzesverletzungen bleiben unberührt, wie zB das Schießen ohne Schießerlaubnis).

Die Begriffe der eigenen Wohnung, der eigenen Geschäftsräume und des eigenen befriedeten Besitztums lehnen sich an § 123 StGB an (→ § 12 Rn. 61 ff.). Zur **Wohnung** sind prinzipiell alle Räume zu zählen, deren Hauptzweck darin besteht, Menschen zur ständigen Benutzung zur Verfügung zu stehen, ohne dass sie in erster Linie Arbeitsräume sind. Diese Räume können Teil eines Hauses, aber auch von Fahrzeugen sein.

Auf längere Dauer braucht der Aufenthalt nicht angelegt zu sein; auch der Reisende „wohnt" im Hotel (*Fischer* StGB § 123 Rn. 6; ebenso KG Berlin NStZ 2016, 485 ff., wonach auch das Hotelzimmer als eigene Wohnung des Hotelgasts zu zählen sei).

Um **Geschäftsräume** handelt es sich, wenn die Räume hauptsächlich für eine gewisse Zeit oder auf Dauer zur Ausübung von Geschäften bestimmt sind. Der Begriff **eigene Geschäftsräume** setzt voraus, dass es sich um die Räume dessen handelt, der die tatsächliche Gewalt ausübt. Dies wird regelm. auf die Büroräume Selbstständiger zutreffen. Bei unselbstständiger Arbeit ist dies hingegen nicht der Fall, da die Arbeit in den Arbeitsräumen des Arbeitgebers erbracht wird.

Fahrzeuge sind nur dann Wohn- oder Geschäftsräume, wenn sie speziell zur ständigen Benutzung zu Wohnzwecken oder als Betriebs- oder Arbeitstätte hergerichtet sind.

Auch Fahrer- und Schlafkabinen von LKW sind keine Wohnung (vgl. *Steindorf/B. Heinrich* WaffG § 1 Rn. 48) weshalb darin aufgehobene Waffen regelm. geführt werden, wobei diese waffenrechtl. Einordnung die verfassungsrechtliche Würdigung im Einzelfall unberührt lässt.

Unabhängig von der geschäftlichen Nutzung sind der private PKW wie auch der gewöhnliche Dienstwagen **keine** Geschäftsräume (vgl. WaffVwV Anl.I-A2-4). Während Wohnungen und Geschäftsräume durchaus beweglich sein können (etwa Wohnwagen, mobile Wohncontainer im Baubereich usw) ist **befriedetes Besitztum** zwingend unbeweglich. **Befriedet** ist das Besitztum, wenn es in äußerlich erkennbarer Weise mit zusammenhängenden Schutzwehren gegen das willkürliche

Betreten durch andere gesichert ist. Über ein **eigenes** Besitztum verfügt nicht nur der Eigentümer, sondern auch jeder Inhaber des Hausrechts (für Einzelfälle vgl. *Fischer* StGB § 123 Rn. 6, 9). Weit auslegend OLG Düsseldorf (StraFo 2004, 68 f.), wonach kein Führen im waffenrechtl. Sinn vorliegt, wenn der Hauseigentümer im Treppenhaus des vermieteten Mehrfamilienhauses die tatsächliche Gewalt über eine Schussw. ausübt, selbst dann, wenn er selbst nicht in der Immobilie wohnt. Auch hier stehe dem Hauseigentümer (gemeinsam mit den Mietern) das Hausrecht zu. Dieses beziehe sich allerdings auf das Treppenhaus und Nebenräume, nicht aber auf die vermieteten Wohnungen. Als befriedete Besitztümer werden angesehen (nach *Fischer* StGB § 123 Rn. 6, 9):

- Eingefriedete Äcker und Wiesen, Weiden und Schonungen, Feldgrundstücke mit zusammenhängenden Schutzwehren
- Hausgärten, auch bei leicht überwindbarer Eingrenzung
- Hofräume oder Geschäftsgrundstücke mit erkennbarer Einfriedung, auch wenn über jederzeit geöffnete Zufahrten Kundenverkehr stattfindet
- Durch Ketten gesicherte Privatparkplätze
- Friedhöfe
- Schwimmdocks
- Rohbauten, leer stehende Wohnungen und zum Abbruch bestimmte Häuser.

Schießstätten sind in § 27 Abs. 1 S. 1 legaldef., wonach diese Anlagen sind, welche ausschl. oder neben anderen Zwecken dem Schießsport oder sonstigen Schießübungen mit Schussw., der Erprobung von Schussw. oder dem Schießen mit Schussw. zur Belustigung dienen (→ § 27 Rn. 3 ff.).

177 In die Legaldef. des Führens sind die Schießstätten erst durch das **2. ÄndG** (→ Einf. Rn. 23) zum 1.4.2008 aufgenommen worden. Die zentrale Folge dieser Regelung ist, dass derjenige, der innerhalb einer Schießstätte die tatsächliche Gewalt über eine Waffe ausübt, diese **nicht** führt.

6. Verbringen (Nr. 5)

178 Wesensbestimmendes Kriterium für das Verbringen ist ebenso wie bei der Mitnahme, dass es sich bei beiden Umgangsarten um einen **grenzüberschreitenden Vorgang** handelt. Ohne Grenzübertritt scheidet ein Verbringen von vornherein aus, weshalb der Transport von Waffen oder Munition im Geltungsbereich des WaffG von A nach B kein Verbringen iSd Vorschrift. „Verbringen" im allg. Sprachgebrauch ist vom „Verbringen" iSd WaffG zu trennen.

Weiteres dem Verbringen eigenes Kriterium ist der Umstand, dass die Waffe/Munition in den, durch den oder aus dem Geltungsbereich des Gesetzes transportiert wird, um entweder **dort zu verbleiben oder** aber um einen (wenn auch nur vorübergehenden) **Besitzwechsel** herbeizuführen.

178a Das Verbringen ist **vollendet,** sobald die Staatsgrenze an einer beliebigen Stelle überschritten wird.

Das Verbringen fasst lediglich den grenzüberschreitenden Vorgang in eine rechtl. Kategorie. Mit diesem gehen im Regelfall weitere Umgangsarten (**Besitz, Führen** usw) einher. Diese sind jeweils **rechtlich eigenständig zu würdigen.**

Der Begriff des Verbringens ist **unabhängig von der ausländerrechtlichen Einreise** iSd § 13 Abs. 2 S. 1 AufenthG zu beruteilen. Mit dem tatsächlichen Überschreiten der Hoheitsgrenzen ist die Umgangsart des Verbringens abgeschlossen, unabhängig davon, ob dies auch eine Einreise im ausländerrechtlichen Sinne darstellt.

178b Die Waffe/Munition braucht nicht eigenhändig über die Grenze verbracht zu werden, um die Verbringereigenschaft nach WaffG zu erfüllen. Sofern die Waffen oder die Munition im Auftrag des endgültigen Empfängers bzw Versenders von einem gewerbsmäßigen Beförderer (bspw. einem Spediteur) über die Grenze transportiert werden, ist der **Auftraggeber Verbringer** iSd Gesetzes. Dieser ist verantwortlich für die Einholung einer erforderlichen Verbringenserlaubnis.

Typischerweise sind mehrere Personen am Verbringensvorgang beteiligt. Die erteilte **Verbringenserlaubnis** benennt die Beteiligten (Versender, Transportverantwortlicher und Empfänger, vgl. auch WaffVordruckVwV, Anl. 13 ff.) und **legitimiert** damit **den gesamten Verbringensvorgang.** **178c**

Einzelfälle: Ein Verbringen liegt etwa vor, wenn aus Deutschland an einen Dritten im Ausland Waffen bzw Munition versendet werden. Da hier ein Besitzwechsel stattfindet, kommt es nicht darauf an, ob die Waffe im Ausland verbleiben soll. Auch ein vorübergehendes Überlassen an einen Dritten, etwa zu Ausstellungs- oder Reparaturzwecken, ist hier vom Verbringen erfasst. **179**

Ebenso ist ein Verbringen zu bejahen, wenn sich eine Person im Inland aus dem Ausland Waffen bzw Munition liefern lässt, gleichviel, ob sie diese auf Dauer oder lediglich vorübergehend behalten möchte.

Findet kein Besitzwechsel statt, kommt ein Verbringen indes nur in Betracht, soweit die Waffe/Munition am Zielort verbleibt.

7. Mitnahme (Nr. 6)

Diese knüpft ebenso wie das Verbringen an einen **Grenzübertritt** an, so dass auch hier gilt, keine Mitnahme iSd WaffG ohne Grenzübertritt. „Mitnehmen" nach allg. Sprachgebrauch ist von der Mitnahme iSd WaffG zu unterscheiden. **180**

Der zentrale **Unterschied** zwischen Mitnahme und Verbringen liegt darin, dass die Mitnahme gerade nicht erfolgt, damit die Waffe am Verbringungsort verbleibt bzw ein Besitzwechsel herbeigeführt wird. Typischerweise ist die Mitnahme **nicht auf Dauer angelegt** und ist auch mit **keinem Besitzwechsel** (zum Besitz → Rn. 172) verbunden. Häufigster Fall der Mitnahme ist, dass die Waffe oder Munition auf einer grenzüberschreitenden Reise ohne Aufgabe des Besitzes zur Verwendung mitgeführt wird, wie es regelm. im Rahmen von Jagdurlauben oder im Zuge von Reisen zum Zweck der Teilnahme an internationalen Schießsportwettkämpfen vorkommt.

Bei **Flugreisen** darf der Waffenbesitzer die Waffe und Munition aus luftsicherheitsrechtl. Gründen nicht im Handgepäck transportieren, sondern hat sie den Beförderungsvorschriften entspr. als Gepäck aufzugeben. Der unmittelbare Besitz an der Waffe geht zwar auf die Fluggesellschaft über, dem Reisenden verbleibt lediglich der mittelbare Besitz gem. § 868 BGB. Im Schrifttum gemeinhin anerkannt ist jedoch, dass in solchen Konstellationen **keine Aufgabe des Besitzes** im waffenrechtl. Sinn vorliegt (*Heller/Soschinka* WaffR Rn. 1251; *Steindorf/B. Heinrich* WaffG § 1 Rn. 54a; *Ullrich* Waffenrechtl. Erlaubnisse S. 36 f. mwN). Für die Mitnahme reicht hier der zivilrechtl. mittelbare Besitz für die Annahme waffenrechtl. Besitzes aus. Der Reisende erfüllt daher die Vorauss. der erlaubnispflichtigen Mitnahme (→ Rn. 172).

Ebenso wie das Verbringen ist auch die Mitnahme **vollendet,** sobald die Staatsgrenze an einer beliebigen Stelle überschritten wird. Mit Vollendung der Mitnahme nach Deutschland richten sich die rechtl. Vorauss. des weiteren Umgangs (zB Erwerb, Besitz, Führen, Überlassen usw) nach den nationalen Vorschriften des WaffG. **180a**

Der Begriff der Mitnahme ist **unabhängig von der ausländerrechtlichen Einreise** iSd § 13 Abs. 2 S. 1 AufenthG zu beurteilen. Mit dem tatsächlichen Überschreiten der Hoheitsgrenzen ist die Umgangsart der Mitnahme abgeschlossen, unabhängig davon, ob dies auch eine Einreise im ausländerrechtlichen Sinne darstellt.

a) Verhältnis von Mitnahme zu Erwerb, Besitz und Führen. Die Mitnahme fasst lediglich den grenzüberschreitenden Vorgang in eine rechtl. Kategorie. Die **180b**

Ausübung der tatsächlichen Gewalt über die Schussw. und Munition im Geltungsbereich des Gesetzes (**Besitz, Führen** usw) sowie die übrigen Umgangsarten sind davon **rechtl. getrennt zu bewerten.** Im Regelfall geht mit der Mitnahme ein Besitz bzw Führen einher. Im Falle der Mitnahme in und durch den Geltungsbereich ist der Besitz von Waffe (§ 12 Abs. 1 Nr. 6) und Munition (§ 12 Abs. 2 Nr. 3) erlaubnisfrei, soweit die Mitnahme rechtmäßig ist.

Das Führen der Waffe ist erlaubnisfrei, soweit sie nicht schuss- und nicht zugriffsbereit nach den Vorgaben des § 12 Abs. 3 Nr. 2 transportiert wird. Werden Schussw. oder SRS-Waffen bei der Mitnahme am Körper getragen, so ist das Führen nicht erlaubnisfrei gestellt und ein WS bzw KWS erforderlich.

Überwiegend erfolgt die Mitnahme daher nicht schuss- und nicht zugriffsbereit in einem Kraftfahrzeug, im Bahn-, Luft- oder Seeverkehr.

180c **b) Nachträgliche Zweckänderung.** Nicht ausdr. im WaffG geregelt sind Fälle der nachträglichen **Zweckänderung.** Durchaus denkbar sind Fälle, in denen der grenzüberschreitende Transport einer erlaubnispflichtigen Schussw. zunächst als Verbringenstatbestand geplant war und durch eine später eintretende Änderung des Transportzwecks in eine Mitnahme umschlägt.

Bsp. 1: Sportschütze S aus der Tschechischen Republik möchte seine halbautomatische Kurzwaffe zur Reparatur bei einem spezialisierten deutschen Waffenhändler abgeben. Er verfügt über die notwendige Verbringenserlaubnis. Sein in Deutschland lebender Freund F ist Inhaber einer WBK und übernimmt den Transport. Es stellt sich heraus, dass der Waffenhändler auf Grund einer Erkrankung sein Geschäft kurzfristig schließen musste. Deshalb bringt F unverrichteter Dinge die defekte Schussw. wieder zurück in die Tschechische Republik.

Gleichermaßen werden Konstellationen auftreten, in denen eine Zweckänderung dazu führt, dass aus einer zunächst angedachten Mitnahme ein Verbringenstatbestand erwächst.

Bsp. 2: Jäger J aus Frankreich ist in Brandenburg zur Jagd eingeladen und nimmt berechtigt seine Jagdwaffe mit. Sein deutscher Jagdfreund D hat großes Interesse an dieser seltenen Jagdwaffe und möchte sie erwerben. J erklärt sich einverstanden und veräußert die Waffe an D.

180d Durch die gesetzlich vorgenommene Trennung von Mitnahme und Verbringen sowie die unterschiedlichen Vorauss. zur jeweiligen Erlaubniserteilung hat der Gesetzgeber zum Ausdruck gebracht, dass es für die jeweilige Umgangsart einer eigenen Erlaubnis bedarf. Die Verbringenserlaubnis impliziert prinzipiell nicht die Erlaubnis zur Mitnahme. Tritt jedoch im Zuge eines Verbringenstatbestands **nachträglich** ein Zweckwechsel ein, ist zu berücksichtigen, dass die Mitnahme materiell **ein Minus** zum Verbringen darstellt. In solchermaßen gelagerten Fällen kann daher davon ausgegangen werden, dass das Vorliegen einer Verbringenserlaubnis das zusätzliche Vorliegen einer Mitnahmeerlaubnis entbehrlich macht. Es liefe dem Sinn und Zweck der Erlaubnispflicht zuwider, hier unter allein formellen Erwägungen vom Erfordernis einer gesonderten Mitnahmeerlaubnis auszugehen (s.o. Bsp. 1).

180e Anders liegt es in Fällen, in denen ein Mitnahmevorgang in einen Verbringensvorgang umschlägt. Hier ist der tatsächlich stattfindende Verbringensvorgang materiell **nicht** von der erteilten Mitnahmeerlaubnis **abgedeckt.** Daher bedarf es in diesen Fällen einer gesonderten **Verbringenserlaubnis** (s.o. Bsp. 2). Solange keine Verbringenserlaubnis erteilt ist, führt der Besitzwechsel zu einem unerlaubten Verbringen.

8. Schießen (Nr. 7)

181 Die Legaldef. des **Schießens** erfasst zunächst das Verschießen von Geschossen durch einen Lauf mit einer Schussw. Gleichermaßen fällt das Abschießen von Kartuschenmunition unter den Begriff. Schließlich schießt auch, wer mit Patronen- oder

Kartuschenmunition Reiz- oder andere Wirkstoffe oder pyrotechnische Munition verschießt.

Mit **Pfeil und Bogen oder Schleudern** wird **nicht** iSv Anl. 1 Abschn. 2 Nr. 7 geschossen.

Auch das Zünden von **Böllern** ist kein Schießen iSd Def., da ein Böller keine Schussw. im waffenrechtl. Sinn ist, vgl. § 2 Abs. 3 BeschG. Ebenso stellt die Lärmerzeugung mit **Vorderladern** in der Art des Böllerns unter Verwendung von Verdämmungsmaterial kein Schießen dar (vgl. WaffVwV Anl.I-A2-7).

Der bestimmungsgemäße Gebrauch einer **Armbrust** stellt kein Schießen iSd Def. dar (vgl. WaffVwV Anl.I-A2-7). Es werden weder Geschosse durch einen Lauf verschossen, noch werden die sonstigen in Anl. 1 Abschn. 2 Nr. 7 näher aufgeführten Munitionsarten verschossen. Ungeachtet des Umstandes, dass mit **Armbrüsten** nach dem allg. Sprachgebrauch „geschossen" wird, ist der bestimmungsgemäße Gebrauch derselben **nicht vom Begriff des Schießens** nach Anl. 1 Abschn. 2 Nr. 7 **erfasst** (ebenso *ABB/Adolph* WaffG § 1 Rn. 169; *Lehmann* WaffG § 1 Rn. 98; *Steindorf/B. Heinrich* WaffG § 2 Rn. 41, offen gelassen bei *Apel/Bushart* WaffG Anl. 2 Rn. 69).

Der Gesetzgeber ist aufgerufen, die Umgangsart des Schießens so zu fassen, dass auch die Betätigung einer Armbrust darunter fällt. Nach der aktuellen Rechtslage läuft die Gleichstellung der Armbrüste mit den Schussw. faktisch „ins Leere" (→ Rn. 17), was der Grundentscheidung des Gesetzgebers, die Armbrüste den Schussw. gleichzustellen, **zuwiderläuft** (zum Schießstättenbetrieb → § 27 Rn. 7).

9. Herstellen (Nr. 8.1)

Nicht nur das vollständige Fertigen von Endprodukten oder wesentl. Teilen von **182**
Endprodukten aus Rohteilen oder Materialien ist vom Begriff des Herstellens erfasst. Der Gesetzgeber stellt ausdr. klar, dass auch das Wiederladen von Hülsen als Herstellen iSd Gesetzes zählt. Die Waffenherstellung ist erlaubnispflichtig, Anl. 2 Abschn. 2 UAbschn. 1 S. 1 iVm § 21 Abs. 1 bzw § 26 Abs. 1.

Herstellen ist auch das Anfertigen **wesentl. Teile** von Schussw., von Schalldämpfern für Schussw. und das Zusammensetzen fertiger Teile zu einer Schussw., es sei denn, dass die Schussw. nur zur Pflege, zur Nachschau oder zum Austausch von Wechsel- oder Austauschläufen sowie Wechselsystemen auseinandergenommen wird.

Das Zusammenfügen von Bausätzen dem Grunde nach erlaubnispflichtiger, aber hinsichtlich des **Erwerbs und des Besitzes von der Erlaubnispflicht freigestellter Schussw.** nach Anl. 2 Abschn. 2 UAbschn. 2 Nr. 1.7–1.9 ist **kein Herstellen** (WaffVwV Nr. 21.2).

10. Bearbeiten und Instandsetzen (Nr. 8.2)

Nicht nur die Herstellung, sondern auch das Bearbeiten und Instandsetzen von **183**
Waffen ist erlaubnispflichtig, Anl. 2 Abschn. 2 UAbschn. 1 S. 1 iVm § 21 Abs. 1 bzw § 26 Abs. 1.

Der Gesetzgeber differenziert die Begriffe des Bearbeitens sowie Instandsetzens einerseits und dem Herstellen andererseits. Das Bearbeiten und Instandsetzen stellt jeweils ein Minus zur Waffenherstellung dar. Soweit der Gesetzgeber die Waffenherstellung erlaubnisfrei gestellt hat, ist also auch das Bearbeiten und Instandsetzen von der Freistellung erfasst.

Zum Bearbeiten und Instandsetzen zählt auch das Verändern wesentl. Teile einer Schussw. Nach der Legaldef. wird eine Schussw. insbes. dann **bearbeitet** oder **instand gesetzt,** wenn sie verkürzt, in der Schussfolge verändert oder so geändert wird, dass andere Munition oder Geschosse anderer Kaliber aus ihr verschossen werden können, oder wenn wesentl. Teile, zu deren Einpassung eine Nacharbeit erforderlich ist, ausgetauscht werden. Verkürzt wird eine Schussw. zB, wenn der Lauf abgesägt wird. Die Anpassung eines Gewehrschaftes an die Körpermaße des Schützen fällt **nicht** unter das Bearbeiten. Allerdings liegt ein Bearbeiten dann vor, wenn das Aussehen der Waffe wesentlich geändert wird, zB Abänderung einer Langwaffe in eine Kurzwaffe durch Verkürzung des Schaftes, Montieren von Kühlrippen, Anbringung eines Zielfernrohrs durch mechanische Veränderung an der Waffe (WaffVwV Nr. 21.1). Auch das **Zerlegen** einer Schussw. in ihre Einzelteile ist kein Bearbeiten (vgl. BT-Drs. 14/7758, 90). Der **Austausch** eines **defekten Schlagbolzens** ist ebenfalls **kein Bearbeiten,** da der Ein- und Ausbau des Schlagbolzens typischerweise bei jedem Zerlegevorgang, zB beim Waffenreinigen, erfolgt.

Das Einschlagen/Fräsen einer Waffennummer ist ebenfalls kein Bearbeiten.

Eine **Veränderung der Schussfolge** liegt ua dann vor, wenn ein Einzellader zum Mehrlader oder eine halbautomatische Schussw. zum Vollautomaten umgebaut wird. Aber auch ein ursprünglich zum Repetierer umgebauter Halbautomat wird bei der Rückversetzung zur ursprünglichen Waffe in der Schussfolge verändert. Eine Veränderung dahingehend, dass andere Munition oder Geschosse anderer Kaliber verschossen werden können, kann nur an einer bereits fertigen und vollständigen Waffe erfolgen.

Bsp.: Bei einer Repetierbüchse im Kaliber .308 Win. wird das Patronenlager aufgerieben, um Patronen des Kalibers 30-06 Springfield verschießen zu können.

Das Austauschen wesentl. Teile bei Schussw. fällt dann unter das Bearbeiten oder Instandsetzen, wenn zu deren Einpassung **Nacharbeiten** erforderlich sind. Diese Nacharbeiten müssen an der ursprünglichen Waffe oder den wesentl. Teilen vorgenommen werden. Hierbei wird das entspr. Teil in seiner Substanz verändert. Das Wechseln eines Laufes fällt **nicht** unter das Bearbeiten (vgl. WaffVwV Nr. 21.2), sofern am Lauf oder der Waffe keine Veränderungen mehr vorgenommen werden müssen.

Bsp.: Bei einer Repetierbüchse mit dem System 98 wird der alte Lauf entfernt und ein neuer eingeschraubt. Nach diesen Arbeiten ist lediglich ein neuer Beschuss notwendig (§ 3 Abs. 2 S. 1 BeschG).

184 Das Bearbeiten zielt stets auf eine techn. Modifikation des Funktionsmechanismus der Waffe ab. Erfolgt diese laienhaft, so eröffnet der folgende Gebrauch einer solchermaßen umgebauten Schussw. potenziell erhebliche Gefahren für die öffentl. Sicherheit und Ordnung. Um dies zu verhindern, stellt die Erlaubnispflicht den Umbau durch entspr. fachlich qualifizierte Personen sicher, vgl. §§ 21, 26.

Das **Zerstören** einer Schussw. oder wesentl. Teile von Schussw. (zB Einschmelzen, Schreddern) ist keine erlaubnispflichtige Tätigkeit (WaffVwV Nr. 21.2).

Das **Unbrauchbarmachen** und **Zerstören** einer erlaubnispflichtigen Schussw. oder einer verbotenen Schussw. nach Anl. 2 Abschn. 1 Nr. 1.2 muss der zust. Beh. gegenüber binnen zwei Wochen schriftlich **angezeigt** werden (vgl. § 37 Abs. 3). Damit kann die Dokumentation dieses Umstandes in der waffenrechtl. Erlaubnis durch die Behörde sichergestellt werden.

185 Das **Verändern** von scharfen Schussw. in Salutwaffen (zum Begriff → Rn. 43) stellt hingegen ein erlaubnispflichtiges Bearbeiten einer Schussw. dar (vgl. *ABB/Adolph* WaffG § 1 Rn. 174; *Lehmann* WaffG § 1 Rn. 106; *Steindorf/B. Heinrich* WaffG § 1 Rn. 58).

186 **Kein** Bearbeiten oder Instandsetzen liegt bei einer nur geringfügigen Änderung vor. Als Beispiel werden vom Gesetzgeber Arbeiten am Schaft und der Zieleinrichtung genannt. Diese Beispiele sind **nicht abschließend.** Dem Grundsatz nach zählen hierher all diejenigen Veränderungen an der Waffe, welche nicht die wesentl. Teile betreffen.

Bsp. 1: Ein Sportschütze überarbeitet bei einer Pistole die schwergängige Abzugseinrichtung.

Bsp. 2: Einem Jäger ist die (entladene) Waffe beim Absteigen von einem Hochsitz von der Schulter gerutscht. Hierbei ist der Schaft eingerissen. Er fertigt sich daraufhin selbst einen neuen Schaft.

11. Handel treiben (Nr. 9)

Mit den Formulierungen „gewerbsmäßig" und „selbstständig im Rahmen einer wirtschaftlichen Unternehmung" verdeutlicht der Gesetzgeber, dass vom Begriff des Handeltreibens nur solche Tätigkeiten erfasst sein sollen, welche auf die Erzielung eines Gewinnes iSe. Einkommens gerichtet sind. Der private Verkauf einer oder mehrerer Schussw. ist nicht davon erfasst, sofern er nicht regelm. stattfindet. Neben den Tätigkeiten Ankaufen, Feilhalten, Bestellungen entgegennehmen, Bestellungen aufsuchen und Überlassen ist auch das Vermitteln des Erwerbs, des Vertriebs und des Überlassens hiervon erfasst (vgl. *Steindorf/B.Heinrich* WaffG § 1 Rn. 61 ff.). **187**

12. Kinder (Nr. 10)

Kinder sind Personen, die noch nicht das 14. Lebensj. vollendet haben. **188**

Die gesetzlichen Def. der Kinder und Jugendlichen greifen iSe. einheitlichen Verständnisses der Begrifflichkeiten die Bestimmungen des § 1 Abs. 2 JGG auf und sind insofern kein Spezifikum des WaffG. Die Differenzierung kommt hinsichtlich der Kinder etwa bei den Anforderungen an den Schießbetrieb auf Schießstätten (vgl. § 27 Abs. 3, 4 u. 6) zum Tragen.

13. Jugendliche (Nr. 11)

Jugendliche sind Personen, die das 14., aber noch nicht das 18. Lebensj. vollendet haben. Der Begriff ist im Zusammenhang mit Ausnahmen vom Alterserfordernis (§ 2 Abs. 1) für den Umgang mit Waffen oder Munition von Bedeutung (vgl. § 3, § 12 Abs. 1 Nr. 3a, Abs. 2 Nr. 1). Ebenso bei Inhabern eines Jugendjagdscheins und Personen in der Ausbildung zum Jäger (vgl. § 13 Abs. 7 u. 8) oder hinsichtlich des Schießens auf Schießstätten (vgl. § 27 Abs. 3, 5 u. 6). **189**

14. Waffe schussbereit (Nr. 12)

Der Begriff **nicht schussbereit** bildet jeweils eine tatbestandliche Vorauss. für erlaubnisfreie Formen des Führens von Schussw. (vgl. §§ 12 Abs. 3 Nr. 2, 13 Abs. 6). Der Begriff ist durch das **2. ÄndG** (→ Einf. Rn. 23) zum 1.4.2008 iSd Rechtsklarheit als Legaldef. in den Gesetzestext aufgenommen worden: Demnach ist eine Waffe stets dann als **schussbereit** einzustufen, wenn sie geladen ist. Dies ist der Fall, wenn sich Munition oder Geschosse in der Trommel, im in die Waffe eingefügten Magazin oder im Patronen- oder Geschosslager befinden. Unerheblich ist, ob die Waffe gespannt ist. Demnach ist eine Waffe auch dann noch als schussbereit zu betrachten, wenn sie entspannt und gesichert ist, die Munition sich also nur im in die Waffe eingeführten Magazin und nicht im Patronenlager befindet. **190**

Munition, in einem **Schaftmagazin** (dies befindet sich meist im Hinterschaft und ist dazu bestimmt, Reservepatronen aufzunehmen) macht eine Waffe **nicht schussbereit.** Gleiches gilt für die Aufbewahrung von Munition in einer Haltevorrichtung (Patronenschlaufen) am Hinterschaft. Auch der Umstand, dass eine Waffe gemeinsam mit der Munition in einem Waffenkoffer transportiert wird, begründet nicht deren Schussbereitschaft (zur Schussbereitschaft → § 13 Rn. 32).

15. Waffe zugriffsbereit (Nr. 13)

Der Begriff **nicht zugriffsbereit** ist tatbestandliche Vorauss. für einen erlaubnisfreien Transport einer Waffe nach § 12 Abs. 3 Nr. 2. In der Praxis hat der Begriff **191** immer wieder zu Auslegungsschwierigkeiten geführt, weshalb der Gesetzgeber ihn ebenso wie den Begriff „schussbereit“ mit dem **2. ÄndG** (→ Einf. Rn. 23) als Legaldef. ins WaffG aufgenommen hat. Eine Schussw. gilt stets dann als **zugriffsbereit,** wenn sie unmittelbar in Anschlag gebracht werden kann. Unmittelbar bedeutet, dass es keiner weiteren wesentl. (mit Zeitaufwand verbundenen) Zwischenschritte bedarf, um den Anschlag herzustellen.

192 Eine Waffe ist in jedem Fall dann **nicht** zugriffsbereit, wenn sie in einem **ver**schlossenen Behältnis mitgeführt wird. Mit dieser Positivdef. wollte der Gesetzgeber klarstellen, dass eine Schussw. *in jedem Fall* nicht zugriffsbereit ist, wenn sie in einem **ver**schlossenen Behältnis (→ § 42a Rn. 20 ff.) geführt wird. **Unzutreffend** ist die Ableitung, eine Waffe sei nur dann nicht zugriffsbereit, wenn sie in einem verschlossenen Behältnis geführt werde.

Entscheidend ist der Umstand, ob die Waffe **unmittelbar** in Anschlag gebracht werden kann. Es sind viele Fälle denkbar, in denen eine Schussw. zwar nicht in einem verschlossenen Behältnis geführt wird, gleichwohl nicht unmittelbar in Anschlag gebracht werden kann und daher als nicht zugriffsbereit iSd WaffG einzustufen ist.

Als **Faustformel** gilt, dass die Waffe zugriffsbereit ist, soweit sie mit weniger als drei Handgriffen in unter drei Sekunden in Anschlag gebracht werden kann (vgl. BT-Drs. 16/7717, 41; auch WaffVwV Anl.I-A2-12/13).

193 Unerheblich für die Beurteilung der Zugriffsbereitschaft ist, ob die Waffe funktionstüchtig oder ggf. durch ein Abzugsschloss oÄ gesichert ist.

194 Bei der Beurteilung der Zugriffsbereitschaft ist zudem zwischen Lang- und Kurzwaffen zu differenzieren.

Langwaffen sind grds. erheblich umständlicher in Anschlag zu bringen als Kurzwaffen, weshalb die Zugriffsbereitschaft nach jeweils der Waffengattung spezifischen Kriterien bemessen werden muss.

195 Bei **Kurzwaffen** ist die Zugriffsbereitschaft zu bejahen, wenn sie im Holster, in der Jackentasche, im Hosenbund, im nicht abgeschlossenen Handschuhfach oder in der Türablage eines Fahrzeugs mitgeführt werden. Auch die in einem geschlossenen Futteral mitgeführte Kurzwaffe ist zugriffsbereit, soweit das Futteral lediglich mit einem zugezogenen Reißverschluss versehen ist und sie sich in Reichweite des Inhabers befindet. **Nicht zugriffsbereit** ist eine Kurzwaffe hingegen, wenn der Reißverschluss des Futterals mit einem kleinen Vorhängeschloss versehen ist. In diesem Fall handelt es sich beim Futteral um ein verschlossenes Behältnis und die Kurzwaffe ist dementspr. nach dem insoweit eindeutigen Wortlaut des Gesetzes nicht zugriffsbereit. Erfolgt der Transport in einem **nicht** abgeschlossenen Waffenkoffer, so ist auf den Einzelfall abzustellen. Wird der Waffenkoffer getragen oder befindet sich etwa auf dem Beifahrersitz eines Kfz, so ist die Kurzwaffe zugriffsbereit. Befindet sich der Waffenkoffer hingegen auf der Rückbank oder im Kofferraum eines Kfz, so ist die Kurzwaffe für den Fahrer nicht zugriffsbereit.

196 Für **Langwaffen** gilt ein etwas weiter gefasster Maßstab. Diese sind auch dann als nicht zugriffsbereit einzustufen, wenn sie in einem bloß mittels Reißverschluss geschlossenen Futteral mitgeführt werden und sich bspw. auf der Rückbank eines Kfz befinden.

197 Der **offene Transport** einer Schussw. im nicht abgeschlossenen Kofferraum eines Pkw bemisst sich nach den Umständen des Einzelfalls. Ist der Kofferraum nicht mit dem Innenraum des Pkw verbunden, so ist die Zugriffsbereitschaft abzulehnen. Dasselbe gilt, soweit der Kofferraum vom Innenraum des Kfz durch eine gesonderte Vorrichtung abgetrennt ist. Hierher zählen etwa ein Hundegitter oder Gepäcknetz bei Geländewagen oder Kombis.

197a Kurze Fahrtunterbrechungen (etwa Halt bei „Rot“ im Straßenverkehr) eröffnen regelm. keine unmittelbare Zugriffsmöglichkeit auf die Waffe. Weiterreichende Unterbrechungen der Fahrt (zum Tanken, Einkaufen usw) werden hingegen regelm.

eine unmittelbare Zugriffsmöglichkeit auf die Waffe zur Folge haben, soweit diese sich nicht in einem *ver*schlossenen Behältnis befindet.

Zu berücksichtigen ist, dass auch im Rahmen von Transporten die Generalklausel des § 36 Abs. 1 gilt, wonach die erforderlichen Vorkehrungen zu treffen sind, um das Abhandenkommen oder den unbefugten Zugriff Dritter zu verhindern (→ § 36 Rn. 7 ff., 15 f.). **198**

16. Mitgliedstaaten (Nr. 14)

Die mit dem **6. ÄndG** (→ Einf. Rn. 26c) neu ins Gesetz eingefügte Def. „Mitgliedstaat" stellt klar, dass neben den EU-Mitgliedstaaten **auch die Vertragsstaaten des Schengener Übereinkommens** (Norwegen, Island, Liechtenstein und die Schweiz) Mitgliedstaaten iSd Gesetzes sind. Demnach zählen als Drittstaaten nur solche Staaten, die weder EU-Mitgliedstaaten, noch Vertragsstaaten des Schengener Übereinkommens sind. **198a**

Abschnitt 3. Einteilung der Schusswaffen oder Munition in die Kategorien A bis D nach der Waffenrichtlinie

Bereits die Überschrift des 3. Abschn. stellt klar, dass hier keine weiteren Erläuterungen zum Waffenbegriff erfolgen. Vielmehr nimmt der Gesetzgeber hier eine **systematische Einteilung** von Gegenständen vor, die bereits nach den in Anl. 1 Abschn. 1 UAbschn. 1 Nr. 1.1 und Nr. 2 enthaltenen Bestimmungen als Schussw. oder Munition eingeordnet sind. Die Einteilung basiert auf der Richtlinie des Rates der Europäischen Union vom 18.6.1991 über die Kontrolle des Erwerbs und des Besitzes von Waffen (Waffenrichtlinie → Vorb. §§ 29–33 Rn. 5 ff.). Diese Richtlinie der EU war von allen Mitgliedstaaten in nationales Recht umzusetzen. Für das deutsche Waffenrecht sind diese Regelungen von Bedeutung, da das WaffG selbst an die in der Richtlinie vorgegebenen Kategorien anknüpft, vgl. §§ 11, 29–33. Namentlich im Zusammenhang mit den für den EFP geltenden Vorschriften kommt diese Systematisierung zum Tragen. **199**

Anlage 2 (zu § 2 Abs. 2 bis 4)
Waffenliste

Abschnitt 1
Verbotene Waffen

Der Umgang mit folgenden Waffen und Munition ist verboten:
1.1 Waffen (§ 1 Abs. 2), mit Ausnahme halbautomatischer tragbarer Schusswaffen, die in der Anlage zum Gesetz über die Kontrolle von Kriegswaffen (Kriegswaffenliste) in der Fassung der Bekanntmachung vom 22. November 1990 (BGBl. I S. 2506) oder deren Änderungen aufgeführt sind, nach Verlust der Kriegswaffeneigenschaft;
1.2 Schusswaffen im Sinne des § 1 Abs. 2 Nr. 1 nach den Nummern 1.2.1 bis 1.2.3 und deren Zubehör nach Nummer 1.2.4, die
1.2.1
1.2.1.1 Vollautomaten im Sinne der Anlage 1 Abschnitt 1 Unterabschnitt 1 Nr. 2.2 sind oder
1.2.1.2 Vorderschaftrepetierflinten, bei denen anstelle des Hinterschaftes ein Kurzwaffengriff vorhanden ist oder die Waffengesamtlänge in der kürzest möglichen Verwendungsform weniger als 95 cm oder die Lauflänge weniger als 45 cm beträgt, sind;
1.2.2 ihrer Form nach geeignet sind, einen anderen Gegenstand vorzutäuschen oder die mit Gegenständen des täglichen Gebrauchs verkleidet sind (z. B. Koppelschlosspistolen, Schießkugelschreiber, Stockgewehre, Taschenlampenpistolen);
1.2.3 über den für Jagd- und Sportzwecke allgemein üblichen Umfang hinaus zusammengeklappt, zusammengeschoben, verkürzt oder schnell zerlegt werden können;
1.2.4 für Schusswaffen bestimmte
1.2.4.1 Vorrichtungen sind, die das Ziel beleuchten (z. B. Zielscheinwerfer) oder markieren z. B. Laser oder Zielpunktprojektoren);
1.2.4.2 Nachtsichtgeräte und Nachtzielgeräte mit Montagevorrichtung für Schusswaffen sowie Nachtsichtvorsätze und Nachtsichtaufsätze für Zielhilfsmittel (z. B. Zielfernrohre) sind, sofern die Gegenstände einen Bildwandler oder eine elektronische Verstärkung besitzen;
1.2.5 mehrschüssige Kurzwaffen sind, deren Baujahr nach dem 1. Januar 1970 liegt, für Zentralfeuermunition in Kalibern unter 6,3 mm, wenn der Antrieb der Geschosse nicht ausschließlich durch den Zündsatz erfolgt;
1.3 Tragbare Gegenstände im Sinne des § 1 Abs. 2 Nr. 2 Buchstabe a nach den Nummern 1.3.1 bis 1.3.8
1.3.1 Hieb- oder Stoßwaffen, die ihrer Form nach geeignet sind, einen anderen Gegenstand vorzutäuschen, oder die mit Gegenständen des täglichen Gebrauchs verkleidet sind;
1.3.2 Stahlruten, Totschläger oder Schlagringe;
1.3.3 sternförmige Scheiben, die nach ihrer Beschaffenheit und Handhabung zum Wurf auf ein Ziel bestimmt und geeignet sind, die Gesundheit zu beschädigen (Wurfsterne);
1.3.4 Gegenstände, bei denen leicht entflammbare Stoffe so verteilt und entzündet werden, dass schlagartig ein Brand entstehen kann oder in denen unter Verwendung explosionsgefährlicher oder explosionsfähiger Stoffe eine Explosion ausgelöst werden kann;
1.3.5 Gegenstände mit Reiz- oder anderen Wirkstoffen, es sei denn, dass die Stoffe als gesundheitlich unbedenklich amtlich zugelassen sind und die Gegenstände
– in der Reichweite und Sprühdauer begrenzt sind und

– zum Nachweis der gesundheitlichen Unbedenklichkeit, der Reichweiten- und der Sprühdauerbegrenzung ein amtliches Prüfzeichen tragen;

1.3.6 Gegenstände, die unter Ausnutzung einer anderen als mechanischen Energie Verletzungen beibringen (z. B. Elektroimpulsgeräte), sofern sie nicht als gesundheitlich unbedenklich amtlich zugelassen sind und ein amtliches Prüfzeichen tragen zum Nachweis der gesundheitlichen Unbedenklichkeit sowie Distanz-Elektroimpulsgeräte, die mit dem Abschuss- oder Auslösegerät durch einen leitungsfähigen Flüssigkeitsstrahl einen Elektroimpuls übertragen oder durch Leitung verbundene Elektroden zur Übertragung eines Elektroimpulses am Körper aufbringen;

1.3.7 Präzisionsschleudern nach Anlage 1 Abschnitt 1 Unterabschnitt 2 Nr. 1.3 sowie Armstützen und vergleichbare Vorrichtungen für die vorbezeichneten Gegenstände;

1.3.8 Gegenstände, die nach ihrer Beschaffenheit und Handhabung dazu bestimmt sind, durch Drosseln die Gesundheit zu schädigen (z. B. Nun-Chakus);

1.4 Tragbare Gegenstände im Sinne des § 1 Abs. 2 Nr. 2 Buchstabe b nach den Nummern 1.4.1 bis 1.4.4

1.4.1 Spring- und Fallmesser nach Anlage 1 Abschnitt 1 Unterabschnitt 2 Nr. 2.1.1 und 2.1.2. Hiervon ausgenommen sind Springmesser, wenn die Klinge seitlich aus dem Griff herausspringt und der aus dem Griff herausragende Teil der Klinge

– höchstens 8,5 cm lang ist und

– nicht zweiseitig geschliffen ist;

1.4.2 Faustmesser nach Anlage 1 Abschnitt 1 Unterabschnitt 2 Nr. 2.1.3,

1.4.3 Butterflymesser nach Anlage 1 Abschnitt 1 Unterabschnitt 2 Nr. 2.1.4,

1.4.4 Gegenstände, die unter Ausnutzung einer anderen als mechanischen Energie Tieren Verletzungen beibringen (z. B. Elektroimpulsgeräte), sofern sie nicht als gesundheitlich unbedenklich amtlich zugelassen sind und ein amtliches Prüfzeichen tragen zum Nachweis der gesundheitlichen Unbedenklichkeit oder bestimmungsgemäß in der Tierhaltung Verwendung finden;

1.5 Munition und Geschosse nach den Nummern 1.5.1 bis 1.5.7

1.5.1 Geschosse mit Betäubungsstoffen, die zu Angriffs- oder Verteidigungszwecken bestimmt sind;

1.5.2 Geschosse oder Kartuschenmunition mit Reizstoffen, die zu Angriffs- oder Verteidigungszwecken bestimmt sind ohne amtliches Prüfzeichen zum Nachweis der gesundheitlichen Unbedenklichkeit;

1.5.3 Patronenmunition für Schusswaffen mit gezogenen Läufen, deren Geschosse im Durchmesser kleiner sind als die Felddurchmesser der dazugehörigen Schusswaffen und die mit einer Treib- und Führungshülse umgeben sind, die sich nach Verlassen des Laufes vom Geschoss trennt;

1.5.4 Munition und Geschosse nach Anlage 1 Abschnitt 3 Nummer 1.5 sowie Munition mit Geschossen, die einen Hartkern (mindestens 400 HB 25 – Brinellhärte – bzw 421 HV – Vickershärte –) enthalten, sowie entsprechende Geschosse, ausgenommen pyrotechnische Munition, die bestimmungsgemäß zur Signalgebung bei der Gefahrenabwehr dient;

1.5.5 Knallkartuschen, Reiz- und sonstige Wirkstoffmunition nach Tabelle 5 der Maßtafeln nach § 1 Abs. 3 Satz 3 der Dritten Verordnung zum Waffengesetz in der Fassung der Bekanntmachung vom 2. September 1991 (BGBl. I S. 1872), die zuletzt durch die Zweite Verordnung zur Änderung von waffenrechtlichen Verordnungen vom 24. Januar 2000 (BGBl. I S. 38) geändert wurde, in der jeweils geltenden Fassung (Maßtafeln), bei deren Verschießen in Entfernungen von mehr als 1,5 m vor der Mündung Verlet-

zungen durch feste Bestandteile hervorgerufen werden können, ausgenommen Kartuschenmunition der Kaliber und 12 mit einer Hülsenlänge von nicht mehr als 47 oder 49 mm;
1.5.6 Kleinschrotmunition, die in Lagern nach Tabelle 5 der Maßtafeln mit einem Durchmesser P_1 bis 12,5 mm geladen werden kann;
1.5.7 Munition, die zur ausschließlichen Verwendung in Kriegswaffen oder durch die in § 55 Abs. 1 Satz 1 bezeichneten Stellen bestimmt ist, soweit die Munition nicht unter die Vorschriften des Gesetzes über die Kontrolle von Kriegswaffen oder des Sprengstoffgesetzes fällt.

Abschnitt 2
Erlaubnispflichtige Waffen

Unterabschnitt 1
Erlaubnispflicht

Der Umgang, ausgenommen das Überlassen, mit Waffen im Sinne des § 1 Abs. 2 Nr. 1 (Anlage 1 Abschnitt 1 Unterabschnitt 1 Nr. 1 bis 4) und der dafür bestimmten Munition bedarf der Erlaubnis, soweit solche Waffen oder Munition nicht nach Unterabschnitt 2 für die dort bezeichneten Arten des Umgangs von der Erlaubnispflicht freigestellt sind. In Unterabschnitt 3 sind die Schusswaffen oder Munition aufgeführt, bei denen die Erlaubnis unter erleichterten Voraussetzungen erteilt wird. Ist eine erlaubnispflichtige Feuerwaffe in eine Waffe umgearbeitet worden, deren Erwerb und Besitz unter erleichterten und wegfallenden Erlaubnisvoraussetzungen möglich wäre, so richtet sich die Erlaubnispflicht nach derjenigen für die ursprüngliche Waffe. Dies gilt nicht für veränderte Langwaffen nach Anlage 1 Abschnitt 1 Unterabschnitt 1 Nr. 1.5 (Salutwaffen).

Unterabschnitt 2
Erlaubnisfreie Arten des Umgangs

1. Erlaubnisfreier Erwerb und Besitz
1.1 Druckluft-, Federdruckwaffen und Waffen, bei denen zum Antrieb der Geschosse kalte Treibgase Verwendung finden, wenn den Geschossen eine Bewegungsenergie von nicht mehr als 7,5 Joule erteilt wird und die das Kennzeichen nach Anlage 1 Abbildung 1 zur Ersten Verordnung zum Waffengesetz vom 24. Mai 1976 (BGBl. I S. 1285) in der zum Zeitpunkt des Inkrafttretens dieses Gesetzes geltenden Fassung oder ein durch Rechtsverordnung nach § 25 Abs. 1 Nr. 1 Buchstabe c bestimmtes Zeichen tragen;
1.2 Druckluft-, Federdruckwaffen und Waffen, bei denen zum Antrieb der Geschosse kalte Treibgase Verwendung finden, die vor dem 1. Januar 1970 oder in dem in Artikel 3 des Einigungsvertrages genannten Gebiet vor dem 2. April 1991 hergestellt und entsprechend den zu diesem Zeitpunkt geltenden Bestimmungen in den Handel gebracht worden sind;
1.3 Schreckschuss-, Reizstoff- und Signalwaffen, die der zugelassenen Bauart nach § 8 des Beschussgesetzes entsprechen und das Zulassungszeichen nach Anlage 1 Abbildung 2 zur Ersten Verordnung zum Waffengesetz vom 24. Mai 1976 (BGBl. I S. 1285) in der zum Zeitpunkt des Inkrafttretens dieses Gesetzes geltenden Fassung oder ein durch Rechtsverordnung nach § 25 Abs. 1 Nr. 1 Buchstabe c bestimmtes Zeichen tragen;
1.4 Kartuschenmunition für die in Nummer 1.3 bezeichneten Schusswaffen;
1.5 veränderte Langwaffen, die zu Theateraufführungen, Foto-, Film- oder Fernsehaufnahmen bestimmt sind (Salutwaffen), wenn sie entsprechend den Anforderungen der Anlage 1 Abschnitt 1 Unterabschnitt 1 Nr. 1.5 abgeändert worden sind;

1.6 Schusswaffen, die vor dem 1. April 1976 entsprechend den Anforderungen des § 3 der Ersten Verordnung zum Waffengesetz vom 19. Dezember 1972 (BGBl. I S. 2522) verändert worden sind;
1.7 einläufige Einzelladerwaffen mit Zündhütchenzündung (Perkussionswaffen), deren Modell vor dem 1. Januar 1871 entwickelt worden ist;
1.8 Schusswaffen mit Lunten- oder Funkenzündung, deren Modell vor dem 1. Januar 1871 entwickelt worden ist;
1.9 Schusswaffen mit Zündnadelzündung, deren Modell vor dem 1. Januar 1871 entwickelt worden ist;
1.10 Armbrüste;
1.11 Kartuschenmunition für die nach Nummer 1.5 abgeänderten Schusswaffen sowie für Schussapparate nach § 7 des Beschussgesetzes;
1.12 pyrotechnische Munition, die das Zulassungszeichen nach Anlage II Abbildung 5 zur Dritten Verordnung zum Waffengesetz in der Fassung der Bekanntmachung vom 2. September 1991 (BGBl. I S. 1872) mit der Klassenbezeichnung PM I trägt.
2. Erlaubnisfreier Erwerb durch Inhaber einer Waffenbesitzkarte (unbeschadet der Eintragungspflicht nach § 10 Abs. 1a)
2.1 Wechsel- und Austauschläufe gleichen oder geringeren Kalibers einschließlich der für diese Läufe erforderlichen auswechselbaren Verschlüsse (Wechselsysteme);
2.2 Wechseltrommeln, aus denen nur Munition verschossen werden kann, bei der gegenüber der für die Waffe bestimmten Munition Geschossdurchmesser und höchstzulässiger Gebrauchsgasdruck gleich oder geringer sind;
für Schusswaffen, die bereits in der Waffenbesitzkarte des Inhabers einer Erlaubnis eingetragen sind.
2a. Erlaubnisfreier Erwerb und Besitz durch Inhaber einer Waffenbesitzkarte
Einsteckläufe und dazugehörige Verschlüsse (Einstecksysteme) sowie Einsätze, die dazu bestimmt sind, Munition mit kleinerer Abmessung zu verschießen, und die keine Einsteckläufe sind;
für Schusswaffen, die bereits in der Waffenbesitzkarte des Inhabers einer Erlaubnis eingetragen sind.
3. Erlaubnisfreies Führen
3.1 Schusswaffen mit Lunten- oder Funkenzündung, deren Modell vor dem 1. Januar 1871 entwickelt worden ist;
3.2 Armbrüste.
4. Erlaubnisfreier Handel und erlaubnisfreie Herstellung
4.1 Schusswaffen mit Lunten- oder Funkenzündung, deren Modell vor dem 1. Januar 1871 entwickelt worden ist;
4.2 Armbrüste.
5. Erlaubnisfreier Handel
5.1 Einläufige Einzelladerwaffen mit Zündhütchenzündung (Perkussionswaffen), deren Modell vor dem 1. Januar 1871 entwickelt worden ist;
5.2 Schusswaffen mit Zündnadelzündung, deren Modell vor dem 1. Januar 1871 entwickelt worden ist.
6. Erlaubnisfreie nichtgewerbsmäßige Herstellung
6.1 Munition.
7. Erlaubnisfreies Verbringen und erlaubnisfreie Mitnahme in den, durch den oder aus dem Geltungsbereich des Gesetzes
7.1 Druckluft-, Federdruckwaffen und Waffen, bei denen zum Antrieb der Geschosse kalte Treibgase Verwendung finden, sofern sie den Voraussetzungen der Nummer 1.1 oder 1.2 entsprechen;

7.2 Schreckschuss-, Reizstoff- und Signalwaffen, die der zugelassenen Bauart nach § 8 des Beschussgesetzes entsprechen und das Zulassungszeichen nach Anlage 1 Abbildung 2 zur Ersten Verordnung zum Waffengesetz vom 24. Mai 1976 (BGBl. I S. 1285) in der zum Zeitpunkt des Inkrafttretens dieses Gesetzes geltenden Fassung oder ein durch Rechtsverordnung nach § 25 Abs. 1 Nr. 1 Buchstabe c bestimmtes Zeichen tragen;
7.3 veränderte Langwaffen, die zu Theateraufführungen, Foto-, Film- oder Fernsehaufnahmen bestimmt sind (Salutwaffen), wenn sie entsprechend den Anforderungen der Anlage 1 Abschnitt 1 Unterabschnitt 1 Nr. 1.5 abgeändert worden sind;
7.4 Schusswaffen, die vor dem 1. April 1976 entsprechend den Anforderungen des § 3 der Ersten Verordnung zum Waffengesetz vom 19. Dezember 1972 (BGBl. I S. 2522) verändert worden sind;
7.5 Munition für die in Nummer 7.2 bezeichneten Waffen;
7.6 einläufige Einzelladerwaffen mit Zündhütchenzündung (Perkussionswaffen), deren Modell vor dem 1. Januar 1871 entwickelt worden ist;
7.7 Schusswaffen mit Lunten- oder Funkenzündung oder mit Zündnadelzündung, deren Modell vor dem 1. Januar 1871 entwickelt worden ist;
7.8 Armbrüste;
7.9 pyrotechnische Munition, die das Zulassungszeichen nach Anlage II Abbildung 5 zur Dritten Verordnung zum Waffengesetz in der Fassung der Bekanntmachung vom 2. September 1991 (BGBl. I S. 1872) mit der Klassenbezeichnung PM I trägt;
7.10 Kartuschenmunition für die nach Nummer 7.3 abgeänderten Schusswaffen sowie für Schussapparate nach § 7 des Beschussgesetzes.
8. Erlaubnisfreies Verbringen und erlaubnisfreie Mitnahme aus dem Geltungsbereich dieses Gesetzes in einen Staat, der nicht Mitgliedstaat der ist (Drittstaat)
8.1 Sämtliche Waffen im Sinne des § 1 Absatz 2 und die hierfür bestimmte Munition. Außenwirtschaftsrechtliche Genehmigungspflichten, insbesondere nach der in § 48 Absatz 3a genannten Verordnung (EU) Nr. 258/2012, bleiben hiervon unberührt.

Unterabschnitt 3
Entbehrlichkeit einzelner Erlaubnisvoraussetzungen

1. Erwerb und Besitz ohne Bedürfnisnachweis (§ 4 Abs. 1 Nr. 4)
1.1 Feuerwaffen, deren Geschossen eine Bewegungsenergie von nicht mehr als 7,5 Joule erteilt wird und die das Kennzeichen nach Anlage 1 Abbildung 1 der Ersten Verordnung zum Waffengesetz vom 24. Mai 1976 (BGBl. I S. 1285) in der zum Zeitpunkt des Inkrafttretens dieses Gesetzes geltenden Fassung oder ein durch Rechtsverordnung nach § 25 Abs. 1 Nr. 1 Buchstabe c bestimmtes Zeichen tragen;
1.2 für Waffen nach Nummer 1.1 bestimmte Munition.
2. Führen ohne Sachkunde-, Bedürfnis- und Haftpflichtversicherungsnachweis (§ 4 Abs. 1 Nr. 3 bis 5) – Kleiner Waffenschein
2.1 Schreckschuss-, Reizstoff- und Signalwaffen nach Unterabschnitt 2 Nr. 1.3.

Abschnitt 3
Vom Gesetz ganz oder teilweise ausgenommene Waffen

Unterabschnitt 1
Vom Gesetz mit Ausnahme von § 2 Abs. 1 und § 41 ausgenommene Waffen

1. Unterwassersportgeräte, bei denen zum Antrieb der Geschosse keine Munition verwendet wird (Harpunengeräte).

2. Geräte nach Anhang IV Nummer 18 der Richtlinie 2006/42/EG, die zum Abschießen von Munition für andere als die in Anlage 1 Abschnitt 1 Unterabschnitt 1 Nummer 1.1 genannten Zwecke (insbesondere Schlachtzwecke, technische und industrielle Zwecke) bestimmt sind (tragbare Befestigungsgeräte mit Treibladung und andere Schussgeräte) und
a) die die Anforderungen des § 7 des Beschussgesetzes erfüllen und zum Nachweis das Kennzeichen der in § 20 Absatz 3 Satz 1 des Beschussgesetzes bezeichneten Stelle oder ein anerkanntes Prüfzeichen eines Staates, mit dem die gegenseitige Anerkennung der Prüfzeichen vereinbart ist, tragen oder
b) bei denen die Einhaltung der Anforderungen nach Anhang I Nummer 2.2.2.1 der Richtlinie 2006/42/EG durch Bescheinigung einer zuständigen Stelle eines Mitgliedstaates oder des Übereinkommens über den Europäischen Wirtschaftsraum nachgewiesen ist.

Unterabschnitt 2
Vom Gesetz mit Ausnahme des § 42a ausgenommene Waffen

1. Schusswaffen (Anlage 1 Abschnitt 1 Unterabschnitt 1 Nr. 1.1, ausgenommen Blasrohre), die zum Spiel bestimmt sind, wenn aus ihnen nur Geschosse verschossen werden können, denen eine Bewegungsenergie von nicht mehr als 0,5 Joule (J) erteilt wird, es sei denn, sie können mit allgemein gebräuchlichen Werkzeugen so geändert werden, dass die Bewegungsenergie der Geschosse über 0,5 Joule (J) steigt.
2. Schusswaffen (Anlage 1 Abschnitt 1 Unterabschnitt 1 Nr. 1.1), bei denen feste Körper durch Muskelkraft ohne Möglichkeit der Speicherung der so eingebrachten Antriebsenergie durch eine Sperrvorrichtung angetrieben werden (z. B. Blasrohre).
3. Gegenstände, die zum Spiel bestimmt sind, wenn mit ihnen nur Zündblättchen, -bänder, -ringe (Amorces) oder Knallkorken abgeschossen werden können, es sei denn, sie können mit allgemein gebräuchlichen Werkzeugen in eine Schusswaffe oder einen anderen einer Schusswaffe gleichstehenden Gegenstand umgearbeitet werden.
4. Unbrauchbar gemachte Schusswaffen (Dekorationswaffen); dies sind
4.1 unbrauchbar gemachte Schusswaffen, die vor dem 1. April 2003 entsprechend den Anforderungen des § 7 der Ersten Verordnung zum Waffengesetz vom 24. Mai 1976 (BGBl. I S. 1285) in der bis zu diesem Zeitpunkt geltenden Fassung unbrauchbar gemacht worden sind;
4.2 unbrauchbar gemachte Schusswaffen, Zier- oder Sammlerwaffen, die in der Zeit vom 1. April 2003 an entsprechend den Anforderungen der Anlage 1 Abschnitt 1 Unterabschnitt 1 Nr. 1.4 unbrauchbar gemacht worden sind und die ein Zulassungszeichen nach Anlage II Abbildung 11 zur Beschussverordnung vom 13. Juli 2006 (BGBl. I S. 1474) aufweisen.
5. Nachbildungen von Schusswaffen nach Anlage 1 Abschnitt 1 Unterabschnitt 1 Nr. 6.

Übersicht

Abschnitt 1. Verbotene Waffen

In Abschn. 1 der Anl. 2 sind **abschließend** alle nach § 2 Abs. 3 verbotenen Waffen und Munitionsarten aufgeführt. 1

1. Ehemalige Kriegswaffen (Nr. 1.1)

Mit Inkrafttreten des WaffRNeuRegG zum 1.4.2003 (→ Einf. Rn. 20) wurde auch die Kriegswaffenliste (KWL) in der Anlage des KrWaffKontrG geändert. Die auf dieser Liste geführten Waffen sind **Kriegswaffen** (vgl. § 1 KrWaffKontrG), für welche die Vorschriften des KrWaffKontrG und nicht des WaffG gelten, vgl. § 57. In der Ziff. V, Nr. 29 Buchst. b und c KWL wurden Maschinenpistolen und vollautomatische Gewehre aus der Kriegswaffenliste entlassen, welche **vor dem 2.9.1945** bei einer militärischen Streitmacht **eingeführt** worden waren. Mit der Entlassung aus der KWL unterliegen diese Schussw. nun den Regelungen des WaffG. Soweit es sich um Vollautomaten handelt, sind diese ausnahmslos nach dem WaffG verboten. Halbautomatische tragbare Schussw. sind nicht vom Verbot nach dem WaffG erfasst. Diese aus der KWL entlassenen Schussw. sind zu **unterscheiden** von den für den Zivilmarkt hergest. Nachbauten. Mit diesen kann nicht Dauerfeuer geschossen werden, zudem enthalten sie keine Kriegswaffenteile. ISd Rechtsklarheit werden die zum Verkauf vorgesehenen Waffen in Mustern dem BKA zur Begutachtung vorgelegt (zu den FB des BKA vgl. im Internet: www.bka.de → Fragen&Antworten → Waffenrecht). 2

Der **verbotswidrige Umgang** mit vollautomatischen Schussw. iSd Vorschrift ist gem. § 52 Abs. 1 Nr. 1, Abs. 4 strafbar **(Vergehenstatbestand).** 3

2. Schusswaffen im Sinne des § 1 Abs. 2 Nr. 1 nach den Nummern 1.2.1–1.2.3 und deren Zubehör nach Nr. 1.2.4 (Nr. 1.2)

4 Unter Nr. 1.2 nimmt der Gesetzgeber eine Aufzählung der verbotenen Schussw. vor, soweit diese nicht bereits nach Nr. 1.1 verboten sind. Weiter ist für die aufgeführten Schussw. bestimmtes verbotenes Zubehör aufgezählt.

5 **a) Vollautomatische Schusswaffen (Nr. 1.2.1.1).** Neben den vollautomatischen ehem. Kriegsschussw. (→ Rn. 2) werden an dieser Stelle auch **alle** anderen **vollautomatischen Schussw.** (zum Begriff → Anl. 1 Rn. 62 f.) **verboten.** Unter das Verbot fallen solche Waffen, die von vornherein vollautomatisch funktionieren, aber auch solche, die mit allg. gebräuchlichem Werkzeug (→ Rn. 26) in einen Vollautomaten umgebaut werden können. Hierzu zählt auch der Austausch einzelner Bauteile, um die Funktion von einer halbautomatischen zu einer vollautomatischen Schussw. zu ändern (*Steindorf/B. Heinrich* WaffG § 2 Rn. 6a).

Unter den Begriff der Vollautomaten fallen nicht ausschl. Feuerwaffen, sondern gleichermaßen vollautomatische Druckluft- und Federdruckwaffen und Waffen, bei denen zum Antrieb der Geschosse kalte Treibgase verwendet werden (vgl. *Steindorf/B. Heinrich* WaffG § 1 Rn. 6a).

6 Den Einbau von Griffstücken aus Kriegswaffen (nur Maschinenpistole) in halbautomatisch schießende Waffen hat das BKA am Beispiel der MP Franchi Modell LF 57 eingestuft und unter das Verbot subsumiert (BKA-FB v. 10.6.2008, Az. SO11-5164.01-Z-86). Griffstücke von als Langwaffen eingestuften Kriegswaffen werden weiterhin nicht erfasst.

7 **Einzelfälle:** Eine halbautomatische Waffe der Firma Beitler Waffentechnik wurde als verbotene Waffe eingestuft, (BKA-FB v. 12.1.2006, Az. KT 21/ZV 25-5164.01 Z 55), da es bei dieser möglich war, neben einem Verschlussträger (dieser hält den eigentlichen Verschluss) ein Griffstück des Sturmgewehrs G3 ohne Nacharbeiten an der Waffe auszutauschen. Die Waffe schoss nach dem Tausch neben der halbautomatischen Funktion auch vollautomatisch. Nach Beseitigung der Mängel durch den Hersteller wurde die Waffe erneut dem BKA als Modell BWT 3 D zur Begutachtung vorgelegt und als erlaubnispflichtige, halbautomatische Schussw. eingestuft (BKA-FB v. 17.7.2006, Az. KT 21/SO11-5164.01-Z-138).

8 Der **verbotswidrige Umgang** mit Vollautomaten iSd Vorschrift ist gem. § 51 Abs. 1 strafbar **(Verbrechenstatbestand).** Bei fahrlässiger Begehung Vergehenstatbestand, vgl. § 51 Abs. 4. Zu berücksichtigen ist jedoch, dass sich der Straftatbestand nur auf vollautomatische Schussw. zum Verschießen von **Patronenmunition** nach Anl. 1 Abschn. 1 UAbschn. 3 Nr. 1.1 bezieht. Diese Begrenzung der Strafvorschrift auf vollautomatische Feuerwaffen soll vermeiden, dass der Umgang mit vollautomatischen Kaltgaswaffen unter die erhöhte Strafnorm fällt (vgl. BT-Drs. 16/7717, 53). Indes hat es der Gesetzgeber unterlassen, den verbotswidrigen Umgang mit vollautomatischen Kaltgaswaffen als Straf- oder Bußgeldtatbestand auszuweisen, so dass dieser iErg nach der derzeitigen Rechtslage sanktionslos bleibt (vgl. auch die Erörterungen zu §§ 51, 52).

9 Während der verbotswidrige Umgang mit vollautomatischen ehemaligen Kriegsschussw. lediglich als Vergehen gem. § 52 Abs. 1 Nr. 1 bestraft wird, hat der Gesetzgeber den Umgang mit zivilen Vollautomaten gem. § 51 Abs. 1 als **Verbrechenstatbestand** ausgeformt. So wird etwa der verbotswidrige Umgang mit einer originalen ehemaligen Kriegsschussw. als Vergehen bestraft, wohingegen der Umgang mit einem originalgetreuen Nachbau oder anderen zivilen Vollautomaten als Verbrechen bestraft wird.

Nachvollziehbare Gründe hierfür ergeben sich – soweit ersichtlich – weder aus den vorliegenden Gesetzesmaterialien, der einschlägigen Literatur oder Rspr.

b) Vorderschaftrepetierflinten (Nr. 1.2.1.2). Anders als Büchsen weisen Flinten keinen gezogenen Lauf zum Verschießen von Patronenmunition, sondern einen glatten zum Verschießen von Schrotmunition auf. Bei den Vorderschaftrepetierern wird der Repetiermechanismus durch Zurückziehen und Vorschieben des Vorderschaftes mit der Hand betätigt (sog „Pumpguns"). Auch Vorderschaftrepetierflinten, welche einen Mechanismus besitzen, um die Waffe als **halbautomatische Selbstladeflinte** (zB Benelli M90) zu schießen, werden als **Vorderschaftrepetierflinte eingestuft** (BKA-FB v. 11.2.2009, Az. SO11-5164.01-Z-180 am Beispiel des Fabrikats L. Franchi S.p.A., Modell SPAS-12, Kaliber 12/70). 10

Pumpguns, bei denen anstelle des Hinterschaftes ein Kurzwaffengriff vorhanden ist, sind als typische „Rächerwaffen" in zahlreichen gewaltverherrlichenden Filmen dargestellt worden. Anknüpfungspunkt des Verbots war demnach das **optische Erscheinungsbild** solcher Waffen. Vom **Verbot** erfasst werden zunächst solche Vorderschaftrepetierflinten, welche überhaupt **keinen Hinterschaft** (also eine Vorrichtung, die man in die Schulter stützt zum Zweck des besseren Zielens) besitzen, sondern bei denen der Hinterschaft durch einen Pistolengriff ersetzt wurde. Der Gesetzgeber hat dieses Verbot als unmittelbare Reaktion auf den Amoklauf am Erfurter Gutenberg-Gymnasium vom 26.4.2002 ins WaffG aufgenommen, bei dem der Amokläufer auch eine solche Pumpgun (welche er rechtmäßig erworben hatte) bei sich führte und vermutlich nur wegen eines techn. Defektes keinen Gebrauch von ihr machte.

Durch das **2. ÄndG** (→ Einf. Rn. 23) wurden die Verbotsmerkmale für Vorderschaftrepetierflinten mit Wirkung zum 1.4.2008 präzisiert und erweitert. Das Wort „ersetzt" im bisherigen Recht konnte dahingehend missverstanden werden, als würde nur die nachträgliche Anbringung eines Pistolengriffs rechtl. erfasst. Durch die jetzige Formulierung „anstelle" wurde klargestellt, dass ein Kurzwaffengriff schlicht vorhanden sein muss, gleich ob er nachträglich angebracht wurde oder von vornherein montiert war.

Zum Anderen wurden kurze und daher verdeckt führbare Pumpguns verboten. Nach der Neufassung der Regelung sind auch solche Vorderschaftrepetierflinten verboten, die zwar mit einem Hinterschaft ausgerüstet sind, aber in ihrer kürzest möglichen Verwendungsform (bspw. mit Klapp- oder Schiebeschaft) eine Gesamtlänge von weniger als 95 cm aufweisen oder einen Lauf besitzen, welcher kürzer als 45 cm ist (vgl. BT-Drs. 16/7717, 25).

Vorderschaftrepetier**büchsen** sind grds. **nicht** vom Verbot erfasst. Allerdings fallen auch Vorderschaftrepetierflinten mit **gezogenen Läufen** (sog „slug-guns") unter das Verbot, soweit sie zum Verschießen von Schrotmunition geeignet sind und die übrigen Konstruktionsmerkmale der Verbotsnorm erfüllen.

In § 58 Abs. 11 hat der Gesetzgeber festgelegt, dass die Verbotsausdehnung für Personen, die bei Inkrafttreten der Regelung (1.4.2008) eine bis dahin nicht verbotene Pumpgun besessen hatten, nicht wirksam geworden ist, wenn sie die Waffe bis zum 1.10.2008 unbrauchbar gemacht, einem Berechtigten überlassen, der zust. Beh. oder einer Polizeidienststelle überlassen oder einen Antrag nach § 40 Abs. 4 gestellt haben. 11

Nicht erfasst vom Verbot sind Vorderschaftrepetierflinten, die eine Kombination aus Hinterschaft und Pistolengriff besitzen, sofern sie die Anforderungen an die Lauf- als auch Gesamtlänge erfüllen.

Selbstladeflinten unterliegen **nicht** diesem Verbot, unabhängig davon, wie sie von der Schaftform oder auch von der Lauf- und verwendungsfähigen Gesamtlänge her beschaffen sind.

Der **verbotswidrige Umgang** mit Vorderschaftrepetierflinten iSd Vorschrift ist gem. § 51 Abs. 1 strafbar **(Verbrechenstatbestand).** Bei fahrlässiger Begehung Vergehenstatbestand, vgl. § 51 Abs. 4. 12

Zu berücksichtigen ist jedoch, dass sich der Straftatbestand nur auf Vorderschaftrepetierflinten zum Verschießen von Patronenmunition nach Anl. 1 Abschn. 1 UAbschn. 3 Nr. 1.1 bezieht. Da es der Gesetzgeber unterlassen hat, auch den Umgang mit verbotenen Kaltgas-Pumpguns als Straf- oder Bußgeldtatbestand auszuweisen, ist dieser iErg nach der derzeitigen Rechtslage sanktionslos.

13 **c) Getarnte Schusswaffen (Nr. 1.2.2).** Schussw., die ihrer Form nach geeignet sind, einen anderen Gegenstand vorzutäuschen oder die mit Gegenständen des täglichen Gebrauchs verkleidet sind, hat der Gesetzgeber vornehmlich deshalb verboten, weil sie als Schussw. nicht zu erkennen und entspr. heimtückisch aus der Tarnung heraus einsetzbar sind. Die in der Norm angeführten Beispiele dokumentieren, dass für ein Greifen der Verbotsnorm die **sofortige Einsetzbarkeit der getarnten Schussw.** erforderlich ist. Die in einem Buch verborgene Schussw. müsste dementspr. aus diesem heraus abgefeuert werden können. „Vortäuschen eines anderen Gegenstandes" iSd Vorschrift bedeutet demnach, dass die gebrauchsfertige Waffe selbst den Gegenstand vortäuscht. **Nicht erfasst** sind hingegen solche Konstellationen, in denen die Schussw. zwar in einem Alltagsgegenstand verborgen ist, aber gesonderte Zwischenschritte erforderlich sind, um die Schussw. zum Einsatz zu bringen (Bsp.: Schussw. wird in einem Reisekoffer, einem Blumenstrauß, in einer zusammengefalteten Zeitung oder in einem ausgeschnittenen Buch verborgen).

14 **Einzelfälle.**
Unter das Verbot fallen zB Koppelschlosspistolen, Schießkugelschreiber, Stockgewehre, Taschenlampenpistolen, Handypistolen, Pistolenkoffer (vgl. auch *Heller/Soschinka* WaffR Rn. 278).

15 Der **verbotswidrige Umgang** mit getarnten Schussw. iSd Vorschrift ist gem. § 52 Abs. 3 Nr. 1, Abs. 4 strafbar **(Vergehenstatbestand).**

16 **d) Über das normale Maß hinaus zerlegbare Schusswaffen (Nr. 1.2.3).** Unter dieses Verbot fallen die sog „Wilddiebsgewehre". Diese können über den für Jagd- und Sportzwecke allg. üblichen Umfang hinaus zusammengeklappt, zusammengeschoben, verkürzt oder schnell zerlegt werden. In der Vergangenheit resultierte dieses Verbot vornehmlich aus dem Umstand, dass solche Schussw. besonders in der Wilderei Verwendung fanden. Ebenso dient das Verbot aber auch der Verhinderung von Anschlagsmöglichkeiten (vgl. *Steindorf/B. Heinrich* WaffG § 2 Rn. 8).

17 Indes bleibt unklar, wann eine Schussw. „über den für Jagd- und Sportzwecke allg. üblichen Umfang hinaus" zerlegt bzw verkürzt werden kann. Zahlreiche aktuelle Modelle von Jagd- und Sportwaffen können zu Transportzwecken sehr leicht und schnell zerlegt werden. Zudem können Kipplaufwaffen von jeher mit lediglich zwei Handgriffen (Abnehmen des Vorderschaftes und Aushaken des Laufes/Laufbündels) zerlegt werden (vgl. auch *Heller/Soschinka* WaffR Rn. 280 f. zu sog „take down"-Varianten). Ebenso sind Pistolen häufig sehr einfach in ihre Hauptteile zerlegbar.

Zumindest soweit es die Intention des Gesetzgebers war, alle sehr schnell und einfach zerlegbaren bzw verkürzbaren Schussw. zu verbieten, hat sich die Verbotsnorm überlebt und läuft durch die techn. Entwicklung im Bereich der Jagd- und Sportwaffen ins Leere.

18 IErg sind nur solche Schussw. vom Verbot erfasst, welche bzgl. des Zusammenklapp- bzw -schiebemechanismus techn. Spezifikationen in der Konstruktion aufweisen, die sich von den im Jagd- und Sportwaffenbereich gebräuchlichen Mechanismen **unterscheiden,** also für diesen Bereich untypisch sind (vgl. *Apel/Bushart* WaffG Anl. 2 Rn. 10).

Die Verbotseigenschaft iSd Vorschrift wurde vom BKA etwa bejaht für die Kleinkaliber-Selbstladebüchse „JW 20" des Herstellers Norinco (BKA-FB v. 23.3.2012, Az SO11-5164.01-Z-35).

Der **verbotswidrige Umgang** mit zusammenschieb- bzw -klappbaren Schussw. iSd Vorschrift ist gem. § 52 Abs. 3 Nr. 1, Abs. 4 strafbar **(Vergehenstatbestand).** 19

e) Für Schusswaffen bestimmtes Zubehör (Nr. 1.2.4). Verschiedene **für Schussw. bestimmte Zielhilfsmittel,** welche vorwiegend aus dem militärischen Bereich stammen, sind verboten. 20

Der **verbotswidrige Umgang** mit diesen Gegenständen (vgl. Nr. 1.2.4) ist gem. § 52 Abs. 3 Nr. 1, Abs. 4 strafbar **(Vergehenstatbestand).** 21

aa) Vorrichtungen zum Beleuchten oder Markieren des Ziels (Nr. 1.2.4.1). Geräte zum **Beleuchten** des Ziels sollen dem Schützen vor allem das Zielen bei schlechten Lichtverhältnissen (bspw. in der Dunkelheit) ermöglichen. Unerheblich ist dabei, ob das Licht sichtbar oder unsichtbar (etwa bei Infrarot) ist. Am Visiervorgang ändert sich durch den Einsatz solcher Geräte nichts. Im Unterschied dazu erleichtern **Markierungsgeräte** (zB Laser oder Zielpunktprojektoren) das Zielen dahingehend, dass lediglich die Markierung auf das Ziel zu richten ist, wodurch sich das Zielen über eine herkömmliche Zieleinrichtung (Kimme und Korn/Zielfernrohr/andere optische Visiere) erübrigt. Der Vorteil dieser Markierung liegt darin, dass man sich unabhängig von der Anschlagsart und Übung lediglich auf das Ziel konzentrieren muss. 22

Leuchtpunktzielgeräte, in denen der Leuchtpunkt im Zielgerät und nicht auf dem Ziel selbst erscheint (sog **beleuchtetes Absehen**), werden von diesem Verbot **nicht** erfasst.

bb) Nachtsichtgeräte und Nachtzielgeräte mit Montagevorrichtungen für Schusswaffen sowie Nachtzielvorsätze und Nachtzielaufsätze für Zielhilfsmittel (Nr. 1.2.4.2). Unter diese Norm werden Zieleinrichtungen gefasst, welche es ermöglichen, auch in der Nacht einen gezielten Schuss abzugeben. Diese wurden ursprünglich für den militärischen Bereich entwickelt. Neben einer möglichen missbräuchlichen Verwendung bei der Jagd soll durch das Verbot auch die Verwendung zu Attentaten usw verhindert werden. Vorauss. für die Verbotseigenschaft eines Gegenstandes ist das Vorhandensein eines **Bildwandlers** oder einer **elektronischen Verstärkung.** Ein Bildwandler nimmt das von jedem Objekt ausgestrahlte Infrarotlicht auf und wandelt es in ein sichtbares Bild um. Dieses System kann durch eine künstliche Infrarotquelle noch unterstützt werden. Eine elektronische Verstärkung wird bei Restlicht verwendet. Das Restlicht wird elektronisch um ein Vielfaches verstärkt und das Ziel so für den Schützen sichtbar gemacht. 23

Das **beleuchtete Absehen** zählt nicht zu den verbotenen Nachtzielgeräten, da es über keinen Bildwandler und auch keine elektronische Verstärkung verfügt.

Ebenfalls verboten sind Nachtsichtvorsätze und Nachtsichtaufsätze für Zielhilfsmittel (zB Zielfernrohr), soweit die Gegenstände einen Bildwandler oder eine elektronische Verstärkung besitzen.

cc) Zweckbestimmung für Schusswaffen. Die Zielhilfen müssen für Schussw. **bestimmt** sein. Eine solche Zweckbestimmung ist stets zu bejahen ist, wenn sie über eine **Vorrichtung** verfügen, welche **spezifisch die Montage auf eine Schussw.** ermöglichen soll. Unerheblich ist hierbei, ob es sich um eine feste Vorrichtung oder lediglich um einen Adapter handelt, um die Zielhilfen an einer Schussw. anzubringen. Ausschlaggebend ist allein die **Zweckbestimmung.** Diese steht fest, wenn die Montagevorrichtung bzw der Adapter spezifisch für Schussw. konstrutiert ist und daher bereits die Konstruktion nur eine bestimmungsgemäße Verwendung des Gegenstandes mit einer Schussw. zulässt. 24

Häufiger kommen in der Praxis sog **„Dual-Use" Geräte** vor. Diese weisen Montagevorrichtungen bzw Adapter auf, welche eine vielfältige Montage zu verschiedenen Zwecken (etwa auf einer Spiegelreflexkamera, Videokamera oA) ermöglichen. Diese Geräte können also neben waffenrechtl. unbedenklichen Zwecken ua tatsächlich **auch als Schusswaffenzubehör** genutzt werden. **Aus der bloßen Möglichkeit** der Montage auf eine Schussw. **kann nicht** automatisch **auf die Bestimmung** hierzu und damit auf die Verbotseigenschaft **geschlussfolgert werden.** „Sie können vielmehr diesem Verbot nur unterfallen, wenn und soweit sie von den Personen, die mit ihnen Umgang haben, in einen waffenrechtl. unzulässigen Verwendungszusammenhang hineingestellt werden, wenn diese also mit ihnen zu einem vom Waffengesetz missbilligten Zweck umgehen." (BVerwG Urt. v. 24.6.2009 – 6 C 21/08). Soweit nicht bereits die Konstrukion dazu führt, dass ein Gegenstand dem waffengesetzlichen Verbot unterliegt, kann nur unter Berücksichtigung des Einzelfalles entschieden werden, ob der Umgang mit ihnen verbotswidrig ist. Dies kann stets bei einer festen Montage auf der Schussw. angenommen werden. Eine tatsächliche Montage ist allerdings nicht zwingend, soweit anderweitig die Bestimmung zur Verwendung mit der Schussw. abgeleitet werden kann.

Auch handelsübliche Alltagsgegenstände (Laserpointer usw) unterfallen dann dem Verbot, wenn sie mit einer Schussw. tatsächlich verbunden sind (WaffVwV Anl.I-AI-1.2.4).

25 Die Zweckbestimmung für Schussw. erfasst auch die Bestimmung für Kaltgaswaffen (→ Anl. 1 Rn. 75 f., → Anl. 2 Rn. 104 ff.) inkl. Softairwaffen (→ Anl. 1 Rn. 6, → Anl. 2 Rn. 146).

26 **f) Bestimmte mehrschüssige Kurzwaffen (Nr. 1.2.5).** Mehrschüssige Kurzwaffen, deren Baujahr nach dem 1.1.1970 liegt, sind verboten, soweit sie für Zentralfeuermunition in Kalibern unter 6,3 mm konstruiert sind, und der Antrieb der Geschosse nicht ausschl. durch den Zündsatz erfolgt. Das Verbot soll den Erwerb von Waffen verhindern, welche besonders gefährliche Munition verwenden, die bspw. in modernen Maschinenpistolen zum Einsatz kommt. Diese Munition ist so entwickelt worden, dass selbst noch auf 200 m Entfernung Schutzwesten durchschlagen werden. Eine aktuelle Maschinenpistole von Heckler und Koch (MP 7) ist bspw. für eine Patrone im Kaliber 4,6 mm × 30 konstruiert worden. Diese Patrone kann sowohl aus dieser Maschinenpistole, aber auch aus einer dazu konstruierten Pistole verschossen werden. Bislang ist diese Munition nicht auf dem zivilen Markt erhältlich.

27 Der **verbotswidrige Umgang** mit solchen Schussw. ist gem. § 52 Abs. 3 Nr. 1, Abs. 4 strafbar **(Vergehenstatbestand).**

3. Tragbare Gegenstände im Sinne des § 1 Abs. 2 Nr. 2a (Nr. 1.3)

28 In den Nr. 1.3.1–1.3.8 greift der Gesetzgeber die Waffen im techn. Sinn nach § 1 Abs. 2 Nr. 2a auf (→ § 1 Rn. 9 ff., → Anl. 1 Rn. 91 ff.) und legt fest, welche dieser Waffen im Einzelnen verboten sind.

29 **a) Getarnte Hieb- und Stoßwaffen (Nr. 1.3.1).** Die Verbotsnorm umfasst Hieb- und Stoßwaffen, die ihrer Form nach geeignet sind, einen anderen Gegenstand vorzutäuschen, oder die mit Gegenständen des täglichen Gebrauchs verkleidet sind. Zum Begriff der Hieb- und Stoßwaffen → Anl. 1 Rn. 92 ff.

Das Verbot soll vermeiden, dass Gegenstände Verbreitung finden, die für einen Angegriffenen nicht als Waffe zu erkennen sind und dementspr. **heimtückisch** einsetzbar sind.

Einen **anderen Gegenstand vorzutäuschen** bezeichnet die obj. Gestaltung (Form) einer Hieb- und Stoßwaffe als **Gebrauchsgegenstand,** so dass äußerlich nicht erkennbar ist, dass es sich um eine Hieb- und Stoßwaffe handelt.

Als Bsp. zum Vortäuschen eines anderen (Gebrauchs-)gegenstands kann die **Taschenlampe** mit Hieb- und Stoßwaffeneigenschaft **Modell HL2R LED Tactical Flashlight** herangezogen werden. Dabei handelt es sich um eine 12,5 cm lange Taschenlampe, welche über eine bewegliche, ausfahrbare metallene „Zackenkrone" verfügt. Im ausgezogenen Zustand beträgt die Gesamtlänge der Taschenlampe 14 cm. Die Zackenkrone kann durch Verschieben und Drehen gegen den Uhrzeigersinn arretiert werden. Im eingeschobenen Zustand wird sie von der Grifffläche aufgenommen. Bei bestimmungsgemäßer Handhabung schiebt sich die bewegliche Zackenkrone durch den Stoß nach vorn und kann entspr. Verletzungen verursachen. Beim Zurückziehen wird die Zackenkrone wieder von der Grifffläche aufgenommen. Diese Taschenlampe wurde als **verbotene Waffe** gem. § 2 Abs. 3 iVm Anl. 2 Abschn. 1 Nr. 1.3.1 eingestuft (BKA-FB v. 13.12.2010, Az. SO11-5164.01-Z-186).

Das **Verkleiden** mit einem Gegenstand des täglichen Gebrauchs liegt vor, wenn die Hieb- und Stoßwaffen in diesen Gegenstand **eingearbeitet** sind. Das **Verkleiden** iSd Vorschrift meint mehr als nur verdecktes Tragen an oder in der Kleidung oder Alltagsgegenständen. Daher reicht es für ein **Verkleiden nicht** aus, wenn die Hieb- und Stoßwaffe in dem Alltagsgegenstand lediglich **verborgen** ist. Deshalb fallen Messer, die besonders unauffällig geführt werden, etwa **Stiefelmesser,** nicht unter die Verbotsnorm. Ebenso sind solche Konstellationen **nicht erfasst,** in denen die Hieb- und Stoßwaffe zwar in einem Alltagsgegenstand verborgen ist, aber gesonderte Zwischenschritte erforderlich sind, um diese zum Einsatz zu bringen (Bsp.: Hieb- und Stoßwaffe wird in einem Reisekoffer, einem Blumenstrauß, in einer zusammengefalteten Zeitung oder in einem ausgeschnittenen Buch versteckt getragen). Diese versteckte Trageweise stellt kein Verkleiden mit einem Gegenstand des täglichen Gebrauchs dar, wie es etwa anerkanntermaßen bei einem Stockdegen, Kugelschreiberstilett oder Gürtelschnallenmesser der Fall ist (→ Rn. 33).

Zu berücksichtigen ist, dass nur **Hieb- und Stoßwaffen** nach § 1 Abs. 2 Nr. 2a dem Verbot unterfallen können, wenn sie die konspirative Eigenschaft erfüllen. Messer oder andere Gegenstände, die **keine Hieb- und Stoßwaffen** sind, fallen nicht unter das Verbot, auch wenn sie einen anderen Gegenstand vortäuschen oder mit Gegenständen des täglichen Gebrauchs verkleidet sind. 30

Elektroimpulsgeräte sowie **Reizstoffsprühgeräte** unterliegen, auch wenn sie ihrer Form nach geeignet sind, einen anderen Gegenstand vorzutäuschen oder mit Gegenständen des täglichen Gebrauchs verkleidet sind, **nicht** diesem Verbot. Nach § 37 Abs. 1 S. 1 Nr. 4 iVm § 1 Abs. 7 S. 2 aF waren Elektroimpulsgeräte den Hieb- und Stoßwaffen gleichgest. Im WaffG nF wurde die Gleichstellung nicht übernommen und eine entspr. Verbotsnorm bislang nicht in Anl. 2 Abschn. 1 aufgenommen, so dass „getarnte" Elektroimpulsgeräte **nicht** unter die Nr. 1.3.1 fallen. 31

Gegenstände nach § 1 Abs. 2 Nr. 2b, welche **nicht** dazu **bestimmt sind,** die Angriffs- oder Abwehrfähigkeit von Menschen herabzusetzen oder zu beseitigen, sondern lediglich auf Grund ihrer Beschaffenheit, Handhabung oder Wirkungsweise dazu **geeignet** sind, werden ebenfalls nicht von dem Verbot erfasst. Wenn solche Gegenstände geeignet sind, einen anderen Gegenstand vorzutäuschen oder mit Gegenständen des täglichen Gebrauchs verkleidet sind, so können sie zwar auch aus der Tarnung heraus und heimtückisch zum Angriff auf einen Menschen verwendet werden. Allerdings fehlt es solchen Gegenständen bereits an der Waffeneigenschaft, weshalb sie erst recht nicht als verbotene Waffe eingestuft werden können. 32

Bei der Einordnung eines Gegenstandes ist daher zunächst zu klären, ob er die Eigenschaft einer Hieb- und Stoßwaffe aufweist, bevor die Aspekte eines ggf. vorgetäuschten Gegenstandes oder einer sonstigen Tarnung zum Tragen kommen. Diese Betrachtung ist in der Praxis insbes. bei getarnten Messern von Bedeutung. Nur wenn einem Messer die Waffeneigenschaft iSd § 1 Abs. 2 Nr. 2a zugesprochen werden kann, wird es durch eine Tarnung iSd Vorschrift zu einer verbotenen Waffe nach Nr. 1.3.1.

Einzelfälle: 33

Unter das Verbot fallen Stockdegen (hier wird vorgetäuscht, dass es sich um einen Spazierstock handelt). Ebenso **Kugelschreiberstilett** und **Gürtelschnallenmesser** (vgl. *Heller/Soschinka* WaffR Rn. 292).

Folgende Messer wurden vom BKA als getarnte und damit **verbotene Waffen** eingestuft:

- Ein Messer, dessen Griff in **Kammform** ausgeführt war und dessen Klinge von einer Schutzhülle verdeckt wurde (BKA-FB v. 10.5.2006, Az. KT 21/SO11-516401-Z-72)
- Ein **teilbarer Stock in Form eines Majoretten-Stabes,** bei dem zwei Klingen sichtbar wurden, sobald der Stab auseinander gezogen wurde (BKA-FB v. 6.12.2005, Az. KT 21/ZV 25 5164.01-Z-67)
- Ein **Schlüsselanhänger,** in den eine etwa **10 cm lange, beidseitig geschliffene Klinge** mit Gewinde eingeschraubt ist (vgl. BKA-FB v. 6.3.2008, Az. SO11-5164.01-Z-58). Diese Klinge kann auf ein Außengewinde aufgeschraubt und als Messer verwendet werden. Hier täuscht das Messer als **Hieb- und Stoßwaffe** den Alltagsgegenstand Schlüsselanhänger vor.
- **Kunststoffmesser** „Delta Dart" mit Bajonettklinge und Scheide (vgl. BKA-FB v. 1.9.2010, Az. SO11-5164.01-Z-222). Das Kunststoffmesser hat eine Länge von 20,5 cm und besteht aus einem 12 cm langen Griffstück in Stabform mit einem Durchmesser von 1,25 cm mit einer 8,5 cm langen, dreieckigen Klinge. Am Griffstück befindet sich ein Metallring, an dem eine ca. 44 cm lange abnehmbare Kette angebracht ist. Steckt das Kunststoffmesser in der Scheide, ist es nicht als Waffe zu erkennen. Es wird der Eindruck eines Kugelschreibers oÄ Schreibgeräts mit einer großen Steckhülle erweckt. Das **Kunststoffmesser ohne Scheide** wird vom BKA als Hieb- und Stoßwaffe gem. § 1 Abs. 2 Nr. 2a iVm Anl. 1 Abschn. 1 UAbschn. 2 Nr. 1.1, aber nicht als verbotene Waffe eingestuft. Das **Kunststoffmesser mit Scheide** täuscht einen anderen Gegenstand (Kugelschreiber mit einer großen Steckhülle) vor und wird vom BKA als **verbotene Waffe** gem. § 2 Abs. 3 iVm Anl. 2 Abschn. 1 Nr. 1.3.1 eingestuft (vgl. BKA-FB v. 1.9.2010, Az. SO11-5164.01-Z-222).
- **Stichwaffe „Lethal Injection"** (vgl. BKA-FB v. 1.9.2010, Az. SO11-5164.01-Z-200). Die Stichwaffe ist aus einem ca. 22 cm langen, nicht magnetischen Metallstück gefertigt, welches im Durchmesser ca. 8 mm misst und sich kontinuierlich zur Nadelspitze hin verjüngt. Das andere Ende ist gerundet und abgeplattet. Der Metallgegenstand ist durch Ausfräsungen und Farbgestaltung kunstvoll oberflächenbearbeitet. Er wird in einer zum Produkt gehörenden Hartplastikscheide verwahrt, welche so geformt ist, dass die Spitze auf einer Länge von ca. 7,5 cm aufgenommen und verborgen wird. Die Scheide ist mit einer 70 cm langen Kordel versehen, so dass die beschriebene Stichwaffe als Dekorationsgegenstand oder als Kunstobjekt getarnt um den Hals getragen werden kann. Die **Verbotseigenschaft** gem. § 2 Abs. 3 iVm Anl. 2 Abschn. 1 Nr. 1.3.1 wird **bejaht** (BKA.FB v. 1.9.2010, Az. S011-5164.01-Z-200).

34 **Nicht unter das Verbot** als getarnte Hieb- und Stoßwaffe wurde bspw. ein **Scheckkartenmesser** subsumiert, bei dem eine etwa 5 cm lange Klinge mit einem ca. 3 cm kurzen Griff in einem scheckkartenähnlichen Behältnis untergebracht ist (BKA-FB v. 16.11.2004, Az. KT 21/ZV 25-5164.01-Z-47). Zwar ist das Messer in der Hülle nicht zu erkennen, allerdings wurde hier bereits die Hieb- und Stoßwaffeneigenschaft verneint, so dass trotz „Tarnung" die Verbotsnorm wegen **fehlender Waffeneigenschaft** nicht eingreift. Auch das Faltmesser **„Sinclair Cardsharp"** im Scheckkartenformat wurde vom BKA **nicht** als Waffe eingestuft (vgl. BKA-FB v. 18.2.2014, Az. SO11-5164.01-Z-307, → Anl. 1 Rn. 94 f.).

Auch einem **Feuerzeugspringmesser,** dessen ca. 5 cm lange Klinge seitlich hervorschnellt, wurde **keine** Hieb- und Stoßwaffeneigenschaft zugesprochen (BKA-FB v. 20.1.2006, Az. KT 21/ZV 25-5164.01-Z-22).

Für einen 57,5 cm langen **Schlagstock** mit einer integrierten, **eingeschraubten Messerklinge** (einseitig geschliffen), wurde die Verbotseigenschaft verneint und der

Gegenstand als Hiebwaffe eingestuft (BKA-FB v. 19.12.2007, Az. SO11-5164.01-Z-134).

Auch sog **Tactical Gloves,** Handschuhe mit verschiedenen pulverförmigen Füllungen (Blei, Stahl, Granulat, Quarzsand oder Sand) im Knöchelbereich, werden mangels Hieb- und Stoßwaffeneigenschaft nicht von diesem Verbot erfasst (BKA-FB v. 12.7.2006, Az. KT 21/SO11-5164.01-Z-41). Dieser Einstufung kann **nicht gefolgt** werden, da die Füllung zentral dem Zweck dient, durch das Schließen der Faust stark verdichtet die Schlag- und Verletzungswirkung erheblich zu erhöhen. Die Hieb- und Stoßwaffeneigenschaft ist also zu bejahen. Des Weiteren sind sie mit dem Alltagsgegenstand Handschuh verkleidet, so dass Tactical Gloves nach der hier vertretenen Auffassung zu den verbotenen Waffen nach Nr. 1.3.1 zu zählen sind.

Ein in einem **Kugelschreiber verborgener Brieföffner** fällt in Ermangelung der Hieb- oder Stoßwaffeneigenschaft ebenso **nicht** unter das Verbot. Dasselbe gilt für getarnte Gebrauchsmesser. Entspr. wurde vom BKA die Verbotseigenschaft bei einem **Kugelschreibermesser** verneint, da dem Messer keine Hieb- und Stoßwaffeneigenschaft zugesprochen wurde (BKA-FB v. 3.2.2005, Az. KT 21/ZV 25-5164.01 Z30).

Ebenso wurde ein **Verbot verneint** bei einem 10,5 cm langen **Klappmesser in Schlüsselform,** mit einer 4,5 cm langen und 0,8 cm breiten, einseitig geschliffenen Klinge (BKA-FB v. 11.4.2008, Az. SO11-5164.01-Z-65).

Messer, bei denen die Klinge nicht fest mit dem Griffstück verbunden ist und die auf Knopfdruck durch einen **Federdruckmechanismus** nach vorne ausgestoßen bzw „verschossen" werden (sog KGB-Messer), zählen ebenfalls nicht hierzu (aA *Heller/Soschinka* WaffR Rn. 292). Diese fallen unter die den **Schussw. gleichgest. tragbaren Gegenstände,** weil sie bestimmungsgemäß **feste Körper gezielt verschießen** und die Antriebsenergie durch Muskelkraft eingebracht und durch eine Sperrvorrichtung gespeichert werden kann (vgl. Anl. 1 Abschn. 1 UAbschn. 1 Nr. 1.2.3).

Teleskopschlagstöcke sind nach dieser Vorschrift **nur verboten,** soweit sie im **35** Griff eines Regenschirmes, im Korpus einer Taschenlampe usw verborgen sind. Herkömmliche Teleskopschlagstöcke können zwar zusammengeschoben werden und sind ggf. nicht auf den ersten Blick als Schlagstock zu erkennen. Gleichwohl täuschen sie keinen Alltagsgegenstand vor und sind auch nicht mit Gegenständen des täglichen Gebrauchs verkleidet und fallen daher **nicht** unter das Verbot (so BKA-FB v. 20.7.2005, Az. KT 21/ZV 25-5164.01-Z-10; aA LG Hamburg Beschl. v. 1.11.1996 – 606 QS 83/96 zu § 37 Abs. 1 S. 1 Nr. 4 aF, wenn der Teleskopschlagstock im zusammengeschobenen Zustand lediglich 15,9 cm lang ist. Nach dieser Ansicht kommt es nicht darauf an, dass ein konkreter anderer Gegenstand vorgetäuscht wird. Nach Sinn und Zweck der Vorschrift sei vielmehr entscheidend, ob die Hieb- und Stoßwaffe jederzeit als solche erkennbar sei.).

Nach BKA-FB (v. 30.10.2013, Az. SO11-5164.01-Z-264) fällt auch der sog **35a** **„Griffin Grip"** unter das Verbot. Bei diesem handelt es sich um einen aus hochverdichtetem Polymer-Kunststoff gefertigten pyramidenförmigen Gegenstand (Länge 31,8 mm, Breite 22,3 mm, Höhe 19 mm), welcher in der Innenhand geführt und mit einem Lederband an einem Finger fixiert wird. Dieser soll zur Druckausübung auf spezielle Schmerzpunkte genutzt werden. In der geschlossenen Hand geführt ist er von außen nicht zu erkennen. Es ist lediglich das schmale um den Finger gewickelte Lederband zu sehen.

Zutreffend wurde der Griffin Grip als Hieb- und Stoßwaffe eingestuft. Die Einstufung als getarnte Hieb- und Stoßwaffe erscheint hingegen wenig überzeugend. Eine verdeckte Trageweise liegt hier deutlich näher, als dass ein anderer Gegenstand (etwa ein lederner Fingerring, so der BKA-FB) vorgetäuscht wird.

Feuerzeugspringmesser, bei denen die **Klinge nach vorne herausschnellt,** **36** unterliegen bereits dem Verbot nach Anl. 2 Abschn. 1 Nr. 1.4.1 (*Heller/Soschinka* WaffR Rn. 292).

37 Der **verbotswidrige Umgang** mit solchen Gegenständen ist gem. § 52 Abs. 3 Nr. 1, Abs. 4 strafbar **(Vergehenstatbestand).**

38 **b) Stahlruten, Totschläger oder Schlagringe (1.3.2).** Da das Gesetz hinsichtlich der Konstruktion oder des Aussehens von Stahlruten, Totschlägern und Schlagringen keine genaue Def. enthält, ist die Einstufung von Gegenständen in eine dieser Kategorien in der Praxis nicht selten problematisch.

39 **Stahlruten** sind **biegsame** Stahlspiralen, die für gewöhnlich (aber nicht zwingend) zusammengeschoben werden können. Sie bestehen aus einem Hohlgriff, in dem sich ein ausziehbarer (oft mehrteilig) gedrehter Federstahl befindet. Der Federstahl rutscht durch Fliehkraft bei einer Schleuderbewegung aus dem Griff. Die Gefährlichkeit dieser Waffe besteht darin, dass der Angegriffene sie nur schwer abwehren kann. Selbst wenn sich das angegriffene Opfer mit den Armen schützen möchte, windet sich der flexible Federstahl der Stahlrute um die Deckung herum und entfaltet Wirkung.

Teleskopschlagstöcke zählen **nicht** zu den Stahlruten. Zwar können diese wie auch die meisten Stahlruten zusammengeschoben werden, im Unterschied zu diesen sind Teleskopschlagstöcke aber nicht flexibel, sondern **starr.**

Auch **Gummischlagstöcke,** die eine gewisse Flexibilität aufweisen, zählen **nicht** zu den Stahlruten.

Bisweilen sind Stahlruten an der Spitze mit einer metallenen Verstärkung oder Verdickung versehen, um die Schlagkraft zu erhöhen. Diese Gegenstände erfüllen zugleich auch die Def. eines Totschlägers.

40 Bei den **Totschlägern** handelt es sich um biegsame Gegenstände, welche im Unterschied zu vielen Stahlruten nicht zusammengeschoben werden können und zudem einen oder mehrere Metallköpfe aufweisen. Dementspr. werden Totschläger auch als flexibler Griff beschrieben, an dessen einem Ende sich eine **Beschwerung** (meist aus Metall) befindet. Die **Biegsamkeit** ist **wesentliches Kriterium,** da nur durch diese die beabsichtigte Verstärkung der Schlagwirkung gewährleistet wird (WaffVwV Anl. II-AI-1.3.2).

Schlagstöcke sind wegen ihrer starren Konstruktion **nicht** zu den Totschlägern zu zählen (vgl. BGH NStZ-RR 2009, 355; NStZ 2004, 111), ebenso **Teleskopschlagstöcke** (vgl. *Steindorf/B. Heinrich* WaffG § 2 Rn. 12).

Die bekannteste Form besteht aus einem kurzen Griffstück aus Federstahl, an dem eine Bleikugel befestigt ist. Diese Konstruktion ist in eine Lederhülle eingearbeitet. Die Flexibilität resultiert hier aus der Biegsamkeit der Feder, welche einen gewissen Widerstand bietet und sich nach ihrer Verformung wieder in ihre Ausgangsposition zurückbewegt.

Diese am häufigsten vorkommenden Totschläger sind oft recht klein (ca. 20–30 cm) und können leicht in einer Tasche der Bekleidung verborgen werden. Solche Totschläger wirken auf den Laien recht harmlos, infolge der flexiblen Konstruktion erfährt der Metallkopf des Totschlägers beim Zuschlagen jedoch eine extrem hohe Beschleunigung, weshalb diese besonders schwere Verletzungen beizubringen geeignet sind.

Allerdings ist eine solche Flexibilität etwa auch bei Gummischläuchen, Riemen oder Stricken anzunehmen, bei denen zumindest ein Ende durch Metall oder ein ähnlich hartes Material beschwert ist (WaffVwV Anl. II-AI-1.3.2).

Sog **Defence-Bags,** welche mit Sand oder Ähnlichem gefüllt sind, sollen nach BKA-FB (v. 6.11.2007, Az. SO11-5164.01-Z-88) **nicht** zu den Totschlägern zählen. Der FB vermag nicht zu überzeugen. Zu eng auch BKA-FB (v. 16.6.2016, Az. SO 11-5164.01-Z-384), wonach ein aus Selbstverteidigungsinteresse in ein Tuch eingeknoteter Golfball keine neu hergestellte Waffe (→ Anl. 1 Rn. 14) und dementsprechend auch keinen Totschläger darstellen soll.

Zutreffend wird hingegen die sog **monkey-fist** als **Totschläger** eingestuft. Bei dieser handelt sich um eine schwarze Paracord Schnur, die an einem Ende eine Schlaufe und an dem anderen einen Wurfknoten, der eine Metallkugel umschließt, aufweist (BKA-FB v. 15.102015, Az. SO11-5164.01-Z-371).

Schlagringe sind der Hand angepasste Nahkampfwaffen und so konstruiert, dass man die Finger der Hand durch entspr. Öffnungen stecken kann. Charakteristisch für Schlagringe ist zudem, dass ein **Steg** vorhanden ist, der in der geballten Faust liegt und sich **in der Handinnenfläche abstützt.** Im Falle des Zuschlagens werden die Aufprallkräfte durch diese Konstruktion vornehmlich nicht von den Fingern übertragen, sondern im Wesentlichen vom Steg über die Handinnenfläche in den Schlagarm. Hinzu tritt, dass nicht die Fingerknöchel, sondern der vor ihnen liegende Metallring das Ziel trifft, welcher die volle Kraft des Schlags ins Ziel überträgt. **41**

Soweit **kein Steg** vorhanden ist, welcher sich in der Handinnenfläche abstützt, kann zwar bei entsprechender Form, Größe und Materialbeschaffenheit immer noch die Hieb- und Stoßwaffeneigenschaft bejaht werden, allerdings ist die **Schlagringeigenschaft** in diesen Fällen **abzulehnen** (vgl. BKA-FB v. 22.9.2015, Az. SO11-5164.01-Z-368).

Schlagringe sind meist aus Metall, können aber ebenso aus Kunststoff gefertigt sein. Bei Kunststoffkonstruktionen ist allerdings eine gewisse Festigkeit zu verlangen, die eine hinreichende Übertragung der Schlagkraft gewährleisten.

Zusätzlich an der Schlagfläche angebrachte Spitzen verursachen infolge ihrer Reißwirkung beim Schlag zwar zusätzliche Verletzungen, gleichwohl sind sie für die **Schlagringeigenschaft ohne** Bedeutung.

Einzelfälle. **41a**

Die sog **Stinger und Katzenkopfschlagringe,** welche ähnlich den herkömmlichen Schlagringen konstruiert sind, wurden als Schlagringe eingestuft (BKA-FB v. 19.12.2007, Az. SO11-5164.01-Z-89).

Fingerringe mit Dornen, gleich ob für einen oder mehrere Finger, sind **keine Schlagringe,** da sie keine die Schlagkraft verstärkende Wirkung haben (BKA-FB v. 12.9.2006, Az. KT 21/SO11-5164.01-Z-71). Hingegen wird die **Schlagringeigenschaft bejaht** bei einem Ring mit Erhebung an der Oberseite und einem Fortsatz, der in einer verbreiterten Handauflage endet (**Schlagring für einen Finger bzw Fingerschlagring,** vgl. BKA-FB v. 10.9.2014 Az. SO11-5164.01-Z-312).

Handtaschen, bei denen der Griff einem Schlagring nachempfunden ist **(Schlagringhandtaschen)** fallen **dann nicht** unter das Verbot, wenn der Griff nicht ablösbar ist und ein Abstützen an der Innenhand konstruktions- und bauartbedingt nicht möglich ist. In diesem Fall ändert die Form des Griffes nichts an der Zweckbestimmung als Handtasche (BKA-FB v. 29.9.2012, Az. SO11-5164.01-Z-265).

Für einen **Kaffeebecher** aus Keramik, der einen ebenfalls aus Keramik bestehenden **Henkel in Form eines Schlagrings** aufweist, wurde die Waffen- und die **Schlagringeigenschaft** zutreffend **abgelehnt.** (vgl. BKA-FB v. 6.12.2011, Az. SO11-5164.01-Z-231), da auch der mittels eines Hammers abgetrennte Griff des Bechers für sich genommen ohne die Gefahr einer erheblichen Eigenverletzung nicht als Schlagwaffe zu verwenden war.

Ein dem **Verbot unterfallender Schlagringbecher** liegt hingegen vor, wenn ein herkömmlicher **Schlagring als Griff** am Trinkbecher angeschraubt ist (wird häufig unter der Bezeichnung **„Brass Nuckle"** angeboten). Zwar sei der Becher insgesamt ursprünglich als Trinkgefäß hergestellt, allerdings handele es sich beim angeschraubten Griff um einen Schlagring, der diese Eigenschaft auch nicht durch die Verbindung mit dem Trinkbecher verliere (vgl. BKA-FB v. 30.10.2013, Az. SO11-5164.01-Z-298 zu einem Metallbecher mit einem als Griff angeschraubtem Schlagring aus massivem Metall, welcher durch seitliches Abknicken, Herausbrechen, Abschrauben, Absägen usw in kürzester Zeit als solcher einsetzbar ist).

Ebenso wurde ein aus einem massiven Stück Metall bestehender Fleischklopfer mit einem als Schlagring ausgeformten Griff zutreffend als unter das Verbot fallend eingestuft (vgl. BKA-FB v. 18.7.2013, Az. SO11-5164.01-Z-270).

Auch **Schlagringanhänger** unterfallen dem Verbot (vgl. BKA-FB v. 22.3.016, Az. SO11-5164.01-Z-334). Zur Beurteilung stand ein aus Metall hergestellter Gegenstand in Form eines Schlagrings mit Anhängeröse an. Dieser wurde vom BKA als Schlagring eingestuft, da die Abmaße des Gegenstandes ein Hineingreifen mit der Hand problemlos erlauben und auch die am sich in der Innenhand abstützenden Steg angebrachte Aufhängeröse dem funktionellen Einsatz als Schlagring nicht entgegensteht, sondern allenfalls dem Zuschlagenden gewisse Schmerzen zufügt.

Lederarmbänder mit spitzen Nieten, die in der Punkszene ein beliebtes Schmuckaccessoire darstellen, werden nicht als Schlagring eingestuft (BKA-FB v. 16.4.2008, Az. SO11-5164.01-Z-64).

Auch ein fingerloser, im Handrückenbereich mit mehreren **erhobenen Nieten besetzter Lederhandschuh stellt keinen Schlagring** dar (zur Rechtslage nach WaffG aF OLG Celle NStZ 1988, 280 zu § 37 Abs. 1 S. 1 Nr. 6 aF; aA BayObLG GewArch 1986, 311 zu Ledermanschetten mit aufgesetzten, spitz zulaufenden Nieten, die so geschnitten sind, dass sich nach dem Anlegen die erste Reihe mit drei Spitznieten außen am Fingersatz auf einem geschlossenen Lederring befindet).

Werden **Gebrauchsgegenstände** so **umgearbeitet,** dass sie vernünftigerweise nur als Schlagring verwendet werden können, so ist die Schlagringeigenschaft zu bejahen. So etwa, wenn ein Ventilrad in der Mitte durchtrennt worden ist und die geflexte Seite mit Tape versehen ist, um die Wucht eines Schlages zu verstärken und Verletzungen der Schlaghand zu verhindern. Hier ist vom Vorliegen eines verbotenen Schlagrings auszugehen. Lediglich wenn die besonderen Umstände des Einzelfalles **nachvollziehbar** einen anderen Herstellerzweck des Gegenstandes darlegen (bspw. Herstellung als Spezialwerkzeug, Kunst- oder Schmuckgegenstand), kann eine andere Wertung vertretbar sein. **Nicht ausreichend** für die Annahme eines Schlagringes ist der Umstand, dass ein Ventilrad aus ungeklärten Gründen zufällig zerbrochen ist und damit prinzipiell als Schlagring eingesetzt werden kann. Auch der Umstand, dass ein solcher Gegenstand im Einzelfall als Schlagring verwendet wird, ändert nichts an dieser Bewertung, da es an einer zielgerichteten Umarbeitung des Gegenstandes in einen Schlagring mangelt und daher keine Waffe im techn. Sinn vorliegt (vgl. OLG Zweibrücken MDR 1990, 1039 zu § 37 Abs. 1 S. 1 Nr. 6 aF).

– Feststehende Messer mit schlagringähnlichen Griffen **(Schlagringmesser)** werden ebenfalls **vom Verbot erfasst,** wenn es sich um ganz oder überwiegend geschlossene Metallstege handelt, die spitz zur Schlagseite zeigen (BKA-FB v. 4.3.2005, Az. KT 21/ZV 25-5164.01-Z-39). Ebenso wurde das **„Rubber Training Trench Knife Tanto 92R80NT"** als verbotener Schlagring eingestuft. Dieses aus Kunststoff gefergigte Trainingsmesser mit Klingennachbildung weist einen Griff mit Bügel auf, der durch einen Mittelsteg geteilt ist (vgl. BKA-FB v. 9.6.2015, Az. SO11-5164.01-Z-359)

Nicht als **Schlagringmesser** eingestuft worden sind:

– Ein mit **Rasierklingen** bestückter **Handschuh** (BKA-FB v. 28.6.2004, Az. KT 21/ZV 25-5164.01-Z-31)
– **Fantasy-Dolche** mit parallel zum Griff verlaufender zweiter Klinge (BKA-FB v. 25.5.2007, Az. SO11-5164.01-Z-82)
– **Fantasy-Messer,** sog **Klingonenschwerter** (BKA-FB v. 8.5.2008, Az. SO11-5164.01-Z-70)
– **Messersets** (Riddiks Saber Claws) mit **gebogenen Griffen** (BKA-FB v. 12.6.2009, Az. SO11-5164.01-Z-178)

Ein **Miniatur-Schlagringmesser** mit einer Gesamtlänge von 15 cm wurde nicht als Waffe eingestuft. Das Messer verfügt über eine 10 cm lange, einseitig geschliffene und am Rücken mit einer groben Zahnung ausgestattete Klinge. Der aus Metall beschaffene Griff weist die Form eines Schlagringes im Miniaturformat auf, wobei die Fingerringe oval gestaltet sind und eine maximale Größe von 10×12 mm haben. Auf Grund der geringen Abmessungen besteht keine Möglichkeit, in die Fingerringe zu greifen, weshalb die Schlagringeigenschaft verneint wurde. Wegen des nicht formschlüssig zu haltenden Griffs ist zudem die sichere Handhabung als Messer nicht gewährleistet, weshalb die Zweckbestimmung als Hieb- und Stoßwaffe ebenfalls verneint wurde (BKA-FB v. 3.12.2010, Az. SO11-5164.01-Z-69).

Das BKA tendiert insgesamt zu einer engen Auslegung der Begrifflichkeit „Schlagring". Bei verschiedenen aus Kunststoff gefertigten Gegenständen, welche in der Hand geführt als Druckverstärker bzw Hilfsmittel zur Verteidigung iwS dienen und bei denen Teile des Gegenstandes über die führende Hand hinaus ragen wurde zwar die Hieb- und Stoßwaffeneigenschaft als gegeben angesehen, allerdings die Schlagringeigenschaft verneint. Bei den beurteilten Gegenständen handelt es sich um die unter den Bezeichnungen

– Spikey
– Geck.o
– Saf-T-Wrench

und

– Hand Shock

vertriebenen Gegenstände (vgl. BKA-FB v. 29.9.2011, Az. SO11-5164.01-Z-265).

Das unter diversen Bezeichnungen („Safehorse", „Multi-Rescue-Tool Nr. 30738", „MRT", „rescueman") vertriebene Multitool wurde nicht als Schlagring, sondern als Gebrauchsgegenstand eingestuft (vgl. BKA-FB v. 18.9.2013, Az. SO11-5164.01-Z-279).

Der **verbotswidrige Umgang** mit Stahlruten, Totschlägern oder Schlagringen 42
iSd Vorschrift ist gem. § 52 Abs. 3 Nr. 1, Abs. 4 strafbar **(Vergehenstatbestand).**

c) Wurfsterne (Nr. 1.3.3). Das Gesetz def. Wurfsterne als „sternförmige Schei- 43
ben, die nach ihrer Beschaffenheit und Handhabung zum Wurf auf ein Ziel bestimmt und geeignet sind, die Gesundheit zu beschädigen". Das Verbot ist offensichtlich dadurch motiviert, eine Verwendung von Wurfsternen, insbes. bei Demonstrationen gegen Polizeibeamte, zu verhindern. „…Wurfsterne sind auch als besonders heimtückische Waffen einzustufen, da sie auf Grund ihrer geringen Abmessung leicht verdeckt getragen und unauffällig und geräuschlos eingesetzt werden können. Damit eröffnet sich die Gefahr einer Verwendung von Wurfsternen bei öffentl. Veranstaltungen, Menschenansammlungen, Demonstrationen usw., insb. auch gegen Polizeibeamte…" (so BT-Drs. 13/9611; zur Verletzungsdynamik des geworfenen, spitzscharfen Wurfsterns mit dem tödliche Eindringtiefen in den Körper zu erzielen sind vgl. *Weber* ZfR 102 (1989), 143 ff.; *Kettner/Gade* ArchKrim 225 (2010), 167 ff.).

Wurfsterne (auch „Shuriken") sind aus dem asiatischen Raum stammende Waffen, wo sie vornehmlich zur Irritation eines Gegners eingesetzt wurden.

Wurfsterne sind regelm. aus **Metall** gefertigt. Von der gesetzgeberischen Def. her ist dies jedoch kein zwingendes Kriterium, so dass Wurfsterne prinzipiell **auch aus anderen Werkstoffen** hergest. sein können.

Die ausnahmslose Zuordnung zu den Waffen im techn. Sinn erscheint fragwürdig, 44
da in der Praxis nicht jedem Wurfstern die Zweckbestimmung beigemessen werden kann, die Angriffs- oder Abwehrfähigkeit von Menschen herabzusetzen oder zu beseitigen. So sind bspw. Wurfsterne als bloße Sportgeräte oder aber zu reinen Dekorationszwecken durchaus verbreitet (*Gade* WaffR S. 41; ebenso bereits *Stoppa* zu dem Entwurf des Bundesrates zu neuen verbotenen Gegenständen vom 28.11.1997 – BR-Drs. 589/97 in: FA I-II/99, S. 32 f.).

Intention des Gesetzgebers war es, Wurfsterne **umfassend zu verbieten.** Dies 45
zeigt sich nicht zuletzt auch an Entsch. des BKA, welches einige Zweifelsfälle durch FB nach § 2 Abs. 5 iVm § 48 Abs. 3 zu klären hatte.

46 **Einzelfälle.**
Demnach fallen zunächst auch solche Konstruktionen, bei denen die Klingen/Spitzen erst manuell von Hand oder durch die Fliehkraft beim Wurf geöffnet werden, als Wurfsterne unter die Verbotsnorm (BKA-FB v. 19.7.2006, Az. KT 21/SO11-5164.01-Z-62).

Gleichermaßen unterfallen sog **Miniwurfsterne** dem Verbot (vgl. BKA-FB v. 18.12.2007, Az. SO11-5164.01-Z-48). Hierbei handelt es sich um Wurfsterne, die bei einem Gewicht von 10 bis 30 Gramm einen Durchmesser von 3 bis 11 cm (gemessen von Spitze zu Spitze) aufweisen und häufig als Anhänger an Ketten getragen werden.

Nicht unter das Verbot fallen sog **Fantasy-Wurfsterne,** deren Handhabung auf Grund ihrer Klingengeometrie und -schärfe stark eingeschränkt ist. Weder sind diese als klassische Hieb- und Stoßwaffe zu gebrauchen, noch können sie anlalog eines Wurfsternes geworfen werden (vgl. 6.3.2013, Az. SO11-5164.01-Z-184).

47 ISd Rechtsklarheit wäre der Gesetzgeber gut beraten, die Wurfsterne zunächst in Anl. 1 Abschn. 1 UAbschn. 2 Nr. 2 bei den Waffen im nichttechn. Sinn nach § 1 Abs. 2 Nr. 2b zu nennen und dementspr. in Anl. 2 Abschn. 1 unter der Ziffer 1.4 bei den verbotenen Waffen aufzuführen. So wäre klar gestellt, dass tatsächlich alle Wurfsterne verboten sein sollen, soweit sie geeignet sind, Verletzungen beizubringen.

48 Der **verbotswidrige Umgang** mit Wurfsternen ist gem. § 52 Abs. 3 Nr. 1, Abs. 4 strafbar **(Vergehenstatbestand).**

49 **d) Molotow-Cocktails, USBV (Nr. 1.3.4).** Zum Begriff des Molotow-Cocktails → Anl. 1 Rn. 117 ff. Neben diesen wurden auch solche Gegenstände in das Verbot mit aufgenommen, welche eine Explosion verursachen können. Hierzu zählen vornehmlich die im polizeilichen Sprachgebrauch als **USBV** (Unkonventionelle Spreng- und Brandvorrichtung) bezeichneten Gegenstände. Bei diesen handelt es sich um selbstlaborierte Sprengsätze, deren Explosivmittel oft individuell hergest. werden.

Zu berücksichtigen ist hier der mit dem **3. ÄndG** (→ Vorb. Rn. 24) zum 25.7.2009 in das WaffG eingefügte § 40 Abs. 3 S. 2, wonach bestimmte Personengruppen in Ausnahme zum Verbot Umgang mit Gegenständen nach Nr. 1.3.4 üben dürfen (→ § 40 Rn. 6).

50 Der **verbotswidrige Umgang** mit Molotow-Cocktails und anderen Gegenständen iSd Vorschrift ist gem. § 52 Abs. 1 Nr. 1, Abs. 4 **strafbewehrt** (Vergehenstatbestand).

51 Über das Umgangsverbot hinausgehend ist es gem. § 40 Abs. 1 **verboten, zur Herstellung** solcher Gegenstände **anzuleiten** sowie zur Herstellung derselben **aufzufordern** (→ § 40 Rn. 2). Erfasst sind von diesem Verbot etwa Herstellungsanleitungen bzw Aufforderungen zur Herstellung durch das Internet. Hintergrund dieser Verbotsausdehnung ist nicht zuletzt der Umstand, dass die einzelnen Bestandteile eines Molotow-Cocktails frei verkäuflich sind (so auch *König/Papsthart* Neues WaffR Rn. 624) und andernfalls das bloße Umgangsverbot über weite Strecken ins Leere liefe.

52 **Verstöße** gegen das Verbot nach § 40 Abs. 1 werden als **Vergehen** gem. § 52 Abs. 1 Nr. 4 geahndet.

53 **e) Gegenstände mit Reiz- oder anderen Wirkstoffen (Nr. 1.3.5).** Vor allem Reizstoffsprühgeräte werden von dieser Vorschrift erfasst. Zum Begriff des Reizstoffsprühgerätes → Anl. 1 Rn. 105 ff. Zu berücksichtigen ist auch hier, dass nur solche Reizstoffsprühgeräte erfasst sind, die ihrem Wesen nach dazu **bestimmt** sind, die Angriffs- oder Abwehrfähigkeit von **Menschen** herabzusetzen oder zu beseitigen. Dazu zählen auch **selbstgebaute Sprühgeräte,** die vormals zB Parfüms

beinhalteten oder Wasserspritzgeräte (Wasserpumpguns), die mit Reizstoffen, **Flusssäure** oÄ befüllt werden, um sie gegen Menschen einzusetzen.

Tierabwehrsprays fallen **nicht** unter diese Vorschrift, diesen mangelt es an der Waffeneigenschaft (vgl. Tierabwehrgerät JPX Jet Protector (→ Anl. 1 Rn. 13a). Anders wurde die Behördenversion des JPX Jet Protector (→ Anl. 1 Rn. 13a) als der Vorschrift unterfallende verbotene Waffe eingestuft; zu beiden Versionen vgl. BKA-FB v. 12.12.2007, Az. SO11-5164.01-Z-174; zur Einstufung eines Pfeffersprays als Tierabwehrgerät vgl. BKA-FB v. 7.11.2008, Az. SO11-5164.01-Z-50).

Vom Umgangsverbot **ausgenommen** sind solche Geräte, deren Wirkstoffe als **54** gesundheitlich unbedenklich amtl. zugelassen sind und die in ihrer Reichweite sowie Sprühdauer begrenzt sind. Erforderlich für das Greifen der Ausnahme ist schließlich, dass diese Eigenschaften des Gerätes durch eine entspr. Kennzeichnung **(„PTB/R im Trapez“)** dokumentiert sind, vgl. Anl. II Abb. 12 BeschussV.

Die nach dem WaffG aF einschlägige Kennzeichnung („BKA in der Raute“) **55** auf Reizstoffsprühgeräten steht dem aktuellen Prüfzeichen gleich, vgl. § 22 Abs. 2 BeschG.

Zum Führen gekenneichneter Reizstoffsprühgeräte → § 3 Rn. 7a. **55a**

Reizstoffe müssen nach § 15 BeschussV den Anforderungen der Anl. 4 BeschussV **56** entsprechen. Gem. der Anl. 4 Nr. 6 BeschussV erfüllen die Reizstoffe CN und CS diese Anforderungen. Das bei der Polizei eingesetzte „Pfefferspray“ erfüllt diese Anforderungen nicht und ist daher kein für den zivilen Gebrauch zugelassener Reizstoff.

Der Zeitpunkt (Jahr und Monat), bis zu dem der Reizstoff versprüht werden darf, **57** muss nach § 16 Abs. 1 Nr. 4 BeschussV auf dem Reizstoffsprühgerät angegeben sein. Ist dieses Datum abgelaufen, so hat dies keine Auswirkungen auf die Zulassung. Sie gelten auch nach Ablauf des aufgedruckten Zeitpunktes nicht als verbotene Waffen.

Mit solchermaßen geprüften und gekennzeichneten Reizstoffsprühgeräten dürfen **58** in Ausnahme zu § 2 Abs. 1 auch **Jugendliche** Umgang üben, vgl. § 3 Abs. 2.

Der **verbotswidrige Umgang** mit Reizstoffsprühgeräten iSd Vorschrift ist gem. **59** § 52 Abs. 3 Nr. 1, Abs. 4 strafbar **(Vergehenstatbestand).**

f) Elektroimpulsgeräte, WASP-Knives uä (Nr. 1.3.6). Unter diese Vorschrift **60** fallen Gegenstände, die eine andere als mechanische Energie verwenden. Besonders die als Bsp. genannten Elektroimpulsgeräte (→ Anl. 1 Rn. 98 ff.) sind von der Verbotsnorm erfasst. Aber auch Geräte, die mittels Schall, Laserstrahlung, oÄ Verletzungen beizubringen bestimmt sind, sind hierunter zu subsumieren. Hierzu zählen ebenfalls die sog **WASP-Knives** (→ Anl. 1 Rn. 98), soweit sie dazu bestimmt sind, die Angriffs- oder Abwehrfähigkeit von Menschen herabzusetzen oder zu beseitigen. In diesem Fall erfüllen sie zudem die Eigenschaft einer Hieb- oder Stoßwaffe.

Soweit diese Gegenstände nicht dazu bestimmt sind, die Angriffs- oder Abwehrfähigkeit von Menschen herabzusetzen oder zu beseitigen, unterfallen sie nicht den Regelungen des WaffG.

Ausgenommen vom Umgangsverbot sind solche Geräte, die als gesundheitlich **61** unbedenklich amtl. zugelassen sind und bei denen diese Unbedenklichkeit durch eine entspr. Kennzeichnung **(„PTB/E im Trapez“)** dokumentiert ist, vgl. Anl. II Abb. 12 BeschussV.

Privatpersonen, die im Besitz **verbotener Elektroimpulsgeräte** nach Anl. 2 **62** Abschn. 1 Nr. 1.3.6 sind, dürfen auf Grundlage des BKA-FB v. 17.12.2010, Az. SO11-5166.00-2010-9134993 = BAnz. 2011 Nr. 2, S. 28 **weiterhin die tatsächliche Gewalt** unter folgenden kumulativen Vorauss. **ausüben:**

- Die Modelle wurden vor dem 11.10.2002 hergestellt.
- Sie weisen nicht das erforderliche Prüfzeichen auf („PTB/E im Trapez“).
- Sie wurden nachweislich vor dem 1.1.2011 erworben.

Das **Führen** der verbotenen Geräte sowie ein **Neuerwerb** nach dem 1.1.2011 sind nicht genehmigt. Des Weiteren bedarf das **Überlassen** an Dritte der vorherigen Genehmigung des BKA. Ohne vorherige Genehmigung ist die Abgabe der verbotenen Elektroimpulsgeräte nur an Polizei und Waffenbehörden gestattet. Hierzu sind die Geräte in einem verschlossenen Behältnis zur Abgabestelle zu transportieren. Das BKA empfiehlt, mit der zust. Beh. vorab Zeitpunkt und Ort der Abgabe abzustimmen. Ein **Verlust** des verbotenen Elektroimpulsgerätes ist dem BKA unverzüglich schriftlich anzuzeigen. Diese Ausnahmebewilligung gilt **nicht** für den **gewerblichen Bereich.**

63 Durch das **2. ÄndG** (→ Einf. Rn. 23) sind die **Distanz-Elektroimpulsgeräte** mit Wirkung zum 1.4.2008 in das Verbot aufgenommen worden. Diese sind **ausnahmslos verboten** und erfassen vor allem die sog **Air-Taser.** Bei diesen werden mittels Federdruck zwei mit dünnen Drähten am Griffstück verbundene Pfeile mit Widerhaken abgeschossen und über einen Schalter am Griffstück unter Strom gesetzt. Bis zum 31.3.2008 durften diese ab der Vollendung des 18. Lebensj. frei erworben und besessen werden. Zum **Führen** war allerdings aufgrund der erforderlichen Kennzeichnung („F im Fünfeck") ein WS erforderlich.

64 Der **verbotswidrige Umgang** mit Elektroimpulsgeräten sowie anderen Gegenständen iSd Vorschrift wurde bis zum 5.7.2017 lediglich als Ordnungswidrigkeit geahndet und erst mit dem **6. ÄndG** (→ Einf. Rn. 26c) gem. § 52 Abs. 3 Nr. 1, Abs. 4 als Straftat **(Vergehenstatbestand)** eingestuft.

65 **g) Präzisionsschleudern (Nr. 1.3.7).** Erfasst sind hier nicht Schleudern jeglicher Art, sondern nur **Präzisions**schleudern (→ Anl. 1 Rn. 128 ff.), für die eine Armstütze oder ähnliche Vorrichtung charakteristisch ist, wobei es ausreicht, dass die Schleuder für eine solche Vorrichtung **eingerichtet** ist. Präzisionsschleudern vermögen den Geschossen (meist Stahlkugeln) konstruktionsbedingt eine ausgesprochen hohe Energie zu erteilen, entspr. hoch ist die Wirkung im Ziel. Mit den Geschossen kann auch in größerer Entfernung noch zielgenau erheblicher Schaden angerichtet werden. Mit verschossenen Stahlkugeln können teilw. polizeiliche Schutzschilde durchschossen werden. Präzisionsschleudern können ohne Weiteres verdeckt geführt werden und kommen daher insbes. im Rahmen gewalttätiger Demonstrationen gegen die Sicherheitskräfte zum Einsatz, zumal mit ihnen auch problemlos Eisenkrampen, Nägel, Scherben usw verschossen werden können. Nicht zuletzt vor diesem Hintergrund hat der Gesetzgeber den Umgang mit solchen Gegenständen verboten.

65a **Einzelfälle.**

Keine Präzsionsschleudern sind die meist von Kindern hergest. „herkömmlichen" Schleudern („Zwillen"). Auch die zum Anfüttern bei der Sportfischerei verwendeten Schleudern fallen **nicht** unter das Verbot. Beiden fehlt es bereits an der erforderlichen Zeckbestimmung zur Waffe.

Auch Plastikschleudern mit Armstütze zum Abschießen von Saugnapfpfeilen („Geologic Easytech", → Anl. 1 Rn. 130) sind Spiel- bzw Freizeitgerät und unterfallen nicht dem Verbot (vgl. BKA-FB v. 31.8.2015, Az. SO11-5164.01-Z-367).

Bei der sog **„Pocket-Shot"** (→ Anl. 1 Rn. 130) handelt es sich hingegen um eine **verbotene Präzisionsschleuder.**

66 Durch das **2. ÄndG** (→ Einf. Rn. 23) werden seit dem 1.4.2008 von der Vorschrift **auch** die **Armstützen** oder vergleichbare Teile, die für Präzisionsschleudern bestimmt sind, erfasst.

67 Der **verbotswidrige Umgang** mit Präzisionsschleudern sowie mit für diese bestimmten Armstützen oder vergleichbaren Teilen ist gem. § 52 Abs. 3 Nr. 1, Abs. 4 strafbar **(Vergehenstatbestand).**

68 **h) Drosselwerkzeuge (Nr. 1.3.8).** Vor allem die als Bsp. genannten Nun-Chakus sind aus der Sicht des Gesetzgebers hierunter zu subsumieren. Selbst die nach dem WaffG aF noch als Sportgerät angesehenen Soft-Nun-Chakus wurden mit dem BKA-FB vom 5.2.2004, Az. KT 21/ZV 25-Z-23/2004 den verbotenen Würgewerkzeugen zugeordnet. Dieses Verbot ist indes kritisch zu hinterfragen: Zum einen sind diese aus dem Dreschflegel entwickelten Waffen ganz vorwiegend dazu bestimmt, als Schlagwaffe und nicht als Würgegerät verwendet zu werden. Zum anderen erscheint es nur schwer nachvollziehbar, die als Sportgerät deklarierten Nun-Chakus unter das Verbot zu fassen. Es fehlt ihnen zwar nicht an der grds. Eignung, als Waffe verwendet zu werden, aber die **Zweckbestimmung** als Sportgerät lässt eine Subsumtion unter die Grunddef. des § 1 Abs. 2 Nr. 2a („ihrem Wesen nach dazu bestimmt, die Angriffs- oder Abwehrfähigkeit von Menschen zu beseitigen oder herabzusetzen") **nicht** zu (vgl. BGH Beschl. v. 5.9.2001 – 3 StR 175/01 zu sog Soft-Nun-Chakus; abl. auch *Heller/Soschinka* WaffR Rn. 315 f.).

Um Nun-Chakus unzweifelhaft als (verbotene) Waffe einzustufen, hätte der Gesetzgeber sie ohne Ansehen ihrer Zweckbestimmung unter den Gegenständen des § 1 Abs. 2 Nr. 2b anführen müssen, vgl. Anl. 1 Abschn. 1 UAbschn. 2 Nr. 2.

Ähnlich die Feststellung des BKA bei den **Kyoketsu-Shogei.** Hierbei handelt es sich um eine asiatische Waffe, welche eine gerade sowie eine sichelförmige Klinge mit jeweils abgerundeten Kanten besitzt. Am Ende des Griffstücks befindet sich eine ca. 25 cm lange Kette, die mit einem Metallring mit einem Durchmesser von 11 cm abgeschlossen wird. Die Hieb- und Stoßwaffeneigenschaft wurde für den Fall abgestumpfter Klingen zwar verneint, aber das Verbot als Gegenstand, welcher zum Drosseln bestimmt ist, bejaht (BKA-FB v. 13.10.2009, Az. SO11-5164.01-Z-115).

Der **verbotswidrige Umgang** mit Drosselwerkzeugen iSd Vorschrift ist gem. **69**
§ 52 Abs. 3, Nr. 1, Abs. 4 strafbar **(Vergehenstatbestand).**

4. Tragbare Gegenstände im Sinne des § 1 Abs. 2 Nr. 2b (Nr. 1.4)

In den Nr. 1.4.1–1.4.4 greift der Gesetzgeber diejenigen Waffen im nichttechn. **70**
Sinn nach § 1 Abs. 2 Nr. 2b auf, welche in der abschließenden Aufzählung dieser Gegenstände nach Anl. 1 Abschn. 1 UAbschn. 2 aufgeführt und damit als Waffe iSd WaffG eingestuft sind.

a) Spring- und Fallmesser (Nr. 1.4.1). Dem Verbot unterfallen Spring- und **71**
Fallmesser (zum Begriff der Springmesser → Anl. 1 Rn. 139 ff., zum Begriff Fallmesser → Anl. 1 Rn. 142 f.).

Fallmesser sind **ausnahmslos verboten** (zu beachten ist aber die Ausnahmebe- **72**
willigung des BKA nach § 40 Abs. 4 → Rn. 75).

Einzelfälle Fallmesser.

Zwei Messertypen („STI BG 911" und „STI P001") des Herstellers STI Group wurden als Fallmesser und in Zugleichfunktion auch als Faustmesser eingestuft (vgl. BKA-FB v. 30.1.2013, Az. KT 21/SO11-5164.01-Z-232). Diese Messer weisen einen pistolenähnlichen Griff auf, Die Klinge dieser Messer schnellt beim Lösen einer Sperrvorrichtung durch eine Schleuderbewegung hervor und stellt sich beim Loslassen der Sperrvorrichtung fest. Arretiert steht die Klinge quer zum pistolenähnlichen Griff.

Bzgl. der **Springmesser** sieht der Gesetzgeber **Ausnahmen** vom Verbot vor. **73**
Allerdings sollen nur solche Springmesser vom Umgangsverbot ausgenommen sein, deren Klinge **seitlich** aus dem Griff herausspringt. Springmesser, deren Klinge nach vorne heraus schnellen, werden wie die Fallmesser ausnahmslos vom Verbot erfasst (BKA-FB v. 12.1.2006, Az. KT 21/ZV 25 5164.01-Z-114). Zudem darf der aus dem Griff herausragende Teil der Klinge **höchstens 8,5 cm** lang sein. Die **Klingenlänge** wird ab der Stelle, an der diese aus dem Griff austritt, gemessen. Der zwischen Griff/Parierstange und Schneide befindliche ungeschliffene Teil der Klinge („Fehlschärfe") ist daher in die Klingenlänge mit **einzubeziehen.** Die meist im Griff verlaufende Verlängerung der Klinge („Angel") wird bei der Bemessung der Klin-

genlänge hingegen nicht berücksichtigt (so auch *Ostgathe* WaffenR kompakt S. 45). Schließlich greift die Ausnahme vom Verbot nur, wenn die Klinge **nicht beidseitig geschliffen** ist. Ein beidseitiger Schliff ist bereits dann zu bejahen, soweit die Klinge im vorderen Bereich zur Spitze hin beidseitig angeschliffen ist (→ Anl. 1 Rn. 94a). Als *beidseitig* geschliffen gilt daher auch eine Klinge, deren Rücken nicht durchgängig, sondern nur teilw. angeschliffen ist. Als *angeschliffen* gilt die Klinge, wenn sie auf dem Messerrücken annähernd die gleiche Schärfe besitzt wie auf der Schneide.

73a Da Springmesser zugleich auch eine Einhandmessereigenschaft aufweisen, unterfallen vom Verbot ausgenommene Springmesser immer noch dem Führensverbot von Einhandmessern (→ § 42a Rn. 15). S. auch § 42 Abs. 1.

74 **Einzelfälle Springmesser.**

Unabhängig von der geltenden Ausnahmeregelung sind sämtliche **Mini-Springmesser nicht** vom Verbot erfasst, bei denen die Klinge nicht länger als 41 mm und nicht höher als 10 mm ist (BKA-FB v. 19.12.2006, Az. KT 21/SO11-5164.01-Z-76). Grund für diese Ausnahme ist die mangelnde Eignung als Waffe und die Zweckbestimmung solcher Gegenstände meist als Schlüsselanhänger.

Rettungsmesser, auch als **„rescue tools"** bezeichnet (zum Begriff → Anl. 1 Rn. 139), fallen nicht unter das Verbot (BKA-FB v. 28.8.2003, Az. KT 21/ZV 25 – 5164.01 – Z – 20/2003). Auch **Klappmesser** mit federunterstützendem Mechanismus zählen **nicht zu den verbotenen Springmessern,** da die Klinge nicht vollständig durch die Feder bewegt wird (BKA-FB v. 9.7.2004, Az. KT 21/ZV 25-5164.01-Z-17). Weiterhin nicht unter das Verbot fallen verschiedene Feuerzeugspringmesser, deren Klingen seitlich hervorschnellen (BKA-FB v. 20.1.2006, Az. KT 21/ZV 25-5164.01-Z-22).

75 Anzumerken ist, dass das BKA mit einer **Ausnahmebewilligung** (§ 40 Abs. 4) berechtigten Personen nach dem Bundesversorgungsgesetz den Besitz und das Führen verbotener Spring- und Fallmesser gestattet, soweit die Berechtigten (behinderte Menschen) entspr. Gegenstände vor dem 30.6.2003 von den zuständigen Versorgungsbehörden der Länder erhalten haben (BKA-FB v. 10.11.2003, Az. ZV 25-2003-516600-489/03 = BAnz. 2003 Nr. 221, S. 24712). Diese Ausnahmebewilligung dürfte in der Praxis allerdings kaum von Bedeutung sein.

76 Der **verbotswidrige Umgang** mit Spring- und Fallmessern iSd Vorschrift ist gem. § 52 Abs. 3 Nr. 1, Abs. 4 strafbar **(Vergehenstatbestand).**

77 **b) Faustmesser (Nr. 1.4.2).** Zum Begriff des Faustmessers → Anl. 1 Rn. 145. **Gegenstandsbezogen** gilt das Umgangsverbot für Faustmesser **ohne Ausnahmen.** Zu den tätigkeitsbezogenen Verbotsausnahmen für bestimmte Personengruppen → Rn. 78). Es gilt für alle Faustmesser und ist **unabhängig** von der Klingenlänge wirksam, weshalb auch sog **„Mini-Faustmesser"** unter das Verbot fallen (BKA-FB v. 7.12.2007, Az. SO11-5164.01-Z-111). Im Widerspruch dazu hat das BKA als **Schlüsselanhänger** vertriebene, faustmesserähnliche Gegenstände aus Kunststoff („Push Dagger" und „Heart Attack") **nicht** als verbotene Faustmesser eingestuft (BKA-FB v. 19.12.2007, Az. SO11-5164.01-Z-89), obwohl sie Minifaustmessern durchaus vergleichbar sind.

Verboten sind bspw. Messer mit zwei bzw drei **quer zum Griff** angeordneten feststehenden Klingen (BKA-FB v. 7.7.2004, Az. KT 21/ZV 25-5164.01-Z-15; BKA-FB v. 8.7.2004, Az. KT 21/ZV 25-5164.01-Z-16). Entsprechend wird auch die sog „Wolfverine-Kralle" bzw **„Wolverine-Claw",** ein Gegenstand mit drei quer zum Griff angebrachten Klingen, die die messerartigen Klauen einer bekannten Comicfigur darstellen sollen, als verbotenes Faustmesser eingestuft (vgl. BKA-FB v. 5.5.2014, Az. SO11-5164.01-Z-317). Auch Messer, deren Klingen **abgeklappt** und in einer Position im **90-Grad-Winkel arretiert** werden können, unterfallen dem Verbot (BKA-FB v. 8.3.2005, Az. KT 21/ZV 25-2-5164.01-Z-59), ebenso sog **„Hibben-Claws"** (→ Anl. 1 Rn. 145).

Auch ein feststehendes Messer mit einer Aussparung im vorderen Bereich der Griffschalen zur Aufnahme von Zeigefinger und Daumen und Verwinkelung von Griff und Klinge von 52 Grad wurde als Faustmesser eingestuft (vgl. BKA-FB v. 9.7.2012, Az. SO11-5164.01-Z-242).

Zwei Messertypen („STI BG 911" und „STI P001") des Herstellers STI Group wurden als Fallmesser und in Zugleichfunktion auch als Faustmesser eingestuft (vgl. BKA-FB v. 30.1.2013, Az. KT 21/SO11-5164.01-Z-232 → Rn. 71a).

Nicht unter das Faustmesserverbot fällt ein **„Freihand-Cuttermesser"** mit kreisrundem Eingriff und über den Fingern liegender Klinge (vgl. BKA-FB v. 6.1.2015, Az. SO11-5164.01-Z-281).

Nicht verboten ist ein **streitaxtähnlicher** Gegenstand (BKA-FB v. 21.4.2005, Az. KT 21/ZV 25-5164.01-Z-66) und eine aus Metall gefertigte Klinge eines **zerlegbaren Faustmessers** (BKA-FB v. 30.3.2006, Az. KT 21/SO11-5164.01-Z-98).

§ 40 Abs. 3 sieht **personenbezogene Ausnahmen** vom Verbot vor. Inhaber einer jagdrechtl. Erlaubnis (Jäger) sowie Angehörige der Leder oder Pelz verarbeitenden Berufe sind vom Verbot ausgenommen, sofern sie Faustmesser zur Ausübung ihrer Tätigkeit benötigen (→ § 40 Rn. 5). Die Ausnahme gilt also auch für diese Personengruppen nicht generell, sondern ist vielmehr auf die Ausführung der Tätigkeit beschränkt, für welche die Faustmesser benötigt werden (vgl. *Steindorf/Gerlemann* WaffG § 40 Rn. 4). Außerhalb dieser Tätigkeiten gilt das Umgangsverbot auch für diese Personengruppen. **78**

Der **verbotswidrige Umgang** mit Faustmessern iSd Vorschrift ist gem. § 52 Abs. 3 Nr. 1, Abs. 4 strafbar **(Vergehenstatbestand).** **79**

c) Butterflymesser (Nr. 1.4.3). Zum Begriff des Butterflymessers → Anl. 1 Rn. 149. Hintergrund des Verbots war insbes. die Beliebtheit dieser Messer bei Jugendlichen. Hier genossen Butterflymesser wegen der besonderen Handhabung des Schwenkgriffs einen Kultstatus und wurden deshalb häufig öffentl. zur Schau gestellt und auch bei der Begehung von Straftaten verwendet. **80**

Einzelfälle. **81**

Nicht als Butterflymesser eingestuft werden sog **Power-Glide.** Es handelt sich dabei zwar auch um Messer, welche zweigeteilte, schwenkbare Griffe besitzen. Die Klinge ist jedoch durch eine Aufklappmechanik starr mit den Griffen verbunden, so dass eine Einhandbedienung nicht möglich ist. Die Griffe werden nur bis zu einem bestimmten Winkel aufgeklappt, damit auf Grund der Mechanik die Klinge nach vorne herausfahren kann. Das Messer wird nicht als Butterflymesser eingestuft und ist daher nicht gem. § 2 Abs. 3 iVm Anl. 2 Abschn. 1 Nr. 1.4.3 verboten (BKA-FB v. 23.11.2010, Az. SO 11-5164.01-Z-183). Das Messer wird mit einer einseitig geschliffenen Klinge hergest. und verfügt über keine Parierstange oÄ. Es sind damit keine Konstruktionsmerkmale festzustellen, die darauf schließen lassen, dass es dazu bestimmt ist, die Angriffs- oder Abwehrfähigkeit von Menschen herabzusetzen oder zu beseitigen. Über die Verbotseigenschaft hinaus ist daher auch die Hieb- und Stoßwaffeneigenschaft zu verneinen.

Das Messer **„Paradox"** der Firma Cold Steel wurde vom BKA hingegen als ein vom Verbot erfasstes **Butterflymesser** eingestuft. Dieses Messer weist einen zweigeteilten schwenkbaren Griff auf. Ein Aufschleudern ist im Unterschied zu herkömmlichen Butterflymessern nicht möglich. Wegen des Einbaus von Sperren und Federn in die Griffhälften kann es nur zweihändig aufgeklappt werden. Allerdings werden die Griffe vollständig aufgeklappt, weshalb die Butterflyeigenschaft gegeben sei. Dass das Messer nur zweihändig aufgeklappt werden könnte, stehe dem nicht entgegen (vgl. BKA-FB v. 25.3.2015, Az. SO 11-5164.01-Z-351).

Auch das Butterflymesser **„Crimson Web Butterfly"**, welches mit nicht angeschliffener Klinge vertrieben wird, unterfällt dem Verbot (vgl. BKA-FB v. 13.6.2016, Az. SO 11-5164.01-Z-388).

82 Der **verbotswidrige Umgang** mit Butterflymessern iSd Vorschrift ist gem. § 52 Abs. 3 Nr. 1, Abs. 4 strafbar **(Vergehenstatbestand).**

83 **d) Elektroimpulsgeräte uä (Nr. 1.4.4).** Während unter das Verbot nach Nr. 1.3.6 nur solche Elektroimpulsgeräte fallen, die dazu bestimmt sind, die Angriffs- oder Abwehrfähigkeit von Menschen zu beseitigen oder herabzusetzen, sind vom Verbot nach Nr. 1.4.4 in Ergänzung dazu auch **Tierabwehrgeräte** erfasst (→ Anl. 1 Rn. 152 ff.). Der Gesetzgeber wollte hiermit eine Umgehung des Verbots nach Anl. 2 Abschn. 1 Nr. 1.3.6 verhindern (vgl. BT-Drs. 14/8886, 119). Hierher gehören bspw. sog „Bullentreiber", ebenso die zur Hundeausbildung hergest. Teletaktgeräte.

Tierabwehrgeräte, namentlich Elektroimpulsgeräte, die Tieren Verletzungen beibringen, sind nach der Vorschrift grds. verboten. **Ausgenommen** vom Umgangsverbot sind zunächst solche Elektroimpulsgeräte, die als gesundheitlich unbedenklich amtl. zugelassen sind und dementspr. ein **amtl. Prüfzeichen** („PTB/E im Trapez") tragen, vgl. Anl. II Abb. 12 BeschussV. Generell **ausgenommen** vom Verbot sind darüber hinaus auch **nicht amtl. zugelassene,** nicht gekennzeichnete Elektroimpulsgeräte, **soweit sie bestimmungsgemäß** in der Tierhaltung **eingesetzt** werden.

Die Verbotsregelung bzgl. der Tierabwehrgeräte ist missglückt, insoweit das Verbot **nicht** wie bei den anderen verbotenen Waffen **strikt gegenstandsbezogen** erfolgt (personenbezogene Verbotsausnahmen sieht der Gesetzgeber lediglich bei den Faustmessern vor, vgl. § 40 Abs. 3). Die Verbotsvorauss. lassen sich demnach nicht ausschl. anhand der Beschaffenheit des Gegenstandes herleiten. Hinzutretend muss die **situative Verwendung** des Gegenstandes betrachtet werden, um über das Vorliegen der Verbotsvorauss. entscheiden zu können. Hieraus resultiert eine komplizierte und wenig praxistaugliche Handhabung des Verbots. Amtl. nicht zugelassene Elektroimpulsgeräte sind demnach im Zuge der bestimmungsgemäßen Verwendung in der Tierhaltung nicht verboten, wohingegen sie in anderweitigem Gebrauch eine verbotene Waffe darstellen. Das Verbot erfasst also nicht alle Umgangsarten, sondern **nur die Verwendung des Gegenstandes außerhalb der Tierhaltung.**

84 Diese Verbotsfassung ist **wenig tauglich** für eine in der Praxis tragende Abgrenzung zwischen verbotenen und nicht verbotenen Tierabwehrgeräten. Zudem bestehen **systematische Bedenken:** Tierabwehrgeräte sind in Anl. 1 Abschn. 1 UAbschn. 2 Nr. 2.2.1 überhaupt nur soweit als Waffe iSd WaffG eingestuft, soweit sie nicht bestimmungsgemäß in der Tierhaltung eingesetzt werden. Geräte, die bestimmungsgemäß in der Tierhaltung eingesetzt werden, fallen bereits nicht unter den Waffenbegriff und kommen demnach auch nicht als verbotene Waffen in Betracht. Die vom Gesetzgeber unter Rückgriff auf die bestimmungsgemäße Verwendung des Tierabwehrgerätes gefasste Verbotsausnahme **erübrigt** sich allein schon unter diesem Gesichtspunkt.

Der Gesetzgeber hätte besser daran getan, das Verbot von der objektivierbaren Zweckbestimmung des Gegenstandes abhängig zu machen (iErg so auch *Apel/Bushart* WaffG Anl. 2 Rn. 31).

85 Der **verbotswidrige Umgang** mit Elektroimpulsgeräten sowie anderen Gegenständen iSd Vorschrift ist gem. § 52 Abs. 3 Nr. 1, Abs. 4 strafbar **(Vergehenstatbestand).**

5. Munition und Geschosse (Nr. 1.5)

86 In den Nummern 1.5.1–1.5.7 hat der Gesetzgeber verschiedene Munitionen und Geschosse verboten.

87 Der **verbotswidrige Umgang** mit Gegenständen gem. Anl. 2 Abschn. 1 Nr. 1.5.3–1.5.7 ist nach § 52 Abs. 3 Nr. 1, Abs. 4 strafbar **(Vergehenstatbestand).** Für die in Anl. 2 Abschn. 1 Nr. 1.5.1 u. 1.5.2 genannten Verbotsnormen hat der

Gesetzgeber bei Verstößen weder einen Straftat- noch einen Bußgeldtatbestand vorgesehen.

a) Geschosse mit Betäubungsstoffen (Nr. 1.5.1). Geschosse mit Betäubungsstoffen sind verboten, soweit sie zu Angriffs- oder Verteidigungszwecken **bestimmt** sind. Von der Beschaffenheit und Konstruktion her entsprechen sie den erlaubten Betäubungsgeschossen und unterscheiden sich von diesen einzig durch ihre Zweckbestimmung. Die erlaubten Geschosse mit Betäubungsstoffen sind ausschl. für die Tiermedizin bestimmt, wo sie zur Demobilisierung von Tieren eingesetzt werden. **88**

b) Geschosse oder Kartuschenmunition mit Reizstoffen (Nr. 1.5.2). Reizstoffgeschosse und -munition sind verboten, soweit sie zu Angriffs- oder Verteidigungszwecken **bestimmt** sind. Hiervon gibt es im Wesentl. zwei gebräuchliche Versionen. Zum einen die am häufigsten vorkommenden Kartuschen, in denen die Reizstoffe mit der Treibladung vermischt sind. Zum anderen Reizstoffe, welche von einem Behältnis umschlossen sind und mit einer Vorrichtung verschossen werden, die sich an der Laufmündung der Schussw. befindet. Zur Jagd bestimmte Gegenstände sind **nicht** vom Verbot erfasst. **89**

Verboten sind **nur** solche Gegenstände, die **kein amtl. Kennzeichen** zum Nachweis ihrer gesundheitlichen Unbedenklichkeit (Prüfzeichen nach Anl. II, Abb. 12 der BeschussV – „PTB/R im Trapez") aufweisen. **90**

c) Patronenmunition mit Treibspiegelgeschossen (Nr. 1.5.3). Kennzeichnend für diese Munition ist, dass das Geschoss nicht wie bei herkömmlicher Patronenmunition mit dem Kaliber des Laufes übereinstimmt, sondern kleiner ist. Dieses Geschoss wird von einer meist aus Kunststoff gefertigten Hülse – dem „Treibspiegel" – umgeben, welcher das Geschoss im Lauf führt und den Drall der Züge und Felder auf dieses überträgt. Der Treibspiegel trennt sich nach Verlassen des Laufes vom eigentlichen Geschoss, welches mit einer ca. 30 % höheren Mündungsgeschwindigkeit als das ursprüngliche Kaliber weiterfliegt. Die gleiche Funktionsweise hat die Patronenmunition mit Nadelgeschossen (Flechette). Das Verbot gründet in Gesichtspunkten der forensischen Ballistik (Gerichtsballistik). Diese ist für die Aufklärung solcher Straftaten von wesentl. Bedeutung, welche unter Verwendung von Schussw. begangen worden sind, da sie durch die Untersuchung vorgefundener Waffen, Projektile, Patronenhülsen, Schussspuren usw zur Identifizierung der Tatwaffe, Bestimmung von Schussentfernungen und sonstigen Tatumständen beitragen kann. Die Möglichkeiten der forensischen Ballistik sind bei Sachverhalten, in denen Treibspiegelgeschosse zum Einsatz gekommen sind, stark eingeschränkt, da das Geschoss in diesen Fällen nicht unmittelbar mit dem Lauf in Berührung kommt und sich damit keinerlei Spuren auf dem Geschoss einprägen, welche die Zuordnung des Geschosses zu einer Waffe ermöglichen könnten. Daher werden diese Geschosse auch als „Geschosse ohne Vergangenheit" bezeichnet. Um die Aufklärung solcher Straftaten nicht zu erschweren, hat der Gesetzgeber Patronenmunition mit Treibspiegelgeschossen gänzlich verboten. **91**

Das Verbot erfasst nur vollständige, funktionierende Patronen. Das Geschoss alleine unterliegt nicht dem WaffG. Ebenso fallen **delaborierte Patronen** mit einem solchen Geschoss nicht unter das WaffG. Ebenfalls nicht von diesem Verbot erfasst ist Flintenmunition mit Treibspiegeln, da diese dazu bestimmt sind aus glatten Läufen verschossen zu werden (BKA-FB v. 22.9.2009, Az. SO11-5164.01-Z-29). **92**

d) Patronenmunition mit Geschossen, die einen Leucht-, Brand- oder Sprengsatz oder einen Hartkern enthalten (Nr. 1.5.4). Unter Nr. 1.5.4 ist Munition angeführt, die konstruktionsbedingt über die mit der üblichen mechanischen Wirkung hinausgehende Wirkungen erzielt und typischerweise besonders schwere Gesundheitsschädigungen verursacht (*Apel/Bushart* WaffG Anl. 2 Rn. 35). **Delaborierte Patronen** fallen nicht unter das Verbot (vgl. BKA-FB v. 15.8.2005, **93**

Az. KT 21/ZV 25 5164.01-Z-68, welcher delaborierte Patronenmunition der Nr. 1.5.4 als nicht dem WaffG unterliegend einstuft).

Mit dem **6. ÄndG** (→ Einf. Rn. 26c) wurden in Anpassung an die Vorgaben der EU-Feuerwaffenrichtlinie über die bereits verbotene Munition hinaus auch Geschosse verboten. Für die neu in die Verbotsnorm aufgenommenen Geschosse gilt die Übergangsregelung des § 58 Abs. 7 S. 1 (→ § 58 Rn. 12 ff.).

94 **e) Knallkartuschen, Reiz- und sonstige Wirkstoffmunition, bei deren Verschießen in Entfernungen von mehr als 1,5 m vor der Mündung Verletzungen durch feste Bestandteile hervorgerufen werden können (Nr. 1.5.5).** Eine Prüfung, ob bei Verschießen von Knallkartuschen Reiz- oder sonstige Wirkstoffmunition nach Nr. 1.5.5. in Entfernungen von mehr als 1,5 m vor der Mündung Verletzungen durch feste Bestandteile hervorgerufen werden können, erfolgt im Rahmen des Zulassungsverfahrens nach BeschG, bei Kartuschenmunition mit Reizstoffen iVm einer Zulassung nach § 9 Abs. 2 Nr. 4 BeschG. Auf nach § 20 BeschussV gekennzeichnete Munition dieser Art ist demnach das Verbot nicht anzuwenden, weil eine entspr. Zulassung zu unterstellen ist (WaffVwV Anl.II-A1-1.5.5).

Für den geladenen Reizstoff in der Behördenversion des JPX Jet Protectors (→ Anl. 1 Rn. 13a) wurde die Verbotseigenschaft bejaht (vgl. BKA-FB v. 12.12.2007, Az. SO11-5164.01-Z-174).

95 **f) Kleinschrotmunition (Nr. 1.5.6).** Dem Verbot unterliegen nur solche Kleinschrotpatronen, die ihren Abmessungen nach in den Lagern nach Tabelle 5 der Maßtafeln der 3. WaffV mit einem Durchmesser (P1) bis zu 12,5 mm verwendet werden können. Kurzwaffenmunition, zB im Kaliber .38 Spezial oder .45 ACP mit Schrotvorlagen, fällt nicht unter das Verbot (WaffVwV Anl.II-A1-1.5.5).

Der Gesetzgeber will mit diesem Verbot unterbinden, dass mit frei zu erwerbenden SRS-Waffen zweckentfremdet Kleinschrotmunition verschossen wird (vgl. *Apel/Bushart* WaffG Anl. 2 Rn. 37).

96 **g) Munition die ausschließlich für Streitkräfte, oberste Bundes- und Landesbehörden, Bundesbank, Polizei und Zoll verwendet wird (Nr. 1.5.7).** Dieses Verbot wurde durch das **2. ÄndG** (→ Einf. Rn. 23) mit Wirkung zum 1.4.2008 in das WaffG aufgenommen. Der Gesetzgeber bezweckt hiermit, dass Munition, welche nur zur Verwendung bei den in § 55 aufgeführten Behörden bestimmt ist, nicht in Privatbesitz gelangt. Besonders die behördlicherseits eingeführte Munition mit Deformationsgeschossen wird hier erfasst.

Der Gesetzgeber nimmt pauschal alle in § 55 benannten Stellen in Bezug. Bzgl. der hier neben den Behörden ebenfalls benannten Bundeswehr und sonstigen Streitkräften ist der Verweis überflüssig, da Munition, die zur ausschl. Verwendung bei den Streitkräften bestimmt ist, den insoweit spezielleren Regelungen des KrWaffKontrG unterliegt.

Erfasst sind vom Verbot allerdings nur die zur ausschl. Verwendung bei den in § 55 benannten Behörden bestimmten Patronen, nicht die nach Verschuss verbleibenden Patronenhülsen.

Werden diese zum Wiederladen (gewerblich als auch nicht gewerblich) erworben und geladen, ist die oa Vorschrift nicht einschlägig.

Abschnitt 2. Erlaubnispflichtige Waffen, Ausnahmen

97 In Anl. 2 Abschn. 2 sind die zentralen Regelungen zur Erlaubnispflicht sowie gegenstandsbezogene Ausnahmen von derselben für einzelne Teilbereiche des Umgangs enthalten. In UAbschn. 1 S. 1 sieht der Gesetzgeber zunächst eine **umfassende Erlaubnispflicht für sämtliche Schussw., die den Schussw. gleichgest. Gegenstände sowie für dazugehörige Munition** vor. Diese kurz gefasste Grund-

regel zur Erlaubnispflicht wird im UAbschn. 2 sogleich relativiert, insoweit der Gesetzgeber hier umfangreiche, **gegenstandsbezogene Ausnahmen** von der Erlaubnispflicht bzgl. einzelner Umgangsarten vorsieht. Diese Ausnahmen von der Erlaubnispflicht sind im systematischen Zusammenhang zu den Regelungen der §§ 12, 13 Abs. 3, Abs. 5, 16 Abs. 4, 32 Abs. 3, Abs. 5 zu betrachten. Diese enthalten weitere Ausnahmen, welche allerdings nicht an die techn. Beschaffenheit eines Gegenstandes anknüpfen, sondern vielmehr an die konkreten Umstände, unter denen ein Gegenstand verwendet wird. Ist eine Waffe als erlaubnispflichtig einzustufen, so ist im Anschl. daran zu prüfen, ob die techn. Beschaffenheit der Waffe eine Ausnahme von der Erlaubnispflicht nach UAbschn. 2 begründet oder aber eine Ausnahme nach §§ 12, 13 Abs. 3, Abs. 5, 16 Abs. 4, 32 Abs. 3, Abs. 5 auf Grund der konkreten Umstände des Umgangs bzw solcher, die in der Person des Umgang Übenden begründet liegen (Inhaber einer WBK oÄ) greift.

Im UAbschn. 3 schließlich sind Erleichterungen für den Erwerb waffenrechtl. Erlaubnisse für bestimmte Waffen festgeschrieben.

Bzgl. der verschiedenen waffenrechtl. Erlaubnisse wird auf die Erläuterungen zu §§ 10, 21, 26, 27, 29–32 verwiesen.

1. Erlaubnispflicht (UAbschn. 1 S. 1)

Die in UAbschn. 1 S. 1 getroffene Festlegung zur Erlaubnispflicht bestimmter **98**
Waffen konkretisiert die gesetzliche Bestimmung des § 2 Abs. 2, in welcher die Erlaubnispflicht für in Anl. 2 Abschn. 2 UAbschn. 1 benannten Waffen und Munition **festgestellt** wird. Die **zentrale inhaltliche Regelung** zur Erlaubnispflicht ist in UAbschn. 1 S. 1 getroffen, wonach **alle Schussw., die den Schussw. gleichgest. tragbaren Gegenstände sowie dazugehörige Munition** dem Grundsatz nach erlaubnispflichtig sind.

Alle anderen Waffen, namentlich Hieb-, Stoß- und Stichwaffen, Elektroimpulsgeräte und Reizstoffsprühgeräte, sind von der Erlaubnispflicht **nicht** erfasst.

Ist eine Waffe als erlaubnispflichtig einzustufen, so bezieht sich die Erlaubnispflicht nach UAbschn. 1 S. 1 zunächst auf alle waffenrechtl. Umgangsarten, ausgenommen das Überlassen. Zu berücksichtigen ist jedoch, dass der Gesetzgeber in § 2 Abs. 4 S. 1 Ausnahmen von der Erlaubnispflicht vorgesehen hat. Diese sind in UAbschn. 2 ausgeformt, welcher für **einzelne Umgangsarten** eine ganze Reihe von **Ausnahmen** enthält, die jeweils für bestimmte Waffen greifen. Diese **gegenstandsbezogenen** Ausnahmen relativieren die grds. Erlaubnispflicht nach UAbschn. 1 S. 1 erheblich. Ergänzt werden diese durch die **personen- bzw verhaltensbezogenen** Ausnahmen in §§ 12, 13 Abs. 3, Abs. 5, 16 Abs. 4, 32 Abs. 3, Abs. 5, welche weitere Ausnahmen von der Erlaubnispflicht für einzelne Umgangsarten beinhalten. Diese knüpfen allerdings nicht wie die Ausnahmen in UAbschn. 2 jeweils an die techn. Spezifikationen eines Gegenstandes an. Vielmehr sind es in der Person liegende Umstände und besondere Interessenlagen in Sondersituationen.

Der Gesetzgeber formuliert die Pflicht umfassend, weshalb prinzipiell **alle Arten** des Umgangs iSd WaffG mit den og Gegenständen **erlaubnispflichtig** sind, vgl. § 1 Abs. 3 iVm Anl. 1 Abschn. 2. **Ausgenommen** hiervon ist das **„Überlassen"** (→ Anl. 1 Rn. 173). Dies implementiert indes keine grds. Einschränkung der Erlaubnispflicht. Hier war der Gesetzgeber vielmehr um eine gestraffte Regelung der Materie bemüht und wollte Redundanzen vermeiden. Am Überlassen sind denknotwendig mehrere (mind. zwei) Personen beteiligt: Der Überlasser und derjenige, dem überlassen wird. Auf der Seite desjenigen, dem eine Waffe bzw Munition überlassen wird, findet zwingend im Moment des Überlassens ein Erwerb statt. Dieser fällt unter die generelle Erlaubnispflicht, weshalb der Gesetzgeber aus praktischen Gründen darauf verzichtet hat, den Vorgang des Überlassens ebenfalls in die Erlaubnispflicht mit aufzunehmen.

Das Überlassen ist gem. § 34 Abs. 1 S. 1 nur an berechtigte Personen (→ § 34 Rn. 5 ff.) gestattet.

2. Erlaubnisfreie Arten des Umgangs (UAbschn. 2)

99 In UAbschn. 2 erfährt die im UAbschn. 1 S. 1 gefasste Grundnorm zur Erlaubnispflicht **umfangreiche Einschränkungen** dadurch, dass der Gesetzgeber für eine ganze Reihe von prinzipiell erlaubnispflichtigen Waffen **Ausnahmen** von der Erlaubnispflicht für bestimmte Arten des Umgangs festgelegt hat. Zu berücksichtigen ist, dass auch bei Erlaubnisfreiheit grds. das Alterserfordernis gem. § 2 Abs. 1 (Vollendung des 18. Lebensj.) zu beachten ist. Diese Ausnahmen knüpfen an die techn. Spezifikation der Waffen bzw Munition an. Ob eine Ausnahme nach UAbschn. 2 greift, bestimmt sich demgemäß nach der obj. fassbaren Beschaffenheit eines Gegenstandes, wohingegen die konkrete Verwendung desselben in diesem Zusammenhang unerheblich ist. Dort, wo die Belange der öffentl. Sicherheit und Ordnung einzelnen Arten des erlaubnisfreien Umgangs mit einer bestimmten, der Erlaubnispflicht nach UAbschn. 1 S. 1 unterfallenden Waffe nicht entgegenstehen, setzt der Gesetzgeber die Erlaubnispflicht für diese Umgangsarten außer Kraft, da insoweit kein Reglementierungsbedarf besteht. Dadurch wird die Erlaubnispflicht nach UAbschn. 1 S. 1 zwar einerseits relativiert, andererseits gewährleistet dieses komplexe Regel-Ausnahmeverhältnis eine möglichst differenzierte rechtl. Einstufung erlaubnispflichtiger Waffen.

100 Die Erlaubnispflicht wird dahingehend modifiziert, dass für einzelne Waffen bzw Munitionsarten unter dem Gesichtspunkt der Wahrung der öffentl. Sicherheit und Ordnung geprüft wird, ob sie tatsächlich bzgl. aller Umgangsarten einer Erlaubnispflicht unterliegen müssen. Soweit dies nicht geboten erscheint, wird die **Erlaubnispflicht insoweit** ausgesetzt. So wird es bspw. auch hinsichtlich **mindergefährlicher Schussw.** (etwa Druckluft-, Federdruckwaffen und Waffen, bei denen zum Antrieb der Geschosse kalte Treibgase Verwendung finden, wenn den Geschossen eine Energie von nicht mehr als 7,5 J erteilt wird) für notwendig gehalten, dass diese bzgl. des Führens einer Erlaubnis bedürfen, wohingegen der freie Erwerb und Besitz ab Vollendung des 18. Lebensj. als unbedenklich für die öffentl. Sicherheit und Ordnung eingestuft wird. Dieser Einschätzung folgend hat der Gesetzgeber diese Schussw. bzgl. des Erwerbs und Besitzes von der Erlaubnispflicht ausgenommen, das Führen hingegen ist grds. waffenscheinpflichtig.

Ebenso kommt der erlaubnisfreie Erwerb „an sich" erlaubnispflichtiger wesentl. Teile einer Schussw. in Betracht. Dies setzt voraus, dass der Erwerber Inhaber einer WBK ist, in die bereits eine Grundwaffe eingetragen ist und solche wesentl. Teile für die Grundwaffe erwerben möchte, deren Einbau in die Grundwaffe das **Gefährdungspotenzial** derselben für die öffentl. Sicherheit und Ordnung **nicht erhöht.** Hier sieht der Gesetzgeber den Erwerb der wesentl. Teile bereits vom anerkannten Bedürfnis für die Grundwaffe abgedeckt und stellt ihn entspr. erlaubnisfrei.

101 Eine zusätzliche Ausdifferenzierung erfährt die Erlaubnispflicht durch den Umstand, dass der Erwerb waffenrechtl. **Erlaubnisse** für bestimmte Waffen und Munition unter **erleichterten Vorauss.** ermöglicht wird (vgl. Anl. 2 Abschn. 2 UAbschn. 3). Damit wird nicht nur statisch zwischen „erlaubnispflichtig" und „erlaubnisfrei" unterschieden, sondern zusätzlich die Möglichkeit eröffnet, einen Gegenstand zwar als erlaubnispflichtig einzustufen, die Erlaubnis aber folgend unter erleichterten Vorauss. zu erteilen. Hierdurch hat der Gesetzgeber einen weiteren Mechanismus geschaffen, einen möglichst präzisen Ausgleich zwischen den Individualinteressen des Antragst. auf der einen und den Sicherheitsinteressen der Rechtsgemeinschaft auf der anderen Seite zu gewährleisten. Von besonderer praktischer Bedeutung wird dies im Bereich der gekennzeichneten („PTB im Kreis") SRS-Waffen: Diese können frei erworben und besessen werden, wohingegen es zum

Führen eines KWS bedarf. Dieser wird allerdings ohne Sachkunde-, Bedürfnis- und Haftpflichtversicherungsnachweis erteilt (vgl. Anl. 2 Abschn. 2 UAbschn. 3 Nr. 2.1).

Gem. Anl. 2 Abschn. 2 UAbschn. 1 S. 3 wirkt sich der **Umbau** einer bzgl. Erwerb **102** und Besitz erlaubnispflichtigen Feuerwaffe in eine solche, die frei bzw unter erleichterten Vorauss. erworben und besessen werden kann, **nicht** auf deren Erlaubnispflichtigkeit aus. In Betracht kommt der Umbau einer „scharfen" Feuerwaffe in eine gekennzeichnete („PTB im Kreis") SRS-Waffe iSd Anl. 2 Abschn. 2 UAbschn. 2 Nr. 1.3), ebenso wie der Umbau in eine gekennzeichnete („F im Fünfeck") Kaltgaswaffe iSd Anl. 2 Abschn. 2 UAbschn. 2 Nr. 1.1. Schließlich werden von der Regelung auch solche Fälle erfasst, in denen „scharfe" Feuerwaffen in sog Kleinstkaliberwaffen (gekennzeichnet mit „PTB im Viereck" und „F im Fünfeck") umgearbeitet worden sind.

Der Umbau führt indes **nicht** dazu, dass der Wegfall bzw die Erleichterungen bzgl. der Erwerbs- und Besitzvorauss. greifen. Die Vorauss. für den Erwerb und Besitz richten sich **weiterhin nach den für die ursprüngliche Ausgangswaffe geltenden Vorschriften.** Diese Bestimmung, welche durch das **2. ÄndG** (→ Einf. Rn. 23) zum 1.4.2008 in das WaffG eingefügt worden ist, dient der Wahrung sicherheitspolitischer Interessen: So sind für den „scharfen" Schuss ausgelegte Waffen in den Verkehr gekommen, in die lediglich ein anderes „Innenleben" eingebaut worden ist. Dazu zählen insbes. sog **LEP-Waffen,** in denen anstelle heißer Gase eine Lufterzeugerpatrone verwandt wird, die aber ohne nennenswerten Aufwand in eine scharfe Feuerwaffe zurückgebaut werden konnten. Es wurden wiederholt LEP-Umbauten festgestellt, in denen ein Lauf kleineren Kalibers eingeklebt war, der Kleber sich jedoch mit einfachen Mitteln (bspw. im Backofen bei einer Temperatur von 200 °) entfernen ließ und das Reduzierstück aus dem Lauf geschoben werden konnte.

Solche (mit „F im Fünfeck" gekennzeichneten) umgebauten Schussw. sind nicht gem. Anl. 2 Abschn. 2 UAbschn. 2 Nr. 1.1 hinsichtlich des Erwerbs und Besitzes erlaubnisfrei gestellt, sondern bleiben weiterhin wie die Ausgangswaffe vollumfänglich erlaubnispflichtig (*ABB/Adolph* WaffG § 1 Rn. 99c). Hier genügt es nach Auffassung des Gesetzgebers nicht, allein das unerlaubte Herstellen einer Feuerwaffe zu sanktionieren. Vielmehr bedürfe es der Möglichkeit, derartige Produkte von vornherein aus dem Markt zu drängen (BT-Drs. 16/7717, 25 f.).

Zu beachten ist, dass LEP-Waffen, die **keine Umbauten** vormals „scharfer" Schusswaffen sind, mit der entsprechenden Kennzeichnung („F im Fünfeck") nach Vollendung des 18. Lebensj. hinsichtlich des Erwerbs und Besitzes erlaubnisfrei gestellt sind (sog „geborene" Waffen).

Die Erteilung von WBK für vormalige Eigentümer von LEP-Waffen, die nach der Gesetzesänderung der Erlaubnispflicht auch für Erwerb und Besitz unterliegen, scheidet grds. aus. Ein Bedürfnis zum weiteren Besitz der Schussw. und Erteilung einer WBK kann weder auf ein Sammelbedürfnis noch auf die getätigten Aufwendungen für die Waffen gestützt werden. Die Waffen stellen keine kulturhistorisch bedeutsame Sammlung iSd § 17 und die getätigten Aufwendungen kein besonderes wirtschaftliches Interesse nach § 8 dar (vgl. VG Berlin Urt. v. 5.7.2010 – 1 K 747.09).

Nicht unter Anl. 2 Abschn. 2 UAbschn. 1 S. 3 fällt der **Umbau** einer **verbotenen Waffe** (Vollautomat) nach Anl. 2 Abschn. 1 in eine erlaubnispflichtige Waffe (Halbautomat), da Anl. 2 Abschn. 2 sich auf erlaubnispflichtige und nicht auf verbotene Waffen bezieht (VG Wiesbaden Urt. v. 23.11.2009 – 6 K 922/09.WI). Der Umbau von Vollautomaten in Halbautoamten ist deshalb möglich. Die Beurteilung der Erlaubnispflicht **erfolgt nach dem Umbau.**

Eine **Ausnahme** besteht für den Umbau scharfer Feuerwaffen in Salutwaffen iSd **103** Anl. 1 Abschn. 1 UAbschn. 1 Nr. 1.5. Zum Begriff der Salutwaffe → Anl. 1 Rn. 43. In diesem Fall sollen nach dem Umbau nicht mehr die für die Ausgangswaffe geltenden Rechtsvorschriften maßgeblich sein (vgl. Abschn. 2 UAbschn. 1 S. 4). Ehemalige scharfe Schussw., die in Salutwaffen umgearbeitet worden sind, können daher erlaubnisfrei erworben und besessen werden (vgl. Anl. 2 Abschn. 2 UAbschn. 2 Nr. 1.5 und 1.11 (Kartuschenmunition).

104 **a) Erlaubnisfreier Erwerb und Besitz (Nr. 1).** Die unter Nr. 1 angeführten Waffen und Munitionsarten sind bzgl. der Umgangsarten **Erwerb** und **Besitz** von der Erlaubnispflicht **freigestellt.**

105 **aa) Druckluft-, Federdruckwaffen und Waffen, bei denen zum Antrieb der Geschosse kalte Treibgase Verwendung finden (Nr. 1.1 und 1.2).** Die Nr. 1.1 und 1.2 erfassen bestimmte Druckluft-, Federdruckwaffen und Waffen, bei denen zum Antrieb der Geschosse kalte Treibgase Verwendung finden. Zu den Begriffen der Druckluft- und Federdruckwaffen wird auf → Anl. 1 Rn. 75 ff. verwiesen. Vorauss. für eine Freistellung von der Erlaubnispflicht ist nach Nr. 1.1, dass den Geschossen eine Energie von nicht mehr als 7,5 J erteilt wird **und** die Waffe eine **entspr. Kennzeichnung** („F im Fünfeck“) trägt.

106 Nach Nr. 1.2 sind darüber hinaus auch **nicht gekennzeichnete** Kaltgaswaffen von der Erlaubnispflicht befreit. Hier werden zunächst Schussw. erfasst, welche bis zum 2.4.1991 in den neuen Bundesländern hergest. und bis zu diesem Zeitpunkt nach dem Recht der ehem. DDR verkauft worden sind.

Waffen, die bereits unter Verstoß gegen ehem. DDR-Recht in Verkehr gebracht wurden, sind **nicht** von der Befreiung erfasst.

107 Schließlich sollen auch solche nicht gekennzeichneten Kaltgaswaffen bzgl. Erwerb und Besitz von der Erlaubnispflicht ausgenommen sein, die **vor** der Einführung der Kennzeichnung „F im Fünfeck“ zum **1.1.1970 rechtmäßig** in der Bundesrepublik Deutschland hergestellt und in den Handel gebracht worden sind.

108 **bb) Schreckschuss-, Reizstoff- und Signalwaffen (Nr. 1.3) sowie dazugehörige Munition (Nr. 1.4).** Unter Nr. 1.3 fallen Schreckschuss-, Reizstoff- und Signalwaffen, soweit sie **bauartbedingt nach § 8 des BeschG zugelassen** sind **und** eine entspr. Kennzeichnung **(„PTB im Kreis“)** tragen. SRS-Waffen ohne entspr. Kennzeichnung sind **nicht** von der Vorschrift erfasst. Da mit den nach altem Recht erlaubnisfrei zu führenden SRS-Waffen zahlreiche Straftaten begangen worden waren, wurde eine strenge Reglementierung derselben im neuen WaffG von 2003 gefordert (BT-Drs. 14/7758, 91). Dementspr. wurden diese Waffen zwar weiterhin hinsichtlich des Erwerbs und Besitzes von der Erlaubnispflicht befreit, zum Führen wurde jedoch ein KWS eingeführt. Dieser kann unter erleichterten Vorauss., insbes. ohne Bedürfnisprüfung, erworben werden (vgl. Anl. 2 Abschn. 2 UAbschn. 3 Nr. 2.1).

109 Die für gekennzeichnete SRS-Waffen bestimmte **Kartuschenmunition** darf ebenso erlaubnisfrei erworben und besessen werden (Nr. 1.4). Zum Begriff der Kartuschenmunition → Anl. 1 Rn. 158. Neben Knallkartuschen, welche ausschl. einen Mündungsknall erzeugen (auch als Platzpatronen bezeichnet), werden auch Reizstoffkartuschen für SRS-Waffen hergest. Zu berücksichtigen ist, dass die Kartuschenmunition ebenso wie die SRS-Waffe einer Zulassung nach dem BeschG bedarf. Diese richtet sich für Munition nach § 11 BeschG.

110 **cc) Salutwaffen (Nr. 1.5), sonstige Zier- und Sammlerwaffen (Nr. 1.6).** Nach Nr. 1.5 sind zunächst **Salutwaffen** erlaubnisfrei zu erwerben und zu besitzen. Zum Begriff → Anl. 1 Rn. 43. Nach Nr. 1.6 sind darüber hinaus auch solche Zier- und Sammlerwaffen, welche zeitl. vor dem 1.4.1976 nach dem damals geltenden Recht abgeändert worden sind, hinsichtlich des Erwerbs und des Besitzes von der Erlaubnispflicht freigestellt. Ebenso wie bei den Salutwaffen handelt es sich hierbei um dauerhafte Veränderungen der wesentl. Teile, die gewährleisten, dass keine scharfe Patronenmunition mehr mit der Waffe verschossen werden kann. Auch hier gilt, dass diese Änderungen nicht mehr mit allg. gebräuchlichen Werkzeugen (vgl.

dazu → Anl. 1 Rn. 26) rückgängig gemacht werden können (vgl. *Steindorf/B. Heinrich* WaffG § 2 Rn. 37 unter Verweis auf BR-Drs. 74/76, 50).

dd) Historische Schusswaffen (Nr. 1.7–1.9). Die Nr. 1.7–1.9 betreffen verschiedene Modelle historischer Schussw. Erfasst sind ausschl. solche Modelle, die bereits **vor dem 1.1.1871 entwickelt** worden sind, also zu dieser Zeit tatsächlich existiert haben. **111**

Nachbauten solcher Modelle sind ebenfalls unter die Vorschrift zu zählen, wohingegen **Selbstkonstruktionen** aus heutiger Zeit **nicht** unter die Befreiung fallen, auch wenn sie sich an historischen Techniken orientieren oÄ. Insofern setzt die Umsetzung der Vorschrift Sachkenntnisse im Bereich der Waffentechnik und -geschichte voraus. **112**

Nach Nr. 1.7 sind zunächst **Perkussionswaffen** hinsichtlich des Erwerbs und des Besitzes von der Erlaubnispflicht befreit. Bei diesen handelt es sich um einläufige Einzelladerwaffen mit Zündhütchenzündung, welche mit Schwarzpulver über die Laufmündung von vorne geladen werden. Die Ladung wird anschließend mit Hilfe eines Zündhütchens zur Umsetzung gebracht. Zu beachten ist hier, dass zum Schießen neben einer Schießerlaubnis (§ 10 Abs. 5) zusätzlich eine Erlaubnis nach § 27 SprengG erforderlich ist, welche den entspr. Umgang mit Schwarzpulver erlaubt. **113**

Nr. 1.8 unterfallen historische Schusswaffenmodelle mit **Lunten- oder Funkenzündung.** Diese Zündungsarten zählen zu den ältesten bei Schussw. Die Luntenzündung besteht aus einer glimmenden Lunte, welche entweder von Hand oder durch einen Hahn direkt auf das Zündloch bzw in die Zündpfanne, also eine mit feinem Schwarzpulver gefüllte, seitlich am Lauf befindliche Mulde, gesenkt wird. Diese Zündungsarten sind insbes. bei Feuchtigkeit äußerst unzuverlässig. Eine Weiterentwicklung stellt die Funkenzündung dar. Bei dieser dient ein Feuerstein zum Funkenschlagen und damit zur Zündung des in der Zündpfanne befindlichen Pulvers. Der Feuerstein befindet sich am Schlaghahn und wird beim Auslösen an einer rauhen Oberfläche entlang geführt. **114**

Nr. 1.9 erfasst schließlich historische Schussw. mit **Zündnadelzündung.** Das Zündnadelsystem stellt den letzten Entwicklungsstand vor der Erfindung der Metallpatrone dar. Bei diesem Zündsystem war das Geschoss, die Treibladung (Schwarzpulver) und eine Zündpille in einer Papierhülle untergebracht. Die Zündnadel durchstieß hierbei die Treibladung von hinten, bis es die Zündpille erreichte, welche die Treibladung zur Umsetzung brachte. Vom äußeren Erscheinungsbild her gleichen diese Waffen den entwicklungshistorisch nachfolgenden Zylinderverschlusswaffen. **115**

ee) Armbrüste (Nr. 1.10). Nach Nr. 1.10 sind **Armbrüste** von der Erlaubnispflicht bzgl. des Erwerbs und Besitzes freigestellt. Diese wurden mit dem WaffR**NeuRegG** (→ Einf. Rn. 20) zum 1.4.2003 erstmals als den Schussw. gleichgest. Gegenstände von der grds. **Erlaubnispflicht** erfasst. Hintergrund für die Einstufung als den Schussw. gleichgest. Gegenstände war, dass die Antriebsenergie bei Armbrüsten gespeichert und mit diesen daher wesentl. einfacher als mit Bögen „geschossen" werden kann. Diese Einordnung der Armbrüste wird durch den Gesetzgeber allerdings **faktisch nivelliert,** indem er diese zunächst der grds. Erlaubnispflicht unterwirft, im Anschl. daran aber bzgl. aller Umgangsarten (→ Rn. 129) wieder davon befreit. IErg unterliegen Armbrüste daher, ebenso wie erlaubnisfreie Waffen, lediglich dem Alterserfordernis des § 2 Abs. 1, weshalb volljährigen Personen der freie Umgang mit ihnen gestattet ist. **116**

ff) Kartuschenmunition für Salutwaffen sowie für Schussapparate nach § 7 BeschG (Nr. 1.11). Üblicherweise wird in Salutwaffen dieselbe Kartuschenmunition verwendet wie in SRS-Waffen. Zu den Begriffen der Salutwaffen und Kartuschenmunition → Anl. 1 Rn. 43 u. → Rn. 158. In Ergänzung dazu ist nach Nr. 1.11 auch solche Kartuschenmunition erlaubnisfrei zu erwerben und zu besitzen, **117**

die in seltener vorkommenden Modellen von Salutwaffen Anwendung findet. Pulverpresslinge (bei diesen handelt es sich um gepresstes und/oder verklebtes Treibladungsmittel ohne Hülse) zählen nicht zur Kartuschenmunition und fallen deshalb nicht unter die Vorschrift (aA *Steindorf/B. Heinrich* WaffG § 2 Rn. 42).

118 Bei den **Schussapparaten** (→ Anl. 1 Rn. 9, 14a f.) handelt es sich nach § 2 Abs. 4 BeschG um tragbare Geräte, die für gewerbliche oder techn. Zwecke bestimmt sind, bei denen zum Antrieb Munition verwendet wird. Bei der Munition handelt es sich um Kartuschenmunition mit angepasster Ladungsstärke. Zu differenzieren ist zwischen Apparaten, mit denen feste Körper verschossen werden (etwa Bolzen bei Bolzensetzgeräten für Montagearbeiten) und solchen Apparaten, bei denen der feste Körper zwar durch die Munition angetrieben wird, sich aber nicht vom Schussapparat trennt (etwa Bolzenschussapparat zur Tötung von Tieren).

119 **gg) Pyrotechnische Munition mit Zulassungszeichen (Nr. 1.12).** Nach Nr. 1.12 kann pyrotechnische Munition, die vorwiegend aus Aufsätzen bei SRS-Waffen zu Silvester abgeschossen wird, erlaubnisfrei erworben und besessen werden, soweit die Munition eine entspr. Kennzeichnung („PM I im Sechseck") aufweist.

120 **b) Erlaubnisfreier Erwerb durch Inhaber einer WBK – unbeschadet der Eintragungspflicht nach § 10 Abs. 1a (Nr. 2).** In Nr. 2 hat der Gesetzgeber den **Erwerb** (nicht Besitz) bestimmter wesentl. Teile von Schussw., die bereits in der WBK des Inhabers einer Erlaubnis eingetragen sind, erlaubnisfrei gestellt. Für den Erwerb und Besitz erlaubnispflichtiger Waffen, wesentl. Teile und Munition bedarf es grds. der **vorherigen** behördlichen Erlaubnis in Form eines **Eintrags in die WBK** (sog **Voreintrag**), § 10 Abs. 1 S. 1. Dieses Voreintragserfordernis entfällt nach Nr. 2 für den Erwerb der dort näher benannten wesentl. Teile. Explizit nicht betroffen davon ist die **Eintragungspflicht** der erworbenen wesentl. Teile nach § 10 Abs. 1a. Die Pflicht zum Eintrag der wesentl. Teile in die WBK binnen zwei Wochen nach dem Erwerb derselben **bleibt bestehen,** da lediglich der Erwerb, nicht aber der Besitz erlaubnisfrei gestellt ist. Im Regelfall dokumentiert die Eintragung nach § 10 Abs. 1a die formale Richtigkeit der nach § 10 Abs. 1 S. 1 im Wege des Voreintrags ergangene materielle Berechtigung zum Erwerb und Besitz (→ § 10 Rn. 26). Ein Verstoß gegen die Eintragungspflicht nach § 10 Abs. 1a stellt eine Ordnungswidrigkeit nach § 53 Abs. 1 Nr. 5 dar.

In § 58 Abs. 12 hat der Gesetzgeber eine Übergangsregelung für solche wesentl. Teile geschaffen, die vor dem 1.4.2008 erlaubnisfrei erworben und besessen werden durften, nun aber lediglich frei erworben werden dürfen und daher bis zum 1.10.2008 in die WBK einzutragen waren.

121 Der erlaubnisfreie Erwerb nach Nr. 2 setzt voraus, dass in die WBK bereits eine **Grundwaffe** eingetragen ist, zu der die erworbenen wesentl. Teile passen. Durch den Einbau der erlaubnisfrei zu erwerbenden wesentl. Teile wird das von der dazugehörigen Grundwaffe ausgehende **Gefährdungspotenzial** für die öffentl. Sicherheit und Ordnung **nicht gesteigert,** weshalb der Gesetzgeber den Erwerb solcher wesentl. Teile als vom anerkannten Bedürfnis für die Grundwaffe mit umfasst sieht und deren Erwerb konsequenterweise erlaubnisfrei stellt.

122 Zunächst können **Wechsel- oder Austauschläufe gleichen oder geringeren Kalibers** einschl. der für diese Läufe erforderlichen auswechselbaren Verschlüsse (Wechselsysteme) erlaubnisfrei erworben werden (Nr. 2.1). Neben dem sportlichen Schießen werden diese Wechselsysteme auch zur Jagd verwendet. Hintergrund ist die Anpassung der Waffe für verschiedene Verwendungszwecke bzw Disziplinen oder das Training. Neben der Verwendung anderer Läufe (bspw. Bleiläufe mit tieferem Feld-/Zugprofil oder längere Läufe beim sportlichen Schießen) kommt die Verwendung von Läufen unterschiedlicher Kaliber für andere Disziplinen in Betracht.

Die Auflistung auch der **Wechsel**läufe neben den **Austausch**läufen erscheint nicht zielführend, da nach den Legaldef. in Anl. 1 Abschn. 1 UAbschn. 1 Nr. 3.1 und Nr. 3.2 nur Austauschläufe ohne Anpassung an die Grundwaffe gewechselt werden können, wohingegen Wechselläufe der **Anpassung** durch den Büchsenmacher bedürfen. Für den Einbau eines Wechsellaufes bedarf es dementspr. einer Bearbeitungserlaubnis (§§ 21, 26); zudem unterliegt die Waffe anschließend der Beschusspflicht, vgl. § 3 Abs. 2 BeschG. Insofern erscheint es widersinnig, den Erwerb von Wechselläufen erlaubnisfrei zu stellen. **123**

Weiter können nach Nr. 2.2 **Wechseltrommeln** für die Grundwaffe erlaubnisfrei erworben werden, soweit aus ihnen nur Munition verschossen werden kann, deren Geschossdurchmesser und höchstzulässiger Gasdruck gleich oder geringer der für die Grundwaffe ursprünglich bestimmten Munition ist. Während Wechsel**läufe** der Einpassung bedürfen, können Wechsel**trommeln** nach der gesetzgeberischen Def. **ohne Nacharbeit** gewechselt werden (Anl. 1 Abschn. 1 UAbschn. 1 Nr. 3.4). Der Gesetzgeber hätte iSe. einheitlichen Terminologie gut daran getan, die Def. von „Austausch" und „Wechsel" einheitlich zu fassen. **124**

Praktisch dürfte diese Regelung insbes. für Sportrevolver im Kaliber .357 Magnum von Bedeutung sein. Für diese werden Wechseltrommeln im Kaliber .38 Special angeboten. Die dazu passende Munition hat eine kürzere Hülse und einen geringeren Gasdruck. Trotz der unterschiedlichen Kaliberangaben handelt es sich bei beiden um dasselbe Geschosskaliber. Die Option „kleineres Kaliber" dürfte techn. ohnehin kaum machbar sein. Das Kaliber wird bei Revolvern stets durch den Lauf vorgegeben, welcher bis auf wenige Modelle (Bsp.: Dan Wesson) nicht vom Benutzer ohne Bearbeitungserlaubnis gewechselt werden kann bzw darf.

c) Erlaubnisfreier Erwerb und Besitz durch Inhaber einer WBK (Nr. 2a). **125**
Nach Nr. 2a ist der Erwerb **und Besitz** bestimmter wesentl. Teile für Schussw., die bereits in der WBK des Inhabers einer Erlaubnis eingetragen sind, erlaubnisfrei möglich. Hier entfällt nicht nur die für den Erwerb erforderliche **vorherige** behördliche Erlaubnis in Form eines Voreintrags in die WBK, sondern diesem Umstand Rechnung tragend auch die **Pflicht zur** Vorlage der WBK zum Zweck des **Eintrags** (des dauerhaften Besitzes) der erworbenen wesentl. Teile nach § 10 Abs. 1a. Vorauss. für den erlaubnisfreien Erwerb und Besitz ist zunächst, dass der Erwerber **Inhaber einer WBK** ist, in die bereits eine **Grundwaffe eingetragen** ist, zu der die erworbenen wesentl. Teile **passen.** Erfasst sind nur solche wesentl. Teile, durch deren Einbau das der Grundwaffe innewohnende obj. Gefährdungspotenzial **verringert** wird, und die daher von dem für die Grundwaffe anerkannten Bedürfnis mit umfasst sind. Da die Verwendung der erworbenen wesentl. Teile das Gefährdungspotenzial der Grundwaffe verringert, hat der Gesetzgeber neben dem Erwerb auch den Besitz erlaubnisfrei gestellt und dementspr. die **Eintragungspflicht** nach § 10 Abs. 1a **entfallen** lassen.

Gleichwohl handelt es sich bei den genannten Einsteckläufen und -systemen entgegen der amtl. Begr. (BT-Drs. 16/8224, 20) nicht lediglich um erlaubnisfreies Zubehör, sondern grds. um erlaubnispflichtige wesentl. Teile. Die prinzipielle Erlaubnispflicht folgt allein schon aus dem Erfordernis des Besitzes einer WBK.

Demnach können zunächst Einsteckläufe und dazugehörige Verschlüsse (Einstecksysteme) sowie Einsätze, die dazu bestimmt sind, Munition mit kleinerer Abmessung zu verschießen, und die keine Einsteckläufe sind, erlaubnisfrei erworben und besessen werden. Einstecksysteme gibt es überwiegend für Langwaffen. Diese wurden in der Vergangenheit als Trainingssysteme bei Militär und Polizei verwendet. Heute sind sie kaum noch gebräuchlich. Die aufgeführten Einsätze verringern die Maße des Patronenlagers. Auf dem Markt werden sie als Reduzierstück oder Reduzierpatrone (auch Reduzierhülse) angeboten. In diese werden Patronen mit kleine- **126** ren Abmessungen eingesteckt. Das Geschoss hat aber den gleichen Durchmesser wie das der üblicherweise benutzten Patrone.

127 **d) Erlaubnisfreies Führen (Nr. 3).** Nr. 3 regelt das erlaubnisfreie Führen. Zum Begriff des Führens → Anl. 1 Rn. 174 ff. Die Umgangsart des Führens eröffnet typischerweise einen kaum überschaubaren Kontakt des Waffeninhabers zu einer unbegrenzten Anzahl von Personen in verschiedensten Alltagssituationen. Aus dem Führen von Waffen können daher in besonderem Maße Gefahren für die öffentl. Sicherheit und Ordnung erwachsen, weshalb die Erteilung eines WS besonders hohen Anforderungen unterliegt. Nach Nr. 3 sind daher nur solche Waffen auch bzgl. des Führens von der Erlaubnispflicht freigestellt, die erfahrungsgemäß eine bloß geringe Deliktsrelevanz aufweisen.

128 Zunächst dürfen **historische Schussw. mit Lunten- oder Funkenzündung,** deren Modell vor dem 1.1.1871 entwickelt worden ist (→ Rn. 114), erlaubnisfrei geführt werden. Diese kommen allein konstruktionsbedingt kaum für einen rechtsmissbräuchlichen Umgang in Betracht.

129 Weiter ist das Führen von **Armbrüsten** erlaubnisfrei nach Nr. 3.2. Hochleistungsarmbrüste sind recht sperrig und zudem nur schwer zu spannen und insofern wenig geeignet, um diese gegen die Rechtsordnung zu verwenden. Anders liegt es bei den Pistolenarmbrüsten (kleinere Versionen werden auch als **Mini-Armbrüste** bezeichnet). Diese sind einfach zu bedienen und weisen doch ein erhebliches Gefährdungspotenzial auf. Die Freistellung von der Erlaubnispflicht hinsichtlich des Führens erscheint daher fragwürdig. Problematisch ist dies insbes. deswegen, weil Armbrüste auch nicht unter das prinzipielle Verbot des Führens von Hieb- und Stoßwaffen nach § 42a Abs. 1 Nr. 2 fallen. Während das Führen bspw. eines Schlagstocks grds. verboten ist, darf eine Armbrust frei geführt werden. Dies stellt eine Regelungslücke bzw einen Wertungswiderspruch dar.

Schließlich stellt der bestimmungsgemäße Gebrauch einer **Armbrust** lediglich umgangssprachlich ein „Schießen" dar, wohingegen in rechtl. Hinsicht kein Schießen iSv Anl. 1 Abschn. 2 Nr. 7 gegeben ist (→ Anl. 1 Rn. 181). Der bestimmungsgemäße Gebrauch ist daher begrifflich nicht von der grds. für die den Schussw. gleichgest. tragbaren Gegenstände geltenden Erlaubnispflicht (Anl. 2 Abschn. 1 UAbschn. 2 S. 1) erfasst. Auch ohne eine explizite Befreiung von der Erlaubnispflicht für das Schießen ist der bestimmungsgemäße Gebrauch einer Armbrust daher erlaubnisfrei (aA *Ullrich* Waffenrechtl. Erlaubnisse, S. 37) und auch nicht auf andere Weise durch das WaffG reglementiert. Dieser Zustand sollte durch den Gesetzgeber korrigiert werden.

130 **e) Erlaubnisfreier Handel, erlaubnisfreie Herstellung, erlaubnisfreie nichtgewerbsmäßige Herstellung (Nr. 4–6).** Bzgl. der in Nr. 4–6 angeführten Waffen wird auf die vorangegangenen Ausführungen verwiesen. Hier werden bestimmte Typen von kaum deliktsrelevanten Waffen und Munition hinsichtlich weiterer Umgangsarten von der grds. Erlaubnispflicht ausgenommen.

131 **f) Erlaubnisfreies Verbringen und erlaubnisfreie Mitnahme in den, durch den oder aus dem Geltungsbereich des Gesetzes (Nr. 7).** In Nr. 7 werden Waffen hinsichtlich des Verbringens (→ Anl. 1 Rn. 178) und der Mitnahme (→ Anl. 1 Rn. 180) erlaubnisfrei gestellt. Erfasst ist der grenzüberschreitende Verkehr in den, durch den sowie auch aus dem Geltungsbereich des WaffG. Die in Nr. 1 benannten Waffen und Munition sind bis auf die in Nr. 1.11 genannte Kartuschenmunition (→ Rn. 117 f.) mit den in Nr. 7 deckungsgleich, weshalb auf die Ausführungen zu Nr. 1 (→ Rn. 104 ff.) verwiesen wird.

132 Zu berücksichtigen ist der Umstand, dass die hier genannten Zulassungsvorauss. (etwa bauartbedingte Zulassung nach § 8 BeschG) und Kennzeichnungen („F im Fünfeck", „PTB im Kreis", „PM I im Sechseck") nicht nur für Waffen und Muni-

tion aus dem Geltungsbereich des WaffG, sondern gleichermaßen auch für die im Ausland erworbenen Waffen gelten. Sind diese Vorauss. nicht erfüllt, so sind die Erlaubnispflichten für das Verbringen und die Mitnahme (vgl. §§ 29–33) wieder vollumfänglich anzuwenden.

g) Erlaubnisfreies Verbringen oder erlaubnisfreie Mitnahme aus dem Geltungsbereich des WaffG in Drittstaaten (Nr. 8). Nach Nr. 8 dürfen **sämtliche Waffen iSv § 1 Abs. 2** erlaubnisfrei aus dem Geltungsbereich des WaffG in einen Drittstaat (→ Vorb. §§ 29–33 Rn. 2) verbracht oder mitgenommen werden. Die Ausnahme erfasst neben den erlaubnispflichtigen Schussw. **auch** die dazugehörige **Munition** (WaffVwV Anl.II-A2-UA2-8), was der Gesetzgeber mit dem **6. ÄndG** (→ Einf. Rn. 26c) im Wortlaut der Norm klargestellt hat. 133

Ebenfalls mit dem **6. ÄndG** hat der Gesetzgeber den deklaratorischen Hinweis in die Vorschrift aufgenommen, dass außenwirtschaftsrechtliche Genehmigungspflichten von der Freistellung nach Nr. 8 unberührt bleiben (vertiefend *Gade* WaffR S. 225 ff.).

3. Entbehrlichkeit einzelner Erlaubnisvoraussetzungen (UAbschn. 3)

UAbschn. 3 legt fest, dass bei den nachfolgend genannten Schussw. und der dazu genannten Munition die erforderliche Erlaubnis unter **erleichterten Vorauss.** erteilt werden kann. Auf bestimmte obligatorische Vorauss. des § 4 Abs. 1 wird ausdr. verzichtet. 134

a) Erwerb und Besitz ohne Bedürfnisnachweis (Nr. 1). Diese Regelung betr. ausschl. **Feuerwaffen** mit einem **geringen Wirkungsgrad** und dazugehörige Munition. Für den Erwerb und Besitz solcher Feuerwaffen sowie dazugehöriger Munition ist **kein Bedürfnisnachweis** (vgl. § 8) erforderlich. Alle anderen Vorauss. für die Erteilung einer waffenrechtl. Erlaubnis nach § 4 bleiben unbeschadet bestehen. Diese sog Kleinstkaliberwaffen unterfallen der Ausnahme nur, soweit den Geschossen eine Energie von **nicht mehr als 7,5 J** erteilt wird und die Waffe entspr. gekennzeichnet ist **(„F im Fünfeck“).** Da Kleinstkaliberwaffen gem. § 7 BeschG der Bauartzulassung unterliegen, tragen sie neben der Kennzeichnung des „F im Fünfeck“ auch die Kennzeichnung „PTB im Viereck“. 135

Der Erwerb und Besitz von **Munition** für solche Kleinstkaliberwaffen ist ebenfalls vom Erfordernis des Bedürfnisnachweises befreit.

b) Führen ohne Sachkunde-, Bedürfnis- und Haftpflichtversicherungsnachweis (Nr. 2). Diese Regelung betr. den sog KWS, welcher zum Führen **gekennzeichneter SRS-Waffen** („PTB im Kreis“) berechtigt. Die grds. Vorauss. für die Erteilung waffenrechtl. Erlaubnisse nach § 4 werden für diese Form des WS in Teilen ausgesetzt. Demnach ist für die Erteilung eines KWS **kein Sachkunde- und kein Haftpflichtversicherungsnachweis** erforderlich. Schließlich ist auch **kein Bedürfnisnachweis** für den Erwerb eines KWS notwendig, so dass iErg die stärkste waffenrechtl. Limitierung für diese Erlaubnis entfällt. 136

SRS-Waffen (→ Anl. 1 Rn. 10) unterliegen als den Schussw. gleichgest. Gegenstände einer Erlaubnispflicht bzgl. des Führens. Da diese Gegenstände in ihrem obj. Gefährdungspotenzial für die öffentl. Sicherheit und Ordnung hinter dem scharfer Schussw. deutlich zurückstehen, sind sie bzgl. des Erwerbs und des Besitzes von der Erlaubnispflicht ausgenommen, **soweit** es sich um bauartbedingt zugelassene SRS-Waffen nach § 8 BeschG handelt und diese eine entspr. Kennzeichnung **(„PTB im Kreis“)** tragen (Anl. 2 Abschn. 2 UAbschn. 2 Nr. 1.3). Das Führen sollte nach dem Willen des Gesetzgebers zwar nicht von der Erlaubnispflicht freigestellt werden, andererseits sollten die Anforderungen an das Führen gekennzeichneter SRS-Waffen nicht so hoch gestellt werden wie an das Führen scharfer Schussw. Hieraus resultierte die Einführung des KWS, der unter stark erleichterten Vorauss. letztlich von jeder volljährigen Person erworben werden kann, soweit sie zuverlässig und persönlich geeignet ist. SRS-Waffen, die nicht nach § 8 BeschG bauartbedingt zugelassen sind und über keine Kennzeichnung („PTB im Kreis") verfügen, werden von der Vorschrift nicht erfasst. Zum Führen solcher Waffen bedarf es eines WS nach § 10 Abs. 4 S. 1.

Abschnitt 3. Vom Gesetz ganz oder teilweise ausgenommene Waffen

137 In Anl. 2 Abschn. 3 nimmt der Gesetzgeber eine Reihe von Schussw. bzw den Schussw. gleichgest. Gegenständen in unterschiedlichem Umfang von weiten Teilen der waffenrechtl. Regelungen aus. Die weitreichende Ausnahme knüpft entweder an die ausgesprochen niedrige Deliktsrelevanz (bspw. Harpunengeräte) oder die obj. Ungefährlichkeit der Gegenstände (Spielzeugschussw.) an. Die Überschrift des 3. Abschn. ist seit der zum 1.4.2008 in Kraft getretenen Novellierung des WaffG nicht mehr zutreffend, da nach der aktuellen Rechtslage keine Waffen mehr gänzlich vom WaffG ausgenommen werden.

1. Vom Gesetz mit Ausnahme von § 2 Abs. 1 und § 41 ausgenommene Waffen (UAbschn. 1)

138 **a) Harpunengeräte (Nr. 1).** Die Vorschrift in UAbschn. 1 erfasst **Harpunengeräte,** soweit diese zum Antrieb der Geschosse keine Munition verwenden. Die Pfeile solcher Geräte werden durch Federdruck oder Gummis angetrieben, welche gespannt werden können. Da die durch Muskelkraft eingebrachte Antriebsenergie hier ebenso wie bei Armbrüsten gespeichert wird, handelt es sich um **den Schussw. gleichgest. Gegenstände** nach Anl. 1 Abschn. 1 UAbschn. 1 Nr. 1.2.3. Harpunengeräte sind weitestgehend von den Regelungen des WaffG ausgenommen. Zunächst unterfallen sie dem **Alterserfordernis** nach § 2 Abs. 1, weshalb der Umgang mit ihnen nur volljährigen Personen gestattet ist. Zudem kann für diese Gegenstände unter den Vorauss. des § 41 ein **Verbot für den Einzelfall** erlassen werden. Harpunengeräte nach dieser Vorschrift unterfallen keinen weiteren waffenrechtl. Reglementierungen.

Soweit das Geschoss eines Harpunengerätes mit Munition (Kartuschenmunition) angetrieben wird, handelt es sich um einen den Schussw. gleichgest. tragbaren Gegenstand nach Anl. 1 Abschn. 1 UA 1 Nr. 1.2.1, welcher vollumfänglich den für Schussw. geltenden Reglementierungen unterliegt.

138a **b) Tragbare Befestigungsgeräte mit Treibladung und andere Schussgeräte (Nr. 2).** Die mit dem **6. ÄndG** (→ Einl. Rn. 26c) aufgenommene Regelung nennt Geräte zum Abschießen von Munition für andere als die für Schussw. vorgesehenen Zwecke. Diese sollen von der Freistellung erfasst sein, soweit sie die Anforderungen des § 7 BeschG erfüllen und ein entsprechendes Prüfzeichen („PTB im Viereck" oder ein anerkanntes Prüfzeichen eines Staates, mit dem die gegenseitige Anerkennung der Prüfzeichen vereinbart ist) tragen. Weiterhin sollen auch solche Geräte von der Freistellung erfasst sein, bei denen die Einhaltung der (Sicherheits-) Anforderungen nach Anhang 1 Nr. 2.2.2.1 der RiLi 2006/42/EG durch Bescheinigung einer zuständigen Stelle eines Mitgliedstaates oder des Übereinkommens über den Europäischen Wirtschaftsraum nachgewiesen ist.

Die Regelung der Nr. 2 ist entbehrlich, da die genannten Gegenstände wegen ihrer Kennzeichnung nicht den Schussw. gleichgestellt sind und daher nicht in den Anwendungsbereich des WaffG fallen (→ Anl. 1 Rn. 14a). Für die in Nr. 2 genannten Gegenstände greifen keinerlei waffenrechtl. Regelungen des WaffG auch nicht die der §§ 2 Abs. 1, 41.

2. Vom Gesetz mit Ausnahme des § 42a ausgenommene Waffen (UAbschn. 2)

In UAbschn. 2 führt der Gesetzgeber die Schussw. auf, welche mit Ausnahme **139** der Vorschrift des § 42a komplett von den Vorschriften des WaffG ausgenommen sind. Diese weitgehende Ausnahme knüpft an die **obj. Ungefährlichkeit** dieser Schussw. an. Da von diesen Gegenständen unter obj. Gesichtspunkten keine Gefahren für die öffentl. Sicherheit und Ordnung ausgehen, besteht grds. kein Bedürfnis, sie waffenrechtl. Reglementierungen zu unterwerfen.

Einzig die Regelung des **§ 42a entfaltet für die angeführten Gegenstände Wirkung.** Diese Vorschrift verbietet ohne Ansehen des obj. Gefährdungspotenzials eines Gegenstandes prinzipiell das Führen solcher Gegenstände, die den **optischen Eindruck** einer scharfen, funktionstüchtigen Feuerwaffe vermitteln (Anscheinswaffen → Anl. 1 Rn. 44 ff.). Hierdurch wird die **potenzielle psychische Zwangswirkung** auch obj. ungefährlicher Waffen berücksichtigt.

Dieses Prinzip verfolgt der Gesetzgeber zunächst konsequent: Die unter Anl. 2 Abschn. 3 UAbschn. 2 angeführten Waffen sind wegen ihrer obj. Ungefährlichkeit zunächst nicht von den Vorschriften des WaffG erfasst. Ruft ein solcher Gegenstand aber den optischen Eindruck einer scharfen Schussw. hervor, so greift das prinzipielle Führensverbot des § 42a. Die Berücksichtigung des äußeren Erscheinungsbildes trägt dem Umstand Rechnung, dass auch obj. ungefährliche Gegenstände, gleich ob sie als Schussw. zu qualifizieren sind, eine nicht unerhebliche psychische Zwangswirkung zu entfalten in der Lage sind, soweit sie den äußeren Anschein einer scharfen Schussw. erwecken. Für die durch einen solchen Gegenstand bedrohte Person ist es unerheblich, ob es sich um eine scharfe Schussw. oder lediglich um eine Schusswaffenattrappe handelt, da dies im Moment der vermeintlichen Bedrohung auf Grund des äußeren Erscheinungsbildes nicht auszumachen ist. Daher ist die psychische Zwangswirkung einer Waffenattrappe durchaus der einer scharfen Schussw. vergleichbar, weshalb der Gesetzgeber sich veranlasst sah, das Führen jeglicher **Waffenattrappen** dem Grundsatz nach zu verbieten, um den Missbrauch mit solchen von vornherein einzudämmen.

a) Rechtslage bis zum 31.3.2008 (→ 1. Aufl. Anl. 2 Rn. 140 ff.). (unbe- **140–**
setzt) **145**

b) Schusswaffen, die zum Spiel bestimmt sind (Nr. 1). In Nr. 1 hat der **146** Gesetzgeber zunächst Spielzeugschussw. bis auf § 42a von den Regelungen des WaffG ausgenommen. Spielzeugschussw. sind nur dann weitestgehend aus dem Anwendungsbereich des WaffG herausgenommen, soweit sie **obj. ungefährlich** sind. Dies ist nach Auffassung des Gesetzgebers anzunehmen, wenn den Geschossen eine Energie von nicht mehr als **0,5 J** erteilt wird **und** die Schussw. zudem **nicht mit allg. gebräuchlichen Werkzeugen** (→ Anl. 1 Rn. 26) so umgebaut werden kann, dass den Geschossen eine höhere Energie erteilt wird („Softairwaffen" – häufig als „Nerf" in verschiedenen Ausführungen am Markt erhältlich).

Die Ausnahme gilt auch für **vollautomatische** Spielzeugschussw.

Die Anhebung der Energiegrenze von ehemals 0,08 J auf 0,5 J ist kritisch zu **147** betrachten. Bereits bei einer erteilten Energie von 0,5 J vermag ein Geschoss beim Getroffenen erhebliche Schmerzen und auch Verletzungen zu verursachen. Bei Schüssen aus geringer Entfernung sind insbes. schwere Verletzungen des Augapfels, aber auch penetrierende Weichteilverletzungen möglich, welche einer chirurgischen Versorgung bedürfen (vgl. *Nadjem/Braunwarth/Pollak* ArchKrim 213 (2004), 15 ff.). Von daher erscheint es **nicht sachgerecht,** solche Gegenstände pauschal als ungefährliches „Spielzeug" einzustufen.

Bedenklich erscheint die 0,5 J-Grenze zudem vor dem Hintergrund der alle EU-Staaten bindenden Spielzeugrichtlinie. In der dazugehörigen EN 71-1: 1998 Nr. 4.17.3 schreibt diese für Geschosse, die von einem Abschussmechanismus beschleunigt oder gestartet werden, bestimmte Anforderungen vor. Hiernach darf die max. kinetische Energie der Geschosse

- 0,08 J für starre Geschosse ohne elastische Aufprallspitzen oder
- 0,5 J für elastische Geschosse oder Geschosse mit elastischen Aufprallspitzen (zB Gummi) nicht überschreiten (vgl. auch *Steindorf/B. Heinrich* WaffG § 2 Rn. 70c).

Die derzeitige Energiegrenze von 0,5 J verstößt gegen diese Rechtsvorschrift und ist daher **unzulässig.**

Die mit dem WaffR**NeuRegG** (→ Einf. Rn. 20) erfolgte generelle Absenkung der Energiegrenze von ehemals 0,5 J auf 0,08 J wurde zwar auf die Spielzeugrichtlinie gestützt, anschließend jedoch wieder mit der Begründung verworfen, die pauschale Herabsetzung der Energiegrenze zöge unzulässige Handelshemmnisse nach sich, soweit Softairwaffen betroffen seien, die zum Verschießen von elastischen Geschossen oder starren Geschossen mit elastischer Aufprallspitze bestimmt seien. Dies trifft zwar zu, allerdings sind Softairwaffen regelm. sowohl zum Verschießen elastischer wie auch starrer Geschosse geeignet, weshalb die unterschiedlichen Geschossarten nicht dazu taugen, zwischen verschiedenen Softairwaffen zu differenzieren. Die nunmehr erfolgte generelle **Anhebung** der Energiegrenze auf 0,5 J kann daher mit dem Abbau von Handelshemmnissen nicht überzeugend begründet werden, da diese zumindest hinsichtlich des potenziellen Verschießens starrer Geschosse gegen die verbindliche Rechtsvorgabe verstößt und eine generelle 0,08 J-Grenze allein schon deshalb kein ungebührliches Handelshemmnis darstellt, weil alle EU-Staaten gleichermaßen an diese Vorgaben gebunden sind.

Nicht zuletzt wirft der Verstoß gegen die Spielzeugrichtlinie iVm der EN 71-1: 1998 **haftungsrechtliche** Fragen auf, da die derzeitige 0,5 J-Grenze im Falle des Verschießens starrer Geschosse, wie oben dargestellt, erhebliche Gefahren für die körperliche Unversehrtheit insbes. von Kindern birgt.

148 Problematisch ist hier in der Praxis, dass es sich bei diesen sog „Softairwaffen" häufig um Federdruckwaffen aus Fernost oder Osteuropa handelt, die nicht selten mit einer Vielzahl kaum nachvollziehbarer Angaben darüber versehen sind, welche Energie den Geschossen erteilt wird. Da es für die Einhaltung der 0,5 J-Grenze kein rechtl. verbindliches Prüfzeichen gibt, kann diese Energiegrenze in der praktischen Polizei- und Verwaltungsarbeit kaum nachvollzogen werden. Indes hat sich diese Problematik durch die neue Rechtslage deutlich entschärft, da es sich bei den Softairwaffen ganz überwiegend um optische Nachbildungen scharfer Schussw. handelt und daher als Anscheinswaffen nach § 42a Abs. 1 Nr. 1 nicht geführt werden dürfen.

149 **c) Schusswaffen (Anl. 1 Abschn. 1 UAbschn. 1 Nr. 1.1), bei denen feste Körper durch Muskelkraft ohne Möglichkeit der Speicherung der so eingebrachten Antriebsenergie durch eine Sperrvorrichtung angetrieben werden (Nr. 2).** Die vom Gesetzgeber benannten **Blasrohre** dürften im Wesentlichen den Anwendungsbereich dieser Vorschrift ausmachen. Da bei diesen die durch Muskelkraft eingebrachte Energie nicht durch eine Sperrvorrichtung gespeichert werden kann, ist das obj. Gefährdungspotenzial begrenzt. Wegen der hinzutretenden geringen Deliktsrelevanz sah der Gesetzgeber es nicht für geboten, diese Gegenstände waffenrechtl. zu reglementieren. Es sind kaum Fälle denkbar, in denen ein Blasrohr als Anscheinswaffe von dem Führensverbot nach § 42a Abs. 1 Nr. 1 erfasst sein dürfte.

150 **d) Gegenstände, die zum Spiel bestimmt sind, wenn mit ihnen nur Zündblättchen, -bänder, -ringe (Amorces) oder Knallkorken abgeschossen werden können (Nr. 3).** Erfasst sind hier Gegenstände nach Anl. 1 Abschn. 1 UAbschn. 1 Nr. 1.2.1, soweit es sich bei diesen eindeutig um Spielzeugwaffen handelt und lediglich die in der Vorschrift genannten ungefährlichen Gegenstände mit ihnen abgeschossen werden können. Zündblättchen, -bänder oder -ringe sind etwa ungefährlich, wenn die Zündladung lediglich in Papier gepackt ist und sicher gestellt ist, dass beim Abschießen keine Splitter entstehen können (vgl. *Steindorf/B. Heinrich* WaffG § 2 Rn. 72). Die weitgehende Ausnahme vom WaffG greift nicht, soweit die genannten Gegenstände mit allg. gebräuchlichen Werkzeugen (→ Anl. 1 Rn. 26) in eine herkömmliche Schussw. oder einen anderen einer Schussw. gleichgestellten tragbaren Gegenstand umgearbeitet werden können.

Zündblättchen, -bänder, -ringe (Amorces) und Knallkorken für Spielzeugwaffen zählen zu den **pyrotechnischen Gegenständen** nach § 3 Abs. 1 Nr. 2 SprengG. Sie unterliegen nach § 6 Abs. 4 der 1. SprengV der Zulassung und werden als Kleinstfeuerwerk der Klasse I eingestuft (BAM P I). Der Umgang mit zugelassenen pyrotechnischen Gegenständen der Klasse I unterliegt **keinen waffenrechtl. Beschränkungen** (WaffVwV Anl.I-A1-UA3-1.4.2).

Ein aus Metall gefertigtes Modell der Maschinenpistole UZI, bei dem in Ladehülsen eingesetzte sog „Fire-caps" die Simulation eines Schussknalls sowie einer Selbstladefunktion gewährleisten, lag dem BKA zur Beurteilung vor. Diese sog „Blow-Back-Waffe", bei der ein Verschießen von Projektilen oder auch ein Umbau des Modells zu einer Feuerwaffe zum Verschießen von Patronenmunition bauartbedingt ausgeschlossen ist, wurde als Gegenstand nach Anl. 2 Abschn. 3 UAbschn. 2 Nr. 3 und zugleich als Anscheinswaffe iSd Anl. 1 Abschn. 1 UAbschn. 1 Nr. 1.6 eingestuft. die dazugehörigen „Fire-caps" wurden als pyrotechnische Gegenstände eingestuft und ebenfalls unter Anl. 2 Abschn. 3 UAbschn. 2 Nr. 3 subsumiert (vgl. BKA-FB v. 23.3.2011, Az. SO1-5164.01-Z-78).

e) Unbrauchbar gemachte Schusswaffen [Dekorationswaffen] (Nr. 4). 151
Nach Nr. 4 sind **unbrauchbar gemachte Schussw.** bis auf § 42a von den Reglementierungen des WaffG ausgenommen. Soweit Schussw. vor dem 1.4.2003 unbrauchbar gemacht worden sind, muss dies nach den zu dieser Zeit geltenden Anforderungen des § 7 der 1. WaffV aF erfolgt sein, damit die Ausnahme gilt.

Zu einem späteren Zeitpunkt müssen Schussw. den Anforderungen der Anl. 1 Abschn. 1 UAbschn. 1 Nr. 1.4 entspr. unbrauchbar gemacht worden und entspr. gekennzeichnet sein, damit die Ausnahme greift (Zeichen der verschiedenen **Beschussämter im Rhombus** (vgl. § 19 Abs. 1, 2 u. § 20 Abs. 2 iVm Anl. II Abb. 11 BeschussV).

f) Nachbildungen von Schusswaffen (Nr. 5). Schließlich unterfallen nach 152
Nr. 5 auch Nachbildungen von Schussw. der weitgehenden Ausnahme vom WaffG. Zum Begriff der Nachbildungen → Anl. 1 Rn. 49.

3. Würdigung und Ausblick

Der Gesetzgeber hätte den möglichen Missbrauch von Waffenattrappen deutlich 153
besser limitieren können, indem er diese nicht nur dem Führensverbot des § 42a, sondern zusätzlich auch dem Alterserfordernis nach § 2 Abs. 1 unterwirft. So wäre bereits der Erwerb auf Personen beschränkt, die einen gewissen sittlichen Reifegrad aufweisen, was mit hoher Wahrscheinlichkeit weniger Missbrauch (Verstoß gegen das Führensverbot nach § 42a Abs. 1 Nr. 1) zur Folge hätte. Zudem erscheint es als **Wertungswiderspruch,** den Verkauf von Gegenständen an Kinder und Jugendliche uneingeschränkt zuzulassen, die gleichen Gegenstände aber einem waffenrechtl. Führensverbot zu unterwerfen.

Die Energiegrenze von 0,5 J zur Unterscheidung zwischen Spielzeug und Waffe **erscheint nicht vertretbar,** da bereits Geschosse mit einer Energie von 0,5 J erhebliche Verletzungen, insbes. am Auge, hervorrufen können (→ Rn. 147) und daher keinesfalls generell als ungefährliches Spielzeug eingestuft werden sollten.

Sachverzeichnis

Hinweis:
Fette Zahlen bezeichnen §§ des WaffG, magere Zahlen die Randnummern.
Einf. = Einführung zum WaffG
Vorb. §§ 29–33 WaffG = Vorbemerkungen zu den §§ 29–33 WaffG
Anl. 1 = Anlage 1 WaffG
Anl. 2 = Anlage 2 WaffG